合同司法观点
总梳理系列

房屋租赁合同

05

纠纷处理司法观点总梳理

王　军／编著

法律出版社
LAW PRESS·CHINA
北京

图书在版编目(CIP)数据

房屋租赁合同纠纷处理司法观点总梳理 / 王军编著. -- 北京 : 法律出版社, 2024
ISBN 978 -7 -5197 -8764 -6

Ⅰ. ①房… Ⅱ. ①王… Ⅲ. ①租房-合同-经济纠纷-处理-中国 Ⅳ. ①D922.181

中国国家版本馆 CIP 数据核字(2024)第 023097 号

房屋租赁合同纠纷处理司法观点总梳理
FANGWU ZULIN HETONG JIUFEN CHULI SIFA GUANDIAN ZONGSHULI

王 军 编著

策划编辑 朱海波 杨雨晴
责任编辑 朱海波 杨雨晴
装帧设计 汪奇峰 臧晓飞

出版发行 法律出版社
编辑统筹 法律应用出版分社
责任校对 蒋 橙
责任印制 刘晓伟
经　　销 新华书店

开本 710 毫米×1000 毫米 1/16
印张 47.75　**字数** 860 千
版本 2024 年 5 月第 1 版
印次 2024 年 5 月第 1 次印刷
印刷 北京金康利印刷有限公司

地址:北京市丰台区莲花池西里 7 号(100073)
网址:www.lawpress.com.cn
投稿邮箱:info@lawpress.com.cn
举报盗版邮箱:jbwq@lawpress.com.cn

销售电话:010 -83938349
客服电话:010 -83938350
咨询电话:010 -63939796

书号:ISBN 978 -7 -5197 -8764 -6
定价:188.00 元

序 言

随着现代市场经济的快速发展,房屋租赁市场的日益发展是其历史必然。随着房屋租赁市场的火爆和市场不规范,诉至人民法院的房屋合同纠纷案件大量增加,案件类型纷繁多样,法律关系也日趋复杂,各种新情况、新问题不断出现。《民法典》将物权与债权调整对象范围分编,但两者不同之处类似原来的物权法和合同法之区分。房屋租赁法律关系在财产的归属和流转上分别由物权和债权两种性质规范调整,尽管两种性质的法律调整对象不一,但出现交叉的现象突出,既存在债权法编的适用空间,也包含物权法编的适用空间。也就是说,房屋租赁法律关系形式上虽以合同之债表现出来,但在合同履行过程中涉及的有关房屋的争议又往往需要运用物权编基本原理加以公平解决。其中比较常见的就是房屋租赁合同中有关装饰装修处理的争议。随着房地产市场的发展,房屋租赁经营方式日益普遍,房屋租赁合同纠纷案件日益增多。房屋租赁市场也出现了诸多新情况、新问题,像以预租表现形式的合作建房,违章建筑房屋的出租问题,优先购买权的性质及法律后果,转租合同的效力,等等。在这种情况下,最高人民法院于 2009 年 6 月 22 日颁布了《房屋租赁合同解释》。该司法解释颁布实施后,有力促进了"同案同判"的法律效果成为现实,最终达到统一执法标准的目标。但也应清醒地看到,法律滞后于经济发展和社会实践,现行法律规定和《房屋租赁合同解释》与社会发展不相适应,尚未规定的情况不断出现,对现有条文理解出现不同意见,这是当前的实际现状。由于各种原因的制约,对于如何正确理解、准确适用《房屋租赁合同解释》的规定,把握《房屋租赁合同解释》条款的内容、含义,考量个案的实际情况,从平衡利益、鼓励交易、社会效果等因素考量案件裁判效果尚难达到预期目标,仍需继续努力。在 2020 年 5 月 28 日颁布的《民法典》中将《合同法》《物权法》的内容归入《民法典》中,但仍分为不同编,其合同编中对《合同法》诸多内容进行了修改、补充和完善,需要进一步的理解和把握。应注意的是,2020 年 12 月 29 日,最高人民法院对《房屋租赁合同解释》进行了修订,2023 年 12 月 4 日,最高人民法院颁布《民法典合同编通则解释》,本书根据修订及新出台的司法解释等进行编写。需要提醒的是,本书正文论述部分引用的相关法律法规、司法解释等的名称和条文序号为图书出版时生效的规定。而选取的案例中,为体现案例说理和裁判的真实情况,其涉及的法律法规、司法解释等的名称和条文序号原则上为裁判生效时的相关规定,请读者朋友在参考时注意。

在民事法律实务图书市场,主要有三类书籍形式。第一类是裁判规则类,对民事纠纷归纳各类裁判规则,简单明确,让法官、律师和广大读者对号入座,对争议类型进行类案参考,节约大量时间,提高效率。但不容忽视的是,现实生活中鲜活的案例绝没有百分之百的等同,任何一个细节忽视都可能造成处理上的偏差,完全照搬规则受到一定限制。第二类是问答类,对司法实践中出现的疑难问题和多发争议,采用问答的形式,做出自己理解的解答,是很受欢迎的形式之一,但不可避免地因缺少鲜活案例诠释法律,容易造成理解上的偏差。第三类是依据法律条文的顺序进行编排,虽附有一定案例或对同一个问题也有一定案例辅助阐述,但现实生活对一个法条或同一个争议反映出争议纠纷呈现多样化,一个争议法院判决出现不同观点,执法尺度并不统一,呈现的面和深度并未能满足实际需求。笔者从检察院、法院再到退休后法律服务的阅历和几十年感悟,试图从另一类途径寻找出有用、实效的办法,从法律理解、法律适用、纠纷处理三个角度诠释鲜活案例反映的实际疑难纠纷。

本书围绕房屋租赁法律关系适用有较强实践性与复杂性、租赁合同的独有特点和立法及司法现状之难点展开,基于上述背景和现状,确立了笔者编写的指导思想和本书的定位。笔者撷取租赁合同司法实践中存在争议的热点、疑点、难点问题,以司法实践和理论相结合为基础进行探讨。本书坚持以问题为导向与纠纷案件处理思路相结合,对已生效的纠纷案件进行总结、梳理进而把握适用法律精髓。本书以现行法律规定和合同理论为基础,对其租赁合同纠纷中存在的问题选择某一部分重点探讨,未展开至该类合同纠纷的全部内容。在全书编写过程中作者力争贯穿一个写作指导思想,即选材上的典型性、广泛性;使用上的实用性、方便性;效果上的准确性、有效性。笔者在思考并实践如何选择在生效判决中,注重研究对其纠纷裁判规则有效利用的方式和程度,使之对纠纷的解决、理论的更新和发展起到更大的积极作用。也就是说,笔者始终追求以好读有用实用,进而解决实际问题为目标。

本书专题设计是以司法实践中的多发争议和疑难问题为纠纷类型,分为十二个专题。第一专题为租赁合同概述,较为全面地介绍分析了租赁合同一般性问题如原则等,以及未归进专题中的出租人、承租人义务、公租房、优先承租权、房屋租赁涉及侵权、赁租权在执行程序中处理等内容。其后依次分为合同关系、效力、责任、解除、所有权变动、装饰装修、优先购买权、合理使用权、转租、租金与占有使用费及商铺纠纷十一个专题。在每一专题中,基本是以该类专题理解、法律适用以及纠纷处理三大部分展开分析,便于读者有重点查阅。围绕专题的纠纷类型特点进一步分类确定具体内涵,如房屋租赁合同责任纠纷分为违约责任理解、违约责任处理和损害赔偿纠纷处理。每一块针对实践中存在的问题和争议进行剖析，用若干个案例佐证阐述。在每一专题三大部分之下，根据作者要分析问题的多少划分若干细目并列入目录以供阅读。对其阐明的观点，均有1～3个案例实证。

本书有以下特点：(1)在本书中，作者省略案情介绍部分直接提取其判决理由，突出生效判决的重点、内涵，简明扼要且信息量大；注重实务处理路径，减少过于学术性的概念、术语的理论阐述，以及过分追求理论上的深度。(2)在每一专题中，作者首先确定该类纠纷的争议焦点，即从实务纠纷中选择多发和疑难的问题，其次依据现行法律和司法解释规定、民事理论再辅以最高人民法院公布或认可的案例，对其进行深入分析，力争使法律条文变为看得清、摸得着的鲜活的规则，希望能给法官、律师办理服务合同纠纷案件提供有价值的参考与借鉴。(3)本书载明分析的案例有882个，以大容量展示租赁合同纠纷案件裁判的形态。(4)作者对生效判决中争议的焦点进行分类拆分梳理，而不是展现判决全部内容，尤其是最高人民法院审理的案件和复杂疑难案件往往有几个争议焦点，将其多个争议焦点分别归置在作者分类的专题中，力求实现作者追求的对热点、疑点、难点问题研讨重点目标，减少重复或避免全部判决理由归置在一个规则下的不利因素，实现有限阅读和理解最大化。(5)在本书中，列出了就同一争议法院内部不同判决，有利于清醒、客观地认识现状，并提高进一步完善法律、取得共识、统一执法尺度的迫切性。

众所周知，“法律的生命不在于逻辑，而在于经验”。社会在发展，经济在发展，法律也随之发展，民法典的颁布就是新的发展，其需要新的实践，新的经验，作者也是在随着社会、法律的发展，而不断地前进。虽然作者不断地刻苦学习，努力探索，但因水平有限，本书可能有诸多不足，恳请各位读者给予批评指正，使作者能为法治建设、社会和谐作出自己应有的贡献。

王 军

2024年春节

法律法规简称表

全称	简称
《中华人民共和国民法典》	《民法典》
《中华人民共和国民事诉讼法》	《民事诉讼法》
《中华人民共和国公司法》	《公司法》
《中华人民共和国刑法》	《刑法》
《中华人民共和国劳动法》	《劳动法》
《中华人民共和国劳动合同法》	《劳动合同法》
《中华人民共和国保险法》	《保险法》
《中华人民共和国企业破产法》	《企业破产法》
《中华人民共和国消费者权益保护法》	《消费者权益保护法》
《最高人民法院关于适用〈中华人民共和国民法典〉总则编若干问题的解释》(法释〔2022〕6号)	《民法典总则编解释》
《最高人民法院关于适用〈中华人民共和国民法典〉时间效力的若干规定》(法释〔2020〕15号)	《民法典时间效力规定》
《最高人民法院关于适用〈中华人民共和国民法典〉合同编通则若干问题的解释》(法释〔2023〕13号)	《民法典合同编通则解释》
《最高人民法院关于适用〈中华人民共和国民法典〉有关担保制度的解释》(法释〔2020〕28号)	《民法典担保解释》
《最高人民法院关于审理民间借贷案件适用法律若干问题的规定》(2020第二次修正)	《民间借贷规定》
《最高人民法院关于适用〈中华人民共和国民法典〉物权编的解释(一)》(法释〔2020〕24号)	《民法典物权编解释(一)》
《最高人民法院关于适用〈中华人民共和国民法典〉婚姻家庭编的解释(一)》(法释〔2020〕22号)	《民法典婚姻家庭编解释(一)》

续表

全称	简称
《最高人民法院关于适用〈中华人民共和国婚姻法〉若干问题的解释(三)》(法释〔2011〕18号)(已失效)	《婚姻法解释(三)》
《最高人民法院关于适用〈中华人民共和国婚姻法〉若干问题的解释(二)》(2017修正)(法释〔2017〕6号)(已失效)	《婚姻法解释(二)》
《最高人民法院关于适用〈中华人民共和国婚姻法〉若干问题的解释(一)》(法释〔2001〕30号)(已失效)	《婚姻法解释(一)》
《全国法院民商事审判工作会议纪要》(法〔2019〕254号)	《九民纪要》
《第八次全国法院民事商事审判工作会议(民事部分)纪要》(法〔2016〕399号)	《八民纪要》
《最高人民法院关于适用〈中华人民共和国民事诉讼法〉的解释》(2022修正)	《民事诉讼法解释》
《最高人民法院关于民事诉讼证据的若干规定》(2019修正)	《民事证据规定》
《最高人民法院关于人民法院办理执行异议和复议案件若干问题的规定》(2020修正)	《执行异议和复议规定》
《最高人民法院关于人民法院民事执行中查封、扣押、冻结财产的规定》(2020修正)	《查封、扣押、冻结规定》
《最高人民法院关于审理民事案件适用诉讼时效制度若干问题的规定》(2020修正)	《诉讼时效规定》
《最高人民法院关于审理买卖合同纠纷案件适用法律问题的解释》(2020修正)	《买卖合同解释》
《最高人民法院关于适用〈中华人民共和国合同法〉若干问题的解释(二)》(法释〔2009〕5号)(已失效)	《合同法解释(二)》
《最高人民法院关于适用〈中华人民共和国合同法〉若干问题的解释(一)》(法释〔1999〕19号)(已失效)	《合同法解释(一)》
《最高人民法院关于审理建设工程施工合同纠纷案件适用法律问题的解释(一)》(法释〔2020〕25号)	《建设工程解释(一)》
《最高人民法院关于审理建设工程施工合同纠纷案件适用法律问题的解释(二)》(法释〔2018〕20号)(已失效)	《建设工程解释(二)》

续表

全称	简称
《最高人民法院关于审理建设工程施工合同纠纷案件适用法律问题的解释》(法释〔2004〕14号)(已失效)	《建设工程解释》
《最高人民法院关于审理技术合同纠纷案件适用法律若干问题的解释》(2020修正)	《技术合同解释》
《最高人民法院关于审理城镇房屋租赁合同纠纷案件具体应用法律若干问题的解释》(2020修正)	《房屋租赁合同解释》
《最高人民法院关于审理商品房买卖合同纠纷案件适用法律若干问题的解释》(2020修正)	《房屋买卖合同解释》
《最高人民法院关于审理融资租赁合同纠纷案件适用法律问题的解释》(2020修正)	《融资租赁合同解释》
《最高人民法院关于适用〈中华人民共和国保险法〉若干问题的解释(四)》(2020修正)	《保险法解释(四)》
《最高人民法院关于适用〈中华人民共和国保险法〉若干问题的解释(三)》(2020修正)	《保险法解释(三)》
《最高人民法院关于适用〈中华人民共和国保险法〉若干问题的解释(二)》(2020修正)	《保险法解释(二)》
《最高人民法院关于适用〈中华人民共和国保险法〉若干问题的解释(一)》(法释〔2009〕12号)	《保险法解释(一)》
《最高人民法院关于审理海上保险纠纷案件若干问题的规定》(2020修正)	《海上保险案件规定》
《最高人民法院关于审理劳动争议案件适用法律问题的解释(一)》(法释〔2020〕26号)	《劳动争议解释(一)》
《最高人民法院关于审理劳动争议案件适用法律若干问题的解释(四)》(法释〔2013〕4号)(已失效)	《劳动争议解释(四)》
《最高人民法院关于审理劳动争议案件适用法律若干问题的解释(三)》(法释〔2010〕12号)(已失效)	《劳动争议解释(三)》
《最高人民法院关于审理劳动争议案件适用法律若干问题的解释》(2008调整)(已失效)	《2008年劳动争议解释》

续表

全称	简称
《最高人民法院关于审理劳动争议案件适用法律若干问题的解释(二)》(法释〔2006〕6号)(已失效)	《劳动争议解释(二)》
《最高人民法院关于审理劳动争议案件适用法律若干问题的解释》(法释〔2001〕14号)(已失效)	《劳动争议解释》
《最高人民法院关于审理工伤保险行政案件若干问题的规定》(法释〔2014〕9号)	《工伤保险案件规定》
《最高人民法院关于审理物业服务纠纷案件适用法律若干问题的解释》(2020修正)	《物业服务解释》
《最高人民法院关于审理建筑物区分所有权纠纷案件适用法律若干问题的解释》(2020修正)	《建筑物区分所有权解释》

目录

contents

专题一　房屋租赁合同纠纷概述

专题二　房屋租赁合同关系纠纷

专题三　房屋租赁合同效力纠纷

专题四　房屋租赁合同责任纠纷

专题五 房屋租赁合同解除纠纷

专题六 房屋租赁所有权变动纠纷

专题七　房屋租赁装饰装修纠纷

专题八　房屋租赁优先购买权纠纷

专题九　房屋租赁合理使用权纠纷

专题十　房屋转租合同纠纷

专题十一　房屋租金与占有使用费纠纷

专题十二　商铺租赁合同纠纷

专题一　房屋租赁合同纠纷概述

本专题只就房屋租赁纠纷的一般性问题展开分析阐述，而对租赁合同关系、效力、违约、赔偿、解除等涉及专有、独特性问题分别以专题的方式展开，以便对其有深刻的理解。

一、房屋租赁合同理解

(一)房屋租赁合同含义

房屋租赁合同是以房屋为标的物的租赁合同,即出租人提供房屋给承租人使用、收益,承租人向出租人交付租金,并且在租赁期届满时将租赁房屋返还给出租人的合同。[1]

房屋租赁合同的基本特征为:一是不动产租赁合同,即有体物、非消耗物;二是转移财产使用权、收益权的合同;三是法律对当事人有一些特殊保护,如买卖不破租赁、优先购买权、优先承租权;四是存续期间具有临时性和继续性;五是主要价值在于租赁物的交易价值,即承租人取得租赁的使用权以支付租金为代价;六是租赁合同是双务合同、有偿合同。

房屋租赁合同的性质。一方面,房屋租赁合同具有人格性质,出租人之所以与承租人签订租赁合同是基于对承租人的信任,任由租赁关系主体更换非双方本意,故各国多限制承租人任意转租。[2] 因而有学者认为:"租赁承租人方面,既具有人格性,依债权让与之规定,租赁权应解为性质不得让与之债权。"[3]另一方面,租赁合同又并非人格专属,其呈现出极大的物用特征,实践中租赁合同的签订并不都以承租人个体品质为基础,主体更换亦不必然影响当事人利益,反而可能有利于物的利用。故不少学者主张承租人死亡,租赁权并不当然终止,认为"租赁权为财产权之一种,并无专属性,当然得为继承"。[4]

房屋租赁权是承租人依据其与出租人签订的租赁合同在租赁期间内对租赁物进行使用、收益的权利。有学者认为,租赁权,是指承租人依据法律和合同约定而对租赁财产所享有的权利。租赁权主要依据合同而产生,但其效力受到法律保护。此种权利的内容主要是承租人对出租人的财产享有占有、使用和收益的权

---

〔1〕 参见王泽鉴:《债法原理》(第1册),中国政法大学出版社2001年版。

〔2〕 参见张力、郑志峰:《承租人死亡时房屋租赁合同存续问题探究》,载《法学》2014年第5期(总第390期)。

〔3〕 参见邱聪智:《新订债法各论》(上册),中国人民大学出版社2006年版,第297页。

〔4〕 参见林诚二:《民法债编各论》(上册),中国人民大学出版社2002年版,第315页。

利。租赁合同的目的决定了出租人履行交付义务,必须以将租赁物直接交与承租人占有为必要,不能采用指示交付的方式,否则,租赁合同的目的就难以达到。[1] 对于租赁权的理解,首先,需要出租人和承租人建立真实的合同关系;其次,租赁权本质上虽属债权,但具有物权的对抗效力,也即法律规定的"买卖不破租赁"规则。制定司法解释的法官持租赁权之物权化说观点,认为房屋租赁权本质上为债权,但基于保护承租人之需要,而强化其效力,使其具有在一定条件下对抗第三人的物权化色彩。[2]

关于善意取得租赁权问题。由于租赁权在性质上属于债权而非物权,所以,不适用善意取得规则。当出租人以他人财产进行出租时,如果出租人事后取得处分权或者他人事后进行了追认,则其无权处分的效力得到补正,其进行的出租就属于有权出租。如果出租人事后没有得到真正权利人的追认,则其没有取得处分权,根据《合同法》第五十一条(对应《民法典》第五百九十七条)的规定,此时合同从效力待定状态转化为无效状态。[3]

对于租赁合同的效力待定,有学者认为,效力待定合同,是指合同成立后,是否发生效力尚不能确定,有待其他行为人或者事实使之确定的合同。效力待定的合同包括三类,即限制民事行为能力人订立的合同、无权代理人因无权代理而订立的合同、无权处分因无权处分而订立的合同。严格地讲,效力待定概念只适用于后两种情况。[4] 也有学者认为,合同效力未定,或称"未决的不生效",指起初未生效力,因为它在法律行为本身之外还欠缺某种生效要件,一旦该要件事后具备了,它就开始生效。当然此处所说的这种未定状态,是指事后该生效要件是否成就尚不清楚的情形,而非指即已清楚其生效只是在时间上推迟的情形。[5]

实践中,当事人签订的租赁合同其名称并非使用"租赁"一词,可能为合作协议或长期转让使用权协议等。对于符合租赁合同特性的合同,应将协议的性质和案由调整为租赁合同纠纷,并按照租赁合同的相关规则处理。反之,当事人签订的协议虽名为租赁合同,但从合同内容及履行上看实属买卖或其他性质的,应结合具体案情作出认定。防止仅看合同抬头有无"租赁"二字,就"一刀切"地作出认定。对于当事人签订的租赁合同中既有租赁合同内容又有其他合同性质内容,应分别适用相应规则予以认定处理,而不是仅适用租赁合同相关规则。

---

〔1〕 参见王利明:《合同法研究》(第三卷),中国人民大学出版社 2012 年版,第 292 ~ 293 页。

〔2〕 参见最高人民法院民事审判第一庭编著:《最高人民法院〈关于审理城镇房屋租赁合同纠纷案件司法解释〉的理解与适用》,人民法院出版社 2009 年版,第 227 页。

〔3〕 参见王利明:《合同法研究》(第三卷),中国人民大学出版社 2012 年版,第 302 页。

〔4〕 参见王利明:《合同法研究》(第一卷),中国人民大学出版社 2002 年版,第 541 页。

〔5〕 参见韩世远:《合同法总论》(第四版),法律出版社 2018 年版,第 294 页。

(二)出租人义务

其一,出租人有交付房屋符合租赁合同约定的义务,包括按时、全部、实际交付,同时符合租赁房屋约定的交付条件,保证房屋能达到租赁合同约定的使用、收益状态。

其二,出租人出租房屋的瑕疵担保义务。瑕疵担保责任在买卖合同和租赁合同内容上一致,即包括权利瑕疵担保和物的瑕疵担保。出租人的权利瑕疵担保,是指出租人应担保不因第三人就租赁物主张权利而致承租人不能使用、收益。物的瑕疵担保,是指在租赁合同中物的效用的瑕疵担保,即出租人应保证租赁物具备应有的使用价值。保证租赁房屋质量合格是物的瑕疵担保责任的基本含义。出租人对租赁物本身的瑕疵担保责任贯穿整个租赁期间,即该瑕疵发生或发现时间无论是在交付前还是交付后,出租人均负有物的瑕疵担保责任。

其三,出租人适租义务。《民法典》第七百零八条后半段对此作了明确规定。租赁合同签订后履行中,出租人负有在租赁期间保持租赁物符合约定用途的义务。

【案例1-1】　伊某某诉新疆得仕房地产开发有限公司摊位租赁合同纠纷案

二审法院认为,根据《合同法》第二百一十六条的规定,房地产开发公司将其楼房室内的一个摊位出租给承租人用于经营服装后,在合同未约定的情况下,其仍有义务保障冬季室内保持适宜的温度,以使租赁物符合约定的用途。[1]

对于商业租赁而言,其租赁房屋在使用上不存在不能办理营业执照的行政管理限制,亦是出租人适租义务的应有内容。

其四,出租人维修义务。维修义务,是指在租赁物出现不符合约定的使用状态时,出租人须及时对该租赁标的物进行修理和维护,以保证承租人能够正常使用。出租人的维修义务是一项积极义务,与瑕疵担保责任并不等同。维修义务是从出租人对物的瑕疵担保责任中派生的,既包括租赁标的物损害后使其恢复正常状态,也包括租赁标的物尚未损坏的正常保养。

一般认为,出租人维修义务构成要件为:一是租赁房屋本身存在缺陷;二是租赁房屋有维修的必要;三是租赁房屋有维修的可能;四是维修在经济上可行;五是

〔1〕 参见《中国审判案例要览》(2007年商事审判案例卷)。新疆维吾尔自治区乌鲁木齐市中级人民法院(2006)乌中民四终字第401号民事判决书。

承租人履行了通知义务;六是当事人无相反约定。

出租人维修义务的基本要求,一是按合同约定时间维修,二是在合理期限内维修,三是在未履行维修时应承担承租人的维修费用。

其五,出租人负有对出卖租赁房屋履行通知义务,保证承租人行使优先购买权,详见房屋租赁优先购买权纠纷专题有关阐述。

其六,出租人退还收取费用义务。在订立租赁合同时,出租人收取承租人各种名目的押金,如合同押金、装修押金,以及常见的进场费、建设费等各种费用,在合同约定的退费条件成就或合同期限届满时,应退回已收取的各种费用。

其七,出租人对承租人使用租赁房屋负有监督、管理义务。出租人违反监督、管理义务其程度严重的可构成过失犯罪。有学者认为,监督、管理过失,是指监督者不履行或者不正确履行自己的监督或者管理义务,导致被监督者产生过失行为引起的结果,或者由于没有确立安全管理体制,而导致结果发生,监督者主观上对该结果就具有监督过失。[1] 自建房房主对承租人负有监督、管理义务而未尽,导致承租人实施犯罪行为造成危害后果发生的,属刑法上的监督、管理过失,应定罪处罚。

【案例1-2】 徐某某因监督、管理过失犯失火罪案

一审法院认为,被告人徐某某安全意识淡薄,未尽到安全注意义务,在出租自建房过程中疏于监督,发生火灾造成多人死伤的后果,其行为已构成失火罪。鉴于被告人徐某某有自首情节,对其依法从轻处罚。遂判决被告人徐某某犯失火罪,判处有期徒刑3年。二审法院认为,一审定罪量刑适当,裁定驳回上诉,维持原判。[2] 在本案中,被告人徐某某为了赚取租金,将原有住房翻盖成三层,除自住外,将20余间用于对外出租并收取租金。案发时,有30余名租户。与日常生活中常见的一对一租赁关系存在较大不同,被告人徐某某将房屋同时出租给数十人,体现出一定的经营管理性质,对自建楼房具有经营管理权。作为经营管理者,应对租户安全负有高度注意义务。被告人徐某某对租户的行为负有监督、管理责任。该楼租户30余人,属于人员相对密集建筑,被告人徐某某作为出租者,在收取租金的同时,应当履行相应的义务,其对危害租户安全的行为负有监督和管理的责任。该楼仅有一个出口,经现场勘验,一层楼道长约20.8米、宽约1.4米、高约2.6米,楼道东侧出口门宽0.95米,相对于租户数量而言,该楼具有高度安全隐患,一旦发生事故,会对所有租户产生高度危险,因此,被告人徐某某对租户的监督、管理

---

〔1〕 参见张明楷:《刑法学》(第五版),法律出版社2016年版,第296页。

〔2〕 参见《人民司法·案例》2020年第11期(总第886期)。北京市第三中级人民法院(2019)京03刑终164号刑事判决书。

责任更为明显。其间，被告人徐某某疏于对二层租户赵某某（另案处理）安全用电的监督，长期放任其自二层私拉电线经楼道至一层给自己停放在楼梯口处的电动自行车充电。2017年12月13日1时许，赵某某给电动自行车充电时，因电瓶电气线路故障引发火灾。火灾造成租户7人死亡，4人烧伤。

其八，出租人减损义务。在租赁期满后，承租人无权继续占有租赁房屋，但基于对承租人滞留物所有权的保护，出租人不宜亦无权通过自力救济的方式擅自将承租人置于租赁房屋中的所有物品搬离或清空，出租人只有通过寻求公力救济，如诉请法院要求腾退租赁房屋并支付占有使用费。若当事人约定租赁期满后，承租人遗留物视为放弃的财产，则出租人在清场时可不必对之尽保管责任。反之，出租人应尽一般善良人之注意义务妥善保管承租人的相关财物，但因此产生的保管费可向承租人主张。

其九，出租人出租房屋的附随义务。出租人负有配合、协助承租人腾空房屋、按时搬迁的附随义务。

【案例1－3】　广州天河仓市场发展有限公司与广州汽车博览中心等租赁合同纠纷案

最高人民法院认为，关于天河仓公司是否承担出具发票的义务认定问题。……税务机关负责发票开具的监督和管理，并无直接向付款方开具发票的职能，原审判决根据该项规定认定汽博二公司要求开具发票的问题可以申请税务机关解决，并因此驳回汽博二公司有关请求，天河仓公司开具发票的反诉请求不当，本院予以纠正。本案一审期间广州市地方税务局虽决定对天河仓公司进行税务检查，但该项检查不影响天河仓公司依法履行向付款人开具发票的义务。关于天河仓公司实际欠开发票的数额，因该项诉讼请求系由汽博二公司提出，在其与天河仓公司就开具发票的数额产生争议且经人民法院组织调查仍不能查清时，应由汽博二公司承担证明其诉讼主张的责任。经原审法院调查，天河仓公司以发票备查联统计数据为依据确认其已开具发票总额为64324974.35元，对此，汽博二公司虽不予认可但无证据证明其主张，故对天河仓公司的主张本院予以支持。根据汽博二公司已实际交付的租金以及保证金抵扣的租金总额，本案确认天河仓公司应向汽博二公司补开发票金额为41967571.13元。[1]

其十，出租人强制缔约义务。这里讲的是非独立商铺所有人即出租人的强制

〔1〕　参见最高人民法院民事审判第二庭编：《最高人民法院商事审判指导案例》（合同卷）（下），中国法制出版社2011年版，第779页。

缔约义务。商铺业主在签订商铺购买合同时,即已知悉其所购买的商铺需整体经营管理,且该商铺非事实上独立的商铺,单个商铺仍受商场整体限制,不具有结构上和使用上的独立性。商铺业主与商场签订租赁合同期满后,商铺业主在行使其所有权时应顾及其他业主的利益,尤其是多数业主的共同利益。在多数业主同意续签合同的前提下,不应判决商场返还商铺给少数业主,而应在大多数商铺业主同意维持现状的情况下,判定少数业主负有与原承租人强制缔约的义务,从而实现法律效果与社会效果的统一,以维持商场正常运营管理,确保各方权益不受损害。

【案例1－4】 何某某、谢某与A公司、B公司(商贸有限公司)、C公司(房地产开发有限公司)租赁合同纠纷案

二审法院认为,关于案涉商铺是否应当返还给上诉人的问题。各业主在购买商铺之初,就直接通过与C公司、B公司签订委托经营协议的形式,统一将商铺交由A公司进行整体经营和管理。因此,上诉人在购买案涉商铺时对商场统一规划、统一布局、统一经营、统一管理以获取经营收益具有一定的合同预期,即上诉人对案涉商铺的经营模式应属明知,其应当知道该商铺所有权的性质不能等同于独立商铺,其权利行使必然要受到一定的限制,必须服从于业主的整体意志及共同利益,必须接受商场整体功能发挥的限制和约束。目前,案涉商铺的业主选择与B公司续签合同的业主人数与所占面积比例均超过半数,虽然各业主系分别与B公司续约,并非通过召开业主大会的形式作出决定,但超过半数的业主已续约的事实应当视为多数业主已就商铺由A公司继续经营的事项作出了有效的共同决定。在多数业主均选择继续将商铺交由A公司进行整体经营的情况下,若将少数零散分布的商铺拆分返还,必然会破坏整个商场的结构,导致商场无法正常经营,并损害其他大部分业主的利益。一审法院出于整体利益考量,在本案中未支持上诉人要求返还案涉商铺的诉请,并无不当。[1]

其十一,出租人义务涉及的问题。

物业费的承担无明确约定的情况下,应当由出租人承担。

【案例1－5】 刘某诉王某某房屋租赁合同纠纷案

判决观点,物业费的负担应当由业主和承租人在租赁合同中作出明确约定,如果没有约定,就应当按照《物业管理条例》及相关法规的规定,由业主承担,王某某与刘某的租赁合同中未就物业费用的负担作出约定,应当由王

〔1〕 参见《人民司法·案例》2020年第14期(总第889期)。广西壮族自治区南宁市中级人民法院(2019)桂01民终10951号民事判决书。

某某自行负担,不得自押金中扣除。因此判令王某某返还全部押金。[1]

出租人履行义务完成的时间认定。签订房屋租赁合同并由出租人交付房屋后,其出租人义务一直持续,在租赁合同履行期限届满后方可认定履行完毕。

【案例1-6】 石家庄宝石集团电视机厂与石家庄市冀发商贸有限公司租赁合同纠纷再审案

最高人民法院认为,电视机厂与冀发商贸签订的《租赁办公楼协议》作为房屋租赁合同,出租方的义务并非交付房屋的使用权即履行完毕,而是在租赁期内,还负有对房屋保证使用、管理、监督等义务,其义务具有阶段性和持续性,只有在房屋租赁合同履行期限届满后,出租方的义务才履行完毕。本案电视机厂与冀发商贸之间的《租赁办公楼协议》签订于1998年11月11日,租期为15年,自1999年1月起至2013年12月31日止,电视机厂的破产申请受理于2005年12月16日,故《租赁办公楼协议》属于破产申请前成立而债务人和对方当事人均未履行完毕的合同。二审判决关于电视机厂将房屋交付承租方即履行完毕合同义务,该协议不属于双方均未履行完毕的合同而应适用《合同法》的认定不当。[2]

出租人配合办理相关经营手续义务的标准。例如,当承租人从事涉及人员密集型行业经营时,正式开业前往往会根据需要进行二次装修改造工程。在合同未约定消防验收申报、完成义务主体时,一般由承租人向消防主管部门申报相关审批手续,与此同时,需要出租人提供配合义务。又如,购房合同本身是商业用途,承租人租赁该房屋以个体工商户身份经营餐饮业务,后因政策变化确实导致承租人无法注册公司,因为合同未明确约定出租人须履行配合能够实现注册公司目的的房产证义务,其承租人以出租人未办理相关经营手续违约而拒交租金抗辩不成立。在出租人配合这一过程中,承租双方极易因出租人配合义务的标准、范围产生分歧。对此类纠纷的处理,关键是对出租人的合同配合义务进行准确认定,最重要的是厘清出租人责任边界,其后方确定责任。

【案例1-7】 甲公司诉曹某房屋租赁合同纠纷案

二审法院认为,根据合同约定,曹某应于免租期内完成以甲公司名义申报的消防验收合格手续,如自免租期满之日起30日内仍未办理完成,甲公司有权解除合同。曹某于2014年1月16日办理完毕"公众聚集场所投入使用、营业前消防安全检查合格证"。甲公司称"公众聚集场所投入使用、营业前消防安全检查合格证"不是合同约定的消防验收合格手续,但其并未提供

---

〔1〕 参见《房屋租赁合同纠纷裁判思路与裁判规则》,法律出版社2017年版,第88页。

〔2〕 最高人民法院(2012)民提字第73号民事判决书。

证据证明合同约定的“消防验收合格手续”所指为何,亦未提供证据证明该证并不是办理营业执照所需的消防验收合格手续,故对其主张本院不予采信。甲公司另称曹某所办理的“公众聚集场所投入使用、营业前消防安全检查合格证”欠缺审批所需必要的合法文件依据,取得该证系利用私人关系违法审批,进而质疑该证的合法性,但在未经依法否定该证合法性之前,本院无法对该证的效力乃至曹某履行该合同义务的适当性作出否定性评价。据此,本院认定“公众聚集场所投入使用、营业前消防安全检查合格证”即为双方合同约定的消防验收合格手续,曹某就该义务的履行符合合同的约定,曹某无违约情形。综上所述,原判认定事实清楚,适用法律正确。判决:维持原审法院驳回甲公司诉讼请求判决。〔1〕

【案例1-8】 高某诉刘某房屋租赁合同纠纷案

因房屋租赁合同约定,“房屋用途为商业用房,出租方应根据提供房产证(或具有出租权的有效证明)、租赁房屋仅作餐饮经营使用”,一审法院认为承租人刘某对承租的房屋性质、是否符合合同约定用途,在签订合同前承租人刘某具有谨慎审查义务。承租人刘某签订房屋租赁合同时即证明承租人刘某认可涉案房屋的性质且符合合同约定用途。承租人刘某主张签订合同时出租人高某未向其提供涉案房屋具有商业用途的房产证或证明文件构成违约,证据不足,法院不予支持。合同明确约定承租人有下列行为“拖欠房租累计两个月以上(经甲方同意缓交的除外)”,出租人有权解除合同。承租人刘某未按合同约定支付租金构成违约,应承担违约责任,据此,原审法院判决:解除房屋租赁合同,承租人刘某腾退房屋、支付租金及违约金。二审法院以刘某签订合同时高某未向其提供房屋具有商业用途的房产证或证明文件构成违约,要求高某支付违约金,赔偿装修、改造添附附属设施损失反诉请求证据不足为由,驳回刘某上诉,维持原判。〔2〕

(三)承租人义务

其一,承租人交付租金义务。承租人应按租赁合同的约定按期足额支付租金,这是承租人最主要、最核心的义务。租金的形态、数额、支付方式和期限都可以由当事人在合同中约定。在逾期腾房、无效租赁合同中,承租人应支付占有使

〔1〕 参见安凤德主编:《租赁合同纠纷案件疑难问题裁判精要》,法律出版社2021年版,第190页。

〔2〕 参见安凤德主编:《租赁合同纠纷案件疑难问题裁判精要》,法律出版社2021年版,第195~196页。

用费。

其二,承租人按照合同约定的方法或者租赁物的性质使用出租房屋的义务。《民法典》第七百一十条规定:"承租人按照约定的方法或者根据租赁物的性质使用租赁物,致使租赁物受到损耗的,不承担赔偿责任。"

其三,承租人在使用房屋中的维护、修缮的义务,应按照租赁合同约定或租赁房屋的性质的常态维护。

其四,承租人在租赁期间尽善良管理人的保管义务。《民法典》第七百一十四条规定:"承租人应当妥善保管租赁物,因保管不善造成租赁物毁损、灭失的,应当承担赔偿责任。"

其五,承租人返还租赁房屋妥当义务。《民法典》第七百三十三条规定:"租赁期限届满,承租人应当返还租赁物。返还的租赁物应当符合按照约定或者根据租赁物的性质使用后的状态。"承租人在租赁合同无效、被撤销、履行期限届满或者解除时应返还租赁房屋,并应恢复至租赁时的原状、符合合同约定状态或者根据房屋的性质使用后的状态义务。租赁期限届满,承租人应当及时向出租人返还租赁物。

其六,承租人返还租赁房屋应交付出租人本人义务,实现出租人对房屋的占有、控制,方符合合同约定或法定义务。承租人在腾退搬离租赁房屋时,又将房屋转移给他人使用,应认定为承租人未履行腾退义务。

【案例1-9】　上海徐汇粮油企业发展有限公司申请执行顾某房屋租赁合同纠纷案

顾某认为其迁出即已履行全部义务,理由有二:其一,本案系争的基础关系是房屋租赁合同,根据合同相对性,只能约束当事人双方,其他人是否迁出,与基于合同关系产生的权利义务无关;其二,本案中判决是否履行完毕应以判决书载明的义务主体是否履行了义务为判断标准,判决载明顾某是唯一的腾退义务人,只要其搬离上海市徐汇区××路170号房屋,即已履行全部义务。对此,执行法院认为,被执行人的上述观点并不能成立。这是因为基于权利保障的考虑,对本案"腾退"的理解应当包含两层含义:第一层含义是将争议房屋内属于被执行人的物品清空搬离,将房屋恢复至租赁时的原状或者符合合同约定的状态。本案中,虽然被执行人本人已经搬离,但因其行为,房屋被第三人实际占有,故应认定义务未履行完毕。第二层含义是应将房屋交付申请执行人,重新实现对房屋的占有与控制是权利人诉讼的根本目的,本案被执行人非但没有交付房屋,反而将房屋授意第三人占有,致使申请人的权利继续受到侵害,实难认定其义务已经履行完毕。[1]

其七,承租人订立租赁合同审核义务。在订立租赁合同时,承租人有查验出租房屋权属情况、合法建筑等的注意义务。若承租人取得租赁房屋后即发现权属瑕疵、违章建筑等并提起诉讼,法官可根据具体案情作出认定。

【案例1-10】 陈某锚与钟某房屋租赁合同纠纷再审案

再一审法院认为,陈某锚在与钟某签约时,已明知房屋的产权人即出租人并非钟某,但轻信钟某转租已征得施某海口头同意的表述,仍坚持与钟某签订合同,事后亦未进行必要的核实,故陈某锚亦存在未尽必要审核义务的过失,应对其装潢损失酌情承担相应的民事责任。但仍应确认其为善意承租人。二审法院亦持同样意见,维持一审判决。[2]

其八,承租人对租赁房屋进行改善、增设他物或转租应征得出租人同意的义务。《民法典》第七百一十五条第一款规定:"承租人经出租人同意,可以对租赁物进行改善或者增设他物。"第七百一十六条第一款规定:"承租人经出租人同意,可以将租赁物转租给第三人……"

其九,承租人使用房屋的附随义务。现行法律虽然并没有明确规定承租人的报修和注意义务,但根据法律规定的诚实信用原则,根据合同的性质、目的和交易习惯承租人在履行通知、协助、保密等合同的附随义务时产生该项义务。因为租赁房屋交付承租人后,承租人占有使用租赁房屋对其发生的问题最为清楚,而出租人并不一定知道。故在租赁关系存续期间,租赁物及其附属设施发生损坏需维修的,承租人应通知出租人。承租人就房屋发生损害未尽通知及注意义务,则可以免除出租人维修及赔偿责任,其承租人因违反附随义务应自担损害后果。

承租人对第三人主张权利的通知义务。《民法典》第七百二十三条第二款规定:"第三人主张权利的,承租人应当及时通知出租人。"

当前,企业商户普遍利用互联网平台或电子软件,将公司、商铺名称或主管业务及联系方式标注到网络地图上,为企业定位、品牌宣传等自身经营提供便利。承租人在租赁期限届满后,应及时删除网络地图上的标注是其附随义务。

【案例1-11】 周某琴诉银谷普惠信息咨询(北京)有限公司南通分公司等房屋租赁合同纠纷案

一审法院认为,本案中,原、被告双方建立了房屋租赁合同关系,租金的给付及标的物返还系双方主要合同义务,但根据法律规定,当事人还负有基

[1] 参见沈志先主编:《2011年上海法院案例精选》,上海人民出版社2012年版,第589页。

[2] 参见最高人民法院审判监督庭编:《全国法院再审典型案例评注》(上),中国法制出版社2011年版,第313页。

于合同而产生的履行通知、协助、保密等附随义务，目的在于维护给付效果或者妥善处理合同终止事项。随着社会经济的发展，附随义务应具有符合时代的内涵，租赁合同终止后，协助办理网络地图标注删除即属于承租人的附随义务，如怠于履行，势必影响出租人对房屋的使用及日常经营、生活。故原告周某琴的相关诉讼请求，于法有据，法院予以支持。二审法院判决驳回上诉，维持原判。[1] 本案中，原告主张租赁合同终止后被告删除网络地图标注诉求得到法院支持。

(四)租赁合同订金与风险理解

1. 交付订金理解

在现实生活中，承租人为订立租赁合同而交付的担保金、保证金、订约金或订金等，但没有约定定金性质，承租人主张定金权利的，法院不予支持。为担保租赁合同签订而支付的订金，在有特别约定时可认定为具有定金性质。

【案例 1-12】 盛某诉周某某房屋租赁合同纠纷案

二审法院认为，盛某向周某某交付的 500 元虽名为“订金”，但根据收据中对不签订租赁合同法律后果的约定即“明日签订租赁合同，如有违反退一赔一”，应当认定该“订金”实为签订租赁合同的担保，具有定金的法律后果。由于在收取定金前，双方并未对租赁合同的期限及物业管理费的承担进行磋商，而在签订租赁合同时对上述内容无法达成合意，以致合同未能签订，并非任何一方的违约，故盛某不能适用定金罚则要求周某某承担双倍返还的责任。盛某的上诉请求依据不足。[2]

2. 风险理解

房屋租赁合同履行中，承租人占有的房屋可能因各种原因而遭受毁损、灭失，这有可能是基于承租人的原因造成的，亦可能是基于不可归责于承租人原因所致。就不可归责于承租人原因所致造成毁损主要包括三种情形：一是出租人未及时履行维修义务，二是不可抗力的作用，三是意外事件的作用。

《民法典》第七百二十九条规定：“因不可归责于承租人的事由，致使租赁物

---

〔1〕 参见《人民司法·案例》2020 年第 14 期(总第 889 期)。江苏省南通市中级人民法院(2018)苏 06 民终 4610 号民事判决书。

〔2〕 参见《房屋租赁合同纠纷裁判思路与裁判规则》，法律出版社 2017 年版，第 57 页。

部分或者全部毁损、灭失的，承租人可以请求减少租金或者不支付租金；因租赁物部分或者全部毁损、灭失，致使不能实现合同目的的，承租人可以解除合同。”《合同法》第二百三十一条也作了类似规定。该条规定了租赁物毁损、灭失的风险负担，但没有明规定应当由谁承担风险，其从条文表述上可以得出是采纳了所有人负担风险的思想，确定了租赁物毁损、灭失的风险由出租人承担的规则。在租赁关系中对租赁物的毁损、灭失的风险采纳所有人负担主义是合理的。〔1〕

（五）公有住房承租权理解

公有住房是福利性、公共性政策的产物，随着房地产市场的不断发展，涉及公有住房的纠纷占有相当数量。因法律、法规对公有住房使用权的性质、权能范围、能否交易等问题未作出明确规定，造成实践中对公有住房使用权纠纷处理意见不统一、在法律适用上面临诸多困难、执法尺度不一致现象存在。

我国的公房租赁制度是特殊时期的产物，一般分为直管公房和自管公房。直管公房，是指由政府公房管理部门或政府授权经营管理单位依法直接进行经营和管理的国有房屋。

公有住房，是指产权属于房管部门所有的直管公房或产权属于单位所有的自管公房。〔2〕

所谓公有住房承租权（或称公房使用权），是指在国家机关或者国有、集体、企事业单位工作并达到一定工作年限的职工，根据其工龄、职务、家庭人口等因素，单位分配给其相应面积的房屋，并与之签订公有住房租赁合同建立租赁关系，承租人对该公有房屋即具有长期或永久占有权和使用权，非因特定事由，单位不得终止公有住房租赁合同。也就是说，公房承租人与公房出租人之间存在特殊身份关系，在特定历史背景下，出租公房具有劳动报酬性质，隐含了一部分劳动价值。同时，因公房实行低租金政策，故公房承租权兼具社会福利和劳动报酬双重属性。从法律角度分析，承租人符合公房承租条件而取得承租权应视为一项财产权利，应当具有可继承性，应是一种私权利，相关利害关系人可以通过意思自治而进行家庭协议分配。实践中，公有住房的福利性主要表现为三种形态，公有住房永久低租使用权为其基本形态，此外，还包括可成本价福利购房、享有公有住房的拆迁补偿款两种形态。而拆迁补偿款是公有住房使用权的货币形态，直观反映出公有住房的使用权价值。

---

〔1〕 参见王利明：《合同法研究》（第三卷），中国人民大学出版社2012年版，第334页。

〔2〕 参见杨怡霖：《公房使用权交易的若干问题》，载《法治论丛》2005年第20卷第2期。

公有住房承租权与一般的房屋租赁承租权有很大差别,绝不仅仅是单纯的债权,其所具有的永久占有、使用、支配、转让等特征,使其在性质上与物权中的用益物权相似。由于《物权法》对公有住房承租权未予以明确规定,根据物权法定原则,公有住房承租权应当归为一种呈现出用益物权性质的债权,即一种物化了的债权。最高人民法院法官认为,公有房屋使用权虽然有租金存在,但是绝对不同于私人所有权基础上的租赁权,这主要体现在租赁主体、租金标准、租赁期限和租赁主体之间租赁关系的发生等方面,均明显不同于一般房屋租赁。而且,产权单位对承租公有房屋并无完整的处分权,其处分权受到承租人使用权的限制,在承租人没有法定的违规行为的情况下,不但不能收回出租的房屋,相反,承租人满足一定条件后还可以继承、转让公有房屋使用权。此外,公有房屋使用权具有客观存在的交易价值:一是通过市场租金与公房租金的差额收益;二是通过房改收益,这实际上是一种房改政策收益;三是通过拆迁补偿和安置收益。这些收益都是由公有房屋使用权带来的。[1] 换言之,直管公房租赁关系是一种公法色彩很浓的特殊关系,这种租赁关系不同于一般的民事租赁关系。在直管公房租赁关系中,承租人的资格、租赁的期限、租金的标准、出租人的权限、出租方与承租人之间的权利义务关系都由政府有关部门统一规定,出租人和承租人的意思自治范围被压缩到极小。

1. 公有住房承租权继承

随着住房制度改革的全面施行,公有住房承租权逐步允许转让、转租、上市交易,具有了经济价值,这种经济价值使公有住房承租权具备了独立的私有财产的性质,因此公有住房承租权可以如普通财产一般作为遗产继承。

【案例1-13】 陈某超诉黄某惠继承纠纷案

判决观点,公民死亡时遗留的个人合法财产应当予以继承,遗产的范围应当包括物和权利。本案中被告黄某惠与陈某再婚后共同居住在重棉三厂所有的位于重庆市南岸区弹子石庆新一村41号1-7公有住房内。陈某死亡后,被告黄某惠以共同居住人的身份取得了诉争房屋承租权,后在诉争房屋拆迁时获得了拆迁安置房的所有权。原告陈某超认为公有住房承租权作为一项财产性权利,在被继承人陈某死亡时应当作为遗产予以分割,且无论该权利在其后转化为什么性质、状态,原告作为法定继承人都不丧失对该项财产进行分割的权利。故本案争议的焦点为公有住房承租权是否可作为遗产继承?公有住房承租权产生于计划经济时期,目的在于使社会主义公有制

---

〔1〕 参见《人民司法·案例》2014年第4期(总第687期)。

下的每个人都居有其所，具有公益保障性质。但随着市场经济的快速发展和房产制度的改革，传统意义上的公有住房性质发生了巨大的变化。公有住房的差价交换和公有住房的转租并无明确的法律和政策限制，公有住房承租权人能以公有住房承租权获得财产利益，使得公有住房承租权成为财产性质的权利，故应当可以被继承。本案中，陈某死亡后，该公有住房承租权应当以遗产的方式进行分割，故在原告未明示放弃继承的情况下，其继承利益依然凝聚在公有住房承租权上，虽然后来该公有住房进行了拆迁和产权调换，但原告并未丧失对该承租权及其转化的利益的继承权，故原告依然可以对拆迁安置房即重庆市南岸区南坪东路二巷16号1栋12－13房屋进行分割。由于公有住房承租权的公益保障性还是第一位的，被告黄某惠与原承租权人一直共同居住在该公有住房内，故在分割时应当对被告黄某惠予以多分。根据拆迁安置房约定价值、产权调换时的价值以及黄某惠补交房屋安置时的差价等情况，判决位于重庆市南岸区南坪东路二巷16号1栋12－13房屋的拆迁安置房归被告黄某惠所有，被告黄某惠支付原告陈某超房屋折价款8万元。[1]

公有住房承租权中具备物权特征的交换价值，可作为被继承人遗产予以继承。

【案例1－14】 沈某华等诉沈某东继承纠纷案

判决观点，钱某某去世，其对案涉房屋承租权中的交易价值部分成为其遗产，即案涉房屋的拆迁补偿款系钱某某遗产，但其中如各类补助、补偿和奖励费用、补偿金、提前奖是拆迁人补偿给被拆迁人的个人奖励，应当由被拆迁人沈某东享有。沈某东与水箱公司继续签订租赁合同，是因为法律赋予共同居住人居住权而得以签订，其对租赁物仅享有占有权、使用权，不享有租赁物的交换价值，如拆迁安置权益。沈某东的辩称无法律依据，不应予以支持。继承从被继承人死亡时开始，继承开始后，按照法定继承办理，由第一顺序继承人继承，与被继承人共同生活的继承人，分配遗产时，应当予以照顾。被继承人钱某某于2000年去世，其遗留的案涉房屋于2018年拆迁，扣除被拆迁人个人享有的部分，剩余补偿款428967元应当由法定继承人共同继承。沈某东与被继承人共同生活多年，亦承担了案涉房屋的维修义务，应当予以照顾，可以多分，故酌定沈某华、卢红某、卢佰某分别享有20%的遗产份额，沈

[1] 参见最高人民法院中国应用法学研究所编：《人民法院案例选》2015年第2辑（总第92辑），人民法院出版社2016年版，第102页。重庆市南岸区人民法院（2010）南法民初字第03056号民事判决书。

某东享有40%的份额。[1]

【不同处理】 公房产权单位明确表示,原承租人死亡后无法变更承租人为原承租人配偶以外的其他人的手续,且不能以公有住房租赁标准与新承租人建立租赁关系,因此,在房屋产权单位无法办理新的租赁手续的情况下,各继承人不能对公房进行继承。

【案例1-15】 颜某某、苏某1诉苏某2等继承纠纷案

判决观点,颜某某与四被告于2015年9月15日签署的两份《协议》及2014年12月14日的《承诺书》应视为一个整体,从中可见继承人对被继承人死亡后遗留的房屋的继承问题已达成协议。在房屋产权单位不持异议且并无相关禁止性规定的情况下,继续以公有住房租赁标准在承租房中居住的权利也是一种财产性利益,故颜某某签署的协议中虽然字面上出现了"放弃继承权"字样,实为利益的让渡,即以取得承租房的居住权利为条件而放弃继承803号、804号两套房屋的所有权,并非真正放弃任何利益的继承。鉴于现房屋产权单位明确表示原承租人死亡后无法变更承租人为原承租人配偶以外的其他人的手续,且不能以公有住房租赁标准与新承租人建立租赁关系,原告在签署两份《协议》及《承诺书》时的前提条件及利益预期无法实现,属于重大误解,两份《协议》及《承诺书》应予以撤销。两原告有权参与803号、804号两套房屋的继承。……被继承人承租的公房不属于遗产范围,本案不予处理,相关事宜可另行解决。苏某4主张原告赔偿损失,不属于本案审理范围,本案不予处理。苏某5主张苏某1曾持刀威胁被继承人,不应享有继承权,依据不足,法院不予采信。[2]

【案例1-16】 陈某某诉李某物权保护纠纷案

一审法院认为,本案所争议的房屋系公有住房,原承租人陈某去世后,经产权单位同意已变更陈某某为承租人并办理了公房承租使用证,陈某某是该住房承租使用人,对该住房享有占有、使用的权利。李某与陈某于2003年未办理结婚登记共同居住于该房,现其占有房屋系无权占有,陈某某主张李某返还该房屋,符合法律规定,予以支持。关于李某主张原承租人陈某立有自书遗嘱,遗产应是公民死亡时遗留的个人合法财产,陈某对该争议房屋仅具有承租使用权而不具有所有权,该遗嘱对争议房屋的处分无效,对该主张不

---

〔1〕 参见国家法官学院、最高人民法院司法案例研究院编:《中国法院2020年度案例》(婚姻家庭与继承纠纷),中国法制出版社2020年版,第234页。江苏省扬州市邗江区人民法院(2018)苏1003民初4069号民事判决书。

〔2〕 参见国家法官学院案例开发研究中心编:《中国法院2019年度案例》(婚姻家庭与继承纠纷),中国法制出版社2019年版,第240页。北京市西城区人民法院(2016)京0102民初第9976号民事判决书。

予支持。判决李某将争议的公有住房返还给陈某某。二审法院认为，原审依据《物权法》第三十四条的规定，判令李某将其无权占有的诉争公有房屋返还给陈某某于法有据，故原审判决正确。……关于李某称陈某所立遗嘱应认定为有效的上诉理由，根据《继承法》的规定，遗产是公民死亡时遗留的个人合法财产，而本案争议的公有房屋并非陈某的私有财产，因此原审认定陈某所立自书遗嘱无效并无不当，鉴于此，李某称应分得遗产或获得补偿的上诉理由没有法律依据，故不予支持。据此判决，驳回上诉，维持原判。[1]

有法院认为，公房承租人对于所承租的公房只有居住权和极其有限的处分权，只能通过变更的方式转由符合条件的继承人或其他共同生活的家庭成员享有。

【案例1－17】 关某芝诉关某绒物权确认纠纷案

一审法院认为，原告关某芝于2010年12月7日就昆明市金城小区住房与昆明市五华区住房和城乡建设局签订房屋租赁协议，此协议约定原告取得2010年12月7日至2013年12月7日诉争房屋的使用权。原告曾将诉争房屋交由关某安使用，现关某安已去世，且以关某安名义申请了公租房。原告诉请被告腾房于法有据，本院依法予以支持。被告关某绒辩称本案诉争房屋系原告作为家庭成员的代表去申请并用于家庭生活用途，无相应证据相印证，对其辩解依法不予采信。判决被告关某绒将昆明市金城小区房屋腾还原告关某芝。二审法院亦持同样意见，维持一审判决。[2]

2. 公有住房承租权过户

公有住房承租人在承租期内死亡，共同居一处、共同生活同户籍两年以上的家庭成员，可以申请住房租赁过户。住房租赁过户经其家庭成员同意后方可办理；对于申请住房租赁过户未能达成协议的，法官可以根据案件具体情况确定某一家庭成员享有承租权，但需给其他家庭成员适当的经济补偿。

【案例1－18】 王某姮诉张某、第三人天津市宗教房产公司房屋租赁合同纠纷再审案

再二审法院认为，天津市河北区人民法院再审判决充分考虑了相关因素，对当事人提供的证据及法庭调取的证据进行了充分分析、论证，对案件主

---

〔1〕 参见国家法官学院案例开发研究中心编：《中国法院2015年度案例》（物权纠纷），中国法制出版社2015年版，第18页。辽宁省抚顺市中级人民法院（2013）抚中民一终第00500号民事判决书。

〔2〕 参见国家法官学院案例开发研究中心编：《中国法院2014年度案例》（物权纠纷），中国法制出版社2014年版，第2页。云南省昆明市中级人民法院（2012）昆民三终第480号民事判决书。

要争议问题进行了认定,即原建国道45号平房承租人张某禄,承租权应属于张某禄和王某姮夫妻二人共同享有。该房拆迁后,新分配的安置房即诉争房屋承租权仍应归张某禄和王某姮共同享有,张某禄生前将诉争房屋承租权让与张某的行为体现了张某禄本人的意志,在张某禄已死亡的情况下,应认定王某姮与张某共同对诉争房屋享有权益。应由一方获得独占的承租使用权,并给予另一方适当经济补偿,考虑本案实际情况,从有利执行的角度出发,本案经天津市河北区人民法院审判委员会决定,判决诉争房屋由张某继续承租,张某给付王某姮适当经济补偿。关于上诉人认为再审判决违背了公产房不属于遗产范围、不可以继承的法律规定,要求自己承租诉争房。诉争房屋虽系宗教公产房,但该房屋允许上市置换交易,可直接变现为金钱,具有财产价值,对于该公产房所体现的财产权益应比照私有财产的规则进行处理。天津市河北区人民法院认定王某姮与张某共同对诉争房屋享有权益是正确的,本院予以支持。天津市河北区人民法院考虑本案实际情况,从有利执行的角度出发所作判决是合理可行的。天津市河北区人民法院再审判决认定事实清楚、适用法律正确,本院应予维持。〔1〕

3. 公有住房承租权分割

实践中,公房承租无租期限制,公房所有权人或公房管理单位无法定情形不得随意解除或终止租赁合同关系。公房承租人本质上属于财产性权利,当事人可以通过家庭协商方式对权益予以分配。因分配公房本身目的是解决相应人员的住房困难,包括承租人的家庭成员,故承租人在承租时对公房的处分效力亦应涉及并约束家庭成员。

【案例1-19】　许某婕诉许景某物权保护纠纷案

一审法院认为,案件争议焦点为谁享有涉案公房的优先使用权利。第一,许某婕与房屋管理单位签订《公有租赁合同》时,已经取得了公房承租权,其应是涉案公房的合法权利人。第二,许景某与许增某签订的《协议书》系有效合同。《协议书》中对公有住宅所用"所有"一词,结合当事人对法律用语的理解及认识程度和我国公有房屋的性质,从符合合同目的及诚实信用原则的角度考察,《协议书》的真实意思为:许景某、许增某对其父许某所留公房进行协议分配,涉案公房的相应权利归属许景某,如涉案公房拆迁,则相应拆迁利益归许景某所有。第三,许某婕已取得公房承租权,为登记的合法

〔1〕　参见最高人民法院中国应用法学研究所编:《人民法院案例选》2014年第1辑(总第87辑),人民法院出版社2014年版,第184页。天津市第一中级人民法院(2012)一中民一终字第555号民事判决书。

使用权人,具有优先效力。现许景某未经许某婕同意,擅自入住涉案公房的行为,侵犯了许某婕的合法权利,许景某应当予以腾退。许增某与许景某于1999年签订《协议书》的行为性质为家庭内部对公房权利的分配。《协议书》对许增某及其女许某婕具有法律约束力,即许增某在涉案公房上为许景某设定了相关权利。据此,许景某享有涉案公房的相应拆迁利益。二审法院认为,许某婕取得了涉案公房的承租权利,其应享有上述公房的居住使用权。许景某擅自入住该房的行为,侵犯了许某婕对该房的合法占有的权利,其应当予以腾退。另外,许增某与许景某于1999年签订的《协议书》系有效合同,该协议为家庭内部对涉案公房权利的分配,对许增某有法律效力,即许增某在涉案公房上为许景某设定了相关权利。在此种情况下,许某婕取得的公房承租权亦应受到原承租人许增某上述约定的约束。因此本案为物权保护纠纷,许景某对诉争房屋有何种权利成为是否应当腾退房屋之关键,故一审法院对《协议书》性质和效力的审理与本案的结果有密切相关性,一审法院对上述待决事实的审理并无不当,但是《协议书》是否履行、如何履行,并不在本案的审理范围之内。据此,二审法院判决,驳回上诉,维持原判。[1]

具名承租人取得公房承租权中存在共有问题。公房共同用益物权的取得,应根据实际情况来确定公房使用权是否已经演变为家庭共有财产。共有的产生通常是基于当事人的意思表示和法律的直接规定,居住本身不会产生共有。在取得公房使用权时,除承租代表人外,其他同住人口作为分房时确定面积等因素、条件的,或其他同住人口交纳了增加面积款的,或所腾退移交旧房为其他同住人口的共有财产的,即使房屋使用权证上未明确记载该同住人口为共同承租人,也可构成共有。在公房使用权中有其他家庭成员的财产份额,构成共有,按照民法关于共有的原理,在共有物分割之前,共有人不能对共有物独占,不能妨碍其他共有人行使权利。因此,具名承租人要求其他家庭成员腾房的,法律不予支持。对于房屋拆迁货币安置款分配的,其构成共有的人有权参与分配。

【案例1-20】 陈某治诉黄某娇返还原物纠纷案

二审法院认为,被拆迁的原厦门市塔厝社45号公房系陈某治代表家庭成员向房管部门承租的,1997年因建设需要,该公房被拆迁,在拆迁调查和拆迁商谈过程中,陈某治均以其丈夫、儿子、儿媳、女儿、女婿同住为由要求安置两套二房一厅,拆迁人亦以人口结构原因等实际情况,再上调二档给予安置包括讼争房屋在内的两套二房一厅,因此,应当认定陈某治系代表家庭成

---

〔1〕 参见国家法官学院案例开发研究中心编:《中国法院2015年度案例》(物权纠纷),中国法制出版社2015年版,第14~15页。北京市第一中级人民法院(2013)一中民终第01448号民事判决书。

员与拆迁人签订《厦门市城市房屋拆迁安置协议书》。黄某娇作为家庭成员,依法享有讼争安置房的居住权。原审判决黄某娇搬离讼争安置房并将房屋返还给陈某治是错误的。黄某娇承租讼争房屋期间应自行承担相应的房屋租金等,鉴于房屋租金已由陈某治交纳,黄某娇应支付给陈某治。原审判决处理不当,本院据实予以纠正。据此,二审法院判决撤销一审判决,黄某娇家支付陈某治房屋租金。[1]

公租房的居住使用权具有用益物权性质,原承租人死亡后并不消灭,确认居住使用权的归属应综合多种因素确定。

【案例1－21】　胡某一诉米某等用益物权确认纠纷案

判决观点,公民个人对其承租的公产房屋虽然不享有房屋所有权,但依据合同约定及法律规定,对其承租的公产房屋享有居住使用权,该居住使用权受法律保护。胡某生前承租了讼争公产房屋,产权管理部门向胡某颁发的《租赁证》是胡某享有承租权和居住使用权的有效凭证,又是与胡某共同居住的胡某一、米某、胡小一共同享有的居住使用权并不因胡某的去世而消灭,现三人一致同意确认共同享有居住使用权并由胡某一作为该房屋的承租人亦不违反法律规定,故对胡某一的诉讼请求予以确认。从《租赁证》来看,胡小二并不属于共同居住使用权人,故其不享有该房屋的居住使用权。判决:胡某名下的公产房屋的居住使用权归胡某一、米某、胡小一共同享有(其中胡某一为承租人)。[2]

一方婚前公租房,离婚时能否作为夫妻共同财产分割,应区分情况处理,若以夫妻共同财产购买,所购房屋应视为共同财产,婚后以个人财产购买的,原则上应属个人财产。

【案例1－22】　冯某某诉孙某离婚后财产纠纷案

一审法院认为,××号平房系分配给孙某及其前夫冯某华的公有住房,冯某华去世后,××号平房一直由被告孙某占有使用,拆迁时,社区及街道以家庭为单位对冯某某和孙某的住房情况进行了登记、公示,上述行为均为审核工作程序,关键是住房办最终审核孙某享有购买涉诉房屋的资格,并为孙某完善了购房的全部手续。……本案涉诉房屋虽然有两次购房款是在冯某某与孙某的婚姻关系存续期间所交纳,但并非双方用共同财产购买,而是孙

---

〔1〕参见国家法官学院案例开发研究中心编:《中国法院2013年度案例》(物权纠纷),中国法制出版社2013年版,第88页。福建省厦门市中级人民法院(2011)厦民终第2108号民事判决书。

〔2〕参见国家法官学院、最高人民法院司法案例研究院编:《中国法院2021年度案例》(物权纠纷),中国法制出版社2021年版,第97页。辽宁省本溪市平山区人民法院(2019)辽0502民初1180号民事判决书。

某之子在双方离婚前代为交纳的购房款，对此，冯某某与孙某在离婚诉讼中已陈述得较为清楚，在离婚后，孙某单独交纳了剩余房款，因此，冯某某与孙某并未共同出资购买涉诉房屋。综上，冯某某要求分割涉诉房屋的理由不成立，法院不予支持。基于涉诉房屋并非双方的共有财产，故对冯某某要求分割××号公房的租金和涉诉房屋的租金以及搬迁奖励的诉讼请求，法院不予支持。二审法院亦持同样意见，维持一审判决。[1]

4. 公有住房承租权转让

公房私自转让属于使用权让与行为，即使用权人以自愿放弃原有房屋的使用权为代价，将房屋使用权有偿转让给受让人，是一种债权化物权。公房使用权转让合同并未违反效力性规范，但仍然需要房屋所有权的同意或追认。

【案例1-23】 李某诉胡某房屋买卖合同纠纷案

判决观点，房地产开发公司作为诉争房屋的所有权人，将该房屋委托物业中心管理，双方存在委托合同关系。现物业中心得到房地产开发公司全权管理的授权，与被告签订房屋租赁合同，表明物业中心已经知悉原告将房屋转让给被告的行为，并且同意原告与被告之间的房屋转让行为，从而与被告签订了房屋租赁合同，该行为产生的法律效力应当及于委托人房地产开发公司。此外，原告主张其转让房屋时未征得配偶同意的意见，法院不予认定。最终法院判决驳回李某的诉讼请求。[2] 本案中的原告为公房承租人，其转让公房使用权得到被告同意。

【案例1-24】 罗某甲等诉韩某某等所有权确认纠纷案

一审法院认为，公房租赁权的转让，其法律性质为公房租赁合同中承租人权利义务的概括转移。依《合同法》规定，承租人概括转移租赁合同的权利义务，应征得合同另一方当事人即出租人的同意，包括事先同意或事后认可。下列情形之一即可表明出租人已事后认可公房使用权之转让：(1)原承租人转让前未征得出租人之书面同意，但出租人事后办理了公房承租户名变更手续的；(2)原承租人转让前未征得出租人之书面同意，但受让人已实际入住，并以承租人的意思交付租金，出租人也予以收取的，应依据诚实信用原则，推定出租人已经知道或应当知道承租权已转让，并事实上认可了该转让

---

〔1〕 参见国家法官学院案例开发研究中心编：《中国法院2017年度案例》（婚姻家庭与继承纠纷），中国法制出版社2017年版，第96～97页。新疆生产建设兵团第八师中级人民法院(2016)兵08民终25号民事判决书。

〔2〕 参见北京市高级人民法院编：《审判前沿——新类型案件审判实务》2011年第6集（总第42集），法律出版社2012年版，第34页。

行为。本案中,原告基于与被继承人罗某丙签订的上海市公有住房承租权转让合同及相关的收条、收据主张旧仓街公房已经转让给两原告,但转让合同并未征得原产权人或出租人上海市物资学校及房管部门的事先同意或备案,也未有证据表明得到过事后追认。合同签订后,作为受让人的两原告也未实际入住或使用,并以承租人的意思交付租金,原告主张的转让协议签订后委托被告韩某某出租的意见,未向法院提供证据,也未得到被告韩某某的认可,法院难以采信。况且,旧仓街某号房屋征收补偿安置协议由被继承人作为房屋所有权及承租人签订,动迁安置补偿利益由被继承人取得,动迁安置房也登记于被继承人名下,动迁安置实施过程中两原告亦未向动迁部门主张权利。综上,该承租权转让合同虽事先征得了共同居住人韩某某的同意,但未得到产权人或出租人的同意或追认,法院确认该转让行为无效,本案系争房屋属于被继承人罗某丙所有。原告的诉讼请求,法院不予支持。一审法院判决:驳回原告罗某甲、罗某乙的诉讼请求。二审法院判决驳回上诉,维持原判。[1]

直管公房承租人擅自转让公房,公房经营管理单位在租赁合同未解除时不能要求受让人腾房。

【案例 1-25】 北京市怀柔区泉河街道办事处诉张某、杨某英排除妨害纠纷案

判决观点,涉案房屋属于直管公房性质,其经营管理单位原为北京市怀柔区房地产管理局,而案外人王某晨系涉案房屋的登记承租人,租赁期限自 1988 年 5 月 1 日始,无终止期限。现泉河街道办依据"直管公房(含政府收取房租的楼房、平房)纳入属地镇乡政府、街道办事处统一管理"的相关规定,以排除妨害为由,要求张某、杨某英腾退房屋,并支付拖欠的相应租金。庭审中,张某持其与王某晨所签《房屋买卖协议》,不同意上述请求。因双方当事人均未能提供王某晨的身份信息或者住所地,致使本案无法追加王某晨进行诉讼,无法对涉案《房屋租赁契约》与《房屋买卖协议》的效力和履行问题作出认定。在此前提下,张某、杨某英对涉案房屋是否享有居住利益,是否构成无权占有,亦无法认定。故泉河街道办主张排除妨害、支付房屋使用费的诉讼请求,依据不足,难以支持。据此,驳回原告泉河街道办的诉讼请求。[2]

---

〔1〕 参见茆荣华主编:《2018 年上海法院案例精选》,上海人民出版社 2020 年版,第 77~78 页。

〔2〕 参见国家法官学院案例开发研究中心编:《中国法院 2018 年度案例》(物权纠纷),中国法制出版社 2018 年版,第 104 页。北京市怀柔区人民法院(2016)京 0116 民初字第 2107 号民事判决书。

公房所有权属于国家房屋管理部门,承租人对公房享有占有使用的权利,其公房使用权的性质符合法律对用益物权的界定,应当认定为用益物权。承租人以无效的公有住房作为抵押,保证人不能取得公房使用权。

【案例1-26】 邹甲诉邹乙用益物权纠纷案

判决观点,诉争承租房屋系通过原南华街A号涉案房屋拆迁安置而来,原告已提交证据证实被拆迁公房的使用权人登记为原告邹甲,对此,被告并不持异议,而现公房的使用权人登记为被告邹乙,在此情况下,被告应提交证据证实其取得公房使用权有法定或约定事由。庭审中被告邹乙主张,其取得公房使用权系因原告以诉争公房使用权作为抵押向李某东借款,并承诺如不偿还,则公房使用权归债权人,被告邹乙对借款承担保证责任,还款期限届满,原告未偿还借款,被告代原告偿还借款后据此取得公房使用权。对此法院认为,首先,《担保法》第四十条规定:“订立抵押合同时,抵押权人和抵押人在合同中不得约定在债务履行期届满抵押权人未受清偿时,抵押物的所有权转移为债权人所有。”本案《借款协议书》中原告邹甲承诺“若到时还不了款,则以上抵押物归李某东”,该承诺违反了上述法律规定,应认定无效。其次,担保法律关系系发生于债务人、保证人、债权人之间,而担保法律关系的建立,也需基于三方的一致意思表示,被告邹乙虽向债权人出具了担保书,但原告邹甲对此并不认可,且明确表示并未要求被告对其借款提供担保,故被告邹乙关于“为原告提供担保,并代为偿还借款”的抗辩不能成立,据此,被告邹乙关于取得公房使用权合法的抗辩主张无事实和法律依据,法院不予采纳。被告取得昆明市正和小区楚峰和秀巷安置房屋的公房使用权无法定及约定事由,原告诉请确认上述公房使用权归原告所有、被告应返还的主张符合法律规定,法院予以支持。[1]

5. 公有住房转租

现行行政法规、管理规章并无公房转租无效的规定,故公房转租合同并不因转租而无效。当地政府公房管理部门未因转租而与承租人解除租赁关系时,则转租合同有效;反之当地政府公房管理部门因转租而与承租人解除租赁关系时,则转租合同应予解除。

【案例1-27】 李某华诉陈某红、欧某鑫用益物权纠纷案

判决观点,李某华之子赫波作为出租方将李某华承租的直管公房一间租

〔1〕 参见国家法官学院案例开发研究中心编:《中国法院2014年度案例》(物权纠纷),中国法制出版社2014年版,第4~5页。云南省昆明市西山区人民法院(2012)西法民初字第2498号民事判决书。

赁给陈某红、欧某鑫夫妻使用,李某华作为该公房的使用权人,有权就该房屋使用权问题与他人达成协议,现其对租赁行为予以认可,而2012年11月4日的租房合同内容又未违反法律、行政法规的强制性规定,应属有效。就欧某鑫、陈某红所述公房不允许出租一节,不属于影响合同效力的强制性规定,就公房管理部门是否因此解除与李某华之间的租赁关系与本案不属同一法律关系。对租赁期限没有约定或者约定不明确,依据《合同法》第六十一条的规定仍不能确定的,视为不定期租赁。当事人可以随时要求解除合同,但出租人解除租赁合同应当在合理期限之前通知承租人。该租赁合同中未约定具体租赁期限,双方就此亦未签订补充协议,通过合同条款与交易习惯亦无法确定租赁期限,应视为不定期租赁。李某华随时可以要求解除合同,自2003年7月开始李某华多次要求陈某红与欧某鑫腾退房屋,在给予了充分准备时间的情况下陈某红与欧某鑫仍未腾退,故李某华起诉要求陈某红、欧某鑫腾退房屋,理由正当,法院予以支持。[1]

6. 破产清算中的公有住房承租

企业破产清算时,职工居住的公有住房应根据房改政策出售给职工。对于企业临时安排租给职工居住的非住宅办公楼,其虽具有保障职工居住权的功能,但因不具备房改出售条件,职工无权按照房改政策购买,破产清算组可以收回房屋自行处置。

【案例1-28】 重庆磷肥厂清算组诉李某玲房屋租赁合同纠纷案

二审法院认为,案涉房屋原为重庆磷肥厂财产,李某玲以本案房屋系重庆磷肥厂分配给其的住房,其有权按房改优惠政策购买作为抗辩。但本案房屋本系重庆磷肥厂办公楼,房屋性质为非住宅,无证据证明该房系重庆磷肥厂公开按照福利分房方案分配给李某玲。根据已查明的案件事实,该房系重庆磷肥厂在李某玲原居住房屋变为危房后安排、出租给其居住,故二者之间法律关系本质为租赁,只是该租赁合同具有在一定程度上保障李某玲居住的目的。根据重庆磷肥厂公房租住户搬迁补偿方案,李某玲的居住权能够以其他方式继续得到保障,重庆磷肥厂清算组有权解除合同,收回房屋。综上所述,一审认定事实清楚、适用法律正确,判决驳回上诉,维持原判。[2]

---

〔1〕 参见国家法官学院案例开发研究中心编:《中国法院2015年度案例》(物权纠纷),中国法制出版社2015年版,第26页。北京市西城区人民法院(2013)西民初字第23141号民事判决书。

〔2〕 参见《人民司法·案例》2015年第20期(总第727期)。重庆市第五中级人民法院(2013)渝五中法民终字第02817号刑事判决书。

7. 公有住房承租权保护

公房承租人在返还房屋案件中诉讼主体问题。公房承租人享有对承租公房的占有和使用权，是基于债权关系而享有的占有权，而不是因为对该房屋拥有物权从而享有该物权中的“占有、使用”等权能，因此不能适用《物权法》的物权相关规定，作为物上请求权案件的适格主体。但是可以提起诉讼以保护使用权不受侵害，即作为返还原物、腾退房屋诉讼的原告，符合法律规定，是适格的主体。

【案例1－29】　戈某诉胡某排除妨害纠纷案

一审法院认为，原告作为诉争房屋的承租人，对诉争房屋享有居住、使用的权利。其有权作为诉讼主体提起诉讼，被告虽与高某签订租赁合同，但高某既非诉争房屋的承租人，其出租房屋的行为也未得到实际承租人的追认。本案标的物属于不动产，被告在承租诉争房屋时应尽到必要的注意义务，对出租人是否享有对标的物的处分权进行审查。签订合同过程中，高某始终未出具诉争房屋的产权证明或承租契约，也未出具任何实际权利人委托其代为出租的书面委托，高某的行为不构成表见代理。结合被告作为成年人应具备的基本认知能力，在此情况下其仍然签订租赁合同，应视为其未尽必要的注意义务。本案纠纷系由于高某对诉争房屋的非法处分及被告本人的疏忽大意造成，原告并无任何过错，且被告系向高某交纳房屋租金、押金、有线电视费等相关费用，故被告关于原告需先行将其交纳的租金、押金退还，并赔偿实际的抗辩理由，缺乏事实及法律依据，不予采纳。原告基于其合法承租权要求被告腾退诉争房屋的诉讼请求，有事实及法律依据，予以支持。故判决被告胡某将诉争房屋腾退交与原告戈某。二审法院判决驳回上诉，维持原判。[1]

公房使用权作为一种独立的具有用益物权性质的权利，当其遭受不法侵害时，可借助物权保护的方法寻求救济。对妨害公房使用权的行为，承租人可以请求排除妨害，造成损害的，可以请求损害赔偿。

【案例1－30】　陈某诉孙某华、何某琴物权保护纠纷案

二审法院认为，根据本案的事实情况，陈某与芳星园中心于2010年11月17日签订了北京市公有住宅合同，该合同系双方当事人的真实意思表示，且不违反法律及行政法规的强制性规定，应属合法、有效。双方均应按照合同的约定全面履行义务并行使权利。现陈某是北京市石景山区五芳园20号

〔1〕　参见北京市高级人民法院编：《审判前沿——新类型案件审判实务》2010年第4集（总第34集），法律出版社2011年版，第95页。

楼A单元10B号房屋的合法承租人，对该房屋享有占有、使用、收益和有限处分的权利。作为权利人的陈某对于妨害其行使权利的行为，可以请求排除妨害、赔偿损失。根据本案现有的证据情况，孙某华、何某琴不享有占有、使用北京市石景山区五芳园20号楼A单元10B号房屋的权利，其占有、使用该房屋缺乏合同依据及法律依据。故对陈某要求孙某华、何某琴腾退北京市石景山区五芳园20号楼A单元10B号房屋的诉讼请求，本院予以支持。陈某在取得对北京市石景山区五芳园20号楼A单元10B号房屋合法使用权后，享有该房屋的使用、收益等权利。孙某华、何某琴在承租人陈某主张权利后仍居住在上述房屋内，造成承租人陈某不能对该房屋进行使用和收益。故对于陈某要求孙某华、何某琴赔偿其在外租房费用损失的诉讼请求，本院予以支持，一审判决孙某华、何某琴每月给付陈某未能入住北京市石景山区五芳园20号楼A单元10B号房屋租房损失费500元并无不当，本院予以维持。据此，一审法院判决正确、审判程序合法，本院应予维持。孙某华、何某琴的上诉请求，缺乏充分、有效的证据，本院不予支持。〔1〕

8. 公有住房承租权执行

公房承租人作为申请执行人死亡，其共同居住人承继原租赁关系后可申请恢复原生效法律文书执行。

【案例1-31】　李某忠诉贾某环房屋租赁执行案

一审法院判决，被告贾某环于本判决生效后15日内将本市东城区后拐棒胡同甲2号南房1间半腾空交与原告李某忠，同时拆除院中自建房，并将渣土清运干净。如被告贾某环逾期未腾空该房，由原告李某忠负责在本市为其提供住房一处(面积、位置不限)安置其居住，该房所需费用由被告贾某环负担。二审法院作出驳回上诉，维持原判的终审判决。

因贾某环未履行生效判决确定的义务，李某忠向法院申请强制执行。执行过程中，申请执行人李某忠死亡。执行法院裁定中止执行。

2008年3月，李某忠之妻田某英就诉争房屋与出租单位签订新的承租合同后，要求恢复执行，并提供了腾退地点。

就本案能否恢复执行有不同意见。执行法官认为，本案应当恢复执行。(1)田某英作为共同居住人承继了李某忠在租赁关系中的法律地位。李某忠死亡后，作为其共同居住人的田某英与出租单位签订新的租赁合同，承继

---

〔1〕　参见国家法官学院案例开发研究中心编：《中国法院2013年度案例》(物权纠纷)，中国法制出版社2013年版，第11~12页。北京市第一中级人民法院(2011)一中民终字第9688号民事判决书。

了李某忠在租赁关系中的法律地位。(2)恢复执行符合效率和诉讼经济原则。李某忠死亡后,如果承租关系的承继人必须通过另行诉讼才能实现其权益,会浪费司法资源,徒增当事人诉累。对于义务主体贾某环来说,无论是李某忠还是田某英申请执行,其履行义务的内容都是相同的,田某英申请执行并未给其增加任何负担。[1]

9. 保障性住房租赁程序适用问题

随着社会福利保障制度日益健全,为解决低收入、无房人口的住房问题,政府越来越多地参与到房屋建设、出租等民事领域。保障性住房租赁合同系在行政机关即房产管理部门与个人之间,合同的标的系具有社会保障性质的公共租赁住房。住建部出台了《公共租赁住房管理办法》,详细规范了公租房租赁的申请与审核、配租、使用与退出等具体事宜。对于该类房屋租赁产生的纠纷,应属于“民告官”之间发生的纠纷,应当适用行政诉讼有关法律规范。

【案例 1－32】 广西壮族自治区上思县房地产管理所诉韦某祺房屋租赁合同纠纷案

二审法院认为,根据《公共租赁住房管理办法》的规定,韦某祺与上思县房地产管理所签订的《上思县廉租住房租赁合同书》不属于平等民事主体之间签订的民商事合同。对于韦某祺户是否符合公共租赁保障对象条件、涉案合同是否解除等问题,上思县住房和城乡建设局已作出《关于限期腾退公共租赁住房决定》。韦某祺就此提起行政复议后,上思县人民政府已作出《行政复议决定书》。韦某祺收到该行政复议决定书后至今未向上思县人民法院提起行政诉讼。根据《行政复议法》第三十三条的规定,腾退房屋及支付水电费、房租、物业费等问题,应由做出上述具体行政行为的行政机关即上思县房地产管理所依法强制执行,或者申请人民法院强制执行。故本案不属于人民法院民事案件受案范围,一审法院受理本案并作出错误判决,予以纠正。据此,二审法院裁定撤销一审民事判决,驳回上思县房地产管理所的起诉。[2]

---

〔1〕 参见北京市高级人民法院编:《审判前沿——新类型案件审判实务》2010 年第 2 集(总第 32 集),法律出版社 2010 年版,第 152～153 页。

〔2〕 参见国家法官学院、最高人民法院司法案例研究院编:《中国法院 2020 年度案例》(合同纠纷),中国法制出版社 2020 年版,第 127 页。广西壮族自治区防城港市中级人民法院(2018)桂 06 民终 627 号民事裁定书。

(六)房屋租赁合同纠纷举证

《民事诉讼法》第六十七条第一款规定:“当事人对自己提出的主张,有责任提供证据。”《民事诉讼法解释》第九十条第一款规定:“当事人对自己提出的诉讼请求所依据的事实或者反驳对方诉讼请求所依据的事实,应当提供证据加以证明,但法律另有规定的除外。”《民事证据规定》第一条规定:“原告向法院起诉或者提出反诉,应当提供起诉条件的相应的证据。”在房屋租赁合同纠纷中,出租人、承租人或次承租人对自己的诉求及抗辩都应当依法承担责任。

1. 举证责任分配

根据《民事诉讼法》确定“谁主张、谁举证”的举证原则,原告应承担对诉讼请求成立的举证责任,被告亦应对抗辩及反诉请求承担举证责任。

【案例1-33】 陈某霞诉赵某慧房屋租赁合同纠纷案

判决观点,被告主张原告在承租期间擅自变动房屋建筑主体和承重结构,对该事实负有举证责任。但被告所举证据材料不足以证明其在交付出租房屋时存在争议该事实的墙壁,以及原告在承租期间实施了拆墙行为,故被告应承担举证不能的后果。所以法院对被告主张的这一事实不予认定。而且,即使存在承租人擅自变动房屋建筑主体和承重结构的事实,出租人应当先要求承租人在合理期限内恢复原状,在承租人拒绝履行的情况下,出租人才依法享有合同解除权。本案中,被告的反诉主张既缺乏事实依据,也不符合法定程序,故法院对被告的反诉请求不予支持。[1]

【案例1-34】 王某诉李某房屋租赁合同纠纷案

一审法院认为,原告王某提交的上述证据仅证实双方当事人之间还有其他经济往来款项,不能证明收到款项的具体流向,亦不能证明诉争款项不是租金,因此,一审法院判决驳回王某的诉讼请求。二审期间,上诉人王某又举出新疆某木业有限公司的营业执照复印件和3张增值税专用发票,证实自己已将该笔款项转入其他单位替被上诉人李某购货。因上述3张发票的时间、金额与被上诉人李某给其的10万元没有任何关联性,上述证据不能证实上诉人王某“被上诉人给其的10万元用于被上诉人李某从新疆某木业有限公

---

〔1〕 参见国家法官学院案例开发研究中心编:《中国法院2012年度案例》(合同纠纷),中国法制出版社2012年版,第34页。四川省邛崃市人民法院(2010)邛崃民初字第1号民事判决书。

司购货”的主张。二审法院判决，驳回上诉，维持原判。[1]

根据“谁主张、谁举证”的原则，违约方提出调整的主张必须要负举证责任，考虑到违约方不可能举出守约方损失全部证据的因素，因此，分配给其举出让法官对违约金约定公平性产生怀疑的证据即可。此时法官可以进行举证责任的分配，将证明违约金约定合理的举证责任分配给守约方承担。在请求调整违约金高低的举证责任上，首先还是由请求方承担一定的举证责任，即违约金约定不公平的证据；其次才是由法官行使自由裁量权，将违约金约定合理的责任分配给守约方承担。这表明法官对举证责任自由分配是受限制的，而不是在分配举证责任时不考虑“谁主张、谁举证”的原则，不能随意地破坏举证原则，因为对此法律和司法解释并未明确举证责任倒置。行使举证分配的裁量权应明确举证责任分配的顺序，第一步，由违约方提供证据；第二步，由守约方提供证据。最高人民法院法官认为，违约方需提供足以让法官对违约金约定公平性产生怀疑的初步证据，然后法官可将举证责任分配给守约方。[2]

关于违约金高低的举证程度问题。在认定实际损失时，举证的优势在守约一方，违约方往往很难证明守约方的实际损失，但并非不承担其应负的举证责任。

【案例1－35】 农工商超市（集团）有限公司诉上海伊塔纳旅游用品有限公司房屋租赁合同纠纷案

一审法院认为，由于农工商超市未提供因伊塔纳公司的违约造成其实际损失的相关证据，故对伊塔纳公司应承担的违约金由法院根据伊塔纳公司的违约性质、程度、在合同履行中所处的阶段等违约情况予以酌定。遂判决伊塔纳公司支付农工商超市违约金4万元。二审法院认为，现农工商超市在原审中已提供了伊塔纳公司未按约履行房屋交付义务，且将房屋另行出租给案外人如海超市的相关租赁合同及补充协议，伊塔纳公司对此节事实并无异议。在上述租赁合同及补充协议中，伊塔纳公司与如海公司约定的租赁期限与此前伊塔纳公司与农工商超市约定的租赁期限同为15年，但如海超市承租系争房屋前5年的年租金为28万元，之后10年每年按3%环比递增，而之前农工商超市与伊塔纳公司约定的前3年的年租金为20万元，之后12年每年按3%递增，故如海超市承租系争房屋前3年应支付的租金已高出农工商超市与伊塔纳公司约定的前3年应支付的租金高达24万元，之后12年，如海超市承租系争房屋的租金高出农工商超市原与伊塔纳公司约定的后12年租金每年均在6万元以上，因此，农工商超市对于伊塔纳公司因违约将获得

[1] 参见《新疆审判》2017年第2期（总第114期）。

[2] 参见最高人民法院研究室编：《最高人民法院关于合同法司法解释（二）理解与适用》，人民法院出版社2009年版，第210页。

更大利益的事实已进行了充分举证。反观伊塔纳公司,对自己主张曾通知农工商超市前去接收系争房屋的事实并未提供相应证据,亦无依据证明农工商超市拒绝接受系争房屋,故原审行使自由裁量权调低双方合同约定的违约金不当,应予以纠正。遂改判伊塔纳公司支付农工商超市违约金20万元。[1]本案中,农工商超市在一审中,虽未能就伊塔纳公司违约给其造成损失的具体数额进行举证,但提供了伊塔纳公司未按约履行房屋交付义务,且将房屋另行出租给案外人如海超市的相关租赁合同及补充协议,对伊塔纳公司恶意违约将获得更大利益的事实举证充分,从而证明了约定违约金并非过高这一事实。而伊塔纳公司主张违约金过高,应举证证明农工商超市按约能得到违约金20万元,远高于农工商超市因履约能得到的利益,但伊塔纳公司未提供类似证据加以证明。故一审以农工商超市未提供因伊塔纳公司违约造成其实际损失的相关证据为由,确认约定违约金数额过高显然不妥。二审法院据此改判伊塔纳公司按约支付20万元违约金则符合事实和法理,是正确的。

【案例1-36】 林某东诉漳浦金浦医院房屋租赁合同纠纷案

二审法院认为,关于本案违约金计算标准的问题。双方签订的房屋租赁合同约定,金浦医院逾期交付租金,应每日支付林某东违约金1500元,后林某东与金浦医院约定按月利率3%计算违约金,是双方合意对合同条款的变更。金浦医院原审主张合同约定的违约金标准过高,应予调低。根据"谁主张、谁举证"的原则,金浦医院应就双方约定的违约金过分高于损失承担举证责任。原判以林某东未举证证明其可得利益损失为由调整违约金,将举证责任倒置不当,应予纠正。林某东关于原判调低违约金计算标准不当的上诉主张成立,予以采纳,本案违约金应按月息3%计付。[2]

应注意的是,以合同约定的违约金过低,要求调高违约金的,守约方首先应举证证明违约方在承担违约金后还存在实际损失;其次应证明实际损失与违约行为存在因果关系。

承租房屋被不明火灾焚毁,出租人可要求承租人承担债务不履行的违约责任,也可要求承租人承担侵权责任。这属于法理上的责任竞合,在责任竞合中,出租人有选择权,法官按出租人选择诉讼请求审理。但两种责任除举证范围和内容不同外,其责任分配的举证主体亦有区别,在选择违约责任时,承租人需要举证证

---

〔1〕 参见最高人民法院中国应用法学研究所编:《人民法院案例选》2007年第3辑(总第61辑),人民法院出版社2008年版,第173页。上海市第一中级人民法院(2005)沪一中民二(民)终字第2194号判决书。

〔2〕 参见《人民司法·案例》2017年第2期(总第769期)。福建省漳州市中级人民法院(2015)漳民终字第1651号民事判决书。

明自己尽到妥善保管义务;在选择侵权责任时,出租人需要举证证明承租人具有过错。

【案例 1-37】 福建省邵武市种子公司诉李某明房屋租赁合同纠纷案

判决观点,李某明作为承租人在租赁期间妥善保管租赁物,既是合同之约定,也是法定之义务。承租人违背妥善保管的义务,致使租赁物毁损、灭失的,应对出租人承担损害赔偿责任。李某明未能举证证明自己尽到妥善保管好租赁物之义务,则应承担不利的法律后果,即承担不能按照合同约定妥善保管租赁物,致租赁物毁损的赔偿责任。本案最终在法院主持下,双方当事人自愿达成调解协议,由李某明赔偿种子公司损失 1 万元。[1]

2. 举证责任范围

(1)争议焦点的举证。

【案例 1-38】 王某花诉金某房屋租赁合同纠纷案

判决观点,原、被告的争议在于双方所签订的房屋租赁合同是被告个人为租赁涉讼房屋而与原告签订,还是双方为设立怡蒂公司、办理工商登记手续而签订。原告对其主张仅提供了双方签订的房屋租赁合同为证;被告则提供了长宁开发公司与君旭公司、君旭公司与原告、原告与被告所签订的三份租赁合同。从上述合同的签订时间看,原告与君旭公司及被告之间的合同是在同日签订的,而长宁开发公司、君旭公司曾在签订合同之后出具证明,表示同意转租涉讼房屋,租赁合同仅用于办理工商登记之用,原、被告已将上述证明作为设立怡蒂公司的材料提交给工商登记部门。据此,被告所提供的证据相互印证,较原告提供的证据更为充分,法院可以确定原、被告签订租赁合同的真实目的是用于设立怡蒂公司,而非个人之间就涉讼房屋所达成的租赁协议,故被告的抗辩意见法院予以采纳。租赁合同签订后,怡蒂公司完成了工商登记手续,注册地及实际经营地均为涉讼房屋,原告也多次向怡蒂公司收取租金,并曾向该公司出具收条,故原告和怡蒂公司之间已经形成租赁关系。原告现要求被告个人承担租赁合同所约定的义务并搬离涉讼房屋缺乏事实、法律依据,法院不予支持。[2]

(2)租赁房屋交付举证。

不动产的交付应以交付钥匙并且足以使承租人实际掌控讼争房产为判断

---

〔1〕 参见《房屋租赁合同纠纷裁判思路与裁判规则》,法律出版社 2017 年版,第 101 页。

〔2〕 参见国家法官学院案例开发研究中心编:《中国法院 2012 年度案例》(合同纠纷),中国法制出版社 2012 年版,第 21~22 页。上海市长宁区人民法院(2009)长民三(民)初字第 1170 号民事判决书。

标准。

【案例1-39】　李某斌诉廖某进房屋租赁合同纠纷案

二审法院认为，本案原告李某斌要求解除合同的理由是廖某进未依约将讼争房产交由李某斌使用。但根据本案查明的事实，李某斌早已取得讼争房产的钥匙，其也认可可以在讼争房产内自由活动，结合证人证言、李某斌自行拍摄的录像资料及在讼争房产上挂出的广告，虽本案无证据直接证明廖某进已交付讼争房产给李某斌，但上述证据足以证明李某斌已实际掌控讼争房产，其也无证据证明进出讼争房产受到阻碍。故原审法院认定廖某进已将讼争房产交付李某斌并无不当，二审法院予以维持。[1]

(3)使用部分承租面积举证。

合同无效时，承租人主张仅使用了部分承租面积应承担举证责任。

【案例1-40】　威法科技公司诉天创宸业公司房屋租赁合同纠纷案

二审法院认为，威法科技公司上诉主张其仅使用涉案场地不足100平方米，天创宸业公司对此不予认可。根据本案查明的事实和当事人陈述，威法科技公司与天创宸业公司签订房屋租赁合同，约定由威法科技公司租赁涉案场地共415平方米。威法科技公司虽主张其只使用了不足100平方米的场地，但其并未提交证据证明天创宸业公司未按照合同约定交付全部涉案场地，在威法科技公司未提供足以证明其仅使用了不足100平方米场地证据的情况下，一审法院结合天创宸业公司关于威法科技公司未使用面积40余平方米的自认，确定威法科技公司实际使用面积并无不当，法院予以确认。关于威法科技公司上诉主张自2016年1月起涉案场地由北京睿云科技有限公司实际使用，但其并未提供证据证明涉案租赁关系的主体发生变化，一审法院结合双方陈述及宿舍腾退时间，考虑威法科技公司实际使用面积和使用时间酌情确定房屋使用费，数额并无不当，法院予以维持。威法科技公司上诉主张缺乏事实和法律依据，法院不予支持。判决：驳回上诉，维持原判。[2]

(4)出卖租赁房屋通知举证。

【案例1-41】　陈某玉诉黄某荣、庞某侵犯承租人优先购买权纠纷案

一审法院认为，至于被告黄某荣辩称在2004年6月已经通知原告出卖房屋的意见，因被告黄某荣在2004年6月22日邮寄给原告的《通知》只是要

---

〔1〕　参见最高人民法院中国应用法学研究所编：《人民法院案例选》2015年第4辑(总第94辑)，人民法院出版社2016年版，第115页。福建省厦门市中级人民法院(2014)厦民终字第2883号民事判决书。

〔2〕　参见安凤德主编：《租赁合同纠纷案件疑难问题裁判精要》，法律出版社2021年版，第122页。

求原告搬迁及交纳租金,虽然其中提到在此前已经通过广州市汇涛房地产咨询有限公司向原告发出通知,要求如购买所租住房的住户于2004年6月16日前签署落实购买事宜,但被告黄某荣并不能提供此前已向原告发出购买通知的证据,原告也否认收到过被告之前发出的购买通知,因此,该通知并不能证明被告已经通知原告出卖房屋的事实。而原告在本案中提供的《意向登记表》来自被告黄某荣在另一个案件中提交的证据,《意向登记表》只能证明原告表示过要购买讼争房屋的意向,并不能证明被告已将出卖房屋尤其是交易价格和交易方式等条件通知了原告。二审中,上诉人庞某经法院合法传唤,无正当理由拒不到庭参加诉讼,二审法院裁定按撤诉处理。[1]

(5)共有人恶意串通的举证。

【案例1-42】 徐某诉张某、徐某某房屋租赁合同纠纷案

判决观点,虽然张某、徐某某之间签订的《房屋租赁合同》对徐某行使物权构成障碍,但徐某既未能举证证明张某、徐某某之间存在恶意串通的事实,亦未就张某在签订《房屋租赁合同》时已明知徐某不同意将房屋出租的主张提供相应的证据,故对于徐某的诉讼请求不予支持。[2]

(6)出租人同意事项的举证。

【案例1-43】 李某俭诉韩某伟、邵某美承租人优先购买权纠纷案

二审法院认为,本案中,韩某伟、邵某美未提交证据证实其对涉案房屋进行扩建或者装修经过了李某俭同意,故韩某伟、邵某美要求李某俭赔偿自建小房损失和装修损失,不符合上述司法解释的规定,法院不予支持。[3]

【案例1-44】 江苏省启东市供销机械有限公司诉南通中恒螺旋桨有限公司房屋租赁合同纠纷案

一审法院认为,原告要求被告腾空案涉合同约定房屋以外的房屋和场地,被告称其目前使用的案涉合同约定以外系经原告同意后使用的,但未提供证据证实,故对被告的意见法院不予采信。即便被告所述属实,根据案涉合同约定,原告也有权收回。综上,原告的该主张于法有据。二审法院亦持

---

〔1〕 参见最高人民法院中国应用法学研究所编:《人民法院案例选》2007年第3辑(总第61辑),人民法院出版社2008年版,第77页。

〔2〕 参见李方民主编:《房屋租赁合同纠纷诉讼指引与实务解答》(第3版),法律出版社2017年版,第51页。

〔3〕 参见最高人民法院中国应用法学研究所编:《人民法院案例选》2018年第6辑(总第124辑),人民法院出版社2018年版,第100页。山东省济南市中级人民法院(2016)鲁01民终4094号民事判决书。

同样意见，维持一审判决。[1]

(7)侵犯优先购买权举证。

【案例1-45】 杨某丽诉中州泵业公司优先购买权侵权纠纷案

二审法院认为，上诉人杨某丽提交的证据，只能证明中州泵业公司出卖过房屋并且收取过卖房款，不能证明其承租的房屋已被中州泵业公司出卖。而只要杨某丽不能证明其承租的房屋已被中州泵业公司出卖，就不能因中州泵业公司出卖其他房屋而主张享有优先购买权，中州泵业公司出卖其他房屋与杨某丽无关。二审经审理查明，争议房屋已被中州泵业公司抵押给银行，再次证明房屋所有权人仍是中州泵业公司，该房屋的所有权并未发生转移。杨某丽的上诉理由没有事实依据，不能成立，其上诉请求不予支持。原审依照法定程序对本案证据进行全面、客观审核后认定的事实清楚、适用法律正确，应当维持。[2]

(8)因果关系成立的举证。

【案例1-46】 冯某诉周某房屋租赁合同纠纷案

判决观点，被告要求原告赔偿房租及营业损失的反诉请求，因其未提供确实、有效的证据，证实损失的实际发生及损失与原告的行为之间具有因果关系，故不予支持。[3] 在本案中，被告称其与原告达成转让北京昱福顺酒楼的意向后，即退订了液化气等经营必需品，截至2008年6月27日原告通知被告不想承租酒楼时，被告已经停业达10日，原告的行为给被告造成房租损失人民币4440元，营业损失人民币5000元。对于被告的反诉请求，原告不予认可，因此被告的请求若要获得法院支持，必须提供证据证明原告拒绝订立契约的行为满足缔约过失责任的构成要件。结合本案案情，被告需要证明原告拒绝订立契约而使其遭受损害的基本事实，以及这种损害与原告拒绝订立契约行为之间存在因果关系。

【案例1-47】 盛某诉李艳某、李连某房屋租赁合同纠纷再审案

再审二审法院认为，现上诉人以其租赁经营期间因消防问题被查封不能继续经营为由诉请被上诉人及第三人返还已交付被上诉人的转租款项并赔偿损失，但其提交的大连市公安消防局2011年9月29日的查封条只能证明

---

〔1〕 参见国家法官学院、最高人民法院司法案例研究院编：《中国法院2020年度案例》(合同纠纷)，中国法制出版社2020年版，第130页。江苏省南通市中级人民法院(2018)苏06民终1287号民事判决书。

〔2〕 参见《最高人民法院公报》2004年第5期(总第91期)。

〔3〕 参见北京市高级人民法院编：《审判前沿——新类型案件审判实务》2010年第1集(总第31集)，法律出版社2010年版，第129页。

娱乐休闲中心被消防查封的事实状态，无法证明查封原因与两被告及第三人应承担责任间的必然联系。上诉人作为负有举证责任的当事人应该承担举证不能的不利后果。故原审法院认定事实清楚，所作判决并无不当，判决驳回上诉，维持原判。[1]

（9）装修损失举证。

【案例1－48】 北京延群诚信科技服务有限公司与北京中盛投资咨询公司租赁合同纠纷再审案

再审法院认为，中盛公司虽就其自建房和装修损失的诉讼请求提供了相应证据，但该证据经延群公司提出反证并由北京市高级人民法院复查和本院再审时向证据的出示单位进行核实后证明中盛公司提交的证据系伪造。因此，对此项诉讼请求，中盛公司并无有效证据予以证明，故本院二审判令延群公司赔偿中盛公司自建房损失错误，本院再审予以纠正。[2]

【案例1－49】 曾某某诉装饰公司赔偿损失纠纷案

二审法院认为，装饰公司为追讨装修费而自行进入涉案房屋拆除有关装修设施，虽目的合法，但手段明显不妥。如果由此对房屋所有人或承租人投入的装修费用以及其他合同利益造成损失，装饰公司理应赔偿。……曾某某在二审庭审中称，其于2005年6月底至7月初进入涉案房屋进行装修，支出材料费共计36000元。但曾某某对该项主张并未提供有效证据加以证明，装饰公司对此不予认可。二审法院认为，曾某某的诉讼请求证据不足，不应予以支持。待有充分证据后，可依法另行主张，据此予以改判。[3]

【案例1－50】 潘某诉北京奥星医药耗材有限公司房屋租赁合同纠纷案

二审法院认为，因造成双方无法签订并履行合同的责任方为奥星医药公司，故该公司应当对由此给潘某造成的合理经济损失承担赔偿责任。诉讼中，潘某提供证据证明其已对厂房大门及地面进行了改造，奥星医药公司认为上述改造与自己无关，但未能提供有效证据，该部分损失应作为潘某合理损失由奥星医药公司予以赔偿。因潘某未能提供进行施工具体数额的证据，故原审法院根据双方曾就损失赔偿问题达成的一致的数额由奥星医药公司进行赔偿是正确的。潘某要求奥星医药公司赔偿其他损失，证据不充分，不

---

〔1〕 参见中华全国律师协会民事专业委员会编：《中国民商事案例精选（2012—2014）》，法律出版社2014年版，第57页。

〔2〕 参见江必新主编、最高人民法院审判监督庭编：《全国法院再审典型案例评注》（上），中国法制出版社2011年版，第329页。

〔3〕 参见李方民主编：《房屋租赁合同纠纷诉讼指引与实务解答》（第3版），法律出版社2017年版，第210～211页。

予支持。[1]

(10)损失承担的举证。

【案例1－51】　磊城公司、潮海阁公司与祥隆公司租赁合同纠纷案

二审法院认为,根据查明的事实,磊城公司、潮海阁公司房屋使用费支付至2003年2月7日,此后,磊城公司、潮海阁公司因"非典"及自身原因停止经营,但实际占用着系争房屋,该部分房屋使用费应由磊城公司、潮海阁公司承担。该房屋使用费支付标准可参照双方约定的租金标准。磊城公司、潮海阁公司主张祥隆公司因"非典"曾同意免除其两个月租金,因无相应证据证明,本院不予采信。……至于磊城公司、潮海阁公司要求祥隆公司赔偿经营损失及其他经济损失的诉请依据不足,不予支持。[2]

【案例1－52】　北京方达宏利科技发展有限公司与北京东亚经济发展有限公司房屋租赁合同纠纷案

二审法院认为,关于方达宏利公司要求东亚新兴公司赔偿2002年7月由于市场漏水以及厕所粪便泄漏导致的商户的物品损失5万元,该上诉请求证据不足,法院不予支持。[3]

(11)拒收租金举证。

出租人故意拒收租金,承租人应当提供证据证明,还可以将标的物提存,以消灭自己的债务。

【案例1－53】　北京市科华电器公司诉闰某良房屋租赁合同纠纷案

二审法院认为,科华公司与闰某良签订的《协议书》的内容与案件有直接关系,因此,对上述两份内容不完全一致的《协议书》的真实性、有效性的认定至关重要。综合查明的情况,法院认为:(1)闰某良在一审庭审中自述《协议书》是其妻张某珊代替其签字,而其提交给法院的《协议书》上除张某珊的签字外,还有闰某良本人的签字,其陈述与提交的证据相互矛盾;(2)闰某良提交的原件《协议书》第一页与第二页分离且存在争议的第三条第二款所在第一页上并无双方当事人的签字及任何印章,综合以上情况,法院无法认定闰某良提交的《协议书》真实、有效。科华公司提交的《协议书》虽为复印件,但一审中,双方当事人对此份《协议书》的真实性均无异议。因此,法院认定此份《协议书》真实、有效。根据有效的《协议书》的约定,闰某良应在

---

〔1〕 参见北京市高级人民法院编:《审判前沿——新类型案件审判实务》2009年第1集(总第25集),法律出版社2010年版,第90页。

〔2〕 参见万国营主编:《房屋租赁合同纠纷》(第2版),法律出版社2015年版,第98页。

〔3〕 参见《房屋租赁合同纠纷裁判思路与裁判规则》,法律出版社2017年版,第27页。

每季前5日向科华公司一次性交清下季度的使用费，事实上闫某良未按时交纳租金，其行为违约，因此，科华公司要求解除协议，并要求闫某良腾退房屋、补交租金，事实及法律依据充分，应予支持。闫某良称并非其拖欠租金而是科华公司为达到某种目的拒绝收取租金，未提供相应证据，其所述不能成立。综上，二审法院驳回上诉，维持原判。[1]

(12)租金标准变更举证。

【案例1-54】 邹某某诉华联商厦不当得利债务纠纷案

二审法院认为，对于该租赁合同的租金到底是按何标准计算的问题，日用杂品公司与日化公司双方一直是按1995年2月26日所签订的《租赁合同》和1996年1月5日的《华联商厦租金计算办法》来履行的。华联商厦在(2003)赣中法民初字第07号民事案件中认为自1998年以后双方对租金一事重新达成协议从而每月租金降为1000元，而在本案中华联大厦主张租金一直是按30元/月/平方米标准收取，华联商厦均未提供证据予以证明，因此，本案中华联商厦提出应按30元/月/平方米来计算房租的上诉理由本院不予支持。[2]

(13)承担缔约过失责任举证。

在实践中，原告一般只需举证证明由于相对方的拒绝订立契约行为导致自己的信赖利益受到损害，以及这种损害与相对方行为之间存在一定的因果关系，即应当认为其完成了举证责任，至于拒绝订立契约行为是否存在过错则应当适用过错推定责任制度，需要行为人来举证证明，若不能证明自身不存在过错，则视为其存在过错。

【案例1-55】 冯某诉周某房屋租赁合同纠纷案

判决观点，双方在签订租赁合同前因双方对所租赁酒楼设定的面积产生分歧及准备签订的租赁合同中的违约责任不能协商一致，而未能签订租赁合同。同时，考虑到被告关于该定金系保证原告与案外人胡某直接签订租赁合同的抗辩意见，故原告要求被告返还定金的诉讼请求，有事实及法律依据；被告关于双方当事人的真实意思表示系适用定金罚则的辩解意见，缺乏法律依据。被告要求原告赔偿房租及营业损失的反诉请求，因其未能提供确实、有效的证据证实损失的实际发生及该损失与原告的行为之间具有因果关系，故

---

〔1〕 参见《房屋租赁合同纠纷裁判思路与裁判规则》，法律出版社2017年版，第92页。

〔2〕 参见万国营主编：《房屋租赁合同纠纷》(第2版)，法律出版社2015年版，第148页。

不予支持。[1]

3. 证据的判断

司法实践中,对于一方提出另一方违反法律规定主张租赁合同无效的,没有足够证据,法院应不予支持。

【案例1-56】 上海怡通房地产有限公司与上海春光服装厂房屋租赁合同纠纷案

最高人民法院认为,春光厂与怡通公司为房屋租赁所签订的合同及补充协议系双方当事人真实意思表示,不违反法律、法规的规定。怡通公司称春光厂隐瞒出租厂房被划入红线的重大事实,没有足够证据,其据此请求认定合同无效的理由不能成立,一审法院认定合同有效是正确的。[2] 经二审审查,该租赁大楼确有部分被划入城市规划红线,而由双方在补充协议中的约定可看出,怡通公司对于该厂房可能被拆迁是有预见的,双方还约定了一旦该租赁房屋被拆迁,双方各自应得到的补偿标准,且实际上也没有造成损失。怡通公司没有足够的证据证明春光厂有隐瞒该事实的行为,故怡通公司称春光厂有欺诈行为的理由不能成立,其因此主张合同无效不予支持。双方当事人签订的租赁合同是其真实意思表示,也不违反法律、法规的规定,故一、二审法院均认定租赁合同有效是正确的。

手机录音经当庭播放,可以听清基本内容,并无明显疑点,虽未事先征得被录音人同意,但录音过程并未侵害他人的合法权益,亦未违反社会公共利益和社会公德,其取证方式不违反法律禁止性规定,故可以作为证据使用。

【案例1-57】 盐城中南世纪城房地产投资有限公司诉王某鉴房屋租赁合同纠纷案

二审法院认为,关于本案中的录音是否可以作为证据使用及有无证明力的问题。在审理中有部分被录音人到庭参加诉讼,在现场播放录音后,中南公司对薛某春、朱某春等录音的真实性予以认可,但认为该录音未经被录音人许可,亦非正式商榷,且朱某春的录音是否经过篡改或是否存在胁迫等情况无法确认。经查,从案涉录音证据的播放情况看,该录音效果较好,可以听清基本内容,并无明显疑点,虽未事先征得被录音人同意,但录音过程并未侵

[1] 参见北京市高级人民法院编:《审判前沿——新类型案件审判实务》2010年第1集(总第31集),法律出版社2010年版,第128页。

[2] 参见最高人民法院民事审判第一庭编:《最高人民法院民事案件解析》(房屋买卖、租赁纠纷),法律出版社2010年版,第299页。

害他人的合法权益,亦未违反社会公共利益和社会公德,其取证方式不违反法律禁止性规定,故可以作为证据使用。中南公司虽口头主张朱某春的录音是否经过篡改或是否存在胁迫等情况无法确认,但未提交任何证据证明,故法院对该主张不予采信。关于案涉录音证据是否具有证明力的问题。根据录音的内容,案涉双方曾多次谈及中南城购物中心是否只有一家海鲜自助的问题,如2014年7月31日10时于朱某春的手机录音中其陈述,"金海豚不做海鲜,北极豹海鲜自助只有你们一家,没有第二家海鲜自助";2014年8月20日于薛某春的手机录音中其陈述,"你放心,他肯定不是做海鲜,因为虽然不是我招的,但我也听说,已经有个海鲜自助了,所以我们不可能给他做海鲜自助。一模一样我就没必要招两家了"等,故案涉录音可以证实双方之间确实就中南城购物中心是否只有一家海鲜自助餐厅进行过谈话。[1]

【案例1-58】 许某兰诉罗某犁等房屋租赁合同纠纷案

判决观点,原告许某兰主张,被告在租赁合同期间将讼争房屋出售给第三人,其享有的优先购买权受到侵害,并提交短信内容及录音材料予以证明。但短信内容出自原告手机的已存信息文件夹中,系属可自行修改的内容,也无法确认系由被告发送给原告,故该短信证据不具有真实性、合法性;至于录音证据,因录音内容无法确认与原告对话人员的身份,原告也未证明其录音征得了对方当事人同意,故该证据不具有真实性、合法性。原告提交的证据不足以证明其优先购买权受到侵害的主张,原告因此应当承担举证不能的法律后果。故原告以其优先购买权受到侵害为由提起的诉讼,缺乏事实依据。[2]

对于主张赔偿损失,其对造成损失的原因、因果关系举证不能的,法律不予支持。

【案例1-59】 杨某某与宁波市鄞州区石碶街道西杨村经济合作社房屋租赁合同纠纷再审案

再审法院认为,西杨村合作社作为《资产租赁合同》的出租方,依法负有保障租赁房屋安全使用的责任。原审认定案涉房屋于2012年9月8日倒塌系雷雨天气所致,虽然与申请人杨某某主张案涉房屋系年久失修于同年9月11日上午自然倒塌,在倒塌时间和原因上存在差异,但案涉房屋究竟于何时、何原因倒塌,可能会影响其保险理赔,并不影响本案实体处理。原审也未

---

〔1〕 参见国家法官学院案例开发研究中心编:《中国法院2018年度案例》(合同纠纷),中国法制出版社2018年版,第165页。江苏省盐城市中级人民法院(2016)苏09民终字第3949号民事判决书。

〔2〕 参见国家法官学院案例开发研究中心编:《中国法院2013年度案例》(合同纠纷),中国法制出版社2013年版,第43页。福建省厦门市海沧区人民法院(2011)海民初字第985号民事判决书。

以该倒塌事件系不可抗力为由免除西杨村合作社的责任，而是根据双方当事人所签订的《终止合同协议书》及杨某某在房屋倒塌后未依法进行财产损失的清算、封存和评估，审理中也未向法院提供确实、充分、有效的证据证明其财产损失的情况，判决驳回杨某某的反诉请求。本院认为，杨某某再审中提交的《评估报告书》，系其在二审判决后单方委托宁波天润资产评估有限公司出具，不符合再审新证据的要求，依法不予采信。且双方当事人于同年11月21日签订的《终止合同协议书》明确不存在损失，即使可能与实际情况有所不符，也系当事人对自身权利的自由处分和放弃，杨某某有关《终止合同协议书》系欺诈签订的辩解理由无任何证据证明，依法不能成立。据此，原一审、二审依据《终止合同协议书》的约定及举证责任分配判决驳回杨某某有关赔偿房屋倒塌所致损失的反诉请求，并无不当。[1]

【案例1－60】　连云港市晶都房地产开发有限公司与连云港市新明珠大酒店有限公司等租赁合同纠纷再审案

最高人民法院认为，至于晶都公司主张其提交的重要证据二审法院均未予以认定系明显错误，证据具有真实性、合法性与关联性才能构成证明案件事实的有效证据，而晶都公司所提交的该些证据材料并不能证明《协议书》本身存在违反法律、行政法规的效力性强制性规定之处，二审法院未予采信并无不当。[2]

第三人主张双方当事人签订的合同存在损害其利益的事实，而应被认定合同无效的，由该第三人承担举证责任。法官应结合合同签订的履行事实、日常生活经验法则、市场交易主体的行为习惯等来判断缔约双方是否存在恶意串通，从而认定合同的效力。

【案例1－61】　宁波市北仑区农村信用合作联社柴桥信用社诉宁波市北仑鑫盛达箱柜厂、宁波博森汽配工贸有限公司租赁合同纠纷再审案

二审法院认为，双方当事人争议的焦点是两被告在签订涉案房屋的《房屋租赁合同》时，是否存在恶意串通损害原告利益的事实。根据查明的事实，2011年1月2日两被告签订《房屋租赁合同》，但此后两天即2011年1月4日，被告鑫盛厂以涉案房屋作抵押而与原告签订《最高额抵押借款合同》时，并未将抵押的房产已经出租、租赁期限长达16年的事实告知原告。两被告

---

〔1〕　浙江省高级人民法院（2014）浙民提字第32号民事判决书。

〔2〕　参见杜万华主编：《最高人民法院民商事案件审判指导》（第2卷），人民法院出版社2015年版，第196页。

签订《房屋租赁合同》所约定的租赁合同期限长达16年，在合同签署后就支付了前8年的租金706930.56元，上述行为显然不符合市场主体的通常做法。而根据二审查明的事实，两被告签订《房屋租赁合同》时，被告鑫盛厂的厂长为张某良，被告博森公司的法定代表人也是张某良，且被告博森公司的股东仅为张某良及其子张某，应当认定两被告存在串通的事实。综上，应认定两被告签订《房屋租赁合同》系出于恶意串通，且损害了原告对涉案房屋的利益，故依照《合同法》第五十二条第（二）项的规定，应认定《房屋租赁合同》无效。原审法院对涉案房屋的司法拍卖，系在两被告签订《房屋租赁合同》的三年之后，故原告是否知晓涉案房屋系带租拍卖，并不影响对两被告签订《房屋租赁合同》系恶意串通的认定。原审法院以证据不足为由，对原告请求确认两被告之间的《房屋租赁合同》无效的主张不予支持，显属不当。因涉案房屋已由原审法院裁定归原告所有，故在两被告的《房屋租赁合同》被认定无效的情况下，原告请求两被告腾空并返还房屋，于法有据，本院予以支持。原告请求两被告支付房屋占有使用费，但未提供确凿的诉讼证据予以佐证，故对该项诉讼请求本院不予支持。综上，原审法院认定事实不清、适用法律错误，本院予以纠正。原告之上诉理由部分成立，本院予以支持。

再审法院认为，综合本案查明的事实，两被告恶意串通签订案涉租赁合同具有高度可能性，二审判决认定并无不当。同时，由于博森公司以与鑫盛厂之间存在房屋租赁合同关系为由，拒绝将案涉房产腾空并交还所有人柴桥信用社，妨碍了柴桥信用社对案涉房产所有权的行使，柴桥信用社因此提起诉讼，诉请判令博森公司腾空案涉房产并交还柴桥信用社等。原审法院根据柴桥信用社的诉请将博森公司列为本案被告，并无不当。综上，二审判决认定事实、适用法律均无不当。博森公司的再审申请不符合法定情形。[1]

有证据证明一方当事人持有证据无正当理由拒不提供，如果对方当事人主张该证据的内容不利于证据持有人，可以推定该主张成立。对方当事人是否持有证据需要结合具体案情，以公平原则为指导进行综合认定。在推定一方当事人主张成立的同时，也要兼顾当事人主张的合理性。

【案例1－62】 北京某物业管理有限责任公司诉某火锅店房屋租赁合同纠纷案

一审法院认为，本案争议焦点为原、被告之间在合同到期后是否续签有一份为期两年的租赁合同。结合本案证据情况，能够认定原、被告在合同到

〔1〕 参见最高人民法院中国应用法学研究所编：《人民法院案例选》2017年第4辑（总第110辑），人民法院出版社2017年版，第127～128页。浙江省宁波市中级人民法院（2015）浙甬民二终字第580号民事判决书。浙江省高级人民法院（2015）浙民申字第2999号民事裁定书。

期后续签了一份为期两年的租赁合同,原因如下:(1)2015年9月24日,原、被告签订的第二份《租赁合同》到期,但此后被告一直正常经营,并向被告交纳水电费至同年10月,与被告所述的双方产生分歧时间吻合。(2)根据被告提交的录音资料,原告实施断电行为后,被告负责人郭某某与高某、高某某商谈诉争房屋的解决事宜,谈话中数次提到经过双方签名和盖章的为期两年的续签合同,上述合同均由原告控制,高某和高某某均未对合同的真实性予以否认。(3)根据被告提交的录音资料,被告负责人郭某某与高某、高某某商谈过程中提到了原告向被告补偿损失事宜,对此原告并未作出合理解释。(4)原告亦认可原告和某制衣厂虽系独立法人,但两个公司的老板实为一人,故原、被告之间的合同到期后,高某作为代表与被告的负责人商谈相关事宜符合情理。综上所述,根据被告提交的证据,能够证明双方合同到期后续签了新的租赁合同,该合同现由原告实际控制。经法院依法向原告释明,原告未能于规定的时间内提交该份合同,因该份合同的内容不利于原告,法院认定被告的主张成立,即原、被告之间的合同到期后,又签订了一份两年的续租合同,该合同于2017年9月24日到期。对原告主张的三项诉讼请求,一审法院分别认定如下:(1)请求被告腾退所占用原告的房屋,法院不予支持。(2)请求被告向原告支付房屋使用费100601元(截至2016年1月7日)。法院认为,根据2005年和2010年的两份合同约定,租金均是按照年度履行,在原告不能提供证据的情况下,其按照天数主张房屋使用费的诉讼请求没有事实和法律依据,法院不予支持。(3)请求被告向原告支付拖欠的水电费8500元(截至2016年1月7日)。法院认为,原告对自己的主张并未提交证据予以证明,法院不予支持。二审法院判决:驳回上诉,维持原判。[1]

---

〔1〕 参见北京市高级人民法院研究室编:《审判前沿——新类型案件审判实务》(总第59集),法律出版社2020年版,第86~87页。

二、房屋租赁合同法律适用

（一）优先承租权认定

1.优先承租权理解

所谓优先承租权或称优先租赁权，是承租合同约定的租期到期后，承租人在同等条件下再次优先续租缔约的权利。关于优先承租权，《合同法》并无明文规定，《民法典》增加了这一规定，这种优先权类似于现行法律规定的优先购买权。两者都反映了租赁权的物权化倾向。虽然传统民法中租赁权纯属债权，但随着社会经济的快速发展，在20世纪后的各国民法为了稳定租赁关系，大多采取了租赁物权化的对策。该对策主要表现在以下三个方面，其一，同一物的同一部分只可设立一个租赁权。其二，出租人在租赁合同存续期间出售租赁物的行为不影响租赁合同的效力。其三，在租赁合同关系中承租权人享有优先购买权。

《民法典》第七百三十四条第二款规定："租赁期限届满，房屋承租人享有以同等条件优先承租的权利。"该规定从法律上确立了房屋承租人的优先承租权，为处理该类纠纷提供了法律依据。立法者认为，本条的优先承租权应该理解为一种形成权，是在保护弱势群体的理念之上对承租人优先承租权利的强化，一般指在租赁期限届满之后，出租人未与承租人续租，却与第三人签订了租赁合同，那么在相同的条件下，承租人可以直接与出租人成立一个相同的租赁合同，要求出租人直接将房子继续出租给自己。[1] 换言之，该规定将优先承租权从约定权利固化为法定权利，更有利于保障承租人的权益。

优先承租权设置的基本目的在于，保护处于弱势地位的承租人对续租的合理期待信赖，排除优先权的目的是防止契约自由被不合理限制，而不是也不应该是保护出租人的利益最大化。对于优先承租权的排除应具备出现丧失一般观念上信赖基础的事由，而不仅仅是同等条件。出租人在原租赁合同履行后得知承租人不应值得信赖合作，而非偶尔地拖欠少量租金、轻微的违约行为等不构成严重违

---

〔1〕 参见黄薇主编：《中华人民共和国民法典合同编释义》，法律出版社2020年版，第568页。

约解除合同条件的行为,否则不能排除优先承租权。也就是说,承租人主张优先承租权的不因延付或者拒付租金的违约行为一概而论,应坚持具体问题具体分析,妥当认定。

优先承租权与其他几项已为法律所采纳的承租人权利亦存在一定的区别。主要为,其一,其他三项权利均要求在租赁合同的有效期间内,而优先承租权则发生在租赁期后下一个租赁合同签订期间。其二,优先购买权对抗的是第三人,而优先承租人不仅可以对抗第三人,也可以对出租人的所有权进行一定的限制。因此,承认优先承租权其实就是赋予租赁权更大的物权效力,使其在租赁合同期间拥有的排他性延续到租赁合同期满后的一段时间内。

优先承租权与优先购买权二者既有联系亦有区别,二者的主要联系:都是租赁合同承租人的权利、优先缔约利益的权利,均为法定权利,以保护承租人持续使用房屋为目的。二者的主要区别:优先购买权指向的是买卖合同,而优先租赁权指向的是租赁合同;优先购买权人实现权利的结果是取得房屋所有权,而优先承租权仅是继续租赁使用房屋。[1]

关于优先承租权的性质有三种观点,即物权说、形成说和请求权说。形成说观点认为,优先租赁权是由当事人约定产生的同等条件下的优先缔约请求权,既不具有对抗第三人和物权的效力,也不具备单方形成新合同关系的效力,对该请求权不宜通过强制履行的方式保护。[2] 也有法官认为,优先承租权仅是一种约定的权利,无论是从我国立法还是比较法观察,优先承租权都没有成为法定权利,其实质是一种债权请求权。该权利是承租人享有的,在原租赁合同到期后,请求出租人以及第三人同等条件优先与其订立新租赁合同的权利,仅是一种优先缔约请求权,其不具有对抗第三人和物权的效力。[3] 主流观点是其性质类似于优先购买权,均属于法定优先权。

【案例1-63】 黄某科诉刘某卫房屋租赁合同纠纷案

判决观点,原、被告在租赁合同中约定了租赁期满,被告要求继续承租的,应当在合同到期前一个月与原告订立续租合同,交清下期租金。通过庭审查明及原、被告双方的陈述,被告在答辩中提出的展期续租的权利,实际应为合同到期后被告对原告门面在同等条件下的优先承租权,但原、被告在合同到期后对门面续租并未能达成一致,且在门面所在的市场管理方的协调下也未能就门面承租达成一致意见,根据《合同法》之规定,合同应是基于双方的意思表示一致,原、被告在合同到期后虽然有优先承租权,但对于承租无法

〔1〕 参见《人民司法·案例》2011年第22期。
〔2〕 参见《人民司法·案例》2011年第22期。
〔3〕 参见李玉林:《合同纠纷前沿问题审判实务》,中国法制出版社2014年版,第165页。

与原告达成一致意见,被告无法继续承租原告的门面。[1]

【案例1-64】 倪某杰诉顾某平等优先租赁权纠纷案

二审法院认为,房屋出租人与承租人之间的租赁合同约定,合同期满承租人享有优先承租权。在合同尚未期满的情况下,出租人未与承租人磋商即与他人签订房屋租赁合同,则承租人有权主张优先承租权。[2]

房屋承租人主张优先承租权可分为两种情况讨论:其一,租赁合同对优先承租权有特别约定,承租人基于合同约定主张优先承租权;其二,租赁合同对优先承租权未作约定,承租人基于《民法典》规定主张优先承租权。

对于承租人优先承租权认定的五个条件,其一,存在合法有效的租赁合同关系。其二,优先承租权行使人只有原承租人。其三,原租赁合同期满后出租人继续出租房屋。其四,要在同等条件下。其五,在合理期限内主张。应注意的是,应当严格把握优先承租权的适用范围,慎用优先承租权。具体来讲,在经营性商铺中,在承租人无严重违约情形时,一般可以考虑承租人的优先承租权;而在其他房屋租赁中应当要求在租赁合同明确约定优先承租权,并且承租人按照合同约定严格履行了所要求的条件,方可认定优先承租权。对优先承租人区分认定,以体现公平原则和商事经营的特殊性。

【不同处理】 《民法典》颁布前,合同未约定优先承租权的,则限制适用优先承租权。

【案例1-65】 沈某诉楚雄市龙江社区居民委员会、何某房屋租赁合同纠纷案

二审法院认为,楚雄市龙江社区居民委员会某村民小组分别与沈某和何某签订的房屋租赁合同,从形式到内容均没有违反相关法律的规定,均为有效合同。沈某认为自己享有优先承租权的起诉及上诉理由,因我国法律中对优先承租权没有明文规定,双方在房屋租赁合同的条款中对合同到期后承租人是否享有优先承租权也未作约定。故沈某的起诉及上诉理由均缺乏法律依据,其起诉及上诉请求均不予支持。二审法院判决:驳回上诉人沈某的上诉。[3]

承租人未在合同约定期间行使优先承租权的,法院不予支持。

---

〔1〕 参见国家法官学院案例开发研究中心编:《中国法院2014年度案例》(合同纠纷),中国法制出版社2014年版,第44页。湖南省汨罗市人民法院(2012)汨民初字第266号民事判决书。

〔2〕 参见《中国审判案例要览》(2007年民事审判案例卷)。江苏省南通市中级人民法院(2006)通中民一终字第0996号民事判决书。

〔3〕 参见李方民主编:《房屋租赁合同纠纷诉讼指引与实务解答》(第3版),法律出版社2017年版,第236页。

【案例1-66】 吴某设诉泉州市华祥物业管理有限公司、上海红星美凯龙品牌管理有限公司泉州洛江分公司房屋租赁合同纠纷案

二审法院认为,吴某设未在租赁期限届满前提出续签合同,其主张享有优先承租权的理由缺乏依据。[1]

承租人以地方行政规章为依据主张优先承租权的,法院不予支持。

【案例1-67】 南宁铁路经济技术开发总公司诉蒙某永财产损害赔偿纠纷案

二审法院认为,关于上诉人蒙某永以《南宁市城市房屋租赁管理办法》为依据提出对涉案房屋享有优先承租权的主张。目前在全国人大及其常委会制定的法律中,并无优先承租权的明确规定。《南宁市城市房屋租赁管理办法》只是地方行政规章,因而没有法律强制力。本案中,上诉人蒙某永与被上诉人开发公司签订的《房屋租赁合同》中对优先承租权也无相关的约定。所以上诉人蒙某永主张其对本案所涉房屋有优先承租权的主张,没有法律和事实上的依据。本案中,上诉人蒙某永租赁本案所涉房屋期限已届满,且被上诉人不愿继续将该房屋租给上诉人,则上诉人继续占用该房屋因无合法性和正当性已构成侵权。被上诉人要求上诉人停止侵害、交还该房屋及赔偿损失的诉讼请求,应予支持。上诉人蒙某永的上诉请求不能成立。一审判决事实清楚、程序合法、适用法律正确,应予维持。判决:驳回上诉,维持原判。[2]

2. 同等条件理解

优先承租权中同等条件是民法典规定的重要内容。所谓同等条件,是指承租人可提供的租赁条件与出租人给予第三人的租赁条件相同或同等。它是承租人行使优先承租权应具备的实质性条件和基础,承租人只有满足与第三人同等条件下才享有优先承租权。对于同等条件下的优先承租权中的"同等条件",现行法律上没有明确规定,有两种观点即绝对同等说和相对同等说,个案中由法官行使自由裁量权确定。

---

〔1〕 参见最高人民法院中国应用法学研究所编:《人民法院案例选》2019年第11辑(总第141辑),人民法院出版社2020年版,第153页。福建省泉州市中级人民法院(2018)闽05民终3443号民事判决书。

〔2〕 参见国家法官学院案例开发研究中心编:《中国法院2012年度案例》(物权纠纷),中国法制出版社2012年版,第115页。广西壮族自治区南宁铁路运输中级法院(2011)宁铁中民终字第1号民事判决书。

【案例1-68】 杨某文等诉长铁工业开发有限公司房屋租赁合同纠纷案

一审法院认为，本案争议的关键是双方合同中约定了“在同等条件下，原告有优先权”。原告认为其应有优先租赁的权利，但被告认为出租条件发生重大变化，“同等条件”的核心内容应包括租赁标的特定性、同一性。被告按市政府要求，对所有门面进行整体招租，并进行提升改造，该招租行为已对租赁标的、条件进行了变更。租赁标的、条件的改变已使原租赁合同中的“同等条件”不等同，所以双方约定的优先承租权亦不能适用。二审法院亦持同样意见，维持一审判决。[1]

对同等条件的界定应综合考量以下三个方面的内容：其一，租金、租赁期限与支付方式。这些条件作为租赁合同的核心内容。其二，保证金、房屋用途、承租范围(是整体还是局部)、违约责任，以及对房屋的装修、改造等其他条件。其三，基于一般社会观念的基本人身信赖感。[2] 在房屋租赁关系中，基于租赁合同的继续性、双务性特点，时间因素在债的履行上居于重要地位，影响租金给付的次数和内容，在这种前提下，租赁关系的维持需要有基本的人身信赖感，如果承租人在承租期间存在以房屋作为场所实施犯罪活动、经常拖欠租金、损害房屋价值等行为，致使“信赖基础丧失”，则“法律自应允许一方当事人终止契约”[3]，双方不再续签租赁合同。当然，该事由作为同等条件的内容之一，应以一般社会观念作为信赖基础的评价标准，不能纯粹根据出租人的主观进行判断，最终由法官裁量。

同等条件中房屋用途考量因素区分。房屋的类别包括民用住宅、公寓、别墅、店铺以及商场摊位等。在民用住宅中，在租金、基本人身信赖等其他条件相同情况下，出于干净等原因，出租人更愿意将房屋出租给他人居住，而非用于商业经营，这为一般常理，即便同为经营，亦还进一步区分为开书店还是开餐厅。当用途被限定后，比如单纯供居住的民用住宅出租，基于房屋用途因素不会对出租人的利益和优先承租权的行使产生影响，因此在评价优先承租权的同等条件时可不将其纳入考察范围。房屋类型以及用途的多样性无疑应作为同等条件的因素之一区别对待。对于商业用房而言，基于其特殊商业属性，房屋用途因素乃界定同等条件必不可少的内容，具体来讲，其一，对于因承租人的租赁经营而带动周边市场和人气、提升自身价值的房屋(如沿街商铺、门面)。由于这类房屋的升值是与承租人所投入的大量人力、物力存在内在紧密联系的，此时，在其他交易条件相等的

---

〔1〕 参见国家法官学院案例开发研究中心编：《中国法院2013年度案例》(合同纠纷)，中国法制出版社2013年版，第49页。广东省高级人民法院(2011)粤高法民一终字第105号民事判决书。

〔2〕 参见周峰、李兴：《商业优先租赁权的行使条件与救济途径探析》，载《法律适用》2014年第12期。

〔3〕 参见王泽鉴：《债法原理》(第1册)，中国政法大学出版社2001年版，第135页。

情况下，从价值衡平的角度考量，法官应侧重保护承租人对租赁期间的延展预期，对出租人以房屋用途不同否定同等条件的主张不予支持。其二，对于自身价值受承租人的租赁经营影响不大的商场店铺、超市摊位。在所有人或管理人具有正当理由的情况下，应优先尊重其对摊位的所有权、经营管理权，侧重保护出租人对房屋用途的调整。在承租人欲继续承租店铺、摊位的使用不符合出租人对房屋用途的规划要求的，应认定为其不具有同等条件这一行使优先承租权所应具备的实质性条件。商场所有者或管理者出于提升商场整体人气、优化购物环境等自身价值的原因，对内设的店铺、摊位进行用途调整，符合店铺、摊位所有承租人的整体利益，法律应予尊重。在此情况下，部分承租人续租使用店铺、摊位不符合出租人对房屋用途的规划，应认定该承租人不符合同等条件的要求，其主张优先承租权的请求不予支持。

有必要强调的是，从某种角度讲，商场、超市以房屋用途不符合条件为由拒绝承租人的续租请求，在一定程度上侵犯了承租人在该商场因经营所建立的商业信誉，为衡平承租人、出租人双方利益，在特定房屋因用途不同遭拒绝行使优先承租权，但在该租赁物周边存在相同用途的其他房屋可供承租的情况下，优先承租权所指向的标的物除合同约定的特定房屋外还包括其他同类房产。[1]

因法律对同等条件未作具体规定，对其同等条件的内容，可参见房屋租赁合同优先购买权专题中的相关阐述，但是应进一步研究优先承租权同等条件与优先购买权同等条件是否予以区分差别抑或作一致性规定，并取得共识且统一认定标准。

【案例1－69】　普湾金建公司诉金信中心房屋租赁合同纠纷案

一审法院认为，本案争议焦点为，金信中心对案涉争议标的物是否享有优先承租权，《民法典》第七百三十四条规定，租赁期限届满，承租人继续使用租赁物，出租人没有提出异议的，原租赁合同继续有效，但是租赁期限为不定期。租赁期限届满，房屋承租人享有以同等条件优先承租的权利。《民法典》第七百三十四条第二款没有规定“同等条件”的具体情形，需要结合法律的价值、目的和案件事实来确定其内容。法律旨在创设、维系正义的社会秩序，民事法律通过干预利益失衡的社会关系，保护处于弱势地位的一方，以维护社会的公平正义。在租赁合同关系中，出租人有确定租赁物的用途、承租人、租金、期限等租赁内容的权利，处于天然的优势地位。为了维护租赁关系的稳定和租赁秩序，保障承租人的持续性利益，《民法典》规定了承租人的优先承租权。优先承租权的形成权性质，必然是对出租人权利的限制。然而，

---

〔1〕 参见最高人民法院中国应用法学研究所编：《人民法院案例选》2019年第11辑（总第141辑），人民法院出版社2020年版，第157页。

租赁关系在本质上是市场交易行为,若优先承租权制度产生排除出租人出租获利的权利,会损害出租人作为市场主体公平交易的机会,这就需要对优先承租权有所限制。同等条件下优先承租,就是对优先承租权的限制,使承租人行使优先承租权不会导致出租人的利益受损,体现的是利益平衡和公平正义的价值理念。出租人设定优先承租的条件应当遵循正当、合理和必要的原则,不得排除承租人优先承租的权利。出租人单方以任何形式排除、限制承租人优先承租权,有悖于法律的价值和目的的,都不应得到人民法院的支持。具体而言,“同等条件”中的“条件”应当与租赁利益有直接的相关性,应当是租赁合同的核心事项,如租赁物的用途、租金、支付方式和期限等可以客观量化或者价格折算的条件。综合在本案中,应是租赁合同的租金价格、支付方式、履行期限、违约责任承担等客观条件,不应当是承租人的经营服务与管理方案、企业管理制度、项目负责人答辩等依托主观判断来评定的标准。因此,普湾金建公司以综合评分来认定“同等条件”显然不合理。金信中心在原租赁合同到期次日即告知普湾金建公司其愿意按照大连纵全企业服务有限公司中标价格和条件,继续承租案涉房屋5年,表明其亦具有履行合同的意愿,故应认定金信中心具备行使优先承租权的同等条件,且在合理期限内向普湾金建公司主张了该权利,因此金信中心有权继续租用案涉房屋。因金信中心有权以同等条件继续租用案涉房屋,金信中心继续使用案涉房屋符合法律规定,普湾金建公司诉请要求其腾退房屋并支付逾期腾退违约金的诉请,无事实及法律依据,不应予以支持。

二审法院认为,根据普湾金建公司与金信中心签订的《房屋租赁协议》和《房屋租赁补充协议书》,双方约定的房屋租赁期限至2022年8月31日已经届满,于此之后,因双方尚未签订新的房屋租赁合同,故依据《民法典》第七百三十三条关于“租赁期限届满,承租人应当返还租赁物”的规定,普湾金建公司诉请金信中心返还租赁物(即案涉房屋),于法有据,应予支持。结合双方当事人的诉辩主张,本案争议的焦点问题是,金信中心以承租人享有的优先承租权为权利依据,主张自其2022年9月1日向普湾金建公司发送《继续承租通知书》之日起,已与普湾金建公司形成新的房屋租赁合同关系的抗辩事由,是否成立。本院认为,虽然案涉《房屋租赁协议》中对承租人的优先承租权没有明确约定,但是根据《民法典》第七百三十四条第二款之规定(“租赁期限届满,房屋承租人享有以同等条件优先承租的权利”),金信中心作为案涉房屋承租人,依法享有优先承租权。对此,本院予以确认。但就本案具体案情而言,本院认为,金信中心不能据此继续占用案涉房屋,理由如下:首先,虽然承租人金信中心依法享有优先承租权,但是案涉《房屋租赁协议》中对于租赁期限届满后,金信中心应通过参加下一轮投标,竞标可续租的续约方式有明确约定,该约定是双方当事人的真实意思表示,且并不与承租人享有优先承租权的法律规定相悖,合法有效,对租赁合同双方均具有拘束力。对于该约定,即使不认为是承租人放弃了优先承租权的处分行为,也应当认定为双方当事人合意对承租人行使优先承租权的方式作出了限制和具体约定。现金信中心对合同的效力没有异议,顺利参与了本轮竞标,出租人普湾金建公司在组织本轮招租投标过程中,亦未有限制或者有碍金信中心参与竞标的行为,双方均依约履行己方义务,并无不当。其次,承租人行使优先承租权应建立在"同等条件"的前提下,而"同等条件"中的"条件"应当是与租赁利益有直接相关性的各要素,具体到不同的租赁物、不同的合同主体、不同的租赁用途及合同目的,"条件"应不仅仅限于租赁期限和租金给付标准等要素。具体到案涉房屋租赁合同,虽然本院不支持普湾金建公司否认案涉《房屋租赁协议》为房屋租赁合同属性的主张,但就该合同内容而言,除房屋租赁合同应具备的基本要素外,合同第十一条"特别约定"中的内容明确体现了承租方应履行相应的物业经营管理义务,该部分内容也是案涉招投标文件中的重要组成部分,应当属于关乎案涉租赁合同目的实现的核心事项。因此,虽然金信中心明确告知普湾金建公司,其愿意按照大连纵全企业服务有限公司中标价格和条件继续租赁案涉房屋,鉴于提供服务的质量,即使以同样的服务内容和标准量化,也会因提供服务的主体资质、能力等不同而有所差别,故金信中心主张其能符合大连纵全企业服务有限公司的全部承租标准,依据不足。最后,普湾金建公司已与大连纵全企业服务有限公司签订了房屋租赁合同,并明确表示不与金信中心续签租赁合同,在此情形下,本院认为,不宜强制缔约。综上,金信中心自2022年9月1日起已无权继续占用案涉房屋,应予腾退。[1]

承租人依约享有同等条件下的优先承租权受到侵害的,出租人应按照过错比例承担赔偿责任。

承租人不参加竞拍的,应视为放弃优先承租权。

【案例1-70】　淮北市建投控股集团有限公司与周某某房屋租赁合同纠纷案

二审法院认为,周某某与淮北市建投控股集团有限公司(以下简称建投公司)签订房屋租赁合同,约定租赁期限5年,自2013年4月1日至2018年3月31日。2018年9月21日,建投公司委托拍卖公司包括涉案场地房屋在内的72处房屋、场地的承租权进行拍卖,拍卖资料特别声明:原承租人在同

〔1〕 辽宁省大连市中级人民法院(2023)辽02民终2564号民事判决书。

等条件下享有房屋租赁优先权(必须参加竞拍,方视为有效),原租户如未能拍到商铺,给予3个月清空时间,3个月的租金按新租金支付等。周某某未参加此次拍卖,案外人竞得涉案房屋、场地的租赁权。双方因此发生纠纷,周某某反诉请求确认建投公司前述拍租无效或者撤销周某某该拍租行为。法院经审理认为,涉案合同到期后,周某某对于涉案场地、房屋依法享有优先承租权,但因周某某自身原因三次均未参加竞拍,最终由案外人成功竞拍,应视为周某某自动放弃优先承租权。周某某上诉要求确认涉案场地、房屋拍租行为无效,双方应否继续履行原租赁合同,无事实和法律依据,不予支持。[1]

(二)租赁合同争议点认定

1.租赁房屋交付条件认定

当事人双方在签订房屋租赁意向书时,租赁标的物尚未建成,正式房屋租赁合同尚未签订,但租赁标的物建成后,经竣工验收合格,即具备交付条件,虽然租赁标的物水、电、煤气及通讯网络设施尚未接通到指定位置,但其并非交付租赁标的物的必备条件,承租人拒绝接收租赁标的物,不签订正式的房屋租赁合同,应承担违约责任。

【案例1-71】 上海学人电子科技服务有限公司诉上海金涡实业有限公司、上海体育学院房屋租赁合同纠纷案

二审法院认为,关于金涡公司是否具备房屋交付条件,本案的特殊性在于双方签订《房屋租赁意向书》时租赁标的物尚未建成,而《房屋租赁意向书》第四条第一款约定:“双方约定,甲方(金涡公司)于2005年10月10日前向乙方(学人公司)交付房屋,提供竣工验收合格的房屋……”,第四款约定:“甲方(金涡公司)房屋必须通过中国及上海市建筑工程质量验收合格后,方可把房屋交付乙方(学人公司)使用……”,上述内容表明,双方对租赁房屋交付条件的约定是明确的,即房屋必须竣工且验收合格。而关于水、电、煤气及通讯网络等设施的接通,双方在《房屋租赁意向书》第二条租赁用途中约定为甲方(金涡公司)应满足乙方(学人公司)租赁系争房屋进行宾馆及餐饮等商业服务所需,可见,虽然上述设施的接通亦为金涡公司的合同义务,但并非其交付租赁房屋时的必备条件。因此,2006年9月15日,学人公司法

---

〔1〕 参见最高人民法院民法典贯彻实施工作领导小组编著:《中国民法典适用大全》(合同卷三),人民法院出版社2022年版,第2181页。安徽省淮北市中级人民法院(2017)皖06民终628号民事判决书。

定代表人曹某平签收系争房屋《建设工程竣工验收备案证书》,应视为此时金涡公司已经具备了交付房屋的条件,其有权向学人公司交付房屋。学人公司关于金涡公司交付房屋不符合条件的主张,不予采纳。[1]

2. 租赁房屋交付或占有认定

通常情况下,当事人就合同未尽或约定不明的事由,可以采取补充协议的方式穷尽,不能达成补充协议的,应当按照合同有关条款或者交易习惯确定双方争议的事实。在租赁合同没有约定交付房屋的方式、时间,双方亦没有就此订立补充协议,且不能提供办理交付的手续的情况下,法官依据何种事实认定争议房屋交付的具体时间,可综合相关因素认定。

【案例1－72】　湘财证券有限责任公司与云南志远房地产开发有限公司房屋租赁合同纠纷案

最高人民法院认为,湘财证券公司在双方签订《租赁合同》后的1999年12月6日支付志远房地产公司一年租金2304000元,此后与山木公司签订《装修工程承包合同》约定:山木公司装修工程期限自“2000年1月15日至2000年4月22日”。在双方不能举证证明实际交付湘财证券公司使用的具体时间之情况下,一审法院结合上述事实认定湘财证券公司使用志远大厦时间为2000年1月1日并无不当。又鉴于司法鉴定研究所2001年10月25日现场勘察后,房屋即交由志远房地产公司管理的实际情况,一审法院认定湘财证券公司将房屋交付志远房地产公司的时间为2001年10月25日,亦无不妥,应予维持。[2]

【案例1－73】　陈某述与重庆银坤矿业开发(集团)有限责任公司、重庆市伟映实业(集团)有限公司案外执行异议之诉纠纷案

最高人民法院认为,陈某光在签署商铺接房单时将房屋授权铜仁分公司以该公司名义对外出租,铜仁分公司并未向陈某述支付房屋租金,陈某述也未向铜仁分公司主张收取租金,故陈某述关于陈某光代为接房并委托铜仁分公司对外出租房屋的说法缺乏事实依据,不能认定陈某述在查封之前已经合法占有案涉房屋。[3]

租赁合同成立即生效,但承租人虽然已交付租金,通过法院查明事实是案涉

---

〔1〕 上海市高级人民法院(2008)沪高民一(民)终字第47号民事判决书。

〔2〕 参见最高人民法院民事审判第一庭编:《最高人民法院民事案件解析》(房屋买卖、租赁纠纷),法律出版社2010年版,第370页。

〔3〕 参见最高人民法院民事审判第一庭编:《民事审判指导与参考》2019年第2辑(总第78辑),人民法院出版社2019年版,第166页。

房屋未交付，则应认定房屋未交付。

【案例1－74】 江苏溧水民丰村镇银行有限公司诉南京佳客至科技实业有限公司房屋租赁合同纠纷案

一、二审法院查明的事实为，合同签订后，原告于2014年4月2日支付了第一年租金26万元，但一直未使用租赁房屋。被告于2015年7月1日发函给原告解除房屋租赁合同。另外，在原、被告签订房屋租赁合同之前，被告将案涉房屋租赁给华联食品店使用。由于原告一直未使用租赁房屋，华联食品店占有和使用原告租赁的部分场地至今。承办法官分析为，关于佳客至公司是否实际交付房屋，可结合前两种意见予以分析。关于房屋的具体交付方式，民丰银行和佳客至公司合同中没有明确约定。根据证人金某杰陈述，因华联食品店在先租赁并占有佳客至公司租赁给民丰银行场地以外的其他房屋，华联食品店和民丰银行租赁房屋为一个整体未分割，民丰银行、佳客至公司、华联食品店经营者金某杰三方口头约定，民丰银行进场装修前7～10天通知金某杰，金某杰将进出租赁场地大门的钥匙交付民丰银行并将放置在民丰银行租赁场地的货物拉走，金某杰配合、协助民丰银行分割房屋。此后，因民丰银行一直未进行装修，金某杰也就没有交付房屋钥匙并将货物拉走。根据习惯交付方式说，无论是佳客至公司还是第三人金某杰均未将租赁物即案涉房屋的钥匙交付民丰银行，二者也没有通过书面方式通知民丰银行收房。根据转移占有说，民丰银行并未实际上取得案涉房屋的管领力。综上，从占有角度讲，案涉案屋及其钥匙均在案外人金某杰的掌握中；从使用角度讲，民丰银行根本没有使用到案涉房屋。所以不管是采习惯交付方式说还是采转移占有说，案涉房屋均没有实际交付。[1]

对于出租人与承租人就房屋交付发生争议，出租人以非合同约定方式交付房屋是否产生交付的法律效果的问题，一方面法官应当全面审查双方在租赁合同或者房屋交割等手续中关于房屋交付的具体约定；另一方面应当依法分配举证责任，由主张完成交付的出租人就自己主张的事实成立提供证据加以证明，法官结合在案证据判断能否产生交付的法律效果。

【案例1－75】 刘某、毕某诉北京某科技有限公司房屋租赁合同纠纷案

二审法院认为，在案证据表明双方在房屋交割单上签字盖章并移交房门钥匙后才能视为交付完成。由于刘某、毕某、北京某科技有限公司未在房屋交割单上签字，且在刘某、毕某提供的证据既不能证明其已经将涉案房屋交

---

〔1〕 参见《人民司法·案例》2018年第5期（总第808期）。江苏省南京市中级人民法院（2016）苏01民终8733号民事判决书。

付北京某科技有限公司的事实成立，也不能证明北京某科技有限公司实际占有房屋的事实成立的情形下，判决：驳回上诉，维持原判。[1]

3. 租赁合同终止条件认定

租赁合同何时终止，应将双方的约定作为判断标准。

【案例 1－76】　胡某国诉丁某丽房屋租赁合同纠纷案

二审法院认为，关于丁某丽是否应让出租赁房屋问题。根据租赁合同约定，如有政府城市规划、改造等不可抗力因素则双方合同终止。因涉案租赁房屋在滁州市清流河综合整治二期项目集体土地上房屋征收范围，2013 年 6 月 27 日胡某国与滁州市土地储备中心、滁州市房地产管理局就涉案房屋已达成《征收集体所有土地房屋拆迁补偿安置协议书》，且涉案租赁房屋左右邻居房屋也已开始拆除。因此，涉案房屋被"征收"符合双方约定的合同终止条件，双方之间的租赁合同终止条件已成就，双方之间的租赁合同已终止，丁某丽应让出涉案租赁房屋，丁某丽拒绝让出房屋无事实和法律依据。一审法院判决丁某丽限期让出租赁房屋的处理结果并无不当。[2]

4. 附解除条件合同租赁期限认定

租赁合同虽然没有约定一个不变的租赁期限，但其所附解除条件成就的时间点是清楚明确的，可视为附解除条件租赁合同。附解除条件的租赁合同，其所附条件可能不能成就，签订时也无法预测其准确的截止时间，从这一角度来看，租赁期限是不能确定的。对法律规定租赁期限不明确的理解，应侧重于对"限"是否明确作出判断。只要"限"的条件约定明确，就不属于租赁期限约定不明。

租赁合同双方已合意对合同解除作出限制，旨在保证租赁物利用的持续性。也就是说，双方当事人不期望有不定期租赁合同赋予当事人任意解除权，其对解除条件作出特别限制。所附解除租赁合同的条件非基于合同当事人的违约行为，条件成就时，合同双方均享有解除租赁合同的权利。所附解除条件成就时作为租赁期限的界点，对出租人、承租人均有约束力，其选择所附条件应符合以下三个条件：首先，它必须是订立合同时尚未发生的事实，将来可能发生也可能不发生。其次，是合法的事实，附有与强制性规范、公共秩序或善良风俗相抵触的解除条件无效。最后，所附条件不能是合同一方当事人的违约行为。若所附条件系守约方对

---

〔1〕 参见安凤德主编：《租赁合同纠纷案件疑难问题裁判精要》，法律出版社 2021 年版，第 102 页。

〔2〕 参见国家法官学院案例开发研究中心编：《中国法院 2017 年度案例》（合同纠纷），中国法制出版社 2017 年版，第 102 页。安徽省滁州市中级人民法院（2014）滁民一终字第 01489 号民事判决书。

违约方单方解除权,其就不能作为解除条件确定租赁期限对双方有约束力,不然就会让违约方主动实施违约行为,其不仅不需承担责任,还可以获取法外利益。如可以约定“租赁期至租赁物需被征收、拆迁、租赁物毁损、转让、子女从外国回来时止”等条件,这些条件的成就就不受合同当事人控制,或即使需由合同当事人行为实施来实现,也是一种客观需要,不是合同相对人不可容忍的违约行为。相反,若约定“租赁期至租赁物需另行出租、出租人转租时止”等条件,则不能作为租赁期限的条件,这种附解除条件的租赁合同就应视为不定期租赁合同。租赁期限应计算至解除租赁合同通知达到对方时止,所附解除条件成就时,只有权利方行使并告知对方后才能解除合同。

5. 定金适用条件认定

立约定金是担保当事人实施订立主合同的行为,但不能担保该主合同一定能够订立成功。立约定金合同签订后,给付定金或收受定金的一方拒绝签订主合同的,应当根据合同双方以当事人有无过错来判断责任的负担,而不是归责原则应适用严格责任原则判断。实践中,可采取过错推定的方式,守约方仅就违约方构成违约的事实举证,至于违约方是否具有过错,则由违约方提供证据证明。主合同没有最终签订的原因,可能是多方面的。合同双方均能证明自己无过错,或者均不能证明对方有过错而导致主合同不能签订的,就为不可归责于双方当事人的原因,不能适用定金罚则。在房屋定金合同中对于房屋的租赁起止日期、租金起算日等主要条款没有约定,需要在房屋租赁合同中进一步协商,在双方未能达成一致时,双方均无过错则限制适用定金罚则。也就是说,立约双方都无过错的不能适用定金罚则。

【案例1-77】 窦某与某房屋中介公司房屋定金合同纠纷案

二审法院认为,根据窦某与某房屋中介公司签订的《房屋定金合同》,双方交约的定金在性质上属于立约定金,目的是确保双方签订正式的租赁合同,但是《房屋定金合同》中关于房屋的租赁起止日期、租金起算日等主要条款并没有约定,需要在房屋租赁合同中进一步协商。根据双方提供的现有证据,租赁合同未能签订的原因是双方未对租赁合同的主要条款达成一致,双方均不能提供证据证明未能签订房屋租赁合同的过错在于对方,因此,《房屋定金合同》中关于定金罚则的规定不能适用于本案。窦某应将收受的3000元定金返还给某房屋中介公司,某房屋中介公司收取窦某3000元违约金没有法律依据,应予以退还。[1]

---

〔1〕 参见王国才:《立约双方都无过错的能否适用定金罚则》,载《人民法院报》2013年7月25日,第7版。

定金罚则适用的前提是合同目的不能实现的根本违约,而不适用于合同主要目的未受影响的一般违约情况。当不完全履行部分对合同目的至关重要时,则不完全履行构成了部分根本违约,应当按比例适用定金罚则;当不完全履行未达到根本违约时,不能适用定金罚则。

【案例1-78】 乔某与恒泰公司房屋定金合同纠纷案

二审法院认为,定金罚则适用的前提是根本违约,正式招商经营合同文本对建筑面积确有调整,但该调整并未对乔某租赁该标的产生实质性影响,而双方对具体交付房屋的条件和时间在定金协议中亦未作明确约定,难以认定恒泰公司构成根本违约导致合同无法继续履行。而乔某对长期拖延造成的房屋闲置亦存在一定过错。无充分证据认定任一方存在根本违约行为,故根据公平原则,不宜对乔某或恒泰公司适用定金罚则,恒泰公司应当及时将所收定金全部退还乔某。判决:改判恒泰公司返还乔某全部定金192720元。[1]

6. 自力救济行为认定

在承租人拖欠租金的情况下,出租人能否采取停水、停电措施,应具体问题具体分析。其一,对停水、停电使用措施合同有约定的,坚持约定优先,按照合同约定执行。事先应在租赁合同中写明承租人在欠租的情况下,出租人享有对商户采取停水、停电的权利。否则,出租人对采取停水、停电措施将因缺乏法律和合同依据而失去正当性。应明确约定出租人可强制收回房屋,并约定在承租人未如期归还出租物业的情况下,同时视为承租人自动放弃出租物业内的所有设备和物品的所有权或使用权,出租人有权自行处置该等设备和物品。出租人可请相关人员对清理物业的全过程进行公证或见证,注意保留相关证据。其二,对停水、停电使用措施合同没有约定的,首先,出租人一般不要采取停水、停电措施,因为该自力救济行为可能会因侵权而导致两个对出租人不利的后果:无法主张停水、停电期间的租金或者占有使用费和对承租人造成损失的赔偿。其次,出租人应提前以书面形式告知将采取的停水、停电措施,避免给承租人带来突然损失,以降低赔偿风险。应注意的是,如果是承租人和自来水公司、电力公司直接签订了水、电使用合同,其承租人用水、用电的权利受法律保护。此时,如果出租人擅自停水、停电造成承租人损失,应该承担侵权赔偿责任。最后,在租赁合同已提前解除,或租赁期出租人已明确拒绝续租的情形下,若承租人仍占用出租物业,出租人采取停水、停电等保护性措施并无不当。

---

〔1〕 参见安风德主编:《租赁合同纠纷案件疑难问题裁判精要》,法律出版社2021年版,第213页。

(三)房屋租赁涉及侵权问题

1.第三人对房屋的侵害

在房屋租赁期间,第三人对房屋进行侵害的应区分情况处理。其一,第三人对房屋侵权只造成承租人损失的,由承租人主张权利。承租人租赁房屋后,即对房屋享有使用、收益及有限的处分权。当第三人的行为影响承租人以上权利的行使时,承租人可以主张,要求侵权人停止侵害、排除妨碍、赔偿损失。承租人主张的损失主要指不能正常使用房屋造成的损失,对于租金损失要查明实际给付情况。其二,第三人对房屋侵权只造成出租人所有权损失的,由出租人主张权利,要求第三人赔偿。其三,第三人侵害出租人、承租人共同权利部分,其中一方提起诉讼,另一方可以加入已经主张权利的一方,但不能另行单独主张该部分权利,当然也可作为共同原告主张权利。出租人、承租人就受损部分的主张不一致的,出租人、承租人应各自向侵权人提出主张,而不能互为替代提出主张。

【案例1-79】 昆明永臻包装材料有限责任公司诉云南泰明房地产开发有限公司财产损害赔偿纠纷案

一审法院认为,原告与西站彩印公司系租赁关系,原告的生产经营场地位于西站彩印公司内,被告也对原告所有的GMP车间建盖在西站彩印公司内不持异议,故被告的施工行为与原告GMP车间受损的结果之间存在因果关系,被告对原告房屋的所有权构成侵犯,被告应在其侵权范围内承担相应的赔偿责任。据此,一审法院判决,被告赔偿原告GMP车间恢复正常生产所需费用1824600元及GMP车间自受到损害无法生产至恢复生产期间的利润损失1327600元。二审法院亦持同样意见,维持一审判决。[1]

租赁房屋内财物被盗,承租人认为第三人侵权并要求出租人承担赔偿责任的,出租人无过错的不应承担责任。

【案例1-80】 岑某品诉谈某沾财产损害赔偿纠纷案

判决观点,本案中,被告作为该商铺的出租方,根据合同约定,在不妨害原告正常行使其承租权利的情况下,享有对该商铺的顶层空间行使包括续建在内的使用权。在施工前,被告已通知并取得了原告的同意,且在首层店铺

---

〔1〕 参见国家法官学院案例开发研究中心编:《中国法院2013年度案例》(物权纠纷),中国法制出版社2013年版,第99~101页。云南省高级人民法院(2011)云高民一终第113号民事判决书。

与二楼的楼梯间加设了两道防盗门,其行为不存在过错。原告主张盗贼是从被告搭建的脚手架上爬入,并下到其首层店铺内盗窃,但未提供相应证据证明,派出所经侦查后亦未得出上述结论。由此可见,原告主张被告的施工行为与其财物被盗间存在因果关系没有事实依据。由于原告被盗的财物是在其承租的首层店铺内,租赁期间该首层店铺属于原告的私人场所,原、被告双方在对该店铺内财物保管无特别约定的情况下,原告应尽最大的注意义务,采取必要的安全措施以保障其财物安全。另外,原告在发生失窃后报警,该案至今尚未侦破,原告所提出的财产损失也未得到确认。综上,原告的诉讼请求缺乏事实依据和法律依据,本院不予支持。[1]

房屋使用人(承租人)给相邻方(承租人)造成财产损害的,除房屋使用人(承租人)承担主要赔偿责任外,出租人、产权人亦应承担相应的赔偿责任。

【案例1-81】 江某华诉北京泽宏聚源厨房设备有限公司等财产损害赔偿纠纷案

二审法院认为,一审法院根据此次火灾的起火点位于泽宏设备公司承租使用的2号库房,公安消防机关对于火灾事实认定并不排除搬运工在库房内提货时吸烟遗留火种所致,因此泽宏设备公司作为2号库房的使用者、控制者、直接管理者应对所租赁的库房承担防火责任,应对火灾发生造成江某华的财产损失承担民事赔偿责任。一审法院结合本案实际情况,酌定泽宏设备公司承担70%的赔偿责任,大成仓储中心和北京铁路局各承担15%的赔偿责任并无不当;关于泽宏设备公司认为本案中仓库未经消防验收,不能用于出租,大成仓储中心和北京铁路局应当履行主要的消防安全职责,并应配备相关的消防设施,且仓库设计上也存在缺陷,故不应当承担主要赔偿责任的上诉请求,本院认为,对于本案所出租的库房是否存在手续等不完备与本次事故的发生不存在因果关系,泽宏设备公司在2007年5月正式签订库房租赁合同之前就对库房结构及现状进行了实地考察,并且明知其库房是车站货物中转库,泽宏设备公司作为2号库房的使用者、控制者、直接管理者应对所租赁的库房承担防火责任,对于火灾发生造成的财产损失,应承担民事赔偿责任;关于江某华赔偿损失的请求,因泽宏设备公司、大成仓储中心、北京铁路局均认可江某华确实有损失,一审法院结合货物种类、经营面积,参考泽宏设备公司和大成仓储中心对损失意见的陈述等实际情况,酌情确认此次火灾造成的经济损失共计为16.3万元并无不当。综上,泽宏设备公司的上诉理

---

〔1〕 参见国家法官学院案例开发研究中心编:《中国法院2013年度案例》(物权纠纷),中国法制出版社2013年版,第103页。广东省开平市人民法院(2011)开法民一初第109号民事判决书。

由无事实和法律依据,本院不予支持。原审法院判决认定事实清楚、适用法律正确、审判程序合法,应予维持。[1]

临时工棚和围墙是否侵犯相邻商铺的出租权,应由法官根据具体案情裁量。

【案例1-82】 广西龙门居房地产开发有限责任公司诉广西军联商贸有限公司等财产损害赔偿纠纷案

二审法院认为,本案中,修建风尚80项目由于场地限制需临时占用与讼争商铺所在楼房之间的市政道路,中铁公司已经就该临时占地办理了《道路临时占用(挖掘)许可证》,取得了相关行政部门的许可,风尚80项目在临时占道范围内搭建建筑工棚不需要另行办理规划审批手续,故不存在违法行为。本案讼争商铺一层的三面均与公共道路相邻,且均有出入口,一层商铺的正门及背面大门并未阻挡。根据正常的出入习惯,出入商铺会通过正门及背面大门,侧面入口是否畅通对于人群是否进入讼争商铺并无明显影响,并且三层的商铺不从侧面的出入口进入,出入完全不受影响。同时,由于讼争商铺在风尚80项目施工前、施工过程中均未能正常出租,龙门居公司因讼争商铺取得的收益并没有发生变化,故风尚80项目临时占道搭建建筑工棚、围墙与讼争商铺未能正常出租是否存在因果关系不能确定。并且,商铺出租是否成功,受到地理位置、结构设计、周边商业氛围、社会环境、出租人的招租方式等多种因素的影响,因此,军联公司、中铁公司修建建筑工棚、围墙的行为不符合侵权行为的构成要件。龙门居公司基于其与风尚80项目的相邻关系,应对该项目的建设具有相邻关系义务人的容忍义务,不能以该项目施工建设为由转嫁自身的经营风险,一审认定有误,予以纠正。据此,撤销一审法院判决,驳回上诉人龙门居公司的诉讼请求。[2]

地铁发包方及施工方对周边商户因地铁施工所遭受的经营性损失,应承担补偿责任,但不能适用损益相抵规则。

【案例1-83】 崔某忠诉北京市轨道交通建设管理有限公司、中铁四局集团有限公司相邻关系纠纷案

一审法院认为,中铁四局作为北京地铁亦庄线宋家庄线的实际施工方,施工期间在靠近崔某忠的S01号房屋所在8号楼东侧的宋庄路上设置围挡,时间长达一年半。施工所带来的粉尘、噪声以及车辆绕行、行人受限,对8号

---

〔1〕 参见国家法官学院案例开发研究中心编:《中国法院2013年度案例》(物权纠纷),中国法制出版社2013年版,第122~123页。北京铁路运输中级人民法院(2011)京铁中民终字第12号民事判决书。

〔2〕 参见国家法官学院案例开发研究中心编:《中国法院2013年度案例》(物权纠纷),中国法制出版社2013年版,第135页。广西壮族自治区南宁市中级人民法院(2011)南市民一终字第2023号民事判决书。

楼商户的经营、使用必然会造成影响,对房屋所有权人的使用或收益也必然会造成一定程度的影响。中铁四局与林某枝等人签订的补偿协议就是在确认影响存在的前提下产生的。崔某忠与林某枝的房屋所在同为8号楼,施工以及围挡设置对二者的影响同样存在,区别仅在于林某枝的S04号房屋更加贴近围挡。故崔某忠关于因施工对其房屋的使用、收益造成损害的主张,本院予以采信。但其依照与刘某之间签订的租赁协议确定赔偿数额,依据不足。对此,本院根据中铁四局集团有限公司北京地铁亦庄线01标项目经理部与案外人林某枝等人签订的补偿协议及涉案房屋所处地段、建筑面积综合考虑,酌情确定。中铁四局作为施工方,轨道交通公司作为地铁工程的发包方,应当就此承担连带赔偿责任。二审法院亦持同样意见,维持一审判决。〔1〕

对外办公写字楼,承租人与出租人签订租赁合同,并没有约定出租人对承租人(公司员工)的人身安全保障责任,现行法律尚无统一的关于保安职责的规定,但根据租赁合同的性质、目的和交易习惯,作为出租人应当保证承租人及其员工在合法的前提下安全使用租赁房屋办公。出租人在无明确约定又无法律规定的情况下,应当依据诚实信用原则,对写字楼的公共管理区域内的公共秩序和安全采取一定的安全防范措施,保障公共管理区域内正常的工作、生活秩序及承租人的财物不受损失,人身不受伤害。出租人承担安全保障义务的性质不是合同约定的义务,也不是法定义务,而是基于租赁合同的附随义务。第三人在写字楼公共区域侵犯承租人员工人身权利的,出租人无过错则不承担责任。

2. 出租房屋造成第三人的损失

在房屋租赁期间,第三人利益在出租房屋受到侵害的,应结合案情的客观事实和涉案当事人的过错程度,决定具体责任的最终承担,而并非一律由承租人承担责任。其一,承租人自身原因造成的损失。承租人因使用不当对第三人造成侵害的,应由承租人承担赔偿责任。其二,出租人自身原因造成的损失。出租房屋因结构本身或线路老化等房屋本身存在的消防隐患引起的火灾或导致火灾扩大的,应由出租人对房屋承担质量瑕疵担保及维修义务,出租人应在其过错范围内承担相应责任。其三,混合过错造成的损失。出租人与承租人对造成第三人损失都有过错,并且其过错可以区分的,出租人、承租人按照自己的过错大小承担责任;其过错无法具体区分的,则属于共同侵权,二者应承担连带责任,预先赔付的一方可以向另一方追偿。

---

〔1〕 参见国家法官学院案例开发研究中心编:《中国法院2014年度案例》(物权纠纷),中国法制出版社2014年版,第189~190页。北京市第二中级人民法院(2012)二中民终字第3697号民事判决书。

【案例1-84】 李某某诉苟某某、陈某某房屋租赁合同纠纷案

一审法院认为,本案中原告李某某作为某某服装店的登记业主及实际经营者,因被告苟某某经营的饭店失火造成损失,原告有权起诉侵权人要求赔偿。现行法律规定,用人单位的工作人员因执行工作任务造成他人损害的,由用人单位承担侵权责任。本案中,涉案火灾起火原因系重庆菜馆员工使用炉灶不当引起,故被告苟某某作为重庆菜馆的实际经营者及雇主,应对火灾造成的实际损失承担赔偿责任。关于赔偿数额,应参照资产评估报告书的结论。被告苟某某承包使用被告陈某某的房子经营饭店,在经营过程中给原告造成损失,原告要求被告陈某某承担民事责任,缺乏事实和法律依据,法院不予支持。二审法院认为,原审判决依据资产评估报告书认定服装店停业时间以及停业损失数额,尚缺少证据支持。结合服装店的经营特点,考虑服装店经营以及纳税情况,酌定服装店的停业时间为一个月,其经营损失为12193.20元(日停业损失406.44元×30天)。上诉人的该项上诉意见部分成立,予以支持。上诉人承包被上诉人陈某某的餐馆并签订协议后,擅自将该餐馆更名为重庆菜馆,亦未办理营业执照,实际上只利用该房屋进行经营,且根据消防部门出具的火灾事故认定书认定,本案火灾的起火原因系重庆菜馆员工使用炉灶不当所引发,因此,上诉人作为该菜馆的经营者,应当对引发的侵害行为承担赔偿责任,被上诉人陈某某不应承担赔偿责任。[1]

出租人未尽安全保障义务的,应当对承租人的死亡承担相应的赔偿责任。

【案例1-85】 申小某等诉苗小某等出租房屋煤气中毒死亡赔偿纠纷案

判决观点,本案双方争议的另一焦点问题是被告对死者一氧化碳中毒是否应承担一定的赔偿责任。通州分局的尸检报告显示死者系一氧化碳中毒所致,被告已经在出租房屋内张贴了安全提示,对使用煤炉的注意事项进行了安全告知的提示义务,两位死者作为完全民事行为能力人,在出租房内生煤炉,导致一氧化碳中毒死亡,两位死者的过错殊为明显,应当对死亡后果承担主要责任。被告作为房屋出租人,在出租房屋内张贴了安全提示,尽到了一定的安全提示义务,但在发现死者生煤炉的安全隐患后,其应当采取必要的制止或其他有效措施,以消除安全隐患,避免安全事故的发生。2011年11月,被告即发现死者安装烟囱生煤炉的情况,但被告并未对此采取有效的制止措施,导致安全事故发生,申某和闫某在出租屋内因一氧化碳中毒死亡,被告对此亦负有一定过错,应当对两位死者死亡产生的合理损失承担相应的赔

---

〔1〕 参见李方民主编:《房屋租赁合同纠纷诉讼指引与实务解答》(第3版),法律出版社2017年版,第245~246页。

偿责任。最终法院判决：扣除被告苗小某、苗某、陈某已经支付的赔偿款人民币67000元外，被告苗小某、苗某、陈某再共同赔偿原告申小某、闫某某、刘某某死亡赔偿金（含被抚养人生活费）、丧葬费、精神损害抚慰金共计人民币10万元。[1]

【案例1-86】　张某、许某诉马某人身损害赔偿纠纷案

判决观点，被告将房屋出租与他人居住使用，应负有保障承租人人身安全的义务。本案中，被告出租房屋时未在房屋内安装风斗，致使出租房屋内的一氧化碳气体不能顺利排出，造成张某甲一氧化碳中毒死亡，对此，被告应对张某甲的死亡承担主要责任。张某甲作为成年人，在房屋内生火取暖，应负有检查炉火是否安全之责任，现张某甲一氧化碳中毒死亡，其自身应承担一定次要责任。现两原告作为张某甲的父母向被告主张要求赔偿死亡赔偿金、丧葬费、被抚养人生活费及交通费的请求合理，被告应按其责任比例予以赔偿。张某甲作为两原告的亲生女儿，其意外死亡必然给其造成精神上的痛苦，该痛苦只能以货币的形式予以弥补，现两原告要求被告赔偿精神损害抚慰金的请求合理，予以支持，但具体数额由本院酌情予以确定。据此，法院判决，马某赔偿张某、许某丧葬费、死亡赔偿金、被抚养人生活费、交通费等经济损失共计430134元；马某赔偿张某、许某精神损害抚慰金2万元。[2]

出租房屋消防不合格导致火灾蔓延，出租人应否对受害人的损失承担连带责任问题。《民事审判指导与参考》研究组认为，根据所述情况，甲和乙对丙公司的损失宜各自承担责任。《侵权责任法》第十二条（对应《民法典》第一千一百七十二条）规定，二人以上分别实施侵权行为造成同一损害，能够确定责任大小的，各自承担相应的责任；难以确定责任大小的，平均承担赔偿责任。甲的工作人员在生产作业中违反安全管理规定引发火灾，甲作为雇主对火灾事故的发生存在过错，应承担主要责任；乙对外出租的房屋不符合工程建设消防技术标准及消防安全要求，亦有过错，应承担次要责任。甲与乙分别实施侵权行为造成同一损害，且能够确定责任大小和主次，应各自承担相应的责任。……甲和乙不具有共同侵权的意思联络；如果没有甲的侵权行为，不会发生火灾，出租房屋不合格并不足以造

---

〔1〕参见北京市高级人民法院编：《审判前沿——新类型案件审判实务》（总第46集），法律出版社2013年版，第53页。

〔2〕参见北京市高级人民法院编：《审判前沿——新类型案件审判实务》2010年第5集（总第35集），法律出版社2011年版，第66页。

成全部损害,甲和乙对丙公司的损失无须承担连带责任。[1]

承租人系房屋的管理人,应对承租房屋承担管理责任,与出租人共同承担赔偿责任。

【案例1-87】 徐某诉熊某农等人身损害赔偿纠纷案

一审法院认为,熊某农与沈某培作为601室房屋的产权人,未对房屋内的设施尽管理维护之责而导致窗户玻璃坠落,致使徐某受伤,应承担赔偿责任。王某成作为601室房屋的承租人,长期居住使用该房屋,但未及时发现房屋存在安全隐患以致发生窗户玻璃坠落,致使徐某受伤,亦应承担相应的赔偿责任。结合三被告的过错情况,本院核定熊某农、沈某培与王某成各按50%的比例对徐某进行赔偿。三被告的共同过错行为造成徐某人身损害,三被告应当承担连带赔偿责任。

二审法院认为,王某成作为601室房屋的承租人,长期居住使用该房屋,其既是房屋的使用人,也是房屋的管理者。王某成在使用该房屋时,未及时发现房屋存在安全隐患,通知房屋的所有人加以维修,以致发生窗户玻璃坠落,致使徐某受伤,应承担赔偿责任。在本案中,上诉人王某成并没有提供自己已尽到谨慎注意义务,不存在过错的相关证据。故对其认为不应承担民事责任的上诉理由,本院不予采纳。综上,原审法院认定事实清楚、适用法律正确,所作判决并无不当。判决驳回上诉,维持原判。[2]

承租人对处于其实际控制之下的公共设施负有相应的管理义务,该公共设施致人损害的,承租人与出租人根据过错比例承担赔偿责任。

【案例1-88】 成都民信印刷物资有限公司诉四川省林业厅招待所等财产损害赔偿纠纷案

判决观点,被告林业厅招待所作为成都市金牛区成华西街5号1号楼2层4间房屋的出租方,负责水管的维护工作,其对此次水管爆裂导致原告民信公司财物受损应当承担赔偿责任,被告马尔康林业局和被告观音桥林业局作为金牛区成华西街5号1号楼2层4间房屋的承租方,其承租房屋过道上安装的门将其承租房屋与2层其他房屋隔开,导致位于门内过道上的水管爆裂时,被告林业厅招待所未在第一时间发现水管爆裂并及时采取补救措施,故被告马尔康林业局和被告观音桥林业局对因水管爆裂导致楼下原告民信公司财物受损亦存在过错,应当承担赔偿责任。根据《侵权责任法》第十二

---

[1] 参见最高人民法院民事审判第一庭编:《民事审判指导与参考》2016年第4辑(总第68辑),人民法院出版社2017年版,第247页。

[2] 参见国家法官学院案例开发研究中心编:《中国法院2012年度案例》(侵权赔偿纠纷),中国法制出版社2012年版,第120页。江苏省无锡市中级人民法院(2010)锡民终字第0045号民事判决书。

条之规定，结合三被告过错程度，法院依法认定被告林业厅招待所承担50%的赔偿责任，被告马尔康林业局和被告观音桥林业局各自承担25%的赔偿责任。[1]

承租人未经出租人同意擅自将房屋进行转租，房屋在使用过程中造成他人损害的，出租人与承租人、次承租人均应承担赔偿责任。

【案例1-89】　王某诉北京心连心物业管理公司等财产损害赔偿纠纷案

判决观点，北京心连心物业公司作为宾阳北里27号楼西侧平房的出租方，对出租房屋负有维修和安全保障义务，房屋电路作为租赁房屋附属设施，出租人理应负有维修和管理义务。由于北京心连心物业公司出租房屋未尽到维修和管理义务，致使房屋发生火灾，对原告财产造成损失，北京心连心物业公司对原告损失应当承担赔偿责任；马某军未经北京心连心物业公司同意，擅自将其承租的房屋转租给相某玉使用，相某玉作为房屋的实际使用者和管理者，对房屋内的电路设施未尽到合理的注意义务，对存在安全隐患的电路设施未及时发现和报修，对于原告的损失亦应承担赔偿责任。关于原告的财产损失，由于原告未提供证据，法院依据密云县公安消防支队确定的财产损失认定。关于原告的经营损失，法院综合其经营种类、条件及合理的维修时间等酌情确定。[2]

在出租房屋因物件损害责任纠纷中，出租人、承租人应根据过错承担赔偿责任。

【案例1-90】　熊某波诉北京天鸿宝地物业管理经营有限公司等物件损害赔偿纠纷案

判决观点，根据天鸿宝地公司提供的《商业房屋装饰装修管理规定》，业主在房屋装饰装修前需向物业公司申请并提交相关材料进行审查备案，装修工程个体从业人员应具备相应个人技能证书，并向物业公司提交。施工人员只有具备相关职业技能，才能确保工程的安全，天鸿宝地公司应对施工人员职业技能进行严格审查并将该材料进行备案，负有严格的审查和监工义务，但天鸿宝地公司并未提供相关证据证明其已尽到了审批义务，导致具有安全隐患的屋檐的存在，天鸿宝地公司作为房屋管理人，在事前审查方面存在一定的过错，故应承担相应的民事责任。……综合以上，熊某波、杜某刚、刘某

---

〔1〕参见国家法官学院案例开发研究中心编：《中国法院2014年度案例》（侵权赔偿纠纷），中国法制出版社2014年版，第160～161页。四川省成都市金牛区人民法院（2012）金牛民初字第2630号民事判决书。

〔2〕参见国家法官学院案例开发研究中心编：《中国法院2014年度案例》（侵权赔偿纠纷），中国法制出版社2014年版，第120页。北京市密云县人民法院（2012）密民初字第4895号民事判决书。

及天鸿宝地公司对该事故均存在过错,故应考虑各方的过错程度合理分担民事责任。刘某及杜某刚作为物件的所有者及使用者,未尽到安全防范义务,致使具有安全隐患的物件脱落造成他人损伤,故刘某及杜某刚应当共同承担主要责任,即80%的责任。天鸿宝地公司在安装屋檐时未尽到严格的审查义务,具有过错,应承担10%的责任。熊某波在施工前后未采取安全防护措施,亦应承担一定责任,责任系数为10%。[1]

房屋所有权人将房屋交由中介公司出租,因承租人(居住人)过失侵害他人的,所有权人无过错的不承担赔偿责任。

【案例1-91】 贾某诉赵某等损害赔偿纠纷案

一审法院认为,根据现有证据,原告房屋发生火灾系移动电器插座电路故障所致。被告张某作为1407号房屋的使用人,在使用电器设备方面存在过失,引起火灾,应对火灾造成原告的合理损失承担民事赔偿责任。被告物业公司作为物业管理单位,未能保障消防设施的正常有效使用以及院内消防通道畅通,致使火灾发生时,该楼室内消火栓无水、院内消防通道被占用,延误了救火行为,导致火灾的蔓延、扩大,对火灾造成原告的合理损失亦应承担相应的民事责任。考虑到火灾系因被告张某的过失行为直接引起,其应承担主要的民事责任,责任比例法院确定为60%。被告物业公司应承担次要的民事责任,责任比例法院确定为40%。某机关既非原、被告房屋的产权人,又非物业管理单位,原告要求其对火灾损失承担赔偿责任,缺乏法律依据,法院不予支持。根据王某与中介公司签订的《北京市房屋租赁合同》,中介公司允许出租给王某的房屋由二人居住,张某作为共同居住人视为得到中介公司默许,被告中介公司为获取最大的经营利润,将代理出租赵某的房屋分别出租给多人,并使用非阻燃材料加装房屋隔断,无疑增加了房屋的安全隐患,对火灾的发生以及火灾损失的扩大负有一定的责任,故应当与引起火灾的房屋使用人,即被告张某承担连带赔偿责任。赵某作为房屋产权人,其应尽到应有的注意义务,保证房屋的安全。赵某将房屋出租营利,未能尽到充分的注意义务,故应与中介公司一起承担赔偿原告损失的责任。赵某与中介公司间的协议约定,只对双方产生效力,不能约束原告向其两方主张赔偿的权利。因火灾造成的原告的损失,赵某、张某、物业公司、中介公司应当按照上述承担民事责任的方式负责对原告进行赔偿。二审法院认为,本案的焦点问题在于连带责任的适用,即作为房屋所有人的赵某是否应该对直接侵权人张某因

---

〔1〕 参见国家法官学院案例开发研究中心编:《中国法院2014年度案例》(侵权赔偿纠纷),中国法制出版社2014年版,第145~146页。北京市海淀区人民法院(2012)海民初字第25058号民事判决书。

过失造成的火灾损失承担连带赔偿的法律责任。首先,赵某作为房屋所有权人应该保障房屋的安全,不危及他人的生命和财产利益。根据《火灾原因认定书》以及《火灾事故责任书》的认定,房屋起火为移动电器插座电路故障所致,并非赵某房屋自身的原因而引起。其次,火灾的发生是居住人张某用大功率电器所致。张某作为成年人,理应知晓大功率电器的安全使用常识,但是出于过失,最终酿成了火灾。因赵某已将房屋合法委托中介公司进行出租,故赵某作为所有权人既没有实施违法行为,也无法控制居住的违法行为的实施。综上所述,赵某对火灾的发生和扩大没有过错和违法行为,因此赵某不构成侵权。一审法院认定赵某将房屋出租营利,未能尽到充分的注意义务,从而判决其承担连带责任,显然适用法律错误。故最终对赵某责任认定部分进行改判,改判赵某不构成侵权,不承担赔偿责任。[1]

租赁房屋致人损害,如承租人未履行赔偿义务则不能要求出租人承担赔偿责任。下举的租赁物致害案与其同理,可作参考。

【案例1-92】 吴某春诉李某房屋租赁合同赔偿纠纷案

一审法院认为,被告李某经营建材店,对外租赁卡凳与其经营事项具有关联性,李某辩称吴某春租赁的卡凳由他人存放在自家门前,对此,李某未能提交证据证实,并自认曾告知吴某春卡凳承重要求,吴某春、孙某发坚持指认卡凳系租自该建材店,可以认定卡凳系吴某春租赁自李某经营的建材店,吴某春与李某之间形成租赁合同关系,李某应向吴某春提供符合安全要求的卡凳以保证操作安全,避免人身损害的发生,对于孙某发所造成的损害,李某应承担相应的赔偿责任,该部分赔偿责任,吴某春在先行赔偿完毕孙某发后,可要求李某承担。吴某春为孙某发租赁卡凳,应预见孙某发在使用卡凳工作过程中存在的人身损害风险,却仍然坚持为孙某发租赁木质卡凳,且对孙某发未进行提示也未采取适当措施加以避免,放任危险的存在,对于孙某发受到的损害,吴某春具有相应过错,在其过错责任范围内,应承担孙某发的损害赔偿责任。结合双方的过错程度和注意义务程度,吴某春、李某可酌情分别承担60%、40%的责任。吴某春以租赁合同纠纷之诉要求被告李某承担赔偿责任,应以其履行完毕赔偿义务、已实际造成损失为前提,现吴某春并未给付孙某发赔偿款,现阶段吴某春不能要求被告李某给付赔偿款16873.62元,待其履行完毕赔偿义务后,可另行向李某提出给付赔偿款请求。综上所述,应认定吴某春与李某之间形成租赁关系,对于孙某发的损害,二人分别承担

---

〔1〕 参见北京市高级人民法院编:《审判前沿——新类型案件审判实务》2011年第3集(总第39集),法律出版社2012年版,第26~27页。

60%、40%的责任。目前吴某春未向孙某发履行赔偿义务,经法院释明,吴某春仍未向孙某发履行赔偿义务,对其要求李某给付赔偿款的诉讼请求,法院不予支持。二审法院亦持同样意见,维持一审判决。[1]

【不同处理】 侵权行为的直接实施人是房屋的承租人,相邻受害人可以直接要求房屋所有人予以赔偿。

【案例1-93】 吴某诉陈某、阚某梅相邻损害防免关系纠纷案

判决观点,陈某、阚某梅将房屋出租给他人使用,虽然丧失了对房屋的直接占有和管理,但系所有人对房屋行使所有权占有、使用、收益、处分权能中的收益权能。所有人因出租行为获得租金利益,理应负担与之相伴的风险,即对于受其允许占有和使用房屋的承租人之不当行为对相邻人负责(承担保证义务)。如若存在承租人侵权行为致使相邻权人权益受损,相邻权人对房屋所有权人基于相邻关系以及对于实际承租人基于侵权事实可以分别主张,系不真正连带债权。相邻权人可直接向所有人主张赔偿,而不必追踪和寻找信息不详、赔偿能力未知、承担责任与否待定的承租人,此种模式和做法更加符合"利益报偿"和"危险控制与损害预防"的基本原则和精神,从受害人的角度来说也更为公平合理。根据本案的基本事实、原因力的大小、主观过错程度,法院依法确定房屋所有人陈某、阚某梅对吴某的损失承担80%的赔偿责任。房屋所有人承担责任后,可向实施侵权行为的承租人追偿。[2]

3.次承租人受所有权人侵权时损害赔偿请求权的认定

《民法典》第一千一百六十四条规定:"本编调整因侵害民事权益产生的民事关系。"侵权责任编未采用《侵权责任法》详尽列举侵权法保护的民事权益类型的立法模式,即只是侵害民事权益的行为均为《民法典》的调整范围,更符合司法实践的需求。一般认为,租赁权具有财产属性和财产价值,应视为一种财产性权益,应属于《民法典》的保护范围。判定能否支持次承租人向所有权人主张的侵权损害赔偿,法官应当从房屋租赁权是否属于《民法典》的保护范围、拆除行为是否侵害了次承租人的房屋租赁权、房屋被拆除灭失的过错是否在于所有权人、拆除行为与租赁权之间是否存在因果关系等方面综合分析。

---

〔1〕 参见国家法官学院、最高人民法院司法案例研究院编:《中国法院2020年度案例》(合同纠纷),中国法制出版社2020年版,第116~117页。黑龙江省鸡西市中级人民法院(2018)黑03民终952号民事判决书。

〔2〕 参见国家法官学院案例开发研究中心编:《中国法院2015年度案例》(物权纠纷),中国法制出版社2015年版,第206页。江苏省镇江市润州区人民法院(2013)润民初字第1127号民事判决书。

【案例1－94】　钱某某诉樽海公司、赵家村村委会等财产损害赔偿纠纷案

二审法院认为,本案主要争议焦点在于:钱某某提起侵权损害赔偿之诉是否具有事实和法律依据。首先,钱某某系上海市闵行区纪鹤路1号涉案房屋的次承租人(即实际使用人),依照《合同法》第二百一十二条的规定,其依法享有对涉案房屋进行排他性的占有、使用、收益的权利,即依法享有租赁权;该等以租赁物的使用收益为目的的权利,具有财产价值,理应归属财产权利而受侵权行为法的保护。其次,被告明知美圣公司向钱某某转租涉案房屋,涉案房屋的实际租赁使用人是钱某某,钱某某向美圣公司支付租金而依法享有涉案房屋的租赁权,且已依法获准对涉案房屋进行改建和装修。但是,被告在没有提供任何有关涉案房屋征收动迁法定批准文件和未履行任何征收动迁法定程序的情况下,仍明确要求钱某某和美圣公司立即停止改建和装修并配合做好动迁清退工作,涉案房屋实际于2018年9月被全部拆除。虽然被告否认拆除行为由其实施,但《告知书》《情况说明》以及在案其他证据和当事人陈述已形成证据链,足以证明被告对于拆除涉案房屋始终持积极、肯定、认同的态度。特别是被告所称涉案房屋并非基于法定征收的客观原因,而是基于协商一致即有关方面直接找涉案房屋权利人就拆除事宜进行协商并达成合意,在得到权利人同意的情况下致涉案房屋被拆除,而被告又明确拒绝向法院提供该协商拆迁补偿协议。由此可见,被告在拆除涉案房屋这一问题上具有主观能动性,且积极参与其中,被告明知自己的协商同意会对钱某某的租赁权造成损害,但是为了自身利益,并没有停止自身的行为(包括协商及签订协商拆迁补偿协议),任由损害结果的发生,故具有侵害钱某某的主观故意和明显过错。最后,被告的前述行为和结果事实上导致美圣公司和钱某某之间的租赁合同因租赁物灭失致使承租人不能对租赁物使用、收益而无法继续履行。交付租赁物、在租赁期间保持租赁物符合约定用途、确保承租人对租赁物的使用和收益这些事项属于出租人的主要合同义务,就前述合同义务的履行问题,美圣公司与钱某某之间形成租赁合同项下债务人与债权人的法律关系。被告作为第三人,以侵害债务人(即美圣公司)向债权人(即钱某某)交付租赁物的方式致使美圣公司作为出租人因租赁物灭失而无法向次承租人钱某某履行租赁合同项下出租人的主要合同义务而构成违约,显然干涉、阻碍了租赁合同的履行,侵害了钱某某依法享有的租赁权。鉴于租赁权存在的基础是租赁合同,而租赁权的具体实现又以租赁物的存在和租赁合同的履行为条件,故因被告导致涉案房屋被拆除灭失及租赁合同无法继续履行的致害行为与侵害钱某某享有之租赁权的损害事实之间具有明确的因果关系。综上所述,被告应当赔偿原告因涉案房屋被拆除而导致的直接损失。判决:驳回上诉,维持原判。[1]

4. 出租房屋财产损害

转租房屋内空调自燃引发火灾造成的财产损害,按照过错进行责任划分。

【案例1-95】 雷某诉房地产公司等财产损害赔偿纠纷案

二审法院认为,首先,雷某作为出租人对出租屋及空调等设施的适租性及安全性负责,涉案空调已使用8年,曾多次维修,且涉案事故的发生不能完全排除由于空调自身故障或质量等方面的原因造成,应综合考虑举证、事故成因及当事人过错等因素,雷某对涉案损害自行承担50%的责任。其次,房地产公司曾对空调进行维修,不能证明其已妥善尽到维修及排除安全隐患义务,负有过错,应承担40%的责任。李某敏在发现空调出现火苗后,未及时断电、报警,也未履行及时通知及协助义务,具有过错,应承担10%的责任。判决:一、维持一审判决第二项;二、房地产公司、李某敏分别赔偿雷某财产损失31490.4元、11622.6元。[2]

(四)虚假房屋租赁诉讼认定

对于存在实际控制关系的诉讼主体,虚构、伪造证据材料,提起无实质对抗的民事诉讼,通过自愿达成调解协议或放弃抗辩径由法院判定,侵害第三人利益的,法院可依照《民事诉讼法》第一百一十五条之规定认定为虚假诉讼,依法作出不准撤诉及驳回起诉的裁定,并对相关当事人进行民事制裁。

【案例1-96】 上海迅通物流有限公司诉上海凌运庆铃汽车修理服务有限公司房屋租赁合同纠纷再审案

再审法院认为,现有证据表明:(1)本案诉讼主体间存在实际控制关系。庆铃公司是由刘某某与第三人盛某某于2005年6月12日签订《联营协议》共同投资设立,共同经营的有限公司。工商行政机关注册登记档案材料显示,迅通公司、庆铃公司的法定代表人均为刘某某,实际控制人亦为刘某某并实际经营。(2)当事人存在虚构伪造证据材料的行为。刘某某串通其姐姐

---

〔1〕 参见最高人民法院中国应用法学研究所编:《人民法院案例选》2020年第9辑(总第151辑),人民法院出版社2021年版,第60~61页。上海市第一中级人民法院(2020)沪01民终741号民事判决书。

〔2〕 参见国家法官学院、最高人民法院司法案例研究院编:《中国法院2023年度案例》(侵权赔偿纠纷),中国法制出版社2023年版,第214页。山东省济南市中级人民法院(2021)鲁01民终1033号民事判决书。

刘甲，虚构迅通公司与庆铃公司之间存在《租房合同》的事实，并将与《租房合同》项下租赁标的场地无关的房地产权证作为证据，以发生“租赁合同纠纷”为由进行诉讼。(3)当事人在诉讼中不存在实质性的对抗。法定代表人刘某某分别委托他人代理原、被告两家公司，恶意达成调解协议，当迅通公司发现诉讼结果对己方不利时，又向法院申请撤诉。整个审理过程中缺乏常见的抗辩，如诉讼时效、质量瑕疵、履行瑕疵、债的抵销、混同等，以此减轻、减少、免除己方责任。(4)恶意达成调解协议，侵害第三人利益。原审中，庆铃公司对迅通公司提出的支付相关租金人民币414068元、水电费人民币9916.94元和违约金人民币100000元等诉讼请求并无异议，并以此为基础达成调解协议，协议内容未对原告诉讼主张有实质性的抗辩。本案中，根据《联营协议》的约定以及刘某某与盛某某各自的投资比例，刘某某与盛某某各享有庆铃公司50%的股权。法定代表人刘某某为了将公司资产迅速转移至迅通公司名下，不惜违背公司协议、诚信原则，通过执行和解将庆铃公司名下财产122016.94元转移至迅通公司，其行为构成对盛某某股东利益的损害。鉴于实施虚假诉讼的行为严重妨碍司法公信，具有严重社会危害性，法院根据各方提供的证据及当事人陈述，主动进行调查取证，综合以上四个因素判断，并最终依照《民事诉讼法》相关规定，认定系争案件为虚假诉讼；对实施虚假诉讼的行为人依法作出不准撤诉及驳回起诉的裁定；对相关当事人进行民事制裁。[1]

(五)显失公平认定

认定房屋租赁合同显失公平，可从两个方面进行考察。其一，考察合同对一方当事人是否明显不公平，应结合双方当事人权利义务是否对等，一方获得的利益或另一方所受的损失是否违背法律或者交易习惯等方面综合衡量。其二，考察合同订立中一方是否故意利用优势或者对方轻率、没有经验。所谓利用优势，是指一方利用其在经济上或者其他方面的优势地位，使对方难以拒绝对其明显不利的合同条件。所谓没有经验，是指欠缺一般生活经验或者交易经验。

【案例1-97】 厦门市同安第二铁工厂诉戴某民房屋租赁合同纠纷案

判决观点，原告厦门市同安第二铁工厂在合同签订后已按合同约定将讼争店面交由被告戴某民使用，被告戴某民依约向其交付了讼争店面2014年

---

〔1〕 上海市高级人民法院参考性案例第16号。

的租金。现原告厦门市同安第二铁工厂以双方在签订《租赁合同》时约定的租金明显偏低且对其显失公平为由,请求根据市场行情变化将租金变更为年租金90000元。《租赁合同》约定的租赁期仅为2年,并非长期的租赁合同,双方在《租赁合同》中约定的租金为年租金,租赁期间仅支付两次租金。现原告要求将年租金由10200元变为90000元,差距较大,而在2014~2015年,厦门市的房地产市场的租金价格没有发生巨大变化。现原告主张租赁价格随市场变化而上涨,但经法院依法对讼争店面的租金标准,委托厦门乾元资产评估与房地产估价有限责任公司及厦门信衡土地房地产评估咨询有限公司评估鉴定,均以无法获取到2015年附近区域类似店面的真实租金数据为由退鉴。因此,原告厦门市同安第二铁工厂主张2015年期间年租金变更为90000元的诉讼请求,依据不足,法院不予支持。据此判决:驳回原告厦门市同安第二铁工厂诉讼请求。[1]

【案例1-98】 上海某广告有限公司诉上海某物业有限公司房屋租赁合同纠纷案

二审法院认为,本案争议焦点三:如果在顺延期内按《场地租赁协议》第四条的约定支付租金,是否显失公平并造成当事人之间利益失衡。在本案中,租赁协议以保底价的形式保证物业公司作为系争房屋出租方稳定收益的同时,还约定了广告公司售出广告牌后物业公司可按利润比例分成的租金选择权。广告公司在审理中亦表示愿意在顺延期内按照补充协议关于每年场地租赁保底费25万元(《场地租赁协议》第四条约定每年场地租赁保底费15万元)的约定来确保物业公司的利益。物业公司也未提供证明在顺延期内按《场地租赁协议》第四条的约定支付租金是显失公平的证据。因此,物业公司关于在顺延期内按《场地租赁协议》第四条的约定支付租金是显失公平的辩解,法院不予采纳。[2]

个案中,法官根据具体案情认定是否构成显失公平。

【案例1-99】 沈某与舟山市台胞商场有限公司房屋租赁合同纠纷案

二审法院认为,一方当事人在对方董事会、监事会重选,董事会、法定代表人变更之际,利用其新旧交接不顺、内部管理混乱的非常时期,在原房屋租赁合同未到期的情况下,与对方实际已被罢免的法定代表人续订房屋租赁合同,有违其真实意愿,合同双方的权利义务亦明显违反公平、等价原则,该行

〔1〕 参见国家法官学院案例开发研究中心编:《中国法院2017年度案例》(合同纠纷),中国法制出版社2017年版,第22~23页。福建省厦门市翔安区人民法院(2015)民初字第929号民事判决书。

〔2〕 参见《房屋租赁合同纠纷裁判思路与裁判规则》,法律出版社2017年版,第125页。

为构成显失公平。[1]

(六)租赁合同不确定性弥补

一般认为,在一个典型的合同中,要构成一个形式完备的合同就必然要求合同的内容和条款均十分确定,即合同依托的某些关键要素明确与具体,可以满足确定性的合同适宜于强制履行。租赁合同租金条款约定不明,可以通过合同法设定的补充规则予以确定。

【案例1-100】 某公司诉周某房屋租赁合同纠纷案

一审法院认为,前三年房屋租赁合同是双方真实意思表示,合法有效。但是自2009年11月1日虽然合同约定的租期尚有五年,但是并无明确租金金额,虽然约定租金由双方协商解决,现双方未能对租金达成一致意见,即双方当事人对房屋租赁合同中主要条款未能达成合意,房屋租赁合同中对后五年租赁约定未生效。前三年租期届满,周某继续使用租赁物的,双方对租金处于协商过程中,双方间为不定期租赁关系。出租人某公司要求解除租赁合同的主张合法有效,应予支持,并判令周某支付至实际搬迁之日止的相应租金。在二审法院主持之下,双方就后五年租金的数额和支付方式达成一致合意,周某按照原合同约定的期限继续承租房屋。

承办法官分析为,就本案纠纷当事人之间最终的法律关系而言,当事人双方约定了一个有明确期限的租赁合同,合同依法成立并发生法律效力。合同约定“后五年租金另行协商”,并不能否认明确的租赁期限条款的效力。相反,区分前三年租金和后五年租金的确定方式,更进一步明确了租赁期限为八年。因此,租赁合同对于合同约定的八年租赁期限是有法律约束力的,双方均应按照合同约定履行自己的义务。从事实上分析,当事人在缔约当时,不管是出于对未来租赁市场的信息掌握不充分因而留待将来决定租金条款,还是确实对此并有过任何协商的约定,现行法律在弥补当事人缔约能力不足的问题上,提供了相应的法定的解决途径。也就是说,当租金或者说价款并非租赁合同必备条款的前提下,有效成立的合同,在当事人对租金并无约定的前提下,尚有协议补充或者司法确定的规则约束,更何况当事人仅是对一个长期租赁合同中部分期间的租金不能协商一致,虽然如同美国法院传统观念所顾虑的,当事人约定另行协商是以一种消极的

---

〔1〕 参见最高人民法院民法典贯彻实施工作领导小组编著:《中国民法典适用大全》(总则卷三),人民法院出版社2022年版,第1334页。浙江省舟山市中级人民法院(2012)浙舟民终字第88号民事判决书。

态度来抵御法律的介入,因而法院不应当用任何规则来予以确定,在这样一个已经有充分交易准备即阶段性履行的事实且一方当事人对合同期限抱有足够的信赖利益的案例中,简单地以没有约定即排除法律介入为处理原则,未免失之草率。从实践角度看,合同资源的分配,也要考虑租金条款的不确定性,如果可以有相应的解释规则为之,并不违背诚实信用原则,且从经济角度考虑,从市场基础确定一个合理的履行基础并不会过分增加双方当事人的履行成本,又何乐而不为?因此,综合全案事实与法律规定,完全可以通过交易习惯和市场行情确定,参考双方之间前三年租金的实际支付情况以及同地段同设施房屋的租金标准来为当事人确立一个确定的合同租金条款。因此,本案中,当事人双方对租赁期限有明确且具体的约定,现租赁期限未予届满,故双方当事人仍受原合同约束,而不是另行形成不定期租赁合同关系。原审法院判决认为租金条款不能达成合意,在协商过程中双方形成不定期租赁关系之定性确实存在值得商榷之处。[1]

(七)房屋租赁面积重大误解认定

房屋租赁合同中约定租赁面积与租赁房屋实际建筑面积严重不符,是否构成重大误解,由法官根据具体案情认定。

【案例1-101】 深圳某实业公司诉深圳某商业公司房屋租赁合同纠纷案

二审法院认为,本案争议的焦点是实业公司对其与某某仓储公司于2007年2月13日签订的《协议书》中第6条6.2(2)关于“对超过5%以上部分的面积乙方有权使用并不予支付租金”的约定是否存在重大误解。实业公司主张其在签订该协议时,经过涉案租赁物的施工图纸进行粗略计算,面积约19392平方米,其当时认为只要严格按图施工,建成后的面积不会超过约定的5%,故其在未经严格审核建筑面积,又未在权威部门核实的情况下签订合同。但其严格按图施工后,实测面积为21145.14平方米,这一误差是图纸计算上的误差,并非施工上的误差,故实业公司在签订该合同条款时对租赁建筑物的实际建筑面积存在重大误解。二审法院认为,实业公司的该项主张缺乏依据,理由如下:第一,实业公司和某某仓储公司在已确认施工图纸的情况下签订协议约定租赁建筑物面积总共约19392平方米,现其又未能举证证明按施工图纸精确计算的建筑面积远大于19392平方米,故其主张约定面积和建成后的实测面积之间的差距是图纸计算的误差,依据不足。第二,实

〔1〕 参见《人民司法·案例》2013年第17期(总第676期)。

业公司的经营范围包括房地产开发、商品房经营、物业管理和租赁等，应当具备足够的专业知识评估涉案租赁合同的责任和履行风险。实业公司和某某仓储公司签订上述合同时约定最终建筑面积超过合同约定面积5%以上的部分由商业公司免费使用，表明其已经预见到租赁建筑物建成后的实际建筑面积存在超过约定面积5%以上的可能。现其又主张当时对建筑物的实际建筑面积存在重大误解，认为实际建筑面积不会超过约定面积的5%，明显不合情理。第三，该合同第6条6.2(2)约定最终房地产权证上标明的建筑面积或测绘报告上标明的建筑面积有出入的，应以前者为准，先前所付租金按照“多退少补”的方式处理。又约定最终房地产权证上标明的建筑面积或测绘报告上标明的建筑面积增加部分超过协议约定建筑面积5%以上的，对超过5%以上部分的面积商业公司有权使用并不予支付租金。该两项约定属于递进关系，在逻辑上并无矛盾。应当理解为：最终面积小于约定面积或最终面积增加部分未超过约定面积5%的，按“多退少补”原则处理；最终面积增加部分超过约定面积5%以上的，超过5%以上的部分商业公司有权免费使用。一审法院认定该两项约定所表述的意思存在冲突，无充分依据，且实业公司的诉状中也未主张两者存在冲突。第四，商业公司承租涉案建筑物用于商业经营，其确认上述协议中约定的最高租金标准，目的在于有效控制经营成本，具有合理性。实业公司在事先已核准图纸的情况下承诺最终面积超过约定面积5%以上的部分由承租人免费使用，现又主张存在重大误解，诉求超过5%部分的租金，有违诚信原则，也会导致商业公司无法实现控制成本的目的。第五，实业公司二审答辩称，商业公司于2008年11月10日向其出具的复函中确认“待双方确认合同面积无误后，再依据协议的约定对租金进行‘多退少补’之方式处理”，故商业公司已确认用“多退少补”的合同约定方式处理计租建筑面积争议的问题。二审法院认为，商业公司在该复函中并未排除原协议中有关最终面积超过约定面积5%以上的部分由其免费使用条款的适用，不足以认定商业公司已明确放弃该项权利或同意变更原协议的约定。而且，实业公司起诉主张因存在重大误解而要求撤销上述协议条款，而非要求确认该条款已由双方协议变更，故其该项答辩意见理由不成立，该院不予支持。综上所述，实业公司和某某仓储公司签订的《协议书》中第6条6.2(2)关于“对超过5%以上部分的面积乙方有权使用并不予支付租金”的约定存在重大误解，请求法院撤销该条款的依据不足，该院不予支持。商业公司相关上诉理由成立，二审法院予以支持。[1]

---

〔1〕 广东省深圳市中级人民法院(2009)深中法民五终字第1426号民事判决书。

【案例1-102】 上海某某餐饮管理有限公司诉某某股份有限公司房屋租赁合同纠纷案

判决观点，双方当事人对于合同约定的房屋本身的使用功能、月租金数额、租赁期限等事项在签约时是达成了合意的情况下，被告按照合同约定的租金数额收取租金，不属于违约行为。尽管合同双方在合同中约定的租赁面积与实际建筑面积不符，但不影响合同的效力和履行。[1]

---

〔1〕 上海市长宁区人民法院(2009)沪长民三(民)初字第1504民事判决书。

三、房屋租赁合同纠纷处理

(一)租赁合同中押金处理

房屋租赁合同中的押金或称保证金,是指承租人与出租人在签订合同时约定,由承租人参照租金数额向出租人交纳一定数额的款项,在承租人依约履行租赁合同,按时交纳租金与相关费用,至租赁期满时按时交还完好无损的房屋,出租人将该笔款项退还承租人。

押金制度是房屋租赁合同关系中普遍存在的一种履约担保方式。押金不仅担保房屋的完好状况与租金的收取,也担保租赁合同的履行期限。承租人在任何一方面的违约行为都将影响押金的返还。现行法律对租赁合同的押金未有明确规定,具体的押金收取与返还规则,根据合同自由原则可由合同双方当事人自行约定,如无显失公平的情形,法律应对押金约定予以尊重与保护。

【案例 1-103】 太原茂业百货有限公司与山西美隆房地产开发集团有限公司房屋租赁合同纠纷再审案

最高人民法院认为,美隆公司收取的押金 6459528 元,因合同已经解除,应由其向茂业公司全额返还。押金属于为担保合同履行而交与合同相对方的款项,本案双方未约定押金利息,故对茂业公司要求美隆公司承担押金利息的主张,不予支持。[1]

对于此类押金条款能否适用定金规则,司法实践中主要有两种观点,第一种为押金即为定金,可适用定金规则。第二种是不能适用定金规则,笔者赞同第二种观点。就租赁合同中的押金条款性质,最高人民法院民一庭认为,押金条款应当解释为具有担保的性质,同时针对承租人迟延给付租金这个特定违约行为的违约金。当然,根据《民法典》第五百八十五条第二款之规定,“约定的违约金低于造成的损失的,人民法院或者仲裁机构可以根据当事人的请求予以增加;约定的违约金过分高于造成的损失的,人民法院或者仲裁机构可以根据当事人的请求予

[1] 最高人民法院(2016)民再 28 号民事判决书。

以适当减少”,承租人认为该违约金过分高的,可以请求适当减少。[1]

对于租赁合同中约定押金处理时,往往约定承租人如有违约行为,则出租人即可没收押金,并有权要求承租人承担违约责任。笔者认为,对承租人出现违约时,出租人不能以有双方事先有约定为由简单加以没收,应该根据承租人的具体情况处理。对于显失公平的押金约定,法律不予保护。

【案例1-104】 任某某与王某某房屋租赁合同纠纷案

判决观点,关于押金130000元,首先,法院认为押金实际为承租人向出租人交纳的保证金,是附停止条件的返还债务的金钱所有权的转移(让与担保),其主要目的为促使承租人按照合同约定及时交纳租金,降低承租人逃租的可能性,保障出租人对承租人的租金请求权,维持承租人与出租人的利益平衡。故承租人不经出租人同意不能主张用押金扣除租金,同样,出租人不得借承租人存在违约行为而没收押金。当然,如果承租人存在违约行为,出租人自然可以以押金抵扣违约损失。其次,被告抗辩称,因原告未向其交纳2012年9月的租金,导致其无法向大新商场交纳租金与管理费进而导致其交付大新商场的押金130000元被没收,原告应对此承担责任。法院认为,虽然原告违约未交纳租金与管理费,应当承担被告的损失,但不得超过原告订立合同时预见或者应当预见的因违反合同可能造成的损失。被告并无提供证据证明原告订立合同时可能预见如不交租金与管理费会造成被告无钱交纳租金给大新商场,从而导致大新商场没收其押金。从常理来看,原告未交纳2012年9月租金与管理费的行为也并不必然导致大新商场没收押金,被告的抗辩理据不足。因此,本案中被告主张没收押金130000元的请求无理,法院不予支持。[2]

【不同处理】 有的法院在承租人违约合同解除时,将押金视同定金,按照定金罚则处理。

【案例1-105】 李某与傅某房屋租赁合同纠纷案

判决观点,原、被告在合同中约定的押金条款实质就是法律意义上的定金条款,现被告违约,无权要求返还定金,因此被告支付原告的押金2万元应归原告所有。[3]

当承租人拖欠租金时,出租人有权将该押金抵作租金。

---

〔1〕 参见最高人民法院民事审判第一庭编:《民事审判实务问答》,法律出版社2021年版,第110页。

〔2〕 广东省佛山市顺德区人民法院(2013)佛顺法乐民初字第273号民事判决书。

〔3〕 参见李方民主编:《房屋租赁合同纠纷诉讼指引与实务解答》(第3版),法律出版社2017年版,第98页。

【案例1-106】　陈某与潘某房屋租赁合同纠纷案

判决观点，本案原、被告约定应于每月10日前支付当月租金，而原告于2006年5月10日、6月10日、7月10日未支付3个月租金共计5600元，则原告交付被告的保证金5600元已自该3个月租金履行期届满时抵作所拖欠的租金。故对原告要求返还保证金5600元的诉讼请求，被告要求支付2006年5月、6月租金、滞纳金的诉讼请求及2006年7月按每日93元的标准赔偿其损失的诉讼请求，法院均不予支持。[1]

租赁合同中约定承租人违约不返还押金，承租人可请求法院予以减少，是否减少以超过造成实际损失30%为标准。

【案例1-107】　吴某某与陈某某房屋租赁合同纠纷再审案

再审法院认为，本案中，吴某某与陈某某所签订的涉案《租赁合同》是依法成立的合同，受法律保护，对合同双方当事人均具有法律约束力。《租赁合同》第2条约定了押金的给付："签订本合同时，乙方须付押金人民币伍万元整……"第4条约定了押金的返还规则："乙方如拖欠房租水电费或者中途解除合同，即视为乙方违约。乙方除无权收回已支付的所有款项（包括押金）外，还要负责使用房屋期间应付租金以及按照甲方要求交付该楼房所需的一切费用。"本案中，吴某某租赁的厂房月租金为20240元，宿舍按小间350元/月、大间450元/月，租赁期限自2012年2月1日起至2017年3月20日止。参照租赁面积、租金水平、租赁期限等因素，吴某某与陈某某约定由陈某某收取押金50000元，符合租赁市场的商业惯例。在之后的履约过程中，吴某某完全没有履行《租赁合同》，导致陈某某基于合同正常履行可获得的利益全部落空，已符合第4条无权收回押金的情形。……陈某某为履行与吴某某的租赁合同，对原租户作出调整，因此支付的搬迁费、违约金等共计39640元。因吴某某完全没有履行涉案《租赁合同》，陈某某支付的上述费用构成因吴某某违约造成的损失，吴某某应当予以赔偿。因吴某某违约，涉案厂房与宿舍出现空置，至二审判决于2012年10月11日解除涉案《租赁合同》之前，吴某某仍应依约交纳空置厂房与宿舍的租金及滞纳金。其中，355平方米厂房空置20天，租金为2082.7元；570平方米厂房空置一个月，租金为5016元；宿舍4间空置20天，租金为933.3元，以上共计8032元。现陈某某就上述空置租金提出赔偿请求，应予支持。其余的1375平方米厂房没有证据显示已经出租，因此，该部分空置期应从2012年2月1日起算至2012年10月11

[1] 参见李方民主编：《房屋租赁合同纠纷诉讼指引与实务解答》（第3版），法律出版社2017年版，第103页。

日止,即二审判决解除涉案《租赁合同》之日。如果按照涉案《租赁合同》中约定的租金水平(每平方米8.8元/月)计算,该部分厂房的空置租金近10万元,但陈某某并未就该部分空置租金提出赔偿请求。故综合考量实际损失、合同的履行情况、当事人的过错程度以及预期收益等因素,在二审判决吴某某赔偿陈某某租金损失8032元及滞纳金、搬迁费39640元的情况下,陈某某不返还吴某某交付的押金50000元符合涉案《租赁合同》的约定和法律规定,并不存在显失公平的情形,因此二审判决对陈某某不返还吴某某的押金数额未予调整并无不当,本院予以维持。检察机关抗诉认为,二审判决判令吴某某向陈某某赔偿的租金损失8032元及滞纳金、搬迁费39640元,即为陈某某的实际损失,涉案《租赁合同》关于如承租人违约则无权收回已支付的50000元押金的约定明显超过了出租人实际损失的30%,属于违约金过分高于造成的损失的情形,人民法院应当应吴某某的请求予以适当调减,缺乏事实与法律依据,本院不予支持。[1]

在租赁合同中没有约定免除出租人退还押金,则出租人不能以双方签署的由其提供的解除租赁合同中有“双方再无经济关系”的约定为由,拒绝退还押金,承租人提出异议的,出租人不能免除退还押金的义务。

【案例1-108】 徐某诉中汇房产公司财产所有权纠纷案

二审法院认为,房屋租赁合同中的押金,是承租人抵押给出租人的一笔财产,用于保证自己履行租赁合同中的义务。承租人履行了租赁合同中的义务后,出租人应当将押金返还给承租人。综合审查判断本案所有证据,可以认定,房屋租赁合同终止后,在上诉人徐某既没有损坏租赁房屋或者租赁房屋中的物品,也没有应交而未交的费用,更没有表示放弃押金权利的前提下,徐某抵押给被上诉人中汇房产公司的1600元,该公司没有返还。该公司不返还押金的唯一理由,就在于终止协议中有“双方再无任何房屋租赁关系及经济关系”这一条款。按照通常理解,押金法律关系是一种经济关系。双方既然再无任何经济关系,当然包括再无押金法律关系。但水费、燃气费的交纳与收取,也是一种经济关系。双方在签署了“再无任何经济关系”的协议后,仍然交纳与收取这两项费用,说明他们对“再无任何经济关系”的认识不符合常理。上诉人徐某认为“再无任何经济关系”,不包括押金法律关系;被上诉人中汇房产公司虽然认为“再无任何经济关系”包括押金法律关系,但以收费的行为,将水费、燃气费的交纳与收取排除在经济关系之外。双方对这一条款的解释截然相反。本案所涉的北京市房屋租赁承租合同和终止协

[1] 广东省高级人民法院(2014)粤高法审监民提字第72号民事判决书。

议,都是被上诉人中汇房产公司向上诉人徐某提供的格式合同。双方当事人除对终止协议中“再无任何房屋租赁关系及经济关系”这一条款的理解存在歧义外,对其他条款的理解一致,这两份合同的其他条款合法有效。……在签署终止协议时,中汇房产公司明知其按照租赁合同约定收取的押金尚未退还,1600元的押金收据还在徐某手中。作为格式合同的提供者,中汇房产公司既然认为“再无任何房屋租赁关系及经济关系”这一格式条款中包含了不返还押金的意思,此时就有义务提醒徐某注意或在协议中注明:这一条款签署后,押金不再退还,押金收据废止。中汇房产公司并未履行这一义务。鉴于终止协议里对押金以及押金收据如何处理只字未提,从“再无任何房屋租赁关系及经济关系”这一格式条款中,不能推导出徐某有自愿放弃押金权利的意思表示。因此在租赁合同终止并且应交纳的费用已交纳的前提下,中汇房产公司仅以徐某签署了终止协议为由拒不返还押金,于法无据,是侵犯徐某的财产所有权。[1]

房屋所有权变动后,新的房屋所有权人向承租人索要押金的,基于承租人已向原出租人即所有权人交付过押金而不再有支付押金的义务,故其虽继受出租人地位也不能再向承租人主张押金权利。

【案例1-109】 张某良与梁某熙合同纠纷案

二审法院认为,租赁合同中途由张某良作为出租人承接并继续履行合同的余期内容,故张某良依法持有前述押金的权利,该权利应属原审法院所裁定确认张某良取得涉案房产所有权及相关的其他权利的范畴。梁某熙、周某爱在前述裁定作出后拒不向张某良移交所收取的租赁押金60000元,已经构成侵权,依法应承担相应的法律责任。因此,原审判决判令梁某熙、周某爱向张某良交付租赁押金60000元,合法有据,本院依法维持。诚然,如梁某熙上诉所述,陈某坚在租赁物所有权变动前已经履行了交付租赁押金的义务,当租赁押金的所有权在由张某良取得租赁物所有权时未发生转移,张某良确实无权要求陈某坚再次交付租赁押金,但并不影响张某良行使要求梁某熙、周某爱交付原向陈某坚所收取的押金的权利。[2]

房屋所有权变动前,承租人向出租人支付租金,在房屋所有权变动后租赁期届满,承租人能否向新所有权人主张返还租赁押金,应区分情况确认。原出租人在房屋所有权变动后将收取承租人的租赁押金交付继受出租人的,承租人有权向继受出租人主张返还租赁押金。原出租人在房屋所有权变动后未将收取承租人

---

〔1〕 参见《最高人民法院公报》2005年第9期(总第107期)。

〔2〕 江苏省苏州市中级人民法院(2015)江中法民一终字第855号民事判决书。

的租赁押金交付继受出租人的,承租人无权向继受出租人主张返还租赁押金。

【案例1-110】 英维康康复器械(苏州)有限公司与苏州嘉源彩印包装有限公司房屋租赁合同纠纷案

二审法院认为,英维康公司有权按原与嘉源公司签订的《租赁合同》继续承租涉案房屋,但并不意味着买受人邹某男、陆某应当接受原出租人嘉源公司就其租赁合同履行所应承担的全部债务。邹某男、陆某对英维康公司的义务仅是在涉案房屋所有权转移后,按原《租赁合同》约定的租金标准等条件接受该拍卖物上的租赁权负担,而不应当承担原出租人履行《租赁合同》所应承担的债务。嘉源公司按《租赁合同》向英维康公司收取租房押金,目的是确保英维康公司按约履行承租人的义务,该租房押金具有担保性质和功能。涉案房屋所有权变动后,嘉源公司并未将其向英维康公司收取的租房押金交付邹某男、陆某,邹某男、陆某并未实际取得英维康公司所交纳的租房押金,并不享有租房押金所赋予的担保权利,故在《租赁合同》到期后,邹某男、陆某对英维康公司亦不负有返还租房押金的义务。[1]

【案例1-111】 廖某兰与谢某庆房屋租赁合同纠纷案

二审法院认为,"买卖不破租赁"原则并不意味着,买受人应当接受原出租人就其租赁合同履行所应承担的全部债务甚至违约责任,买受人对于原承租人的义务仅是在拍卖物所有权转移后,按照原租赁合同约定的租金标准等条件接受该拍卖物上的租赁权负担,而不应当承担原出租人履行租赁合同所应承担的债务。[2]

【不同处理】 承租人向原出租人交付押金以担保租赁合同履行的,于租赁物所有权变动后,即使原出租人未向租赁物受让人转交押金,承租人依然可向该受让人主张押金返还,至于受让人有权要求原出租人转付押金,则属于另一法律关系。[3]

【案例1-112】 中澄实业发展有限公司与张某华、杜某丽等房屋租赁合同纠纷案

判决观点,关于押金应由谁返还,法院认为,首先,根据"买卖不破租赁"的原则,买受人将取代原出租人与承租人形成租赁关系。由于涉讼房屋被交易,被告蔡某荣已将与原告的全部权利义务转让给被告张某华等四人,权利义务自然包含先前收取的押金。被告蔡某荣辩称押金已抵扣少付的房款符

---

〔1〕 江苏省苏州市中级人民法院(2016)苏05民终5832号民事判决书。

〔2〕 江西省赣州市中级人民法院(2013)赣中民一终字第15号民事判决书。

〔3〕 参见高彬峻主编:《民商法实务精要》(5),中国法制出版社2017年版,第275页。

合法律规定及一般逻辑。其次,根据合同相对性,被告张某华等四人为新的出租人,作为合同的相对方,原告有理由向其追讨押金,因为此时,原告与被告蔡某荣已没有法律关系。[1]

(二)租赁合同撤销权行使

《民法典合同编通则解释》第四十三条规定:"债务人以明显不合理的价格,实施互易财产、以物抵债、出租或者承租财产、知识产权许可使用等行为,影响债权人的债权实现,债务人的相对人知道或者应当知道该情形,债权人请求撤销债务人的行为的,人民法院应当依据民法典第五百三十九条的规定予以支持。"

《民法典合同编通则解释》第四十五条规定:"在债权人撤销权诉讼中,被撤销行为的标的可分,当事人主张在受影响的债权范围内撤销债务人的行为的,人民法院应予支持;被撤销行为的标的不可分,债权人主张将债务人的行为全部撤销的,人民法院应予支持。债权人行使撤销权所支付的合理的律师代理费、差旅费等费用,可以认定为民法典第五百四十条规定的'必要费用'。"

《民法典合同编通则解释》第四十六条规定:"债权人在撤销权诉讼中同时请求债务人的相对人向债务人承担返还财产、折价补偿、履行到期债务等法律后果的,人民法院依法予以支持。债权人请求受理撤销权诉讼的人民法院一并审理其与债务人之间的债权债务关系,属于该人民法院管辖的,可以合并审理。不属于该人民法院管辖的,应当告知其向有管辖权的人民法院另行起诉。债权人依据其与债务人的诉讼、撤销权诉讼产生的生效法律文书申请强制执行的,人民法院可以就债务人对相对人享有的权利采取强制执行措施以实现债权人的债权。债权人在撤销权诉讼中,申请对相对人的财产采取保全措施的,人民法院依法予以准许。"

出租人故意隐瞒真实情况或者故意告知虚假的情况,欺骗对方,诱使对方作出错误的意思表示而与之订立租赁合同,构成欺诈,该合同可撤销。

【案例1-113】　李某与田某某房屋租赁合同纠纷案

一审法院认为,李某、田某某双方订立合同时,田某某隐瞒与订立合同有关的重要事实,即其与相邻方之间的纠纷,并业经法院审理作出判决,要求田某某将出租给李某房屋内拆除的承重墙均予以恢复,从而使李某违背真实意思,签订了租赁合同。合同签订后,李某按约交付押金及租金,并对房屋进行

---

〔1〕 上海市长宁区人民法院(2016)沪0105民初10000号民事判决书。

了装潢。嗣后因田某某出租的房屋结构有重大改变，出现安全隐患，致使李某无法按租房用途使用，不能正常营业。田某某的行为违反了民事活动中应当遵循的诚实信用原则，李某要求认定合同无效的诉请理由正当，予以支持。按照过错责任的归责原则，田某某对此应承担主要过错责任。无效合同从行为开始起就无法律效力，李某预交的押金，田某某应当予以返还。至于租金，合同虽无效，但李某已实际承租使用两个月，依照规定，应支付使用费，该使用费按双方约定的原租金额确定，故对李某要求田某某返还租金不予支持。对于给李某带来的装潢损失，以审计部门审计价值为依据，不可拆卸的装饰及物品，对田某某确有再利用价值，田某某对此应承担相应的民事赔偿责任，该赔偿费用以审计价人民币22467元为准；可拆卸的装饰物及室外广告灯箱费用，均系李某为开设理发店而购买的物品，可由李某予以拆回，对于李某提出已拆除装饰费用，因审价时未见实物，仅凭李某单方面证据难以支持。二审法院认为，尽管合同被确认无效或被撤销后自始不具有效力，但两者是不同的法律概念，原审法院认定本案相关协议无效不当，应予更正。据此，二审法院维持一审判决支持承租人要求出租人承担责任的诉讼请求，将租赁合同、补充协议无效判项改为撤销。[1] 本案中，田某某以欺诈手段与李某签订的租赁合同和补充协议并未损害国家利益，因此不符合《合同法》第五十二条规定的无效合同的构成要件，该合同应为可撤销合同。二审法院对合同定性是正确的。

对因欺诈而订立的合同，如不违反法律强制性规定，受欺诈方可以自知道或应当知道撤销事由之日起一年内行使撤销权，超过该法定期限的则不予支持。

【案例1－114】 甲公司与个体工商户乙房屋租赁合同纠纷案

二审法院认为，本案房屋租赁合同合法有效。签约时，甲公司未告知乙房屋已抵押的事实，且约定该房屋不得用作抵押担保，属欺诈。该行为导致房屋先被抵债后又被拍卖，拍得房屋被丁拆除，最终导致合同解除。因丁拆迁行为属商业开发，不是政府行为，不构成不可抗力。从最初的房屋抵押到最终的合同解除，甲公司明显存在过错，构成单方违约，应承担违约责任，并赔偿乙遭受的损失。

最高人民法院民一庭意见：对因欺诈而订立的租赁合同，如不违反法律强制性规定，受欺诈方可以自知道或应当知道撤销事由之日起一年内行使撤销权。受欺诈方没有行使撤销权，租赁合同有效成立的，在合同履行过程中，如该欺诈行为导致欺诈方违约的，欺诈方承担违约责任，不宜认定为缔约过

〔1〕 参见《房屋租赁合同纠纷裁判思路与裁判规则》，法律出版社2017年版，第52～53页。

失责任。[1]

对于以重大误解、显失公平为由撤销租赁合同的,由法官根据具体案情裁定。

【案例1-115】 基本生活用品公司诉易初莲花房屋租赁合同纠纷案

二审法院认为,基本生活用品公司是具有一定商业知识、经验的法人,对商业合同的缔结及由此产生的合同责任应当具备必要的分析和判断能力,即使基本生活用品公司的租金标准高于周邻商铺,也是双方合意一致的结果。另外,基本生活用品公司认为B单位公司对商场中庭区域的改造装修行为是造成其亏损的重要原因,但装修改造期间旁边留有通道,并不影响通行,而且根据基本生活用品公司自己提供的收入明细,自开业以来其一直处于亏损状态,改造装修期间的营业额与之前相比并无显著变化。故基本生活用品公司以重大误解、显失公平为由要求撤销合同或者以上述理由作为逾期支付租金的抗辩事由均缺乏依据,不予支持。[2]

未经出租人同意的转租,其出租人行使撤销权问题。《民法典》第七百一十六条规定与《合同法》第二百二十四条规定一致,对转租的立法属于限制主义立法模式,采用了授权规范,出租人可以行使撤销权。一般认为,撤销权是形成权,与形成权对应的是除斥期间。因此,出租人行使撤销权应有期限限制。

房屋租赁合同撤销与合同解除的区别。可变更、撤销合同针对的是意思表示不真实的合同,解除合同主要基于发生当事人约定解除合同的情形,或出现法律规定的解除合同原因,使基于合同发生的债权债务关系归于消灭。

【案例1-116】 贾甲诉贾乙、贾丙、某建城公司房屋租赁合同纠纷案

一审法院认为,在签订协议之初,贾乙、贾丙明知贾甲租赁涉案房屋是为了合伙开饭店,但隐瞒了涉案房屋不能转租也不能开饭店的事实,致使贾甲租赁房屋后不能实现合同目的,作出了错误的意思表示。因此,对于双方之间签订的合伙协议,贾甲有权请求人民法院撤销。据此,支持了贾甲撤销《华洲庄园西式会所合作协议》诉求。二审法院认为,从贾甲一审诉称内容看,其对涉案房屋不能转租的事实是明知的,贾丙对该事实并没有隐瞒。贾甲在原审中提交的视听资料表明,贾甲承租涉案房屋是为了与熊某合伙开饭店,贾乙对此知情并且答应帮助贾甲协调与建城公司法定代表人的关系、帮助贾甲办理营业执照等内容。但是,贾丙与建城公司签订的租赁合同中明确约定"该房屋除从事酒类批发、零售外不得经营其他业务",且在贾甲实际接手涉

---

〔1〕 参见最高人民法院民事审判第一庭编:《最高人民法院民事案件解析》(房屋买卖、租赁纠纷),法律出版社2010年版,第402~404页。

〔2〕 上海市第一中级人民法院(2011)沪一中民二(民)终字1914号民事判决书。

案房屋期间,该房屋的下水出现反溢,并流到院外停车场,由此导致贾甲一直未能正常使用涉案房屋,原审判决第四项所列的有关室内物品也长期闲置。本案二审诉讼期间,贾甲将涉案房屋以及原审判决第四项所列物品返还交付了贾丙。故贾丙与贾甲签订的《协议书》以及《华洲庄园西式会所合作协议》实际上已经解除。[1]

(三)一房数租履行顺序处理

《房屋租赁合同解释》第五条规定:"出租人就同一房屋订立数份租赁合同,在合同均为有效的情况下,承租人均主张履行合同的,人民法院按照下列顺序确定履行合同的承租人:(一)已经合法占有租赁房屋的;(二)已经办理登记备案手续的;(三)合同成立在先的。不能取得租赁房屋的承租人请求解除合同、赔偿损失的,依照合同法的有关规定处理。"该条是关于一房数租履行顺序的规定。该条包含以下三层含义:其一,适用前提是数份租赁合同均为有效,将无效租赁合同排除在履行顺序确立范围之外。其二,履行顺序的第一位是已经合法占有,第二位是已经备案登记,第三位是合同成立在先。其三,顺位在后的承租人享有赔偿请求权。

关于已经合法占有,是指在有效合同中的占有,这是合同双方履行合同的结果。合同虽然成立但未履行或合同未成立,承租人采用强占、欺骗等其他非法手段占有租赁房屋的,不应认定为合法占有,当然不能作为第一顺序的承租人。实践中,有的承租人为了达到履行合同目的而采取违法方式,如强制开锁进入,或强制将占有房屋的人员赶出等,此类情况承租人均不应当认定为合法占有。关于已经办理登记备案手续,是指出租人和承租人到有关行政主管部门进行登记备案,主管部门对承租人的身份及租赁房屋等信息予以登记,这是我国现行对房屋租赁和流动人口管理的一种模式,当事人可以查阅,客观上起到公示的效果。

关于合同成立在先,是指租赁合同成立时间在先,依法成立的合同受法律保护。

【案例 1-117】 陈某某诉吴某某房屋租赁合同纠纷案

判决观点,房屋共有人俞某虽未在合同上签字,但租赁合同并非对租房屋的处分,不以共有人合议一致作为租赁合同成立、生效条件,基于吴某某与俞某的产权共有关系以及身份关系,吴某某有权出租系争房屋,吴某某以俞

---

〔1〕 参见李方民主编:《房屋租赁合同纠纷诉讼指引与实务解答》(第3版),法律出版社2017年版,第224~225页。

某未在合同上签字为由主张涉案租赁合同仅为意向合同,缺乏法律依据。《租赁合同》约定,甲方(吴某某)须按时将房屋及附属设施交付乙方(陈某某)使用,如甲方逾期交付房屋超过30日,则每逾期一日按应付租金的百分之一向乙方支付滞纳金。该条款约定的滞纳金实属逾期交房违约金。本案中,吴某某未按约向陈某某履行交房义务,并以高价另租他人且已实际履行,其行为属恶意违约,应当承担相应违约责任。……鉴于吴某某已将系争房屋另行出租并实际履行,基于债权平等性原则,陈某某再要求吴某某履行合同、交付租赁房屋,没有法律依据。[1]

【案例1－118】 卢某某诉吴某某房屋租赁合同纠纷再审案

再审法院认为,卢某某经案外人黄某某介绍,与吴某某签订《房屋出租合同》,租赁吴某某原出租给黄某某的房屋时,黄某某诉称在场,前述事实表明,黄某某知道或者应当知道卢某某与吴某某所签合同内容,黄某某、吴某某均同意解除双方之前签订的《房屋出租合同》,因此,在卢某某与吴某某所签合同约定的房屋起始时间届止时,黄某某与吴某某之前签订的《房屋出租合同》已解除。此后,黄某某未将房屋交出,并在原租赁房屋内继续进行经营活动,并按原合同约定的租金标准向吴某某交付租金。由此可见,黄某某与吴某某解除《房屋出租合同》(书面合同)后,双方又形成了新的房屋租赁合同(口头合同)关系。根据《合同法》第二百一十五条的规定,该口头合同为不定期租赁合同。由于黄某某占有使用涉诉房屋,且出租人吴某某明确表示不履行与卢某某签订的《房屋出租合同》,愿意履行与黄某某之间的房屋租赁合同,根据《房屋租赁合同解释》第六条的规定,吴某某与黄某某之间的房屋租赁合同(口头合同)可以继续履行,因此,原审对卢某某要求吴某某交付租赁房屋的诉讼请求未予支持并无不当。吴某某不履行与卢某某签订的《房屋出租合同》,应依法承担违约责任。卢某某要求吴某某赔偿损失3000元,但未提供证据进行证明,故原审对卢某某的该项诉讼请求未予支持并无不当。[2]

签订租赁合同在先,且已经合法占有了房屋的,应认定为实际承租人。

【案例1－119】 姚某诉孙某、张某房屋租赁合同纠纷案

判决观点,本案当事人诉争的某步行街某号楼201号、301号房屋系雷某与张某的夫妻共有财产。2005年10月29日,张某任凯美公司法定代表人期间以公司名义与被告孙某签订了房屋租赁合同,该合同系当事人真实意思

---

〔1〕 参见吴兆祥主编:《房屋买卖租赁案件裁判要点与观点》,法律出版社2016年版,第323页。

〔2〕 重庆市高级人民法院(2013)渝高法民提字第00255号民事判决书。

表示,且不违反法律法规的强制性规定,为有效合同。根据该租赁合同的约定,被告孙某租赁了上述房屋,租赁期限自2005年11月1日起至2008年10月31日止,合同期满承租人如继续使用,在同等条件下享有优先权。上述合同签订后,被告孙某合法占有了租赁房屋。在被告租赁房屋期间,雷某于2007年1月6日与原告姚某签订了房屋租赁合同,由雷某将已租赁给被告使用的房屋租赁给原告,租赁期限20年,雷某以所欠原告借款本息折抵20年租赁费224950元。雷某与原告所签订的房屋租赁合同,亦为双方当事人真实意思表示,内容合法有效。……根据上述司法解释的规定,由于诉争房屋共有权人雷某、张某就同一房屋签订了两份租赁合同,该合同均合法有效,在此情形因被告孙某的租赁合同成立在先,且被告已经合法占有了租赁房屋,故该房屋履行合同的承租人应为被告。由于该房屋已由被告占有使用,雷某无法向原告交付租赁房屋,故雷某的行为构成违约,应向原告承担相应的违约责任。[1]

必须说明的是,对于承租人与出租人恶意串通,签订房屋租赁合同并抢先交付,承租人占有或办理登记的,其在先履行顺位不受法律保护,其他承租人可请求确认合同无效。

(四)租赁合同债权法定抵销

《合同法》第九十九条乃至《民法典》第五百六十八条对超过诉讼时效的债权能否法定抵销都未作出明确规定,在理论和实践中是一个争议问题。主要存在两种观点,一种观点认为,超过诉讼时效的债权不能作为主动债权抵销,因为超过诉讼时效的债权不受法律保护,如规定债权人对超过诉讼时效的债权可以行使法定抵销权,势必会损害未过时效一方当事人时效利益。另一种观点认为,超过诉讼时效的债权可以行使法定抵销权。笔者赞同后一种观点。因为诉讼时效届满,当事人只丧失胜诉权,债权人的实体债权仍然存在,只要双方互享到期债权且种类、品质相同,超过诉讼时效债权人可以行使法定抵销权。债权的权能除胜诉权外,还包括起诉权、受领权、抵销权等,其中抵销权和受领权、胜诉权并列,都是债权实现的方式。诉讼时效期间届满,债权人仍享有受领权,其接受履行不为不当得利,以此类推时效届满,债权人同样不丧失抵销权。从性质上讲,抵销权的性质为形成权,一方行使抵销权无须征得对方同意,更无须通过诉讼程序,只需通知对方,

---

〔1〕 参见李方民主编:《房屋租赁合同纠纷诉讼指引与实务解答》(第3版),法律出版社2017年版,第92页。

通知自到达对方时生效。这种方式实现债权,完全不违背自然债的法律属性。在个案中认可超过诉讼时效的债权可以行使法定抵销权,不违反立法本义,符合抵销制度设立目的,无损诉讼时效制度,且有实例支持。

【案例1-120】 中国农业银行福建省分行营业部诉福清华信食品有限公司合同纠纷案

判决观点,福州市中级人民法院于2002年11月将涉案厂房裁定给被告后,被告取得该厂房所有权,讼争机械设备直至2005年10月被告处置前一直占用该厂房,被告与讼争机械设备之间形成了事实上的厂房租赁关系,被告有权获得相当于厂房租金的场地占用费的补偿。《担保法》第四十六条规定,抵押担保的范围包括主债权及利息、违约金、损害赔偿金和实现抵押权的费用。最高人民法院《关于适用〈中华人民共和国担保法〉若干问题的解释》第七十四条规定:“抵押物折价或者拍卖、变卖所得的价款,当事人没有约定的,按下列顺序清偿:(一)实现抵押权的费用;(二)主债权的利息;(三)主债权。”上述规定中的“实现抵押权的费用”包括了对抵押物的仓储保管租赁等费用,因此,尽管讼争机械设备所有权在2005年5月26日法院裁定抵债前属于被执行人福清金信淀粉有限公司、福清金盛饲料有限公司等,但在法院裁定作出后,原告实现其抵押权时,被告作为“实现抵押权的费用”的权利人有权从抵押权的实现所得中优先受偿,故被告有权要求原告支付相应的厂房占用费。在2005年5月26日法院裁定作出后,原告取得讼争机械设备的所有权,该设备直至2005年10月前仍然占用被告的厂房,原告理应向被告支付该期间的厂房占用费。虽然被告于2007年11月针对上述厂房占用费提起反诉,已超过2年的诉讼时效,被告对原告享有的上述债权属于超过诉讼时效的自然债权,债权人丧失了通过诉讼程序强制债务人履行的权利,但债权人的实体债权仍然存在,在《合同法》第九十九条关于法定抵销权的规定中没有相反的禁止性规定的情况下,当事人可以以诉讼时效已经届满的债权与对方的等额债权进行抵销。因此,被告以原告享有的厂房占用费的债权主张抵销,可予支持。依据福建鑫玉融资产评估有限公司对涉案厂房2002~2005年各年的房地产市场平均月租金所做的鉴定结论得出的租金作为计算涉案厂房占用费的标准,得出相应租金额为1798024元,被告可以以该金额与原告主张的被告应承担的经济损失中的等额债权相互抵销。……抵销之后,被告应赔偿原告损失325099元。[1]

---

〔1〕 参见最高人民法院民事审判第一庭编:《民事审判指导与参考》2010年第3集(总第43集),人民法院出版社2011年版,第199页。

(五)租赁房屋抵押处理

1. 抵押房屋之租赁关系去除

所谓租赁关系去除,是指房屋附着有抵押权的同时存在租赁关系,抵押权人为实现抵押权而去除租赁关系的行为。可分以下四种情况讨论,其一,抵押权设定前存在租赁关系,依据与“买卖不破租赁”相同性质的“抵押不破租赁”原理,抵押权人在租赁期限届满前无权要求去除租赁关系。其二,抵押权设定后所附租赁关系,承租人应重在形成的他物权,无权以存在租赁关系为由对抗抵押权。抵押权经折价、拍卖及变卖等方式实现中,出租房屋是否在拍卖前腾空以及拍卖后能及时腾空,直接影响到拍卖的成交,这是实践中常有的现象或困惑。其三,抵押权人就抵押房屋实现抵押权时,根据承租人不得对抗在先设定抵押权之规定,抵押权人请求去除租赁关系的应受法律支持,其抵押权人有权否定租赁合同效力并要求承租人腾空房屋。其四,抵押权实现后在法院查封前期间,在抵押权成立在后租赁期未届满的,抵押权人去除请求权不能行使;在抵押权成立在先无论租赁期是否届满,抵押权人去除请求权均受法律保护。

关于抵押权对租赁关系的去除,有律师认为,就抵押登记后于抵押房屋之上形成的抵押关系,无论是抵押权人的租金请求权还是租赁关系去除请求权,均为抵押权人所享有实体权利即优先受偿权的构成内容,若由法院依职权行使或以法院强制措施采取与否来决定这些权利的有无,显非妥当。也正因为这两种权利均为抵押权的构成内容,当抵押权人有权实现抵押权时,法律即应明确抵押权人可以行使租金获取请求权和租赁关系去除请求权。[1]

租赁合同对抗抵押权效力问题。《民法典》第四百零五条规定:“抵押权设立前,抵押财产已经出租并转移占有的,原租赁关系不受该抵押权的影响。”该规定明确了先设立并已经占有的租赁权可以有效对抗抵押权。在将房屋抵押后再出租的情况下,仍然适用“先物权后债权,物权优于债权”的原则。一旦债务人不能偿还债务,可以通过行使抵押权清偿债务,租赁合同不能约束抵押物的买受人,亦不能对抗抵押权。在先抵押权可以对抗在后租赁权,抵押人在设定抵押权后将抵押物出租实际上对抵押权人的抵押权没有任何影响;因此,抵押权人也就不可能享有债权人撤销权。换言之,抵押权人没有撤销租赁合同的权利。

---

〔1〕 参见高彬峻主编:《民商法实务精要》(5),中国法制出版社 2017 年版,第 134 页。

【案例1－121】 乙公司与甲公司、丙公司房屋租赁合同纠纷案

一审法院认为，抵押权人与第一被告甲公司关于"未经抵押权人同意不得出租抵押物"的约定，仅是以保证抵押权行使为其合同目的，其法律后果使系争租赁合同不具备对抗抵押权的效力，故在未有证据证明系争租赁合同为抵押权人撤销的情况下，系争租赁合同依法具有约束本案原告乙公司及第一被告甲公司的法律效力。至于第一被告甲公司认为订立系争租赁合同系处理企业间三角债务而非缔结真实租赁关系的意见，显同双方嗣后对系争租赁合同的实际履行状况、第一被告甲公司发出的催讨租金函及告知原告甲公司出卖房屋通知函等案件事实相互矛盾，故被告要求确认租赁合同无效的主张，本院不予采信。二审法院认为，鉴于甲公司向乙公司催讨租金及告知乙公司出卖房屋通知函等事实，上述租赁合同合法有效。虽然三方协议与租赁合同存在一定联系，但无论是在签约主体还是合同内容等方面均未涉及租赁合同为三方协议的从合同之意思表示，故甲、丙公司要求因三方协议失效而确认租赁合同失效的主张缺乏依据。[1]

【案例1－122】 贺某林诉高某房屋租赁合同纠纷案

二审法院认为，本案登记在高某名下的涉案房屋在出租给贺某林之前于2006年9月7日即在房产管理部门办理了抵押登记的事实清楚，故贺某林基于与高某之间的房屋租赁合同关系主张其对涉案房屋所有的优先购买权依法不得对抗杜某忠对涉案房屋所享有的抵押权。基于此，贺某林对其所承租的涉案房屋的优先购买权的行使应让位给杜某忠对涉案房屋所有的抵押权，且杜某忠对其所享有的登记于高某名下的房屋的抵押权已经实现，故贺某林主张杜某忠以高某代理人的名义于2007年6月1日与黄某儒所签房屋买卖合同侵害了其优先购买权而无效的上诉主张，缺乏相应的法律依据，本院不予支持。对贺某林在履行与高某所签房屋租赁合同中所遭受的经济损失，依照《担保法解释》第六十六条的规定……即贺某林可据此另行向抵押人高某主张权利。故原审法院判决认定事实清楚、适用法律正确，贺某林的上诉理由不能成立。二审法院判决：驳回上诉，维持原判。[2]

对于抵押权设立后抵押财产出租的，该租赁关系不得对抗已登记的抵押权。

【案例1－123】 甲公司与乙公司、吴某冲等案外人执行异议纠纷再审案

最高法院认为，本案审查的焦点之一是甲公司对执行标的的租赁权能否

---

〔1〕 参见崔建远等：《民法原理与案例分析》，法律出版社2010年版，第164～165页。

〔2〕 参见《新疆审判》2011年第2期（总第90期）。

排除向买受人交付该不动产的执行问题。根据《物权法》第一百九十条、《房屋租赁司法解释》第二十条、《担保法解释》第六十六条的规定，抵押权设立后抵押财产出租的，该租赁关系不得对抗已登记的抵押权，抵押权实现后，租赁合同对受让人不具有约束力，承租人请求房屋受让人继续履行原租赁合同的，人民法院不予支持。案涉房产第一顺序抵押权人丙银行设立抵押权的时间为2013年1月28日，第二顺序抵押权人洪某斌的抵押权设立时间为2013年12月2日，二者均办理了抵押权登记。甲公司提供的租赁合同显示，其签署该合同的时间系2013年12月16日，可见，该租赁关系成立于抵押权之后。根据上述规定，抵押权人在实现抵押权时，抵押物上设立的租赁关系对买受人不具有约束力。[1]

房屋租赁订约在先但未实际交付占有，基于租赁关系的对抗效力正是衍生于以占有为前提的使用效益，故虽订约在先但不能对抗其后已登记的抵押权。

【案例1－124】 中国工商银行股份有限公司衢州分行诉王某芬等抵押权纠纷案

二审法院认为，金顺公司向工行衢州分行借款并以案涉厂房抵押，双方订立《最高额抵押合同》，并于2013年1月6日完成抵押登记，工行衢州分行就案涉厂房的抵押权设立合法有效。博润食品厂上诉认为王某芬与金顺公司于2012年11月29日即签订《厂房出租协议》且已实际履行，租赁关系成立在先。租赁合同权利义务的主要内容即在于对出租物的占有使用，考察合同是否实际履行应从合同订立的目的背景以及是否围绕主合同义务履行进行考虑，综合本案案情及王某芬在一审庭审及调查笔录中的陈述，2012年11月29日签订《厂房出租协议》的目的是设立博润食品厂进行立项审批，并未实际履行，且2013年8月8日博润食品厂与金顺公司签订的《厂房出租协议》确定租赁时间自2013年5月1日起，并约定“2012年11月29日签订的《厂房出租协议》作废”，该约定应当视为双方合意解除2012年11月29日签订的《厂房出租协议》。因此，本案工行衢州分行就案涉厂房的抵押权设立在先，抵押权设立后抵押财产出租的，该租赁关系不得对抗已登记的抵押权，博润食品厂主张其与金顺公司的租赁关系不受抵押权影响的上诉意见不能成立。[2]

竞买须知有提示产权瑕疵，并载明了存在房屋租赁合约且租金已经支付的情

[1] 最高人民法院(2016)民申3536号民事裁定书。

[2] 参见国家法官学院案例开发研究中心编：《中国法院2017年度案例》(物权纠纷)，中国法制出版社2017年版，第268页。浙江省衢州市中级人民法院(2014)浙衢民终字第355号民事判决书。

况，虽然法院在拍卖时提示了风险，买受人也知悉了该风险，但并不意味着买受人就必须放弃物权利益，其权利放弃必须明示而不能推定，竞买须知不能对抗买受人的物权。

【案例1-125】　罗甲诉王某物权纠纷案

二审法院认为，因案涉租赁物先设立抵押权，再设立租赁关系，后因实现抵押权，由罗某买受。因此，王某与罗乙设立的租赁关系对房屋买受人罗甲没有约束力，罗甲对房屋物权可排除王某的租赁权。竞买须知没有约定买受人放弃王某租赁期间物权利益，权利放弃须权利人明示，竞买须知不能对抗罗甲的物权。王某应向罗甲返还案涉物业及赔偿占用期间的租金损失。租金损失标准法院酌定按王某与罗乙的租约标准，即每月2000元计算，计至王某返还房屋之日止。据此判决：撤销一审判决，王某将涉案房屋返还给罗甲，并赔偿租金损失。[1]

实践中，对于《民法典》第四百一十二条（《物权法》第一百九十七条）中"抵押财产被人民法院依法扣押"进行认定时，应结合抵押权的特征与性质，将法院对不动产查封的行为与扣押行为予以同等理解。

【案例1-126】　甲公司与朱某、乙公司房屋租赁合同纠纷再审案

再审法院认为，本案的主要争议是，涉案抵押物被法院依法查封，是否属于《物权法》第一百九十七条以及《担保法》第四十七条规定的租赁物"抵押财产被人民法院依法扣押"的情形。查封与扣押均系法院为防止当事人处分、转移财产而对财产采取的强制措施，其法律意义并无本质区别，根据"相类似者应作相同处理"的理念，对法院查封行为也应与扣押行为作同等理解。而且，本案抵押物属于不动产，抵押物不转移占有是抵押权的基本特征之一，实践中对不动产也多采取查封而不是扣押的强制措施。因此，在本案抵押权人以诉讼方式实现抵押权时，法院依申请对涉案房产采取查封的保全措施后，抵押权的效力及于该房产自查封之日起所产生的租金。[2]

2. 房屋抵押与租金质押并存时的租金权利冲突与顺位

房屋抵押权人先将房屋抵押，后又将租金质押。抵押权人行使抵押权，法院查封房屋，并通知房屋承租人。此时，房屋的抵押权人和租金的质押权人对到期租金的权利主张产生冲突，何者顺位优先？《物权法》第一百九十七条规定未明

---

〔1〕 参见国家法官学院、最高人民法院司法案例研究院编：《中国法院2020年度案例》（物权纠纷），中国法制出版社2020年版，第50页。广东省东莞市中级人民法院（2019）粤19民终4185号民事判决书。

〔2〕 浙江省高级人民法院（2017）浙民申614号民事裁定书。

确涉及租金被质押的情形,是疑难问题。有学者认为,抵押人在设定抵押后如将租金另行质押的,则取决于租金质权是否设立并公示,已经公示的不动产抵押权当然优先;如果已经公示,则存在与不动产抵押权之间的竞合问题,需要优先权规则来解决。[1] 有法官认为,物权法的规定实际上是确立了一种以扣押为前提的法定债权让与。此时,需要处理的是同一债权的质权人和债权受让人之间的对抗问题。由于租金债权质押设立在前,同一债权法定转让在后,在质押已经登记的情况下,应当认定租金债权优先于抵押权的收取权——担保物权追及效力的体现。……无论是先租后抵还是先抵后租,由于抵押权人并不支配抵押物的使用价值及其对价,且租金质权设定在先又办理了登记,故就租金而言,租金质权人均应当优先于房屋抵押权人受偿。但在先抵后租,且租赁对抵押权人实现权利有影响时,抵押权人可以要求涤除租赁。此时,因为后续的租金债权也没了,因此租金质权人的权利实际上受到了影响。对于质权人来说,这也是他应当承担的风险。在法律规定抵押后租赁不能对抗登记的抵押权的情况下,其接受租金债权质押时,有义务去查看该房屋之上是否已经设定了抵押。反之,对于抵押权人而言,如果其在接受房屋抵押时,已经存在租赁合同的负担,其为充分保障自身权利,可以要求抵押人将租金一并质押,或者要求债务人额外提供更多的担保。[2] 故所讨论的问题,宜区分租金是否到期,区别对待。(1)对于已到期的租金,质权人优先。鉴于租金在通知之前已经被质押且该债权质权有效设立,租金在符合法定条件前并非抵押标的,故对于已到期租金,质权人的权利优先于抵押权人。(2)对于未到期租金,抵押权人优先。[3]

针对租金而存在的抵押权与质权何者在先的问题,应根据租金债权之特性视不同情形而定。第一,扣押前已经到期的租金债权,依据《物权法》第一百九十七条的规定,此时抵押权效力应不及于租金,且以现实存在的租金债权作为质押标的,质权依法设立,此时设立在先的抵押权与后设立的质权之间不存在竞合关系。第二,扣押后尚未到期的租金债权,此时作为出租标的的为将来的租金债权。由此带来的问题是,将来权利实际发生时,系经由出质人才发生质押效力抑或不经由出质人而直接归属质权人,即以将来权利之出质之过程作何为解释的问题。笔者认为,无论是否承认物权行为,以将来租金出质的生效时间点为债权实际发生之时,而将来租金债权出质的权利变动路径应解释为,于债权实际发生时经由质

---

〔1〕 参见最高人民法院民事审判第二庭编:《商事审判指导》2019 年第 1 辑(总第 48 辑),人民法院出版社 2019 年版,第 110 页。

〔2〕 参见最高人民法院民事审判第二庭编:《商事审判指导》2019 年第 1 辑(总第 48 辑),人民法院出版社 2019 年版,第 113 ~ 114 页。

〔3〕 参见最高人民法院民事审判第二庭编:《商事审判指导》2019 年第 1 辑(总第 48 辑),人民法院出版社 2019 年版,第 114 页。

押人至质权人。因此,针对经人民法院依法扣押后开始到期的租金债权,欲受制于质本需经过扣押之关口。然,当抵押权在先设立并联立扣押之抵押权实行行为时,将阻却将来租金质权对于租金之效力。[1]

3. 抵押房屋租金优先受偿

关于抵押物的租金是否属于抵押权人优先受偿的对象,现行法律和司法解释并没有作出直接而又明确的规定,与之相关的规定主要有两个方面,其一,订立抵押合同前抵押财产已出租的,原租赁关系不受抵押权的影响,抵押权设立后抵押财产出租的,该租赁关系不得对抗已登记的抵押权。其二,抵押财产被法院依法扣押的,自扣押之日起抵押权人有权收取该抵押财产的天然孳息或者法定孳息,但抵押权人未通知应当清偿法定孳息的义务人除外。也就是说,抵押权人在抵押财产被查封后并未通知承租人行使收取租金的权利,在租金被他案依法执行的情况下抵押权人对该部分租金并不享有优先受偿的权利。

【案例 1-127】 中国民生银行股份有限公司上海分行要求退回扣留、提取抵押物租金异议案

执行法院认为,根据《民事诉讼法》第二百四十三条的规定,被执行人未按执行通知履行法律文书确定的义务的,人民法院有权扣留、提取其应当履行义务部分的收入,包括被执行人因出租房产而收取的租金。根据《物权法》第一百九十七条的规定,债务人不履行到期债务或者发生当事人约定的实现抵押权的情形,致使抵押财产被人民法院依法扣押的,自扣押之日起抵押权人有权收取该抵押财产的天然孳息或者法定孳息,但抵押权人未通知应当清偿法定孳息的义务人除外。异议人根据上述法律规定,基于抵押权人的身份,主张被执行人因出租抵押房产而收取的租金属于法定孳息,该抵押房产被法院查封后异议人有权收取该抵押房产的租金。但是异议人未能向法院提供相关证据以证实其曾向承租人发出要求收取抵押房产租金的通知。何况,本案执行法院早已于 2014 年 4 月 10 日即向承租人发出了扣留提取租金的相关法律文书,异议人在法院将收缴的租金处理完毕之后,才向法院要求收取抵押财产孳息的异议申请,显然有悖于法。故对案外人民生银行上海分行的异议不予支持。据此执行法院裁定驳回民生银行上海分行的异议。上述裁定作出后,当事人均未向上一级法院申请复议,裁定现已生效。[2]

---

〔1〕 参见最高人民法院民事审判第二庭编:《商事审判指导》2019 年第 1 辑(总第 48 辑),人民法院出版社 2019 年版,第 117 ~ 118 页。

〔2〕 参见郭伟清主编:《2016 年上海法院案例精选》,上海人民出版社 2017 年版,第 442 页。

(六)赁租权在执行程序中处理

1. 赁租权在执行程序中认定

主流观点认为,执行程序中对租赁权审查,应对《合同法》第二百二十九条作限缩解释,以占有作为认定租赁权成立与否的标准。对于已设定抵押或被法院查封的房屋,租赁权要取得对抗抵押权和申请查封的债权人的效力,还要求租赁权必须设定在先。《民法典》第七百二十五条已明确为“占有”期限内。租赁权审查的具体标准应当包含以下三个要件:租赁合同真实;租赁合同签订于被执行房屋设定抵押或被法院查封前;案外人已依据租赁合同占有租赁房屋。执行机构对租赁权一般作形式审查,但有例外。

对租赁合同签订时间点的认定,是执行机构判断租赁权是否具有对抗效力的前提。对执行机构审查租赁合同签订于案涉房屋抵押、查封前的标准,除办理租赁登记备案外,还包括个案中的具体情况。经审查发现有下列情形之一的,一般也可认定租赁合同签订于抵押、查封前:(1)租赁合同的当事人在抵押、查封前已就相应租赁关系提起诉讼或仲裁的;(2)租赁合同的当事人在抵押、查封前已办理租赁合同公证的;(3)有其他确切证据证明租赁合同签订于抵押、查封前的,如租赁合同当事人已在抵押、查封前缴纳相应租金税、在案涉房屋所在物业公司办理租赁登记、向抵押权人声明过租赁权情况等。[1]

租赁权成立在前、查封在后的,其处理方法在执行程序中遵循对于租赁权的一般处理原则,亦包括法院可以解除第三人依租赁合同对查封物的占有。最高人民法院在答复中指明,在执行程序中被执行人擅自处分法院的查封物,包括本案中以出租的形式妨害查封效果的行为,执行法院有权以裁定形式直接予以处理。根据最高人民法院《关于人民法院民事执行中查封、扣押、冻结财产的规定》第二十五条的规定,被执行人擅自处分查封物,与第三人签订的租赁合同,并不当然无效,只是不能不得对抗申请执行人。第三人依据租赁合同占有查封物的,人民法院可以解除其占有,但不应当在裁定中直接宣布租赁合同无效或解除租赁合同,而仅应指出租赁合同不能对抗申请执行人。[2] 该答复坚持了查封的相对效力,

---

〔1〕 参见《浙江省高级人民法院关于执行非住宅房屋时案外人主张租赁权的若干问题的解答》(浙高法办〔2014〕39 号)。

〔2〕 参见最高人民法院执行局《关于山东省高级人民法院关于被执行人擅自出租已查封的财产执行程序中人民法院排除执行妨害能否认定该合同无效或者解除租赁合同的请示的函》(2009 年 12 月 22 日,〔2009〕执他字第 7 号函)。

仅在危及查封目的的范围内,排除了租赁的效力,较好地兼顾了相关权利主体的利益,应该成为处理同类问题的基本思路。[1]

执行法院尚未就房屋进行拍卖、变卖,也未将房屋腾退强制交付,且法院在处理执行异议的裁定中也未否认承租人对房屋享有租赁权,承租人对租赁房屋享有的占有使用等租赁权利尚未受到侵害,其承租人要求对执行标的物停止执行的,提起执行异议之诉不受法律支持。

【案例1-128】 李某与信达公司、中诚公司案外人执行异议之诉案

一审法院认为,本案中,(2008)京仲裁字第1257号仲裁裁决的主要内容为高某向信达公司偿还借款本息并由中诚公司承担连带清偿责任,在该仲裁裁决的执行过程中,本院查封了涉案房产,在查封期限内涉案房产不得买卖、抵押、过户。现李某以其对涉案房产享有使用权为由,要求停止执行涉案房产。但是,李某并未提供证据证明本院对涉案房产的执行行为妨害其占有使用,并且其认可本院的执行行为并未影响该房产的使用。因此,李某要求停止执行(2009)二中执字第1207号执行通知,撤销(2011)二中执异字第00939号执行裁定书的请求,没有法律依据。此外,因李某并非仲裁裁决相对人,故其无权要求审查仲裁裁决。综上所述,李某的起诉不符合法律规定的条件,应予驳回。一审法院裁定:驳回李某的起诉。二审诉讼中,李某申请撤回上诉,二审法院裁定准许其撤回上诉。[2]

申请执行人、被申请执行人均同意带租约拍卖的前提下,法院仍有通知其他债权人的义务。异议人未直接占有租赁房屋,其转租的不应认定为占有使用,其异议不能成立。

【案例1-129】 张某与支某冰、黄某、朱某公证债权文书案外人执行异议之诉案

判决观点,现被执行人黄某多处涉债,经生效法律文书确认的债权总额已经远超系争房屋的评估价格,虽申请执行人支某冰以附带租约拍卖不影响其抵押权的实现为由同意案外人的异议请求,但对该房屋的处置结果将影响黄某其他债权人的利益,故对案外人附带租约拍卖的请求仍应按照相关法律规定的要件审查。系争房屋于2014年6月5日经核准办理抵押登记,2015年11月25日首次查封。案外人与黄某签订租赁合同时,系争房屋已因黄某涉债被查封,且其与被执行人所约定系争房屋租金明显低于市场价格,约定的房屋租赁期限长达10年,案外人一次性支付租赁期间的全部租金等内容

---

〔1〕 参见刘贵祥:《执行程序中租赁权的认定与处理》,载《人民法院报》2014年5月28日。

〔2〕 北京市第二中级人民法院(2011)二中民初字第17241号民事裁定书。

均与房屋租赁的交易习惯不符,案外人也未提供其已经实际支付约定的租金的证据,故对于案外人提出的其与被执行人就系争房屋形成房屋租赁合同关系的事实,法院难以认定。案外人提供的证据也不足以证明其自2015年1月1日起实际占有系争房屋,且从自认2016年其房屋已转租给蒋某,故法院对其在主张的租赁期间已经实际占有使用系争房屋一节亦无法认定。综上所述,法院对案外人请求附带租约拍卖系争房屋之异议不予支持。裁定驳回案外人张某的诉讼请求。[1]

根据《民事诉讼法》第二百三十六条之规定,房屋承租人主张房屋未通知其行使优先购买权,属于对法院执行行为是否合法的异议,而不属于对执行标的异议。租赁合同是否合法有效,均不能产生阻却法院对该房屋及其占用土地使用权予以执行的法律后果。

【案例1-130】 大连舒心门业有限公司与中信银行股份有限公司大连甘井子支行、大连国滨企业发展总公司案外人执行异议之诉纠纷再审案

最高人民法院认为,关于涉案地块上3500平方米仓库是否属于抵押财产的问题。舒心门业提交的三份租赁合同中,落款日期为2004年9月23日的国滨公司与舒心门业的租赁合同约定,租赁物范围为国滨公司拥有的案涉土地使用权及地上厂房,其中包含了仓库3500平方米。舒心门业主张其仅从国滨公司租赁了土地使用权,地上仓库系舒心建材投资建设,但就该节事实,未能提供充分证据予以证明,其仅能提供与舒心建材签订的房屋租赁合同,不能证明该房屋系舒心建材投资建设于案涉抵押权设定之后的事实。而且根据《担保法》第五十五条、《物权法》第二百条的规定,即使可以认定土地使用权抵押后该土地上新增建筑物不属于抵押财产的情况下,在抵押权人就该土地使用权实现抵押权时,人民法院亦应当依法将该土地上新增的建筑物与土地使用权一并处分,故舒心门业所持案涉地块上3500平方米仓库不属于抵押财产范畴的理由,不能产生阻却人民法院对该土地使用权及地上房屋采取执行措施的法律效果,该申请再审理由不能成立。

关于优先购买权问题。本院认为,根据一审、二审判决载明的事实,案涉房产及土地使用权拍卖前,法院曾就拍卖事宜多次通知舒心门业,但该公司未行使优先购买权,舒心门业称并未收到拍卖通知与其经理在接受法院调查时所作陈述不相符。而且根据《民事诉讼法》第二百二十五条之规定,舒心

---

〔1〕 参见最高人民法院中国应用法学研究所编:《人民法院案例选》2019年第12辑(总第142辑),人民法院出版社2020年版,第136~137页。上海市杨浦区人民法院(2018)沪0110执异31号执行裁定书。

门业关于优先购买权行使问题的异议,不属于执行标的异议,故其所持该项申请再审理由不能成立。

关于舒心门业对案涉房屋是否享有合法承租权的问题。本院认为,舒心门业主张案涉建筑物在大连市甘井子区土地规划局有总体规划图,并非违法建筑,但就该节事实未举证证明,且仅具有总体规划图,亦不符合取得建设工程规划许可证并按照规划许可建设施工的要求,不能因此推翻本案一审、二审判决作出的事实认定。本案系执行异议之诉,案件争议焦点为舒心门业就案涉执行标的物是否享有合法权利且该权利是否可以阻却人民法院的执行。根据《担保法解释》第六十六条的规定,以及一审、二审判决载明的事实,本案中信银行的抵押权设定在先,舒心门业所持租赁合同签订在后,因此无论租赁合同是否合法有效,舒心门业的承租权是否合法存在,都不能产生阻却人民法院对案涉土地使用权及房屋予以执行的法律效果。舒心门业以其享有合法承租权为由,要求停止人民法院对抵押物执行的申请再审理由不能成立。[1]

案外人在执行程序中提出租赁权异议问题。案外人在执行程序中,以无效租赁合同对判决确定的应腾退房屋主张权利的,法律不予支持。

【案例1-131】　中国地质科学院与北京L家居装饰有限公司房屋租赁合同纠纷执行案

一审法院判决:解除原告科学院与被告L公司签订的《房屋租赁协议书》,被告L公司将西城区百万庄大街26号-18房屋腾空,交与原告科学院。二审法院判决:驳回上诉,维持原判。

执行中,被告L公司法定代表人吴某称:L公司被工商部门吊销了营业执照,已不再经营,公司与科学院之间签订的合同实际并未履行;科学院与其个人就该房屋签订了租赁合同,双方实际履行的是该合同。为此,吴某提交了与科学院于2004年6月6日签订的《房屋租赁协议书》及于2004年12月17日签订的《补充协议书》。科学院称:该院确实与吴某个人也签过《房屋租赁协议书》及《补充协议书》,但签订的日期及内容均与L公司签订的《房屋租赁协议书》及《补充协议书》相同。当时是因为L公司经营范围中没有餐饮项目,其法定代表人吴某要办理个体工商户营业执照,故要求与科学院以个人名义签一份合同,并且在合同上写明“仅供办证使用”。该合同实际上与L公司签订的是一个合同,法院应对L公司强制执行。执行法院查阅了

---

〔1〕参见最高人民法院民事审判第一庭编:《民事审判指导与参考》2017年第3辑(总第71辑),人民法院出版社2017年版,第112~113页。

原审卷宗,L公司在诉讼中未就合同效力问题提出异议。

执法法官认为,该案可以采取强制执行措施。吴某个人与科学院所签的房屋租赁协议书上明确注明了该协议书是用来办证的,证明这份协议书仅是用来办理证照手续的。法院在审理中查明的事实证明,科学院与L公司签订的房屋租赁协议书是双方真实的意思表示,并得到了实际履行。吴某以个人名义与科学院签订的合同,是为了规避法律,并非双方真实意思表示,是无效的合同。吴某不得以此对抗法院的强制执行。[1]

被执行人与案外人通过恶意串通虚构租赁合同,由案外人作为承租人向执行法院提出案外人异议,进而阻碍、迟滞对被执行人名下的不动产进行处分是执行实践中被执行人恶意逃避债务、阻碍执行的常用方式之一。在案外人异议审查中,法官通过组织听证的方式秉持有限、审慎实体审查的原则,综合分析判断案外人所提交的证据材料,指明案外人所主张事实之间存在的相互矛盾之处,并据此裁定其异议不能阻止执行。

【案例1-132】 案外人于某对法院拟拍卖处置房产提出异议案

执行法院认为,第一,于某前后两次陈述的内容矛盾处突出,其在确认不再有其他合同后,经告知先前合同承载的租赁权不得对抗房屋之抵押权,就再次提出还有其他签订于抵押设立之前的租赁合同,对于前后言辞的不一致,于某并未提供合理的足以使人信服的解释,而自行推翻了先前的陈述,根据当事人陈述与证据认定原则,可信度较低。第二,若根据于某陈述及提供的书证,对于同一房屋,于某和胡某先后签订了三份租赁合同,除租期开始日期和保证金外,并无其他实质性内容变更,这有违常理,不符合通常租赁合同的订立习惯,于某对此也未作出合理解释,故对三份租赁合同的真实有效性存疑。第三,于某提供的杨浦法院调解书和借条反映的两个债权数额与两份租赁合同的保证金一致,时间上也吻合,考虑到本案执行法官曾告知其不同租赁时间所产生的不同法律后果,难以排除于某为谋取自身最大利益捏造证据的可能。因此,于某自述的事实、举证的书证皆有多处矛盾,而租赁合同本身也未经依法登记备案,合同的真实性、合法性以及实际履行情况都未经诉讼或其他合法程序确认,遵循执行审查中有限、审慎实体审查原则,不宜在执行程序中界定租赁关系的真实有效性。综上,于某主张的异议缺乏必要的基础事实,不能阻却法庭强制执行行为,执行法院驳回其异议。[2]

---

〔1〕 参见北京市高级人民法院编:《审判前沿——新类型案件审判实务》2008年第3集(总第21集),法律出版社2008年版,第174~175页。

〔2〕 参见郭伟清主编:《2016年上海法院案例精选》,上海人民出版社2017年版,第436页。

房屋承租人就执行腾退房屋提出的执行异议认定和处理。《民事审判指导与参考》研究组认为,针对房屋承租人在执行程序中提出的异议,人民法院应区分不同情况分别处理。(1)执行依据确定被执行人应当为以不动产交易为目的的申请执行人办理过户手续。根据“买卖不破租赁”的原则,执行依据对转移租赁所有权的认定和处理并不影响租赁权,执行机构作出执行裁定的效力不及于实现房屋占有转移,如执行机构进行不动产腾退,承租人据此提出的异议当属对执行行为的异议,应适用《民事诉讼法》第二百三十六条的规定进行审查。(2)执行机构裁定拍卖被执行人房屋实现金钱债权。除非拍卖、变卖公告明确说明房屋附着租赁,否则第三人买受房屋时对拍卖公告载明的房屋权属等情况有理由产生合理信赖,拍卖成交裁定的效力及于房屋所有权转移和占有转移,案外人根据“买卖不破租赁”“抵押不破租赁”等理由主张其享有足以对抗执行变价交付执行标的权利属于实体权利判断范畴,应属于执行异议之诉受理范围。(3)执行机构裁定以物抵债实现金钱债权。此类执行中,申请执行人原本不以取得房屋所有权为目的,不了解抵债房屋租赁情况,因债务人账户无财产执行,同意以物抵债并经执行法院认可,除非申请执行人明知房屋存在租赁,以物抵债裁定的效力范围应当包括房屋所有权转移和占有转移,承租人提出的异议亦属于执行异议之诉受理范围。[1]

被执行人以明显不符合交易习惯的方式和自己有利害关系的关联公司签订长期租赁合同,试图利用“买卖不破租赁”原则,在涉案抵押的房产上虚设长期租赁关系,为法院处置其财产设置障碍,损害执行人债权及时实现的正当权益,应当认定其行为系规避执行的行为,依法予以去除。

【案例1-133】 交通银行股份有限公司与吴某福、江苏省扬州嘉元进出口有限公司执行异议案

执行法院认为,吴某福提交的2008年至2011年收受租金的字条与由其控制的嘉元公司汇款给吴某福的2008年至2009年2月的银行进账单等,不仅数额不能与收条对应,且部分用途为借款。因此,被执行人吴某福以明显不符合交易习惯的方式将房产长期出租给与其有利害关系的嘉元公司,且无法提供任何租金支付的有效证据,可以认定系其与嘉元公司恶意串通利用“买卖不破租赁”原则,在涉案抵押的房产上虚设长期租赁关系,为人民法院处置其财产设置障碍,损害申请执行人债权及时实现的正当权益。双方签订房屋租赁合同属于规避执行行为。法院裁定吴某福与扬州嘉元进出口有限

[1] 参见最高人民法院民一庭编:《民事审判指导与参考》2020年第1辑(总第81辑),人民法院出版社2021年版,第219页。

公司签订房屋出租协议的行为无效。[1]

在执行程序中，案外人主张其在被执行房屋设定抵押之前与被执行人签订租赁合同的，须已依照租赁合同在被执行房屋设定抵押之前占有该房屋，否则其租赁权不得对抗抵押权人。对抵押权等优先受偿权的实现有影响的租赁权，执行法院可依法将其去除后进行拍卖。

【案例 1 - 134】 杭州古今进出口贸易有限公司与张某、中国农业银行股份有限公司杭州西湖支行等执行异议案

执行法院认为，虽然古今公司提交了其与道道公司签订的租赁合同和支付 1000 万元的证据，但在道道公司与西湖支行、朝晖支行签订最高额抵押合同及办理房地产抵押登记时，案涉房产利用现状一栏中，道道公司均明确注明是自用，而没有出租；在执行中向道道公司调查案涉房屋的使用情况时，道道公司明确实际是向古今公司借款，古今公司对案涉房屋没有实际占有、使用；古今公司也承认对案涉房屋没有实际占有、使用，仅在案涉房屋处挂有古今公司的牌子；且道道公司后将 300 万元汇入古今公司账户，这证明古今公司与道道公司除所谓租金往来款外，还有其他资金往来款。法院对抵押的案涉房屋产权依法可以委托拍卖，告知书明确不带租赁拍卖是正确的。据此裁定驳回古今公司的异议。[2]

在生效裁判的执行过程中，第三人提出已租赁被执行人所有的执行标的物，对被执行人免付租金，用于冲抵被执行人所欠第三人的债务，以此对抗法院的强制执行。此种情形下，如果被执行人所欠第三人的债务是虚假的，则不存在真实抵债行为，以此签订的以租抵债合同不具有真实性、合法性，该租赁行为不得对抗法院的强制执行。

【案例 1 - 135】 胡某辉诉陈某德、胡某军异议纠纷案

一审法院认为，胡某军与陈某德之间借贷关系的真实性存疑。胡某军虽提供了五张共计 50 万元的借条，但这五笔借款均为现金借款，胡某军未提供银行转账凭证予以证实。现实生活中，数额巨大的借款不可能每次都以现金支付；虽然陈某德的农行卡有几笔现金存款的时间与借条上的时间一致，但不能证明这几笔现金存款即为向胡某军所借。

关于胡某军与陈某德签订的店铺租赁合同能否阻止法院对诉争房产的

〔1〕 参见《人民司法·案例》2015 年第 20 期(总第 727 期)。江苏省扬州市中级人民法院(2015)扬执异字第 00003 号民事裁定书。

〔2〕 参见《人民司法·案例》2015 年第 10 期(总第 717 期)。浙江省杭州市中级人民法院(2014)浙杭执异字第 12 号民事裁定书。

执行问题。首先,从事实依据来评论,胡某军与陈某德之间签订的店铺租赁合同的真实性存疑。理由为:(1)五张借条均未约定利息,但店铺租赁却反映借款需支付7.5万元的利息。(2)胡某军与陈某德庭审中陈述借款时口头约定了按月息2分计算。若按照该款利息计算欠款,明显高于租金,对胡某军来说明显不符合常理。且在签订租赁合同时陈某德未出现债务危机,胡某军完全可以要求陈某德还本付息。其次,从法律依据来评论,根据《合同法》第二百一十二条规定,房屋租赁合同是指房屋出租人将房屋提供给承租人使用,承租人定期收取租金。本案中即使店铺租赁合同是真实的,也只是陈某德以店面使用权抵偿欠款的合同之债,是一种债权;而房屋租赁合同是一种用益物权,两者性质并不相同,故本案不适用"买卖不破租赁"原则。根据合同的相对性原则,胡某军与陈某德之间签订的店铺租赁合同仅对签约双方有法律约束力,不能对抗合同之外的第三人。即使胡某军基于债权取得该店面的使用权,但由于没有进行他项权利登记,也不能对抗法院对该店面的查封、拍卖,所以胡某军提出的执行异议不能排除法院对诉争房产的强制执行。二审法院亦持同样意见,维持一审判决,再审法院裁定驳回胡某军的再审申请。[1]

执行法院依被执行人提交的材料认定作为被执行标的物不动产存在租赁负担,并据此进行评估及司法拍卖,但该租赁负担系被执行人恶意设立,司法拍卖后该恶意负担被依法撤销,被执行人以此为由申请求撤销拍卖的,法院不予支持。

【案例1-136】 王某彬与贾某旺执行异议之诉纠纷案

二审法院认为,被执行人在执行法院对涉案房屋进行现场勘验及委托评估的过程中,主动向执行法院告知涉案房屋存在长期租赁合同关系,并提供租赁合同等证明材料。评估程序启动前,申请执行人虽已起诉被执行人等人要求确认租赁合同无效,但被执行人在收到评估报告直至公开拍卖前,均未就评估报告中将租赁情况考虑进评估价值提出异议。涉案房屋拍卖成交后,被执行人以租赁合同无效、情势变更为由要求撤销拍卖重新评估、撤销执行裁定,缺乏正当性且非撤销拍卖和重新评估的法定事由。丰台法院(2018)京0106执异520号执行裁定,事实认定清楚、法律适用正确。裁定:驳回王某彬复议申请,维持丰台法院执行裁定。[2]

公有房屋使用权能否被强制执行,用于偿还使用权人所欠债务,目前存在法

---

〔1〕 参见《人民司法·案例》2020年第2期(总第877期)。江西省宜春市中级人民法院(2019)赣09民申35号民事裁定书。

〔2〕 参见《人民司法·案例》2021年第5期(总第916期)。北京市第二中级人民法院(2018)京02执复133号民事裁定书。

律空白。司法实践表明,实践中有两种做法:一是满足一定条件后法院可以执行公有房屋使用权,即经公房管理单位同意和符合当地公房管理的规定;二是在没有全国性法律法规的情况下,可以参照地方性法规执行公有房屋使用权。

【案例1-137】 某投资咨询公司与某药材公司执行案

在迎春林区基层法院执行过程中,案外人佳木斯市公用房产管理处(以下简称公房管理处)向该法院提出异议称,药材公司承租使用的两处公产系其所有,要求解除查封。迎春林区基层法院认为,药材公司具有该房产的使用权,佳木斯市中级人民法院已对该两处房产进行诉讼保全查封,为保证延续药材公司对该房产的使用权,某投资咨询公司曾于2007年9月与公房管理处签订房租担保合同并向其支付了房租担保金40万元,该款已充抵房租。法院查封该两处房产使用权未侵害公房管理处的房产所有权,故其异议不能成立,迎春林区基层法院遂裁定驳回其异议请求。公房管理处向林区中级人民法院申请复议亦被驳回。就该两处公用房产使用权的拍卖问题,迎春林区基层法院于2010年1月14日对公房管理处法定代表人杜某制作询问笔录,其明确表示该处对迎春林区基层法院查封拍卖两处公用房产使用权没有意见,并说明佳木斯市公用房产使用权都是长期的,租赁合同可以一年一签或几年一签,这可由双方自行约定,租金是谁租向谁收取。迎春林区基层法院于2010年1月19日将上述公用房产使用权依法拍卖,买受人刘某以838万元价格竞买。据迎春林区基层法院称,该拍卖款已作为执行款交付某投资咨询公司。迎春林区基层法院于同年1月20日将拍卖确权裁定及协助执行通知书送达双方当事人及买受人刘某、协助执行人公房管理处。同年3月17日,迎春林区基层法院再次询问杜某,其明确表示同意将两处公用房产使用权交付买受人刘某,并同意派员参加房产使用权交接事宜。2010年3月19日,迎春林区基层法院召集被执行人某药材公司副经理林某、买受人刘某,在公房管理处人员和佳木斯市前进派出所人员的共同见证下,将佳木斯市中山路87号的房产使用权交付买受人刘某使用。……

黑龙江省高级人民法院执行局审查认为,迎春林区基层法院的执行行为并无不当。佳木斯市向阳区人民法院及佳木斯市中级人民法院的判决是否存在错误等问题依法应由审判监督部门审查。

黑龙江省高级人民法院经研究,就本案公产房使用权是否允许评估拍卖向最高人民法院请示。

最高人民法院于2013年12月17日答复如下:在建设部《城市公有房屋管理规定》于2001年被废止,且目前涉及公有房产使用权转让的问题没有全国性规定的情况下,执行法院在征得佳木斯市公用房产管理处同意后,参照本省地方法规《黑龙江省城镇公有房产管理条例》的相关规定执行该案所涉公有房产使用权，并无不当。[1]

查封、扣押的效力及于查封、扣押物的从物和天然孳息，因此，被执行人在法院查封其房产，并被告知不得设定他项权后，擅自将房屋租赁给第三人，并隐匿租金不上交法院，导致法院裁判无法执行的，其行为涉嫌拒不执行判决、裁定罪，应移送公安机关立案侦查。

【案例1－138】　被执行人陈某琴执行案

在执行过程中，该法院作出执行裁定书，对被执行人陈某琴在福建省武夷山市的所有房产进行了查封，送达给被执行人，并告知其不得设定他项权。后经查明，被执行人陈某琴于2012年3月至5月，对法院查封的位于福建省武夷山市三茹度假区的房产再次设定他项权（租赁权），并一次性收取五年的租金28万元。按照当时的市价，其收取租金明显低于市价，不仅致使查封标的物价值下降，而且其还隐匿该28万元租金未交纳法院。另经查明，在法院查封被执行人陈某琴房产的同时，共有4起案件已生效并申请执行，且第一次拍卖被执行人陈某琴房产款项已足以支付该4起案件的执行标的款，但因房屋被出租，拍卖未成功，致该案无法执行。……

执行法院认为，被执行人陈某琴主观上有恶意逃避债务、抗拒规避人民法院执行生效判决的故意，客观上有履行能力拒不履行人民法院生效裁判，已严重妨害司法秩序并妨害了债权人的合法权益实现，且情节严重。根据《刑法》第三百一十三条的规定，被执行人陈某琴涉嫌拒不执行判决、裁定罪。为切实保障当事人的合法权益、维护司法权威和法律权威，故依据《刑事诉讼法》第八十四条第一款、第三款的规定，将陈某琴涉嫌犯罪的证据材料，移送公安机关立案侦查。[2]

承租人实际占有、使用租赁物，应作为审查判断在先租赁权成立与否的基本要件。要重点审查，承租人是否已交付租金并采取明显方式在租赁房屋内生活、生产、经营、装修等，是否产生了对不特定第三人的公示效果。也就是说，承租人对抗强制执行须以实际占有为前提。

【案例1－139】　黄某、武某诉兴业银行股份有限公司宜春分行案外人执行异议之诉纠纷案

二审法院认为，基于物权的公示效力，如当事人以租赁权来对抗依法登

---

〔1〕参见《人民司法·案例》2014年第4期（总第687期）。最高人民法院执行局答复〔2013〕执他字第23号。

〔2〕参见《人民司法·案例》2014年第16期（总第699期）。福建省武夷山市人民法院（2011）武执控字第264号民事裁定书。

记成立的担保物权时，应当对租赁权的成立进行严格审查。因此，承租人提出对依法登记成立的抵押权排除执行，应同时具备两项要件：其一，承租人与第三人在人民法院对不动产予以查封前，已订立真实有效的不动产租赁合同；其二，承租人在人民法院对不动产予以查封前，已对不动产持续占有、使用。对于第二项要件中的“占有、使用”，其含义应当包括承租人已交付租金并采取明显方式在不动产内生活、生产、经营、装修等，以产生对不特定第三人的公示效果。本案中，黄某、武某与熊某签订《房屋租赁合同》前双方存在债权债务关系，黄某、武某并未实际占有、使用案涉店铺，且根据双方的《债权转租代租协议》，进一步证实了熊某、沈某系用商铺二十年的租金收益清偿对黄某、武某的150万元债务的事实。房屋租赁合同是指房屋出租人将房屋提供给承租人使用，承租人定期支付租金，并于合同终止时将房屋归还给出租人的协议，故承租人缔约的目的是取得房屋使用权，出租人则是为了收取租金。黄某、武某与熊某、沈某之间签订的《房屋租赁合同》并非实质上的租赁合同，双方并未建立出租与承租的法律关系，而仅是双方之间的债务清偿协议，其性质为合同之债。因此，黄某、武某主张适用《最高人民法院关于人民法院办理执行异议和复议案件若干问题的规定》第三十一条规定排除强制执行，依据不充足，不予支持。关于黄某、武某请求确认《房屋租赁合同》合法有效且其为案涉店铺的承租人的问题，因案涉店铺已由案外人实际租赁使用，且案外人未参与本案诉讼，故不宜在本案作出处理。据此，二审法院判决：驳回上诉，维持原判。[1]

2. 抵押权与租赁权在执行程序中冲突

执行过程中，案外人提出执行异议，主张其对抵押房屋有承租权，要求法院以负担租赁合同拍卖的方式处置拍卖房屋。该种异议中涉及一个重要方面，即负担租赁合同拍卖的究竟是以查封时间判断，还是以抵押时间判断。法院主流观点认为，抵押权的设立时间作为评判标准，凡是在抵押权设立之后出租的，均不再负担租赁合同拍卖。

抵押权与赁租权在执行程序中的交叉，地方法院有相应规定，《上海市高级人民法院关于在执行程序中审查和处理房屋租赁权有关问题的解答（试行）》（以下简称《上海解答》）。《上海解答》认为，依据《查封规定》第二十六条第一款的规定，被执行人就已经查封的房屋所作的设定权利的负担行为，不得对抗申请执行

---

〔1〕 参见国家法官学院、最高人民法院司法案例研究院编：《中国法院2020年度案例》（执行纠纷），中国法制出版社2020年版，第11～12页。江西省宜春市中级人民法院（2018）赣09民终1589号民事判决书。

人。因此，案外人异议成立的，需满足租赁合同的订立发生在执行法院之前，且案外人占有房屋需要在执行法院查封房屋之前具备两个条件。对于租赁与抵押权交叉，《上海解答》区分了不同情形分别处理：(1)签订租赁合同和占有房屋均发生在担保物权设立前的，应当附带租赁合同拍卖；(2)签订租赁合同和占有房屋均发生在执行法院查封之前，但担保物权设立之后的，应依据《拍卖、变卖规定》第三十一条第二款的规定对房屋予以变现。《浙江省高级人民法院关于执行非住宅房屋时案外人主张租赁权的若干问题的解答》(以下简称《浙江解答》)。《浙江解答》认为，执行机构可根据案外人及当事人提供的证据，重点围绕租赁合同的真实性、租赁合同签订的时间节点、案外人是否占有涉案房屋等问题进行审查。如果租赁合同真实、合同签订案涉房屋抵押、查封前且案外人在抵押、查封前已依据合同合法占有案涉房屋至今的，执行中应当保护案外人的租赁权。

有律师认为，目前所通行的赋予在先抵押权人在执行程序中对抗后承租人的做法值得肯定。但在具体的对抗方式上，《拍卖、变卖规定》中所指的“除去”租赁合同后拍卖究竟如何操作，仍需讨论。按照目前的操作，不如放弃“除去”的做法，只解决是否负担租赁合同拍卖，或在评估程序中分别对负担和不负担租赁合同给出两个评估结果，由竞买人自行评估买受后的清场风险。当然，这也有待更具智慧的处理方式。而在处理承租人异议的程序上，因承租人的租赁合同效力并不需要在异议程序中加以解决，故似将其作为执行行为的异议处理，赋予承租人复议的程序保障便已足额。承租人在拍卖成交后究竟应否迁出房屋，可留待买受人与承租人解决。[1]

《人民司法》研究组认为，为保护抵押权的顺利实现，《担保法解释》对抵押财产抵押后的出租行为采取对抵押权人和受让人绝对无效的态度。而拍卖司法解释则在平衡抵押权人、债务人二者利益的基础上，在具体案件中视在后的租赁权是否对抵押权的实现构成妨碍，来决定是否对抵押权人和拍定人无效。按照“后法优于前法”的法律适用原则，本案应适用拍卖司法解释。关于如何除去在后设定的租赁权问题，由于抵押财产一般均须登记，权利设定的时间比较容易判断，为避免当事人讼累，在后设定的租赁权影响抵押权实现时，我们认为应当由执行法院在执行程序中直接以裁定除去某甲与某乙之间的租赁权。[2]

最高人民法院的态度为，就具体的操作层面而言，依据前述《拍卖、变卖规定》第三十一条第二款的规定，人民法院可先裁定除去案外人设定在后的租赁权再行拍卖或进行其他处分，案外人的租赁权被除去后自然失去了异议的权利基

---

〔1〕 参见高彬峻主编：《民商法实务精要》(5)，中国法制出版社 2017 年版，第 146 页。

〔2〕 参见《人民司法》2007 年第 2 期(总第 537 期)。

础,异议自然也就不能成立。[1]

在未去除租赁权财产的强制拍卖中,被拍卖财产主要涉及申请执行人的债权、被执行人的财产所有权、承租人就被拍卖财产占有、使用、收益等权利以及执行机构所维护的强制拍卖权威性,它们之间既有利益一致的关系,也有无法共存的关系。强制拍卖中法院对租赁权的保护与去除往往牵涉到不同利益取舍及其取舍的标准问题。强制拍卖是公权力干预的体现,法院完全可以出于合理需要,对强制拍卖中涉及的相关权利调整。也就是说,法院对拍卖标的物上的租赁权作出相应的保护或去除具有合法性基础。有法官认为:(1)在强制拍卖中,债权人与承租人之间的冲突,从表面上看是因为租赁权的存在对财产拍卖成交或变现存在妨碍,但实质上是现有规则对承租人与第三人(如债权人)就租赁权是否具备对抗第三人效力的证明责任分担上显失公平。(2)为使租赁权与债权等其他权利在获得保护之机会和成本上的相对公平,人民法院对租赁权的保护和去除应基于相对公平的权利外观标准。(3)《不动产登记暂行条例》关于不动产相关权利类型的规定,采用了列举加兜底的立法技术,既实现了概念的周延,同时也为较长期限不动产租赁权纳入通过登记获得对抗第三人效力的权利范围提供了最为直接的途径。[2]

执行适度原则在抵押权与租赁权关系中的适用,是执行实践亟待探讨的问题。要根据个案实际情况具体分析,不必一律要求被涤除租赁权的承租人先腾房,但在未腾空的情况下进行拍卖的,对强制腾房应作出相应风险评估,并做好强制腾房执行预案,避免出现拍卖成交后因无法腾房难以交付的问题。

【案例1-140】 中国建设银行股份有限公司台州黄岩支行与台州飞龙集团有限公司、林某、陈某执行案

执行法院将带租拍卖及另6家承租人暂缓腾房拍卖的执行情况以执行告知书形式送达当事人及另案执行债权人,并赋予异议权,各方当事人在期限内均未提起异议。执行法院依法作出裁定,拍卖本案抵押物即被执行人飞龙集团所有的台州市黄岩经济开发区西工业园区澄江区块的工业厂房及电梯、行车等,通过淘宝网司法拍卖网络平台以最高价人民币2518万元成交,全额清偿了本案抵押债权,本案现已执行完毕。

另执行法院将拍卖成交裁定送达买受人之后,执行员与买受人及被执行人一同赴拍卖标的物所在地办理现场交付,同时制作执行告知书一一送达各

---

〔1〕 参见江必新、刘贵祥主编、最高人民法院执行局编:《最高人民法院办理执行异议和复议案件若干问题规定理解与适用》,人民法院出版社2015年版,第456页。

〔2〕 参见最高人民法院执行局编:《执行工作指导》2017年第4辑(总第64辑),人民法院出版社2018年版,第240页。

承租人,告知拍卖成交情况,要求各承租人自该告知书送达之日起十日内自行与买受人联系,带租拍卖的承租人参照原租赁合同条款与买受人履行合同权利义务;被涤除租赁权的承租人可与买受人自行协商后续承租事宜,协商不成,及时自行搬迁或收到人民法院限期腾房通知后搬迁,逾期不履行的,人民法院将依法强制执行。在上述执行告知书发出之后,其中3家被涤除租赁权的承租企业自行腾房搬迁,另3家被涤除租赁权的承租企业与买受人协商一致,签订租赁合同继续承租。执行法院据此分别退还了该6家承租企业前期缴纳的保证金。[1]

异议人对案涉房产享有合法有效的租赁权及租金的抵销权,不能对抗申请执行人对执行标的依法享有的担保物权,即无法对抗法院的强制执行行为。

【案例1－141】　张某、钟某与厦门海沧恒鑫小额贷款有限公司等案外人执行异议之诉纠纷案

判决观点,恒鑫公司取得案涉房产抵押权的时间为2017年3月14日,而张某、钟某租赁案涉房产的时间为2017年7月6日,钟某与黄某关于案涉房产租金用于抵扣利息的约定时间为2017年9月7日。即恒鑫公司取得案涉房产抵押权的时间早于张某、钟某租赁案涉房产的时间和钟某与黄某约定的租金用于抵扣利息的时间。且根据(2017)厦鹭证执字第00107号执行证书的执行内容,在琦珏公司、黄某不履行还款义务时,恒鑫公司有权以黄某抵押的位于厦门市集美区××号113单元房屋折价或者拍卖、变卖该财产的价款优先受偿。根据《最高人民法院关于人民法院办理执行异议和复议案件若干问题的规定》第二十七条的规定,申请执行人对执行标的依法享有对抗案外人的担保物权等优先受偿权,人民法院对案外人提出的排除执行异议不予支持,但法律、司法解释另有规定的除外。由于恒鑫公司系案涉房产的抵押权人,其对案涉房产享有优先受偿权,即便张某、钟某对案涉房产享有合法有效的租赁权及租金的抵销权,也不得基于该权利对抗法院对案涉房产的处置。现张某、钟某请求停止对案涉房产的拍卖措施,于法无据,法院不予支持。据此裁定:驳回张某、钟某的异议申请。[2]

---

〔1〕 参见江必新、刘贵祥主编、最高人民法院执行局编:《执行工作指导》2016年第4辑(总第60辑),人民法院出版社2017年版,第118页。

〔2〕 参见国家法官学院、最高人民法院司法案例研究院编:《中国法院2020年度案例》(执行纠纷),中国法制出版社2020年版,第168页。福建省厦门市集美区人民法院(2018)闽0211执异71号执行裁定书。

3. 次承租人案外人执行异议之诉问题

出租人将土地出租给承租人，当该土地被强制执行时，案外人主张承租人向其转租土地，且其在土地上兴建建筑物并对之享有足以排除强制执行的合法权益时，可通过案外人执行异议之诉主张权利。人民法院在审理次承租人以案外人提起的执行异议之诉案件时，既要依法维护次承租人的正当权利，也要防止其滥用案外人执行异议之诉，妨害强制执行程序的正常进行。对于次承租人提起的执行异议能否排除强制执行，应当依据《民事诉讼法解释》第三百一十一条（修改后第三百零九条）的规定进行审查。

【案例1－142】 武汉和平华裕物流有限公司诉乐昌市粤汉钢铁贸易有限公司、武汉华裕李氏经贸集团有限公司等执行异议之诉纠纷案

最高人民法院认为，根据当事人的诉辩主张和理由，本案二审争议的焦点为“华裕物流公司对案涉建筑物是否享有权益并足以排除强制执行”，而该焦点问题涉及的建筑物包括“龚家岭地块地上建筑物”和“和平镀锌板厂地块地上建筑物”两部分，本院对上述两地块分别进行评判。首先，关于龚家岭地块上所建地上建筑物的权属问题。本院认为，本案中各方对华裕李氏公司承租龚家岭地块的事实均无异议，但对华裕李氏公司是否将该地块转租给华裕物流公司以及华裕物流公司是否对该地块上的厂房、仓库等地上建筑物享有民事权益的事实存有争议。根据《最高人民法院关于适用〈中华人民共和国民事诉讼法〉的解释》第三百一十一条“案外人或者申请执行人提起执行异议之诉的，案外人应当就其对执行标的享有足以排除强制执行的民事权益承担举证证明责任”的规定，华裕物流公司应当提交证据证明其对龚家岭地块形成转租关系，并实际投资建设了龚家岭地块上的厂房、仓库等地上建筑物，进而证明其对龚家岭地块上所建地上建筑物享有足以排除强制执行的民事权益。对此，原审中，华裕物流公司仅提交了其与华裕李氏公司之间的《租赁合同》，但未提交与该合同约定的租金数额、租期、支付方式相对应的租金支付凭证以及其他合同履行依据，在无其他证据相互印证的情形下，原审认定该证据尚不足以充分证明华裕物流公司与华裕李氏公司之间就龚家岭地块形成转租关系正确。华裕物流公司在原审中也提交了《建设工程设计合同》《施工图》《建筑工程施工合同》等证据，但原审亦查明认定，上述证据对应的工程项目系路面、围墙、护坡、给排水等构筑物附属工程，与案涉厂房、仓库等主体建筑物并不一致，同时也没有其他证据佐证相应的履约依据与上述合同相对应。而华裕物流公司原审中提交的《固定资产借款合同》及借款凭证，只能证明华裕物流公司以仓储扩建的名义向武汉农村商业银行股份有限公司青山支行借款3000万元的事实,而该借款合同对应的具体工程项目不明,且转账凭证中用途未填写,无法证明与龚家岭地块地上建筑物存在关联。在本院二审期间,华裕物流公司为证明其主张,又提交了《工程结算书》《法定代表人授权委托书》《情况说明》等证据。因本案原审已查明,华裕物流公司在原审提交的《建设工程设计合同》《施工图》《建筑工程施工合同》等证据对应的工程项目系路面、围墙、护坡、给排水等构筑物附属工程,与案涉厂房、仓库等主体建筑物并不一致,即使华裕物流公司提交的《工程结算书》《法定代表人授权委托书》为真实,也不能以此证明华裕物流公司投资建设了案涉厂房、仓库等主体建筑物。而《情况说明》显示,华裕物流公司向武汉农村商业银行股份有限公司青山支行申请该笔贷款的申请理由,为支付室内仓库露天货场改造道路及场坪等工程款,尚不能证明该笔贷款实际用于案涉厂房、仓库等建筑物的建设。因此,华裕物流公司提交的上述新证据亦不能充分证明其投资建设了龚家岭地块上的建筑物。故原审认定华裕物流公司提交的证据无法证明其对龚家岭地块上所建地上建筑物享有足以排除强制执行的民事权益并无不当。华裕物流公司关于"其已提交充分证据的前提下,原审未认定华裕物流公司系案涉建(构)筑物实际权利人,属认定事实错误"等上诉理由不能成立,本院予以驳回。

其次,关于和平镀锌板厂地块上所建建筑物的权属问题。本院认为,本案已查明,和平镀锌板厂的全部资产经过改制后已全部移交至总观园公司。总观园公司股东李少某、李安某将上述部分资产以实物作价的方式出资设立了华裕李氏公司。华裕物流公司提交的现有证据无法证明总观园公司在和平镀锌板厂处置过程中移交的厂房、仓库等不动产已依法进行物权变更登记,因此,即便华裕物流公司对和平镀锌板厂的相关资产行使管理和收益的权利,在没有相关权属登记证明的情况下,华裕物流公司提交的现有证据不能证明华裕物流公司系上述资产的实际权利人。而本案也查明,和平镀锌板厂的厂房、仓库等地上建筑物在其2003年改制前就已经存在,华裕物流公司在原审提交的《建设工程设计合同》《施工图》《建筑工程施工合同》均形成于2008年6月后,晚于和平镀锌板厂地上建筑物形成时间。而且,对应的工程项目系路面、围墙、护坡、给排水等构筑物附属工程,与案涉厂房、仓库等主体建筑物并不一致,华裕物流公司即使在本案二审期间又提交了《工程结算书》《法定代表人授权委托书》《情况说明》等证据,也并不能形成完整的证据链条证明其为和平镀锌板厂相关资产的实际权利人。因此,原审关于华裕物流公司对和平镀锌板厂的厂房、仓库等地上建筑物不享有实体权利及不足以阻却执行的事实认定亦无不当,对华裕物流公司主张"其为上述资产的实际权利人"不予支持正确,本院予以维持。关于华裕物流公司主张武汉市房产测绘中心出具的《武汉市房屋面积调查测丈表》以及武汉市青山区房产测绘站出具的《武汉市房地产平面图》可作为认定该公司系上述资产产权人的依据的问题。原审已查明，华裕物流公司、华裕李氏公司以及华裕李氏公司物流仓储分公司均有物流仓储经营项目，而且，部分管理人员和财务人员还存在重合，华裕物流公司与华裕李氏公司之间存在一定的关联关系，而《武汉市房屋面积调查测丈表》《武汉市房地产平面图》中记载的产权人为"华裕物流"以及"华裕物流仓储公司"，在华裕物流公司未提供其他证据相互印证的情况下，上述记载无法明确指向华裕物流公司，亦不能证明华裕物流公司为上述文件所涉房产的权利人。而且，上述文件均系房产测绘文件，即对房屋进行位置、面积、结构等内容的测定，而对于权属的审核和登记，不属于测绘部门的职责范围。因此，原审认定上述测绘资料不能作为认定争议执行标的物权属的依据并无不当。综上，华裕物流公司主张其对和平镀锌板厂地块上所建建筑物享有权益并足以排除强制执行的上诉理由亦不能成立，本院予以驳回。

关于原审对案涉建筑物能否享有收益权及收益权归属的事实认定是否清楚、对执行标的实体权益的认定以及证明标准适用法律是否正确的问题。本院认为，本案为案外人执行异议之诉，根据《民事诉讼法解释》第三百一十一条"案外人或者申请执行人提起执行异议之诉的，案外人应当就其对执行标的享有足以排除强制执行的民事权益承担举证证明责任"的规定，本案的审理范围主要为"案外人华裕物流公司对其主张的案涉建筑物能否享有足以排除强制执行的民事权益"，而华裕物流公司上诉所主张的原审法院对案涉建(构)筑物采取的查封措施错误、未对执行行为的正当性进行审查等理由，并非本案的审理范围。所以，原审法院仅就华裕物流公司提供的证据是否足以排除强制执行进行审理认定，并无不当。根据《民事诉讼法解释》第三百一十二条第一款第二项"案外人就执行标的不享有足以排除强制执行的民事权益的，判决驳回诉讼请求"的规定，原审经审理后，认定华裕物流公司提交的证据不足以证明其为案涉建筑物的权利人且不享有足以排除强制执行的民事权益，并据此规定驳回诉讼请求适用法律亦无不当。综上，华裕物流公司的上诉请求因缺乏相应的证据支持和法律依据，均不能成立，本院予以驳回。原审判决认定事实清楚、适用法律正确，依法应予维持。判决：驳回上诉，维持原判。[1]

---

〔1〕 最高人民法院(2019)民终1790号民事判决书。

(七)租赁合同作为债权担保处理

所谓租赁合同担保,是指债权人与债务人签订房屋租赁合同作为债权担保。在债务人不能清偿债务时,租赁合同生效,债权人(担保权人)有权承租房屋并取得房屋承租权,而不是就房屋优先受偿,而承租权是一种债权。在该种担保方式中,债权人在租赁合同中处于承租人地位,而债务人处于出租人地位。作为担保的租赁合同系双方当事人真实意思表示,亦是合法有效的。

《担保法》中一共规定了五种债权的担保方式,即保证、抵押、质押、留置和定金。除此法定的五种方式之外,实践中已涌现出很多新类型的担保方式,如让与担保、后让与担保、租赁合同担保等。租赁合同担保不是一种权利质押,因为用债权设立质权,是债务人将自己或他人的债权质押给债权人,用质押的债权担保债务的履行。以商铺租赁为客体的担保为例,商铺所有权人以商铺承租权向银行作担保,在承租人到期未偿还借款时,商铺所有权人有权提前收回商铺的承租权,重新出租给他人,所得租金优先偿还银行贷款。租赁合同担保方式不是一种让与担保。因为让与担保是将物的所有权转移于担保权人,在债务不能清偿时,担保权人就该标的物得以优先受偿。从概念上讲,让与担保是一种物的担保,属于担保物权。租赁合同担保更不同于留置和定金,现有的法定担保方式外延无法覆盖租赁合同担保,故应当是一种法律没有规定的新型担保方式。

实践中,存在借款合同和房屋租赁合同系两个相互关联的独立合同,房屋租赁合同的签订是为了担保债权人债权的实现,债务到期未清偿,房屋租赁合同生效,债务清偿完毕,房屋租赁合同终止。在发生纠纷,法官对案件处理时应当分别审理。

【案例 1 - 143】　王某诉江某房屋租赁合同纠纷案

判决观点,王某提供的 2013 年 10 月 9 日的《房屋租赁合同》系复印件,而江某提供了该合同原件,王某认可该合同系其签字和捺手印,但称合同第 15 条第 8 款内容系江某自行添加,不予认可。该合同第 15 条第 8 款约定:"当借款无力偿还时,本合同生效,至还清全部本息日止。"故该合同应自王某到期未向江某偿还借款之日生效。原、被告均认可王某于 2013 年 10 月 9 日向江某借款 20 万元,王某提供的经北京中信公证处公证的《借款合同》的真实性,予以确认。江某提供的其与王某于 2013 年 10 月 9 日签订的《借款合同》原件,王某认可系其签字、捺手印,对该合同真实性法院亦予以采信。双方就同一笔 20 万元的借款签订过两个合同,约定的借款期限均为一个月,自 2013 年 10 月 9 日至 11 月 8 日。该期限届满时,王某未向江某偿还 20 万元借款,故双方签订的《房屋租赁合同》生效。江某主张双方约定借款方自愿用西城区某小区6号楼16层1601号房屋15年租赁权作为抵押,但该约定于法无据。双方签订的《房屋租赁合同》约定江某不支付或者不按照约定支付租金达10日的,王某有权单方解除合同收回该房屋,但该合同对租金履行期限约定不明确,根据法律规定,“履行期限不明确的,债务人可以随时履行,债权人也可以随时要求履行,但应当给对方必要的准备时间”,王某未提供充分翔实的证据证明其向江某主张了租金而江某不予支付,故对王某诉请确认双方签订的租赁合同已于2014年6月16日解除,进而要求江某支付租金、违约金、赔偿损失之诉讼请求,不予支持。综上,依法判决如下:驳回原告王某的诉讼请求。[1]

(八)承租人死亡租赁合同存续处理

出租房屋在租赁期间承租人死亡,其租赁合同是否终止《合同法》中未有明确规定,现行的包括地方政府房屋租赁管理办法规定亦不相同。2009年《房屋租赁合同解释》第十九条规定:“承租人租赁房屋用于以个体工商户或者个人合伙方式从事经营活动,承租人在租赁期间死亡、宣告失踪或者宣告死亡,其共同经营人或者其他合伙人请求按照原租赁合同租赁该房屋的,人民法院应予支持。”该条是对《合同法》第二百三十四条规定的进一步解释,表明承租人死亡后租赁合同并不必然终止。多数人观点,作为一般规则,合同当事人死亡并不导致合同终止,除非此合同是基于当事人个人品质而订立的,包括个人服务、技能或注意义务。同样,承租人作为租赁合同的一般规则,承租人死亡也并不意味租赁合同必然终止。[2]

在租赁期未届满时,其享有租赁权利人愿意继续租赁合同的不终止,不愿意继续履行租赁合同的可以解除。《民法典》第七百三十二条规定:“承租人在房屋租赁期限内死亡的,与其生前共同居住的人或者共同经营人可以按照原租赁合同租赁该房屋。”该条规定是房屋承租人死亡时租赁合同关系处理的依据。

实践中,对于出租人与房屋承租人死亡后的共同居住人或共同经营人未能达成新的租赁合同,又对原租赁合同的继续履行发生争议时,在适用《民法典》第七百三十二条处理时,应重点把握两点,其一,主张权利人必须证明其继续居住或经

---

〔1〕 参见北京市高级人民法院研究室编:《审判前沿——新类型案件审判实务》(总第56集),法律出版社2017年版,第118~119页。

〔2〕 参见张力、郑志峰:《承租人死亡时房屋租赁合同存续问题探究》,载《法学》2014年第5期(总第390期)。

营主体资格,应提供证据证明自己的共同居住或共同经营行为。其二,主张权利人说明原租赁合同的内容与履行情况。共同居住人或共同经营人对租赁房屋使用权是原租赁权的延续,不享有超过原承租人的权利范围,应证明原租赁合同仍在履行有效期限内。原租赁合同尚未履行完毕,以对抗出租人关于终止与腾退的请求。

【案例1-144】 某市轻工集体经济联社诉杨某、姚某贤、田某园、田某房屋租赁合同纠纷再审案

再审法院认为,因双方约定租期至拆迁为止,即在租赁房屋未被拆迁之前,租赁期限不超过20年均为有效的约定,双方的合同尚处于有效租赁期限内。田某坤作为承租人在涉案房屋租赁期间死亡。在田某坤去世前,杨某就曾以自己的名义将涉案房屋进行转租,参与个体经营,共同受益,而且杨某是田某坤的配偶,家庭成员之间共同经营管理个体工商户或者个人独资企业,也符合日常生活经验法则。田某坤具有个体工商户经营者、个人独资企业投资人等身份,所承租的房屋均被用于经营而不是用于居住,其转租行为亦应属于经营行为。故杨某作为共同经营人有权按照原租赁合同继续租赁涉案房屋。轻工联社收到杨某支付的相应租金后并未提出异议,在此情况下又主张解除涉案租赁合同违反诚信原则。[1]

【案例1-145】 张某诉陈某房屋租赁合同纠纷案

判决观点,陈某作为承租人的家庭成员,也是承租人进行个体经营的共同经营者,承租人租赁房屋的目的就是进行个体经营,即使在承租人死亡后,依然可以要求按照承租人签订的租赁合同履行合同。判决:确认李某与张某签订的房屋租赁合同继续有效,原告无权要求解除房屋租赁合同,驳回原告的诉讼请求。[2]

承租人死亡后,继承人是否有权继承房屋租赁合同权问题。从稳定租赁合同法律关系、发挥租赁物之效用的角度看,规定租赁合同继承制度十分必要,且在我国司法实践中,法院也是容许租赁合同继承的。因此,应在共同继续承租权制度之外,增设租赁合同继承制度。[3]

---

〔1〕 参见中国审判理论研究会民事审判理论专业委员会编著:《民法典合同编条文理解与适用》,法律出版社2020年版,第424页。新疆维吾尔自治区高级人民法院(2019)新民再47号民事判决书。

〔2〕 参见王利明主编:《判解研究》2009年第6辑(总第50辑),人民法院出版社2010年版,第119页。

〔3〕 参见张力、郑志峰:《承租人死亡时房屋租赁合同存续问题探究》,载《法学》2014年第5期(总第390期)。

【案例1－146】 刘某萌诉开封市工商行政事业用房管理处、第三人谢某红房屋租赁合同纠纷案

判决观点,在原告父亲死亡时,原告的监护人(母亲)明确放弃了租赁合同之继承。[1] 实际上承认了继承人有继承租赁合同的权利。

承租人死亡时房屋租赁合同继承人与共同居住人的关系问题。在通常情形下,与承租人共同居住的人正是承租人的最亲的家属,即继承人。此时是以共同居住人为中心还是以继承人为中心,均可达到保护先前租赁事实关系、保障权利人居住权之目的。然而在现实生活中,共同居住人并不都是继承人(或并不是第一继承人),此时究竟优先考虑何者利益就值得思考。学者认为,房屋租赁合同是提供承租人居住之用的合同,共同居住人与承租人先前就已经共同生活居住在租赁房屋内,形成了稳定的租赁事实关系,在承租人死亡后,相较于不与承租人共同生活的继承人,对于租赁房屋的居住需求更加迫切,理应优先考虑共同居住人的居住利益。房屋租赁合同的继承,对继承人而言,更多的是基于财产权益的考量,与共同居住人的居住利益相比,理应屈于次位。[2] 换言之,在生活居住领域中,共同居住人对租赁合同履行顺位优先于承租人的继承人。

承租人死亡时商铺租赁合同继承人与共同经营人的关系问题。《民法典》第七百三十二条规定:"承租人在房屋租赁期限内死亡的,与其生前共同居住的人或者共同经营人可以按照原租赁合同租赁该房屋。"该条规定了共同居住的人或者共同经营人继续租赁房屋权利。共同居住的人一般是有亲属关系的人,包括父母、夫妻、子女等,但不都是死亡承租人的继承人,共同经营人还应包括合伙人。笔者认为,在承租人死亡后,原承租人的共同居住人或经营人要求继续履行租赁合同的,法律应予支持,当然也可以不要求继续租赁。其共同经营人不愿意履行商铺租赁合同的,可以由继承人继承。换言之,在经营性居住领域中,共同经营人对商铺租赁合同履行顺位优先于承租人的继承人。

承租人死亡后,其享有租赁权利人愿意租赁房屋的,应向出租人作出意思表示。对于继承人而言可分两种,默示继承,即继承人若不明确拒绝继承,则推定其为继承。明示继承,则指继承人需在特定时间内向出租人为继承之意思表示,方可继承。学者认为,继承人不同于共同居住人,其不一定与承租人共同生活在租赁房屋内,对于租赁房屋的需求未必急迫、必要,且规定继受,多出于租赁合同经济利益实现的存续目的之考量,为避免继承人负担过重,可采用明示方式,即继承人在规定时间内不对出租人明确继承之意思表示,则视为拒绝继承。为尽快明确

---

〔1〕 河南省开封市鼓楼区人民法院(2011)彭民初字第394号民事判决书。

〔2〕 参见张力、郑志峰:《承租人死亡时房屋租赁合同存续问题探究》,载《法学》2014年第5期(总第390期)。

原租赁合同之命运,以继承人知道或应当知道承租人死亡之日起 1 个月内为限。继承人欲继受合同应以明确方式向出租人表示,若不表示,权利灭失。继承人权利的行使得依照继承主体之顺位来确定,在同一顺位的继承人为多人时,各继承人都可单独为继承的意思表示。[1] 对于共同居住人、共同经营人或合伙人亦同样需要作出明确意思表示,对默示的也并非不可。至于是否需要重新签订租赁合同,继承人承续的是原租赁合同,并不需要换约,且换约续租"以原租赁期限为限",形式大于内容,徒增交易成本。[2] 对共同居住人、共同经营人同样也不需要换约。

---

〔1〕 参见张力、郑志峰:《承租人死亡时房屋租赁合同存续问题探究》,载《法学》2014 年第 5 期(总第 390 期)。

〔2〕 参见张力、郑志峰:《承租人死亡时房屋租赁合同存续问题探究》,载《法学》2014 年第 5 期(总第 390 期)。

专题二　房屋租赁合同关系纠纷

本专题就房屋租赁合同涉及的内容、法律关系及主体三部分展开阐述。

一、房屋租赁合同内容

(一)租赁合同条款理解

合同条款是当事人合意的产物、合同内容的表现形式,是确定合同当事人权利义务的根据。[1]

《民法典》第七百零四条规定:“租赁合同的内容一般包括租赁物的名称、数量、用途、租赁期限、租金及其支付期限和方式、租赁物维修等条款。”该条是租赁合同主要内容的规定,亦是在列明的合同条款。

必备条款,是指根据合同性质和当事人的约定所必须具备的条款,缺少这些条款会影响合同的成立。[2] 合同内容由当事人约定,其具体约定由必备条款和非必备条款予以体现。现代合同法为了适应鼓励交易、增进社会财富的需要,各国合同法开始将合同必备条款的范围限定得较小,通常限定于当事人和标的物两项,还规定采用合同漏洞补充的方法来促成合同的成立。[3] 一般认为,当事人对合同是否成立存在争议,法院能够确定当事人名称或者姓名、标的和数量的,一般应当认定合同成立。但法律另有规定或者当事人另有约定的除外。也就是说,根本上决定一个合同成立的必备条款一般包括当事人名称或者姓名、标的和数量。租赁合同的内容包括租赁物的名称、数量、用途、租赁期限、租金及其支付期限和方式、租赁物维修等条款,但并非全部是必备条款,对于非必备条款可以由双方当事人协议补充。租赁合同与一般合同必备条款有诸多不同点。就标的的确定而言,在出租人实际交付出租房屋,承租人实际使用本身就默示确定了租赁物。就数量而言,双方对租赁面积没有明确约定的情况下,实际交付使用的情形可足以认定租赁房屋面积。承租人超越合同约定的面积使用房屋,出租人可主张使用费。对非必备条款的租赁期限和租金,可依照合同法规则确定含义。

---

〔1〕 参见最高人民法院研究室编:《最高人民法院关于合同法司法解释(二)理解与适用》,人民法院出版社 2009 年版,第 14 页。

〔2〕 参见王利明著:《合同法研究》(第 1 卷),中国人民大学出版社 2002 年版,第 356 页。

〔3〕 参见最高人民法院研究室编:《最高人民法院关于合同法司法解释(二)理解与适用》,人民法院出版社 2009 年版,第 15 页。

合同必备条款在事实上隐藏着一个基础,即合同双方愿意受合同约束,无论那些非必要条款是否存在不确定性的问题。对于不确定的条款即约定不明之时如何规范,是司法实践中需要弥补的。一般讲不确定性弥补,要综合合同所使用的所有用语、合同的有关条款、合同的目的、交易习惯以及诚实信用原则,甚至是双方当事人之间的交易习惯或者是行业内的交易惯例、当事人为合同所进行的任何准备工作,都可以成为探寻当事人真实意思表示以及实现合同根本目的重要因素。应注意的是,必备条款与主要条款是有区别的,必备条款不具备合同不成立,而主要条款不具备则不影响合同的成立。有效成立的合同中,租金或者价款并非租赁合同必备条款,在当事人对租金并无约定的情形下,尚有协议补充或者司法规则确定,其在一个长期租赁合同对部分期间租金约定不明或协商不一致时,可由法官裁量。

【案例2－1】 某公司诉周某房屋租赁合同纠纷案

一审法院认为,前三年房屋租赁合同是双方真实意思表示,合法有效。但是自2009年11月1日起,虽然合同约定的租期尚有五年,但是双方未能对租金达成一致意见,即双方当事人对房屋租赁合同中主要条款未能达成合意,房屋租赁合同中对后五年租赁约定未生效。前三年租赁期届满,周某继续使用租赁物的,双方对租金处于协商过程中,双方间为不定期租赁关系。出租人某公司要求解除租赁合同的主张合法有效,应予支持,并判令周某支付至实际搬迁之日止的相应租金。在二审程序中,双方就后五年租金的数额和支付方式达成一致合意,周某按照原合同约定的期限继续承租房屋。[1]本案中,“后五年租金另行协商”约定不是预约,也不是附解除条件,并不能否定明确的租赁期限条款的效力。区分前三年租金和后五年租金的确定方式,更进一步明确了租赁期限为八年。现租赁期限未予届满,因此双方当事人仍受原合同约束,而不是形成不定期租赁合同关系。原审法院判决认为租金条款不能达合意,在协商过程中双方形成不定期租赁关系之定性有待商榷。

(二)租赁合同条款认定

1.租赁合同格式条款

《民法典合同编通则解释》第九条规定:“合同条款符合民法典第四百九十六

---

〔1〕 参见《人民司法·应用》2013年第17期(总第676期)。

条第一款规定的情形,当事人仅以合同系依据合同示范文本制作或者双方已经明确约定合同条款不属于格式条款为由主张该条款不是格式条款的,人民法院不予支持。

从事经营活动的当事人一方仅以未实际重复使用为由主张其预先拟定且未与对方协商的合同条款不是格式条款的,人民法院不予支持。但是,有证据证明该条款不是为了重复使用而预先拟定的除外。”

《民法典合同编通则解释》第十条规定:“提供格式条款的一方在合同订立时采用通常足以引起对方注意的文字、符号、字体等明显标识,提示对方注意免除或者减轻其责任、排除或者限制对方权利等与对方有重大利害关系的异常条款的,人民法院可以认定其已经履行民法典第四百九十六条第二款规定的提示义务。

提供格式条款的一方按照对方的要求,就与对方有重大利害关系的异常条款的概念、内容及其法律后果以书面或者口头形式向对方作出通常能够理解的解释说明的,人民法院可以认定其已经履行民法典第四百九十六条第二款规定的说明义务。

提供格式条款的一方对其已经尽到提示义务或者说明义务承担举证责任。对于通过互联网等信息网络订立的电子合同,提供格式条款的一方仅以采取了设置勾选、弹窗等方式为由主张其已经履行提示义务或者说明义务的,人民法院不予支持,但是其举证符合前两款规定的除外。”

根据《民法典》第四百九十六条第一款的规定,格式条款是指当事人为了重复使用而预先拟定,并在订立合同时未与对方协商的条款。其中“重复使用”“预先拟定”是认定格式条款的重要特征,“是否与相对方进行协商”是认定格式条款的本质所在。实践中,虽然合同条款是一方当事人提供,但经过另一方协商确定的条款内容,法院不支持其争议条款为格式条款的辩解。

【案例2-2】　上海某广告有限公司诉上海某物业有限公司房屋租赁合同纠纷案

二审法院认为,争议焦点一,《场地租赁协议》第3条第2款是否应认定为格式条款。本案中,物业公司和广告公司具有平等的法律地位及相对应的缔约能力,均有充分表达自己意思的自由。本案的协议条款虽由广告公司提供,但协议条款在本质上都是可以协商的。《场地租赁协议》第3条第1款经由物业公司盖章确认对协议双方的权利义务进行了补充约定,亦印证了《场地租赁协议》的条款内容由双方协商确定的实质。同时缔约期间,物业公司作为房屋出租方较广告公司作为租赁房屋发布广告的承租方,在经济上处于优势地位是显见的。另外,标准条款并非严格意义上的法律概念,与格式条款不具有等同关系。因此,综合分析本案双方签订《场地租赁协议》时的缔约能力、经济地位及协议修改的细节,不能认定争议条款是广告公司提供的、未与物业公司协商确定的格式条款。广告公司认为争议条款不是格式条款的意见,法院予以采纳。[1]

2. 租赁合同隐含条款

合同隐含条款也称默示条款,是指未经当事人写入合同,却含有法律意义的合同条款。从隐含条款外在表现形态的角度来看,一般划分为以下三种类型:其一,商业惯例和交易习惯。其二,合同当事人在长期合作中形成的交易规则。其三,合同法上的任意性或选择性规范。

【案例2-3】 上海宝地实业有限公司诉上海威斯莱克酒店公寓有限公司房屋租赁合同纠纷案

一审法院认为,本案的争议焦点在于被告对进出沪南路3217号小区的车辆征收停车费这一行为的定性问题。一方面,从物业管理的角度来看,作为小区的业主方,对于整个小区公共部位有物业管理的权限。被告方征收停车费系经过相关主管部门的申请并经过核准,从而对外经营停车场,故该行为系被告方对小区内停车问题行使正常的管理权限,并无不当。另一方面,从原、被告的租赁关系角度来看,双方租赁合同中虽然没有就停车收费一事进行过明确规定,然而从合同履行情况上看,自2009年合同履行初始至2012年上半年止,被告从未向原告在涉案小区的进出车辆征收过停车费。并且,在被告征收停车费之前长达三年的租赁期间内,原告在小区内黄色停车线内免费停车,被告是明知亦未予以制止。这表明双方的租赁合同中隐含了被告给予原告免费停车的权利。即便现在被告基于物业管理对进出整个小区的车辆开始征收停车费,也应当考虑到作为小区最大的承租方的原告长期以来免费停车的事实,给予合理的免费停车位或者免费停车的便利条件。综上,收费行为本身并没有不合理性,但因收费导致原有租赁合同隐含原告可以免费停车的权利被打破,事实上增加了原告的租赁成本。被告已经向原告收取的停车费应当予以返还,但返还的范围仅限于原告方工作人员基于租赁合同应有的免费停车权利,不包括原告经营的阳光城福利院住养老人或老人家属、访客等停车费的返还,应根据原告方车辆进出的情况对停车费的返还数额酌情予以调整。据此,一审法院判决被告返还向原告已收取的停车费3000元。二审法院亦持同样意见,维持一审判决。[2]

---

〔1〕 参见《房屋租赁合同纠纷裁判思路与裁判规则》,法律出版社2017年版,第124页。

〔2〕 参见国家法官学院案例开发研究中心编:《中国法院2015年度案例》(合同纠纷),中国法制出版社2015年版,第103页。上海市第一中级人民法院(2013)沪一中民二(民)终字第541号民事判决书。

(三)房屋租赁合同内容认定

合同内容涉及合同效力、合同性质、当事人权利义务以及进行诉讼程序案由等诸多方面。合同的内容是指合同当事人享有依照法律规定和合同约定所产生的权利义务关系。[1] 有学者认为,合同的内容,其含义大致相当于合同标的,可以理解为当事人在订立合同时所欲发生的法律效果。[2] 也有学者认为,依大陆法系债的理论,债之发生要件具备所发生的全部内容,即为债之内容,又称为债之标的。债之发生原因若为债权合同,合同有效成立所发生的法律关系,其构成要素的全部,即为合同内容。故合同内容即合同关系的内容(标的)。[3] 合同的内容是当事人的意思表示,是其意思表示一致的产物。确定任何一项合同的内容都必须首先确定当事人合意的内容。

《民法典合同编通则解释》第十五条规定:“人民法院认定当事人之间的权利义务关系,不应当拘泥于合同使用的名称,而应当根据合同约定的内容。当事人主张的权利义务关系与根据合同内容认定的权利义务关系不一致的,人民法院应当结合缔约背景、交易目的、交易结构、履行行为以及当事人是否存在虚构交易标的等事实认定当事人之间的实际民事法律关系。”

当合同名称相互矛盾、合同内容相互矛盾时,如何认定合同性质是其疑难问题。合同名称与合同内容之间的关系主要为:其一,合同名称与合同内容一致,称之为名副其实合同。其二,合同名称与合同内容不一致,称之为名不副实合同。其三,合同内容与合同内容相互矛盾,称之为名不副实合同。对于合同内容相互矛盾时,应根据合同中是否有特别约定以及合同双方实际履行情况,综合认定合同性质。

【案例2－4】　何某与金友公司房屋租赁合同纠纷再审案

最高人民法院认为,本案协议名称为《房屋购买租赁协议书》,该名称既有购买即买卖合同性质,又有租赁合同的性质。根据双方当事人在本案协议第二条又特别约定“本协议所签房屋面积产权归乙方”的内容看,实际上体现了买卖合同的性质;且从实际履行看,协议签订后,何某给付金友公司326000元款项,金友公司出具的收款收据上均载明是房款。因此,综合本案

---

〔1〕 参见王利明著:《合同法研究》(第1卷),中国人民大学出版社2002年版,第347页。

〔2〕 参见郑玉波著:《民法总则》,中国政法大学出版社2003年版,第307页。

〔3〕 参见翟云岭:《买卖合同形式及内容的法律规制——以分期付款买卖合同为视角》,载《法学》2007年第1期。

实际情况,应当认定本案协议的性质为房屋买卖合同。本案科贸楼属于临时建筑,依法不能办理产权手续。金友公司将本案临时建筑的房屋出售给何某,违反法律禁止性规定,双方所签《房屋购买租赁协议书》无效。并根据双方的过错情况,判决金友公司向何某返还购买房款326000元和车库手续费6600元,赔偿房屋装修损失、车库工程款损失共计140238.46元,何某向金友公司给付房屋使用费55630.56元。[1]

合同内容包含了联合建房、房屋租赁合同的双重性质,应根据真实意思表示确定合同性质。个案中,由法官根据具体案情裁定合同性质。

【案例2-5】 哈尔滨港务局诉哈尔滨北港商城有限公司房屋租赁合同纠纷案

二审法院认为,双方当事人签订的《合作协议》的内容虽然包含了联合建房、房屋租赁合同的双重性质,但北港商城的真实意思表示并非与港务局就合同利益进行利益分配,而是在一定期限内租赁建成后的房屋,即北港商城缔约目的最终落实在对所建房屋的租赁上,通过对外分割出租案涉房屋收回其投资成本并取得相应利益。而港务局的真实意思表示是通过预先收取租金,以完成房屋的建设并将房屋出租获取收益,其缔约目的落实在通过租赁房屋获取租金收益上。因此,联建案涉房屋仅属于双方当事人获得利益的一种手段,或是其融资建设房屋的一种方式,双方签订的《合作协议》的性质应为房屋租赁合同。[2]

---

〔1〕 最高人民法院(2009)民一提字第25号民事判决书。

〔2〕 参见最高人民法院中国应用法学研究所编:《人民法院案例选》2019年第10辑(总第140辑),人民法院出版社2020年版,第121页。黑龙江省高级人民法院(2016)黑民终437号民事判决书。

二、房屋租赁合同关系

(一)租赁合同关系认定

《民法典合同编通则解释》第三条规定:“当事人对合同是否成立存在争议,人民法院能够确定当事人姓名或者名称、标的和数量的,一般应当认定合同成立。但是,法律另有规定或者当事人另有约定的除外。根据前款规定能够认定合同已经成立的,对合同欠缺的内容,人民法院应当依据民法典第五百一十条、第五百一十一条等规定予以确定。当事人主张合同无效或者请求撤销、解除合同等,人民法院认为合同不成立的,应当依据《最高人民法院关于民事诉讼证据的若干规定》第五十三条的规定将合同是否成立作为焦点问题进行审理,并可以根据案件的具体情况重新指定举证期限。”

合同相对性原则是认定租赁合同关系成立的重要判断标准。合同的相对性原则的内容主要为,主体的相对性、内容的相对性及责任的相对性。根据该原则规定,合同的当事人只能向合同相对人主张合同权利。也就是说,在合同双方成立合同关系,与合同之外的第三人不成立合同关系,合同一方也不能以合同之外的原因拒绝履行合同约定义务。

【案例2-6】 工艺品公司诉科创公司房屋租赁合同纠纷案

二审法院认为,科创中心不能以其与利和集团洽谈收购租赁房屋、补偿损失及工艺品公司未提供产权证明等理由作为其拒付租金的抗辩理由。而且,其所主张的拆迁等问题事实上也没有发生。工艺品公司在2007年3月20日和6月28日两次向科创公司发出催交通知书,说明工艺品公司是在积极履行公司所享有的权利,在此情况下科创公司仍不履行交纳租金义务,工艺品公司有权依合同约定解除租赁关系。为此,判决支持了工艺品公司的诉讼请求。[1]

在合同纠纷中,当事人意思表示的认定应当以合同目的为导向,才能确保认

---

〔1〕 天津市高级人民法院(2008)津高民一终字第74号民事判决书。

定的法律事实符合当事人意思表示的真意。

【案例2-7】 柯某根诉黄某勇定金合同纠纷案

二审法院认为，上诉人于2014年2月25日向被上诉人出具收条，以明确双方拟成立以转让店铺店面装修、监控三个、空调一台为合同内容的主合同，并收取被上诉人定金1万元，双方之间成立定金合同关系。因此，该收条上有关定金的规定，即“如果和房东租金谈不合要返回1万元定金”构成双方定金合同的内容。被上诉人向上诉人交付定金的初衷在于希望成功转租上诉人的三间店面，而不仅仅与房东只是就租金问题达成一致意见，故根据这一约定，被上诉人在交付定金后，如果与房东邵某莉就租金、租赁期间等租赁合同的主要内容达成一致意见，并订立合同或实际履行，则主合同成立并生效，该定金转为履约金，如果未能订立租赁合同，定金返还给被上诉人。因此，该定金在性质上属于订约定金。订约定金系当事人为将来订立主合同而设立的定金担保。如果将来不能正式订立主合同，违反承诺一方应受到定金处罚。上诉人认为被上诉人违反事先已谈好的租赁条件要求房东邵某莉与其签订租赁合同，导致房东邵某莉不愿出租房屋，但租赁合意的达成应以双方当事人最终签订租赁合同或实际履行租赁合同为准。本案被上诉人在交付定金后，未能与房东邵某莉就租赁相关事项达成最终的合意，故上诉人应按约退还定金。至于上诉人上诉所主张的事实，证据并不充分，故上诉理由不能成立，不予支持。[1]

对于投资建设他人划拨土地上立项的房屋并承租建成后房屋的合同性质成立的法律关系，是认定的疑难问题。实践中主要有三种观点：联合建房合同、联合建房与房屋租赁合同、房屋租赁合同。最后一种为主流观点，认为协议虽然约定一方出地、另一方出资，但所建房屋的所有权归出地方所有，出资人只取得约定期限内建成房屋的占有使用权。这一使用权的取得以其预付租金（对工程建设的投资）作为前提，这样的约定更符合一方交付房屋给对方当事人使用、收益，对方当事人给付租金并于约定使用期限届满后返还房屋的房屋租赁合同特征，合同应定性为房屋租赁合同。最高人民法院民一庭意见：合作开发房地产合同约定提供资金的当事人不承担经营风险，只以租赁或者其他形式使用房屋的，应按照《最高人民法院关于审理涉及国有土地使用权合同纠纷案件适用法律问题的解释》第二十七条的规定，认定为房屋租赁合同。[2]

---

〔1〕 参见国家法官学院案例开发研究中心编：《中国法院2016年度案例》（合同纠纷），中国法制出版社2016年版，第117～118页。浙江省台州市中级人民法院（2014）浙台商终字第429号民事判决书。

〔2〕 参见最高人民法院民事审判第一庭编：《民事审判指导与参考》2009年第1集（总第37集），法律出版社2009年版，第132页。

【案例 2 -8】　解放军某部队诉张某房屋租赁合同纠纷案

判决观点,本案双方当事人签订的合同中没有约定共同经营、共担风险的条款,不具备联营的基本特征,应认定为租赁关系。双方当事人签订的《协议》合法有效。张某拖欠房屋租金,经某部队催告后仍未支付,某部队请求解除双方签订的《协议》,理由充分,应予支持。从双方合同约定和履行情况看,商业大厦为张某投资建设,产权归某部队所有,按照《合同法》规定的合同解除处理原则,张某应将商业大厦返还某部队。张某建设商业大厦的投资作为预付租金,按照商业大厦的造价数额予以认定,未履行期间的预付租金,应由某部队返还张某。[1]

双方对合同性质存在不同理解,因此应当按照合同约定的内容,并结合合同的实际履行情况来确认双方之间的法律关系。当合同符合房屋租赁合同的一般特征,合同内容体现了双方建立房屋租赁合同的意思表示,该合同的性质应为房屋租赁合同。

【案例 2 -9】　新疆中盛优拓商务咨询有限责任公司诉新疆领先实业(集团)有限责任公司房屋租赁合同纠纷案

最高人民法院认为,关于《整体租赁合同》的性质问题:中盛公司认为,合同约定的租赁物为房屋,合同性质系房屋租赁合同;领先公司则称,中盛公司以领先公司分支机构名义开展经营活动,合同性质为企业租赁合同。鉴于双方对合同的性质存在不同理解,因此应当按照合同约定的内容,并结合合同的实际履行情况来确认双方之间的法律关系。首先,从《整体租赁合同》约定的标的物来看,合同所称的整体租赁,即领先公司将面积为 35000 平方米的领先购物广场一期、三期及外墙广告使用权、相关面积外广场停车场一并出租给中盛公司。但双方约定的标的物不包括领先公司在领先购物广场中的全部资产,即其他固定资产、流动资金、债权和工业产权。其次,从合同约定的权利义务来看,中盛公司对标的物仅享有使用权,且房屋用途与领先公司的经营范围相同,而对领先公司之相关财产不享有与企业租赁合同相符的处置权利。最后,从合同履行情况看,领先公司将房屋等场地交与中盛公司,中盛公司亦依约交纳了房屋租金。其间,虽然中盛公司以领先公司所设的分支机构领先中盛购物中心名义从事经营活动,并使用原领先购物广场的账户,但双方签订《整体租赁合同》之时领先中盛购物中心尚未成立,且领先中盛购物中心于 2012 年 8 月 3 日即被领先公司申请注销。而在领先中盛购

---

〔1〕 参见最高人民法院民事审判第一庭编:《民事审判指导与参考》2009 年第 1 集(总第 37 集),法律出版社 2009 年版,第 132 页。

物中心被注销后，中盛公司继续使用租赁物开展经营活动。由以上分析可以看出，《整体租赁合同》符合房屋租赁合同的一般特征，合同内容体现了双方建立房屋租赁关系的意思表示，该合同的性质应为房屋租赁合同。至于中盛公司以领先中盛购物中心名义开展的经营行为，为双方在房屋租赁合同之外形成的另一法律关系，而该法律关系并未取代双方的房屋租赁合同，从而《整体租赁合同》之房屋租赁合同性质亦没有改变。鉴于此，一审法院确认本案为房屋租赁合同纠纷是正确的，故最高人民法院予以支持。[1]

买受人通过司法拍卖取得涉案房屋所有权，房屋占有人主张与原房屋所有权人存在租赁关系，对于租赁关系成立与否，司法拍卖公告以及房屋评估报告中对于房屋现状的描述均不能作为对租赁关系的确认，法院应对房屋权利负担情况在实质性审查后重新作出认定。对于租赁关系的真实性，应当考虑租赁合同内容、租金支付情况、房屋占有状况、租赁期限、出租人与承租人之间的关系等因素综合判断。

【案例2－10】 李某诉范某修腾退房屋纠纷案

一审法院认为，翁某华与范某修之间并不存在真实的租赁关系。判决范某修将涉案房屋腾退交还李某，逾期之日按照每日800元标准向李某支付房屋使用费。二审法院认为，范某修是否与翁某华存在租赁关系应在实质性审查后重新作出认定。对租赁关系的真实性，应当考虑租赁合同内容、租金支付情况、房屋占有状况、租赁期限、出租人与承租人之间的关系等因素综合判断。一审法院确认范某修与翁某华之间并不存在真实租赁关系，并无不当，应予维持。遂判决驳回上诉，维持原判。[2]

对于是否存在真实租赁合同关系，由法官根据具体情况裁定。

【案例2－11】 中铁丰桥桥梁有限公司诉芦某民等返还原物纠纷案

二审法院认为，经鉴定，芦某民持有的《公有住宅租赁合同》和《准住证》上的字迹均为其本人书写，这与芦某民当庭所述租赁合同办理过程完全不符。芦某民提交的证据不足以证明与丰桥公司之间存在真实的租赁合同关系，故芦某民的上诉理由不成立，应予驳回，丰桥公司有权收回该房屋，一审判决并无不当，应予维持。因丰桥公司未提交证据证明芦某、侯某涛在争议房屋居住的事实，故芦某、侯某涛提出其与本案无关的陈述意见应予采纳。

---

〔1〕 最高人民法院（2014）民一终字第231号民事判决书。

〔2〕 参见《人民司法·案例》2020年第5期（总第880期）。北京市第三中级人民法院（2019）京03民终6476号民事判决书。

判决:驳回上诉,维持原判。[1]

(二)租赁合同关系区分

实践中,区别房屋租赁合同与酒店(宾馆)承包合同判断标准为,其一,合同名称有无明确。合同抬头载明的是房屋租赁合同,还是酒店(宾馆)承包合同。其二,合同约定内容。合同明确约定需要具有宾馆合法经营资质的,为酒店(宾馆)承包合同,反之未约定资质的则为房屋租赁合同。

【案例2-12】　广电公司诉伟海兰公司房屋租赁合同纠纷案

一审法院认为,广电公司与伟海兰公司签订的房屋租赁合同合法有效,广电公司将房屋交付伟海兰公司使用,伟海兰公司即应按合同约定向广电公司支付租金。伟海兰公司逾期未交已构成违约,根据合同约定,广电公司有权解除合同,伟海兰公司应承担向广电公司支付租金及逾期利息的责任。伟海兰公司上诉称,本案系宾馆租赁合同纠纷,非单纯的房屋租赁合同纠纷。二审法院认为,上诉人逾期未交租金已构成违约,被上诉人有权解除合同,判决驳回上诉,维持原判。[2] 二审法院未采信伟海兰公司上诉请求,主要基于以下三点理由:其一,双方签订的合同名称为房屋租赁合同,而不是宾馆租赁或承包经营合同。其二,合同内容约定的是出租人与承租人的权利义务,并未明确使用该房屋应当具有宾馆的经营资质,也未约定该房屋应当由广电公司进行装修改造并达到经营开办宾馆所需要的条件。其三,根据现行法律规定,对承租房屋开办经营宾馆的消防验收、消防安全的责任主体是承租人即伟海兰公司,而非出租人。2007年9月18日因爱客宾馆没有消防通道和喷淋装置被罚款的是伟海兰公司,其2008年1月4日,双方签订补充协议时,伟海兰公司并未提出广电公司违反适租义务问题。

合同性质不同则产生的法律关系有别,出租人与承租人签订租赁合同构成租赁合同法律关系,其后承租人委托第三人经营管理租赁物,则承租人与第三人构成租赁管理关系,而不成立转租关系,租赁管理关系与转租关系在合同标的、占有状态、对外主体资格及责任承担上均不同。在实践中,应注意甄别二者的不同。

---

〔1〕 参见国家法官学院案例开发研究中心编:《中国法院2012年度案例》(物权纠纷),中国法制出版社2012年版,第96页。北京铁路运输中级人民法院(2009)京铁中民终字第3号民事判决书。

〔2〕 参见李方民主编:《房屋租赁合同纠纷诉讼指引与实务解答》(第3版),法律出版社2017年版,第221页。

【案例2-13】 达坤公司诉美豪富邦公司租赁合同纠纷案

二审法院认为,根据双方诉辩主张,本案主要争议焦点为,美豪富邦公司与盛世雅华公司之间是否构成转租,达坤公司与美豪富邦公司之间的租赁合同是否达到约定的解除条件。对此本院认为,一审法院将双方之间的关系认定为不动产租赁关系中的转租行为,并不符合本案客观实际,理由如下:(1)在双方之间关系定性上,双方属于一种租赁管理关系。在目前的酒店管理运营模式中,主要存在直接管理、委托管理、租赁管理和特许经营权管理四种方式;所谓租赁管理酒店经营模式,是指承租人(一般是某一家酒店管理公司)和租赁方(酒店所有者)签订租赁合同,在租赁期内,由承租人支付一定数额的固定租金,酒店所有者只对酒店资产保留所有权,酒店资产使用权、经营权让渡给酒店管理公司。这种管理方式本质是酒店所有者和管理公司达成的定额合约。根据本案查明的相关事实和证据可以看出,本案中依据美豪富邦公司与盛世雅华公司在委托经营管理协议和合作经营补充协议所作约定,美豪富邦公司将酒店客房5~15层、餐厅及配套设施交由盛世雅华公司经营管理,盛世雅华公司对酒店自主经营、自负盈亏,并按固定数额向美豪富邦公司缴纳管理费用,这是一种比较典型的租赁管理经营模式,是酒店行业常见经营管理的模式之一。(2)本案的租赁管理经营模式和不动产租赁合同中的转租行为有着明显的区别。在不动产租赁关系中,承租人在使用租赁物期间对外发生的法律关系通常与出租人无关。但是在本案中,涉案酒店虽系盛世雅华公司经营管理,但其所有对外经营活动、签约行为均是以美豪富邦公司名义进行,在经营过程中产生的全部对外责任仍应由美豪富邦公司承担,此种权利义务关系与租赁合同关系存在本质区别。(3)关于"房租"的理解。双方在合作经营补充协议相关条款中确实使用"房租"一词,但是,对于这个词如何理解应结合协议内容及二者之间权利义务关系综合认定,双方在委托经营管理协议中对该笔款项的表述为"委托经营管理权益",但本质上则是作为酒店持有者的美豪富邦公司与作为酒店管理方的盛世雅华公司之间达成的一个定额合约;原审法院在未对本案中具体法律事实进行深入研究的情况下,仅仅依据双方在协议中使用了"房租"一词即认定双方构成不动产租赁关系中的转租,与本案的客观事实明显不符。同时,原审法院以双方不构成委托合同关系为由,即推定双方构成租赁关系的,这种推定本身也不符合逻辑。综上所述,美豪富邦公司将涉案酒店通过租赁管理的方式交由盛世雅华公司经营管理的行为并不构成租赁合同中的转租,达坤公司以此为由要求解除租赁合同,缺乏相应的事实与法律依据。判决:撤销一审判决,驳回达坤公司全部诉讼请求。[1]

租赁合同名称与合同内容不一致的，以合同内容确定合同关系。

【案例2－14】 贾甲诉贾乙、贾丙、某建城公司房屋租赁合同纠纷案

二审法院认为，贾丙与贾甲签订的《协议书》以及《华洲庄园西式会所合作协议》，符合房屋租赁合同的基本特征，原审法院认定该协议名为合作实为转租是正确的。[2]

【案例2－15】 李某诉管理公司房屋租赁合同纠纷案

二审法院认为，关于合同性质问题，管理公司认为其与李某之间是委托合同关系，但无法提供有效的证据予以证实。双方合同名称中虽然有“委托”字样，但其内容为约定租赁标的、租金标准、租赁期限等，李某与管理公司签订的《补充协议书》，亦是对续租事宜进行的新约定。从合同的权利义务方面考察确认双方构成租赁合同关系。一审法院认定事实清楚、适用法律正确。判决：驳回上诉，维持原判。[3]

个案中，应根据具体案情认定房屋租赁合同关系。

【案例2－16】 杨某普诉新能源汽车公司房屋租赁合同纠纷案

二审法院认为，案涉《房屋租赁合同》符合租赁合同的法律特征，该合同中未有“合伙”两字，未约定出资方式和数额，也未约定利润分配和亏损分担，不符合合伙合同的法律特征。被告公司主张已方提供了营业执照与厨具，且从对方营业额中按比例收取租金承担了重大经营风险和纳税风险，双方系合伙关系的上诉理由不能成立。根据《民法典》第五百零九条的规定，当事人应当根据合同的性质、目的和交易习惯履行通知、协助、保密等义务。现承租方申请办理营业执照需要出租方提供“住所（经营场所）使用证明，被告公司作为出租方，有履行协助提供经营场所使用证明的义务”。被告公司职工田某某虽然与杨某普具有合伙关系，且两者对申办营业执照存在争议，但两者的合伙纠纷与本案基于租赁关系提起的附随义务不属同一法律关系，不应合并审理。综上，上诉人新能源汽车公司的上诉理由不能成立，对其上诉请求不予支持。原审认定案件事实基本清楚、适用法律正确，应予维持。

---

〔1〕 参见安凤德主编：《租赁合同纠纷案件疑难问题裁判精要》，法律出版社2021年版，第245～246页。

〔2〕 参见李方民主编：《房屋租赁合同纠纷诉讼指引与实务解答》（第3版），法律出版社2017年版，第225页。

〔3〕 参见国家法官学院、最高人民法院司法案例研究院编：《中国法院2023年度案例》（合同纠纷），中国法制出版社2023年版，第112页。湖北省武汉市中级人民法院（2021）鄂01民终11199号民事判决书。

判决：驳回上诉，维持原判。[1]

【案例2-17】 上海自如企业管理有限公司诉韦某某房屋租赁合同纠纷案

判决观点，本案系争的基础法律关系。根据《资产管理合同》约定，被告韦某某负有向自如公司交付系争房屋并就该房屋承担瑕疵担保责任。原告自如公司向被告韦某某按月进行收益结算。虽合同就该收益部分约定了“预期收益”“实际收益”“增值收益”“增值收益分成”等名称并明确各自含义，但自如公司向韦某某按月支付收益的金额固定即每月支付相当于预期收益金额的6260元。自如公司对外出租收取的租金若低于预期收益金额的，需从服务质量保证金予以抵扣，由此可见，自如公司对外出租收益风险实际与韦某某无关。从该份合同的主合同权利义务约定来看，符合租赁合同的特征。自如公司主张涉案合同为委托合同，但其以自己名义与案外人签订《房屋租赁合同》后，在履行各个阶段，均未向韦某某履行委托合同应有的法定报告义务，并自行与案外人办理解约手续并进行结算。综上，从《资产管理服务合同》约定的主要权利义务内容以及原告、被告、白某某三方的履约情况来看，原、被告之间建立的法律关系应为房屋租赁合同关系。[2]

个案中，应根据具体案情认定事实上的房屋租赁合同关系。

【案例2-18】 湘潭市阀门厂与罗某德房屋租赁合同纠纷案

一审法院认为：原告在20世纪80年代以福利住房的名义将单位所有的案涉房屋分配给被告一家居住，后按月在被告工资扣取租金的形式符合房屋租赁合同的实质要件，原、被告之间形成了事实上的房屋租赁合同关系。根据《合同法》第二百一十五条的规定，租赁期限六个月以上的，应当采用书面形式。当事人未采用书面形式的，视为不定期租赁。原、被告未订立书面房屋租赁合同，应视为不定期租赁。现原告面临关闭改制，房屋不再具备出租的条件，原、被告之间的房屋租赁合同无法继续履行。被告在租赁期间改变了房屋结构、部分改变了房屋用途，原告在2018年至2019年已多次通知被告腾退房屋，现被告已分得保障性住房一套，基本解决了住房需求。故对原告要求解除与被告之间房屋租赁合同的诉讼请求，本院予以支持。房屋租赁合同解除后，被告应当及时腾退房屋。被告腾退房屋，原告应支付被告的相应补偿现暂未明确具体数额，如有纠纷，双方可另案解决。判决如下：一、解除原告湘潭市阀门厂与被告罗某德之间的房屋租赁合同关系；二、被告罗某

---

〔1〕 参见国家法官学院、最高人民法院司法案例研究院编：《中国法院2023年度案例》（合同纠纷），中国法制出版社2023年版，第123页。湖南省湘西土家族苗族自治州中级人民法院（2022）湘31民终393号民事判决书。

〔2〕 参见陈昶主编：《2022年上海法院案例精选》，上海人民出版社2022年版，第82页。

德在一个月内腾退湘潭市雨湖区熙春路4号(房产证登记为2号)4单元102号房屋给原告湘潭市阀门厂。

二审法院认为,本案当事人争议的焦点问题是,本案是否属于民事案件受案范围,被上诉人是否有义务对上诉人给予安置补偿?本院分析如下:(1)单位内部分房是指在计划经济时期,一些单位将产权属于单位的房屋,根据单位职工的工龄、职级、家庭人口状况等因素制订方案,以低于市场的价格或者无偿的方式,分配给单位职工,由职工取得房屋所有权。本案案涉房屋产权登记在被上诉人名下,被上诉人从来没有将案涉房屋产权分配给上诉人所有的意思表示,被上诉人也未向单位其他职工分配房屋产权。相反,被上诉人在2000年以前,一直向上诉人收取房屋租金,上诉人也一直交付房屋租金,双方显然成立房屋租赁合同关系。自2000年以后,因被上诉人不能正常经营,未能正常向上诉人发放工资,故未向上诉人收取租金,但没有证据证明双方的租赁合同关系发生改变。上诉人认为本案不属于民事案件受案范围的上诉理由不能成立,本院不予采纳。(2)上诉人系被上诉人职工,被上诉人应当根据有关改制政策和职工大会决议,对上诉人给予公平合理的安置补偿,并协调有关政府部门帮助解决上诉人住房困难。但被上诉人的上述义务不影响双方租赁合同关系的解除。综上,上诉人的上诉理由不成立,应当予以驳回。原审认定事实清楚、适用法律正确,应当予以维持。判决:驳回上诉,维持原判。[1]

廉租房的出租方和承租方非平等的民事主体,双方不构成民事租赁合同关系。

【案例2-19】 北京市西城区住房保障事务中心诉冯某民、冯某凡房屋租赁合同纠纷案

一审法院认为,西城住保中心虽以房屋租赁合同纠纷提起诉讼,但案涉房屋为政策性廉租房,廉租房的出租方和承租方非平等的民事主体,双方所签租赁合同不属于民事合同。民事诉讼系平等主体的自然人、法人和非法人组织之间因人身关系和财产关系提起的诉讼,故双方纠纷不属于民事诉讼受案范围。裁定:驳回原告北京市西城区住房保障事务中心的起诉。

二审法院认为,《最高人民法院关于审理行政协议案件若干问题的规定》第一条规定:“行政机关为了实现行政管理或者公共服务目标,与公民、法人或者其他组织协商订立的具有行政法上权利义务内容的协议,属于行政

---

[1] 参见最高人民法院民法典贯彻实施工作领导小组编著:《中国民法典适用大全》(合同卷一),人民法院出版社2022年版,第9页。湖南省湘潭市中级人民法院(2020)湘03民终836号民事判决书。

诉讼法第十二条第一款第十一项规定的行政协议。”另外,上述司法解释第二十四条第一款规定:“公民、法人或者其他组织未按照行政协议约定履行义务,经催告后不履行,行政机关可以作出要求其履行协议的书面决定。公民、法人或者其他组织收到书面决定后在法定期限内未申请行政复议或者提起行政诉讼,且仍不履行,协议内容具有可执行性的,行政机关可以向人民法院申请强制执行。”本案中,西城住保中心为了实现行政管理或者公共服务目标,与冯某民、冯某凡协商签订了涉案租赁合同,但该合同并不是平等主体之间设立、变更、终止民事权利义务关系的合同。西城住保中心认为冯某民、冯某凡未及时支付租金,未按上述合同的约定履行义务,向人民法院提起民事诉讼,但本案不属于人民法院受理民事诉讼的范围,一审法院驳回其起诉并无不当,本院予以支持。对于涉案纠纷,西城住保中心应当依法通过其他法定途径予以解决。综上,西城住保中心的上诉请求不能成立,一审裁定认定事实清楚、适用法律正确。裁定:驳回上诉,维持原裁定。[1]

一般认为,民事和解约定不明时的法律关系的认定规则,一是判断是否创设了与执行债权无关的法律关系;二是审查当事人争议是否属于生效法律文书的既判力范围;三是在争议内容的解释上审查与生效法律文书是否相一致、遵循更有利于申请人申请执行人的解释、迟延责任上结合执行债权的内容合理判断。

【案例2-20】 上海空前电子产品有限责任公司诉上海星火模具有限公司房屋租赁合同纠纷案

二审法院认为,首先,空前公司与星火公司之间实际成立的是承包经营合同关系而非租赁合同关系,因此双方权利义务应以《承包经营协议书》为合同依据,一审法律关系认定错误。生效判决判定空前公司负有将涉案设备及资产全部返还给星火公司的义务,且涉案设备及资产均具该生效判决执行标的并未改变。双方争议系因前按生效判决执行未果所产生,不存在生效判决外创设新权利义务,因此空前公司以租赁合同出租人身份提起诉讼缺乏请求权基础。其次,竞争协议书的内容与生效判决的判项主文所对应,无超出生效判决的内容,性质上为执行和解协议。双方争议的《承包经营协议书》第二条“星火公司于2016年9月底之前找到场地后,双方协商办理设备事宜,直至执行案件结束”并未将设备搬离的义务设定为星火公司承担,也没有对搬离设备的具体时间作出明确约定,未在生效判决之外为双方设定新法律关系。最后,空前公司负有返还星火公司全部设备及资产的判决义务,保证

---

〔1〕 参见最高人民法院民法典贯彻实施工作领导小组编著:《中国民法典适用大全》(合同卷一),人民法院出版社2022年版,第10页。北京市第一中级人民法院(2020)京01民终4307号民事裁定书。

涉案设备及资产完好属于空前公司应负的合同义务。交接时,空前公司不同意通电检测并要求星火公司支付占有使用费是导致涉案设备及资产无法搬离的原因,故协议未及时履行的责任主要归咎于空前公司,产生的损失也应由空前公司自担。[1]

(三)不定期租赁合同关系

《民法典》第七百零七条规定:"租赁期限六个月以上的,应当采用书面形式。当事人未采用书面形式,无法确定租赁期限的,视为不定期租赁。"该条确定了当事人在租期6个月以上未采用书面形式,或未在租赁合同上签字且不能提供证据证明法官亦无查明的,应视为不定期租赁。

不定期租赁合同最主要指的是在没有约定租赁期限或者租赁期限约定不明,而且在事后也不能够确定租赁期限的租赁合同。不定期租赁合同应是对双方意思表示不明情形下纠纷解决的一种法律拟制。但此处在租赁合同中的规定,并非必须存在期限不明的情况,而是根据租赁合同的特点,附条件地承认当事人约定的租赁期限。[2] 该条中的"无法确定"的表述意味着,不仅当事人自身可以对约定期限情况进行举证证明,司法机关也可以依据法律规定的关于合同约定不明情况下,交易习惯、行业标准等规则进行推定。这体现了充分保障当事人意思自治,增加了认定为定期合同的可能性,有利于维护交易的稳定性。[3]

【案例2-21】 王某某诉祝某某房屋租赁合同纠纷案

判决观点,本案中,王某某向祝某某交付房屋,祝某某向王某某交付租金,双方虽曾写有《租房协议》,也约定租期为5年,但王某某认为书面《租房协议》未在协议上签名,其对5年租期也不予认可,故祝某某认为书面《租房协议》已成立的证据不足,法院不予采信。王某某、祝某某之间的租赁关系可视为不定期租赁,王某某可随时收回房屋,但应给祝某某合理的搬迁期限。故王某某要求祝某某归还房屋理由正当,应予支持。[4]

---

〔1〕 参见最高人民法院中国应用法学研究所编著:《人民法院案例选》2021年第11辑(总第165辑),人民法院出版社2022年版,第125页。上海市第一中级人民法院(2019)沪01民终13574号民事判决书。

〔2〕 参见黄薇主编:《中华人民共和国民法典合同编释义》,法律出版社2020年版,第526页。

〔3〕 参见黄薇主编:《中华人民共和国民法典合同编释义》,法律出版社2020年版,第529页。

〔4〕 参见《房屋租赁合同纠纷裁判思路与裁判规则》,法律出版社2017年版,第60页。

【案例 2－22】 王某义诉薛某峰房屋租赁合同纠纷案

二审法院认为，根据合同中的约定“租赁期限从 2004 年 7 月 20 日始至甲方还清欠款时止；若甲方一年内还清捌万元借款，乙方无偿租赁该房两年；若甲方一年后还清借款，乙方可以继续租赁该房，租赁费每年壹万元整，至乙方不租赁时止”，此约定属附条件租赁，在王某义还清欠款前，薛某峰享有租赁权。但还清欠款后，双方未约定明确的租赁期限，故属双方对房屋租赁期限约定不明确，确属不定期租赁。薛某峰用持有的 13000 元借条欲证明王某义未还清 80000 元附条件欠款明显与事实不符。此借条明确写明“王某义借到薛某峰人民币 13000 元”，此款与《借款、房屋租赁合同》中的 80000 元借款不是同一笔借款，是重新发生的民间借贷关系。由于薛某峰未主张与所拖欠的房租款进行抵销，故其可另行主张债权。在 2010 年 2 月，王某义还清了薛某峰的 80000 元借款，该房屋继续由薛某峰租赁使用却一直未付租金。双方产生矛盾，王某义要求解除租赁合同符合法律规定，应予支持。薛某峰的上诉理由不能成立，不予支持。原判认定事实清楚、适用法律正确，依法应予维持。[1]

《民法典》第七百三十四条第一款规定：“租赁期限届满，承租人继续使用租赁物，出租人没有提出异议的，原租赁合同继续有效，但是租赁期限为不定期。”

也就是说，房屋租赁合同到期后，双方当事人未订立书面合同，但承租人仍使用租赁房屋，其法律关系应认定为不定期租赁合同关系。

【案例 2－23】 周某清诉叶某华房屋租赁合同纠纷案

判决观点，书面租赁合同期满后，被告继续使用讼争租赁物，作为出租人的原告没有提出异议，原租赁合同继续有效，但租赁期限为不定期。[2]

【案例 2－24】 朱某友诉北京市建筑磨石总厂房屋租赁合同纠纷案

一审法院认为，建筑磨石总厂综合管理部与朱某友签订的租赁合同，虽然双方已实际履行，但因未约定租赁期限、起止日期，合同为不定期租赁。后建筑磨石总厂与北京京丰光午食品厂签订租赁合同，双方均加盖了公章，明确约定了租赁期限及起止日期，建筑磨石总厂综合管理部与朱某友所签租赁合同自然废止，双方均应按后签订的租赁合同履行。租赁合同期满后，双方未续签租赁合同，仍按原合同履行，但租赁合同为不定期合同。朱某友之前妻王某兰为北京京丰光午食品厂工作人员，建筑磨石总厂有理由相信其有代

---

〔1〕 参见国家法官学院案例开发研究中心编：《中国法院 2013 年度案例》（合同纠纷），中国法制出版社 2013 年版，第 52 页。辽宁省朝阳市中级人民法院（2011）朝中民二合终字第 832 号民事判决书。

〔2〕 参见国家法官学院案例开发研究中心编：《中国法院 2013 年度案例》（合同纠纷），中国法制出版社 2013 年版，第 55 页。福建省福安市人民法院（2011）安民初字第 1633 号民事判决书。

理权，行为人没有代理权、超越代理权以被代理人名义订立合同，相对人有理由相信行为人有代理权的，该代理行为有效。王某兰代理北京京丰光午食品厂签订退租协议，构成表见代理。朱某友理应按协议及时将承租房屋腾退，交与建筑磨石总厂。二审法院亦持同样意见，维持一审判决。[1]

【案例2-25】 赵某与城建公司房屋租赁合同纠纷案

二审法院认为，租赁期限届满，承租人继续使用租赁物，出租人没有提出异议的，原租赁合同继续有效，但是租赁期限为不定期。本案中，赵某与城建公司签订的《商业租赁合同》约定，赵某如续租，应在租赁期限届满前三个月向城建公司提出书面申请，经双方协商一致后另行签订合同。合同于2021年11月14日到期后，赵某以"继续使用租赁物"这一积极行为，作出继续承租商铺之意思表示，城建公司没有就赵某继续占有、使用租赁物商铺的行为提出异议的沉默行为，获得被推定为同意延续与赵某之间原租赁合同意思表示的法律效果，双方就延续租赁合同关系达成一致意见，租赁合同关系得以延续，但租赁期限依法转为不定期。当事人对租赁期限没有约定或者约定不明确，依据《民法典》第五百一十条的规定仍不能确定的，视为不定期租赁；当事人可以随时解除合同，但是应当在合理期限之前通知对方。不定期租赁合同中，出租人和承租人均享有任意解除权。本案中，赵某与城建公司签订的《商业租赁合同》于2021年11月14日到期后，依法转为不定期租赁合同关系，城建公司于2022年2月18日行使不定期租赁合同的解除权，向赵某发出《通知书》，告知城建公司不再对其续租，要求赵某于2022年3月1日前将商铺改动的附属设施恢复原状，交纳2021年11月14日至解除合约期间的租金及物业费、暖气费。赵某亦收到该《通知书》，故不定期租赁合同的解除时间为2022年2月18日。[2]

具有先租后售意图的当事人，虽然可能最终未达成买卖房屋的一致意思表示，但存在租赁行为的，应视为不定期租赁关系成立。

【案例2-26】 庞某诉鲍某某房屋租赁合同纠纷案

二审法院认为，双方签订的房屋租赁协议虽然包含了先租后买的意向，但是最终能否达成买卖协议不确定，而且买卖的主要条款即房屋价款无法协商一致，因此一审判决关于上述租赁协议系不定期租赁的认定正确，双方当事人均有权依法或按照双方的约定行使合同解除权。[3]

---

〔1〕 参见北京市高级人民法院民一庭编：《北京民事审判疑难案例与问题解析》（第1卷），法律出版社2007年版，第439~440页。

〔2〕 新疆生产建设兵团第六师中级人民法院（2023）兵06民终162号民事判决书。

〔3〕 参见《房屋租赁合同纠纷裁判思路与裁判规则》，法律出版社2017年版，第149页。

转租人与次承租人签订租赁协议后,双方各持一份,由于次承租人未能给付首期房租,转租人随即收回次承租人手中的租赁协议,并向次承租人出具收条,收取部分租金,并承诺付清全部房租后,再签订书面合同,同时将租赁房屋交付次承租人使用,这种租赁关系是不定期租赁,双方均享有合同解除权。

【案例 2 - 27】 林某诉后某房屋租赁合同纠纷案

二审法院认为,本案双方当事人并不否认双方之间存在房屋租赁关系,故合同是否成立并不是本案争议的焦点,其争议焦点是双方之间是否存在书面的租赁合同。如果存在书面的租赁合同,林某所要求解除租赁关系的理由相对很少,而后某享有解除权更多一些。如果双方之间不存在书面租赁合同,则双方存在任意解除权,只是应当给相对方足够的准备时间。本案后某在林某拒绝一次性支付 19 万元租金时,当即收回了双方共同签字的书面合同,表明林某违约时,后某已经与林某解除了书面合同。尽管之后后某仍然将钥匙交给了林某,双方履行的并不是第一份书面合同,而是后某出具给林某的收条,该收条清楚表明,只有在 5 月 18 日前,林某支付了另外 10 万元时,双方再签订书面合同。由于在 5 月 11 日房屋原出租人阻挠林某打隔墙,林某要求解除合同时即产生纠纷,故本案中双方没有签订书面合同。根据《合同法》第二百一十五条的规定:"租赁期六个月以上的,应当采用书面形式。当事人未采用书面形式的,视为不定期租赁。"综上所述,本案林某享有合同解除权。[1]

公房的使用权限具有永续性,在承租人基于工作单位的安排而入住直管公房时,虽然承租人与公房管理部门未签订租赁合同,且未缴纳租金,但仍属于依照国家福利政策而租赁公有住房的范畴,不适用民法典关于不定期租赁法律关系的规则,不属于民事案件的受案范围。

【案例 2 - 28】 重庆市涪陵区房地产管理局诉李某房屋租赁合同纠纷再审案

二审法院认为,双方争议的焦点为涪陵区房管局与李某是否形成不定期租赁合同关系?李某基于原在涪陵区建委工作关系并根据工作单位的安排而入住案涉房屋,取得该房屋的占有和使用权。涪陵区房管局没有提交充分的证据证明与李某之间存在租赁合同关系,双方之间并非平等主体间的民事合同关系,故本案不属于人民法院民事案件受案范围,原判认定事实清楚,但

---

〔1〕 参见最高人民法院中国应用法学研究所编著:《人民法院案例选(月版)》2010 年第 2 辑(总第 14 辑),中国法制出版社 2010 年版,第 187 页。安徽省芜湖市中级人民法院(2009)芜中民一终字第 838 号民事判决书。

适用法律不当,予以改判。

再审法院认为,《民事诉讼法》第三条规定:“人民法院受理公民之间、法人之间、其他组织之间以及他们相互之间因财产关系和人身关系提起的民事诉讼,适用本法的规定。”重庆市涪陵区高笋塘 14 号、16 号房屋系登记在重庆市涪陵区房地产服务中心名下的国家直管公房。李某系涪陵区建委市政处职工,1994 年,经原涪陵区建委安排,李某入住重庆市涪陵区高笋塘 14 号×单位×房屋至今。李某基于其工作身份取得案涉房屋的占有和使用权,其与重庆市涪陵区房地产服务中心之间并非民事主体之间经平等协商而形成的租赁合同关系。二审法院认定重庆市涪陵区房地产服务中心的起诉不属于人民法院民事案件受案范围,符合法律规定,并无不当。[1]

(四)转租合同法律关系

在转租合同中的法律关系具有一定特殊性,即有两个法律关系,一个为出租人与承租人的合同关系,另一个是承租人与次承租人的合同关系,且为两份相互独立的合同,在每个合同关系的法律适用上,均适用《民法典》合同编第十四章租赁合同的规定。

出租人与承租人签订租赁合同,双方建立租赁合同关系。承租人转租时,承租人又与次承租人签订转租合同,双方建立转租合同关系。在出租人同意承租人转租时,其转租关系具备合法性,双方之间的租赁合同关系与一般的租赁关系没有区别。根据合同相对性原则,确立承租人与次承租人权利义务内容,判断转租合同履行。租赁合同是转租合同的基础和前提,转租合同的期限不得超过租赁合同的期限。在承租人的租赁权消灭后,次承租人不能向承租人主张继续履行合同义务,而只能请求违约责任和赔偿损失。租赁合同终止,在次承租人没有行使代位请求权时,则转租合同亦同时终止。在出租人主张解除租赁合同时,次承租人代为支付承租人拖欠的租金和违约金,出租人接受的则转租合同不解除,继续履行。租赁合同和转租合同同时终止,次承租人将租赁房屋直接返还出租人,则免除承租人的返还义务。

出租人与次承租人之间的法律关系突破合同相对性,也不受合同相对性的制约。依据《合同法》的有关规定,出租人同意承租人转租不影响双方之间的租赁合同,出租人不得因转租而行使解除租赁合同的效果,在出租人与承租人的租赁

---

[1] 参见最高人民法院中国应用法学研究所编著:《人民法院案例选》2021 年第 12 辑(总第 166 辑),人民法院出版社 2022 年版,第 116 页。重庆市高级人民法院(2019)渝民申 3286 号民事裁定书。

合同合法存续期间，出租人与次承租人之间并没有直接的法律关系，次承租人对租赁物造成的损害是由承租人向出租人担责。〔1〕出租人与承租人之间的合同不受转租行为影响，即出租人、承租人之间的承租合同及承租人、次承租人之间的转租合同是两个独立的合同，从合同的相对性出发，出租人的解除权行使不应受到次承租人的约束。〔2〕

（五）续租合同法律关系

所谓续租合同法律关系，是指原租赁合同期限届满，租赁关系继续存续的法律关系。《民法典》第七百零五条第二款第（一）项规定："租赁期限届满，当事人可以续订租赁合同。"

续租合同不同于原租赁合同，其具有一定独立性。虽然续租合同建立在原租赁合同的基础上，因另行约定产生时，是其双方达成了新的意思表示，不是原租赁合同的意思表示。对于默示续租产生的续租关系，就原租赁合同而言，无论是新签订合同说、期限变更说还是债务更新说，都不能认为原租赁合同完全包含了续租合同。这种独立性不仅仅表现在合同期限的延长上，亦是新的租赁合意的客观表现。

续租合同建立的方式。续租合同的建立既可以采取约定方式亦可以采取默示方式。租赁合同双方当事人更新期限续签合同的方式，有约定更新和法定更新，法定更新又称为默示更新。《民法典》第七百零五条第二款第（一）项规定，可视为明示的意思表示进行，需要当事人即以语言、文字或其他方法（主要指法律、交易习惯及当事人的特别约定）表示其意思。其第七百三十四条第一款规定，"租赁期限届满，承租人继续使用租赁物，出租人没有提出异议的，原租赁合同继续有效，但是租赁期限为不定期"，这可视为默示续租。此种情形下，限制出租人行使合同届满解除权，只能行使不定期租赁合同解除权。在两种方式续租的前提下，租赁关系均将继续存在下去。

续租合同的法律性质。根据《民法典》第七百三十四条第一款规定，续租合同为不定期租赁合同，而非固定租赁合同。租赁双方都可以行使解除权，即可随时终止租赁合同。

续租合同成立的时间。应区分两种情况讨论续租合同的成立时间。就协商

〔1〕 参见陈英容：《转租制度之探讨》，载《福建政法管理干部学报》第2001年第1期。

〔2〕 参见最高人民法院民事审判第一庭编著：《最高人民法院〈关于审理城镇房屋租赁合同纠纷案件司法解释〉的理解与适用》，人民法院出版社2009年版，第224页。

成立续租合同的时间点,当事人经协商达成续租合同的,合同经续租合同要约——承诺而成立,承诺到达之时,为续租合同成立之时。就默示方式成立续租合同的时间点,租赁合同到期后,承租人继续租赁使用租赁物,出租人未表示反对的,此时应作续租合同成立的时间点,即原租赁合同届满之日。

续租合同涉及优先承租权问题。就协商成立续租合同而言,在同等条件下,承租人依法享有优先承租权。同理,就默示方式成立续租合同而言,租赁合同到期后,承租人继续租赁使用租赁物,出租人未表示反对的,承租人依法享有优先承租权。

合同的成立以各方签字盖章为原则,但租赁合同关系中,由于续租合同具有特殊性,租赁物使用状态继续且出租人不提出异议,则续租合同自然成立。基于前述续租合同特点,在租赁期近届满前,出租人、承租人口头约定续租的,应当认定续租合同已经成立并生效。即使双方约定租赁期届满前签订续租合同,未签订的也不影响续租合同效力,但应当视为不定期租赁合同,承租人不再续租的,应承担续租(不定期租赁)合同的违约责任。

【案例2-29】 孙某峰诉胡某儿房屋租赁合同纠纷案

一审法院认为,合同约定了胡某儿负有在租赁期满前10日内告知孙某峰是否继续租赁合同的义务,但在合同期满次日却告知孙某峰不再续租,确实违反了租赁合同中不续租应当提前10日告知的义务,应该承担违约责任。针对2个月的空置期损失,法院认为,依据《民法典》第五百八十四条之规定,损失赔偿遵守可预见性原则。针对未提前10日告知续租的损失,仅是孙某峰晚10日招租可能导致案涉房屋晚10日出租的空置期损失,超过这个范围的损失,超出了胡某儿在签订合同之时应当预见的损失。另外,孙某峰提供的聊天记录虽然显示在租赁期满前有他人欲租赁案涉房屋,但是,上述内容仅见于其向胡某儿催促续约的过程中,并无证据证明其事实的真实性。而且,即便为真实的,亦仅是可能成功的交易机会成本,不具有必然性,可能存在的损失亦无法具体化。因此,一审判决支持了10日的空置损失。二审法院经审理改判胡某儿按一个月租金标准向孙某峰赔偿房屋空置损失。[1]

---

〔1〕 参见《人民司法·案例》2022年第32期(总第979期)。四川省成都市中级人民法院(2022)川01民终3325号民事判决书。

三、房屋租赁合同主体

(一)承租人主体认定

在涉及转租中,出租人依据合同相对性原则仍可将承租人作为主体起诉。

【案例2-30】 虞某平申请执行毕某房屋租赁合同纠纷案

判决观点,关于本案主体问题。毕某辩称房屋已转租给案外人吴某庆,原告应起诉现在实际经营承租房屋的业主并向法院申请追加吴某庆作为共同被告参加诉讼。法院认为,本案系房屋租赁合同纠纷,毕某、虞某平系房屋租赁合同订立履行的双方当事人,毕某系本案的适格主体。另毕某与案外人吴某庆是否存在转租关系不影响本案的审理,故对于毕某请求追加吴某庆作为共同被告的申请,依法不予准许。[1]

代替履行债务的第三人只是合同的履行主体,而非合同当事人。次承租人直接将租金交付出租人的,承租人的主体身份不发生变化。

【案例2-31】 上海某印染厂诉上海某纺织实业有限公司房屋租赁合同纠纷案

二审法院认为,从印染厂与实业公司于1999年4月1日签订的《委托书》附件一内容反映,双方于1998年12月23日签订的《房屋租赁合同》在《委托书》签订后仍然有效,因此一审认定印染厂与实业公司之间是租赁合同关系而非代理招租关系,事实清楚。印染厂、实业公司与拍卖公司于2000年3月签订的《协议书》表明,自2000年4月起拍卖公司应将向实业公司支付的租金直接支付印染厂,并由印染厂开具租金发票,故该行为的性质属于当事人约定第三人向债权人履行部分债务,而其余债务仍应由债务人向债权人履行。根据法律规定,第三人不履行债务或者履行债务不符合约定,债务人应当向债权人承担违约责任,因此当拍卖公司不能向印染厂支付租金时,

---

〔1〕 参见国家法官学院案例开发研究中心编:《中国法院2016年度案例》(合同纠纷),中国法制出版社2016年版,第120页。安徽省马鞍山市雨山区人民法院(2014)雨民一初字第00876号民事判决书。

印染厂依法应向实业公司而非拍卖公司主张债权。[1] 本案中,出租人是印染厂,承租人是实业公司,次承租人是拍卖公司。

在夫妻婚姻关系存续期间取得租赁物经营权,属于夫妻共同财产。双方在解除婚姻关系时有权对夫妻共同财产进行协商处理,基于该处分行为,取得经营权人为适格诉讼主体。

【案例2-32】 郑某良诉昆明市城市建设综合开发有限公司等房屋租赁合同纠纷案

一审法院认为,原告及陈某荣在夫妻关系存续期间取得对涉案租赁物的经营权,属于夫妻共同财产,双方在解除婚姻关系时有权对夫妻共同财产进行协商处理,且被告城建公司当庭陈述在租赁期届满前,就续租问题联系过原告本人,双方是由于租金问题未能达成共识,由此得知原告具有承租权已经得到被告城建公司的认可,故原告是本案的适格主体。二审法院认为,上诉人郑某良的前妻陈某荣与城建公司于2010年6月30日签订物业租赁合同,该合同于2011年12月31日届满,按照该合同第六条第三款约定,城建公司虽应优先考虑承租方继续租用,但该合同第五条第六款同时还约定租赁期限届满如需续租,承租方应于期满前一个月向城建公司提出书面申请并经城建公司同意续签合同后方为有效,但郑某良以及陈某荣未按照合同约定提出书面续租申请,亦未续签合同,故租赁合同因期限届满而解除,郑某良主张的优先承租权不能成立,故城建公司有权将涉案租赁房屋另行转租他人。[2]

在房屋租赁合同履行过程中,承租人将部分房屋转让给次承租人租赁使用,其间,承租人和次承租人共同拖欠租金,并共同承诺还款。承租人与出租人租赁合同到期未再续租,次承租人与出租人签订新的房屋租赁合同,并履行至双方提前解除租赁合同。但原承租人并未完全退出租赁的房屋,仍部分使用出租人的房屋,也与次承租人共同出具还款计划,表示要共同把欠付出租人的租金还清,应该认定是共同的承租人(次承租人与出租人签订租赁合同转变为承租人),可以认定两承租人均属于债的加入,共同对出租人承担还款责任。

【案例2-33】 上海仪电科技有限公司诉赛密微(马鞍山)电子科技有限公司等房屋租赁合同纠纷案

一审法院认为,原告作为涉案房屋的产权人与两被告分别签订的《房屋租赁合同》,反映了签约当事人的真实意思表示,合法有效,各方均应信守并

---

〔1〕 参见《房屋租赁合同纠纷裁判思路与裁判规则》,法律出版社2017年版,第131页。

〔2〕 参见国家法官学院案例开发研究中心编:《中国法院2014年度案例》(合同纠纷),中国法制出版社2014年版,第41~42页。云南省昆明市中级人民法院(2012)昆民一终字第495号民事判决书。

依约履行。根据原告与被告华旭玻尔公司签订的《房屋租赁合同》约定,乙方(即被告华旭公司)逾期支付租金超过五日,则每逾期一日按应付金额的百分之一向甲方(即原告)支付滞纳金。乙方如逾期超过一个月,则视为自动退租,构成违约;甲方有权收回出租房屋,收取至搬迁之日的租金和其他费用,并追究乙方的违约责任。本案中,被告华旭玻尔公司在上述合同履行过程中,自2013年起一直拖欠原告租金等费用不付,并于2014年6月向原告提出要求提前终止租赁厂房的申请,后双方经友好协商签订了《提前终止租赁厂房补充协议书》,约定双方于2014年6月16日进行租赁厂房移交。同时还约定:乙方如能按2014年3月20日(赛密微公司、华旭玻尔公司)共同制订的还款计划,每月按时还清甲方欠款,甲方同意于2014年5月31日止,提前解除双方的租赁合同,并不再追索乙方的违约责任。乙方如不能按2014年3月20日(赛密微公司、华旭玻尔公司)共同制订的还款计划,按时还清欠款,则甲方将依据租赁合同约定,追索乙方的违约责任及欠款的银行利息等。现由于被告华旭玻尔公司未能履行与被告赛密微公司于2014年3月20日共同制订的还款计划,向原告按时还清上述欠款,故原告有权按照双方补充协议书的约定追索被告华旭玻尔公司的欠款等违约责任。被告赛密微公司与原告之间的《房屋租赁合同》虽早已租赁届满,但被告赛密微公司仍一直长期拖欠原告租金214364.41元未付。根据两被告于2013年8月2日、2013年8月30日、2014年2月20日、2014年3月20日先后多次共同向原告出具的《承诺书》及《还款计划》内容反映,两被告确认统计到2014年3月20日止,两被告共欠缴原告各项费用1661630.42元,两被告共同承诺分期付款,并争取在2014年底将上述欠款全部还清。对此,法院认为,两被告对上述欠款的还款计划作出的共同承诺,对两被告而言均属于债务承担,故两被告理应共同向原告承担还款责任。原告要求两被告支付拖欠租金、水电费、电力设施设备折旧费之诉请,理由正当,法院予以支持。但考虑两被告于2014年3月20日向原告共同制订的还款计划中提出要求将原告收取的租赁保证金10万元作为欠款予以扣除,故原告主张的上述欠款金额1201195.90元在扣除10万元后即为1101195.90元。由于两被告至今未向原告付清上述款项,两被告还应向原告支付逾期付款及滞纳金。二审法院亦持同样意见,维持一审判决。[1]

两个承租人分别与出租人签订房屋租赁合同,但在实际履行中两个承租人共同管理和使用该房屋,应认定两个承租人为该房屋的共同承租人。

[1] 参见郭伟清主编:《2016年上海法院案例精选》,上海人民出版社2017年版,第11~12页。

【案例2-34】 辜某某、刘某某与山东同大有限公司房屋租赁合同纠纷案

二审法院认为，刘某某于2008年9月22日及同年10月24日分别与同大公司签订涉案房屋租赁合同，在合同实际履行过程中，刘某某以其个人名义或“阿里山休闲会所”名义交纳房租或水电费。辜某某于2009年10月22日及同年10月31日分别与同大公司签订涉案房屋租赁合同的租赁标的物与上述刘某某所签房屋租赁合同的租赁标的物为同一房屋，从该租赁合同的实际履行来看，辜某某与刘某某以其两人名义共同交纳涉案房屋租金或水电费，有时也以辜某某或刘某某个人名义交纳租金或水电费，有相应的收款收据等书证予以佐证，表明两人系涉案租赁合同的实际履行主体。阿里山休闲会所系于2009年6月3日登记设立，其在工商行政管理部门登记的经营者系刘某某，且一直未予变更。依据该事实和涉案房屋租赁合同的实际履行可知，同大公司对涉案租赁房屋系用于经营阿里山休闲会所应系知情，对刘某某系阿里山休闲会所的登记业主亦应系知情，但其当时并未提出异议，而是与辜某某、刘某某继续履行涉案房屋租赁合同。同时，刘某某亦系辜某某与同大公司所签涉案房屋租赁合同的一方主体，即“一般保证人”。综上，原审认定辜某某、刘某某系涉案房屋租赁合同实际承租人并无不当，其两人共同作为原审原告诉讼主体适格。[1]

在租赁合同目的明确、缔约主体同时具有法定代表人身份的情况下，租赁合同的主体不应局限于签字人本人，而是应当充分考虑合同目的、合同实际履行人、出租方是否明知等情节进行判断。

【案例2-35】 福尔公司诉谢某华、恒业公司房屋租赁合同纠纷案

判决观点，关于本案主体问题。租赁合同抬头部分以及落款处记载的承租人为谢某华，但是合同中有明确租赁物为厂房且其系用于经营生物科技。谢某华为恒业公司的法定代表人，其以个人名义签订的租赁合同，事后得到恒业公司的追认，从恒业公司的营业执照以及《火灾事故认定书》均可以看出，该公司的经营地址为租赁厂房，恒业公司才是租赁合同的实际承租方。谢某华与恒业公司关于合同主体是恒业公司的主张，法院予以认可。[2]

租赁合同虽然约定了禁止转租，但是出租人明知承租人的转租行为，且未在6个月内提出异议，应当认为出租人同意承租人的转租行为。即便承租人无权转

---

〔1〕 山东省高级人民法院(2014)鲁民一终字第493号民事判决书。

〔2〕 参见国家法官学院、最高人民法院司法案例研究院编:《中国法院2021年度案例》(合同纠纷)，中国法制出版社2021年版，第105页。福建省泉州市安溪县人民(2019)闽0524民初793号民事判决书。

租,承租人擅自转租的行为应当构成无权处分,其与次承租人的合同应当适用无权处分的处理规则,承租人和次承租人签订的转租合同应当有效。次承租人为个人,转租合同到期后租赁合同延续,但实际使用人为次承租人所在公司,公司又代替次承租人支付房租的行为,租赁到期后的合同主体仍为原次承租人。

【案例2－36】 保立信公司与彭某强等房屋租赁合同纠纷案

一审法院认为,关于保立信公司是否有权收取使用费问题。彭某强、君范公司主张,保立信公司与北京王府井置业投资有限公司签订的停车场《租赁协议》明确约定禁止转租,如转租需征得甲方书面同意。庭审中,保立信公司提交了北京王府井置业投资有限公司出具的允许其转租的授权委托书。法院认为,保立信公司收取使用费的权利依据系其与彭某强签订的《租赁合同》。《民法典》第七百一十八条规定,出租人知道或者应当知道承租人转租,但是在6个月内未提出异议的,视为出租人同意转租。本案中,保立信公司长期出租涉案车库,北京王府井置业投资有限公司应当知道保立信公司存在转租行为,从未对此提出异议,故视为其同意转租。另,在转租人擅自转租的情况下,转租人虽不具有将租赁物进行转租的处分权,但其与第三人订立合同的效力应当适用无权处分的处理规则,转租合同的效力并不因此受到影响。就本案而言,保立信公司与彭某强签订的《租赁合同》不存在其他效力瑕疵,故该《租赁合同》有效。案涉《租赁合同》到期后,保立信公司与彭某强存在事实上的租赁关系,君范公司代彭某强再次交纳了一年的租金,保立信公司对此并无异议。2021年1月11日,案外人支付了2018年9月26日至2021年2月25日期间的部分使用费。此后,彭某强、君范公司既未搬出案涉库房,亦未交纳费用。保立信公司据此主张案涉库房的使用费有充分的事实和法律依据。至于欠付的数额一项,根据彭某强、君范公司提交的证据及保立信公司的意见,故认定彭某强已支付2021年2月25日前案涉库房的租金。

二审法院认为,本案中,保立信公司与彭某强签订的《租赁合同》系双方真实意思表示,不违反法律及行政法规的强制性规定,合法有效。该《租赁合同》到期后,双方仍延续合同期间内的租赁状态,彭某强亦未向保立信公司提出变更承租人,故应视为双方继续履行原《租赁合同》权利义务。君范公司虽主张彭某强系受其公司委托承租案涉库房,但彭某强系以其个人名义而非君范公司代理人的身份承租案涉库房,君范公司、彭某强亦未提供充分证据证明彭某强系履行职务行为且明确告知保立信公司,故该项主张依据不足;彭某强承租案涉库房后交由君范公司使用,但基于合同相对性原则,彭某强仍无法免除作为承租人应承担的义务。据此,一审法院结合《租赁合同》约定、案涉库房的占有使用情况、租金交纳情况,并审查了案涉库房是否具备疫情期间减免房租情形一节,判决彭某强支付保立信公司使用费,处理并无不当。彭某强所提主体不适格、保立信公司无合法授权、租金应予减免等上诉意见,均缺乏充分的事实及法律依据,本院难以采纳。[1]

(二)出租人主体认定

对存在两份以上租赁合同指向同一租赁房屋且为同一承租人,但签订的出租人不同,一份是公司法定代表人个人所签,另一份是公司所签,可认定公司法定代表人个人为出租方。

【案例2-37】 俞某某与楼某某等房屋租赁合同纠纷再审案

再审法院认为,本案中,存在两份房屋出租合同原件。一份是俞某某和楼某某、周某、郑某签订的《房屋出租合同》,该合同原签订时间为2009年9月7日,后来双方当事人将签订时间改为2009年10月27日,该份合同以下简称2009年10月27日《房屋出租合同》。再审中,双方当事人对存在该合同均没有争议,本院予以确认。另一份是利源公司和楼某某、周某、郑某于2009年11月7日签订的《房屋出租合同》,该合同以下简称2009年11月7日《房屋出租合同》。根据2009年12月4日利源公司与楼某某、周某、郑某签订的补充协议,双方约定以2009年10月27日《房屋出租合同》作为真实履行的合同,2009年11月7日订立的《房屋租赁合同》交工商机关备案,不作为双方履行的依据。据此,双方以2009年10月27日《房屋出租合同》作为真实履行的合同事实清楚,故应以该份合同作为界定双方当事人及其权利义务的依据。因俞某某系2009年10月27日《房屋出租合同》的出租人,且涉案房屋的产权人利源公司于2011年3月10日出具情况说明,明确同意由俞某某对外出租位于浣东街道暨东路78号、80号的房屋,并由其享受房屋租赁合同的相关权利。另经查明俞某某系利源公司的法定代表人、股东,其余股东系俞某某的家庭成员。故俞某某作为2009年10月27日《房屋出租合同》的出租人主张权利,诉讼主体适格。申诉人关于本案应以2009年11月7日《房屋出租合同》为准,俞某某不是适格主体的主张,不能成立。原判认定2009年10月27日《房屋出租合同》为双方当事人权利义务的履行依据正确。[2]

实践中,出租人主体资格是常有的争议。房屋租赁合同案件中,根据合同相

---

〔1〕 北京市第二中级人民法院(2023)京02民终7209号民事判决书。

〔2〕 浙江省高级人民法院(2014)浙民提字第13号民事判决书。

对性原理判断合同相对方，而不是根据房屋所有权确认合同相对方。

【案例2-38】 南通市崇川区钟秀街道联合村社区居委会与江苏华尔达置业投资咨询有限公司房屋租赁合同纠纷案

二审法院认为，联合村居委会是否具备房屋租赁主体的主体资格？华尔达公司主张涉案房屋的所有权属于南通市崇川区钟秀街道办事处，联合村居委会不具备房屋租赁合同的主体资格，无权请求返还房屋。联合村居委会认为其行使的是合同上的返还请求权，不是所有物返还请求权，这与联合村居委会是否为房屋所有权人无关。本院认为，2008年4月30日的房屋租赁合同及附件由联合村居委会与华尔达公司签订，2008年8月1日联合村居委会与华尔达公司签订交付确认书，华尔达公司接受房产并对外招商出租，2009年1月17日、2011年12月20日联合村居委会与华尔达公司因租赁期间相关事宜分别签订补充租赁协议，其间华尔达公司对联合村居委会的主体资格从未提出过异议。联合村居委会作为该租赁合同订立及履行的主体，具有房屋租赁合同的主体资格。因本案是房屋租赁合同纠纷，联合村居委会可以依据合同关系主张返还房屋，华尔达公司主张联合村居委会没有涉案房屋的所有权就无权返还房屋的主张不能成立，本院不予支持。[1]

【案例2-39】 李某与青岛某药业有限公司房屋租赁合同纠纷案

二审法院认为，2007年7月14日的《厂房租赁合同书》中载明，合同的出租方系被上诉人李某，授权代表系迟某，承租方系某公司，合同落款处出租方由授权代表迟某签字。根据被上诉人一审提交的青岛市城阳区城阳街道后田社区居民委员会出具的证明以及证人迟某二审出庭作证的情况，可以认定，本案厂房租赁合同的双方当事人系上诉人与被上诉人。上诉人主张其系与迟某之间订立租赁合同，与事实不符，法院不予采信。[2]

实践中，对出租人有争议的，法官根据具体案件事实裁定。

【案例2-40】 申小某等诉苗小某等出租房屋煤气中毒死亡赔偿纠纷案

判决观点，本案双方争议的焦点问题之一是与两位死者建立租赁关系的出租主体是谁？三原告主张与死者建立租赁关系的是苗小某，苗小某对此予以否认，称与死者建立租赁关系的是苗某和陈某，苗某和陈某对此予以认可，但双方均未对各自说法提供相应证据。出租房屋所在的某村99号的建房批示登记的建房权利人是苗某，苗小某与申小某达成的调解协议上确认出租主

---

〔1〕 江苏省高级人民法院(2014)苏民终字第0081号民事判决书。

〔2〕 参见李方民主编:《房屋租赁合同纠纷诉讼指引与实务解答》(第3版)，法律出版社2017年版，第33页。

体系苗小某,苗小某亦认可2009年翻建和新建房屋系其与父母共同出资,故对此应认定苗某、陈某和苗小某均系出租主体。[1]

出租人转让出租房屋但没有办理过户手续的,依法享有诉讼主体资格。

【案例2-41】 张家界市永通货运配载信息服务公司诉郑某青房屋租赁合同纠纷案

二审法院认为,关于被上诉人永通公司是否具备原告的诉讼主体资格问题?虽然早在2006年7月,永通公司就已将包括本案出租房屋在内的所有房地产以850万元转让给弘宇置业公司,该公司也对出租房屋所在的房产进行了扩建、改造和加层后作为商品房销售。但根据《物权法》第六条"不动产的设立、变更、转让和消灭,应当依照法律规定登记。动产物权的设立和转让,应当依照法律规定交付"和第九条第一款"不动产物权的设立、变更、转让和消灭,经依法登记,发生效力;未经登记,不发生效力,但法律另有规定的除外",本案中,被上诉人永通公司虽然在公司改制中将公司资产整体转让给弘宇置业公司,但至今未办理过户手续,本案诉争的租赁房屋没有发生所有权转移。故本案诉争的租赁房屋的所有权人至今仍然是被上诉人永通公司,其具备原告的诉讼主体资格,上诉人郑某青上诉被上诉人永通公司不具备原告的诉讼主体资格的理由不成立。[2]

按份共有出租人出租房屋涉及的法律适用问题。

【案例2-42】 沈某新、杨某林诉郭某良等返还原物纠纷案

一审法院认为,案涉0114室、0214室房屋虽登记为沈某新、杨某林、郭某良共同共有,但沈某新、杨某林、郭某良关于案涉房屋约定了份额,应当认定为沈某新、杨某林、郭某良对案涉房屋按份共有,沈某新、杨某林对案涉房屋享有50%的份额,郭某良对案涉房屋享有50%的份额。……出租共有房屋属于对共有物利用方法的选择。民法理论认为,对于包括出租在内的共有物利用方法选择类推适用《物权法》第九十七条的规定。金康泰公司、毕恳公司、昊华公司的住所地都登记为(曾经登记为)案涉房屋,但登记的住所地不等同于实际经营地。沈某新、杨某林、郭某良并未举证证明金康泰公司、毕恳公司、昊华公司实际占有或使用涉案房屋。金康泰公司自认从2012年3月开始使用0114室、2014室至今,应当认定金康泰公司为案涉房屋实际占有人。沈某新、杨某林、郭某良陈述与金康泰公司签订的《写字楼租赁合同》上

---

〔1〕 参见北京市高级人民法院编:《审判前沿——新类型案件审判实务》(总第46集),法律出版社2013年版,第53页。

〔2〕 湖南省张家界市中级人民法院(2010)张中民一终字第260号民事判决书。

三人签名均不是本人书写。郭某良辩称知悉该房屋的租赁情况,也同意由金康泰公司承租该房屋,并且郭某良即为金康泰公司法定代表人,应视为郭某良对《写字楼租赁合同》进行了追认。郭某良、金康泰公司未提供相应证据证明沈某新、杨某林就案涉房屋明示同意将案涉共有房屋出租给金康泰公司。虽然沈某新、杨某林就案涉房屋为金康泰公司提供最高额抵押担保,不能因此推定沈某新、杨某林同意将涉案房屋出租给金康泰公司。郭某良对案涉房屋享有50%的份额,未达到共有份额的三分之二,各方当事人均未提供证据证明沈某新、杨某林、郭某良对房屋出租另有约定,因此金康泰公司相对于沈某新、杨某林系无权占有人。沈某新、杨某林作为案涉房屋共有人有权就案涉房屋对金康泰公司行使返还原物请求权。金康泰公司上诉后又申请撤回,二审裁定予以准许。[1]

(三)合同责任主体认定

在法律规定合同责任主体可以选择时,出租人可以依法选择承担合同责任的主体。

【案例2-43】 潮州市广通造纸实业有限公司诉林某强、张某鹏房屋租赁合同纠纷案

二审法院认为,《公司法解释(三)》第二条第一款规定:“发起人为设立公司以自己名义对外签订合同,合同相对人请求该发起人承担合同责任的,人民法院应予支持。”第二款规定“公司成立后对前款规定的合同予以确认,或者已经实际享有合同权利或者履行合同义务,合同相对人请求公司承担合同责任的,人民法院应予支持”,该条规定已赋予合同相对人选择的权利,广通公司作为合同相对人,在向人民法院提起诉讼时请求林某强、张某鹏两名发起人承担偿还拖欠租金的合同责任,人民法院应予支持。据此,二审法院撤销一审判决,判决林某强、张某鹏支付原告潮州市广通造纸实业有限公司租金200万元。[2]

在商业房屋租赁中,承租方的签约人往往与实际使用人不一致,此类现象较为普遍,其承租人的责任主体确定为司法实践中的难点问题。自然人作为承租人

[1] 参见国家法官学院案例开发研究中心编:《中国法院2018年度案例》(物权纠纷),中国法制出版社2018年版,第235~236页。江苏省南通市中级人民法院(2016)苏06民终字第3559号民事裁定书。

[2] 参见国家法官学院案例开发研究中心编:《中国法院2016年度案例》(合同纠纷),中国法制出版社2016年版,第103页。广东省潮州市中级人民法院(2014)潮中法民一终字第89号民事判决书。

订立租赁合同后，以租赁房屋为经营场所设立个体工商户实际使用房屋，因租赁合同履行发生纠纷的，原则上应当根据合同相对性原则确定诉讼主体。出租人以承租人和实际使用的个体工商户为共同被告提起诉讼，请求两被告就租赁合同产生的债务承担连带责任的，一般不予支持，在有证据证明该公司对承租人所欠合同债务构成债务加入的除外。可以认定为债务加入的情形主要有，实际使用房屋的公司同意承担承租人欠付租金等合同债务，或者其存在以自己名义交纳租金、与出租人进行债务对账清算等实际履行租赁合同义务行为。

公司法定代表人为设立公司订立房屋租赁合同责任主体认定，是司法实践中多发争议。公司设立行为是一系列法律行为的组合，相应会产生一系列的法律后果。对于发起人作为设立中公司的代表和执行机构，在公司设立阶段对外签订合同的法律后果，《公司法解释（三）》第二条、第三条作了规定。承租人作为发起人为设立公司租赁房屋，符合《公司法解释（三）》第二条规定情形的，优先适用该规定。但对发起人以设立中公司名义对外签订合同，合同相对人能否要求发起人承担责任，没有明确规定。且《公司法解释（三）》的规定仅限于发起人，对于非发起人（如公司的法定代表人或其他工作人员）是否适用，司法实践中也有不同观点。公司法定代表人而非公司设立发起人，其以设立中公司名义对外签订房屋租赁合同，在公司成立后，作为出租人的原告没有向公司主张权利，而是向公司法定代表人主张权利的，基于公司法定代表人的特殊身份，为了公司设立后作为公司住所对外签订房屋租赁合同，应可以类推适用《公司法解释（三）》的相关规定。

【案例 2－44】　某集团有限公司诉陈某、某餐饮有限责任公司房屋租赁合同纠纷案

二审法院认为，本案中，陈某作为某餐饮有限责任公司的发起人与某集团有限公司签订了《商业用房租赁合同》，并参与了实际履行，根据公司法司法解释的规定和合同相对性原则，某集团有限公司上诉主张选择由陈某承担合同责任，依法应予支持。虽然，某餐饮有限责任公司在之后与某集团有限公司签订了《补充协议》，亦参与了合同履行，但其行为仅构成债务加入，因其并未与某集团有限公司就《商业用房租赁合同》合同权利义务的概括转移达成合意，故并不能仅因其债务加入的行为而当然地推定某集团有限公司同意由其替代陈某承担相关合同责任，而不仅是加入责任的承担，故并不能因此排除陈某的合同责任及相关司法解释规定的某集团有限公司享有的选择请求权。原审对此适用法律错误，应当予以纠正。本案一审中，某集团有限公司同时起诉某餐饮有限责任公司与陈某，并未作出明确的选择，一审法院对此亦未作出释明，某集团有限公司在上诉请求中明确主张由陈某承担合同责任，是其对法律赋予的选择请求权的行使，对此予以确认。二审判决，由陈某承担一审判决相应责任。[1]

【案例2-45】 上海昌盛商业经营管理有限公司诉薛某某房屋租赁合同纠纷案

判决观点,本案的争议焦点在于除原告外,系争合同另一方合同主体为谁的问题。原告认为该合同主体为被告薛某,而被告则认为该合同主体为案外人盈悦公司。对此,可从如下角度予以分析:第一,从盈悦公司设立的情况分析,该公司的投资人于2010年7月12日获得"上海盈悦贸易有限公司"的企业名称预先核准,早于系争合同中的签订时间,且盈悦公司于2010年10月21日成立,营业执照上载明的住所即为本案系争商铺,核准的经营范围亦与系争合同中所约定的经营范围基本一致,根据相关法律规定,设立有限责任公司应当具有公司住所,故可以认定以盈悦公司名义承租系争商铺的行为系该公司设立必要的开业准备行为。第二,从合同文义的角度理解,虽然系争合同并未明确约定若盈悦公司设立成功则由盈悦公司单独承担相应的合同义务,但系争合同首部及签字页上所载明的承租人均为盈悦公司,且薛某某系以盈悦公司法定代表人的名字签字,另根据系争合同第八条第三款的约定,出租人应当向承租人提供办理营业执照时所需的相关文件,可以推定被告在订约时已向原告披露其为设立中的盈悦公司代表身份并告知承租系争商铺系为注册盈悦公司并进行经营的目的,被告并无公司设立后仍由其承租系争商铺的意思。第三,从合同履行的角度而言,盈悦公司登记的住所为系争商铺,双方亦无其他证据证明该公司在他处有经营场所,另在庭审中,原告自认被告支付了首期租金以及相应的物业管理费,鉴于被告为成立后的盈悦公司法定代表人,故可认定系争合同系由盈悦公司实际履行。第四,从订立合同时原、被告的行为分析,系争合同的承租方载明为盈悦公司,而被告系以盈悦公司的法定代表人名义签署系争合同,公司设立后亦确实担任该项职务,结合原告明知被告以公司名义订立合同的事实,可以认定被告对此亦不持异议。综上所述,虽然在系争合同订立时盈悦公司仍在设立中,并无相应的人格,但从查明的事实分析,被告订约系代表设立中的盈悦公司所进行的必要开业准备行为,其并无公司设立后仍由个人承租系争商铺的真意,而原告则在明知此事实的情况下与被告订约,应当视为原、被告双方已就变更合同主体达成了附生效条件的默示一致,即若盈悦公司设立成功,则由盈悦公司概括承受系争合同的权利义务。现根据查明事实,盈悦公司已然设立,故法院认定现系争合同的相对方已非被告,而应为盈悦公司,鉴于原告坚持认

---

〔1〕 参见李方民主编:《房屋租赁合同纠纷诉讼指引与实务解答》(第3版),法律出版社2017年版,第250页。

为系争合同相对方为被告,故原告的诉讼请求,法院难以支持。据此,一审法院判决驳回原告上海昌盛商业经营管理有限公司的诉讼请求。[1]

实践中,法院更多是以法定代表人履行职务行为的判决理由,而否定法定代表人的承租合同主体。

【案例2-46】 东莞市万利物业投资有限公司诉东莞市饰海装饰制品有限公司房屋租赁合同纠纷案

一审法院认为,案涉厂房租赁合同载明的出租方为万利公司、承租方为艺装公司,主体明确。签约时,汪某霞系万利公司的法定代表人、黄某辉系艺装公司的总经理(且系备案的公司高管人员),两人作为双方代表在合同上签名,属于职务行为,不应认定为合同主体。从一系列事实来看,案涉租赁合同的实际承租人为饰海公司。二审法院亦持同样意见,维持一审判决。[2]

在租赁合同签名人辩称为设立中的公司名义所签订,还是以自己的名义所签订,应结合具体案情确定。

【案例2-47】 潮州市广通造纸实业有限公司诉林某强、张某鹏房屋租赁合同纠纷案

二审法院认为,林某强、张某鹏于2010年8月15日与广通公司法定代表人刘某刁签订了涉案的《租赁合同书》,该《租赁合同书》前部出租方(甲方)处落款名称为潮州市广通造纸实业有限公司,承租方(乙方)处没有记载名称;后部落款签名处甲方在法定代表人处由广通公司刘某刁签名(未盖公章),乙方在法定代表人处由林某强、张某鹏签名。我国对公司名称实行预先核准制度,2010年8月27日林某强、张某鹏以发起人的身份向潮安县工商行政管理局申请取得"潮安县宏泰纸业有限公司"的公司名称预先核准,于2010年9月15日成立了宏泰公司并取得企业法人营业执照。设立中的公司,是指自发起人签订发起人协议或者达成发起合意时起,至设立登记完成前,尚未取得法人资格的主体。设立中的公司虽然不具有独立法人人格,但是已经具备民事主体的一些特征,如已具有事务执行机关、共同行为准则和一定的财产等。而且设立中公司的名称应当满足公司名称的特点和构成要件,即应当由行政区划、字号、行业、组织形式依次组成,设立中的公司与成立登记的公司之间是一个前因后果的同一性问题。本案中林某强、张某鹏均承认签订本案租赁合同的目的是设立公司提供经营场所,但至今没有证据证明

---

〔1〕 参见邹碧华主编:《2013年上海法院案例精选》,上海人民出版社2013年版,第180~181页。

〔2〕 参见国家法官学院案例开发研究中心编:《中国法院2018年度案例》(合同纠纷),中国法制出版社2018年版,第159页。广东省东莞市中级人民法院(2016)粤19民终字第379号民事判决书。

签订合同时宏泰公司是“设立中公司”且《租赁合同书》中没有“宏泰公司”字样。因此,被上诉人林某强认为本案需根据《最高人民法院关于适用〈中华人民共和国公司法〉若干问题的规定(三)》第三条第一款“发起人以设立中公司名义对外签订合同,公司成立后合同相对人请求公司承担合同责任的,人民法院应予支持”的规定由宏泰公司承担责任,该主张没有事实依据,不予采纳。林某强、张某鹏签订《租赁合同书》向广通公司承租涉案建筑物与机器设备,设建筑物所在地地址即为宏泰公司的住所登记地址,宏泰公司成立后使用涉案租赁合同约定的建筑物及设备配件进行生产经营并向广通公司支付部分租金,因此原审法院确认林某强、张某鹏是为了设立公司以自己的名义对外签订租赁合同的事实是正确的。[1]

【不同处理】 房屋租赁合同的签约人为自然人(公司的法定代表人或公司股东),而实际使用人为公司,且以公司名义交付租金。对此种承租人责任主体的认定,实践中有不同观点。个案观点认为是房屋实际使用人与承租人构成并存的债务承担,两者承担连带支付租金的责任。如上海兆城精瑞房地产经纪有限公司与钱某华、朱某平、姚某孝、上海神帆餐饮有限公司房屋租赁合同纠纷案。[2]

合同连带责任主体适格问题。根据合同相对性原则,不是合同主体范畴,自然排除在连带责任之外。

【案例2-48】 深圳市维也纳酒店有限公司与丽江七星房地产开发有限公司、丽江国际大酒店有限公司租赁合同纠纷案

最高人民法院认为,本案是七星公司与维也纳公司《租赁合同》所形成的权利义务纠纷,国际公司不是《租赁合同》的签约人,依据合同相对性原则,维也纳公司关于国际公司承担连带责任的请求,理据不足。[3]

【案例2-49】 中交海西投资有限公司诉上海置业实业有限公司等房屋租赁合同纠纷案

判决观点,本案系租赁合同法律关系,部队并非诉争《租赁合同》相对方,合同亦未约定应当承担连带责任,亦不存在法律规定应当承担连带责任的情形,故中交公司要求部队承担连带责任缺乏事实及法律依据。[4]

---

〔1〕 参见国家法官学院案例开发研究中心编:《中国法院2016年度案例》(合同纠纷),中国法制出版社2016年版,第102~103页。广东省潮州市中级人民法院(2014)潮中法民一终字第89号民事判决书。

〔2〕 上海市第一中级人民法院(2009)沪一中民二(民)终字第523号民事判决书。

〔3〕 参见最高人民法院民事审判第一庭编:《民事审判指导与参考》2011年第4辑(总第48辑),人民法院出版社2012年版,第138页。

〔4〕 参见最高人民法院中国应用法学研究所编:《人民法院案例选》2018年第3辑(总第121辑),人民法院出版社2018年版,第96页。北京市第一中级人民法院(2014)一中民初字第7988号民事判决书。

【案例2－50】　上海学人电子科技服务有限公司诉上海金涡实业有限公司、上海体育学院房屋租赁合同纠纷案

二审法院认为，关于上海体院是否应当就金涡公司的违约责任承担连带责任，上海体院并非《房屋租赁意向书》的一方当事人，与学人公司无合同法律关系，学人公司要求其承担连带责任无合同依据。至于上海体院向金涡公司出具《招商委托书》，系其履行与金涡公司间合同的行为，学人公司据此主张上海体院与金涡公司间为委托法律关系，无事实依据，不予采纳。[1]

建设单位依法与物业公司签订的前期物业服务合同，以及业主委员会与业主大会依法选聘的物业公司签订物业服务合同，对业主具有约束力。业主以其并非合同当事人为由提出抗辩的，法院不予支持。业主将其房屋转租的，业主与承租人约定由其承租人交纳物业费用的，从其约定，能免除业主的交费义务，但不能免除业主向物业公司承担的义务。租赁合同只能约束出租人（业主）和承租人，但不能约束物业公司，业主与承租人的约定不能对抗物业公司主张拖欠物业费的责任。物业公司起诉要求业主承担连带责任的，法院应予支持。

【案例2－51】　贾某与某物业公司物业服务合同纠纷案

二审法院认为，根据《物业管理条例》第四十二条业主与物业使用人约定由物业使用人交纳物业服务费用的，从其约定，业主负连带交纳责任的规定，尽管贾某与承租人有关物业服务费用由承租人负担的约定，但也不能免除业主对物业公司承担连带交纳物业费用的责任。根据《物业纠纷解释》第七条"业主与物业的承租人、借用人或者其他物业使用人约定由物业使用人交纳物业费，物业服务企业请求业主承担连带责任的，人民法院应予支持"的规定。即便贾某将租赁合同交与物业管理公司登记，物业公司请求业主承担责任的，法院应予支持。综上，驳回贾某的上诉请求，维持原判。[2]

【案例2－52】　某物业公司与某开发公司、某发展公司物业服务合同纠纷案

判决观点，原告物业公司向被告某开发公司提供相应物业服务，被告开发公司应交纳相应费用。某开发公司将部分房屋出租，并约定由承租人即某发展公司自行支付物业费、空调费，不违反法律规定，但该约定系两被告之间的内部约定，某开发公司不能以此约定免除其应负责任。另外，某发展公司系物业服务的直接受益人，在之前的物业费收取中某物业公司也系直接向某发展公司收取，故可以确定，物业公司与某发展公司之间已经形成事实上的债权债务关系。同时法律规定，业主与物业的承租人、借用人或者其他物业

---

〔1〕 上海市高级人民法院（2008）沪高民一（民）终字第47号民事判决书。

〔2〕 江苏省徐州市中级人民法院（2015）徐民终字第03575号民事判决书。

使用人约定由物业使用人交纳物业费，物业服务企业请求业主承担连带责任的，人民法院应予支持。[1]

因租赁物保管不善的连带赔偿责任主体问题。《民法典》第七百一十四条规定了承租人对租赁物保管不善的赔偿责任。立法者释义为，与承租人共同生活或经承租人允许而对租赁物进行使用、收益的第三人，对租赁物同样应以善良管理人的注意承担保管义务，违反该项义务致使租赁物毁损、灭失的，应当承担侵权责任。不过，由于此类第三人使用、收益租赁物的行为是基于承租人的允许而进行的，承租人对此应当负责，承担违约责任。从出租人的角度观察，此时构成请求权竞合；对承租人而言，此时承担不真正连带债务，损害租赁物的第三人为终局责任人。承租人就第三人毁损、灭失租赁物而向出租人承担违约责任后，有权向该第三人追偿。[2]

非法人组织注销的，投资人为承担责任主体。

【案例2-53】 湛江市百货总公司与翁某坤房屋租赁合同纠纷案

判决观点，本案中，人民商场起诉请求仁爱门诊部承担责任，根据已查明的事实，人民商场提起本案诉讼后，仁爱门诊部已经工商部门核准注销登记。根据《民法总则》第一百零二条"非法人组织是不具有法人资格，但是能够依法以自己的名义从事民事活动的组织。非法人组织包括个人独资企业、合伙企业、不具有法人资格的专业服务机构等"，第一百零六条"有下列情形之一的，非法人组织解散：(一)章程规定的存续期间届满或者章程规定的其他解散事由出现；(二)出资人或者设立人决定解散；(三)法律规定的其他情形"，以及参照《民事诉讼法司法解释》第六十四条"企业法人解散的，依法清算并注销前，以该企业法人为当事人；未依法清算即被注销的，以该企业法人的股东、发起人或者出资人为当事人"的规定，仁爱门诊部被注销登记后已不具有民事行为能力和民事责任能力，仁爱门诊部不再是本案诉讼主体，其诉讼权利义务应由其投资人莫某丽承继。[3]

债务加入的构成返还招商款的责任主体。

【案例2-54】 刘某诉叶某凯、文化公司房屋租赁合同纠纷再审案

一审法院认为，《欠款协议》中载明的甲方为叶某凯，并非文化公司，并且叶某凯在签订《欠款协议》时并非文化公司的法定代表人，其以个人名义

---

[1] 参见李方民主编：《房屋租赁合同纠纷诉讼指引与实务解答》(第3版)，法律出版社2017年版，第240页。

[2] 参见黄薇主编：《中华人民共和国民法典合同编释义》，法律出版社2020年版，第542页。

[3] 参见最高人民法院民法典贯彻实施工作领导小组编著：《中国民法典适用大全》(总则卷二)，人民法院出版社2022年版，第893页。广东省湛江市中级人民法院(2019)粤08民初275号民事判决书。

与债权人刘某签订《欠款协议》的行为不能视为职务行为。从《欠款协议》的内容可见，叶某凯明确承诺退还刘某招商款59.79万元以及分期还款的时间节点。之后，叶某凯已通过个人账户向刘某退还了部分款项，叶某凯的上述行为应视为自愿还款的意思表示，该行为属于并存的债务承担，已构成债的加入。

二审法院认为，本案二审审理的争议焦点如下：一是叶某凯与刘某签订《欠款协议》的行为是否构成债务加入；二是涉案是否可以适用《民法典》第五百五十二条之规定。关于争议焦点一，二审法院同意一审法院裁判意见。关于争议焦点二，虽然在《民法典》实施以前我国现行法律并未规定债务加入，但债务加入作为一项基本的民法原理，不但在学理上被普遍认可，而且在实践中也普遍存在，属于市场经济中客观存在的重要交易类型，我国以往的司法实践对债务加入法律后果的认定与《民法典》的新增规定亦无本质冲突。叶某凯以个人名义与刘某签订《欠款协议》，其作为完全民事行为能力人，对签订《欠款协议》的法律后果应当是明知的，现一审法院依据《民法典》有关债务加入的新增规定，判决叶某凯需要与文化公司共同承担付款责任，并未减损叶某凯的合法权益，也难以认定为违背其合理预期。判决：驳回上诉，维持原判。〔1〕

(四)售后返租责任主体

开发商通过成立或引入商业管理公司并委托其承担商铺售后返租义务，以实现商铺销售主体与返租主体的分离，上述行为规避了《商品房销售管理办法》的管理性强制性规定，属于变相售后返租行为，应受到行政处罚。商铺业主与商业管理公司签订的租赁合同或委托经营合同依法有效，商业管理公司违反合同约定应承担违约责任，开发商不承担连带责任。商业管理公司可以根据其与开发商的协议处理售后返租事宜。也就是说，售后返租中，承担拖欠租金(回报收益)的合同责任主体是合同签订人。

【案例2-55】　庄某江诉东海县秀水商务管理有限公司、连云港晶意置业有限公司房屋租赁合同纠纷案

判决观点，原告将涉案商铺交付与被告秀水公司后，已履行了合同约定

---

〔1〕　参见国家法官学院、最高人民法院司法案例研究院编：《中国法院2023年度案例》(合同纠纷)，中国法制出版社2023年版，第89～90页。北京市第二中级人民法院(2021)京02民终7739号民事判决书。

的义务，被告秀水公司应当按照合同约定于每年11月4日前支付约定的回报收益，但其没有按照合同约定全面履行义务，仅支付2011年11月5日至2012年11月4日年度部分收益20000元，尚欠60767.1元，已构成违约，应承担继续履行合同义务的责任。故原告请求被告秀水公司给付原告房屋回报收益60767.1元的主张，符合法律规定，予以支持。两被告之间是否存在纠纷系其内部法律关系问题，与本案委托经营合同纠纷不是同一法律关系，其以此为由请求中止审理，不予准许。委托经营与买卖系两种不同的法律关系。被告晶意公司作为房屋买卖合同的出卖人已履行房屋的交付义务，原告凭广告宣传及秀水公司置业顾问的名片请求既非委托经营合同主体又没有占有使用涉案标的物的被告晶意公司支付租金，无事实和法律依据，不予支持。[1]

（五）隐名间接代理诉讼主体

隐名间接代理制度作为间接代理制度的一种情形，实际上是指英美法系国家的未披露本人代理。在这种情况下，代理人在订立合同时根本没有披露有代理关系的存在，而且以自己的名义与第三人订立合同，实际上就是把自己置于本人的地位同第三人订立合同，所以，代理人应当承担合同的法律责任，亦可主张相应的法律权利。也就是说，根据合同相对性原则，隐名间接代理人是适格诉讼主体。

【案例2－56】 天津中孚物流有限公司诉天津市宏益木业有限公司、天津市河东区东兴修理厂房屋租赁合同纠纷案

判决观点，中孚物流受本案标的物的实际权利人中孚国际的委托以自己的名义签订合同（授权内容还包括主张权利的实体资格），符合法律规定，是适格的合同当事人，有权行使合同约定的权利。且宏益木业抗辩在订立合同时不知道原告中孚物流与中孚国际的委托关系，该合同亦应直接约束中孚物流与宏益木业，原告亦有权起诉主张权利。故两被告提出的原告不具有主体资格的抗辩意见不予采纳。[2]

---

〔1〕 参见国家法官学院案例开发研究中心编：《中国法院2015年度案例》（合同纠纷），中国法制出版社2015年版，第121页。江苏省连云港市东海县人民法院（2013）东民初字第475号民事判决书。

〔2〕 参见国家法官学院案例开发研究中心编：《中国法院2014年度案例》（合同纠纷），中国法制出版社2014年版，第35页。天津市东丽区人民法院（2012）丽民初字第260号民事判决书。

(六)合同主体变更

合同主体的变更是属广义的合同变更,而非狭义的合同变更范围,但应予以充分注意。合同履行过程中,合同之外第三人替代合同一方当事人成为合同主体,而合同签约的双方当事人没有就第三人成为合同主体再签订权利义务转移协议,表明另一方当事人对其第三人成为合同主体予以认可,此时对合同的内容没有变更,原合同签约的一方当事人退出合同,原第三人与其签约的当事人履行原合同。合同主体发生变更影响到合同效力的认定,只要没有违反法律的强制性规定,合同变更后,另一方当事人认可的,应尊重合同的意思自治原则,不能轻易否认合同的效力。

【案例2-57】　中国人民解放军84916部队与西安方圆大酒店有限公司等房屋租赁合同纠纷案

最高人民法院认为,本案所涉租赁合同及补充协议的签约人为84916部队和华隆公司,84916部队和华隆公司虽然没有就合同权利义务转移给方圆酒店事宜签订书面协议,但在合同履行过程中,方圆酒店以独立的民事主体身份开展经营活动并直接向84916部队支付租金,84916部队接收自签订合同至1996年4月10日间方圆酒店陆续支付的1000万元租金,也与方圆酒店就大楼工程进度形成过会议纪要,表明承租方已实际由华隆公司变更为方圆酒店,84916部队对租赁合同主体变更的事实未持异议,是认可的。现84916部队提出华隆公司仍为双方租赁合同主体的上诉理由不成立,本院不予支持。[1]

(七)概括继受主体

《民法典》第七百三十二条规定:“承租人在房屋租赁期限内死亡的,与其生前共同居住的人或者共同经营人可以按照原租赁合同租赁该房屋。”该条比《合同法》第二百三十四条规定增加了共同经营人内容。此条规定承租人死亡后,生前与承租人共同居住的人或者共同经营人可以继续租赁该房屋,但应当与出租人办理续租手续变更承租人。由此可见,即使承租人在承租期间死亡,其继承人可

---

〔1〕 参见最高人民法院民事审判第一庭编:《最高人民法院民事案件解析》(房屋买卖、租赁纠纷),法律出版社2010年版,第333页。

以续租,也应当重新办理续租手续,而不是当然继承承租权。《合同法》第二百三十四条规定的前提条件不周延,只规定了生活领域的与承租人共同居住人,而没有规定经济领域的与承租人共同居住人。在理论上,对于该条规定的观点不同,有学者认为,这就是所谓租赁权的法定让与,[1]也有学者认为,这是租赁合同效力延伸保护的问题。[2]

《民法典》第七百三十二条规定,除对共同居住人外是对个体工商户的共同经营人或者个人合伙的其他合伙人在特定条件下对租赁合同概括继受的规定。该条规定包含以下六层含义:其一,该条适用前提是承租人在租赁期间死亡、宣告失踪或者宣告死亡的情形,而不适用承租人的其他情形。如果原租赁合同约定用于居住的,则限制适用该条规定。其二,该条适用范围仅限于个体工商户或者个人合伙经营性领域主体,而不适用共同居住的生活性领域主体。其三,与承租人在经济领域生前共同居住人自主决定房屋继续承租,可以承租也可以不承租,具有选择权。也就是说,在房屋租赁期间,在原承租人死亡、宣告失踪或者宣告死亡的情况下,与其生前共同居住的人要求解除(终止)租赁合同,或者不同意终止租赁合同,要求在原租赁合同范围内以承租人的身份承担相应权利义务的,法律应予以支持。其四,在上述情况下,限制出租人解除租赁合同。其五,原租赁合同约定经营的,其新订立的租赁合同还是用于经营,应按原租赁合同约定内容执行。其六,其承租人生前的共同经营人或者其他合伙人请求租赁房屋的,应对其有权利主张承担举证责任。

【案例2-58】 毛某英因丈夫死亡诉张某韶解除其丈夫签订的租赁合同纠纷案

判决观点,原告丈夫黎某与被告张某韶签订的天子饭店《房屋财产租赁合同》是有效合同。承租人黎某因误喝假酒不幸突然死亡……因此,原告毛某英在丈夫突然死亡后,要求解除合同于法有据,应予支持。根据《民法通则》第一百零七条的规定,原告应予以免除违约责任。该判决已发生法律效力。《人民法院案例选》责任编辑认为,在原承租人死亡的情况下,与其生前共同居住的人以该事实和该规定要求解除(终止)房屋租赁合同的,应是有充分的理由和法律依据的,法院仅凭该共同居住的人主观要求就可以作出解除(终止)合同的判决,无须再考虑其他因素。[3]

---

〔1〕 参见崔建远:《合同法》,法律出版社2007年版,第417页。

〔2〕 参见王利明主编:《判解研究》2009年第6辑(总第50辑),人民法院出版社2010年版,第122页。

〔3〕 参见最高人民法院中国应用法学研究所编:《人民法院案例选》2001年第1辑(总第35辑),人民法院出版社2001年版,第74页。

【案例2－59】　杨某琴、姚某贤、田某园、田某与乌鲁木齐市轻工集体经济联社房屋租赁合同纠纷再审案

再审法院认为，承租人在房屋租赁期间死亡，生前与承租人共同居住、共同经营的人不同意终止房屋租赁合同的，可以概括承继原租赁合同。[1]

---

〔1〕 参见最高人民法院民法典贯彻实施工作领导小组编著：《中国民法典适用大全》（合同卷五），人民法院出版社2022年版，第2214页。新疆维吾尔自治区高级人民法院（2018）新民再47号民事判决书。

专题三　房屋租赁合同效力纠纷

房屋租赁合同效力认定事关双方当事人权利义务，也对促进房屋租赁市场发展、维护市场交易秩序产生重大影响，亦是房屋租赁合同纠纷的难点与热点问题。

一、房屋租赁合同效力理解

(一)租赁合同成立认定

合同成立在法律上有重大意义,也是必须首先确定的问题。合同是否成立,意味着当事人是否受其约束,建立合同法律关系。依法成立的合同,对当事人具有法律约束力。当事人应当按照约定履行自己的义务,不得擅自变更或者解除合同。相反,未成立的合同,则对当事人不具有法律拘束力。

合同成立是指当事人通过要约和承诺的方式,就双方为实现自己的目的而形成合同内容真实合意。一般认为,合同成立是合同订立的结果,即双方当事人完成合意的客观状态。合同是否成立意味着合同在客观上是否存在。[1] 合同成立的判断原则,根据《民法典》第四百八十三条(《合同法》第二十五条)规定为承诺生效时合同成立。对于当事人采用书面合同书形式订立合同而言,根据《民法典》第四百八十三条规定,自双方当事人签字或者盖章时成立。因此,判断房屋租赁合同成立的时间通常应为双方签字或盖章时间。

合同成立对应的是合同不成立,或称不成立合同。现行法律没有对不成立合同作出明确规定。一般认为,不成立合同是指当事人没有遵照法律规定的程序和要求签订的不具有法律意义的协议。不成立合同是一种无效的民事行为,不能确立当事人约定的合同法律关系,也不能达到当事人预期目的,但与合同无效有区别。最高人民法院法官认为,区分合同不成立与合同无效在以下情形中有其意义:一是在合同中约定了仲裁条款等纠纷解决条款的情况下,根据《仲裁法》第十九条的规定,合同无效不影响仲裁协议的效力;但如果合同不成立,表明合同并非当事人的真实意思表示,包括仲裁条款在内的所有合同条款对其均无拘束力。二是在某些情况下,合同无效制度解决不了合同不成立的问题。如甲伪造乙的签名,与丙签订股权转让合同,将乙对A公司的股权转让给丙。此时乙与丙之间的股权转让合同,尽管形式上符合合同成立的要件,但因为并无乙的意思表示,属于不成立的合同。如果认为是无效合同,因为在我国当前的效力体系中,并不存在

---

〔1〕 参见尹飞:《合同成立与生效区分的再探讨》,载《法学家》2003年第3期。

伪造他人签名无效的制度,认定合同无效在法律依据上就存在困难。三是在公司决议诉讼中,公司决议无效的法律依据是《公司法》第二十二条第一款,主要事由是决议本身违反法律、行政法规的强制性规定;而公司决议不成立的法律依据则是《公司法解释(四)》第五条规定,主要事由包括公司未召开决议、会议未对决议事项进行表决、出席会议的人数或股东所持表决权不符合《公司法》或者章程规定、会议的表决结果未达到《公司法》或者章程规定的比例以及其他情形。[1] 根据《九民纪要》第三十二条规定,合同不成立的法律后果,参照《民法典》第一百五十七条有关合同或者被撤销的法律后果来处理。

《民法典合同编通则解释》第三条规定:“当事人对合同是否成立存在争议,人民法院能够确定当事人姓名或者名称、标的和数量的,一般应当认定合同成立。但是,法律另有规定或者当事人另有约定的除外。根据前款规定能够认定合同已经成立的,对合同欠缺的内容,人民法院应当依据民法典第五百一十条、第五百一十一条等规定予以确定。当事人主张合同无效或者请求撤销、解除合同等,人民法院认为合同不成立的,应当依据《最高人民法院关于民事诉讼证据的若干规定》第五十三条的规定将合同是否成立作为焦点问题进行审理,并可以根据案件的具体情况重新指定举证期限。”

实践中,许多合同在订立过程中采用电子邮件、传真等方式进行协商,但由于电子数据易更改,双方容易产生争议,并且在协商过程中,双方会有大量的数据交换,当事人一般会采用确认书的方式,确定双方最终协商的结果。对于确认书,在处理上应当适用有关要约的规定,当事人一方在确认书上签字或盖章后,在对方当事人确认之前可以反悔。当事人一方未在确认书上签字或盖章的,合同不成立。

【案例3-1】 潘某诉北京奥星医药耗材有限公司房屋租赁合同纠纷案

二审法院认为,奥星医药公司欲租潘某的厂房,为此双方通过传真形式对租赁合同内容进行了协商。2006年10月17日,奥星医药公司将签字盖章合同书最后一页传真给了潘某,但并未将合同书的全部文本一并传出,而潘某在收到该传真后,也未有证据证明潘某及时向奥星医药公司作出合同已生效的正式承诺,故在双方对该传真合同文本内容表述不一致的情况下,双方之间的租赁合同并未成立。[2]

租赁合同需要具备必要的条款才能成立,包括租赁物的面积、租金、租期等租

---

〔1〕 参见最高人民法院民事审判第二庭编著:《〈全国法院民商事审判工作会议纪要〉理解与适用》,人民法院出版社2019年版,第259~230页。

〔2〕 参见北京市高级人民法院编:《审判前沿——新类型案件审判实务》2009年第1集(总第25集),法律出版社2010年版,第90页。

赁合同的主要内容,否则不能认定双方就租赁合同达成合意,租赁合同不成立。

【案例3-2】 上海某实业有限公司诉上海某科技发展有限公司房屋租赁合同纠纷案

一审法院认为,根据本案双方当事人陈述,双方对租赁物的面积、租金、租期等租赁合同的主要内容未达成协议,且双方又无证据证明在磋商过程中曾经对租赁事宜达成一致意见,故双方租赁合同未成立。实业公司虽然已经支付了定金、租金共计53500元,但在双方未真正协商一致的情况下,该付款行为应视为实业公司对自己履约的保证行为,不能据此认定合同成立。鉴于双方对租赁合同磋商不成,又无证据证明任何一方存在违约行为,且实业公司又未实际使用租赁物,故科技公司应当足额返还已经收取的定金和租金,但对实业公司要求科技公司双倍返还定金的请求不予支持。二审法院认为,科技公司上诉主张已与实业公司达成一致的租赁协议,并交付了租赁房屋,但对其该上诉主张并未提供相应的证据。直至二审期间,双方对租赁物的面积、租期、租金等亦说法不一,未能达成共识。故科技公司认为租赁合同成立并已实际履行的观点缺乏事实和法律依据,法院不予采信。原审法院认为租赁合同尚未成立,判决科技公司返还实业公司已收取的定金和租金并无不当。[1]

【案例3-3】 昊哲公司诉宇强公司房屋租赁合同纠纷案

一审法院认为,涉案房屋租赁合同并未成立,本案双方并无租赁房屋的真实意思表示,理由如下:(1)合同的本质是一种合意,合同的成立意味着各方当事人意思表示一致,如合同主要条款没有约定或约定不明,则直接影响合同的成立。涉案房屋租赁合同为双务合同,合同主要义务为出租方出租房屋,承租方缴纳租金。但综观整个合同,并未有任何条款约定承租方缴纳租金的义务。房屋租赁合同属有偿合同,出于民事主体权利义务对等的角度考虑,承租方缴纳租金的义务系该类合同的主要义务及必备条款,但涉案房屋租赁合同主要条款亦未达成合意,故涉案合同并不成立。(2)昊哲公司并不持有租赁合同原件,也未举证证明宇强公司缴纳了租金,在宇强公司已占有使用昊哲公司房屋9年多的情况下,宇强公司未交付租金显然不符合一般交易习惯。(3)昊哲公司自工商部门调取的房屋租赁合同明确约定协议供宇强公司办理有关企业登记使用,故可以确定该房屋租赁合同订立的目的系宇强公司办理工商登记,本案双方并无租赁房屋的真实意思表示。(4)双方存在分割昊哲公司土地、房产的约定,且宇强公司已以所有权确认纠纷为由将

---

〔1〕 参见《房屋租赁合同纠纷裁判思路与裁判规则》,法律出版社2017年版,第38~39页。

昊哲公司诉至江阴市人民法院，从而也印证了昊哲公司与宇强公司不存在房屋租赁关系，该房屋租赁合同并非双方真实意思表示。判决：驳回昊哲公司的全部诉讼请求。

二审法院认为，程乙因公司办理工商登记所需，与程甲协商于2010年1月26日以宇强公司与昊哲公司名义签订《企业住所（经营场所）租赁协议》，确定以华士环西路××号作为公司住所和经营场所。协议中又明确约定是供宇强公司办理有关企业登记使用，从该协议标题也能够看出是以确定企业住所（经营场所）为目的，且协议中未约定出租方和承租方的权利和义务的必备内容，故该协议不符合房屋租赁合同的构成要件，双方并无真实的租赁关系意思表示。昊哲公司单凭《企业住所（经营场所）租赁协议》要求宇强公司迁出案涉房屋，依据不足，对昊哲公司该上诉意见，法院不予支持。昊哲公司的上诉请求不能成立，应予以驳回；一审判决认定事实清楚，适用法律正确，应予维持。判决：驳回上诉，维持原判。〔1〕

要式合同自当事人签字或盖章之日起成立，当事人在未签字或盖章情况下所作出的口头意思表示，不具有法律拘束力，仅属沟通磋商的性质范畴，受合同法中诚实信用原则的规范。当事人未采用既定形式签订合同的，合同也可以因双方实际履行而成立，但仅有一方履行而对方未接受的，合同不成立。法律规定合同关系当事人应当采用书面形式而当事人采用口头形式的，虽一方已经履行主要义务，但对方未接受的，该合同不成立。

【案例3-4】 陈某诉王某某房屋租赁合同纠纷案

二审法院认为，陈某对王某某签字后合同的修改，限制了王某某在租赁期限内出售房屋的权利，系对要约内容的实质性变更，属陈某对王某某发出的新要约。现王某某未在修改后的合同上签字，应视为王某某未予承诺，故双方之间的《房屋租赁合同》并未成立。至于陈某表示其在修改合同时曾与王某某沟通过，王某某也口头表示同意。因法律明确规定采用合同书形式订立合同的，应自双方当事人签字时成立，即使陈某修改合同时王某某口头表示同意，但在王某某未在修改后的合同上签字，且合同也未实际履行的情况下，双方之间的租赁合同也不成立。〔2〕

双方对租金没有约定，未能协商达成一致，又不同意按照市场价评估确定租金的，租赁合同因缺失租金这一必备条款而未成立。

---

〔1〕 参见国家法官学院、最高人民法院司法案例研究院编：《中国法院2021年度案例》（合同纠纷），中国法制出版社2021年版，第2~3页。江苏省无锡市中级人民法院（2019）苏02民终4079号民事判决书。

〔2〕 参见吴兆祥主编：《房屋买卖租赁案件裁判要点与观点》，法律出版社2016年版，第333页。

【案例3－5】　中国烟草甲进出口有限责任公司诉黑龙江乙酒店管理咨询有限公司房屋租赁合同纠纷再审案

最高人民法院认为，租金是承租人依约因使用出租人的财产而应当向出租人支付的费用，租金的约定是租赁合同的必备条款。双方当事人对后10年租赁费没有约定，且未能签订补充协议，又不愿按照市场价评估鉴定，故诉争房屋后10年的租赁合同因缺失租金这一必备条款而未成立。因未依法成立的合同既无须解除，也不存在履行问题，故烟草公司请求解除、乙酒店要求继续履行《酒店租赁合同》的诉辩主张均不成立。[1]

通常来讲，合同的成立必须基于当事人的合意，就合同的全部内容达成合意，合同成立，反之如就必要之点没有达成合意，合同显然不成立。实践中，加盖公章但无订立合同之合意亦未能证明有履约行为的，不能认定为合同成立，自然合同关系亦不存在。

【案例3－6】　甲公司诉乙公司租赁合同纠纷案

二审法院认为，甲公司未能就葛某的身份及签字情况作出合理解释，亦未对涉案租赁合同的订立情况作出相应的陈述，甲公司对于租金收取情况的陈述亦前后矛盾；同时，也没有证据证明上述合同签订后，双方有过任何履约行为，因此，甲公司提交的现有证据不能证明乙公司与其订立租赁合同的合意，甲公司和乙公司之间的租赁合同不成立。甲公司根据租赁合同要求乙公司支付租金等诉讼请求，缺乏依据，一审法院不予支持，并无不当。判决：驳回上诉，维持原判。[2]

《民法典合同编通则解释》第四条规定："采取招标方式订立合同，当事人请求确认合同自中标通知书到达中标人时成立的，人民法院应予支持。合同成立后，当事人拒绝签订书面合同的，人民法院应当依据招标文件、投标文件和中标通知书等确定合同内容。采取现场拍卖、网络拍卖等公开竞价方式订立合同，当事人请求确认合同自拍卖师落槌、电子交易系统确认成交时成立的，人民法院应予支持。合同成立后，当事人拒绝签订成交确认书的，人民法院应当依据拍卖公告、竞买人的报价等确定合同内容。产权交易所等机构主持拍卖、挂牌交易，其公布的拍卖公告、交易规则等文件公开确定了合同成立需要具备的条件，当事人请求确认合同自该条件具备时成立的，人民法院应予支持。"

招投标程序中，中标通知书送达后，一方当事人不履行订立书面合同的义务，相对方请求确认合同自中标通知书到达中标人时成立的，法院应予支持。

---

〔1〕　最高人民法院（2016）民再369号民事判决书。

〔2〕　参见安风德主编：《租赁合同纠纷案件疑难问题裁判精要》，法律出版社2021年版，第4页。

【案例3-7】 某物业管理有限公司与某研究所房屋租赁合同纠纷案

二审法院认为,从合同法律关系成立角度看,招投标程序中的招标行为应为要约邀请,投标行为应为要约,经评标后招标人向特定投标人发送中标通知书的行为应为承诺,中标通知书送达投标人后承诺生效,合同成立。预约合同是指约定将来订立本约合同的合同,其主要目的在于将来成立本约合同。《招标投标法》第四十六条第一款规定:"招标人和中标人应当自中标通知书发出之日起三十日内,按照招标文件和中标人的投标文件订立书面合同。招标人和中标人不得再行订立背离合同实质性内容的其他协议。"从该条可以看出,中标通知书发出后签订的书面合同必须按照招投标文件订立。本案中招投标文件对租赁合同内容已有明确记载,故应认为中标通知书到达投标人时双方当事人已就租赁合同内容达成合意。该合意与主要目的为签订本约合同的预约合意存在区别,应认为租赁合同在中标通知书送达时成立。中标通知书送达后签订的书面合同,按照上述法律规定其实质性内容应与招投标文件一致,因此应为租赁合同成立后法律要求的书面确认形式,而非新的合同。由于中标通知书送达后租赁合同法律关系已成立,故研究所不履行合同义务,应承担违约责任。[1]

(二)租赁合同生效认定

1.合同生效认定

合同的生效,是指依法成立的为使其具有法律所赋予的约束力而产生的效力。也就是说,合同的生效指符合了法定生效要件,受到法律的保护,并能够产生合同当事人所预期的法律后果。

变更合同未依约签字但已实际履行的,应视为协商一致,按变更协议确定当事人的权利义务。

【案例3-8】 北京市华源物资经销公司诉北京市门头区市政园林服务中心租赁合同纠纷案

判决观点,2004年5月,华源公司与园林施工队在02—协议上盖章,02—协议所附法定代表人签字后生效的条件,02—协议尚未发生法律效力。但双方当事人协商一致,可以变更合同。华源公司在02—协议成立时起按

---

〔1〕 最高人民法院发布《关于适用〈中华人民共和国民法典〉合同编通则若干问题的解释》相关典型案例1。

照02—协议约定的租金给付方式、金额履行了给付租金的主要义务，园林施工队对此亦不持异议，表明双方一致同意按照02—协议书写内容变更01—协议关于租期、租金等约定的内容，双方应当按照变更后的约定履行。据此，驳回华源公司的诉讼请求。[1] 在本案中，01—协议中“任何一方不得因法定代表人变更或其他原因变更、终止协议”的约定能否约束02—协议？即“本协议不得变更”的约定能否变更？其实，这是对合同自由原则的片面理解产生的文字游戏。协议不得变更的约定不能排斥合同双方当事人协商一致依法订立的其他合同的效力，更不能否定双方变更合同内容的权利。01—协议的类似约定应当确切地解释为：任何一方不得以任何原因单方变更、终止协议。02—协议是华源公司与市政园林中心的真实、一致的意思表示，是一份新的协议，因而，01—协议的效力条款不能约束02—协议。法院对02—协议的认定为01—协议的内容变更是正确的。

租赁合同与一般的合同一样，当事人对合同效力可以约定附条件。附生效条件的合同，自条件成就时生效。附解除条件的合同，自条件成就时失效。当事人为自己的利益不正当地阻止条件成就的，视为条件已成就；不正当促成条件成就的，视为条件不成就。

【案例3-9】　上海某工贸有限公司诉上海某汽车运输公司房屋租赁合同纠纷案

一审法院认为，根据本案查明的事实，汽运公司在其诉袁某要求终止租赁合同的案件二审审理中，系自行与袁某达成案外和解协议。……根据工贸公司、汽运公司签订的系争房屋租赁合同及补充协议，显然双方对于租赁合同的生效设立了生效条件，即一审法院判决汽运公司与袁某之间的租赁合同终止。在一审已判决汽运公司与袁某终止租赁合同的情况下，汽运公司却于二审审理期间自行与袁某达成和解，同意袁某继续履行租赁合同，已构成为自己的利益不正当地阻止条件成就。因此，应视为工贸公司、汽运公司对于租赁合同的生效所附生效条件已成就，工贸公司、汽运公司签订的租赁合同及补充协议应当生效。汽运公司无法履行与工贸公司之间的租赁合同，应依约承担违约责任。工贸公司要求汽运公司返还1万元、给付违约金5万元的诉讼请求应予支持。二审法院认为，根据双方签订的合同约定，汽运公司应在法院判决其与袁某的租赁合同解除后，将该房屋交付工贸公司承租使用。但汽运公司在一审判决解除其与袁某的租赁合同后，在二审期间却与袁某达

---

〔1〕 参见北京市高级人民法院民一庭编：《北京民事审判疑难案例与问题解析》（第1卷），法律出版社2007年版，第430页。

成了继续履行原租赁合同的和解协议,阻止了汽运公司与工贸公司在合同中所约定交付条件的实现,其行为已违反了双方的约定。原审法院根据工贸公司的诉请,依法判决汽运公司承担违约责任并无不当,应予维持。汽运公司的上诉请求缺乏依据,不予支持。[1]

【案例3-10】 部队某区后勤部诉甲公司房屋租赁合同纠纷案

二审法院认为,本案租赁合同上已由出租方部队某区后勤部与承租方分别加盖各自印章,由双方法定代表人签字,并经军队房地产管理部门加盖合同审核专用章。在无相反证据的情况下,租赁合同已经成立并生效。甲公司上诉称租赁合同因未经军队总后勤部批准,不符合《军队空余房地产租赁管理规定》,租赁合同未生效,但该文件系军队系统内部规定,并非法律及行政法规,该情形并非法定无效理由,故其上诉理由不成立,不予采信。判决:驳回上诉,维持原判。[2]

合同约定的生效条件未成就并不一定导致合同不生效,应结合合同目的、合同内容和当事人履行情况进行综合认定。也就是说,在合同约定的生效条件未成就的情况下,可以实际履行行为认定合同已经生效。

【案例3-11】 厦门联发电子商城开发有限公司诉黄某林房屋租赁合同纠纷案

二审法院认为,上诉人联发公司与被上诉人黄某林于2015年8月24日签订的《厦门赛格电子市场房屋租赁合同》,系双方当事人的真实意思表示,内容不违反法律、行政法规的效力性强制性规定,应认定为有效合同。虽然合同约定自黄某林缴纳押金之日起生效,黄某林未缴纳押金,但其部分雕画已经搬入诉争房屋,足以认定黄某林已实际占有、使用租赁物,双方以实际行为变更了《厦门赛格电子市场房屋租赁合同》中"合同自黄某林缴纳押金之日起生效"的约定,本案租赁合同已生效。一审认定合同未生效错误,予以纠正。上诉人联发公司的上诉有理,予以采纳。[3]

2. 预约合同效力认定

《民法典合同编通则解释》第六条规定:"当事人以认购书、订购书、预订书等形式约定在将来一定期限内订立合同,或者为担保在将来一定期限内订立合同交

---

〔1〕 参见《房屋租赁合同纠纷裁判思路与裁判规则》,法律出版社2017年版,第42~43页。

〔2〕 北京市第三中级人民法院(2017)京03民终9790号民事判决书。

〔3〕 参见国家法官学院、最高人民法院司法案例研究院编:《中国法院2020年度案例》(合同纠纷),中国法制出版社2020年版,第3页。福建省厦门市中级人民法院(2018)闽02民终195号民事判决书。

付了定金,能够确定将来所要订立合同的主体、标的等内容的,人民法院应当认定预约合同成立。当事人通过签订意向书或者备忘录等方式,仅表达交易的意向,未约定在将来一定期限内订立合同,或者虽然有约定但是难以确定将来所要订立合同的主体、标的等内容,一方主张预约合同成立的,人民法院不予支持。当事人订立的认购书、订购书、预订书等已就合同标的、数量、价款或者报酬等主要内容达成合意,符合本解释第三条第一款规定的合同成立条件,未明确约定在将来一定期限内另行订立合同,或者虽然有约定但是当事人一方已实施履行行为且对方接受的,人民法院应当认定本约合同成立。”

《民法典合同编通则解释》第七条规定:“预约合同生效后,当事人一方拒绝订立本约合同或者在磋商订立本约合同时违背诚信原则导致未能订立本约合同的,人民法院应当认定该当事人不履行预约合同约定的义务。人民法院认定当事人一方在磋商订立本约合同时是否违背诚信原则,应当综合考虑该当事人在磋商时提出的条件是否明显背离预约合同约定的内容以及是否已尽合理努力进行协商等因素。”

《民法典合同编通则解释》第八条规定:“预约合同生效后,当事人一方不履行订立本约合同的义务,对方请求其赔偿因此造成的损失的,人民法院依法予以支持。前款规定的损失赔偿,当事人有约定的,按照约定;没有约定的,人民法院应当综合考虑预约合同在内容上的完备程度以及订立本约合同的条件的成就程度等因素酌定。”

在《民法典合同编通则解释》颁布前的司法实践中,承租意向书其性质认定为预约合同,处理方式上按本约的条款认定。

【案例3-12】 正佳公司与东悦公司租赁合同纠纷再审案

再审法院认为,(1)双方签订的《承租意向书》属预约合同,合法有效。(2)正佳公司单方面解除《承租意向书》,其行为已导致《承租意向书》的合同目的无法实现,正佳公司的行为已构成违约,应对《承租意向书》不能实际履行承担过错责任。[1]

【案例3-13】 北京中粮广场发展有限公司与北京和德俱乐部有限公司房屋租赁合同纠纷案

最高人民法院认为,预租合同属于合同法上的预约合同,也可以视为附期限的租赁合同,如果预约合同的内容具备了本约的要件,从合同法的原理上讲,就应当按照本约合同对待。双方当事人签订的《商场租赁初步合同》,

---

〔1〕 参见江必新主编、最高人民法院审判监督庭编:《全国法院再审法律疑难问题》,中国法制出版社2011年版,第9页。

确认了双方的认租关系，是双方的真实意思表示，内容不违反法律规定，故该合同合法有效，双方均应按照合同的约定履行各自的义务。[1]

【案例3－14】 西安九龙房地产开发有限责任公司与陕西兵器工业西北公司、西安市赛格商贸有限公司房屋租赁合同纠纷案

最高人民法院认为，当事人以其在建的房屋作为租赁标的物，签订了《租赁意向书》，此后，租赁人将其承租部分与他人签订《房屋转租合同》，均为各方当事人真实意思表示，内容不违反法律规定，应为有效合同。[2]

【不同处理】 意向书是订立合同前双方意思的表示，一方当事人未接受占有使用房屋，不能视为合同成立，当然也未有合同效力。

【案例3－15】 晏某平诉中国工商银行股份有限公司建阳童游支行房屋租赁合同纠纷案

二审法院认为，晏某平与工商银行童游支行负责人在房屋租赁意向书中明确表明双方商拟的是意向书，该意向书的落款处没有双方的签名和签章，也未注明日期，故该意向书无论是在形式上还是在内容上均不具备正式合同的法律特征，没有正式合同的确定性和约束力。晏某平认为该意向书符合正式合同的法律特征，要求工商银行童游支行承担毁约责任的理由不成立。[3]

个案中，预租合同亦有被法院不予认可的案例。

【案例3－16】 湘财证券有限责任公司与云南志远房地产开发有限公司房屋租赁合同纠纷案

最高人民法院认为，《建筑法》第六十一条第二款规定，建筑工程竣工经验收合格后，方可交付使用。本案中，作为租赁标的物的房屋仅通过主体与基础部分验收，尚未办理整体工程验收，当事人双方订立的《房屋租赁合同》因为违反《建筑法》的强制性规定而无效，该《房屋租赁合同》条款不能成为认定双方权利义务的依据。[4]

在预约中，程序性内容是确定的，即当事人应当订立本约。值得研究的是预约中的实体性约定与本约的关系。我国学界通常认为，预约也是合同，依据此合同，如果预约的一方当事人不履行其订立本约的义务，另一方当事人有权请求法

---

〔1〕 最高人民法院(1998)民一终字第116号民事判决书。

〔2〕 最高人民法院(2002)民一终字第75号民事判决书。

〔3〕 参见国家法官学院案例开发研究中心编:《中国法院2013年度案例》(合同纠纷)，中国法制出版社2013年版，第60页。福建省南平市中级人民法院(2011)南民终字第628号民事判决书。

〔4〕 最高人民法院(2003)民一终字第55号民事判决书。

院强制其履行义务并承担违约责任。[1]

【案例3-17】　长沙通程控股股份有限公司与机械工业部第八设计研究院租赁合同纠纷案

查明双方在租赁合同意向书中明确约定了租赁合同的具体内容，并约定在意向书签订后一方支付预付款，并于月底双方正式签订合同。雨花区人民法院判决承认了该条款的效力，认为当事人应遵循预约的约定签订本约。[2]

【类似案例】　上海市第二中级人民法院在审理上海明乐实业有限公司与吕某红租赁合同纠纷一案中也表明了这种态度。[3]

（三）租赁合同约定生效条件

根据《民法典》第五条、第六条的规定，当事人可以约定房屋租赁合同生效条件，包括约定以办理登记备案手续为生效条件。对生效条件可以约定办理登记备案手续，当然也可以不约定，是否约定都交由当事人自行决定，都是真实意思表示，都是有效的，合同约定体现了私法自治原则和缔约自由原则。租赁合同生效可以附加生效条件，以决定效力的发生与否。所谓附条件的法律行为，是指当事人以将来客观上不确定事实的发生或者不发生作为附款，决定其法律行为效力发生或者终止的法律行为。[4] 对于附条件的法律行为，其效力取决于条件的成就与否。而所附条件可以分为附停止条件和附解除条件。附停止条件，在现行法律制度中被称为附生效条件，即以条件成就发生法律行为效力；附解除条件，是以条件成就使法律行为失去效力。租赁合同约定的生效条件，其合法生效条件既约束出租人和承租人，亦约束法官按其约定认定租赁合同是否发生约束力，这为从其约定的全部内容。但存在约定例外，合同相对方事实行为接受一方履行主要义务的可视为合同生效。这里对主要义务应有正确理解，不是合同义务仅仅分为数量多少，而是决定租赁合同履行的义务。对于合同相对方接受的理解应为及时接受而不提异议，对于在接受一方履行时立即提出异议的，则不能视为接受。应注意的是，即便当事人约定未办理备案登记手续租赁合同不发生约束力，但不影响未办理备案登记手续的租赁合同的合法性。《民法典》第七百零六条规定："当事人

---

〔1〕 参见韩世远：《合同法总论》，法律出版社2004年版，第72页；王利明：《合同法研究》（第一卷），中国人民大学出版社2002年版，第41页。

〔2〕 湖南省长沙市雨花区人民法院（2000）雨民初字第1号民事判决书。

〔3〕 上海市第二中级人民法院（2006）沪二中民二（民）终字第888号民事判决书。

〔4〕 参见龙卫球：《民法总论》，中国法制出版社2001年版，第603页。

未依照法律、行政法规规定办理租赁合同登记备案手续的,不影响合同的效力。”该条亦同样明确未依据法律备案登记的租赁合同可以生效且不影响其效力。

【案例3-18】 广州天河仓市场发展有限公司与广州汽车博览中心等租赁合同纠纷案

最高人民法院认为,关于《补充协议(三)》是否生效的问题。天河仓公司与顺达公司(其合同权利和义务由汽博二公司承继)在《补充协议(三)附件》中约定,《补充协议(三)》的生效条件为汽博二公司应于1999年5月19日前交纳第三期履约保证金1000万元。汽博二公司未在约定的日期交纳保证金,为此,天河仓公司对汽博二公司进行了多次催收。在一系列催收函中,天河仓公司虽然主张因汽博二公司未按期交纳保证金,因此《补充协议(三)》未生效,但天河仓公司同时表示其放宽汽博二公司交纳保证金的期限,还多次要求汽博二公司就该1000万元保证金出具还款计划,并尽早交纳该笔保证金以促使《补充协议(三)》生效。根据系列催收函件所载内容,可以认定天河仓公司向汽博二公司传达了如汽博二公司在宽限期内交纳保证金仍可促成《补充协议(三)》生效的意思。其后,应天河仓公司的要求,汽博二公司就保证金支付的问题与天河仓公司进行了商谈,并根据商讨结果向天河仓公司出具了支付计划,随后,汽博二公司按计划向天河仓公司分期支付420万元保证金。上述事实表明,天河仓公司与汽博二公司已通过催收函件和还款计划变更了《补充协议(三)附件》所约定保证金支付时间。天河仓公司答辩称,其催收的保证金系《房屋租赁合同》项下的履约保证金而不是《补充协议(三)附件》所约定的作为《补充协议(三)》生效条件的保证金,该答辩理由与天河仓公司在催收函中明确表达的“以促使《补充协议(三)》早日生效”的意思不符。就汽博二公司而言,在其实际取得出租房屋的情况下,其积极交纳剩余保证金的目的也是促使《补充协议(三)》生效。而且,根据《担保法》第九十条有关“定金合同从实际交付之日起生效”的规定,如果认定双方实际履行的是《房屋租赁合同》,在该合同已经实际开始履行后,天河仓公司在法律上亦不具有要求汽博二公司交付其未实际交付的剩余履约保证金的请求权。因此,对天河仓公司的此项答辩理由,本院不予采信。根据双方往来函件所载内容,本院认为汽博二公司按付款计划交纳的420万元保证金属于《补充协议(三)》生效条件的1000万元保证金中的一部分。汽博二公司虽然未足额交纳该1000万元保证金(差额为580万元),但是,《补充协议(三)》约定的自1999年5月1日至2004年10月15日租赁期间内租金总额为131388589.24元,根据《担保法》第九十一条的规定,就该部分合同标的额其定金总额不应超过26277717.85元。而且,在合同履行中,因天河仓公司的过错汽博中心与其解除合同后,至合同解除日《补充协议(三)》租金总额降至106292545.48元，就该部分合同标的额，其定金总额不应超过21258510元，而汽博二公司已实际支付的保证金24020万元足以促成《补充协议(三)》生效。天河仓公司答辩称本案应按《房屋租赁合同》约定的租金总额计算保证金的限额，但本案双方当事人既然约定以交付定金作为《补充协议(三)》生效条件，当然应按《补充协议(三)》的标的额来计算定金限额，对天河仓公司此项答辩理由本院不予支持。而且，在合同实际履行期间，汽博二公司已向天河仓公司交纳租金8000余万元，其中4000余万元租金天河仓公司未向汽博二公司开具发票，故无论是以未开具发票的租金优先填补保证金差额还是以因欠开发票而额外支付的税款抵扣保证金差额，亦均不应仅以汽博二公司未足额交纳保证金而认定《补充协议(三)》生效条件未成就。就《补充协议(三)》的实际履行情况而言，该协议明确约定将天河仓公司交付的电梯数由《房屋租赁合同》约定的4台减少为2台，而天河仓公司实际交付2台电梯，该事实表明天河仓公司实际履行的系《补充协议(三)》；根据原审判决确认的汽博二公司逐月交付租金的数额，在最初12个月，汽博二公司交付的月租金与《补充协议(三)》约定的月租金1169114.45元相吻合，在随后的月份，汽博二公司虽欠付部分租金，但其交付的租金仍占《补充协议(三)》项下租金的主要部分。《担保法解释》第一百一十六条规定，当事人约定以交付定金作为主合同成立或者生效要件的，给付定金的一方未支付定金，但主合同已经履行或者已经履行主要部分的，不影响主合同的成立或者生效。本案当事人虽然约定以交付定金作为《补充协议(三)》的生效要件，但双方均已实际履行《补充协议(三)》项下主要合同义务，故汽博二公司未全额支付保证金不影响认定《补充协议(三)》生效。原审判决仅根据《补充协议(三)》附件的书面约定，而未考虑协议签订后双方通过往来函件宽延保证金交纳期限的事实以及协议的实际履行情况，并因而认定《补充协议(三)》未生效有欠妥当，本院予以纠正。汽博二公司关于《补充协议(三)》生效的上诉理由，本院予以支持。[1]

---

[1] 参见最高人民法院民事审判第二庭编：《最高人民法院商事审判指导案例》(合同卷)(下)，中国法制出版社2011年版，第777~778页。

二、房屋租赁合同效力认定

(一)租赁合同效力认定原则

合同效力是指合同的法律效力,即合同所具有的法律效力,即合同所具有的法律约束力。这种法律约束力是指对合同当事人的约束力及在法律上的强制力,即法律以其强制力迫使合同当事人必须按照相互之间的约定完成一定的行为。[1] 合同效力决定着合同当事人权利义务的有效性,它是合同能否顺利履行的基础,决定着当事人能否实现合同而生的法律救济。[2] 合同的效力更多地表现为法律对当事人意思的肯定和纠正。在合同效力的根据中,当事人的意思与法律的确认两者不可偏废其一,我国《合同法》的规定也体现了此点。[3] 影响合同的效力因素很多,这些因素往往处于不断变化之中。我国效力制度演变的趋势是,意思自治原则越来越发挥出实际效能,公序良俗原则越来越定位合理,鼓励交易原则越来越落到实处,无效的范围逐渐缩小,效力形式越来越多样化,富有弹性,有效、可撤销、效力待定、未生效并存的模式渐趋完善。[4]

合同效力认定的主体,是国家审判机关即人民法院。对租赁合同效力认定,在进入诉讼程序中是由法官裁量的。

对于房屋租赁合同效力认定,法院在审理时坚持与其他合同一样,实行国家干预原则,即依职权审查合同是否存在违法性。当事人是否提出或否定合同效力,不影响法院审查的职权性和主动性。对于合同内容没有违反法律、行政法规的效力性强制性规定,不具备法定无效要件的合同,应当尊重当事人意思自治原则,认定此类合同有效。反之,则认定此类合同无效。也就是说,合同效力属于人民法院主动审查的范围,同时合同效力认定直接影响到案件的实体处理。因此,

---

〔1〕 参见颜军:《浅说合同的有效和无效》,载《法制与社会》2008 年第 4 期。

〔2〕 参见最高人民法院民事审判第一庭编著:《最高人民法院〈关于审理城镇房屋租赁合同纠纷案件司法解释〉的理解与适用》,人民法院出版社 2009 年版,第 50 页。

〔3〕 参见惠从冰:《合同效力比较研究》,法律出版社 2013 年版,第 4 ~ 5 页。

〔4〕 参见崔建远:《我国合同效力制度的演变》,载《人大复印资料》(民商法学)2007 年第 6 期。

不管当事人的诉讼请求是否提出确认合同效力，人民法院均应主动审查。[1] 审判中应以主动审查为原则，但可根据案件实际情况区别处理。[2]

租赁合同当事人可依据《民法典》相关规定，请求法院确认租赁合同无效。但承租人不能以侵害优先购买权为由主张出租人与第三人签订房屋买卖合同无效，即限制承租人的无效请求权。《民事审判指导与参考》研究组认为，基于合同相对性原则，出租人与第三人签订的合同效力应当依照合同法有关合同效力规定判断，根据2009年《房屋租赁合同解释》第二十一条规定，对于承租人请求确认出租人与第三人签订房屋买卖合同无效的，不予支持；对于出租人出卖租赁房屋于第三人，并未在合理期限内通知承租人，侵害承租人优先购买权的，承租人可以请求出租人承担赔偿责任。[3] 应注意的是，现《房屋租赁合同解释》第二十一条已被取消。

(二)租赁合同有效认定

最高人民法院法官倾向于认为，虽然合同效力属于人民法院主动审查的范畴，但我国现行法律和行政法规中并没有规定租赁合同中出租人必须对合同标的物具有所有权或者经所有权人授权，否则合同即为无效的规定。因此不能认为租赁合同的出租人对合同标的物必须具有所有权或者出租行为必须经过所有权人的授权。[4]

在我国，对于不动产的登记制度，是以权利人的申报为原则，将该不动产进行实名登记到权利人名下，以便于进行公开交易的确权。不动产产权登记并不是法律强制性的规定，未经办理不动产权属登记的，不可以进行转让、过户、交易等，其享有该不动产权利人无法有效对抗第三人，不能受法律的保护，但并不影响该房屋的使用及一定程度上的出租，亦不影响租赁合同的效力，更不影响所有权利人收取租金的权利。也就是说，现行法律允许无产权登记房屋使用和出租，其租赁合同有效。

---

〔1〕 参见最高人民法院民事审判第一庭编著：《最高人民法院〈关于审理城镇房屋租赁合同纠纷案件司法解释〉的理解与适用》，人民法院出版社2009年版，第126页。

〔2〕 参见邓基联主编：《房屋租赁合同纠纷》，法律出版社2010年版，第72页。

〔3〕 参见最高人民法院民事审判第一庭编：《民事审判指导与参考》2017年第2辑(总第70辑)，人民法院出版社2017年版，第258页。

〔4〕 参见最高人民法院民事审判第一庭编：《民事审判指导与参考》2004年第2集(总第18集)，法律出版社2004年版，第17～18页。

【案例 3－19】 唐某生诉郭某锦房屋租赁合同纠纷案

判决观点,郭某锦在与唐某生在租用场地的初期应该明白场地权属登记,在签订协议后以该租用场地没有取得土地证及产权证为由请求法院确认原、被告双方签订的《协议书》为无效合同,是不愿继续履行合同而为,该理由不符合《合同法》第五十二条关于合同无效的规定,且该协议不具备合同无效的法定条件,故对于该项抗辩,因缺乏事实依据,与法律规定相悖,不予采纳。[1]

出租人对租赁房屋所有权不是城市房屋租赁合同效力的条件。

【案例 3－20】 武汉欧亚达股份有限公司与湖北鸿达市场管理有限公司房屋租赁合同纠纷案

最高人民法院认为,《城市房地产管理法》第五十三条并未将出租人对租赁合同标的物享有所有权作为认定城市房屋租赁合同效力的条件,其本身并不属于法律关于城市房屋租赁的禁止性规定。[2]

出租人是否具有房屋产权证不是判断房屋租赁合同效力的依据。

【案例 3－21】 甘肃省水利厅与甘肃省嘉宝商贸有限公司房屋租赁、买卖合同纠纷案

最高人民法院认为,房屋所有权人出租、出售属于自己(产权没有争议)的房屋,是其行使对所有物收益、处分权的行为。在产权无争议的情况下,其所签订的房屋租赁合同、房屋买卖合同不因所有权人于缔约时没有取得房屋所有权证而无效。[3]

【案例 3－22】 南宁达胜房地产开发有限公司诉广西金一里物业管理有限责任公司等财产损害赔偿纠纷案

二审法院认为,原告与第三人签订的《平等商厦商品房购销合同》合法有效,第三人已按合同约定交付了首期购房款,原告未能证实已通知第三人支付余款,仅在报纸上刊登公告通知第三人已逾期付款决定解除合同,明显不合理。一审认定原告于2009年11月25日刊登的公告不发生解除合同的法律效力是正确的,予以维持。因此,被告依据其与第三人签订的租赁合同承租使用该铺面,未构成对原告侵权。一审判决驳回原告的诉讼请求正确,

---

〔1〕 参见国家法官学院案例开发研究中心编:《中国法院2016年度案例》(合同纠纷),中国法制出版社2016年版,第109页。广西壮族自治区桂林市临桂县人民法院(2014)临民初字第960号民事判决书。

〔2〕 最高人民法院(2005)民一终字第33号民事判决书。

〔3〕 参见肖扬总主编、最高人民法院民事审判第一庭编:《中华人民共和国最高人民法院判案大系》(民事卷—1999年卷),人民法院出版社2003年版,第380～383页。

予以维持。[1]

在房屋租赁合同中,一方合法取得建筑在内的全部所有权,但只是有其中部分建筑取得了相应的权属登记证书,双方以该建筑为标的签订的租赁合同不属于《民法典》规定的无效情形,只是一个合同后期履行过程中所发生的导致合同履行不能的因素,应当确认该租赁合同有效。

【案例3-23】 何某玲诉广州市城辉物业有限公司房屋租赁合同纠纷案

一审法院认为,被告通过法院的合法拍卖程序取得了黄埔区长洲街金州北路561号共77亩的土地使用权和建筑总面积为16882平方米的16栋厂房、办公楼等的产权,其作为上述建筑的合法所有权人,与原告签订相应的《租赁合同》和《补充合同》而出租部分建筑给原告经营超市,上述合同均有双方当事人的签名盖章予以确认,故应是原、被告双方的真实意思表示,其并不存在《合同法》第五十二条规定的导致合同无效的情形。对于涉案建筑是否属于违章建筑的问题,应由行政规划部门予以确认,而广州市城市规划局黄埔区分局于2004年12月27月作出的穗黄规函[2004]317号《关于立面改造规划报建有关问题的复函》并没有明确认定涉案建筑为违章建筑,亦只是暂不同意立面改造申请。同时,该涉案建筑是否属于违章建筑并不必然影响原、被告双方之间签订的《租赁合同》的效力。故原告提出《租赁合同》无效的两点理由均不成立,该合同应属有效。二审法院仍持有效合同意见。[2]

对于房屋租赁合同效力判断的依据应以签订租赁合同时的法律和行政法规的效力性强制性规定。

【案例3-24】 中国人民解放军84916部队与西安方圆大酒店有限公司、西安华隆医疗器械公司房屋租赁合同纠纷案

最高人民法院认为,84916部队与华隆公司签订的《科训大楼租赁合同》及《补充合同》是双方的真实意思表示,不违反国家法律和行政法规的强制性规定,虽然本案讼争标的物属于军队房地产,双方在《补充合同》中约定的30年租赁期限与《军队房地产经营管理规定》中的"房地产出租,租期最长不得超过10年"的规定不符,但该规定是由中国人民解放军总参谋部、总后勤部和总政治部规定的部门规章性质的文件,不属于法律和行政法规的范畴,

---

〔1〕 参见国家法官学院案例开发研究中心编:《中国法院2013年度案例》(物权纠纷),中国法制出版社2013年版,第127~128页。广西壮族自治区南宁市中级人民法院(2011)南市民一终字第949号民事判决书。

〔2〕 参见最高人民法院中国应用法学研究所编:《人民法院案例选》2008年第1辑(总第63辑),人民法院出版社2008年版,第205页。

根据最高人民法院《合同法解释(一)》第三条和第四条的规定,不能以部门规章作为确认合同无效的依据。《合同法》第二百一十四条规定了租赁期限不得超过20年,超过20年的,超过部分无效。本案当事人签订租赁合同时的国家法律和行政法规没有对租赁期限作出禁止性或者强制性规定,当事人的签约行为没有违反有关禁止性或者强制性规定,人民法院在审理《合同法》实施以前成立的合同纠纷,应当以当时的法律规定作为审查合同效力的依据。因此,应认定本案所涉及合同为有效。[1]

承租人享有优先承租权,不具有对抗善意第三人的承租权的优先性,其出租人与善意第三人签订租赁合同有效,即不因原承租人享有优先承租权而导致无效。

【案例3-25】 冯某平、月季公司诉焦作师专、腾达公司房屋租赁合同纠纷案

二审法院认为,冯某平依约取得的优先承租权仅为一种债权,是一种相对权,而非与出租人焦作师专的强制缔约权,因此,冯某平在焦作师专将租赁物出租给第三人的情形下,请求强制与出租人签订租赁合同,或者请求出租人与第三人签订的租赁合同无效,既不符合优先承租权的权利属性,也缺乏法律依据。焦作师专作为租赁物的权利人,最终选择腾达公司并与之签约,是谋求利润最大化的正常市场行为,上诉人也不能提供充分证据证明被上诉人之间存在恶意串通,使腾达公司以较低的租赁条件取得涉案租赁物的承租权,因此,上诉人主张被上诉人之间签订的合同无效缺乏证据支持。综上所述,冯某平、月季公司的上诉请求不能成立,应予驳回。判决:驳回上诉,维持原判。[2]

法定代表人超越权限订立租赁合同是否有效,与其第三人是否善意有直接关联,第三人是善意的则为有效合同,反之是恶意的则不发生效力。

【案例3-26】 上海市工具行业协会诉上海市工具工业研究院房屋租赁合同纠纷案

一审法院认为,本案争议的焦点为《补充协议》的效力。第一,双方在2017年11月底12月初签订《房屋租赁合同》,之后仅一个月的时间,原告就提出修改租赁范围、租期等主要条款。徐某某关于被告法定代表人更换的陈

---

〔1〕 参见肖扬总主编、最高人民法院民事审判第一庭编:《中华人民共和国最高人民法院判案大系》(民事卷—2001年卷),人民法院出版社2003年版,第154~161页。

〔2〕 参见国家法官学院、最高人民法院司法案例研究院编:《中国法院2021年度案例》(合同纠纷),中国法制出版社2021年版,第102页。河南省焦作市中级人民法院(2019)豫08民终2264号民事判决书。

述，一方面表示其已过退休年龄，而在2017年12月18日宣布之前并不知晓更换法定代表人；另一方面又称《补充协议》系原告戴某柏怕被告新任所长不熟悉工作，故找到其签订的，此时原告方明显知晓被告法定代表人将更换的情况，徐某某的陈述前后矛盾，有违常理。第二，被告之前的租赁合同，双方均加盖公章，被告方系由张某某作为代表签订，徐某某从未介入。而对《补充协议》，徐某某称在2018年1月底前一直保管被告公章，且按徐某某的陈述，至少2017年12月6日至12月18日其并不知晓职务任免事宜，此时在《补充协议》上加盖公章本不存在任何障碍。但实际徐某某并未加盖被告公章，也未要求被告方原负责签约的张某某签名。原告方也明知之前租赁合同的签署过程及徐某某即将退休的事实，仍未履行之前租赁合同签订流程，就与徐某某签署了《补充协议》。第三，2018年1月，徐某某将包含租赁合同在内的事务均移交给被告新任所长，但《补充协议》却直至2018年9月才随会议记录等文件移交。综上，一审法院难以认定原告及徐某某在代表被告签署《补充协议》时为善意。根据《房屋租赁合同》的约定，协议双方签字盖章后生效，结合之前租赁合同均有双方代表签字、加盖公章的惯例，以及原告、徐某某在审理中亦未确认《补充协议》为草签协议，需另加盖公章确认的陈述，一审法院认定《补充协议》未生效。判决：一、确认原告工具协会与被告工具研究院于2017年就上海市天目中路某号304室、308室签订的《房屋租赁合同》继续履行至2018年12月31日止；二、原告工具协会要求确认《关于房屋租赁补充协议》继续履行的诉讼请求不予支持。一审宣判后，原告工具协会不服提起上诉，后又申请撤诉，二审法院裁定准许。[1]

(三)租赁合同有效特殊形态

1. 租赁合同作为担保效力

债权人与债务人之间以签订租赁合同来担保他们之间的民间借贷合同，约定债务人不能如期履行民间借贷合同时，即履行租赁合同，向债权人交付房屋，该租赁合同的目的实则是为民间借贷合同设定一个担保方式。现行民间借贷司法解释虽未设定租赁等债权担保，但法律或司法解释未创设的权利类型，并不排除当事人通过契约方式设定担保，形成受契约自由原则和担保之经济目的双重规范的债权担保关系，只要不违反法律、行政法规关于效力的强制性规定，当事人可依契

---

〔1〕 参见陈昶主编：《2020年上海法院案例精选》，上海人民出版社2022年版，第162页。

约自由原则设定担保合同，不宜轻易否定以租赁权作为借贷关系之担保等非典型担保合同的效力。

【案例3－27】 纳尔特漆业（北京）有限公司诉北京华星擘达物业管理有限公司房屋租赁合同纠纷案

二审法院认为，纳尔特公司与华星公司签订的《房屋租赁合同》真实性双方无异议。但从租赁合同的特别约定条款所附的解除条件、解除期限、华星公司向纳尔特公司发送的《企业询征函》以及免租期内华星公司未实际使用涉案房屋、在实际进驻后发现房屋未通水、电，以及部分房屋处于毛坯状态，且涉案场地及房屋被北京市第二中级人民法院查封并处于拍卖过程中等事实，可以看出双方之间签订租赁合同的情形均有悖于正常房屋租赁合同的缔结、履行等过程，故认定双方存在借贷关系，纳尔特公司作为借款人向华星公司借款450万元。对于双方间借贷行为的效力问题，依据《民间借贷规定》第一条的规定，“本规定所称的民间借贷，是指自然人、法人、其他组织之间及其相互之间进行资金融通的行为”。由上述规定可见，法人可以作为民间借贷的主体从事资金融通的行为。该规定亦列举了借贷合同无效之情形，现并无证据证明双方之间的借贷存在上述规定无效之情形。纳尔特公司就其主张的租赁合同系以合法形式掩盖企业间高息资金拆借的非法目的应属无效，并无法律依据。〔1〕

2. 无效合同经效力补正后为有效

房屋租赁合同效力补正，是指出租人出租的房屋违反法律规定，但是诉讼程序一审法庭辩论终结前取得行政主管部门的批准的情形。这包括出租未取得规划审批或临时违法建筑、当事人改变使用功能的行为，如在一审法庭辩论终结前，得到行政主管部门批准则合同可认定为有效；反之未获批准，合同则应认定为无效。《房屋租赁合同解释》对欠缺生效条件合同效力的处理采取了补救性措施，即当事人只要在一审法庭辩论终结前取得了法律、行政法规规定的条件，不存在《合同法》第五十二条（现《民法典》第一百五十三条）规定的无效情形，就认定合同有效。

《房屋租赁合同解释》第二条、第三条后半段的规定，在一审法庭辩论终结前取得建设工程规划许可证或者经主管部门批准建设的，法院应当认定有效。应注意的是，在一审法庭辩论终结前，不包括二审、再审程序中发回到一审法院审理

---

〔1〕 参见国家法官学院案例开发研究中心编：《中国法院2018年度案例》（合同纠纷），中国法制出版社2018年版，第144～145页。北京市第三中级人民法院（2016）京03民终字第3343号民事判决书。

阶段。

【案例3－28】　武汉欧亚达股份有限公司与湖北鸿达市场管理有限公司房屋租赁合同纠纷案

最高人民法院认为，租赁合同签订之时未办理建设工程规划许可证，但一审诉讼期间，租赁物取得了正式规划手续及权属证明之后，已不存在违反法律禁止性规定的情形，不影响租赁合同的效力。[1]

租赁合同标的物在合同订立时未经消防验收，具有一定的违法情节，但在一审法庭辩论终结前验收合格，违法情节已消失，且合同已经履行完毕，根据合同自由、当事人意思自治等合同效力制度价值的考量，应充分尊重和保护当事人的意思自由，认定合同有效。

【案例3－29】　赵某辉诉浙江现代商贸物流有限公司房屋租赁合同纠纷案

二审法院认为，原审法院根据现代公司提交的《杭州市公安消防局建设工程消防验收意见书》（杭公消2011第0262号），作出现代公司开办的副食品交易市场2号市场已于2011年10月8日经消防验收合格的事实认定，符合证据所反映出的客观情况，故对赵某辉针对事实认定提出的上诉理由不予支持。同时，原审法院鉴于现代公司的上述工程项目在本案的法庭辩论终结前已经消防验收合格，且双方之间的租赁合同也已实际履行，故认定赵某辉与现代公司之间的租赁合同有效，并无不妥，故二审法院亦不支持赵某辉针对合同效力提出的上诉请求。[2]

需注意的是，违法建筑租赁合同在一审法庭辩论终结前未取得合同效力的相关手续的，合同效力不发生转化。

3. 合作建房中产权归属的约定效力

实践中，存在大量合作建房的现象。其合作建房合同中产权归属约定，是否影响租赁合同的效力？笔者认为，合作建房合同与租赁合同是有紧密联系但又独立的两个合同，前合同约定产权归属内容对后合同不产生效力。

【案例3－30】　钟某章诉伍某强房屋租赁合同纠纷案

判决观点，原、被告于2005年8月9日签订《协议》后，实质上建立了两个法律关系：一是建设工程施工合同关系；二是房屋租赁合同关系。双方约定被告应付的工程款与原告应付的租金相抵。该协议的内容不违反法律、行

---

〔1〕 最高人民法院（2005）民一终字第33号民事判决书。

〔2〕 参见国家法官学院案例开发研究中心编：《中国法院2014年度案例》（合同纠纷），中国法制出版社2014年版，第32页。浙江省杭州市中级人民法院（2012）浙杭民终字第114号民事判决书。

政法规的强制性规定,合法有效。虽然在该协议签订的十几年前,被告与第三人签订了合作建房合同,并明确约定了住宅楼产权分配方案,但没有证据显示该合同已被有权机关认定为有效合同,而且第三人至今未取得权属证书,因此不能认定为第三人为涉案房屋所有权人。被告享有涉案房屋的土地使用权,而且报建手续是以其名义办理,因此足以认定被告对涉案房屋享有处分权。原告要求继续履行合同,法院予以支持。原告要求被告停止侵害原告对房屋的使用权,因被告未持续实施违约行为,且涉案房屋至今仍由原告自用或出租,故法院对原告该项诉讼请求不予支持。原告要求被告赔偿损失,但未能提供相应证据证明其因被告的违约行为而遭受的经济损失情况,故法院亦不予支持。据此,法院判决被告伍某强继续履行于2005年8月9日与钟某章签订的《协议》。[1]

4. 涉及土地性质租赁合同效力

使用权人按照土地使用权出让合同规定开发、利用土地,取得土地使用权证,具备出租条件,有权将土地使用权随同地上建筑物、其他附着物租赁给承租人使用。现行法律、行政法规并无禁止国有土地用于商业用途的效力性、强制性规范,工业用地随地上建筑物可以进行商业出租,出租人未办理土地用途变更手续,不影响租赁合同的效力。

【案例3-31】 李某婷诉浙江五菱汽车销售服务有限公司诸暨分公司租赁合同纠纷案

二审法院认为,李某婷系诸暨市婷婷炒货食品厂业主,其依法享有对涉案国有土地使用权及房屋进行出租的权利。现行法律、行政法规并无禁止国有土地用于商业用途的效力性、强制性规范,故李某婷未办理土地用途变更手续并不影响其对涉案土地的处分及租赁合同的效力。李某婷与五菱公司所签订的租赁合同系双方当事人的真实意思表示,内容不违反法律、行政法规的强制性规定,为合法有效协议。合法有效的协议,双方均应依约全部履行,不得擅自变更或解除。五菱公司认为,涉案土地为工业用地,不能作为履行本案合同的基础,但诉讼中其未提供相应的证据证明由于土地用途导致其不能实现合同目的的事实,故五菱公司关于租赁合同无效的上诉理由不能成立。综上,五菱公司的上诉理由不能成立,法院不予支持。一审判决认定事

〔1〕 参见国家法官学院案例开发研究中心编:《中国法院2014年度案例》(合同纠纷),中国法制出版社2014年版,第50页。广东省珠海市金湾区人民法院(2012)珠金法民二重字第1号民事判决书。

实清楚,适用法律正确,实体处理妥当,应予维持。[1]

在国有划拨土地上房屋租赁合同效力,主要有两种观点,即无效说和有效说。笔者赞同有效说。《城镇国有土地使用权出让和转让暂行条例》规定划拨土地未经批准不得出租,但《城市房地产管理法》第五十六条规定:“以营利为目的,房屋所有权人将以划拨方式取得使用权的国有土地上建成的房屋出租的,应当将租金中所含土地收益上缴国家。具体办法由国务院规定。”从法律适用上讲,《城市房地产管理法》相对于《城镇国有土地使用权出让和转让暂行条例》而言,属于新法,亦应优先适用。从法律位阶上看,前者为法律,后者为行政法规,亦应优先适用法律。《城市房地产管理法》并未禁止出租国有划拨土地上建设的房屋,当然不能以该合同涉及的土地为划拨用地而认定合同无效。判断合同效力的标准,应主要按照《合同法》等相关法律有关房屋租赁合同效力的规定。

【案例3-32】 西安交通大学第二医院与陕西惠源物业管理有限公司投资建房、房屋使用权纠纷案

最高人民法院认为,国有划拨土地进入市场经营导致国家土地收益损失,如果房屋建成后能以补缴土地收益金的方式弥补可能造成的损失,判决合同有效是可以的,《合同法》实施后,总的精神是不要轻易认定合同无效,只要没有违背法律禁止性规定,就应充分尊重当事人的意思表示。[2]

最高人民法院法官分析相关案件认为,本案所涉合同在房屋完成建设交付承租人使用后,双方当事人基于合同约定履行的主要权利义务与一般房屋租赁合同完全相同,对合同效力的认定主要按照《合同法》等相关法律有关房屋租赁合同效力的规定予以确定。在房屋尚未建成交付承租人使用前,应当基于预租法律行为的特点,审查房屋建设行为的合法性。只要所建设的房屋取得了合法建设手续,租赁标的物便具有了合法性,合同以认定有效为宜。依照《城市房地产管理法》的规定,法律并未禁止出租国有划拨土地上建设的房屋。前文案例中,房屋已经竣工交付承租人使用经营多年,出租人取得了房屋产权证,一、二审法院认定合同有效是正确的。[3]

司法实践中,法官依据法律条款不同,对其在划拨土地上房屋出租的,其裁量租赁合同效力表述不同。

---

〔1〕 参见国家法官学院案例开发研究中心编:《中国法院2012年度案例》(合同纠纷),中国法制出版社2012年版,第44页。浙江省绍兴市中级人民法院(2010)浙绍民再终字第8号民事判决书。

〔2〕 最高人民法院(2002)民一终字第41号民事判决书。

〔3〕 参见最高人民法院民事审判第一庭编:《最高人民法院民事案件解析》(房屋买卖、租赁纠纷),法律出版社2010年版,第409页。

【案例3－33】 新疆维吾尔自治区建筑木材加工总厂与中国民主同盟新疆实业发展总公司房屋租赁合同纠纷案

最高人民法院认为，建筑木材加工总厂与交流站签订的《营业大楼租赁合同书》是双方当事人真实、自愿的意思表示，出租房屋所占用的土地性质为国有划拨用地，《城市房地产管理法》第五十五条规定，房屋所有人以营利为目的，将以划拨方式取得使用权的国有土地上建成的房屋出租的，应当将租金中所含土地收益上缴国家。由于房屋租赁合同成立、生效后，出租人才可能将收取租金并将其中土地收益部分上缴国家；缴纳土地收益并不是合同成立并生效的前提条件。建筑木材加工总厂应根据法律规定将收取的房租中所含的土地收益部分上缴国家并办理出租登记备案，领取租赁许可证。实业公司承租讼争房屋开办金三角大市场获得乌鲁木齐市人民政府有关部门批准，并已办妥营业、税收、消防审批手续，据此，一审判决认定《营业大楼租赁合同书》有效，是正确的，应予维持。〔1〕

5. 房屋预租合同有效

近年来，随着我国改革开放和房地产的发展，房屋租赁打破了以往先有房屋再行出租的传统租赁制度。在建房作为租赁标的物出租，已经成为我国房地产开发领域的一种常见的现象。当事人以在建房作为租赁标的物签订的房屋租赁合同应受法律保护。

所谓房屋预租合同，即双方当事人就尚不存在或者尚未建成的房屋签订的租赁合同。也就是说，出租人（房地产开发商）将在建房屋，或者未取得房屋所有权人将购买的房屋预先出租，待租赁的房屋具备合法使用条件以后，双方正式签订或者履行租赁合同。预租属于合同法上的预约合同，也可以视为附期限的租赁合同。

【案例3－34】 北京中粮广场发展有限公司与北京和德俱乐部有限公司房屋租赁合同纠纷案

最高人民法院认为，中粮广场与和德公司签订的《商场租赁初步合同》，确认了双方的认租关系，是双方真实、自愿的意思表示，故该合同合法有效，双方均应按照合同的约定履行各自的义务。〔2〕 本案当事人签订的便是房屋预租合同。

---

〔1〕 参见最高人民法院办公厅编：《最高人民法院公报案例大全》（上卷），人民法院出版社2009年版，第612页。

〔2〕 参见最高人民法院民事审判第一庭编：《最高人民法院民事案件解析》（房屋买卖、租赁纠纷），法律出版社2010年版，第292页。

相对于一般房屋租赁合同而言,承租人支付租赁房屋的建设资金并承担租赁房屋的建设,完成房屋建设后,双方权利义务方与一般房屋租赁合同相同。实际上该类合同系对在建工程的一种经营行为。房地产开发经营方式中,商品房预售合同亦属于对在建工程的经营行为,上述两类合同均是在房屋未建成情形中,通过预收租金或者预收购房款的方式获取建设资金,以完成房屋建设。《房屋买卖合同解释》中,将开发商出售尚未建成房屋签订的合同定性为商品房预售合同,并针对预售房屋的特点规定了一系列处理原则。按照"相同问题相同处理"的法制原则,对于尚未建成房屋的出租应当定性为房屋预租合同,更符合合同本身的特点,这样也便于与一般的房屋租赁合同区分,按照预租合同的特殊性处理纠纷。这一观点体现在部门规章和部分省、市的地方性法规中,如国家税务总局《关于房地产开发业务征收企业所得税问题的通知》规定,开发企业新建的开发房产在尚未完工或办理房地产初始登记、取得产权证前,与承租人签订租赁预约的协议,自开发产品交付承租人使用之日起,出租方取得的预租价款按租金确认收入的实现,承租方支付的预租费用同时按租金支出进行税前扣除。上海市 1998 年颁布的《上海市商品房预租试行办法》规定,商品房预租是指房地产开发经营企业在新建商品房未办理房地产初始登记、取得房地产权证前,与承租人签订商品房租赁预约协议,并向承租人收取一定数额的预收款的行为。人民法院亦在审判实践中吸收了该观点,一些案例中将出租在建房屋的经营行为认定为房屋预租。〔1〕也就是说,预租合同的签订日期虽然发生在竣工验收之前,但竣工验收之后能够交付使用,故竣工验收对预租合同的效力没有影响。在建房屋作为租赁合同的标的物,其租赁合同为有效合同,受法律保护。

【案例 3 - 35】　武汉楚都房地产有限公司与武汉易初莲花连锁超市有限公司房屋租赁合同纠纷再审案

对《租赁合同》约定的,楚都公司将坐落于武汉市汉阳大道原汉阳区委区政府机关大院及周边地块的建筑群的裙楼部分按易初莲花的设计要求建设后,有偿出租给易初莲花使用。再审法院认为,楚都公司与易初莲花之间签订的《租赁合同》是双方当事人的真实意思表示,内容合法,原一、二审判决确认《租赁合同》有效是正确的。〔2〕

---

〔1〕 参见最高人民法院民事审判第一庭编:《最高人民法院民事案件解析》(房屋买卖、租赁纠纷),法律出版社 2010 年版,第 405 页。

〔2〕 参见江必新主编、最高人民法院审判监督庭编:《全国法院再审典型案例评注》(上),中国法制出版社 2011 年版,第 336 页。

【案例3－36】 西安九龙房地产开发有限责任公司与陕西兵器工业西北公司、西安市赛格商贸有限公司房屋租赁合同纠纷案

最高人民法院认为,《租赁合同书》《变更主体协议》及相关补充协议,为各方当事人的真实意思表示,内容不违反法律,一审法院判决合法有效,适用法律正确。1996年5月31日,九龙公司与西北公司签订《变更后的主体协议》承继《租赁合同书》中顺安公司北方大厦收尾及装修后续工程,对此,九龙公司认可无异议。九龙公司在认可《租赁合同书》《变更主体协议》《变更后的主体协议》等相关补充协议真实性、合法性的情况下,主张西北公司出租北方大厦不具备租赁条件无据,本院不予支持。鉴于九龙公司建设北方大厦收尾及装修工程违约没有继续履约的能力以及赛格公司已经承租西北公司B区开办电脑城的事实,一审法院根据西北公司起诉请求,判决解除九龙公司与西北公司的租赁关系,九龙公司与赛格公司签订的北方大厦B区《合作协议书》,除超过《租赁合同书》约定的期限无效外,其他继续履行的判项正确,应予维持。依据顺安公司1996年6月3日的公函,西北公司与九龙公司已经对北方大厦施工现场、库存物资、设计图纸等相关资料进行了交接,《衔接签字单》及附件所载的内容证明:九龙公司对北方大厦已经存在的南门挑檐需要拆除,改建东门为通行出入口的事实清楚,诉讼过程中,该公司亦没有举证证明双方签订《变更主体协议》及相关补充协议时,西北公司隐瞒了北方大厦存在大厦挑檐的事实,因此,九龙公司以其与西北公司签订《变更主体协议》及相关协议时该出租标的物不具备出租条件、西北公司隐瞒了出租标的物存在违章建筑,应追究西北公司违约责任的主张,没有事实依据,法院不予采纳。[1] 本案争议的房屋,是以在建房屋作为租赁标的物签订的房屋租赁合同。

《民法典》、行政法规、司法解释对房屋预租合同无特别规定,在此情形下,其相关问题的认定可参照适用有关房屋租赁相关规定。若合同约定的预租物取得建设工程规划许可证的,预租合同有效。反之,没有取得许可证的无效。

【案例3－37】 浙江银泰投资有限责任公司与包头市中冶置业有限责任公司房屋租赁合同纠纷案

最高人民法院认为,关于焦点一,《房屋租赁合同》的效力如何认定的问题。根据《房屋租赁合同》的约定,中冶公司的主要合同义务是按时交付符合合同约定的租赁物,银泰公司的主要合同义务是支付履约保证金及租金,

---

〔1〕 参见最高人民法院民事审判第一庭编:《最高人民法院民事案件解析》(房屋买卖、租赁纠纷),法律出版社2010年版,第354～355页。最高人民法院(2002)民一终字第75号民事判决书。

双方的主要权利义务符合房屋租赁合同的特点。但《房屋租赁合同》签订时，作为租赁物的房屋尚未建成，因此属于对未来建成房屋的预租。关于房屋预租，在现行法律、行政法规没有规定的情形下，可参照适用有关房屋租赁的规定。……本案中，根据双方提交的证据以及一审法院向包头市规划局稀土高新区规划分局核实的情况可以认定，没有证据证明在一审庭审辩论结束之前，案涉地块建设项目已经取得了建设工程规划许可证，即《房屋租赁合同》应当认定无效。一审判决对此认定并无不当，银泰公司关于此点的上诉理由不能成立。[1]

在现行法律及司法解释对预租合同无特别规定的情况下，有法官认为，第一，不可因为是预租，就一律认定预租合同无效。商品房预租合同的达成不仅能体现双方当事人的合意，合同内容更能体现当事人对自己权利义务的细致安排，比如对尚未建成的黄金地段门面房的预先租赁，体现了承租方对自己将来使用、收益特定房屋的期待以及对商业机会的把握，其预先缴纳的部分租金或者保证金体现了对将来承租该房屋的承诺以及出租方对自己将来可以收取租金的期待，如果任何一方的期待落空，均应可以向对方主张违约责任。第二，虽然是预租，但是从合同目的来看，出租方的最终目的仍是收取租金，承租方的最终目的仍是对租赁物进行使用、收益，故双方的主要权利义务仍然符合房屋租赁合同的特点，应可参照适用有关房屋租赁的相关规定。同时，预租也是对未来建成房屋的权益的预先处分，和商品房预售有相似之处，故应也可参照适用有关预售的规定。[2]

需要研究的问题是，在实践中往往会出现双方当事人就整幢建筑订立租赁合同，但房产的部分未按照建设工程规划许可证的规定进行建设，此时就不应简单地认定整个租赁合同无效，应区分情况认定。如部分楼层已经取得了房屋所有权证，且未按照规定建设的房屋所占比例较小，不影响当事人订立合同的目的，在此情况下则应认定为租赁合同部分无效，不能否定整个租赁合同的效力。如果未按照规定建设的房屋所占比例较大，已经影响当事人订立合同的目的，则对此可以赋予承租人对合同的单方解除权，对于已取得房屋所有权证部分按照合同解除处理。

6. 租赁房屋未经消防验收合同效力

租赁标的物未经整体验收尤其是消防验收合格，当事人订立的房屋租赁合同

---

〔1〕 参见杜万华主编:《最高人民法院民商事案件审判指导》(第6卷),人民法院出版社2019年版,第366～367页。

〔2〕 参见杜万华主编:《最高人民法院民商事案件审判指导》(第6卷),人民法院出版社2019年版,第370页。

效力认定是其争议焦点问题。

出租未经消防验收合格的房屋是否有效，对这一问题的认识有一个变化演变的过程。最高人民法院于2004年3月4日作出（2003）民一他字第11号《关于未经消防验收合格而订立的房屋租赁合同如何认定其效力的函复》。该函复就未经消防验收合格而订立的房屋租赁合同的效力作出了规定。最高人民法院民事审判第一庭承办的合议庭认为，云南省高级人民法院请示的问题涉及两种利益的平衡问题：一是在司法活动中，如何通过房屋租赁合同效力维护公共安全；二是如何充分发挥物的使用效能。由于种种原因，目前，中国大量的农村房屋以及一些城乡结合部的民用住宅和城市部分古、旧房屋，普遍缺少消防设施和消防工程验收手续，而将这些房屋投入使用又为缓解社会上紧张的房屋供需关系所必需，为了充分发挥这些房屋的使用效能，不宜将消防工程验收作为房屋租赁合同成立的必要条件。同时，只要严格执行《消防法》的有关规定，则足以实现在消防方面维护公共安全的目的。〔1〕 司法实践中，法院将消防未经验收或者验收不合格的租赁房屋合同按无效认定。如湘财证券有限责任公司与云南志远房地产开发有限公司租赁合同纠纷上诉案，〔2〕苏州市郊区供销集团公司与苏州市宇航开发经营公司、苏州市供销合作总社等房屋租赁合同纠纷上诉案，〔3〕至2009年，最高人民法院颁布《房屋租赁合同解释》，对上述观点进行了变更。该解释第八条中规定："因下列情形之一，导致租赁房屋无法使用，承租人请求解除合同的，人民法院应予支持：……（三）租赁房屋具有违反法律、行政法规关于房屋使用条件强制性规定情况的……"即该解释将租赁合同标的物不符合法律、行政法规关于房屋使用条件的强制性规定，作为解除租赁合同的法定情形之一，而非认定合同无效的情形，解除合同的前提是合同系有效合同，无效合同不存在解除问题。法律、行政法规关于房屋使用条件强制性规定主要指的是《建筑法》《消防法》关于房屋使用条件的相关规定。《建筑法》第六十一条第二款规定："建筑工程竣工验收合格后，方可交付使用；未经验收或验收不合格的不得交付使用。"以及《消防法》第十三条第三款规定："依法应当进行消防验收的建设工程，未经消防验收或者消防验收不合格的，禁止投入使用；其他建设工程经依法抽查不合格的，应当停止使用。"因此，该司法解释已经实质上修改了2004年的复函，即未经消防验收或经消防验收不合格的房屋租赁合同为可解除的有效合同，而非无效合同。《消防法》虽有未

---

〔1〕 参见最高人民法院民事审判第一庭编：《最高人民法院民事案件解析》（房屋买卖、租赁纠纷），法律出版社2010年版，第499页。

〔2〕 参见最高人民法院民事审判第一庭编：《最高人民法院民事案件解析》（房屋买卖、租赁纠纷），法律出版社2010年版，第360页。

〔3〕 参见最高人民法院民事审判第一庭编：《最高人民法院民事案件解析》（房屋买卖、租赁纠纷），法律出版社2010年版，第311页。

经消防验收或检查合格禁止使用的规定，但对擅自使用、营业的也仅作了进行处罚的相关规定，未有相关合同无效的规定，因此，直接以未经消防验收合格为由认定租赁合同无效缺乏法律依据。换一个角度讲，合同标的物的质量是否合格、标的物是否符合使用条件等属于合同履行问题，一般对合同效力不发生影响。对未经消防验收或经验收未合格的房屋进行租赁是违反了房屋使用条件的相关管理性强制性规定，其应当作为衡量租赁合同是否应当解除的条件予以考虑，不应作为确认租赁合同是否无效的条件。房屋是否经过消防验收合格与租赁合同的效力没有必然联系，除非租赁合同的双方当事人明确约定其为租赁合同的生效要件。应当注意的是，在2004年的复函与该司法解释的适用上，根据“新法优于旧法”的原则，该司法解释是新颁布的，应当优先适用。

司法实践中，主流观点认为，对于按照法律要求必须经过消防验收合格才能投入使用的房屋，消防验收合格是房屋租赁合同有效的必要条件，[1]除此之外的房屋不以消防验收为要件。对此，有法官进一步描述为，应当具体问题具体分析，而不能一概作出统一标准。对于出租房屋经消防验收是否是认定租赁合同有效的构成要件，我们认为，该复函对于处理这一问题仍然具有一定借鉴指导意义。(1)根据《消防法》第十条规定的必须经过公安消防机构验收的房屋，未经验收或验收不合格的，应当认定租赁合同无效。(2)涉及房屋不属于法律规定必须经公安消防机构验收的，不应当以该房屋未经消防验收为由而认定合同无效，除非房屋租赁合同当事人将租赁合同标的物经验收合格约定为合同生效的条件。(3)租赁房屋用于开设经营宾馆、饭店、商场等公众聚集场所的，向当地公安消防机构申报消防安全检查的义务人为开设该企业的经营者，但租赁标的物经消防安全验收合格，可以认定房屋租赁合同有效力。[2]

对未经消防验收或经验收未合格的房屋进行租赁是违反了房屋使用条件的相关强制性的规定，其应当作为衡量租赁合同是否应当解除条件予以考虑，不应作为确认租赁合同是否无效的条件。

【案例3-38】　北京方达宏利科技发展有限公司与北京东亚经济发展有限公司房屋租赁合同纠纷案

二审法院认为，根据京消(丰)验收字(99)第061号《建筑工程验收意见书》规定，北京丰台方庄芳城园二区15号商业楼二、三层符合国家有关消防技术规范规定，经过了消防部门的验收，是允许使用的。因此，东亚新兴公司将上述房屋出租给方达宏利公司并未违反《消防法》的强制性规定。根据有

---

〔1〕 参见吴庆宝、刘子平主编：《房地产纠纷裁判标准规范》，人民法院出版社2009年版，第319～320页。

〔2〕 参见《房屋租赁合同纠纷裁判思路与裁判规则》，法律出版社2017年版，第7页。

关法律规定，经消防验收合格的建筑工程，如遇有工程改造、装修或用途变更时，应当另行报送消防审核验收。在租赁物投入使用后，租赁物使用者应当定期对消防设施进行维修保养，保证其完整有效。同时租赁物使用者要健全各项消防安全管理制度，确保租赁物消防安全。在本案中，京（丰）公消限字（2004）第64号《责令限期改正通知书》和《复查意见书》反映了本案租赁合同签订后，租赁物经过装修投入使用之后的消防验收情况。并不能否定京消（丰）验收字（99）第061号《建筑工程验收意见书》关于租赁物基本符合消防要求，同意使用的意见。同时，双方当事人签订的《租赁合同》约定承租方应认真做好承租楼层场地面积的防火、防盗和自身安全工作，保证承租经营期间的安全。因此，一审法院的关于消防问题的认定符合法律规定，并无不当之处。关于北京市丰台区公安消防支队于2006年11月10日发出的京（丰）公消限字（2006）第1162号《责令限期改正通知书》，法院认为，公安消防部门进行的消防验收检查行为是否存在前后矛盾的问题，涉及具体行政行为的认定问题，不属于人民法院民事案件的审理范围。在公安消防部门未对京消（丰）验收字（99）第061号《建筑工程验收意见书》予以撤销的情形下，法院难以认定东亚新兴公司于2001年出租房屋的行为违反《消防法》的强制性规定。此外，丰台法院（2002）丰民初字第1128号民事判决书亦已确认该《租赁合同》有效，且该判决已依法生效。同时，北京时尚阳光综合批发市场至今仍在正常经营。因此，综合以上分析可以认定：《租赁合同》系双方当事人的真实意思表示，内容及形式均符合法律法规的规定，双方所建立的租赁关系符合《合同法》的规定，该《租赁合同》依法成立并生效。一审判决上述《租赁合同》为有效合同，适用法律正确。方达宏利公司关于东亚新兴公司将法律禁止使用的标的物出租给方达宏利公司违反了《消防法》的强制性规定的上诉意见，法律及事实依据不足，法院不予采纳。〔1〕

租赁合同约定的交付“经消防验收合格”的酒店，可理解为租赁标的物为合同订立后一方当事人通过履行约定义务，努力促成的、经验收合格的酒店，但不是判断合同无效的标准。

【案例3－39】 连云港市晶都房地产开发有限公司与连云港市新明珠大酒店有限公司等租赁合同纠纷再审案

最高人民法院认为，本案中各方当事人在《协议书》中明确约定，出租方晶都公司负有装修义务，并保证交付的酒店必须经过消防验收合格、产权不得有争议、交付的设施设备能够保证正常经营。据此，案涉租赁标的物并非

〔1〕 参见《房屋租赁合同纠纷裁判思路与裁判规则》，法律出版社2017年版，第26～27页。

未经消防验收的酒店。该约定遵循了相关法律规范的要求，不存在违反法律法规效力性强制性规定及司法解释之无效情形。案涉酒店的消防验收失败，系晶都公司违背诚实信用原则的违约行为所导致，而且执法机关在消防验收上之裁量权也并非不可抗力的范畴，故一、二审法院认定《协议书》合法有效并判决晶都公司承担双倍返还定金之责任，于法有据，并不违反公平原则。[1]

7.租赁合同无效但事后被追认的效力

如果房屋租赁合同存在无效的情形，但在其后经权利人的追认，则应认定房屋租赁合同有效并溯及合同成立时。

【案例3-40】　广州天河仓市场发展有限公司与广州汽车博览中心等租赁合同纠纷案

最高人民法院认为，关于《房屋租赁合同》的效力问题。广州体院与嘉宏公司于1995年10月12日签订的《协议书》所约定的出租标的物系本案争议所涉出租房屋所附着的土地，汽博中心以土地不得出租为由请求上述协议无效，但根据1990年《城镇国有土地使用权出让和转让暂行办法》第四十五条的规定，土地使用权并不禁止出租。汽博中心此上诉理由无法律依据，本院不予支持。广州体院与嘉宏公司在前述协议中约定嘉宏公司不得将承租标的转租他方使用，但1998年10月16日天河仓公司以自己的名义将在嘉宏公司承租土地上建造房屋出租给博灏公司，该转租行为虽有违广州体院与嘉宏公司的约定，但在2001年9月26日广州体院、天河仓公司和嘉宏公司签订的三方合同中，广州体院和嘉宏公司承租的场地改由天河仓公司承租，广州体院还同意天河仓公司在承租期内可以将承租标的转租他人，根据上述三方合同的约定，可认定广州体院事后追认了天河仓公司未取得本案争议所涉房屋承租权和转租权，据此、汽博中心关于天河仓公司未取得本案争议所涉房屋转租权的上诉理由本院亦不予支持。因天河仓公司已取得转租权，其与博灏公司签订的《房屋租赁合同》及其补充协议不存在其他导致合同无效的事由，原审判决确认其有效、正确，本院予以维持。[2]

---

〔1〕 参见杜万华主编：《最高人民法院民商事案件审判指导》（第2卷），人民法院出版社2015年版，第196页。

〔2〕 参见最高人民法院民事审判第二庭编：《最高人民法院商事审判指导案例》（合同卷）（下），中国法制出版社2011年版，第776页。

8. 不影响租赁合同效力情形

没有登记备案、办理房屋租赁许可证的租赁合同效力。

《城市房地产管理法》和原建设部《城市房屋租赁管理办法》确立了房屋租赁登记备案制度，但均未明确规定房屋租赁合同须经核准登记才发生法律效力。现行法律、行政法规对房屋租赁合同登记备案手续没有规定为效力性强制性规范。办理登记备案和房屋租赁许可证是房地产行政管理部门加强对房屋租赁市场管理的一种行政手段与方式，不是租赁合同有效与否的法定条件，除非当事人对此进行了明确约定。《城市房地产管理法》规定的办理登记备案手续不是效力性强制性规定，依据现行法律规定，不能作为判断租赁合同效力的依据。原建设部《城市房屋租赁管理办法》规定的办理登记备案手续因是部门规章，依据《合同法解释(一)》第四条、第九条之规定，亦同样不能作为判断租赁合同效力的依据。房屋租赁合同是否生效(具有法律效力)，取决于合同当事人意思表示是否真实、合同订立的程序是否合法，以及合同的内容是否违反法律、行政法规和社会公共利益。房屋租赁合同登记备案是房屋使用权有效转移的要件，而不是房屋租赁合同生效的要件。因此，房屋租赁合同未办理登记备案手续不影响合同效力。[1]《民法典》第七百零六条规定："当事人未依照法律、行政法规规定办理租赁合同登记备案手续的，不影响合同的效力。"立法者将其解释为，本条规定否认了登记备案作为租赁合同生效要件的观点，确认未登记不影响合同效力。这不仅出于对合同当事人意思自治的尊重，同时也与租赁权的债权性质保持一致。[2] 换言之，房屋租赁登记是房屋租赁合同成立后的程序，对合同成立及其效力没有影响，是否备案登记均不产生对抗第三人的效力。但租赁合同约定办理登记备案手续为生效条件的，按其约定认定合同效力。

【案例3-41】 施某、费某诉上海某公司房屋租赁合同纠纷案

一审法院认为，租赁合同不登记备案，也不影响合同的效力，只是如果涉及合同以外的善意第三人时，由于不备案对第三人没有公示性，因此第三人不受合同的约束。二审法院认为，办理租赁合同的登记及纳税手续与否，对租赁合同的效力并不产生影响。[3]

出租的房屋被查封其租赁合同的效力。对于租赁关系在先，法院查封在后的

---

〔1〕 参见李朝晖：《论房屋租赁合同登记备案制度的立法价值目标》，载《广西社会科学》2008年第2期。

〔2〕 参见黄薇主编：《中华人民共和国民法典合同编释义》，法律出版社2020年版，第525页。

〔3〕 参见李方民主编：《房屋租赁合同纠纷诉讼指引与实务解答》(第3版)，法律出版社2017年版，第37页。

情形,我国立法充分保障承租人的权利不因租赁房屋被抵押、查封、拍卖等受到侵害,原租赁合同的效力不会因出租房屋被查封而受到影响。

出租人未尽通知义务而与第三人订立买卖合同,其合同效力认定是疑难问题。理论界主要有四种不同观点,即无效论、可撤销论、效力待定论和有效论。笔者同意有效观点。优先购买权人行使法律赋予权利诉请公权力介入,强迫出租人与其缔约,其签订的买卖合同应属有效。对于出租人与第三人之间签订的买卖合同,只要出租人与第三人买卖的意思表示真实,不具有虚高价格排除承租人优先购买的恶意,应认定为有效。《房屋租赁合同解释》也采用该种观点。出租人与第三人之间签订合同一经实际履行时,承租人依据法律规定优先权保护原则,可主张违约损失赔偿。如果同时存在出租人与承租人买卖合同和出租人与第三人买卖合同两个有效合同,其在后一个买卖合同已实际履行,则承租人只能行使赔偿请求权,而不能请求其确认合同无效。

对未经竣工验收租赁房屋合同效力判断,应依效力性强制性规定作为依据。法律、行政法规的强制性规定的意旨是加强行政管理,而非否定私法行为的效力;其所规制的是合同履行的前提条件,而非合同本身,则该强制性规定应属管理性强制性规定,而非效力性强制性规定。据此,《建筑法》第六十一条第二款关于"建筑工程未经竣工验收或者验收不合格,不得交付使用"的规定应为管理性强制性规定。租赁房屋未经竣工验收并不导致赁合同无效;如承租人因此无法使用房屋的,承租人有合同解除权。

【案例3-42】　七天快捷酒店管理(北京)有限公司等诉上海松瓯实业有限公司等房屋租赁合同纠纷案

二审法院认为,综合以上法律及司法解释的规定可以看出,第一,如租赁房屋未取得建设工程规划许可证,相当于从"出生"之始,房屋就是违法的。以该类房屋为标的物的私法行为的效力应予否定,因此司法解释明确租赁房屋未取得建设工程规划许可证的,租赁合同无效。反观本案,法律规定房屋未经竣工验收不得交付使用,而如果租赁房屋具备建设工程规划许可证但未经竣工验收,相当于房屋是合法"出生"的,以房屋为标的物的租赁行为本身并未禁止。当然,在建造过程中"竣工验收"环节存在的瑕疵,可能使房屋租赁合同的履行前提条件受到影响。第二,从《合同法》及《房屋租赁合同解释》中关于承租人合同解除权的规定可以看出,对于租赁房屋未经竣工验收的,法律并无使租赁合同无效之意,而是在维护合同效力的基础上,赋予承租人一定条件下的合同解除权。如果因房屋未经竣工验收导致承租人"无法使用",即无法按照租赁合同约定的用途使用,或者无法按照租赁房屋的性质使用,则承租人有权请求解除合同。综上所述,《建筑法》第六十一条第二款为管理性强制性规定,房屋租赁合同并不因租赁房屋未经竣工验收而无效。快捷酒店北京公司、快捷酒店松江店经法院解释后仍坚持合同无效的诉请,故对其以租赁房屋未经竣工验收为由,主张租赁合同无效等请求不予支持。〔1〕

【不同处理】 亦有法官认为,出租未经竣工验收的房屋,该房屋存在安全隐患,不具备交付使用条件,因此,房屋租赁合同因违反《建筑法》的强制性规定,当属无效。〔2〕 因为建筑物应当确保建设工程质量和安全符合国家的建筑安全标准,该标准是建筑行业的核心。任何一项工程质量单项验收或局部验收均不能作为工程竣工整体验收的标准。否则,出租人将承担合同无效的法律后果。也就是说,租赁标的物未经整体验收合格,当事人订立的房屋租赁合同依法应认定为无效。如湘财证券有限责任公司与云南志远房地产开发有限公司房屋租赁合同纠纷案。〔3〕

未有建设工程规划许可证,但经主管部门批准的建筑,不影响房屋租赁合同的效力。

【案例3-43】 呙某某与南京世界之窗科技软件园有限公司房屋租赁合同纠纷再审案

再审法院认为,呙某某与世界之窗公司房屋租赁合同效力如何认定的问题。南京世界之窗科技软件园虽未办理建设工程规划许可证,但据南京市规划局答复,该园区系2006年经当时南京市经济委员会认定为市第一批重点都市产业园。根据《南京老城控制性详细规划》规定,该园区保留。因《城乡规划法》颁布实施前未实行建筑工程规划许可证制度,涉案房屋属经政府部门批准建设,故本案房屋租赁合同有效。〔4〕

现行法律和行政法规对房屋用途能否改变及改变的法律后果并没有直接、明确的规定,但根据"房地合一"的基本政策,建筑物及其他附属设施的使用功能取决于所附着土地的用途,房屋用途的改变一般意味着土地用途的变更。在司法实践中,法官通常依据土地用途的相关法律规定对改变房屋用途行为进行评判。现行法律和行政法规对改变土地用途设有强制性规定,如《民法典》《土地管理法》《城镇国有土地使用权出让和转让暂行条例》等,但从严格意义上讲,此类强制性规定适用范围在于规范土地使用者、建设单位在开发建设地上建筑物不得随意变更土地用途,调整对象主要是针对开发建设行为,而不是建成后房屋的使用行为。从性质及后果看,改变房屋的使用功能变相地也改变了土地用途,但这种改变并

---

〔1〕 上海市高级人民法院参考性案例第15号。

〔2〕 参见《房屋租赁合同纠纷裁判思路与裁判规则》,法律出版社2017年版,第8页。

〔3〕 参见最高人民法院民事审判第一庭编:《最高人民法院二审民事案件解析》,法律出版社2007年版,第1~17页。最高人民法院(2003)民一终字第55号民事判决书。

〔4〕 江苏省高级人民法院(2014)苏民再提字第0058号民事判决书。

未从性质上改变建筑物形体及结构，不会也不可能影响建筑物本身的合法性，且该违规行为可以由行政管理措施进行调节与规范。从房屋使用层面上看，该类规范属于管理性强制性规定，而非效力性强制性规定。评判合同效力的依据是效力性强制性规定，而不是管理性强制性规定。换言之，该类规范旨在管理和处罚违规行为，并不否认该行为在民商法上的效力，当然不能作为出租房屋改变用途合同效力的直接依据。

出租方未按约定开发土地，将部分土地建造仓库出租，其租赁合同的效力问题。最高人民法院民一庭认为，《城市房地产管理法》第二十六条规定："以出让方式取得土地使用权进行房地产开发的，必须按照土地使用权出让合同约定的土地用途、动工开发期限开发土地。超过出让合同约定的动工开发日期满一年未动工开发的，可以征收相当于土地使用权出让金百分之二十以下的土地闲置费；满两年未动工开发的，可以无偿收回土地使用权；但是，因不可抗力或者政府、政府有关部门的行为或者动工开发必需的前期工作造成动工开发迟延的除外。"乙公司以出让方式取得土地使用权用于房地产开发的，应当按照规定的期限、用途进行开发和资金等的投入，否则其在就土地进行转让时将会受到限制，甚至在满两年未动工开发且无正当理由的情形下，政府可以作出无偿收回土地等处理决定。笔者认为，针对上述种种现象，法律更多是从政府行政管理制度作出规范，相关规定并不应理解为系对当事人民事行为效力作出认定的效力性规范。特别是像本案所述未按约定用途使用土地并用于出租的，对租赁合同效力如何认定，法律并无明确条文直接规定。如果租赁合同系双方当事人在自愿前提下的真实意思表示，还是应认定合同有效。至于对乙公司未按照约定用途使用土地的行为如何处理，则应另当别论。[1]

【案例3-44】　某贸易公司与某投资公司房屋租赁合同纠纷案

一审法院认为，本案中，讼争租赁房屋是某投资公司将取得和按建筑工程规划许可证建设的幼儿园改造为办公场所出租给某贸易公司的，并非违法建筑，某投资公司仅是改变了幼儿园的用途。改变按建筑规划许可证建设的房屋的用途，属于行政机关与行政相对人之间的行政法律关系，不能作为认定民事性质的房屋租赁合同效力的依据。"法不禁止即自由。"某贸易公司抗辩主张合同无效，依据不足，不予采纳。二审法院认定，改变房屋用途须报有关部门批准的相关法律规定属于管理性规范，而并非效力性的强制性规范，此类规范旨在管理和处罚违反规定的行为，并不否认该行为在民商法上的效力，因此，某贸易公司主张涉案合同违反相关管理性规范应认定无效的

---

〔1〕参见最高人民法院民事审判第一庭编：《民事审判实务问答》，法律出版社2021年版，第107页。

理由不能成立。涉案房产租赁合同为双方真实意思表示,涉案房产也有相应的规划手续,应确认有效,原审对此认定正确,应予确认。[1]

名为承包实为租赁合同效力。

【案例3－45】 新城公司诉李某拖欠承包费纠纷案

法院处理时有两种不同意见,第一种意见认为,原告新城公司与被告李某之间的承包合同没有违反法律禁止性规定,合法有效。被告李某在承包期间未履行合同义务,应当承担违约责任。第二种意见认为,原告新城公司与被告李某签订的合同属名为承包,实为租赁。原、被告以承包形式签订合同违反有关税收规定,应属无效合同。按有关规定对于原告新城公司已经取得的租金予以收缴,对于李某应处以相当银行利息的罚款。请问哪种意见正确?《人民司法·应用》司法信箱解答为,国家有关税收的规定属行政管理性规定,不应认定为效力性强制性规定。故本案中,原告新城公司与被告李某规避国家有关税收规定的行为并不影响合同的效力。另外,根据意思表示理论和合同类型化要求,如果双方签订的承包合同存在意思与表示不一致的情况,则应以双方当事人的真实意思为准确定合同的性质,并以此确定合同双方之间的权利义务关系。综上,我们认为第一种处理意见是正确的。[2]

公司股东利用关联关系与股东自行成立的公司订立含有免租期的租赁合同,合同订立过程中关联股东充分履行信息披露义务,且合同内容无法定无效情形,应当确认其效力。其租赁合同租金及免租期限符合行业惯例,不能认定为损害公司利益。

【案例3－46】 高某诉刘某龙等房屋租赁合同纠纷案

一审法院认为,关于贝海商贸公司与贝海餐饮公司是否有租赁合同关系及租赁合同的效力问题。贝海商贸公司的股东系成都宏明公司、上海宏明公司和刘某龙,刘某龙系贝海商贸公司聘任经理。在贝海商贸公司购买案涉租赁房屋后,刘某龙就房屋的经营问题分别向贝海商贸公司董事会提出关于贝海商贸公司商铺的承包经营方案、经济效益分析报告,在成都宏明公司不再投入资金装修也不承担承包经营风险的前提下,刘某龙夫妇遂出资成立了贝海餐饮公司。刘某龙向贝海商贸公司、成都宏明公司披露了贝海餐饮公司的成立、性质及投资情况,贝海商贸公司、成都宏明公司均未提出异议,故由贝海商贸公司与贝海餐饮公司(筹)签订租赁合同符合贝海商贸公司各股东的意愿,贝海商贸公司与贝海餐饮公司有租赁合同关系。虽然刘某龙代表贝海

---

〔1〕 参见万国营主编:《房屋租赁合同纠纷》(第2版),法律出版社2015年版,第52页。

〔2〕 参见《人民司法·应用》2011年第21期(总第632期)。

商贸公司与贝海餐饮公司(筹)签订的租赁合同落款处的手写字迹不是2009年7月8日形成,但涉案房屋属于毛坯房,贝海餐饮公司(筹)从接手后即以其名义对涉案房屋进行装修、改造,至贝海餐饮公司正式成立后开张营业,到贝海商贸公司换届后的2010年9月10日前,这期间作为贝海商贸公司唯一资产的案涉房屋的状况,贝海商贸公司及其股东如不知晓案涉房屋的租赁事实不符合常理。综上,刘某龙代表贝海商贸公司与贝海餐饮公司签订的租赁合同,系双方当事人的真实意思表示,合法有效,双方当事人均应按合同约定行使权利、履行义务。关于贝海商贸公司与贝海餐饮公司签订的租赁合同是否损害贝海商贸公司利益的问题。高某主张贝海商贸公司与贝海餐饮公司签订的租赁合同约定的租金和免租期损害了贝海商贸公司的利益。租金问题:成都宏明公司《关于与上海宏明公司、刘某龙投资组建成都宏海商贸有限公司(暂定名)的报告》中载明宏海公司(暂定名)即贝海商贸公司所购置房产预计出租的年租金收入为175万~110万元,高某于2010年9月10日向刘某龙发的房屋租赁合同中载明的案涉房屋的租金亦为110万元,说明刘某龙代表贝海商贸公司与贝海餐饮公司(筹)签订的租赁合同约定的租金标准不仅明显高于成都市政府对此类房屋(四类三级)的租赁指导价格,更符合《关于与上海宏明公司、刘某龙投资组建成都宏海商贸有限公司(暂定名)的报告》的原则及“不再追加投资、减少经营成本、合理规避税费”的经营原则,贝海餐饮公司已按合同的约定足额向贝海商贸公司支付了租金,故租赁合同对租金的约定未损害贝海商贸公司的利益。免租期问题:免租期的长短受待租房屋的状况、房屋所在的地段等因素影响。因本案案涉房屋系毛坯房,经贝海餐饮公司与贝海商贸公司协商,由贝海餐饮公司投入资金对案涉房屋进行装修、改造并承担租赁期间的房屋维修、维护费用,贝海餐饮公司享有一定期限的免租期。这一约定系贝海商贸公司与贝海餐饮公司的合意,也符合餐饮行业的惯例。故租赁合同对免租期的约定未损害贝海商贸公司的利益。法院判决驳回原告高某的诉讼请求。二审法院认为,刘某龙代表贝海商贸公司与贝海餐饮公司签订租赁合同的行为,虽系关联交易,但现有证据不足以证明租赁合同损害贝海商贸公司的利益。一审法院认定事实清楚,适用法律正确,应予维持。据此判决:驳回上诉,维持原判。[1]

房屋部分共有人未经其他共有人同意与他人擅自订立的租赁合同,该行为系债权设立行为,即负担行为,非《民法典》物权意义的处分行为,不适用《民法典》上无权处分的相关规定。该租赁合同在不具备《民法典》规定的其他无效的情形

---

〔1〕 参见《人民司法·案例》2014年第20期(总第703期)。四川省成都市中级人民法院(2013)成民终字第4283号民事判决书。

下,应为有效。

【案例3－47】 陈某诉杨某、岳某房屋租赁合同纠纷案

二审法院认为,本案的核心争议在于杨某与岳某之间的北京市商铺租赁合同的效力问题。在对该房屋租赁合同的效力作出认定后才有对杨某、岳某是否应赔偿损失及岳某是否应腾退房屋问题的审查。对于本案中房屋租赁合同效力问题,陈某主张该租赁合同无效的理由主要包括杨某无权代理、杨某与岳某恶意串通侵害其权益以及杨某的行为涉及无权处分。就杨某的无权代理问题,法院认为,依照相关法律规定,行为人没有代理权、超越代理权或代理权终止后以被代理人名义订立合同,未经被代理人追认的,对被代理人不发生效力。因此,在涉及无权代理与越权代理的纠纷中,如果行为人订立的合同未经被代理人追认,出现的后果是合同对代理人不发生法律效力,而非合同无效。据此,陈某以杨某无权代理为由请求确认杨某与岳某之间房屋租赁合同无效的主张法院不予采信;就陈某主张杨某与岳某之间恶意串通侵害其权益一节,法院认为,当事人有责任对其主张提供证据予以证明。本案中,陈某仅依据案外人的租赁合同的租金标准,尚不足以使法院确信杨某、岳某降低租金标准,构成恶意串通;就杨某是否存在无权处分一节,法院认为,出租行为并非物权领域中的处分行为,因此不适用该领域中的无权处分的相关规定。在陈某未提供充分证据证明杨某、岳某签订的商铺租赁合同在其他无效情节的情况下,法院对陈某要求确认杨某与岳某签订的商铺租赁合同无效的主张不予支持。进而对陈某基于杨某与岳某之间的商铺租赁合同无效而提出的杨某、岳某赔偿损失及岳某腾退房屋的诉讼请求,法院也不予支持。判决:驳回上诉,维持原判。[1]

出租人无权处分租赁标的物,不影响房屋租赁合同效力。

【案例3－48】 某物业管理公司诉林某新房屋租赁合同纠纷案

二审法院认为,本案中,物业管理公司与林某新签订的《房屋租赁合同》及《房屋租赁合同补充协议》系当事人的真实意思表示,内容未违反法律、行政法规的强制性规定,不存在需要批准、登记的事项,亦不存在其他导致合同无效或可撤销的法定事由,因此,上述《房屋租赁合同》及《房屋租赁合同补充协议》自合同成立时即发生法律效力,物业管理公司要求确认《房屋租赁合同》及《房屋租赁合同补充协议》有效,有事实和法律依据,法院予以支持。至于商贸公司是否有权对外出租涉案场地及房屋,并不影响物业管理公司与林某新之间合同的效力。一审法院对此处理有误,法院依法予以纠正。关于

---

〔1〕 参见安凤德主编:《租赁合同纠纷案件疑难问题裁判精要》,法律出版社2021年版,第16页。

上述合同是否能继续履行的问题。物业管理公司及商贸公司提交的现有证据不足以证明商贸公司对涉案场地和房屋有对外出租经营的权利,而根据人民法院生效判决,商贸公司应当将包括涉案房屋在内的北京市丰台区陈庄路71号的土地、房屋及地上设施全部交还邮政集团北京分公司,上述判决具有法律执行力。综上,综合考虑本案实际情况,法院认为虽然物业管理公司与林某新签订的《房屋租赁合同》及《房屋租赁合同补充协议》合法有效,但上述合同在客观上已经不具备继续履行的条件,故物业管理公司要求确认上述合同继续履行的诉讼请求,法院难以支持。物业管理公司因上述合同不能继续履行导致的损失,可另行主张解决。……判决:一、撤销一审判决;二、确认物业管理公司与林某新签订的《房屋租赁合同》及《房屋租赁合同补充协议》合法有效;三、驳回物业管理公司的其他诉讼请求。[1]

(四)转租合同效力认定

1. 转租效力认定理解

《民法典》第七百一十八条规定:“出租人知道或者应当知道承租人转租,但是在六个月内未提出异议的,视为出租人同意转租。”该条规定自出租人知道起6个月期间内是否同意为待定期间,出租人可以行使也可以不行使异议权,超过6个月后即为同意转租,而不涉及合同效力。笔者认为,对该条规定可从两个层面予以分析,从转租合同有效角度讲,该条应当说是明确了以6个月为划分标准确认解除合同的标准,即在6个月以内出租人请求解除转租合同的,法院予以支持,但在6个月以后请求解除转租合同的不予支持。从转租合同无效角度讲,该条应当说是明确了以6个月为划分标准确认合同效力的标准,即在6个月以内出租人请求转租合同无效的,法院予以支持,但在6个月以后转租合同效力未明确。从法理和公平原则讲,6个月后转租合同(或者出租人未明示反对),未经出租人同意的转租合同实际上是效力未定的合同。出租人有权行使追认权,如果追认则转租合同有效,反之提出异议不追认则租赁合同无效。对于修正前《房屋租赁合同解释》第十六条的规定现已废止,但可对此进行分析加深理解。对此制定司法解释的法官认为,我国《合同法》在是否允许自由转租的问题上虽然基本上采限制主义的立法模式,但这种模式同时又是一种不彻底的限制主义模式。《合同法》

---

〔1〕 参见国家法官学院、最高人民法院司法案例研究院编:《中国法院2022年度案例》(合同纠纷),中国法制出版社2022年版,第93页。北京市第二中级人民法院(2020)京02民终1677号民事判决书。

第二百二十四条规定了承租人转租未经出租人同意的,出租人享有对原租赁合同的解除权。但同时,该条对转租合同的效力却未作出明确的规定,导致理论和实践中对转租合同的效力产生了种种争议。[1]

未经出租人同意的转租合同效力,实践中有不同观点,即无效说、有效说和待定说。学者认为,擅自转租是一种效力待定行为,一方面,它符合此种合同的固有属性。在转租的情况下,承租人的行为构成对出租人财产权的无权处分;另一方面,它尊重和保护了出租人的追认权。[2] 也有学者认为,擅自转租合同属于效力未定的合同,理由是承租人本无转租权,其行为属于无权处分他人的财产,因此,该合同的效果如何取决于有权利人的认定。[3] 对于2009年《房屋租赁合同解释》第十六条第一款规定,有法官认为,上述司法解释实际上是明确了未经出租人同意的转租合同实际上是效力未定的合同。[4]

但应说明的是,最高人民法院就该司法解释在答记者问中,将违反建筑物租赁及合同转租超过承租人剩余租赁期限的合同、未经出租人同意的转租合同认定无效。[5] 有法官认为,未经出租人明示是否同意转租的合同属于效力待定合同;如果出租人知道或者应当知道承租人转租的,解除权期间届满后(6个月),出租人无权主张转租合同无效。[6] 也有法官认为,出租人不知情的情况下的转租合同属于效力待定的合同。[7]

有法官就《民法典》规定理解认为,《民法典》就转租问题,在第七百一十六条以及第七百一十八条作了明确规范。由分析内容可知,《民法典》在《合同法》第二百二十四条第二款规定的基础上,借鉴了2009年《房屋租赁合同解释》第十六条第一款的规定,但又稍有不同。然而,未经出租人同意情形下的转租合同效力如何,《民法典》并未予以明确表态。事实上,《合同法》第五十一条关于无权处分框架下合同效力待定的规则并未出现在《民法典》中,同时,《民法典》完整继受了《物权法》以及相关司法解释关于区分原则的规则。承租人在未经出租人同意情形下的转租行为因未涉及物权变动,属于典型的债权行为(负担行为)。既然《民法典》认可了区分原则,认定上述转租合同应当有效应为必然的逻辑论证结论。在此情形下,司法应契合《民法典》的上述立法精神,明晰转租

---

〔1〕 参见最高人民法院民事审判第一庭编著:《最高人民法院〈关于审理城镇房屋租赁合同纠纷案件司法解释〉的理解与适用》,人民法院出版社2009年版,第211页。

〔2〕 参见王利明主编:《判解研究》2013年第3辑(总第65辑),人民法院出版社2014年版,第10页。

〔3〕 参见隋彭生:《合同法要义》,中国政法大学出版社2003年版,第526页。

〔4〕 参见《房屋租赁合同纠纷裁判思路与裁判规则》,法律出版社2017年版,第211页。

〔5〕 参见最高人民法院民事审判第一庭编著:《最高人民法院〈关于审理城镇房屋租赁合同纠纷案件司法解释〉的理解与适用》,人民法院出版社2009年版,第9页。

〔6〕 参见李玉林:《合同纠纷前沿问题审判实务》,中国法制出版社2014年版,第164页。

〔7〕 参见《房屋租赁合同纠纷裁判思路与裁判规则》,法律出版社2017年版,第163页。

合同属于债权合同，是否取得出租人同意皆不影响合同的效力。这既是实现法理上圆润与顺畅的必要，亦足以稳定租赁市场预期，更好地平衡各方当事人之间的合法权益。[1]

2.《民法典》颁布前转租合同效力认定

《民法典》颁布前，根据《合同法》《房屋租赁合同解释》的规定，法院对不同意转租合同效力作无效处理。

【案例 3－49】　福州华驰机电设备有限公司晋安分公司诉福建瑞合通新材料有限公司房屋租赁合同纠纷案

判决观点，本案第三人在原、被告签订转租合同后 6 个月内即以将讼争厂房大门锁住的行为表示了对被告转租行为的反对意见。因此原、被告之间的转租即因有权利的出租人的异议而归于无效。[2]

【案例 3－50】　重庆某公司诉张某某、章某房屋租赁合同纠纷案

判决观点，本案中，被告与第三人于 2008 年 11 月 5 日签订的转租协议并未经原告同意，后原告在得知此时，当即提出了异议，此后不断给被告与第三人发出通知，要求其搬出房屋。被告未经原告同意转租，且原告在法定期限内提出异议，故对原告要求认定被告与第三人签订的《房屋出租协议》无效的请求，法院予以支持。[3]

最高人民法院基于《民法典》关于无权处分的规则，认定未经出租人同意情形下合同的效力问题。

【案例 3－51】　王某诉达尔曼公司房屋租赁合同纠纷案

最高人民法院认为，王某未提供证据证明达尔曼公司将涉案房产出租给其的行为得到权利人的追认，或者达尔曼公司取得了处分权，王某请求确认涉案《房屋租赁协议》有效，缺乏事实与法律依据，本院不予支持。[4] 该案裁判中引用了《合同法》第五十一条（对应《民法典》第五百九十七条）的规定。

将转租合同认定为效力待定合同，则转租合同效力的追认权只归出租人，次承租人不享有确认转租合同无效的权利，无论次承租人是否知晓转租事宜。只

---

〔1〕 参见茆荣华主编：《〈民法典〉适用与司法实务》，法律出版社 2020 年版，第 530 页。

〔2〕 参见国家法官学院案例开发研究中心编：《中国法院 2017 年度案例》（合同纠纷），中国法制出版社 2017 年版，第 94 页。福建省福州市晋安区人民法院（2015）晋民初字第 2360 号民事判决书。

〔3〕 参见李方民主编：《房屋租赁合同纠纷诉讼指引与实务解答》（第 3 版），法律出版社 2017 年版，第 45 页。

〔4〕 最高人民法院（2017）民终 314 号民事判决书。

是,善意的次承租人在转租合同因出租人拒绝追认而被宣布无效时享有获得赔偿的权利。在出租人对转租合同效力不表态的情况下,次承租人都应严格履行合同,不得主张转租合同无效。

【案例 3－52】 江某强诉刘某梅房屋租赁合同纠纷案

判决观点,龙某碧与刘某梅签订的租房合同约定,承租方无权将房屋转租他人,若转租,应与房主另签合同。庭审中,刘某梅未举证证明其与江某强签订的门市转租合同经过了出租人同意,江某强亦未举证证明龙某碧已经以刘某梅未经其同意请求解除合同或认定转租合同无效,因此,江某强与刘某梅签订的门市转租协议仍处于效力待定的状态。故对江某强要求确认转租合同无效和刘某梅返还门市转租费 30000 元的诉讼请求,法院不予支持。〔1〕

对未经出租人同意的转租合同是否一律认定无效,实践中有三种不同观点,第一种观点为当然无效,第二种观点为以有无处分权为依据区分,第三种观点认为出租人是否同意不影响租赁合同效力。次承租人在转租赁期间,依法对租赁物享有占有、使用、收益的权利,转租赁权可以对抗出租人。

【案例 3－53】 叶某诉陈某茜、曾某房屋租赁合同纠纷案

一审法院认为,出租人刘某兴是在租赁期满前才得知商铺被转租的,而并非两被告所述刘某兴早已知晓商铺转租且在长达 10 个月的时间未提出异议。故,两被告适用该条款主张转租合同有效不能成立,法院依法不予采信。两被告明知出租人不同意转租仍然擅自转租,其行为是造成此次纠纷的主要原因,依法应承担转租合同无效的主要责任;原告明知承租的商铺系转租仍与两被告签订租赁协议,未尽到审查义务,亦有一定过错,应承担次要责任。二审调解结案。〔2〕

承租人未经出租人同意,与次承租人签订租赁合同,该合同不因出租人不同意而无效,无法继续履行的,可以做解除处理。

【案例 3－54】 胡某诉张某房屋租赁合同纠纷案

判决观点,原、被告双方签订的房屋租赁合同是双方的真实意思的表示,并不违反法律禁止性规定,是有效合同。被告张某连续 5 个月拖欠租金,构成违约,且达到合同约定的解除条件。原告胡某要求被告张某支付欠租及违约金的诉讼请求,以及要求解除合同的诉讼请求,均有事实及法律依据,应予

〔1〕 参见国家法官学院案例开发研究中心编:《中国法院 2012 年度案例》(合同纠纷),中国法制出版社 2012 年版,第 14 页。重庆市渝北区人民法院(2010)渝北法民初字第 10159 号民事判决书。

〔2〕 参见国家法官学院案例开发研究中心编:《中国法院 2012 年度案例》(合同纠纷),中国法制出版社 2012 年版,第 16 页。四川省攀枝花市东区人民法院(2010)攀东民初字第 155 号民事判决书。

支持。[1] 在本案中,出租人为曹某,胡某是承租人作为原告,张某是次承租人,法院认为涉案转租合同有效。

对于出租人明知或应当知道承租人将房屋转租,却长期不表态反对,次承租人也将房屋装修。其出租人此时提出不同意转租的异议,其主张转租合同无效,因其怠于行使权利,法律不予支持。

【案例3－55】　仙妮公司诉燕某房屋租赁合同纠纷再审案

二审法院认为,鉴于嘉定公司未对仙妮公司的转租行为提出异议并要求解除租赁合同,仙妮公司与燕某签订的房屋租赁合同不存在《合同法》第五十二条规定的无效情形,确认双方签订的转租合同有效。判决燕某按租赁合同约定的标准交纳租金。[2]

依据2009年《房屋租赁合同解释》规定,转租合同是否归属于无效取决于出租人是否在6个月内进行追认,无效宣告的归属权应属出租人。实践中,在出租人尚未表态的情况下,转租人或者次承租人为自身利益的考虑,起诉主张宣告转租合同无效,即在转租合同双方发生无效宣告权纠纷。一方或者双方向法院提起诉讼要求解除转租合同的情况下,法官审查认定出租人与转租人之间有关于禁止转租的规定,进而依职权主动认定该转租合同未经出租人同意而无效。个案中,次承租人起诉主张解除转租合同,之后转租人提出上诉,次承租人又提出该转租合同无效。[3] 租赁合同有禁止转租约定,与出租人6个月内提出异议是不能画等号的;如在出租人同意转租,而转租人或次承租人却主张转租合同无效如何认定等,是值得研究的问题和反思之处。

《民法典》颁布后实施前,法院依2009年《房屋租赁合同解释》规定处理转租纠纷。

【案例3－56】　吴某强与漳州盛世豪门娱乐有限公司房屋租赁合同纠纷再审案

最高人民法院认为,《房屋租赁合同解释》第十六条规定:"出租人知道或者应当知道承租人转租,但在六个月内未提出异议,其以承租人未经同意为由请求解除合同或者认定租赁合同无效的,人民法院不予支持。因租赁合同产生的纠纷案件,人民法院可以通知次承租人作为第三人参加诉讼。"该条法律规定是对承租人在承租房屋后再次转租的法律行为效力作出的规定,即具有合法承租权的承租人,未经出租人允许擅自转租。若承租人并未取得案

---

〔1〕 参见《房屋租赁合同纠纷裁判思路与裁判规则》,法律出版社2017年版,第35页。

〔2〕 上海市第二中级人民法院(2011)沪二民二(民)再终字第10号民事判决书。

〔3〕 上海市第一中级人民法院(2018)沪01民终4071号民事判决书。

涉房屋的合法承租权,则其无权对该房屋进行转租。[1]

关于转租推定问题。《民法典》第七百一十八条规定:"出租人知道或者应当知道承租人转租,但是在六个月内未提出异议的,视为出租人同意转租。"该条规定涉及效力的内容有,一是出租人知道或应当知道承租人转租,但在6个月内未提出异议,视为同意承租人转租,即推定出上述结果。二是承租人未经出租人同意签订的转租合同。未经出租人同意转租破坏了原出租人与承租人的信托关系,减弱了出租人对于出租房屋的控制,因此,原则上承租人未经出租人同意其转租行为为待定,这为持该观点的理解基础。

【案例3-57】 江门市纯某某装饰建材发展有限公司诉某某足浴城、苏某盛租赁合同纠纷再审案

再审法院认为,在民法典施行前,承租人经出租人同意将租赁物转租给第三人,当承租人与第三人签订的转租合同所约定的租赁期限超过承租人剩余租赁期限时,对于超出部分的约定的效力,在民法典实施后,人民法院应适用民法典第七百一十七条的规定,认定转租期限超过承租人剩余租赁期限的事实并不影响转租合同效力。至于转租合同是否有效,则应根据《中华人民共和国民法典》总则编第六章民事法律行为的效力部分相关规定来判定。[2]

3. 超过承租人剩余租赁期限效力

《民法典》第七百一十七条规定,"转租期限超过承租人剩余租赁期限的,超过部分的约定对出租人不具有法律约束力",而没有作无效规定。立法者解释为,本条规定采用相对无效说,规定转租合同中约定的转租期限超过承租人剩余租赁期限的,按约定只要不存在本法规定的无效事由即为有效,次承租人也因此取得相应权利,但该权利仅对出租人不产生法律约束力。原租赁合同期限届满后,出租人可以要求次承租人限期返还租赁物,次承租人则可依据转租合同约定向承租人主张违约责任。[3] 按照《民法典》的上述规定,该类合同使超出了租赁期限部分有效,但对出租人不产生法律约束力。承租人与次承租人之间的合同仍有效,至于合同是否可继续有效履行问题,则属于合同履行及违约救济范畴,承租人与

---

〔1〕 参见最高人民法院民法典贯彻实施工作领导小组编著:《中国民法典适用大全》(合同卷五),人民法院出版社2022年版,第2102页。最高人民法院(2020)民申5377号民事裁定书。

〔2〕 人民法院案例库2023-16-2-111-008。广东省高级人民法院(2021)粤民申4430号民事裁定书。

〔3〕 参见黄薇主编:《中华人民共和国民法典合同编释义》,法律出版社2020年版,第546页。

次承租人可在合同框架内予以解决，也彰显了《民法典》合同编鼓励交易的精神。[1] 有法官认为，与司法解释不同的是，"合同编"本条规定避开了超期限转租合同无效论，采用了对出租人不具有法律约束力的观点。租赁合同与转租合同既具有与主合同和从合同的相似属性，又具有一定的独立性，毕竟两个合同的签订主体不同，而合同具有相对性。故以超过租赁期限的转租合同对出租人不具有法律约束力这一处理方式更符合合同相对性原则。承租人因此给次承租人造成损失的，应按照转租合同的约定向次承租人承担赔偿损失等违约责任。[2]

对超过承租人剩余租赁期限效力，在《民法典》颁布前按无效认定，《民法典》颁布后应按有效认定。

【案例3-58】　某时代实业有限公司与林某、张某房屋租赁合同纠纷案

判决观点，林某将涉案房屋转租给张某，因双方签订的转租合同期限超出林某承租某时代实业有限公司合同约定的期限，故自2010年12月3日起超出期限的部分无效。林某对于拖欠租金的事实予以认可，因此应当及时偿还所欠租金3万元；张某行使次承租人代偿请求权，因某时代实业有限公司与林某的租赁合同期限已满，因此对于张某的主张不予支持。法院判决，林某支付某时代实业有限公司租金3万元，同时判决林某、张某将涉案商铺返还某时代实业有限公司。[3]

（五）租赁合同权属瑕疵效力认定

1. 租赁房屋权属有争议

当租赁房屋权属发生争议，有可能确认出租人是房屋的所有权人，则签订的租赁合同有效；也有可能确认出租人并非房屋所有权人或授权人，系无权处分且确认的所有权人或授权人拒绝追认对其所签订的租赁合同无效。在房屋确权之前，该租赁合同应为效力待定状态。

【案例3-59】　广东都市丽人实业有限公司与吴某某房屋租赁合同纠纷再审案

再审法院认为，关于合同效力认定问题。2010年12月19日，案外人陈

〔1〕 参见高云主编：《民法典时代合同实务指南》，法律出版社2020年版，第56页。

〔2〕 参见中国审判理论研究会民事审判理论专业委员会编著：《民法典合同编条文理解与适用》，法律出版社2020年版，第405页。

〔3〕 参见《房屋租赁合同纠纷裁判思路与裁判规则》，法律出版社2017年版，第236页。

某使用伪造的房屋产权人为包某某的房屋产权证、土地证、身份证,以包某某名义与吴某某签订租赁合同,由吴某某承租讼争宁波市开明街223号房屋,吴某某又与都市丽人公司签订案涉《房屋租赁合同》,将讼争房屋转租给都市丽人公司。由于包某某不是真实的房屋所有权人,吴某某并未据此取得合法的承租权,其转租行为的效力待定。事实上,在讼争房屋实际所有权人知悉吴某某承租后转租讼争房屋时,仍未予追认。因此,一、二审认定案涉吴某某与都市丽人公司之间《房屋租赁合同》无效,符合法律规定。[1]

2. 未取得房产证出租房屋合同效力

房屋购买人在未取得产权证的情况下出租房屋,只有在其已经取得并让渡的买卖合同权利范围内产生的租赁关系才能对抗原物权权利人,超过买卖合同权利范围的租赁合同为效力待定合同,会因购房人履约或违约而产生对抗与否的不同效力。因此类租赁关系而取得的权利对其他房屋购买人在取得物权之前具有对抗效力,但对善意取得房屋所有权的权利个人行使物权不构成限制。

【案例3-60】 南宁达胜房地产开发有限公司诉广西金一里物业管理有限责任公司等财产损害赔偿纠纷案

二审法院认为,原告与第三人签订的《平等商厦商品房购销合同》合法有效,第三人已按合同约定交付了首期购房款,原告未能证实已通知第三人支付余款,仅在报纸上刊登公告通知第三人已逾期付款解除合同,明显不合理。一审认定原告于2009年11月25日刊登的公告不发生解除合同的法律效力是正确的,予以维持。因此,被告依据其与第三人签订的租赁合同承租使用该铺面,未构成对原告侵权。一审判决驳回原告的诉讼请求正确,予以维持。[2]

房屋租赁合同在出租人未取得权属证书的情况下,出租人业已取得房屋使用权,其出租房屋是否享有所有权不影响租赁合同效力。

【案例3-61】 河南富康医药超市有限公司诉许某房屋租赁合同纠纷案

一审法院认为,富康公司通过何种途径取得房屋使用权,不影响许某按照双方之间合同的约定履行其交纳租金的义务,也不是租赁期满后许某不搬出所租房屋的理由。二审法院认为,许某与富康公司签订的《房屋合作协议》,系双方的真实意思表示,合法有效,依法应予保护。合同期满后,富康公

---

〔1〕 浙江省高级人民法院(2014)浙民提字第81号民事判决书。

〔2〕 参见国家法官学院案例开发研究中心编:《中国法院2013年度案例》(物权纠纷),中国法制出版社2013年版,第127~128页。广西壮族自治区南宁市中级人民法院(2011)南市民一终字第949号民事判决书。

司与许某未就续签租赁合同达成书面或口头协议,故富康公司有权随时请求许某搬离其所承租房屋,并请求支付相关费用。富康公司业已取得房屋使用权,其对涉案房屋是否享有所有权,并不影响许某依据合同约定向富康公司履行交纳租赁费用等义务,且本案系租赁合同纠纷,而非权属纠纷,富康公司具备当然的主体资格。综上,富康公司的诉讼请求有事实和法律依据,应当予以支持。许某的上诉理由不足以证明其主张,对其上诉请求,本院不予支持。原审判决认定事清楚、程序合法,应予维持。[1]

【案例3－62】　陈某诉宋某房屋租赁合同纠纷案

二审法院认为,当事人签订房屋租赁合同的主要标的是被上诉人所有的门头房,该房屋虽未单独办理产权登记手续,但并不影响上诉人对该房屋的合理使用。被上诉人将该房屋交付上诉人使用后,上诉人就应当按照约定交纳房租。[2]

房屋产权瑕疵只是出租人未取得权属证书,未被查封扣除,更没有权属争议也没有违反法律、行政法规关于使用条件的强制性规定的情形,故不影响租赁合同效力。

【案例3－63】　王某一诉电气公司房屋租赁合同纠纷案

二审法院认为,关于合同效力问题,王某一主张涉案房屋未取得施工许可,无产权证明,属于违法建筑,双方之间所签租赁合同应属无效。但根据已经查明的事实,电气公司提供产权说明、商品房买卖合同,原审法院就此亦向有关机构进行调查咨询,并查询相应建设规划许可证及房屋规划图等材料,在此基础上,原审法院认为上述证据足以证明案涉房屋的建设经过行政管理部门的规划许可,并据此驳回王某一主张涉案房屋租赁合同无效的诉讼请求,处理适当。判决:驳回上诉,维持原判。[3]

---

〔1〕 河南省郑州市中级人民法院(2012)郑民四终字第152号民事判决书。

〔2〕 山东省青岛市中级人民法院(2010)青民一终字第386号民事判决书。

〔3〕 参见国家法官学院、最高人民法院司法案例研究院编:《中国法院2022年度案例》(合同纠纷),中国法制出版社2022年版,第81页。北京市第三中级人民法院(2020)京03民终7554号民事判决书。

三、房屋租赁合同无效纠纷处理

(一)租赁合同无效认定

《民法典》第一百五十三条规定:“违反法律、行政法规的强制性规定的民事法律行为无效。但是,该强制性规定不导致该民事法律行为无效的除外。违背公序良俗的民事法律行为无效。”第一百五十四条规定:“行为人与相对人恶意串通,损害他人合法权益的民事法律行为无效。”第一百五十五条规定:“无效的或者被撤销的民事法律行为自始没有法律约束力。”第一百五十六条规定:“民事法律行为部分无效,不影响其他部分效力的,其他部分仍然有效。”上述四个条文应为认定租赁合同效力的法律依据。尤其是第一百五十三条第一款的但书部分,笔者认为,该强制性规定是指法律的管理性规定,而不是效力性规定。

《民法典合同编通则解释》第十七条规定:“合同虽然不违反法律、行政法规的强制性规定,但是有下列情形之一,人民法院应当依据民法典第一百五十三条第二款的规定认定合同无效:(一)合同影响政治安全、经济安全、军事安全等国家安全的;(二)合同影响社会稳定、公平竞争秩序或者损害社会公共利益等违背社会公共秩序的;(三)合同背离社会公德、家庭伦理或者有损人格尊严等违背善良风俗的。人民法院在认定合同是否违背公序良俗时,应当以社会主义核心价值观为导向,综合考虑当事人的主观动机和交易目的、政府部门的监管强度、一定期限内当事人从事类似交易的频次、行为的社会后果等因素,并在裁判文书中充分说理。当事人确因生活需要进行交易,未给社会公共秩序造成重大影响,且不影响国家安全,也不违背善良风俗的,人民法院不应当认定合同无效。”

《房屋租赁合同解释》第二条前半段规定:“出租人就未取得建设工程规划许可证或者未按照建设工程规划许可证的规定建设的房屋,与承租人订立的租赁合同无效。”第三条第一款前半段规定:“出租人就未经批准或者未按照批准内容建设的临时建筑,与承租人订立的租赁合同无效。第二款前半段规定:“租赁期限超过临时建筑的使用期限,超过部分无效。”《房屋租赁合同解释》该两条是关于租赁合同无效的判断标准之一。

2009 年《房屋租赁合同解释》在坚持以法律、行政法规效力性强制性为判断标准的基础上,确定认定合同效力的原则,其一,限制无效合同范围。2009 年《房屋租赁合同解释》仅将违法建筑物、转租期限超过剩余租赁期限及未经出租人同意三种租赁合同认定为无效合同。在违法建筑物范围认定上,确定未取得建设工程规划许可证或未按照建设工程规划许可证规定建设的房屋,未经批准或者未按照批准内容建设的临时性建筑,超过批准使用期限的临时性建筑为违法建筑。其二,确立效力补正措施。对欠缺生效条件合同效力的处理,采取补救性措施,即当事人只要在一审法庭辩论终结前,取得法律、行政法规规定的条件,不存在《合同法》第五十二条(对应《民法典》第一百五十三条)规定的无效情形,就认定合同有效。[1]

1. 无效合同甄别

无处分权人处分他人财产的行为,应属无效,这点并无争议。但对于无处分权人处分他人财产过程中签订的合同效力,按照《房屋租赁合同解释》第三条第一款规定,对请求主张无效的法院不予支持。从法理上讲,无处分行为虽属无效,但处分行为包括物权行为及准物权行为,并不包括负担行为。转移标的物所有权的行为属于处分行为,未经权利人授权自然无效。但为此签订合同的行为,仅在双方之间形成转移标的物的请求权,并不直接产生物权转移的效果,因此为负担行为,而非处分行为,故并不自然无效。部分共有人与承租人签订房屋租赁合同,仅为延长原租赁期限,属于负担行为而非处分行为,因此该房屋租赁合同并非无效。也就是说,部分共有人未经其他共有人同意对外签订的房屋租赁合同不应认定为无效。

【案例 3-64】 陈乐某诉李某某等房屋租赁合同纠纷案

一审法院认为,由于被告铂锻公司原已向产权人承租系争房屋,并签订了房屋租赁合同,产权人陈玉某去世后,根据被告李某某、陈某的要求,被告铂锻公司与被告李某某重新签订租赁合同,该合同同时约定,被告李某某为该房屋的代理人,原告、第三人以起诉的形式对被告李某某行为不予追究,被告李某某仅为被告陈某的代理人。现原告、第三人均未提供被告李某某与被告铂锻公司的租赁合同严重损害继承人权益的充分证据,被告铂锻公司因本次诉讼期间于 2015 年 4 月 30 日前搬离系争房屋,被告李某某与被告铂锻公司间租赁合同已解除。据此,一审法院判决驳回原告、第三人要求确认被告李某某与被告铂锻公司间租赁合同无效的诉讼请求。二审法院亦持同样意

---

〔1〕 参见最高人民法院民事审判第一庭编著:《最高人民法院〈关于审理城镇房屋租赁合同纠纷案件司法解释〉的理解与适用》,人民法院出版社 2009 年版,第 9 页。

见，维持一审判决。[1]

在《八民纪要》中，最高人民法院的司法政策是"以合同自由为代表的意思自治是民商法的基石，以诚实信用为代表的权利本位是民商法的中心。要谨慎介入当事人自治领域，充分尊重当事人对合同自由权利，除非违反法律效力性强制规定，不能轻易否定合同效力。要鼓励交易，维护交易稳定性，保护相对人期待利益，最大限度增进社会财富流通"。换言之，为保护善意人的期待利益，不应轻易认定合同无效。

【案例3－65】 小林园社区文化广场业主委员会诉宜昌环中房地产开发有限公司建筑物区分所有权纠纷案

二审法院认为，环中房地产公司与天长地久公司签订的《文化广场房屋租赁合同》系无权处分，但因该租赁合同未到期，天长地久公司亦属于善意第三人，其系善意承租人和善意占有人，从鼓励市场交易、维护商业秩序的角度出发，本案不能以环中房地产公司无权处分而否认该租赁合同的效力，故对文化广场业主委员会要求确认该租赁合同无效及要求天长地久公司向文化广场业主委员会返还租赁物的诉讼请求，不予支持。鉴于涉案房屋和平台空间的原租赁合同未到期，对承租人而言，租赁物存在商业使用价值，对租赁物所有权人而言，也存在出租收益，故文化广场业主委员会可与天长地久公司就涉案房屋和平台空间的后续租赁和返还另行协商解决。综上所述，环中房地产公司的上诉请求部分成立，应予改判。[2]

实践中，对恶意串通损害他人利益的租赁合同应认定为无效。对于承租人与出租人恶意串通，签订房屋租赁合同并抢先交付，承租人占有或办理登记的，其在先履行顺位不受法律保护，其他承租人可请求确认合同无效。

对部分共有人出租共有的房屋租赁合同效力认定，不能仅以出租人未经其他共有人同意为由，认定租赁合同无效。如果承租人为恶意，即其知道或应当知道承租房屋存在其他共有人、出租人未经其他共有人同意而擅自出租，则构成恶意串通，如果损害了他人利益，则租赁合同为无效合同。实践中，部分共有人作为原告起诉出租人与承租人的，因原告并非涉案系争房屋租赁合同的当事人，其作为合同外的第三人起诉要求确认两被告之间签订的房屋租赁合同无效，必须举证证明其与该合同有利害关系，其合法利益受到了损害，并且必须证明承租人在签订租赁合同时具有恶意。如果原告并未提供充分的证据证明上述特征事项，亦未能

---

〔1〕 参见郭伟清主编：《2017年上海法院案例精选》，上海人民出版社2018年版，第34页。

〔2〕 参见国家法官学院、最高人民法院司法案例研究院编：《中国法院2020年度案例》（物权纠纷），中国法制出版社2020年版，第190～191页。湖北省宜昌市中级人民法院（2018）鄂05民终3025号民事判决书。

举证证明承租人与出租人之间的租赁合同存在其他具有无效的情形,法院不应支持原告的诉讼请求。

对于租赁合同双方约定租赁期限20年后自动续期效力,最高人民法院民一庭认为,租赁期间即租赁合同的存续期间。《民法典》第七百零五条规定:“租赁期限不得超过二十年。超过二十年的,超过部分无效。租赁期限届满,当事人可以续订租赁合同;但是,约定的租赁期限自续订之日起不得超过二十年。”由此可见,除法律有特别规定之外,定期租赁合同的最长期间不得超过20年。对于实践中当事人签订租赁合同约定租赁期限20年,到期后自动续租20年,对于“到期后自动续租20年”的约定应认定无效。其理由是:首先,租赁合同中出租人向承租人所转移者仅为债权性质的使用收益权,在租赁关系消灭时,承租人应当向出租人返还租赁物,如允许租赁合同存续期过长,一般的租赁物均会消耗殆尽,势必影响租赁物的返还,与租赁交易的初衷相悖。其次,租赁合同当事人的权利和义务有赖于当事人之间的约定,但当事人的预见能力终究有限,而合同严守原则又使租赁合同的变更异常艰难,限制定期租赁合同的最长存续期间,有助于租赁合同的当事人适时调整交易的条件。最后,租赁合同约定租赁期限20年,意图使租赁合同继续存续的,可于定期租赁合同期限届满之前或之时续订租赁合同,但新的定期租赁仍需受20年的最长期限制。如果当事人在订立租赁合同时,在合同中约定到期后自动续期20年,这样的约定意图规避《民法典》对租赁合同最长租赁期间的限制而无效。[1]

出租人将房屋出租后,在前一租赁合同有效期间,以同一房屋又与后手承租人订立租赁合同,是否构成对前租赁合同承租人的侵害,其效力如何需要研究。

【案例3-66】　冯某诉王某、龚某房屋租赁合同纠纷案

二审法院以被上诉人与龚某签订租赁协议的日期以及约定交付租赁房的时间均在冯某承租期间,损害了冯某的合法权益为由,确认被上诉人与上诉人龚某租赁协议中沿街房有关的条款无效,因而维持一审判决中关于王某继续履行对冯某的出租房屋义务、龚某返还其正在使用的沿街房一间的判决等项。学者认为,本案合理的判决应当是确认被上诉人与两上诉人分别成立的租赁合同均为有效,被上诉人王某在出租期间,趁上诉人冯某的不备,将其置于出租房内的东西搬出,并将该房交与上诉人龚某占有使用,构成对冯某占有权的侵害,同时又使冯某无法实现租赁合同确定的利益,构成违约,两项竞合,冯某有权选择侵权损害赔偿请求权和违约责任请求权;但龚某依据租赁合同而取得租赁物的占有,为有权占有,且其取得占有时为善意,即对被上

〔1〕 参见最高人民法院民事审判第一庭编:《民事审判实务问答》,法律出版社2021年版,第105~106页。

诉人取得占有的方式不当为不知且无可得知，故其占有应受保护。本案二审法院为保护前承租人冯某的利益，宣告后一租赁合同无效，并强令后承租人龚某交还租赁物给前承租人，显然违背租赁合同的性质和占有保护制度的本旨，有悖于现代民法公平原则和保护交易安全的基本精神。[1]

2. 部分有效、部分无效

《民法典》第一百五十六条规定："民事法律行为部分无效，不影响其他部分效力的，其他部分仍然有效。"与《合同法》第五十六条规定一致。该条是关于合同部分有效、部分无效的规定。该条包含以下三层含义：其一，在一个合同内容中，存在部分有效、部分无效。其二，合同内容具有可分性，合同部分无效后不影响合同其他部分履行和履行整体效果。其三，合同有效部分能够独立履行。

【案例3－67】 江苏省苏州市郊区供销集团公司等与江苏苏州万通房产开发有限公司等房屋租赁合同纠纷案

最高人民法院认为，当事人签订房屋租赁合同时，尽管当时作为租赁标的物的房屋尚未建成，但系双方的真实意思表示，不违反法律和行政法规的强制性规定，为有效协议。但是当事人订立的会议纪要，约定双方在租赁房屋未经消防验收、消防设施不符合开业条件并存在重大火险隐患的情况下强行开业，损害了社会公共利益。该变更约定违反了行政法规、地方性法规的强制性规定，该会议纪要达成的变更约定内容无效。[2]

合同部分无效的适用条件，首先建立在合同内容可分性的基础上，也就是说该部分内容是相对独立的，与合同的其他部分具有可分性。如果该内容不具有可分性，或者当事人将此内容约定为合同成立生效的必要条款，则该合同部分无效将导致整体无效。其次合同剩余部分可以履行，即剩余合同的内容对当事人仍然具有意义。

【案例3－68】 上海普嘉物流有限公司诉上海米牌地板制造有限公司房屋租赁合同纠纷案

一审法院认为，原、被告间《厂房场地租赁合同》的租赁物分为两部分：一是被告具有所有权的春浓路某号房产，二是被告向联群村委会租赁的1号地块土地。由于该1号地块土地系非工业用地，现被告将其作为工业用地转租给原告，违反《土地管理法》规定，因此双方租赁合同中关于出租1号地块

〔1〕 参见王利明主编：《判解研究》2005年第6辑（总第26辑），人民法院出版社2006年版，第128～139页。

〔2〕 最高人民法院（2001）民一终字第126号民事判决书。

部分的约定无效。按照《合同法》规定,合同部分无效,不影响其他部分效力的,其他部分仍然有效。本案中,2 号地块系登记在被告名下房地产,地上厂房建筑面积巨大,是双方租赁合同的主要租赁物,且在产证范围内的建筑物周边仍留有较大面积空地,可供原告停放物流车辆;此外,原告承租 1 号地块后搭建了钢结构大棚用于分租牟利,并不是将该地块用作停车场地;因此,1 号地块确认无效返还后并不影响原告对其他租赁物的使用,故原、被告对 2 号地块租赁物达成的约定仍然有效。二审法院亦持同样意见,维持一审判决。[1]

【案例 3-69】 福田中医院诉温某波房屋租赁合同纠纷案

一审法院认为,涉案房产包含了未取得建设工程规划许可证而违法加建的套内面积为 69.98 平方米的违法建筑,其余部分系按照建设工程规划许可证建设的。而温某波庭审时也确认涉案房产的确包含了违法加建的违法建筑。因此,福田中医院与温某波之间签订的房地产租赁合同属部分有效、部分无效的合同。《房地产租赁合同》套内面积为 69.98 平方米部分无效,不影响合同的其他条款的效力,其余部分仍然有效。二审法院认为,原审判决关于温某波、福田中医院签订的《房地产租赁合同》为部分有效、部分无效的认定合法正确,理由不再赘述。涉案《房地产租赁合同》是否在行政机关办理备案登记与合同效力无涉,温某波关于合同有效的主张没有法律依据,不能成立。[2]

《民法典》第七百零五条第一款规定:"租赁期限不得超过二十年。超过二十年的,超过部分无效。"《合同法》第二百一十四条作了相同规定。

《房屋租赁合同解释》第三条第二款前半段规定:"租赁期限超过临时建筑的使用期限,超过部分无效。"该条是关于认定合同租赁期限部分有效、部分无效的规定。

【案例 3-70】 中国人民解放军 66446 部队诉北京东西分析仪器有限公司房屋租赁合同纠纷再审案

再审法院认为,本案中,66446 部队与东西分析公司签订的《租赁协议》约定租期为 50 年,违反《合同法》关于最长租赁期限的规定,原审法院对超过部分 30 年租期认定无效正确。[3]

在认定合同效力问题上,法官应慎重处理。同为租赁标的物的房屋和场地在

---

〔1〕 参见郭伟清主编:《2015 年上海法院案例精选》,上海人民出版社 2016 年版,第 28~29 页。

〔2〕 参见万国营主编:《房屋租赁合同纠纷》(第 2 版),法律出版社 2015 年版,第 87~89 页。

〔3〕 参见北京市第一中级人民法院编:《裁判方法与法律适用:案例精选》(2019 年卷),法律出版社 2020 年版,第 434 页。北京市第一中级人民法院(2019)京 01 民再 130 号民事判决书。

合同效力上可以区别认定。

【案例3－71】 指导中心与雅明公司房屋租赁合同纠纷案

二审法院认为,关于租赁协议书的效力问题,涉案租赁物中包括使用面积869平方米的一号楼及150平方米的平房,指导中心在一审法庭辩论终结前未提供证据证明其出租的上述房屋取得了建设工程规划许可证或者经主管部门批准建设,一审法院到相关行政机关调取的证据亦证明指导中心出租的上述房屋未办理建设工程规划许可证,据此,租赁协议书中涉及一号楼、平房的约定内容应属无效。指导中心、雅明公司在租赁协议书中未对租赁物的用途进行约定,根据206号院所在地块经过相关政府部门审批并取得了建设用地规划许可证的事实,在现有证据不能证明租赁协议书场地出租的约定内容因违反我国法律、行政法规效力性强制性规定应认定无效的情形下,租赁协议书中关于206号院内场地出租的约定内容应属有效。[1]

3. 房屋买卖合同无效其中的租赁条款亦无效

当事人之间就房屋签订买卖合同时,合同有时会约定由一方使用,另一方支付租金。当该房屋买卖合同被确认无效的,合同中的租赁条款亦应认定为无效。房屋买卖合同无效,因其租赁条款并非是有关解决争议方法的条款故不应认定为有效。

【案例3－72】 王某清诉任某福房屋买卖合同纠纷案

一审法院认为,王某清与任某福签订的房屋买卖合同,因任某福所建房屋未办理相关的审批手续,违反法律的强制性规定,且经人民法院生效判决确认任某福与艺美公司土地租赁合同无效,故该买卖合同亦无效。因此该合同取得的财产应当予以返还。故王某清要求确认其与任某福之间的房屋买卖合同无效及要求任某福返还购房款的诉讼请求理由正当,证据充分,法院予以支持;对王某清放弃要求任某福给付装修费的诉讼请求,法院不持异议。无效的合同或者被撤销的合同自始没有法律约束力。任某福与王某清在合同中关于房屋使用费部分的约定对双方当事人自始没有法律约束力,故对任某福要求王某清支付房屋使用费的诉讼请求,证据不足,理由不当,不予支持。综上,一审法院判决王某清与任某福签订的房屋买卖合同无效,任某福返还王某清购房款5万元,驳回任某福的反诉请求。二审法院认为,一审法院"法院认为"部分翔实论述了本案双方当事人签订的房屋买卖合同无效的理由,也论述了合同无效的法律后果,对其论述,二审法院认为充分且恰当,

---

〔1〕 参见安凤德主编:《租赁合同纠纷案件疑难问题裁判精要》,法律出版社2021年版,第66页。

应当予以维持。任某福在承认合同无效的现实后仍然要求王某清按照合同的约定给付其房屋使用费,没有法律依据,法院不予支持。综上,二审法院驳回上诉,维持原判。[1] 本案中,一、二审法院认定租赁条款无效正确,但未支持任某福主张的占有使用费值得商榷。

4. 应注意的问题

其一,出租没有产权证或产权登记不明房屋租赁合同效力。出租没有产权证的房屋可能存在两种情形:一是因为出租人不是该房屋的所有权人而未持有房产证,二是因为该出租房屋未取得房产证。对于此类房屋租赁合同效力问题,应当视未取得产权证的原因区别对待。原则上,不应以出租房屋未取得产权证而直接认定房屋租赁合同无效。依据《民法典》及相关司法解释规定,认定房屋租赁合同因出租房屋无产权证或产权登记不明而无效的,缺少法律依据。对其无效的诉讼请求法院不予支持。但如果是因为未取得建设工程规划许可证或未按建设工程规划许可证的规定建设而不能取得产权证的,由于该类房屋违反国家关于建筑、规划等法律规定,属于违法建筑,法律不予保护,《房屋租赁合同解释》明确规定,出租该类房屋,租赁合同无效。

其二,实务中,当事人仅提起要求确认房屋租赁合同无效的确认之诉时,不能直接对装饰装修物进行处理。最高人民法院法官认为,在实践中,如出租人提起要求确认房屋租赁合同无效确认之诉,而承租人就租赁合同的效力进行答辩,认为房屋租赁合同有效,要求出租人继续履行合同,不会要求对装饰装修物的损失进行赔偿。此时,人民法院如对纠纷调解不成,根据《民事诉讼法》"不告不理"原则,不应对装饰装修物的损失补偿问题进行处理。但是,如人民法院经审查确认房屋租赁合同无效,则应根据最高人民法院《民事证据规定》第三十五条的规定,当事人主张的法律关系的性质与人民法院根据案件事实作出的认定不一致的,可由一审法院行使释明权,告知当事人变更诉讼请求。因此,人民法院审理查明房屋租赁合同无效的,可行使释明权,以引导当事人正确行使诉讼权利。如承租人坚持不变更诉讼请求的,不要求出租人折价补偿其装饰装修物损失或者分担损失的,人民法院可以直接裁判房屋租赁合同无效,并告知当事人对于装饰装修物损失折价补偿或者赔偿问题另循合法途径解决。[2]

---

〔1〕 参见《房屋租赁合同纠纷裁判思路与裁判规则》,法律出版社 2017 年版,第 72 页。

〔2〕 参见最高人民法院民事审判第一庭编著:《最高人民法院〈关于审理城镇房屋租赁合同纠纷案件司法解释〉的理解与适用》,人民法院出版社 2009 年版,第 128 页。

(二)租赁合同无效范围

1. 违法建筑物租赁合同

《房屋租赁合同解释》第二条前半段规定:“出租人就未取得建设工程规划许可证或者未按照建设工程规划许可证的规定建设的房屋,与承租人订立的租赁合同无效。”第三条第一款前半段规定:“出租人就未经批准或者未按照批准内容建设的临时建筑,与承租人订立的租赁合同无效。”上述司法解释的规定,是对违法建筑物无效的明确规定。违法建筑物除了包括城乡规定的建筑物、构筑物外,还应当包括违反临时建筑管理规定的临时建筑。从狭义角度讲,违法建筑主要是指城镇内的违法建筑;从广义角度讲,违法建筑还应当包括城乡村建筑。从立法本意讲,只要违反城乡规划法律规定,未取得城乡规划许可证,不论租赁房屋在乡村或城镇都属于违法建筑,因为乡村建筑与城镇建筑一样都受到《城乡规划法》调整。总之,按照《城乡规划法》规定,未取得规划许可证的城乡建筑和违反临时建筑管理规定的临时建筑,都属于违法建筑。

有法官认为,对于违法建筑的概念,并没有法律上的明确界定。建筑的合法化要求以及对违反法律、法规规定的建筑物的处理分散规定于土地、建设、规划、消防、公路、铁路、航运、市政管理等法律法规之中。[1]

【案例3-73】 张某与范某、七色厂房屋租赁合同纠纷案

一审法院认为,由于张某未能提供涉案房屋合法的报建手续及证明涉案房屋土地的用途,张某现将自建涉案房产租赁给范某作为厂房使用,将涉案土地用作商业用途,违反了法律、法规的有关强制性规定,因此,张某与范某签订的《深圳市房地产租赁合同书》及《补充条款》是无效合同,不受法律保护。二审法院持同样观点。[2]

【案例3-74】 中交海西投资有限公司诉上海置业实业有限公司等房屋租赁合同纠纷案

判决观点,本案诉争的52号房屋属于城市、镇规划区内的房屋,应当按照法律规定办理相应的规划手续。关于是否具有建设工程规划许可证的问题,由于复建只能在原有用地范围内,不能超过原有建筑面积,而52号房屋

---

〔1〕 参见万国营主编:《房屋租赁合同纠纷》(第2版),法律出版社2015年版,第56页。
〔2〕 参见邓基联主编:《房屋租赁合同纠纷》,法律出版社2010年版,第79页。

复建前后，无论在建筑面积、层数、建筑形式等方面均发生巨大变化，已不属于原拆原建的范畴，应当重新办理建设工程规划许可证。截至辩论终结前，置业公司与部队均认可尚未取得建设工程规划许可证。故置业公司与中交公司签订的《房屋租赁合同》无效。[1]

【案例3－75】 上海紫岗商贸有限公司与上海塬东工艺品有限公司房屋租赁合同纠纷案

判决观点，因紫岗公司向塬东公司出租之房屋系没有合法权证的违法建筑，故双方基于违法建筑签订的租赁合同，违反了有关法律规定，当属无效合同。[2]

在城乡接合部的房屋，得到乡土地管理部门认可且长期存在，但未取得建设规划许可证，此类房屋作为租赁标的物租赁合同仍应认定为无效。

【案例3－76】 鑫德奥公司与美邦杰仕公司房屋租赁合同纠纷案

二审法院认为，经查实，本案中的涉诉房屋未办理建设规划许可证，亦无乡规划主管部门核发的乡村建设规划许可证，根据原《房屋租赁合同解释》第二条第一款的规定……据此本院认定鑫德奥公司与美邦杰仕公司于2011年6月20日签订的房屋租赁协议无效。美邦杰仕公司上诉认为双方签署的房屋租赁合同无效的上诉意见法院予以采纳，一审法院认定鑫德奥公司与美邦杰仕公司于2011年6月20日签订的房屋租赁合同有效系认定错误，二审法院予以纠正。[3]

《房屋租赁合同解释》第二条规定："出租人就未取得建设工程规划许可证或者未按照建设工程规划许可证的规定建设的房屋，与承租人订立的租赁合同无效。但在一审法庭辩论终结前取得建设工程规划许可证或者经主管部门批准建设的，人民法院应当认定有效。"该条规定有三层含义：其一，确立了以取得建设工程规划许可证判断租赁合同效力标准。其二，否定了出租人与承租人虽然就所签订租赁合同的真实意思表示，即便租赁合同是双方的合意也不受法律保护。其三，允许在签订租赁合同时未取得建设工程规划许可证，但在诉讼中一审法庭辩论终结前取得的亦可认定为有效。但允许补正的时间点仅限于一审法庭辩论终结前的期间。

---

〔1〕 参见最高人民法院中国应用法学研究所编：《人民法院案例选》2018年第3辑（总第121辑），人民法院出版社2018年版，第96页。北京市第一中级人民法院（2014）一中民初字第7988号民事判决书。

〔2〕 参见邓基联主编：《房屋租赁合同纠纷》，法律出版社2010年版，第87页。

〔3〕 北京市第三中级人民法院（2015）三中民终字第06036号民事判决书。

【案例3－77】 刘某强诉北京振锋仁基医疗科技有限公司房屋租赁合同纠纷案

一审法院认为,涉案房屋未取得建设工程规划许可证,故原、被告签订的房屋租赁合同及补充协议应为无效;被告振锋公司将没有取得建设工程规划许可证的房屋对外进行出租,因此导致合同无效,对此应当承担主要责任,原告刘某强未认真审查租赁房屋的相应手续,亦应承担一定的责任。因租赁合同无效,被告振锋公司已向刘某强收取的房屋租金806796元以及押金268932元应当予以退还。二审法院亦持同样意见,维持一审判决。〔1〕

【案例3－78】 孙某春诉王某海房屋租赁合同纠纷案

判决观点,出租人就未取得建设工程规划许可证的房屋,与承租人订立的租赁合同,该租赁合同无效。孙某春出租给王某海的房屋,其未能提供该房屋具有建设工程规划许可证等法定手续,所以其与王某海之间签订的房屋租赁协议属于无效合同。〔2〕

【案例3－79】 郑某某与崔某某房屋租赁合同纠纷案

二审法院认为,目前,涉案租赁房屋仍未取得建设工程规划许可证或其他合法建设手续,亦未办理产权证书,且郑某某在二审中认可涉案厂房下的土地现为集体土地。故涉案双方签订的租赁协议违反法律的强制性规定,应为无效。〔3〕

出租人未按照批准内容进行建设为违法建筑,相应的租赁合同应认定为无效。需要研究的是,是否再区分违法建筑面积大小,而将租赁合同分为部分有效、部分无效。个案中,法院对违法建筑面积大小不再作不同部分认定。

【案例3－80】 农安公司与大众公司房屋租赁合同纠纷案

二审法院认为,大众公司提交的深圳市盐田港建设指挥部出具的《施工许可证》[盐田港城建字(93015)号]、《建筑许可证》[建第(99002)号]显示盐田区明珠苑小区综合楼(8层)的建筑面积为8843平方米,而大众公司自认该房产的建筑面积为8938平方米,即未按批准内容进行建设。根据原《房屋租赁合同解释》第二条的规定,我国法律将房地产建筑作为一个不可分割的整体进行判断,不区分房地产建筑的各个组成部分分别判断。因此,大众

〔1〕 参见国家法官学院案例开发研究中心编:《中国法院2018年度案例》(合同纠纷),中国法制出版社2018年版,第151页。北京市第二中级人民法院(2016)京02民终字第5461号民事判决书。

〔2〕 参见国家法官学院案例开发研究中心编:《中国法院2015年度案例》(合同纠纷),中国法制出版社2015年版,第106页。江苏省泰州市医药高新技术产业开发区人民法院(2013)泰高新民初字第1572号民事判决书。

〔3〕 江苏省徐州市中级人民法院(2013)徐民终字第1445号民事判决书。

公司、农安公司就涉案房产签订的房屋租赁合同无效。原审判决认定合同有效，属于适用法律错误，本院予以纠正。绝对无效合同自始无效、当然无效、确定无效。农安公司无权主张行使合同有效情况下的承租人优先购买权，以此作为不支付租金的抗辩理由。[1] 本案中，无合法手续建筑面积比取得合法建设只多95平方米，并以此认定有合法手续的8843平方米亦无效，这是可以研究之处。这种现象在实践中多有发生，出租人建设上万平方米建筑，另单建上百平方米违法建筑是否通通认定为违法建筑而不作区分认定待研究。

从司法实践来看，在租赁合同纠纷案中违法建筑租赁合同占有一定比例。法院对于建筑物性质认定属于形式认定，即主要以《土地管理法》和《城乡规划法》为依据，审查涉案建筑物有无建设审批手续，据此判断是否属于违法建筑。且一般法院的认定到此为止，对于建筑物是应该改正、拆除、没收还是应该补办手续，并不作认定，故不会超过法院民事诉讼的职权范围。其判断租赁合同无效的标准，是法律效力性强制性规定。

居委会出具的证明不是判断合同效力的依据。

【案例3－81】　庞某丽诉孙某花房屋租赁合同纠纷案

判决观点，被告孙某花未在一审法庭辩论终结前举证证明其转租的洪楼南路40号20平方米房产的合法性即该房屋取得建设工程规划许可证或属于主管部门批准建设的临时建筑。被告虽提供了济南市历城区山大路街道洪北社区居民委员会出具的证明一份，证明济南市历城区洪楼南路40号的房屋产权归张某所有，系非住宅，不属于违章建筑。但此证明是洪北居委会向工商管理部门出具的用于办理工商登记的证明，洪北居委会属于居民自治组织，其不具备建设工程规划或临时建筑审批的相关职权，其出具的证明不具备法律效力。依据上述司法解释，原、被告签订的租赁合同因出租房屋为违法建筑而导致合同无效。[2]

双方当事人就尚不存在或尚未建成的房屋签订的租赁合同为房屋预租合同。现行法律、行政法规和司法解释对房屋预租合同无特别规定，在此情形下，其相关问题的认定可参照适用有关房屋租赁的规定。若合同约定的预租物没有取得建设工程规划许可证的，预租合同应认定无效。

---

〔1〕 参见万国营主编：《房屋租赁合同纠纷》（第2版），法律出版社2015年版，第101页。

〔2〕 参见国家法官学院案例开发研究中心编：《中国法院2012年度案例》（合同纠纷），中国法制出版社2012年版，第11页。山东省济南市历城区人民法院（2009）历城民商初字第1834号民事判决书。

【案例3-82】 浙江银泰投资有限公司诉包头市中冶置业有限责任公司房屋租赁合同纠纷案

最高人民法院认为,根据双方当事人的诉辩情况,本案二审期间的争议焦点为:(1)《房屋租赁合同》的效力如何认定;(2)中冶公司应否向银泰公司支付迟延交房违约金和解约赔偿金;(3)如果认定《房屋租赁合同》无效,中冶公司应向银泰公司赔偿损失及损失数额如何确定。关于焦点一,《房屋租赁合同》的效力认定问题。根据《房屋租赁合同》的约定,中冶公司的主要合同义务是按时交付符合合同约定要求的租赁物,银泰公司的主要合同义务是支付履约保证金及租金,双方的主要权利义务符合房屋租赁合同的特点。但《房屋租赁合同》签订时,作为租赁物的房屋尚未建成,因此属于对未来建成房屋的预租。关于房屋预租,在现行法律、行政法规没有规定的情形下,可参照适用有关房屋租赁的规定。《房屋租赁合同解释》第二条规定:"出租人就未取得建设工程规划许可证或者未按照建设工程规划许可证的规定建设的房屋,与承租人订立的租赁合同无效。但在一审法庭辩论终结前取得建设工程规划许可证或者经主管部门批准建设的,人民法院应当认定有效。"同时,根据《城乡规划法》(2007年)第四十条第一款"在城市、镇规划区内进行建筑物、构筑物、道路、管线和其他工程建设的,建设单位或者个人应当向城市、县人民政府城乡规划主管部门或者省、自治区、直辖市人民政府确定的镇人民政府申请办理建设工程规划许可证"以及第六十四条"未取得建设工程规划许可证或者未按照建设工程规划许可证的规定进行建设的,由县级以上地方人民政府城乡规划主管部门责令停止建设……"的规定,取得建设工程规划许可证是进行合法建设的前提,也是判断是否为合法建筑的标准。本案中,根据双方提交的证据以及一审法院向包头市规划局稀土高新区规划分局核实的情况可以认定,没有证据证明在一审庭审辩论结束之前,案涉地块建设项目已经取得了建设工程规划许可证,即《房屋租赁合同》约定的租赁物既未建成,也没有取得合法的建设手续,这种情况下,《房屋租赁合同》应当认定无效,一审判决对此认定并无不当,银泰公司关于此点的上诉理由不成立。关于焦点二,迟延交房违约金和解约赔偿金应否支付的问题。《房屋租赁合同》认定无效后,不再涉及违约和解约的问题,有关迟延交房违约金和解约赔偿金的相关条款不再适用,银泰公司有关中冶公司应支付迟延交房违约金和解约赔偿金的诉讼请求不能成立,一审判决对此认定并无不当,银泰公司关于此点的上诉理由不能成立。关于焦点三,如果认定《房屋租赁合同》无效,中冶公司向银泰公司赔偿损失及损失数额如何确定的问题。《合同法》第五十八条规定……本案中,根据《房屋租赁合同》第2.3条和第11.11条约定,中冶公司保证和承诺"租赁房屋为合法建筑,具有中国法律规定的审批合格手续”“拥有对租赁房屋范围内的合法开发权”，现《房屋租赁合同》因未取得建设工程规划许可证而被认定无效，是由于中冶公司未实现上述保证和承诺所致，故中冶公司对于合同无效负有全部过错，因此应当赔偿银泰公司因此所受到的损失，中冶公司关于其不存在过错，银泰公司存在过错的主张不能成立。中冶公司称未取得建设工程规划许可证是由于政府行为导致，属于不可抗力。但根据《房屋租赁合同》第18.1条约定，双方并没有将政府行为约定为不可抗力，且根据第18.2条约定，发生了不可抗力后，中冶公司要立即向银泰公司发出通知并提供相关证明，但中冶公司并没有提交其已经就政府行为构成不可抗力向银泰公司发出通知及证明的相关证据。故中冶公司关于不可抗力的主张不能成立。关于赔偿数额，《合同法》第五十八条所称的“对方因此受到的损失”应限于信赖利益，不包括在合同有效情形下通过履行可以获得的利益。银泰公司提交的评估报告，是对其在合同有效情形下通过履行可以获得的利益的评估，不能作为认定合同无效后损失赔偿数额的依据，故银泰公司关于应依据该评估报告认定赔偿数额的主张不能成立。另外，因银泰公司已向中冶公司支付了500万元履约保证金，在中冶公司占有此500万元期间，银泰公司遭受资金损失，故对该部分损失中冶公司应予以赔偿，一审判决参照民间借贷的相关规定，酌情以500万元为计算基数、以中冶公司占有该500万元的期间为计算期间、参照24%年利率计算损失赔偿数额并无不当，中冶公司关于此点的上诉理由不能成立。关于律师费、评估费虽然《房屋租赁合同》第11.8条对其负担有约定，但在《房屋租赁合同》被认定无效的情形下，该条款不再适用，故一审判决对该两项费用没有支持并无不当。关于诉讼费用，依据《诉讼费用交纳办法》第二十九条规定“诉讼费用由败诉方负担，胜诉方自愿承担的除外。部分胜诉、部分败诉的，人民法院根据案件的具体情况决定当事人各自负担的诉讼费用数额……”在银泰公司的诉讼请求没有得到全部支持的情况下，其要求诉讼费用全部由中冶公司负担的主张不能成立。综上所述，银泰公司和中冶公司的上诉请求均不能成立，应予驳回；一审判决认定事实清楚，适用法律正确，应予维持。判决：驳回上诉，维持原判。[1]

2. 市政公用设施土地的租赁合同无效

《土地管理法》和《土地管理法实施条例》等法律、行政法规中关于使用土地的单位和个人必须按照土地利用总体规划确定的用途使用土地的规定，属于强制

---

〔1〕 参见最高人民法院民事审判第一庭编：《民事审判指导与参考》2017年第3辑（总第71辑），人民法院出版社2017年版，第221～223页。

性规定，违反上述规定转让，出租划拨土地使用权的行为当属无效。《城镇国有土地使用权出让和转让暂行条例》第四十四条规定，划拨土地使用权，除该条例第四十五条规定的情况下，不得转让、出租、抵押。该部行政法规明确规定了划拨土地使用权和地上建筑物、其他附着物所有权可以转让、出租、抵押的主体仅限于土地使用者为公司、企业、其他组织和个人，不包括国家机关的划拨用地使用者。《房地产管理法》第三十九条第一款规定，以划拨方式取得土地使用权的，转让房产时，应当按照国务院规定，报有批准权的人民政府审批。上述法律、行政法规的规定精神是一致的。也就是说，国家机关取得用于市政公用设施土地使用权也在不允许出租之列，其国家机关签订的租赁合同无效。当然也不能认为按《房地产管理法》的相关规定，上缴租金中所含土地收益部分租赁协议即为有效。

【案例3-83】 昆明市公安消防支队与重庆市垫江复合保温材料总厂、昆明小林大酒店有限公司房屋租赁合同纠纷案

最高人民法院认为，消防支队使用的土地是通过划拨方式取得的国有土地，该土地用途为市政公用设施，用作建盖消防培训大楼，消防支队未经批准擅自改变土地用途和房屋使用性质，建盖房屋作为酒店连同划拨土地使用权一起出租给垫江总厂用于租期长达25年的商业经营，违反了《土地管理法》和《土地管理法实施条例》等法律、行政法规中关于使用土地的单位和个人必须按照土地利用总体规划确定的用途使用土地的强制性规定，因此，一审判决认定双方签订的《租赁协议书》无效，是正确的，应予维持。消防支队主张按《房地产管理法》的相关规定，将租金中的土地收益部分上缴国家，《租赁协议书》即为有效。但是由于消防支队的房屋出租行为具有改变土地用途的性质，是违法行为，因此，无论是否上缴租金中的土地收益部分，均不能使《租赁协议书》合法有效，消防支队主张《租赁协议书》有效的上诉理由，不予支持。[1]

3. 集体土地上房屋租赁合同无效

按照《土地管理法》的规定，我国农民集体所有的土地可分为三大类，第一类是农用地，是指直接用于农业生产的土地，包括耕地、林地、草地、农田水利用地、养殖水面等。我国对于农用地的保护是非常严格的，在《土地管理法》的第一条、第四条第二款、第三十四条、第三十六条中分别作了规定。第二类是集体建设用地，是指经依法批准用于非农业建设的土地，包括乡（镇）村企业建设用地、乡

---

〔1〕 参见最高人民法院民事审判第一庭编:《最高人民法院民事案件解析》(房屋买卖、租赁纠纷)，法律出版社2010年版，第323页。

(镇)村公用设施和公益事业建设用地以及村民宅基地。依据《土地管理法》第十一条第二款的规定,集体建设用地也可表述为"非农业建设用地"。第三类是未利用地,是指农用地和建设用地以外的土地。农民集体所有的建设用地到底能否发生流转,虽然我国现有法律没有明确的规定,但对此却未从根本上进行否定。例如《土地管理法》第二条第三款规定:"任何单位和个人不得侵占、买卖或者以其他形式非法转让土地。土地使用权可以依法转让。"《国务院关于深化改革严格土地管理的规定》(国发〔2004〕28 号)第十条规定:"在符合规划的前提下,村庄、集镇、建制镇中的农民集体所有建设用地使用权可以依法流转。"2006 年 8 月《国务院关于加强土地调控有关问题的通知》(国发〔2006〕31 号)第六项规定:"农民集体所有建设用地使用权流转,必须符合规划并严格限定在依法取得的建设用地范围内",等等。综合上述及相关法律、国务院行政规定的精神,笔者认为,我国并没有禁止农村集体建设用地的合法流转,而且《土地管理法》第六十三条中"农村集体所有的土地"所涵盖的范围不应包括原本就具有非农业建设性质和功能用途的集体建设用地,对此条文应作限制性理解。其第六十三条立法本意是禁止农村集体农用土地的流转,目的在于防止农民所有的农用土地流失,而不是禁止非农建设用地使用权的依法流转。要判断涉案双方签订的在农村集体土地上租赁合同是否有效,关键是要厘清农民集体所有的类型种类及建设用地流转是否违反了第六十三条效力性强制性规定。

实际生活中,有一些都市里的村庄,在集体所有的土地上建房出租牟利,对此应按无效认定。根据《土地管理法》第六十三条规定,农民集体所有的土地使用权不得出让、转让或者用于非农业建设。《城市房地产管理法》第二条规定,房地产交易包括房地产转让、房地产抵押和房屋租赁。第八条规定,在城市规划区内的集体所有的土地,经依法征用转为国有土地后,该幅国有土地的使用权方可有偿出让。因此,在集体所有的土地上建房出租牟利,是违背法律规定的。

【案例 3-84】 西安市碑林区紫雾酒家与西安统一征地管理办公室、西安市碑林区永宁村村民委员会房屋租赁侵权赔偿纠纷案

一审法院认为,紫雾酒家与永宁村房屋租赁合同,系双方自愿签订,并经碑林区工商行政管理部门鉴证,应认定为合法有效,但由于该房屋附着的土地被征用,致使合同无法履行,故应解除该房屋租赁合同。最高人民法院认为,永宁村未经批准在集体土地上擅自建房并出租给该村之外的其他单位用于商业经营,违反了国家有关土地管理法律法规的规定,该租赁合同为无效合同,一审判决租赁合同有效并予以解除不当,应当纠正。[1] 本案租赁合同

〔1〕 参见最高人民法院民事审判第一庭:《最高人民法院民事案件解析》(房屋买卖、租赁纠纷),法律出版社 2010 年版,第 339 页。

中所租赁的房屋是永宁村未经批准在其所有的集体土地上建造的，按照国务院《村镇建房用地管理条例》和《陕西省国家建设征用土地和农村建设用地管理办法》的规定，该房属于违章建筑，不能取得合法的房屋所有权证书，不能出租，永宁村未经批准擅自建房并将该房出租给该村之外的其他单位，等于将集体所有的土地直接进入了市场，该租赁合同是无效的，一审判决认定租赁合同有效，判决解除合同(终止履行)是错误的，最高人民法院予以纠正正确。

【案例3－85】 江苏省某物流有限公司诉上海某仓储有限公司房屋租赁合同纠纷案

二审法院认为，另案生效民事判决书经查明并认定，仓储公司在南大路某弄占用土地及建造房屋，系擅自占有、使用农村集体土地、进行违章建房的行为，且仓储公司与案外人上海某工业园区经济发展(集团)有限公司等签订的合作协议书及协议书已被宣告无效，故本案双方签订的仓储租赁合同应为无效合同。仓储公司主张合同无效，法院予以采纳。[1]

购房人与农业庄园签订的房屋买卖合同，实际上是土地租赁合同，即租赁包括大棚及其房屋组成的整体院落，在大棚内超标准建房及出售，影响了该土地的农业用途，属于违法用地行为，应认定为无效合同。

【案例3－86】 张某与天津市某蔬菜专业合作社租赁合同纠纷案

二审法院认为，天津市武清区人民法院(2015)武刑初字第153号刑事判决书已查明蔬菜专业合作社未经土地管理部门批准私自在耕地上建造房屋的事实，故对天津市某蔬菜专业合作社提出其未建造房屋的理由，应不予采信。蔬菜专业合作社实际向张某同时交付了房屋和大棚。《土地管理法》第三十六条第二款规定："禁止占用耕地建窑、建坟或者擅自在耕地上建房、挖砂、采石、采矿、取土等。"该规定属于法律强制性规定。依据《合同法》第五十二条规定而应认定为无效。[2]

4. 房屋租赁合同被确认无效后不能转化

因租赁合同标的物违法，违法原因消失后，转化为有效合同的前提是合同效力尚未被司法机关或者仲裁机构确定。如果法定机构已经对合同效力作出认定，即认定标的物违法的租赁合同无效，在此情况下，不能因为取得规划许可证或者

---

〔1〕 参见《房屋租赁合同纠纷裁判思路与裁判规则》，法律出版社2017年版，第48页。

〔2〕 参见刘艳：《合同目的应作为法院判定合同效力的重要原因》，载《人民法院报》2017年1月5日，第6版。天津市第一中级人民法院(2016)津01民终3900号民事判决书。

有权机关批准而再次转化为有效合同。原因很简单,有关部门作出的认定已经发生法律效力,不能逆转,当事人对人民法院或者仲裁机构有关合同效力的认定不服的,只能向人民法院申请撤销仲裁裁决或者按照再审程序向上一级人民法院申请再审,此时,不存在合同效力转换问题。[1]

5. 改变房屋用途和使用功能合同无效

现行法律和行政法规对房屋用途改变的强制性规定属于效力性规范。根据我国"房地合一"和"房随地走"的基本政策,建筑物及其附属设施的使用功能取决于所附着土地用途,《民法典》第三百五十条、《城镇国有土地使用权出让和转让暂行条例》第十八条明确规定,土地用途的改变应经有关行政主管部门批准,未经行政主管部门批准,合同应认定为无效。根据《民法典》第二百七十九条规定房屋住宅改为商用的,应当遵守法律、法规、管理规约以及征得有利害关系的业主同意。不同用途的房屋在消防、水电等方面的设计、施工、安全系数要求不同,且不同用途的房屋配套设施亦不同,改变原房屋的用途且相应配套措施不到位必将影响到人身、财产安全,损害社会公共利益,这与法律保护大多数人的安全和社会公共利益宗旨相悖,其该种法律规定无疑是效力性强制性规范,应对此种租赁合同依法认定为无效。实践中,在无其他最影响合同效力存在的情形下,对租赁房屋改变用途应区分情况处理。对出租人将住宅小区的附属设施未办理合法报建手续的,其签订的租赁合同无效。虽出租人或承租人改变房屋用途,但经报建手续的,而应认定为有效。换言之,城市房屋的用途主要受制于土地用途和规划设计的用途,也就是土地使用者签订的土地使用权出让合同规定的土地用途。擅自改变土地使用权出让合同规定用途的租赁合同违反行政法规的强制性规定,是无效合同。根据法律规定,楼梯口及消防通道不能用于商业用途,将其用作商业用途的合同,也损害了公共利益,因此应当认定为无效。

【案例3-87】　江某与深圳市某机械工业有限公司房屋租赁合同纠纷案

二审法院认为,某机械公司未能提供涉案租赁物是属商业用途房屋的证据,且从某机械公司向江某发出的通知内容显示,某机械公司所出租的房屋是楼梯口,且是消防通道。同时,某机械公司未提交证据证明该租赁物不是消防通道,并可以作商铺用途出租,因此,一审认定该租赁物作商铺用途出租违反了法律法规的强制性规定,故判决某机械公司与江某所签订的《房屋租赁合同》及《房屋租赁合同的补充协议》无效是正确的。[2] 本案中出租人与

---

〔1〕 参见最高人民法院民事审判第一庭编著:《最高人民法院〈关于审理城镇房屋租赁合同纠纷案件司法解释〉的理解与适用》,人民法院出版社2009年版,第43~44页。

〔2〕 参见邓基联主编:《房屋租赁合同纠纷》,法律出版社2010年版,第54页。

承租人未经行政主管部门的批准即约定改变房屋使用功能违反了上述法律、行政法规的强制性规定，同时，占用消防通道从事商业经营也损害了公共安全，其租赁行为应属无效。

6. 限制民事行为能力人签订的租赁合同无效

十周岁以上的未成年人进行的民事活动是否与其年龄、智力状况相适应，可以从行为与本人生活相关联的程度、本人的智力能否理解其行为并预见相应的行为后果，以及标的数额等方面认定。

【案例3－88】 林某与北京中地恒远房地产经纪有限公司、宋某房屋租赁合同纠纷案

判决观点，根据查明的事实，本案中林某作为签订租赁合同的一方当事人，在订立合同时确系限制民事行为能力，且该合同未经其法定代理人追认，因此应依法认定该合同为无效合同。各方因该合同取得的财产应当予以返还。鉴于林某经居住30天，其居住期间的房屋使用费及水、电、煤气、电话费等，应当向宋某支付。具体使用费比照月租金支付，水电等费用以实际单据核算，其余部分由宋某予以返还；中地恒远公司基于无效合同而取得的代理费亦缺乏依据，依法应当返还宋某；林某与被告宋某合理的诉讼请求法院予以支持。林某的其他诉讼请求，缺乏相应的依据，法院不予支持。宋某及中地恒远公司的辩称缺乏依据，法院不予采信。[1]

7. 意思表示不真实的合同无效

签订合同的真正目的是通过诉讼由法院确认租赁合同成立在先、法院查封拍卖在后这一事实，进而依据“买卖不破租赁”原则及法律规定，占有和使用讼争房屋，以逃避法院对该房屋及土地的执行。其合同的目的不合法，应认定为无效合同。

【案例3－89】 巢某与江苏某公司房屋租赁合同纠纷案

二审法院认为，本案的争议焦点是巢某与江苏某公司达成的房屋租赁合同是否合法、有效。其一，房屋租赁合同上载明的签订日期是2006年12月15日，而在2007年12月3日巢某起诉巢某某归还借款1280万元及支付违约金，并要求江苏某公司、常州某公司承担连带责任一案中，常州市中级人民法院依据巢某的申请依法对江苏某公司所有的常州市新闸镇凌家村村委大

---

〔1〕 参见《房屋租赁合同纠纷裁判思路与裁判规则》，法律出版社2017年版，第68页。

江村28号的房屋及土地使用权进行了查封，但在法院查封过程中巢某从未向法院提出过本人系查封房屋的承租人，现巢某又提出与江苏某公司存在租赁关系显然有违常理。其二，从房屋租赁合同的履行情况来看，房屋租赁合同的签订时间是2006年12月15日，房屋租赁合同约定租金每年支付，先付后用，但巢某仅能提供2008年12月15日至2009年12月15日的租金收据一张，即使该租金收据是真实的，那么租金收据的时间也是在2008年11月3日常州市中级人民法院作出将江苏某公司的房屋及土地等作价抵偿给工行钟楼支行的裁定之后，同时巢某亦未能提供从2006年12月15日开始使用租赁房屋方面的证据，显然双方签订租赁合同的目的并不是履行房屋租赁合同。其三，在工行钟楼支行申请执行江苏某公司案件中，巢某明知常州市中级人民法院将本案讼争房屋进行公开拍卖，但巢某从未以承租人身份提出异议并主张权利。基于上述事实和理由，法院完全有理由相信巢某与江苏某公司签订的房屋租赁合同并非当事人真实意思表示，双方签订合同的目的并非租赁房屋，而是逃避常州市中级人民法院对本案讼争的房屋及土地的执行，进而损害申请执行人工行钟楼支行的合法权益，故原审法院认定房屋租赁合同无效正确。[1]

以无偿赠与使用年限的约定规避法定租赁期限的，实为以合法形式掩盖其非法目的，以存在权利瑕疵的租赁物以租代售的形式达到谋取经济收益的效果，故依法应认定无偿赠与使用年限属于整体租赁期限的一部分，如整体租赁期限超过20年的，则超过部分无效，出租人应返还无效部分所对应的财产利益并赔偿相应损失。

【案例3-90】　袁某白与东莞市亿洲实业投资有限公司房屋租赁合同纠纷案

二审法院认为，案涉租赁合同约定租赁期限为20年，租赁期限届满后赠与袁某白继续使用25年，即袁某白对案涉商铺实际使用期限为45年，亿洲公司是营利法人，是以获取利润为目的，并非以公益目的或者其他非营利目的成立的非营利法人，其称租赁期限届满后再赠送袁某白使用商铺25年与亿洲公司获取利润的目的相悖，且赠与使用的期限比有偿租赁期限还长，也不符合常理，租赁合同约定20年租赁期限届满后再赠送袁某白使用商铺25年是规避《合同法》第二百一十四条第一款关于租赁期限不得超过20年的限制，法院采信袁某白的主张，认定案涉租赁合同的实际租赁期限为45年，租

---

〔1〕参见李方民主编：《房屋租赁合同纠纷诉讼指引与实务解答》（第3版），法律出版社2017年版，第49页。

赁合同约定的20年租赁期限的租金应为45年租赁期限的租金。根据《合同法》第二百一十四条第一款规定,租赁合同的租赁期限不得超过20年,超过20年的,超过部分无效。一审判令亿洲公司将收取的超过20年期限的租金退还给袁某白正确,二审法院同意一审法院裁判意见,对一审判决予以维持。[1]

《民事审判指导与参考》研究组认为,对于实践中当事人签订租赁合同约定租赁期限20年,到期后自动续租20年,对于"到期后自动续租20年"的约定应认定无效。其理由是:首先,租赁合同中出租人向承租人所转移者,仅为债权性质的使用收益权,在租赁关系消灭时,承租人应向出租人返还租赁物,如允许租赁合同存续期限过长,一般的租赁物均会损耗殆尽,势将影响租赁物的返还,与租赁交易的初衷相悖。其次,租赁合同当事人的权利和义务有赖于当事人之间的约定,但当事人的预见能力终究有限,而合同严守原则又使租赁合同的变更异常艰难,限制定期租赁合同的最长存续期限,有助于租赁合同的当事人适时调整交易的条件。最后,当事人租赁合同约定租赁期限20年,意图使租赁合同继续存续的,可于定期租赁合同期限届满之前或之时,续订租赁合同,但新的定期仍需受20年的最长期限限制。如果当事人约定到期后自动续期20年,这样的约定为意图规避合同法对于租赁合同最长租赁期间限制而无效。[2]

意思表示不真实的合同无效。

【案例3-91】 孙某诉信息咨询中心房屋租赁合同纠纷案

一审法院认为,本案中,双方就签订合同是否有效存有争议。首先,合同签订的双方存在特殊关系,在合同签订时孙某系信息咨询中心的合伙人孙某华之妻,而合伙企业作为人合性企业,各合伙人之间的相互信任是企业存在的基础,作为企业合伙人,不论谁负责订立具有特殊关系之合同均需要履行谨慎的注意义务,避免合理性怀疑。而从本案已查明的事实看,孙某提供的合同仅加盖公章,且合同订立时间与当时公章保管人员的回忆存在出入,不能排除合理性怀疑。孙某在订立合同时系企业合伙人孙某华之妻,其作为特殊关系人应区别于一般合同相对人,对自己的房屋出租行为应该尽到谨慎的注意义务,而非对合伙企业情况完全不知情。其次,合伙人中何某平录音显示其对房屋租赁合同不知情,钟某亦表示对此不知情,孙某华在微信聊天中明确记载合伙企业成立之目的,上述证据均可以证实合伙企业无须实际办公

---

〔1〕 参见国家法官学院、最高人民法院司法案例研究院编:《中国法院2020年度案例》(合同纠纷),中国法制出版社2020年版,第124页。广东省东莞市中级人民法院(2018)粤19民终7903号民事判决书。

〔2〕 参见最高人民法院民事审判第一庭编:《民事审判指导与参考》2017年第2辑(总第70辑),人民法院出版社2017年版,第259页。

地点，仅需要虚拟注册地点。同时，从本院调取涉案房屋各项费用的支付情况看亦不能证实信息咨询中心实际使用涉案房屋。综上，孙某提供的房屋租赁合同不能证实为信息咨询中心真实意思表示，双方签订的该合同应确定无效。孙某据此主张要求信息咨询中心腾退房屋并支付房屋租金、违约金的诉讼请求，本院不予支持。孙某主张信息咨询中心变更工商注册地址并非人民法院管辖范围，本院不予处理。判决：一、孙某与信息咨询中心签订的房屋租赁合同无效；二、驳回孙某的全部诉讼请求。二审法院同意一审法院关于涉案合同并非信息咨询中心的真实意思表示的认定，认为非真实意思表示所签订的合同应属无效，同时运用《民事诉讼法》的证据规则进行论证，认为主张租赁合同关系存在的孙某未提交充分翔实的证据证明租赁关系的真实存在，未达到高度盖然性的证明标准。另外，从反证的角度看，信息咨询中心提供的证人证言等证据存在合理性和可信度，对此孙某的举证未能排除合理怀疑，即从正反两方面驳斥了孙某的主张。判决：驳回上诉，维持原判。[1]

8. 损害被代理人利益的合同无效

代理人没有忠实维护被代理人的利益，尽到善良代理人的代理义务，该代理行为违背诚实信用原则，背离民法代理制度的基本宗旨。第三人亦明知代理人的代理行为存在重大瑕疵，在代理人和第三人催告被代理人履行代理人与第三人所签订的合同后，被代理人明确表示不予认可的情况下，该代理行为对被代理行为不发生效力。

【案例3-92】　中国石油天然气股份有限公司湖北销售分公司与十堰车都大洋石化有限公司等租赁合同效力确认纠纷再审案

最高人民法院认为，本案各方当事人所争执的焦点问题是，代理人南海石化公司以被代理人中石油湖北公司的名义与车都公司签订的岗河村加油站《租赁合同》，对中石油湖北公司是否具有法律效力。本案中，中石油湖北公司向南海石化公司出具《委托书》时，代理人南海石化公司法定代表人与车都公司法定代表人王某芹为夫妻关系，且南海石化公司股东、南洋房地产公司法定代表人王某玉与王某芹为父女关系。赵某来与王某玉各占南海石化公司股份的51%、40.6%，车都公司股份的40%由王某芹持有，而占有另外60%股份的南洋房地产公司则由王某芹、王某玉、赵某来三人出资设立，王某玉和赵某来各占该公司股份的50%。上述情况充分说明南海石化公司

〔1〕参见国家法官学院、最高人民法院司法案例研究院编：《中国法院2023年度案例》（合同纠纷），中国法制出版社2023年版，第101～102页。北京市第三中级人民法院（2021）京03民终15233号民事判决书。

与车都公司之间存在紧密的关联关系,而这足以影响被代理人的切身利益,南海石化公司作为代理人应审慎行使其代理权,如实向被代理人中石油湖北公司报告上述事项以及委托事务的处理情况。但是,南海石化公司不仅没有履行上述报告义务,直接与车都公司签订《租赁合同》,并约定"本合同经甲方(中石油湖北公司)代理人和乙方签字或盖章即生效",事后以"请示函"要求中石油湖北公司履行该合同,且于2004年7月25日才将《租赁合同》邮寄给中石油湖北公司,而合同约定支付租赁费的时间为自合同生效之日起3个月,此时离支付租金的期限还不足1个月。而且,岗河村加油站在2004年5月19日签订《租赁合同》时没有备齐经营所需的相关法律证照,作为合同标的物存在瑕疵。同时,《租赁合同》第三条只约定中石油湖北公司支付租金的期限,而对车都公司交付租赁物的时间未作出约定;合同第六条第二项约定中石油湖北公司"逾期付款,按实际逾期天数,以每日万分之五的标准向乙方承担违约金",没有约定车都公司逾期交付租赁物也应承担相同的违约责任;合同约定中石油湖北公司一次性支付20年租金,租金的支付方式亦不尽符合正常的交易习惯。在此期间还发生了南海石化公司的法定代表人赵某来与车都公司法定代表人王某芹离婚手续倒签时间于南海石化公司接受中石油湖北公司委托之前的事情。南海石化公司作为代理人没有忠实维护被代理人的利益,尽到善良代理人的代理义务,该代理行为违背基本的诚实信用原则,背离民法代理制度的基本宗旨。第三人车都公司应明知南海石化公司的代理行为存在重大瑕疵。在车都公司和南海石化公司催告中石油湖北公司履行《租赁合同》后,中石油湖北公司明确表示对该合同不予认可,并在诉讼中以南海石化公司与车都公司隐瞒事实损害其利益为由主张合同无效。南海石化公司代理中石油湖北公司与车都公司签订的《租赁合同》不是被代理人中石油湖北公司的真实意思表示,该合同对中石油湖北公司不发生法律效力。原审判决认定合同有效不当,予以纠正。一审判决认定无效正确,予以维持。[1]

9. 利用长期租赁规避执行的行为无效

规避执行是指负有履行生效法律文书确定义务的当事人,或与案外人串通,采取表面合法的手段或者利用法律的漏洞,转移、隐匿财产,或对法院执行设置障碍,制造无履行能力的假象,躲避法院强制执行。

被执行人以明显不符合交易习惯的方式和自己有利害关系的关联公司签订

---

〔1〕 参见《最高人民法院民商事案件审判指导》(第1卷),人民法院出版社2012年版,第125～126页。

租赁合同，试图利用"买卖不破租赁"原则，在涉案抵押的房产上虚设长期租赁关系，为法院处置其财产设置障碍，损害申请执行人债权及时实现的正当权益，应当认定其租赁合同无效，其行为系规避执行的行为。

【案例3-93】　交通银行股份有限公司扬州分行与吴某福、江苏省扬州嘉元进出口有限公司执行案

执行法院认为，吴某福提交的2008年至2011年收受租金的字条与其控制的嘉元公司汇款给吴某福的2008年至2009年2月的银行进账单等，不仅数额不能与收条对应，且部分用途为借款。因此，被执行人吴某福以明显不符合交易习惯的方式将房产长期出租给与其有利害关系的嘉元公司，且无法提供任何租金支付的有效证据，可以认定系其与嘉元公司恶意串通利用"买卖不破租赁"原则，在涉案抵押的房产上虚设长期租赁关系，为人民法院处置其财产设置障碍，损害申请执行人债权及时实现的正当权益。双方签订房屋租赁合同行为系属于规避执行的行为。据此裁定吴某福与扬州嘉元进出口有限公司签订房屋出租协议的行为无效。各方当事人均未在法定期限内提起诉讼，执行裁定已发生法律效力。[1]

(三)租赁合同无效处理

《民法典》第一百五十七条规定："民事法律行为无效、被撤销或者确定不发生效力后，行为人因该行为取得的财产，应当予以返还；不能返还或者没有必要返还的，应当折价补偿。有过错的一方应当赔偿对方由此所受到的损失；各方都有过错的，应当各自承担相应的责任。法律另有规定的，依照其规定。"

《民法典合同编通则解释》第二十四条规定："合同不成立、无效、被撤销或者确定不发生效力，当事人请求返还财产，经审查财产能够返还的，人民法院应当根据案件具体情况，单独或者合并适用返还占有的标的物、更正登记簿册记载等方式；经审查财产不能返还或者没有必要返还的，人民法院应当以认定合同不成立、无效、被撤销或者确定不发生效力之日该财产的市场价值或者以其他合理方式计算的价值为基准判决折价补偿。

除前款规定的情形外，当事人还请求赔偿损失的，人民法院应当结合财产返还或者折价补偿的情况，综合考虑财产增值收益和贬值损失、交易成本的支出等事实，按照双方当事人的过错程度及原因力大小，根据诚信原则和公平原则，合理

---

〔1〕 参见《人民司法·案例》2015年第20期(总第727期)。江苏省扬州市中级人民法院(2015)扬执异字第00003号执行裁定书。

确定损失赔偿额。

合同不成立、无效、被撤销或者确定不发生效力，当事人的行为涉嫌违法且未经处理，可能导致一方或者双方通过违法行为获得不当利益的，人民法院应当向有关行政管理部门提出司法建议。当事人的行为涉嫌犯罪的，应当将案件线索移送刑事侦查机关；属于刑事自诉案件的，应当告知当事人可以向有管辖权的人民法院另行提起诉讼。”

《房屋租赁合同解释》第四条第二款规定：“当事人请求赔偿因合同无效受到的损失，人民法院依照民法典第一百五十七条和本解释第七条、第十一条、第十二条的规定处理。”这是法院宣告无效后如何进行处理的原则规定。对其损失处理放在其他专题予以阐述，这里只强调两点，即过错方责任确认划分和无效法律后果的自由裁量。

1. 租赁合同无效期间责任划分

造成房屋租赁合同无效应对过错进行责任划分，这是对于损失确认后如何承担的前提和基础。租赁合同无效期间损失责任划分，一般来讲，出租人应当承担主要责任，承租人承担次要责任。

【案例3－94】 名江公司与中驰公司房屋租赁合同纠纷案

二审法院认为，本案中，名江公司将没有相关合法建设手续的厂房用于出租，而中驰公司未经审核即与名江公司签订租赁合同，因此，导致合同无效的主要过错责任在于名江公司一方。原审所确定的名江公司对于钢结构车棚及水泥浇筑损失应承担的责任比例有失妥当，对此法院予以纠正。[1]

【案例3－95】 南通市崇川区钟秀街道联合村社区居委会与江苏华尔达置业投资咨询有限公司房屋租赁合同纠纷案

二审法院认为，联合村居委会明知临时建筑只有两年的使用年限，临时建筑超过使用期限却没有按照《城乡规划法》第四十四条的规定在使用期限内自行拆除，也没有申请延长使用，而是与华尔达公司签订了十年租赁合同，在使用期限届满后继续向华尔达公司收取租金。诉讼过程中，在原审法庭辩论终结前也未获得主管部门批准同意延长使用期限。本院认为，联合村居委会一方作为出租方，依法应当在租赁期间保持租赁物符合约定的用途，其应承担主要过错责任，华尔达公司作为承租人在承租涉案房屋时对于涉案房屋属于临时建筑是明知的，也具有一定过错。二审中，联合村居委会提交2012年10月16日的催款通知书，由张某某签收。联合村居委会以此证明华尔达

〔1〕 参见万国营主编：《房屋租赁合同纠纷》（第2版），法律出版社2015年版，第84页。

公司拖延支付租金,联合村居委会明确提出再不付清,将向法院提起诉讼,不存在违背诚信原则提起诉讼的问题。联合村居委会称原审已经提交了2012年8月23日的催款通知书,因为内容差不多,所以该份证据在原审中没有提交。华尔达公司对该催款通知书的真实性予以认可,但认为联合村居委会在原审中没有正当理由不提交不属于新证据,该催款通知书是对华尔达公司单方催要租金的函,其作出的结论性意见对华尔达公司无效,且与本案没有关联性和实体影响。本院认为,该证据在一审期间已经形成,但是联合村居委会没有正当理由未予提交。联合村居委会作为出租方将临时建筑出租却订立超过两年使用期限的合同,在超过两年期限之后联合村居委会明知合同无效的情况下仍继续出租,因此认定联合村居委会对于合同无效的过错程度更大。无效的合同自始没有法律约束力,本案合同自2010年9月1日起整体无效。联合村居委会以合同无效为由诉至法院是客观事实,联合村居委会上诉提出2012年华尔达公司存在拖欠租金属于违约行为并不能减轻其对合同无效的过错责任,本院对于该上诉意见不予采纳。[1]

2. 合同无效的法律后果

关于合同部分无效的法律后果,需要结合具体案情进行分析,由法官行使自由裁量权裁定。

【案例3-96】 上海普嘉物流有限公司诉上海米牌地板制造有限公司房屋租赁合同纠纷案

一审法院认为,由于原、被告在《厂房场地租赁合同》中未对1号、2号地块的租金作出区分,现1号地块被收回,导致原告场地使用面积减少,相应的租金也应当减少,法院根据被告租赁1号地块时的租金数额及原告实际的使用情况酌情确定为每年减少10万元,调整后的年租金为250万元。由于原告在承租1号地块后即进行了搭建,而搭建完成后即被拆除,故原告实际对1号地块并未真正使用,故法院确定上述调整后年租金250万元的标准自双方租期开始计算。原告应当按照合同约定的付款期限和调整后的租金标准向被告支付租金。被告反诉要求原告支付租金,合法有据,法院予以支持。其中,双方在备注条款中约定的电梯费应予以扣除。由于双方对合同的继续履行以及租金的标准有争议,故原告迟延付款具有一定合理性,被告反诉原告要求其承担迟延付款滞纳金于法无据,法院不予支持。对于原告要求被告支付违约金100万元的诉讼请求,由于双方关于1号地块的租赁条款被法院确

---

〔1〕 江苏省高级人民法院(2014)苏民终字第0081号民事判决书。

认无效,与1号地块有关的违约责任的约定也归于无效,且合同无效的后果即应当予以返还,故原告以被告不能交付1号地块而要求被告承担违约金100万元的诉讼请求,法院不予支持。对于无效条款造成的损失,应当根据各自的过错予以承担。这里的损失,是指双方缔约时可以预见,因合同无效直接导致的损失。原告主张的向分租人返还定金损失,首先仅凭原告提供的证据难以证明该事实确实存在;其次即便该事实存在,该损失也不属于合同无效导致的直接、可预见的损失,故法院对此难以支持。同理,原告主张的工商登记信息查询费损失,法院也不予支持。二审法院亦持同样意见,维持一审判决。[1]

租赁合同损失认定,应当根据租赁合同的不同类型予以区分。租赁住宅的损失主要为不能居住另租其他房屋而产生的损失,也包含装饰装修物损失。租赁经营用房的损失,承租人在出租房屋内从事餐饮、酒店、娱乐、商业等经营活动,部分租期内的租赁合同被认定无效的,其计算损失范围应考虑经营投入、购置设备、经营利润等。

对于判决租赁合同无效的,法官应当在裁判主文中给承租人留出再安置、找房另住的时间,且预留时间不宜过短。

合同无效后,承租人应负有返还租赁物的义务,但若承租人与出租人之间仅存在形式上的交接,从未实际占有使用房屋,其房屋一直由其他主体占有使用,且出租人对此明知,法官不应判决承租人负有返还租赁房屋义务。

【案例3-97】 中交海西投资有限公司诉上海置业实业有限公司等房屋租赁合同纠纷案

判决观点,租赁合同无效后,出租人应当返还已付租金,承租人应当腾退租赁物,并支付占有使用费。置业公司作为出租人收取了中交公司1.5亿元租金,后退还2000万元,故合同无效后还应将剩余的1.3亿元租金返还中交公司。中交公司作为承租人亦负有返还租赁物的义务,但其主张与置业公司仅存在形式上的租赁物交接,从未实际占有使用租赁物,租赁物一直由闽能公司与现代公司占有使用,且置业公司对此明知,故中交公司不应当承担返还租赁房屋的义务。[2]

违反行政规章一般不影响合同效力,但违反行政规章签订租赁合同,约定将经鉴定机构鉴定存在严重结构隐患,或将造成重大安全事故的应当尽快拆除的危

---

〔1〕 参见郭伟清主编:《2015年上海法院案例精选》,上海人民出版社2016年版,第29页。

〔2〕 参见最高人民法院中国应用法学研究所编:《人民法院案例选》2018年第3辑(总第121辑),人民法院出版社2018年版,第96页。北京市第一中级人民法院(2014)一中民初字第7988号民事判决书。

房出租用于经营酒店，危及不特定公众人身及财产安全，属于损害社会公共利益、违背公序良俗的行为，应当依法认定租赁合同无效，按照合同双方的过错大小确定各自应当承担的法律责任。

【案例3－98】　饶某礼诉某物资供应站等房屋租赁合同纠纷案

最高人民法院认为，根据江西省建设业安全生产监督管理站于2007年6月18日出具的《房屋安全鉴定意见》，案涉《租赁合同》签订前，该合同项下的房屋存在以下安全隐患：一是主要结构受力构件设计与施工均不能满足现行国家设计和施工规范的要求，其强度不能满足上部结构承载力的要求，存在较严重的结构隐患；二是该房屋未进行抗震设计，没有抗震构造措施，不符合《建筑抗震设计规范》国家标准，遇有地震或其他意外情况发生，将造成重大安全事故。《房屋安全鉴定意见》同时就此前当地发生的地震对案涉房屋的结构造成了一定破坏、应引起业主及其上级部门足够重视等提出了警示。在上述认定基础上，江西省建设业安全生产监督管理站对案涉房屋的鉴定结果和建议是，案涉租赁房屋属于应尽快拆除全部结构的D级危房。据此，经有权鉴定机构鉴定，案涉房屋已被确定属于存在严重结构隐患或将造成重大安全事故的应当尽快拆除的D级危房。根据中华人民共和国住房和城乡建设部《危险房屋鉴定标准》（2016年12月1日实施）第6.1条规定，房屋危险性鉴定属D级危房的，系指承重结构已不能满足安全使用要求，房屋整体处于危险状态，构成整幢危房。尽管《危险房屋鉴定标准》第7.0.5条规定，对评定为局部危房或整幢危房的房屋可按下列方式进行处理：1.观察使用；2.处理使用；3.停止使用；4.整体拆除；5.按相关规定处理。但本案中，有权鉴定机构已经明确案涉房屋应予拆除，并建议尽快拆除该危房的全部结构。因此，案涉危房并不具有可在加固后继续使用的情形。《商品房屋租赁管理办法》第六条规定，不符合安全、防灾等工程建设强制性标准的房屋不得出租。《商品房屋租赁管理办法》虽在效力等级上属部门规章，但是，该办法第六条规定体现的是对社会公共安全的保护以及对公序良俗的维护。结合本案事实，在案涉房屋已被确定属于存在严重结构隐患或将造成重大安全事故、应当尽快拆除的D级危房的情形下，双方当事人仍签订《租赁合同》，约定将该房屋出租用于经营可能危及不特定公众人身及财产安全的商务酒店，明显损害了社会公共利益、违背了公序良俗。从维护公共安全及确立正确的社会价值导向的角度出发，对本案情形下合同效力的认定应从严把握，司法不应支持、鼓励这种为追求经济利益而忽视公共安全的有违社会公共利益和公序良俗的行为。故依照《民法总则》第一百五十三条第二款关于违背公序良俗的民事法律行为无效的规定，以及《合同法》第五十二条第四项关于损害社会公共利益的合同无效的规定，确认《租赁合同》无效。关于案涉房屋倒塌后物资供应站支付他人的补偿费用问题，因物资供应站应对《租赁合同》的无效承担主要责任，根据《合同法》第五十八条“合同无效后，双方都有过错的，应当各自承担相应的责任”的规定，上述费用应由物资供应站自行承担。因饶某礼对于《租赁合同》无效亦有过错，故对饶某礼的损失依照《合同法》第五十八条的规定，亦应由其自行承担。饶某礼向物资供应站支付的220万元保证金，因《租赁合同》系无效合同，物资供应站基于该合同取得的该款项依法应当退还给饶某礼。判决：一、撤销江西省高级人民法院（2018）赣民终173号民事判决、江西省南昌市中级人民法院（2013）洪民一初字第2号民事判决；二、确认饶某礼经营的晶品酒店与物资供应站签订的《租赁合同》无效；三、物资供应站自本判决发生法律效力之日起10日内向饶某礼返还保证金220万元；四、驳回饶某礼的其他诉讼请求；五、驳回物资供应站的诉讼请求。[1]

〔1〕 最高人民法院指导案例170号。最高人民法院（2019）民再97号民事判决书。

专题四　房屋租赁合同责任纠纷

房屋租赁合同违约认定和赔偿纠纷，是房屋租赁在现实生活中的多发问题，也是争议的焦点。本专题阐述有效合同中的违约、有效合同与无效合同中的损失赔偿。对于租赁合同中的装饰装修损失，可见装饰装修纠纷专题阐述。对于租赁合同占有使用费损失，可见租金与占有使用费纠纷专题阐述。对涉及上述两部分损失内容，为避免重复本专题不予阐述。

一、房屋租赁合同违约责任理解

(一)租赁合同责任含义

合同责任是当事人违反涉及合同的义务,依法应当承担的不利法律后果。[1]

合同责任以合同债务不履行为前提,以过错为核心,以合同责任的承担方式和赔偿范围的确定方式为保障,构建一个丰满健全的法律制度。[2]

合同责任是责任的一种。有学者认为,从文义上看,责任是指债务人对债权人强制干涉的服从状态,但责任也常被用于表达债务的意义。[3] 也有学者认为,责任指债务人当为给付而未给付或不完全给付时,应服从债权人之强制取得之关系。由于此种强制取得的责任关系,附加于债务关系,债务才有拘束力,从而为实现债之目的,责任乃具有担保作用。[4] 合同责任主要是财产责任,但有例外,即合同责任与侵权责任竞合时,允许当事人有选择非物质性民事责任之权利。合同责任是违反涉及合同义务的不利后果,但其具有相对性,即发生在特定的当事人之间,这是明显区别于侵权责任的。应该看到合同责任相对性的例外,即第三人侵害债权理论的出现。一般来讲,合同责任可以由当事人事先约定,这是基于意思自治原则,即可以由当事人在合同中事先约定违反合同义务应当承担责任的方式和方法,自然可以直接约定违反合同义务的违约金。但合同责任约定要受到法律的限制,因其归根结底是一种国家强制方式,不可能完全自由,对超出法律规定责任范围和方式约定的无效,对约定违约金过高或过低的,可以请求法官进行适当调整。在合同责任除了约定部分之外,还有相当一部分是法定责任,这是不可以由当事人自由约定的,对于强制性规范的责任,即便约定也是无效的,这并未超出意思自治原则范围。租赁合同责任是合同责任的一种,自然适用合同责任的理论和制度。

---

〔1〕 参见冉富强等:《合同责任研究》,吉林大学出版社 2008 年版,第 11 页。

〔2〕 参见张礼洪:《罗马法中的合同责任及其在现代中国的发展》,载梁慧星主编:《民商法论丛》1996 第 1 号(第 5 卷),法律出版社 1996 年版,第 634 页。

〔3〕 参见王洪亮:《强制履行请求权的性质及其行使》,载《法学》2012 年第 1 期。

〔4〕 参见林诚二:《民法理论与问题研究》,中国政法大学出版社 2000 年版,第 208 页。

《民法典》第五百七十七条规定："当事人一方不履行合同义务或者履行合同义务不符合约定的，应当承担继续履行、采取补救措施或者赔偿损失等违约责任。"第五百七十八条规定："当事人一方明确表示或者以自己的行为表明不履行合同义务的，对方可以在履行期限届满前请求其承担违约责任。"

(二)租赁合同违约认定

违约责任认定，其实质是对当事人违反合同义务的判定，是对履行合同约定或法律规定行为的确认。违约责任判断的标准，就是对当事人的合同履行行为是否违反合同约定内容或法律的规定。

租赁合同违约认定的一个重要方面反映在租金上，租金迟延交纳事关违约认定。对于迟延交纳租金时间与租赁期限长短有关，如五年租期与一年租期迟延交付租金应有所区别，这是租赁合同不同于一般合同之处。对五年租赁期合同而言，法官认为，在租赁合同履行过程中，承租方晚三天交租赁费不算违约。[1]

1. 根本违约

在租赁期间，出租人以主观认知租赁物存在安全隐患阻却承租人对承租物的使用，其房屋并不存在安全隐患，出租人的阻却行为构成根本性违约。

【案例4－1】 蒋某全诉吴某全、吴某纯房屋租赁合同纠纷案

二审法院认为，上诉人作为出租人，其有义务保持租赁房屋符合合同约定的用途。上诉人的行为导致被上诉人租赁房屋用于酒楼经营的合同目的不能实现，其行为已构成根本性违约。被上诉人在一审中举示的证据能够相互印证，形成证据链，足以证明上诉人存在阻挠其经营活动的行为，对上诉人提出的没有阻挠被上诉人经营活动的意见，法院不予采纳。[2]

【案例4－2】 陈某锚与钟某房屋租赁合同纠纷再审案

再审法院认为，由于钟某的擅自转租行为造成合同被提前解除，致使陈某锚与钟某签订合同的目的不能实现，责任应在钟某，应认定钟某已构成根本性违约，依约承担付违约金90000元的违约责任。原审以钟某未履行合同

---

〔1〕 参见吴庆宝主编：《最高人民法院专家法官阐释民商裁判疑难问题》(2013～2014年卷)，中国法制出版社2013年版，第5页。

〔2〕 参见国家法官学院案例开发研究中心编：《中国法院2018年度案例》(合同纠纷)，中国法制出版社2018年版，第141页。重庆市第三中级人民法院(2016)民终字第1421号民事判决书。

附随义务为由认定其违约不妥。[1]

租赁房屋存在消防问题是否构成根本性违约,应根据实际情况综合判断,若不影响实际入住,且经过整改后可以达到合同约定的标准的,则不构成根本性违约。

【案例4-3】 谭某与光大永明人寿保险有限公司重庆分公司房屋租赁合同纠纷再审案

再审法院认为,关于谭某是否存在根本性违约的问题。首先,谭某与光大寿险重庆分公司签订的《房屋租赁合同》,意思表示真实,不违反法律、法规的禁止性规定,合法有效。双方均应当按照合同约定全面履行自己的义务。合同签订后,双方按照合同约定对房屋内的设施进行了清点、交接,谭某向光大寿险重庆分公司提供了房屋相关权属证明及大楼综合验收意见书(即双方认可的《建筑工程消防验收意见书》),并于2011年3月30日将案涉租赁房屋钥匙交与光大寿险重庆分公司,谭某已按照合同约定完成了租赁物的交付,在签订租赁合同以及交付租赁物的过程中,谭某均无任何违反合同约定的情形。其次,合同履行过程中,即2011年4月1日,案涉租赁房屋所在的大厦经消防部门指出存在消防梯道堵塞、消防管网破损、消防报警器不能正常使用、消防喷淋系统缺乏等严重安全隐患,并被要求立即整改。但消防机构并未按照《消防法》第五十四条关于“……不及时消除隐患可能严重威胁公共安全的,公安消防机构应当依照规定对危险部位或者场所采取临时查封措施”的规定而对案涉租赁房屋采取查封措施,结合本案二审中经查明“在案涉租赁物所在大厦进行消防整改施工期间,租赁该大厦的房屋进行经营的其他单位未进行迁移或者停止营业”的情况可见,案涉租赁房屋所在的大厦存在消防设施问题并不影响光大寿险重庆分公司的入住。且在此之前,谭某已按照合同约定的标的物的状况及要求提供了房屋,并提供了代表消防验收合格的《建筑工程消防验收意见书》。虽之后消防主管部门要求进行整改,但根据查明的情况来看,该整改并不属于双方合同约定“谭某不能提供房屋或所提供的房屋不符合约定条件,严重影响入住”的情形。综上,谭某在履行合同过程中并不存在根本性违约的情形。[2]

租赁合同可以约定承担税费的责任人,但不能自行约定合同某一方为纳税义务人,因为确定纳税义务人、税种、应税额及税率等均是税务部门的行政职权,合

---

〔1〕 参见江必新主编、最高人民法院审判监督庭编:《全国法院再审典型案例评注》(上),中国法制出版社2011年版,第313页。

〔2〕 重庆市高级人民法院(2014)渝高法民提字第00127号民事判决书。

同当事人不能直接约定纳税义务人,即使约定也不能对抗税务部门的税收征管,而“开具税务发票”是税务部门所确定的纳税义务人纳税之后取得的凭证。而且开具税票与房屋租金缴纳不应该顺序履行的关系,两者不能直接抗辩。租赁合同没有约定由出租人开具税务发票的义务的,其承租人不能以出租人未开具税务发票后再给付租金,出租人未开具税务发票也不构成违约。

【案例4-4】 中共湖南省委直属机关党校诉长沙环球职业中专学校房屋租赁合同纠纷案

判决观点,原告没有提供税务发票并不能认定为违约。首先,双方租赁合同约定的“由甲方(原告)支付房、地产的税费”不能直接等同于被告要求的“由原告开具税务发票”。其次,开具税务发票与房屋租金缴纳不应该是顺序履行的关系,两者不能直接抗辩。最后,被告没有证据表明因原告未提供税务发票受损且影响经营。[1]

个案中,对多个违约行为认定应慎重。

【案例4-5】 北京中粮广场发展有限公司与北京和德俱乐部有限公司房屋租赁合同纠纷案

最高人民法院认为,1997年3月1日是中粮广场限令和德公司签订正式租赁合同的最后期限,因和德公司此前已经开始了试营业,而又拒不签订正式租赁合同,占用中粮广场的场地没有依据,中粮广场于3月11日停止向其供水是行使正当的权利,不构成违约。中粮广场在1997年3月1日以前通过了新建房屋的质检和消防验收,水、电、煤气、冷(暖)气均具备,签订正式租赁合同的条件已经成就。和德公司在接到中粮广场1997年2月18日发出的入伙通知书后,在14天内既没有签订正式租赁合同也没有要求退租,其已经违背了初步合同的约定,应当承担违约责任。和德公司上诉主张中粮广场违约、签订正式租赁合同的条件没有成就,证据不足,本院不予采纳。一审判决认定中粮广场达不到签订正式合同的物业条件不当,依法予以纠正。[2]

出租人违反先合同义务订立的房屋租赁合同,如不违反法律效力性规定,承租人没有依法行使撤销权,租赁合同成立并生效。在合同履行过程中,因合同履行过程中,因违反先合同义务的行为导致出租人违约,出租人应承担违约责任。

---

〔1〕 参见国家法官学院案例开发研究中心编:《中国法院2015年度案例》(合同纠纷),中国法制出版社2015年版,第74页。湖南省韶山市人民法院(2012)韶民一初字第77号民事判决书。

〔2〕 参见最高人民法院民事审判第一庭编:《最高人民法院民事案件解析》(房屋买卖、租赁纠纷),法律出版社2010年版,第291页。

【案例4-6】 成都优高投资有限公司诉成都大业国际投资股份有限公司等房屋租赁合同纠纷案

二审法院认为,本案出租方违反先合同义务,在出租房屋和附属设施时未将标的物存在抵押和被司法查封的重大事项按照法律规定告知承租方优高公司,且在新的产权人出现后,未实现其在合同中承诺的确保租赁合同的履行不因抵押、转让、继承、赠与等情形而受到影响,促成新的产权人与优高公司继续履行其租赁合同的各项权利义务,并最终导致其不能继续提供租赁合同标的物,其违约行为成就了租赁合同约定的合同解除条件。对优高公司于2012年11月29日公证送达解除合同通知书解除合同的效力予以确认。由于解除租赁合同是出租方不能继续提供合同标的物的根本性违约行为,故其应当承担相应的合同违约责任。[1]

承租人主张商铺租赁合同约定租金高于市场现价解除合同的,应承担违约责任。

【案例4-7】 吴某芬诉吴某奋房屋租赁合同纠纷案

二审法院认为,吴某芬与吴某奋签订的《房屋租赁合同》系双方的真实意思表示,不违反法律、行政法规的效力性强制性规定,应认定为有效合同。租金价格的确定既与租赁标的物的位置、状况、从事行业、租赁期限、其时的市场行情及趋势相关,亦受合同双方的商业判断及谈判能力等因素影响。故而,不应以签订合同时租金的高低来判断是否"公平"。本案中,吴某芬既未举证合同内容违背其真实意思表示,亦未证明自合同成立以来客观情况发生了在订立合同时无法预见的、非不可抗力造成的不属于商业风险的重大变化,其上诉主张解除合同具有约定的正当理由缺乏事实与法律依据。根据合同约定,无正当理由中途解除合同的,应承担10万元的违约赔偿。结合本案租金价格、租赁期限、当事人违约程度和争议情况等因素,一审法院判令吴某芬向吴某奋支付违约金10万元并无不当,对吴某芬降低违约金的上诉请求不予支持。一审判决认定事实清楚,适用法律正确,应予维持。[2]

违约方不能证明自己没有过错的,应承担违约责任。

【案例4-8】 左某锋、孙某诉汽车装饰公司、黄某建房屋租赁合同纠纷案

二审法院认为,根据合同相对性原则,应向左某锋、孙某提供适租店面的

---

〔1〕 参见《人民司法·案例》2015年第10期(总第717期)。四川省高级人民法院(2014)川民终字第555号民事判决书。

〔2〕 参见国家法官学院、最高人民法院司法案例研究院编:《中国法院2020年度案例》(合同纠纷),中国法制出版社2020年版,第135页。福建省厦门市中级人民法院(2018)闽02民终4610号民事判决书。

合同义务方系汽车装饰公司、黄某建。故无论汽车装饰公司、黄某建与物业公司之间是否协议解除了租赁合同，也无论涉案店面系由汽车装饰公司、黄某建另行转租或由物业公司另行出租，均不影响在本案双方合同履行期内汽车装饰公司、黄某建不能再向左某锋、孙某提供适租店面的事实。因此，左某锋、孙某以汽车装饰公司、黄某建违约为由主张解除合同，具有事实和法律依据。汽车装饰公司、黄某建在本案双方合同履行期间不能再向左某锋、孙某提供适租的店面，构成违约，应承担相应的违约责任。判决：驳回上诉，维持原判。[1]

2. 不能认定为违约情形

解除权人不应当承担违约责任的情形。租赁合同的解除，出租人或承租人均无违约行为或没有过错，不论哪一方行使解除权，均不应当承担违约责任。如毛某英因丈夫死亡诉张某韶解除其丈夫签订的租赁合同纠纷案。[2]

对于不可归责于承租人的事由，承租人请求解除合同的亦不承担责任。如安徽省宁国通宁耐磨材料有限公司诉宁国市恒泰耐磨材料有限公司租赁合同纠纷案。[3]

个案中，是否构成违约，由法官根据具体案情裁量。

【案例4－9】 南京家居乐龙蟠建材有限公司与南京润轻投资发展有限公司、南京酿酒总厂房屋租赁合同纠纷案

最高人民法院认为，关于润轻公司、酿酒厂单方与拆迁人签订拆迁补偿协议是否构成违约。《租赁合同》第十三条约定，因不可抗力或市政拆迁等，致使任一方不能履行本合同，当事人应及时书面通知对方，并提供证明文件，双方协商解决相关事宜，但未约定协商不成应如何处理。2009年4月2日，南京市房产管理局向拆迁人颁发《房屋拆迁许可证》，拆迁期限自2009年4月16日起至2009年7月15日止。次日，南京市房产管理局在《现代快报》上发布拆迁公告，同日，拆迁公司发布《拆迁通知》《致被拆迁居民的一封信》等，自拆迁公司公告发布至润轻公司、酿酒厂与拆迁人签订拆迁补偿近一年期间，家居乐公司应当知道承租经营房产即将被拆迁。无论是基于润轻公

〔1〕 参见国家法官学院、最高人民法院司法案例研究院编：《中国法院2022年度案例》（合同纠纷），中国法制出版社2022年版，第101页。北京市第一中级人民法院（2020）京01民终8020号民事判决书。

〔2〕 参见最高人民法院中国应用法学研究所编：《人民法院案例选》2001年第1辑（总第35辑），人民法院出版社2001年版，第74页。

〔3〕 参见最高人民法院中国应用法学研究所编：《人民法院案例选》2009年第4辑（总第70辑），人民法院出版社2010年版，第184页。

司、酿酒厂与家居乐公司之间，还是三方与拆迁人之间，沟通协商不充分或者充分协商后未对补偿标准、数额等达成一致的情况，最终致润轻公司、酿酒厂与拆迁人单方签订补偿协议的结果系本案双方造成；家居乐公司上诉主张润轻公司、酿酒厂与拆迁人单方签约、单方交付拆迁、单方占有全部拆迁补偿权益，致造成重大损失，与事实不符。家居乐公司作为房屋承租人未与拆迁人另行签订拆迁补偿协议，不能据此认定润轻公司、酿酒厂违反法律规定或合同约定。家居乐公司主张润轻公司、酿酒厂单方与拆迁人签约构成违约并违反相关法律规定，最高人民法院不予支持。[1]

【案例4－10】 上海怡通房地产有限公司与上海春光服装厂房屋租赁合同纠纷案

最高人民法院认为，怡通公司称春光厂未按约交付停车泊位，请求追究春光厂违约责任并判令春光厂赔偿因停车泊位不足，导致客户流失的损失。因怡通公司虽与春光厂有约定"甲方厂区内22辆轿车的停车泊位归乙方使用"。但双方又于1994年10月27日的《补充协议条款》和1995年8月的《关于怡通大厦停车泊位图的说明》对前述约定作了变更。"有关停车泊位的所有事项，双方另行协商，并以另行协商为准"，双方随后为此一直未达成一致意见，故怡通公司请求追究春光厂违约责任，及判令春光厂赔偿损失的主张，本院不予支持。[2]

(三)特殊违约形态

1. 预期违约

默示预期违约与明示预期违约的根本区别为，明示预期违约是用语言表示的不履行合同义务，而默示预期违约则是对外部现象的推断，即债权人对债务人不履行合同行为和客观情况的主观判断。默示预期违约中，债权人的判断主要涉及三方面内容，一是债权人判断的标准，即应该以一个普通人的标准。二是判断的程度。即要解决对债务人的行为和客观情况是否存在造成合同履行不能或接受履行成为不必要的程度。否则其不负责任地臆断对方当事人预期违约并滥行救济权，将会损害合同的严肃性和对方当事人的合同利益。三是判断正确的举证。

---

〔1〕 最高人民法院(2014)民一终字第59号民事判决书。

〔2〕 参见最高人民法院民事审判第一庭编：《最高人民法院民事案件解析》(房屋买卖、租赁纠纷)，法律出版社2010年版，第298页。

债权人认为债务人不履行合同义务的行为或客观情况构成默示预期违约的,应负举证责任。这是“谁主张,谁举证”在默示预期违约中的具体运用,也是对债权人主观判断的检验与限制,最终由法官自由裁量。

【案例4-11】 傅某鸣因业主在房屋租赁合同期限内另行挂牌招租诉辛某鹏、李某勉预期违约纠纷案

被告挂牌出租的行为,只是向不特定第三方作出的要约引诱性质的意思表示。所产生的影响,显然与已经处于实质性缔约阶段或者已经缔约的违约情形有别。被告的这一行为,实际上并未造成讼争合同履行不能或者使原告接受履行成为不必要的程度。而且,此前原、被告对讼争合同的履行已经产生了严重分歧,甚至原告还于2003年6月28日发出协商解除合同的通知。在此背景下,被告作出挂牌出租的行为,从情理上完全可以理解是一种为防止扩大交易风险的合理保护措施,其动机显然有别于合同正常履行状态下的恶意违约。因此,无论从行为的后果还是目的上,被告挂牌出租的行为都不足以构成预期违约。一审法院认为,被告在本案中的挂牌出租行为不构成预期违约。原告上诉后拒不到庭,二审法院按撤诉处理。[1]

判断是否违约应依据合同约定,合同一方向法院起诉不构成预期违约。

【案例4-12】 朱某香诉北京派顿酒店投资管理有限公司房屋租赁合同纠纷案

二审法院认为,朱某香以房屋面积不符合约定为由要求派顿公司返还多收取的房屋租金及相关费用,但对于讼争房屋的面积小于约定面积并未提交充分证据加以证明,一审法院判决驳回朱某香的上述诉讼请求正确,法院予以确认。朱某香于2015年3月24日收到派顿公司《关于催缴供暖费的函》,并于2015年3月27日前去交纳供暖费,并未超过派顿公司在函中载明的5日催告期,在此情况下派顿公司拒绝接收供暖费,租赁合同约定的解除条件尚未成就,派顿公司不享有单方解除权。派顿公司于2015年4月17日提起反诉,要求解除租赁合同。而此时朱某香欠交4月租金尚未超过15日,派顿公司尚不享有合同约定的单方解除权。因派顿公司已经反诉要求解除合同,在租赁合同是否解除及解除时间等问题未经法院审理并确认的情况下,朱某香未向派顿公司支付租金并不构成违约。朱某香对于承租房屋的面积提出异议,在与派顿公司就协商变更合同不能达成一致的情况下,通过诉讼提出自己的主张,是公民维护自身权益的正当途径。一审法院以此认定朱某香构

---

〔1〕 参见最高人民法院中国应用法学研究所编:《人民法院案例选》2005年第3辑(总第53辑),人民法院出版社2006年版,第244页。

成预期违约，属事实认定错误，予以撤销。[1]

租赁合同期限届满前，承租人提前解除合同的构成预期违约。

【案例4－13】　宁夏大世界实业集团有限公司诉银川新华百货商业集团有限公司房屋租赁合同纠纷案

最高人民法院认为，《合同法》第一百零八条规定："当事人一方明确表示或者以自己的行为表明不履行合同义务的，对方可以在履行期限届满之前要求其承担违约责任。"新华百货在合同履行中通过向大世界实业集团公司发出了解除合同通知的方式，实际行为表示不继续履行合同义务，符合案涉合同第16.2.1条的约定，构成重大违约，应当依约向大世界实业集团公司承担相应的违约责任。[2]

2. 预约合同违约

《民法典合同编通则解释》第八条规定："预约合同生效后，当事人一方不履行订立本约合同的义务，对方请求其赔偿因此造成的损失的，人民法院依法予以支持。前款规定的损失赔偿，当事人有约定的，按照约定；没有约定的，人民法院应当综合考虑预约合同在内容上的完备程度以及订立本约合同的条件的成就程度等因素酌定。"

司法实践中，对于违反预约合同约定义务的，按照本约的原则予以认定和处理。

【案例4－14】　广州市正佳企业有限公司与广州市东悦酒店有限公司租赁合同纠纷再审案

再审法院认为，《承租意向书》约定，东悦公司自主决定租赁场内的经营方式、经营模式，但自主经营范围不得超过饮食范围，并在签订意向书2个月内将初步经营方案报正佳公司备案。而东悦公司除提供两张装修设计图纸给正佳公司外，未按《承租意向书》的约定，报初步经营方案给正佳公司备案，东悦公司的行为有违合同约定。但因双方仅约定报初步经营方案给正佳公司备案，未约定须经正佳公司同意，故东悦公司虽违反合同约定，但未达到致使合同目的无法实现、正佳公司可以单方解除合同的条件。而正佳公司未按约定于2004年8月1日前将铺位交付东悦公司，也未通知东悦公司磋商

---

〔1〕参见国家法官学院案例开发研究中心编：《中国法院2017年度案例》（合同纠纷），中国法制出版社2017年版，第22～23页。福建省厦门市翔安区人民法院（2015）民初字第929号民事判决书。

〔2〕参见最高人民法院民法典贯彻实施工作领导小组编著：《中国民法典适用大全》（合同卷二），人民法院出版社2022年版，第1015页。最高人民法院（2016）民终743号民事判决书。

签订正式租赁合同,已构成违约。正佳公司在未依约交铺及通知东悦公司磋商的情况下,后又向东悦公司提出变更、修改《承租意向书》条款内容,东悦公司不同意,正佳公司即提出解除《承租意向书》,遭东悦公司反对,正佳公司却将涉讼场地另行出租给他人,其行为已违反《承租意向书》关于任何一方不能以任何理由要求终止协议的约定。正佳公司单方解除《承租意向书》并将涉案商铺另租他人,其行为已造成《承租意向书》的合同目的无法实现,故原审判决认定正佳公司的行为构成违约,应对《承租意向书》不能实际履行承担相应的过错责任,事实依据充分。[1]

3. 租赁合同解除后违约责任认定

租赁合同解除,主要由出租人提出,但有时为承租人提出。在合同解除时,还要对解除原因界定双方的违约责任。如广州市天河仓市场发展有限公司与广州汽车博览中心等租赁合同纠纷案、[2]旗帜金榜(北京)教育科技有限公司青岛分公司诉郑某房屋租赁合同案。[3]

司法实践中,对于守约方放弃合同解除权后主张违约责任的,法律应予支持。

【案例4-15】 广西日鑫市场开发有限责任公司诉南宁市城郊沙井供销社租赁合同纠纷案

一审法院认为,虽然沙井供销社以其实际行为放弃了合同的单方解除权,但并不意味着其同时已经放弃了对日鑫公司其他违约责任的追究,遂根据双方合同关于“乙方必须按期交纳租金,每逾期一日,按当年租金总额万分之三计算罚息”的约定,判决日鑫公司向沙井供销社支付延付租金的违约金44220元。二审法院维持原判。[4]

---

〔1〕 参见江必新主编、最高人民法院审判监督庭编:《全国法院再审典型案例评注》(上),中国法制出版社2011年版,第327页。

〔2〕 参见最高人民法院民事审判第二庭编:《最高人民法院商事审判指导案例》(合同卷)(下),中国法制出版社2011年版,第776页。

〔3〕 参见国家法官学院案例开发研究中心编:《中国法院2012年度案例》(合同纠纷),中国法制出版社2012年版,第24页。

〔4〕 参见国家法官学院案例开发研究中心编:《中国法院2012年度案例》(合同纠纷),中国法制出版社2012年版,第41页。

二、房屋租赁合同违约责任处理

(一)违约责任承担

1. 违约责任成立

违约责任是否成立,是违约方承担责任的前提和基础。违约责任成立的要件为,其一,违约责任作为一种从债务,成立的前提是存在有效的合同关系,如果主债务不成立,违约金债务也就不成立。应注意的是,因违约而解除合同的场合,合同中的违约金条款仍然可以援用。其二,要有违约行为的存在,至于违约行为的类型,应视当事人的约定或法律的直接规定。其三,违约责任的构成要求违约方的过错问题。

【案例4-16】 善岛建设(天津)有限公司与天津一商集团有限公司房屋租赁合同纠纷案

最高人民法院认为,善岛公司要求一商集团支付从2005年4月1月至6月30日的第二季度租金,一商集团对拖欠租金的事实并无异议。但以善岛公司没有履行修缮义务而要求抵销。一商集团称自己只是暂停支付租金,在其发出要求房屋修缮的函件后,善岛公司没有履行义务,所以暂停支付房租。按照双方租赁合同约定,一商集团应当先向善岛公司发出修缮通知,只有发生实际修缮费用后才能冲抵租金,一商集团无权因为房屋修缮问题自行决定暂停支付租金。2005年第二季度的租金应于4月交纳,但一商集团一直没有交纳。在本院二审庭审中,一商集团称维修期间商场并没有停业。故一商集团主张因善岛公司没有履行修缮义务而应抵销租金不能成立,一商集团在履行租赁合同时存在违约行为,应承担拖欠房屋租金的违约责任。[1]

【案例4-17】 蒋某全诉吴某全、吴某纯房屋租赁合同纠纷案

二审法院认为,根据查明的事实,蒋某全在租赁房屋楼顶安装空气能和

---

〔1〕 参见最高人民法院民事审判第一庭编:《最高人民法院民事案例解析》(房屋买卖、租赁纠纷),法律出版社2010年版,第267页。最高人民法院(2006)民一终字第7号民事判决书。

太阳能的行为对墙体裂缝的产生有促进作用,蒋某全没有按照合同约定对房屋损坏部位进行维修,从而导致双方因此发生纠纷,并最终解除房屋租赁合同,蒋某全亦存在违约行为,应当承担相应的违约责任。合同约定违约金80万元,并赔偿守约方的全部损失。故涉案合同中约定的违约金数额并不以守约方的实际损失为计算依据,吴某全、吴某纯阻挠蒋某全开展经营活动的行为构成根本性违约,应当按照合同约定支付蒋某全违约金80万元。一审法院根据查明的事实和蒋某全在合同履行中亦存在违约行为等因素综合考虑,酌情认定吴某全、吴某纯支付蒋某全违约金24万元,属于合理行使自由裁量权,并无不当,应予维持。吴某全、吴某纯主张蒋某全的损失无法确定,不应按照合同约定的违约金数额支付的意见,于法无据,法院不予采纳。[1]

同一违约行为能否科处两次违约金。双方当事人针对同一违行为约定了两笔违约金,守约方只能选择其中一笔主张权利。如果约定的违约金不足以弥补其损失的,守约方还可以主张赔偿损失。

【案例4-18】 汪某某诉许某某房屋租赁合同纠纷案

至于许某某所提2800元保证金在结清相关费用后应予返还的上诉请求,二审法院认为,尽管双方于2007年7月底所签租赁合同中有“许某某于签订本合同后,未经汪某某同意擅自提前解约或有其他严重违约,致本合同无法履行的,许某某无权请求返还保证金”的约定,从根本上乃针对同一违约事实所设定的两项违约罚则,应择一主张为宜;同时汪某某亦向二审法院表示愿意放弃该项诉请。因此,对许某某的该项上诉请求可予支持。[2]

承租人与次承租人分别与出租人签订租赁合同的,虽属于债的加入,但应对其自己的违约行为承担,而不是共同承担违约责任。

【案例4-19】 上海仪电科技有限公司诉赛密微(马鞍山)电子科技有限公司等房屋租赁合同纠纷案

关于原告要求两被告支付违约金10万元之诉请,法院认为,原告主张该10万元违约金的性质,系原告认为因被告单方原因导致双方中途终止合同所产生的违约金。经查,本案中向原告提出提前终止租赁厂房合同申请的主体是被告华旭玻尔公司,另从双方订立的《提前终止租赁厂房补充协议书》的内容来看,原告同意不追究被告华旭玻尔公司违约责任是有前提条件的,即两被告如能按2014年3月20日共同制订的还款计划,每月按时还清原告

---

〔1〕 参见国家法官学院案例开发研究中心编:《中国法院2018年度案例》(合同纠纷),中国法制出版社2018年版,第142页。重庆市第三中级人民法院(2016)民终字第1421号民事判决书。

〔2〕 参见《房屋租赁合同纠纷裁判思路与裁判规则》,法律出版社2017年版,第190页。

欠款,原告同意于2014年5月31日止提前解除双方的租赁合同,并不再追索被告华旭玻尔公司的违约责任。两被告如不能按2014年3月20日共同制订的还款计划,按时还清欠款,则原告将依据租赁合同约定,追索被告华旭玻尔公司的违约责任及欠款的银行利息等。故该10万元违约金与被告赛密微公司无关,原告只能要求被告华旭玻尔公司支付该10万元违约金,无权要求被告赛密微公司来共同承担。二审法院亦持同样意见,维持一审判决。[1]

空气污染超标属于房屋的隐蔽瑕疵,此类房屋不符合居住的使用条件,长期居住会给身体健康带来一定的危害,降低了房屋居住的使用价值,与租赁合同的目的相悖。如果居住房屋空气质量不合格,承租人可随时解除合同,但仍存在空气质量条款的认定、相应违约责任的承担等问题。在租赁合同中约定表述为,交付的房屋严重不符合合同约定或影响承租人人身健康类似的表述,但并未明确指出的是因空气污染超标所致。如果将上述概述性条款一律认定为空气质量条款,则有扩大解释之嫌,并对违约责任的承担产生直接影响。对空气质量条款的认定应坚持限缩原则,条款中应限定何种污染物、污染物浓度的合理区间值及协商一致的专业检测机构等具体内容,在此基础上才能被认定存在空气质量条款。其后的违约金支付问题也应建立在明确空气质量条款之上,违约方向守约方支付违约金以双方合同有明确约定为前提,如果双方合同并不包含空气质量问题的违约金条款,则承租人对于以室内空气质量不合格为由,要求出租人支付违约金的诉讼请求,法律不予支持。

【案例4-20】 徐某诉邵某峰房屋租赁合同纠纷案

一审法院认为,关于争议焦点一,根据在案证据所示,徐某在入住案涉房屋后身体不适,自行委托检测机构进行检测,检测报告显示房屋甲醛超标,虽然邵某峰对此予以否认,但并未提交相反的证据予以证明,应承担举证不能责任。对于邵某峰的抗辩意见,法院不予采信。综上,法院经审查并结合相关事实,案涉房屋甲醛超标具有高度盖然性,应当认定该事实存在。

关于争议焦点二,出租人有义务保障出租房屋适宜居住,现案涉房屋甲醛超标,无法实现徐某作为承租人的居住用途,租赁合同目的无法实现,徐某有权解除案涉合同。当事人主张解除合同的,应当通知对方。合同自通知到达对方时解除。徐某于2018年8月20日向邵某峰发送短信,明确“退租”事宜,其真实意思应为解除合同,故法院确认案涉合同于2018年8月20日解除。此外,徐某主张邵某峰于2018年7月29日向徐某发出解除合同的短信,双方合同应于当日解除。法院认为,作为违约方,邵某峰并无合同解除

---

〔1〕 参见郭伟清主编:《2016年上海法院案例精选》,上海人民出版社2017年版,第12页。

权,在徐某并未明确表示合同解除的前提下,双方未就解除合同达成一致,租赁合同亦未解除。故对于徐某的意见,法院不予采信。……

关于违约金一节,违约方向守约方支付违约金以双方合同有明确约定为前提。本案中,租赁合同并不包含空气质量问题的违约金条款,则对于徐某以室内空气质量不合格为由要求邵某峰支付违约金的诉讼请求,法院不予支持。关于甲醛检测费用,是徐某为了确认在合同履行期间房屋空气质量所必需发生的费用,且空气质量中甲醛确实存在超标情形,其要求邵某峰负担该笔费用,法院予以支持。关于酒店住宿费,徐某提交的证据不足以证明该损失因邵某峰违约而发生,亦不能说明该笔费用支出的必要性和合理性,法院不予支持。关于反诉诉讼请求,鉴于邵某峰违约在先,对于其要求判令双方之间的房屋租赁协议于2018年8月12日解除,并要求赔偿违约金、租金损失等诉讼请求,法院均不予支持。判决:一、确认徐某与邵某峰签署的房屋租赁合同于2018年8月20日解除;二、邵某峰向徐某退还押金3800元、租金5700元;三、邵某峰向徐某退还燃气费、上网费、电费共计960元;四、邵某峰给付徐某甲醛检测费724元;五、驳回徐某的其他诉讼请求;六、驳回邵某峰的全部诉讼请求。二审法院判决:驳回上诉,维持原判。[1]

承租人逾期支付租金和物业费等款项时,出租人可以主张的逾期付款违约金(或者逾期付款损失),不能一概而论。其一,如果租赁合同有约定,一般可以按约定执行(如约定过高或者过低,法院可以调整);其二,如果租赁合同没有约定,目前人民法院一般以违约行为发生时中国人民银行授权全国银行间同业拆借中心公布的一年期贷款市场报价利率(LPR)标准为基础,加计30%~50%计算逾期付款损失。

【案例4-21】 铭哲公司诉高某等房屋租赁合同纠纷案

判决观点,……关于逾期交纳违约金问题,合同约定按所欠交租金千分之一支付,铭哲公司自行调整为违约金以每月租金及管理费为基数,自当月11日起按全国银行间同业拆借中心公布的贷款市场报价利率的1.5倍计至清偿之日止,符合法律规定,一审法院予以支持。关于涉案首层63-66号商铺自2021年2月1日起至2022年5月7日的物业管理费9673.17元(635元/月×15个月+635元/月÷30天×7天),铭哲公司主张于法有据,一审法院予以支持。关于高某、火炬学优培训中心、学优培训公司所抗辩的涉案租赁物(首层商铺)存在漏水、地面下陷及占用消防通道的问题以及以所交纳

[1] 参见国家法官学院、最高人民法院司法案例研究院编:《中国法院2022年度案例》(合同纠纷),中国法制出版社2022年版,第75~76页。北京市第三中级人民法院(2020)京03民终14907号民事判决书。

的租赁保证金及水电保证金146200元抵扣欠交租金的主张。高某、火炬学优培训中心、学优培训公司未提出明确的反诉主张，特别是关于保证金抵扣事宜，若依据租赁合同约定在高某逾期交租构成根本性违约时铭哲公司有权没收保证金，但铭哲公司亦未在本诉部分主张没收保证金，故一审法院对于保证金是否应予没收不予评价，对该保证金事宜不予处理。同理，若因漏水、地面下陷及占用消防通道的问题造成高某使用租赁场所面积的减少或支出额外的维修费用，因其未提出明确反诉主张，其有权另循途径救济，一审法院在本案中亦不予处理。[1]

2. 双方违约责任划分

在实践中存在双方违约的行为，其违约责任如何承担是其难点问题。合同履行过程中，因双方均有违约行为，并因此都给对方造成损失的，因而需要相互承担违约损害赔偿责任，双方应在各自的过错范围内承担相应的责任。

【案例4-22】　中国人民解放军84916部队与西安方圆大酒店有限公司、西安华隆医疗器械公司房屋租赁合同纠纷案

最高人民法院认为，根据双方所签合同及补充协议的约定，方圆酒店应分3次支付总额为3000万元的租金给84916部队，其中应在签约之日付清的第1笔1000万元租金，迟至签约后1年零3个月才付清，在接收租赁物正式使用、经营后至今未按合同约定的时间交付第二、三期租金，在84916部队催要租金时表示筹措资金交付租金，没有否认其未按合同及补充协议约定交付租金的事实，构成违约。合同约定生效时间为1995年3月1日，而84916部队直至1996年2月28日才将科训大楼工程正负零以上房门钥匙交与方圆酒店，方圆酒店直至1996年3月29日才正式开业经营，84916部队有迟延交付科训大楼的违约行为，但考虑到1994年11月28日84916部队营建办公室和方圆酒店、施工单位三方签订的科训大楼工程进度会议纪要，改变了合同约定的一次性交付科训大楼方式为边建设、边交付、边装修的履行方式，实际上是将原约定的一次性交付变成分阶段方式履行交付，方圆酒店也接受了此种履行，导致双方后来在交付方式和时间上产生歧义，对此84916部队和方圆酒店都负有一定责任。综合考虑本案双方在履行合同中的过错程度和违约情况，虽然方圆酒店违约程度高于84916部队，但鉴于双方在合同中只是约定违约的承担违约责任，没有具体约定违约程度与违约责任的关系，因此，84916部队提出的租金损失和方圆酒店提出的经营成本成利润损失等

---

〔1〕广东省韶关市曲江区人民法院(2022)粤2071民初6241号民事判决书。

损失由各自承担。对84916部队和方圆酒店提出要求对方承担违约责任的上诉请求均不予支持。[1]

实践中,对于双方违约且可以划分违约程度大小的,应裁量责任有区别。如果违约金责任有相等部分可以抵销,但一方违反另有合同专项约定的,仍应承担违约责任。

【案例4-23】 新疆维吾尔自治区建筑木材加工总厂与中国民主同盟新疆实业发展总公司房屋租赁合同纠纷案

最高人民法院认为,依《营业大楼租赁合同书》的约定,实业公司应于1993年10月21日前支付承租房屋续建投资款20万元,实际于1993年11月2日付清;应于1993年3月底前支付40万元,实际在5月18日支付10万元,5月29日支付30万元,其延期付款行为已构成违约。合同中有关拖欠租金以日千分之五交付滞纳金的约定,其法律性质为专项违约金,仅对拖欠租金产生法律效力,实业公司应以此为标准承担违约责任。木材总厂未依合同约定支付营业大楼续建投资款已构成违约,应承担违约责任并赔偿实业公司因此造成的损失。……实业公司拖欠木材总厂水、电、暖费已构成违约,应承担违约责任;一审判决其承担延期付款利息而不承担违约责任,缺乏法律依据,应予纠正,《营业大楼租赁合同书》的约定:任何一方违反合同约定的条款,必须向对方赔偿合同标的额的25%违约金,即任何一方违约,按比例向对方支付违约金;由于本案双方当事人均违约,违约金比例相同,相互抵销。[2]

双方均有违约行为,合同约定有划分责任的标准,如约定无论任何一方违约,也无论何种违约,当事人双方均应承担同等的违约责任与同等的违约金数额的,可从其约定。

【案例4-24】 深圳市维也纳酒店有限公司与丽江七星房地产开发有限公司、丽江国际大酒店有限公司租赁合同纠纷案

最高人民法院认为,事实证明,由于酒店消防工程验收不合格,七星公司无法向维也纳公司履行酒店经营所必需的提供消防许可证义务,是导致酒店被处罚和责令停业的主要原因。七星公司理应向维也纳公司承担履行合同不能的违约责任。但由于维也纳公司履行合同过程中,违反“应于每月15日前向七星公司支付当月的租金”之约定,迟延交纳租金,亦存在违约行为。

---

〔1〕 参见最高人民法院民事审判第一庭编:《最高人民法院民事案件解析》(房屋买卖、租赁纠纷),法律出版社2010年版,第334页。

〔2〕 参见《最高人民法院公报》2002年第1期。

《租赁合同》关于"任何一方违约,赔偿对方500万元损失及相应可期待利益及相关所有费用"的约定,应当理解为无论任何一方违约,也无论何种违约,当事人双方均应承担同等的违约责任与同等的违约金数额。本案鉴于双方违约,且双方的违约行为均发生在《租赁合同》解除前,因此,根据《合同法》第一百二十条"当事人双方都违反合同的,应当各自承担相应的责任"之规定与《租赁合同》约定的该违约条款,一审法院在查清事实的基础上,判决驳回当事人关于对方支付500万元违约金的诉讼请求,并无不妥。[1]

双方均存在违约,是否要互相承担责任应根据个案具体情况界定,最终由法官裁量。

【案例4-25】 粮贸大厦诉西域公司、西域大酒店房屋租赁合同纠纷案

最高人民法院认为,本案中既存在西域公司拖欠租金等费用的违约事实,亦存在粮贸大厦迟延交付租赁房屋以及租赁房屋土建工程存在瑕疵违约事实,鉴于双方均有违约行为,违约责任可互不追究,故对西域公司提出的判令粮贸大厦按租赁合同支付违约金并赔偿其违约直接造成经济损失4200万元的上诉请求,不予支持。[2]

【案例4-26】 上海学人电子科技服务有限公司诉上海金涡实业有限公司、上海体育学院房屋租赁合同纠纷案

二审法院认为,讼争《房屋租赁意向书》第三条第二款约定:"本意向书生效后,甲、乙双方共同遵守。若乙方(学人公司)违约,定金则作为甲方(金涡公司)的经济补偿,不予退还。若甲方(金涡公司)违约,定金如数退还给乙方(学人公司),甲方还需支付定金的两倍给乙方(学人公司),作为违约补偿。"上述内容系双方当事人关于违约责任的约定。《房屋租赁意向书》履行过程中,金涡公司未按约于2005年10月10日前向学人公司交付房屋,构成违约,理应承担违约责任。学人公司诉请要求金涡公司返还已付定金,且该项主张小于金涡公司按约应当承担的违约责任,本院予以支持。而学人公司在金涡公司具备房屋交付条件后,屡次拒绝接收房屋及签订正式房屋租赁合同,亦构成违约,也应承担违约责任。故金涡公司反诉要求没收学人公司已付定金,符合双方约定,亦予以支持。鉴于此,双方各自承担违约责任后结果相抵,金涡公司应支付学人公司人民币500万元。[3]

---

〔1〕 参见最高人民法院民事审判第一庭编:《民事审判指导与参考》2011年第4辑(总第48辑),人民法院出版社2012年版,第127~144页。

〔2〕 最高人民法院(2010)民一终字第1号民事判决书。

〔3〕 上海市高级人民法院(2008)沪高民一(民)终字第47号民事判决书。

合同中对单方解除权的约定既是对守约方权利的保证，又是防止守约方滥用权利的约束。违约方未根本性违约的情形下，守约方单方提前解除合同的，应当承担违约解除的违约金。

【案例4－27】 赵某菲等诉秦某怀房屋租赁合同纠纷案

一审法院认为，秦某怀与赵某菲等签署的《北京市房屋租赁合同》合法有效，各方均应按照约定履行合同义务。秦某怀未能在2021年9月1日前按约定交付房屋，构成违约，但不构成根本性违约。2021年9月1日，秦某怀与赵某菲等协商交房时，秦某怀交付了两把钥匙，中介公司的工作人员也做好了《房屋交割清单》，至当晚九点，涉案房屋内上任租客物品问题已解决，具备交付条件，赵某菲等拒绝办理交接手续，应承担的房屋交付不能的责任。依据合同第十条第三款第一项约定，秦某怀延迟交付房屋达3日以上，赵某菲方有单方解除合同的权利。秦某怀于9月1日晚交房，延迟时间未达到3日，赵某菲等此时尚不具备合同约定的单方解除权，其提出单方解除合同，属于违约解除。综上，虽秦某怀在9月1日晚交房，时间上迟延了1天，违反了合同约定，赵某菲等本可以依据合同选择不解除合同并进而向秦某怀主张1个月的违约金，但其选择了违约解除，依据合同约定，提前退租的，乙方主要承担1个月租金的违约金。现赵某菲等单方违约解除合同，属于提前退租的情形，应支付秦某怀1个月的违约金，以其交付的押金抵扣。判决：一、秦某怀退还赵某菲、黄某、赵某娜租金13200元；二、驳回赵某菲、黄某、赵某娜的其他诉讼请求。二审法院同意一审法院裁判意见，判决：驳回上诉，维持原判。[1]

出租人违反从合同义务构成违约，承租人拒交租金违反主合同义务构成根本性违约，应各自承担相应违约责任。

【案例4－28】 徐某勇诉洋汇酒店房屋租赁合同纠纷案

二审法院认为，徐某勇与洋汇酒店签订的租赁合同和补充协议属有效合同。在合同履行过程中，徐某勇承租的餐饮部营业大厅、九龙包方楼顶有渗水现象，经承租人催告后，出租人洋汇酒店未对其进行修复，根据《合同法》第二百二十条关于“出租人应当履行租赁物的维修义务，但当事人另有约定的除外”的规定，洋汇酒店的行为已构成对租赁合同从合同义务的违反，应承担相应的违约责任。同时根据双方合同第十五条关于“乙方税务发票由甲方

---

〔1〕 参见国家法官学院、最高人民法院司法案例研究院编：《中国法院2023年度案例》（合同纠纷），中国法制出版社2023年版，第78～79页。北京市第二中级人民法院（2021）京02民终15600号民事判决书。

代领,但税费由乙方自付”的约定,洋汇酒店从2005年11月就未履行代领发票的从合同义务,故亦应对此承担相应的违约责任。考虑到洋汇酒店的违约行为对承租人徐某勇的经营带来一定的影响,故本院酌情减少承租人徐某勇应付出租人洋汇酒店2个月的租金16000元。另在合同双方因维修问题发生纠纷且出租方未予维修的情况下,承租人徐某勇没有根据《合同法》第二百二十一条关于“出租人未履行维修义务,承租人可以自行维修,维修费用由出租人负担。因维修租赁物影响承租人使用的,应当相应减少租金或者延长租期”的规定来妥善解决双方合同履行过程中出现的问题,而是采取拒绝和拖延履行其应承担的主合同义务(即应按时交纳租金、水电费)的方式来对抗,根据租赁合同的性质,承租人徐某勇的上述行为已构成了根本性违约,徐某勇应承担本案的主要违约责任。[1]

在当事人一方存在违约行为,另一方亦因违反合同的附随义务具有过错的情况下,由此产生的风险和造成的损失,应当由双方共同承担。

【案例4-29】 江苏溧水民丰村镇银行有限公司诉南京佳客至科技实业有限公司房屋租赁合同纠纷案

一审法院判决解除民丰银行与佳客至公司房屋租赁合同,佳客至公司退还民丰银行租金13万元。二审法院判决驳回上诉,维持原判。承办法官分析为,本案中,民丰银行已经交付第一年租金26万元,但因其及佳客至公司双方的原因没有实际使用租赁的房屋。解除合同后,佳客至公司若是全额返还已收取的租金,对佳客至公司显然不公平,也不符合合同正义原则。故法院判决佳客至公司退还50%的已收租赁费,合乎法律,合乎情理。[2]

3. 违约责任形态

在订立租赁合同时,出租人故意隐瞒抵押重大事实,已经构成欺诈。其欺诈行为最终导致租赁合同解除,给承租人造成经营损失的,应当承担民事责任。就该责任的性质是违约责任还是缔约责任,实践中主要有两种观点,即承担缔约过失责任、承担违约责任。后一种为主流观点,因为欺诈订立的租赁合同,在不违反法律效力性强制性规定的,为租赁合同有效成立。承租人作为受欺诈方可以自知道或者应当知道撤销事由之日起一年内行使撤销权。承租人行使撤销权撤销租赁合同的前提是合同有效,无效的租赁合同不存在撤销。承租人没有行使撤销

---

〔1〕 参见《人民司法·案例》2009年第6期。贵州省铜仁地区中级人民法院(2007)铜中民终字第42号民事判决书。

〔2〕 参见《人民司法·案例》2018年第5期(总第808期)。江苏省南京市中级人民法院(2016)苏01民终8733号民事判决书。

权,则租赁合同有效成立并得到履行,该欺诈行为是导致出租人违约的原因,出租人应承担违约责任,而不应认定缔约过失责任。也有可能欺诈行为本身不违反合同约定,一定时间内没有产生损害,但是如果该欺诈行为所依托的事实发生了变化,随之可能导致出租人违约,此时责任性质亦不是缔约过失。

【案例4-30】 赵某诉佳美公司房屋租赁合同纠纷案

二审法院认为,本案房屋租赁合同合法有效。签约时,佳美公司未告知赵某房屋已抵押的事实,且约定该房屋不得用作抵押担保,属欺诈。该行为导致房屋先被抵债后又被拍卖,拍得房屋被丁拆除,最终导致合同解除。因丁拆除行为属商业开发,不是政府行为,不构成不可抗力。从最初的房屋抵押到最终的合同解除,佳美公司明显存在过错,构成单方违约,应承担违约责任,并赔偿赵某遭受的损失。因合同关于违约赔偿约定过分高于实际损失。对此,予以调整。佳美公司赔偿赵某从搬出租赁房屋到应当回迁继续承租期间(2003年9月至2005年4月)的营业损失。二审法院判决:撤销一审判决,佳美公司赔偿赵某18个月的营业损失计36万元。[1]

最高人民法院民一庭意见:对因欺诈而订立的租赁合同,如不违反法律强制性规定,受欺诈方可以自知道或者应当知道撤销事由之日起一年内行使撤销权。受欺诈方没有行使撤销权,租赁合同有效成立的,在合同履行过程中,如果欺诈行为导致欺诈方违约的,欺诈方承担违约责任,不宜认定为缔约过失责任。[2]

承租企业的股东承担补充赔偿责任问题。股东依法获得分期缴纳出资的期限利益受法律保护。当股东就认缴增资的出资期限尚未届满时,难以认定股东未履行或者未全面履行出资义务,在无证据显示股东存在欺诈或者其他恶意损害债权人利益等情形下,原则上无权直接要求股东放弃期限利益对公司债务不能清偿的部分承担补充赔偿责任。

(二)违约金调整

《民法典》第五百八十五条第二款规定:"约定的违约金低于造成的损失的,人民法院或者仲裁机构可以根据当事人的请求予以增加;约定的违约金过分高于造成的损失的,人民法院或者仲裁机构可以根据当事人的请求予以适当减少。"

《民法典合同编通则解释》第六十五条规定:"当事人主张约定的违约金过分

---

〔1〕 最高人民法院(2011)民申字第163号民事裁定书。

〔2〕 参见最高人民法院民事审判第一庭编:《民事审判指导与参考》2009年第1集(总第37集),法律出版社2009年版,第127页。

高于违约造成的损失，请求予以适当减少的，人民法院应当以民法典第五百八十四条规定的损失为基础，兼顾合同主体、交易类型、合同的履行情况、当事人的过错程度、履约背景等因素，遵循公平原则和诚信原则进行衡量，并作出裁判。约定的违约金超过造成损失的百分之三十的，人民法院一般可以认定为过分高于造成的损失。恶意违约的当事人一方请求减少违约金的，人民法院一般不予支持。”

最高人民法院法官认为，在考量合同解除违约金与损害赔偿之间的关系时，应当考虑到合同解除时的损害赔偿包括了违约金指向的违约损害和此外的损害，为尊重当事人的意思自治，人民法院应首先支持违约金的支付请求，然后依据《合同法》第一百一十四条确立的违约金调整方法调整即可：或认为违约金已涵盖了损害赔偿，不再支持损害赔偿请求；或认为违约金低于造成的损失的，依当事人之请求，可增加相应的数额。[1]

在司法实践中，对于约定明显过高或在诉讼中经计算过高的情形，一方当事人提出异议的，法院可以予以调整。

【案例4－31】　上海怡通房地产有限公司与上海春光服装厂房屋租赁合同纠纷案

双方在合同中约定，春光厂不得抵押该大楼，否则，按当年返利的10倍给怡通公司赔偿，春光厂厂区内22个轿车停车泊位归怡通公司。最高人民法院认为，怡通公司以春光厂抵押大楼为由，请求追究春光厂的违约责任的主张，本院予以支持。但因双方约定的违约金过高，应作适当调整，可按怡通公司1996年度实际支付租金人民币123.98万元的2倍，由春光厂支付违约金。[2]

【案例4－32】　陈某某诉吴某某房屋租赁合同纠纷案

判决观点，对逾期交房违约金标准，虽然吴某某主张约定过高，但根据本案中陈某某主张的合理经济损失范围、吴某某的过错程度及其逾期受益因素，吴某某要求调整违约金标准，法院不予采纳。对陈某某主张的欲派驻上海的员工工资损失55287元、自行估算的公司预期经济损失88255元，与吴某某违约行为之间无必然因果关系，也明显超出了违约方订立合同时应当预见到的因违约可能造成的损失。违约金兼具补偿性和惩罚性，根据本案中陈某某主张的损失范围及提供的相应证据，合同约定的违约金已足以填补其主

---

〔1〕　参见最高人民法院民事审判第二庭编：《最高人民法院关于买卖合同司法解释理解与适用》，人民法院出版社2012年版，第430页。

〔2〕　参见最高人民法院民事审判第一庭编：《最高人民法院民事案件解析》（房屋买卖、租赁纠纷），法律出版社2010年版，第298页。

张的合理损失,陈某某赔偿经济损失的诉讼请求,法院不予支持。[1]

违约责任重复约定的,法官行使自由裁量权予以调整。

【案例4-33】 虞某平申请执行毕某房屋租赁合同纠纷案

判决观点,关于本案违约责任的承担。本案中,对于逾期交纳租金的情形,虞某平、毕某在房屋租赁合同中同时约定了两项违约赔偿条款即每天300元的“罚金”(实为违约金)及不再返还保证金,该约定实为对违约金的重复约定,只能认定其中一种约定有效。原告虞某平诉请按照合同约定不再返还毕某支付的保证金1万元,是基于双方在合同中的约定,应予以支持。而对于虞某平诉请的“罚金”(实为违约金)2万元,未按照合同约定,而是按照年租金的30%计算,不符合司法解释中“造成损失的30%”标准,也是对违约金的重复计算,依法不予支持。[2]

【案例4-34】 胡某某等17人与宿迁市一百百货有限公司等房屋租赁合同纠纷案

二审法院认为,一百公司无正当理由,迟延支付以及不支付租金的行为构成违约,应当承担违约责任。双方当事人在合同中约定了“逾期支付租金,每日罚款1万元”,该条款约定视为双方当事人对于逾期支付租金而应承担的违约责任的约定。根据《合同法解释(二)》第二十九条的规定:……本案一审中,一百公司认为约定的违约金过高,请求予以调整。原审法院综合考虑一百公司的违约行为、胡某某等17人可能导致的银行贷款利息损失等因素,酌情认定以年利率12%的标准计算违约金,充分平衡了双方当事人的利益,并无不当。胡某某等17人上诉主张违约金不应调整,但并未提出除银行贷款利息损失之外,尚存在其他损失的充分证据,故对其该上诉理由,本院不予采纳。[3]

违约方因违约获取更大利益的,违约金不予调整。如农工超市(集团)有限公司诉上海伊塔纳旅游用品有限公司房屋租赁合同纠纷案。[4]

在违约方未到庭参加诉讼情况下,法官根据具体案情认为违约金约定过高时,可以运用释明权确定违约金数额。

---

〔1〕 参见吴兆祥主编:《房屋买卖租赁案件裁判要点与观点》,法律出版社2016年版,第323页。

〔2〕 参见国家法官学院案例开发研究中心编:《中国法院2016年度案例》(合同纠纷),中国法制出版社2016年版,第121页。安徽省马鞍山市雨山区人民法院(2014)雨民一初字第00876号民事判决书。

〔3〕 江苏省高级人民法院(2014)苏民终字第0001号民事判决书。

〔4〕 参见最高人民法院中国应用法学研究所编著:《人民法院案例选》2007年第3辑(总第61辑),人民法院出版社2008年版,第177页。上海市第一中级人民法院(2005)沪一中民二(民)终字第2194号民事判决书。

【案例4－35】　何某福诉曾某贵房屋租赁合同纠纷案

判决观点，双方当事人在租赁合同中约定违约金为50000元，明显过分高于原告造成的损失。虽然被告没有对违约金数额提出异议，鉴于被告未到庭参加诉讼，人民法院无法行使释明权，依照《合同法解释（二）》的精神及公平原则，综合考虑本案的实际情况，酌情将违约金数额减少至12000元。[1]

（三）违约责任减轻

租赁合同签订后，出租人向承租人交付了符合条件的房屋。但在租赁合同履行中，第三人行为影响了房屋的使用，其出租人负有在租赁期间保持租赁房屋符合约定用途的义务。在承租人提出解决该问题的请求后，出租人应积极协调解决该问题，在其有能力和条件下不履行该义务构成违约。在上述情况下，虽然租赁合同履行出现了不符合使用目的的情形，承租人可以相应要求减少租金，但承租人以此拒不交付租金怠于履行主要合同义务的行为，为主要过错方，应承担主要的违约责任。虽然承租人违约事出有因，不能免除违约责任，但可以减轻违约责任。

【案例4－36】　中诚鼎立国际拍卖（北京）有限公司诉北京卓明物业管理有限公司房屋租赁合同纠纷案

二审法院认为，承租方经催讨后仍怠于履行支付2014年8月后的三个月房租的合同主要义务，构成违约，是主要过错方，应承担相应的民事责任。出租方虽履行了交付房屋的主要合同义务，但案外人悬挂于上诉人窗外的餐饮招牌不仅遮挡了房屋视线，还致人心感到压抑不适，可认定出租方交付的租赁物不规范，影响了承租方租赁房屋目的的实现。卓明物业公司作为悬挂物设置者的出租方与物业管理方对此不作为，可认定其未履行合同附随义务其行为有过错，亦应对合同解除承担过错责任。可减少承租方支付的违约金，并由双方分责负担装修损失。[2]

双方违约即可减轻承租人的违约责任。

---

〔1〕　参见国家法官学院案例开发研究中心编：《中国法院2015年度案例》（合同纠纷），中国法制出版社2015年版，第68页。湖南省岳阳市平江县人民法院（2013）湘平法民初字第1320号民事判决书。

〔2〕　参见国家法官学院案例开发研究中心编：《中国法院2017年度案例》（合同纠纷），中国法制出版社2017年版，第106页。北京市第三中级人民法院（2015）三中民终字第07216号民事判决书。

【案例4－37】 唐某生诉郭某锦房屋租赁合同纠纷案

判决观点，郭某锦的易拉罐加工生产厂由于噪声污染，被临桂县环境保护局下发责令改正违法行为决定书，是其生产初期对该加工行为会对周边环境产生污染没做好防护措施而出现的必然结果，其对此应有预见性，与唐某生并无联性，因此，郭某辉对此存在过错，其意欲以此为由与唐某生解除租赁合同并不属于合同中规定的法定条件，必将承担由此产生的违约责任。郭某锦在不与唐某生协商如何解除租赁协议的情况下，即搬离其所租赁的场地，且不与其进行结算交接，应视为违约，应对此承担违约责任。至于5000元的押金，由于是被告郭某锦违约，依照双方协议约定本应不再退还，但原告在本案诉讼中对此未主张，被告亦未对此进行反诉，故在本案中不作处理，由原、被告另行协商解决。郭某锦占用唐某生的场地未及时清空，其与唐某生就租赁事宜及垫支电费一事未协商解决，原告亦不通过法律途径解决双方矛盾，而是双方均用锁链锁住该租赁场地的大门，对此，双方均有过错，原、被告双方均应对各自的过错承担相应的民事责任。因此，对于从2014年5月至8月每月2000元的房屋租金8000元，由唐某生、郭某锦各自承担一半即4000元。郭某锦承担的租金部分，应支付唐某生。至于唐某生诉请要求郭某锦给付8000元的场地租金，超出审核的部分，不予支持。而唐某生为被告租赁场地垫支的2014年4月至5月的电费共计3818.7元，在双方解除协议后，亦应由郭某锦支付唐某生。〔1〕

【案例4－38】 某研究所与董某善房屋租赁合同纠纷案

判决观点，研究所提供房屋及董某善支付租金是合同的主给付义务，研究所开具租金发票是合同的附随义务。研究所已经履行了提供房屋的主给付义务，董某善不能以研究所未履行开具发票的附随义务对抗其支付租金的主给付义务。同时，研究所未履行法定的附随义务，也有一定的过错，应对董某善逾期付款的违约行为承担一半的责任。〔2〕

附随义务中适用混合过错。附随义务旨在保护债权人的利益圆满实现，并同时具有保护合同关系当事人的人身财产安全的功能。据此，以功能为标准，可将附随义务分为两类：一类为促进现实主给付义务，使债权人的给付利益获得更大可能的满足，即辅助功能。另一类为维护对方的人身或财产的利益，即保护功能。

---

〔1〕 参见国家法官学院案例开发研究中心编：《中国法院2016年度案例》（合同纠纷），中国法制出版社2016年版，第109～110页。广西壮族自治区桂林市临桂县人民法院（2014）临民初字第960号民事判决书。

〔2〕 参见最高人民法院审判监督庭编：《全国法院再审法律疑难问题》，中国法制出版社20011年版，第16页。

合同附随义务违反的归责原则，理论尚有不同观点。有学者认为，《合同法》第一百零七条规定了统一的义务违反的归责原则，即严格责任原则，而合同法对附随义务的违反，并没有要求债务人具有归责事由，故解释上宜认为债权人应当就债务人违反附随义务负举证责任，而债务人须就其具有免责事由负举证责任。[1]有学者认为，应根据附随义务的具体类型，确定其违反的归责原则，违反先合同义务或后合同义务适用过错原则，合同履行过程中违反附随义务，则适用严格责任。[2] 也有学者认为，附随义务与给付义务不同，且合同法中的严格责任并不是合同义务不履行的唯一归责原则，对附随义务应单独适用过错原则。[3] 笔者认为，因为现行法律对附随义务的归责原则没有规定，其第三种观点符合立法原意，从司法实践的判例来看，在已生效判决中，法院均会考虑当事人的主观过错，即是否存在过错，这意味着在附随义务中适用混合过错。

【案例 4－39】 谢某珍诉南安市新百姓仓储超市有限公司租赁合同纠纷案

二审法院认为，保障经营场所安全是上诉人应尽的附随义务。由于上诉人对其出租的场所在安全保障上存在疏忽的过错，其雇用的保安勾结外人共同作案，导致出租柜台商品被盗，应承担主要责任。被上诉人作为承租人对其出售的贵重商品在非经营期间内仅放置于加锁的玻璃柜台内，未尽到严格的安全注意义务，也有过错，亦应自行承担商品被盗的部分损失后果。原审根据公平原则对责任承担作出处理，判决结果适当。判决驳回上诉，维持原判。[4]

(四)违约金并用

合同同时约定逾期付款违约金和解约违约金，当违约方仅有一个违约行为，且因此致使合同被解除时，逾期付款违约金和解约违约金能否同时适用有不同观点。笔者认为，两种违约金约定的是针对两种违约行为，应当同时适用但应分段计算。具体来讲，通常情况下，自逾期付款之日至合同实际解除前一日违约方应承担逾期付款违约金，而自合同解除当日起，违约方承担的是解约违约金。但若守约方故意拖延行使合同解除权，企图因此多收取逾期付款违约金，则根据诚实

---

〔1〕 参见韩世远：《合同法总论》，法律出版社 2011 年版。

〔2〕 参见方龙华、吴根发：《论合同法上的保密附随义务》，载《法学论坛》2001 年第 10 期。

〔3〕 参见罗玉章、陆瓯：《浅析附随义务负担的规则原则》，载《律师世界》2003 年第 5 期。

〔4〕 参见最高人民法院中国应用法学研究所编：《人民法院案例选》2008 年第 2 辑（总第 64 辑），人民法院出版社 2009 年版，第 240 页。福建省高级人民法院(2007)闽民终字第 296 号民事判决书。

信用原则，逾期付款违约金应计算至合同约定的解除条件成就之日的前一日。

【案例4－40】 舜元控股集团有限公司诉上海昊禧资产管理中心（有限合伙）房屋租赁合同纠纷案

二审法院认为，被上诉人昊禧中心逾期未付租金，构成违约。合同约定可从租赁保证金中扣减、抵销未付租金，但承租人应予补足保证金。因此，租赁保证金的存在并不能否定或改变昊禧中心已形成的违约事实。法院注意到，原审于2016年3月28日庭审中，上诉人舜元公司陈述在昊禧中心结清租金、违约金后，其让昊禧中心搬走物品。二审中，舜元公司陈述系争房屋由昊禧中心上锁，2月3日，昊禧中心行政总监给其一把钥匙，方便其带看客户；昊禧中心则认为舜元公司所述并非事实，其公司没有行政总监，房屋系由舜元公司上锁，且2月3日涉讼房屋已停水、停电。法院认为，结合双方一、二审之陈述及2016年2月3日涉讼房屋停水、停电之事实，2016年2月3日以后的房租损失系舜元公司自身原因而扩大的损失，不应由昊禧中心承担。法院注意到，合同第4.2条约定，乙方应于每月20日前向甲方支付下月租金；逾期支付的，每逾期一日，则乙方需按逾期支付部分租金的1%支付违约金。合同第9.2条约定，乙方逾期不支付租金累计超过一个月的，守约方可书面通知违约方解除本合同；违约方应向守约方按月租金的三倍支付违约金；给守约方造成损失的，且支付的违约金不足抵付守约方损失的，还应赔偿造成的损失与违约金的差额部分。补充条款第14.2条约定，租金支付遵循“先付后用”原则，乙方应于每月20日前，将下月租金汇入甲方书面通知乙方的账户。如起租日不是该月首日，则乙方按该月实际承租的天数支付租金，每逾期一日，乙方须按逾期支付部分租金的1%支付违约金。法院认为，合同对于逾期付款违约金及解除合同违约金有不同的约定，舜元公司同时主张，符合合同约定。法院同时认为，本案中，合同解除系由昊禧中心拖欠租金的一个违约行为引起，故自合同解除之日起不应计算逾期付款违约金。原审处理有误，予以纠正。综上所述，舜元公司的上诉请求部分成立。[1]

（五）承担责任方式选择

法律规定的违约金条款与定金罚则竞合情况下，选择的主体是“对方”即违约方的相对方，守约方有权选择违约金条款。也就是说，选择的权利归属于有权

〔1〕 参见国家法官学院案例开发研究中心编：《中国法院2018年度案例》（合同纠纷），中国法制出版社2018年版，第89页。上海市第一中级人民法院（2016）沪01民终字第8092号民事判决书。

追究他方违约责任的一方。

【案例4－41】　广州市正佳企业有限公司与广州市东悦酒店有限公司租赁合同纠纷再审案

再审法院认为，本案《承租意向书》约定，正佳公司与东悦公司任何一方不能以任何理由要求终止本协议，若正佳公司违约需赔偿双倍定金及退回定金和赔偿实际损失，若东悦公司违约则正佳公司不退回定金给东悦公司。《合同法》第一百一十六条规定……从上述事实及规定看，正佳公司与东悦公司对各自违约所处承担的违约责任已作了明确约定，在违约金与定金罚则竞合的情况下，东悦公司可以根据《合同法》第一百一十六条的规定，选择适用违约金条款。据此，原审判决依据其与东悦公司签订的《承租意向书》所约定的违约条款承担违约责任，是尊重当事人的意思表示，适用法律并无不当。综上所述，正佳公司申请再审的理由不能成立。原审判决并无不当，应予维持。据此，再审法院判决维持二审判决，即正佳公司向东悦公司返还定金200万元并赔偿400万元，驳回东悦公司的其他诉讼请求。[1] 本案中，守约方东悦公司选择了退回定金和要求赔偿损失，法院支持了这一请求。而《合同法》第一百一十五条所规定的“无权要求返还定金”和“应当双倍返还定金”的主体是违约方，即承担违约责任的义务方。虽然《合同法》和《担保法》对有定金的合同，在义务方违约时规定了“无权”和“应当”这种必罚的措施，但对于权利方来说，法律赋予其对自己民事权利的处分权。权利人放弃定金或者违约金，都是《合同法》第一百一十六条所许可的。因此，《合同法》第一百一十五条并没有影响合同当事人对定金和违约金的选择权。守约方有权选择最有利于保护其合法权益的形式要求违约方承担。

承租人擅自对租赁物的改善和增设他物，出租人主张承租人恢复原状或者赔偿损失，同时又主张承租人依合同支付违约金是有争议的问题。

最高人民法院法官认为，如果出租人以承租人对租赁物的改善和增设他物的行为违反租赁合同约定提起诉讼，请求承租人恢复原状或者赔偿损失，同时又主张承租人依合同支付违约金的，因我国法律并未明确禁止对民事责任的合并使用，人民法院应基于恢复原状赔偿损失与支付违约金各项功能加以分析。由于恢复原状、赔偿损失的功能在于使受损物恢复到受损前的状态，而违约金除了有填补损失的功能外，还有惩罚违约行为的功能。因此，双方约定的违约金的金额可以适当高于出租人的损失，高出损失的部分体现的就是违约金的惩罚功能，在不

---

〔1〕　参见最高人民法院审判监督庭编：《全国法院再审典型案例评注》（上），中国法制出版社2011年版，第327～328页。

重复使用的情况下，对于要求承租人支付惩罚性功能的部分违约金的主张，人民法院应予支持。[1]

（六）违约责任与侵权责任竞合

在发生竞合纠纷案件中，并非对涉案的违约责任处理，而是根据个案的具体情况，由法官自由裁量。

如果受理竞合案件，既审理了违约纠纷，又审理了侵权纠纷，审结后当事人不服以另外一诉再行起诉的，法院不予受理，对其两个请求权行使并不限制，即违约责任与精神损害赔偿并列。《民法典》第九百九十六条规定："因当事人一方的违约行为，损害对方人格权并造成严重精神损害，受损害方选择请求其承担违约责任的，不影响受损害方请求精神损害赔偿。"因为违约责任不包含精神损害赔偿，如果守约方因为合同违约造成人格权损害的，有权主张精神损害赔偿。

在责任竞合的情况下，法官应按原告的诉讼主张确定案件性质并作出处理。

【案例 4－42】　北京普莱斯特投资管理有限公司诉北京怡东行物业管理有限公司、北京第一机床厂租赁合同纠纷案

一审法院认为，在出现责任竞合的情况下，法院应尊重当事人的选择，但由于普莱斯特公司没有放弃合同关系主张权利，故本案涉及的仍为合同关系之争，人民法院不能仅由一机厂的参与而排斥仲裁条款的适用。因此，普莱斯公司与怡东行公司于 1998 年 9 月 25 日签订《合作协议书》中的仲裁条款符合法律规定，约定有效，怡东行公司提出管辖异议成立。原告普莱斯特公司不服，驳回起诉裁定，提起上诉后撤诉。[2]

（七）违约责任与履行抗辩权关系

《民法典合同编通则解释》第三十一条规定："当事人互负债务，一方以对方没有履行非主要债务为由拒绝履行自己的主要债务的，人民法院不予支持。但

---

[1] 参见最高人民法院民法典贯彻实施工作领导小组编著：《中国民法典适用大全》（合同卷三），人民法院出版社 2022 年版，第 2090 页。

[2] 参见北京市高级人民法院民一庭编：《北京民事审判疑难案例与问题解析》（第 1 卷），法律出版社 2007 年版，第 434 页。

是,对方不履行非主要债务致使不能实现合同目的或者当事人另有约定的除外。当事人一方起诉请求对方履行债务,被告依据民法典第五百二十五条的规定主张双方同时履行的抗辩且抗辩成立,被告未提起反诉的,人民法院应当判决被告在原告履行债务的同时履行自己的债务,并在判项中明确原告申请强制执行的,人民法院应当在原告履行自己的债务后对被告采取执行行为;被告提起反诉的,人民法院应当判决双方同时履行自己的债务,并在判项中明确任何一方申请强制执行的,人民法院应当在该当事人履行自己的债务后对对方采取执行行为。当事人一方起诉请求对方履行债务,被告依据民法典第五百二十六条的规定主张原告应先履行的抗辩且抗辩成立的,人民法院应当驳回原告的诉讼请求,但是不影响原告履行债务后另行提起诉讼。"

双务合同中的抗辩权主要有先履行抗辩权、同时履行抗辩权、不安抗辩权。承租人享有抗辩权,可以抗辩出租人不当行为,并不承担违约责任。但行使抗辩权不当的,应当承担违约责任。

1. 先履行抗辩权

先履行抗辩权是对负有先履行义务一方违约的抗辩,是以先履行一方存在违约行为的前提产生的。

实践中,对于租赁合同履行的顺序涉及违约责任与先履行抗辩权的认定。双方在租赁合同中明确约定了首次房屋租金时间又约定了免租期,其租金交付的日期为合同约定的租金交付日,而不是免租期结束之日。换言之,一般租赁合同约定租金交付后交付房屋的,在双方没有另行约定房屋交付时间的情况下,其履行合同过程中负有义务是有先后顺序的,即承租人应当先交纳首次租金,而后出租人向承租人交付租赁房屋,而不是在免租期之后交付租金并在未交付租金之前交付房屋。承租人未交付租金或未足额交付租金之前,出租人可以依法行使先履行抗辩权,不予交付租赁房屋,亦不构成违约并不承担违约责任。先履行抗辩权成立的,依法免除其违约责任。

【案例4-43】 某房地产公司诉某技术公司房屋租赁合同纠纷案

一审法院认为,被告未按约在合同签订时向原告支付租金和押金,违反了先合同义务,原告行使抗辩权而未交付房屋,被告因此提出解除合同,应当承担违约责任,对原告房屋闲置而造成的租金损失,参照合同约定,予以赔偿。二审法院认为,某房地产公司与某技术公司签订的《银网中心租赁合同》系其真实意思表示,不违反法律、行政法规的强制性规定,合法有效。合同签订后,双方对房屋交付和租金等费用的给付产生争议。双方现均认可该租赁合同已于2009年6月2日解除,本院对此予以确认。某技术公司称某房地产公司拒不交付涉案房屋钥匙违约在先,但其在解除合同通知书中并未以此作为解除租赁合同的理由,故对其此项抗辩,本院难以采信。根据查明的事实,某技术公司未按约定在租赁合同签订的同时支付租金和押金,已构成违约,应承担相应的违约责任,判决:被告赔偿某房地产公司损失52371元。二审法院基于同理,维持一审判决。[1]

出租人不完全履行行为轻微,与支付租金不构成对待给付,其承租人以出租人履行合同存在瑕疵为由拒绝支付租金,并不一定满足先履行抗辩权的行使条件。如果以此拒绝履行给付租金的义务,则构成违约,应承担违约责任。

【案例4-44】 新兴公司诉美合慧通公司房屋租赁合同纠纷案

二审法院认为,关于涉案厂房是否已经交付一节,新兴公司主张已经按照合同约定交付厂房,美合慧通公司不认可厂房已经交付,但认可其已进厂进行消防设施安装,进厂及安装过程中未遇阻拦,同时亦认可当时厂房内除堆积有杂物、设备外,厂房属于空置状态,故综合实际情况,可以认定厂房已实际交付,美合慧通公司应当按照合同约定支付租金。美合慧通公司主张厂房未达到交付条件,故拒绝接收厂房,理由为:厂房南侧没有预留大门;厂房内的机械设备、杂物等一直未清空;厂房地面硬化未达合同约定标准。关于厂房南侧没有预留大门问题,根据合同约定新兴公司须在与改路对应的地方留大门,但美合慧通公司至今未进行改路,也没有向新兴公司提出过改路方案,故对该主张法院不予采纳。关于厂房内的机械设备、杂物等未清空问题,合同约定交接后未清理的美合慧通公司有权按照垃圾处理,且新兴公司亦表示可以随时腾空,故该主张不构成美合慧通公司拒收厂房的理由。关于厂房地面硬化问题,合同约定新兴公司应在厂房交付前对地面重新硬化,现新兴公司没有证据其已按照合同约定进行了地面硬化,故可以认定新兴公司在履行合同过程中存在瑕疵。根据现场照片,厂房地面硬化基本符合一般生产条件,美合慧通公司未能证明其从事的生产经营对地面硬化有特殊要求,亦不能证明路面未按照合同约定进行硬化已经给其造成了经济损失,故虽然新兴公司在履行合同过程中存在瑕疵,美合慧通公司可以要求其重新硬化地面,但不能以此拒绝接收厂房并拒绝缴纳租金。因此,原审法院认定美合慧通公司应当向新兴公司支付租金并无不当。按照合同约定,美合慧通公司拖欠租金3个月以上,应按照年总租金的5%支付违约金,故一审认定美合慧通公司须按照合同约定支付违约金亦无不当。二审法院认定原审判决认定事实清

---

〔1〕 参见北京市高级人民法院编:《审判前沿——新类型案件审判实务》2010年第5集(总第35集),法律出版社2011年版,第97页。

楚,适用法律正确,维持原判。[1]

在同一租赁合同履行中,可能发生多种履行抗辩权,需要根据双方约定的债务履行期进行分阶段考察,根据主从义务性质判断多种履行抗辩权是否成立。

【案例4-45】 北京东方梦投资管理有限公司诉北京中科英华电动车技术研究院有限公司房屋租赁合同纠纷案

二审法院认为,本案中,东方梦公司未依约交纳第二个租赁季度租金,而交纳租金的义务属决定债之关系类型的基本义务,应为主给付义务。关于东方梦公司所主张的中科英华公司不协助次承租人办理工商注册、不提供开办酒店所需的消防验收材料、不允许树立广告牌、不允许转租,考虑到上述义务均属合同约定的义务,且不属于决定债之关系类型的基本义务,应为从给付义务。双方的主给付义务之间可主张同时履行抗辩权或先履行抗辩权自不待言,需要说明的是主给付义务与从给付义务之间能否主张同时履行抗辩权或先履行抗辩权。作为出租方,收取租金是中科英华公司的合同目的。东方梦公司的拒绝履行行为将使中科英华公司的合同目的落空。基于前述债的对等性要求,中科英华公司未履行的从给付义务也将导致东方梦公司合同目的落空时,东方梦公司有权以拒绝支付租金的形式行使同时履行抗辩权或先履行抗辩权。……

本案中,双方合同约定变更规划用途不能成功影响合同履行,而提供消防安全检查材料是变更规划用途的前提条件。因此,中科英华公司履行提供消防安全检查材料的义务与否不影响合同履行。这一义务应当被认定为从给付义务,它与东方梦公司支付租金的主给付义务之间,亦不构成对价关系。因此,本案不满足当事人互负债务要件,因此东方梦公司主张的先履行抗辩权亦不成立,应予驳回。综上,东方梦公司不支付第二个租赁季度的行为为违约行为,法院据此判决东方梦公司承担违约责任。[2]

2. 同时履行抗辩权

同时履行抗辩权是指给付与对待给付之间有着不可分离、相互依存的关系,且没有先后履行顺序,应当同时履行。出租人违反附随义务时,承租人不享有同时履行抗辩权,其拒交租金的行为应认定为违约。只有在出租人对合同附随义务的违反导致合同不能实现时,承租人才可以行使同时履行抗辩权。

---

〔1〕 参见安凤德主编:《租赁合同纠纷案件疑难问题裁判精要》,法律出版社2021年版,第83~84页。

〔2〕 参见北京市第一中级人民法院编:《裁判方法与法律适用:案例精选》(总2019年卷),法律出版社2020年版,第87~94页。北京市第一中级人民法院(2019)京01民终5714号民事判决书。

【案例4－46】 冶金地质总局诉物业管理有限公司、广告公司房屋租赁合同纠纷案

二审法院认为，涉案租赁合同虽未约定冶金地质总局负有为次承租人出具场地使用证明的义务，但其与物业公司及广告公司已经就此形成交易习惯，且涉案租赁物的用途为办公用途，在允许部分转租的情形下，可以认定此种情形下为次承租人出具场地使用证明以供其办理工商注册或住所地变更登记手续，是出租人为保证租赁物正常合理使用应负有的附随义务的一部分，故冶金地质总局拒绝及时出具场地使用证明，已经构成违约。在租赁合同中，对于出租人和承租人而言，其最主要的合同义务分别为提供符合合同约定的租赁物以及按约定支付租金。本案中，冶金地质总局作为涉案租赁合同的出租人，已经履行了提供合格租赁物的主要合同义务，而物业公司未履行支付租金的主要合同义务。对此物业公司虽辩称，未支付租金具有合理理由即冶金地质总局拒绝为转租的两家公司出具场地使用证明给其造成了损失。但物业公司在占有使用并对租赁物继续转租赢利的情形下以拒付任何租金作为救济方式且长达两年多时间，缺乏适当性及必要性，违反比例原则及作为民事活动基本原则的诚信原则，故此不足以成为物业公司拒绝支付租金的合理抗辩理由，物业公司未支付租金的行为构成违约。判决：维持一审判决第一项，撤销一审判决第二项，改判物业公司给付冶金地质总局违约金400000元，广告公司对此承担连带给付责任。[1]

---

〔1〕 参见安风德主编：《租赁合同纠纷案件疑难问题裁判精要》，法律出版社2021年版，第77页。

三、房屋租赁合同损害赔偿纠纷处理

(一)损害赔偿处理原则

最高人民法院法官认为,在考量合同解除时违约金与损害赔偿之间的关系时,应当考虑到合同解除时的损害赔偿包括了违约金指向的违约损害和此外的损害,为尊重当事人的意思自治,人民法院应首先支持违约金的支付请求,然后依据《合同法》第一百一十四条确立的违约金调整方法调整即可:或认为违约金已涵盖了损害赔偿,不再支持损害赔偿请求;或认为违约金低于造成的损失的,依当事人之请求,可增加相应的数额。[1] 合同解除的损害赔偿并不遵循完全赔偿原则。最高人民法院民一庭法官认为,此情形下赔偿损失,以当事人实际受到的损失(所受损害)为基础。细言之,包括对方订立合同所支出的必要费用、无责任方因返还对方已经给付物所支出的必要费用及责任方拒绝或迟延返还给付而使对方蒙受的损失等。可见以上范围应当是限缩的。[2] 通常认为,直接损失包括:其一,订立合同所支出的必要费用;其二,因相信合同能够履行而做准备所支出的必要费用;其三,债务人因拒不履行返还给付物的义务给债权人造成的损失;其四,债权人因返还给付物而支付的必要费用。

根据现行法律及理论通说,合同解除后产生恢复原状与赔偿损失的法律后果,损失赔偿的范围不仅包括债务不履行的损害赔偿,而且还包括因合同解除而产生的损害赔偿。因合同解除而产生的损害主要体现为债权人因相信合同能够履行而做准备所支出的必要费用。

【案例4-47】 北京延群诚信科技有限公司与北京中盛投资有限公司租赁合同纠纷再审案

再审法院认为,就延群公司所主张的房屋使用费、搬家费与房屋的电费

---

〔1〕 参见最高人民法院民事审判第二庭编:《最高人民法院关于买卖合同司法解释理解与适用》,人民法院出版社2012年版,第430页。

〔2〕 参见最高人民法院民事审判第一庭编著:《最高人民法院〈关于审理商品房买卖合同纠纷案件司法解释〉的理解与适用》,人民法院出版社2003年版,第300页。

等相关费用的诉讼请求，鉴于该费用支出是因延群公司未能按照双方合同约定如期交付房屋，且就房屋使用、搬家等双方并没有达成协议，延群公司提供的证据亦不足以证明其主张，故原审判令驳回延群公司此项请求正确，本院再审一并予以维持。[1] 本案中，中盛公司主张的损失包括电费损失、物品被盗损失、自建房屋及装修损失。延群公司主张的损失为房屋使用费、物品搬家运输费、电费。中盛公司主张的电费损失系中盛公司将物品储存在延群公司的电费支出，属于中盛公司用于自身利益的合理开支，应由其自行承担；由于延群公司并无保管中盛公司物品的义务，且中盛公司亦无证据证明损失的数额，故对物品被盗亦不支持；自建房屋及装修损失属于信赖利益的损失，系中盛公司由于相信租赁合同能够履行而准备所支出的必要费用，依据我国合同法理论及立法规定，信赖利益应属损失赔偿的范围，但是由于中盛公司伪造自建房与装修损失的证据，故此损失上并不存在，因此对中盛公司的此项主张亦不支持。另外，延群公司主张的房屋使用费、物品搬家费和电费系其自身违反合同约定延期交房所造成，中盛公司对此损失并不存在过错，故该费用应由延群公司自行承担。

【案例4－48】 吕某诉尚某宇房屋租赁合同纠纷案

二审法院认为，《民法典时间效力规定》第一条第一款规定：“民法典施行后的法律事实引起的民事纠纷案件，适用民法典的规定。”本案为《民法典》施行后的法律事实引起的民事纠纷案件，故应当适用《民法典》规定进行审理。依法成立的合同，对当事人具有法律约束力。上诉人尚某宇与被上诉人吕某签订的《房屋租赁合同》系双方当事人的真实意思表示，内容未违反法律、行政法规的强制性规定，合法有效，双方均应恪守履行。本案争议焦点为：上诉人尚某宇是否应当给付2021年1月22日至7月21日租金及物业费的问题。经查，案涉《房屋租赁合同》约定的房屋租赁期限为3年，自2018年7月22日起至2021年7月21日止，租金每半年支付，拖欠超过30天，出租人有权收回房屋。租赁期内，未经协商一致不得提前解除合同。从双方提供的各自聊天记录来看，2021年1月29日，上诉人尚某宇向被上诉人吕某母亲高某田明确表示不再租赁房屋，并已实际腾退。高某田则表示租期未到，至2021年7月21日前，尚某宇仍应继续给付租金。2月27日，高某田通过微信向尚某宇发送《告知函》，载明尚某宇应尽快履行合同，交付拖欠房租，如仍不履行且拒不交房，为了减少损失，则其可将房屋出租。此外，被上诉人在二审庭审中自认在2021年1月24日路过案涉房屋时发现上面张贴告知，

[1] 参见江必新主编、最高人民法院审判监督庭编：《全国法院再审典型案例评注》（上），中国法制出版社2011年版，第333页。

载明店铺迁至肇工街经营。根据上述事实可知,尚某宇通过明示及拒绝支付租金、迁移店址的实际行为,明确表明不再继续履行合同的意思表示,其与吕某之间的租赁合同在事实上已经不能继续履行。根据《民法典》第五百八十条“当事人一方不履行非金钱债务或者履行非金钱债务不符合约定的,对方可以请求履行,但是有下列情形之一的除外:(一)法律上或者事实上不能履行;(二)债务的标的不适于强制履行或者履行费用过高;(三)债权人在合理期限内未请求履行。有前款规定的除外情形之一,致使不能实现合同目的的,人民法院或者仲裁机构可以根据当事人的请求终止合同权利义务关系,但是不影响违约责任的承担”的规定,案涉《房屋租赁合同》不宜强制要求继续履行,但不免除违约方尚某宇提前解除案涉《房屋租赁合同》的违约责任。关于违约责任如何承担问题。首先,尚某宇未提前向吕某告知解除合同且实际占用案涉房屋至2021年1月末,双方未进行交接,故对于2021年1月至2月租金应予给付。其次,鉴于案涉租赁合同就承租方提前解除合同的违约责任未作明确约定,尚某宇在2021年1月29日已明确告知不继续履行合同,且已实际搬离案涉房屋,被上诉人对该事实亦已知悉,而案涉租赁合同约定的租期至2021年7月21日届满,吕某作为出租人应及时采取行动避免自己损失进一步扩大。考虑到寻找新的承租人确需一定时间和成本,故本院酌定3个月租金作为吕某寻租期损失。最后,由于尚某宇在二审庭审中明确仅对一审判决第一项有异议,故根据《最高人民法院关于适用〈中华人民共和国民事诉讼法〉的解释》第三百二十三条第一款规定,本院仅围绕上诉人的上诉请求范围进行审理,对物业费及押金问题不再进行审理。综上所述,上诉人尚某宇的上诉请求部分成立。判决:一、撤销沈阳市铁西区人民法院(2021)辽0106民初4885号民事判决第四项“驳回原、被告的其他诉讼请求”;二、维持沈阳市铁西区人民法院(2021)辽0106民初4885号民事判决第二项“尚某宇于本判决生效后10日内给付吕某物业费1700元”、第三项“吕某于本判决生效后10日内返还尚某宇押金2000元”;三、变更沈阳市铁西区人民法院(2021)辽0106民初4885号民事判决第一项“尚某宇于本判决生效后10日内赔偿吕某34000元”为“尚某宇于本判决生效后10日内赔偿吕某22667元”;四、驳回双方的其他诉讼请求。[1]

因当事人对租赁合同解除日期及责任承担认识不同,致使损失扩大的责任应由过错方承担。

---

〔1〕 参见最高人民法院民法典贯彻实施工作领导小组编著:《中国民法典适用大全》(合同卷二),人民法院出版社2022年版,第1027页。辽宁省沈阳市中级人民法院(2021)辽01民终15778号民事判决书。

【案例4－49】 陈某兵诉周某华房屋租赁合同纠纷案

关于周某华依据陈某兵将房屋转租他人获利9.8万元提出要求陈某兵赔偿违约损失9.8万元的主张。二审法院认为，法律未规定在租赁期内承租人转租获利应归出租人所有，合同亦无相关约定，但因合同解除日期是2012年6月6日，合同解除后陈某兵继续占有租赁房屋没有合法依据，其对合同解除后占有租赁房屋的占用费和基于租赁房屋获得的收益应支付周某华，因陈某兵于2013年2月25日向周某华发出同意解除租赁协议并要求接收房屋退还房屋钥匙的通知，周某华收到通知后未积极配合接收房屋，按照《合同法》第一百一十九条第一款的规定，周某华对由此导致的损失扩大应自行承担责任，二审法院认为，陈某兵应向周某华支付2012年6月6日至2013年2月26日的房屋占用费用和转租收益，对此期间以后的房屋损失应由周某华自行承担，此期间房屋占用费用为7239元，此期间转租收益为20457元。因陈某兵已向周某华支付2012年3月25日至2013年3月25日年度租金10万元，故周某华还应返还陈某兵2013年2月25日至3月25日的租金。综上，费用相抵后陈某兵应支付周某华12124元。〔1〕

承租人实际承担的租金与合同约定的不一致时，承租人违约时应当按照房屋租赁合同约定的租金标准赔偿出租人的损失，而非以承租人应当分担的租金数额为依据。

【案例4－50】 褚某某与徐州宾宝鞋业有限公司、睢宁经济开发区管委会房屋租赁合同纠纷案

二审法院认为，关于褚某某因宾宝鞋业违约造成的经济损失如何确定的问题。依据宾宝鞋业、褚某某及睢宁管委会签订的《标准厂房租赁合同》的约定，租金支付标准为78元/m^2（宾宝鞋业支付55元/m^2，另外23元/m^2由睢宁管委会支付），故虽然租金分别由宾宝鞋业和睢宁管委会给付，但结算时具体租金标准为78元/m^2，褚某某可以获得的收益也为78元/m^2，且双方在合同违约责任条款中也并未特别约定赔偿租金损失标准按照宾宝鞋业55元/m^2计算，故褚某某请求按照78元/m^2作为计算宾宝鞋业应赔偿褚某某租赁厂房闲置期间的租金损失的依据有合同依据。结合双方合同约定、宾宝鞋业的违约情况以及涉案厂房闲置的实际情形，宾宝鞋业应承担的违约金为121.68万元（$20800m^2 \times 78$元/$m^2 \div 12$个月$\times 9$个月$= 121.68$万元）。褚某某关于原审判决赔偿计算租金标准错误，应将一审判决的数额85.7998万元

〔1〕 参见最高人民法院中国应用法学研究所编：《人民法院案例选》2015年第2辑（总第92辑），人民法院出版社2016年版，第168页。辽宁省沈阳市中级人民法院（2013）沈中民二终字第1456号民事判决书。

调整为121.68万元的上诉理由成立,予以支持。关于褚某某主张宾宝鞋业还应赔偿其损失300万元能否成立的问题。原审判决认定宾宝鞋业赔偿褚某某9个月房屋的租金损失。褚某某主张宾宝鞋业还应赔偿其他损失300万元,但其并未充分举证证明其所筹措的资金用于涉案厂房的建造,且双方的租赁合同及其补充协议、宾宝鞋业出具的承诺书均未明确这部分损失应由宾宝鞋业承担。褚某某提出的宾宝鞋业还应赔偿其损失300万元的上诉理由没有事实和法律依据。褚某某在重新出租的过程中需要对涉案厂房进行改造,原审法院已告知其相关的改造费用可向宾宝鞋业另行主张,不予理涉。[1]

承租人违约提前从承租房屋搬出,以给转租人造成实际损失认定,而非以整个承租期认定。

【案例4-51】　钮某蓓诉江某兵房屋租赁合同纠纷案

二审法院认为,从查明案涉《协议》的内容看,没有既约定违约金又约定损失赔偿。一审法院陈述案涉《协议》既约定违约金又约定损失赔偿,与查明的事实不符,二审法院予以指正。但一审法院认定钮某蓓实际损失为3个月房租,并无不当。江某兵从钮某蓓处转租,期限1年,但江某兵承租2个月后且仅支付1个月租金即自行搬出,江某兵在二审确认钮某蓓在2019年8月才将案涉房屋再行租出,实际产生了3个月的房租损失。故一审认定钮某蓓实际损失为3个月房租,与事实相符。判决:驳回上诉,维持原判。[2]

出租人在租赁期内负有保证房屋处于适格状态的义务,房屋在租赁期内受到外力损坏的风险应由出租人承担,由此造成承租人损失的承担赔偿责任。

【案例4-52】　克梦妮公司诉中金公司房屋租赁合同纠纷案

二审法院认为,租赁合同明确约定,克梦妮公司在租赁期内负有保证涉案房屋及附属设施处于正常可使用和安全状态的义务,地铁施工致使房屋损坏,造成中金公司的停业损失,应由出租人克梦妮公司承担责任,一审对此认定不当,予以纠正,其余判决正确,予以维持。[3]

出租人将未经验收的房屋用于出租,直接违反了《建筑法》第六十一条的管理性规定,其房屋存在严重的安全隐患,是对严格瑕疵担保义务的违反。承租人对此是明知同意的,但并不导致免除出租人应承担的责任。

---

〔1〕　江苏省高级人民法院(2015)苏民终字第00061号民事判决书。

〔2〕　参见国家法官学院、最高人民法院司法案例研究院编:《中国法院2021年度案例》(合同纠纷),中国法制出版社2021年版,第54页。安徽省马鞍山市中级人民法院(2019)皖05民终1153号民事判决书。

〔3〕　参见《人民司法·案例》2011年第2期。

【案例4－53】 P公司诉L公司房屋租赁合同纠纷案

二审法院认为，系争租赁合同属有效，但L公司在工程未经竣工验收的情况下交房，违反法律规定及合同义务，房屋租金竣工验收前的租金损失应由L公司承担70%，由P公司承担30%。[1]

实践中，因双方当事人的共同原因产生损害的，应依公平原则处理。如在不定期房屋租赁合同中，添附使用时间较为长久的固定设备，双方未对添附物的处置进行约定，租赁合同终止后，可结合实际情况，运用公平原则对损失问题进行处理。

【案例4－54】 赣榆县工商行政管理局诉伏某贵房屋租赁合同纠纷案

二审法院认为，关于上诉人要求被上诉人应对其冷库设备拆装搬运费及材料损失的造成均有过错。一审依据公平原则判决双方平均分担损失并无不当，故法院对上诉人的该项主张不予支持。[2]

出租人负有保证出租房屋符合合同约定用途的义务，在房屋出现质量问题时，应当承担主要责任。

【案例4－55】 霸州市甲物流有限公司诉河北乙物流开发有限公司房屋租赁合同纠纷再审案

最高人民法院认为，《鉴定检验报告》表明案涉房屋由于墙面起皮、裂缝等无法投入经营使用，既有房屋墙体自身质量不合格的原因，也有装修过程不符合建筑装饰装修工程质量验收规范的原因。应认定乙公司和甲公司对合同解除造成的损失均应承担相应责任。乙公司作为出租人，负有保证出租房屋符合合同约定用途的义务，但在房屋墙面墙体出现质量问题时没有尽到维修义务，应当承担主要责任。租赁合同约定甲公司负责装修案涉房屋，故甲公司负有按照装饰装修工程质量验收规范进行装修的义务，但在发现房屋墙面墙体存在问题时，未能按照装修规范要求采取有效措施进行弥补和及时止损，应当承担次要责任。由于案涉合同解除原因系双方都存在违约行为造成，所以应依据双方的责任程度对损失予以分担，乙公司承担80%的责任，甲公司承担20%的责任。[3]

出租人未对出租房屋维修构成违约，应对合同解除负主要责任；承租人没有尽到注意义务，未自行组织维修以避免损失扩大，对合同解除应承担次要责任。

---

〔1〕 上海市第一中级人民法院(2012)沪一中民二(民)终字第3407号民事判决书。

〔2〕 参见最高人民法院中国应用法学研究所编:《人民法院案例选》2006年第2辑(总第56辑)，人民法院出版社2006年版，第243页。

〔3〕 最高人民法院(2017)民再105号民事判决书。

【案例4－56】 安徽甲商业运营管理有限公司诉程某房屋租赁合同纠纷再审案

再审法院认为，甲公司未对出租房维修构成违约，应对合同解除负主要责任。程某也没有尽到注意义务，未对漏水的房屋自行组织维修以避免损失的扩大，对合同解除应承担次要责任。故判决甲公司和程某分别按80%、20%责任承担合同解除造成的装潢残值损失与停业损失。[1]

因承租人自身违约造成的损失，出租人不承担赔偿责任。

【案例4－57】 朱某友诉北京市建筑磨石总厂房屋租赁合同纠纷案

一审法院认为，朱某友理应按协议及时将承租房屋腾退，交与建筑磨石总厂。朱某友未履行约定及时将承租房屋腾退，交与建筑磨石总厂。建筑磨石总厂采取停电、停水措施，朱某友所受损失，不属建筑磨石总厂的责任，应由朱某友自行负担。故朱某友要求建筑磨石总厂赔偿机器寄存款、机器损耗费、停产损失、遣散员工费用、违约金等损失的诉讼请求，本院不予支持。朱某友拖欠建筑磨石总厂房屋租金，建筑磨石总厂未要求支付，本院不作处理。判决：驳回朱某友要求建筑磨石总厂赔偿损失的诉讼请求。二审法院亦持同样意见，维持一审判决。[2]

在出租人违约时，承租人提出违约金和赔偿损失两项诉求，其约定的违约金高于实际损失，只支持违约金诉求而不支持赔偿损失的诉求。

【案例4－58】 牟某诉崔某某、鹏展公司房屋租赁合同纠纷案

二审法院认为，在涉案租赁合同履行期间，虽然因鹏展公司提前终止了合同的履行，但根据合同相对性原则，由此给牟某造成的损失理应由崔某某予以赔偿。根据一审法院委托评估，涉案房屋的装修项目价值为278226.45元，按三年租期折旧后，装修残值为61828.1元。该部分价值属于被上诉人的实际损失，崔某某应予赔偿。由于审计报告是依据被上诉人提供的有限的会计资料推算得出，审计依据明显不足，因此不应根据该审计报告以及某饭店和烹饪协会的证明认定牟某的经营损失，因证据不足，不予支持。根据合同约定，崔某某据此应承担的违约金为8万元，适当高于由此给牟某造成的实际损失61828.1元。在牟某既主张违约金，又主张赔偿实际损失的情况下，根据违约金的补偿性特点，酌情支持违约金8万元。二审据此改判。[3]

---

〔1〕 安徽省高级人民法院(2017)皖民再字第69号民事判决书。

〔2〕 参见北京市高级人民法院民一庭编：《北京民事审判疑难案例与问题解析》(第1卷)，法律出版社2007年版，第440页。

〔3〕 参见李方民主编：《房屋租赁合同纠纷诉讼指引与实务解答》(第3版)，法律出版社2017年版，第208页。

【案例4－59】 湖南飞鸿通信科技有限公司诉曾某房屋租赁合同纠纷案

判决观点,被告在合同履行期限届满前明确表示将终止合同并强制将原告的财产搬出租赁房屋,使原告无法继续经营,被告的行为是一种违约行为。因被告违约,原告被强制搬出后,再未使用租赁物,故对于原告要求被告退还租金和保证金,支付违约金的诉讼请求应予支持;原告要求被告赔偿其他经济损失的诉讼请求,无证据证明其实际损失高于约定的违约金,故不予支持。〔1〕

个案中,对于损失是否发生以及赔偿损失数额由法官根据案情酌定。

【案例4－60】 重庆解放碑茂业百货有限公司与重庆鑫隆达房地产开发有限公司房屋租赁合同纠纷案

最高人民法院认为,一审判决针对茂业公司所主张的鑫隆达公司的违约行为,逐一进行了分析,认定除迟延交房、商场内的客用电梯无法使用外,其他违约行为并未对茂业公司的正常经营带来不利影响。二审诉讼中,茂业公司未提供充分证据证明其主张的鑫隆达公司有其他违约行为造成其经营损失,其主张的经营利益损失与鑫隆达公司的违约行为具有直接因果关系,因此,其主张鑫隆达公司应赔偿其经营损失27962399.15元,法院不予支持。……《商厦商业经营房产租赁合同》及《补充协议书》约定,鑫隆达公司应在2004年7月15日交付房屋及附属设施、设备,否则构成违约。鑫隆达公司每推迟10天以上交房,则按每天10万元支付赔偿金。鑫隆达公司于2004年7月22日交付房屋,按照合同约定已构成违约,应当承担赔偿责任。从文字表述分析,"鑫隆达公司每推迟10天以上交房,则按每天10万元支付赔偿金"是针对违约的赔偿计算方法的约定,该计算方法以延期交房每推迟10天为计算条件,不能理解为延期交房未超过10天不承担赔偿责任。本案中,鑫隆达公司迟延交房7天,不能按照合同约定的计算方法计算赔偿数额,一审判决在此情形下,参照合同约定的租金标准,确定鑫隆达公司延期交房应承担的赔偿金额为556164.35元,适用法律并无不当。鑫隆达公司主张其延期交房未超过10天,不应承担赔偿责任,与合同约定不符,法院不予支持。〔2〕

个案中,由法官根据具体案情处理。

---

〔1〕 湖南省益阳市赫山区人民法院(2011)益赫民二初字第144号民事判决书。

〔2〕 参见最高人民法院民事审判第一庭编:《最高人民法院民事案件解析》(房屋买卖、租赁纠纷),法律出版社2010年版,第282～283页。

【案例4-61】　某建材公司诉某投资公司等房屋租赁合同纠纷案

二审法院认为，出租人承诺办理相关特殊证照或许可证并按照承租人的要求装修房屋，租赁双方书面约定满足条件后双方再签订的《房屋租赁合同》，较之一般房屋租赁合同具有租赁标的特定化，办理证照、许可证专业化，签订前期协议涉及利益金额巨大等特点。特殊用途房屋租赁合同约定由出租人装修的，可以参照承租人装修合同解除、无效时立法精神和处理原则，即由双方各自按照导致合同无效的过错分担现值损失，充分考虑出租人的资质、营业范围、行业情况，双方过错大小等情况，谨慎平衡当事人利益。[1]

对于因房屋性质导致营业执照不能办理，合同目的无法实现进而导致合同解除的情况下，法官应根据具体案情，综合考虑合同约定、双方的专业优势、沟通情况，是否存在主观故意，是否怠于履行义务等情况，划分出租人承担赔偿责任的比例，而不是由出租人必须承担全部赔偿责任。

【案例4-62】　甲汽车公司诉乙公司租赁合同纠纷案

二审法院认为，本案中，因涉案场地、房中房屋的用途为住宅，导致甲汽车公司与乙公司签订租赁合同用于汽车检测及相关配套服务的合同目的无法实现，故一审确认租赁合同于2016年2月起解除并无不当。甲汽车公司实际使用涉案场地至2016年2月，其租金亦缴纳至2016年2月，故甲汽车公司要求乙公司返还其租金1200000元无事实依据，不予支持。本案的争议焦点问题系乙公司是否应当赔偿甲汽车公司的全部损失。首先，甲汽车公司作为商事主体，理应在签订租赁合同之前，审慎审查涉案场地、房屋性质之注意义务。而根据查明的事实，在签署租赁合同之前，双方以电子邮件形式进行过较为深入的沟通，应审查涉案场地性质及房屋性质，故甲汽车公司以其签约时不知房屋性质为由主张对其自身损失不承担责任，不予支持。其次，本案中，甲汽车公司自占有使用场、房后，在没有办理营业执照手续的情况下，对涉案场、房进行了翻建、改建和装修，其应当对其建设投入的损失承担风险。最后，甲汽车公司主张其因涉案场地、房屋为住宅性质导致其无法办理营业执照，但其未提交充分有效的证据证明其申请办理过营业执照。甲汽车公司虽上诉主张乙公司为规避住宅性质不能办理营业执照而伪造房屋产权证，但该理由非涉案场地、房屋不能办理营业执照的规定的根本理由，亦非导致甲汽车公司损失的直接原因，故对甲汽车公司的上诉主张不予采纳。综

---

〔1〕　人民法院案例库2023-07-2-111-003。上海市第二中级人民法院（2020）沪02民终3014号民事判决书。

上所述,甲汽车公司应对其损失承担主要责任,乙公司虽将属于住宅性质的房屋出租用作经营存在过错,但应对承租人甲汽车公司不能经营承担次要责任,而非应对甲汽车公司诉在未取得营业执照的情况下、经营之前的工程建设承担主要责任。根据庭审中甲汽车公司的自述,其在2015年六七月之后在明知不能办理营业执照的情况下仍持续施工,故其要求乙公司承担其在2015年六七月之后的损失无事实依据。关于乙公司赔偿甲公司的数额,一审法院综合鉴定意见书中的工程项目综合汇总表载明的各类项目酌定的数额并无不当。甲汽车上诉主张的员工工资、房屋周转费等损失,无事实和法律依据,不予支持。判决:驳回上诉,维持原判。[1]

在合同纠纷案件中,一方违约造成对方损失,违约方有证据证明受害人自身的行为助成损害的发生且其主观上存在过错的,法官应当综合考虑违约方与受害人各自的行为对损害的发生的原因力大小以及双方的过错程度,酌情确定违约方与受害人对损害的发生应当承担的比例,并依据该责任比例确定违约方实际承担的损失赔偿数额。也就是说,在上述情况下应适用过失相抵规则赔偿损失。

【案例4-63】 上海垲捷管理咨询有限公司诉上海玖悦文化传播股份有限公司房屋租赁合同纠纷案

二审法院认为,依法成立的合同,对当事人具有法律约束力。关于违约金之争。玖悦公司主张,双方签订的《房屋租赁合同》约定,因租赁标的物被政府批准动迁的,租赁合同自行终止,互不承担违约责任以及补偿责任。根据已查明的事实可知,静安区政府于2018年12月14日作出《张园地块房屋征收决定》,将系争房屋所在地块纳入动拆迁范围。结合在案证据,玖悦公司自2018年9月起即拖欠房租,垲捷公司多次向其发送催款通知,玖悦公司于2018年11月16日就此作出情况说明,表示因店铺经营状况不佳申请延后付款,玖悦公司此后并未履行承诺。双方亦曾在微信中就拖欠房租及终止合同一事进行协商,均未陈述系因动迁事宜要求降低房租并导致租赁合同解除。玖悦公司抗辩称因动迁原因导致租赁合同解除,故其无须支付违约金,缺乏依据,不予采信。因玖悦公司拖欠房屋租金、物业管理费、公共事业费等,经多次催缴亦未履行,违反双方合同中相关约定,理应支付垲捷公司相应违约金。关于使用费之争。垲捷公司于2018年12月25日掌控系争房屋,曾数次催促玖悦公司撤离,玖悦公司均予以拖延,直至2019年3月2日提出腾退房屋申请。一审法院认为,自2018年12月21日起垲捷公司即对系争房屋采取停水、停电措施,导致玖悦公司使用受限;并综合考虑房屋实际情况、违

---

〔1〕 参见安凤德主编:《租赁合同纠纷案件疑难问题裁判精要》,法律出版社2021年版,第206页。

约责任、双方协商、玫悦公司并未搬离等情节，酌情认定房屋占有使用费按照每月90033.33元标准支付，二审法院予以认同。一审法院另结合玫悦公司在(2019)沪0106民初25552号一案询问笔录中陈述其将于2019年5月17日之前清空系争房屋内所有物品，如逾期，房屋内所有物品任垲捷公司自行处置一节，确认玫悦公司支付房屋占有使用费期限为2018年12月26日至2019年5月17日，对此垲捷公司亦无异议，二审法院一并予以确认。综上，玫悦公司的上诉理由不能成立，其请求应予驳回。[1] 本案中，该损失的发生，一方面是因玫悦公司的违约行为导致，另一方面也因垲捷公司限制玫悦公司搬离物品导致，据此可以适用过失相抵规则，即以系争房屋的市场租金价格为标准认定房屋空置损失，再依据双方各自的责任比例确定玫悦公司金额。

商场商铺承租人因经营不善等倒闭或歇业后，主动与消费者联系退费等事宜，且不存在经营者下落不明导致消费者无法找到交易对象，亦不存在租赁主体不清导致消费者无法区分交易对象的情形，消费者以《消费者权益保护法》第四十三条为依据，主张商场作为商铺出租人与商铺承租人共同承担赔偿责任的，法院不予支持。

【案例4－64】　车某诉袋鼠公司、苏宁公司合同纠纷案

二审法院认为，本案的合同双方为车某与袋鼠公司，袋鼠公司提供教育培训服务并收取教育培训费用，苏宁公司并非涉案合同的当事人。根据合同相对性原则，车某应当依据合同约定，向合同的相对方袋鼠公司主张合同权利，苏宁公司无承担责任的合同依据。苏宁公司收取的租赁保证金性质是为了确保租赁合同的履行，并非为替代处理纠纷，不能据此要求苏宁公司承担因袋鼠公司自身经营行为而产生的风险责任。判决：一、维持一审判决第一项；二、撤销一审判决第二项，即苏宁公司不承担责任。[2]

租赁合同解除后，恢复原状的费用由承租人承担。

【案例4－65】　赵某与城建公司房屋租赁合同纠纷案

二审法院认为，租赁期限届满，承租人应当返还租赁物。返还的租赁物应当符合按照约定或者根据租赁物的性质使用后的状态。当事人一方不履行债务或者履行债务不符合约定，根据债务的性质不得强制履行的，对方可以请求其负担由第三人替代履行的费用。本案中，赵某向城建公司出具《商

---

〔1〕 参见郭伟清主编：《民法典新规则案例解析》，法律出版社2020年版，第200～201页。上海市第二中级人民法院(2020)沪02民终932号民事判决书。

〔2〕 江苏省中级人民法院(2019)苏07民终3492号民事判决书。

铺改动下水责任书》《商铺改动门责任书》,承诺租赁期满后不续租的,将改动的下水管及门恢复原状。2022年4月14日,城建公司就案涉商铺进行检查并形成《商铺退租验房登记卡》,赵某签字确认。赵某负有在合同解除后将案涉房屋恢复原状的义务,因其一直未履行修复义务,2022年4月22日,城建公司送达要求其就损坏项目进行修复的通知,赵某拒绝签字后,城建公司委托文城公司对墙面、地面、天棚进行维修恢复。维修费用系文城公司替代赵某履行修复义务产生的费用,城建公司可以请求由赵某支付。对赵某主张维修费不应由其承担的意见,本院不予采纳。当事人一方因第三人造成违约的,应当依法向对方承担违约责任。当事人一方和第三人之间的纠纷,依照法律规定或者按照约定处理。本案中,城建公司于2022年2月18日向赵某发出《通知书》要求赵某将商铺改动的附属设施恢复原状,2022年2月24日,城建公司与案外人签订《商品房买卖合同》时,应当预见可能会因赵某不按时恢复商铺原状而向案外人逾期交房。城建公司支付案外人违约金30583.40元及房租15446.16元,系城建公司向案外人承担的违约责任,属于城建公司因赵某在合同解除后未能按时返还商铺给城建公司造成的损失,但城建公司对该损失的发生具有过错。城建公司委托文城公司修复案涉商铺墙面、地面、天棚的工期为90天,但其2022年4月22日向赵某发出的《关于恢复汇金福园11-01号商铺的通知》给予赵某将案涉商铺恢复至毛坯状态的期限为7日,城建公司未能给赵某合理期限让其修复案涉商铺,亦有违公平原则和诚信原则。对城建公司支付案外人46029.56元的损失,本院酌定由城建公司承担70%,即32220.69元,由赵某承担30%,即13808.87元。当事人可以约定一方违约时应当根据违约情况向对方支付一定数额的违约金,也可以约定因违约产生的损失赔偿额的计算方法。《商业租赁合同》就赵某未按合同约定的时间支付租金、物业费及其他费用时,应支付因违约产生的损失赔偿额的计算方法进行了约定,即每逾期一天,赵某应向城建公司支付合同总金额万分之五的违约金。该违约金条款系针对双方签订的《商业租赁合同》作出,计算违约金的基数由《商业租赁合同》约定,赵某与城建公司之间就案涉房屋形成不定期租赁合同关系后,其租金总额因合同期间不确定而不能确定。不定期租赁合同解除后,城建公司要求赵某以《商业租赁合同》约定的总租金为基数计算支付违约金没有合同依据,对赵某所述一审判决其按合同约定支付违约金不符合实际的意见,本院予以采纳。综上所述,上诉人的上诉请求部分成立,应予支持;一审判决认定事实清楚,适用法律有误,处理结果欠妥,应予纠正。判决:一、维持新疆生产建设兵团五家渠垦区人民法院(2022)兵0601民初1374号民事判决第三项,即“驳回五家渠市城建房地产开发有限公司的其他诉讼请求”;二、变更新疆生产建设兵团五家渠垦区人民法院(2022)兵0601民初1374号民事判决第一项为:赵某于本判决生效后15日内向五家渠市城建房地产开发有限公司支付租金11878.64元;三、变更新疆生产建设兵团五家渠垦区人民法院(2022)兵0601民初1374号民事判决第二项为:赵某于本判决生效后15日内向五家渠市城建房地产开发有限公司支付房屋修复费用45645.65元及其他损失13808.87元;上述第二、三项合计71333.16元。[1]

承租人在租赁期间对租赁房屋造成损害的,承租人应当承担修复责任。但对于破坏房屋承重结构等较为严重的损害,承租人自身可能不具备修复资质和修复能力,双方也容易对修复的标准产生争议,此时若直接判令承租人破坏房屋承重结构应予以修复,可能产生判决难以实际执行的问题。故应当综合考虑案件具体情况确定合理的修复责任承担方式,在承租人难以承担实际修复义务时,可考虑判令其承担相应的修复费用。

租赁双方明知租赁房屋未办理规划核实、消防验收情况下,根据双方过错程度划分责任比例。

【案例4-66】　周某某诉西宁金座房地产开发有限公司房屋租赁合同纠纷案

二审法院认为,(1)案涉合同解除的问题。双方对案涉两份合同予以解除无异议。关于合同解除主体,依据后文认定,双方均存在违约行为,且双方在政府《停业通知》发出后均未履行各自义务,合同履行陷入僵局,后金座公司依据合同行使约定解除权具有合同依据。(2)案涉租赁合同解除后,对承租人造成的损失如何承担的问题。一是从案涉合同订立之时分析。在签订案涉合同之时,金座公司出示及周某某看到的均为该总平面载明的经济指标“地下商业建筑面积23220m^2”,且根据案涉合同约定,双方均清楚案涉租赁场地审批手续办理的实际情况,双方应履行各自义务和协助义务。二是从案涉合同实际履行分析。案涉合同不再履行之解除的直接原因是城北区政府《停业通告》,但究其根本原因这是双方的违约行为。案涉租赁场地下车位未完成规划验收,目前并不清楚案涉租赁场地是否属于满足1200个停车位后剩余商业面积,也不确定剩余商业面积是否能够满足双方约定的租赁范围。虽然合同约定周某某完成经营所需全部审批、登记、备案,金座公司予以必要的协助,但地下车位未验收,案涉租赁场地的面积和范围不确定,金座公司协助义务关系合同的后续履行,故金座公司存在较大过错。三是周某某认为金座公司的先履行义务分析,海湖管委会已经明确在满足地下车位1200

---

〔1〕　新疆生产建设兵团第六师中级人民法院(2023)兵06民终162号民事判决书。

个的条件下,其审批地下商业建筑面积 23220m^2,现因金座威尼谷地下部分还有部分未验收、地下车位未验收,金座威尼谷地下车库的《建设工程规划许可证》(副本)尚未变更为正本,故现存在商业面积不确定的问题,而非是否具有商业性质的问题。根据《建筑法》第六十一条规定,结合案涉工程于 2015 年 8 月竣工验收合格的事实,本案符合交付使用的法定条件。金座公司对地下车位的验收关系案涉租赁场地的面积和范围的确定问题,以及有关行政审批手续办理产生影响,因此,金座公司过错同前述分析。四是从规划与消防验收关系分析。根据《建设工程消防监督管理规定》第十五条规定以及对西宁消防支队关于消防验收事宜的调查,并非规划验收后才进行消防验收,但因本案地下车位验收关系案涉商业的范围和面积,故,需要经过金座公司先行对地下车位进行验收。由此,依据上述认定的损失,酌情认定金座公司赔偿其中的 70%,周某某自担 30%。[1]

(二)损害赔偿范围处理

在司法实践中,法官对违约金过高过低的调整是以守约方损失为标准计算的,即在调整时以守约方的损失为限确定违约金数额。但在是以实际损失还是间接损失或者期待利益损失还是信赖利益损失为标准问题上,观点分歧较大,这实际涉及损失的范围认识问题。所谓损失,是指因违约行为等事实导致守约方财产上或者其他权益上的损失。从损失是否具有财产内容来看,又可分为财产损失和非财产损失两种,前者是指可以用金钱计算的损失,后者是指不能以金钱计算的损失。财产损失还可以分为积极损失和消极损失。积极损失是指因违约行为的发生导致现有财产的直接减少;消极损失是指因违约行为的发生导致权利人失去预期可得利益。我国立法中既没有采用大陆法系的分类,也没有采用英美法系的分类,只是采用了损失的概念。在司法实践中如何确定损失的内涵和外延显得十分重要。

1. 可得利益赔偿

对是否赔偿可得利益,主要有两种观点,一种观点认为要赔,另一种认为不赔。笔者赞同第一种观点。《合同法》第一百一十三条第一款规定是违约赔偿可得利益的法律依据,守约方的损失不仅包括实际损失,还应包括可得利益损失。

---

〔1〕 参见最高人民法院中国应用法学研究所编著:《人民法院案例选》2023 年第 3 辑(总第 181 辑),人民法院出版社 2023 年版,第 109 页。青海省高级人民法院(2021)青民终 136 号民事判决书。

《合同法》采纳的是可得利益应当赔偿的原则。《买卖合同解释》第二十二条也对可得利益赔偿作了明确规定。《民法典》第五百八十四条规定："当事人一方不履行合同义务或者履行合同义务不符合约定,造成对方损失的,损失赔偿额应当相当于因违约所造成的损失,包括合同履行后可以获得的利益;但是,不得超过违约一方订立合同时预见到或者应当预见到的因违约可能造成的损失。"该条继续明确赔偿可得利益原则。

《民法典合同编通则解释》第六十条规定："人民法院依据民法典第五百八十四条的规定确定合同履行后可以获得的利益时,可以在扣除非违约方为订立、履行合同支出的费用等合理成本后,按照非违约方能够获得的生产利润、经营利润或者转售利润等计算。

非违约方依法行使合同解除权并实施了替代交易,主张按照替代交易价格与合同价格的差额确定合同履行后可以获得的利益的,人民法院依法予以支持;替代交易价格明显偏离替代交易发生时当地的市场价格,违约方主张按照市场价格与合同价格的差额确定合同履行后可以获得的利益的,人民法院应予支持。

非违约方依法行使合同解除权但是未实施替代交易,主张按照违约行为发生后合理期间内合同履行地的市场价格与合同价格的差额确定合同履行后可以获得的利益的,人民法院应予支持。"

《民法典合同编通则解释》第六十一条规定："在以持续履行的债务为内容的定期合同中,一方不履行支付价款、租金等金钱债务,对方请求解除合同,人民法院经审理认为合同应当依法解除的,可以根据当事人的主张,参考合同主体、交易类型、市场价格变化、剩余履行期限等因素确定非违约方寻找替代交易的合理期限,并按照该期限对应的价款、租金等扣除非违约方应当支付的相应履约成本确定合同履行后可以获得的利益。

非违约方主张按照合同解除后剩余履行期限相应的价款、租金等扣除履约成本确定合同履行后可以获得的利益的,人民法院不予支持。但是,剩余履行期限少于寻找替代交易的合理期限的除外。"

《民法典合同编通则解释》第六十二条规定："非违约方在合同履行后可以获得的利益难以根据本解释第六十条、第六十一条的规定予以确定的,人民法院可以综合考虑违约方因违约获得的利益、违约方的过错程度、其他违约情节等因素,遵循公平原则和诚信原则确定。"

【案例4-67】　四川省高级人民法院诉范某房屋租赁合同纠纷案

法院判决:范某承担房屋期满后2个月才收回房屋损失6000元,这6000

元即为可得利益损失。[1]

【案例4-68】 陈某育诉天津市平河实业发展有限公司租赁合同纠纷案

由于被告的违约，造成原告无法继续收取租金，故原告要求被告赔偿2004年4月的租金损失29070元的诉讼请求符合《合同法》第一百一十三条第一款的规定，属于如合同履行后可以获得利益的情形。一审法院认为，故原告要求被告赔偿损失29070元的诉讼请求，合理合法，应予支持。以上原告因租金减收所造成的经济损失数额共计106225元。二审法院认为，原审法院依照法律规定，将上述损失判由违约方承担并无不当。[2]

也就是说，从守约方受到损失上讲，可得利益损失与实际损失没有本质上的差异，二者均为守约方所遭受的损失。需要注意的是，可得利益不同于间接损失，二者不是同一概念，间接损失是与直接损失相对应，而可得利益损失都是与积极损失相对应。有一些间接损失比如因违约方的行为使得合同之外的第三人遭受损失，可以认为是现实出现的实际损失，但不是可得利益损失。在可得利益计算方面，根据案件的不同情况本着公平、合理、尊重交易习惯的原则准确认定可得利益损失。计算可得利益损失，是在违约方已经违反合同约定的情况下计算合同正常履行情况下守约方所能获得利益的状态。可得利益赔偿的适用要受到一定的限制，如可预见规则、减轻损失规则、混合过错规则以及损益相抵规则等，不能突破法定赔偿的限度（一些特殊的赔偿款中有法定标准的）。因承租人违约导致合同解除时，若承租人须承担责任总额超过了合同正常履行情况下出租人可得之利益，法官应当根据公平原则酌情予以调整，即承租人应承担违约责任，以不超过合同正常履行情况下出租人的可得利益为限。

【案例4-69】 新疆银兔工贸有限责任公司诉中国银行股份有限公司新疆维吾尔自治区分行租赁合同纠纷再审案

再审法院认为，本案中，涉案租赁合同约定租期为10年，若中银新疆分行没有违约弃租行为，剩余租期7年的租金银兔工贸公司即可依约全部获得，说明涉案双方在签订涉案租赁合同时，完全能够预料到其违约弃租行为，因房屋租赁市场价格波动给银兔工贸公司造成租赁费价差损失，而使银兔工贸公司可得利益不能足额实现。关于本案可得利益损失如何确定的问题。(1)作为守约方的银兔工贸公司已经尽到减损义务。从涉案双方均对中银新疆分行违约弃租后，银兔工贸公司积极寻求新的承租人，且由与新的承租

---

〔1〕 参见最高人民法院中国应用法学研究所编：《人民法院案例选》2002年第1辑（总第39辑），人民法院出版社2002年版，第105页。

〔2〕 参见最高人民法院中国应用法学研究所编：《人民法院案例选》2007年第1辑（总第59辑），人民法院出版社2007年版，第254页。

人签订与剩余租期7年相同的租赁合同的无异议的事实可以看出,银兔工贸公司已经尽到合理减损义务。(2)涉案租赁合同的解除是中银新疆分行单方根本违约导致的,银兔工贸公司不存在过错。故,银兔工贸公司计算的可得利益损失(实际租赁价格与合同约定价格的价差损失)符合有关可得利益损失的计算规则,属于法定的赔偿范围,应予全额赔偿。但是双方在再审期间,对于银兔工贸公司主张的诉讼请求,概括性地确认为82万元,予以了结此案。涉案双方的上述确认不损害集体、他人利益,应予确认。[1]

其一,可得利益赔偿数额认定。

承租人可得利益损失以合同剩余期间的经营利润损失基础计算。

【案例4-70】 岳阳友协置业有限公司与周某锋房屋租赁合同纠纷再审案

最高人民法院认为,承租人要求出租人赔偿的内容包括装修损失和剩余租赁期内的预期利润损失,前者属于直接损失,后者属于可得利益损失。租赁合同本身通常无法给承租人带来利益,一般只有承租房屋后所开展的经营活动才能产生收益。承租人承租商铺用于品牌家具经营活动,出租人是清楚的。由于出租人导致租赁合同在履行1年多后就终止履行,使得承租人投入人力、物力开展的品牌家具经营活动无法继续履行,原审判定出租人向承租人赔偿预期经营利润损失是正确的,但是原审支持剩余全部租期范围内的经营利润损失不妥。虽然房屋租赁合同无法继续履行,但本合同的履行不是不可替代的,即承租人可以重新寻找同类型的场地开展经营活动,以减少损失。本案应进一步查明如果承租人在当地寻找类似的场地开展相关经营活动所需的时间、投入的成本等情况,再酌定合理的计算预期经营利润损失的期间,公平、合理地保护双方当事人的权益。[2]

在经营性租赁合同中,承租人的损失主要表现为寻找替代性租赁场所期间不能正常经营导致的损失。

【案例4-71】 大连市中山区亨得利眼镜专卖店与大连市中山区宜美多眼镜超市房屋租赁合同纠纷再审案

最高人民法院认为,在经营性租赁合同中,承租人的损失主要表现为,寻找替代性租赁场所期间因不能正常经营而导致的损失。鉴于承租人并未对该项损失进行举证,原审判决酌定该期限为两年,并参照鉴定报告确定的可得利益标准,酌定承租人的损失为200万元并无不当。有关鉴定意见认定承

---

〔1〕 参见《新疆审判》2018年第1期(总第117期)。新疆维吾尔自治区高级人民法院(2017)新民再116号民事判决书。

〔2〕 最高人民法院(2018)民再243号民事判决书。

租人合同剩余期间的可得利益为749万元，但依照《合同法》第一百一十九条之规定，非违约方负有减损义务，承租人应当积极寻找替代性租赁场所，不能坐等违约损失进一步扩大。据此，自合同解除之日起至约定的期限届满的期间内，承租人所受的损失不应全部得到赔偿。〔1〕

参考双方预测性约定的年回报标准，酌情确定承租人的预期可得利益损失。

【案例4-72】 佛山市顺德区天马电影城有限公司与佛山市耀玮贸易有限公司房屋租赁合同纠纷再审案

最高人民法院认为，预期可得利益，是指守约方因合同得以实际履行可以获得的利益。当事人一方不履行合同义务或者履行合同义务不符合约定，给对方造成损失的，守约方可依法主张预期可得利益损失，但需要提供相应的证据予以证明。由于没有预期可得利益损失鉴定所需要的相关经营数据、鉴定材料，导致无法进行相应的鉴定。承租人主张第三人（新的承租人）拒不提交公司经营账册，应推定其预期可得利益损失主张成立，但由于《租赁合同》项下的影院并未开张营业，第三人亦非涉案涉赔偿义务人的情况下，据此推定承租人的预期可得利益的损失，依据不足。根据现有证据及客观实际，参考双方预测性约定的80万元/年回报标准，酌情确定800万元预期可得利益损失（合同期限10年），具有相对合理性，符合本案实际。〔2〕需要研究的是，以出租人依约收取的保底租金计算承租人经营活动的可得利益，存在逻辑上的缺陷。

因不可抗力解除经营性租赁合同，按照公平原则补偿承租人的可得利益。

【案例4-73】 湖北水调歌头饮食文化发展有限公司与武汉市洪山区人民政府洪山街道办事处红山村村民委员会房屋租赁合同纠纷案

最高人民法院认为，承租人依据会计师事务所出具的预期可获得利益的鉴定意见书，主张合同履行期间持续经营的预期可得利益损失，涉案租赁合同的解除（因政府征收土地）并非因违约所致，而是因不可抗力，因此不易按照违约赔偿原则对承租人主张的可得利益损失全部认定。考虑到承租人在合同解除后需要重新寻找场地，必然导致其在一段时间内无法正常开展经营，理应给予一年的宽限期限，故此，从公平原则出发，考虑价格市场因素及经济发展情况的变化，采取近三年来的平均利润值，更为客观，酌定按照承租

〔1〕 最高人民法院（2021）民申1914号民事裁定书。
〔2〕 最高人民法院（2021）民申1713号民事裁定书。

人最近三年利润的平均值作为经营利润损失的补偿，较为公平。[1]

以租金差额酌定承租人的可得利益损失。

【案例4－74】　江西致诚聚福投资发展有限公司与刘某平房屋租赁合同纠纷再审案

最高人民法院认为，根据《合同法》第一百一十三条规定，出租人违约解除《商铺租赁合同》给承租人造成损失，应当承担赔偿责任，赔偿范围包括承租人因履行《商铺租赁合同》可获得的利益。原审判决在综合考虑双方当事人履行合同情况、市场风险以及平衡双方利益等因素的基础上，酌定可得利益损失数额为出租人毁约时租金市场价格减去合同约定租金价格，属依法行使自由裁量权范畴，不违反法律规定。[2]

按照合同约定的损失数额认定可得利益损失。

【案例4－75】　新疆好家乡超市有限公司与博乐市新名居房地产开发有限公司房屋租赁合同纠纷再审案

最高人民法院认为，出租人在一审中主张可得利益损失数额以订立合同时双方均已"预见到的因违反合同可能造成的损失"来确定，即双方合同约定的租赁费用的三倍。原审法院在查清案件事实后，判令承租人应当按照应付年租赁费总额的三倍支付违约金，不属于超出诉讼请求审理的情形。[3]

以承租人前三年平均经营利润为基数确定可得利益损失。

【案例4－76】　怀化富达房地产发展有限公司诉怀化市凯乐迪大酒店房屋租赁合同纠纷再审案

最高人民法院认为，根据《合同法》第一百一十三条规定，在合同解除的场合，当事人可以请求赔偿损失。依照合同约定的损失范围，合同解除后，承租人投入巨额资金获得经营收益的目的落空，该经营收入的丧失必然成为其损失，即承租人主张的间接损失，出租人应予赔偿。租赁合同为继续性合同，合同解除时尚余租期，根据酒店新旧程度及宏观政策等因素对酒店入住率的影响，酌定承租人间接损失数额为该酒店前三年平均经营利润的20%，适用法律正确。出租人认为合同解除后，其已经返还承租人的全部投资，故不存在承租人间接损失问题，与本案合同履行情况及合同约定不符，其该项申请再审理由不成立。[4]

---

〔1〕最高人民法院（2018）民终107号民事判决书。

〔2〕最高人民法院（2020）民申1846号民事裁定书。

〔3〕最高人民法院（2021）民申3339号民事裁定书。

〔4〕最高人民法院（2015）民申字第399号民事裁定书。

以第三方评估价值扣除承租人继续履行合同应当支付租金作为其可得利益损失。

【案例4-77】 新疆富盛联合房地产开发有限公司诉乌鲁木齐中赛商贸有限公司房屋租赁合同纠纷再审案

最高人民法院认为,评估机构系法院确定的鉴定人名册中具有相应评估资质的专业鉴定机构,该鉴定机构的选择系由法院主持,相关各方共同参加,现场监督,摇号选出。鉴定机构提交价值评估报告后,针对双方当事人对价值评估报告提出的书面异议,通过书面方式对异议方式进行了答复。因此,评估机构具备相应鉴定资格,鉴定程序合法,出租人虽然对价值评估报告提出异议,但未能提供足以反驳的充分证据,故该价值报告可以作为认定案件事实的证据。原再审法院采信该价值评估报告作为确认承租人可得利益损失的依据,并无不当。鉴于价值评估报告未减去承租人如继续承租应按约定向出租人交纳的租金,原再审法院对此予以修正,从鉴定机构确定的承租人可得利益损失数额中予以扣减。[1]

出租人为寻找新租户的合理的空置期间的租金损失为可得利益损失。

【案例4-78】 山西美隆房地产开发集团有限公司与太原茂业百货有限公司房屋租赁合同纠纷再审案

最高人民法院认为,由于承租人单方违约,致使出租人所期待的租金收益落空,由此造成的损失属于将来可期待租金损失,性质上为可得利益损失。二审法院对此款项请求基础认定不当,但对于该损失的计算方法和金额正确。根据《合同法》第一百一十三条的规定,合同解除后,出租人寻找新的租户,防止了损失的进一步扩大。至新商户入驻前,租赁物空置期为124天。对于大型商场租赁而言,该期间属于当事。故租赁物空置期间的损失为该期间的租金,该损失同样属于合理的可得利益损失,应当由违约方向守约方进行赔偿。[2]

其二,可得利益赔偿数额证明。

当事人提供的证据无法证明其可获取经营利润收益。

【案例4-79】 青州美好家具广场有限公司与于某卿房屋租赁合同纠纷案

最高人民法院认为,承租人主张赔偿预期可得利益损失2200万元,因后期市场经营风险无法准确预测,承租人亦无提供充分证据证明其可获取经营

---

〔1〕 最高人民法院(2012)民再申字第299号民事裁定书。

〔2〕 最高人民法院(2016)民再28号民事判决书。

利润收益的证据,对其主张预期利益2200万元的请求,本院不予支持,一审判决对此问题认定亦正确。[1]

【案例4-80】 珠海市派拉蒙物业代理有限公司与珠海华发投资发展有限公司房屋租赁合同纠纷再审案

最高人民法院认为,承租人不服一、二审判决,依据《租赁合同》的约定主张可得利益损失,应提供充分证据予以证实。为此,承租人提供了其委托会计师事务所出具的《审核报告》载明该会计师事务所审核了承租人自行编制的物业盈利预测报告,盈利预测报告的编制基础及各假设条件均由承租人的管理层负责。盈利预测报告依据承租人自行设定的假设条件,经推测作出,并无事实依据,不足以证实租赁物业的利润损失状况,二审法院不予支持并无不妥。[2]

在守约方对于可得利益的具体数额举证不足的情况下,应当分别运用可预见性规则、减损规则、损益相抵规则对于可得利益的边界进行界定,并在此基础上明确与规则相对的具体事实,以确保对可得利益损失数额作出的酌定具有较为充分的依据。

【案例4-81】 北京嘉泰风尚投资有限责任公司诉北京市昌平区霍营社区居民委员会房屋租赁合同纠纷案

二审法院认为,关于嘉泰风尚公司所主张的可得利益损失的具体数额问题。本案所涉可得利益损失,应为《房屋租赁合同》履行后,嘉泰风尚公司利用该履行之结果进行经营,可以获得的纯利润。因其属于未来可以获得的利润,在《房屋租赁合同》及嘉泰风尚公司与次承租人之间的租赁合同均未履行的情况下,本身具有不确定性。因嘉泰风尚公司未就其所主张的约52%的利润率提供任何证据,其公司亦不存在此前或类似的经营状况作为参考,故对于嘉泰风尚公司所主张的利润率以及可得利益损失的具体数额,本院不予采信。在嘉泰风尚公司确定可以转租获取利润,但对于具体数额举证不足的情况下,本院对于嘉泰风尚公司的可得利益损失在考虑以下主要因素的基础上予以酌定。

第一,可预见性。可得利益损失不得超过霍家营居委会订立合同时能够预见到的因违反合同可能造成的损失。在签订《房屋租赁合同》时,霍家营居委会可以预见到嘉泰风尚公司系通过转租获取商业利润,应当能够预见到其违约将会造成嘉泰风尚公司无法获得此项经营性利润,但没有证据证明霍

---

[1] 最高人民法院(2017)民终60号民事判决书。

[2] 最高人民法院(2013)民申字第1009号民事裁定书。

家营居委会在签订合同时即知晓系嘉泰风尚公司与次承租人的合同内容,故霍家营居委会无法预见嘉泰风尚公司与次承租人之间关于租期、租金标准等约定,即对于可得利益损失的数额无法预见。故不能完全依据嘉泰风尚公司与两次承租人的租赁合同约定计算租金差价,而应当同时考虑当时的租赁市场平均合理的租金标准。

此外,由于《房屋租赁合同》及嘉泰风尚公司与次承租人之间的合同均未实际履行,而各租赁合同所涉租赁期限均为15年或20年的较长期限,在此过程中产生商业风险或其他情形导致合同无法完全履行的风险较大。可得利益赔偿数额,应亦应当考虑合同约定的履行期限及实际履行情况对可预见规则产生的影响。

第二,减损规则。在霍家营居委会违约并造成损失后,嘉泰风尚公司应当及时采取合理措施防止损失的扩大。本案中,《房屋租赁合同》因霍家营居委会违约而解除,此后,嘉泰风尚公司即可以也应当在合理的期限内将原用于《房屋租赁合同》履行而投入的资金,用于新的经营活动,而不应消极等待约定剩余租期的结束。在类似的商业机会下,嘉泰风尚公司可以重新获利。故嘉泰风尚公司主张全部租期的经营性利润,系将其计划用于投入涉案租赁项目的资金,在可以另行投入其他经营项目的情况下,重复计算可得利益,违反了减损规则。本院将考虑另行缔约的合理期限,支持嘉泰风尚公司的利润损失,超过合理期限后的利润损失,本院不予支持。

第三,必要的交易成本。嘉泰风尚公司之可得利益,为其利用《房屋租赁合同》履行之结果进行经营,可以获得的纯利润。故计算可得利益赔偿额时,应当在租金差价的基础上,扣除其订立及履行《房屋租赁合同》所产生的必要交易成本,如磋商、缔约费用、装饰装修改造费用、公司运营成本、税金等。

综合以上因素,本院依据嘉泰风尚公司与永辉超市之间的租赁合同约定的租金标准、永辉超市的承租面积占总租赁面积的比例,参考嘉泰风尚公司自认的向万盛公司转租的租金标准以及适当的市场波动状况,计算嘉泰风尚公司合理期限内的租金差价损失,同时在此基础上考虑合同尚未履行的情况,并扣减必要的磋商、缔约、履行成本,最终酌情确定嘉泰风尚公司的可得利益损失为2000万元。[1]

其三,可得利益赔偿限制。

主张可得利益损失一方须为合同守约方。

---

〔1〕 参见北京市第一中级人民法院编:《裁判方法与法律适用:案例精选》(总2019年卷),法律出版社2020年版,第413~414页。北京市高级人民法院(2018)京民终520号民事判决书。

【案例4－82】 南充市涵舍餐饮文化有限公司诉四川南充嘉陵江港务有限公司房屋租赁合同纠纷再审案

最高人民法院认为,承租人的损失部分原因系其自身违约行为所致,不符合主张可得利益损失一方为合同守约方的主体资格。同地段承租人至今仍在营业,承租人停业亦与其自身经营情况、商业风险有关。原审法院对承租人可得利益损失的主张不予支持,亦无不当。[1]

【案例4－83】 厉某与黑龙江省乐得利农场合同纠纷再审案

最高人民法院认为,本案系因承租人违约,导致合同解除,即出租人在合同解除过程中不存在过错,违约方无权基于合同解除要求守约方赔偿其经营损失。出租人无须向承租人支付其主张的经营利润损失。[2]

出租人不履行交付房屋的合同义务,而主张其违约行为下的可得利益损失没有法律依据。

【案例4－84】 北京融惠星和管理咨询有限公司与北京融易星维管理咨询有限公司等申请诉中财产保全责任纠纷案

最高人民法院认为,依据仲裁裁决所确认的事实,双方的房屋租赁合同解除,在合同解除前的合同有效期内,出租人负有向承租人交付涉案房屋义务,其不应将涉案房屋出租以获取经营收益。出租人不履行向承租人交付房屋的合同义务而主张其违约行为下的可得利益损失,没有法律依据。[3]

双方当事人均存在违约行为,不支持可得利益损失。

【案例4－85】 郑州市华辰商务酒店有限公司与某公司房屋租赁合同纠纷再审案

最高人民法院认为,合同租金差价利益损失。根据《合同法》第一百一十三条的规定,租金差价属于可得利益损失,如因对方违约导致合同解除,应予以赔偿。双方当事人均存在违约行为,共同导致合同解除,此种情况下当事人的可得利益损失无法得到支持。[4]

可得利益损失按照当事人对合同解除负有责任的程度承担。

【案例4－86】 王某林与侯某龙房屋租赁合同纠纷再审案

最高人民法院认为,关于预期可得利益损失,应当是指《房屋租赁合同》

---

〔1〕 最高人民法院(2020)民申5822号民事裁定书。

〔2〕 最高人民法院(2020)民申3709号民事裁定书。

〔3〕 最高人民法院(2021)民终506号民事判决书。

〔4〕 最高人民法院(2018)民申616号民事裁定书。

在正常履行后,承租人经营可以获得的利益,承租人应负合同解除的主要责任,故该可得利益损失应主要由承租人负担,并且承租人并未提供相应证据证明该部分损失的具体情况,应自行承担举证不能的法律后果。[1]

当事人不能以预约合同为据主张可得利益损失。

【案例4－87】 深圳市凡谷大地股份有限公司与深圳市宝华森实业有限公司房屋租赁合同纠纷再审案

最高人民法院认为,预约合同虽属独立合同,但预约系相对于本约而言的,预约相处的阶段,实际是本约的预约阶段。在双方未签订本约的情况下,如一方违反预约合同约定,另一方可以请求违约方承担预约合同的违约责任,但不得请求对方履行本约的合同义务。当事人双方并未另行就《协议书》项下全部内容签订本约对双方权利义务关系进行确认,承租人起诉请求出租人将《协议书》项下物业移交承租人,并以出租人迟延履行为由要求其赔偿可得利益损失,实际系要求出租人履行本约项下的合同义务并承担本约的违约责任,该要求不符合《协议书》属预约合同的性质,也没有法律依据。[2]

在转租型经营租赁中,因承租人导致房屋无法再行出租,可得利益损失不予支持。

【案例4－88】 北京正嘉物业管理有限公司与北京恩盟置业有限公司房屋租赁合同纠纷再审案

最高人民法院认为,承租人在合同履行过程中存在违约行为,且承租人未经允许自行拆除大厦1～5层的消防楼梯,是导致1～5层无法对外出租的主要原因,其应当自行承担不利后果。原审中,承租人亦表示,自接手承租大厦以来每年处于亏损状态。因此,原审对于承租人主张的经营损失和可得利益损失不予支持并无不当。[3]

在合同无效情形下,当事人主张基于合同履行可以获得的利益不符合《民法典》第一百五十五条的规定,详见其后阐述。

2.多项损失与可得利益损失赔偿并用

在个案中,守约方有多项实际损失的,除了赔偿可得利益损失外如上例北京

〔1〕 最高人民法院(2019)民申3031号民事裁定书。
〔2〕 最高人民法院(2020)民申2164号民事裁定书。
〔3〕 最高人民法院(2020)民申4324号民事裁定书。

嘉泰风尚投资有限责任公司情形,法官尚支持赔偿实际损失的诉求如上例的其他判决部分。

【案例4-89】 北京嘉泰风尚投资有限责任公司诉北京市昌平区霍营社区居民委员会房屋租赁合同纠纷案

二审法院认为,本案中,《房屋租赁合同》明确约定嘉泰风尚公司可以转租,且在《房屋租赁合同》签订之前,霍家营居委会尚未与万盛公司签订租赁合同,但霍家营居委会能够预见到嘉泰风尚公司作为商业公司,系通过将租赁标的物转租而获取经营性利润,嘉泰风尚公司主张可得利益损失并未超出霍家营居委会的预见能力。嘉泰风尚公司所主张因霍家营居委会违约给其造成的实际损失及可得利益损失,符合法律规定。霍家营居委会所持租赁合同尚未实际履行故不应支持可得利益损失的抗辩理由,与上述法律规定不符,本院不予采纳。

嘉泰风尚公司所主张的部分实际损失,为经生效判决确认其应向永辉超市承担的违约责任及诉讼费用。因霍家营居委会未交付租赁标的物而导致嘉泰风尚公司向永辉超市承担的违约责任,确系因霍家营居委会违约而给嘉泰风尚公司造成的实际支出,霍家营居委会应予赔偿。霍家营居委会主张嘉泰风尚公司在造成永辉超市损失的问题上具有过错,故嘉泰风尚公司应当自行承担其损失。就此问题本院认为,过失相抵原则是指赔偿权利人就损害的发生或者扩大有过失时,法院可以减轻赔偿金额或者免除赔偿责任。故是否应当减少或免除霍家营居委会的赔偿责任,取决于嘉泰风尚公司对于其损失的产生或扩大是否存在过错。首先,(2016)京01民初50号民事判决书所确定由嘉泰风尚公司向永辉超市承担的责任,是用于填补因双方之间房屋租赁合同不能履行而给永辉超市造成的全部损失。而永辉超市损失的产生并不存在主观过错,且霍家营居委会并未能提供证据证明嘉泰风尚公司的行为对于永辉超市的上述损失的发生和扩大造成了影响。其次,就霍家营居委会与永辉超市签订合同的行为、合同目的与合同约定内容而言,嘉泰风尚公司对于其利益的实现及保护行为并无不当。因此,霍家营居委会所持嘉泰风尚公司在造成永辉超市损失的问题上具有过错的抗辩意见,本院不予采纳。对于嘉泰风尚公司主张的因向永辉超市承担责任所造成的实际损失,本院予以支持。就具体数额而言,嘉泰风尚公司应当返还永辉超市的180万元,系基于其已经收取保证金的返还义务,并非基于赔偿责任,故该180万元不应当计入嘉泰风尚公司的损失。关于诉讼费用,因通过诉讼程序解决嘉泰风尚公司与永辉超市的租赁合同纠纷为双方当事人的法定权利,案件受理费属于解决纠纷的必要诉讼成本,为永辉超市保护自身权益、嘉泰风尚公司行使诉讼权利所必需,故本院对嘉泰风尚公司的相关诉讼请求予以支持。此外,履行生效判决是当事人的法定义务,该项义务的存在不因嘉泰风尚公司是否主动履行而改变,故生效判决确定的赔偿性责任与诉讼费用为嘉泰风尚公司确定发生的损失,霍家营居委会所持生效判决尚未履行故损失没有实际发生的理由不能成立,本院不予采纳。

关于嘉泰风尚公司所主张的律师费。尽管依《房屋租赁合同》第十三条约定,律师费属于违约方赔偿责任的范围,但因嘉泰风尚公司仅就此项费用提供了20万元的发票,故本院仅在有证据证明实际发生的范围内予以支持。

关于嘉泰风尚公司主张的钢材相关损失。首先,嘉泰风尚公司提供的合同、收据、明细单等证据的真实性本院无法核实,上述证据亦无法体现与本案租赁合同纠纷的关联性,且嘉泰风尚公司未能举证证明相关款项的实际支付情况,故本院对于该项损失的发生不予采信。其次,假设嘉泰风尚公司就其钢材相关损失提交的证据均为真实,依据《房屋租赁合同》约定,对于租赁标的物的装修、改建应事先征得霍家营居委会书面同意。在未签订正式的租赁合同、租赁标的物未竣工验收亦未交付,且对于改建房屋未取得霍家营居委会书面同意的情况下,即签订钢材采购、加工合同,并即时支付400余万元的款项,嘉泰风尚公司对于其损失的发生未尽到谨慎的注意义务,具有主观过错。2013年4月,在对于租赁标的物的改建并未开始的情况下,嘉泰风尚公司未采取措施及时减少自己的损失,反而增补购买并加工钢材、投入更多成本的行为缺乏合理性,其对自己损失的扩大部分应当自行承担。最后,嘉泰风尚公司主张其系为了履行转租合同而对租赁房屋进行必要的改造和加固,故因此发生的费用应当属于其在获取收益的过程中而应支出的必要成本,在其主张可得利益损失的情况下,此项费用不能作为实际损失单独计算。故对于嘉泰风尚公司所主张的因购买、加工、存放钢材产生的损失,本院不予支持。[1]

3. 限制赔偿情形

当事人双方均违约,但如一方的违约明显大于另一方,构成根本性违约,还应该承担给对方造成的实际损失。

【案例4-90】 深圳市维也纳酒店有限公司与丽江七星房地产开发有限公司、丽江国际大酒店有限公司租赁合同纠纷案

一审法院认为,七星公司未依约提供消防许可证,维也纳公司未依约支

[1] 参见北京市第一中级人民法院编:《裁判方法与法律适用:案例精选》(总2019年卷),法律出版社2020年版,第411~413页。北京市高级人民法院(2018)京民终520号民事判决书。

付租金。七星公司的违约致酒店停业，是《租赁合同》无法履行的根本原因，七星公司应负主要责任。维也纳公司虽有违约但非是导致合同履行的根本原因。……因此，七星公司除应返还维也纳公司固定资产支出及应收296640.80元外，还应赔偿损失392万元。最高人民法院持同样态度，维持原判。[1] 本案中，维也纳公司即投入酒店的392万元资金已物化至酒店，该笔实际损失，是独立于《租赁合同》约定"任何一方违约，赔偿对方500万元损失、可得利益及相关所有费用"之外的损失，与500万元违约金之间彼此独立，与《租赁合同》约定的当事人双方各自权利义务无牵连。因此，七星公司对维也纳公司该笔损失负有法定的返还义务。只有如此，才能使维也纳公司获得《租赁合同》正常履行情况下的同等经济利益。

租金损失与减损规则关系。所谓减损规则，又被称为减损义务，是指守约方负有采取合理措施减少损失。租赁合同违约时，减损规则限制了守约方对救济权的选择，守约方要求违约方继续履行的主张很可能不被支持，且特定情况下，减损规则还要求守约方积极采取合理措施以避免损失扩大。租赁合同属继续性合同，基于此类合同的特性，当客观上合同履行丧失价值时，出租人作为守约方行使解除权以收回对租赁物的控制应在减损措施之列。若守约方未采取合理措施，认定可避免损失时，法院应考虑守约方等待履行的合理期间及替代交易成本的扣除两个因素。减损规则影响到租金的支付，即法官裁量承租人减少租金支付，出租人亦应自担一部分租金损失。合同解除后，承租人既不实际使用租赁房屋也不腾空返还，出租人通知承租人期限搬离，否则出租人将有权自行收回房屋。根据《民法典》第五百九十一条规定，出租人在解除合同后明确逾期将自行收回房屋，如承租人已收悉通知且未按期自行搬离，出租人应当及时收回房屋。若因出租人未及时收回房屋，导致房屋占用费损失扩大，出租人对于扩大的损失不得要求赔偿。

【案例4-91】　某商业公司诉某文化传媒分公司、某文化传媒公司房屋租赁合同纠纷案

二审法院认为，承租人未依约支付租金且不实际占有使用租赁房屋，出租人已明确告知承租人解除合同并将行使合同权利收回房屋，且具备收回房屋的客观条件的，出租人负有在合理期限内及时收回房屋的减损义务。出租人长期不收回租赁房屋并主张高额占有使用费的，对其未履行减损义务所致

---

〔1〕 参见最高人民法院民事审判第一庭编：《民事审判指导与参考》2011年第4辑（总第48辑），人民法院出版社2012年版，第127～144页。

的损失,人民法院不予支持。[1]

【案例4-92】 广州市荔湾区凰宫休闲中心与广州市荔湾区住房和建设局房屋租赁合同纠纷案

二审法院认为,租赁期限届满,承租人继续使用租赁物,原租赁合同继续有效,但是租赁期限为不定期。当事人在合理期限之前通知对方后,可以行使任意解除权。不定期租赁合同解除后,承租人负有及时将租赁物返还出租人的义务。承租人合理地将对租赁物的占有转移给出租人的,可认定承租人已经依法返还租赁物。出租人不积极采取措施收回租赁物的,应当对未采取措施扩大的损失自行承担责任。[2]

实践中,违约方赔偿损失数额范围应受到可预见规则的限制。《民法典》第五百八十四条但书部分规定:“但是,不得超过违约一方订立合同时预见到或者应当预见到的因违约可能造成的损失。”

当事人一方违约后,对方当事人采取消极措施致使损失扩大的,不得就扩大的损失请求违约方赔偿。如果对方当事人因自身原因无法举证证明其损失,则法院可以驳回其就损失赔偿提出的全部诉讼请求。

【案例4-93】 张某歌诉曾某华租赁合同纠纷再审案

最高人民法院认为,张某歌租用曾某华房屋用于经营,后发现房屋漏水致使无法经营,双方经协商、诉讼确认解除合同,由张某歌返还房屋。张某歌未向曾某华支付租金,但始终占有案涉租赁房屋不开业经营亦不同意返还房屋,并向曾某华主张未能如期经营的损害赔偿和装修损失。即使曾某华愿意放弃生效判决所认定的自2003年8月1日后的全部租金及违约金,张某歌仍不同意返还房屋,致使案涉房屋处于不能被利用的状态,造成社会资源的浪费及双方损失的扩大,张某歌消极处理问题的方式,对造成损失的扩大负有不可推卸的责任。原审判决对张某歌主张的返修损失全部驳回虽有失公平,但造成损失难以确定系因张某歌未及时全面固定损失证据造成,原审判决以张某歌提交的证据不足以证明其损失数额为由驳回返修损失不属于适用法律错误。[3]

因火灾的发生致使租赁物大部分损毁造成的损失,由法官根据租赁双方过错划分承担责任。

---

〔1〕 人民法院案例库2023-07-2-111-004。上海市第二中级人民法院(2020)沪02民终3179号民事判决书。

〔2〕 参见最高人民法院民法典贯彻实施工作领导小组编著:《中国民法典适用大全》(合同卷五),人民法院出版社2022年版,第2228页。广东省广州市中级人民法院(2021)粤01民终2424号民事判决书。

〔3〕 最高人民法院(2017)民申1617号民事裁定书。

【案例4－94】　福尔公司诉谢某华、恒业公司房屋租赁合同纠纷案

判决观点，关于本案财产损失的认定问题，根据双方签订的租赁合同约定，在合同终止后，谢某华应迁离租赁厂房并将厂房返还给福尔公司，即谢某华一方承担着返还厂房的义务。福尔公司在庭审中明确本案诉讼标的为房屋租赁关系。本案是合同之诉而非侵权之诉，租赁厂房由于发生火灾被损毁，承租方应承担返还厂房的义务无法实现的违约责任，而非导致厂房的侵权责任，即承租方应承担赔偿厂房的拆除重建费用。虽然双方在合同中约定了乙方应自行做好内部防火等消防保卫工作，并要求产生的责任即损失由乙方承担。福尔公司作为提供格式条款的一方，完全免除自身的责任，该免责条款无效。福尔公司作为出租方，在履行租赁合同过程中没有配备相应的消防设施，存在一定过错，应承担相应的违约责任。租赁厂房由于火灾事故发生导致的损失为重建费用987416元，以及火灾扑救费用15441元，共计1002857元，福尔公司对上述损失酌情承担30%的责任，恒业公司承担70%的责任，即恒业公司应当支付福尔公司其尚欠的租金5000元、赔偿火灾造成的经济损失1002857元×70%＝701999.9元，并返还代垫的电费2094.89元。[1]

4. 合理损耗的限制赔偿责任

租赁合同为持续性合同，合同生效后，往往在一定时间内要保持租赁物由承租人占有的状态。如果毁损灭失的发生是在合同履行之后一定时间内，则租赁物已经产生一定损耗。此时，如果对于过失造成的毁损、灭失予以赔偿，则自然合理损耗应当为出租人取得租金所应承担的合理损失，不应包含在赔偿范围内。由于租赁物毁损灭失之后，租赁物最终停留在非正常损耗的状态之中，如何计算相应时间内的合理损耗，需要结合租赁物的性质、交易习惯、约定的使用方法、合同目的等方方面面的因素予以确定。[2] 也就是说，租赁房屋合理损耗的，承租人不承担赔偿责任。

【案例4－95】　胡某波与危某健房屋租赁合同纠纷案

二审法院认为，租赁物为房屋，依照日常生活经验，在不存在人为故意的情况下，房屋中的装饰装修物在使用过程中也会产生自然损耗，在依照租赁物的性质使用时产生的正常损耗和对租赁物造成的价值减损，承租人不应当

---

〔1〕 参见国家法官学院、最高人民法院司法案例研究院编：《中国法院2021年度案例》（合同纠纷），中国法制出版社2021年版，第105～106页。福建省泉州市安溪县人民法院（2019）闽0524民初793号民事判决书。

〔2〕 参见最高人民法院民法典贯彻实施工作领导小组编著：《中国民法典适用大全》（合同卷三），人民法院出版社2022年版，第2053页。

承担责任。房屋内的装饰装修物虽有部分破损,但并未超出正常使用房屋所造成的合理损耗的范围,出租人主张赔偿依据不足。[1]

5. 对扩大的损失限制赔偿

《民法典合同编通则解释》第六十一条第二款规定:"非违约方主张按照合同解除后剩余履行期限相应的价款、租金等扣除履约成本确定合同履行后可以获得的利益的,人民法院不予支持。但是,剩余履行期限少于寻找替代交易的合理期限的除外。"第六十三条第三款规定:"在确定违约损失赔偿额时,违约方主张扣除非违约方未采取适当措施导致的扩大损失、非违约方也有过错造成的相应损失、非违约方因违约获得的额外利益或者减少的必要支出的,人民法院依法予以支持。"

当事人一方违约后,对方没有采取适当措施致使损失扩大的,不得就扩大的损失请求赔偿。承租人已经通过多种途径向出租人作出了解除合同的意思表示,而出租人一直拒绝接收房屋,造成涉案房屋的长期空置,不得向承租人主张全部空置期内的租金。

【案例4-96】 柴某诉某管理公司房屋租赁合同纠纷案

二审法院认为,当事人一方违约后,对方应当采取适当措施防止损失的扩大;没有采取适当措施致使损失扩大的,不得就扩大的损失请求赔偿。合同终止前,某管理公司应当依约向柴某支付租金。但鉴于某管理公司已经通过多种途径向柴某表达解除合同的意思表示,并向其发送房屋密码锁密码,而柴某一直拒绝接收房屋,造成涉案房屋的长期空置。因此,柴某应当对其扩大损失的行为承担相应责任。法院结合双方当事人陈述、合同实际履行情况、在案证据等因素,酌情支持柴某主张的房屋租金至某管理公司向其发送电子密码后一个月,即2021年1月30日,应付租金为33418.35元。[2]

(三)损害赔偿特殊形态

1. 违反附随义务赔偿损失

在不履行附随义务严重影响当事人的利益,或者致使合同不能履行的,也可

[1] 参见最高人民法院民法典贯彻实施工作领导小组编著:《中国民法典适用大全》(合同卷三),人民法院出版社2022年版,第2054页。广东省广州市中级人民法院(2021)粤01民终26621号民事判决书。

[2] 参见最高人民法院发布《关于适用〈中华人民共和国民法典〉合同编通则若干问题的解释》相关典型案例10。

以产生解除权。房屋的出卖人应在房屋售出之后,对租赁合同的继续履行做好交接工作。否则,应承担违约责任,给承租人造成损失的应当承担赔偿责任。

【案例4-97】 张某与某银行、常某、岳某房屋租赁合同纠纷案

二审法院认为,某银行在涉案房屋的出卖中未履行房屋交接的合同附随义务,导致租赁合同解除,故其应当承担赔偿责任。租赁物在租赁期间发生所有权变动的,不影响租赁合同的效力。本案中,上诉人将涉案房屋拍卖后,原租赁合同仍然有效,合同的权利义务应直接及于房屋买受人。上诉人作为涉案房屋的出卖人,应在房屋售出之后,对租赁合同的继续履行做好交接工作。从上诉人提供的证据来看,涉案房屋于2011年8月29日拍卖给常某、岳某,但其直至2012年1月才以书面形式指示被上诉人将2011年9月后的租金交付新的房主,应认定上诉人怠于履行房屋交接的义务。而在此期间,被上诉人张某与原审被告常某、岳某已就原租赁合同的继续履行产生纠纷,导致被上诉人正常使用涉案房屋的合同目的不能实现。同时,常某、岳某作为房屋买受人,在继续履行租赁合同的交接手续未完成的情况下即对被上诉人的正常经营实施干扰行为,直接导致张某无法正常经营。故上诉人与原审被告对合同解除均存在过错。上诉人上诉提出被上诉人存在拖欠租金导致双方纠纷的意见,因被上诉人未及时交付租金系涉案房屋出卖后由房屋的交接问题所致,故与租赁合同解除没有因果关系,该上诉意见不予采纳。关于租赁合同解除后的损失如何认定。在合同履行期限届满前,因上诉人与原审被告导致租赁合同的解除,对此,二者应负赔偿责任。对装饰装修部分的赔偿,首先,双方就承租期间房屋的装饰进行了约定,上诉人对被上诉人的装饰装修知道或应当知道;其次,因房屋内的装饰装修已经毁损,无法评估。原审法院参照装饰装修花费的费用、租赁合同履行的期间等因素酌定支持120000元并无不当。对营业损失部分,因涉案房屋出卖后交接完成之前,出现停电及多次受阻情形,影响了被上诉人的正常营业,原审法院综合被上诉人的成本支出、营业时间等因素酌定支持16000元并无不当。[1]

【案例4-98】 瑞亮饭馆与史某房屋租赁合同纠纷案

一审法院认为,被告谢某应履行合同的附随义务。二审法院认为,本案中,谢某与史某在签订的《房屋租赁合同》中约定租赁物的用途为“餐饮”,而谢某也确实在承租房屋后开办了瑞亮饭馆。根据社区管理的需要,若不办理液化石油气钢瓶使用本,则饭馆就不能正常营业,导致合同的目的不能实现,而办理液化石油气钢瓶使用本又需要房屋所有权人去办理,故协助办理液化

---

〔1〕 江苏省徐州市中级人民法院(2015)徐民终字第0690号民事判决书。

石油气钢瓶使用本就成为房主的附随义务,史某作为房屋所有权人,其按照诚实信用原则,应当履行协助办理液化石油气钢瓶使用本的合同附随义务。史某上诉认为其没有协助办理液化石油气钢瓶使用本义务的意见,本院不予采纳。二审法院维持了一审法院判决史某应继续履行房屋租赁合同、协助瑞亮饭馆办理液化石油气钢瓶使用本手续。[1]

2. 承租人搬离和出租人收回毁损赔偿

承租人在搬迁时应做好恢复原状等各项工作,但承租人并未对租赁物进行恢复原状,出租人有权主张恢复原状的费用。

【案例4-99】 东莞市万利物业投资有限公司诉东莞市饰海装饰制品有限公司房屋租赁合同纠纷案

二审法院认为,根据双方于2013年12月27日签订的协议书第二点的约定,饰海公司应于2014年1月12日前搬迁完毕并做好恢复原状等工作,但饰海公司并未对案涉租赁物进行恢复原状,故万利公司有权依照《房屋租赁合同解释》第十条的规定主张恢复原状费用。由于饰海公司在搬迁过程对案涉租赁物造成了损毁,故饰海公司应承担恢复原状的费用。饰海公司主张应由万利公司承担70%的费用缺乏依据,法院不予支持。原审法院采纳鉴定意见,认定饰海公司应向万利公司赔偿恢复原状费用494835.68元并无不当,法院予以维持。[2]

在房屋租赁合同履行过程中,出租人为避免损失扩大,可以收回房屋。出租人转移承租人物品前,应当充分履行提示、催告义务;在转移承租人物品时,应当尽到审慎地妥善转移义务;在已进入诉讼程序中,如已完成现场勘验及取证等工作,出租人可以要求承租人及时交接物品、腾空返还租房屋;如经法官释明,承租人仍然拒绝配合,出租人可以申请在法官的主持下进行物品转移及房屋腾空。如果出租人未尽到上述义务,由此给承租人造成损害,需要承担相应的赔偿责任。

【案例4-100】 居然公司诉星晨公司房屋租赁合同纠纷案

二审法院认为,居然公司在法院明确要求暂时不得搬离或破坏涉案标的物的情况下,私自将涉案商铺腾空,由此给星晨公司造成损失应当承担赔偿

---

〔1〕 新疆维吾尔自治区乌鲁木齐市沙依巴克区人民法院(2018)新0103民初6276号民事判决书,新疆维吾尔自治区乌鲁木齐市中级人民法院(2019)新01民终293号民事判决书。

〔2〕 参见国家法官学院案例开发研究中心编:《中国法院2018年度案例》(合同纠纷),中国法制出版社2018年版,第161页。广东省东莞市中级人民法院(2016)粤19民终字第379号民事判决书。

责任。星晨公司要求居然公司赔偿损失,应对损失数额承担举证责任。现居然公司称双方共同签字确认的现场勘验笔录中所列商品,除两箱灯泡在居然公司清场时就是碎的外,其余物品都是原样保存。星晨公司对此不予认可,主张上述物品均已报废,已无残值。因星晨公司提供的证据不能充分证明上述物品已无残值,且就实际损失价值坚持不申请评估,亦不同意预交评估费,应当承担举证不能的不利后果。考虑只返还原物、不赔偿损失或只赔偿损失、不返还原物,均不利于双方矛盾的彻底解决,返还原物及赔偿损失宜一并处理,故对星晨公司要求赔偿灯具、灯泡损失及返还饰品、家具的诉讼请求,法院均不予支持。双方可另行解决。就合同效力、房屋租金、房屋使用费、物业费、押金、保证金及装修损失等诉讼请求的处理,一审法院判决正确。判决:维持一审判决第一项、第二项、第三项、第四项、第七项、第八项,撤销一审判决第五项即居然公司赔偿星晨公司灯具损失100000元和灯泡损失10000元、第六项居然公司退还星晨公司家具、饰品,第九项驳回星晨公司的其他反诉请求。[1]

当承租人拒不支付租金且不实际占有使用租赁房屋时,出租人负有合理期限内及时收回房屋的减损义务,以发挥资源的社会效益,实现效率的最大化。对承租人减损义务的负担及减损的合理期限的确定应结合案情从主观善意、客观上可行两个方面确定。其中,守约方的主观善意可从其对减损义务的认知分析,具体可结合签约时的认知、违约行为发生后的认知是否有收取高额房屋占有使用费的利益驱动等因素综合判定。客观上可行应从租赁房屋的状态进行分析,既注重时效性又注重可行性。出租人长期不收回租赁房屋而主张高额占有使用费的,对其未履行减损义务所致的损失,法院不予支持。

【案例4－101】　上海寰宇汇商业管理有限公司诉中藏宫(北京)文化传媒有限公司上海分公司、中藏宫(北京)文化传媒有限公司房屋租赁合同纠纷案

二审法院认为,根据本案中各方当事人的诉辩称,对系因中藏宫上海分公司逾期支付租赁保证金、租金等以致《房屋租赁合同》于2019年1月31日解除均无异议。本案的主要争议焦点为:(1)寰宇汇公司是否负有在解除合同后及时收回系争房屋的减损义务?(2)何时为寰宇汇公司应采取减损措施的时间点?

关于争议焦点一,法院从两个方面分析:(1)从寰宇汇公司主观上对减损义务的认知分析。首先,对签约时的认知进行分析。租赁合同多处约定承

〔1〕北京市第三中级人民法院(2017)京03终13065号民事判决书。

租人逾期交还房屋的,寰宇汇公司有权收回房屋,处置费用由承租人负担。可见,寰宇汇公司作为专业经营商业地产租赁的公司,对于承租人逾期交还房屋的预见性较高。其次,对承租人根本违约时的认知进行分析。寰宇汇公司发出的《房屋租赁合同解除通知书》中用加黑字体再次重申如中藏宫上海分公司未按期搬离,其有权自行处置中藏宫上海分公司尚未搬离的物品。寰宇汇公司在解除合同时,对系争房屋内装饰装修、物品存放情况应知晓并明了,其发出解除函告知有权自行收回系争房屋,是对其权利的重申和再次明确。寰宇汇公司在法院审理中抗辩为避免与中藏宫上海分公司因装修的财产产生争议而未自行收回房屋,明显与合同条款的设置及其解除合同时的主张相悖,法院难以采信。最后,从寰宇汇公司未及时收回房屋可能存在的利益驱动分析。诉讼中,寰宇汇公司依据合同约定的双倍租金、管理费标准主张长达10个月的房屋占有使用费,可能存在追求高额对价的利益驱动。(2)从寰宇汇公司自行收回房屋防止损失扩大的可能性分析。依照各方当事人的陈述,系争房屋的装修尚未完工,且寰宇汇公司自2019年1月起采取停电措施,直至2019年11月。在此期间,中藏宫上海分公司亦未实际占用系争房屋。寰宇汇公司如在发出解除函后自行收回房屋,并没有太大障碍,且具有充分的便利性和可能性。寰宇汇公司在一审法院审理期间自行收回了系争房屋,而系争房屋空置期间并未发生变化,亦证明其在此前就可自行收回房屋。

《合同法》第一百一十九条第一款规定……综合分析,寰宇汇公司在合同解除后应及时收回房屋再行出租,避免损失扩大,实现资源充分流转利用,这不仅是其在合同条款中设置的对己方的权利,亦属于守约方的法定义务,应当履行。

关于争议焦点二,法院认为:租赁合同约定,自租赁合同期限届满之日或者因其他原因而终止之日起5日内,为中藏宫上海分公司向寰宇汇公司交付房屋的期限。《房屋租赁合同解除通知书》中,寰宇汇公司要求中藏宫上海分公司应于2019年2月3日前缴清所欠各项费用并按照合同约定将系争房屋如期交还。因租赁合同于2019年1月31日解除,因此,中藏宫上海分公司应于2019年2月5日前交还系争房屋。逾期未交还的,寰宇汇公司应及时自行收回。但该期间恰逢春节,对于寰宇汇公司及时收回系争房屋,应从两个方面进行综合考量。首先,寰宇汇公司作为专业的商业地产租赁公司,在合同中约定了自行收回房屋的条款,因此,其对于自行收回房屋具有一定的便利性及专业性。其次,在此期间恰逢春节,收回系争房屋存在人力、物力方面的客观限制。综合以上因素,法院酌情确定2019年2月28日前应为寰宇汇公司收回系争房屋的合理期间,此后的系争房屋空置损失系寰宇汇公司未及时采取减损措施产生的扩大损失，应自行负担。

此外，法院还认定双倍租金、管理费标准的房屋占有使用费含有违约金性质，对2019年2月的房屋占有使用费调低为参照合同约定的租金、管理费标准。另依据合同约定支持了寰宇汇公司主张的相当于4个月租金、管理费标准的违约金。改判中藏官上海分公司承担补充支付义务。[1]

3. 转租人过错责任

承租人未经出租人同意转租，出租人可以解除租赁合同，也可以不解除租赁合同。如果出租人行使解除权，一方面，其可以依据物权请求权要求返还租赁物；另一方面，由于合同的解除，承租人丧失租赁权，转租合同也因其赖以存在的基础不复存在而不得不终止。此时，对于次承租人而言，由于其与出租人之间并无直接的租赁关系，自然不得请求出租人承担违约责任。而对与其存在租赁关系的承租人能否请求损害赔偿，则要看其是否为善意。如果次承租人为善意，即在其与承租人订立合同之时不知道也不应当知道承租人未经出租人同意转租，为保护善意第三人的利益，应由承租人承担相应的赔偿责任；如果次承租人为恶意，即在其与承租人订立合同之时知道或应当知道承租人未取得出租人的同意，那么这种风险在其订立合同时是可以预见的，此时自无要求承租人承担赔偿责任之理。[2]

4. 出租人未告知抵押损害责任处理

出租人将已抵押的房屋出租，未书面告知承租人该房屋已抵押的，则出租人对出租抵押房屋造成承租人的损失承担赔偿责任，损失赔偿额应当相当于因违约所造成的损失，包括合同履行后可以获得的利益，但不得超过违反合同一方订立金时预见到或者应当预见到的因违反合同可能造成的损失。

【案例4-102】　刘某某诉王某某、辛某某房屋租赁合同纠纷案

一审法院认为，因王某某、辛某某在向刘某某出租该房屋前已将该房屋进行抵押，故抵押权实现后，双方间的租赁合同对房屋受让人不具有约束力。刘某某在经法院通知腾房后，为能够在涉案房屋中继续从事经营，与新房主李某某签订租赁合同，该合同合法有效。因王某某、辛某某认可刘某某与案外人李某某租赁合同约定的租赁价格9万元符合市场价，故该合同约定的租赁价格与刘某某和王某某、辛某某间租赁合同约定的租赁价格的差价应为刘

---

〔1〕 参见郭伟清主编：《民法典新规则案例解析》，法律出版社2020年版，第189～190页。上海市第二中级人民法院(2020)沪02民终3179号民事判决书。

〔2〕 参见最高人民法院民事审判第一庭编著：《最高人民法院〈关于审理城镇房屋租赁合同纠纷案件司法解释〉的理解与适用》，人民法院出版社2009年版，第220页。

某某的损失。根据法律规定,抵押人将已抵押的财产出租的,如抵押人未书面告知承租人该财产已抵押的,抵押人应对出租抵押物造成承租人的损失承担赔偿责任。本案中王某某、辛某某亦未提供证据证明其已将涉案房屋设定有抵押的情形书面告知刘某某,故对于因此造成刘某某的损失,王某某、辛某某应承担赔偿责任。现刘某某向案外人李某某交纳了第一年的房屋租金9万元即为刘某某实际发生的损失,刘某某要求王某某、辛某某赔偿该损失,法院予以支持。因后四年的租金尚未实际发生,故损失亦未发生,本案中对刘某某所主张的后四年的租金损失不予支持。根据法律规定,夫妻对共同生活所负的债务应当共同偿还,对该债务应负连带清偿责任。据此判决王某某、辛某某向刘某某赔偿损失3万元。二审调解结案,王某某、辛某某给付刘某某1.5万元。〔1〕

5. 租赁房屋被政府拆迁

租赁期间,租赁房屋被政府拆迁,是否属于不可抗力,出租人是否应向承租人赔偿装修损失是有争议的问题。

【案例4-103】 马某琴诉青海德令哈市旅游餐饮服务公司房屋租赁合同纠纷再审案

本案争议焦点在于政府的拆迁行为是否属于不可抗力,以及不可抗力下当事人的民事责任。一审未对此作出判断,以承租人未能提供损失证据为由驳回马某琴的诉讼请求。二审认为,拆迁属政府行为,不属于法律规定的不可抗力,出租人虽无过错,但不能免责,判决出租人旅游公司赔偿承租人马某琴的装潢损失。再审撤销二审判决,维持一审判决。抗诉机关抗诉后,第二次再审判决撤销第一次再审判决,维持二审判决。法官经分析认为,本案中,行政拆迁是否属于不可抗力,二审和第一次再审判决均认为不属于法律规定的不可抗力,但对于不属于法律规定的不可抗力的原因,没有展开论述。本案中,青海德令哈市建设局和交通局与旅游公司签订的《拆迁还建协议》约定,政府支付拆迁补偿费11万元,为保证企业持续经营,市政府将用上诉补偿费在商业步行街、体育广场西侧建设商业用房产权置换安置旅游公司。由于青海德令哈市建设局和交通局与旅游公司就拆迁补偿达成补偿协议,青海德令哈市建设局和交通局的"损害赔偿义务"已经实际发生,从这个角度出发,青海德令哈市建设局和交通局对出租房屋的拆迁不构成旅游公司不履行

---

〔1〕 参见李方民主编:《房屋租赁合同纠纷诉讼指引与实务解答》(第3版),法律出版社2017年版,第205页。

与马某琴的租赁合同的不可抗力。[1]

6. 侵权损害责任处理

【案例 4－104】　辜某某、刘某某与山东同大有限公司房屋租赁合同纠纷案

二审法院认为，在当事人约定的租赁期限届满前，同大公司未经辜某某、刘某某同意以及未解除合同的情形下，擅自搬走涉案房屋内物资、设备等，并拆除涉案租赁房屋，致使辜某某、刘某某无法继续经营，侵害其合法权益，原审认定同大公司构成侵权并无不当。辜某某、刘某某主张因同大公司侵权行为致其遭受损失，应就其损害事实及损失的数额负举证责任，原审对涉案损失举证责任的分配欠妥，但由于涉案租赁房屋因拆除而灭失，致使涉案房屋装修等损失价值现已无法进行鉴定评估，对此同大公司具有过错。基于上述情况，原审未采信同大公司单方委托山东汇德资产评估有限公司对涉案租赁房屋的装修装饰和设备家具等所作资产评估报告，而是参照辜某某与同大公司所签涉案房屋租赁合同中约定有关装修费用及违约金条款确定有关装修等损失数额，不超出合理范围，并无不当。因刘某某与同大公司签订的涉案房屋租赁合同有关违约金条款中，并无按合同年限及一定比例逐年递减的相关约定，所以同大公司关于在计算拆除租赁房屋的经济损失时应按自刘某某第一次签订合同之日起算折旧费用的上诉理由，无合同依据，不能成立。……承前所述，同大公司未经辜某某、刘某某同意擅自搬走涉案房屋内的物资、设备等，且涉案租赁房屋因拆除而灭失，双方当事人所签涉案房屋租赁合同已无法履行，合同目的不能实现，符合合同法规定的法定解除情形，原审判令解除涉案房屋租赁合同并无不当。因同大公司的行为致使涉案房屋租赁合同无法履行，并致合同解除，存有过错且违约在先，其诉请辜某某、刘某某支付搬家费、装卸费、仓储费及看护费等相关费用，于理不通，于法无据，原审未予支持该反诉请求是正确的。[2]

个案中，应对为承租人装修遭受财产损害的，应视为适格原告主体有权主张损害赔偿。

【案例 4－105】　西安市高新区元洲装饰部与被告西安市高新区××店、刘某、杜某龙财产损害赔偿纠纷案

判决观点，关于本案原告的主体是否适格一节，涉案房屋租赁合同虽为

---

〔1〕 参见江必新主编、最高人民法院审判监督庭编：《全国法院再审法律疑难问题》，中国法制出版社2011年版，第1～3页。

〔2〕 山东省高级人民法院(2014)鲁民一终字第493号民事判决书。

吕某某与被告刘某签订，但原告元洲装饰部实际在该房屋进行装修、经营，因漏水导致的原告的损失，原告有权要求赔偿。《侵权责任法》第六条规定，行为人因过错侵害他人民事权益，应当承担侵权责任。本案系因漏水引起的损害赔偿，各方当事人对于被告××店漏水至原告处并无异议。对于漏水原因，原、被告各执一词，结合西安忠诚物业管理有限公司于2021年1月13日出具情况说明及庭审查明的情况可以看出，系因位于二楼的西安市高新区元洲装饰部先进行装修，在装修过程中拆除排水管道且未采取合理措施填充拆除后的管道孔洞，位于三楼的西安市高新区××店××层水的方式，平层排水存在排水不畅且重新铺设的防水不合格导致漏水。在房屋装修和改造过程中不得擅自拆改房屋主体结构，不得擅自改动屋内供排水主管道，原告擅自改动房屋内排水管道存在过错，被告××店在铺设平层排水时防水不合格导致漏水，亦存在过错，原告及被告××店各自承担50%的责任为宜。关于原告主张的装修损失190.42万元。本案诉讼前，原告对其装修损失自行进行了鉴定，虽各被告对该鉴定意见书均不予认可，但因原告停止经营后，被告刘某对屋面进行了修复，致使无法对原告的装修价值进行评估。但原告确实对二楼的装饰部进行了装修，故对原告的经营损失，本院参照原告提交的评估报告以及评估报告中各项装修项目的费用，结合案件事实、原被告的过错责任，以及鉴定意见书中并非漏水导致的原告的装修损失的费用，故对原告的装修损失，本院酌情认定为100万元，故被告××店应支付原告装修损失50万元。关于原告主张的2019年2月至8月的房租损失100.5501万元及水电费、物业费损失6万元，在该期间，原告实际使用了涉案房屋，该费用系原告使用房屋的合理开支，故对原告该项诉请，本院不予支持。关于原告主张的定制材料损失200万元，原告提供的照片无法看出拍摄时间，无法看出系漏水前还是漏水后生产，且自原告提供的照片上可以看出定制的材料并没有被水浸泡，仍可以继续使用，原告以此证明其定制材料损失，证据不足，本院不予支持。关于原告要求被告××店、刘某及杜某龙承担连带赔偿责任一节，本院认为，刘某为出租人，原告并未提交证据证明其主张的各项费用损失系被告刘某造成，故原告主张刘某承担责任，无事实和法律依据，依法不予支持。关于原告要求被告杜某龙承担连带赔偿责任一节，于法无据，本院不予支持。关于原告主张的公证费系原告为诉讼而花费的费用，原被告并未约定该费用由被告承担，故对原告该诉请，本院不予支持。关于鉴定费，系因原告自行鉴定，该费用由原告自行承担。判决：一、被告西安市高新区××店赔偿原告西安市高新区元洲装饰部装修损失50万元。二、驳回原告西安市高新区元洲装饰部的其余诉讼请求。[1]

出租人与承租人协商解除租赁合同达成补偿协议，次承租人要求出租人、承租人赔偿经营权不构成侵权责任。

【案例4-106】　成都林烨餐饮管理有限公司诉都江堰市新源旅游开发有限责任公司、张某君等侵权责任纠纷案

判决观点，本案的争议焦点为：(1)当事人纠纷是否属于侵权责任纠纷；(2)如属于侵权责任纠纷，被告及第三人责任承担；(3)侵权损失金额的认定。对此，本院评述如下：首先，关于当事人纠纷是否属于侵权责任纠纷的问题。根据本案认定的事实，新源公司将房屋出租给张某君、张某君将房屋转租给廖某丽的行为均不违反法律法规禁止性规定，属于合法的法律行为，(2018)川0181民初1063号案件调解中，林烨公司、廖某丽与张某君达成了由林烨公司继受廖某丽《房屋转租合同》权利义务的协议，林烨公司对案涉房屋的使用权系基于其与张某君之间存在的房屋租赁合同关系而享有，林烨公司主张的经营权受到侵害，实际系其对案涉房屋的使用因新源公司按照都江堰市绿道建设指挥部办公室要求收回经营权而终止，进而无法继续在案涉房屋开展经营活动。本院认为，首先，林烨公司主张其受到侵害的经营权并未包含在《侵权责任法》第二条第二款"本法所称民事权益，包括生命权、健康权、姓名权、名誉权、荣誉权、肖像权、隐私权、婚姻自主权、监护权、所有权、用益物权、担保物权、著作权、专利权、商标专用权、发现权、股权、继承权等人身、财产权益"范围内。其次，新源公司与张某君对其双方间的《合同》解除达成补偿协议，系新源公司与张某君对《合同》解除后果的协商处理，并不能认定为对林烨公司所主张的损失赔偿权利构成侵害。最后，承租房屋主要目的是占有使用，根据林烨公司的举证和陈述，张某君并未实施阻碍林烨公司占有使用案涉房屋的行为，亦不适用《合同法》第一百二十二条"因当事人一方的违约行为，侵害对方人身、财产权益的，受损害方有权选择依照本法要求其承担违约责任或者依照其他法律要求其承担侵权责任"所规定的情形。因此，本院认为，本案当事人之间的纠纷不属于侵权责任纠纷，依法应当驳回林烨公司的第一项至第四项诉讼请求。关于林烨公司的第五项诉讼请求，属于林烨公司与张某君之间另一法律关系中处理范围，本案不做处理。判决：驳回原告林烨公司的诉讼请求。[2]

---

[1] 陕西省西安市雁塔区人民法院(2020)陕0113民初14514号民事判决书。

[2] 四川省都江堰市人民法院(2019)川0181民初1667号民事判决书。

【案例4-107】 代某超诉都江堰市新源旅游开发有限责任公司、张某君等侵权责任纠纷案

判决观点,本案的争议焦点为:(1)当事人纠纷是否属于侵权责任纠纷;(2)如属于侵权责任纠纷,被告及第三人责任承担;(3)侵权损失金额的认定。对此,本院评述如下:首先,关于当事人纠纷是否属于侵权责任纠纷的问题。根据本案认定的事实,新源公司将房屋出租给张某君、张某君将房屋转租给代某超的行为均不违反法律法规禁止性规定,属于合法的法律行为,代某超对案涉房屋的使用权系基于其与张某君之间存在的房屋租赁合同关系而享有,林烨公司主张的经营权受到侵害,实际系其对案涉房屋的使用因新源公司按照都江堰市绿道建设指挥部办公室要求收回经营权而终止,进而无法继续在案涉房屋开展经营活动。本院认为,首先,代某超主张其受到侵害的经营权并未包含在《侵权责任法》第二条第二款"本法所称民事权益,包括生命权、健康权、姓名权、名誉权、荣誉权、肖像权、隐私权、婚姻自主权、监护权、所有权、用益物权、担保物权、著作权、专利权、商标专用权、发现权、股权、继承权等人身、财产权益"范围内。其次,新源公司与张建君对其双方间的《合同》解除达成补偿协议,系新源公司与张某君对《合同》解除后果的协商处理,并不能认定为对代某超所主张的损失赔偿权利构成侵害。最后,承租房屋主要目的是占有使用,根据代某超的举证和陈述,张某君并未实施阻碍林烨公司占有使用案涉房屋的行为,亦不适用《合同法》第一百二十二条"因当事人一方的违约行为,侵害对方人身、财产权益的,受损害方有权选择依照本法要求其承担违约责任或者依照其他法律要求其承担侵权责任"所规定的情形。综上,本院认为,本案当事人之间的纠纷不属于侵权责任纠纷,依法应当驳回代某超的第一项至第四项诉讼请求。关于代某超的第五项诉讼请求,属于代某超与张某君之间另一法律关系中处理范围,本案不做处理。判决如下:驳回原告代某超的诉讼请求。[1]

7. 出租人侵害承租人优先承租权的赔偿

承租人依约享有同等条件下的优先承租权受到侵害的,出租人应按照过错比例承担赔偿责任。

【案例4-108】 陈某平诉浙江甲房地产开发有限公司中国轻纺城分公司、程某宝、张某娟房屋租赁合同纠纷再审案

再审法院认为,陈某平作为承租人依约享有同等条件下的优先承租权。

[1] 四川省都江堰市人民法院(2019)川0181民初1668号民事判决书。

甲公司作为案涉营业房的所有权人和出租人,对其经营出租的营业房租赁权的转让过户应当按约谨慎审查,认真核对办理过户人员的身份以及权限。案涉营业房租赁权转让过程中,甲公司疏于对程某宝代理权的审查,未向《房屋租赁证书》登记的承租人核实,以致损害了承租人的优先承租权,对因该违约行为造成的损失应承担相应责任。陈某平对于其名下的案涉营业房租赁权亦未尽到合理的管理与注意义务。案涉营业房长期由程某宝以陈某平丈夫的身份出面负责管理。陈某平在与程某宝离婚后,未及时将离婚情况告知出租方甲公司并接管案涉营业房,亦未提供证据证明其曾于甲公司公示的续租手续办理截止时间前要求与甲公司签订租赁协议书,对登记在自己名下的权利怠于管理,未根据合同的交易习惯及时履行通知的义务,故其也应当自行承担相应的责任。综合考虑双方在合同履行过程中的违约行为,酌定由甲公司承担60%的主要责任。[1]

8. 新冠疫情防控租金损失处理

针对企业承租厂房因新冠疫情防控需要暂时无法开工使用的,应适用公平原则,法官可视情减免租金合理分担因疫情防控导致的不利后果。

【案例4-109】 日德电机(浙江)有限公司诉阮某丁房屋租赁合同纠纷案

判决观点,日德公司与阮某丁形成的房屋租赁合同关系系双方当事人的真实意思表示,且不违反法律、行政法规的强制性规定,合法有效。在合同签订后双方均应依约履行合同义务。本案的争议焦点是阮某丁是否应支付原告诉请的全部租金。2020年1月20日,国家卫健委发布公告,将新冠肺炎纳入《传染病防治法》规定的乙类传染病,并采取甲类传染病的预防、控制措施。被告租赁涉讼厂房系因生产所需,如确因新冠肺炎疫情无法按计划复工、复产,属于《合同法》所规定的不能预见、不能避免并不能克服的不可抗力。因本次疫情暴发时临近农历春节,工厂已经放假,同时考虑当地工厂一般在农历正月十五左右返工的惯例及涉讼厂房内设工厂在2020年3月13日已初步复工的事实,认定涉讼厂房因新冠肺炎疫情停产时间约为30天,由此产生的房租损失为38400元。因当事人双方对于该损失结果均无过错,基于公平原则本院认为该损失应由双方平等分担,即在阮某丁未付租金部分扣减19200元(38400元×50%=19200元)。同时根据《承诺函》中约定,涉讼厂房采用预付租金形式,阮某丁拖欠租金的行为显属违约,应赔偿原告自起

---

〔1〕 参见中国审判理论研究会民事审判理论专业委员会编著:《民法典合同编条文理解与适用》,法律出版社2020年版,第427~428页。浙江省高级人民法院(2019)浙民再36号民事判决书。

诉之日(2020年1月16日)起按照同期银行间同业拆借中心公布的贷款市场报价利率的标准计算至实际履行之日止的利息损失。判决:被告阮某丁支付原告日德公司截至2020年3月31日的租金411600元,并赔偿原告自2020年1月16日起按照同期银行间同业拆借中心公布的贷款市场报价利率的标准计算至实际履行之日止的利息损失。[1]

9. 租赁合同的连带责任处理

债务转移中,一人公司应承担债务转移的连带偿还责任。

【案例4-110】 甄某良与田某收、郭某、马某蕾、兰某刚、济南旭力房地产经纪有限公司房屋租赁合同纠纷案

一审法院认为,根据《合同法》第八十四条:"债务人将合同的义务全部或者部分转移给第三人的,应当经债权人同意。"第八十五条:"债务人转移义务的,新债务人可以主张原债务人对债权人的抗辩。"第八十六条:"债务人转移义务的,新债务人应当承担与主债务有关的从债务,但该从债务专属于原债务人自身的除外。"本案中,涉案欠条应为对甄某良与济南千居公司签订《济南市房屋出租委托代理合同》中济南千居公司所负义务的转让。甄某良将该欠条作为要求济南旭力公司、兰某刚承担还款责任的证据,应视为其对该债务转移的同意。结合甄某良陈述的欠条出具过程,可知该欠条系对甄某良与济南千居公司签订的《济南市房屋出租委托代理合同》的结算,欠条中未约定违约金,且因该欠条没有支付期限,参照《合同法》第二百零六条规定,甄某良可以催告济南旭力公司、兰某刚在合理期限内支付欠款。本案于2020年3月18日立案,于同年10月9日开庭审理,一审法院酌定开庭之日视为上述法律规定的"合理期限"届满。甄某良要求济南旭力公司、兰某刚支付违约金的诉讼请求,一审法院依法调整为:以5000元为基数,自2020年10月10日起至实际给付之日止,按年利率6%计算,以3200元为限。关于田某收是否应承担相应偿还责任的问题。根据《公司法》第六十三条规定:"一人有限责任公司的股东不能证明公司财产独立于股东自己的财产的,应当对公司债务承担连带责任。"本案中,因济南旭力公司系一人有限责任公司,且田某收并未提交相应的证据证明公司财产独立于其自己的财产,故其应当对公司债务承担连带责任。虽然田某收辩称济南旭力公司成立后,公章由兰某刚掌管,其对欠条的出具并不知情,但其并未提交有效证据予以证明

---

〔1〕 参见最高人民法院民事审判第一庭编:《民事审判指导与参考》2020年第2辑(总第82辑),人民法院出版社2021年版,第187~188页。浙江省温岭市人民法院(2020)浙1081民初829号民事判决书。

其主张，故对其辩驳不予认可。综上，甄某良要求田某收对涉案欠款承担连带清偿责任的诉讼请求，一审法院予以支持。判决如下：一、兰某刚、济南旭力公司支付甄某良5000元；二、兰某刚、济南旭力公司支付甄某良逾期违约金，以5000元为基数，自2020年10月10日起至实际给付之日止，按年利率6%计算，以3200元为限；三、田某收对上述第一、二项承担连带偿还责任；四、驳回甄某良的其他诉讼请求。

二审本院认为，关于田某收应否对涉案欠款承担连带责任问题。《最高人民法院关于适用〈中华人民共和国民事诉讼法〉的解释》第九十条规定，当事人对自己提出的诉讼请求所依据的事实或者反驳对方诉讼请求所依据的事实，应当提供证据加以证明，但法律另有规定的除外。在作出判决前，当事人未能提供证据或者证据不足以证明其事实主张的，由负有举证证明责任的当事人承担不利的后果。田某收主张兰某刚是在未取得授权的情况下私自挪用济南旭力公司公章向甄某良出具欠条并盖章，但未提供足以证明上述主张的充分证据，本院不予采纳。本案济南旭力公司、兰某刚共同向甄某良出具欠条，应视为其同意济南千居公司对涉案房屋租金的相关债务由济南旭力公司、兰某刚承担。济南旭力公司系一人有限责任公司，股东田某收未提供相应证据证明公司财产与自己的财产相独立，一审法院据此认定田某收对涉案债务承担连带责任，并无不当。综上所述，田某收的上诉请求不能成立，应予驳回；一审判决认定事实清楚，适用法律正确，应予维持。判决：驳回上诉，维持原判。[1]

10. 对扩大的损失与限制赔偿

《民法典合同编通则解释》第六十一条第二款规定："非违约方主张按照合同解除后剩余履行期限相应的价款、租金等扣除履约成本确定合同履行后可以获得的利益的，人民法院不予支持。但是，剩余履行期限少于寻找替代交易的合理期限的除外。"第六十三条第三款规定："在确定违约损失赔偿额时，违约方主张扣除非违约方未采取适当措施导致的扩大损失、非违约方也有过错造成的相应损失、非违约方因违约获得的额外利益或者减少的必要支出的，人民法院依法予以支持。"

当事人一方违约后，对方没有采取适当措施致使损失扩大的，不得就扩大的损失请求赔偿。承租人已经通过多种途径向出租人作出了解除合同的意思表示，而出租人一直拒绝接收房屋，造成涉案房屋的长期空置，不得向承租人主张全部

〔1〕 参见最高人民法院民法典贯彻实施工作领导小组编著：《中国民法典适用大全》（合同卷一），人民法院出版社2022年版，第814页。山东省济南市中级人民法院（2021）鲁01民终2782号民事判决书。

空置期内的租金。

【案例4－111】 柴某诉某管理公司房屋租赁合同纠纷案

二审法院认为,当事人一方违约后,对方应当采取适当措施防止损失的扩大;没有采取适当措施致使损失扩大的,不得就扩大的损失请求赔偿。合同终止前,某管理公司应当依约向柴某支付租金。但鉴于某管理公司已经通过多种途径向柴某表达解除合同的意思表示,并向其发送房屋密码锁密码,而柴某一直拒绝接收房屋,造成涉案房屋的长期空置。因此,柴某应当对其扩大损失的行为承担相应责任。法院结合双方当事人陈述、合同实际履行情况、在案证据等因素,酌情支持柴某主张的房屋租金至某管理公司向其发送电子密码后一个月,即2021年1月30日,应付租金为33418.35元。[1]

(四)租赁物灭失损失处理

《民法典》第七百二十九条规定:“因不可归责于承租人的事由,致使租赁物部分或者全部毁损、灭失的,承租人可以请求减少租金或者不支付租金;因租赁物部分或者全部毁损、灭失,致使不能实现合同目的的,承租人可以解除合同。”该条确立了非承租人的原因对租赁物毁损不承担责任以及行使解除权的规则。

不可归责于承租人原因造成租赁物毁损、灭失的情形主要有,其一,不可抗力,实践中的争议主要是不可抗力范围的认定。其二,意外事件,指外来的、突发的、非本意的使租赁房屋发生部分或全部毁损、灭失的客观事件,包括第三人的过错行为。其三,因出租人不履行义务造成租赁物毁损、灭失,包括未及时履行维修义务等。其四,租赁物自身存在质量问题或设计缺陷。

租赁期间租赁物发生毁损、灭失,应根据事故原因、合同当事人过错确定责任主体。具体来讲,其一,因承租人保管不善原因,则由承租人承担损害赔偿责任。同时,出租人也有过错,根据双方当事人过错程度确认二者承担责任比例。其二,承租人和出租人均已尽了善良管理人的义务,对于租赁物毁损双方都没有过错,对租赁物的风险责任是以谁享有所有权为标准,即所有权人承担租赁物的毁损、灭失的风险。

---

〔1〕 参见最高人民法院发布《关于适用〈中华人民共和国民法典〉合同编通则若干问题的解释》相关典型案例10。

【案例4-112】 张某华、宫某兰诉孙某所、孙某龙财产损害赔偿纠纷案

二审法院认为,关于本案民事赔偿责任的承担问题。原审法院根据孙某所租用张某华的房屋后,未尽到妥善管理、安全注意的义务,致所居住的房屋发生火灾,烧毁张某华的房屋及屋内物品的事实。依照《合同法》第二百二十二条"承租人应当妥善保管租赁物,因保管不善造成租赁物毁损、灭失的,应承担损害赔偿责任"及《民法通则》第一百三十一条"受害人对于损害的发生也有过错的,可以减轻侵害人的民事责任"的规定,认定孙某所对该起火灾给张某华造成的损失,应承担主要责任。张某华作为房屋的所有人,对房屋亦有相应的管理义务,认定张某华承担次要责任是适当的。[1]

由于租赁物被政府依法征收,租赁合同因征收终止的,出租人对该合同的终止并无任何过错。按照公平原则和诚信原则,出租人应对承租人遭受的损失酌情予以赔偿,但承租人无权要求政府因征收给予产权人的补偿款。

【案例4-113】 某某木材加工厂诉某某汽车维修公司、陈某良房屋租赁合同纠纷案

二审法院认为,房屋在租赁期限内被征收,合同对征收补偿款的分配未作约定或约定不明,承租人请求支付征收补偿款中房屋装饰装修价值补偿、搬迁和临时安置补偿的,应予支持。承租人请求支付征收补偿款中停产停业损失补偿的,综合考虑出租人的租金损失、承租人的经营损失等因素,依据公平原则,酌情予以支持。对于出租人而言,案涉房屋被征收也意味着其停止出租房屋获利,不应轻易否定出租人根据其租金收入损失分割停产停业补偿利益的权利。[2]

(五)无效租赁合同损失处理

《民法典》第一百五十七条规定:"民事法律行为无效、被撤销或者确定不发生效力后,行为人因该行为取得的财产,应当予以返还;不能返还或者没有必要返还的,应当折价补偿。有过错的一方应当赔偿对方由此所受到的损失;各方都有过错的,应当各自承担相应的责任。法律另有规定的,依照其规定。"

《民法典合同编通则解释》第二十四条规定:"合同不成立、无效、被撤销或者

---

〔1〕 参见国家法官学院案例开发研究中心编:《中国法院2017年度案例》(合同纠纷),中国法制出版社2017年版,第110页。山西省忻州市中级人民法院(2015)忻中民终字第205号民事判决书。

〔2〕 人民法院案例库2023-16-2-111-009。广东省惠州市中级人民法院(2023)粤13民终4991号民事判决书。

确定不发生效力，当事人请求返还财产，经审查财产能够返还的，人民法院应当根据案件具体情况，单独或者合并适用返还占有的标的物、更正登记簿册记载等方式；经审查财产不能返还或者没有必要返还的，人民法院应当以认定合同不成立、无效、被撤销或者确定不发生效力之日该财产的市场价值或者以其他合理方式计算的价值为基准判决折价补偿。

除前款规定的情形外，当事人还请求赔偿损失的，人民法院应当结合财产返还或者折价补偿的情况，综合考虑财产增值收益和贬值损失、交易成本的支出等事实，按照双方当事人的过错程度及原因力大小，根据诚信原则和公平原则，合理确定损失赔偿额。

合同不成立、无效、被撤销或者确定不发生效力，当事人的行为涉嫌违法且未经处理，可能导致一方或者双方通过违法行为获得不当利益的，人民法院应当向有关行政管理部门提出司法建议。当事人的行为涉嫌犯罪的，应当将案件线索移送刑事侦查机关；属于刑事自诉案件的，应当告知当事人可以向有管辖权的人民法院另行提起诉讼。”

《民法典合同编通则解释》第二十五条规定：“合同不成立、无效、被撤销或者确定不发生效力，有权请求返还价款或者报酬的当事人一方请求对方支付资金占用费的，人民法院应当在当事人请求的范围内按照中国人民银行授权全国银行间同业拆借中心公布的一年期贷款市场报价利率（LPR）计算。但是，占用资金的当事人对于合同不成立、无效、被撤销或者确定不发生效力没有过错的，应当以中国人民银行公布的同期同类存款基准利率计算。

双方互负返还义务，当事人主张同时履行的，人民法院应予支持；占有标的物的一方对标的物存在使用或者依法可以使用的情形，对方请求将其应支付的资金占用费与应收取的标的物使用费相互抵销的，人民法院应予支持，但是法律另有规定的除外。”

《房屋租赁合同解释》第四条第二款规定：“当事人请求赔偿因合同无效受到的损失，人民法院依照民法典第一百五十七条和本解释第七条、第十一条、第十二条的规定处理。”这是法院宣告无效后如何进行处理的原则规定。

违法建筑的租赁合同被确认无效后，常见的损失有承租人腾房搬迁损失、承租人的装修损失、出租人的建筑物因搬迁、装修等被损坏所受到的损失等。至于出租人的建筑物被占用的问题，如上所述，如承租人已通过占用获得使用价值，视为承租人因无效合同得到的利益折价返还出租人，不再计算为出租人的损失；如承租人虽占用但非因其自身原因未获得租赁物使用价值的（如在装修期间发生纠纷），可将租赁物被占用视为出租人的损失，该损失的计算标准与上述租赁物使用费的计算标准应当一致。

1. 无效租赁合同损失裁判

如双方当事人对于合同无效均有过错,应将双方各自因合同无效遭受的直接损失相加后按照双方应承担过错责任的比例进行分摊。当然,如果双方存在其他过错行为导致损失扩大或发生特定损失(如恶意装修),对于该特定损失或扩大的损失,由过错方承担或负责赔偿。对双方均有过错,并非是单方过错其责任大小的划分,由法官行使自由裁量权确认。

【案例4-114】　西安市碑林区紫雾酒家与西安市统一征地管理办公室、西安市碑林区永宁村村民委员会房屋租赁侵权赔偿纠纷案

最高人民法院认为,造成合同无效,紫雾酒家和永宁村均有过错,应各自承担相应的经济损失。紫雾酒家未经认真审查,租用永宁村擅自建设的房屋进行商业经营,停业损失应当自行承担;永宁村应当知道其所建的房屋不得出租给其他单位用于商业经营,并在明知该房所占用的土地将要被征用的情况下,仍然与紫雾酒家签订为期3年的房屋租赁合同,并允许紫雾酒家进行装修,故应补偿紫雾酒家的装修费用。市统征办委托区统征办和永宁村达成了征地补偿协议,支付了永宁村包括拆迁房屋补偿费在内的征地补偿费,因此,永宁村应在协议生效后按照规定将被征用的土地及地上附着的房屋无偿交给市统征办拆除或者自行拆除。市统征办依法拆除已被征用的土地上的附着房屋属于合法行为,不构成民事侵权。永宁村在房屋拆迁公告公布后,没有妥善终止与紫雾酒家的房屋租赁关系,即采取强制手段拆除出租的房屋不当,应适当支付紫雾酒家的搬迁费用。因永宁村对紫雾酒家承担装修费的补偿责任,则不再承担侵权的民事责任。紫雾酒家诉请由永宁村赔偿另行租房差价损失的主张,因永宁村不能继续出租房屋是政府的征地行为引起的,且紫雾酒家对签订该无效租赁合同也有过错,故该部分损失应由紫雾酒家自行承担。本案是紫雾酒家与永宁村因房屋租赁合同纠纷提起诉讼,一审判决市统征办应承担紫雾酒家的房屋装饰补偿费、租赁房屋合同尚未履行完毕另行租赁合同的差价、搬迁费及经济损失等,依据不足,依法予以纠正。[1]

【案例4-115】　上海紫岗商贸有限公司与上海塬东工艺品有限公司租赁合同纠纷案

判决观点,出租人紫岗公司明知其出租的房屋属违法建筑,仍向承租人出租,其应对无效合同后果承担70%的主要责任。同时,承租人塬东公司未

---

〔1〕 参见最高人民法院民事审判第一庭编:《最高人民法院民事案件解析》(房屋买卖、租赁纠纷),法律出版社2010年版,第343页。

尽审慎义务,即在未审核所要承租之房屋是否具有合法权证的情况下,贸然与出租人签约,其也应承担30%的责任。法院直接判决双方按上述比例分担承租人的装修损失,未涉及装修物对出租人的使用价值问题。[1]

个案中,因双方过错由法官裁量损失承担比例。

【案例4-116】 叶某诉陈某茜、曾某房屋租赁合同纠纷案

一审法院认为,两被告明知出租人不同意转租却仍然擅自转租,其行为是造成此次纠纷的主要原因,依法应承担转租合同无效的主要责任;原告明知承租的商铺系转租仍与两被告签订租赁合同,未尽到审查义务,亦有一定过错,应承担次要责任。根据《合同法》第五十八条……的规定,对原告要求两被告返还转让费38000元的主张,应由陈某茜、曾某承担26600元,叶某自行承担11400元。对原告要求两被告返还租金23000元的主张,因原告实际使用了该租赁房屋直至合同期满,理应参照合同约定的租金标准折价补偿两被告房屋占用使用费,故对原告此主张,依法不予支持。二审调解结案。[2]

【案例4-117】 中国人民解放军66446部队诉北京东西分析仪器有限公司房屋租赁合同纠纷再审案

再审法院认为,本案中,对于导致《租赁协议》部分无效的原因,双方当事人均存在过错,因此取得的财产双方应相互返还,东西分析公司应腾退租赁场地及附属设施并交还给66446部队,66446部队应将收取的30年的租金返还给东西分析公司。对于《租赁协议》无效导致的损失,对方应根据各自的过错程度、66446部队占用租金的年限、中国人民银行同期定期存款利率等因素承担相应的责任。故对于合同解除部分和合同无效部分,原审法院判决东西分析公司将租赁场地及附属设施腾退并返还给66446部队,66446部队返还东西分析公司解除部分5年及无效部分30年租金正确。但对于利息损失的承担,因66446部队系非营利性的军事单位,其占用租金未用于投资或者其他营利性活动,故原审法院酌定66446部队支付东西分析公司利息损失550万元过高,再审调整为250万元。[3]

租赁合同无效的,过错方应将获利返还给合同另一方,不能因其无效行为获得利益。

---

〔1〕 参见邓基联主编:《房屋租赁合同纠纷》,法律出版社2010年版,第89页。

〔2〕 参见国家法官学院案例开发研究中心编:《中国法院2012年度案例》(合同纠纷),中国法制出版社2012年版,第16页。

〔3〕 参见北京市第一中级人民法院编:《裁判方法与法律适用:案例精选》(2019年卷),法律出版社2020年版,第435页。北京市第一中级人民法院(2019)京01民再130号民事判决书。

【案例4－118】　绍兴市越城区马山镇尚巷村村民委员会诉陈某林房屋租赁合同纠纷案

二审法院认为,因合同无效,被上诉人应当返还3万元给上诉人。因上诉人已将讼争营业房租赁权转让给他人,被上诉人在诉讼中也明确放弃要求上诉人返还讼争营业房的诉讼请求,但由于造成合同无效的原因在上诉人方,被上诉人由此造成的损失上诉人理应依法赔偿。上诉人因讼争无效民事行为而获得利益,该利益扣除上诉人为此支出的成本后的余额应视为被上诉人不能获得营业房之损失,否则,导致无效民事行为的过错方反因自己的过错获得利益,有违公平正义原则。一审法院据此判决上诉人尚应支付被上诉人776000元符合法律规定。[1]

租赁合同无效的,过错方赔偿范围是信赖利益。

【案例4－119】　浙江银泰投资有限责任公司与包头市中冶置业有限责任公司房屋租赁合同纠纷案

最高人民法院认为,本案中,根据《房屋租赁合同》第2.3条和第11.11条,中冶公司保证和承诺"租赁房屋为合法建筑,具有中国法律规定的审批合格手续""拥有对租赁房屋范围内的合法开发权",现《房屋租赁合同》因未取得建设工程规划许可证而被认定无效,是由于中冶公司未实现上述保证和承诺所致,故中冶公司对于合同无效负有全部过错,应当赔偿银泰公司因此受到的损失,中冶公司关于其不存在过错、银泰公司存在过错的主张不能成立。……关于赔偿数额,《合同法》第五十八条所称的"对方因此所受到的损失"应限于信赖利益,不包括在合同有效情形下通过履行可以获得的利益。银泰公司提交的评估报告是其在合同有效情形下通过履行可以获得的利益的评估,不能作为认定合同无效后损失赔偿数额的依据,故银泰公司关于应依据该评估报告认定赔偿数额的主张不能成立。另外,因银泰公司已向中冶公司支付了500万元履约保证金,在中冶公司占有此500万元期间,银泰公司遭受资金损失,故对该部分资金损失中冶公司应予以赔偿。一审判决参照民间借贷的相关规定,酌情以500万元为计算基数,以中冶公司占有该500万元的期间为计算期间、参照24%年利率计算损失赔偿数额并无不当,中冶公司关于此点的上诉理由不能成立。关于律师费、评估费,虽然《房屋租赁合同》第11.8条对其负担有约定,但在《房屋租赁合同》被认定无效的情形下,该条款不再适用,故一审判决对该两项费用没有支持并无不当。关于诉讼费

---

〔1〕　参见国家法官学院案例开发研究中心编:《中国法院2012年度案例》(合同纠纷),中国法制出版社2012年版,第48页。

用,依据《诉讼费用交纳办法》第二十九条规定……在银泰公司的诉讼请求没有得到全部支持的情形下,其要求诉讼费用全部由中冶公司负担的主张不能成立。[1]

对于出租人以欺诈方式隐瞒租赁物为违法建筑的事实,骗取承租人与其签订租赁合同,应对合同的无效承担全部责任,故由其向承租人赔偿全部装修残值,至于装修物对于出租人是否有使用价值,已无须考虑。

【案例4-120】 磊城公司、潮海阁公司与祥隆公司租赁合同纠纷案

二审法院认为,系争房屋房地产权证复印件上记载的面积为虚假,祥隆公司构成欺诈,应对合同无效承担全部责任。对于磊城公司、潮海阁公司已支付的押金,祥隆公司应予返还。基于合同无效,磊城公司、潮海阁公司就系争房屋进行装修的残值,祥隆公司应予赔偿。至于磊城公司、潮海阁公司为租房经营支付的100万元设备转让费亦其作为损失,由法院酌情判令祥隆公司向磊城公司、潮海阁公司返还80万元。……2003年8月12日,磊城公司因系争房屋被列入动迁范围,向祥隆公司表示终止合同。而祥隆公司不予认可,却以磊城公司、潮海阁公司拖欠租金而行使合同解除权,追究磊城公司、潮海阁公司的违约责任,致使双方协商不成,造成损失扩大。所以,该部分损失理应由祥隆公司自己承担。鉴于磊城公司、潮海阁公司为了解决合同终止后的拆迁补偿事宜,尚有部分东西滞留在系争房屋内,所以也应酌情承担部分损失。原审法院所作的相应判决有误,应予纠正。至于磊城公司、潮海阁公司要求祥隆公司赔偿经营损失及其他经济损失的诉请依据不足,不予支持。[2]

租赁合同履行中经鉴定标的物系危房,具有违反法律、行政法规关于房屋使用条件强制性情况而应确认合同无效,区别于将未取得建设工程规划许可证或者未按照建设工程规划许可证的规定建设的房屋进行出租,以及将未经批准或者未按照批准内容建设的临时建筑进行出租而被认定为无效的情形,但其法律性质均属无效。危房本身属于应当及时修复或者拆除的建筑,不应再使用或者作为租赁标的,当然也不能据此再获任何收益,且如继续使用危房,将给他人生命健康及财产安全带来隐患。出租人对于房屋是否属于危房具有审查责任,不管明知还是不知房屋属于危房,房屋只要是被认定为危房的,都不能获得相关收益。

【不同处理】 个案中,有的法院将危房的无效租赁合同视为有效合同作解

---

[1] 参见杜万华主编:《最高人民法院民商事案件审判指导》(第6卷),人民法院出版社2019年版,第367~368页。

[2] 参见万国营主编:《房屋租赁合同纠纷》(第2版),法律出版社2015年版,第98页。

除处理，其判决结果基本等同无效合同的法律后果。

【案例4－121】　福建省龙岩市公路局连城分局诉李某炜房屋租赁合同纠纷案

一审法院认为，龙岩市公路局连城分局与李某炜订立店铺合同系双方当事人的真实意思表示，内容不违反法律的规定，对双方当事人均具有法律约束力，双方当事人均应按合同约定行使权利和履行义务。鉴定机构对李某炜承租的店铺危险性等级综合评定为C级，部分承重结构不能满足安全使用要求，房屋局部处于危险状态，构成局部危房，因此租赁物存在重大的质量安全隐患，属不能用于对外出租的房屋。如店铺租赁合同继续履行，可能会给租赁双方带来无法预计的损害后果，从而使合同目的无法实现。出租方为避免产生无法预计的损害后果的发生，提出解除合同，有事实和法律依据，予以支持。龙岩市公路局连城分局于2020年4月27日向李某炜发出解除合同通知书，根据《合同法》第九十六条的规定，解除合同通知书送达对方时合同解除，因此龙岩市公路局连城分局与李某炜订立的店铺租赁合同于2020年4月27日解除。合同解除后，李某炜应将店铺腾空并退还龙岩市公路局连城分局。因龙岩市公路局连城分局用于出租租赁物不符合合同约定的安全质量要求，属违约行为，故龙岩市公路局连城分局要求支付至实际腾房之日店面占用费，没有事实和法律依据，不予支持。因其违约从而使合同目的无法实现，双方解除合同，龙岩市公路局连城分局有过错，应退还李某炜已付租金、押金、报名费，并赔偿李某炜的经济损失（店铺装修费用等）。判决：自2020年4月2日起解除龙岩市公路局连城分局与李某炜订立的店铺租赁合同；龙岩市公路局连城分局退还李某炜已付租金、押金、报名费。二审法院判决：驳回上诉，维持原判。[1]

租赁房屋因被认定为违章建筑导致租赁合同无效，出租人无法取得相关建筑物的所有权，但其对该建筑物的占有应当作为一种事实状态受到法律保护。在房屋尚未拆除之前，出租人作为管理人对租赁房屋享有民事权益，出租人可以向承租人主张相应的房屋占有使用费。反过来说，承租人在使用租赁房屋期间，应当按照合同约定的租金标准向出租人支付房屋占有使用费，主张退还租金没有法律依据，不应支持。租赁合同无效，虽然租金一般能获得支持，但出租人无法主张违约金，承租人发生的其他损失如装饰装修损失等，出租方一般应承担相应责任。

---

〔1〕参见《人民司法·案例》2021年第35期（总第946期）。福建省龙岩市中级人民法院（2020）闽08民终1700号民事判决书。

【案例4－122】 X公司诉B公司等房屋租赁合同纠纷案

二审法院认为,依照《民事诉讼法》第一百七十五条、《最高人民法院关于适用〈中华人民共和国民事诉讼法〉的解释》第三百二十一条的规定,二审案件的审理应当围绕当事人的上诉请求以及有关的事实和适用法律进行审查。结合双方诉辩意见,本院归纳二审争议焦点为:(1)X公司应否退还押金;(2)X公司主张管理费及占用使用费的利息,应否支持;(3)X公司应否向B公司赔偿装饰装修损失。针对前述争议焦点,本院认定如下:关于争议焦点一。根据一审查明,涉案房屋2004年后无相关规划报建手续,原临时《建设工程规划许可证》已过期,一审依据《房屋租赁合同解释》第二条规定,认定涉案租赁合同为无效合同,符合法律规定,本院予以确认。合同无效,依据法律规定,应返还因合同取得的财产,一审判令X公司向B公司返还涉案合同的押金80000元正确,X公司基于合同有效不予退还的意见,缺乏法律依据,本院不予支持。关于争议焦点二。涉案场地因属于违章建筑,相关行政部门采取了相应停电措施,涉案场地自2021年6月已无法正常使用,一审未支持X公司的管理费用,处理结果并无不当。关于合同约定的迟延交租的违约金,因案涉合同无效,相应的违约金约定亦无效,故本院对X公司的该主张亦不予支持。关于争议焦点三。(1)X公司认为,B公司自2011年11月18日起向X公司承租涉案场地,2016年12月6日因B公司违约欠租,双方签订租赁合同已解除,B公司自愿同意补偿40万元,即使涉案场地建设物为B公司建设,B公司亦无权要求赔偿的意见,对此本院认为,2016年12月6日B公司签订涉案场地解除合同,系基于2011年11月18日合同有效的前提下作出的意思表示,并不能据此当然认为B公司无权主张房屋装修、加建等损失,结合B公司与X公司于2017年重新就涉案场地签订的合同到期日(2026年1月31日)与2011年11月18日所签订合同的到期日(2026年1月31日)一致;前后合同约定出租的建筑物面积大致相等,而两份合同均未将B公司于2011年在涉案场地建设的部分建筑物作为租赁标的事实,可认定2017年合同系对于2011年合同的延续,故X公司以2016年12月6日双方合同已解除,B公司的装修、加建已归其所有的意见,不予采纳。(2)关于装修、加建等损失的确定。本院另查明,X公司向第三人承租包含涉案场地在内11411平方米土地,并分租给B公司、广州市华刊汽车有限公司、广东有道汽车集团股份有限公司。X公司述称在同一时间,上述租赁合同均终止,其中,广州市华刊汽车有限公司承租面积约1500平方米,双方经调解,由X公司补偿给广州市华刊汽车有限公司60万元;广东有道汽车集团股份有限公司承租面积3000平方米,双方经调解,由X公司补偿广东有道汽车集团股份有限公司82万元。另,X公司二审亦认可B公司承租标的包括

2800平方米空地和全部构筑物(上盖临建铁皮厂房)及上盖建筑物(共计约1000平方米钢混结构房屋作为办公楼),综上,根据X公司陈述及自认B公司有加建部分建筑物等事实,一审判令X公司赔偿B公司的损失金额,并无明显不当,X公司上诉主张不应赔偿,不予采纳。[1]

2. 租赁合同无效可得利益问题

根据《民法典》第一百五十五条的规定,被认定为无效的合同自始无效,因可得利益是合同履行后债权人可以获得的纯利润,在合同无效的情形中,因合同自始无效,通常不存在合同履行问题,一般不支持因合同履行产生的可得利益损失。但实践中存在例外情形

在经营性房屋租赁合同纠纷中,因房屋租赁合同提前解除,可能造成出租人或者承租人可得利益损失。当事人一方因过错导致合同无效,受害方可以主张赔偿可得利益损失。

【案例4-123】　山东鲁能泰山发展有限公司与山东外海银河商贸股份有限公司房屋租赁合同纠纷案

最高人民法院认为,关于合同无效与赔偿可得利益损失能否同时提起的问题,根据《合同法》第五十八条规定,合同一方因过错导致合同无效,应当赔偿对方损失,该损失包括可得利益损失,至于当事人提交的证据能否证明其主张,诉讼请求能否得到全部支持,属于案件实体审理阶段认定与裁判问题。[2]

经营性租赁合同可得利益损失主要表现为守约方寻找替代性租赁场所期间因不能正常经营而导致的损失,同时适用损失减损规则,合理期间即为寻找替代性租赁场所的时间。

【案例4-124】　周某锋与友协公司房屋租赁合同纠纷再审案

最高人民法院认为,剩余租赁期内的预期经营利润损失属于可得利益损失,周某锋承租案涉商铺用于品牌家居经营活动,友协公司是清楚的,因友协公司导致原租赁5年、8年的两份租赁合同在履行1年多后就终止,导致周某锋品牌家居经营活动无法继续开展。因本案租赁合同的履行不是不可替代的,即周某锋可重新寻找同类型的场地开展经营活动以减损,原审判友协公司向周某锋赔偿剩余租赁期范围经营损失不妥,本案应进一步查明周某锋在当地重新寻找类似场地开展相关经营活动所需要的时间、投入的成本等情况

---

〔1〕 广东省广州市中级人民法院(2023)粤01民终13121号民事判决书。

〔2〕 最高人民法院(2019)民辖终274号民事裁定书。

再酌情合理的预期经营利润损失期间,平衡双方利益。[1]

可得利益不宜认定为履行无效合同造成的实际损失。

【案例 4-125】 丹东亿龙房地产开发有限公司诉大连华臣影业集团有限公司房屋租赁合同纠纷再审案

最高人民法院认为,合同无效,应当依据《合同法》第五十八条规定的法律原则进行处理,营业损失为可得利益,不宜认定为履行无效合同造成的实际损失。即使合同有效,计算和认定涉案合同未履行部分可得利益损失时,应当充分考虑可预见原则、过失相抵原则、未来市场风险以及鉴定评估报告的依据是否全面、客观等因素予以综合评判,不宜简单采信鉴定结论。[2]

(六)第三人原因造成损失处理

《民法典》第五百九十三条规定:"当事人一方因第三人的原因造成违约的,应当依法向对方承担违约责任。当事人一方和第三人之间的纠纷,依照法律规定或者按照约定处理。"该条规定增加了"依法"两字的法律强制性,其余内容与原《合同法》第一百二十一条相同。因第三人原因导致合同违约时,当事各方主体法律责任的认定不能混为一谈,应区分对待。合同当事人之间的法律责任依据双方合同约定处理,合同当事一方与合同之外的第三人的法律责任依据相关法律或他们之间存在的其他合同关系处理。即违约方向对方承担的损害赔偿责任,不因第三人原因免除。

【案例 4-126】 刘某诉张某、第三人逄某房屋租赁合同纠纷案

对于刘某主张的各项损失的责任承担问题,一审法院认为,刘某之诉请基于张某的违约行为继而解除合同而产生的赔偿请求权,现因张某在与逄某履行房屋买卖合同时未按合同约定及时履行付款义务,从而导致双方因房屋买卖合同产生诉讼,张某主张解除房屋买合同,而逄某明确表示不同意刘某继续承租该房屋,致使刘某租赁目的无法实现,故张某应对刘某的损失承担赔偿责任。

二审法院认为,本案中,张某与逄某签订《商品房买卖合同》后,逄某已将房屋交付张某使用,张某在取得房屋占有使用权后与刘某于 2007 年 12 月 18 日签订的《房屋租赁合同》没有违反国家法律及行政法规的强制性规定,

---

〔1〕 最高人民法院(2018)民再 243 号民事判决书。

〔2〕 最高人民法院(2017)民申 1240 号民事裁定书。

应确认为有效，双方当事人均应当按约履行，违反约定应当承担违约责任。2008 年 12 月，上诉人张某与第三人逄某因商品房买卖合同发生纠纷，致使张某与刘某之间签订的房屋租赁合同的目的不能继续实现，张某应向刘某承担房屋租赁合同中约定的违约责任，其与逄某之间的纠纷已在青岛市崂山区人民法院另案处理，故张某认为其与逄某之间的房屋买卖合同已经解除，其已经不是出租人，本案与其无关的主张不能成立。对于青岛公信永和有限责任会计师事务所出具的青公审字（2009）012 号司法鉴定报告书，鉴定机构于 2010 年 11 月 18 日出具了一份关于该鉴定报告书的补充说明，该说明书中载明："本机构出具的青公审字（2009）012 号司法鉴定报告中原告（刘某）宾馆装修的工程造价是指鉴定委托（2009 年 4 月）时该宾馆装修的工程造价。"原审法院是在 2009 年 4 月 10 日委托青岛公信永和有限责任会计师事务所对涉案宾馆的装修价值进行评估，可以看出（2009）012 号鉴定报告是对委托鉴定当时涉案房屋的现装修价值进行的评估，不存在再进行折旧的问题，上诉人张某认为该鉴定报告是按照重置价格对装修进行鉴定的主张无事实依据，不予支持。[1]

《民法典》第七百二十三条第一款规定："因第三人主张权利，致使承租人不能对租赁物使用、收益的，承租人可以请求减少租金或者不支付租金。"本条并未明确规定承租人是否有权解除租赁合同、赔偿损失。该条第二款规定："第三人主张权利的，承租人应当及时通知出租人。"依据该条款的规定，承租人在第三人主张权利时应通知出租人，双方需要协商，并由出租人负责协调解决。如协商不成，第三人采取强制措施导致承租人无法使用租赁房屋、租赁合同目的无法实现时，除可以请求减少或不支付租金外，还可以请求解除合同、赔偿损失等违约责任。承租人怠于通知或与未经出租人而与第三人直接交易的，出租人不承担赔偿责任。

承租人在第三人主张权利后直接与第三人签订解除协议并将房屋返还给第三人的，对租赁合同的履行也存在一定过错。

【案例 4－127】　黄某勤诉郑某木房屋租赁合同纠纷案

二审法院认为，在履行合同过程中，由于黄某勤的妹妹黄某贞出面干扰，黄某勤在出租房屋时也未将该房屋权属情况如实告知郑某木，致使本案合同无法履行，黄某勤对此负有责任。郑某木在支付租金过程中也存在过错，明知房屋租赁合同是与黄某勤签订的，但与黄某贞签订了解除合同，故双方对解除合同均具有过错，应各自承担相应的责任。郑某木要求黄某勤承担赔偿

---

〔1〕 山东省青岛市中级人民法院（2011）青民一终字第 393 号民事判决书。

责任及黄某勤提出的没收押金请求,均不予支持。[1]

房屋租赁合同约定因政府行为合同解除的,双方互不承担违约责任。发生纠纷时,按合同约定处理。

【案例4－128】 南通连兴港造船有限公司与中交浚浦建筑科技(上海)有限公司房屋租赁合同纠纷案

一审法院认为,连兴港公司、浚浦建筑签订的合同系双方的真实意思表示,未违反法律强制性规定,依法成立并合法有效,双方均应按合同的约定履行各自的义务。双方签订并履行案涉租赁合同后,启东市寅阳镇政府于2020年4月17日向双方发出告知书,要求于同年5月30日前撤离案涉场地,同年6月30日浚浦建筑为搬迁而与连兴港公司协商租用连兴港公司另一场所,案涉租赁合同为此不能如约履行,浚浦建筑不能实现合同目的,按照《租赁合同》第八条第五款之约定,双方均不承担违约责任,一审法院认为双方在6月30日签订场地租赁合同时原租赁合同已经解除(已支付至6月30日前的房租)。关于合同解除后房屋占用使用费事宜。一审法院认为,根据现有证据虽然交接确认书的时间为2020年10月28日,但是考虑到浚浦建筑合理的搬迁期、腾空部分厂房时间、因双方约定政府原因叫停而解除合同、前期租金未考虑疫情影响等因素综合考量,一审法院酌定浚浦建筑应给予房屋占用使用费105万元。因双方未约定合同解除后房屋占用期间的利息,故一审法院支持自起诉之日至实际给付之日止按照同期全国银行间同业拆借中心公布的贷款市场报价利率计算的利息。关于连兴港公司要求浚浦建筑支付延迟履行的利息损失及律师费、双方因政府产业定位等合同约定原因而导致合同解除,不能认定浚浦建筑构成违约,故一审法院对该项请求,不予支持。判决:一、浚浦建筑给付连兴港公司租金105万元及利息(以105万元为基数,自2021年1月8日至实际给付之日止按同期全国银行间同业拆借中心公布的贷款市场报价利率计算的利息)。二、驳回连兴港公司的其他诉讼请求。

二审法院认为,依法订立的合同,对当事人具有法律约束力。案涉《租赁合同》及《补充协议》系双方当事人的真实意思表示,未违反法律法规的强制性规定,应属合法有效。关于案涉合同的解除日期。首先,根据启东市寅阳镇人民政府于2020年4月17日向双方发出的告知书,载明由于不符合产业定位,要求浚浦建筑在2020年5月30日清场,符合案涉《租赁合同》第八条

[1] 参见中国审判理论研究会民事审判理论专业委员会编著:《民法典合同编条文理解与适用》,法律出版社2020年版,第413页。福建省高级人民法院(2018)闽民终956号民事判决书。

第五款中“若由于政府和国家政策等原因导致乙方无法继续在甲方场地进行装配式构件生产经营活动时,双方互相不承担违约责任,合同自动解除”的约定。其次,浚浦建筑为撤离案涉场地于2020年6月30日与连兴港公司另外签订场地租赁合同。一审法院据此认定案涉合同于2020年6月30日解除,并无不当。浚浦建筑关于合同解除日应为政府要求浚浦建筑清场之日即2020年5月30日的上诉理由,本院不予采信。关于房屋占用使用费的问题。案涉房屋租赁合同解除后,双方虽为撤离案涉场地另行签订场地租赁协议,但并未就原租赁合同项下的租赁物进行交接,浚浦建筑并未履行腾空场地、返还租赁物的义务,一审法院据此根据合同解除日及双方签订交接确认书的时间,认定浚浦建筑支付2020年6月30日至10月28日的房屋占用使用费,并无不当。关于占用使用费数额,案涉合同解除系符合合同约定解除的情形,一审法院因此综合考虑浚浦建筑合理的搬迁期、前期租金未考虑疫情等因素,扣除场地租赁协议已支付的租金,酌情认定房屋占用使用费105万元,亦无不当。关于连兴港公司主张案涉合同系因浚浦建筑环保违法受到政府部门处罚而提前终止,浚浦建筑应当承担违约责任的问题。首先,根据启东市寅阳镇人民政府发出的告知书,要求浚浦建筑清场的原因系该公司不符合园区产业定位;其次,双方签订的《租赁合同》及《补充协议》明确约定:“由于政府和国家政策等原因导致乙方无法继续在甲方场地进行装配式构件生产经营活动时,双方互相不承担违约责任;双方明确知晓浚浦建筑租赁连兴港公司场地进行装配式预制构件生产,若发生政府因乙方生产装配式预制构件对乙方采取约谈或者罚款等措施的情况,甲方不视为乙方违约、违规进行非法活动。”故此,连兴港公司的该项上诉理由,本院亦不予采信。综上所述,连兴港公司、浚浦建筑的上诉请求均不能成立,应予驳回;一审判决认定事实清楚,适用法律正确,应予维持。判决:驳回上诉,维持原判。[1]

---

〔1〕 参见最高人民法院民法典贯彻实施工作领导小组编著:《中国民法典适用大全》(合同卷二),人民法院出版社2022年版,第926页。江苏省南通市中级人民法院(2021)苏06民终2375号民事判决书。

专题五　房屋租赁合同解除纠纷

随着房地产市场的发展，房屋租赁经营方式日益普遍，房屋租赁合同纠纷案件日益增多，租赁合同的解除是审理房屋租赁案件的难点与热点问题。

一、房屋租赁合同解除理解

合同解除,是指在合同有效成立后,因一方或双方当事人的意思表示,使合同关系终了,未履行的部分不必继续履行,既已履行的部分依具体情形进行清算的制度,它是合同特有的终止原因。[1] 一般认为,合同解除是合同当事人在一定情况下依法进行的一项法律行为,其目的在于消除原合同对双方当事人的法律约束力,其效果是导致合同不再履行,并恢复至合同成立前的法律状态。

(一)租赁合同解除权含义

所谓解除权,是指合同当事人可以解除合同的权利,它的行使能发生合同解除的法律后果,解除权是形成权。合同解除仅凭解除权人单方的解除合同的意思表示即可,不需要合同相对方的同意。根据解除权发生的原因,解除权分为法定解除权和约定解除权两类。

在《民法典》第三编第七章第五百六十二条至第五百六十六条规定了合同解除;第二分编典型合同第十四章租赁合同中的第七百一十一条、第七百一十六条第二款、第七百二十二条、第七百二十四条、第七百二十九条、第七百三十条和第七百三十一条规定了租赁合同的解除。《房屋租赁合同解释》第六条规定了出租人的解除权。

《民法典》第七百二十四条规定:"有下列情形之一,非因承租人原因致使租赁物无法使用的,承租人可以解除合同:(一)租赁物被司法机关或者行政机关依法查封、扣押;(二)租赁物权属有争议;(三)租赁物具有违反法律、行政法规关于使用条件强制性规定情形。"该条是对已废止的《房屋租赁合同解释》原第八条规定的延续,且除个别字外内容完全一致。该条规定了承租人享有合同解除权的三种具体情形。该条包含了以下五层含义:其一,该条是法律规定的承租人的法定解除权,也是单方解除权,但这只是承租人享有法定解除权的情形之一。其二,该

---

〔1〕 参见韩世远:《合同法总论》(第4版),法律出版社2018年版,第644页。

条规定是对《民法典》第五百六十三条规定目的不能实现，在租赁合同中不能实现合同目的的具体明细化。其三，该条适用的前提是租赁房屋被依法查封、权属有争议或者违反法律对房屋使用强制性规定三种情形的任何一种，且该情形的出现导致租赁房屋无法使用。如果可以虽出现三种情形，但不影响使用的，则限制承租人行使解除权。其四，该条适用受到无法使用程度的限制。所谓无法使用指无法按照租赁合同约定的用途使用，或者无法按照租赁房屋的性质使用。对于无法使用的程度轻微或时间很短的，即可以正常使用的，则限制承租人行使法定解除权。其五，对查封的理解应准确。对于查封时未出租的房屋，若行使出租权通常会影响被查封房屋的拍卖及成交，为了保证执行的效果，被执行人一般不得擅自行使或出租。但是对于查封前已经出租的房屋，“活查封”情况下，承租人的租赁权不受影响，有权继续使用，因为根据“买卖不破租赁”原则，即使被查封的房屋被拍卖，仍不影响承租人的租赁权。[1]

《房屋租赁合同解释》第六条规定：“承租人擅自变动房屋建筑主体和承重结构或者扩建，在出租人要求的合理期限内仍不予恢复原状，出租人请求解除合同并要求赔偿损失的，人民法院依照民法典第七百一十一条的规定处理。”该条规定了承租人未经出租人同意变动建筑主体和承担结构或者扩建时，出租人的合同解除权。该条包含了以下四层含义：其一，该条是司法解释规定的出租人的法定解除权，也是单方解除权，但这只是出租人享有法定解除权的情形之一。其二，该条适用的前提是承租人擅自变动房屋建筑主体和承重结构或者扩建，且并未在合理期限内恢复原状。其三，承租人擅自变动房屋建筑主体和承重结构或者扩建的程度，法律没有规定统一标准，应根据案件具体情况，由法官确认。其四，出租人可同时行使合同解除权和损害赔偿请求权，如何行使由出租人自行决定，法院根据出租人的诉求审理作出裁决。

关于租赁合同解除权范围。

租赁合同解除范围，除双方协议解除和约定解除事由应列入解除范围之内外，还应包括以下范围：

1. 出租人与承租人均可行使解除合同的范围，如不可抗力（如自然事件）、政府行为等，非因不可归责于承租人的事由造成租赁房屋灭失毁损，不定期租赁可随时解除。

不可抗力解除合同依据为，《民法典》第五百六十三条规定：“有下列情形之一的，当事人可以解除合同：（一）因不可抗力致使不能实现合同目的……”

不定期租赁合同随时解除依据为，《民法典》第七百三十条规定：“当事人对

---

〔1〕 参见最高人民法院民事审判第一庭编著：《最高人民法院〈关于审理城镇房屋租赁合同纠纷案件司法解释〉的理解与适用》，人民法院出版社2009年版，第110页。

租赁期限没有约定或者约定不明确,依据本法第五百一十条的规定仍不能确定的,视为不定期租赁;当事人可以随时解除合同,但是应当在合理期限之前通知对方。”

2. 出租人可以行使解除合同的范围,其一,承租人未支付或迟延支付租金,《民法典》第七百二十二条规定:“承租人无正当理由未支付或者迟延支付租金的,出租人可以请求承租人在合理期限内支付;承租人逾期不支付的,出租人可以解除合同。”其二,承租人未按租赁合同约定方法使用或按房屋性质使用,《民法典》第七百一十一条规定:“承租人未按照约定的方法或者根据租赁物的性质使用租赁物,致使租赁物受到损失的,出租人可以解除合同并请求赔偿损失。”其三,承租人擅自变动房屋建筑主体和承重结构或者扩建。其四,承租人未经出租人同意转租,《民法典》第七百一十六条第二款规定:“承租人未经出租人同意转租的,出租人可以解除合同。”

3. 承租人可以行使解除合同的范围,其一,出租人拒不交付租赁房屋。其二,租赁房屋部分或者全部毁损、灭失。《民法典》第七百二十九条规定:“因不可归责于承租人的事由,致使租赁物部分或者全部毁损、灭失的,承租人可以请求减少租金或者不支付租金;因租赁物部分或者全部毁损、灭失,致使不能实现合同目的的,承租人可以解除合同。”其三,审判机关或者行政机关依法查封租赁房屋不能使用[《民法典》第七百二十四条第(一)项]。其四,租赁房屋权属有争议导致承租人不能使用[《民法典》第七百二十四条第(二)项]。其五,租赁房屋违反法律、行政法规关于房屋使用条件强制性规定导致房屋无法使用[《民法典》第七百二十四条第(三)项]。其六,租赁房屋危及承租人安全或者健康,《民法典》第七百三十一条规定:“租赁物危及承租人的安全或者健康的,即使承租人订立合同时明知该租赁物质量不合格,承租人仍然可以随时解除合同。”其七,一房数租有效合同不能实际履行。其八,经承租人通知出租人不履行维修影响使用。其九,违反适租义务的解除。对于商业租赁而言,办理营业执照当属应有之义,承租人因租赁房屋在使用上存在行政管理限制致使无法以该房屋为经营场所办理营业执照,租赁目的无法实现的,承租人可主张解除合同。

(二)租赁合同解除条件

1. 约定解除条件

在合同约定了解除条件的,应按合同约定审查解除条件。

【案例5-1】 江苏华东医疗器械实业有限公司诉佘某治房屋租赁合同纠纷案

判决观点,双方在合同中约定,原告向被告提交房屋及经营场所,被告接受房屋和场所独立经营,合同性质应为房屋租赁,故合同中有关房屋折旧费的约定,实为房屋租金数额及交付方式的约定。2013年3月22日原告向被告发出的要求终止合同《告知函》,其终止理由既不符合双方在合同中约定的合同解除条件,也非合同法所规定的法定解除条件,故该《告知函》到达被告后并不发生解除合同的效力。合同履行过程中,被告迟延给付原告水电费、租金,经原告于2013年2月23日催告后,其并未在指定的2013年2月28日前缴付所欠租金,原告要求与被告解除合同的条件成就,原告要求解除租赁合同的诉求应予支持。[1]

【案例5-2】 张某霞诉侯某兰确认解除合同效力纠纷案

一审法院认为,原、被告之间签订的《房屋租赁合同》第十一条约定,原告逾期3个月未交纳租金的,被告可终止合同。原告自2011年7月向被告支付租金后就未再付租金,2012年10月1日至2013年9月30日的租金,原告应于2012年8月1日提前付清,但原告未付,至2012年11月1日,已逾期3个月,被告通知原告于2012年12月18日前支付拖欠房租,逾期不付则与原告解除租赁合同;且原告自称已于2013年3月案外人许某顺诉其一案中,知晓被告与其解除了租赁合同。综上,应认定被告已完成了相应的通知义务,被告与原告解除双方之间签订的房屋租赁合同符合法律规定及双方约定,予以确认。二审法院亦持同样意见,维持一审判决。[2]

对合同约定解除条件有争议的,由法官根据案情裁定。

【案例5-3】 陈某兵诉周某华房屋租赁合同纠纷案

二审法院认为,关于周某华一审诉讼提出解除双方的租赁协议的主张,二审法院认为合同解除有约定解除和法定解除两种事由。本案中《房屋租赁协议》第三条约定:"年租金10万元,每年3月25日付房租10万元,如不能按期交房租该协议终止履行。"该条属约定解除条件,陈某兵未在2012年3月25日交付该年度房屋租金,约定解除条件成就,周某华于2012年6月6日向陈某兵发生解除协议的通知,按照《合同法》第九十三条和第九十六条第一款的规定,合同于周某华提出解除之日即2012年6月6日解除。对周

---

〔1〕 参见国家法官学院案例开发研究中心编:《中国法院2015年度案例》(合同纠纷),中国法制出版社2015年版,第129~130页。江苏省扬州市广陵区人民法院(2013)扬广李商初字第62号民事判决书。

〔2〕 参见国家法官学院案例开发研究中心编:《中国法院2015年度案例》(合同纠纷),中国法制出版社2015年版,第32~33页。山东省淄博市中级人民法院(2013)淄民一终字第544号民事判决书。

某华以陈某兵逾期支付租金要求解除合同的主张予以采纳。对于一审法院以陈某兵存在改变房屋结构及对外转租构成违约为由认定合同解除一节，二审法院认为，对租赁房屋的装修改动不是合同约定的解除条件，也不是法定解除条件，陈某兵对外转租部分房屋虽未经周某华明确同意，但鉴于双方存在长期租赁合同关系，且在2011年9月9日续签《房屋租赁协议》之前，转租关系一直存在，周某华之前从未提出过异议，可以推定周某华对陈某兵转租行为是默认的，依据《房屋租赁合同解释》第十六条规定，陈某兵的转租行为不构成合同解除理由。综上，二审法院对一审法院认定陈某兵违约解除合同的理由不予采纳，对一审法院据此认定的违约责任承担亦不予采纳。[1]

【案例5－4】　A学院诉B公司房屋租赁合同纠纷案

一审法院认为，双方还在两份房屋租赁协议书中约定，如B公司逾期不交纳东侧房屋租金，A学院有权终止执行协议；B公司逾期不交纳西侧房屋租金，该公司同意A学院处理措施。现B公司认可该中心未足额支付东、西两侧房屋2010年1月至6月的房屋租金，且认可欠付的租金数额为914044.41元。对于B公司逾期未交纳房屋租金的行为，A学院按照约定解除双方间的房屋租赁协议书及补充协议，并于2010年6月16日向B公司发出解除通知。二审法院认为，A学院以通知方式行使单方解除权，有法律依据，现A学院起诉要求确认其与B公司签订的两份租赁协议及补充协议已于2010年6月17日解除，有事实和法律依据，一审法院判决支持A学院的该项诉讼请求正确，二审法院予以确认。B公司应支付拖欠的租金，一审法院判决B公司向A学院支付租金914044.41元正确，二审法院亦予以确认。……据此，驳回上诉，维持原判。[2]

应注意的是，双方订立了长期租赁合同，但约定承租人逾期十天不缴纳租金，出租人可以解除合同。在承租人逾期未缴纳租金符合合同解除约定的，出租人可以解除租赁合同。

2. 法定解除条件

对《民法典》第七百二十四条规定的法定解除权具体情形，立法者解释为，综

---

〔1〕　参见最高人民法院中国应用法学研究所编：《人民法院案例选》2015年第2辑（总第92辑），人民法院出版社2016年版，第167页。辽宁省沈阳市中级人民法院（2013）沈中民二终字第1456号民事判决书。

〔2〕　参见北京市高级人民法院编：《审判前沿——新类型案件审判实务》2012年第2集（总第44集），法律出版社2013年版，第62页。

合本法的相关规定,承租人享有法定解除权的情形如下:一是因不可抗力致使不能实现合同目的的;二是出租人未按约定交付租赁物,经承租人催告在合理期限内仍不交付租赁物的;三是因不可归责于承租人的事由致使租赁物部分或全部毁损、灭失,致使合同目的不能实现的;四是不定期租赁,承租人有权随时解除合同;五是租赁物危及承租人安全或健康的,即使承租人订立合同时明知该租赁物质量不合格,承租人仍有权随时解除合同;六是司法机关或行政机关依法查封租赁房屋导致承租人不能使用的;七是租赁物权属有争议导致承租人不能使用的;八是不符合《建筑法》、《消防法》等法律关于房屋使用条件的强制性规定并导致承租人不能使用的;九是"一物数租"之有效合同不能实际履行的。[1]

《民法典》第五百六十三条规定了法定解除情形,明确其合同目的不能实现为法定解除条件。合同目的是非常重要的,实现合同目的是签订合同最初的原动力和始终追求的目标。合同目的往往不会体现在具体的合同条款当中,且签约各方的合同目的也不尽相同,且在合同履行过程中,当事人的合同目的还有可能发生改变。因此,合同目的往往是带有主观性的,法官只能根据合同性质、合同条款,租赁双方的行为等加以推断。合同发生纠纷进入诉讼程序之后,对于合同目的界定是由法官裁定的。最高人民法院法官认为,合同目的虽掌控于当事人,但在产生争议后,它无疑属于裁判者的解释范畴。[2] 也就是说,当事人虽然确立了合同目的,但对于合同目的成立、效力、内容等则由法官裁量。当相对方出现违约情形时,法官需要首先判断该违约情形是否足以导致主张一方的合同目的不能实现,才能据此决定是否支持解除合同的请求。

【案例5-5】 安徽省宁国通宁耐磨材料有限公司诉宁国市恒泰耐磨材料有限公司房屋租赁合同纠纷案

二审法院认为,合同约定恒泰公司负有房屋和设备的维修保养义务系基于合同履行期间使用租赁物产生的正常合理义务,对因雪灾这一不可抗力因素造成的租赁物的损坏,承租人恒泰公司不应负担过分的维修保养义务,且恒泰公司提供的现场图片表明租赁物坍塌损坏严重,已无修复的可能,恒泰公司租赁合同的目的已不能实现。依据《合同法》第三百三十一条的规定……故恒泰公司有权解除合同,其通知通宁公司解除合同符合法律规定,应为有效。通宁公司上诉理由不能成立,其上诉请求无事实和法律依据,本

---

〔1〕 参见黄薇主编:《中华人民共和国民法典合同编释义》,法律出版社2020年版,第553页。

〔2〕 参见最高人民法院民事审判第一庭编:《中国民事审判前沿》2005年第2集(总第2集),法律出版社2005年版,第201页。

院不予支持。[1]

【案例5－6】　重庆解放碑百货有限公司与重庆鑫隆达房地产开发有限公司房屋租赁合同纠纷案

一审法院认为,在合同履行过程中,茂业公司履行了主要义务。虽然存在未足额付款、未按约投保、更换百货品牌的违约行为,但这些行为并非根本违约,没有因此导致鑫隆达公司无法实现合同目的,鑫隆达公司所主张的解除合同事由不能成立,其发出的《关于解除合同的通知》不发生解除合同的法律效果。茂业公司与鑫隆达公司之间的租赁合同应当继续履行,茂业公司应当支付欠付的租金,并自2004年10月1日起计付利息。鑫隆达公司要求茂业公司返还所占用的房产及附属设施设备,该请求是以租赁合同不再履行为前提条件,由于本案已经确定租赁合同继续履行,故对鑫隆达公司的这一诉请予以驳回。最高人民法院认为,从《商厦商业经营房产租赁合同》约定内容来看,鑫隆达公司缔约目的有二:一是收取承租人支付的预付租金,以完成世贸中心预租房屋的建设;二是将竣工的世贸中心预租房屋交付承租人租赁经营,收取租金……鑫隆达公司以茂业公司拖欠预付租金导致合同目的无法实现为由,请求解除合同,其主张缺乏事实和法律依据,本院不予支持。[2]

依法申报、缴纳房屋租赁相应税款是出租人的义务,出租人未能配合办理登记备案的,不影响合同效力,但出租人构成违约,导致合同目的不能实现时,承租人有权解除合同。

【案例5－7】　张某军诉罗某芳、广东甲投资开发有限公司房屋租赁合同纠纷案

二审法院认为,本案争议的焦点在于张某军能否以租赁合同未办理登记备案手续为由主张解除合同。租赁合同未对房屋租赁合同的登记备案手续的办理作出具体约定,双方本应协商配合办理手续。合同签订不久后,双方因税费的负担问题发生争议,根据《广州市房屋租赁管理规定》第十条第一款第九项的规定,依法申报、缴纳房屋租赁相应税款是出租人的义务,因此本案房屋租赁的税款应当由罗某芳负担。由于罗某芳不履行交税义务致使合同登记备案不能完成,根据《广州市房屋租赁管理规定》第十九条的规定,工商行政管理部门办理工商营业执照登记时,对以租赁房屋为经营场所的,应

---

〔1〕 参见最高人民法院中国应用法学研究所编:《人民法院案例选》2009年第4辑(总第70辑),人民法院出版社2010年版,第184页。

〔2〕 参见最高人民法院民事审判第一庭编:《最高人民法院民事案件解析》(房屋买卖、租赁纠纷),法律出版社2010年版,第281页。

当要求当事人提供经区、县级市房地产租赁管理所登记备案的房屋租赁合同,直接导致张某军未能办理经营所需的工商营业执照手续,合同目的不能实现。因此,张某军有权提出解除合同。至于罗某芳上诉主张根据合同第六条约定包括相关税费的一切费用均应由张某军承担,由于该条只是约定张某军"自行办理相关手续、承担相关责任",并未明确房屋租赁所产生的税费由张某军负担,且根据《合同法》第六十二条第六项"履行费用的负担不明确的,由履行义务一方负担"的规定,依法缴纳房屋租赁相应税款是罗某芳作为出租人的法定义务,因此罗某芳根据该条约定主张不缴纳备案合同所产生的税费不构成违约,缺乏法律依据,不予支持。[1]

附随义务因不具有独立性,且非系对待性给付义务,因此违反附随义务,并不必然使对方产生合同解除权。但当附随义务的不履行,与合同目的的实现关联甚大,导致订约方的合同目的不能实现时,应当赋予守约方的合同解除权。商城擅自变更经营范围和更换招牌的行为,应视为不作为附随义务的违反,导致承租商户订立承租合同目的无法实现,符合合同法上规定的法定解除的条件,法律应支持其解除合同诉求。

【案例5-8】 时某韬诉北京美著美商贸有限公司房屋租赁合同纠纷案

一审法院认为,时某韬作为摊位租赁者,向出租人美著美公司交纳了租金、经营保证金和冷暖费,在美著美服饰广场开业后在承租的摊位上从事约定的服装及包的经营。美著美公司变更经营范围,将服饰广场更改为鞋城,并更改了招牌,美著美公司变更经营范围及更改招牌的行为,使双方订立摊位租赁合同时的订约条件发生了重大变化,时某韬租赁涉诉摊位从事服装及包的经营是基于对美著美服饰广场能够为其提供的经营服装的便利条件而为,美著美公司变更经营范围为鞋城,使时某韬订约时条件发生重大变化,其订立合同的目的无法实现,时某韬因此向美著美公司提出解除合同,符合合同法定解除的条件,在未得到答复的情况下,其于2011年11月30日撤离了承租摊位,因此应视为双方摊位租赁合同于2011年11月30日终止。本案审理过程中经现场勘查,涉诉摊位已由他人从事鞋业经营,因此应视为美著美公司亦认可双方的租赁合同已经解除的事实。摊位租赁合同约定租金自美著美服饰广场开业日起算,美著美服饰广场的开业时间为2011年5月28日,因此租金的起算时间按应自2011年5月28日起算,美著美公司应当将其收取的经营保证金及尚未到期的租金、冷暖费退还给时某韬。二审法院亦

---

〔1〕 广东省广州市中级人民法院(2015)穗中法民终字4077号民事判决书。

持同样意见,维持一审判决。[1]

出租人不能办理营业执照,不构成合同目的不能实现。

【案例5－9】　赵某诉某房屋中介公司房屋租赁合同纠纷案

二审法院认为,关于合同解除的理由,某房屋中介公司描述为因房屋无法办理营业执照导致停止经营,履行目的无法实现。对于上述理由,本院分析为,其一,某房屋中介公司与赵某签订房屋租赁合同之时,已明确知晓涉诉房屋的性质为住宅,作为专业的房地产经纪公司,其对于房屋的性质及使用应当具有比常人更为广泛的认知。其二,对于出租人是否负有协助某房屋中介公司办理营业执照的义务以及房屋不能办理营业执照能否成为解除合同的理由均未在合同中予以约定。其三,对于某房屋中介公司提交的工商行政机关责令改正通知书,其抬头所写为"北京链家房地产经纪有限公司荣丰店",而依据某房屋中介公司员工的名片显示,该店的地址为"广安门外大街305号八区16号底商",并非本案涉诉房屋所在的7号楼。其四,假设上述责令改正通知书为真,对于某房屋中介公司是否主动曾去办理过营业执照、办理结果以及形成办理结果的原因,某房屋中介公司并未提供充分的证据,在此前提下,亦无法认定某房屋中介公司无证经营的原因与涉诉房屋之间具有必然的联系。判决:撤销一审判决,驳回某房屋中介公司的诉讼请求。[2]

(三)租赁合同解除条件把握

《九民纪要》第四十七条规定:"合同约定的解除条件成就时,守约方以此为由请求解除合同的,人民法院应当审查违约方的违约程度是否显著轻微,是否影响守约方合同目的的实现,根据诚实信用原则,确定合同应否解除。违约方的违约程度显著轻微,不影响守约方合同目的的实现,守约方请求解除合同的,人民法院不予支持;反之,则依法予以支持。"出租人与承租人均有违约行为,在承租人构成根本违约时,出租人可以行使合同解除权,但对其主张承租人违约责任不予支持。

【案例5－10】　林某某诉吴某房屋租赁合同纠纷案

二审法院认为,由于吴某在出租房屋原有的一面墙壁上开通了一道门,

---

〔1〕 参见国家法官学院案例开发研究中心编:《中国法院2015年度案例》(合同纠纷),中国法制出版社2015年版,第126～127页。北京市第二中级人民法院(2012)二中民终字第12043号民事判决书。

〔2〕 参见安凤德主编:《租赁合同纠纷案件疑难问题裁判精要》,法律出版社2021年版,第159页。

未经出租人同意,属根本性违约,且两年拒付租金也构成根本性违约,因此林某某有权解除合同。由于该房屋存在渗漏,林某某拒绝履行维修义务,故其违约在先,因此尽管吴某存在违约行为,但林某某诉请判令吴某向其支付2万元违约金理由不充分。[1]

司法实践中,租赁合同期间一方当事人行使单方解除权引发的讼争经常存在。如何认定单方解除权是否妥当,笔者认为应以租赁合同的目的能否实现作为单方解除权行使正确的判断标准。对无正当理由行使单方解除权的,应予限制,法院不予支持。

【案例5-11】 融安县人民政府水利局诉融安县茂财商贸有限责任公司房屋租赁合同纠纷案

判决观点,被告虽被吊销营业执照但未丧失主体资格且已将租赁房屋转租其他经营主体其主体资格不影响原租赁合同的效力,在合同履行中被告也无违约事项,故原告要求解除合同的诉讼请求无法律依据,不予支持。[2]

对既不符合合同约定解除条件,也不符合法定解除条件的,则法律不支持其解除合同的诉讼请求。

【案例5-12】 陕西风林商业有限公司诉陕西吉宝佳实业有限公司房屋租赁合同纠纷案

一审法院认为,现原告以涉案租赁房屋消防不过关,以及被告在其租赁的场地周围搭架子影响其使用为由请求解除该租赁合同。依据《合同法》的规定合同的解除有两种形式,即第九十三条规定的约定解除及第九十四条规定的法定解除,本案原告所主张的解除的理由既不符合约定解除条件,也不具备法定解除的情形,原告称该租赁房屋的消防不过关,被告提供的证据证实2016年10月1日经被告单位申请,宝鸡市公安消防支队作出建设工程消防验收意见书载明,涉案的租赁房屋消防验收合格。对原告提出的2017年6月9日宝鸡市金台区公安消防支队对原告公司宝平路金龙湾店发出责令限期改正通知书,以及2017年6月12日宝鸡市金台区公安消防支队作出临时查封决定,该两次消防检查针对原告公司金龙湾店的消防不过关,但并不能证明被告出租给原告的租赁场地的消防不符合规定,故对原告的意见不予支持。对原告提出的在租赁物周围搭建架子有可能影响原告的正常经营,但不

---

〔1〕 参见李方民主编:《房屋租赁合同纠纷诉讼指引与实务解答》(第3版),法律出版社2017年版,第108页。

〔2〕 参见国家法官学院案例开发研究中心编:《中国法院2014年度案例》(合同纠纷),中国法制出版社2014年版,第39页。

足以导致合同目的不能实现,原告要求解除合同无事实及法律依据,对原告请求解除租赁合同及赔偿原告经济损失380万元的诉请,不予支持。二审法院亦持同样意见,维持一审判决。[1]

个案中,法官可以根据当事人的行为判定租赁合同已经解除。

【案例5-13】 萧某友诉曾某杰房屋租赁合同纠纷案

二审法院认为,曾某杰提供证据证明萧某友已于2016年2月25日前在商铺门前张贴了招租公告,原审认为双方的租赁合同在2016年2月25日已经协商解除,并无不当。曾某杰租用涉案商铺堆放建材,其已将建材全部搬出,至于商铺中的铁架,属于承租人曾某杰的遗弃物,萧某友可以自由处分。萧某友以商铺尚存在铁架为由,在事隔数月后还认为对方使用商铺,其主张缺乏理据。据此二审法院判决:驳回上诉,维持原判。[2]

恶意违约制造合同无法履行的,应认定为合同解除条件的不成就,一方当事人为自己的利益不正当阻止合同生效条件成就的,应视为条件已成就。对此类纠纷,法官必须运用利益衡量的理论,作出继续履行利弊与否的社会价值判断,以使个案裁判的正义追求符合整个社会的正义观,从而获得社会效果与法律效果的统一。

【案例5-14】 陈某育诉天津市平河实业发展有限公司房屋租赁合同纠纷案

二审法院认为,平河实业公司在未与陈某育协商一致的情况下,擅自拆改综合厅并将摊位出租给他人,违反了双方合同约定,系违约行为,应当承担违约责任。……经实地勘查,诉争区域现仍存在,只是被平河实业公司改变了原貌,且大部分面积仍供经营之用,不存在平河实业公司关于已无法继续履行合同的客观条件之说,因此,原审法院根据陈某育的要求,判决双方继续履行合同符合法律规定。二审法院对个别数额略微调整后,维持一审判决。[3] 在本案中,被告千方百计地采取一系列"措施"、不惜违反诚信原则制造合同解除条件成就,达到解除合同的目的。一、二审法院判决均未支持被告的解约请求,从法律上制止被告的恶意解约行为。

---

〔1〕 参见国家法官学院案例开发研究中心编:《中国法院2019年度案例》(合同纠纷),中国法制出版社2019年版,第21~22页。陕西省宝鸡市中级人民法院(2017)陕03民终1566号民事判决书。

〔2〕 参见国家法官学院案例开发研究中心编:《中国法院2019年度案例》(合同纠纷),中国法制出版社2019年版,第29页。广东省云浮市中级人民法院(2017)粤53民终459号民事判决书。

〔3〕 参见最高人民法院中国应用法学研究所编:《人民法院案例选》2007年第1辑(总第59辑),人民法院出版社2007年版,第254页。

社会生活中恶意造成标的物毁损,能否支持解除合同,或继续履行合同的问题。应注意从以下方面把握:一是了解解除合同目的的正当性,已经产生法律效力的合同,可以依据双方的约定或法律规定的予以解除。但是,如果订立合同的一方当事人为了达到解除合同的目的,恶意违约制造标的物毁损,致合同无法实际履行的,应当不予支持恶意的当事人。也就是说,解除的目的必须正当,而不是故意损害相对方或第三人的合法、合理的利益。二是了解标的物灭失行为的原因。标的物灭失是何种原因造成的,其灭失的原因与其一方当事人行为有无内在联系,如果有联系,则表明可以与目的结合来考虑,反之,则不能够认定。三是作出合理判断及处理。对恶意造成的标的物灭失的认定,由法官自由裁量。法官必须运用利益衡量的理论,作出继续履行利弊与否的社会价值判断,使得裁判的正义追求符合整个社会的正义观,从而获得社会效果与法律效果的统一。

"同时租用、同时终止"约定租赁合同解除把握。实践中,出租人分别将其房屋租给承租人甲和承租人乙,在分别签订的租赁合同中约定"同时租用、同时终止"。两份约定租赁期相同的合同主体并不必然成为履行该约定条款的共同体,应当根据合同相对性原则判断三个主体之间签订的两份合同是两个存在一定联系的独立合同还是三方合同。"同时租用、同时终止"条款实则是对合同解除的约定,一份合同的提前终止导致另一份合同解除条件的成就,享有解除权一方有权行使解除合同。

【案例5-15】 宁波市鄞州永南服饰有限公司诉宁波鄞州万嘉工艺品有限公司房屋租赁合同纠纷案

二审法院认为,根据双方补充协议中所约定的"宁波市鄞州万嘉工艺品有限公司与宁波市十方进出口有限公司须'同时租用、同时终止'",该约定应认定万嘉公司与案外人十方公司租赁时间应是一致的。鉴于在合同履行过程中,案外人十方公司因故提前解除合同并腾退承租的房屋,永南公司得知后于2011年11月25日曾发函要求万嘉公司腾退其承租的房屋,但万嘉公司收到该函件后并未提出异议,且至今未予撤离,故永南公司根据双方补充协议的约定,认为其提出解除合同条件已成就,要求万嘉公司腾房的理由成立,应予支持。基于二审审理期间,永南公司表示对原判的违约金愿意放弃,应予以准许。万嘉公司诉称永南公司在未征得其同意的情况下,单方同意十方公司提前解除合同,对其构成违约,理由不足,难以支持。[1]

租赁合同一方在履行过程中存在多个违约行为,但多个违约行为均不影响合

〔1〕 参见最高人民法院中国应用法学研究所编:《人民法院案例选》2013年第4辑(总第86辑),人民法院出版社2014年版,第177页。浙江省宁波市中级人民法院(2012)浙甬民二终字第221号民事判决书。

同目的实现时,不应认定为根本违约,其合同解除的约定与法定解除条件均不成就。不能实现合同目的的根本违约,不是以一方违约行为多少为认定依据,除非合同明确约定任一个违约行为均可解除合同,否则限制合同解除。

【案例5-16】 常州天虹商场有限公司与溧阳丰联置业发展有限公司房屋租赁合同纠纷案

二审法院认为,根据《租赁合同》第15-10条的约定,溧阳丰联公司负有提供合同约定证件的义务,且在提供证件时双方应签署交接证明,未签署交接证明的视为未提供。溧阳丰联公司认可双方未签署交接证明,故一审法院认定溧阳丰联公司在向常州天虹公司提交文件时存在瑕疵,构成违约,依据充分。虽然双方在提供文件时未签署交接证明,但是溧阳丰联公司提供的证据以及一审法院调取的证据,已足以证明常州天虹公司持有了《租赁合同》第15-10条约定的除停车场许可证、抵押权人同意函之外的文件。关于停车场许可证的问题,经一审法院调查,停车场许可证客观上无法办理,且停车场已具备合法使用的前提条件,可对外使用;关于抵押权人同意函的问题,溧阳丰联公司已提供证据,证明抵押权已于2011年6月28日注销。因此,即便溧阳丰联公司未向常州天虹公司提供停车场许可证及抵押权人同意函,亦并不影响常州天虹公司对租赁房产的使用与收益。此外,根据《租赁合同》第17-3条的约定,溧阳丰联公司迟延提供证件的总天数超过90天,常州天虹公司有权选择解除合同,也有权选择合同继续履行。事实上,常州天虹公司在溧阳丰联公司提交文件存在瑕疵的情况下,仍接受了租赁房产并进行装修,并向溧阳丰联公司交纳了履约保证金,商场亦正式开业。可见溧阳丰联公司在提交文件时存在的瑕疵,并未影响《租赁合同》的履行,亦未造成常州天虹公司的损失,从而导致其合同目的无法实现。因此,常州天虹公司并不享有《租赁合同》约定的解除权,亦不享有法定的合同解除权,其依据《租赁合同》第15-10条向溧阳丰联公司发出《解除合同通知书》,构成违约。一审法院据此认定常州天虹公司享有《租赁合同》约定的解除权,依据不充分,本院予以纠正。

根据《租赁房产移交的补充协议》附件1《未完工程项目》关于图纸及资料移交的要求,溧阳丰联公司应于在2011年7月30日前向常州天虹公司提供大厦竣工图两份及电子文件一份,但溧阳丰联公司并没有提供证据证明其已按约向常州天虹公司提供大厦竣工图及电子文件,故一审法院认定溧阳丰联公司未按约向常州天虹公司提供大厦竣工图,构成违约,依据充分。根据《租赁合同》第15-5条的约定,溧阳丰联公司向常州天虹公司提供大厦竣工图,系作为常州天虹公司对租赁房产进行设计施工的依据。事实上,常州天虹公司已对租赁房产进行装修并开业经营,溧阳丰联公司该违约行为并没有导致常州天虹公司的合同目的不能实现,故常州天虹公司以此为由向溧阳丰联公司提出解除合同,于法无据。一审法院据此认定常州天虹公司享有《租赁合同》的解除权,依据不充分,本院予以纠正。

根据《租赁合同》附件3《商业服务合同》第1.9条、第1.10条的约定,溧阳丰联公司应保证空调正常使用状态及运行时间,并保证商场环境温度控制在合同约定的范围内。溧阳丰联公司未经常州天虹公司的同意,在2011年8月27日至9月2日停运空调,故一审法院认定溧阳丰联公司此期间停运空调的行为,构成违约,依据充分。虽然溧阳丰联公司在2011年8月27日至9月2日停运空调,但并未导致常州天虹公司合同目的不能实现,故常州天虹公司以此为由向溧阳丰联公司提出解除合同,于法无据。一审法院据此认定常州天虹公司享有《租赁合同》的解除权,依据不充分,本院予以纠正。

根据《租赁合同》第8-4条的约定,溧阳丰联公司向常州天虹公司提供不少于250个车位作为商场配套设施,其中溧阳丰联公司向常州天虹公司提供15张免费停车卡,供常州天虹公司使用。该约定的根本目的在于溧阳丰联公司为常州天虹公司的商场经营提供配套停车服务,而常州天虹公司已认可停车不收取管理费用,且未举证证明溧阳丰联公司存在不能满足常州天虹公司停车需求的情形,故常州天虹公司仅以溧阳丰联公司未提供免费停车卡,主张溧阳丰联公司构成违约,不能成立。

《商品房屋租赁管理办法》第十五条第一款规定……常州天虹公司依据上述规定,主张没有房屋所有权证书不会导致房屋租赁登记备案的无法实现,但是溧阳丰联公司在常州天虹公司开业前申请办理房屋租赁备案登记,溧阳市房地产管理处因溧阳丰联公司未取得租赁房屋的所有权证对其申请不予受理,况且溧阳丰联公司未办理房屋租赁登记备案,并没有影响常州天虹公司对租赁房产的使用与收益。因此根据《租赁合同》第14-1条、第15-10条的约定,一审法院认定《租赁合同》第14-1条约定的完成租赁房屋登记备案的时间客观上无法实现,并无不当。

根据《租赁合同》第15-11条的约定,溧阳丰联公司承诺除常州天虹公司以外的商家,一楼100%与常州天虹公司同时开业并持续正常经营,二楼80%与常州天虹公司同时开业并持续正常经营,三楼及三楼以上50%与常州天虹公司同时开业并持续正常经营,双方在常州天虹公司商场开业后满24个月的次日进行共同丈量,确认具体开业或正常营业面积。因此,合同约定的商铺开业率系依据双方共同丈量面积来确定,而丈量面积的期限在常州天虹公司商场开业后满24个月的次日。在该条件未成就的情况下,常州天虹公司仅依据其单方制作的照片及视频,主张溧阳丰联公司的开业率不符合上述约定,依据不充分,一审法院据此认定不构成合同解除条件,并无不当。

综上,溧阳丰联公司在履约过程中存在未按合同约定签署证件交付证明、未提供大厦竣工图、停运空调等违约行为,但常州天虹公司仍然继续履行了合同,且溧阳丰联公司的违约行为不足以影响常州天虹公司合同目的的实现,故溧阳丰联公司的违约行为不构成《租赁合同》解除的条件。在常州天虹公司既不享有法定解除权又不享有约定解除权的情形下,其向溧阳丰联公司发出《解除合同通知书》,并终止合同履行,构成了违约。[1]

法定或约定解除条件成就的例外解除。司法实践中,当一方违约达到法定或约定的解除条件时,通常赋予守约方解除合同的权利,对于违约方要求解除合同的,一般不予支持。但存在例外情形,即不能单纯从现行法律规定分析,还要从社会效果分析,为了充分发挥物的价值,维持社会经济秩序和法律关系现状,有利于案件执行,遵照《民法典》中的公平原则、诚信原则,对于实际上无法继续履行的房屋租赁合同,法官应及时判令予以解除。也就是说,只要合同具备继续履行的条件,无论是守约方还是违约方,都不得擅自解除房屋租赁合同。换言之,一方不得以承担违约责任为代价解除不符合法定或约定解除条件的房屋租赁合同,除非该合同实际上无法继续履行。

对法定或约定解除条件不成就时,出租人解除租赁合同,而承租人对其解除租赁合同不持异议,法院可以认定租赁合同已解除。

【案例5-17】 龙兴公司与亚美联公司租赁合同纠纷案

二审法院认为,对于亚美联公司拖欠租金等的行为,若龙兴公司欲行使提前解除合同的,根据合同约定,应在龙兴公司对亚美联公司进行书面催款后的7日内亚美联公司仍未纠正其违约行为的情况下进行,而合同约定龙兴公司应对亚美联公定的法定地址或合同上载明的通信地址及亚美联公司提供的其他地址发出通知。现龙兴公司已于2005年1月21日在公证部门对亚美联公司的物品进行清点后当日收回了系争房屋,但龙兴公司并未提供充分证据证明其已在2005年1月14日前按照合同约定的通知方式对亚美联公司进行书面催款,且虽然亚美联公司拖欠一个多月租金及人员撤离系争房屋,但其并未中断、停止或宣布将中断、停止业务,其亦未向龙兴公司提出提前退租,系争房屋的钥匙也一直在亚美联公司的实际控制下,故龙兴公司当时行使合同解除权的条件并未成就。故龙兴公司要求亚美联公司承担中途毁约违约金缺乏依据,不予支持。由于龙兴公司在尚未具备合同解除权的情况下已收回系争房屋,双方租赁合同关系事实上已解除,对合同解除亚美联

〔1〕 江苏省高级人民法院(2013)苏民终字第0286号民事判决书。

公司亦未提出异议,原审法院在双方合同解除后对亚美联公司应付租金及滞纳金以及保证金等费用一并处理,并无不当。〔1〕

承租人不存在租赁合同约定的解除条件,出租人以承租人的行为损害自身利益,为另一法律关系产生的权利义务纠纷,但不能作为解除租赁合同的事由。

【案例5-18】 新疆中盛优拓商务咨询有限责任公司诉新疆领先实业(集团)有限责任公司房屋租赁合同纠纷案

最高人民法院认为,关于《整体租赁合同》是否解除问题。如上文所述,双方所签《整体租赁合同》之性质为房屋租赁合同,故领先公司应当按照房屋租赁的性质及《整体租赁合同》的约定享受权利,中盛公司亦仅需按照房屋租赁合同的性质及《整体租赁合同》的约定履行义务。从《整体租赁合同》具体履行情况看,中盛公司支付房屋租金,履行了合同的主要义务;加之中盛公司不存在足以导致房屋租赁合同解除的约定情形,也不存在《合同法》第九十四条规定的解除事由,故领先公司无权单方解除《整体租赁合同》,从而领先公司于2013年4月11日向中盛公司所发的《告知函》不发生解除合同的效力。诉讼中,领先公司称中盛公司利用管理便利,擅自转移、挪用2000多万元商户销售款,擅自转移、挪用2000多万元消费者储值卡款项,无法返还;并非法关闭消费卡刷卡系统,给销售商、消费者、领先公司造成严重损失,但此为双方在另一法律关系中所产生的权利义务纠纷,与履行《整体租赁合同》无直接关联性,故不能作为解除《整体租赁合同》的理由。当然,对于领先公司所称的上述情况,领先公司可另案解决。〔2〕

消防备案包含设计备案与竣工备案,竣工备案可以在装修完成后投入使用前一并进行。承租在建工程的承租人,不得以房屋未经竣工备案为由,主张房屋交付不合格,要求解除合同。

【案例5-19】 李某斌诉廖某进房屋租赁合同纠纷案

二审法院认为,至于廖某进提供的房屋是否不符合合同约定导致合同目的无法实现的问题,李某斌认为廖某进提供的房屋未拆除围墙、未通过消防验收备案,导致其无法使用。根据李某斌陈述,其承租讼争房屋是用于开办酒店和超市,但李某斌始终未对讼争房屋进行装修,也无证据证明围墙未拆除或消防验收未备案导致其无法使用讼争房屋。相反在审理过程中,廖某进已拆除围墙,而消防验收备案主管部门也对于实践中消防备案的程序进行了

---

〔1〕 参见高益民主编:《房屋租赁合同纠纷诉讼指引与实务解答》(第2版),法律出版社2013年版,第117页。

〔2〕 最高人民法院(2014)民一终字第231号民事判决书。

说明,上述两项事由均不会导致李某斌无法使用装修讼争房屋,原审法院亦对此进行了充分阐述,二审法院在此不再赘述。由此李某斌提供的证据不足以证明廖某进提供的房屋存在瑕疵会导致合同目的无法实现,其要求解除合同的诉讼请求原审法院未予支持并无不当,法院予以维持。[1]

出租人企业改制不属于房屋租赁合同解除的法定条件。

【案例5-20】 张家界市永通货运配载信息服务公司诉郑某青房屋租赁合同纠纷案

二审法院认为,关于合同解除是否符合双方签订的《房屋租赁合同》第十条约定的条件问题。双方于2002年1月10日签订的《房屋租赁合同》第十条约定"甲(指永通公司)、乙(指郑某青)双方在合同履行中因国家征收、拆迁等,接受合同终止,按合同剩余租期和国家有关政策规定,由国家给乙方补偿租金标准,不视为甲方违约",而被上诉人永通公司的企业改制不属于国家征收、拆迁范畴,且被上诉人永通公司与弘宇置业公司之间签订的《委托开发修建经济适用住房项目协议书》中乙方(指弘宇置业公司)责任第二条约定:"二期工程手续接近办完时垫付租赁户的门面补偿资金250万元",但被上诉人永通公司并未就此事与涉案门面租赁户协商一致终止其租赁合同。该开发项目的一期工程为修建经济适用住房,位置在涉案门面后的空地上已建成,安置了永通公司职工;二期工程包括涉案门面的改造,弘宇置业公司在开发的过程中,并未将涉案门面拆除重新修建,相反,在涉案门面的建筑物上加层后出售商品房,涉案门面原租赁物并未灭失或拆迁,租赁合同的继续履行不影响被上诉人永通公司的改制和弘宇置业公司的开发。故,永通公司以企业改制符合双方当事人签订的《房屋租赁合同》第十条约定,要求终止双方签订的《房屋租赁合同》的诉讼请求,理由不能成立。[2]

【不同处理】 实践中,有的法院支持因企业改制解除房屋租赁合同。

【案例5-21】 蚌埠市皖淮轮船运输有限责任公司诉怀远县金城宏橡胶制品有限公司房屋租赁合同纠纷案

二审法院认为,出租人企业改制属于合同约定的因政策性原因解除合同的情形,双方签订的房屋租赁合同应予解除。[3]

---

〔1〕 参见最高人民法院中国应用法学研究所编:《人民法院案例选》2015年第4辑(总第94辑),人民法院出版社2016年版,第115~116页。福建省厦门市中级人民法院(2014)厦民终字第2883号民事判决书。

〔2〕 湖南省张家界市中级人民法院(2010)张中民一终字第260号民事判决书。

〔3〕 安徽省蚌埠市中级人民法院(2004)蚌民二终字第89号民事判决书。

个案件中,对于是否达到合同解除条件由法官根据具体案情裁量。

【案例5-22】 北京京华伟业针纺织品有限公司诉北京洁洁利保洁有限公司房屋租赁合同纠纷再审案

关于洁洁利公司拖欠租金是否达到了合同解除条件问题。再二审法院认为,该焦点问题应当进而分解为两个具体问题:第一,京华伟业公司是否享有约定的解除权。第二,京华伟业公司是否享有法定解除权。

首先,关于京华伟业公司是否享有合同约定解除权的问题。《合同法》第九十三条第二款明确了解除合同的条件成就时,解除权人可以解除合同。《房屋租赁合同》第十一条约定:“乙方有下列情形之一的,甲方可解除合同并收回房屋,造成甲方损失,由乙方负责赔偿。不得擅自将承租的房屋转让、转借;擅自拆改承租房屋结构或改变承租房屋的用途;欠租金或水、电费累计达半个月……”京华伟业公司主张洁洁利公司租金缴纳到2009年12月25日,到2010年1月11日租金拖欠已满半个月,符合合同约定的解除条件,京华伟业公司享有约定的解除权。洁洁利公司对此不予认可。故确定首年租金的起算时间及租金缴纳的截止时间是判断京华伟业公司是否享有合同约定解除权的前提。京华伟业公司上诉进一步主张,原审庭审中洁洁利公司做出过租金缴纳到2009年12月25日的自认,该自认应当具有免除我方证明责任的效力。从2009年12月25日开始计算,到京华伟业公司发送解除通知书时已满足合同约定的累积欠费达半个月,故京华伟业公司应当具有合同约定解除权。京华伟业公司的该项上诉主张的实质为洁洁利公司在原审中对租金缴纳截止日的陈述是否构成自认及其效果。经查,原审庭审中洁洁利公司做出过租金缴纳到2009年12月25日的陈述。本院认为,自认系指对对方当事人所主张的于己不利之事实无争议意思的事实主张,故洁洁利公司在原审一审中的该陈述应属自认。在本案重审一审中,洁洁利公司另行主张首年半年租金应从2009年7月1日计算至2009年12月31日,该主张的实质是对于原审中对租金缴纳截止日自认之撤销。就自认撤销而言,自认原则上不能撤销,但属违反真实的,自认人系基于错误做出的,则即便对方当事人不同意,也可撤销,此系《最高人民法院关于民事诉讼证据的若干规定》第八条第四款所明定。进一步来说,只要自认人证明了自认事实是违反真实的,那么就可以认定自认是基于错误做出的,自认就可以撤销。就洁洁利公司租金缴纳的截止时间这一事实而言,双方当事人于2009年4月25日签订租赁合同,依据合同约定,合同期限自2009年5月1日至2014年7月1日止,首年租金自合同签订之日起两个月后开始计算。京华伟业公司在提起原审诉讼时称,洁洁利公司拒不按合同约定给付2010年1月1日至6月30日的房屋租金。并且在2010年1月12日和1月14日的两份催缴通知中,京华伟业公司催缴的亦为2010年1月1日至6月30日的租金。依据双方的约定合同期限的目的及履行的合理性,结合双方租金每半年交纳一次的交纳方式及京华伟业公司诉状及催缴通知的内容,一审法院认定合同首年租金应当自2009年7月1日起算,缴纳至2009年12月31日止是正确的。进而,洁洁利公司已完成对于租金缴纳之日的自认是违反真实的自认义务,其重审一审中对该事实自认的撤销并无不当。综上,上诉人京华伟业公司所提出的原审一审中洁洁利公司做出过租金缴纳到2009年12月25日的自认,该自认应当具有免除我方证明责任的效力的主张,本院不予支持。进而,京华伟业公司主张其享有合同约定解除权的诉讼主张亦无法得到支持。

其次,关于京华伟业公司是否享有法定解除权的问题。《合同法》第九十四条第三项明确规定……据此,在承租人迟延给付租金等费用的情况下,出租人未催告承租人之前,出租人并不享有合同的法定解除权。至2010年1月11日,洁洁利公司虽未提前一个月交纳下半年租金,并且存在拖欠租金和水、电费的行为,但京华伟业公司并未提交充足的证据证明其以合法形式向洁洁利公司催告过租金和水、电费,且给了洁洁利公司合理的期限,故京华伟业公司以此为由解除合同的主张,于法无据,本院实难予以支持。

综上一节,本院认为,洁洁利公司的租金缴纳至2009年12月31日,京华伟业公司主张其享有合同约定解除的主张,无事实及法律依据,本院不予支持。京华伟业公司亦未提交充足的证据证明其以合法形式向洁洁利公司催告过租金和水、电费,并给予了洁洁利公司合理的期限,故,京华伟业公司主张其享有法定解除权的主张,于法无据,本院不予支持。一审法院关于洁洁利公司拖欠租金未达到合同解除条件的认定正确,本院予以维持。[1]

在没有书面协议的情况下,一方当事人主张双方已协商一致解除合同,法官在认定协商解除是否真实存在时,应根据房屋占用情况、水电卡是否交还、租金是否停止缴纳、双方交接时是否发生纠纷等案件具体情况予以综合判断。

【案例5-23】 姚某诉张某房屋租赁合同纠纷案

二审法院认为,本案的争议焦点为双方在租赁合同履行过程中是否协商一致提前解除合同。对此,张某主张合同解除一方应当承担举证责任。现张某提供的证据可以证明姚某在2014年2月从租赁房屋内腾出,变卖铁床,结清电费并向张某交还电卡,终止租赁房屋的宽带业务,对租赁房屋失去控制的事实,而张某随后将房屋整修并重新租与他人,在整修房屋、重新出租期间

---

〔1〕 参见索宏钢主编:《再审疑难案件法官评述》,人民法院出版社2019年版,第325~327页。北京市第三中级人民法院(2015)三中民再终字第01816号民事判决书。

也并未遭到姚某阻拦。根据一般常理及交易习惯,如房屋、场地租赁过程中出现上述现象中的某一点,尚可解释为个案的特殊性,但诸如本案诸多情况一并出现在同一时间段内,则无法以偶然性自圆其说,姚某认可上述事实,但称相关行为均出于自身需求及变更经营模式的需要,其主张难以为人采信。相反,张某主张双方已协商一致提前解除合同,姚某系自愿交还房屋,可信度更高。现张某上诉拒绝履行合同,具有事实及法律依据,法院应予以支持。有关张某要求姚某支付违约金及维修费用一节,因双方系协商一致解除合同,且通过张某陈述,可以证明张某在明知房屋设施有破损的情况下同意姚某搬离并放弃主张相关权利,张某再行要求姚某支付违约金及赔偿维修费用,法院不予支持。二审法院改判驳回姚某的诉讼请求。[1]

合同解除权时间节点应为解除人向对方送达解除合同的意思表示到达之时,合同的解除时间的明确对于合同解除后双方债务的解决、违约责任的确定有重要作用,因此有必要在判决中确认合同的解除时间。根据一般的商业习惯,在租赁房屋已另租第三人时,应认定该日为合同解除时间,也是止付租金的时间。

应注意的是,法定解除与约定解除既有联系又有区别。两者联系表现为:约定解除可以对法定解除作补充,比如约定违反合同中的任何一项规定,不论程度如何,均可解除合同。而区别则表现为,法定解除是法律直接规定的解除条件,当该条件具备时,解除权人可直接行使解除权,将合同解除;而约定解除是双方的法律行为,一方的行为不能导致合同解除。显然,法定解除与约定解除在概念和适用对象上存有不同。[2]

笔者认为,在法定解除中并不排斥限制合同双方自行约定解除条件的权利。根据合同自由原则,合同双方不仅可以自行约定解除条件,还可以对法律规定的解除条件作出约定。法律只是对可以解除合同的法定条件进行了规定,并不排斥限制当事人的自行约定。

承租人能否提前退租,根据具体情况分别处理,而不应作“一刀切”。其一,如果存在不可抗力承租人可以通知出租人解除租赁合同,如果存在情势变更的情形,承租人可以通过诉讼或者仲裁的方式解除合同。其二,如果不存在不可抗力或者情势变更,看合同有没有关于退租的约定,如有,按合同执行。其三,如果前述情形都不存在,就只能和出租人协商,一般承租人是要支付一定的违约金或者说是赔偿损失。如果承租人决意不再继续履行租赁合同,即使出租人诉请承租人继续履行租赁合同,也可能因多数法院认为,租赁合同的履行应以自愿为原则,不

---

〔1〕 参见安风德主编:《租赁合同纠纷案件疑难问题裁判精要》,法律出版社2021年版,第147页。

〔2〕 参见最高人民法院民事审判第一庭编著:《最高人民法院〈关于审理城镇房屋租赁合同纠纷案件司法解释〉的理解与适用》,人民法院出版社2009年版,第188页。

宜以判决形式强制承租人使用房屋而较难获得法院支持。或者说,即使出租人拒不解除合同,租赁合同在事实上也不具备继续履行的可能。因此法院一般会判令解除租赁合同,并要求承租人就提前终止合同给出租人造成的损失承担赔偿责任。

(四)租赁合同解除类型

《民法典》第五百六十二条、第五百六十三条规定了协议解除和法定解除两种解除形式,而第五百六十二条中的协议解除中又含有约定条件的解除和协商解除两种情形。在两种解除方式中,只要认为合同无法继续履行,则一方当事人可以请求法院判令解除。

1. 欠付租金的租赁合同解除

在房屋租赁合同纠纷案件中,承租人欠付租金是经常出现的情形。该类合同一般履行期限较长,结合房地产市场的变化,在一定情况下,出租人会以承租人欠付租金为由,主张解除已有的租赁合同。由于现行的法律、法规及司法解释对租赁合同的解除规定较少,尤其是欠付租金的数额、比例、期限等因素如何对合同的解除产生影响,都是司法实践中应当探讨的问题。笔者认为,承租人欠付租金在何种情况下可以导致出租人解除租赁合同应以《民法典》为依据,结合个案的具体情况进行处理。也就是说,在个案中,由法官行使自由裁量权。

【案例 5-24】 重庆解放碑茂业百货有限公司与重庆鑫隆达房地产开发有限公司房屋租赁合同纠纷案

一审法院认为,根据租赁合同约定,茂业公司应向鑫隆达公司预付租金1.24亿元,商场改造费500万元。对于500万元商场改造费,茂业公司已于2004年1月15日支付完毕。茂业公司欠付租金1119.3万元,构成违约。但茂业公司欠付的租金仅占应付租金总额的9%,主要的付款义务已经得到履行,因此鑫隆达公司解除合同理由不能成立。最高人民法院认为,合同履行过程中,鑫隆达公司收取了茂业公司11280.7万元预付租金,完成了世贸中心预租房屋的建设,并将其交付茂业公司租赁经营。依照合同约定,茂业公司交纳的预付租金在商场开业营业日,即2004年10月1日开始抵扣其应付租金。依照合同约定的租金交纳标准,至茂业公司提起诉讼时,其已交付的预付租金尚未抵扣完毕。上述事实表明,茂业公司拖欠的1119.3万元预付租金,并未导致鑫隆达公司无法完成世贸中心建设,并影响其出租世贸中心获取租金收益。鑫隆达公司以茂业公司拖欠预付租金导致合同目的无法实现为由，请求解除合同，其主张缺乏事实和法律依据，本院不予支持。[1] 根据《合同法》第九十四条（现为《民法典》第五百六十三条）规定，结合本案的具体情况，主要是看承租人是否迟延履行主要债务，致使租赁合同的目的不能实现而成为解除合同的理由。从《关于解除合同的通知》内容来看，鑫隆达公司解除合同的理由是茂业公司欠付租金及违约金5000万元，且无履行合同能力。因此，租赁合同是否解除主要涉及租金支付、是否存在预期违约以及茂业公司有无其他足以导致解除合同的违约行为等问题。茂业公司欠付租金1119.3万元，构成违约。但茂业公司欠付租金仅占应付租金总额的9%，主要付款义务已经得到履行，一、二审法院不予支持鑫隆达公司解除合同请求正确。实务中，欠付租金的比例、数额及期限达到何种程度，可以作为解除合同的事由，现行的法律法规及司法解释没有明确的规定，实践中的做法也不尽一致，学术界的认识同样有分歧。应当以《合同法》的规定为原则，即识别违约行为是否阻碍了租赁合同目的的实现，并依此作为尺度去衡量违约行为的程度和合同是否解除。本案中，承租人茂业公司在合同履行过程中，履行了主要义务，支付了91%的房屋租金。虽然存在未足额付款等违约行为，但是这些行为并非根本性违约，没有因此导致损害鑫隆达公司的根本利益，故承租人茂业公司虽拖欠租金但不能导致租赁合同的解除。

【案例5－25】 徐州世贸置业有限公司与苗某房屋租赁合同纠纷案

二审法院认为，在合同履行过程中，苗某于2011年4月20日在房屋交接确认书及商铺移交验收表上签字确认，根据上述约定，并结合苗某一审抗辩意见及反诉请求，可以确定租赁场地交付之日为2011年4月20日。苗某在二审庭审中否认租赁场地于2011年4月20日交付，违背了民事诉讼中应遵循的诚实信用原则。因此，租金起算之日应为2011年10月20日。因苗某未按约支付租金等费用，世贸公司于2012年4月25日向苗某发送催款函，要求苗某在收到催款函3日内缴清所有拖欠费用。此时，苗某已实际占有使用租赁场地已达数月。在此期间，苗某虽就消防及电梯停靠等问题向世贸公司提出异议，但世贸公司关于消防及电梯的交付并不违反合同的约定，故苗某以此行使先履行抗辩权，拒绝支付租金等费用，没有事实和法律依据。至于世贸公司存在延迟交付租赁场地的违约情形，苗某依约可以向世贸公司主张违约责任，其以此主张互负债务抵销权，并拒绝向世贸公司履行支付租金等费用的主合同义务，亦没有事实和法律依据。因此，苗某自占有使用租

---

〔1〕 参见最高人民法院民事审判第一庭编：《最高人民法院民事案件解析》（房屋买卖、租赁纠纷），法律出版社2010年版，第281页。

赁场地后，从未按《房屋租赁合同》的约定，向世贸公司支付租金，导致世贸公司的合同目的不能实现，苗某拒付租金等费用的行为，已构成根本性违约，应承担相应的违约责任，世贸公司据此请求解除《房屋租赁合同》，依据充分。[1]

现行法律、法规及司法解释对租赁合同的解除规定较少，尤其是欠付租金的数额、比例、期限等因素如何对合同的解除产生影响，都是司法实践中应当探讨的问题。在现有的法律框架下，认定欠付租金合同解除是否条件成就，应当以合同法为依据，结合个案的具体情况进行处理。

【案例5-26】 沈某、孙某与戴某某、钟某某房屋租赁合同纠纷再审案

再审法院认为，从本案事实来看，银泉公司收取戴某某租金至2007年8月31日止，其间口头告知戴某某该房屋要拍卖，以后租金交给买受人。自2007年8月31日以后，戴某某即未交纳过租金。戴某某在江苏省苏州市中级人民法院(2010)苏中民终字第0729号案件的上诉状中也明确承认其支付租金至2007年8月31日止，此后未再付过租金。在原审及本案再审中，戴某某称未交租金有三个原因：(1)房屋拍卖期间，不知道房租应交给谁。(2)买受人通过拍卖购得涉案房屋后，未协同原出租方与戴某某办理租赁关系移交手续，且买受人既无土地证也无房产证，不是合法的出租方。(3)由于买受人主张租赁合同到2007年12月31日期满，自2008年1月1日后要按新租金标准收取，远高于原约定，导致双方对租赁合同的期限及租金标准一直存在争议而无法按期支付租金。本院认为，戴某某不支付租金的理由不能成立。理由是：(1)银泉公司在涉案房屋拍卖时已经告知戴某某房屋拍卖的事实，并告知戴某某银泉公司收取租金截至2007年8月，此后的租金交新产权人，且拍卖是经过公告的，戴某某本人应当知道竞买人和买受人，买受人成为房屋新产权人也不可能不告知戴某某，并向其收取租金，且即使戴某某认为其不知道买受人是谁属实，也只需向原出租人询问便知。戴某某于2008年3月在另案诉讼中作为次承租人杨某某的代理人出庭参加诉讼，此时已知道了拍卖房屋的新产权人，但此后戴某某仍未按约定的标准交纳或提存房租。上述事实表明戴某某称其不知道买受人是谁、不知道租金交给谁的说法显然不能成立。(2)买受人通过拍卖购得涉案房屋后，虽暂时未取得土地证和房产证，但并不影响其行使收取租金的权利。(3)关于一审判决认定的“戴某某未支付租金，系因银泉公司未在拍卖成交后书面通知戴某某”，对此，本院认为，2007年房屋拍卖时，银泉公司并未明确后续租金的支付是否需其另行书

[1] 江苏省高级人民法院(2013)苏民终字第0305号民事判决书。

面通知，且在戴某某已经知道新的买受人的情况下，其没有理由要等到银泉公司的通知才交房租。(4)戴某某虽主张租赁合同到2007年12月31日期满后，买受人主张2008年1月1日后要按远高于原约定的新标准收取租金，导致租金标准存在争议而无法按期支付租金，但对租金标准并无争议的2007年9月至12月四个月的租金，戴某某也未主动交纳。直至2009年3月2日，沈某、孙某、钟某某向原审法院起诉戴某某，明确要求戴某某支付2007年9月至12月原合同期内的房屋租金时，戴某某还未交纳[(2009)沧民初字第0399号]。况且，即使在2008年1月1日后买受人收取租金的标准远高于原约定，戴某某也未按原标准交付租金或提存租金。因此，戴某某关于自2008年1月1日后买受人要按新租金标准收取租金，远高于原约定，导致双方租赁合同的期限及租金标准一直存在争议而无法按期支付租金的理由不能成立。综上，戴某某在2003年11月17日租赁合同约定的期限内连续四个月不交租金，该合同期满后，戴某某既未按约要求续签合同，也未按原约定标准交纳租金，合同约定的解除条件已成就。一审法院根据沈某、孙某、钟某某的诉请，在(2009)沧民初字第0399号案件中判决涉案房屋租赁关系于2008年9月5日解除，并判令戴某某支付房屋租金151643.84元并无不当。江苏省苏州市中级人民法院在(2010)苏中民终字第0729号案件中，虽判决维持一审法院(2009)沧民初字第0399号民事判决，但认定涉案的房屋租赁协议系沈某、孙某、钟某某违约解除，属认定事实错误。该院在本案二审中认定沈某、孙某、钟某某未通过正当途径而于2008年9月5日"自行"收回诉争房屋的行为不当，系违约解除合同的认定亦属错误，本院予以纠正。[1]

【案例5－27】 临邑德百家商场诉山东兆泰商贸有限公司房屋租赁合同纠纷案

判决观点，《合同法》第二百二十七条规定，承租人无正当理由未支付或者迟延支付租金的，出租人可以要求承租人在合理期限内支付。承租人逾期不支付的，出租人可以解除合同。因此，在承租人未支付租金，经出租人催告后承租人仍不支付的情况下，解除权是出租人法定的权利。本案承租人未支付租金，在出租人催告后仍不支付，出租人解除合同符合法律规定。[2]

---

〔1〕 江苏省高级人民法院(2013)苏民终字第0101号民事判决书。

〔2〕 参见最高人民法院民法典贯彻实施工作领导小组编著：《中国民法典适用大全》(合同卷三)，人民法院出版社2022年版，第2143页。山东省德州市中级人民法院(2014)德中民初字第155号民事判决书。

2. 转租合同解除

租赁权的受让人须承受法律和原租赁合同对承租人的义务要求,依照《民法典》规定也应当经合同相对方即出租人的同意。租赁合同中未约定不得转租的,如承租人非法转租(未经出租人同意而进行的转租),出租人可以《民法典》第七百一十六条第二款规定为请求权基础解除合同。立法者认为,因为承租人未经出租人同意擅自将租赁物转租他人,直接破坏了出租人对承租人的信任,也直接损害了出租人对租赁物的所有权或处分权,同时造成租赁物上的多层次占有关系,增加了出租人要求返还租赁物的困难或使出租物的毁损程度加重,所以出租人有权解除合同。[1] 需要说明的是,无论约定解除权还是法定解除权,其行使与否均属出租人意思自治的范围,出租人衡量自己利益之后也可能选择不解除合同。

【案例 5-28】 陈某锚与钟某房屋租赁合同纠纷再审案

再一审法院认为,根据有关法律规定及合同约定,承租人未经出租人同意转租的,出租人可以解除合同,合同自通知到达对方时解除。因施某海于2005年11月11日向钟某发出合同解除函,钟某则于同年11月15日函复施某海,故可确认2005年11月15日为合同解除日。鉴于租赁合同解除后,转租合同也将同时解除,故陈某锚与钟某所签转租合同的解除时间,亦应确认为2005年11月15日。二审法院维持一审判决。[2]

【案例 5-29】 胡某与曹某房屋租赁合同纠纷案

合同约定:曹某将其所有的304房出租给胡某,租赁期为5年,租金为每月1500元。两年后,胡某又与张某签订租赁合同,胡某将所租房屋转租给张某,租期为2年,租金为每月2000元,承租人累计欠缴租金达3个月的,出租人有权解除合同。后张某连续5个月拖欠租金,胡某诉至法院,要求解除合同。法院认为,原、被告双方签订的房屋租赁合同是双方的真实意思表示,并不违反法律的禁止性规定,是有效合同。被告张某连续5个月拖欠租金,构成违约,且达到合同约定的解除条件。原告胡某要求被告支付欠缴租金及违约金的诉讼请求以及要求解除合同的诉讼请求,均有事实及法律依据,应予支持。[3]

实践中常发生承租人擅自将房屋的一部分转租给他人的情况,此种情况下出

---

〔1〕 参见胡康生主编、全国人民代表大会常务委员会法制委员会编:《中华人民共和国合同法释义》(第2版),法律出版社2009年版,第334页。

〔2〕 参见最高人民法院审判监督庭编:《全国法院再审典型案例评注》(上),中国法制出版社2011年版,第313页。

〔3〕 参见邓基联主编:《房屋租赁合同纠纷》,法律出版社2010年版,第116页。

租人是否有权解除租赁合同？有法官认为，我国合同法对转租采限制主义立法模式，对比我国台湾地区民事方面的规定中关于承租人有权将租赁房屋的一部分进行转租的规定，合同法并未将部分转租作出排除出租人解除权的例外，表明了在与承租人使用、受益权冲突时保障出租人利益的立场。因此在未经出租人同意的情况下，无论承租人将房屋的一部分还是全部进行转租，出租人均可享有合同解除权。〔1〕笔者赞同此种观点。应该引起注意的是，承租人的擅自转租行为已经消灭，出租人还能否以承租人擅自转租为由行使合同解除权；承租人将部分房屋擅自转租，出租人可否对全部租赁合同行使解除权，这两个问题在《合同法》第二百二十四条中没有明确规定，《民法典》第七百一十六条规定亦未涉及。

【案例5－30】 盘龙公司与银圣地公司租赁合同纠纷再审案

双方在《租赁合同》第八条中约定："严禁改变本合同双方整体进行转租。"但没有约定银圣地公司不能将部分房屋转租给第三人，再审判决认为，合同第八条约定的是整体转租才构成违约，部分转租不构成违约，据此，该约定排除了《合同法》第二百二十四条关于租赁物不得转租的规定。这一认识暗含的判决理由是，如果银圣地公司与盘龙公司之间没有约定不能部分转租，则银圣地的部分转租没有违约，也不适用《合同法》第二百二十四条关于租赁物不得转租的规定，即部分转租无须经出租人的同意。在《合同法》第二百二十四条中没有就承租人擅自转租的持续时间作出规定，而本案经过四次审理，两次审理认为，盘龙公司起诉时，银圣地公司的擅自转租行为已经消灭，出租人不能按照《合同法》第二百二十四条行使合同解除权，另两次审理认为，只要银圣地公司具有擅自转租的行为，盘龙公司当然具有合同解除权。再审法院认为，二审及再审视为整体转租且在转租行为及事实已经归于消灭的情况下认定银圣地公司违约并判决解除合同欠妥。鉴于盘龙公司已将租赁房屋另行出租给案外人，银圣地公司继续履行合同的请求已客观上不能履行。再审法院撤销前三个判决，解除双方的房屋租赁合同，驳回盘龙公司的其他诉讼请求。〔2〕在制定《民法典》时确有必要"承租人未经出租人同意转租"的情形从时间上作一个界定。

承租人未经出租人同意转租，出租人可以解除租赁合同。在这种情形下，承租人与次承租人之间的转租合同是否也一并解除应分具体情况界定。出租人不解除的，转租关系仍然存续，不会受到影响，而如果出租人行使解除权，一方面，其可以依据物权请求权要求返还租赁物；另一方面，由于合同的解除，承租人丧失租

〔1〕参见邓基联主编：《房屋租赁合同纠纷》，法律出版社2010年版，第103页。

〔2〕参见江必新主编、最高人民法院审判监督庭编：《全国法院再审法律疑难问题》，中国法制出版社2011年版，第6页。

赁权,转租合同也因其赖以存在的基础不复存在而不得不终止,一般情况下转租合同应同时解除。根据法律的相关规定,次承租人可代承租人支付拖欠的租金和违约金行使代位请求权,在出租人接受次承租人代交的拖欠租金和违约金后,应视为承租人履行租赁合同的义务,其合同解除条件消灭,则限制出租人解除合同,而次承租人与承租人之间的转租合同继续履行,亦不存在解除之事由。在承租人不同意继续履行租赁合同或者出租人不接受次承租人代为支付拖欠的租金和违约金而坚持解除合同,或者租赁合同因拖欠租金被解除的,则租赁合同应一并解除。基于租赁合同与转租合同是两个独立合同,在出租人与次承租人就继续履行达成一致意见下,可以继续履行合同,否则法院不能支持次承租人继续履行合同的主张。

超市、大型商场的房屋转租人向次承租人隐瞒业主关于竞业禁止的约定,致次承租人合同目的不能实现,次承租人可以要求解除转租合同。

【案例5-31】 王某与赵某某房屋租赁合同纠纷案

二审法院认为,王某与赵某某之间签订的协议,名为联营协议,但根据其约定的内容,其实质为房屋租赁协议。该协议系双方的真实意思表示,不违反法律规定,合法有效,双方均应按照协议约定履行。赵某某与徐州市广润商贸有限公司所签订的《租赁协议》中明确约定赵某某不得经营百惠家美时超市湖滨店内所经营的同类产品,而赵某某亦未提供证据证明其与王某再签订《联营协议》时已告知王某上述情况,由于王某所经营的产品中有与百惠家美时超市湖滨店内所经营的同类产品,因而遭到了百惠家美时超市湖滨店的阻挠,以致王某与赵某某之间再签订《联营协议》不能履行。故王某提出解除双方之间的《联营协议》应予支持,赵某某亦应承担由此产生的违约责任,张某某应退还王某已收取的租金、押金并赔偿原告的损失。同时,由于王某在与赵某某签订《联营协议》时未尽谨慎的注意义务,法院结合合同解除的时间等因素,确定张某某返还王某租金500元,同样王某主张的装修损失6000元证据充分,酌定予以支持3000元;王某主张的经营损失未提供证据证实,依法不予支持。王某主张的违约金,考虑张某某的违约情形及双方合同的标的,酌定支持为3000元。[1]

公房转租解除问题。公房不同于普通的商品房,具有一定的福利性质,且公房出租人与承租人具有的隶属关系,其单位是为了解决本单位职工的住房问题,以低于市场价的租金,将自有公房出租给本单位职工。对公房转租的认定要依照《民法典》和《合同法》的有关规定,即租赁合同对于具有职工身份的承租人能否

---

〔1〕 江苏省徐州市中级人民法院(2013)徐民终字第744号民事判决书。

转租有约定的则按合同约定执行,没有约定的承租人转租公房应征得出租人(单位)的同意,否则出租人有权解除合同。

【案例5-32】 某市纺织工业公司诉王某、张某房屋租赁合同纠纷案

判决观点,王某在承租期间未经产权人同意擅自转租房屋的行为构成违约,某市纺织工业公司于2007年8月23日向王某发出收回房屋的通知,已经具有解除合同的意思表示,双方公房租赁合同自2007年8月23日解除。合同解除后应当将涉案房屋返还给某市纺织工业公司。法院判决:原告某市纺织工业公司与被告王某的租赁合同于2007年8月23日解除;被告王某、张某将房屋返还给某市纺织工业公司。[1]

承租人以租赁权入伙,出租人可否主张解除合同是疑难问题。从租赁权入伙的法律效果上讲,可分为直接效果与间接效果。其一,直接效果(表面效果)。承租人以租赁权作为出资,于合伙企业成立后,承租人因租赁权而享有的对出租人之房屋占有、使用和收益的权能(租赁权的实质内容)转移给了合伙企业,租赁权的实际行使主体发生了变更,租赁权成为合伙企业的财产。其二,间接效果(实质效果)。合伙企业的人合性较强,合伙企业在财产、责任等方面仅具有相对独立性,这就决定了租赁权成为合伙企业的财产只是一种表面的效果。作为合伙企业财产的租赁权,成为全体合伙人共同共有的财产,而实际行使租赁权的是全体合伙人共同决定的执行人或代表人。虽然租赁权入伙与转租区别很大,但以租赁权出资与他人合作经营可以适用转租规则,其理由为,其一,从《民法典》合同编关于转租的规定看,其立法目的就是禁止承租人未征得出租人同意将租赁物的使用收益权交由第三人行使,以利于出租人对租赁物使用的适合性及现状进行监督管理。承租人以租赁权入伙,使得对租赁物进行使用、收益的权能转移到第三人合伙企业,此已违背了转租规定的立法目的,虽法律条文未明文规定,但依目的性扩张,应将转租规则直接适用承租人以租赁权入伙纠纷。其二,从租赁权入伙与转租的类似性看,未得承诺转租最重要的两个要素是未经出租人同意对租赁物进行占有、使用、收益的主体发生变更,而承租人以租赁权入伙完全包含着这两个最重要的要素。本着"相类似案件,应为相同处理"之法理,自然可对此类纠纷类推适用转租规则。其三,从相关法规看,《城市房屋租赁管理办法》第三条规定,房屋所有人将房屋以合作方式与他人从事经营活动,均应遵守房屋租赁管理办法。第二十四条规定,承租人擅自将承租的房屋转借给他人的,出租人有权终止合同。承租人以租赁权入伙,其法律效果相当于将承租的房屋转借他人,且系以合作的方式与他人从事经营,自然可适用转租规则。基于以上理由,出租人有权以未经

---

〔1〕 参见《房屋租赁合同纠纷裁判思路与裁判规则》,法律出版社2017年版,第238页。

同意转租而主张解除租赁合同,对造成的损害主张赔偿。

3. 所有权变动租赁合同解除

《民法典》第七百二十五条中规定:"租赁物在承租人按照租赁合同占有期限内发生所有权变动的,不影响租赁合同的效力",也就是通常所说的"买卖不破租赁"原则,旨在保护承租人的利益。但条款规定并不意味着原出租人没有权利对出租人产权变更前的违约行为行使合同解除权。租赁房屋所有权变更前因租赁事宜产生的各种纠纷,由原出租人处理;租赁房屋所有权变更后发生的各种纠纷,应由新的所有权人处理。详细内容可见所有权变动纠纷专题阐述。

4. 预期违约解除合同

预期违约是对诺言的违反,但明示或默示违约本身并不发生解除合同的效力。但这使另一方获得了合同的单方解除权,而且解除合同不影响要求赔偿损失的权利。因为接受预期违约,并不等于免除违约方的责任,而只是承认明示或默示违约的既成事实。接受预期违约,立即解除合同。如宁波市鄞州永南服饰有限公司诉宁波市鄞州万嘉工艺品有限公司房屋租赁合同纠纷案。[1]

5. 未按约使用房屋的解除

根据《民法典》第七百一十一条规定,承租人未按照约定的方法或者出租房屋的性质使用出租房屋,出租人有权解除租赁合同并要求赔偿损失:其一,承租人未按照约定的方法或者房屋的性质使用出租房屋,擅自改变用途如住宅改为商用,其解除以出租房屋受损失为条件。其二,承租人不经出租人同意,擅自对其承租的房屋进行改建即变动房屋建筑主体和承重结构或扩建的,在出租人要求的合理期限内仍不予恢复原状的。

【案例5-33】　林某某诉吴某房屋租赁合同纠纷案

二审法院认为,由于吴某在出租房屋原有的一面墙壁上开通了一道门,未经出租人同意,属根本性违约,且两年拒付租金也构成根本性违约,因此林某某有权解除合同。[2]

【案例5-34】　胡某诉郭某房屋租赁合同纠纷案

判决观点,双方在合同中约定:"乙方所经营项目必须经甲方同意,并写

---

〔1〕 参见最高人民法院中国应用法学研究所编:《人民法院案例选》2013年第4辑(总第86辑),人民法院出版社2014年版,第176页。

〔2〕 参见高益民主编:《房屋租赁合同纠纷诉讼指引与实务解答》(第2版),法律出版社2013年版,第160页。

出书面申请,否则视为乙方违约,乙方应承担所有责任。"而郭某与第三人又签订协议将天一鞋城转让给第三人用于家电超市经营,改变房屋用途,改变经营项目,未经胡某同意,郭某的行为属于合同约定的违约行为,胡某请求的违约金损失,因双方在合同中未约定违约金,故该请求不予支持。法院判决解除原告胡某与被告郭某于2009年3月1日签订的租赁协议。[1]

在群租的情形下,承租人将租赁房屋的居民用房分割后进行群租,实质是商业经营行为,改变了房屋的用途;且承租人分割房屋的行为,客观上对租赁房屋造成了结构的损害,即便双方合同中没有明确约定群租是合同解除的事由,出租人也可以承租人违反了双方租赁合同约定的用途使用租赁房屋,构成根本性违约为由,要求解除双方之间的租赁合同关系。

【案例5-35】 汪某某诉许某某房屋租赁合同纠纷案

一审法院认为,许某某在承租房屋后,对房屋进行分割,但该分割超出合理装修范围,且经其本人自认和相关部门证明许某某将系争房屋分割成若干间构成群租。在相关部门干预下,双方签订终止协议,租赁合同于2007年8月30日解除。二审法院认为,汪某某与许某某于2007年9月1日签订的补充协议中约定,许某某必须在9月7日之前将房屋恢复原样并将钥匙归还汪某某,否则应向汪某某赔偿3000元。从原审法院对租赁房屋现场勘查的情况来看,许某某并未恰当履行其恢复原样的义务,其在9月7日欲向汪某某交还房屋的行为不能免除其按照补充协议应当承担的赔偿。许某某关于其并未将房屋用于群租、其已按约返还房屋等上诉理由,与法院前述查明事实明显不符,二审法院不予采纳。[2]

6. 违反使用条件强制性规定合同解除

《民法典》第七百二十四条规定的"租赁物具有违反法律、行政法规关于使用条件的强制性规定情形"属于可以解除合同的情形,与租赁合同本身无效有区别。在属于前者时,承租人则应起诉请求解除合同,而不能主张合同无效。属于后者时,则承租人则应起诉请求法院判令合同无效,而不能主张解除合同。出租人应当按照约定将租赁物交付承租人,并在租赁期间保持租赁物符合约定的用途。《消防法》规定,公众聚集场所未经消防安全检查或者经检查不符合消防安全要求的,不得投入使用、营业。《房屋租赁合同解释》规定,租赁房屋具有违反法律、

---

〔1〕 参见高益民主编:《房屋租赁合同纠纷诉讼指引与实务解答》(第2版),法律出版社2013年版,第104页。

〔2〕 参见《房屋租赁合同纠纷裁判思路与裁判规则》,法律出版社2017年版,第189~190页。

行政法规关于房屋使用条件强制性规定的情况,导致租赁房屋无法使用,承租人请求解除合同的,人民法院应予支持。

【案例5-36】 占某诉上海某机电市场经营管理有限公司房屋租赁合同纠纷案

判决观点,本案中,被告交付原告铺位所涉房屋存在违反使用条件强制性规定的情形,并因此导致原告无法使用其所租赁的铺位,故原告要求解除其与被告之间签订的租赁合同的诉讼请求,法院予以支持。至于合同的解除之日,因原告并无证据证明其于诉讼之前以通知方式行使解除权,故法院以原告要求解除合同的诉状副本送达之日即2009年12月24日作为合同解除日。被告关于合同应当继续履行的辩称意见,法院不予采信。[1]

【案例5-37】 江某民诉南京宏阳房产经纪有限公司房屋租赁合同纠纷案

判决观点,出租人向承租人提供租赁物,应符合租赁用途。经营房屋租赁业务的出租人,应对室内空气质量进行检测、治理,使之符合国家有关环保标准。出租人如提供有害气体超标的租赁房屋,侵害了承租人的生命健康安全,致承租人的租赁目的无法实现,承租人要求解除合同并退还租金等费用的,人民法院应予支持。[2]

7. 随时解除租赁合同

《民法典》中有两个条文规定了承租人可以随时解除租合同。其第七百三十条规定不定期租赁合同中出租人和承租人均可以随时解除租赁合同。其第七百三十一条规定租赁物危及承租人的安全或者健康的,即使承租人订立合同时明知该租赁物质量不合格仍然可以随时解除合同。随时解除租赁合同是单方行使解除权,但不同于一般的单方解除合同权。这里讲的随时解除租赁合同的,是指有特定范围和判断标准。不定期租赁合同解除特指租赁合同的期限不固定,而非一般的违约或其他解除,为法定解除,也不是请求权,而是一种形成权,即承租人主张解除合同的,只要通知到达出租人,合同即行解除。危及承租人安全和或者健康的,承租人可以解除租赁合同,判断标准是危及安全健康的,其判断标准具有独一性和确定性。这是保证承租人人身安全的特殊规定,是法律将人的生命安全作为最高保护标准的体现。这里必须说明的是,只要房屋的质量不合格,危及承租人的人身安全和健康的,无论承租人在订立合同时知道租赁物有瑕疵与否,承租

---

〔1〕 参见李方民主编:《房屋租赁合同纠纷诉讼指引与实务解答》(第3版),法律出版社2017年版,第24页。

〔2〕 参见《最高人民法院公报》2022年第11期。

人均有权解除合同。换言之,即使承租人订立合同时明知租赁物质量不合格,租赁物危及承租人的安全或者健康的,承租人仍然可以随时解除合同。

【案例5-38】 王某诉刘某房屋租赁合同纠纷案

二审法院认为,刘某作为出租人,应当按照约定将租赁物交付承租人,并保持租赁物符合约定的用途。鉴于租赁合同约定刘某应将房屋附属生活配套设施在良好的状态下出租给王某居住使用,故刘某除履行交付义务外,还应当保证所交付的房屋在良好的状态下,能够为承租人正常居住使用。现经检测出租房屋卧室、客厅内的甲醛含量已超过国家规定的卫生标准。法律规定,租赁物危及承租人的安全或者健康的,即使承租人订立合同时明知道该租赁物质量不合格,承租人仍然可以随时解除合同,故王某依法享有解除合同的权利。[1]

【案例5-39】 饶某礼诉上海甲加固技术工程有限公司房屋租赁合同纠纷案

二审法院认为,《城市房屋租赁管理办法》第六条规定:有下列情形之一的房屋不得出租:……(六)不符合安全标准的。案涉房屋早在2007年就已被江西省建设工程质量监督管理站鉴定为D级危房,并被建议予以拆除。出租前也未进行过维修、加固。依照上述规定不能出租。按照《合同法》第二百三十三条"租赁物危及承租人的安全或者健康的,即使承租人订立合同时明知该租赁物质量不合格,承租人仍然可以随时解除合同"之规定,饶某礼可以随时解除合同。何况,案涉房屋在加固过程中即已倒塌,租赁合同的标的物灭失,合同约定计付租金的时间也未开始,故案涉房屋租赁合同并未实际履行。[2]

租赁房屋若存在虽经维修但仍严重影响使用的质量问题,甚至导致合同目的不能实现或可能危及承租人安全或健康的,即使承租人在订立合同时明知该租赁物质量不合格,不影响承租人随时解除租赁合同。

【案例5-40】 任某生诉朱某平房屋租赁合同纠纷案

一审法院认为,讼争房屋存在严重的渗水问题,且经多次维修仍不得杜绝,法院曾组织双方至现场查看,发现多个房间墙面存在大面积的剥落、发霉情况,被告自己也承认渗水现象无法根治,要求原告继续居住在讼争房屋内

〔1〕 参见高益民主编:《房屋租赁合同纠纷诉讼指引与实务解答》(第2版),法律出版社2013年版,第124页。

〔2〕 参见中国审判理论研究会民事审判理论专业委员会编著:《民法典合同编条文理解与适用》,法律出版社2020年版,第423页。江西省高级人民法院(2018)赣民终173号民事判决书。

是不合理的;被告认为原告明知房屋有渗水现象仍选择订立租赁合同便应坚持将合同履行完毕,这种想法既不符合相关法律规定,亦对原告不公平。鉴于本案讼争房屋的实际情况,法院确认原告于2015年2月26日向被告作出的解除合同的意思表示的效力,并认定双方之间的租赁合同于2015年3月1日(通知到达被告时间)解除。双方之间的租赁合同既已解除,原告要求被告退还已支付但并未实际发生的2015年4月8日至2016年4月7日的租金亦属合理。虽然被告至今未接收房屋,但原告已履行通知义务并给予一定的准备期,由此造成的租赁物空置期间租金损失应由被告自行承担。二审法院亦持同样意见,维持一审判决。[1]

【案例5-41】 张某与陈某林房屋租赁合同纠纷案

二审法院认为,租赁物存在危及承租人安全的隐患,承租人订立合同时是否明知租赁物质量不合格不影响其行使任意解除权。[2]

不定期租赁合同,出租人或承租人均有权随时解除。

《民法典》第七百三十条规定:"当事人对租赁期限没有约定或者约定不明确,依据本法第五百一十条的规定仍不能确定的,视为不定期租赁;当事人可以随时解除合同,但是应当在合理期限之前通知对方。"本条明确了不定期租赁合同的双方随时解除权。

【案例5-42】 张某与李某青房屋租赁合同纠纷案

二审法院认为,不定期租赁合同履行过程中,出租人、承租人均可行使任意解除权。当事人在解除合同之前并履行预告通知的义务,预告通知期限合理的,期限届满合同解除。[3]

实践中,当事人双方约定附条件租赁,在出租人还清承租人欠款前,承租人享有承租权。但还清欠款后,双方未约定明确的租赁期限,故属双方对房屋租赁期限约定不明确,属于不定期租赁,出租人可随时提出解除租赁合同。

【案例5-43】 陈某诉某房产公司房屋租赁合同纠纷案

二审法院认为,陈某在租赁合同期满后继续承租涉案商铺,在房产公司未提出异议以及双方当事人亦未另行签订书面租赁合同的情形下,原租赁合

---

〔1〕 参见国家法官学院案例开发研究中心编:《中国法院2017年度案例》(合同纠纷),中国法制出版社2017年版,第100页。江苏省常州市中级人民法院(2015)常民终字第1665号民事判决书。

〔2〕 参见最高人民法院民法典贯彻实施工作领导小组编著:《中国民法典适用大全》(合同卷三),人民法院出版社2022年版,第2207页。上海市第一中级人民法院(2020)沪01民终5425号民事判决书。

〔3〕 参见最高人民法院民法典贯彻实施工作领导小组编著:《中国民法典适用大全》(合同卷三),人民法院出版社2022年版,第2201页。山东省济宁市中级人民法院(2021)鲁08民终3311号民事判决书。

同继续有效,房产公司与陈某之间形成不定期租赁关系,原审据此认定房产公司行使任意解除权解除租赁合同不构成违约,应予以认同。〔1〕

续租期限没有明确约定的租赁合同,在租赁期限届满后可以解除租赁合同。在不定期租赁合同关系中,出租人解除租赁合同的,并非其通知到达承租人后合同即解除,应有两个方面的限制,必须要在合同期限之前通知承租人,应当根据通知所载具体内容确定租赁合同解除的具体时间。

【案例5-44】 叶某华诉陈某彩房屋租赁合同纠纷案

判决观点,2013年8月10日租赁期限届满,原告继续租用[桂房证字第NQ 4413013号]房屋,双方没有续签租赁合同。从《门面租赁协议书》第五条约定内容看,合同期满后,如政府不要求改建租赁房屋,承租方可继续承租使用,如政府要求改建,建好房屋后,同等条件下,乙方有优先租用权,但对于合同期满后的租赁期限即续租的期限没有明确约定。……本案租赁合同期满后原、被告之间的租赁关系为不定期租赁。租赁合同期满后,原告于2013年10月1日以书面形式向被告送达了解除合同通知书,依法履行了通知义务,合同可以解除。被告认为《门面租赁协议书》第五条约定属长期租赁期限,是对该条款理解上的错误,法院不予采信。……本案经双方当事人庭外和解未能达成一致意见,原告执意解除合同,原、被告双方的合同目的事实上已无法实现,因此,原告请求解除原、被告之间的不定期租赁合同,被告限期搬离租赁房屋,法院予以支持。〔2〕

应注意的是,对随时行使合同解除权中的承租人的含义应作目的性扩张解释,不仅指作为租赁合同当事人的承租人,还应包括承租人的共同居住人、使用辅助人以及与承租人有特定关系的,即与之直接关联的危及安全或者健康的人。

8. 部分合同解除

租赁合同中同时包含有效部分和无效部分,在效力可区分的情况下,因出租人违约致承租人不能实现合同目的的,承租人对合同有效部分可以解除。

【案例5-45】 福田中医院诉温某波房屋租赁合同纠纷案

二审法院认为,温某波在涉案《房地产租赁合同》中承诺涉案房产用作社康中心,但相关租赁面积中包含违法加建部分,并经2008年7月24日福

---

〔1〕 参见《房屋租赁合同纠纷裁判思路与裁判规则》,法律出版社2017年版,第268页。

〔2〕 参见国家法官学院案例开发研究中心编:《中国法院2016年度案例》(合同纠纷),中国法制出版社2016年版,第105~106页。广西壮族自治区贺州市八步区人民法院(2014)贺八民二初字第27号民事判决书。

田区信访包案工作会议决定撤销租户的租赁合同登记,吊销营业执照,清理出违法建筑,恢复建筑物原功能。福田中医院无法实现合同目的。温某波主张违法加建系开发商所为,与其无关,且小区业主反对建立社康中心使福田中医院无法实现合同目的。二审法院认为,温某波作为出租人承诺涉案房产用作社康中心,收取约定数额的租金,相对应地,其应对涉案房产包含违法加建而不能依约使用承担责任。至于因小区业主反对而使社康中心不能建立,这与福田区信访包案工作会议的认定不符,且该情形属因第三人原因造成的违约,根据《合同法》第一百二十一条的规定,应由温某波承担违约责任。福田中医院在签订合同时已经查看了涉案房产所在裙楼的房产证,尽到了合理注意义务。……从2008年7月24日福田区信访包案工作会议作出相关认定后,福田中医院已经知晓该情况,可以行使解除权以解除合同有效部分。2009年10月14日,福田中医院提起本案诉讼,要求解除涉案《房地产租赁合同》。二审法院确认,涉案《房地产租赁合同》有效部分在本案起诉状送达之日,即2009年11月5日解除。[1]

【案例5-46】 裴某云诉大梅沙公司、刘某辉房屋租赁合同纠纷案

一审法院认为,裴某云与大梅沙公司于2011年11月28日签订的《房屋租房合同》中的租赁房屋涉及了部分临时建筑,该部分临时建筑已经依法取得了临时建设工程规划许可证,其使用期限为两年,即至2012年6月28日使用期限届满,在此日期之前双方签订的上述合同合法有效,应受法律保护。双方当事人应当严格履行各自的合同义务。……本案租赁合同期限为五年,即自2012年1月1日至2016年12月31日止,而租赁房屋中临时建筑的使用期限截至2012年6月28日已经届满。因此,大梅沙公司交付的租赁房屋在法律上存在使用障碍。此外,《深圳市临时用地和临时建筑管理规定》第二十条规定:利用依法建设的临时建筑从事工商业经营活动的,单位或个人向工商行政管理部门申请办理营业执照时,必须出示临时建筑规划验收合格证和消防验收合格文件。大梅沙公司出租给裴某云的房屋是用来从事工商业经营的,其中的临时建筑部分未取得临时建筑规划验收合格证和消防验收合格文件,导致裴某云订立合同的目的无法实现。因此,大梅沙公司构成违约,应当承担相应的违约责任。由于裴某云订立合同的目的无法实现,根据《合同法》第九十四条第(四)项的规定,裴某云要求解除《房屋租赁合同》的诉讼请求应予支持,裴某云要求解除《房屋租赁合同》的意思表示,于2012年1月10日原审法院向大梅沙公司送达裴某云的起诉状副本时到达大梅沙公

---

〔1〕 参见万国营主编:《房屋租赁合同纠纷》(第2版),法律出版社2015年版,第89页。

司,原审法院确认《房屋租赁合同》于2012年1月10日解除。二审法院亦持同样意见,维持一审判决。[1]

原《合同法》的总则及分则的租赁合同部分,均没有对合同部分解除进行规定。但在原《合同法》中,对于买卖合同的部分解除进行了规定。《民法典》对合同部分解除亦未有一般性规定,但在典型合同分编买卖合同中,其第六百三十一条、第六百三十二条、第六百三十三条规定即在标的物可区分主、从物的情况下,可以就从物部分单独解除;在标的物为数物的情况下,可以就其中一物部分解除,但该物与他物分离后使标的物价值明显受损的情况除外;分批交付标的物,其该批物不交付或不符合同约定的可以解除。就租赁房屋而言,房屋可以分离使用或数个房屋时,只要部分解除后不影响其他租赁合同的履行,双方当事人可以就其中的标的物(部分)予以解除。

【案例5-47】 中服东外置业有限公司诉北京远程睿智商务咨询有限公司房屋租赁合同纠纷案

判决观点,关于合同的解除,现双方均同意解除合同,但对于合同解除的时间和原因存在争议。对此,法院认为,双方的租赁合同实际包括两个方面的内容:一是对于三层房屋的续租,双方明确约定续租期自2012年12月11日起算,在2012年12月11日之前三层房屋租赁仍按原租赁合同即2007年的租赁合同执行;二是对于四层房屋的租赁。

对于三层房屋,原告在2012年6月26日的《退租申请书回复》中明确表示"主座三层应维持原合同,原合同终止日为2012年12月10日,承租人应在到期前3个月以书面形式提出申请,并重新协商新合同",而被告在2012年6月27日的回复中也明确同意原告就三层房屋相关租赁事宜的意见和安排,由此可见双方均同意就三层房屋仍履行原合同即2007年的租赁合同,并在原合同到期前3个月重新协商新合同,上述意思表示清晰明确,应视为双方已于2012年6月27日协议解除了《奥某饭店写字间租赁合同》中关于三层房屋续租的约定。

对于四层房屋,由于原告在双方协商过程中已表明就四层房屋的违约金和租金不能达成一致意见的情况下不同意终止租赁合同,而双方经过多次协商也未就四层房屋的违约金和租金支付达成最终一致意见,因此,不能认定原告与被告已经通过协商的方式解除了《奥某饭店写字间租赁合同》中关于四层房屋租赁的约定。但是,双方合同约定,因承租方的原因,中途宣布退租,属承租方违约,需提前30天向出租方提出书面申请,并支付三个月租金

---

〔1〕 参见万国营主编:《房屋租赁合同纠纷》(第2版),法律出版社2015年版,第93页。

作为违约金。依据该条约定，被告可以通过提前30日通知对方提前退租的方式解除双方合同，但被告的提前退租行为属于违约行为，应承担相应的违约责任。本案中，被告虽在2012年6月21日提出了退租书面申请，但其申请退租的房屋不包括四层房屋中的416室，直至2012年6月27日，被告在对原告答复中明确表示终止与原告之间的租赁合同，并要求退房交接，该答复应视为其就全部的四层房屋提出了退租申请，其通知的时间也符合双方合同中约定的提前30日的要求。因此，被告提前退租四层房屋的行为符合双方合同中约定的解除条件，故法院认定双方的租赁合同中关于四层房屋租赁的约定于2012年6月27日解除。[1]

9. 破产管理人解除租赁合同

企业破产管理人依据《企业破产法》第十八条规定，解除破产企业与已给付租金的承租人之间的房屋租赁合同具有合法性。

【案例5－48】　钱某平诉苏州和惠电子有限公司房屋租赁合同纠纷案

一审法院认为，本案所涉的房屋租赁合同系继续性合同，除支付租金外，钱某平作为承租人还需继续按照合同履行按约使用租赁物、妥善保管租赁物、租赁期满返还租赁物等义务，属于《企业破产法》第十八条规定的"破产申请受理前成立而债务人和对方当事人均未履行完毕的合同"，故管理人根据该法规定解除钱某平与和惠电子公司之间的《工业厂房租赁合同》符合法律规定。此外，根据《物权法》第一百九十条之规定，抵押权设立后抵押财产出租的，该租赁关系不得对抗已登记的抵押权，本案中，抵押权登记在先的抵押权人苏州银行虎丘支行已向管理人申报债权，并主张对涉讼房屋实现抵押权。管理人依法负有管理和处分破产企业财产的职责，管理人解除钱某平与和惠电子公司之间的《工业厂房租赁合同》与抵押权人苏州银行虎丘支行主张依法实现抵押权的利益指向是一致的，解除租赁合同符合抵押权人的利益诉求。管理人解除钱某平与和惠电子公司之间的《工业厂房租赁合同》符合法律规定，故钱某平要求确认管理人解除和惠电子公司《工业厂房租赁合同》的行为无效、和惠电子公司继续履行《工业厂房租赁合同》的诉讼请求无事实和法律依据，不予支持。钱某平可依法申报债权。二审法院亦持同样意见，维持一审判决。[2]

---

〔1〕　参见北京市高级人民法院编：《审判前沿——新类型案件审判实务》（总第54集），法律出版社2016年版，第77页。

〔2〕　参见国家法官学院案例开发研究中心编：《中国法院2019年度案例》（合同纠纷），中国法制出版社2019年版，第25～26页。江苏省苏州市中级人民法院（2017）苏05民终8014号民事判决书。

10. 违反从义务解除租赁合同

合同义务中除主给付义务外,还涉及从给付义务及附随义务。在原《合同法》的租赁合同章节中并未涉及出租人的开票义务,可见出租人的开票义务并不是出租人的主要合同义务,《民法典》中合同编第十四章亦持同样观点。双方当事人在租赁合同中明确约定了出租人收到承租人租金后按其缴纳的金额开具合法有效的商品房租赁发票;且若出租人未履行开票义务,承租人可以通过诉讼的方式来请求开票,故出租人开票行为的性质应认定为从给付义务。在通常情况下,出租人不履行开具发票的义务不能导致承租人的合同目的无法实现,如在承租人为居住而承租房屋的。租赁合同中已明确约定承租人租赁房屋的用途为餐饮经营,而从事经营需办理营业执照等一系列的证明,在不开具发票行为导致承租人无法办理开店所需的营业执照,进而导致承租人无法开业时,其承租人租赁房屋合同目的无法实现,承租人有权解除合同。

【案例5-49】 吴某涛诉无锡蓝光置业有限公司房屋租赁合同纠纷案

一审法院认为,吴某涛与蓝光置业所订房屋租赁合同系双方的真实意思表示,均应恪守;双方合同项下的主要权利义务为吴某涛支付租金、蓝光置业交付租赁房屋。关于吴某涛现主张蓝光置业存在违约行为要求解除租赁合同的诉请,法院认为,因合同目的不能实现而解除租赁适用于迟延履行、不能履行、不适当履行、拒绝履行等各种违约形态,判断某一违约行为是否属于合同目的不能实现(根本违约),应根据违约的具体形态结合案件的客观情况进行判断。本案中,吴某涛与蓝光置业订立房屋租赁合同中约定"涉案商品房出租给吴某涛,租赁物吴某涛用于从事餐饮经营",且合同中另就餐饮经营等事项作了明确约定。合同履行中,吴某涛依约履行了缴纳租金的义务,则蓝光置业应根据约定及时履行开具租赁发票的义务;该开具发票的约定虽属蓝光置业合同项下从义务,但根据法院至相关部门调查的情况,吴某涛领取营业执照的必备条件为提交租赁发票,但蓝光置业收款后至今未能向吴某涛开具租赁发票;此后虽经吴某涛催告,蓝光置业至今仍未能履行开票义务。因蓝光置业未能依约开具租赁发票,导致吴某涛根本无法办妥味之道小吃店的营业执照进行依法经营;法院注意到双方所订的租赁合同中对吴某涛开业时间以及逾期开业由此产生的法律后果均作出了相应约定,故蓝光置业未履行合同项下的从义务已然导致吴某涛租赁房屋用于餐饮经营的合同目的不能实现,应认定为根本违约;现吴某涛请求解除租赁合同,法院予以支持。二审法院亦持同样意见,维持一审判决。[1]

11. 适用情势变更原则解除租赁合同

一般情况下,不允许承租人依据情势变更原则解除房屋租赁合同,但在特定条件下承租人可依据情势变更原则解除房屋租赁合同,详见商铺租赁合同纠纷专题的阐述。

---

〔1〕 参见国家法官学院、最高人民法院司法案例研究院编:《中国法院 2020 年度案例》(合同纠纷),中国法制出版社 2020 年版,第 119 ~ 120 页。江苏省无锡市中级人民法院(2018)苏 02 民终 3384 号民事判决书。

二、房屋租赁合同解除法律适用

（一）解除租赁合同程序

《民法典》第五百六十五条规定："当事人一方依法主张解除合同的，应当通知对方。合同自通知到达对方时解除；通知载明债务人在一定期限内不履行债务则合同自动解除，债务人在该期限内未履行债务的，合同自通知载明的期限届满时解除。对方对解除合同有异议的，任何一方当事人均可以请求人民法院或者仲裁机构确认解除行为的效力。当事人一方未通知对方，直接以提起诉讼或者申请仲裁的方式依法主张解除合同，人民法院或者仲裁机构确认该主张的，合同自起诉状副本或者仲裁申请书副本送达对方时解除。"原《合同法》第九十六条第一款规定也作了类似规定。根据该条规定，合同当事人一方行使解除权时，应当通知合同相对方，合同自通知到达对方时解除，无须征得对方的同意，但是，为了保护相对方的合法权益，防止权利人滥用合同解除权，该条同时又赋予了合同相对方解除的异议权，即合同相对方如对解除合同有异议，可以请求法院或仲裁机构确认。需要注意的是，司法实践中，一方当事人通知对方解除合同，对方随即致函的，则不发生解除合同效力。原《合同法》第九十六条规定了异议程序、合同相对方的异议权，异议的对象是被解除合同。但是原《合同法》对合同解除两个方面未作出明确规定，一是相对方行使异议权的期限，直接导致从法律上合同相对方可以随时就解除合同效力提出诉讼或者仲裁；二是未提出异议的法律后果，缺乏在法院（或仲裁机构）没有裁决前，合同的效力解除还是没有解除的法律规定。司法实践中，一方当事人根据约定事由或法定事由通知对方解除合同时，绝大多数当事人怠于行使确认解除合同效力的请求权。怠于行使此项权利的事由不是同意解除，而是置之不理。当一方当事人相隔一定时期后，据已解除合同的效力，行使终止履行处分合同标的物时，或诉讼请求恢复原状、赔偿损失时，对方才请求法院或者仲裁机构确认解除合同的效力，其结果使解除合同的效力长期处于不稳定状态，也使约定解除和法定解除的法律制度大打折扣，有时发生合同标的物已被处分现象，即使确认解除合同无效，也很难使原合同得到很好的继续履行，不利于对合同解除人的及时保护，也不利于维护合同交易的安全和稳定。根据《民法典》第五百六十五条第一款关于“合同自通知到达对方时解除”之规定,此时合同应处于解除状态。但如果法院判决合同不解除,则守违约方根据合同已经解除状态所采取的行动就必须恢复原状,将造成不必要的损失。如果违约方向法院提出的确认之诉,法院的判决结果对此影响甚大。

《民法典合同编通则解释》第五十二条规定:“当事人就解除合同协商一致时未对合同解除后的违约责任、结算和清理等问题作出处理,一方主张合同已经解除的,人民法院应予支持。但是,当事人另有约定的除外。有下列情形之一的,除当事人一方另有意思表示外,人民法院可以认定合同解除:(一)当事人一方主张行使法律规定或者合同约定的解除权,经审理认为不符合解除权行使条件但是对方同意解除;(二)双方当事人均不符合解除权行使的条件但是均主张解除合同。前两款情形下的违约责任、结算和清理等问题,人民法院应当依据民法典第五百六十六条、第五百六十七条和有关违约责任的规定处理。”

1. 解除合同方式

关于解除权行使方式有三种,基于解除权是形成权,无论是出租人还是承租人均可行使单方解除权,其一,解除方直接通知合同相对方,在通知到达相对方即产生合同解除的法律后果。在法院通过判决确认解除合同有效,其解除时间仍是解除方通知到达合同相对方的时间,而不是法院判决的时间。其二,解除方向法院提起诉讼,请求解除双方签订的租赁合同,法院作出是解除租赁合同的裁决,其裁决生效日为租赁合同解除时间。法院对租赁合同解除所作的裁决是变更之诉,而非确认之诉。其三,解除方向法院提起诉讼,请求确认双方签订的租赁合同已经被解除,法官审查认为对方异议不成立,判决双方之间的租赁合同解除,此时合同解除时间从解除方提起的确认的合同解除的时间计算。

【案例5-50】 坤阳公司与外展公司房屋租赁合同纠纷案

一审法院认为,外展公司逾期支付房屋租金已超过2个月,逾期支付车位使用费已超过15日,坤阳公司依据合同向外展公司发函行使合同解除权符合合同约定,坤阳公司据此要求解除房屋租赁合同、补充协议及车位租用协议的诉讼请求,法院予以支持。法院确定坤阳公司与外展公司房屋租赁合同及补充协议于2008年11月13日解除。二审法院认为,外展公司于原审2009年4月15日的庭审中要求解除租赁合同、车位合同并考虑办理交接手续,故原审判决解除涉讼的房屋租赁合同、补充协议,并无不妥,本院予以维持。[1]

---

〔1〕 参见李方民主编:《房屋租赁合同纠纷诉讼指引与实务解答》(第3版),法律出版社2017年版,第62~63页。

2. 解除合同时间

《民法典合同编通则解释》第五十三条规定:“当事人一方以通知方式解除合同,并以对方未在约定的异议期限或者其他合理期限内提出异议为由主张合同已经解除的,人民法院应当对其是否享有法律规定或者合同约定的解除权进行审查。经审查,享有解除权的,合同自通知到达对方时解除;不享有解除权的,不发生合同解除的效力。”

《民法典合同编通则解释》第五十四条规定:“当事人一方未通知对方,直接以提起诉讼的方式主张解除合同,撤诉后再次起诉主张解除合同,人民法院经审理支持该主张的,合同自再次起诉的起诉状副本送达对方时解除。但是,当事人一方撤诉后又通知对方解除合同且该通知已经到达对方的除外。”

个案中,要根据当时的诉讼请求确认合同解除时间。当事人向法院起诉请求由法院判决解除合同的,法官经审查认为符合法定或约定的解除合同的条件,判决双方当事人之间的合同解除,此时合同解除的时间从法院判决生效之日起算。

【案例5-51】 张某某诉鲍某某房屋租赁合同纠纷再审案

再审法院认为,在张某某起诉鲍某某要求解除合同案中,张某某以向人民法院提起诉讼的方式请求由人民法院判决解除案涉《租赁协议书》,已经发生法律效力的民事判决书的判决结果是解除案涉《租赁协议书》。故,原审人民法院将张某某向人民法院提起诉讼的行为认定为张某某依照《合同法》第九十六条规定行使合同解除权的行为、将人民法院向鲍某某送达起诉状的事实认定为是张某某依照《合同法》第九十六条规定进行的通知行为不符合张某某的意思表示,将张某某在另案中的起诉状送达鲍某某的时间作为案涉《租赁协议书》被解除的时间错误,也与已经发生法律效力的民事判决的判决结果相冲突。案涉《租赁协议书》被解除的时间应当是另案民事判决发生法律效力的时间,对此鲍某某的诉讼请求也应当依此前提进行审理。综上,张某某的再审申请符合《民事诉讼法》第二百条第六项规定的情形。遂裁定指令乌鲁木齐市中级人民法院再审本案,乌鲁木齐市中级人民法院作出民事判决判令驳回鲍某某的诉讼请求。[1]

【不同处理】 合同一方当未向对方发出通知,直接起诉主张解除合同,经审查符合解除条件的,法官可予支持,并以起诉状副本(反诉状)送达之日为合同解除日。

---

〔1〕 参见《新疆审判》2021年第2期(总第130期)。

【案例 5 - 52】　王某等人诉徐某房屋租赁合同纠纷案

判决观点，王某与徐某签订《上海市房地产租赁合同》系当事人的真实意思表示，合法有效，双方均应恪守履行。房屋租赁合同未约定可以转租的，承租人转租房屋应当征得出租人的书面同意；未征得出租人同意转租房屋的，出租人可以解除租赁合同。本案中，双方签订的租赁合同中并未约定可以转租，徐某要将系争房屋转租，理应先征得王某的书面同意。现徐某未提供证据证明王某对此已书面同意，故王某据此要求解除双方签订的《上海市房地产租赁合同》，于法有据，应予支持。现王某主张诉状副本送达之日为合同解除日，法院认为，王某要求解除合同，即为王某主张起诉状副本送达之日即 2017 年 3 月 9 日为合同解除日，于法无悖，一并应予支持。合同解除后，徐某理应交还系争房屋，故对王某的该项诉请，亦予以支持。[1]

【案例 5 - 53】　徐某勇诉洋汇酒店房屋租赁合同纠纷案

二审法院认为，关于洋汇酒店的锁门行为是否构成侵权以及双方签订的租赁合同是否已经解除的问题。本案承租人徐某勇拖欠水电费的时间已远超合同约定的 15 日期限，故洋汇酒店据此取得了合同约定的解除权。《合同法》第九十六条规定……本案出租人洋汇酒店解除合同的意思表示是在其反诉状明确向承租人徐某勇提出，故双方签订的租赁合同应自 2006 年 5 月 25 日徐某勇签收反诉状之日解除。洋汇酒店在合同尚未解除前擅自锁门的行为构成侵权，故其应对合同尚未解除前即 4 月 29 日至 5 月 25 日（共 27 天）徐某勇的经营损失承担赔偿责任。按照徐某勇主张的 1500 元日均利润计算（该主张低于评估结论日均利润 1548.61 元），该损失额应为27 天 ×1500 元 =40500 元。另根据双方合同“乙方在租用期间如丢失或损坏甲方的设备及用品需照价赔偿”的约定，徐某勇应赔偿洋汇酒店损失 87603.85 元。综上，原判认定事实部分不清，适用法律不当，应予改判。判决：一、撤销一审判决；二、徐某勇与洋汇酒店签订的租赁合同和补充协议书于 2006 年 5 月 25 日解除；三、洋汇酒店赔偿徐某勇 2006 年 4 月 29 日至 5 月 25 日的经济损失 40500 元；四、由洋汇酒店退还徐某勇存放在酒店内的物品；五、由徐某勇补交洋汇酒店租金 40000 元、水电费 35164 元、支付餐具、厨具赔偿费 87603.85 元，合计 162767.85 元，抵扣徐某勇已交纳的押金 44000 元，徐某勇还应支付 118767.85 元给洋汇酒店；六、驳回徐某勇的其他诉讼请求；七、驳回洋汇酒

---

〔1〕　参见郭伟清主编：《民法典新规则案例解析》，法律出版社 2020 年版，第 177 ~ 178 页。上海市静安区人民法院（2017）沪 0106 民初 4471 号民事判决书。

店的其他反诉请求。[1]

3. 解除合同后果

租赁合同约定承租人如果拖欠租金或者拒付租金超过一定期限，出租人则有权解除合同，收回房屋并追究承租人的违约责任。但出租人要用合理方式通知承租人，并进行催告，否则不发生解除的效果。

【案例5－54】 龙兴公司诉亚美联公司房屋租赁合同纠纷案

二审法院认为，本案的争议焦点是龙兴公司是否有权要求亚美联公司承担中途毁约的违约金与亚美联公司自2004年12月起拖欠龙兴公司租金等费用，对此，亚美联公司构成违约，现原审法院已判决亚美联公司支付拖欠的租金、物业管理费、电费及相应的滞纳金，对此双方亦均无异议，故亚美联公司已承担了相应的违约责任；对于亚美联公司拖欠租金等的行为，若龙兴公司欲行使提前解除合同的权利，根据合同约定，应在龙兴公司对亚美联公司进行书面催款后的7日内亚美联公司仍未纠正其违约行为的情况下进行，而合同约定龙兴公司应当按亚美联公司的法定地址或合同上载明的通信地址及亚美联公司提供的其他地址发出通知，现龙兴公司已与2005年1月21日在公证部门对亚美联公司的物品进行清点当日收回了系争房屋，但龙兴公司并未提供充分证据证明其在2005年1月14日前按照合同约定的通知方式对亚美联公司进行书面催款，且虽然亚美联公司拖欠一个多月租金及人员撤离系争房屋，但并未中断、停止或宣布中断、停止业务，其亦未向龙兴公司提出提前退租，系争房屋的钥匙也一直在亚美联公司的实际控制下，故龙兴公司当时行使合同解除权的条件并未成就，故龙兴公司要求亚美联公司承担中途毁约违约金缺乏依据，不予支持。由于龙兴公司在尚未具备合同解除权的情况下已收回系争房屋，双方租赁合同关系事实上已解除，对合同解除亚美联公司亦未提出异议，原审法院在双方合同关系解除后对亚美联公司应付租金及滞纳金以及保证金等费用一并处理，并无不当，故对龙兴公司关于原审保证金处理提出的异议，亦不予采信。[2]

实践中，约定解除权行使的形式是否合法常发生争议。现行法律对于约定解除权的行使，就以通知为形式要件，合同自通知到达对方时解除。

---

〔1〕 参见《人民司法·案例》2009年第6期。贵州省铜仁地区中级人民法院(2007)铜中民终字第42号民事判决书。

〔2〕 参见《房屋租赁合同纠纷裁判思路与裁判规则》，法律出版社2017年版，第206页。

【案例5－55】　A学院诉B公司房屋租赁合同纠纷案

一审法院认为，由于B公司未按时交纳房屋租金，即未履行协议约定的主要义务，A学院向其发出解除合同通知，且B公司的法定代表人李某也签收了解除通知。B公司虽主张李某在签收解除通知时，已被该公司股东大会罢免，无权行使法定代表人的权利。但在李某签收解除通知时，其仍是B公司工商登记的法定代表人，A学院根据工商登记确认李某为B公司的法定代表人并向其发出解除合同通知并无不当。B公司虽主张A学院在发出解除通知时已知晓该公司法定代表人的变动情况，但就此未向法庭举证，A学院对此也不予认可。加之B公司在法定期限内请求人民法院或仲裁机关确认解除合同的效力。综上，法院判决，A学院向B公司发出解除通知形式合法，双方的两份租赁协议及一份补充协议在李某签收解除通知之日，即2010年6月17日解除，B公司应向A学院支付合同解除前，即2010年1月至6月欠付的房屋租金。二审法院认为，B公司有关李某无权代表B公司签署文件的上诉理由，依据不足，二审法院不予支持。[1]

出租人发出解除通知后，继续收取承租人交纳的租金，承租人继续占有使用租赁房屋，亦不发生解除后果。

【案例5－56】　北京睿加罗餐饮管理有限公司诉北京中基信和置业有限公司房屋租赁合同纠纷案

判决观点，睿加罗公司收到催缴租金和解除合同的《律师函》后，交纳了迟延交纳租金等费用的滞纳金，中基信和公司出具了相应收据，此后，中基信和公司继续按照惯例及合同约定每月向睿加罗公司发送交纳相关费用的结算单，睿加罗公司按照结算单的要求支付租金等费用，自2017年6月20日起中基信和公司开始按照合同约定的第五年的新的租金标准继续计算租金，睿加罗公司亦按照新的标准缴纳租金。自2016年11月1日解除合同通知发出后至2017年7月23日发出《收回商铺的通知》期间，中基信和公司未提交任何证据证明其要求睿加罗公司交还店铺。综合分析上述情形，法院认为，虽然2016年11月1日中基信和公司向睿加罗公司发送了解除合同通知，但双方此后长达八个多月按照惯例和合同约定履行合同的行为表明双方仍在继续履行合同，为维护交易的稳定，保护合同双方的合法权益，遵循公平原则，认定此期间双方合同仍在继续履行更符合双方对于自身行为的预期，不宜认定中基信和公司发出解除通知后双方的租赁合同即已解除。合同履

---

〔1〕　参见北京市高级人民法院编：《审判前沿——新类型案件审判实务》2012年第2集（总第44集），法律出版社2013年版，第62页。

行过程中,中基信和公司于2017年8月25日停止能源供应,导致睿加罗公司无法继续经营,合同目的无法实现,中基信和公司构成违约,睿加罗公司于2017年8月28日搬离了店铺,至此,双方的租赁合同已无法继续履行,故双方的租赁合同应于2017年8月28日解除。[1]

(二)解除权行使合理期限

解除权行使合理期限确定,应考虑的因素和把握的方面,其一,诚实信用原则。其二,信赖利益。其三,交易习惯。

【案例5-57】 颜某军诉厦门市公房管理中心房屋租赁合同纠纷案

二审法院认为,双方的不定期租赁关系,已经厦门市公房管理中心于2010年6月10日发出通知书予以确认。该租赁关系的成立系基于双方当事人真实意思表示,协商一致的基础之上,属于平等主体之间的民事法律关系。颜某军已支付租金至2012年年中,虽厦门市公房管理中心对颜某军于2011年12月24日支付的200000元款项的性质提出异议,但该租金系在双方当事人租赁关系存续期间所支付,且厦门市公房管理中心亦无法证明该款项系颜某军代福建天宇发展公司支付的拖欠租金及房屋使用费,故对其该上诉主张不予采纳。厦门市公房管理中心于2011年12月21日向被上诉人颜某军发出通知,自2012年1月1日起终止双方的不定期租赁关系。但颜某军缴纳租金的相应租期尚未届满,故厦门市公房管理中心于此时要求解除租赁关系并无事实和法律依据,不予支持。颜某军并无法律和合同义务代福建天宇发展公司缴纳其所欠付租金及滞纳金。颜某军依法享有信赖利益,合理期待对讼争房屋享有相应的租期。但厦门市公房管理中心在未就该垫付租金及滞纳金予以协商的情况下,未给颜某军合理的期限,就解除双方之间的租赁关系显属不当。原审判决认定事实清楚,适用法律正确。[2]

2009年《房屋租赁合同解释》第十六条规定,出租人知道或者应当知道转租事实发生后6个月内行使合同解除权,超过6个月后行使解除权的法律不予支持。该条规定的6个月权利行使期限,法学理论上称为除斥期间,不适用诉讼时效关于中断、中止及延长的规定。6个月期限一旦届满,则权利归于消灭,出租人

---

[1] 参见国家法官学院案例开发研究中心编:《中国法院2019年度案例》(合同纠纷),中国法制出版社2019年版,第32~33页。北京市西城区人民法院(2017)京0102民初26136号民事判决书。

[2] 参见国家法官学院案例开发研究中心编:《中国法院2014年度案例》(合同纠纷),中国法制出版社2014年版,第59页。福建省厦门市中级人民法院(2012)厦民终字第1819号民事判决书。

再行要求解除租赁合同,或者主张转租合同无效,将不能得到法律的支持。也就是说,6个月的解除期限,要求出租人行使合同解除权,应当在其知道或者应当知道转租事实发生的6个月内行使,超过该期限的出租人解除权消灭。2020年最高人民法院修正该司法解释删除了这一规定。应按照《民法典》的规定处理。

【案例5-58】　某县妇幼保健院诉章某房屋租赁合同纠纷案

二审法院认为,被上诉人未征得上诉人同意,将一楼临街的房屋出租给他人,其中出租给沈某一间房屋租赁期自2007年11月20日起至2010年6月30日止。且上诉人在被上诉人所租赁的房屋内留有储藏用房,经常领取物品,上诉人在一审庭审中也自认被上诉人将房屋转租他人已有很长时间。根据《房屋租赁合同解释》第十六条规定……故原审法院认定上诉人知道被上诉人将部分房屋转租他人已超过6个月,且在6个月内也未提出异议,依法驳回上诉人的诉讼请求,并无不当。二审判决:驳回上诉,维持原判。[1]

【案例5-59】　陈某诉甲公司房屋租赁合同纠纷案

二审法院认为,甲公司与陈某签署的租赁合同约定涉案房屋的用途为住宅,故甲公司作为办公室使用属于改变房屋使用性质,除非得到了陈某的同意,否则构成违约,陈某有权解除合同。根据查明的事实,陈某在2013年3月18日第一年合同期届满时曾至涉案房屋内签署补充协议书,对涉案房屋用途及房内状况应当明知,即使如陈某所述当时房屋尚未发现作为办公用房,那么在2014年3月20日收到物业公司告知函后应当明确知道涉案房屋已经作为办公用房使用,但至合同履行完毕,陈某并未提供证据证明其曾向甲公司提出过解除合同的要求。后在办理交接查验房屋时亦未对甲公司将涉案房屋作为办公室使用作出说明,而是通过书面方式确认屋内设施设备完好。由此可以认定虽然合同约定了解除权,但陈某并未行使合同解除权,而是接受对方继续履行合同,视为放弃了合同解除权。现租赁期满,双方已经办理交接,交接时双方确认"2号楼1606房屋已交接,设备完好",陈某应当按照合同约定退还押金。关于陈某主张的违约金、房租损失、房屋空置费的上诉请求,缺乏事实依据,法院不予支持。综上所述,原审判决认定事实清楚,处理结果适当,应予维持。判决:驳回上诉,维持原判。[2]

《民法典》第五百六十四条规定:"法律规定或者当事人约定解除权行使期限,期限届满当事人不行使的,该权利消灭。法律没有规定或者当事人没有约定

---

〔1〕 参见高益民主编:《房屋租赁合同纠纷诉讼指引与实务解答》(第2版),法律出版社2013年版,第222页。

〔2〕 参见安凤德主编:《租赁合同纠纷案件疑难问题裁判精要》,法律出版社2021年版,第153页。

解除权行使期限，自解除权人知道或者应当知道解除事由之日起一年内不行使，或者经对方催告后在合理期限内不行使的，该权利消灭。”该条规定了解除权消灭的期限，这是判定解除权消灭的法律依据。

（三）合同解除异议期

对原《合同法》第九十六条规定异议权期限、法律后果的漏洞，《合同法解释（二）》（已废止）的出台对此进行弥补。该司法解释第二十四条对异议期间的确定规定了两种方式：（1）当事人约定的异议期间。即在约定解除权时，事先约定异议权的行使期间，异议期间届满相对方没有表示异议的，相对方的异议权消灭。解除权人也可以在行使解除权时提出合理的异议期间，如果对方表示同意，即可视为对异议期间作了约定。（2）司法解释规定异议期间。在双方没有事先约定异议期间，事后也无法就异议期间达成协议时，法律需要确定非解除权人行使异议的期间。但该异议期间不能过长，否则会使法律关系长期不稳定，也使得法律规定关于解除权的规定落空。当然，该异议期间也不能过短，否则非解除权人就没有合理的时间行使异议权。司法解释将异议期间确定为解除合同通知到达之日起三个月，有助于执法尺度统一。对此合同异议期，应按《民法典》相关规定理解把握。

租赁合同一方对相对方解除合同的行为持有异议，应当在法律规定的期限内向法院起诉。自合同一方解除合同的通知到达相对方在6个月后，相对方才以合同一方单方终止合同构成违约为由诉至法院，已经超过了法律规定的提起异议诉讼的期间，因此法院对其诉求不予支持。

【案例5－60】 抚顺市望花新华书店诉辽宁成大方圆医药连锁有限公司房屋租赁合同纠纷案

判决观点，关于原告诉称被告擅自终止合同，应按半年租金支付违约金25万元一节，因被告终止合同是因出现合同约定的城市改造政府将征收承租房屋的事由，且被告履行了通知义务，虽望花区土地整理中心下达的最后搬迁日期为2013年2月1日，但在2012年4月9日已经下发了《城市更新改造项目房屋征收与补偿方案》，基于拆迁工作在时间上具有不确定性，在2012年4月9日即已出现合同中约定的可终止合同的事由，被告搬离租赁房屋且通知原告后，原告对于被告要求解除合同的行为亦未在法定期间内通过诉讼或仲裁的方式提出异议，故被告并非违反约定擅自终止合同，对原告的此项诉讼请求不予支持。[1]

《合同法解释(二)》第二十四条规定的异议期间是否适用无解除权人(违约方)提出的解除合同,实践中有不同观点。笔者认为,首先必须对该条规定予以限缩解释,即提出合同解除方必须是守约方,其符合约定条件或法定条件,其次应当以法律规定的方式通知对方,在具备上述条件的情况下,另一方未在约定或法定三个月的异议期内对合同解除提出异议的,则意味着合同解除成立。若提出解除方并不具备合同解除条件的,则不能适用该司法解释第二十四条规定。无合同解除权的违约方发出解除合同的通知,守约方在法律规定的异议期届满后向法院起诉的,法院应当在正确理解解除异议制度立法目的基础上,把握公平正义的价值取向,对此争议作出符合法律事实的判定。也就是说,在合同法并没有赋予违约方单方解除合同的权利,自然不能适用第二十四条规定。违约方向守约方发出解除通知的,不发生合同解除的法律后果即合同没有解除。守约方在三个月后向法院起诉的,不适用三个月的异议期限。在《民法典》颁布后,其异议期的规定亦可以适用违约方解除情形。

【案例5-61】　上海嘉定乐购生活购物有限公司诉上海浦阳置业有限公司房屋租赁合同纠纷案

二审法院认为,(1)浦阳公司有无合同解除权。浦阳公司于2009年2月5日向乐购公司发出解除通知,其依据的理由是乐购公司大量修改交付标准致浦阳公司建设工期严重滞后以及乐购公司明确表示已无法获得行政机关关于开设大型超市的许可。但现有证据不足以证明工期滞后系乐购公司单方变更建筑物交付标准导致乐购公司已达到根本性违约的程度。2009年1月23日乐购公司确实发函表示其自身开设大型超市已不被允许,但乐购公司已在之前明确提出要求按照合同约定将合作协议的权利义务概括转移给其关联企业,浦阳公司已接受,在该函中乐购公司亦提及可由特易购公司设立分支机构开设大型超市。浦阳公司庭审中提出乐购公司违背"地方落税"的承诺。首先,仅依据三林招商办的情况说明不足以证明乐购公司曾经承诺"地方落税"。其次,即使乐购公司曾有相关承诺,但双方对"地方落税"的具体形式亦无约定,乐购公司关于在租赁地设立分支机构也可以做到在当地申报缴税的意见可以采纳。鉴于以上两点,浦阳公司在2009年2月5日发出解除通知时并无合同解除权。(2)无合同解除权的一方发出解除通知,另一方没有在法律规定的异议期内向法院起诉的,如何适用《合同法解释(二)》

---

〔1〕　参见国家法官学院案例开发研究中心编:《中国法院2015年度案例》(合同纠纷),中国法制出版社2015年版,第117页。辽宁省抚顺市望花区人民法院(2013)望民二初字第143号民事判决书。

第二十四条有关异议期的规定。浦阳公司在无解除权的情况下擅自解除合同,并将房屋另行出租并交付案外人,导致合同无法继续履行,构成根本违约,应承担相应的违约责任。本案浦阳公司解除合同的行为不应获得合同解除异议制度的保护。乐购公司要求返还预付定金的请求予以支持。根据法律精神,当事人就违约金和赔偿损失应择一主张,现乐购公司经法院释明后,仍坚持同时主张违约金和赔偿损失,根据本案的实际情况,法院酌情对违约金数额进行调整,并驳回乐购公司要求赔偿经济损失的诉讼请求。[1]

(四)单方解除权放弃

合同解除权本质上是形成权,权利人可以基于自己的单方意志来决定合同是否解除,但为了避免给交易带来严重的不稳定性,有必要对单方解除权予以适当的限制,尤其是在行使期限上。

当违约方出现约定的违约行为,守约方未及时行使单方解约权,且接受违约方履约后,守约方即不能再以违约方此前的违约行为为由要求解除合同。因为约定解除权性质上属于形成权,权利人可以自行决定是否行使或放弃,放弃的方式有明示或默示,其后续接受违约方继续履行合同义务的行为应视为默示放弃自己的解约权,一旦放弃就不再享有此项权利,则限制行使解除权。最高人民法院法官认为,解除权是一项民事权利,约定解除权和法定解除权都可以明示放弃。实务中,双方约定的合同解除权成就时,一方未能以法定方式通过违约方解除合同,而是继续接受违约方履行合同的,其行为变更了合同约定的解除条款,视为放弃解除权,不能再依约定解除合同。[2]

【案例5-62】 郝某麟诉北京紫信诚文化发展有限公司房屋租赁合同纠纷案

二审法院认为,紫信诚公司在合同履行过程中确实存在未依照合同约定及时足额支付租金的违约行为,但紫信诚公司在与郝某麟之间就涉案房屋办理工商登记、协商变更合同主体及修改相关条款等事宜存有争议,且原审庭审期间紫信诚公司明确表示愿意补齐租金,原审法院据此认为紫信诚公司不属于恶意违约,并认为不会对郝某麟收取租金的合同目的构成阻却并无不

---

〔1〕 参见吴兆祥主编:《房屋买卖租赁案件裁判要点与观点》,法律出版社2016年版,第388~389页。

〔2〕 参见最高人民法院民事审判第二庭编著:《〈全国法院民商事审判工作会议纪要〉理解与适用》,人民法院出版社2019年版,第312页。

当,予以支持。考虑到紫信诚公司前期对涉案房屋进行了较大规模的装修装饰,且已实际履行的租期较之整个合同租期较短,且紫信诚公司明确表示愿意补齐租金,因此紫信诚公司迟延支付部分租金的行为目前尚未造成整个合同无法履行的后果,故郝某麟、紫信诚公司之间的房屋租赁合同关系现应以继续履行为宜。原审法院据此对郝某麟要求解除房屋租赁合同的诉讼请求不予支持并无不当,予以维持。[1]

出租人发出合同解除通知后,仍接受承租人租金的,限制行使单方解除权。

【案例 5－63】　广西日鑫市场开发有限公司诉南宁市城郊沙井供销社房屋租赁合同纠纷案

一审法院认为,截至 2009 年 3 月 27 日(应缴租金期第 30 日),日鑫公司仅向沙井供销社支付 77000 元,故沙井供销社依约自 2009 年 3 月 28 日起即享有合同约定的单方解除权。沙井供销社据以主张已经将解除合同的通知送达日鑫公司的 2009 年 11 月 19 日、12 月 10 日两份函以及国内特快专递邮件详情单,因以上两份函没有日鑫公司的签收,特快专递邮件详情单没有注明内件品名,所寄资料具体内容无法确定,不能证明沙井供销社已经将解除合同的通知送达日鑫公司,单方解除合同的行为不发生效力。而沙井供销社于 2009 年 11 月 27 日在《南宁日报》刊登声明,即使发生通知的效力,也应受到诚实信用原则与禁止反言规则的约束。综观本案,在合同单方解除条件已经成就后,日鑫公司又沙井供销社支付了 373000 元,再加上其于 3 月 27 日前已经支付的 77000 元,以及双方合同中关于每年将保证金中的 100000 元冲减租金的约定,截至 2009 年 11 月 20 日,日鑫公司事实上共向沙井供销社支付 550000 元。除 75000 元银行转账汇款在起诉前未出其发票外,沙井供销社对其余款项都出具了发票并在发票中注明 2009 年租金。从鼓励交易的角度和诚实信用的原则分析,沙井供销社在约定的解除条件已具备的情况下,不仅未及时行使合同解除权,反而对于日鑫公司在合同解除权条件成就后补交的租金予以收讫并认可为 2009 年租金,应视为对日鑫公司迟延交租行为予以默许,其在收取租金的同时已经放弃了主张因违约方逾期履行所形成的合同解除权,而表现出了继续履行租赁合同的意思表示。因此,其既然已经放弃合同解除权,就不得反悔再以同一事由向违约方主张该项权利,这就是要求沙井供销社负有禁止反言的义务。综上,一审法院认为双方签订的

---

[1] 参见国家法官学院案例开发研究中心编:《中国法院 2015 年度案例》(合同纠纷),中国法制出版社 2015 年版,第 124 页。北京市第二中级人民法院(2013)二中民终字第 14363 号民事判决书。

五一综合市场租赁合同应继续履行。二审法院亦持同样意见,维持一审判决。[1]

在承租人多次逾期支付房租的情况下,出租人既没有向承租人催要房租款,也没有向承租人主张解除权,并接收承租人迟延交纳的租金,则解除合同诉请法律不予支持。也就是说,符合租赁合同解除条款并非一定能够解除合同。

【案例5-64】 江苏省启东市供销机械有限公司诉南通中恒螺旋桨有限公司房屋租赁合同纠纷案

一审法院认为,原告要求解除合同,被告不同意解除合同。根据案涉合同约定,承租人不交付或者不按约交付租金达一个月以上,出租人有权解除合同。然而,原告在解除合同条件成就后,仍然接受被告交付的房租并开具发票,可以认定原告已经放弃合同约定的解除权,愿意继续履行合同。约定解除权条件成就后,解除权人有权就是否解除择一选择,如果解除权人继续接受相对方的履行,还允许其享有解除权,无疑会损害相对人的利益,违反诚信原则。为维护合同交易的稳定性,原告以被告迟延交付租金为由要求解除合同,不予支持。原告认为被告存在违法行为,但其提供的证据不足以证明其主张,不予采信。二审法院亦持同样意见,维持一审判决。[2]

(五)违约方合同解除权

《合同法》未对承租人因自身原因或出租人以承担违约责任为代价解除合同作出明确规定。《九民纪要》第四十八条规定:“违约方不享有单方解除合同的权利。双方形成合同僵局,一概不允许违约方通过起诉的方式解除合同,有时对双方都不利。在此前提下,符合下列条件,违约方起诉请求解除合同的,人民法院依法予以支持:(1)违约方不存在恶意违约的情形;(2)违约方继续履行合同,对其显失公平;(3)守约方拒绝解除合同,违反诚实信用原则。人民法院判决解除合同的,违约方本应承担的违约责任不能因解除合同而减少或者免除。”该条款是有条件地认可了违约方的合同解除权。对于该条中所列的三个条件的关系,《九民纪要》释义法官认为,总结司法经验,本条规定,同时具备以下三个条件,违约方可

---

〔1〕 参见国家法官学院案例开发研究中心编:《中国法院2012年度案例》(合同纠纷),中国法制出版社2012年版,第40页。广西壮族自治区南宁市中级人民法院(2010)南市民一终字第1319号民事判决书。

〔2〕 参见国家法官学院、最高人民法院司法案例研究院编:《中国法院2020年度案例》(合同纠纷),中国法制出版社2020年版,第130页。江苏省南通市中级人民法院(2018)苏06民终1287号民事判决书。

以起诉请求解除合同。[1] 这里的合同僵局主要是指在长期合同中，一方因为经济形势的变化、履约能力等，导致不可能履行长期合同，需要提前解约，而另一方拒绝解除合同。从审判实践来看，出现合同僵局大多是因为合同难以继续履行，或者事实上不可能实际履行。合同僵局是指在债务人不能履行合同的情况下，债务人虽然可以援引该条来对抗债权人的实际履行主张，但合同关系并不因此消灭，债务在合同预定的期限内始终存在。

《民法典》第五百八十条第二款规定："有前款规定的除外情形之一，致使不能实现合同目的的，人民法院或者仲裁机构可以根据当事人的请求终止合同权利义务关系，但是不影响违约责任的承担。"笔者认为，该条款实质是规定了违约方的合同解除权。在该条中的当事人既包括守约方也应包括违约方，并未将违约方行使合同解除权予以限制。换言之，守约方或违约方符合一定条件时，也可以解除。这种解除包括承租人因自身原因导致租赁合同的解除，也包括出租人可以承担违约责任为代价，解除不符合法定或约定解除条件的租赁合同。但对于后者的解除更应该持慎重态度，法官行使裁量权更为严格。从为使社会资源发挥最大的效益出发，对其一方当事人履行费用过高时，法官可以根据实际情况决定解除合同。解除合同后，对被解除方应该给予充分的赔偿，使其实现双方利益的平衡。

因一方当事人导致房屋租赁合同实际无法履行，如承租人一直未占有使用房屋、擅自搬离房屋等，若守约方要求继续履行合同，违约方要求解除合同，应及时予以解除，同时判令违约方承担相应的违约责任。当然，在合同能够继续履行的情况下，守约方可以要求继续履行合同，也可以依法行使合同解除权，对此法院应予以尊重。也就是说，只要合同具备继续履行的条件，无论是守约方还是违约方，都不得擅自解除房屋租赁合同。换言之，一般情况下只有在合同实际上无法继续履时，一方才可以承担违约责任为代价解除不符合法定或约定解除条件的房屋租赁合同。

【案例 5－65】 周某全诉梁某明房屋租赁合同纠纷案

二审法院认为，租赁合同合法有效，梁某明没有合同解除权，其单方解除合同的行为不产生合同解除的效力，其行为构成违约，但梁某明不愿意继续履行合同，且该义务不适宜强制履行，租赁合同目的无法实现。因此，确认合同自出租人收回房屋时解除，5 万元保证金不予返还，拖欠的租金应当支付。[2]

---

〔1〕 参见最高人民法院民事审判第二庭编著：《〈全国法院民商事审判工作会议纪要〉理解与适用》，人民法院出版社 2019 年版，第 316 页。

〔2〕 广东省中山市中级人民法院（2015）中中法民一终字第 465 号民事判决书。

【案例5-66】 陈某军诉王某山房屋租赁合同纠纷案

二审法院认为,王某山未经陈某军同意单方不再履行合同并要求解除合同系违约,但王某山以经营困难为由不愿进入租赁场所经营,双方合作基础丧失,且债务不适宜强制履行。因此,维持一审法院判决解除合同的判项,鉴于当事人均上诉称判令王某山支付40万元违约金系超诉请判决,二审法院撤销这一判项,同时保留陈某军主张损失的权利。[1]

虽然允许违约方解除合同,但属合同严守原则的例外,只有具有足够充分且正当的理由才能适用,需要同时满足《九民纪要》第四十八条规定的三个条件。除此之外,笔者亦认为,其一,合同目的无法实现。这是允许合同解除的价值基础,合同失去存在的功能性,继续要求履行会造成社会资源浪费。其二,合同继续履行将使双方利益严重失衡。双方利益对比具有基于公平原则调整的必要性。违约方不能存在为获取更大利益而违约的投机性。其三,守约方利益能够通过损害赔偿补足。因一方违约在先,必须保证守约方利益补偿的基础上才能解除。

【案例5-67】 旗帜金榜(北京)教育科技有限公司青岛分公司诉郑某房屋租赁合同纠纷案

二审法院认为,本案双方当事人虽在合同附件第七条约定郑某协调解决在二楼做广告牌,但并没有约定协调不成郑某应承担何种责任,且旗帜公司承租涉案房屋的目的是办学校,二楼门头不能做广告并不能使旗帜公司的合同目的得不到实现,故旗帜公司单方提出解除合同行为已构成根本违约。鉴于郑某已将涉案房屋另行租出,本案双方当事人签订的租赁合同实际已不可能继续履行。故本案合同应予解除。鉴于旗帜公司并没有实际使用涉案房屋,且其在约定接房之前通知郑某解除合同,故郑某应将已收取的房租3万元退还给旗帜公司。郑某在本案中虽未主张赔偿损失问题,但鉴于本案合同解除的主要原因系旗帜公司造成的,故旗帜公司应按约定向郑某支付违约金1万元作为补偿。[2]

【案例5-68】 冯某飞诉王某华房屋租赁合同纠纷案

一审法院认为,原告在租赁房屋时知晓涉案房屋为住宅,原告应对房屋是否符合经营条件进行合理考察和审慎决定。出租人应在租赁期间保持租赁物符合约定用途的义务,是指应保证租赁物具备应有的使用价值,而非保证可进行经营登记。原告不能证明被告保证能办理营业执照,合同目的不能

---

〔1〕 安徽省淮南市中级人民法院(2016)皖04民终639号民事判决书。

〔2〕 参见国家法官学院案例开发研究中心编:《中国法院2012年度案例》(合同纠纷),中国法制出版社2012年版,第24页。山东省青岛市人民法院(2010)青民一终字第314号民事判决书。

实现的责任不在被告,属原告违约。租赁合同属于继续性合同,原告确实不再使用涉案房屋,势必造成资源的浪费。为充分发挥物的价值,减少财产浪费,维持社会经济秩序和法律关系现状稳定,遵照民法的公平原则,准许原告解除合同的请求,被告于2018年4月6日收到涉案房屋的钥匙及《解除通知函》,法院确认租赁合同于该日解除。2018年4月6日,被告已经收到解除函,在合同解除后,被告应及时收回房屋,被告拒不接收房屋,属于扩大损失,无权就扩大的部分收取租金。综合考虑另行出租房屋的合理闲置时间,酌定被告返还半个月租金1800元。二审法院认为,冯某飞作为违约方,虽不能行使法定解除权,但鉴于其不再使用涉案房屋的意思表示以及涉案房屋无法办理营业执照的现实情况,强制继续履行合同既违背自愿原则,无法实现合同目的,而且成本过高,故强制履行合同并非理性之选择。一审法院为平衡双方当事人的利益,并基于效率原则的考虑,确认被上诉人单方解除合同的效力并无不妥,予以确认。据此,判决:驳回上诉,维持原判。[1]

合同僵局下违约方可请求法院判令解除合同。

【案例5-69】 梁某明诉刘某、王某玲房屋租赁合同纠纷案

二审法院认为,(1)刘某、王某玲于2021年6月5日已通过短信明确告知梁某明不再继续租赁涉案房屋,并告知房屋已经腾空以及门锁密钥,并实际搬离涉案房屋,即以自己的行为表明不再履行涉案租赁合同,但梁某明拒绝解除租赁合同,这导致租赁合同处于僵局状态,此时若不解除租赁合同,一方面将导致涉案租赁房屋长期闲置,另一方面将导致承租方在不占有使用房屋的情况下承担租金损失。从本案的具体情况来看,刘某、王某玲作为承租人解除涉案租赁合同并不存在恶意违约的情形,在涉案租赁合同形成僵局的情形下,继续履行涉案租赁合同对刘某、王某玲也显失公平,梁某明作为守约方拒绝解除涉案租赁合同也有违诚实信用原则,合同双方是互赢关系,都要照顾对方的合理期待,尊重对方的利益,出租人作为守约方也负有减少损失扩大的义务。刘某、王某玲在一审中提出反诉,要求解除涉案租赁合同,但一审未予准许不当。刘某、王某玲虽未能通过起诉方式解除涉案租赁合同,但不能归责于己,且刘某、王某玲在一审庭审中抗辩了涉案租赁合同已解除,在二审也举证了反诉相关材料。为了有效化解双方之间的纠纷,减少当事人的诉累,从有利于充分发挥物的价值,减少财产浪费,有效利用资源出发,根据公平原则和诚实信用原则,涉案租赁合同应予以解除。一审判决双方继续履

---

〔1〕 参见国家法官学院、最高人民法院司法案例研究院编:《中国法院2020年度案例》(合同纠纷),中国法制出版社2020年版,第31~32页。天津市第一中级人民法院(2018)津01民终6261号民事判决书。

行涉案租赁合同不当,二审予以纠正。涉案租赁合同的解除时间以一审庭审时间即2021年9月10日为宜。故对刘某、王某玲上诉认为涉案租赁合同已解除的合理部分理由予以支持,超出部分不予支持。(2)刘某、王某玲作为承租人,在涉案租赁合同未到期,出租人违约的情况下,提出解除涉案租赁合同属违约行为。鉴于双方涉案租赁合同已形成僵局,在一定条件下允许违约方刘某、王某玲解除涉案租赁合同以打破僵局,但应对守约方相应租金损失进行赔偿。根据涉案租赁合同的剩余租期、另行出租时间及租金差价,承租人刘某、王某玲的过错程度等因素,酌定赔偿标准以4个月租金为宜,即涉案租金(包括租金损失)计算至2022年1月10日止。对梁某明其他租金扩大损失应由其自行承担。经计算,刘某、王某玲应支付梁某明租金及赔偿损失数额合计为46250元(11100元/年÷12个月×1个月+111000元/年÷12个月×4个月)。[1]

【案例5-70】 文化公司诉传媒公司、南某房屋租赁合同纠纷案

二审法院认为,房屋租赁合同为继续性合同,虽然承租人在租赁合同中的主要义务是支付租金,但除此之外还负有按照约定方法使用租赁物、不当使用租赁物时的损害赔偿义务,故租赁合同不使用强制履行。传媒公司虽不享有合同解除权,但其离开租赁楼房已不再实际经营,双方租赁合同事实上无法履行,为防止形成合同僵局导致损失进一步扩大,判决解除双方的租赁合同并无不当。传媒公司要求按照约定支付违约金数额过高,远超其实际损失,不予支持。在传媒公司要求减少租赁面积并搬离租赁场所的情况下,文化公司并未秉持诚实信用原则采取有效措施减少自身损失,没有采取积极措施同传媒公司就不可抗力的租金等进行协商,一审法院认定的6.5万元违约金数额合理,予以维持。文化公司认为传媒公司并未完成广告“投放”这一义务,因此应当返还8万元的广告费。二审法院认为“投放”并不是传媒公司单方的义务,也需要文化公司的配合。鉴于传媒公司已经完成了广告的设计制作,也承诺随时可以投放,文化公司未举证说明未能完成投放是传媒公司单方面的原因。因此,不支持文化公司要求传媒公司返还广告费8万元的主张。[2]

在合同中未明示其陷入僵局时违约方可解除的情况下,就双方对合同条款性

---

〔1〕 参见国家法官学院、最高人民法院司法案例研究院编:《中国法院2023年度案例》(合同纠纷),中国法制出版社2023年版,第83~84页。安徽省滁州市中级人民法院(2021)皖11民终3951号民事判决书。

〔2〕 参见国家法官学院、最高人民法院司法案例研究院编:《中国法院2023年度案例》(合同纠纷),中国法制出版社2023年版,第107页。山东省济宁市中级人民法院(2021)鲁08民终6621号民事判决书。

质的争议，法官应运用诚信解释的基本原则，认定违约方可在承担违约责任的前提下依据约定解除合同。

【案例5-71】 红山公司诉逸途公司房屋租赁合同纠纷案

二审法院认为，综合双方诉辩主张，本案二审的争议焦点为，《宏源大厦租赁合同》终止时间应如何认定。《合同法》第九十一条规定，有法律规定或当事人约定终止的其他情形，合同的权利义务终止。本案中，《宏源大厦租赁合同》第八条违约和赔偿责任第五款约定："乙方因自身经营状况提前终止本合同，则甲方无须返还乙方已付之保证金。终止本合同前1个月，乙方明确书面通知甲方，由甲方负责寻找新租户，在签订新的租赁合同前乙方仍要承担所租单位租金……"该条文即为合同的约定解除条款，逸途公司可在承担相应责任的情况下依约单方解除合同。逸途公司因其自身经营状况问题于2018年8月30日向红山公司发送《协商函》，提出"终止租赁"，据上述约定，《宏源大厦租赁合同》应于2018年10月1日终止时间。[1]

【不同处理】 有的法院认为，违约方不享有单方解除合同的权利，违约方的单方解除通知行为构成违约，不能引起合同解除的法律后果。虽然在符合特定情形时，违约方可以要求解除合同，但只能以起诉的方式请求法院判决解除。对于违约方提起的确认解除合同的请求，法官经审理认为合同未解除的，在违约方未变更诉讼请求的情况下应依法予以驳回。即使已经形成合同僵局，法官也不宜直接判决解除合同，以维护守约方的程序利益。

【案例5-72】 廖记公司诉王某房屋租赁合同纠纷案

二审法院认为，廖记公司以自身经营不善为由单方要求解除租赁合同，既不符合合同约定的协议解除条件，也不符合法定解除条件。廖记公司在签订合同时就应当预见到可能存在亏损的商业风险，作为违约方不享有单方合同解除权，即使出现合同陷入僵局等特定情形，违约方亦应当以起诉方式由人民法院决定是否解除合同，而不能单方行使合同解除权。判决：驳回上诉，维持原判。[2]

应注意的是，违约方不享有合同解除权，故其虽然向对方发出了解除合同的通知但并不能起到解除合同的效果，故不能以承租人发出通知出租人，出租人收到通知的时间认定合同解除时间。通常，法院会选取以下四个时间点作为合同解

---

〔1〕 参见最高人民法院中国应用法学研究所编：《人民法院案例选》2020年第10辑（总第152辑），人民法院出版社2021年版，第5～6页。北京市第三中级人民法院（2019）京03民终5827号民事判决书。

〔2〕 参见《人民司法·案例》2021年第2期（总第913期）。重庆市第一中级人民法院（2020）渝01民终4206号民事判决书。

除时间:(1)明确告知出租人交钥匙的时间点;(2)开庭日;(3)开庭次日;(4)违约方通知解除30天后(一个月的准备时间)。

(六)租赁合同解除溯及力

合同解除的法律后果是合同关系归于消灭,但是,在理论与实务中对合同解除前当事人的债权、债务关系的效力有不同观点,一种观点认为合同解除原则上只能对将来发生效力,另一种观点认为合同解除应发生溯及既往的效力。[1]《民法典》第五百六十六条明确规定与《合同法》第九十七条明确规定精神一脉相承,是表明我国法律从实际出发,借鉴国外经验,采取灵活的规则即具体问题具体分析的态度,根据合同的性质和履行的不同情况对待合同解除溯及力的问题,因此符合社会实际生活的现实需要。租赁合同解除是否具有溯及力,应考虑合同的性质和具体履行情况以及保护守约方等综合因素确定。

【案例5-73】 张某华反诉张某兰不履行过店合同约定的变更业主登记义务致其不能经营应解除合同并赔偿损失案

二审法院认为,合同签订后,因上诉人未按合同约定为被上诉人办理营业手续,双方发生争执,被上诉人拒付房租,上诉人诉至法院,至此,此合同已无法履行,故应予解除。[2] 本案过店合同中,原告(张某兰)负有的办理变更业主为被告(张某华)的义务尚未履行,因合同解除即不再履行;店内商品已卖给被告并由被告用于经营,此种流动资产已在经营中消耗,并因买卖交付发生所有权转移而履行完毕,自不在恢复原状之列,店内柜台、货架等设备、设施,有固定资产的性质,是附随于经营需要的,并按合同确定在合同期满后才能归被告所有,合同期满前所有权不发生转移,被告等于是有偿使用,合同解除,被告要求原告予以收回是有道理的。此案涉及合同解除溯及力的多种情形,具有一定典型性。

【案例5-74】 吕某龙诉湟佳投资顾问(北京)有限公司房屋租赁合同纠纷案

一审法院认为,原告已经交付被告2007年7月11日至2008年1月10日租金114000元。租赁房屋出现异味的时间为2007年11月初,自房屋出现异味至原告腾退房屋之日的两个月内,虽然房屋在原告实际控制下,但是原告已

---

〔1〕 参见王利明、崔建远:《合同法新论·总则》,中国政法大学出版社1997年版,第472页。

〔2〕 参见最高人民法院中国应用法学研究所编:《人民法院案例选》2001年第3辑(总第37辑),人民法院出版社2002年版,第226页。

经无法继续经营。因造成合同解除的责任在被告，其无权收取房屋租金。原告要求被告返还自2007年11月11日至2008年1月10日的租金38000元、房租押金33150元、电表和IC卡押金1000元及承担鉴定费1000元的诉讼请求理由充分且符合法律规定，本院予以支持。二审法院基于同理，维持原判。[1] 本案中，被告出现违约，交付了不符合合同约定的租赁物，导致原告解除合同，如果不允许合同解除具有溯及力，则对原告不公平。原告承租的房屋用于经营美容院，该房屋室内氨含量超标影响身体健康，房屋不具有使用价值，所以，原告不必为承担恢复原状的责任而向被告支付租金或使用费。在租赁合同案件中，认定租赁房屋不具有使用价值，认定合同解除权具有溯及力，判令存在违约行为的出租人承担恢复原状的责任，更加有利于保护守约方。

(七)任意解除权认定

所谓任意解除权，是指不需要以对方违约为理由而主张解约的权利。现行法律规定可以行使合同任意解除权的有不定期租赁合同、委托合同的合同双方或加工承揽合同、保险合同的单方等。任意解除权除法定外，当事人能否在合同中自由约定有争议。有法官认为，除了对于任意解除权的法律后果亦即违约责任的承担，订约双方对于违约责任进行了详细磋商，且该违约责任足以弥补因任意解除合同而可能遭受的损失之外，当事人不能在合同中自由约定。因为订立合同是一种法律行为，具有明确的订立目的性。民事主体订立合同，是为了追求预期目的。即在当事人之间形成某种法律关系，从而具体地享受民事权利、承担民事义务。依法成立的合同，对双方均具有法律约束力。当事人约定依照约定履行各自义务，不得擅自变更或解除合同。如果允许当事人在合同中随意约定任意解除权，那么交易的初衷将不复存在，必将对经济秩序的稳定造成毁灭性打击。[2]

实践中，对于合同中约定的是解除权抑或违约金应慎重审查。租赁合同中约定租赁期未满合同一方单方终止合同，应提前告知对方并支付违约金，该条款是否视为赋予合同一方任意解除权，应根据履约本意、违约责任具体约定等客观情况予以具体分析。若是长期租约且租赁目的明确，应认定该条款约定应系合同履行中违约责任的约定，并非赋予双方任意解除合同的权利。

---

〔1〕 参见最高人民法院中国应用法学研究所编：《人民法院案例选》2009年第4辑（总第70辑），人民法院出版社2010年版，第189页。

〔2〕 参见最高人民法院中国应用法学研究所编：《人民法院案例选》2017年第9辑（总第115辑），人民法院出版社2017年版，第92页。

【案例5-75】 联丰(厦门)房地产开发有限公司诉骆某蓉房屋租赁合同纠纷案

二审法院认为,本案争议在于对于《房屋租赁合同》第四条第十款性质如何认定问题。由于《房屋租赁合同》约定的合同租期是20年、限定功能为幼儿园,从订立合同的本意来看,双方没有同意联丰公司可以任意解除租赁合同的真实意思表示,否则,双方对于合同期限20年的约定就形同虚设。骆某蓉承租本案讼争场所用于开办幼儿园,必然要花费大量的人力、财力、物力去进行建设、办理开办手续、招生等工作,如果在合同中同意联丰公司可以毫无正当理由地任意通知解除合同,那么将使骆某蓉为此遭受巨大损失,这并不符合双方签订合同的本意。同时,合同第四条系对双方责任的具体约定,且讼争条款对于应当结清其他相关款项的性质、范围亦未作明确约定,并非赋予双方任意解除合同的权利,故二审法院认为《房屋租赁合同》中的第四条第十款并没有赋予联丰公司任意解除合同的权利,在骆某蓉并未违约且不同意解除合同的情形下,联丰公司关于解除合同的诉讼请求缺乏依据,原审法院予以驳回并无不当,法院予以维持。[1]

---

〔1〕 参见最高人民法院中国应用法学研究所编:《人民法院案例选》2017年第9辑(总第115辑),人民法院出版社2017年版,第91页。福建省厦门市中级人民法院(2016)闽02民终3323号民事判决书。

三、房屋租赁合同解除纠纷处理

(一)合同解除处理原则

1.约定优先

合同解除后处理的原则是有约定遵从约定,即对合同约定的违约责任、赔偿损失及返还原告财产等一并处理。对违约责任与赔偿损失部分,可见违约和损害赔偿纠纷专题阐述。

【案例5－76】 江苏华东医疗器械实业有限公司诉佘某治房屋租赁合同纠纷案

判决观点,合同解除后,被告应向原告返还浴室及相应物品,并支付拖欠的租金。对于被告以原告错误计算水费而拒绝履行给付义务的抗辩,认为缴纳水电费和租金是被告作为承租人应履行的义务,被告有义务按照实际使用量向原告支付水电费,经原告催要后,被告仍未给付水电费,并迟延交付租金和电费,违背了双方约定,故被告的该项抗辩不能成立。对于被告要求原告赔偿投资损失的请求,双方在合同中已就合同终止后有关房屋装潢等设施归属约定无偿由原告享有,且因为被告迟延履行义务造成合同的解除,依据法律规定及双方在《补充协议》中的约定,损失由被告方自行承担,故对被告的该项请求不予支持。[1]

租赁合同订立后,政府颁布的行政法规导致合同不能履行的情况,可列入不可抗力范围。承租人因政府抽象行政行为无法继续履行租赁合同时,有权要求解除合同,但已履行部分不在免责范围之内。也就是说,在不可归责于双方当事人原因解除租赁合同的,依据公平原则处理租金等发生的各项费用。

---

〔1〕 参见国家法官学院案例开发研究中心编:《中国法院2015年度案例》(合同纠纷),中国法制出版社2015年版,第130页。江苏省扬州市广陵区人民法院(2013)扬广李商初字第62号民事判决书。

【案例5－77】 占某诉上海某机电市场经营管理有限公司房屋租赁合同纠纷案

判决观点,合同解除后,原告就缺乏了继续占有、使用上述铺位的合同依据。原告应当将上述铺位返还被告。在铺位返还之前,原告应当根据其对铺位的实际状况向被告支付租金和管理费,具体数额由法院综合本案具体案情酌情确定。故被告实际应当返还原告的租金及管理费为原告已付租金及管理费扣除应当向被告支付租金及管理费的余额。关于押金的返还问题。因被告对合同解除的法律后果未提出相关主张,故被告据该合同收取的押金应当返还原告。关于利息损失的赔偿问题。合同解除后,被告即丧失了继续占有原告所付租金、管理费、押金的合同依据。因此,被告在返还剩余租金、管理费及押金的同时还应当向原告赔偿包括上述款项所产生的自合同解除之日始的孳息即利息损失。利息的计算标准按照中国人民银行规定的同期存款利率计算。最后,关于装修损失问题。原告所做的简单装修,因所涉标的不大,为降低当事人的诉讼成本,法院酌情确定该部分装修损失后,由被告承担相应的民事责任。[1]

一般情况下,对于合同解除后返还财产,违约金和租金(使用费)一并处理。

【案例5－78】 北京睿加罗餐饮管理有限公司诉北京中基信和置业有限公司房屋租赁合同纠纷案

判决观点,由于睿加罗公司尚未将营业执照地址从租赁店铺迁出,故合同约定的返还履约保证金的条件尚不具备,对睿加罗公司要求中基信和公司返还履行保证金的诉讼请求,不予支持。由于睿加罗公司未将POS—MIS一体机返还给中基信和公司,故对睿加罗公司要求中基信和公司返还POS—MIS一体机保证金的诉讼请求,不予支持。租赁合同约定因中基信和公司违约提出解除合同应双倍返还履约保证金,故睿加罗公司要求中基信和公司支付相当于一倍履约保证金的违约金的诉讼请求,存在合同及法律依据,予以支持。鉴于睿加罗公司要求中基信和公司另行赔偿经济损失及会员退款损失的诉讼请求,均不予支持。由于并非睿加罗公司违约导致合同解除,故对中基信和公司要求睿加罗公司支付免租期租金的反诉请求,不予支持。2017年8月16日至8月24日,双方租赁合同仍在履行,睿加罗公司正常使用店铺,应当支付此期间的租金,2017年8月25日至8月28日,由于中基信和公司已终止能源供应,睿加罗公司无法继续使用店铺正常经营,故此期间睿加

〔1〕 参见李方民主编:《房屋租赁合同纠纷诉讼指引与实务解答》(第3版),法律出版社2017年版,第24～25页。

罗公司无须支付租金，中基信和公司要求睿加罗公司支付2017年8月16日至8月24日的房屋占用费不当，调整为租金，该部分反诉请求，予以支持，其余房屋占用费的反诉请求，不予支持。中基信和公司要求睿加罗公司支付律师费的反诉请求，缺乏依据，不予支持。[1]

【案例5-79】　上海某餐饮娱乐有限公司诉上海某企业管理有限公司房屋租赁合同纠纷案

二审法院认为，本案租赁合同在免租期内即因不可归责于任何一方的事由而解除，出租方给予承租方免租期的目的已无法实现。在此情况下，餐饮娱乐公司自2006年1月15日至6月15日实际占有房屋期间的租赁费、使用费共有364800元，从公平原则出发，应由企业管理公司与餐饮娱乐公司各半承担为宜。餐饮娱乐公司上诉请求的合理部分，二审法院予以支持。原审法院的其余判决无误，二审法院予以维持。[2] 本案中，2006年1月11日餐饮娱乐公司与企业管理公司就租赁房屋开设娱乐场所签订合同。2006年1月29日，国务院颁布《娱乐场所管理条例》。系争房屋所处位置因违反该条例第七条规定而不能开设娱乐场所，餐饮娱乐公司因该抽象行政行为确已无法继续履行合同，且该抽象行为对餐饮娱乐公司而言属于不能预见、不能避免并不能克服的客观情况，应构成不可抗力。据此，对餐饮娱乐公司租赁费、使用费酌情予以调整，无疑符合公平原则。

2. 返还和补偿

根据《民法典》有关规定，合同解除后，尚未履行的，终止履行；已经履行的，根据履行情况和合同性质，当事人可以要求恢复原状、采取其他补救措施，并有权要求赔偿损失。

【案例5-80】　中国人民解放军84916部队与西安方圆大酒店有限公司等房屋租赁合同纠纷案

最高人民法院认为，解除合同后，方圆酒店应将租赁标的物返给84916部队，84916部队应将方圆酒店对酒店的固定资产投资及多收取的租金返还给方圆酒店。关于解除租赁合同前的租金如何计算问题，租赁合同及补充协议中约定3000万元租金应在1996年6月30日前付清，在合同正常履行的情况下，考虑到84916部队取得先期租金可得的利息和其他收益的因素，其

---

〔1〕参见国家法官学院案例开发研究中心编：《中国法院2019年度案例》（合同纠纷），中国法制出版社2019年版，第33页。北京市西城区人民法院（2017）京0102民初26136号民事判决书。

〔2〕参见《房屋租赁合同纠纷裁判思路与裁判规则》，法律出版社2017年版，第197页。

年租金及其收益应高于总租期的年租金平均值，但同时也负有在后续的20余年间将租赁标的物提供给方圆酒店使用的义务，现双方一致要求解除租赁合同，解除后的租赁物将仍由84916部队占有、使用、收益和处分，一审判决从本案的实际情况出发，以平均法计算年度租金即年租金为100万元比较公平合理，并无不妥，但租期应自方圆酒店开业之日即1996年3月29日开始计算至合同解除之日（以年为计租期，不足一年的以月为计租期，计算至2001年7月29日，每月租金为83333元，84916部队应收租金为5333333元，应返回多收租金为5666667元给方圆酒店）。依据合同约定先行收取方圆酒店支取的1100万元租金，在合同履行5年多的情况下，被判决解除合同之前，其既没有返还租金的合同义务，也没有返还租金的法定义务，因此不存在返还作为法定孳息的利息问题，方圆酒店提出84916部队返还占用租金期间的利息，理由不成立，本院不予支持。关于解除合同后的补偿问题，根据1998年1月27日财政部发布的《股份有限公司会计制度》规定，公司一般应当按月提取折旧。鉴于方圆酒店对科训大楼进行了一定的固定资产投入，故84916部队在收回增加添附的科训大楼时应给予方圆酒店合理的补偿，同时亦应按照规定和行业标准对添附物给予一定的折旧。一审法院认定双方对在仲裁期间经由西安仲裁委员会委托陕西省价格事务所评估作出的陕价鉴字（1999）022号估价鉴定结论无异议，故该鉴定结论中的数据可作为返还有关财产和给予补偿的依据，但该鉴定结论对固定资产折旧的基准日为1999年7月31日，此后方圆酒店在继续经营期间又将有关固定资产运行了近两年时间，84916部队提出参照原鉴定结论中采用的0.514%月平均折旧率对7375461.69元固定资产进行折旧，按0.879%月平均折旧率对4513204元固定资产改良支出进行折旧，截止期为解除合同之日（计算至2001年7月31日），理由正当，应予支持，上述两项经折旧后共计为692.46万元。关于方圆酒店在开业前固定资产投入贷款利息问题，根据1998年1月27日财政部发布的《股份有限公司会计制度》规定，用借款购建固定资产，其发生的借款费用，在固定资产交付使用前，计入所购建固定资产的成本；固定资产交付使用后发生的，计入当期损益。鉴定结论中认定的方圆酒店向银行贷款总额为2030万元、私人借款为800万元，合计为2830万元，利息合计为294.075071万元，而方圆酒店用于固定资产和改良支出为11888665.69元，84916部队提出只应承担上述款项的利息123.53万元的请求，符合上述规定，应予参照采纳。[1]

---

〔1〕 参见最高人民法院民事审判第一庭编：《最高人民法院民事案件解析》（房屋买卖、租赁纠纷），法律出版社2010年版，第333～334页。

【案例5-81】　某部队诉北京八达岭野生动物世界有限公司房屋租赁合同纠纷案

一审法院认为，因租赁合同已解除，动物世界公司应腾退租赁场地、拆除圈猪的栅栏。因动物世界公司已支付了2017年4月1日至2018年3月31日的租赁场地费用，故对某部队对此项主张不予支持。因合同解除属于不可归责于双方当事人的原因，双方均无过错，亦无违约行为，故不涉及赔偿问题，对动物世界公司的反诉请求不予支持。对动物世界公司投资部分，双方应按公平原则合理分担。根据动物世界公司的举证情况、现场勘验情况、合同已履行期限和剩余期限、每年缴纳的租金数额等因素综合考虑，酌定某部队补偿动物世界公司18万元。动物世界公司未提交充足证据予以证明其对租赁场地的装修、改造投资，双方的租赁协议也将于2019年4月1日终止等因素，没有必要鉴定，故不予准许。二审法院亦持同样意见，维持一审判决。[1]

合同解除后，法官可以根据解除原因中合同双方过错大小确定返还财产的比例。

【案例5-82】　贾甲诉贾乙、贾丙、某城建公司房屋租赁合同纠纷案

二审法院认为，对于合同解除的原因，贾丙与贾甲均有过错，但贾丙的过错明显大于贾甲。对于贾丙已收取的房租33750元、补偿费1万元以及贾甲装修下水道所花费的37000元，可由双方过错程度分担，由贾丙承担贾甲上述三笔款项的80%，即（33750元+37000元+10000元）×80%=64600元。对于贾丙已收取的10万元转让费以及2000元水电费押金，应当全部返还给贾甲。[2]

【案例5-83】　北京京鹰汽车修理有限公司诉北京京汉新港汽车销售服务有限公司租赁合同纠纷案

判决观点，解除合同后，依照合同约定及公平原则，被告应当将租赁场地及地上建筑物腾退给原告，原告应就地上建筑物给予被告补偿，数额以评估结论为依据。因解除合同对被告的经营带来不利影响，产生较大损失，法院考虑双方的损失情况，依照合理原则，判令原告给付被告一定的经济补偿，具

---

〔1〕 参见国家法官学院、最高人民法院司法案例研究院编：《中国法院2020年度案例》（合同纠纷），中国法制出版社2020年版，第39页。北京市第一中级人民法院（2018）京01民终4777号民事判决书。

〔2〕 参见李方民主编：《房屋租赁合同纠纷诉讼指引与实务解答》（第3版），法律出版社2017年版，第225页。

体数额由法院酌定。[1]

实践中,应注意仔细区分房屋租赁合同解除与土地租赁合同解除补偿范围差别。

【案例 5-84】 防城港市中钢仓储有限公司诉广西象州县恒泰矿业有限公司租赁合同纠纷案

二审法院认为,土地租赁与房屋租赁存在重大区别,土地承租人可以根据生产用途不同而在场地上兴建不同的建造物、添附物,投入资金相对较大,土地因建造、添附的附着物而具备使用价值;房屋租赁主要是承租人根据生活需要对租赁房屋所作的装饰,是对房屋小范围的添附,投入资金相对较小,添附价值一般比房屋价值要小得多,房屋是主物,装饰是从物不能独立于房屋而存在。原告根据该块场地的仓储用途性质,采取填土、浇筑水泥地台、建造围墙、大门、后门、二层办公楼、供水系统(总水阀及消防管道)、双线铁路及分岔设备、排水工程量、部分电缆的方式,将荒地变为仓储用地,地上附着物已变为仓储主物,而不是仓储从物,不以附合其他物为前提,其从兴建完工之日起变为独立的主物,本案土地租赁合同完全不能等同于房屋租赁合同,不能适用规制房屋租赁关系的法律规定调整土地租赁合同。本案应适用《最高人民法院关于贯彻执行〈中华人民共和国民法通则〉若干问题的意见(试行)》第八十六条之规定进行调整,一审法院适用《房屋租赁合同解释》第十一条第(二)项之规定,属于适用法律错误。二审法院撤销一审判决,被上诉人广西象州县恒泰矿业有限公司折价补偿上诉人防城港市中钢仓储有限公司位于防城港市港口区疏港大道吹沙地 63818.79 平方米的土地使用权项下地上附着物款 5922140.21 元及利息。[2]

3. 解除合同过错责任

对于合同解除后的责任,应当根据诚信原则,综合当事人过错程度、合同的剩余租期等因素,认定当事人各自应当承担的责任。当实际损失无法认定时,可以根据公平原则考虑总量控制。

承租人迟延履行给付租金,经催告后在合理期限内仍未履行的,承租人应对租赁合同的解除承担全部责任。

---

〔1〕 参见北京市高级人民法院研究室编:《审判前沿——新类型案件审判实务》2009 年第 2 集(总第 26 集),法律出版社 2010 年版,第 172 页。北京市丰台区人民法院(2006)丰民初字第 18831 号民事判决书。

〔2〕 参见国家法官学院案例开发研究中心编:《中国法院 2019 年度案例》(合同纠纷),中国法制出版社 2019 年版,第 118 页。广西壮族自治区防城港市中级人民法院(2017)桂 06 民终 897 号民事判决书。

【案例5－85】　沈阳甲房地产开发有限公司诉乙餐饮有限公司、丙饭店有限公司等房屋租赁合同纠纷案

二审法院认为，乙公司从未向甲公司交纳过房屋租金，甲公司向丙公司和乙公司先后送达《律师函》要求租金未果，甲公司依法享有解除租赁协议的权利。乙公司没有通过法院或仲裁机构确认解除合同的效力，故认定租赁协议已解除。乙公司迟延履行给付租金，经催告后在合理期限内仍未履行，对租赁协议的解除应承担全部责任。[1]

伪造证据单方解除合同的，应由提供方承担责任。

【案例5－86】　熊某诉甲公司房屋租赁合同纠纷案

二审法院认为，甲公司与熊某之间的租赁合同已经解除。关于解除合同的原因，熊某主张因甲公司将涉诉房屋以更高的价格租给他人而将其赶走，甲公司主张因熊某损坏涉诉房屋内外墙、地面并在涉诉房屋私搭乱建，城管责令拆除而与其解除合同。从某区城市管理综合行政执法监察局向法院出具的回函内容来看，就熊某的搭建行为，行政机关并未介入并责令拆除，结合2013年10月10日的招租照片、2013年1月8日经甲公司改造幼儿园围墙及厨房的照片及2013年11月3日双方的通话录音，法院认为，甲公司系伪造解除合同的理由，解除合同的原因在甲公司，其应向熊某承担相应的赔偿责任。合同解除后，甲公司承担返还剩余租金、赔偿合理损失等相应责任。判决：撤销一审判决，改判甲公司向熊某退还租金63890元并赔偿熊某建设费损失76685元；驳回了熊某的其他上诉请求和甲公司的反诉请求。[2]

在承租人（违约方）主动要求解除合同致使合同不能继续履行的，法官应结合案件事实，当事人过错程度、违约造成的损失等因素，根据公平原则与诚信原则，认定合同解除时间以及承租人应承担的违约责任，尽力实现当事人利益的衡平。

【案例5－87】　沈阳安怡物业管理有限公司诉中国平安人寿保险有限公司房屋租赁合同纠纷案

一审法院认为，本案两份房屋租赁合同均合法有效。平安公司承接两合同中承租人的权利义务，应当按合同约定履行。在合同约定租赁期限尚未届满，也未发生法定或约定的解除事由的情况下，平安公司提前要求解除合同，

〔1〕　参见中国审判理论研究会民事审判理论专业委员会编著：《民法典合同编条文理解与适用》，法律出版社2020年版，第411页。辽宁省高级人民法院（2019）辽民终1441号民事判决书。

〔2〕　参见安风德主编：《租赁合同纠纷案件疑难问题裁判精要》，法律出版社2021年版，第165页。

构成违约。二审法院亦持同样意见,驳回上诉,维持原判。[1] 本案中,2018年5月21日,平安公司销售中心向安怡公司发函表示不再租赁案涉房屋,提前解除租赁合同,同意承担违约责任。安怡公司向销售中心回函表示不同意提前解除合同。2018年7月至8月,平安公司通知安怡公司其已搬离案涉房屋,向安怡公司交还钥匙并进行了公证。安怡公司未接收钥匙,并向法院提起诉讼。

承租人提前提出解除租赁合同的,赔偿出租人的相应损失。

【案例5-88】 石某诉窦某房屋租赁合同纠纷再审案

再审法院认为,窦某、石某与居间方签订的《北京市房屋租赁合同》以及窦某与石某签订的《房屋租赁合同之补充合同》合法有效,双方应按照合同约定履行各自义务。对于涉案租赁合同解除时间问题。本案中,2022年2月28日窦某腾空房屋并微信告知石某收房,而根据租赁合同第十条第(二)款约定,租赁期内乙方需提前退租的,应提前30日通知甲方,并按月租金的200%作为违约金支付甲方,故窦某的解除通知于2022年3月31日发生解除效力,双方的租赁合同关系于2022年3月31日解除。窦某虽主张通过其与石某的微信聊天以及石某带人看房的行为可知,双方已在2022年2月8日闹翻,涉案租赁合同终止日期认定错误,但无论是从微信内容还是石某带人看房的行为,均不足以证明石某存在解约的意思表示,故窦某的主张不能成立。两审法院认定涉案租赁合同于2022年3月31日解除,具有事实及法律依据。对于窦某应否承担免租期损失问题。双方租赁合同约定租赁期8年,免租期(含装修期)100天,因窦某提前退租,导致石某关于免租期约定的相关利益落空,石某主张未履行期间对应的免租期损失,符合公平原则。两审法院结合合同履行时间,核算的免租期损失的具体数额适当。两审法院根据查明的事实并结合现有证据,所作判决,并无不当。窦某的再审申请不符合《民事诉讼法》第二百零七条规定的情形。裁定:驳回窦某的再审申请。[2]

个案中,法官根据双方的过错划分责任。

【案例5-89】 上海自如企业管理有限公司诉韦某某房屋租赁合同纠纷案

判决观点,原、被告均以对方违约主张解除合同,原告自如公司认为违约事由系案外人的侵权行为导致合同目的无法实现,被告韦某某表示自如公司

---

〔1〕 参见《人民司法·案例》2021年第5期(总第916期)。辽宁省高级人民法院(2019)辽民终1481号民事判决书。

〔2〕 北京市高级人民法院(2023)京民申2080号民事裁定书。

拖欠租金构成违约。一审法院认为,根据《资产管理合同》约定,韦某某应当知晓自如公司租赁系争房屋的目的及装修后转租获益,自如公司作为经营者对租赁房屋负有较于一般出租方更高的注意义务。因自称"韦老二"的案外人表示对该房屋享有产权并对系争房屋实施大门泼漆的不当行为,客观上对租客正常使用系争房屋造成干扰,导致租客白某某与自如公司就系争房屋提前解约。嗣后,因案外人侵权行为的持续性,韦某某未能自行消除该侵权行为带来的不利影响,无法提供适宜长期稳定居住的房屋,自如公司提出解约,符合合同约定,虽侵权行为系案外人所为,但根据合同相对性原则,韦某某应当对此承担违约责任。自如公司与租客白某某的房屋租赁合同虽于 2018 年 8 月 22 日解除,但起诉前从未向韦某某发出解除合同的意思表示,故法院以起诉状副本送达之日即 2019 年 4 月 12 日作为合同解除日。根据《资产管理服务合同》约定,自如公司应当自 2018 年 8 月 27 日起计算系争房屋租金收益并在 2018 年 9 月 26 日作为支付第一笔收益的结算日。韦某某同意在装修、寻找客户、客户更换空档期、房屋维修等原因导致的空置期内不收取收益。故韦某某以自如公司不支付收益为由行使合同解除权,缺乏法律依据,一审法院不予支持。韦某某作为违约方,应根据约定向自如公司承担违约责任,即支付系争房屋装修残值 28339.07 元、家具家电现值 10000 元并返还自如公司已经支付的 5960 元服务质量保证金。原告自如公司对系争房屋占有利益损失分担。原告自如公司虽然在案外人实施侵权行为且被告韦某某不能消除上述不当影响的情况下于 2019 年 3 月通过短信告知韦某某电子锁密码以及修改事宜,但从未明确表达过要求解除合同并进行房屋交接的意思表示,故法院不予采信自如公司以该短信作为系争房屋已经交接依据的意见,双方实际于 2019 年 11 月 21 日进行房屋交接。对韦某某主张的自 2018 年 7 月 25 日起至 2019 年 11 月 21 日止的房屋租金和占有使用费,一审法院认为,根据《资产服务管理合同》约定,原、被告理应从 2018 年 8 月 27 日开始计取收益,但因为寻找客户或客户更换空档期等造成的房屋空置期,韦某某同意不收取任何收益。因案外人侵权行为造成租客在 2018 年 8 月 12 日退出,韦某某对此知晓并采取措施避免侵权人继续实施侵权行为,但直至 2019 年 2 月底,系争房屋的上述不利影响还未消除,自如公司未向韦某某支付上述期间的租金收益符合合同约定情形。此后,韦某某于 2019 年 3 月向自如公司要求返还房屋,自如公司在明知系争房屋无法转租的情况下以相关费用未实际支付为由拒绝腾房,其即便于当月短信告知密码更换事宜,以此表示同意韦某某收房但之后亦未进一步跟进韦某某的收房情况,故自如公司对系争房屋在 2019 年 3 月 20 日至 4 月 12 日的空置损失存在过错,法院酌情从其主张的违约金中予以扣减相关金额。自如公司以起诉方式解除合同后,负有合理期限内向韦某某返还房屋的后合同义务，但未有证据证明自如公司积极要求交房的事实，故酌定支付截至2019年11月21日的房屋占有使用费43820元。判决：一、自如公司与韦某某于2018年6月20日签订的《资产管理服务合同》于2019年4月12日解除；二、韦某某向自如公司支付房屋装修损失费28339.07元、配置折旧费1000元；三、韦某某向自如公司支付违约金8520元；四、韦某某向自如公司返还服务质量保证金5960元；五、自如公司向韦某某支付房屋占有使用费43820元；六、驳回韦某某的其他诉讼请求。[1]

《民法典》第七百二十三条第一款规定："因第三人主张权利，致使承租人不能对租赁物使用、收益的，承租人可以请求减少租金或者不支付租金。"本条并未明确规定承租人是否有权解除租赁合同、赔偿损失。笔者认为，在个案中法律应支持承租人的此类合同解除权，但不免除自身的过错责任。该条第二款规定："第三人主张权利的，承租人应当及时通知出租人。"依据该条款的规定，承租人在第三人主张权利时应通知出租人，在承租人怠于通知或有过错导致租赁合同解除的，亦应承担相应责任。

应注意的是，承租人进场装修之后，房屋才出现"无法使用"的情况，解除合同往往会导致装修损失。《民法典》第七百二十三条规定了承租人在特定情形下，拥有少交或免交租金的权利，但对此承租人不存在过错，反之则应承担解除租赁合同的责任。

（二）无法继续履行解除处理

其一，法律上不能继续履行。这就是说，继续履行不得违反法律规定。如果强制实际履行，则违反法律的规定。如在债务人破产时，债务人不得履行与某个普通债权人所订立的合同。

【案例5－90】 昆明市公安消防支队与重庆垫江复合保温材料总厂、昆明小林大酒店有限责任公司房屋租赁合同纠纷案

最高人民法院认为，关于消防支队的请求继续履行合同问题，因合同无效，该合同中所设定的权利义务自始就不具有约束力，消防支队请求继续履行《租赁协议书》约定的垫江总厂支付第一租赁年度租金50万元，缺乏合同依据，不予支持。[2]

---

[1] 参见陈昶主编：《2022年上海法院案例精选》，上海人民出版社2022年版，第82～85页。

[2] 参见最高人民法院民事审判第一庭编：《最高人民法院民事案件解析》（房屋买卖、租赁纠纷），法律出版社2010年版，第318页。

这里应注意的是，审查合同的履行障碍，不同于审查合同的效力，“法律”上的障碍不应限于狭义上的“法律”，而是应当理解为广义法律概念下的各种法律概念。这是因为，合同是否有效与合同是否能够履行是两个层面的问题。对合同效力的审查标准应当高于对合同是否能够履行的审查标准。而且，从我国现阶段行政执法的实际情况看，一些效力层级低的法律规范，在实践中往往更严格地被某些地方、某些部门执行着，如果法院对这类法律规范一概认为不属于合同法上规定的“法律上的履行障碍”，与实践情况不符，而且也会对合同履行陷入进退两难的境地起到“推波助澜”的作用。[1]

军队停止有偿服务的原因导致合同无法继续履行，双方继续履行合同不具有现实可能性，属于法律规定的其他情形。

【案例5-91】　某部队诉北京八达岭野生动物世界有限公司房屋租赁合同纠纷案

一审法院认为，关于动物世界公司曾向某部队提出缴纳租金，但某部队表示因上级有文件要求部队停止有偿服务不能收租金，动物世界公司超过合同约定的期限六个月缴纳租金不能归责于动物世界公司，故某部队不能因动物世界公司超过合同约定期限缴纳租金而解除合同；动物世界公司不存在违反合同约定对租赁场地进行改建或新建行为，虽其租赁期间确实改变了租赁房屋的使用用途，增设了栅栏，行为欠妥，但不构成根本违约，某部队不能据此而解除合同。2016年2月，中央军委印发《关于军队和武警部队全面停止有偿服务活动的通知》，属不可归责于双方当事人的原因导致合同无法继续履行，某部队要求解除合同，应予支持。某部队主张2017年9月19日向动物世界公司发过通知解除合同，但未提交证据，动物世界公司亦不认可，法院不予采纳。载有当事人解除合同意思表示的起诉书，可被理解为解除合同的通知，该起诉书通过法院送达，到达对方时发生解除合同的效力，故动物世界公司签收起诉状副本等法律手续的时间应视为合同解除时间。二审法院亦持同样意见，维持一审判决。[2]

【案例5-92】　中国人民解放军66446部队诉北京东西分析仪器有限公司房屋租赁合同纠纷再审案

再审法院认为，本案中，中央军委下发的《关于军队和武警部队全面停止

---

〔1〕 参见最高人民法院民事审判第一庭编：《民事审判指导与参考》2012年第4辑（总第52辑），人民法院出版社2013年版，第126页。

〔2〕 参见国家法官学院、最高人民法院司法案例研究院编：《中国法院2020年度案例》（合同纠纷），中国法制出版社2020年版，第38～39页。北京市第一中级人民法院（2018）京01民终4777号民事判决书。

有偿服务活动的通知》虽系双方当事人在履行《租赁协议》过程中不能预见且不可归责于双方当事人的事由，但该事由既不属于自然灾害，也不属于社会异常行动，而仅系中央军委对军队和武警部队下发的内部管理性规定，不属于不可抗力。故66446部队关于中央军委下发的《关于军队和武警部队全面停止有偿服务活动的通知》，系在合同履行期间发生了不可抗力，其无须承担赔偿责任的再审理由不能成立。《合同法》第九十三条规定，当事人协商一致，可以解除合同。故原审法院依据庭前会议确认2018年5月10日为租赁协议解除之日并无不当。[1]

其二，依据合同的性质不能履行或债务的标的不适合继续履行。对一些基于人身依赖关系而产生的合同。

合同签订的基础和前提发生变化后，在双方协商不成，且履行费用过高的情况的处理。

【案例5－93】 武汉楚都房地产有限公司与武汉易初莲花连锁超市有限公司房屋租赁合同纠纷再审案

再审法院认为，武汉市汉阳区人民政府与楚都公司签订的《土地使用权转让合同》约定武汉市汉阳区人民政府将原汉阳区委区政府机关大院及周边26.34亩的国有土地使用权以7737.52万元整体租给楚都公司，用于开发建设“闵东国际城”。《租赁合同》第三十八条约定：“本合同经双方法定代表人或授权委托代理人签字、单位盖章后，在楚都公司和地方政府签订土地使用权转让协议以及取得《土地使用权证书》和该项目立项批复获得批准之日生效。”因此，武汉市汉阳区人民政府与楚都公司签订的《土地使用权转让合同》是楚都公司与易初莲花公司签订《租赁合同》的前提和基础。上述两份合同签订后，因国家关于国有土地使用权出让政策发生变化及武汉市城市规划要求，楚都公司受让的国有土地使用权经武汉市土地交易中心挂牌交易，楚都公司以15400万元受让24183.34平方米（约36.26亩）的国有土地使用权。因此，在《租赁合同》签订背景发生变化之后，楚都公司与易初莲花公司应根据《合同法》第五条“当事人应当遵循公平原则确定各方的权利和义务”的规定协商变更《租赁合同》的有关内容。本案中，易初莲花公司承租的房屋面积达25000平方米，且房屋租赁合同关系具有协作性，在双方当事人不能达成协议的情况下，楚都公司要求解除《租赁合同》，符合《合同法》第一百一十条第（二）项“当事人一方不履行非金钱债务或者履行非金钱债务不符

---

〔1〕 参见北京市第一中级人民法院编：《裁判方法与法律适用：案例精选》（2019年卷），法律出版社2020年版，第434～435页。北京市第一中级人民法院（2019）京01民再130号民事判决书。

合约定的，对方可以要求履行，但有下列情形之一的除外：……（二）债务的标的不适于强制履行或者履行费用过高”和《担保法解释》第一百一十七条“定金交付后，交付定金的一方可以按照合同的约定以丧失定金为代价而解除主合同，收受定金的一方可以双倍返还定金为代价而解除主合同”的规定。……原一、二审判决认定事实清楚，但适用法律均有偏差，本院予以纠正。检察机关的抗诉理由成立。[1]

【案例5-94】　北京比斯贝斯商贸有限公司与北京城乡一一八生活汇超市有限公司房屋租赁合同纠纷案

二审法院认为，2018年11月30日，比斯贝斯公司与一一八超市签订《房屋租赁合同》，约定比斯贝斯公司将案涉房屋出租给一一八超市，租赁期五年。合同载明房屋权属情况为：甲方持有房屋出租权，房屋抵押情况为：有抵押，无诉讼。后经查询，合同签订时涉案租赁房屋已被查封，双方又签订《补充协议》约定比斯贝斯公司应在2019年3月31日前提供涉诉租赁房屋的解封手续，但比斯贝斯公司未能在上述期限提供解封手续，一一八超市通知解除合同，并起诉比斯贝斯公司请求赔偿损失。法院认为，《房屋租赁合同》及《补充协议》系双方的真实意思表示，不违反法律、行政法规的强制性规定，合法有效，双方均应遵照履行，比斯贝斯公司未能如约将租赁房屋解封，违反了《房屋租赁合同》及《补充协议》的约定，致使本案租赁关系处于一种不稳定状态，客观上增加了一一八超市的经营风险，有悖于签订租赁合同的初衷，故一一八超市有权单方解除合同，比斯贝斯公司理应承担相应违约责任，赔偿一一八超市因合同解除而产生的经济损失。[2]

租赁房屋作为经营的设备已被拍卖，承租人无法继续经营的，应予以解除租赁合同。

【案例5-95】　俞某某与楼某某等房屋租赁合同纠纷再审案

再审法院认为，关于本案房屋租赁合同是否应当解除的问题。根据2009年10月27日《房屋出租合同》的约定，承租人未按期支付租金，出租人可以书面通知承租人解除房屋租赁合同。因承租人楼某某等人存在不按约支付租金的违约行为，出租人俞某某起诉要求解除房屋租赁合同等，一审判决解除房屋、腾退房屋、支付租金和违约金等，符合双方合同的约

---

〔1〕参见江必新主编、最高人民法院审判监督庭编：《全国法院再审典型案例评注》（上），中国法制出版社2011年版，第340～341页。

〔2〕参见最高人民法院民法典贯彻实施工作领导小组编著：《中国民法典适用大全》（合同卷五），人民法院出版社2022年版，第2156～2157页。北京市第二中级人民法院（2020）京02民终8133号民事判决书。

定。虽然本案房屋租赁期限为十年,承租人在租赁房屋上投入巨大,但是二审法院曾明确要求楼某某在合理期限内支付相应租金以考虑合同继续履行,而楼某某未予支付租金。据此,二审作出维持一审判决的处理意见,同时告知"若上诉人认为房屋租赁合同的解除对其造成了损失,可另行主张",并无明显不当。另外,从再审查明事实来看,直至本案二审终审(2012年2月29日)解除合同的判决生效以后,楼某某等一直在案涉租赁房屋经营娱乐会所,其经营行为并未因本案诉讼而受影响,俞某某在本案诉讼期间也未因承租人不付租金而妨碍其经营。2012年7月,楼某某等经营的娱乐会所系因涉黄被诸暨市公安局处以停业整顿三个月的处罚。娱乐场所内的音箱设备家具等也因另案(楼某某拖欠案涉房屋装修工程款被起诉)当事人申请强制执行而被法院拍卖。据此,申诉人要求继续履行房屋租赁合同已无实际意义。二审作出的解除合同等终审判决符合双方租赁合同的约定和法律的规定。[1]

其三,继续履行已根本不可能。继续履行的目的,是促使违约方履行原合同规定的义务,但如果因违约方的违约使合同丧失了履行的可能性,这种情形呈现多样化,很难一一列举如合同标的物是特定物且已遭受毁损灭失,在此种情况下,强制违约方履行义务也是不可能的。个案中,由法官根据案情自由裁量。

在合同标的物不存在的情形下,是合同不能继续履行的主要原因。

【案例5-96】 北京中粮广场发展有限公司与北京和德俱乐部有限公司房屋租赁合同纠纷案

就租赁合同继续履行问题,最高人民法院认为,中粮广场在二审诉讼中要求继续履行初步合同,但和德公司已经另行租赁了经营场地,双方在一审中均同意终止合同,故双方的承租关系应予解除。[2]

【案例5-97】 广州市天河仓市场发展有限公司与广州市汽车博览中心、广州市博灏汽车贸易有限公司、广州体育学院租赁合同纠纷案

最高人民法院认为,在天河仓公司将本案所涉场地转租给汽博二公司期间,因该公司欠付广州体院租金和滞纳金,广州体院根据其与天河仓公司的约定单方通知解除合同,事后双方在民事调解书中确认其租赁关系于2003年11月3日解除。天河仓公司虽否认其收到过广州体院于2003年11月3日发出的解约通知,但其与广州体院于该日解除合同的事实已由生效法律文

---

〔1〕 浙江省高级人民法院(2014)浙民提字第13号民事判决书。

〔2〕 参见最高人民法院民事审判第一庭编:《最高人民法院民事案件解析》(房屋买卖、租赁纠纷),法律出版社2010年版,第291页。

书确认,故天河仓公司的辩解不影响本院对其与广州体院解约时间的认定。天河仓公司与顺达公司在《补充协议(三)》中约定天河仓公司转租场地的期限为1999年5月1日至2004年10月15日。因广州体院与天河仓公司解除合同,天河仓公司不能向汽博二公司如约合法提供出租物,据此,应认定天河仓公司对汽博二公司构成违约。依据天河仓公司与博灏公司在《房屋租赁合同》第十条的约定,天河仓公司应承担相应的违约责任。但考虑到在双方租赁关系存续期间汽博二公司亦有拖欠部分租金的违约行为,天河仓公司与汽博二公司解除合同后汽博二公司并未间断使用出租物,以及汽博二公司未证明因天河仓提前解约其所遭受的实际损失等原因,本院认为,对天河仓公司违约责任可不予追究。汽博二公司上诉请求判令天河仓公司双倍返还定金以及支付赔偿金,本院不予支持。原审判决认定广州体院与天河仓公司解除合同与天河仓公司违约有关,也与汽博二公司和广州体院直接达成协议有关,但本案事实表明,广州体院与天河仓公司解约在先,广州体院和汽博二公司签约在后,且广州体院与天河仓公司解约系因与天河仓公司欠付租金所致,因此,原审判决对天河仓公司与汽博二公合同解除原因的认定与事实不符,本院予以纠正。[1]

因火灾的发生,租赁物大部分损毁无法继续使用,合同目的已经无法实现,可以解除租赁合同

【案例5-98】　福尔公司诉谢某华、恒业公司房屋租赁合同纠纷案

判决观点,租赁合同解除问题。《厂房租赁合同》是当事人真实意思表示,合法有效。现因本案火灾的发生,租赁物于2017年12月26日已经被大部分损毁,无法继续使用,合同目的已经无法实现。福尔公司要求解除合同,法院予以支持。恒业公司一方主张自2017年12月27日起,租赁合同实际上已经中止履行,之后也未继续使用租赁厂房,该主张符合客观情况,予以认可。租赁合同自2017年12月27日起解除。[2]

房屋租赁合同未到期,出租人强行解除房屋租赁合同并将房屋出租给善意第三人,原承租人请求继续履行合同不能得到支持。合同能否继续履行,应根据实际情况判定是否支持原承租人的请求。在出租人已经将房屋租赁给善意第三人,原承租人请求继续履行合同存有障碍,可主张出租人承担其他违约责任,法官不

---

〔1〕 参见最高人民法院民事审判第二庭编:《最高人民法院商事审判指导案例》(合同卷)(下),中国法制出版社2011年版,第776页。

〔2〕 参见国家法官学院、最高人民法院司法案例研究院编:《中国法院2021年度案例》(合同纠纷),中国法制出版社2021年版,第105页。福建省泉州市安溪县人民法院(2019)闽0524民初793号民事判决书。

予支持继续履行合同请求。

【案例5－99】 李某诉嘉和公司房屋租赁合同纠纷案

二审法院认为,李某同嘉和公司签订的《商铺租赁合同》合法有效,当事人应本着诚信原则履行合同。嘉和公司单方解除同李某签订的《商铺租赁合同》没有法律依据,构成违约,李某可以根据《合同法》第一百零七条的规定,要求嘉和公司承担继续履行的违约责任。但是,本案嘉和公司已经同善意第三人张某签订《商铺租赁合同》,该租赁合同亦合法有效,且李某同嘉和公司签订的《商铺租赁合同》正依约履行,因此李某主张继续履行同嘉和公司签订的《商铺租赁合同》必然造成嘉和公司与张某解除租赁合同关系。且本案第三人不同意解除租赁合同,因此李某的请求必然造成同嘉和公司对张某的租赁合同违约,不符合合同法鼓励交易的目的,亦不符合民法的公平原则。故李某的请求无法律依据,一审判决适用法律错误,应予纠正。据此,二审法院判决:驳回李某的诉讼请求。[1]

其四,租赁合同解除与继续履行关系。实务中,一方当事人请求解除租赁合同,另一方当事人请求继续履行的,要视具体案情而定。如果守约方申请继续履行合同在法律上或者事实上不能的,则法院不应支持。

【案例5－100】 李某诉甲公司房屋租赁合同纠纷案

2007年5月1日,甲公司与李某签订《商铺租赁合同》。同年12月2日,因李某雇用工作人员未按《商城管理规定》统一着装,甲公司管理人员同李某发生争吵。当日,甲公司告知李某解除《商铺租赁合同》,要求李某5日内腾退商铺,李某不同意解除合同,表示愿意继续租赁该商铺,并保证服从商城的管理。12月10日,甲公司强行将李某摊位清空,并发布招租公告。12月15日,甲公司同求租者之一的张某签订《商铺租赁合同》,租赁条件同李某的租赁条件相同,期限为2007年1月1日至2009年12月31日,租金为每月2万元。甲公司同张某的《商铺租赁合同》履行期间,李某以甲公司为被告向法院提起诉讼,要求继续履行同甲公司签订的《商铺租赁合同》。法院在审理过程中,将张某追加为本案的第三人。经查明,甲公司与李某签订的《商铺租赁合同》无合同解除的约定。甲公司的《商铺租赁合同》规定员工未按规定统一着装的,由商铺管理人员予以训诫,并可视情况处以50元罚款;该规定中也没有关于甲公司解除合同的规定。

一审法院认为,甲公司的《商铺管理规定》以及甲公司同李某签订的《商

---

〔1〕 参见最高人民法院民事审判第一庭编:《民事审判指导与参考》2009年第3集(总第39集),法律出版社2010年版,第172页。

铺租赁合同》均无当事人单方合同解除权的约定，在当事人对解除合同未达成合意的情况下，甲公司解除合同并不符合法律规定的解除条件，因此，甲公司单方解除《商铺租赁合同》的行为无效。故当事人双方应继续履行所签订的《商铺租赁合同》。据此，判决：甲公司继续履行同李某签订的《商铺租赁合同》。二审法院认为，甲公司单方解除同李某签订的《商铺租赁合同》没有法律依据，构成违约，李某可以根据《合同法》第一百零七条的规定，要求甲公司承担继续履行的违约责任。但是，本案甲公司已经同善意第三人张某签订《商铺租赁合同》，该租赁合同亦合法有效，且张某同甲公司签订的《商铺租赁合同》正依约履行，因此李某主张继续履行其与甲公司签订的《商铺租赁合同》必然造成甲公司同张某解除租赁合同关系。且本案第三人张某不同意解除租赁合同，因此李某的请求必然造成甲公司对张某的租赁合同违约，不符合《合同法》鼓励交易的目的，亦不符合民法的公平原则。故李某的请求无法律依据，一审判决适用法律错误，应予纠正。据此，二审法院判决撤销一审判决，驳回李某的诉讼请求。

最高人民法院民一庭倾向性意见，根据《合同法》第一百零七条的规定，违约责任的承担方式有继续履行、采取补救措施或者赔偿损失等。一方当事人在另一方当事人违约的情况下，请求继续履行合同的，人民法院除审查当事人违约的事实外，还应该审查当事人的申请是否符合《合同法》第一百一十条规定，如果当事人申请继续履行在法律上或者事实上不能履行的，人民法院不应当支持当事人的请求。[1]

承租人违约符合合同解除条件，出租人选择继续履行房屋租赁合同的，法院应予以支持。

【案例 5－101】　刘某某诉赵某某、王某某房屋租赁合同纠纷案

判决观点，被告抗辩认为该房屋租赁合同为效力待定的合同，因原告与他人签订的房屋租赁合同未约定不得转租，且石河子市旅客运输服务中心同意谢某清转租房屋，故对被告该抗辩理由法院不予采信。《合同法》第六十条第一款规定……故原、被告双方均应恪守合约，秉着诚实信用原则全面履行各自的义务。在本案中，原告依约履行其义务，被告亦应当按照合同约定履行。按照双方签订的房屋租赁合同的约定，被告应按约交纳暖气费，如不按约交纳，原告有权停止被告的经营。被告该抗辩认为暖气费的交纳并未规定明确的时间，交纳暖气费应在每年 10 月 15 日供热之前，

〔1〕　参见最高人民法院民事审判第一庭编：《民事审判指导与参考》2009 年第 3 集（总第 39 集），法律出版社 2010 年版，第 172 页。

故对被告该抗辩理由法院不予采信。《合同法》第一百零七条第一款规定……原告要求被告继续履行合同、交纳房租的请求符合上述法律规定，法院予以支持。被告主张该合同租赁期分两期，第一期已履行近届满，原告锁门表示不续租，应解除双方签订的房屋租赁合同，该主张与合同约定不符，原告的锁门行为并非违约行为，故对被告的反诉请求，法院不予支持。判决：一、原告刘某某与被告赵某某、王某某于2012年8月16日签订的房屋租赁合同继续履行；二、被告赵某某、王某某向原告刘某某交付2014年11月30日至2015年11月30日的房屋租金50000元；三、驳回被告赵某某、王某某的反诉请求。[1]

实务中对法院判决继续履行的案件，尚有深入研究之处。

【案例5－102】 某外资企业诉某公司房屋租赁合同纠纷案

承租方外资企业与出租方某公司签订租赁合同，约定：出租方将其所属的佳田工业园出租给承租方，在此基础上，出租方还应再建一栋宿舍楼，五个月内建成出租给承租人。出租方必须解决所出租房屋的产权及土地纠纷，在出租前对房屋装修必须符合一定的标准。合同签订后，承租人提前预付了租金，并依照租赁合同进行投资和经营活动。出租人也依约交付工业园的房屋，但以实际面积超过约定面积为由，将仓库和其中的一间房屋共计500平方米的面积另行出租给他人。承租人在接受工业园时，发现工业园的装修不符合合同约定的标准，为节省时间，不得不重新装修。其后，该工业园因地产纠纷而被政府有关部门查封，致使承租方无法继续经营，并且出租人也未依合同建造宿舍楼以交付承租方使用。承租人在蒙受巨大损失的情形下，向法院起诉。法院审理后认为，租赁合同为有效合同，承租方诉请出租方立即建设并交付另一栋宿舍不予支持。因为这种请求不是一般的给付之诉，该条款的履行有一定的条件限制，租赁的标的限于有体物，无体物无法出租，故出租方无须继续履行该条款，该条款无须继续履行过错在出租方，出租方应承担相应的民事责任。[2]

学者对该案法院认定的不能继续履行合同提出了异议。在是否继续履行上，本案租赁合同规定了出租方负有两项义务，其一是建造宿舍，其二是将宿舍交付（出租）承租方，履行这一条款就意味着出租方既要建宿舍，又要出租宿舍，缺一不可。也就是说，合同设定了出租方建造房屋和出租房屋两项义务，违反任何一项即构成违约。合同权利义务以约定为准，不能以通常租赁合同以现房作为租赁

---

〔1〕 新疆维吾尔自治区石河子市人民法院（2014）石民初字第4485号民事判决书。

〔2〕 参见梅夏英、任风霞：《出租方违约，责任如何承担》，载《人民法院报》2003年4月16日，第3版。

标的物的合理性。否则,如果依这种逻辑,那么相对于现货买卖而言,订单交易也就是无法实际履行的了。在一个合同关系中,设定多个权利义务是合同自由原则的体现。一个合同的权利义务并不一定可由一个有名合同来概括,只能以合同为依据,而不能以学理上的一般合同的基本特征为依据进行评判。实践中大量出现的无名合同和混合合同就是例证。不论合同概括得如何,这种义务违反的后果却由守约方提出是否继续履行的请求,由法官裁量,法官依据客观情况进行分析判断后作出裁定。法官并不是根据合同约定义务一项或多项的违反裁定继续履行或不履行,而是综合各种情况确认,当然约定的义务越多且容易导致违约。本案中,建设并交付宿舍是一对不可分割的行为,是双方当事人对客观情况进行分析判断后所作的一项合理约定,是可以继续履行的。出租方和承租方在签约时,已经充分考虑到建设宿舍的可行性,比如,有空地可供建设、建设时间充裕,出租方已提前做好消防报批手续,承租方提供资金支持等。应该强调,对不能继续履行裁定必须有合法、合理的依据,而不是缺乏科学依据。在出租合同中,承租方要承租的房屋永远是有体物,而不是无体物。在法律上所谓的"无体物"和"有体物"是对权利对象的一种分类,比如房屋为有体物,知识产品为无体物,而不是关于某一权利对象是否是目前存在的分类标准。所以,本案中,并没有牵涉所谓"有体物"和"无体物"的区别这一问题。法官认定出租方不能继续履行合同是由于没有建造宿舍而为无体物,显然犯了最基本常识错误,从法律上站不住脚。本案之所以不能继续履行合同,是因为出租方没有履行建造房屋义务而不是什么无体物问题。

租赁关系终止后,承租人应当将租赁物返还给出租人,租赁物还能继续使用、收益的,承租人还应保持租赁物这种使用、收益的状态。只要承租人返还的租赁物符合合同约定状态,或者符合承租人正常使用收益后合理损耗的状态,其返还义务的履行就是适当的。也就是说,在法律上只要承租人返还的租赁物符合合同约定或者租赁物的性质使用后的状态即可。

【案例5－103】　中国平安人寿保险股份有限公司厦门分公司诉何某朗房屋租赁合同纠纷案

判决观点,本案中,双方对于返还租赁物的状态未约定,则作为承租人的原告将符合正常使用收益后具备合理损耗的房屋返还给被告,即视为履行义务。本案原告在约定租赁期限届满当日即将房屋交付被告,应认定其已履行返还房屋的义务。即使原告负有在租赁期限届满后及时撤销营业地址的工商登记的义务,但双方对于撤销登记的期限并无约定,原告在租赁期限届满前积极办理营销服务部营业地址的变更登记手续,并于2010年12月30日办妥,已履行了义务。故被告主张原告未完整返还房屋,缺乏合同和法律依据,法院不予采纳。被告主张原告未完整返还房屋致使其遭受损失,但其提供的案外人高明出具的“证明”属证人证言,证人并未出庭作证接受双方当事人质询,该证言不予采信,被告的损失主张,不予采纳。综上,根据合同约定,租赁合同期限届满,原告不存在违约行为,被告应当返还原告交纳的保证金。原告诉请被告返还,具有合同依据,予以支持。[1]

其五,承租人提前退租。实践中,承租人无任何理由想要退租时,已经陷入合同僵局无法继续履行合同,故法院一般判决合同解除。在承租人主动违约的情形下,通常会告知出租人愿意承担一个月违约金,而这也是常见的合同约定,因此通常会以该标准判令承租人承担违约金。但出租人若认为违约金无法弥补给其造成的损失,可以要求法院调高违约金。若出租人认为承租人的擅自退租给其造成了损失可以要求赔偿,若认为因为其未完全搬离也可以要求使用期间的租金。单纯的不同意解除合同,必须让其缴纳租金继续租住的诉求可能不会得到法律的支持,这也造成了资源的浪费。应注意的是,出租人负有防止损失扩大的义务。

【案例5-104】 宁波爱博特文化产业园开发有限公司诉祁某伟房屋租赁合同纠纷案

一审法院认为,爱博特公司、祁某伟签订的房屋租赁协议、物业管理协议系双方当事人的真实意思表示,内容也不违反法律、法规的强制性规定,应为合法有效,双方当事人均应按约履行义务。两份协议的双方当事人相同,所指向的也系同一租赁物,爱博特公司同时主张,于约相符,一审法院予以支持。租赁协议虽于2019年9月28日签订,但协议载明的租赁起算日期为2019年9月16日,爱博特公司称该日为租赁物交付日具有高度盖然性,一审法院予以支持。祁某伟还主张免租期,但证据不足,一审法院难以采纳。合同履行过程中,祁某伟于2021年9月23日提出解约并于之后搬离租赁物,爱博特公司认为租赁尚未到期,双方也未协商一致,合同至今未解除,祁某伟则认为受疫情影响导致经营困难,其已告知不再租赁并搬离租赁物,合同已解除。一审法院认为,根据诚实信用原则,租赁合同履行过程中,双方当事人均应照顾对方的合理期待,若双方已形成合同僵局,应赋予承租人在自愿承担违约责任的前提下享有提前解除合同的权利。且租赁协议也约定,若承租人擅自退租,除应支付未付租金外,应按一个月租金支付违约金。根据该约定,祁某伟亦有权提前解除合同。故祁某伟提前解除合同,一审法院予以采纳,祁某伟应承担解约违约金46277.67元。合同解除后,祁某伟应将租赁物返还给爱博特公司。祁某伟虽于2021年9月28日搬离,但9月30日又至

[1] 参见国家法官学院案例开发研究中心编:《中国法院2013年度案例》(合同纠纷),中国法制出版社2013年版,第40~41页。福建省厦门市海沧区人民法院(2011)海民初字第594号民事判决书。

租赁物处拆除空调，祁某伟也未举证证明其已及时交付钥匙或通知交还租赁物，其辩解租金应算至9月28日，一审法院难以支持。当事人一方违约后，对方应当采取适当措施防止损失的扩大。没有采取适当措施致使损失扩大的，不得就扩大的损失要求赔偿。爱博特公司作为出租人，在祁某伟通知不再租赁且双方于搬离日还曾发生争议的前提下，理应查看租赁物具体情况以避免损失扩大，否则就扩大的损失应自行承担责任。鉴于此，一审法院酌情将租金计算至2021年10月底。据此，祁某伟尚应支付租金69987元(46天/365天×555332)，物业费8694元(1449平方米×3元/平方米/月×2，协议约定不满一月按一月计算)。2021年9月23日，祁某伟就已通知爱博特公司不再租赁，且双方对免租期也存在争议，爱博特公司还主张自2021年8月17日起按未付年租金标准计算逾期付款滞纳金，一审法院难以支持。承租人的装饰装修系经出租人同意而为，不构成对出租人房屋的侵权，且根据法律及司法解释规定，因承租人违约导致合同解除，承租人请求出租人赔偿剩余租赁期内装饰装修残值损失的，不予支持。因此，承租人的违约行为导致合同解除，在双方对形成附合的装饰装修没有约定的，装修残值的所有权已归属于出租人，出租人无权要求承租人予以恢复原状。返还的租赁物应当符合按照约定或者租赁物的性质使用后的状态，但祁某伟拆除空调等行为已对租赁物造成了损坏，一审法院酌情确定祁某伟赔偿损失30000元。二审法院认为，当事人对自己主张的事实，有责任提供证据予以证明。祁某伟上诉称涉案《房屋租赁协议》租金已经超付，但未提供充分证据予以佐证，本院难以采信。关于租赁期，一审已作详尽阐述，本院不再赘述。关于日常维修费、客梯保养费、货梯保养费等费用符合合同约定，祁某伟亦在此前租赁时予以支付，一审法院予以认定，并无不当。关于拆除空调的损失，依照《合同法》第二百一十九条规定，承租人未按照约定的方法或者租赁物的性质使用租赁物，致使租赁物受到损失的，出租人可以解除合同并要求赔偿损失。本案中，祁某伟私自拆除空调的行为对案涉租赁物造成了损失，应予以赔偿，一审法院酌情确定该损失为30000元，亦无不当。祁某伟可就案涉合同押金另行主张权利。综上所述，上诉人祁某伟的上诉请求不能成立，应予驳回。一审判决认定事实清楚，适用法律正确，应予维持。判决：驳回上诉，维持原判。[1]

【案例5-105】　马某峰诉王某群房屋租赁合同纠纷案

二审法院认为，依照《民事诉讼法》第一百七十五条、《民事诉讼法解释》第三百二十一条的规定，二审案件的审理应当围绕当事人的上诉请求以及有

---

〔1〕浙江省宁波市中级人民法院(2022)浙02民终3687号民事判决书。

关的事实和适用法律进行审查。针对双方上诉意见,本院分析认定如下:(1)关于涉案合同的解除时间及占用费的认定。根据双方的微信聊天记录,王某群于2022年7月1日起向马某峰提出解除合同,要求交接商铺,并明确表示其已于2022年6月25日搬离,其后在同一个月内继续三次表示要求解除合同,虽马某峰不同意解除合同,但因王某群已实际搬离,涉案合同已实际解除,一审认定2022年7月1日解除并无不当,据此,王某群应支付至2022年7月1日止的租金。《民法典》第五百九十一条规定:当事人一方违约后,对方应当采取适当措施防止损失的扩大,没有采取适当措施致使损失扩大的,不得就扩大的损失请求赔偿。马某峰在明知王某群已搬离,涉案房屋处于空置状态,马某峰作为涉案场地的权利人,在场地长期空置的情况下未及时收回场地,其行为不符合上述法律规定体现的善意减损原则,因此一审基于王某群违约,马某峰同样亦有止损义务,酌情确定王某群应向马某峰支付自2022年7月1日至9月30日的商铺空置损失,公平合理,本院予以维持。马某峰、王某群针对上述处理所提意见,本院均不予采纳。(2)关于滞纳金。《商铺租赁合同》约定,“违约方逾期向守约方赔付违约金或逾期向守约方赔偿经济损失的,每逾期一天,守约方有权向违约方加收实欠违约金总额1%或实欠赔偿金总额1%的滞纳金”。结合涉案合同上下文,该条系对于违约所有事项的概括性条款,应适用于欠租的情形,故对于马某峰主张欠租应适用该条的意见,予以采纳。根据《民法典》第五百八十五条第二款“约定的违约金低于造成的损失的,人民法院或者仲裁机构可以根据当事人的请求予以增加;约定的违约金过分高于造成的损失的,人民法院或者仲裁机构可以根据当事人的请求予以适当减少”的规定,违约金应相当于违约所造成的损失,马某峰未提交损失证据,合同约定违约金明显过高,结合一审也判令的空置损失,本院酌定调整为按照同期全国银行间同业拆借中心公布的贷款市场报价利率上浮50%计付违约金。(3)关于税费、水费、垃圾处理费、用电损耗费、电费、管理费等费用。根据合同约定,“合同期内,该商铺的管理费、电费、水费及经营活动产生的一切费用由王某群负责,如因王某群欠费造成向马某峰追缴时,马某峰有权向王某群追缴”,现马某峰已垫付上述费用,王某群理应向马某峰返还。因本案判令王某群承担涉案房屋2022年9月30日前的租金、占用费,故王某群承担上述费用的范围亦限于该期间,马某峰主张超出的部分,本院不予支持。经核算,该期间水费、垃圾处理费、用电损耗费、电费、管理费为6086.05元。马某峰主张的税费,未存在实质垫付行为,且王某群表示其自行向第三方缴交,故一审处理妥当,本院对于马某峰的该请求,不予支持。综上所述,因二审出现新证据,本院据实改判。马某峰的部分上诉意见成立,予以支持,对于其他诉讼请求,予以驳回;王某群的上诉请求不能成立,应予驳回。[1]

个案中,法官根据具体案情对原告的诉讼请求作出处理。

【案例5-106】　山东海洋发展有限公司诉单某明房屋租赁合同纠纷案

一审法院认为,双方签订的《悦澜诚品商业街商铺租赁合同》《商铺租赁合同补充协议》《悦澜诚品商业街运营管理协议》《租赁合同补充协议》均系双方的真实意思表示,亦不违反法律法规的强制性规定,均合法有效,对双方具有法律约束力。双方均认可涉案《悦澜诚品商业街商铺租赁合同》《商铺租赁合同补充协议》《悦澜诚品商业街运营管理协议》已解除,但双方对解除时间的主张不一致。海洋公司主张涉案《悦澜诚品商业街商铺租赁合同》《商铺租赁合同补充协议》《悦澜诚品商业街运营管理协议》于2022年5月24日解除,单某明主张于2021年11月25日解除。对此,法院认为,综合单某明提交的1115771628577号邮件交寄单及邮件信封照片打印件、收房通知照片打印件、邮政部门出具的1115771628577号邮件跟踪查询详情打印件可以认定单某明于2021年12月8日向海洋公司邮寄了收房通知,邮件于2021年12月9日签收。单某明虽无单方解除合同的权利,但单某明以其搬离涉案商铺的行为表明不再继续履行双方之间的《悦澜诚品商业街商铺租赁合同》《商铺租赁合同补充协议》《悦澜诚品商业街运营管理协议》,上述合同陷入不能继续履行的僵局,《悦澜诚品商业街商铺租赁合同》约定以邮寄方式发送的文件在寄出后第五日将被视作已送达,故该院确认双方签订的《悦澜诚品商业街商铺租赁合同》《商铺租赁合同补充协议》《悦澜诚品商业街运营管理协议》于2021年12月13日解除。单某明承租涉案房屋应向海洋公司交纳相应的租金,单某明已支付截至2021年6月30日的租金及2021年第三季度的租金127391.67元,故单某明还需向海洋公司支付2021年7月1日至12月13日的租金191344.58元(318736.25元-127391.67元)。单某明已支付截至2021年3月的综合管理费,涉案运营管理协议于2021年12月13日解除,故单某明还需向海洋公司支付2021年4月1日至12月13日的综合管理费75408.96元。海洋公司要求单某明返还2021年3月30日双方签订的《租赁合同补充协议》中免收单某明2020年年度部分租金共计411487.03元没有依据,法院不予支持。涉案商铺租期内的水电费应由单某明负担,其同意向海洋公司支付水电费1127.25元,对此法院予以确认。海洋公司要求单某明支付律师费符合双方约定,海洋公司为本案支出律师费53416元,该费用应由单某明承担。单某明逾期支付租金及综合管理费给海

---

〔1〕广东省广州市中级人民法院(2023)粤01民终5664号民事判决书。

洋公司造成的主要损失是逾期收回资金的利息损失,单某明提前解除合同给海洋公司造成的主要损失是解除合同后重新招租期间的租金损失,海洋公司要求单某明按日千分之一的标准支付逾期支付租金违约金、按日千分之三的标准支付逾期支付综合管理费违约金、支付合同期租金总额10%的违约金288050元、支付惩罚性违约金10000元并要求没收履约保证金165717.37元,均是向单某明主张违约责任,上述款项已超过50万元,过分高于单某明违约给海洋公司造成的损失,综合考虑单某明违约的过错程度、海洋公司的损失等,该院酌情将违约金标准调整为履约保证金165717.37元不予退还,对其他部分不予支持。

二审法院认为,围绕上诉请求,综合当事人诉辩主张,本案二审阶段争议焦点为一审法院将被上诉人诉讼请求的各项违约金主张(含没收履约保证金)合并调整后认定为履约保证金不予退还是否适当。本案中,从一审查明事实可见,上诉人作为承租人在租赁期内以其搬离涉案商铺的行为表明其不再继续履行双方之间的涉案租赁合同,致涉案租赁合同陷入不能继续履行的僵局,故一审法院确认双方签订的涉案租赁合同于2021年12月13日解除。被上诉人作为一审原告,提出了要求上诉人承担逾期支付租金违约金、逾期支付综合管理费违约金、合同期租金的违约金、惩罚性违约金及没收履约保证金等。虽然前述违约金及没收履约保证金主张有相应合同约定,但一审法院在综合案情并全面考量合同约定、守约方的预期利益及实际损失、合同履行情况、违约方的过错程度等因素后,已经对被上诉人诉讼请求的各项违约金主张(含没收履约保证金)予以合并后再予以适当调整(调减)为履约保证金不予退还,已经考量到了上诉人的有关抗辩主张,减轻了上诉人的债务负担,并无不当。综上所述,上诉人的上诉请求不能成立,应予驳回;一审判决认定事实清楚,适用法律正确,应予维持。判决:驳回上诉,维持原判。[1]

【案例5-107】 青岛诺凯工贸有限公司诉姚某冬房屋租赁合同纠纷案

二审法院认为,本案的争议焦点在于合同违约方的认定及相应责任的认定。上诉人主张系诺凯公司违约,未按照双方达成一致的免租金延长租金7.5个月履行导致合同不能履行,对此本院不予认可。一方面,上诉人并未提交证据证明双方对免租金延长租金7.5个月达成一致。上诉人提交的证据系复印件,且合同相对方为青岛新昌衬衫厂和庞某龙,而该复印件上青岛新昌衬衫厂也并未盖章确认,故对上诉人的该主张一审法院未采纳认定正

---

〔1〕 山东省青岛市中级人民法院(2022)鲁02民终13508号民事判决书。

确。另一方面,涉案房屋系诺凯公司的法定代表人庞某龙从青岛新昌衬衫厂处承租而来,姚某冬所主张的疫情减免政策减少的租金、租期负担不应超过青岛新昌衬衫厂给予庞某龙的政策,否则将对诺凯公司不利,不符合诚信和公平原则。因此在现有证据的证明及一审上诉人的自认下,应认定上诉人因疫情可享有的政策为减免租金49938元。在此情况下,诺凯公司于2021年7月催缴租金时已扣除上述49938元,并未违反合同约定,不存在违约行为。姚某冬于2022年8月向诺凯公司及庞某龙发出解除合同通知,此时姚某冬未按照合同约定支付2021年6月1日之后的租金,存在违约,故其单方解除合同的通知不产生解除合同的效力。但诺凯公司在姚某冬已明确告知其房屋已腾空的情况,未能及时减损收回房屋,亦存在一定过错。考虑到姚某冬已腾房但尚未向诺凯公司实际交付钥匙,且在2021年9月诉前调解程序中不同意调解且未及时联系法院交接钥匙,对损失的扩大亦有责任。另一方面姚某冬在合同未到期前提下解除合同亦必然对诺凯公司另行出租房屋产生空置损失,一审法院以姚某冬提出反诉的时间作为合同解除的时间并计算租金至该日,该数额计算综合考虑违约方及违约带来的损失并未明显失当,故本院对此予以维持。因姚某冬与诺凯公司未对免租金延长租期7.5个月达成一致,且系合同解除的违约方,故其主张的关于租金、押金的上诉主张均不成立,本院不予支持。关于一审审限问题,虽然存在不当,但并未影响案件实体的正确处理,故上诉人据此要求撤销一审判决的主张本院不予支持。综上所述,姚某冬的上诉请求不能成立,应予驳回;一审判决认定事实清楚,适用法律正确,应予维持。判决:驳回上诉,维持原判。[1]

(三)租赁合同解除权限制处理

1.商事合同解除限制

所谓商事合同,是以取得一定经济利益为目的的合同,是有偿合同、要式合同,这种解除的行使要受到一定的限制。

【案例5-108】 顾某珍等诉陆某强房屋租赁合同纠纷案

2002年8月至10月,陆某强分别与何某及顾某珍等人签订房屋租赁合同,先后租赁房产7套,合同约定租期为5年,每套房屋每年租金为28万元,

---

〔1〕 山东省青岛市中级人民法院(2022)鲁02民终13000号民事判决书。

违约金为3万元，并约定如陆某强不及时缴纳租金，出租方有权终止合同。陆某强租赁上述7套房屋后，对所有房屋进行了打通装修，开立了个人独资酒店。合同签订后，前三年陆某强均按约支付了房租。2004年12月，陆某强和潘某英签订了《门面房转租协议》，约定陆某强将上述7套房屋转租给潘某英。2005年11月，陆某强未能向出租人支付2006年度的房租，各出租人向法院提起诉讼。经法院调解，何某等人分别和被告达成调解协议，约定被告分别向各出租人支付2006年度的租金和违约金；而顾某珍则坚持请求法院判令解除租赁协议及判令被告偿付原告违约金3万元。一审法院认定本案租赁合同合法有效，不同意解除协议。二审法院维持一审法院的判决。[1]

类似案例有陈某育诉天津市平河实业发展有限公司租赁房屋纠纷案。[2]

上述案例反映了，法官解除合同时必须运用利益衡量的理论，实现个案裁判的正义追求符合整个社会的正义观，从而获得社会效果与法律效果的统一。解除合同应考虑三个方面的因素：一是整体性。如果一个合同与其他合同构成产生经济效益整体，而该合同解除直接影响其他合同与之相关联的整体功能发挥时，则不宜解除合同。如本案（下同）租赁合同虽系陆某强与顾某珍就特定房屋租赁事宜签订的一份独立的合同，现陆某强承租的7套房屋在用于酒店经营上已构成一个整体，本案租赁合同与其他6套房屋涉及的租赁部分因而具有事实上的关联性。在出现相同违约的情况下，其他出租人均选择要求陆某强继续履行合同和承担违约责任，仅顾某珍一人选择单方解除合同无疑会影响其他合同的履行。二是经济性。如果合同解除，取得经济利益比不解除合同为小时，不利于促进社会经济发展的合同目的实现，可以限制解除。本案租赁合同的解除，将导致酒店不具备正常的经营条件，而改变布局、重新进行整改以符合消防要求，既占用较长的经营时间，又耗费不菲的资金，考虑到本案租赁合同至2007年11月即到期，解除合同不经济、不利益，且尤不必要。三是合理补救性。考虑到违约方能采取其他补救措施，承担违约金，能够得到适当、合理补救的，可以限制其解除合同。本案中，陆某强为其违约行为愿意承担继续履行，采取补救措施以及支付违约金等违约责任，顾某珍的合法权益就此能得到适当的救济和维护，在此情况下，法院不支持顾某珍解除合同就是合理的。

---

〔1〕 上海市第二中级人民法院（2006）沪二中民二（民）终字第1955号民事判决书。

〔2〕 参见最高人民法院中国应用法学研究所编：《人民法院案例选》2007年第1辑（总第59辑），人民法院出版社2007年版，第254页。

2. 部分租赁解除中的限制

依照合同法法理，合同部分解除是合同解除的一种特殊形式，发生了部分权利义务终止的后果。但是，如果将要解除的部分条款构成了合同的主要内容，或者该部分条款的解除将使合同的主要目的不能实现，或者部分解除将使当事人权利义务严重不对称，进而损害另一方当事人合法权益时，该部分条款不能被单独解除。当事人提出类似诉讼请求，不能得到支持。〔1〕

3. 对法院解除的限制

对合同限制解除的不仅仅是合同当事人，对法院也存在限制其解除的情形。如在执行程序中，法院不得以被执行人擅自出租查封房产为由认定该租赁合同无效或解除该租赁合同。最高人民法院在一个答复中指出：在执行程序中被执行人擅自处分法院的查封物，包括本案中以出租的形式妨害查封效果的行为，执行法院有权以裁定形式直接予以处理。根据《查封、扣押、冻结规定》第二十六条规定，被执行人擅自处分查封物，与第三人签订的租赁合同，并不当然无效，只是不得对抗申请执行人。第三人依据租赁合同占有查封物的，人民法院可以解除其占有，但不应当在裁定中直接宣布租赁合同无效或解除租赁合同，而仅应指出租赁合同不能对抗申请执行人。〔2〕

4. 对解除条件较为宽泛约定限制

当承租人的违约行为显著轻微且不影响出租人合同目的的实现时，为鼓励交易、改善营商法治环境，法官应审慎适用合同解除制度。法官在认定约定解除条件是否成就时，应从违约方的过错程度、违约行为的形态及违约行为的后果等方面综合考虑，根据诚信原则以及鼓励交易原则，对解除条件较为宽泛约定解除权作出限制。

【案例5－109】　上海丽兴房地产有限公司诉上海领先餐饮管理有限公司房屋租赁合同纠纷案

二审法院认为，本案中，丽兴公司作为出租方主张行使合同解除权的理由难以成立，原因如下：一是合同虽有“日式美食广场”“日式餐饮”，但其违约条款中亦有“或在该房屋内经营的主要产品或提供的主要服务或其类型不

---

〔1〕　参见刘德权主编：《最高人民法院司法观点集成》（民商事卷续），人民法院出版社2011年版，第124页。

〔2〕　参见最高人民法院执行局［2009］执他字第7号函（2009年12月22日），载江必新主编、最高人民法院执行局编：《执行工作指导》2009年第4辑（总第32辑），人民法院出版社2010年版，第93～94页。

符合本合同附件三的规定”的约定,从“主要产品”“主要服务”的表述中,无法得出经营活动必须保证“纯日式”的结论。二是根据领先公司在二审中提供的“东京食尚”餐牌以及双方当事人对“东京食尚”业态的描述可知,丽兴公司有专门工作人员对租户的卫生、经营、管理进行巡查,对领先公司在租赁期间的经营范围应推定为其知悉,且并无证据证明丽兴公司对此提出过异议。三是“A&M Bakery”蛋糕店面积仅为30平方米,在1800平方米的整体租赁面积中占比极小,其前身亦是蛋糕店,品类并无更改,属于领先公司履约瑕疵,并无根本违约。丽兴公司在2016年2月发现领先公司经营美式蛋糕,直至2017年9月才行使解除权,其在长达一年多的时间内照常收租,其主要合同目的未受影响。故丽兴公司的主张均缺乏依据,法院不予支持。丽兴公司于2017年11月8日擅自停止供应水电,致使领先公司无法按照租赁目的使用系争房屋,合同目的无法实现,领先公司主张租赁合同于该日解除,丽兴公司退还超付租金、物业管理费及租赁保证金,符合法律规定,法院予以支持。因丽兴公司的原因以致领先公司无法按照合同约定期限使用房屋,房屋的装修价值无法用尽,由此造成的损失领先公司要求照价赔偿具有事实及法律依据,法院予以支持。关于领先公司主张丽兴公司赔偿因提前终止劳动合同向员工所支付的经济补偿金,法院结合领先公司承租的面积及用工规模支持30000元。[1]

5. 显著轻微违约解除限制

承租人履约瑕疵成就合同约定解除条件问题。为鼓励交易、改善营商法治环境,法官应审慎适用合同解除制度,从合同性质、内容、履约情形、诚实信用原则等角度对违约行为进行综合考虑,以判定违约行为是否满足行使合同解除权的条件。即使从形式上看合同约定的解除条件已经成就,出租人以此为由请求解除合同,可参考《九民纪要》第四十七条的规定,依法审查违约方的违约程度是否显著轻微,是否显著影响守约方合同目的的实现,并根据诚实信用原则,确定合同应否解除。在承租人的违约程度显著轻微、不影响守约方合同目的的实现的情况下,一般不支持守约方行使合同解除权。也就是说,当违约方的违约行为显著轻微时,应依据诚信原则对合同约定解除权予以适当限制。

---

〔1〕 参见郭伟清主编:《民法典新规则案例解析》,法律出版社2020年版,第50页。上海市第二中级人民法院(2019)沪02民终6546号民事判决书。

【案例5－110】 江苏省太仓市溪秀合贸易有限公司诉上海郑融建筑装饰工程有限公司、太仓金镶钰金属制品有限公司房屋租赁合同纠纷案

判决观点，根据《房屋租赁合同》约定，金镶钰公司应于2020年8月20日之前向溪秀合公司支付2020年下半年租金140万元，但其仅在2019年9月10日和9月12日各支付20万元，且在溪秀合公司提起本案诉讼之后才将剩余100万元房租付清，其逾期支付房租已超20日；同时，金镶钰公司未经出租人溪秀合公司同意将部分房屋转租给椿盟公司，亦属违约。根据合同约定，针对金镶钰公司上述违约行为，溪秀合公司有权解除双方合同，但从违约形态看，金镶钰公司逾期支付租金已超20日，但在溪秀合公司起诉后不久，即付清了拖欠房租，而此后在新冠疫情暴发影响企业生产经营的情况下，金镶钰公司仍如数支付房租；金镶钰公司将部分厂房转租他人，但转租面积较小、时间较短，且本案诉讼时椿盟公司早已搬离涉案厂房，故金镶钰公司违约行为显著轻微，未造成溪秀合公司重大损失。另外，由于金镶钰公司对使用厂房有过较大投入，如果解除合同会造成剩余数年租期提前终止，双方利益严重失衡。因此，溪秀合公司主张解除房屋租赁合同不宜支持，其可依法要求金镶钰公司支付相应的违约金及欠付的水费、税费。判决：一、金镶钰公司支付溪秀合公司违约金35万元、水费18527.88元、税费50598.10元；二、驳回溪秀合公司的其他诉讼请求。[1]

6. 单方解除权解除限制

承租人在转租时出示了产权人出具了授权委托出租的委托书，作为其有权出租之证明。虽授权委托出租与同意转租在权源上确有不同，但均可证明承租人确有权出租房屋。在未给予对方合理期限对出租的权源进行补正，且无相关证据对方将无法履行合同义务的情况下，次承租人不享有单方解除权，其发送的解除函件不发生合同解除的法律效力。

（四）合同解除与不安抗辩权选择处理

社会生活中，在一方当事人对合同相对人的行为可追究其违约责任，也可行使不安抗辩权时，此时存在如何行使解除权问题。

---

〔1〕 参见《人民司法·案例》2021年第26期（总第937期）。江苏省太仓市人民法院（2019）苏0585民初6492号民事判决书。

【案例5-111】 乙公司诉甲公司房屋租赁合同纠纷案

2004年2月,甲公司与乙公司签订房屋租赁合同,由甲公司将其所有的商品房一处租赁给乙公司使用,租赁期限为5年。同年6月,乙公司起诉要求解除与甲公司的租赁合同。乙公司诉称,在租赁合同订立前,甲公司即已将该商品房抵押给银行,甲公司并未履行如实告知义务。而根据《担保法解释》第六十六条的规定,抵押人将已抵押的财产出租的,抵押权实现后,租赁合同对受让人不具有约束力。因此,甲公司的行为已致使其租赁权处于不稳定状态,故诉至法院,要求解除合同。甲公司辩称,虽然房屋被抵押,但并不影响房屋的使用,故不同意解除。在审理中存在不同意见。〔1〕

笔者认为,对本案的典型性问题可作分析:《民法典》与《合同法》规定了诸多救济权利,如合同解除权、撤销权、维修、减少或不支付费用等。《民法典》第五百二十六条规定:"当事人互负债务,有先后履行顺序,应当先履行债务一方未履行的,后履行一方有权拒绝其履行请求。先履行一方履行债务不符合约定的,后履行一方有权拒绝其相应的履行请求。"应当先履行的当事人,有确切证据证明对方有丧失或者可能丧失履行债务能力的情形时,享有不安抗辩权。也就是说,在合同履行中基于同一个行为,适用时往往存在法条竞合的现象,即表明权利人此时享有两种救济权,要求承担违约责任、解除合同,或者行使不安抗辩权。在本案中,基于乙公司是预付房租的承租人,为先履行义务的一方,在出租人甲公司可能丧失履行债务能力的情形时,享有不安抗辩权。基于甲公司的先前抵押行为,乙公司可以追究甲公司的违约责任,或者行使不安抗辩权。选择权的行使与限制问题。当事人享有两种救济权利,并非是同时使用。选择何种权利救济,是由当事人自行决定。如选择解除合同,必须具有导致合同目的无法实现之事实,或者约定解除条件成就,否则,不能行使合同解除权。如选择不安抗辩权,债权人可以要求债务人消除给付标的物权利瑕疵或者提供相应的担保,当债务人无法在合理的时间内,消除权利瑕疵或者提供担保,权利人可以解除合同。换言之,在解除合同与不安抗辩权的顺位上,只有不安抗辩权的行使不足以保障债权人的合法权益时,才可以行使合同解除权。在不影响合同目的无法实现之前,不能请求解除合同,只能要求其他权利的限制。针对本案而言,租赁合同的目的应理解为房屋的有效使用,只有房屋有效使用,就认为合同目的可以实现,乙公司不能基于此追究甲公司的违约责任而解除合同。乙公司行使追究违约与不安抗辩权可以自由选择,二者在内容上有共同点,可以中止支付租金、要求甲公司消除权利瑕疵或者提供相应的担保,但承担违约责任不能解除合同,而不安抗辩权行使,在前上述不能满足时,可以直接解除合同。

---

〔1〕 参见北京市高级人民法院编:《审判前沿——新类型案件审判实务》2005年第3集(总第13集),法律出版社2005年版,第262页。

专题六　房屋租赁所有权变动纠纷

本专题对出租人将其出租的房屋出卖他人即房屋所有权发生变动，其涉及的出租人、承租人及新所有权人等的相互关系予以描述。对征收与拆迁作为房屋所有权消灭的一种形式，也在本专题中一并阐述。但对租赁房屋出卖涉及优先购买权问题单独列为专题阐述，本专题不再重复。

一、房屋租赁所有权变动理解

(一)房屋所有权变动理解

所谓房屋所有权变动,通常是指出租人将出租的房屋所有转移给买受人,买受人支付对价,并依法取得房屋所有权。

所有权变动方式和范围,除通常的买卖外,还有赠与、互易、遗赠和继承等同样是所有权变动,以租赁房屋作价入股,或以租赁房屋与他人合作开发的,或企业发生收购、合并、分立而导致租赁房屋的权利转移的;或以租赁房屋与他人进行产权交换的,往往被一些地方性法规“视为出卖”。

因公用目的而为的征收、征用等,虽不属于买卖的范畴,但为依照公法手段实现租赁房屋的物权变动,亦为所有权变动的范围之内。

法院对租赁房屋拍卖的,也是所有权变动的一种形式。

房屋所有权变动将涉及出租人、承租人及新所有权人,就租赁房屋的合同效力、合同解除、继续履行合同、征收与拆迁等方面的问题,为实践中常发纠纷。

(二)所有权变动租赁合同效力

1.租赁期内租赁合同效力

《民法典》第七百二十五条规定:“租赁物在承租人按照租赁合同占有期限内发生所有权变动的,不影响租赁合同的效力。”该条被称之为“买卖不破租赁”原则。该条是指当出租人在租赁合同有效期内将租赁物的所有权转让给第三人时,租赁合同对新所有权人有效,其虽然取得出租房屋的权属,但仍应当继续履行原租赁合同。有学者认为,之所以只规定“租赁合同不受影响”,而不规定租赁物在权利归属变动后“不受影响的租赁合同的效力在何者之间维持”,就是在于重申租赁合同不因租赁物权利归属的变动而变动其效力,承租人其后可以继续依租赁合同占有租赁物,并以此有权占有来对抗租赁物新权利人的返还原物请求权,以维持其对租赁物的支配、使用、收益状态,并实现法律关系的简约化。[1] 该条比《合同法》第二百二十九条规定更为完善,即确立了以承租人占有使用租赁物的时间点作为租赁合同对外公示的起算点。这一改动实际上也间接对房屋买受人提出了这一个新的要求,即在签订买卖合同之前实地调查房屋的实际占有使用状况,否则其权利就有可能被在先占有使用的租赁期所限制。这一选择固然增加了买受人的调查成本,但从另一方面表现出房屋更强的住宅属性,而非金属属性,这和“房子是用来住的,不是用来炒的”定位也是相符的。[2]

应强调的是,本条规定中“不影响租赁合同的效力”是指承租人依据租赁合同占有期限内发生所有权变动后,其设定在该租赁物上的租赁权仍然存在,承租人与受让人之间无须另行订立租赁合同,受让人在受让该租赁物的所有权时就与承租人产生了租赁合同关系,成为一个新的出租人,继承原出租人的权利和义务,受让人要受该租赁合同的约束。如果出租人没有将所有权变动的事项通知承租人,承租人向原出租人支付的租金效力及于受让人。[3]

在租赁关系存续期间,租赁物所有权因出租人的买卖、赠与、互易等行为发生变动时,原租赁合同的效力并不受影响,新的所有权人取代原出租人地位后,应尊重承租人的使用收益权。新的所有权人与承租人之间的权利义务内容,如租金的数额、租期、修缮义务等,均应依照原租赁合同的约定履行。新的所有权人当然地承继原出租人享有租赁合同中的权利,同时承担租赁合同的义务。而原出租人则脱离租赁关系,不再承担原租赁合同的义务,也不再享有相应的权利。

【案例6-1】 杨某某诉李某房屋租赁合同纠纷案

判决观点,杨某生前以低于市场价格的租金将房屋租给亲戚李某,属于对自己的财产的处分,不违反法律法规的相关规定,也不属于显失公平的范围,因此该处分行为合法有效,李某与杨某之间的房屋租赁合同有效。杨某在租赁期内死亡,其儿子作为合法继承人依法应获得房屋的所有权,同时,也继受了杨某与李某签订的房屋租赁合同中的权利与义务。因此,杨某的儿子杨某某应继续履行原租赁合同,其以签订租赁合同的出租人已死亡或者租金低于市场价格为由请求确认原租赁合同终止或要求李某搬离房屋,缺乏事实和法律依据,故判决驳回了原告杨某某的诉讼请求。[4]

应注意的是,因法院拍卖标的物而受让租赁房屋的第三人请求确认合同当事人所签订的租赁合同无效的,无法得到法院支持。

---

〔1〕 参见徐澜波:《“买卖不破租赁”规则的立法技术分析》,载《法学》2008年第3期。
〔2〕 参见黄薇主编:《中华人民共和国民法典合同编释义》,法律出版社2020年版,第555页。
〔3〕 参见黄薇主编:《中华人民共和国民法典合同编释义》,法律出版社2020年版,第555页。
〔4〕 参见《房屋租赁合同纠纷裁判思路与裁判规则》,法律出版社2017年版,第310页。

“买卖不破租赁”对受让人发生效力的时间点。在受让房屋所有权时，无论承租人是否同意或知情，受让人均概括承受租赁合同中出租人的法律地位，租赁合同在此时对受让人发生效力。[1]

【案例6-2】　福建南平农村商业银行股份有限公司诉林某房屋租赁合同纠纷案

二审法院认为，当出租人在租赁合同有效期内将租赁物的所有权转让给第三人时，租赁合同对该受让人有效。受让人在受让该租赁物的所有权时，就与承租人产生了租赁合同关系，成为一个新的出租人，继承原出租人的权利和义务，受让人要受该租赁合同的约束。[2]

2. 次承租人取得房屋所有权变动

在转租中，次承租人取得租赁物所有权时，仍然应遵循“买卖不破租赁”的原则，但其有一定的特殊性。即次承租人身份具有的特殊性，即取得原出租人的地位，同时相对于转租人而言其仍为次承租人。为了维护法律的严肃性，在现行法律没有作出相反规定的情形下，原承租人要求继续履行租赁合同的，法律应当予以支持。

【案例6-3】　李某与姜某房屋租赁合同纠纷案

判决观点，虽然姜某已经取得房屋的所有权，取代原房屋所有人王某成为租赁合同的出租人，但是房屋租赁合同和转租合同均为有效合同，且履行期限尚未届满，因此转租人李某要求姜某继续履行合同，应予支持。姜某作为房屋的现所有权人，应当继续履行王某与李某的租赁合同，有权向李某收取租金；同时，姜某在与李某的转租合同中处于次承租人的地位，其使用涉案房屋亦应按约向李某支付租金。原房屋租赁合同年租金为4万元，转租合同的年租金为5万元，姜某应当支付李某租金差价1万元。法院判决双方继续履行合同，姜某支付李某2010年8月至2011年8月租金差价1万元。[3]

次承租人在转租合同履行期限内取得租赁物所有权的，应继续履行租赁合同。《人民司法》研究组认为：来信所提到的案件中，张某是承租人，李某是次承人。李某在拍得其承租的门面房时，对于该门面房之上有租赁负担显然是明知的。根据“买卖不破租赁”原则，本案中租赁合同和转租合同的效力均不受租赁

---

〔1〕 参见高彬峻主编：《民商法实务精要》(5)，中国法制出版社2017年版，第269页。

〔2〕 福建省南平市中级人民法院(2016)闽07民终353号民事判决书。

〔3〕 参见《房屋租赁合同纠纷裁判思路与裁判规则》，法律出版社2017年版，第230～231页。

物所有权人变更的影响,因此两个合同约定的期限内,合同仍应被遵守和继续履行。所以,虽然李某在转租合同履行期限内购得租赁物,但其仍有义务继续履行转租合同。因此,我们认为你院第一种意见是正确的。[1]

3.“一房两租”中所有权变动

在“一房两租”的情形下,虽然两份租赁合同均为有效,但签订合同在前且合法实际占有租赁房屋的承租人,当租赁房屋所有权变动时可以继续履行租赁合同。在租赁合同到期后,按照合同约定的优先权与新所有权人签订租赁合同。签订合同在后且未合法实际占有租赁房屋的承租人,因未实际履行合同且未占有租赁房屋,不能在房屋所有权变动后行使其承租权也不能行使优先权,其相关的诉求不受法律支持。

【案例6-4】 姚某诉孙某、刘某房屋租赁合同纠纷案

判决观点,2007年11月2日,雷某、张某与第三人刘某签订了房地产买卖契约,该契约系双方当事人的真实意思表示,且不违反法律法规的强制性规定,系有效合同。根据该买卖合同的约定,第三人刘某以58万元价格购买了兰田步行街4-B号楼201号、301号房屋,并到临沂市房产管理局办理了过户登记手续,取得上述房屋的所有权。……根据上述规定,尽管第三人刘某取得了本案诉争房屋的所有权,但由于该房屋正由被告租赁使用,原租赁合同的效力并不因此而受影响,故被告孙某对该房屋仍享有占有、使用和收益的权利。在被告孙某与凯美公司所签合同到期后,被告根据合同中的优先权条款,在同等条件下享有优先租赁的权利,故被告在该房屋产权变动后与新所有权人刘某签订的房屋租赁合同,为有效合同,对双方当事人具有约束力。原告姚某依据其与雷某签订的房屋租赁合同,要求被告孙某将占用的房屋腾出或按市场价与其签订房屋租赁合同,因双方的租赁权均为债权,债权具有平等性,原告依据后成立的租赁合同要求被告返还房屋或与其签订新的租赁合同,缺乏法律依据,不予支持。[2]

4.所有权变动租赁合同效力条件

承租人须具备租赁的公示外观,才能发生“买卖不破租赁”的效力。租赁合同备案登记是公示外观的法定要件,实践中对签订合法有效租赁合同、支付租金并实际占有使用租赁房屋的,一般也适用“买卖不破租赁”原则,即事实也将其认

---

〔1〕 参见《人民司法·应用》2009年第15期(总第578期)。

〔2〕 参见李方民主编:《房屋租赁合同纠纷诉讼指引与实务解答》(第3版),法律出版社2017年版,第93页。

定为买卖不破租赁构成要件。从法理上讲,是否支付租金不应是构成买卖不破租赁的充分必要条件,租金的支付无法公示租赁关系,租金给付的有无应当诉诸履行制度及包括解除在内的违约制度解决。比较法上,是否支付租金是买卖不破租赁构成要件的一个参照。[1]

(三)买卖不破租赁限制适用

《民法典》第七百二十五条规定,是立法实行租赁权物权化,即不动产在租赁关系存续期间发生物权变动的,对租赁关系不产生影响,买受人不能因此要求承租人返还租赁物,从而强化了债权效力,这在法理上称为买卖不破租赁。该原则作为突破合同相对性的例外情形之一,要求租赁权的产生发生在物权变动之前。买卖不破租赁原则是所有权变动后果的集中表现。该原则是指在租赁关系存续期间,租赁物被让与或设定物权的,承租人对取得租赁物所有权或他物权的人,可主张租赁权。

买卖不破租赁应当具备的要件:第一,租赁合同必须已经成立并生效。第二,承租人取得了对租赁物的占有。第三,在租赁期间内发生所有权变动。[2] 需要注意的是,承租人在占有房屋之后,因各种原因而中止了直接占有是否适用买卖不破租赁规则有不同观点,涉及如何理解"中止占有"? 即便是未经同意转租的情况下,租赁关系仍然是在出租人与承租人之间,而且承租人也是间接占有人。有学者认为,此处所说的"中止占有"限于承租人基于自己的意思而将租赁物返还给出租人,如果承租人被第三人侵夺占有、基于自愿而丧失占有,则仍然视为占有持续,并不视为占有中止。[3]

租赁期间发生所有权变动,新所有权人必须遵守原租赁合同,但租赁权仍为债权的性质不变,租赁权并非在任何情况下都具有优先性,具体讲有以下六种情形存在例外。应注意的是,《房屋租赁合同解释》第十四条但书部分专门强调两种情形应格外引起重视。

其一,当事人在签订租赁合同时有相反约定的。根据意思自治原则,出租人与承租人可以对包括所有权变动后原租赁合同不再履行等权利予以放弃作出约定,法律应尊重其约定,且约定优先适用。

---

〔1〕 参见王泽鉴:《民法学说与判例研究》(重排合订本),北京大学出版社 2015 年版,第 1079 ~ 1088 页。

〔2〕 参见王利明:《合同法研究》(第三卷),中国人民大学出版社 2012 年版,第 297 页。

〔3〕 参见王利明:《合同法研究》(第三卷),中国人民大学出版社 2012 年版,第 297 页。

其二,房屋在出租前已设立抵押权,因抵押权人实现抵押权发生所有权变动的。房屋出租前已设立抵押权而导致所有权变动的,受让人不受租赁合同的约束,即先抵押后出租的不适用“买卖不破租赁”原则。一般认为,抵押权成立在先,因而具有优先的效力,其后成立的租赁权不得损害抵押权。房屋抵押后,出租人订立的租赁合同对抵押权人和受让人不发生效力。

【案例6-5】 李某诉商贸公司房屋租赁合同纠纷案

一审法院认为,因抵押权设定在前,租赁权产生在后,在债权到期之前,租赁合同对抵押权人的利益并无影响,且租赁合同是双方当事人的真实意思表示,该租赁合同可认定为有效。债权到期之后,因涉及抵押权的实现问题,租赁权即对抵押权的实现产生限制作用,该租赁合同对赵某并无约束力,商贸公司无优先购买权。法院最后判决解除商贸公司与李某的租赁合同,商贸公司腾房。二审法院驳回上诉,维持原判。[1]

【案例6-6】 邹某某诉华联商厦不当得利债务纠纷案

二审法院认为,本案双方诉争之房屋华联大厦在出租给华联商厦赣州华联百货商厦之前就已经设定了抵押,抵押权人是中国农业银行某某市分行营业部。日用杂品公司将华联大酒店拍卖的行为实际上就是中国农业银行某某市分行营业部的抵押权实现的行为。根据物权的优先效力,后成立的租赁关系对先设立的抵押权无对抗效力。房屋“买卖不破租赁”原则的出发点是保护承租人利益,是对房屋买受人的一种约束。根据《担保法解释》第六十六条“抵押人将已抵押的财产出租的,抵押权实现后,租赁合同对受让人不具有约束力”之规定,本案邹某某作为抵押物的买受人,其购买该抵押物华联大酒店后,存在于期抵押物之上的租赁合同对其不具有约束力,即本案所涉及的1995年2月26日日用杂品公司与日用化学品公司签订的租赁合同因邹某某购买华联大酒店的行为而提前终止。至于日用杂品公司将房屋出租给日用化学品公司之前是否告知承租人日用化学品公司该房屋已经抵押的情况,对于这一问题,本院认为,日用杂品公司是否履行这一告知义务,对于本案中抵押物的受让人即邹某某的权利不受影响,而只可能在日用杂品公司与日用化学品公司之间产生一种民事责任。[2]

【案例6-7】 李某与张某房屋租赁合同纠纷再审案

最高人民法院认为,本案中,根据查明的事实,2014年6月19日,案涉房屋办理了抵押权登记,X银行昆明分行作为房屋他项权利人取得了案涉房屋

---

〔1〕 参见《房屋租赁合同纠纷裁判思路与裁判规则》,法律出版社2017年版,第371页。

〔2〕 参见万国营主编:《房屋租赁合同纠纷》(第2版),法律出版社2015年版,第147页。

的他项权证书。2017年8月15日，李某与张某签订《房屋租赁合同》。因此，李某与张某就案涉房屋的租赁关系不能对抗X银行昆明分行在先登记的抵押权。李某提出案涉房屋自2012年起就处于租赁状态，但未提供证据予以证明。即便案涉房屋曾经处于租赁状态，但李某未提供证据证明其在案涉房屋办理抵押登记前已承租。《房屋租赁合同解释》第十四条规定：……据此，出租人将已设定抵押的房屋租赁给承租人，因抵押权设立在先，租赁权成立在后，如抵押权人实现抵押权导致租赁房屋的所有权发生变动的，将不再适用《合同法》第二百二十九条规定的“买卖不破租赁”原则，房屋受让人有权不履行租赁合同，承租人应接受和承担因抵押权实现而使租赁权终止的风险，不得以租赁合同对抗抵押权人行使权利。故李某请求继续履行租赁合同至租赁期满，缺乏事实和法律依据，本院不予支持。[1]

抵押物拍卖所涉执行案件的申请执行人非抵押权人，不符合法律规定的因抵押权人实现抵押权发生所有权变动，承租人在该不动产上享有的承租权依然有效存续，原租赁合同继续履行。

【案例6－8】　亢某诉刘某排除妨害纠纷案

二审法院认为，首先，亢某参与竞买，应受拍卖公告的约束。一审法院在执行部门拍卖公告中虽未明确标注是否附带《住房出租合同》拍卖，但拍卖公告上载明了《住房出租合同》的具体内容及履行情况，特别注明拍卖对象被出租。亢某明知该情况依然参与竞买，且竞买成功取得案涉房屋所有权，故应受拍卖公告关于房屋租赁内容的约束。其次，本案没有证据证明房屋拍卖前，当事人通过执行异议和执行异议之诉程序确定本次拍卖不附带《住房出租合同》。最后，本案虽然抵押成立于租赁之前，但本案中执行案件的申请执行人并非房屋抵押权人某银行重庆铜梁支行，且无证据证明抵押权在拍卖中做出了请求不附带《住房出租合同》拍卖案涉房屋的意思表示。同时，一审法院应抵押权人请求，将拍卖所得款项划入该行，抵押权人的债权已得到清偿，抵押权已消灭。综上，亢某参与拍卖活动应受拍卖公告的约束，本案没有证据证明系不附带《住房出租合同》拍卖案涉房屋，故《住房出租合同》应继续履行。由此，亢某请求刘某搬离案涉房屋并支付占有使用费的请求应不予支持。判决：一、撤销一审民事判决；二、驳回亢某的诉讼请求。[2]

---

〔1〕　最高人民法院(2021)民申1453号民事裁定书。

〔2〕　参见国家法官学院、最高人民法院司法案例研究院编：《中国法院2023年度案例》(物权纠纷)，中国法制出版社2023年版，第62页。重庆市第一中级人民法院(2022)渝01民终668号民事判决书。

其三,房屋在出租前已被法院依法查封的,由法院强制拍卖过户的,则限制“买卖不破租赁”原则适用。如果房屋出租行为发生时,尚未有司法程序介入,而是房屋出租后才被法院依法查封、强制拍卖的,适用“买卖不破租赁”原则租赁合同继续履行。

【案例6-9】 建行营业部诉世都百货公司房屋租赁合同纠纷案

一审法院认为,本案中建行营业部系在强制执行过程中根据人民法院生效民事裁定书取得涉案房产。本案涉案房产于1996年即由世华公司出租于世都百货,此后世华公司又于1998年抵押于建行营业部,世华公司与世都百货签订的《租赁合同》中关于涉案房产的租赁关系部分在本案中对建行营业部继续有效。本案的争议焦点在于世华公司与世都百货签订的《补充协议》对建行营业部是否具有约束力。世华公司与世都百货于2000年签订《补充协议》当时已对涉案房屋进行了抵押,世华公司与世都百货延长《租赁合同》的租赁期限实际上是在原租期以外重新确立了一项新的租赁关系,《补充协议》与《租赁合同》相比较,变动主要在于延长了租期及降低了租金标准。根据《担保法解释》第六十六条第一款的规定,补充协议中确定的超出主合同租赁期限的部分内容对于建行营业部不具有约束力,世都百货在本案中不能以其与世华公司之间延长租期对抗建行营业部。鉴于建行营业部已取得了涉案75个商铺的所有权,对于建行营业部而言,世都百货对该75个商铺的承租期间(截至《租赁合同》中约定的2003年12月31日),建行营业部要求世都百货腾退的诉讼请求应予支持。二审法院亦持同样意见。[1]

【案例6-10】 彩艳公司诉华联公司、胜昌公司物权保护纠纷案

一审法院认为,租赁合同及补充协议系华联公司、胜昌公司的真实意思表示,是合法、有效的合同,原告对涉案房产、土地使用权提出权利主张时,应当终止两被告之间的租赁合同关系以排除障碍、实现原告的合法权利。故判决华联公司与胜昌公司所签订的厂房租赁合同及补充协议有效。胜昌公司应向原告赔偿其占用期间原告的租金利益损失共计678504.79元,并在六个月内向原告返还涉案房产和土地,华联公司应当协助胜昌公司将涉案标的物返还给原告。二审法院亦持同样意见,维持原判。[2] 本案中,2006年10月17日法院查封涉案房产,2007年1月31日华联公司与胜昌公司签订租赁协议,2012年11月7日法院拍卖涉案房产,同月30日彩艳公司买受该标的物,

---

〔1〕 参见《房屋租赁合同纠纷裁判思路与裁判规则》,法律出版社2017年版,第375~376页。

〔2〕 参见陈华:《买卖不破租赁不能对抗在先变动的物权》,载《人民法院报》2016年2月25日,第6版。广东省江门市中级人民法院(2015)江中法民一终字第275号民事判决书。

并于2013年12月20日办理物权变更登记手续。

带租约拍卖的买受人能要求对租约进行实质性审查,这是打击以租抗执的必然要求。

【案例6-11】　于某诉甲商贸公司等返还原物纠纷案

一审法院认为,法院在拍卖公告中载明房屋带租约应为提示房屋状态,而并非限制买受人的所有权,更不是要求买受人必须受租赁合同约束。房屋在租赁期间发生所有权变动时以"买卖不破租赁"为原则,但如存在房屋出租前已被法院查封等例外情形则应适用"买卖不受租赁约束"。买受人如认为存在适用"买卖不受租赁约束"的例外情形有权对承租人提起返还原物之诉,法院应对租赁合同进行实质性审查,而不是以买受人知悉房屋带租约拍卖为由逃避审查义务,直接驳回买受人的诉请。在买受人已初步举证的情况下,承租人应就房屋是否在查封前出租进行说明与举证。本案中承租人无法确认其持有的合同原件是否为房屋被查封前签订,拒绝提供合同原件配合司法鉴定,未办理租赁备案及缴纳税费,在法院查封后才一次性支付20年租金且无法提交查封前使用房屋的凭证。综合本案证据,对买受人有关房屋出租前已被查封的陈述予以采信,因此买受人不受租赁合同约束,故对买受人要求承租人返还房屋的诉请,法院予以支持。二审法院同意一审法院裁判意见,判决:驳回上诉,维持原判。〔1〕

购房人尚未取得房屋产权时与他人订立租赁合同,承租人在租赁期内能据此阻止向其他房屋所有权人转移占有租赁房屋,在执行程序中同样也适用"买卖不破租赁"原则。

【案例6-12】　刘某与恒顺公司执行异议之诉纠纷再审案

最高人民法院认为,本案系当事人申请再审案件,应当围绕恒顺公司申请再审的理由是否成立进行审查。《执行异议和复议规定》第二十四条规定:"对案外人提出的排除执行异议,人民法院应当审查下列内容:(一)案外人是否系权利人;(二)该权利的合法性与真实性;(三)该权利能否排除执行。"本案关键问题是天水茶餐厅能否依据其与刘某签订的《房屋租赁合同》阻止向恒顺公司在租赁期内移交占有案涉房屋。(1)关于天水茶餐厅与刘某签订《房屋租赁合同》的真实性与合法性问题。已经生效的(2019)甘05民终713号民事判决认定:"王某与刘某形成租赁合同法律关系。从当事人签订的租赁合同时间落款来看,2015年4月28日案外人刘某尚未出现资金

〔1〕　参见国家法官学院、最高人民法院司法案例研究院编:《中国法院2023年度案例》(物权纠纷),中国法制出版社2023年版,第35页。广东省广州市中级人民法院(2021)粤01民终8094号民事判决书。

困难而逾期向银行偿还按揭贷款的情况。从合同签订的背景来看，王某租赁该房屋期限较长，刘某承诺放弃屋内装修及所有经营品所有权，伴随房屋出租时一并赠与王某，同时考虑租赁市场价格上涨因素，双方签订长期租赁合同具有其合理性。从租金给付来看，2015 年 10 月至 2016 年 4 月王某与刘某之间有多笔资金往来，涉及金额 570 余万元。庭审中王某陈述其余不足 1000 万元的部分系现金给付，案外人刘某接受询问时对转账结合现金的付款方式也作了说明。天水市中级人民法院(2018)甘 05 民初 20 号民事判决书亦认定刘某将房屋租赁给了案外人。"进而认定："就本案现有证据无法认定《房屋租赁合同》存在无效或可撤销的情形，应为合法有效。"在另案生效判决已对相关事实作出认定的情况下，原判决综合考虑当前我国房地产领域实行"预售 + 按揭"模式，购房人往往要间隔相当长的时间内才能通过办理房屋过户登记手续成为法律意义上的所有权人的现实情况，如果在此期间不允许买受人对房屋进行租赁，既不利于社会资源的利用，也与鼓励交易的市场经济基本原则相悖，最终认定《房屋租赁合同》属于刘某、王某的真实意思表示，不违反法律法规的强制性规定，系合法有效的合同，并无不当。恒顺公司关于王某租赁案涉房屋时未尽合理注意义务、原判决未实质性审查天水茶餐厅经营者王某与刘某之间是否存在真实租赁合同关系以及王某支付租金情况、认定基本事实缺乏证据证明的申请再审理由不能成立。(2)关于天水茶餐厅能否在租赁期内阻止向恒顺公司移交案涉房屋占有的问题。行为时有效的《合同法》第二百二十九条规定："租赁物在租赁期间发生所有权变动的，不影响租赁合同的效力。"该规定是为保护承租人在租赁期间内，顺利、安全地对租赁物使用收益而作出的，即使租赁物的所有权人不再是租赁合同中的出租人，或者出租人在租赁物上设定了抵押等担保物权，并不会造成租赁合同终止，承租人仍然可以继续租赁，对租赁物使用收益，目的是维护租赁关系的稳定性，即"买卖不破租赁"原则。根据《最高人民法院关于人民法院办理执行异议和复议案件若干问题的规定》第三十一条第一款"承租人请求在租赁期内阻止向受让人移交占有被执行的不动产，在人民法院查封之前已签订合法有效的书面租赁合同并占有使用该不动产的，人民法院应予支持"的规定，在执行程序中同样适用"买卖不破租赁"原则。本案中，刘某与恒顺公司签订《商品房买卖合同》，并针对该合同办理了预告登记。购房合同签订后，刘某已支付 700 余万元购房款，剩余 690 万元购房款在办理银行按揭贷款后亦付至恒顺公司，恒顺公司亦将案涉房屋交付刘某占有使用。王某在与刘某签订合法有效的《房屋租赁合同》后，在案涉房屋被查封时已经经营天水茶餐厅五年之久。原判决根据以上事实，结合"买卖不破租赁"的本意和公平原则，认定恒顺公司已将案涉房屋的占有、使用权转移给了刘某，刘某的出租行为实质上是向王某让渡其从恒顺公司所取得的房屋占有、使用权，在刘某合法拥有案涉房产使用权期间发生的租赁关系，且该租赁关系不违反法律法规的情况下，不应当因后发生的物权变动、合同解除等事实而否定或影响已合法建立的租赁权，并无不当。根据法律规定，天水茶餐厅不能以其对执行标的享有的租赁权阻却案涉房屋的过户转让，只能阻止在租赁期内向恒顺公司转移占有，原判决对此认定正确。恒顺公司关于本案不适用“买卖不破租赁”原则、天水茶餐厅不具有占有恒顺公司房产的合法依据、原判决适用法律错误的申请再审理由不能成立。[1]

房屋租赁关系的设立时间晚于法院查封时间，之后查封的房屋被强制拍卖的，不能适用“买卖不破租赁”原则。

【案例6－13】 上海优泰装饰材料有限公司诉上海浦卓新型建材有限公司排除妨害纠纷案

一审法院认为，针对本案被告的租赁权是否足以对抗原告所有权的问题，首先，应当明确本案被告拥有的租赁权实为基于其与案外人齐德工公司签订的租赁合同而产生的一种包含占有、使用等权能的用益物权，且根据《城市房地产管理法》第五十四条的规定，房屋租赁合同应当向房地产部门办理备案登记手续，在本案庭审过程中，被告明确其与案外人齐德工公司签订的租赁合同并未经过房地产部门登记备案，故被告的租赁权并不具有相应的公示公信力，不能对抗善意第三人；其次，本案被告承租的事实发生于多家法院查封其所租赁房产之后，而在他人依法定程序取得被查封财产所有权后，原租赁契约不应及于受让人，除非受让人同意。因为查封的目的是实现债权，被告在订立租赁合同之前，理应了解承租房屋的基本情况，但是被告在庭审中明确租赁前未能核对该房屋的相关情况及权利人的情形下，却仍贸然与齐德工公司订立租赁合同，由此带来的风险只能由被告自行承担；最后，基于例如强制拍卖取得所有权的行为应为公法所调整，不再适用《合同法》，本案原告是基于法院强制拍卖取得系争厂房的所有权，该方式并不能体现平等主体之间的意思自治，而是基于公法的强制行为，当然不应该适用“买卖不破租赁”原则。二审法院亦持同样意见，维持一审判决。[2]

法院强制拍卖行为不属于私法的范畴，应该为公法所调整。故《民法典》所确立的“买卖不破租赁”原则不能适用于法院强制拍卖所导致的不动产所有权变

---

〔1〕 最高人民法院(2022)民申302号民事裁定书。

〔2〕 参见国家法官学院案例开发研究中心编:《中国法院2014年度案例》(物权纠纷)，中国法制出版社2014年版，第115页。上海市第一中级人民法院(2012)沪一中民四(商)终字第1796号民事判决书。

动的情形。

【案例6－14】 厦门嘉义行商贸有限公司诉封某晴等返还原物纠纷案

一审法院认为，封某晴提供的日期为2011年9月15日的《租赁合同》及日期为2011年9月20日的《补充协议》的落款时间虽然早于含租赁房屋在内担保物的抵押登记时间即2012年9月24日，但黄某毅和封某晴并未及时向兴业银行厦门分行和富贵鸟股份有限公司披露其双方存在租约的事实。2013年7月29日的公证授权行为明显有悖常理，且封某晴在公证授权之前未实际管理使用租赁标的物（即上述担保物），其关于公证授权之前的租金支付、借款关系等事实的主张足以让人产生合理怀疑，可以认定上述《租赁合同》《补充协议》在租赁标的物抵押登记前并未实际履行，该租赁关系明显为对抗兴业银行厦门分行的抵押权实现而设立。……故封某晴、九天集团公司、九天房地产公司以“买卖不破租赁”原则主张继续履行现租赁合同依据不足，不予采纳。另因厦门市中级人民法院作出（2014）厦执行字第170－1号执行裁定书裁定嘉义行公司通过拍卖所取得的含讼争房屋在内的担保物的财产权自裁定送达嘉义行公司之日起转移。嘉义行公司于2014年9月17日收到该裁定书，其于该日取得上述担保物的财产权。此后，封某晴继续管理使用讼争房屋并未经嘉义行公司准许，故嘉义行公司请求封某晴停止侵害和赔偿损失，有事实和法律依据，法院予以支持，即封某晴应从讼争房屋内搬出，将讼争房屋交付嘉义行公司，并偿付嘉义行公司房屋占用费（该占用费可参照其与九天公司签订的租赁合同约定的月租金69035元，自2014年9月17日开始计至讼争房屋交付之日止）。九天集团公司在2014年9月17日实际使用讼争房屋理应自其侵权之日起对封某晴的上述行为承担连带责任。至于讼争房屋在侵权期间的物业管理费、水电费理应由相关责任人承担，嘉义行公司可在实际造成其损失后另行主张。而嘉义行公司提供的调查笔录和证明属证人证言，结合其他证据亦不足以证明九天房地产公司系讼争房屋实际使用人的事实，故其请求九天房地产公司承担相应的侵权责任，于法无据，法院不予支持。二审法院认为，原审关于讼争房产的占有使用情况、房租的收取和支付情况的认定并无不当，法院予以维持。嘉义行公司于2014年9月17日通过公开拍卖受让取得讼争房产所有权，其要求封某晴及九天集团公司搬离讼争房屋并支付相应的房屋占用费，符合法律规定，可予支持。另外，九天集团公司基于与封某晴的租赁合同占有讼争房屋，没有法律依据，原审判决其对封某晴支付房屋占用费承担连带清偿责任，并无不妥。综上，封某晴和九天集团公司的上诉请求缺乏事实和法律依据，应予驳回，原审判决认定事实清楚,适用法律正确,应予维持。[1]

其四,在破产程序中限制买卖不破租赁的适用。在破产程序中适用"买卖不破租赁"原则,则使租赁合同继续有效,导致租赁债权的实现或清偿处于优先地位的法律后果,即不仅优先于第一顺序的破产企业所欠职工工资和劳动保险费用及第二顺序的破产企业所欠税款,而且也优先于同为第三顺序的其他破产债权,甚至该租赁债权将会得到完全实现或全额清偿,这与《企业破产法》规定的基本制度和分配原则相悖,同时违反公平公正的民法基本原则。

其五,名为租赁合同,实为房产收益分配方案。

其六,房屋使用权抵债合同,不同于房屋租赁合同。合意抵销发生类似于出租人向承租人一次性预付租金的法律效果,买受人可就其成为租赁物所有权后所生租金向出卖人行使不当得利返还请求权。所有权作为物权交易不能破除租赁,依当然解释,举重以明其轻,使用权部分包含部分物权权能,对世效力较弱,因而使用权转让亦应当不破租赁。

【案例6-15】　北京无极液压工程有限公司诉李某某、第三人北京诚信机电有限公司合同纠纷再审案

二审法院认为,无极液压公司与诚信机电公司签订的《房屋与土地租用合同》约定以租抵债权系租金给付方式的特别约定,不影响租赁合同的性质。自2002年至2004年,无极液压公司存在诚信机电公司转账共计1110万元的情况,法院认定双方之间存在真实的债权债务往来,无证据表明双方签订的以租抵债式《房屋与土地租用合同》存在无效情形,合同有效。

对于无极液压公司要求李某某继续履行无极液压公司与诚信机电公司签订的《房屋与土地租用合同》的诉讼请求,因租赁物在租赁期间发生所有权变动的效力。李某某作为买受人仍应继续履行《房屋与土地租用合同》。对无极液压公司要求继续履行《房屋与土地租用合同》至2024年6月1日的本诉请求,《合同法》第二百一十四条第一款规定:"租赁期限不得超过二十年,超过二十年的,超过部分无效。"故法院确认李某某应继续履行《房屋与土地租用合同》至2024年5月31日。对无极液压公司要求李某某赔偿干扰生产经营而产生的各项损失,因李某某破坏生产经营案正在刑事处理中,故本案中对无极液压公司的该项诉讼请求不予处理。

因李某某应履行《房屋与土地租用合同》至2024年5月31日,故对李某某要求腾退涉案土地及房屋的反诉请求,法院不予支持。对于李某某要求无

---

[1] 参见国家法官学院案例开发研究中心编:《中国法院2017年度案例》(物权纠纷),中国法制出版社2017年版,第72~74页。福建省厦门市中级人民法院(2015)厦民终字第1336号民事判决书。

极液压公司支付房屋及土地占有使用费的反诉请求，因《房屋与土地租用合同》约定以该合同所涉1110万元款项的权利抵偿租金，该租金应认定为已由无极液压公司给付完毕，对李某某的相应反诉请求不予支持。判决：驳回上诉，维持原判。再审法院裁定：驳回李某某的再审申请。[1]

未经占有使用公示的租赁权，不得对抗不特定买受人善意取得的所有权，限制适用“买卖不破租赁”原则。

【案例6-16】 张乙诉成某、马甲排除妨害纠纷案

二审法院认为，适用“买卖不破租赁”的原则须符合三个构成要件：首先，买受人已取得租赁物的所有权。张乙受让案涉房屋时为购房的合理需求，且系通过中介发布的售房信息获知房源，在中介的陪同下前往案涉房屋进行了实地查看，看房时房屋无人居住，并与张甲及中介签订《买卖合同》，以合理的价格交易，成某并无证据证明张乙清楚房屋上手的交易情况，其受让案涉房屋属善意，其所有权并不因前手交易的真实与否而受影响，双方办理了不动产权转移登记手续，张乙取得了房屋所有权。其次，所有权发生转移前，租赁合同已成立并生效。成某提交的落款为2015年5月13日的《房屋租赁合同》，经鉴定并非落款日签订，成某所举证据不足以证明租赁合同生效于房屋所有权发生转移前。最后，所有权发生转移前，租赁物已交付承租人使用。租赁权虽为债权范畴，但“买卖不破租赁”的原则赋予了租赁权对抗不特定买受人的效力，然而对于第三人对抗效力应建立在权利已进行公示的基础上，对于租赁权来说，最直接、最客观的公示方式应为租赁物交付，使得买受人容易得知其所受让的租赁物上存在租赁关系。成某虽持有房屋钥匙，但房屋为空房，其房屋并未使用，不能对抗不特定买受人。综上，本案并不适用“买卖不破租赁”的原则，张乙有权要求成某排除妨害。成某以马乙、张甲违法放贷一案已被公安机关立案侦查，案涉房屋可能为马乙、张甲违法犯罪所得，本案需以刑事案件处理结果为依据为由提出中止审理本案的申请。如上所述，张乙获得涉案房屋所有权系善意，案涉房屋是否为马乙、张甲违法犯罪所得，并不影响张乙对案涉房屋所拥有的合法所有权，故对成某的中止审理申请不予准许。判决：维持一审法院判决的成某立即排除妨害张某对涉案房屋的使用、驳回张乙对马甲全部诉讼请求和其他诉讼请求，撤销一审法院成某支付张甲鉴定费44900元判项。[2]

---

[1] 参见最高人民法院中国应用法学研究所编：《人民法院案例选》2021年第5辑（总第159辑），人民法院出版社2021年版，第81~82页。北京市高级人民法院（2020）京民申5019号民事裁定书。

[2] 参见国家法官学院、最高人民法院司法案例研究院编：《中国法院2021年度案例》（物权纠纷），中国法制出版社2021年版，第83页。云南省昆明市中级人民法院（2019）云01民终7575号民事判决书。

以房屋租赁合同的形式用房屋使用权抵偿欠款不能适用“买卖不破租赁”的原则。

【案例6-17】 钱某诉赵某房屋租赁合同纠纷案

二审法院认为,关于潘某与王某、吴某签订的房屋租赁协议的性质认定问题,从协议内容看,王某为了使自己的债务得到清偿,同意潘某以使用15年的方式抵顶所欠130万元的欠款,系债务人以其房屋使用权抵偿欠款的合同之债,不同于出租人与承租人之间签订的房屋租赁合同,故不应适用“买卖不破租赁”原则。涉案房屋已经被钱某通过拍卖方式取得且已办理了房屋产权登记,钱某可以取得对房屋的占有、使用、收益、处分的权利。王某与潘某签订的房屋租赁协议因涉案房屋的拍卖已经无法继续履行,潘某可要求王某承担相应的违约责任。关于钱某是否有权要求赵某向其支付租金,潘某与赵某签订的租赁合同并无违反法律强制性规定情形,应为合法有效。租赁物在租赁期间发生所有权变动的,不影响租赁合同的效力。潘某本是基于对房屋的合法占有将涉案房屋租赁给赵某,鉴于钱某已经取得了涉案房屋的所有权,参照“买卖不破租赁”原则,要求继续履行潘某与赵某之间的租赁合同未履行部分,赵某应向钱某支付剩余租赁费。判决:赵某向钱某支付截至2020年5月31日的租金2.2万元。[1]

“买卖不破租赁”原则在我国立法中多有体现,但在案外人以房抵债合同主张其对案涉不动产享有承租权,因而用“买卖不破租赁”的原则阻却法院执行的情况下,以房抵债合同并非租赁合同,其实质仍为债务人以其房屋使用权抵偿欠款的合同,案外人不应被视作案涉不动产的承租人,亦不能以其承租权阻却法院执行。

【案例6-18】 某网络公司与某企业管理有限公司案外人执行异议纠纷案

执行法院认为,本案的争议焦点为某网络公司与某置业公司签订的房屋租赁合同及补充协议是否具有阻却执行法院从某大厦清退网络公司的效力。首先,房屋租赁合同是指房屋出租人将房屋提供给承租人使用,承租人定期支付租金,并于合同终止时将房屋归还给出租人的协议。故承租人缔约的目的是取得房屋的使用权,出租人的目的为收取租金。在本案中,从某网络公司与某置业公司签订的房屋租赁合同及补充协议的性质来看,双方虽然以房屋租赁合同名义签订合同,但是根据合同约定的内容及条款,该协议系明为租赁合同实际是双方基于债权债务关系而产生的抵偿欠款行为,其实质是以

---

〔1〕 参见国家法官学院、最高人民法院司法案例研究院编:《中国法院2023年度案例》(合同纠纷),中国法制出版社2023年版,第118页。山东省淄博市中级人民法院(2021)鲁03民终1081号民事判决书。

房屋租金抵偿欠款,因此,该合同的性质不能认定为房屋租赁合同。其次,某网络公司依据租赁合同及协议要求中止执行法院从某大厦清退某网络公司的执行行为,鉴于其依据的上述合同并不能认定为房屋租赁合同,故其主张无法律依据,对其异议请求执行法院不予支持。综合上述考虑,执行法院裁定驳回某网络公司的异议。[1]

应注意的是,买卖不破租赁不受租赁合同登记的限制。买卖不破租债是承租人的法定权利,可以对抗任何第三人。现行法律、法规没有规定适用买卖不破租赁必须以租赁合同登记为前提,租赁合同未登记的就不能适用该原则,不应对租赁合同作出必须经过登记备案的限制性规定。

在难以认定存在真实有效的租赁合同的关系的情况下,房屋承租方仅凭书面租赁合同不能对抗租赁期间房屋购买方的合法权益,不适用"买卖不破租赁"原则,房屋购买方有权请求返还租赁房屋。

【案例6-19】 魏某诉朱某等返还原物纠纷案

判决观点,无权占有不动产或者动产的,权利人可以请求返还原物。本案争议的焦点问题在于朱某所主张的租赁权是否能够对抗魏某对涉案房屋享有的合法权利。首先,本案审理过程中,魏某主张对租赁协议中张某署名是否本人签署进行鉴定,后其撤回鉴定,则法院推定认定涉案《租赁协议》的真实性。其次,在本案审理过程中,朱某主张其自张某处租赁涉案房屋,但其陈述事实确有多处与常理相悖。第一,根据朱某自述内容判断,其并无租房居住的现实需要,庭审中其并未能就住房原因进行合理解释;第二,按照朱某自述,其一次性缴纳全部租金后,并未实际居住涉案房屋,房屋仍由张某自住,依据常理,如朱某并不自住,完全可以减免租金或另定租期,但朱某亦未就此向法庭予以合理解释;第三,朱某自述将涉案房屋租金一次性交付张某,庭审中其所提交证据记载的金额及时间地点均与《租赁协议》签订日期不符,其所提交的证据并不足以支持其主张;第四,根据张某甲在公安机关出警过程中的陈述,其系因欠款人入住涉案房屋,与朱某在庭审中的陈述亦不一致,而作为第一时间的现场记录,张某甲在当时陈述内容的真实性应当更高;第五,张某甲入住涉案房屋之前,魏某就已经实际占有、使用涉案房屋,此情节依据某村委会在案件中的陈述也能印证,故在此情况下,如朱某所主张的《租赁协议》确系双方当事人真实意思表示,也应该通过法律途径维护其合法权益,在双方存在未决纠纷的情况下,强行进住涉案房屋的行为,实为不

[1] 参见北京市高级人民法院研究室编:《审判前沿——新类型案件审判实务》(总第63辑),法律出版社2023年版,第218页。

妥,不应得到提倡;第六,法律虽规定房屋最长租赁期限为20年,现实生活中,罕见如此租赁,故依据常理,当事人如确有如此租赁的意思表示,则应当负有高度的注意义务,保留完备的证据材料,避免交易风险,但庭审中,朱某亦未就此说服法庭。综上所述,依据本案现有证据,一审法院在本案中对朱某的答辩意见难以采信,在魏某未对朱某所提交的《租赁协议》申请鉴定的情况下,法院虽可推定《租赁协议》真实存在,但基于上述疑问,法院对朱某与张某是否真实存在租赁的意思表示及合意表示怀疑,故法院对魏某在本案中的第一项诉讼请求予以支持。另需说明,张某甲自述居住于涉案房屋系基于朱某的指示,故其亦应负有腾退、返还涉案房屋于魏某的义务。最后,关于房屋使用费用的问题。本案中,朱某、张某甲的行为对魏某行使其所享有的合法权利构成妨害,但魏某应当给予朱某、张某甲合理的腾退期间,而在合理腾退期间届满,朱某、张某甲逾期仍未履行腾退义务的,两人应承担相应的民事责任,支付逾期腾退期间的房屋使用费,具体数额及给付起始日期由法院综合考虑房屋面积、所处地址、同地段房屋租金情况、房屋腾退合理期限等因素予以酌定。判决:一、第三人张某甲协助被告朱某、张某将位于北京市密云区某村××号楼××单元×××室房屋返还给原告魏某;二、被告朱某、第三人张某甲如逾期未履行上述义务,应按照每月1200元的标准向原告魏某支付自逾期之日起房屋实际返还之日止的房屋使用费;三、驳回魏某的其他诉讼请求。[1]

(四)买卖不破租赁与房屋预告登记关系

房屋所有权人与受让人缔结房屋买卖合同,并将债权预告登记,又与承租人缔结租赁关系并交付房屋的,其后发生所有权变动时,受让人能否主张租赁合同对其不生效力。在实践中,必然成为利害关系各方的争议焦点。

【不同处理】 出租人在办理房屋让与预告登记后,又将房屋出租他人的,有的法院按无效合同处理。

【案例6-20】　胡某亮诉众鑫公司、徐某芳、李某友排除妨害纠纷案

二审法院认为,徐某芳、李某友与众鑫公司签订《房屋租赁合同》无权利人胡某亮的签字确认,且此时徐某芳已将房屋卖出,虽然还没有完成过户手续,但该房屋已进行公告,徐某芳已丧失对该房屋的处分权,根据《物权法》

---

〔1〕 参见北京市高级人民法院研究室编:《审判前沿——新类型案件审判实务》(总第62集),法律出版社2022年版,第45~47页。

第二十条第一款的规定，徐某芳、李某友与众鑫公司签订《房屋租赁合同》应属无效合同。[1] 本案有待商榷。

预告登记虽先于租赁办理但其后失效的，法院认为承租人可以租赁权对抗受让人的执行请求，即买卖不破租赁。

【案例6－21】 金某顺等诉安吉宝云房地产开发有限公司房屋买卖合同纠纷案

案外人银行与房地产公司签订租赁合同时，受让人办理的预告登记已失效，法院认为房地产公司与银行签订的租赁合同合法有效，银行基于该租赁合同合法占有涉案房屋，其有权据此排除执行。[2]

抵押权预告登记是一种预先的排他性保全，不具有抵押权本登记的担保地位，性质与效力应与抵押权登记严格区别。[3] 房屋所有权在办理预告登记后，将房屋出租他人并交付的，承租人可以其租赁地位对抗抵押物买受人。

就买卖不破租赁与预告登记关系而言，有律师认为，第一，出租人将房屋租与他人并交付后，又将房屋出卖第三人并办理预告登记的，承租人可以依据2009年《房屋租赁合同解释》第二十条（2020年修正后为第十四条）规定，“请求房屋受让人继续履行原租赁合同”。第二，出租人将房屋出卖他人并办理预告登记后，在房屋所有权变动前又将房屋租与他人的，买受人可基于物上请求权（《物权法》第三十四条、《民法典》第二百三十五条）要求承租人返还房屋的占有。第三，只要租赁发生在房屋抵押权设立前，无论是否办理抵押预告登记，承租人均可以依据2009年《房屋租赁合同解释》第二十条规定，主张租赁地位继续对抗抵押物的受让人。[4]

---

〔1〕 参见高彬峻主编：《民商法实务精要》（4），中国法制出版社2017年版，第81～82页。四川省凉州市中级人民法院（2011）川凉中民终字第566号民事判决书。

〔2〕 参见高彬峻主编：《民商法实务精要》（4），中国法制出版社2017年版，第83页。浙江省某人民法院（2016）浙0523执异字第10号民事裁定书。

〔3〕 参见《最高人民法院公报》2014年第9期。

〔4〕 参见高彬峻主编：《民商法实务精要》（4），中国法制出版社2017年版，第84～85页。

二、房屋租赁所有权变动法律适用

(一)所有权变动后合同解除

《民法典》第七百二十五条规定:“租赁物在承租人依据租赁合同占有期间发生所有权变动的,不影响租赁合同的效力”,也就是通常所说的“买卖不破租赁”原则,旨在保护承租人的利益。但条款规定并不意味着原出租人没有权利对出租人产权变更前的违约行为行使合同解除权。现行法律并未限制房屋产权变更后,原房屋出租人不可以依据现存有效的租赁合同,对承租人以前的违约行为主张合同权利,这种合同权利既包括追索所欠租金,也包括行使合同解除权。也就是说,租赁物所有权变更前因租赁事宜产生的各种纠纷,应由原出租人处理;租赁物所有权变更后发生的问题,应由新的所有权人处理。

【案例6-22】 善岛建设(天津)有限公司与天津一商集团有限公司房屋租赁合同纠纷案

最高人民法院认为,按照双方签订《房屋租赁合同》的约定,如果一商集团拖欠善岛公司租金超过30天以上,善岛公司有权提前终止合同。善岛公司主张的一商集团违约情形,都是发生在与金元宝公司签约转让房产之前,善岛公司提出解除租赁合同也得到金元宝公司的认可。如果不允许善岛公司根据一商集团的违约行为解除合同,新的产权人金元宝公司又没有权利对一商集团的违约行为解除合同,将有损房屋出租方的合法权益。善岛公司提出租赁合同是基于该租赁房屋产权变更前一商集团的违约行为。现行法律并未限制房屋产权变更后,原房屋出租人不可以依据现存有效的租赁合同主张合同权利,追究违约方的合同责任,该合同责任既包括追缴租金,也包括违约方承担终止合同履行的违约责任。《合同法》第二百二十九条规定的“租赁物在租赁期间发生所有权变动的,不影响租赁合同的效力”,并不意味着原出租人没有权利对承租人产权变更前的违约行为行使合同解除权。案外人金元宝公司2005年12月6日致函善岛公司,对善岛公司提出解除租赁合同的行为表示认同。故善岛公司请求提前解除租赁合同,应予支持。[1]

租赁物所有权变动后,原出租人已不是涉案房产的所有权人,依法丧失了原租赁合同的主体地位,不再享有解除合同的权利。

【案例 6－23】 苏某利、苏某民等诉夏邑县甲集团有限公司房屋租赁合同纠纷再审案

最高人民法院认为,依据“租赁物在租赁期间发生所有权变动的,不影响租赁合同的效力”的规定,虽然甲公司、房屋受让人与苏某明之间没有另行签订变更原租赁合同主体的书面协议,但其实际的法律后果应当是在承租人和租赁物的新所有人之间形成租赁合同关系。因此,甲公司向苏某明发出解除合同通知书时已不是案涉房产的所有权人,依法丧失了原租赁合同的主体地位,不再享有解除合同的权利,即甲公司无权解除案涉租赁合同。[2]

房屋所有权变动后,出租人解除原租赁合同新所有权人追认的,原租赁合同解除。

【案例 6－24】 徐某某诉二轻机械厂、安盛公司房屋租赁合同纠纷案

二审法院认为,本案的上诉争议焦点系二轻机械厂发出的合同解除通知能否解除租赁合同。依据《合同法》第九十三条第二款的规定,徐某某与二轻机械厂签订《租赁合同》的第 7 条系双方当事人保留合同解除权的约定条款。原审法院对该条款的法律分析正确。但根据二审阶段查清的事实,安盛公司已经于二轻机械厂发出解除通知前取得讼争商铺的所有权。依据《合同法》第二百二十九条规定的“买卖不破租赁”原则,讼争商铺买受人安盛公司已承接原出租人二轻机械厂在《租赁合同》中所享有的权利和应履行的义务。因此,随着讼争商铺所有权发生变更,原《租赁合同》第 7 条约定的合同解除权行使主体应为安盛公司。在二审的法庭调查阶段,安盛公司表示同意二轻机械厂代为发出解除租赁合同通知,并对该行为的效力予以追认。依据《合同法》第九十六条第一款的规定,自行使解除权主体发出的解除合同通知到达另一方当事人,并且合同约定的解除条件成就时,合同被解除。解除权系形成权,解除权的行使不以诉讼的形式为必要。因此,二轻机械厂发出的合同解除通知到达徐某某,并且依合同约定的两个月后,租赁合同已被解除。徐某某要求继续履行合同的主张没有事实和法律依据,本院不予支持。

---

〔1〕 参见最高人民法院民事审判第一庭编:《最高人民法院民事案例解析》(房屋买卖、租赁纠纷),法律出版社 2010 年版,第 267 页。最高人民法院(2006)民一终字第 7 号民事判决书。

〔2〕 参见中国审判理论研究会民事审判理论专业委员会编著:《民法典合同编条文理解与适用》,法律出版社 2020 年版,第 415 页。最高人民法院(2017)民再 268 号民事判决书。

综上所述,原审法院部分事实认定不清,本院予以纠正。但一审法院适用法律基本正确,处理结果恰当,二审法院予以维持。〔1〕

租赁物所有权变动后,新所有权人以原出租人不同意转租、期限不明和租金不明等理由请求解除租赁合同的,法律不予支持。

【案例6-25】　济阳县经济和信息化局诉滕某焕、郝某华房屋租赁合同纠纷案

判决观点,根据山东济阳机械厂与两被告签订的协议书,山东济阳机械厂是同意两被告继续对外转租的。虽然根据该协议书第二条的约定,两被告对外转租的,必须书面通知机械厂。但两被告将转租合同交付机械厂的行为,应当认定两被告已经将转租事项告知了机械厂。《合同法》第二百二十四条第二款规定的是承租人未经出租人同意转租的,出租人可以解除合同。但在本案审理过程中,机械厂明确表示同意两被告的转租行为。因此,原告以两被告对外转租没有书面通知机械厂,没有得到机械厂的认可为由,通知两被告解除其与山东济阳机械厂于2014年7月22日签订的协议书不符合法律规定,其解除理由不能成立。关于原告经信局作出的协议书解除通知中所称的“该协议书没有约定具体期限和明确租金,致使出租方合法利益无法得到保障,显失公平”的陈述,根据《合同法》第二百三十二条的规定……因经信局并未在合理期限前通知两被告,其解除协议书的行为亦不符合法律规定。关于租金问题,两被告在与山东济阳机械厂签订的协议书中已经有明确的约定,即乙方出租租金收入与甲方按照各占有50%的比例分配。因此,经信局于2015年作出协议书解除通知的行为无效,两被告与山东济阳机械厂于2014年7月22日签订的协议书并未解除。

两被告与山东济阳机械厂于2014年7月22日签订的协议书并未解除。根据原告提供的相关证据,法院认定,济阳县土地收储中心是涉案土地附属物的所有者,济阳县财政局是涉案土地附属物的管理者,济阳县财政局已将涉案土地附属物的管理权交付经信局,因此,经信局是涉案土地附属物的管理者。根据《合同法》第二百二十九条的规定,租赁物在租赁期间发生所有权变动的,不影响租赁合同的效力。在两被告与山东济阳机械厂签订的协议书并未解除的情况下,经信局应当与两被告继续履行该协议书。因此,原告经信局要求两被告立即将济阳县经二路××号原机械厂老厂区全部资产交付原告管理的诉讼请求没有法律依据,不予支持。判决驳回济阳县经济和信

〔1〕　参见万国营主编:《房屋租赁合同纠纷》(第2版),法律出版社2015年版,第154页。

息化局的诉讼请求。[1]

出租人将出租房屋卖与买受人,未告知房屋已出租且在交付时也未与承租人解除租赁合同关系,构成违反权利瑕疵担保义务。出租人虽因承租人群租违反合同约定,有权解除租赁合同,但是这种合同解除权是形成权并非当然地产生合同解除的法律后果,承租人仍享有对出租人解除行为表示异议,并且可就解除行为向法院提出诉讼。承租人依据"买卖不破租赁"原则,可以主张系争房屋物权变动情形下的概括转移,也就是说,不能排除承租人主张承租权利的可能性。

【案例6-26】 张某等诉贾某房屋买卖合同纠纷案

二审法院认为,本案的核心争议焦点是,张某一方中止付款的行为是否构成付款的违约责任。根据双方签订的买卖合同、房地产交接书等,作为出卖方的贾某应当确保系争房屋上不存在租赁关系,或者至迟交付之时将原租赁关系彻底清除。同时,根据《合同法》第一百五十条的规定,出卖人就交付的标的物,负有保证第三人不得向买受人主张权利的义务。据此,在系争房屋交付之后,贾某亦应保证第三人不得向作为系争房屋买方的张某一方主张租赁权利,出卖人的瑕疵担保义务并不因此其向买受人交付标的物而完成或消灭。本案中,贾某向张某一方交付系争房屋时,贾某与叶某之间的租赁合同纠纷仍在审理之中,该租赁合同的效力尚未得到明确否定,贾某交与张某一方的系争房屋之上仍然存在其与案外人的租赁合同关系。这与双方当事人关于"无租赁"的约定相悖,也违反了《合同法》第一百五十条规定的出卖人权利瑕疵担保义务。根据《合同法》第一百五十二条规定,买受人有确切证据证明第三人可能就标的物主张权利的,可以中止支付相应的价款,因此,在叶某强行占有系争房屋的情况下,张某一方随后通知银行暂时中止支付剩余款项,符合《合同法》第一百五十二条规定,不构成拒绝付款或延迟付款的违约责任。

虽然,根据2016年4月25日上海市第二中级人民法院就贾某与叶某的租赁合同所作终审判决,租赁合同应溯及2015年7月20日解除,但是该效力范围原则应限于租赁合同双方主体,而不能随意扩大。因此,不能认为系争房屋的权利瑕疵也溯及2015年7月20日消除,并由此得出贾某向张某一方交房时已不存在权利瑕疵的错误结论。在法院就贾某与案外人叶某之间的租赁合同纠纷作出终审判决之前,该租赁合同效力尚处于不确定状态,叶某仍可根据租赁合同就系争房屋主张承租权利。因此,对张某一方而言,系

[1] 参见国家法官学院案例开发研究中心编:《中国法院2019年度案例》(合同纠纷),中国法制出版社2019年版,第115~116页。山东省济南市济阳县人民法院(2016)鲁0125民初53号民事判决书。

争房屋上的权利瑕疵仍然存在。直至该租赁合同纠纷的生效判决作出之后，该权利瑕疵才被清除，张某一方据以中止支付剩余房款的事由方才消灭。张某在得知生效判决之后，已及时履行支付剩余房款的义务，亦不存在应当承担违约责任的其他情形。据此，判决撤销原判，驳回贾某的诉讼请求。[1]

(二)所有权变动继续履行租赁合同

《房屋租赁合同解释》第十四条规定："租赁房屋在租赁期间发生所有权变动，承租人请求房屋受让人继续履行原租赁合同的，人民法院应予支持。但租赁房屋具有下列情形或者当事人另有约定的除外：(一)房屋在出租前已设立抵押权，因抵押权人实现抵押权发生所有权变动的；(二)房屋在出租前已被人民法院查封的。"该条是关于租赁房屋在租赁期间发生所有权变动的情形下，租赁合同的对抗效力的规定，即习惯称为"所有权变动不破租赁"原则。该条规定包含以下六层含义：其一，该条适用前提是房屋所有权变动在租赁期间，而不适用除在租赁期间之外的其他情形。其二，该条适用原则是法律原则上支持承租人请求履行原租赁合同。其三，该条规定两类例外情形，一是两种法定除外条件，即包括实现出租前抵押权的和出租前已被法院查封的；二是当事人约定的除外条件。其四，出租人与承租人约定，租赁房屋在租赁期间所有权变动，承租人自愿放弃要求房屋受让人继续履行租赁合同的权利，因是承租人处分自己的权利，则应从其约定。承租人反悔的，法律不予支持。双方的约定可以在订立租赁合同时，也可以在租赁合同履行过程中。其五，出租人隐瞒房屋已经抵押情况，因抵押权实现导致承租人利益受损，其出租人应承担违约责任。承租人可以解除租赁合同，要求减少租金或者不支付租金。承租人在订立租赁合同时明知租赁房屋已经抵押而仍愿意承租，表明自愿承担风险，出租人不承担租赁合同不能继续履行的违约责任。其六，出租人未向买受人买告知房屋已经出租事实，买受人支付对价善意取得房屋所有权，限制承租人的买卖不破租赁对抗权，其要求原租赁合同继续履行请求不受法律保护，应当认定出租人违约，承租人可以向出租人主张相应的违约责任和损害赔偿。

租赁房屋出卖后原出租人权利受到限制，但有例外。租赁物所有权在租赁期间内的转移并不影响承租人的权利，原租赁合同对受让租赁物的第三人仍然有效，该第三人不得解除租赁合同，亦被称为"买卖不破租赁"原则。这一原则突破

---

〔1〕 参见王利明主编：《判解研究》2020 年第 1 辑(总第 91 辑)，人民法院出版社 2020 年版，第 179 ~ 180 页。

了传统的合同相对性原则,使租赁权具有了对抗第三人的效力。该种情况被称为"租赁权的物权化"或"债权的物权化"。《民法典》第七百二十五条规定(《合同法》第二百二十九条)关于租赁合同对抗效力的规定即是租赁权物权化的体现。依据该条规定,租赁物在租赁期间发生所有权变动的,租赁关系仍依原租赁合同继续存在,即只发生出租人的更迭。承租人与出租人原来在租赁合同中所作的其他约定,既约束承租人,也约束租赁物的新所有权人。原所有权人在转移所有权后即退出原租赁合同,不再享有原租赁合同中的权利义务,无权就所有权变动后承租人的违约行为依据原租赁合同向承租人主张权利。但可对所有权变动前承租人违约行为,依据原租赁合同向其主张权利。

【案例6-27】 沈某柱诉刘某花房屋租赁合同纠纷案

判决观点,沈某柱原为讼争店面的所有权人,刘某鹏受沈某柱委托代为管理讼争店面,并与刘某花就讼争店面的租赁事宜签订《租赁合同》。沈某柱于2010年9月14日与李某东签订《厦门市房地产买卖合同》,将讼争店面出卖给李某东,李某东于2010年9月29日取得讼争店面的土地房屋权证。沈某柱所主张刘某花未缴纳租金,构成违约的情形发生在2010年9月29日之后,而自2010年9月29日起讼争店面的产权发生变更,沈某柱已非讼争的所有人,其无权就讼争店面行使占有、使用、收益和处分的权利。故沈某柱要求解除《租赁合同》、收取租金等诉讼请求,缺乏事实和法律依据,不予支持。依此沈某柱亦无权收取刘某花自2010年9月30日之后的租金。[1]

所有权变动后,承租人占有出租房屋是否履行原租赁合同,应根据案情确定。

【案例6-28】 邹某某诉华联商厦不当得利债务纠纷案

二审法院认为,对于华联商厦与邹某某在2003年1月以后是否以默示的方式达成了继续原租赁合同的问题。华联商厦在接到日用杂品公司关于华联大酒店已出售给邹某某的通知和邹某某关于催缴租金的通知后,并没有向邹某某交纳租金,也没有提存房屋租金,也没有退出所租赁的房屋。但其继续占有该房屋不是基于继续履行原租赁合同的默示意思表示,而是主观上认为其对该房屋具有优先购买权,因而诉至法院要求行使房屋优先购买权。故从邹某某通知华联商厦交纳房租的行为以及客观上华联商厦占有该租赁房屋的行为不能推定出双方以默示的方式达成了继续履行原租赁合同的协议。[2]

---

〔1〕 参见国家法官学院案例开发研究中心编:《中国法院2013年度案例》(合同纠纷),中国法制出版社2013年版,第46页。福建省厦门市海沧区人民法院(2011)海民初字第724号民事判决书。

〔2〕 参见万国营主编:《房屋租赁合同纠纷》(第2版),法律出版社2015年版,第148页。

(三)所有权变动租金交付

出租人将房屋出卖给购买人,购买人享有租赁房屋的所有权利,自然包括对租赁房屋租金收取权利。虽然依据“买卖不破租赁”原则,出租人将房屋出售后,租赁合同依然有效。但是该租赁合同约束的是新产权人和承租人。原出租人退出租赁关系,且不享有在租赁房屋出卖后原出租人的权利,但有例外。原出租人没有租金请求权,也不能收取租金,承租人不能再依据租赁合同向其交付租金,其交付的租金亦不能视为履行租赁合同约定的租金交付义务。实践中,一般做法是原出租人告知承租人租赁房屋已出卖并指明租金交付新产权人,或者原出租人、新产权人与承租人三方对租赁房屋相关事项进行交接,即承租人知道或者应当知道租金应交给新的产权人。也就是说,出租人将房屋出卖给他人,承租人向原出租人及原出租人的近亲属交付租金不能视为已履行租金交付义务。

【案例6-29】　田某诉贾某房屋租赁合同纠纷案

判决观点,房屋所有权人对其房产享有占有、使用、收益和处分的权利。原告田某是北京市西城区终麟阁路第×号房屋的产权人,有权出租该房屋并从中收益。贾某与杜某于2004年1月10日签订的《承租协议》是双方真实意思表示,该协议真实有效,后虽变更产权人,但不影响原《承租协议》的效力,且贾某也同意按原协议履行。故该协议对新产权人和原承租人继续有效,贾某应当按照原协议享有权利、履行义务。现贾某不能证明已经向田某交付租金,故对田某要求交付租金之诉讼请求,法院予以支持。但由于贾某承租的房屋归属于两个不同的产权人,原《承租协议》也未对三间房屋的租金各是多少作出约定,田某与贾某也未在事后就此问题作出补充约定,田某与杜某关于租金的约定因事前未通知贾某,事后未得到贾某认可,该约定对贾某不产生法律效力,故对田某要求按其所有的两间房每月收取租金2000元,因没有事实依据,法院无法支持。对于2005年八九月的租金,法院将按三间房的房屋面积比例来确定收取租金的比例。贾某辩称其已经向杜某家人交付了租金,已经履行了义务,没有法律依据,法院不予采信。至于贾某已经将租金交付他人,属于另外的法律关系,贾某可通过另案解决。法院最后判决贾某给付田某2005年八九月的房屋租金人民币3349元。[1]

---

〔1〕 参见《房屋租赁合同纠纷裁判思路与裁判规则》,法律出版社2017年版,第98页。

【案例6－30】 上海某房地产开发有限公司与上海某超市有限公司、上海某连锁超市有限公司房屋租赁合同案

二审法院认为，鉴于本案审理中，房地产公司已将租赁房屋售与案外人，该房屋产权已于2007年7月10日登记至案外人名下，并且甲超市公司、乙超市公司和房地产公司均同意2007年7月10日前的租金归房地产公司所有，故甲超市公司应向房地产公司支付2007年7月9日止的租金。至于2007年7月9日后的租金，本案当事人均确认应由案外人收取，故本案不予处理。[1]

承租人未收到出租房屋变动所有权变动前，应将原租期内的租金交原出租人。

【案例6－31】 建行营业部诉世都百货公司房屋租赁合同纠纷案

二审法院认为，关于世都百货向世华公司支付租金的问题，世都百货依据前述有效租赁合同对世华公司支付原租赁合同期限内的租金，应属有效履行，并免除其对建行营业部重复支付该部分租金的法律责任。原审法院判决世都百货向建行营业部支付2003年9月1日至12月31日原租赁合同期限内的租金不当，本院予以纠正。[2]

租赁房屋所有权变动前，承租人已经按照原租赁合同约定向出租人预付了租金，在尚未到新的交租期限情况下，所有权变动后的新所有权人无权向承租人主张给付租金。

【案例6－32】 吴某某诉某农行、石某某房屋租赁合同纠纷案

一审法院认为，农行不应将租赁费支付吴某某。理由是：1996年7月16日农行与石某某签订租赁合同，石某某以房屋租赁费抵顶其所欠农行平度支行的贷款及利息，直至还清农行平度支行的本息为止。但即便按年租赁费135360元计算，租赁费至今也未能还清农行的本息，吴某某的经济损失也只能向石某某另行主张。根据《合同法》的相关规定，租赁物在租赁期间发生所有权变动的，不影响租赁合同的效力，即俗称的“买卖不破租赁”。吴某某虽然于2004年12月30日取得了该房屋的所有权，但对于其取得所有权之前早已存在的租赁关系，吴某某无权利变更或解除，况且，农行与石某某签订的租赁合同明确约定租赁期限至还清农行平度支行贷款本息为止，在石某某尚未还清贷款本息之前，农行无须再向吴某某支付房屋租金。二审法院认为，农行在吴某某取得涉案房屋产权之前，已经基于租赁合同合法占有、使用

[1] 参见《房屋租赁合同纠纷裁判思路与裁判规则》，法律出版社2017年版，第117～118页。
[2] 参见《房屋租赁合同纠纷裁判思路与裁判规则》，法律出版社2017年版，第377页。

了涉案房屋。该租赁合同约定,租赁期间自1996年7月19日起至偿还清贷款90万元及利息止。在某商场偿还清贷款90万元及利息之前,农行占有、使用涉案房屋具有合法依据,也就不需要向新产权人重复交纳房屋租赁费。故判决驳回上诉,维持原判。[1]

【案例6-33】 张某兰诉刘某东房屋租赁合同纠纷再审案

再审法院认为,张某兰通过拍卖取得该租赁房屋的所有权后,根据《合同法》第二百二十九条和《解释》第二十条的规定,租赁合同的效力不受影响,张某兰应当概括承受原出租人的权利义务。刘某东向原出租人交付了租金,有权继续使用该房屋并不需要另行支付租金。而张某兰有义务将房屋继续交付承租人刘某东使用。[2]

租赁房屋所有权变动前,承租人已经一次性预付全部租金如何处理,现行法律、司法解释对此问题没有明确规定,可结合民法法理和民法典的相关规定根据公平原则处理。出租人出让租赁房屋所有权后,其与承租人之间的租赁关系终止,出租人占有剩余租期的租金失去了法律上和合同上的依据,属于不当得利,应当转交新所有权人。承租人已经预付了租金,承租人无权向出租人要求返还预付租金,但在原租赁期限内承租人没有再次给付租金的义务,新所有权人向承租人主张请求给付租金时,承租人有抗辩权。在出租人拒绝将收取承租人预交租金转新交所有权人的,新所有权人可以根据房屋买卖合同和租赁合同约定向出租人要求返还剩余租期的租金,但另有约定的从其约定。新所有权人要求出租人返还所有权变动后的租金诉求,应该得到法律支持。房屋所有权转移时已经到期的租金,根据原租赁合同约定是属于出租人所有的,新所有权人不得向出租人请求该笔租金,该到期租金应归出租人所有。房屋所有权转移后,承租人对于剩余租期未交纳租金,新所有权人可以根据新产生的租赁合同请求给付租金,但承租人一次性预交全部租金的除外。

关于预收租金的处理。最高人民法院法官认为,在租赁物所有权变动时,新的所有人基于租赁物的所有权变动承继租赁合同的权利义务,从而取得收取租金的权利,新的所有人可以基于物上请求权或者不当得利返还请求权,请求原所有人返还。承租人不负有就已经预先交付的租金再次向所有人给付的义务。[3]

所有权变动后,承租人占有出租房屋理由不成立的,应向新所有权人支付

---

〔1〕 参见李方民主编:《房屋租赁合同纠纷诉讼指引与实务解答》(第3版),法律出版社2017年版,第203页。

〔2〕 重庆市高级人民法院(2015)渝高法民提字第00085号民事判决书。

〔3〕 参见最高人民法院民法典贯彻实施工作领导小组编著:《中国民法典适用大全》(合同卷三),人民法院出版社2022年版,第2164页。

租金。

【案例6-34】 邹某某诉华联商厦不当得利债务纠纷案

二审法院认为,对于华联商厦是否应当交纳2003年1月至10月的房屋租金问题,华联商厦提起的房屋优先购买权一案由江西省高级人民法院于2003年12月31日作出终审判决,确认华联商厦不享有对该房屋的优先购买权。自该终审判决送达给华联商厦起,华联商厦才确切地知道其对于该房屋不享有优先购买权的事实,此时其占有该租赁房屋的主观理由已得不到法律的支持。但事实上华联商厦在这段时间内又占据着该租赁房屋进行营业,并通过该占有获得了利益,而邹某某由于华联商厦的占有遭受了租金损失。华联商厦的继续占有并获得利益已构成不当得利,依法应当返还给受害人即邹某某。不当得利的数额可参照日用杂品公司与日用化学品公司于1995年签订的租赁合同的租金进行计算。[1]

买卖尚处于租赁期间的房屋,出卖人应当告知买受人房屋租赁合同的内容,但承租人的履约能力属于商业风险范畴,不属于出卖人的先合同义务,买受人应自行审查与承担。租赁期间房屋产权发生变更,除当事人有特别约定外,租金自产权变更之日归买受人所有。买受人在产权变更后,因租金难以收取,以出卖人有缔约过失、交付房屋存在瑕疵为由,要求出卖人承担租金损失的,法院不予支持。

【案例6-35】 唐某富、庞某与合肥建鑫房地产开发有限公司给付瑕疵担保责任纠纷再审案

再审法院认为,合肥建鑫公司因欠付工程款,经协商将案涉房屋转让给唐某富,购房款从合肥建鑫公司应付的工程款中冲抵,双方当事人协议的实质是一方交付房屋,另一方用对方欠付工程款抵扣房款,故案涉《抵房补充协议》性质上属于房屋买卖合同,此后,双方当事人签订了十五份《商品房买卖合同》确认房屋买卖的事实。根据《合同法》第一百三十二条第一款的规定,出卖的标的物,应当属于出卖人所有或者出卖人有权处分。第一百四十八条规定,因标的物质量不符合质量要求,致使不能实现合同目的的,买受人可以拒绝接受标的物或者解除合同的,标的物毁损、灭失的风险由出卖人承担。从上述法律规定可知,买卖合同中,出卖方对标的物负有权属保证义务和质量保证义务。就本案而言,出卖人合肥建鑫公司负有对房屋权属及质量的担保责任,对此部分即合肥建鑫公司合法持有案涉房屋所有权及房屋的质量符合交付标准,双方当事人并未产生争议。产生本案纠纷的根源在于案涉转让

[1] 参见万国营主编:《房屋租赁合同纠纷》(第2版),法律出版社2015年版,第148页。

房屋系被合肥建鑫公司出租的房屋，在承租人欠付租金的情况下，合肥建鑫公司将该房屋进行转让是否损害了买受人唐某富、庞某的利益，是否应当赔偿其租金损失。对此，安徽省高级人民法院认为，综合本案的查明事实及相关证据，合肥建鑫公司不应承担赔偿租金的责任。理由如下：

一、《合同法》第二百二十九条规定，租赁物在租赁期间发生所有权变动的，不影响租赁合同的效力。据此，租赁物在租赁期间内，所有权可以转让；所有权转让后，原租赁合同继续有效。也即，买受人若购买被出租人房屋，需接受原租赁合同的约束。本案中，双方当事人签订买卖合同时，在补充协议栏均注明“客户已知晓房屋已租赁，并承诺原租赁合同继续有效，原租赁合同编号：HAID08001（TJ）”字样，唐某富、庞某在本案二审期间亦认可其知道房屋已租赁的事实。从案涉合同中载明的上述内容及唐某富、庞某自认，以及其同意购买该房屋的行为，可以认定唐某富、庞某愿意接受租赁合同约束。

二、唐某富、庞某申请再审合肥建鑫公司故意隐瞒承租人未按时交纳租金，导致其在购买案涉房屋时不知此处潜在的风险。对此，安徽省高级人民法院认为，租赁合同中承租人不能按期支付租金并非个例，作为出租人而言，对此种情况应当有所预判，故租赁合同条款中通常会约定，承租人不按期交纳租金，出租人可享有的权利及承租人应承担的违约责任。因此，对于出租人而言，不能按期收取租金属于市场风险，唐某富、庞某愿意接受租赁合同约束，也就同样需承担此类商业风险。

三、合肥建鑫公司是否存在故意隐瞒租金未收取的事实。合肥建鑫公司于2008年与承租人君悦公司签订租赁合同，2012年7月与唐某富等签订《抵房补充协议》，虽案涉房屋办理产权登记的时间为2013年6月，但从双方当事人履行协议的情况看，自2012年8月起案涉房屋的房租即开始交付唐某富、庞某，而此时唐某富、庞某并非房屋所有权人，故合肥建鑫公司向唐某富、庞某支付自2012年8月至2013年3月止的房租符合情理，合肥建鑫公司替承租人垫付租金的行为本身并不能证明合肥建鑫公司具有刻意向唐某富、庞某隐瞒承租人拖欠房租的主观故意。

四、对承租人欠付的到期租金唐某富、庞某有法定的救济渠道。2013年6月，唐某富、庞某取得了案涉房屋的所有权证，成为房屋所有权人，从其领取产权证始，唐某富、庞某即具有合法的收取涉案房屋租金的权利。该权利既为合同权利亦为法定权利，唐某富、庞某作为案涉房屋的受让人直接承继了原房屋所有权人对房屋所享有的权利，若承租人不支付租赁费，其可以依据租赁合同约定办理。唐某富、庞某曾于2014年3月起诉承租人要求支付租金，但此后又撤回起诉。诚然，唐某富、庞某撤回对承租人的起诉为其法定权利,但同时,唐某富、庞某亦需承担对自己权利放弃而带来的法律后果。况且,如唐某富、庞某申请再审称优先购买权被侵害为由,拒付租金,更应通过人民法院的审理从而查明事实,解决争议,而不能将承租人不交付租金的责任直接转移给合肥建鑫公司。故唐某富、庞某在撤回要求承租人支付租金的起诉后,要求合肥建鑫公司承担赔偿相关责任显难以得到支持。

五、合肥建鑫公司起诉承租人不构成对唐某富、庞某权利的损害。2013年7月,合肥建鑫公司起诉承租人要求其支付拖欠的租金。该诉讼行为是合肥建鑫公司在承租人违约的情况下,运用法律手段解决纠纷、保护自己合法权益的正当方式。在案件审理阶段,合肥建鑫公司依法申请人民法院查封了承租人在案涉房屋内的财产,符合法律规定。合肥建鑫公司起诉承租人与唐某富、庞某能否从承租人处取得租金,并无直接因果关系。且从法律层面上讲,亦不能因需要保证唐某富、庞某的权利行使,在合肥建鑫公司无法定义务或约定义务的前提下,而要求合肥建鑫公司放弃自己依法享有的权利。

据此,驳回唐某富、庞某的再审申请。[1]

房屋所有权变动后,原出租人有权收取所有权变动前的租金。

【案例6-36】 许昌明龙化纤有限公司与武某某、王某某、陈某斌、许昌红秀制品有限公司房屋租赁合同纠纷再审案

再审法院认为,涉案财产所有权,应当受到先前设立的租赁权益的限制。根据《合同法》第二百二十六条的规定,租赁物在租赁期间发生所有权变动的,不影响租赁合同的效力。租赁合同对当事人之外的受让人也发生效力,是基于交易稳定性的考虑,赋予了承租权对抗租赁物所有权的权利,以保障承租人的权益不因租赁物所有权变更而受到影响。案涉租赁物因法院司法执行行为而出现了约定的解除事由,但王某某并没有行使合同解除权,其作为承租方也没有向出租方返还租赁物,而是继续占有、使用,故王某某应当向武某某支付继续占有、使用期间租赁物的使用费,王某某以拍卖后与许昌明龙化纤有限公司(以下简称明龙公司)签订租赁合同并已支付租赁费为由主张不应缴纳租金的理由不能成立。根据《竞买须知》等相关司法拍卖文件,可以认定明龙公司已经明知和接受竞拍物的权利限制,故涉案租赁权益对明龙公司的所有权具有约束力,明龙公司主张的原租赁法律关系终止,其享有收取租赁物租金的理由没有事实和法律依据,不予支持。[2]

---

[1] 参见《最高人民法院公报》2020年第20期(总第280期)。

[2] 参见最高人民法院民法典贯彻实施工作领导小组编著:《中国民法典适用大全》(合同卷三),人民法院出版社2022年版,第2165页。河南省高级人民法院(2021)豫民再92号民事判决书。

三、房屋租赁所有权变动疑难问题

(一)处理基本原则

一般来讲,房屋租赁所有权变动的处理,应遵循租赁合同的约定,约定优先。在合同约定没有排除所有权变动租赁权终止的,则租赁合同继续履行。

房屋所有权变动之后,如果新所有权人不履行租赁合同而导致承租人遭受损失,出租人是否应对承租人负保证责任,现行法律没有明确规定。但是《德国民法典》第 571 条第 2 项规定了出租人将租赁物所有权让与第三人,第三人对承租人不履行本于租赁关系之义务所发生之损害赔偿,出租人应负保证责任,如此规定是为了保护承租人的利益。[1] 在现行法律没有明确规定的条件下,承租人欲主张出租人承担保证责任实际很难得到法院的支持,胜诉率很低。为了保证承租人自身的合法承租权,可以在租赁合同中约定出租人的保证义务,约定由出租人承担所有权变动之后租期未届满时承租人不能使用租赁房屋所受到的损失。

房屋租赁合同中仲裁协议效力的扩张性适用问题。仲裁遵循自愿原则,当事人具有仲裁合意方能向仲裁委申请仲裁,但在一定情形下仲裁协议具有效力扩张的可能。当房产受让人对租赁合同的概括承受基于“买卖不破租赁”原则被定性为债权债务的法定转移时,即使受让人与承租人并无仲裁合意,原租赁合同的仲裁协议也应当对双方继续有效。

【案例 6-37】 叶某、李某、祖某诉丁某申请撤销仲裁裁决纠纷案

判决观点,案涉租赁纠纷源于申请人与原房屋产权人陈某、袁某签订的《房屋租赁合同》,后案涉房屋经图亮公司之手转让并过户至丁某名下,本案审查的关键点为《房屋租赁合同》中的仲裁协议能否适用申请人与丁某之间的租赁纠纷,对此,评判如下:首先,租赁合同属于继续性合同,本案《房屋租赁合同》的履行持续《民法典》施行后,根据《民法典时间效力规定》第一条第三项的规定,有关纠纷应当适用《民法典》的相关规定。根据《民法典》第七百二十五条的规定,租赁物在承租人按照租赁合同占有期间发生所有权变动

---

〔1〕 参见王泽鉴:《民法学说与判例研究》(第六册),中国政法大学出版社 1998 年版,第 211 页。

的,不影响租赁合同的效力,该条确立了买卖不破租赁的一般规则,即租赁物所有权变动后,就租赁物所订立的租赁合同仍然延续其法律拘束力,原出租人的权利义务相应的由租赁物的新所有权人承继,而基于租赁合同的对物性,对承租人的权利义务并无实质性的影响,同样受原租赁合同的约束。因此,丁某承接《房屋租赁合同》项下的权利义务并非基于单纯的债权转让,而是《房屋租赁合同》中关涉出租人房屋产权人的全部债权债务的概括转移。而且新的所有权人概括承受租赁合同并非基于约定,而是属于法律明确规定的债权债务概括转让,此种转让无须通知发生效力,在所有权变动后即当然对新的所有权人和承租人发生效力。其次,仲裁遵循自愿原则,仲裁机构受理仲裁案件必须有当事人认可的仲裁协议,但在特殊情况下,仲裁协议具有扩张性,对非当事人也能够发生约束力。《最高人民法院关于适用〈中华人民共和国仲裁法〉若干问题的解释》第九条规定了在债权债务转让的情形下仲裁协议对受让人继续有效的规则,该条规定既属于典型的仲裁协议效力扩张。如前所述,在所有权发生变动后,受让人当然承继了租赁合同项下的全部权利义务,除非受让人明确表示反对,争议解决方式的约定也不应被排除在外,承租人的仲裁意愿也在自动转让的原则下得以保留。因此,《房屋租赁合同》中的仲裁协议应当对三名申请人(承租人)和新的所有权人丁某继续发生效力,丁某有权依据有效的仲裁协议提起仲裁。综上,三名申请人基于不存在仲裁协议的撤裁理由缺乏事实依据和法律依据,法院不予认可。[1]

在租赁合同关系中承租人已经向原所有权人(原出租人)支付了租赁押金,在履行过程中承租人不存在应当以押金承担担保责任的情形,租赁物在租赁期间发生所有权变动,原所有权人未向受让人交付租赁押金,在合同约定向承租人退还押金的条件已经成就时,受让人负有向承租人退还押金的义务。

【案例6-38】 某网络公司诉北京某资产管理公司房屋租赁合同纠纷案

二审法院认为,租赁物在租赁期间发生所有权变动的,不影响租赁合同的效力。据此,受让人在受让租赁物所有权时,承继原所有权人的权利和义务,即买受人承受原合同原所有权人成为原租赁合同的当事人,原先存续出租人和承租人之间的租赁合同与所有权变动后存在于受让人和承租人之间的租赁合同保持债的统一性,合同效力不受影响,在承租人收到租赁物所有权变动通知后,承租人所得对抗原所有权之事由,均得以对抗受让人。本案

〔1〕参见最高人民法院中国应用法学研究所编著:《人民法院案例选》2022年第11辑(总第177辑),人民法院出版社2023年版,第144页。重庆市第一中级人民法院(2021)渝01民特407号民事裁定书。

中,某网络公司作为受让人取代了原所有权人某科技公司的出租人地位,承继原所有权人的权利和义务,某网络公司和北京某资产公司应继续履行涉案《房屋租赁合同》。根据涉案《房屋租赁合同》出租人享有持有押金的权利。原出租人某科技公司依约取得了北京某资产管理公司支付的押金312075元,北京某资产管理公司支付押金的行为是合格的,该履行合格之认定不受物权变动的影响。持有足额押金的权利自租赁物发生物权变动时即由受让人某网络公司承继,押金条款在某网络公司和北京某资产管理公司之间继续有效。某网络公司既享有以押金进行履约担保的权利,亦负有在条件成就时退还押金的义务。在某网络公司诉请北京某资产管理公司支付该项租金后,北京某资产管理公司以押金返还权进行抗辩,其性质属于主张租金与押金的抵销。当事人互负到期债务,该债务的标的物、种类品质相同的,任何一方可以将自己的债务与对方的债务抵销,但依照法律规定或者合同性质不得抵销的除外。涉案《房屋租赁合同》约定租赁期满或合同解除后房屋租赁押金抵扣应由乙方承担的费用、租金,系对乙方应承担的违约赔偿责任及对抵销权作出了约定。行使抵销权并非出租人单方的权利,承租人亦有行使抵销权是双方所付债务归于消灭的权利。北京某资产管理公司除欠付与押金等额的租金外,不欠付其他费用、租金、亦不应承担其他违约责任,故某网络公司应返还北京某资产管理公司的押金与北京某资产管理公司支付某网络公司的租金发生抵销的法律后果。鉴于此,某网络公司诉请北京某资产管理公司支付租金312075元,法院不予支持。判决:一、撤销一审判决;二、驳回某网络公司的全部诉讼请求。[1]

(二)次承租人腾房处理

转租须以租赁合同的存在为前提。在租赁房屋所有权变动后,其租赁合同解除或终止前提下,次承租人的租赁权丧失存在的基础,再以房屋租赁合同关系为基础的抗辩缺乏法律依据。次承租人丧失租赁权后继续占有、使用房屋属于无权占有已经构成侵权,故应当腾房并支付占有使用费。基于原房屋租赁合同关系终止,次承租人并不承担直接向出租人返还租赁物的义务。但是,另一方面,物权天然的绝对性质又赋予所有权人对抗任何不特定人的权利,即当物权人的物被他人侵占,物权人有权请求返还原物,使物复归于物权人事实上的支配,其出租人有权

---

〔1〕 参见北京市高级人民法院研究室编:《审判前沿——新类型案件审判实务》(总第64辑),法律出版社2023年版,第37~38页。北京市第一中级人民法院(2021)京01民终7833号民事判决书。

直接向次承租人主张返还租赁房屋。

【案例6－39】 赵某霞、孟某琳诉北京优优宝贝教育咨询有限公司物权保护纠纷案

二审法院认为，赵某霞、孟某琳依法取得诉争房屋所有权证，其两人系诉争房屋的所有权人。因赵某霞、孟某琳在取得诉争房屋所有权之前，王某成已与诉争房屋原产权人顺天通公司签订了《房屋租赁合同》，依据《合同法》第二百二十九条之规定："租赁物在租赁期间发生所有权变动的，不影响租赁合同的效力"，赵某霞、孟某琳与王某成于2012年8月23日签订了新的《房屋租赁合同》。在该合同履行过程中，赵某霞于2012年11月17日向王某成发出《解除合同通知书》，王某成认可于当日收到该通知书并同意解除合同。依据赵某霞、孟某琳与王某成的约定，两方于2012年8月23日签订的《房屋租赁合同》已于《解除合同通知书》送达王某成之日(2012年11月17日)解除，即赵某霞、孟某琳与王某成之间的租赁关系即时终止。……优优宝贝在原审法院及本院审理过程中，提出的抗辩意见均是以其与王某成之间的租赁关系为事实和法律基础的。因王某成与赵某霞、孟某琳之间的租赁关系已终止，优优宝贝抗辩主张的相关基础已不存在，故优优宝贝之抗辩本院均不予采信。故据此判决：撤销一审判决，优优宝贝将房屋腾退赵某霞、孟某琳。[1]

(三)租赁房屋被征收后租金处理

根据《民法典》第二百二十九条和《土地管理法》及《土地管理法实施条例》的相关规定，集体土地上房屋被征收时其所有权自依照法定程序批准后，由县级以上地方人民政府作出《征收土地方案公告》之日发生转移。在此之后，租赁房屋的所有权已不再属于出租人所有，其租赁合同因征收而终止，出租人也无权收取租金。出租人虽享有获得补偿安置权利，但仍负有交付房屋搬迁的义务。在出租房屋被征收之后搬迁之前，继续向承租人收取租金不应得到法律支持。

【案例6－40】 胡某国诉丁某丽房屋租赁合同纠纷案

二审法院认为，关于丁某丽是否应支付租赁费问题。根据本案查明事实，丁某丽的租赁费已交至2013年11月19日。涉案租赁房屋在滁州市清

---

〔1〕 参见国家法官学院案例开发研究中心编：《中国法院2015年度案例》(物权纠纷)，中国法制出版社2015年版，第9～10页。北京市第一中级人民法院(2013)一中民终字第12965号民事判决书。

流河综合整治二期项目集体土地上房屋征收范围之内，胡某国与滁州市土地储备中心、滁州市房地产管理局就涉案房屋于2013年6月27日就已达成了《房屋拆迁补偿安置协议》，且涉案租赁房屋左右邻居房屋也已开始拆除。根据双方签订的租赁合同约定："如有政府城市规划、改造等不可抗力因素则双方合同终止。"因涉案租赁房屋被依法征收，所有权已发生移送，双方之间的租赁合同也已终止。丁某丽不存在继续按合同约定支付租赁费问题。租赁房屋被征收之后，胡某国虽未交付拆迁，但对涉案租赁房屋不再享有所有权，其再主张租金已无事实和法律依据。一审判决认定丁某丽长期拖欠租赁费，构成违约，并判决丁某丽支付胡某国2万元租赁费不当，二审予以改判。[1]

政府征收决定在公告时生效，其公告后物权就发生变动。其租赁房屋权属变动后，政府作为新所有权人，同意承租人在征收的房屋办学，是对房屋使用权的处置，与出租人无关。

【案例6－41】　龙泉市宝剑厂有限公司诉吴某美房屋租赁合同纠纷案

一审法院认为，原告宝剑厂与被告吴某美签订的《个人房屋租赁合同》系双方当事人的真实意思表示，未违反法律及行政法规的规定，属有效合同。2016年8月1日，原告宝剑厂与政府签订了《房屋征收补偿协议书》，同年8月11日，政府向原告宝剑厂支付了2146287元的补偿费。政府按协议约定在15个工作日内向原告宝剑厂支付房屋评估价值约50%的行为，证实《房屋征收补偿协议书》已于2016年8月1日生效并开始履行，涉案房屋已被征收。故按原、被告双方签订的《个人房屋租赁合同》约定"因国家政策需要拆除或改造已租赁的房屋而终止合同的，租金按照实际使用时间计算"，该合同已于2016年8月1日因该房屋被征收而终止权利义务，租金应计算至2016年7月31日止。该房屋征收后延迟腾空是基于幼儿园教学工作的延续性以及政府对幼儿园教学工作的支持。被告能继续在原址办学，已与原告无关。综上，原告主张被告支付租金62224.25元的诉讼请求，不予支持。二审法院认为，结合全案证据及当事人的庭审陈述，案涉房屋在签订《房屋征收补偿协议书》之前，政府已作出征收决定并进行了公告，征收决定已经生效，上诉人宝剑厂与被上诉人吴某美签订的《个人房屋租赁合同》随即终止。虽然《房屋征收补偿协议书》约定了生效条件，但该生效条件是对《房屋征收补偿协议书》自身效力与否的约定，且政府已按该协议约定于2016年8月11日向

---

〔1〕　参见国家法官学院案例开发研究中心编：《中国法院2017年度案例》（合同纠纷），中国法制出版社2017年版，第102页。安徽省滁州市中级人民法院（2014）滁民一终字第01489号民事判决书。

上诉人宝剑厂支付了约50%的补偿费，根据协议双方实际履行的情况来看，原审法院认定《房屋征收补偿协议书》已于2016年8月1日生效，并无不妥。另外，案涉房屋被征收，上诉人已将厂房出租给被上诉人使用，该房屋性质以租赁为主要用途，根据《房屋征收补偿协议书》约定，政府给予上诉人工业用房一次性停业停产损失75483元，上诉人被征收的厂房，已获得政府相应的停产停业补偿，上诉人再向被上诉人主张案涉房屋的租金，无事实和法律依据。据此判决，驳回上诉，维持原判。[1]

(四)租赁期间房屋被征收拆迁处理

《国有土地上房屋征收与补偿条例》不仅将被征收人限定为所有人，而且综观整部法规都未曾出现承租人的身影。这表明该条例一改原来适当保护承租人合法权益的原则，将承租人完全排除出征收补偿法律关系，承租人在立法上已经不是房屋征收补偿的对象。按照该条例的规定，出租房屋被国家征收，其征收补偿对象应该是所有权人，承租人并非征收补偿的对象。对于承租人的相关权利，交由房屋所有权人与承租人进行协商处理。也就是说，从请求权基础的角度讲，承租人只享有租赁合同的违约责任请求权，根本不享有征收补偿合同的任何权利。

承租人因出租房屋被征收而向出租人主张补偿款的，法院不能按照征收补偿协议记载的征收补偿款项给付承租人。征收补偿款是否给付承租人应该以租赁合同约定为依据，没有约定的，依照法律规定。没有约定也没有规定的，应当依据民事法律的基本原则处理。换言之，租赁合同没有约定的，承租人不应获得房屋征收补偿款。

【案例6-42】 上海广晨服饰印花有限公司诉上海神奕实业有限公司房屋租赁合同纠纷案

判决观点，合同签订后，双方均按约履行，原告一直实际占有使用租赁厂房至今。现虽被告与推进办达成协议，签订了《上海市非居住房屋征收补偿安置协议》，但该协议的主体并非原告，该协议的签订亦未对原告按约使用租赁厂房造成任何影响，原告现仍在正常生产经营中。原、被告签订的合同中亦未对碰到拆迁事宜作出特别约定，故原告要求被告支付迁补偿款的诉讼请求，无事实和法律依据，不予支持。据此判决驳回原告上海广晨服饰印花有

---

〔1〕 参见国家法官学院案例开发研究中心编：《中国法院2019年度案例》（合同纠纷），中国法制出版社2019年版，第110～111页。浙江省丽水市中级人民法院(2018)浙11民终374号民事判决书。

限公司的诉讼请求。[1]

【案例6－43】　重庆市江津区展硕慰商贸有限公司诉廖某兴房屋租赁合同纠纷案

二审法院认为,(1)租赁合同履行过程中,出租房屋被国家征收,被征收人与补偿对象是房屋所有权人。本案原告不能依据项目名称来确定具体补偿项目是否给予承租人。(2)出租人与承租人之间为租赁法律关系,原告主张权利的依据是合同法和双方约定。(3)租赁合同因国家征收而终止,基于公共利益的征收应当按照不可抗力处理,部分或全部免除责任。依据以上意见,本案争议的款项应作如下处理:(1)搬迁费。一审庭审中,被告同意支付,其自认具有法律效力,本院予以支持。(2)积极搬迁奖励费。该费用是政府在征收本项目中依政策支付产权人的费用,原告主张该费用没有法律依据,不应主张。(3)设备设施补偿费。被告一审庭审中同意按实补偿原告,本院予以确认。(4)装饰装修损失费。双方租赁合同中约定,出租方提前收回房屋,应当原价支付装修费用并赔偿由此造成的一切经济损失。出租人上诉要求不予给付,本院不予支持。(5)停产停业损失。该费用是政府补偿被征收人的,是支付被征收人的费用。承租人要求出租人支付合同不能履行的停产停业损失,主要为剩余期限经营可得利润。本院将出租人从政府获得的6个月的停产停业补偿全部支付原告,作为恢复生产的费用。[2]

租赁房屋被国家依法征收的,征收补偿对象应为房屋所有权人,征收补偿协议对承租人不发生法律效力,故承租人无权基于房屋征收事实主张分割征收补偿款项,但可依据租赁合同中的相关约定,但可通过民事诉讼方式向出租人(或房屋所有人)主张确定征收补偿各项目对应款项的归属。

【案例6－44】　王某国诉中国农业发展银行宁波市奉化区支行房屋租赁合同纠纷案

原告王某国自2005年起承租被告农发银行奉化支行名下位于浙江省宁波市奉化区惠政西路的房产用于服装经营。2016年8月1日,原告王某国就上述房产租赁事宜与被告签订房屋租赁合同一份,约定:房屋租赁期限为3年,自2016年8月1日起至2019年7月31日止,租金(含增值税)每年23万元。合同第六条第二款同时载明:"租赁合同期满后,为租赁物的改善或增设他物的处理办法是:由本期承租方和下一期承租方共同协商增设物价值,

---

〔1〕　参见国家法官学院案例开发研究中心编:《中国法院2017年度案例》(合同纠纷),中国法制出版社2017年版,第97页。上海市奉贤区人民法院(2015)奉民三(民)初字第3813号民事判决书。

〔2〕　参见《人民司法·案例》2015年第8期(总第715期)。重庆市第五中级人民法院(2014)渝五中法民终字第00785号民事判决书。

并由下一期承租方支付。下一期承租人不愿支付或无下一期承租人的，不可移动的增设物归出租人所有，不得拆除，出租人对此不支付任何费用。"2020年9月25日，农发银行奉化支行作为房屋所有权人与宁波市奉化区房屋征收办公室签订了国有土地上商业用房征收货币协议后，领取了包括装饰装修补偿货款在内的全部拆迁补偿款。因对上述款项分配问题协商未果，原告起诉至法院，要求被告农发银行奉化支行赔偿原告王某国装饰装修赔偿款、附属物赔偿款、搭建赔偿款、货币补偿补助金、停产停业损失补助费、签约搬迁奖励等合计1518705.72元。法院判决，驳回了原告的所有诉讼请求。[1] 本案的承租人在租赁期限届满后无法通过合同约定条款取得拆迁款中与装饰装修对应款项的补偿，也不能依据法律规定取得装饰装修物品的所有权，无权以不当得利为由寻求救济，故该部分装饰装修补偿款归房屋所有人所有。

拆迁解除合同条件成就。在拆迁过程中，承租人享有知悉拆迁信息权，《城市房屋拆迁管理条例》第八条第二款规定："房屋拆迁管理部门和拆迁人应当向被拆迁人做好宣传、解释工作。"这里的拆迁人不仅包括拆迁房屋所有权人，也应当包括拆迁房屋的承租人。因此当房屋拆迁管理部门下发拆迁通知、公示拆迁信息等就意味着房屋出租人与承租人之间的租赁关系出现了可能影响合同正常履行的事由，继续履行将可能使承租人的利益遭受损失，而这种事由并非双方当事人的行为引起。双方当事人在订立合同已经对拆迁事由预见，并且作出相关约定，因此应将承租人接到房屋拆迁管理部门向被拆迁人通知的时间认定为双方约定的解除合同条件成就。

【案例6－45】 抚顺市望花新华书店诉辽宁成大方圆医药连锁有限公司房屋租赁合同纠纷案

判决观点，原、被告双方签订的合同明确约定如遇城市改造等政府行为需要双方终止合同，原告将剩余租金全部退还被告，双方互免经济责任。2012年4月9日，被告收到抚顺市望花区土地整理中心下发的《城市更新改造项目征收与补偿方案》，被告承租的原告房屋亦在征收范围之内，因土地整理中心未通知具体拆迁日期，故2012年4月9日应视为出现了合同约定的终止事由。其后双方在未就房屋租期等事宜达成书面变更的情况下，被告考虑其经营问题，实际租赁承租房屋至2012年8月30日，并书面通知原告。因此原、被告签订的《房屋租赁合同》应自通知到达原告时解除。[2]

---

〔1〕 参见《人民司法·案例》2022年第29期（总第976期）。浙江省宁波市奉化区人民法院（2021）浙0213民初2350号民事判决书。

〔2〕 参见国家法官学院案例开发研究中心编：《中国法院2015年度案例》（合同纠纷），中国法制出版社2015年版，第116～117页。辽宁省抚顺市望花区人民法院（2013）望民二初字第143号民事判决书。

房屋租赁合同在租赁期内,租赁房屋被拆迁的,房屋租赁合同应当终止履行,出租的房屋被拆迁,出租人应当在拆迁补偿范围内对承租人的损失予以补偿。

【案例6－46】　杜某某与某某公司房屋租赁合同纠纷案

二审法院认为,本案中某某公司承租上诉人杜某某的房屋被拆迁后,杜某某与徐州市泉山区人民政府火花街道办事处签订的《搬迁补偿协议》中,包含了某某公司应当享有的补偿款,一审判决将某某公司应当享有的附属物补偿费4260元、迁移机械设备补偿费88950元、搬迁补助费4452.28元、临时安置补助费16204元、提前奖20581.2元,合计134447.74元确定给某某公司,并无不当。[1]

租赁期间,因拆迁导致房屋灭失,装饰装修残值可以自拆迁补偿款中受偿,不宜认定为损失。

【案例6－47】　南京家居乐龙蟠建材有限公司与南京润轻投资发展有限公司、南京酿酒总厂房屋租赁合同纠纷案

最高人民法院认为,关于家居乐公司应该获得补偿的数额。本案拆迁行为系在2011年1月21日《国有土地上房屋征收与补偿条例》颁布之前发生,应适用《城市房屋拆迁管理条例》。《城市房屋拆迁管理条例》规定被拆迁人是房屋所有人,还同时规定拆迁租赁房屋,拆迁人应与房屋承租人签订拆迁补偿协议。家居乐公司作为承租人在拆迁法律关系中亦享有相应的权利。《租赁合同》约定改建的不动产,所有权属于润轻公司、酿酒厂所有,在租赁期内家居乐公司有使用权。家居乐公司对房屋进行装饰装修,建造钢棚及安装广告栏、空调、消防等附属设施的性质为添附,致原物增值,权属不变,所有权仍旧归润轻公司、酿酒厂所有,家居乐公司在租期内享有使用权。拆迁致讼争标的物灭失,润轻公司、酿酒厂丧失所有权,家居乐公司失去使用权,拆迁补偿款共计135922030元,双方对土地重置成本补偿款54452557元属土地使用权人即润轻公司、酿酒厂所有,搬迁、停业补偿款3794758.1元属承租人即家居乐公司所有并无争议。

家居乐公司投入39322700元对被拆迁物进行装饰装修、添附、改扩建,其投入本可以作为成本在租赁期内摊销完毕,拆迁使其收回成本目的不能实现,其未能摊销的成本应在拆迁补偿款中优先受偿,已经摊销部分则不再予以补偿。家居乐公司应使用租赁物15年,拆迁时租赁期尚未9.5年,据此计算其获得投入成本补偿为:39322700元÷15×9.5=24910710元。

家居乐公司的投入使拆迁物增值,其投入与拆迁补偿款的获得之间存在

[1] 江苏省徐州市中级人民法院(2013)徐民终字第2176号民事判决书。

直接因果关系，并且家居乐公司的投入本应获得收益，拆迁使其预期利益落空，该损失亦应得到适当补偿。基于家居乐公司对拆迁物所做贡献及其所遭受的重大损失，对剩余77674714.9元－24910710元＝52764004.9元补偿款，家居乐公司应享有部分权利。

因双方争议的拆迁补偿款项目中包括一次性补偿、房屋重置成本等，难以区分所有人和使用人的权益，且所有人在租赁期届满后应获得装饰装修、钢棚等附着物的所有权，故本案拆迁补偿款不宜按照拆迁补偿的具体项目分配。家居乐公司主张装饰装修补偿款、钢棚、空调等附着物补偿款均应归其所有，最高人民法院不予支持；家居乐公司改扩建前讼争房屋状况及成新率无直接证据证明，家居乐公司致租赁物增值的具体数额难以确定。润轻公司、酿酒厂主张改扩建后成新率仅增加0.1缺乏依据，最高人民法院不予采纳。拆迁补偿面积30148.68平方米中包括润轻公司、酿酒厂的有证房屋面积808.9平方米，可以作为本案酌量考虑的因素之一。综合考虑家居乐公司对被拆迁物享有的权利、投入、损失等，最高人民法院酌定家居乐公司应获得52764004.9元中的30%，即52764004.9元×30%＝15829201.5元，由此计算家居乐公司家应得的补偿款为24910710元＋3794758.1元＋15829201.5元＝44534669.6元，润轻公司、酿酒厂主张根据家居乐公司的投入计算未摊销成本，家居乐公司至多可以获得补偿为28705468.1元；家居乐公司主张应获得60710723.8元拆迁补偿款，均缺乏依据，最高人民法院不予采纳。一审判决对拆迁款的分配方式有误，最高人民法院予以纠正。本案系因拆迁导致租赁物灭失，家居乐公司的装饰装修残值可以自拆迁补偿款中受偿，不宜认定为损失，故本案不适用《房屋租赁合同解释》第十一条第四项的规定。一审判决适用法律有误，最高人民法院予以纠正。[1]

承租人是否可以获得拆迁补偿，主要取决于拆迁补偿合同和租赁合同的约定。在当事人就拆迁补偿未作约定或约定不明的情况下，应当根据公平原则，结合租赁合同剩余期限、拆迁补偿范围以及出租人接受补偿的实际情况，由法官行使自由裁量权裁定。

【案例6－48】 某粮管所与苗某房屋租赁合同纠纷案

一审法院认为，从租赁合同看，虽没有出现某粮管所终止合同、收回房屋的三种情形之一，但是双方违约责任条款中约定：因甲方需要或者因国家政策对该房屋收回或拆迁时，甲方应提前三个月通知乙方，乙方应及时腾出，甲

---

〔1〕 最高人民法院（2014）民一终字第59号民事判决书。

方应退还当年剩余时间的租赁费，并按实际使用期限，按乙方五年投资10万元计算退给乙方投资未达使用年限的投资，本合同终止。从实际履行来看，某市政府已对该土地予以收回，统一清理进行开发建设，需对涉案房屋进行收回。某粮管所已经在2009年10月19日提前三个月通知苗某，并同意按照合同约定退给苗某有关费用。某粮管所已履行告知义务，苗某亦在该通知上签字确认，该通知即产生法律效力，且苗某已同意解除合同，故双方之间的房屋租赁合同已解除。合同解除后，双方应相互返还财产，苗某即应将所租赁某粮管所的16间房屋腾空并交某粮管所，将紧邻该16间房屋加盖的彩钢瓦结构的仓库一次性拆除并将该仓库所占用土地交付某粮管所；某粮管所也应按照合同约定赔偿苗某投资、退还未到期租赁费。苗某租赁某粮管所16间房屋已实际使用3年有余，某粮管所应赔偿苗某自实际腾房之日起至合同约定的租赁期限届满之日（2012年5月31日）止的投资损失（按每日20000元/365天计算）。苗某收到某粮管所的解除合同通知后，并未按照通知时间腾房，截至本案判决苗某仍占有该房屋进行经营，期间苗某已交纳的租赁费应与其占用该房屋给某粮管所造成的租金损失相折抵，租金损失按双方合同约定的租金数额计算，故苗某要求某粮管所返还租金损失1万元的请求，不予支持。……苗某反诉要求某粮管所支付其固定资产投资损失6万元、经营性补助费550800元、租金损失1万元，无事实和法律依据，不予支持。二审法院认为，上诉人上诉称被上诉人在合同解除后应向其支付经营性补助费，因双方的合同中并无此项约定，且上诉人亦认可被上诉人就涉案房屋未获得任何补偿，故上诉人的该项上诉请求缺乏事实依据，不予支持。二审据此判决驳回上诉，维持原判。[1]

（五）房屋所有权变动与租金受让人利益冲突处理

在租赁关系中，若出租人以将来租金债权为标的先行出让，而后又因所有权变动发生租赁合同地位的承继时，将来债权让与关系所涉及的利益关系并不限于将来债权的让与人、受让人和债务人，还包括承继人的原合同地位的租赁物受让人。其间的利益考量，不仅仅涉及将来债权是否可以让与的法律判断，还面临现行法律规范体系下的多重体系下考量。目前司法践中亦有案例面临此等

〔1〕参见李方民主编：《房屋租赁合同纠纷诉讼指引与实务解答》（第3版），法律出版社2017年版，第218～219页。

问题。[1]

【案例6-49】 X诉Y房屋租赁合同纠纷案

一审法院认为,A转让的20年收租权,具有不确定因素,是附条件的债权,条件从某时起不能成就,则从该时起丧失收租权,也就无收租债权可转让;X受让的债权并非是必然全部有效存在的债权,而是附条件的债权。同时认为,法院执行局无须将X提交的债权转让协议提交给拍卖公司,且认为即使拍卖公司收到该债权转让协议且告知了参拍人,X亦不得收取租金,其理由是拍卖后租金由新所有权人收取,A不再有收租权,X亦就无从享有。二审支持一审判决,同时认为,虽然A将收取租金权转让给了X,但A、X已无法按照转让协议履行合同,故X不得收取租金。[2]

学者对此案分析为,本案中,租赁合同并不因房屋拍卖而受影响,因而,基于该合同发生的租金债权继续存在,换言之,Y仍占有使用租赁房屋,也仍有义务支付房租。这种客观存在的合法的交易关系,如果还要被附上什么条件(比如要以出租人持续保有所有权为前提条件),那么,交易秩序便会紊乱。设想,如果A不是将债权转让给X,而是以该债权设定"债权质权"与X,法院是不是也要认为这是一种"附条件的质权"呢?试想,在混同场合,如果此前以债权设定了质权,尚不使该质权因混同而归于消灭,这意在保护作为第三人的质权人。那么,与债权"质权"相比,如果说债权质权也是一种"他物权"的话,在转让债权场合,债权受让人便成为了债权的"所有权"("自物权")人,岂非更应当受到保护才对呢?可是,在上述裁判中,法官以"附条件"为由头,轻易地将本应受到保护的权利给抹杀掉了,考虑欠周。二审法院对一审判决予以支持,理由为:A与X已无法按照转让协议履行合同,故X不得再收取租金。此项理由,亦有问题,债权让与属于具有债权处分行为性质的准物权行为,其有别于债权合同之外在于,该行为一旦生效,便不再有履行问题。二审理由以"无法按照转让协议履行合同",自有所误。……基于上述规则,在房屋被执行拍卖时,该房屋租赁合同的出租人已不是租金债权的债权人,拍卖行为亦无法律基础使买受人B获得租金债权。在结论上,租金债权人是X,而非B。X向Y主张租金债权,理应获得支持。B是否得主张所拍卖房屋具有瑕疵,系另一法律关系,非本案所应处理的问题。[3]

---

〔1〕 参见周江洪:《买卖不破租赁规则的法律效果》,载《法学研究》2014年第5期。
〔2〕 浙江省金华市中级人民法院(2011)浙金商终字第1275号民事判决书。
〔3〕 参见韩世远:《合同法总论》(第四版),法律出版社2018年版,第621~622页。

专题七　房屋租赁装饰装修纠纷

司法实践中，由于现行法律对装饰装修的规定原则，各地法院对如何处理房屋租赁合同涉及的装饰装修物纠纷，标准不同，差别较大，处理不一致。《房屋租赁合同解释》的公布有利于解决这个棘手难题。

本专题是就房屋的装饰装修纠纷，而未与扩建纠纷放在一起阐述，虽两者共同外在表现上都是对租赁房屋的一种改造使用，但两者亦有差别，其装饰装修是在现有房屋内的装饰装修行为，而扩建为承租人对租赁房屋主体或外部的改造行为。

一、房屋租赁装饰装修理解

(一)房屋租赁装饰装修理解

《民法典》第七百一十五条规定:"承租人经出租人同意,可以对租赁物进行改善或者增设他物。承租人未经出租人同意,对租赁物进行改善或者增设他物的,出租人可以请求承租人恢复原状或者赔偿损失。"《合同法》第二百二十三条也作了类似规定。但是该条的规定比较原则,在司法实践中难以应对复杂的房屋租赁装饰装修纠纷。

《房屋租赁合同解释》用四个条文(第七条至第十条)对装饰装修问题的处理作了具体规定。

房屋租赁活动中的装饰装修、装饰装修物分别包括哪些方面,现行法律无明确规定。一般认为,承租人为了改善房屋使用功能,满足其使用需求,房屋租赁活动中的装饰装修应包括两大方面,即一般的装饰装修物和增设他物。所谓房屋装饰装修,是指安装、修饰房屋外表和内部的建筑活动,如铺设地板砖、吊设天花板、墙壁粉刷油漆等一般意义上的装饰装修。所谓增设他物,在一般意义上是指房屋内安装空调、电梯、水电、消防设施设备等增设物。租赁房屋的增设物范围与《民法典》第七百一十五条规定(《合同法》第二百二十三条)的范围一致,即还应包括对原建筑物的改建物。《房屋租赁合同解释》的装饰装修和改建、增设他物统称为"装饰装修",并不包括扩建。对于房屋租赁的装饰装修具体范围,因承租人的个人使用功能、需求及审美观点不同,其装饰装修千差万别。租赁房屋居住与租赁商铺经营其装饰装修相差巨大,租赁商铺经营与租赁厂房生产装饰装修亦不相同。个案中,应由承租人出示租赁房屋入住时原状的证据与现状的证据进行比对,由法官裁量装饰装修的范围。

对于出租人是否应承担承租人对租赁房屋的装饰装修费用处理思路为,其一,双方对装修物的归还是否作出了约定。其二,双方对装修物未约定,承租人的装饰装修是否经过了出租人的同意。其三,双方之间的租赁合同是期满终止还是提前解除,如是提前解除,还应分析解除的原因,出租人是否存在违约行为。其四,装饰装修费用的负担主要考虑合同效力和履行情况。

（二）装饰装修房屋增值理解

对承租人的装饰装修是否使租赁房屋增值理解问题。实践中对此争议颇大，承租人往往认为只要是装修物都应当补偿，出租人往往认为装饰装修不符合自己的意图和利益，不同意补偿。有法官认为，承租人的装修是否使租赁房产增值，应当以一般人的合理认知为判断标准。在实践中，应当根据装修改造的性质和用途进行具体分类，区别对待。据此，装修物大体上可分为三类：第一类是承租人对租赁房产的增建或者设备改造和完善，诸如中央空调、水电实施完善等添附行为。这类添附使租赁房产的价值增值，一般应当由出租人补偿。第二类是一些普通性的装修，诸如墙面粉刷、门窗安装等、此类装修具有市场通用性，如果客观上使租赁房产的价值提高，也应当考虑补偿。第三类是承租人用于特定经营用途的装修，例如，承租人开办餐厅、开设歌厅所进行的装修，对于其中特殊的标志性装修物，出租人一般不予补偿。此部分的投入宜作为损失，由过错方承担。值得注意的是，在装修补偿的处理中，对出租人的主观利益即用益可能性予以考虑，基本出发点在于避免产生强加的不当得利，但实践中只能对出租人的主观利益作适当考虑，一方面，除纯经营性的装修难以利用外，对于其他添附物，承租人可以作出有效利用的选择，使物的使用价值和经济价值得到充分利用，从社会整体而言，则体现对物质资源的节约和有效利用。另一方面，如果过多考虑到出租人的主观愿望而对装修不予补偿，实践中不能排除出租人在诉讼后对装修物进行了有效利用此而获得利益的情形的发生。[1] 笔者认为，进一步细化量化，有助于妥当处理此类纠纷。

（三）装饰装修相关内容理解

1. 装饰装修残值

《房屋租赁合同解释》中规定的“装饰装修残值损失”是指在租赁合同解除时，装饰装修的“剩余价值”，该价值通过装饰装修的工程造价扣减合同履行期间消耗的装饰装修价值来确定。通常情况下，残值损失与装饰装修的现值相符，但因为《房屋租赁合同解释》确定装饰装修费用在租赁期内摊销完毕，故合同履行

[1] 参见周孟炎：《略论房屋租赁纠纷中装修投入的处理》，载《法学杂志》2004年第3期。

期间已经摊销(消耗)的装饰装修费用,不应纳入合同解除后的损失范围。对残值损失确定应考虑因合同解除未摊销的费用,该费用可能高于或者低于装饰装修的现值。此时确定装饰装修残值损失采用“就低”原则,即未摊销费用高于现值,则残值损失按照装饰装修的现值确定。因装饰装修损失作为合同解除的损失,应当以实际损失为基础确定。对未摊销费用低于现值,残值损失按照未摊销的费用确定。一般认为,装饰装修费用确定在租赁期间摊销完毕为基本原则,在每年摊销(消耗)的费用高于按照审计确定的折旧费用,则按照未摊销的费用确定残值损失。当装饰装修现值低于摊销的造价费用,则应当按照装饰装修的现值来确定残值。

现值损失是指合同被认定无效时,装饰装修物的现存价值。

2. 装饰装修的同意

这里讲的同意,既包括有效合同中的同意,也包括无效合同中的同意。从同意的外部表现形式上讲,可以是出租人明确表示的同意,也可以是出租人虽未明确表示同意,但其知道后不表示反对,应认定为默示的同意。从同意所产生法律后果讲,出租人同意装饰装修的为善意的添附,适用公平原则处理装饰装修的价值。而未经出租人同意装饰装修的为恶意的添附,适用过错原则处理装饰装修的价值,其承租人承担侵权赔偿责任。

现实生活中,诸多房屋租赁合同极不规范,尤其是对出租人同意承租人装饰装修这一块要么未约定要么约定不明确,是造成租赁合同纠纷多发的原因。承租人基于自身居住或经营的需要征求出租人同意装饰装修,而出租人出于各种原因不明确表态。应根据法律规定和法学现论,对出租人同意认定在实践中显得十分重要。在上述情况下,可从两方面推定出租人的同意,一是租赁合同未明确装饰装修,出租人也未明确表态,但根据合同约定的用途及所出租房屋的现状,可推知承租人必然要进行装饰装修才能达到租赁目的,得出出租人同意装饰装修否则不同意出租的结论。常见的出租毛坯房开酒店、饭馆,完全可推出出租人同意装饰装修。租赁合同约定的装饰装修免租期,就是出租人同意的书面意思表示。二是出租人虽未明确表示同意,但有证据证明出租人同意的事实。如出租人曾前往装饰装修现场了解情况,发表意见,参加装饰装修完工后的开业典礼,且对承租人全程装饰装修未提出过反对意见,应推定为出租人的默示的同意。需要讲明的是,出租人的同意是事先同意抑或事后同意,不影响同意发生的法律效力。

3. 恢复原状理解

所谓恢复原状,一般理解为出租房屋回到出租前的房屋状态。对于未经出租人同意的装饰装修,出租人自然有权要求承租人恢复原状。对于经出租人同意的装饰装修,出租人是否有权要求恢复原状有不同观点,即有权说和无权说两种。多数人认为,经出租人同意的装饰装修,在租赁期限届满后(包括合同解除)出租人无权要求承租人恢复原状。主要理由为,一是出租人准许承租人装饰装修对出租房屋造成的潜在损失,是出租房屋获取租金应付的对价,且已通过收取的租金予以补偿。二是经出租人同意装饰装修,承租人不构成对出租人的侵权,限制出租人以侵权为由要求承租人恢复原状。三是租赁合同期限届满,出租人根据添附基本原则取得了附合的装饰装修物,则承租人无权利拆除他人的物品,也无义务将装饰装修物恢复原状,除非租赁合同对此有特别约定。

恢复原状与赔偿损失的关系,在现行法律规定和实际使用中,二者是并列的,但有顺序先后之分。一般情况下,即对出租房屋能够恢复原状的,则恢复原状,不再适用赔偿损失;但也不排除承租人恢复原状之后,另有给出租人造成其他损失,也包括承租人在恢复原状过程中造成的损失,出租人当然有权主张。

【案例7-1】 周某琴诉银谷普惠信息咨询(北京)有限公司南通分公司等房屋租赁合同纠纷案

一审法院认为,本案中,被告银谷南通分公司承租案涉房屋后虽有权根据合同约定进行内部装修以备经营,但须注意的是合理使用租赁物。被告银谷南通公司未经原告许可,擅自将案涉两套租赁房隔断墙体打通重新布置电路,构成权利滥用,根据法律规定应当恢复原状。另据案涉办公室租赁合同约定,合同终止时该房屋中被告增加的可移动、可拆卸部分归被告所有,故本案合同到期后,被告应当及时拆除相关可移动、拆卸部分的装修。在案涉合同终止前,原告周某琴已经通知被告交付房屋时应恢复原状,但未果,后原告周某琴自行恢复原状,相关费用应由被告赔偿。考量原告周某琴的诉讼请求,其损失包括两部分:其一,恢复原状所支付仅37350元费用,该费用为原告直接损失,法院予以支持。其二,由于恢复原状导致原告另行出租案涉房屋延期交付的损失33882.5元。诉讼中原告周某琴主张延期向案外人交付租赁房屋的时间为26天左右,法院注意到,其恢复原状的装修期间为7天,故原告该项主张存在扩大损失,法院酌定支付1.5万元。综上,原告周某琴的损失为52350元,诉讼中双方均同意以案涉租房押金16129元予以抵扣,故被告另需赔偿原告36221元。二审法院判决:驳回上诉,维持原判。[1]

〔1〕 参见《人民司法·案例》2020年第14期(总第889期)。江苏省南通市中级人民法院(2018)苏06民终4610号民事判决书。

4. 租赁合同约定对解除的装饰装修另行处理的，从其约定

【案例7－2】　重庆解放碑茂业百货有限公司与重庆鑫隆达房地产开发有限公司房屋租赁合同纠纷案

最高人民法院认为，本案是否应合并审理茂业公司诉请的5274301元装饰装修费用纠纷。从法律关系的性质来看，本案当事人双方依据合同提起的纠纷性质为房屋租赁合同纠纷，且双方在补充合同中约定“由双方另行协商解决”。一审判决基于法律关系性质的不同，同时考虑到双方对该笔款项的数额及处理尚未协商一致，为尽快审结本案，稳定当事人双方的交易关系，保护当事人双方的利益，判令茂业公司就装饰装修费用纠纷另行提起诉讼解决，适用法律并无不当。茂业公司主张本案合并审理其提起的装饰装修费用纠纷，本院不予支持。[1]

5. 装饰装修物现值损失

《房屋租赁合同解释》第七条第二款规定：“已形成附合的装饰装修物，出租人同意利用的，可折价归出租人所有；不同意利用的，由双方各自按照导致合同无效的过错分担现值损失。”

制定司法解释的法官认为，所谓装饰装修物的现值损失，是指附合装饰装修物在房屋租赁合同被确认无效时尚存在的实际价值。确定装饰装修现值损失不需考虑租赁期限的长短，只应考虑承租人在房屋租赁合同无效时，对该装饰装修的实际使用时间，即按照承租人已使用的时间予以折旧，而不能考虑按照租赁期限进行分摊。一般而言，在房屋租赁合同被确认为无效时，承租人对租赁房屋的装饰装修已实际使用一定的时间，故无论是折价补偿或按过错分担损失，均应按装饰装修折旧后的现存价值确定。如果该装饰装修未经过利用贬损，则相当于装饰装修价。

之所以在房屋租赁合同无效时，出租人和承租人应按装饰装修现值损失分担，是因为在房屋租赁合同无效的情况下，出租人和承租人关于租赁房屋的约定全部无效，其中包括租赁期限。因而不能按照原约定的租赁期限分摊装饰装修费用，同时，在确认房屋租赁合同无效时，承租人可能已实际使用了租赁房屋，因而也不能按照承租人实际投入的装饰装修费用确定合同无效时装饰装修价值。基于上述考量，我们认为，在房屋租赁合同被确认无效或者撤销时，无论是折价补偿还是分担损失，都应按承租人使用时间折旧后装饰装修尚存的实际价值确定。

---

〔1〕参见最高人民法院民事审判第一庭编：《最高人民法院民事案件解析》（房屋买卖、租赁纠纷），法律出版社2010年版，第283页。

制定司法解释的法官认为,司法实践中,对于附合的装饰装修物价值的认定,常用的方法有:(1)费用支出法,即承租人装饰装修实际支付的费用;(2)支出费用年度分摊法,即根据合同约定的租期,将支出费用平均分摊,计算纠纷发生时至租期届满间的剩余价值;(3)现存价值法,即对纠纷发生时现存装饰装修物进行工程造价鉴定。我们认为,在处理无效的房屋租赁合同引起的装饰装修纠纷时,采取第一种方法,以承租人实际支付的装饰装修费用,确定附合装饰装修物价值,没有考虑无效房屋租赁合同中,承租人实际使用时间,对于出租人有失公允;采取第二种方法,以出租人和承租人约定的租赁期限分摊装饰装修费用,没有考虑无效房屋租赁合同中,出租人和承租人约定的租赁期限也是无效的情况,以租赁期限分摊装饰装修费用对承租人则不公平;而采取第三种方法,以房屋租赁合同无效时,装饰装修物的实际价值确定。该方法较容易掌握,对于出租人和承租人双方也是公平的。实践中,确定无效房屋租赁合同附合的装饰装修物现存价值,一般采用鉴定方法。因此本条司法解释规定对于构成附合的装饰装修物,出租人不同意利用的,由出租人和承租人按照无效合同的过错分担现值损失。〔1〕

6. 商铺装修押金退还规则理解

在商铺出租中广泛存在装修押金问题,法律和司法解释没有相应条款予以规范。《民法典》第九条所确立的绿色原则不仅包含了保护环境的基本内涵,还包含了节约资源的价值导向。坚持把绿色原则与商业惯例相结合处理商铺修押金退还规则,在实践存在研究的空间。为降低成本、节约资源促进商业地产租赁合同的达成,市场实践形成了“来修去丢”的商业惯例。即出租人在交付房屋时不负责装修(包括毛坯交付是不负责装修,以及非毛坯交付不负责拆旧装新),承租人在退还房屋不负责恢复原貌,在这种模式下出租人只需承担交付房屋主体结构的义务,几乎没有额外费用。而承租人也得以全面降低交易成本,一是由于只需要寻找主体结构合适的房屋,机会成本会大幅降低。二是由于自行负责装修,租金成本相应减少。三是由于无须恢复原状,退出成本完全避免。〔2〕

【案例7-3】 殷某诉孙某房屋租赁合同纠纷案

一审法院认为,殷某对于第三层原有房屋拆除后,既未重新装修,也未恢复原状,已构成对租赁物的重大损坏,应当承担违约责任,故殷某要求返还押金的诉讼请求不符合约定,应予驳回。

---

〔1〕 参见最高人民法院民事审判第一庭编著:《最高人民法院〈关于审理城镇房屋租赁合同纠纷案件司法解释〉的理解与适用》,人民法院出版社2009年版,第125页。

〔2〕 参见王利明主编:《判决研究》2022年第3辑(总第101辑),人民法院出版社2023年版,第208页。

二审法院认为,商业地产租赁实行“来修去丢”的商业惯例,无论第三层实际装修状态如何,均不损害孙某再次出租的权利,孙某亦未因此而遭受损失,故殷某要求返还押金的诉讼请求,符合法律规定,应予支持。[1] 上述案例十分经典地展现了这一商业规则。租赁合同成立时,孙某未向包括殷某在内的任何承租方提供装修服务,经营所需的装修均是由承租人自行负责。当租赁合同终止时,所有承租人也未向孙某承担恢复原状的责任。即便孙某与殷某就第三层房屋是否符合“使用时的完好状态”产生强烈争议,但孙某的核心观点是认为殷某在装修之初即应将第三层一并装修完毕。如此退还房屋,则孙某并无异议。由此可见,双方对于“来修去丢”的商业惯例仍然是高度认可,并实际遵照执行的。……综上所述,既然殷某拆旧未装新的行为未造成孙某的损失,公平原则并未受到挑战,那么以符合社会整体利益绿色原则审理案,实现资源节约、环境友好的绿色公平,才是当代商事审判的最优选择。由此,在“来修去丢”特定商业模式下,只要不损害房屋结构安全,殷某如何装修、何时装修、是否装修等均属于自主决策的事项,孙某关于“殷某营业时应当将一层至三层全部装修完毕”的主张自然不能成立,“使用时的完好状态”自然指向殷某营业时的实际装修状态。《房屋装修合同》的本意应当就应解读为,殷某退场时应当完好保持营业时的实际状态,不得故意破坏、毁损。二审法院遵照“非必要不浪费”的绿色思维解读争议条款的真实含义,得出的结论与“来修去丢”的商业惯例高度吻合,是同时符合绿色原则与公平、诚信等民法基本原则的唯一解释。[2]

---

〔1〕 参见王利明主编:《判决研究》2022年第3辑(总第101辑),人民法院出版社2023年版,第203页。湖南省长沙市中级人民法院(2021)湘01民终2547号民事判决书。

〔2〕 参见王利明主编:《判决研究》2022年第3辑(总第101辑),人民法院出版社2023年版,第208、210页。

二、租赁合同有效装饰装修纠纷处理

(一)租赁合同有效装饰装修处理原则

《民法典》第七百一十五条规定:“承租人经出租人同意,可以对租赁物进行改善或者增设他物。承租人未经出租人同意,对租赁物进行改善或者增设他物的,出租人可以请求承租人恢复原状或者赔偿损失。”《房屋租赁合同解释》第八条规定:“承租人经出租人同意装饰装修,租赁期间届满或者合同解除时,除当事人另有约定外,未形成附合的装饰装修物,可由承租人拆除。因拆除造成房屋毁损的,承租人应当恢复原状。”该条是合同有效但终止履行时未构成附合的装饰装修处理原则的规定。该条包含以下五层含义:其一,该条的适用前提是出租人同意装饰装修、租赁合同届满或合同解除两种情形,其他情形不在本条适用范围之内。其二,一般是对装饰装修物作拆除处理,可以约定装饰装修归属和处理方式,约定优先。其三,对未形成附合的装饰装修拆除后应恢复原状。其四,对是否拆除未形成附合装饰装修具有选择权,可以拆除也可以不拆除,而不是必然拆除,无论拆除与否都是承租人对自己财产的处分。其五,因承租人拆除造成房屋毁损的,出租人有权请求恢复原状或赔偿损失,二者是并列关系,可由出租人予以选择,法官应支持经选择后的诉求。

【案例7-4】 某快餐公司诉宝清县某公司房屋租赁合同纠纷案

二审法院认为,承租人经出租人同意对租赁房屋进行装饰装修,装饰装修物的处理原则依租赁合同的效力状态及终止原因不同而区别对待:合同无效时,未形成附合的,折价归出租人所有;形成附合,出租人又不同意利用的,各自按过错程度分担现值损失;合同期届满时,承租人不得请求出租人补偿装饰装修费用;合同解除时,由违约方承担装饰装修物的残值损失。[1]

个案中,装修损失与其他诉求是混在一起的,法官根据过错程度裁量装修损失承担的数额。

---

〔1〕 人民法院案例库023-16-2-111-007。黑龙江省双鸭山市中级人民法院(2016)黑05民终744号民事判决书。

【案例7-5】　李某某诉王某某房屋租赁合同纠纷案

一审法院认为,关于王某某的诉讼请求,因王某某要求确认双方签订的《店铺转让协议》无效的诉讼请求没有法律依据,故其要求返还转让款7万元的请求及利息损失亦没有法律依据,据此,对王某某的上诉请求不予支持。针对王某某要求返还保证金5万元的请求,因李某某对收到该款项的事实不予认可,王某某亦未提供其已支付该款项的证据,据此,其主张返还该费用的证据不足,不予支持。针对王某某主张的装修损失,因李某某与友好大酒店签订的《租赁合同》中明确约定友好大酒店因经营布局或消防改造等因素对卖场进行调整时,李某某需积极配合并服从甲方的安排或调整,该约定对王某某受让店铺后的装修投入客观上会产生风险,李某某作为上述《租赁合同》的相对方有能力预知该风险,而其并没有提供证据证明其已向王某某告知了上述约定及由其可能产生的风险,并且,上述对承租人的不利约定已经导致王某某无法通过受让店铺的装修持续获得预期利益,故李某某的上诉行为与王某某的装修存在一定的因果关系。相反,王某某作为受让方,其明知受让店铺的出租方不是李某某,并且,其有能力向友好大酒店或者其关联的出租方确认受让店铺的剩余经营期限及重大投入的相关风险,其对上述风险未进行防范的行为客观上亦与其装修投入之间存在一定因果关系。据此,该院认为,由李某某、王某某共同承担王某某的装修投入即双方各承担一半更为公平。针对具体的装修投入,虽然李某某对王某某主张装修损失11万元不予认可,但王某某已经提供了《建筑装饰工程施工合同》及收款收据予以佐证,该合同的相对人文某亦出庭对上述事实进行了确认,李某某作为转让店铺的原经营人,其对店铺的实际装修费用客观上会有一定的认知,因此,其应当提供相应证据反驳上述事实,但其未能提供证据予以反驳,故李某某应赔偿王某某的装修损失55000元。二审法院亦持同样意见,维持一审判决。[1]

承租人在租赁期间对租赁房屋加建、装修拆迁补偿款的处理是疑难问题。承租人在没有取得三证许可的情况下,在出租人宅基地上加盖房屋多为违章建筑。如该建筑建设在出租人的宅基证范围之内,此类房屋并非绝对的违章建筑,而是权利瑕疵房屋。也就是说作为拆迁标的物的房屋在实体权利上有欠缺或者取得权利的相关手续有欠缺,对于该权利瑕疵房屋,承租双方一般约定房屋归出租人所有,但是承租人具有在一定期限内的使用权。在出租人同意的情况下,承租人为加盖权利瑕疵房屋付出了相应的财力和物力,对房屋进行了建设。由于政策性

---

〔1〕 新疆维吾尔自治区乌鲁木齐市中级人民法院(2015)乌中民一终字第955号民事判决书。

拆迁等事由的出现，在双方约定的使用期限内就引起拆迁补偿问题。出租人作为宅基地的使用权人，在拆迁补偿过程中出租人自然成为获得拆迁补偿款项的主体，且由于承租人的建房行为使出租人能够获得权利瑕疵房屋权对应的拆迁补偿，其全部补偿款中包含有利瑕疵房屋补偿款项。对于承租期间添附房屋被拆迁产生的赔偿款归属问题，现行法律未有明确规定。基于拆迁补偿款项含有承租人添附建房支出费用的补偿在内，对此纠纷发生后，法官依据公平原则处理拆迁补偿款。

【案例7－6】　王某、肖某诉郭甲、郭乙、郭某共有权纠纷案

一审法院认为，本案系王某、肖某租赁郭甲、郭乙的房屋并出资加建、装修后，租赁期内第三人对租赁物进行拆迁，双方对拆迁补偿款的分配产生分歧而引发的诉讼。争议焦点为王某、肖某是否应得到加建房屋的补偿款。首先，《合同法》第二百三十一条规定……本案中，租赁物因拆迁已全部灭失，王某、肖某因此无法实现合同目的，其依法享有合同解除权，且合同已实际终止，故认定双方之间的房屋租赁合同已经解除。其次，在租赁合同履行期间，王某、肖某出资在租赁土地上加建房屋，获得了郭甲等人的许可，形成了租赁土地上的添附物，双方对房屋加建部分的收益并未作出明确约定。房屋拆迁时，王某、肖某加建部分同时被拆除，郭甲、郭乙因此获得了相应的房屋补偿。根据《房屋租赁合同解释》第十一条第四项……的规定，现王某、肖某主张其加建房屋的补偿款，予以支持，但相关金额应根据补偿协议书确定的补偿标准进行分担，核定为：3344元／平方米×200平方米÷2＝334400元。因该补偿款由郭甲、郭乙领取，故应由郭甲、郭乙予以返还。判决：郭甲、郭乙返还王某、肖某房屋补偿款334400元。二审法院认为，涉案房屋系王某、肖某在郭甲、郭乙同意的情况下所建，该部分的房屋拆迁补偿款正是基于王某、肖某的建房行为而产生，如果仅让郭甲、郭乙享有该部分房屋的房屋拆迁补偿款，对王某、肖某而言明显不公，故一审法院类推适用《房屋租赁合同解释》第十一条第四项的规定，将部分的房屋拆迁款在王某、肖某和郭甲、郭乙之间进行平均分配，并无不当。判决：驳回上诉，维持原判。[1]

用微信聊天订立的合同，视为书面形式合同，成立房屋租赁合同关系。经出租人同意的装饰装修，租赁期限未满，承租人退租的，不构成侵权、不承担房屋恢复原状的费用。

---

〔1〕参见国家法官学院、最高人民法院司法案例研究院编：《中国法院2021年度案例》（物权纠纷），中国法制出版社2021年版，第135～136页。河南省驻马店市中级人民法院（2019）豫17民终936号民事判决书。

【案例7－7】 蔡某与赵某房屋租赁合同纠纷案

二审法院认为，根据《民法典》第七百零七条的规定，租赁期限6个月以上的，应当采用书面形式。当事人未采用书面形式，视为不定期租赁，以及第四百六十九条第二款规定："……书面形式是合同书、信件、电报、电传、传真等可以有形地表现所载内容的形式……"蔡某提供的2019年3月30日在与赵某的微信聊天记录中的房屋租赁合同，房屋租赁期限、租金、违约责任等内容十分明确，符合书面形式合同的特征。蔡某主张其没看过租赁合同，只是按照以往的交易习惯支付了半年租金17500元，与其和蔡某的微信聊天记录不符。赵某实际支付了合同约定第一期半年房屋租赁费17500元，亦能佐证其认可租赁合同的内容，故应认定双方已采用书面形式订立了租赁合同，该合同系双方当事人真实意思表示，合法有效，对双方具有约束力。根据《房屋租赁合同》第六条约定："房屋押金5000元整，乙方租期不满三年，押金归甲方所有。"赵某于2019年9月告知蔡某不再续租房屋，构成违约。根据《民法典》第五百七十七条"当事人一方不履行合同义务或者履行合同义务不符合约定的，应当承担继续履行、采取补救措施或者赔偿损失等违约责任"和第五百八十二条"履行不符合约定的，应当按照当事人的约定承担违约责任……"的规定，赵某租赁期间未满三年，蔡某主张押金不应予以退还，符合合同约定，本院予以支持。一审法院未对蔡某关于赵某违约押金应不予退还的主张予以评判，判决蔡某返还押金，属认定事实不清且适用法律错误，本院予以纠正。蔡某的该项上诉主张成立，本院予以支持。关于赵某是否应将房屋复原的问题，蔡某同意赵某对租赁房屋进行装饰装修，应视为蔡某对其所有的出租物的一种处分方式，赵某对租赁房屋进行合理装饰装修，不具有可归责性，不构成对蔡某房屋的侵害，蔡某主张赵某应承担相应房屋维修费用没有法律依据，本院不予支持。综上所述，蔡某的部分上诉请求成立，予以支持。判决：一、撤销吉林省延吉市人民法院(2020)吉2401民初5905号民事判决；二、驳回被上诉人赵某的诉讼请求。[1]

(二)租赁合同解除装饰装修处理

《房屋租赁合同解释》第九条规定："承租人经出租人同意装饰装修，合同解

---

〔1〕 参见最高人民法院民法典贯彻实施工作领导小组编著：《中国民法典适用大全》(合同卷一)，人民法院出版社2022年版，第86页。吉林延边朝鲜族自治州中级人民法院(2021)吉24民终2号民事判决书。

除时,双方对已形成附合的装饰装修物的处理没有约定的,人民法院按照下列情形分别处理:(一)因出租人违约导致合同解除,承租人请求出租人赔偿剩余租赁期内装饰装修残值损失的,应予支持;(二)因承租人违约导致合同解除,承租人请求出租人赔偿剩余租赁期内装饰装修残值损失的,不予支持。但出租人同意利用的,应在利用价值范围内予以适当补偿;(三)因双方违约导致合同解除,剩余租赁期内的装饰装修残值损失,由双方根据各自的过错承担相应的责任;(四)因不可归责于双方的事由导致合同解除的,剩余租赁期内的装饰装修残值损失,由双方按照公平原则分担。法律另有规定的,适用其规定。"该条是关于房屋租赁合同解除时形成附合装饰装修物处理原则规定,主要从违约责任角度确认装饰装修费用的承担主体。该条包含以下六层含义:其一,该条适用的前提经出租人同意的装饰装修,双方对装饰装修没有约定处理方式。其二,该条适用范围是形成附合物装饰装修且在剩余租赁期内,未形成附合装饰装修或租赁期届满则不适用本条规定。其三,根据违约责任有无或大小,确认合同解除后是否承担装饰装修残值主体。无过错方不承担责任,双方过错的依责任大小承担。其四,双方均无违约或过错的,依公平原则处理。其五,对于装饰装修残值处理可以由双方约定,遵从约定。其六,出租人同意利用装饰装修的,予以适当补偿。

1. 出租人同意承租人装饰装修的,合同解除后,对其装饰装修分两种情况处理。未形成附合的装饰装修,无论租赁合同期限是否届满,双方另有约定的,只要该约定没有损害他人利益。当事人可以在签订租赁合同时约定附合的装饰装修物的归属或处理方式,并将其作为租赁合同的必备条款,也可以在事后就装饰装修物的进行特别约定,订立补充协议。另外,当事人就装饰装修物的约定,与承租人装饰装修房屋是否经出租人同意无关,也与合同解除的原因无关。对于可拆除的装饰装修物,只要当事人之间就其归属问题达成了处理协议,且该处理协议不违背法律、行政法规的强制性规定,就应当遵从该协议,法院不应当过多干涉。只有当事人双方装饰装修物没有约定或者虽有约定但约定不明时,法院才适当介入当事人的纠纷,依照一定的规则去解决双方的争议。对于装饰装修未形成附合,可分离的,承租人可以拆除取回。但需注意的是,承租人将装饰装修物是否拆除取回具有选择权,而不是必须拆除。如果承租人选择不拆除装饰装修物,而向出租人要求补偿装饰装修费用的,一般不予支持,除非出租人同意补偿,法官应尊重出租人的处分意见。如果出租人并不要求拆除,但不同意补偿,则承租人不得请求返还,法官亦不宜判决出租人给予经济补偿。承租人拆除装饰装修物时,应当尽注意义务,尽量维持房屋的完整性,如拆除确实对房屋破坏不可避免,承租人应当恢复原状,这是承租人应当承担的民事责任。

【案例7-8】 兆安华公司诉张某国房屋租赁合同纠纷案

二审法院认为,本案中,兆安华公司称未收到相关补偿,张某国对此亦未提供证据证明。涉案房屋虽于农村集体土地上建设,但符合乡域规划,可以参照城镇房屋进行处理。从本案事实来看,兆安华公司同意张某国对涉案房屋进行扩建及装修。根据租房合同书的约定,张某国的租期自2006年10月1日至2021年10月1日。现租房合同书丧失了继续履行的基础,兆安华公司未能保证张某国使用涉案房屋15年,解除的原因不可归责于承租人张某国,装修工程价值应由出租人兆安华公司承担。双方对于扩建费用的处理没有约定,因张某国已经办理相关手续,扩建费用由出租人兆安华公司负担。因此根据评估报告,张某国所属自建房屋及改造工程价值296800元、装修工程价值275100元,扣除双方已经协商解决的装修价值36250元,兆安华公司应当向张某国支付535650元。因室内物品未与涉案房屋(包含自建部分)形成添附,张某国可将物品搬离涉案房屋,兆安华公司无须补偿。[1]

【案例7-9】 上海邦信阳中建中汇(西安)律师事务所与西安神光微电子科技有限公司房屋租赁合同纠纷案

判决观点,依法成立的合同,自成立时生效,但是法律另有规定或者当事人另有约定的除外。本案中,原、被告经协商签订了神光双子大厦房屋租赁合同,该合同的签订出自双方自愿,合同内容不违反相关法律强制性规定,现双方亦无异议,该合同应为有效,对双方当事人均具有约束力。合同解除的,该合同的权利义务关系终止。同时,当事人协商一致,可以解除合同。再之,因不可抗力致使不能实现合同目的的;在履行期限届满前,当事人一方明确表示或者以自己的行为表明不履行主要债务;当事人一方迟延履行主要债务,经催告后在合理期限内仍未履行;当事人一方迟延履行债务或者有其他违约行为致使不能实现合同目的;法律规定的其他情形的,当事人可以解除合同。另外,当事人依法主张解除合同的,应当通知对方,合同自通知到达对方时解除。本案中,原、被告将房屋租赁合同履行至2021年6月中旬,依据合同约定,原告应向被告交纳2021年6月15日至12月14日的房屋租金,并应向物业公司交纳2021年6月15日至9月30日的物业管理费。时至2021年7月初,原告仍未向被告交纳相应的房屋租金,已构成违约。虽然原告在收到被告方发送的交费通知单后,向被告书面询问所承租房屋被征收事宜,在被告未明确向其答复的情况下,并不影响其向被告按时交纳房屋租金,原告以此为由迟延向被告交纳房屋租金于法无据。2021年7月,被告向大楼内的部分承租户发送了格式租赁合同提前终止协议书,在合同有效且期限未届满的情况下,依据相关法律规定,即使涉案大楼权属发生转移,也不影响合

---

〔1〕 参见安风德主编:《租赁合同纠纷案件疑难问题裁判精要》,法律出版社2021年版,第135~136页。

同的继续履行,被告解除合同的行为属单方意愿,原告能否接受其解除房屋租赁合同的意愿才是涉案合同是否解除的关键,但被告的上述行为、涉案大楼被收购的消息、其未向原告正面回函对原告产生了一定困扰。在原告于2021年8月30日通过银行转账方式向被告交纳了房屋租金,被告财务部门向原告出具了增值税专用发票的情况下;在原告于2021年9月3日再次向被告发函询问腾退房屋的具体时间及相关事项处理后,被告仍未向原告及时回复,且于2021年9月13日以原告下欠房屋租金为由向其送达解除通知,并要求原告及时腾退房屋,其行为明显不当。对于被告的解除通知,依据相关法律规定,原告本可予以拒绝,原告于2021年9月24日复函被告同意解除房屋租赁合同,表示于2021年9月30日前腾退房屋,要求被告依据房屋租赁合同约定赔偿其装修损失之意愿,应与最高人民法院第六巡回法庭迁移办公地址、其已存在另择办公地址决定存在一定关系。原告于2021年9月30日搬离了被告房屋,导致原、被告间的房屋租赁合同无法履行,结合本案查明的事实,原告于2021年9月24日向被告复函同意解除合同,且双方相关人员还在当日进行过协商,可以认定原、被告所签订的房屋租赁合同已于2021年9月24日解除。对于原、被告间房屋租赁合同的解除,原告存在一定责任,被告存在主要过错。民事主体的人身权利、财产权利以及其他合法权益受法律保护,任何组织和个人不得侵犯。同时,民事主体从事民事活动,应当遵循诚信原则,秉持诚实,恪守承诺。再之,合同解除后,尚未履行的,终止履行;已经履行的,根据履行情况和合同性质,当事人可以请求恢复原状或者采取补救措施,并有权请求赔偿损失。合同因违约解除的,解除权人可以请求违约方承担违约责任,但是当事人另有约定的除外。另外,当事人一方违约造成对方损失,对方对损失的发生也有过错的,可以减少相应的损失赔偿额。本案中,原、被告在房屋租赁合同中明确约定,被告提前终止合同,应赔偿原告装修损失,由于被告对双方签订的房屋租赁合同解除存在主要过错,原告要求被告赔偿装修损失之请求,于法有据,依法应予支持,但被告可根据其责任大小承担70%的赔偿责任。对于原告的装修损失,依据原告所提供的证据可以认定设计费为198000元,装修费为750000元,中央空调安装工程款为88000元;采购窗帘费用为39984元,但可按60%折旧后认定为23990元;剩余家具中的工位、前台、吧台费用认定为98875元,含铁书架费用为12760元,但可按30%折价认定为3828元,家具清单中并无丝竹屏风,对该部分费用不予认定;原告支出的绿植租赁费用系其经营中的正常消费,该部分费用不予认定;搬运费认定为34560元,原告为新办公场地装修支出210000元,该费用并非合同约定的装修损失,该部分费用不予认定。综上,原告的装修损失合计为1162693元,被告应向原告赔偿装修损失的70%即

813885 元。由于原、被告所签订的房屋租赁合同已于2021年9月24日解除,原告于2021年9月30日腾退了所承租的房屋,原告要求被告返还2021年10月1日至12月14日的租金之请求,于法有据,依法应予支持。经核算,被告应向原告返还的租金153187元。同时,被告还应向原告返还押金61275元。对于被告的反诉,因双方房屋租赁合同已于2021年9月24日解除,被告要求原告向其交纳2021年12月15日至2022年6月14日的房屋租金之请求,于法无据,其反诉请求应予以驳回。判决:一、被告西安神光微电子科技有限公司向原告上海邦信阳中建中汇(西安)律师事务所赔偿违约损失813885元。二、被告西安神光微电子科技有限公司向原告上海邦信阳中建中汇(西安)律师事务所返还房屋租金153187元。三、被告西安神光微电子科技有限公司向原告上海邦信阳中建中汇(西安)律师事务所返还押金61275元。四、驳回原告上海邦信阳中建中汇(西安)律师事务所的其余诉讼请求。五、驳回被告西安神光微电子科技有限公司的反诉请求。[1]

对已形成附合的装饰装修物的处理没有约定的,按照《房屋租赁合同解释》第九条规定的四种情形处理。对于剩余租赁期内装饰装修残值的理解,应根据房屋租赁合同约定租赁期限,将装饰装修费用平均分摊,计算房屋租赁合同解除时剩余期限内附合的装饰装修价值。这样对于出租人和承租人双方都较为公平。对租赁合同非正常中止的处理,有法官认为,此种情况应当按照公平合理的原则处理,把适用添附制度和过错责任原则结合起来,既考虑房屋装修作为添附在租赁合同中具有的特殊性,也要适当兼顾装修物的客观价值是否符合所有人的利益,即用益的可能性。对出租人能够受益的装修物,适用添附制度,由出租人对承租人进行补偿,出租人客观上不能受益的装修部分,应作为损失,适用过错原则,由过错方承担。[2] 司法实践中,出租人和承租人往往对于承租人附合的装饰装修投资数额无法达成一致,法院应当委托专门鉴定机构对承租人用于附合的装饰装修费用作出鉴定。

2. 对于承租人未经出租人同意擅自装修费用支出,是由其违约或侵权行为导致,承租人对该费用的支出违法行为,不具备向出租人请求的法律依据。进而,该费用应由承租人自行承担,而不考虑是否形成附合,也不需要区分房屋租赁合同期限是否届满。

租赁合同期限届满以及转租关系终止,亦应以出租人同意为判断装饰装修费用承担处理。

---

〔1〕 陕西省西安市长安区人民法院(2022)陕0116民初1058号民事判决书。

〔2〕 参见周孟炎:《略论房屋租赁纠纷中装修投入的处理》,载《法学杂志》2004年第3期。

【案例7－10】 北京长城家具有限公司与北京铭强盛超市有限公司、第三人李某武、北京千龙网都网之星上网服务有限公司等房屋租赁合同纠纷案

判决观点，本案铭强盛公司及第三人在承租丰台区东铁匠营顺四条16号院场地及房屋后，对该院内部分房屋进行了一定装修及扩建，但没有证据证明其装修及扩建经出租方长城公司同意。根据上述规定及双方在租赁合同中的约定，长城公司对被告铭强盛公司及第三人的装修及扩建不应承担赔偿责任，故对被告铭强盛公司及第三人要求长城公司赔偿相应损失的请求，本院不予支持。但在审理过程中，长城公司表示愿意对第三人李某武、千龙上网公司、唐某华的装修及安装不可移动设施的损失予以补偿，本院不持异议。[1]

3. 关于如何分担该剩余租赁期内价值损失的问题，制定司法解释的法官认为，应分别出租人是否同意利用的不同情况，对于出租人同意利用的，将剩余租赁期内装饰装修残值减去出租人同意补偿的部分的剩余价值，由出租人和承租人根据各自的过错予以分担；对于出租人不同意利用的，则按剩余租赁期内装饰装修残值，由出租人与承租人按各自过错予以分担。[2]

实践中应注意的是，其一，对于未经消防验收合格，应拆除的装饰装修不应作损失认定，而由责任方自负。

【案例7－11】 苏州市郊区供销集团公司与苏州市宇航开发经营公司等房屋租赁合同纠纷案

最高人民法院认为，宇航公司提出的损失应包括地下餐厅固定装修造价828760.99元，因该部分经当地公安消防部门认定未经防火审核即自行装修，所用可燃材料未经防火处理且改变了原设计使用性质，属于应拆除的范围，一审判决未将该部分归入宇航公司的损失，并无不当，对宇航公司的此上诉请求，不予支持。[3]

其二，对于装饰装修的价值，未使用的不折旧。

【案例7－12】 北京中粮广场发展有限公司与北京和德俱乐部有限公司房屋租赁合同纠纷案

最高人民法院认为，因中粮广场同意和德公司提前进场装修，故和德公

---

〔1〕 参见北京市高级人民法院编：《审判前沿——新类型案件审判实务》2010年第1集（总第31集），法律出版社2010年版，第201页。

〔2〕 参见最高人民法院民事审判第一庭编著：《最高人民法院〈关于审理城镇房屋租赁合同纠纷案件司法解释〉的理解与适用》，人民法院出版社2009年版，第143页。

〔3〕 参见最高人民法院民事审判第一庭编：《最高人民法院民事案件解析》（房屋买卖、租赁纠纷），法律出版社2010年版，第312页。

司已进行装修所形成的添附物不得拆除损坏,留给中粮广场继续使用,由中粮广场折旧补偿和德公司的装修费用。和德公司存放于中粮广场拟租赁场地内的可移动家具及其物品,由和德公司自行移走处理。中国投资咨询公司具有国家认可的工程造价鉴定的主体资格,其鉴定人员均具有国家颁发的相应的资质证书,所作的鉴定结论合法有效,本院予以采信。鉴于和德公司的装修尚未使用,可不予折旧,由中粮广场按照二审鉴定的造价予以补偿。[1]

4. 租赁合同解除后装饰装修残值处理。租赁合同解除的原因、过错以及过错大小与租赁房屋装饰装修残值处理有紧密内在的关系。

其一,对出租人违约导致合同解除,承租人可以请求出租人赔偿剩余租赁期内装饰装修残值损失。

【案例7-13】 某修理厂与某电缆公司房屋租赁合同纠纷案

判决观点,本案中,双方经确认系争厂房内的装饰装修残值为40000元,鉴于合同解除原因系某修理厂未能满足某电缆公司用电量所致。故某修理厂对某电缆公司装饰装修残值损失应予赔偿。[2]

出租人违反先合同义务导致租赁合同解除后,形成附合的装饰装修添附残值赔偿,应受合同相对性理论的限制,以承租人退还租赁房屋时的现实装饰装修添附残值价值赔偿承租人,无论该装饰装修是否为次承租人出资添附。也就是说,出租人赔偿对象是承租人,对于承租人转租后的次承租人的装饰装修损失赔偿,由承租人与次承租人之间另行解决。

【案例7-14】 成都优高投资有限公司诉成都大业国际投资股份有限公司等房屋租赁合同纠纷案

二审法院认为,对于装饰装修残值损失,优高公司接收租赁标的物后,进行了委托装饰装修设计,并发包给四川精成建设工程有限公司总包施工。装饰装修完成后,优高公司自己使用一部分,转租给次承租人一部分。虽然优高公司未能提供充分的实际支付装饰装修费用凭证,但其退还的租赁房屋已经发生装饰装修添附的客观事实存在,其装饰装修造价经具有司法鉴定资格的京都君益造价公司审核为12012623元。经审查,该审核意见应予采信。根据合同相对性原则,租赁合同解除后,其装饰装修添附价值连同租赁房屋一并由出租方接收,出租方应当向合同相对人支付装饰装修添附残值价值的

---

〔1〕 参见最高人民法院民事审判第一庭编:《最高人民法院民事案件解析》(房屋买卖、租赁纠纷),法律出版社2010年版,第291页。

〔2〕 参见李方民主编:《房屋租赁合同纠纷诉讼指引与实务解答》(第3版),法律出版社2017年版,第88页。

责任。对于装修残值损失的具体金额，参照装饰装修费用在租赁期内摊销完毕的装修残值平均损失计算原则，优高公司的装饰装修残值损失为10343852.50元。鉴于优高公司作为一个商法人，在签订房屋租赁合同时，未能尽到对租赁标的物是否进行抵押、查封的必要审慎注意，签订长达18年的租赁合同，并进行巨额装修投入，对其发生的损失因其疏忽大意，应承担一定责任。综合本案出租方违约情形、双方约定的违约金确实过高、装饰装修值计算误差、优高公司存在的疏忽大意等因素，出租方按前述装修残值损失的70%即7240696.75承担赔偿责任后，不再承担惩罚性违约责任。[1]

其二，对承租人违约导致合同解除，承租人不得要求出租赔偿剩余租赁期内装饰装修残值损失，但出租人同意利用装饰装修残值的应予补偿。补偿的范围为，考虑合同解除时剩余的租赁期限，参照剩余租赁期内装饰装修物残值标准确定。

【案例7－15】 李某与傅某房屋租赁合同纠纷案

判决观点，至于被告在租赁房屋内的装饰装修物，原、被告在合同中已经约定归被告所有，被告有权转让，但被告至今仍未找到受让人，被告应将其装饰装修物拆除归被告所有，拆除时不得损害原告房屋。[2]

【案例7－16】 李某与深圳市某投资有限公司房屋租赁合同纠纷案

判决观点，投资公司拖欠房屋租金的行为，已构成违约，依据合同约定，李某有权解除合同并要求其腾让房屋。投资公司对租赁房屋进行装修，属于添附行为，其中铺设的地板、吊设的天花板等属于永久性装修，已经与租赁房屋形成附合。由于双方在合同中未约定合同解除后装修的处理问题，且因投资公司的违约行为导致合同解除，其应自行承担在剩余租赁期间无法继续享受装修利益的后果，李某无须向其补偿剩余租赁期内装饰装修物的残值，故其无权请求李某予以赔偿。因此，投资公司的反诉请求不应得到支持。李某不愿意利用投资公司的装修，无须给予投资公司补偿。[3]

其三，对双方违约导致合同解除，剩余租期内装饰装修残值损失，由双方根据各自的过错承担相应的责任。对于过错大的一方，应多承担责任，而不是平均承担责任。

---

〔1〕 参见《人民司法·案例》2015年第10期（总第717期）。四川省高级人民法院（2014）川民终字第555号民事判决书。

〔2〕 参见李方民主编：《房屋租赁合同纠纷诉讼指引与实务解答》（第3版），法律出版社2017年版，第98页。

〔3〕 参见李方民主编：《房屋租赁合同纠纷诉讼指引与实务解答》（第3版），法律出版社2017年版，第123页。

【案例7-17】 北京京华伟业针纺织品有限公司诉北京洁洁利保洁有限公司房屋租赁合同纠纷再审案

关于京华伟业公司是否应当赔偿洁洁利公司装修损失的问题。再二审法院认为,该焦点问题涉及三个层面的具体问题:第一,关于京华伟业公司主张双方租赁合同中已经约定了装修费用“来修去丢”的原则,洁洁利公司无权要求装修损失的问题。本院注意到,该条款应在合同正常履行情形下,洁洁利公司退租时所适用。依前所述,本案中双方合同关系在仅履行半年后,由京华伟业公司提出的解除,不符合该条款的适用条件,一审法院认定本案不适用该条约定正确,本院予以维持。第二,关于京华伟业公司主张洁洁利公司的装修未获得其书面同意的问题。租赁合同约定房屋装饰装修或扩建须经出租人同意,出租人知道或者应当知道承租人对租赁房屋进行装饰装修或扩建,但在合理期限内未提出异议的,可以视为出租人同意装饰装修或扩建。双方的租赁合同中已明确约定,洁洁利公司租赁房屋的用途是经营洗衣厂业务,故洁洁利公司为实现其租赁目的进行一定的装修改造,符合双方的合同目的。虽然京华伟业公司认为洁洁利公司的装修未经过其公司的书面认可,但是京华伟业公司与洁洁利公司的经营场所相距不远,其应对洁洁利公司的装修行为知晓,且京华伟业公司在合理期限内并未提出异议,一审法院视为京华伟业公司对洁洁利公司的装修行为表示同意并无不当。第三,关于京华伟业公司主张装饰装修赔偿依据不足的问题。因双方违约导致合同解除,剩余租赁期内的装饰装修残值损失,由双方根据各自的过错责任承担相应的责任。原审期间,京华伟业公司对《工程造价咨询报告书》表示认可,且在合理期限内并未提出异议。一审法院重审期间,京华伟业公司对于《工程造价咨询报告书》真实性、合法性不予认可,有违诚实信用原则,一审法院不予采信正确。因双方均确认洁洁利公司承租房屋已经被拆除重建,一审法院参照《工程造价咨询报告书》、剩余租赁期限、双方过错等因素酌情确定京华伟业公司应给付的赔偿数额正确,本院予以维持。综上所述,京华伟业公司提出其不应当赔偿装饰装修损失的上诉主张,于法无据,本院不予支持。[1]

出租房屋存在严重质量问题,导致承租人自试营业至停业期间始终不能正常营业,装修工程自完工后即不能正常、全面发挥其使用功能,对正常折旧和加速折旧的财产价值应认定为损失,由承租人和出租人按损失造成的原因分担。

---

〔1〕 参见索宏钢主编:《再审疑难案件法官评述》,人民法院出版社2019年版,第329~330页。北京市第三中级人民法院(2015)三中民再终字第01816号民事判决书。

【案例7-18】 甘肃兰州甲商贸有限公司诉甘肃乙电线电缆有限责任公司房屋租赁合同纠纷案

最高人民法院认为,根据司法委托的鉴定意见:(1)该房屋渗漏水的主要原因是土建、安装不规范施工造成的;(2)大门外地坪起鼓是由于地坪受硫酸盐腐蚀膨胀所致;(3)该商贸城北段Ⅱ区A段一、二层梁、板、柱仅有46.8%的构件强度达到设计要求。该房屋存在严重质量问题,建议建设单位对该楼进行整体可靠性鉴定。《建筑法》第六十条第二款规定,建筑工程竣工时,屋顶、墙面不得留有渗漏、开裂等质量缺陷。由于乙公司未履行法定义务已违反国家法律强制性规定,且不符合租赁房屋的使用条件,其违约在先,应承担违约赔偿责任。装修作为出租房屋的添附,在解除房屋租赁合同时应随原物返还,出租人乙公司应对添附增值部分予以补偿。由于出租房屋存在严重质量问题,导致承租人自试营业至停业期间始终不能正常营业,装修工程自完工后即不能正常、全面发挥其使用功能,对正常折旧和加速折旧的财产价值应认定为损失,由承租人和出租人按损失造成的原因分担,应由乙公司承担装修价值的80%。[1]

其四,对非归责于双方事由导致合同解除,剩余租赁期内的装饰装修残值损失,由双方按照公平原则负担。法律另有规定的,适用其规定。合同对此有约定的,从其约定。这里的按公平原则共同分担,并非绝对等同的分担,而是根据案情由法官确认的公平数额。

5.承租人违规装修导致租赁合同解除的,应承担恢复原状的费用。

【案例7-19】 张某明诉吴某房屋租赁合同纠纷案

判决观点,原告与被告签订的《房产租赁合同》系双方的真实意思表示,内容不违反法律及行政法规的强制性规定,合法有效,双方当事人均应按照合同约定履行合同义务。本案中,原告将涉案房产交付被告后,被告对涉案房产进行了装修。从原告提交的《整改通知单》、照片并结合原、被告的聊天记录来看,被告在装修过程中确实存在违规装修的行为,给涉案房产造成了一定的损坏;但原告并未因此提出解除合同,原告同意被告继续承租并与被告进一步协商拟签订补充协议,之后双方因分歧较大,未签订补充协议,被告遂提出解除合同;从双方的微信聊天记录可以看出,原告同意协商解除合同,但要求被告须将涉案房产恢复原状或另行找到租赁方,之后,原告收回了涉案房产并重新进行了装修。由此可见,涉案租赁合同事实上已解除,且系原、

〔1〕 参见中国审判理论研究会民事审判理论专业委员会编著:《民法典合同编条文理解与适用》,法律出版社2020年版,第402页。最高人民法院(2002)民一终字第4号民事判决书。

被告协商一致解除。合同解除的,应恢复原状,故原告应退还被告已缴纳的租赁保证金6万元。对于原告提出的没收租赁保证金的诉求,被告在装修过程中虽存在一定的不当行为,但原告并未以此要求解除合同,且被告的行为并未构成根本违约,租赁合同也未约定此种情况下原告有权没收租赁保证金,故对于原告的该项诉求本院不予支持。对于被告要求原告双倍返还租赁保证金的反诉请求,因双方系协商一致解除合同,被告提交的证据不能证明原告在合同履行过程中存在违约行为,故被告要求原告双倍返还租赁保证金的反诉请求,本院不予支持。对于原告要求被告支付2017年8月至11月的租金、管理费以及原告要求被告赔偿恢复期间不能使用房产的经济损失的诉讼请求。被告已向原告支付了4个月的租金共计12万元,即被告已支付了2017年3月20日至7月19日的租金。从本院查明的相关事实情况来看,2017年6月13日,被告在微信中要求解除合同,原告表示同意协商解除,并要求被告恢复原状或委托中介另行出租;从被告提交的《钥匙收条及风险告知书》的时间来看,被告系于2017年6月16日将涉案房产钥匙交付中介。被告在2017年6月16日之后虽未继续使用涉案房产,但被告并未提交证据证明其已将涉案房产恢复原状,也未提交证据证明双方已对涉案房产进行了交接,因此,涉案房产在恢复原状或另行出租之前这段期间的"空置损失",即原告的租金损失应由被告承担;同时,原告作为出租方,在同意解除合同的情况下,亦应及时收回房屋,以防止损失扩大,因此,原、被告应共同分担该租金损失,故本院酌情判令被告另行向原告支付2个月的租金共计6万元。对于原告要求的经济损失,因本院已考虑到涉案房产因恢复原状期间无法使用给原告造成的空置损失,并判令被告向原告支付2个月的租金,故原告另行要求被告赔偿恢复期间不能使用房产的经济损失,本院不予支持。对于原告主张的2017年8月至11月的物业管理费,因上述期间被告未占用涉案房产,故物业管理费应由原告自行承担,对原告的该项诉求,本院不予支持。对于原告要求被告支付恢复原状费用66万元的诉讼请求。原、被告签订的《房产租赁合同》约定:因被告使用不当,造成房产损坏的,应负责修缮并支付由此发生的费用。本案中,被告在使用涉案房产期间存在装修不当的行为,给涉案房产造成了一定的损失,被告应承担相应的赔偿责任,将涉案房产"恢复原状"。对于具体的费用金额,原告虽提交了相关施工合同、电子银行回单、发票予以证明,但原告所做的施工并非为恢复涉案房产"原状"的施工,而是重新进行了装修,不能证明涉案房产恢复原状的实际费用。从被告提交的《房地产估价报告》的内容来看,该报告系评估了涉案房产原室内装修装饰工程的市场价值(220418元),并对拆除部分装修后的室内剩余装修装饰工程的市场价值进行了评估(47758元),原告对此虽不予认可,但因涉案房产已重新装修，无法重新评估恢复原状的费用，故本院参考原告提交的施工合同以及被告提交的评估报告，酌情判令被告向原告支付恢复原状的费用共计20万元。对于被告要求原告赔偿装修费等各项费用的诉讼请求，因涉案租赁合同系双方协商一致解除，并非由于原告违约导致，被告要求原告赔偿相关损失无事实和法律依据，本院不予支持。对于原、被告主张的公证费，于法无据，本院均不予支持。判决：一、确认原告张某明与被告吴某于2017年2月14日签订的《房产租赁合同》已解除；二、被告吴某向原告张某明支付租金6万元；三、被告吴某向原告张某明支付恢复原状的费用20万元；四、原告张某明向被告吴某返还租赁保证金6万元；五、驳回原告张某明的其他诉讼请求；六、驳回被告吴某的其他反诉请求。[1]

承租人擅自转租，次承租人改变房屋结构，超合同约定内容经营，出租人有权解除租赁合同且承担赔偿装修损失。

【案例7－20】 徐某芹诉江苏海洋大学、闫某玮房屋租赁合同纠纷案

二审法院认为，本案二审的争议焦点为：1. 江苏海洋大学是否可以单方解除合同。2. 江苏海洋大学是否构成侵权，江苏海洋大学是否应补偿徐某芹装饰装修损失。关于争议焦点1，江苏海洋大学是否可以单方解除合同的问题。本院认为，《合同法》第二百二十四条规定"承租人未经出租人同意转租的，出租人可以解除合同"。本案中，出租人江苏海洋大学与承租人闫某玮签订的租赁合同，对经营项目为休闲吧、乙方不得擅自改变经营项目、不允许超过投标经营范围处经营、保持承租方房屋结构不动，承租房装饰装修方案必须书面报甲方批准后，方可实施、乙方将承租经营权（或转包、分包部分分租）给乙方以外第三方的，甲方有权立即终止合同，收回出租场所，并不再退还租金及其他等事项进行了约定。但闫某玮擅自与徐某芹签订合作协议，将房屋转租给徐某芹使用，违反了双方的约定，从2018年12月5日闫某玮擅自与徐某芹签订合作协议可以看出，徐某芹是知悉不得转租商铺内容的，但徐某芹仍与闫某玮签订了合作协议，该合作协议名为合作实际是转租。对于闫某玮擅自与徐某芹签订合作协议，江苏海大学不知情，也未同意闫某玮将房屋转租给徐某芹经营。且闫某玮未经出租人江苏海洋大学同意，将租赁房屋转租给徐某芹，任由其改变房屋结构，超合同约定内容经营。因此，无论是根据法律规定和合同约定，江苏海洋大学都有权与闫某玮解除合同，收回房屋。关于争议焦点2，江苏海洋大学是否构成侵权，江苏海洋大学是否应补偿徐某芹装饰装修损失的问题。本院认为，江苏海洋大学的涉案房屋是出租

[1] 广东省深圳市南山区人民法院（2018）粤0305民初1147号民事判决书。

给闫某玮经营,合同相对方是江苏海洋大学与闫某玮,江苏海洋大学发现闫某玮违约后,于2019年5月26日向闫某玮送达解除合同的通知书,并告知将于2019年5月底重新招租,提前做好离场准备。2019年7月13日江苏海洋大学又向闫某玮送达门面房交房通知单,确定2019年7月15日终止合同,要求闫某玮于2019年7月22日前结清水电,交还房屋。闫某玮书面承诺于2019年8月9日前交房。至2019年8月21日,闫某玮一直未履行承诺,江苏海洋大学自行对涉案房屋进行清场,将可移动物品登记封存,待当事人取回。江苏海洋大学的行为不违反法律规定,一审法院认为"江苏海洋大学采取必要的自助措施收回租赁物,行为目的正当,未超出合理限度,对次承租人徐某芹的经营损失及装修损失不承担侵权损害赔偿责任。徐某芹违反经营项目规定导致租赁合同被解除,其自身存在过错;闫某玮超租赁期限转租,造成徐某芹不能在全部合同期内使用装修,对装修损失应承担相应赔偿责任,徐某芹在本案中未向转租人闫某玮主张赔偿损失,系其对自身权利的放弃"是合适的。徐某芹在一审中提出的诉求之一是"江苏海洋大学承担因侵权给徐某芹造成的装修损失48万元、营业损失暂估27万元,经济损失合计75万元"。该诉求得到法院支持的前提条件是江苏海洋大学有侵权行为,但一审判决中明确认定"江苏海洋大学采取必要的自助措施收回租赁物,行为目的正当,未超出合理限度,对次承租人徐某芹的经营损失不承担侵权责任",同时,徐某芹并没有提出"江苏海洋大学因同意利用其剩余租赁期内装饰装修残值而应在利用价值范围内予以适当补偿"的诉求,另外,一审酌定可利用的装饰装修残值,是参照徐某芹提交的装修造价表,江苏海洋大学对该造价表并不认可,因此,一审判决江苏海洋大学补偿徐某芹装饰装修损失缺乏依据。综上,上诉人江苏海洋大学的上诉请求成立,本院依法予以支持。上诉人徐某芹的上诉请求不能成立,本院依法不予支持。判决:一、撤销一审民事判决;二、驳回徐某芹的诉讼请求。[1]

(三)租赁期间届满附合装饰装修物处理

《房屋租赁合同解释》第十条规定:"承租人经出租人同意装饰装修,租赁期间届满时,承租人请求出租人补偿装饰装修费用的,不予支持。但当事人另有约定的除外。"该条是关于租赁合同履行期间届满情形下,装饰装修费用问题的解释性规定。该条包含以下四层含义:其一,该条适用前提是出租人同意装饰装修,如

〔1〕 江苏省连云港市中级人民法院(2020)苏07民终1691号民事判决书。

果出租人不同意装饰装修则不能适用。其二,该条适用的范围是租赁期间届满,如未届满即便出租人同意装饰装修亦限制适用。其三,原则上对装饰装修补偿请求不予支持,但有约定补偿的,应遵从约定给予支持。其四,对已形成附合的装饰装修,则限制出租人要求承租人恢复原状或赔偿损失。

《房屋租赁合同解释》第十条是依据分摊理论作出的规定。因为承租人对租赁房屋进行装饰装修费用,一般情况下不仅会考虑租赁房屋的用途和个人需求,也会主要考虑租赁期限的长短,以便其对房屋进行适当装修。对于租赁期限较长的房屋,承租人可能会投入较大的装饰装修费用,而对于租赁期限较短的房屋,承租人只做一般的装饰装修,甚至不做装饰装修。承租人在房屋租赁合同约定的租赁期限履行完毕后,完全使用了租赁房屋,也就同时完全享用了附合的装饰装修物的价值。当房屋租赁合同履行期限届满以后,附合的装饰装修物价值对于承租人来说,已经完全丧失了使用价值。所以承租人不能再要求出租人给予补偿。当然,根据意思自治原则,双方另有约定或者出租人自愿给予补偿的,则另当别论。如果承租人置房屋使用期间这一约束于不顾,而"奢侈"地装修,以至于出现利益不能全部发挥而有剩余的情形,法律也不应该保护这种因非理性装修所带来的利益。从出租人的角度来看,尽管承租人的装修行为经过了出租人的同意,但是承租人对房屋装修的目的是提高房屋的使用价值,便于自己行使对房屋的使用权,而不是出于对出租人利益的考虑。对因承租人自己理所当然应该考虑的事情,而不应苛求于出租人承担后果。倘若法官判决出租人基于租赁合同正常终止后再对装修剩余价值予以补偿,其实质是把承租人装修投入决策过错造成的后果,强加于出租人身上,其结果必然加重出租人的负担有损于合法权益,对出租人显然是极不公平的。

房屋租赁期间届满已形成附合的装饰装修,双方有约定的从约定,没有约定的,合同权利义务关系终止时,经出租人同意的装饰装修物归出租人所有,且承租人也无权要求出租人补偿。

【案例7-21】 陈某诉某房产公司房屋租赁合同纠纷案

二审法院认为,本案中,双方当事人并未就租赁合同期限届满后涉案商铺装修物的归属及装修补偿问题进行约定,故即使陈某装修涉案商铺经过了房产公司的同意,房产公司也无须就陈某的装修损失承担法律责任。因此,对房产公司提出的其不应承担陈某装修费用损失的上诉理由,应予以采信。原审判决在对陈某装修费用的问题上适用法律有误,处理欠妥,二审法院予以纠正。[1]

---

〔1〕 参见《房屋租赁合同纠纷裁判思路与裁判规则》,法律出版社2017年版,第269页。

(四)擅自装饰装修处理

《房屋租赁合同解释》第十一条规定:“承租人未经出租人同意装饰装修或者扩建发生的费用,由承租人负担。出租人请求承租人恢复原状或者赔偿损失的,人民法院应予支持。”该条是对承租人未经出租人同意装饰装修或者扩建发生的费用处理问题的解释性规定,亦是对《民法典》第七百一十五条第二款进行了明细化,有利于达到减少分歧、统一裁判尺度、便于操作的目的。该条包含以下四层含义:其一,该条适用前提是未经出租人同意的装饰装修。其二,未经出租人同意的装饰装修费用由承租人自行承担,不在返还主张权利范围,限制承租人主张权利。其三,对于恢复原状或者赔偿损失而言,出租人不能同时主张恢复原状后又要求承租人赔偿损失,二者都是为了填补出租人房屋的损失,是选择式,不能重复适用。就责任承担方式而言,恢复原状在先,在不能恢复原状的情况下,才适用赔偿损失,即赔偿损失是恢复原状的替代责任承担方式。在房屋恢复原状之后,出租人还可以再向承租人主张恢复原状期间造成的房屋闲置损失。其四,该条在房屋租赁合同无效、被撤销情形中仍有适用余地。在合同无效情形下,出租人也不得以违约之诉要求承租人承担赔偿损失等违约责任。这是因为合同既已无效,自不存在出租人以装饰装修、扩建行为违反约定为由,要求承租人承担损失赔偿责任的请求权基础。此时,已不存在违约责任的竞合问题。出租人只能选择通过侵权之债向承租人提出损害赔偿主张。[1]这里只对装饰装修部分阐述,而擅自扩建涉及的内容放在合理使用纠纷专题阐述。

未经出租人同意的装饰装修,承租人主张该部分的拆迁款的,法院不予支持。

【案例7-22】 陈某诉刘某萍房屋租赁合同纠纷再审案

二审法院认为,本案的争议焦点在于陈某要求刘某萍赔偿损失15265687元是否有事实和法律依据。围绕陈某的上述意见、刘某萍的辩称意见,本院根据查明事实和相关法律规定,针对本案争议焦点问题认定意见如下:本案中陈某上诉称,交付的房屋面积大于房产证面积,刘某萍将一部分未取得房产证或建设工程规划许可证的房屋出租导致涉案《房屋租赁合同》无效,对此本院认为,首先,双方签订的房屋租赁合同约定房屋基本情况是“该房屋坐落在乌鲁木齐市新市区鲤鱼山路贺兰二巷3号”。对出租房屋

---

〔1〕 参见最高人民法院民事审判第一庭编著:《最高人民法院〈关于审理城镇房屋租赁合同纠纷案件司法解释〉的理解与适用》,人民法院出版社2009年版,第168页。

面积并未作出具体约定。其次，涉案房屋已于2012年取得不动产登记证书。陈某提交的《房屋征收补偿协议》《民事裁定书》《不动产证书》不能充分有效地证实刘某萍将房屋房产证以外的面积向其出租的事实。故本院对陈某该上诉意见不予采纳。另陈某上述诉称租赁期间在征得刘某萍同意后对涉案房屋进行了装饰装修和部分加盖，刘某萍对此不予认可，并辩称双方签订的《房屋租赁合同》第九条明确约定承租人擅自拆改变动或损害房屋主体结构。本院认为，陈某未能提交充分的有效证据证实其是在征得刘某萍同意的情况下对于涉案房屋进行装修及加盖的事实，且陈某在辩论意见及庭审中均陈述对此事实没有书面证据予以证实系以刘某萍行为推定其同意进行装饰装修和扩建的事实。故本院对陈某该上诉意见不予采信。《房屋租赁合同解释》第十一条规定："承租人未经出租人同意装饰装修或者扩建发生的费用，由承租人负担，出租人请求承租人恢复原状或者赔偿损失的，人民法院应予支持。"故陈某请求刘某萍赔偿损失1526687元没有事实和法律依据，本院不予支持。综上所述，陈某的上诉请求不能成立，应予驳回；一审判决认定事实清楚，适用法律正确，应予维持。判决：驳回上诉，维持原判。

再审法院认为，陈某再审申请主张，因其承租的案涉房屋五层尚未取得不动产登记手续，案涉租赁合同属无效合同，刘某萍应依据案涉房屋《被征收房屋价值评估结果表》赔偿其装修改造房屋的损失。对此，本院认为，首先陈某与刘某萍签订的《房屋租赁合同》载明案涉房屋地址为乌鲁木齐市新市区鲤鱼山路贺兰二巷3号，但合同中未明确租赁的具体层数，亦未明确租赁的面积信息，故陈某主张其与刘某萍签订的案涉合同租赁面积包含房屋五层面积，依据不足。根据原审查明事实，位于上述位置的涉案房屋具备产权证书，该产权证书载明房屋总层数4层，建筑面积827.6平方米，故在陈某不能证明位于乌鲁木齐市新市区鲤鱼山路贺兰二巷3号的房屋为五层，且该五层面积包含在案涉合同约定的租赁范围内，其主张案涉房屋五层尚未取得不动产证而导致案涉合同无效的再审理由，事实依据不足，本院不予支持。其次，《房屋租赁合同解释》第十一条规定……刘某萍与陈某就双方违约责任及合同解除，在案涉《房屋租赁合同》第九条约定，乙方擅自改变或损害主体结构的，甲方有权单方解除合同，收回该房屋。陈某在原审及再审审查中均未提交刘某萍同意其对案涉房屋装修改建的直接证据，仅以刘某萍协助其办理酒店、饭店消防手续主张刘某萍系明知且默认其装修改造行为。刘某萍并不认可其协助办理了消防手续，亦否认其同意陈某就案涉房屋装修改造。在此情况下，陈某主张其装修改造行为系经刘某萍同意理据不足，本院不予支持。故原审法院未予支持陈某主张刘某萍向其赔偿装修改造损失的诉讼请求，事实依据充分，并无不当。综上，陈某再审申请不符合《民事诉讼法》第二百零七条规定的情形。裁定：驳回陈某的再审申请。[1]

---

〔1〕新疆维吾尔自治区乌鲁木齐市中级人民法院(2022)新01民终1940号民事判决书；新疆维吾尔自治区高级人民法院(2023)新民申1604号民事裁定书。

三、租赁合同无效装饰装修纠纷处理

房屋租赁合同无效,自不发生当事人关于租赁房屋约定之法律效果,即在房屋租赁合同无效的情形下,出租人和承租人关于租赁房屋所约定的内容均无效。在这种前提下,应依照法律、司法解释的规定处理。

(一)租赁合同无效装饰装修处理原则

《房屋租赁合同解释》第七条规定:"承租人经出租人同意装饰装修,租赁合同无效时,未形成附合的装饰装修物,出租人同意利用的,可折价归出租人所有;不同意利用的,可由承租人拆除。因拆除造成房屋毁损的,承租人应当恢复原状。已形成附合的装饰装修物,出租人同意利用的,可折价归出租人所有;不同意利用的,由双方各自按照导致合同无效的过错分担现值损失。"该条是关于租赁合同无效时,经出租人同意的装饰装修物处理的规定。该条包含以下三层含义:其一,该条适用前提是无效租赁合同"经出租人同意",否则不能依据本条解释规定。其二,该条规定区分出租人同意的装饰装修和不同意的装饰装修,以及形成附合物和未形成附合物装饰装修的类型处理标准。其三,对出租人不同意利用的已形成附合的装饰装修,按合同无效分担损失。

(二)经出租人同意装饰装修处理

在房屋租赁活动中,承租人在经出租人同意的情况下,可以对租赁房屋进行装饰装修。关键是对出租人同意的理解与认定。这种同意从阶段上讲,可以是签订租赁合同时,也可以是租赁合同履行中承租人装饰装修时。这种同意从意思表示方式上讲,既可以是明示即在租赁合同明确约定或口头提出异议,也可以是在承租人装饰装修时或完成时未明确表示反对。对于出租人同意应结合具体案情确定,不以书面合同或口头同意作为判断唯一标准。

1. 未形成附合的装饰装修物，基于承租人投资所建自然所有权属于承租人，可由承租人拆除取回。在拆除取回时造成租赁房屋损坏的，承租人应当恢复原状并承担恢复原状费用。不能恢复状并因此给出租人造成损失的，应对其损失予以赔偿。承租人与出租人协商一致可对装饰装修物折价由出租人使用，对于出租人虽然表示同意利用，但就装饰装修补偿的价款不能达成一致意见的，亦不能认定为出租人同意使用。

【案例7-23】　名江公司与中驰公司房屋租赁合同纠纷案

二审法院认为，对于三层总经理室和贵宾室外的办公楼装修，双方各执一词。原审中中驰公司出示发票联、销货清单等证明其进行了相应装修；名江公司认为其向中驰公司交付前已对办公楼进行装修，但表示没有依据可提供。因此，相较而言，中驰公司的主张更具可信度。同时，法院认为，中驰公司主张的装修内容中，灯具、地毯等为可移动物品，中驰公司可自行拆除，不应由名江公司作为补偿，并且发票联等反映的装修内容与原审已支持内容有部分重合，为避免讼累，法院酌定名江公司补偿中驰公司2万元。[1]

2. 形成附合的装饰装修物，出租人同意利用的，可协商折价归出租人所有，不同意利用的，依照造成租赁合同无效的过错承担现存装饰装修的价值损失。在租赁合同一方的原因造成合同无效的，应对其租赁合同无效的装饰装修损失承担全部赔偿责任。在承租人与出租人对造成租赁合同均有过错，则应根据法官划分的责任比例承担现存装饰装修价值损失。

【案例7-24】　南通市崇川区钟秀街道联合村社区居委会与江苏华尔达置业投资咨询有限公司房屋租赁合同纠纷案

二审法院认为，关于装饰装修物联合村居委会同意接受使用，应按现值折价归联合村居委会所有。华尔达公司主张装饰装修损失250万元，但是根据其提供的证据能够证明150余万元，联合村居委会对此认可，其他部分华尔达公司未能提供证据证明，因华尔达公司不能提供相关图纸，而且装修户对房屋进行了二次装修，如何鉴定区分存在困难。因无法通过实物鉴定的方式确定现值，考虑到华尔达公司已实际使用了一段时间，原审法院酌定按照华尔达公司的投入数额的70%即1054527.80元折旧归联合村居委会所有。因联合村居委会同意对附合的装饰装修物利用，不需要对装饰装修物进行拆除，也不存在按照双方的过错分担现值现值损失问题。根据《房屋租赁合同解释》第十一条的规定，联合村居委会主张应当按照华尔达公司投入的装饰装修物价值根据使用年限进行摊销计算实际剩余价值是合同解除时的认定

---

〔1〕　参见万国营主编：《房屋租赁合同纠纷》（第2版），法律出版社2015年版，第85页。

标准,而本案租赁合同无效,对于出租人同意利用的已形成附合的装饰装修物应当折价归出租人所有,联合村居委会的上诉主张没有法律依据。[1]

【案例7-25】 某物业公司诉许某房屋租赁合同纠纷案

判决观点,同时,对四间房内的装修损失,因该部分损失系因合同无效所造成,亦应由双方按照过错分担现值损失,本院酌情确定由原告补偿被告5400元。[2]

【案例7-26】 滨海公司诉智达公司房屋租赁合同纠纷案

判决观点,滨海公司将房屋出租给智达公司时,没有办理消防验收手续。依据《合同法》的规定,违反法律强制性规定的合同无效,滨海公司与智达公司签订的《租赁合同》,违反了《建筑法》和《消防法》的强制性规定,应认定为无效。但智达公司已实际占有和使用了滨海公司的房屋,因此,应当支付相应的费用,具体数额可按《租赁合同》中租金的计算方式确定。关于智达公司主张的直接损失和间接损失,房屋装修和设备安装部分的费用,可以按评估价值予以认定。因合同无效,双方均具有过错,判决滨海公司给付智达公司房屋装修补偿100万元。[3] 本案判决发生在《房屋租赁合同解释》颁布之前租赁合同按无效认定,但对装饰装修物处理妥当。

租赁合同无效,法官根据承租双方各自过错结合各种因素酌情裁量装饰装修损失分担数额。

【案例7-27】 指导中心与雅明公司房屋租赁合同纠纷案

二审法院认为,关于雅明公司主张的损失应如何承担的问题,指导中心对出租一号楼应承担主要的过错责任,雅明公司对此应承担次要的过错责任。根据一号楼装修及水电折旧后348770元的评估结果,一审法院就雅明公司在2014年8月20日以后未再继续使用一号楼等情形进行综合考量后,酌定指导中心向雅明公司支付装饰装修损失300000元的处理结果并无不妥,雅明公司要求指导中心承担206号院内改建、新建房屋的损失的请求没有合同依据和法律依据。据此驳回雅明公司的上诉请求,但因一审法院对指导中心名称发生变更的事实未进行查明,且存在判项不准确、遗漏评估费和适用法律有误的问题,予以改判。[4]

---

〔1〕 江苏省高级人民法院(2014)苏民终字第0081号民事判决书。

〔2〕 参见《房屋租赁合同纠纷裁判思路与裁判规则》,法律出版社2017年版,第34页。

〔3〕 参见《房屋租赁合同纠纷裁判思路与裁判规则》,法律出版社2017年版,第273页。

〔4〕 参见安凤德主编:《租赁合同纠纷案件疑难问题裁判精要》,法律出版社2021年版,第67页。

【案例7－28】 北京东星奢石石材艺术发展有限公司诉北京市蟹岛绿色生态农庄有限公司、北京蟹岛种植养殖集团有限公司房屋租赁合同纠纷案

二审法院认为，第二审人民法院应当对上诉请求的有关事实和适用法律进行审查。涉案房屋未取得建设工程规划许可证或者经主管部门批准建设的手续，一审法院据此认定涉案《租赁协议》《补充协议》《解除合同协议书》《房屋租赁合同》《物业管理合同》均属无效，具有事实及法律依据，本院依法予以确认。根据双方当事人的诉辩意见，本案二审的争议焦点为：一、蟹岛生态公司与蟹岛养殖公司是否应向东星公司承担连带赔偿责任；二、东星公司应获得的装修损失赔偿数额；三、东星公司应获得的腾退、搬离损失赔偿数额；四、东星公司关于律师费、保全保险费的诉讼请求是否应得到支持。关于争议焦点一。东星公司上诉主张蟹岛生态公司与蟹岛养殖公司存在人格混同，应就其全部损失承担连带赔偿责任。对此本院认为，关联公司间人格混同，是指公司与公司之间法人人格特征高度一致的公司存在状态，在人员、业务、财务等方面交叉或混同，导致各自财产无法区分，丧失独立人格的，构成人格混同。蟹岛生态公司与蟹岛养殖公司虽然法定代表人相同、工商登记注册网址相同、股东存在高度重合，可以认定两公司为关联公司，但东星公司提交的证据尚不足以证明两公司存在业务混同、资产混同进而达到人格混同的程度，故其该项上诉意见依据不足，本院难以采纳。一审法院根据合同签订主体及损失发生时间，认定由蟹岛生态公司赔偿装饰装修损失、由蟹岛养殖公司赔偿腾退搬离费用损失，并无不当，本院依法予以维持。关于争议焦点二。蟹岛生态公司上诉主张2014年租赁合同期间已经届满，故不应赔偿东星公司装修损失，但从涉案两份房屋租赁协议的签订原因看，东星公司与蟹岛生态公司于2017年协议解除此前签订的租赁协议，由蟹岛养殖公司就涉案房屋重新签订租赁协议并提高租金价格，结合蟹岛生态公司与蟹岛养殖公司之间的关联关系，应系根据出租人的要求进行的协议变更，两份合同存在连续性，东星公司对租期延长亦有相应预期，蟹岛生态公司以此为由主张不应赔偿装修损失，依据不足，本院不予采纳。关于赔偿数额，东星公司上诉主张应参照此前类案判决，由蟹岛生态公司承担全部赔偿责任，对此本院认为，东星公司虽未尽审慎审查义务，但根据蟹岛生态公司提供的住所证明，其对涉案房屋具备合法产权建设规划手续有理由产生一定信赖，故应由蟹岛生态公司对装修损失承担主要赔偿责任。考虑到涉案鉴定意见系根据东星公司提交的材料进行的工程造价鉴定、涉案房屋使用年限及正常折旧率等因素，本院认为一审法院判决蟹岛生态公司应赔偿东星公司装修损失为95万元，数额并无不当，本院不再予以调整。关于奢石与玉雕工艺品的损失,东星公司提交的证据不足以证明该部分系专门为涉案房屋定制,且未经专业人员拆除、在运输过程中的损失不应由蟹岛生态公司承担,一审法院未支持东星公司该部分诉请,亦无不当,本院不持异议。关于争议焦点三。合同无效后,有过错的一方应当赔偿对方因此所受到的损失,双方都有过错的,应当各自承担相应的责任。涉案房屋因属违法建设被拆除,东星公司因此产生的腾退损失合理部分应得到赔偿。综合东星公司搬离前对涉案房屋的使用情况、一般周转期限、搬运费用合理市场价格、双方当事人过错比例等因素,同时考虑到东星公司在租赁期届满腾退时亦会产生腾退费用,而蟹岛养殖公司未对此提出上诉,本院对一审判决该项认定予以维持。关于争议焦点四。双方当事人均未就违约方应赔偿对方律师费、保全保险费进行约定,且律师费、保全保险费并非东星公司主张权利必然发生的费用,一审法院对其该项诉请未予支持,并无不当,本院依法予以维持。综上所述,东星公司、蟹岛生态公司的上诉请求均不能成立,应予驳回;一审判决认定事实清楚,适用法律正确,应予维持。判决:驳回上诉,维持原判。[1]

(三)未经出租人同意装饰装修处理

1. 未形成附合的装饰装修

对于承租人租赁房屋未经出租人同意的装饰装修,构成承租人擅自装修。承租人擅自对房屋进行装饰装修,为恶意装修。即应认定构成侵权,承担侵权赔偿责任。在承租人恶意添附构成侵权的情况下,承租人不得要求出租人就其装饰装修的投入进行补偿。在承租人构成侵权的情况下,出租人不仅不补偿承租人的装修投入损失,还有权基于房屋所有权主张排除妨碍,并要求有过错的承租人承担恢复原状的拆除费用,并就装饰装修中的其他损失请求损害赔偿。

在房屋租赁合同无效时,对未形成附合的装饰装修物,出租人不同意利用的,结合过错原则,可分三种情形处理:

其一,属于出租人过错的,由出租人补偿承租人的装饰装修损失。

【案例7-29】 磊城公司、潮海阁公司与祥隆公司租赁合同纠纷案

二审法院认为,因系争房屋的性质属于违法建筑而无效。对于双方当事

〔1〕 北京市第三中级人民法院(2022)京03民终9522号民事判决书。

人争议的用于办理有关工商登记的涉案房屋房地产权证复印件系谁提供之问题。二审法院认为，在原审中，原审法院因磊城公司、潮海阁公司的请求，向有关工商部门进行调查，未能获取相关证据，致使事实无法查明。但是，鉴于双方租赁合同中明确表明，租赁面积为一层全部、二层部分，面积合计为1200平方米（原美林阁餐厅营业所用之全部营业面积），结合祥隆公司与美林阁公司合同中约定的租赁面积为1000余平方米，均远大于系争房屋上海市房地产资料登记册所记载的面积271平方米，所以可以推定，该系争房屋产权证的复印件应为祥隆公司提供给磊城公司、潮海阁公司的，系争房屋房地产权证复印件上记载的面积为虚假，祥隆公司构成欺诈，应对合同无效承担全部责任。对于磊城公司、潮海阁公司已支付的押金，祥隆公司应予返还。基于合同无效，磊城公司、潮海阁公司就系争房屋进行装修的残值，祥隆公司应予赔偿。[1]

由于出租人以欺诈方式隐瞒租赁物为违法建筑的事实，骗取承租人与其签订租赁合同，应对合同无效承担全部责任，故由其向承租人赔偿全部装修残值，至于装修物对于出租人是否有使用价值，已无须考虑。对于未形成附合的装饰装修，该损失包括装饰装修物折旧费用、拆除费用、恢复原状费用及承租人因租赁合同无效而受到的其他损失。对于附合装饰装修物，该损失是租赁合同无效时装饰装修尚存在价值，即现值。

其二，属于承租人过错的，由承租人自行承担装饰装修损失，并由承租人赔偿出租人因租赁合同无效受到的其他损失。但是，对于形成附合的装饰装修，出租人同意利用的，由出租人对承租人予以适当补偿。根据当事人的意思自治原则，法律不予干涉。这里所说的出租人同意利用，是指出租人同意利用附合的装饰装修物。

其三，出租人与承租人对租赁合同无效均有过错的，根据过错大小，由法官行使自由裁量权确定装修损失分担。

【案例7－30】　刘某强诉北京振锋仁基医疗科技有限公司房屋租赁合同纠纷案

一审法院认为，关于刘某强的装修损失，因房屋租赁合同无效，在涉诉房屋内已形成附合的装饰装修物，出租人同意利用的，可折价归出租人所有；不同意利用的，由双方各自按照合同无效的过错分担现值损失。诉讼期间，被告申请对该涉诉房屋的装修工程进行价值评估，而鉴定公司出具的是装修工程造价报告，并非装修的现值，因此结合装修工程的造价报告

〔1〕　参见邓基联主编：《房屋租赁合同纠纷》，法律出版社2010年版，第86页。

及刘某强提交的装修合同等材料的报价,并考虑该房屋未实际使用等因素,综合双方的过错程度,由被告振锋公司赔偿刘某强的装修损失,损失的具体数额由法院酌定。原告主张的因装修酒店购买的其他材料,部分卫生洁具及卫浴材料的费用已经包含在工程造价中,其余未实际安装的材料,故对原告主张的此部分损失不予支持。二审法院亦持同样意见,维持一审判决。[1]

【案例7-31】 滨海公司诉智达公司房屋租赁合同纠纷案

判决观点,滨海公司将房屋出租给智达公司时,没有办理消防验收手续。依据《合同法》的规定,违反法律强制性规定的合同无效,滨海公司与智达公司签订的《租赁合同》,违反了《建筑法》和《消防法》的强制性规定,应认定为无效。但智达公司已实际占有和使用了滨海公司的房屋,因此,应当支付相应的费用,可以按评估价值予以认定。因合同无效,双方均有过错,遂判决滨海公司给付智达公司房屋装修补偿100万元。[2] 本案中,法院委托价格评估公司对三晋酒楼装饰装修工程的价格进行评估,结论为:2002年4月15日的市场价格为351.28万元。此案处理在《房屋租赁合同解释》颁布之前按无效认定,《房屋租赁合同解释》颁布之后按有效认定。

【案例7-32】 车之通公司诉金海城公司房屋租赁合同纠纷再审案

再审法院认为,关于金海城公司应否赔偿车之通公司装修损失的问题。根据《房屋租赁合同解释》第九条第二款的规定,租赁合同无效时,已形成附合的装饰装修物,出租人同意利用的,可折价归出租人所有,不同意利用的,由双方各自按照导致合同无效的过错分担现值损失。本案中,金海城公司对于车之通公司对涉案场地加建、改建的行为并未提出过异议,且其法定代表人在委托评估时亦在涉案场地加建、改建、装修前后对比照片上签名确认,据此,一、二审判决认为金海城公司对车之通公司加建、改建的行为是知悉和默示同意的,并无不当。本案诉讼之前,金海城公司、车之通公司分别与广州市华盟价格事务所有限公司签订《委托评估协议书》,委托该公司对涉案场地内的装饰、装修残值进行评估,评估结论书确认至2017年11月23日的残值为252661元。涉案场地已被拆除,一、二审判决综合上述评估结论书及双方的过错程度,酌定金海城公司向车之通公司赔偿50%的损失即126330.5元,并无不当。金海城公司主张评估结论书存在明显错误,但其并未提供充分证

---

〔1〕 参见国家法官学院案例开发研究中心编:《中国法院2018年度案例》(合同纠纷),中国法制出版社2018年版,第152页。北京市第二中级人民法院(2016)京02民终字第5461号民事判决书。

〔2〕 参见最高人民法院民事审判第一庭编著:《最高人民法院〈关于审理城镇房屋租赁合同纠纷案件司法解释〉的理解与适用》,人民法院出版社2009年版,第129页。

据推翻该评估结论，其主张不能成立。金海城公司在申请再审期间还提交了广州市土地开发中心有关工作人员的对话录音作为“新证据”，拟证明车之通公司自行拆卸板房等并转移至他处继续使用，上述证据的对话内容并无相应证据佐证，依法不属于《民事诉讼法》第二百条第一项规定的足以推翻原判决、裁定的新证据。[1]

2. 形成附合的装饰装修，则根据出租人的同意使用和过错责任处理

【案例7－33】　赣商投资公司诉某公司房屋租赁合同纠纷案

二审法院认为，无效房屋租赁合同涉及装饰装修物的处理，应根据出租人的需要程度和可利用价值，结合过错责任分别对待，出租人过错的，由出租人补偿承租人的装饰装修损失，其中，对于未形成附合的，损失主要包括装饰装修的折旧费用、拆除费用、恢复原状费用及承租人因租赁合同无效而受到的其他损失；对于形成附合的，该损失是租赁合同无效时装饰装修物尚存的价值。故赣商投资公司主张已形成附合的装饰装修物、未形成附合的装饰装修物全部由上诉人赔偿有失公正，即便是计算装修费用，也应当按照被上诉人使用过的年限进行折旧的理由，不能成立。[2]

【案例7－34】　联合村居委会诉华尔达公司房屋租赁合同纠纷案

二审法院认为，根据《房屋租赁合同解释》第九条第二款的规定，已形成附合的装饰装修物，出租人同意利用的，可折价归出租人所有。关于装饰装修物联合村居委会同意接受使用，应按现值折价归联合村居委会所有。华尔达公司主张装饰装修损失250万元，但是根据其提供的证据能够证明150余万元，联合村居委会对此认可，其他部分华尔达公司未能提供证据证明，因华尔达公司不能提供相关图纸，而且装修户对房屋进行了二次装修，如何鉴定区分存在困难。因无法通过实物鉴定的方式确定现值，考虑到华尔达公司已实际使用了一段时间，原审法院酌定按照华尔达公司的投入数额的70%即1054527.80元折价归联合村居委会所有。因联合村居委会同意对附合的装饰装修物利用，不需要对装饰装修物进行拆除，也不存在按照双方的过错分担现值损失问题。根据《房屋租赁合同解释》第十一条的规定，承租人经出租人同意装饰装修，合同解除时，双方对已形成附合的装饰装修物的处理没有约定的，区分不同情况以装饰装修物残值作为计算损失的依据。联合村居委会主张应当按照华尔达公司投入的装饰装修物价值根据使用年限进行摊

---

〔1〕 广东省高级人民法院(2019)粤民申3123号民事裁定书。

〔2〕 甘肃省高级人民法院(2017)甘民终365号民事判决书。

销计算实际剩余价值是合同解除时的认定标准，而本案租赁合同无效，对于出租人同意利用的已形成附合的装饰装修物应当折价归出租人所有，联合村居委会的上诉主张没有法律依据。[1]

---

〔1〕 江苏省高级人民法院(2014)苏民终字第0081号民事判决书。

专题八　房屋租赁优先购买权纠纷

承租人优先购买权问题是司法实践中经常遇到的一种类型，妥善处理此类案件，应当根据案件具体情况，一方面应当保证承租人优先购买权的行使，另一方面也应当考虑出租人的利益，使两者之间利益平衡，不至偏颇。

一、房屋租赁优先购买权理解

所谓承租人的优先购买权，是指房屋承租人基于房屋租赁关系，当出租人出卖房屋时，承租人在相同条件下，依法享有优于其他人购买房屋的权利。

在我国，承租人优先购买权仅产生于房屋租赁法律关系中，其他租赁关系不存在法定优先购买权。《合同法》明确规定了承租人优先购买权，但通过司法实践的不断探索，相关法律适用在很多方面虽仍有争议但在很大程度上更多体现着共识。2009年9月1日施行的《房屋租赁合同解释》对承租人优先购买权作出了具体规定，《民法典》用三个条文（第七百二十六至七百二十八条）对承租人优先购买权作出明确规定。

不动产承租人在不动产出卖时，享有优先购买权，是各国立法通例，强化承租人的权利也是近代世界性的立法趋势。

（一）优先购买权理解

《民法典》第七百二十六条规定："出租人出卖租赁房屋的，应当在出卖之前的合理期限内通知承租人，承租人享有以同等条件优先购买的权利；但是，房屋按份共有人行使优先购买权或者出租人将房屋出卖给近亲属的除外。出租人履行通知义务后，承租人在十五日内未明确表示购买的，视为承租人放弃优先购买权。"这是承租人优购买权的法律依据。

在《物权法》颁布前，主流观点认为，承租人优先购买权，是一种法定权利，一种具有"物权化"倾向的法定权利，且绝大多数国家立法亦采此说。最高人民法院民一庭对该法律问题进行研究后，形成两种观点：多数人认为，它只是优先缔约的权利，而不是保证买到的权利。对准物权的保护必须要和所有权的保护有所区别。所有权是绝对的权利，少数人意见认为，应当包含可以优先买到的权利，否则优先权没有实际意义，实质上体现不了对承租人权利的保护。承租人可以请求依据所有人与第三人签订的买卖合同的条件取得房屋,法院可以据此请求判决。[1]

原《物权法》颁布后,承租人的优先购买权的定性和法律适用又发生新的变化。从原《物权法》第五条有关物权法定的基本原则来看,承租人优先购买权未在该法中有所体现,不承认物权性的或准物权性的优先购买权,原《民通意见》第一百一十八条与原《物权法》抵触,已经丧失其效力,由此而引发了承租人优先购买权是否只能视为一种债权性权利,是形成权还是请求权的争议。有学者认为,《合同法》第二百三十条规定的房屋承租人优先购买权,只能是一种法定债权,不具有对抗租赁房屋买受人的效力。如果出租人未通知承租人而将租赁房屋卖给了别人并已办理产权过户,承租人以出租人侵害承租人优先购买权为由向法院起诉,则法院只能根据《合同法》的规定追究出租人的违约责任,而不能判决出租人与买受人之间的买卖合同无效,把房子收回来强行卖给承租人。[2] 有法官认为,承租人对出租房屋的优先购买权是一种依附于租赁使用权而产生的债权,只具有部分的物权效力,是优先缔约而非买到的权利。将优先购买权理解为形成权,既缺乏法律依据,也不符合法理精神和利益衡量原理。承租人不能直接主张依据第三人购买房屋的条件购买房屋,只能请求法院确认所有人与第三人签订的买卖合同无效。[3] 最高人民法院法官认为,将承租人优先购买权定位为承租人的法定优先缔约权,系债权,不具有对抗善意第三人的效力。[4] 制定司法解释的法官认为,承租人优先购买权是一种强制缔约请求权,当承租人主张行使优先购买权时,其与出租人之间形成买卖合同关系。如果出租人与第三人间的买卖合同未实际得到履行,优先购买权人可依据优先购买权的保护,主张优先保护履行其与出租人形成的买卖合同,第三人因优先购买权之行使无法取得标的物之所有权,其可依买卖合同要求出卖人承担违约责任或者赔偿责任。[5] 也就是说,原《物权法》未将优先购买权规定为物权,依据物权法定原则,承租人优先购买权也就不应再纳入物权保护的范畴,不具有排他性。

原《合同法》正式在法律层面上确定了房屋承租人的优先购买权,但该条较之以往的法律规定并未有所进步,对于该项权利的法律性质、实现程序及救济方法等均没有明确界定。因此,法学界对承租人的优先购买权的法律性质等方面的

---

〔1〕 参见最高人民法院民事审判第一庭编:《中国民事审判前沿》2005 年第 1 集(总第 1 集),法律出版社 2005 年版,第 168 ~ 169 页。

〔2〕 参见最高人民法院中国应用法学研究所编:《人民法院案例选(月刊)》2009 年第 4 辑(总第 4 辑),中国法制出版社 2009 年版,第 49 页。

〔3〕 参见《人民司法·案例》2008 年第 14 期。江苏省徐州市中级人民法院(2006)徐民一终字第 0757 号民事判决书。

〔4〕 参见最高人民法院审判监督庭编:《审判监督指导》2009 年第 3 辑(总第 29 辑),人民法院出版社 2010 年版,第 50 页。

〔5〕 参见最高人民法院民事审判第一庭编著:《最高人民法院〈关于审理城镇房屋租赁合同纠纷案件司法解释〉的理解与适用》,人民法院出版社 2009 年版,第 289 页。

问题众说纷纭,莫衷一是。由于立法过于粗陋,实践中大量存在出租人违背诚实信用原则,毫不顾及承租人利益,擅自出卖租赁物,而承租人明明享有法定权利,却不知如何合法、简便地实现自己的优先购买权,当他最终实现了自己的优先购买权时,往往已经付出了大量的人力、物力,收益与成本相比往往得不偿失,承租人往往对该项权利却望而却步,使一项法定权利成为"镜中花、水中月",法制的不成熟与不完备降低了法律的社会功能。[1] 针对法院面临在承租人优先购买权纠纷案件中如何适用法律问题,结束对承租人优先购买权的性质、法律效力、行使条件、权利保护范围等产生不同认识,统一法律适用的局面,2009 年最高人民法院制定了《房屋租赁合同解释》。其第二十一条规定:"出租人出卖租赁房屋未在合理期限内通知承租人或者存在其他侵害承租人优先购买权情形,承租人请求出租人承担赔偿责任的,人民法院应予支持。但请求确认出租人与第三人签订的房屋买卖合同无效的,人民法院不予支持。"该条体现了"承租人的优先购买权性质应确定为债权,归入附强制缔约义务的请求权范畴"。[2] 也就是说在司法实践中,就承租人的先买权而言,将其性质定为附强制缔约义务的请求权,就直接能使承租人取得租赁物买受人的地位,使法律关系的稳定性增强,而且也符合维护物的使用和归属相统一的目标。2009 年《房屋租赁合同解释》从适用层面规定了承租人优先购买权的性质,有利于统一执法尺度,但仍然可在学理上进行探讨。《民法典》第七百二十八条规定采纳了请求权的观点,优先购买权的实质就是法律赋予承租人享有的、在出租人出卖房屋时优先于其他人定约的请求权。

关于优先购买权特点,第一,它是一种法定的权利。第二,它是依附于债权的权利。第三,它是优先于其他人订立买卖合同的请求权。第四,它是具有对抗第三人的效力的债权。第五,它的行使有明确的期限限制。[3]

关于优先购买权对抗性,在符合法律规定的条件下,承租人优先购买权可以对抗第三人,而优先购买租赁物。有学者认为,房屋承租人优先购买权的对抗性效力应该是有限的,应区分善意第三人、恶意第三人和房屋是否已经过户而论。房屋承租人优先购买权可以对抗恶意第三人理所当然,无论其是否已经进行房屋的过户;对于善意第三人,房屋承租人优先购买权的对抗效力则应是有限的,即仅在房屋尚未过户前该权利可以对抗善意第三人。[4]

关于优先购买权的成立条件。有学者认为,房屋承租人的成立条件是房屋租

---

〔1〕 参见最高人民法院民事审判第一庭编著:《最高人民法院〈关于审理城镇房屋租赁合同纠纷案件司法解释〉的理解与适用》,人民法院出版社 2009 年版,第 276 ~ 277 页。

〔2〕 参见最高人民法院民事审判第一庭编著:《最高人民法院〈关于审理城镇房屋租赁合同纠纷案件司法解释〉的理解与适用》,人民法院出版社 2009 年版,第 286 页。

〔3〕 参见王利明:《合同法研究》(第三卷),中国人民大学出版社 2012 年版,第 323 ~ 324 页。

〔4〕 参见李旭东、段小兵:《合同法专题研究》,人民出版社 2012 年版,第 208 页。

赁合同的订立，即从房屋租赁合同订立时起承租人就已经享有优先购买权，只是条件（如出租人出卖房屋、同等条件等）还没有具备，需要等待，暂时不能实现而已。[1] 实践中还需要注意区分承租人优先购买权的成立要件和行使要件的不同。因为“权利的成立与权利的行使，系属不同层次的概念，应当加以严格的区分”。[2] 必须强调的是，承租人优先购买权还不能行使不能否定该权利已经成立的事实。

根据现行法律规定，承租人提起的优先购买权之诉应属给付之诉，而非确认之诉或变更之诉。

【案例 8－1】 陈某诉徐某承租人优先购买权纠纷案

判决观点，承租人的优先购买权的基础系租赁合同关系，侵害优先购买权系因违反法定合同义务而产生的合同之债。[3]

优先购买权继承与转让。关于法定优先购买权的继承、转让问题，《瑞士民法典》第 681 条第 3 款前段规定：“法定先买权既不能继承，亦不能转让。”学者也持此观点：“因此法律对优先购买权的保护主体主要是为了保护特殊主体的利益……”因此，应当认为，法定优先购买权既不得继承，也不得转让。至于约定优先购买权的继承、转让等变动问题，因约定优先购买权完全是意思自治的产物，故仍应由当事人之自由意思决定之；当事人没有约定或约定不明的，我们认为，基于立法政策的判断，应当认定不得继承、转让。[4]

（二）优先购买权行使条件

承租人在行使其优先购买权时，必须具备以下要件：其一，出租人在租赁期内出卖租赁房屋，这是承租人行使优先购买权的基础条件。其二，承租人与出租人之间必须存在合法有效的租赁关系，这样承租人才有可能享有优先购买权。其三，承租人先于买卖合同一直持续占有租赁房屋，该占有在整个租赁期间存在。其四，承租人必须在一定期限内行使优先购买权，原《民通意见》第一百一十八条规定为三个月。《民法典》第七百二十六条规定在出卖之前的合理期限内通知承租人，承租人在十五日内作出表示。其五，承租人行使优先购买权，必须以明示的

---

〔1〕 参见李旭东、段小兵：《合同法专题研究》，人民出版社 2012 年版，第 224 页。

〔2〕 参见王泽鉴：《民法学说与判例研究》（第 1 册），中国政法大学出版社 1998 年版，第 493 页。

〔3〕 参见李方民主编：《房屋租赁合同纠纷诉讼指引与实务解答》（第 3 版），法律出版社 2017 年版，第 195 页。

〔4〕 参见最高人民法院民事审判第一庭编：《最高人民法院民事案件解析》（房屋买卖、租赁纠纷），法律出版社 2010 年版，第 616 页。

方式作出。其六,承租人只能在与第三人同等条件下行使优先购买权,一般认为,“同等条件”是以出租人与第三人订立的买卖合同中约定的条件为准,详见其后阐述。

双方租赁合同期限届满或者未届满经协商解除合同的,其承租人依据租赁关系产生的优先购买权基础丧失,承租人不再享有优先购买权。也就是说,只要租赁关系灭失,承租人的优先购买权亦随之灭失。承租人主张优先购买权的,法律不予支持。

【案例8-2】 恒宇公司诉胡某承租人优先购买权纠纷案

判决观点,原告恒宇公司虽然起诉主张优先购买权,但却在诉讼期间与出租人达成协议,协商解除了房屋租赁合同,并将房屋交还给出租人,应视为原告自愿放弃了优先购买权,据此判决驳回了原告的诉讼请求。[1]

【案例8-3】 天鹏会计师事务所诉侯某承租人优先购买权纠纷案

二审法院认为,第一,承租人的优先购买权以存在持续、有效的房屋租赁关系为前提,无房屋租赁关系,则无优先购买权。本案中,上诉人作为承租方,已于2007年6月4日和被上诉人经协商终止了租赁关系,收取了被上诉人支付的提前解约违约金,并搬迁退出了租赁房屋。双方之间的房屋租赁合同已经解除。上诉人在租赁关系终止后主张优先购买权失去了合同基础。第二,法律在房屋租赁关系中设置承租人优先购买权制度的主要目的在于保护承租人对租赁房屋持续、正常的使用程序不被破坏,但其自愿终止租赁关系的行为表明了其已经没有继续使用房屋的意思,对其而言,并不具有需用优先购买权制度来保护其对房屋持续、正常使用的必要。上诉人在自愿终止租赁关系并搬迁退出房屋之后,仍坚持主张对租赁房屋的优先购买权,有违民事活动的诚实信用原则,其诉请与优先购买权制度的立法目的也不相符。综上,驳回上诉,应予维持。[2]

实践中,承租人对涉及租赁房屋所有权变动行为均视为出卖多发争议。《民法典》第五百九十五条规定,“买卖合同是出卖人转移标的物的所有权于买受人,买受人支付价款的合同”,据此,出卖租赁房屋应理解为出租人与第三人的房屋买卖合同已经成立,即承租人优先购买权只在租赁房屋作为买卖合同法律关系的标的物时发生,在赠与、公司改制、资产重组及公用征收等法律关系中则限制行使。也就是说,非租赁房屋买卖合同中不存在承租人的优先购买权。

---

〔1〕 参见李方民主编:《房屋租赁合同纠纷诉讼指引与实务解答》(第3版),法律出版社2017年版,第187页。

〔2〕 参见万国营主编:《房屋租赁合同纠纷》(第2版),法律出版社2015年版,第32页。

【案例8-4】 北京兴北艺贸易有限责任公司诉北京东长安(集团)有限公司房屋租赁合同纠纷案

二审法院认为,2004年因工艺公司进行资产重组,涉诉房屋的所有权由兴北艺公司取得。根据查明的事实和证据,房屋产权人变化情况已告知承租人东长安公司,其遂向兴北艺公司直接支付过部分租金。事实表明东长安公司对兴北艺公司产权人身份和行使出租人权利是认可的。兴北艺公司取得房屋产权后,依法律规定有权继承行使出租人的权利,租赁合同对其与承租人具有约束力。当房屋产权人的合法权益受到损害时,其有权请求法律保护。因此,房屋所有权人兴北艺公司要求承租人东长安公司支付拖欠的租金、承担违约责任,诉讼主体适格,并无不妥。一审判决认定,合同相对方仍是兴北艺公司,租赁合同项下的权利义务,应由兴北艺公司与东长安公司履行,既与事实不符亦与法律规定相悖,是不当的,依法予以纠正。[1] 在本案中,东长安公司请求行使优先购买权未得到法院支持。

有效的租赁合同履行中,承租人存在延付或者拒付租金的违约行为,其承租人行使优先购买权是否应予支持存在不同观点。笔者认为,应当具体问题具体分析,不能搞"一刀切",根据承租人延付租金多少和期限即违反租赁合同约定程度确定。因为交付租金是承租人的合同主要义务,也是出租人订立租合同的目的。承租人拖欠的租金数额小、期限短的,或拖欠租金数额大但在出租人的宽期内交付,出租人能够实现租赁合同目的的,对承租人轻微的违约行为不宜限制承租人的优先购买权,但可以请求承租人承担违约责任。反之,承租人违约严重,出租人可主张解除租赁合同,承租人丧失租赁合同主体身份,因而不能行使优先购买权。也就是说,承租人是否违约不能笼统地作为限制其行使优先购买权的条件。

(三)出租人通知义务

出租人就出租房屋通知承租人,是其法定义务而不是约定义务,亦是保证承租人行使优先购买权的基础。

1. 通知时间

关于通知时间,目前尚未形成一致的意见。《民法典》第七百二十六条规定通知时间为在出卖之前的合理期限内。第七百二十七条规定:"出租人委托拍卖

---

〔1〕 参见国家法官学院案例开发研究中心编:《中国法院2015年度案例》(合同纠纷),中国法制出版社2015年版,第113页。北京市高级人民法院(2011)高民终字第3611号民事判决书。

人拍卖租赁房屋的,应当在拍卖五日前通知承租人。承租人未参加拍卖的,视为放弃优先购买权。”

2.通知内容

关于通知内容,应当是出租人与第三人拟订立买卖合同的具体买卖条件的条款,包括价款、付款期限、付款方式等。从平衡相关当事人的利益和提高交易效率出发,出租人应当将直接决定承租人是否行使优先购买权的因素告知承租人。

实践中,对租赁合同约定排除承租人优先购买权而不履行通知义务亦被认定为无效。

【案例8-5】　成某红诉启东市农村信用合作联社、陆某飞承租人优先购买权纠纷案

判决观点,原告与被告启东联社授权的大洋港信用社订立的财产租赁合同,除因第五条第一款(格式条款)“在出租期间,出租方如将出租财产所有权转移给第三人,不必征求承租方同意,但应告知承租方所有权转移情况”,排除承租方的法定优先权而无效外,其余内容未违反法律规定,应为有效。[1]

【案例8-6】　上海远大学习广场教育科技有限公司诉上海泰润房地产开发有限公司房屋租赁合同纠纷案

判决观点,根据查明的事实,被告仅提供员工证明,在2009年3至4月口头征询过原告意见,原告不予认可,且根据合同约定,被告应予出售前3个月通知,但被告有确切证据证明询问均发生在系争商铺产权交易过户之后,故即使存在口头通知,被告仍违反了合同约定,对被告主张出售前履行了通知义务,法院不予采信。至于被告认为原告曾在系争商铺过户给第三人后,要求出具发票,以此主张原告接受房屋另行出售的事实,并放弃了优先购买权。对此,法院认为,首先,被告未对此节事实提供证据证明,之后三方对于2009年7月协调会的内容也说法不一,不能得出被告主张的结论;其次,即使原告曾准备接受第三人的租金发票,也只能认为原告在该时段得知被告与第三人另行出售系争商铺的事实,不能等同于被告出售前尽到通知义务,及出售后原告放弃主张优先购买权,且事实上,原告也在知晓房屋出售的事实后即提出了要求损失赔偿的诉讼,并未放弃主张。[2]

---

〔1〕 参见《人民司法·案例》2010年第4期。江苏省启东市人民法院(2007)启民一初字第2241号民事判决书。

〔2〕 参见沈志先主编:《2012年上海法院案例精选》,上海人民出版社2012年版,第155页。

3. 通知形式

对于出租人履行通知义务的具体方式，现行法律、司法解释没有明文规定。实践中可以采用口头形式或书面形式，但口头形式在发生纠纷时举证困难，承租人认可该事实的，或者出租人有充分的证据可以证明已履行了通知义务的，可以认定为已通知承租人。现代通信方式多种多样，可通过信函、电子邮件、手机短信、微信，也可在租赁房屋处张贴告示以及公告等各种形式。不管以何种形式的通知，都应有据可查，都在送达承租人处方发生通知的效果，否则不应认定进行了通知。一般情况下，张贴告示及刊登在报纸上公告，如无特别情形，应当推定这些公告为承租人所知悉，可认定其出租人已履行了对承租人的通知义务。《拍卖、变卖财产规定》第十一条第一款规定："人民法院应当在拍卖五日前以书面或者其他能够确认收悉的适当方式，通知当事人和已知的担保物权人、优先购买权人或者其他优先权人于拍卖日到场。"该条规定法院在司法拍卖程序中，须对优先购买权人单独书面或者其他能够确认收悉的适当方式进行通知，这表明不能用拍卖公告代替通知，拍卖行发布的拍卖公告也同样不能代替出租人的通知。换言之，在拍卖中必须用独立于拍卖公告的方式通知承租人，其拍卖公告不发生通知的效果。

4. 再通知问题

出租人再次出卖租赁物时，是否仍然需要通知承租人应分以下情况确定，其一，当出租人首次通知时，承租人不明确表示购买意图、表示任何购买价款或条件都不会购买或表示将来行使优先购买权的，则应视为其放弃了优先购买权，其出租人再次出卖时可以不通知承租人。其二，当出租人首次通知时，承租人未明确表示放弃优先购买权，只是提出对价格或条件需要协商的，出租人在与第三人达成买卖合同意向之时，应当再次将拟订立买卖合同的相关内容通知承租人。其三，当出租人首次通知时，承租人未明确表示放弃优先购买权，其后出租人改变出卖价格或条件的，出租人再次出卖时则应通知承租人。通知义务并非仅指首次出卖，出租人履行通知义务后改变了出卖条件，出卖条件更为优惠的，也要履行通知义务，否则就侵犯了承租人优先购买权。

5. 通知义务认定

实践中，出租人未尽通知义务主要有以下三种情况，其一，出租人未提前通知。原《合同法》和《房屋租赁合同解释》以及《民法典》第七百二十六条规定只规定了出租人需在合理期限内通知承租人，但没有明确合理期限的长度，给法官根据具体案件酌定留下了空间，不利于统一执法尺度。笔者认为，在现有法律框架下,对其合理期限在租赁合同中有约定的,从其约定;无约定的,由法官根据案情裁量。其二,出租人隐瞒性通知。一般表现为出租人未如实告知出售情况,如转让价款、付款方式或付款期限等。其三,虚构通知。出租人虽然发出通知函,但实际发往承租人的地址并非承租人预留联系地址或者无证据证明承租人收到通知。也就是说,出租人应将出卖意图、出卖条件(价款、付款方式等)通知承租人,而不应拘泥于时间和次数。

通知义务是否履行的判断标准,取决于通知的效果是否足以使承租人及时知悉出租房屋的出售信息。

【案例 8 -7】　夏都实业发展有限公司诉上海康邦房地产开发有限公司房屋租赁合同纠纷案

一审法院认为,对争议焦点一,即关于优先购买权是否受到侵害,在本案原、被告租赁合同履行期间,原告一直向被告交纳租金并由被告以自己名义向原告开具收取系争商铺租金的发票,直至 2010 年 2 月向相关部门查询时才获知系争商铺已出售给案外人,虽然被告提供了其于 2007 年 7 月 3 日出具的抬头为原告的《中邦城市花园商铺房屋出售通知书》证明其在出卖租赁房屋前已在合理期限内履行了通知义务,但原告称其从未收到过该通知书,被告亦未进一步提供证据证实其履行了通知义务。故原告以被告侵害其优先购买权主张损害赔偿于法有据,予以支持。二审法院亦持同样意见,维持一审判决。[1]

【案例 8 -8】　八户村民诉某村委会、刘某房屋租赁合同纠纷案

一审法院认为,被告村委会与第三人刘某签订的房屋买卖合同,系双方当事人的真实意思表示,不违反法律法规的强制性规定,且该合同经过公证,系合法有效。被告在村内张贴了出售涉案房屋的公告,履行了通知义务,第三人刘某根据公告进行报名,系善意第三人,且原告八户村民亦未提交证据证明其具有购买涉案房屋的意思表示,被告与第三人的买卖合同亦未侵犯原告的租赁权益,因此,原告要求确认被告与第三人的买卖合同无效,无事实和法律依据,法院不予支持。二审法院亦持同样意见,维持一审驳回原告诉讼请求判决。[2]

出租人告知的范围不仅是有出卖意图和单方决定的出售条件,也包括第三人决定购买之后,第三人购买的意思表示及具体条件。

---

〔1〕　参见吴兆祥主编:《房屋买卖租赁案件裁判要点与观点》,法律出版社 2016 年版,第 437 ~ 438 页。

〔2〕　参见李方民主编:《房屋租赁合同纠纷诉讼指引与实务解答》(第 3 版),法律出版社 2017 年版,第 156 页。

【案例8-9】 孟某诉杨某军房屋租赁合同纠纷案

判决观点,杨某军尽管通知过孟某出卖意图以及告知过其出售的价格为55万元,但该价格是尚无其他人购买时出租人单方决定的出售条件,在第三人决定购买之后,其未将第三人购买的意思表示及条件告知孟某,未尽到通知义务,应当承担相应的法律责任。[1]

应注意的是,对于通知义务中是否可以包含有限期交款等条件,属于出租人出售房屋的条件,属出租人对自有房产的自由处分,不违反法律规定,一般情况下应认定合法有效。

(四)承租人行使期限

房屋承租人在接到出租人的通知后,究竟需要在多长时间内作出明确意思表示,各地区的法律规定有所不同。在《民法典》颁布之前的法律或司法解释对承租人行使期限没有规定,理论上多认为,承租人在接到出租人通知后在15日内作出是否行使优先购买权的意思表示。最高人民法院的态度为,承租人的优先购买权亦应在合理期限内主张,在出租人履行通知义务后,承租人应当在15日内明确表示是否行使优先购买权;出租人没有履行通知义务的,承租人可在知道或者应当知道出租人出卖房屋之日起1年内主张。[2]《民法典》第七百二十六条第二款规定:"出租人履行通知义务后,承租人在十五日内未明确表示购买的,视为承租人放弃优先购买权。"

当然,双方当事人也可以在租赁合同中就行使期限作出约定,只要该约定期限不损害承租人的合法利益即可。个案中,法官可根据租赁合同约定行使自由裁量权确定期间。

【案例8-10】 梁某诉东泰实业公司房屋租赁合同纠纷案

判决观点,原告作为承租人对租赁房屋享有优先购买权,但是被告已经提前通知了原告,原告未在合理期限内作出购买出租房屋的意思表示,应视为放弃优先购买权,判决驳回了原告的诉讼请求。[3]

---

〔1〕 参见李方民主编:《房屋租赁合同纠纷诉讼指引与实务解答》(第3版),法律出版社2017年版,第192页。

〔2〕 参见最高人民法院民事审判第一庭编著:《最高人民法院〈关于审理城镇房屋租赁合同纠纷案件司法解释〉的理解与适用》,人民法院出版社2009年版,第12页。

〔3〕 参见李方民主编:《房屋租赁合同纠纷诉讼指引与实务解答》(第3版),法律出版社2017年版,第168页。

【案例8-11】　吴某诉建东物业公司、龙岗鸿基公司承租人优先购买权纠纷案

二审法院认为，在2005年11月29日的通知中，被上诉人明确指出，若上诉人欲参与竞价、购买租赁房屋，应在2005年12月15日前向负责出售涉案房屋的经纪公司联系购买租赁房屋，否则视为放弃优先购买权利。上诉人作为承租人，在收到该通知后，既未在规定的时间内向经纪公司联系购买事宜，也未在此后的适当期限内向经纪公司或产权人协商购买事宜。所以，应视为其已放弃优先购买权。在此情况下，被上诉人将涉案房屋出售给他人的行为，不属于侵犯上诉人优先购买权。[1]

审判实践中，出租人未履行告知义务，自出卖人出卖房屋届满1年的，承租人优先购买权亦应归于消灭。

【案例8-12】　刘某国诉万某、第三人李某梅承租人优先购买权纠纷案

二审法院认为，本案中，根据万某与李某梅签订《存量房屋买卖合同》中"出卖人未将该房屋出租"之事实的自认，李某梅对上述房屋租赁合同关系的真实性提出质疑，有其合理性。即使刘某国主张其与万某就诉争房屋存在租赁关系，在万某出售该房屋时享有优先购买权，然而根据刘某国自述，其于2009年5月即知晓万某向李某梅出售房屋一事，在长达1年多的时间里，未作出以此价格购买的意思表示，未能积极行使优先购买权，其早已超过合理期限。基于此，原审法院依据查明的事实，判决驳回其诉讼请求并无不妥。刘某国上诉坚持原诉意见，又无相应证据支持其主张，故本院对其上诉请求不予支持。综上，一审法院判决正确，应予维持。[2]

承租人行使期限起算点有两种不同的观点，第一种为从出租人公开表达出售意图开始，第二种是应以出租人与第三人成立买卖合同时为准。有法官认为，只有在出卖义务人与第三人的买卖合同有效成立时(后)，买卖条件才能确定，优先购买权行使的第二个"同等条件"才因具有参照系而得以确定、成就。所以，优先购买权的行使才具有现实的意义。[3] 其出租人与第三人买卖合同不成立，没有确定的合同条款则不存在同等条件，优先购买权便没有成立基础。

---

〔1〕 参见万国营主编：《房屋租赁合同纠纷》(第2版)，法律出版社2015年版，第31页。

〔2〕 参见最高人民法院中国应用法学研究所编：《人民法院案例选》2012年第4辑(总第82辑)，人民法院出版社2013年版，第129页。北京市第一中级人民法院(2010)一中民终字第20855号民事判决书。

〔3〕 参见最高人民法院民事审判第一庭编：《最高人民法院民事案件解析》(房屋买卖、租赁纠纷)，法律出版社2010年版，第572页。

二、房屋租赁优先购买权法律适用

（一）同等条件认定

《民法典》第七百二十六条第一款规定："出租人出卖租赁房屋的，应当在出卖之前的合理期限内通知承租人，承租人享有以同等条件优先购买的权利；但是，房屋按份共有人行使优先购买权或者出租人将房屋出卖给近亲属的除外。"原《合同法》第二百三十条亦作了同样规定。该条确立了承租优先购买权的核心为同等条件。从字面理解，同等条件意味着承租人所提出的购买条件，不得低于买受人就该标的物给出的条件。根据立法本意，在出租人与承租人利益发生冲突时，一定程度上侧重于保护承租人利益是毫无疑问的，可侧重存在一个限度。但是，由于同等条件的立法过于简略，未规定同等条件包括的具体内容，以及行使期限和行使方式，故而引发了颇多争议，执法尺度不统一。审判实践中，对同等条件的理解历来有两种不同观点，一是绝对同等说，即认为先买权人认购的条件与其他买受人绝对相同和完全一致。二是相对同等说，即认为先买权人购买条件与其他买受人条件大致相等，便视为同等条件。当前，后一种观点基本上成为通说，笔者亦认为然。所谓"同等条件"，包括"同等条件"标准的确定和"同等条件"的内容两个方面。关于"同等条件"标准的确定，一般认为是指以出租人与第三人订立的买卖合同约定的条件为"同等条件"。[1] 这一主张符合优先购买权所具有的"优先于他人而购买"的法律性质，笔者赞同。由于"同等条件"是根据出租人与第三人订立的买卖合同来确定的，若该买卖合同因具有违法因素而被确认无效或被撤销，则依此确定的"同等条件"亦应随之失去效力。但是，若因承租人无权行使优先购买权向法院请求，出租人与第三人之间的买卖合同而被宣告无效或解除的，则据此确定的"同等条件"仍应继续有效，承租人亦得行使优先购买权。换言之，对同等条件的解释应当采用目的性限缩解释，承租人行使优先购买权的目的是取得租赁物的所有权，但并绝对地剥夺其他人的购买机会。[2]

---

〔1〕 参见王泽鉴：《民法学说与判例研究》（第 1 册），中国政法大学出版社 1998 年版，第 507 页。

〔2〕 参见《房屋租赁合同纠纷裁判思路与裁判规则》，法律出版社 2017 年版，第 338 页。

1.“同等条件”的内容

笔者认为“同等条件”的内容应包括以下方面：

其一，标的物等同。

标的物等同，是指所卖房屋的部位、数量要与承租人承租房屋的部位、数量同一。对于超出所承租房屋的部位、数量，承租人不享有优先购买权。例如，出租人所出售的是一栋楼房，承租人所承租的只是其中一部分，则对超出其承租的部分，承租人不享有优先购买权。因为承租人仅租赁部分房屋，其余部分非为租赁权的客体，故该部分之处分，不应受由租赁权所衍生的权利——优先购买权的限制。同理，一栋楼房分别出租给数人，整体转让的，各承租人对整栋楼房不享有优先购买权。

【案例 8－13】 陈某文诉连平县五金交电化工公司确认优先购买权纠纷案

判决观点，关于原告主张优先购买权的问题，原告只承租了该房产的一部分，因此，原告不能享有对该栋楼的优先购买权。[1]

【案例 8－14】 李某文诉新宏基商贸公司、王某确认优先购买权纠纷案

判决观点，原告李某文承租的是天宇大厦 23 号网点的一部分，现天宇大厦 23 号网点整体转让，其承租部分与转让部分不属于同一标的物，李某文对整体转让的 23 号网点不享有优先购买权。王某对网点整体同样不享有优先购买权，李某文要求对 23 号网点整体主张优先购买权以及王某对其承租的二层网点主张优先购买权，均依据不足，遂判决驳回李某文及王某的诉讼请求。[2] 本案中，王某作为第三人提出了优先购买权独立请求。

其二，价格等同。

价格等同含有两层意思，一是指价格的同一，即优先购买权人支付的价款应等同于第三人在合同中允诺支付的价款，价格的底线一致。二是付款期限、方式也要同一，付款的方式更为严格，要与出租人允诺第三人的付款期限和方式等同。由于个人信用不同，如果出卖人允许第三人分期付款，则优先购买权人除非向出卖人提供了充分而适当的担保，否则不得请求分期付款，此为有效维持出卖人利益之保证。如果第三人允诺一次性付清，承租人就不得主张分期支付。还需要说明的，关于价格的同一，现实生活是复杂的，同等条件的价格形成是一个复杂的过程，而且出租人在确定价格时，不但要考虑经济利益，有时还要考虑精神利益、人

---

〔1〕 参见最高人民法院中国应用法学研究所编：《人民法院案例选（月刊）》2009 年第 4 辑（总第 4 辑），中国法制出版社 2009 年版，第 11 页。

〔2〕 参见李方民主编：《房屋租赁合同纠纷诉讼指引与实务解答》（第 3 版），法律出版社 2017 年版，第 184 页。

情关系。所以，如果出租人基于某种特殊原因给予了其他买受人一种较优惠的价格，而这些特殊原因能以金钱计算，则应折合金钱加入价格之中。[1]

在实践中，房屋的真实成交价格应按买卖双方当事人意思来认定，应当以真实交易价格作为同等条件的依据。换言之，实际交易价格与备案合同价格不一致，承租人不能以备案合同价格作为同等条件主张优先购买权。

【案例8－15】 李某与高某承租人优先购买权纠纷案

二审法院认为，李某主张其以123万元的价格将该房屋卖给张某并提交了双方签订的《房产认购合同》，张某亦提交中介费及房款收据、中介公司盖章的协议书等材料证明实际交易价格为123万元，应当认定涉案房屋实际交易价格为123万元。现高某要求以备案价格66.2万元作为同等条件购买本案争议房屋，缺乏事实依据，不予支持。综上，高某明知本案争议房屋为出售房屋，其在承租该房屋时已经放弃了购买的权利，李某以同等价格将房屋卖给张某，该行为并未侵犯高某的优先购买权。高某的上诉理由不成立。一审判决并无不当，予以维持。[2]

社会生活中，当事人双方追求利益最大化，为达到少交或不交房屋契税和个人所得税费的目的，往往约定较低的房价到房产交易中心备案，出卖人和买受人双方再另行签订并履行一个能体现真实交易价格的合同。由于备案合同价格往往低于实际价格，其实质是以合法形式掩盖避税的非法目的，损害了国家利益，应当为无效合同，作为同等条件的判断，应当以房主李某与张某交易价格123万元为标准，而不能以合同备案价格66.2万元为标准。也就是说，承租人主张的同等条件与出卖人主张的同等条件并不等同，在同等条件不一致的情况下，承租人高某的主张显然不具备优先购买权的要件。因此，即便是房主李某没有提前通知承租人，高某亦无权主张优先购买权，除非其愿意以123万元的价格购买。当然，对于当事人的避税行为，与本案并非同一法律关系，本案可不予处理，法院可向有关部门进行司法建议，但不影响本案的处理。

最高人民法院民一庭意见：真实意思表示是民事法律行为的核心要素，如价格、付款方式等与真实的约定不一致时，应以双方当事人的真实意思表示为准，非真实意思表示的条款对双方当事人没有约束力。房屋的真实成交价格应按买卖合同双方当事人的真实意思表示来认定，而逃避税收并不是双方订立房屋买卖合

---

〔1〕 参见王利明：《合同法疑难案例研究》，中国人民大学出版社1997年版，第350页。

〔2〕 参见最高人民法院民事审判第一庭编：《最高人民法院民事案件解析》（房屋买卖、租赁纠纷），法律出版社2010年版，第414页。

同的目的。据此,应当以真实交易价格作为认定同等条件的依据。[1]

其三,附带利益的等同。

第三人向出卖人允诺一种附带利益的,除非以出卖人之价值判断这种附带利益能以金钱作价,或无此附带利益出卖人与第三人的合同亦能成立,否则承租人不得行使先买权。

其四,其他无形利益的权衡。

实践中,还应看到许多合同的订立,是经过大量无形劳动而得,如承租人行使优先购买权,则势必助长投机心理,挫伤第三人的积极性,这是司法实践中应注意和权衡的问题。通常认为,对其购买对象的信赖程度也可作为同等条件。

需要注意的是,对于"同等条件"应作宽泛理解,不仅是价格条件,还包括付款条件,以及出卖人(所有人)提出的其他条件等。[2] 应重点强调的是,同等条件不应单纯理解为同等价格。

【案例8-16】 新沂市卓尔网络技术服务有限公司诉江苏省新沂市畜牧兽医站等承租人优先购买权纠纷案

二审法院认为,关于卓尔公司行使优先购买权是否应以梁某梅在2004年5月与兽医站约定的价格购得讼争房屋,因法律规定承租人在同等条件下享有优先购买权,并不仅仅指同等价格,还包括支付时间、方式以及其他因素,在兽医站与梁某梅的交易中还会考虑双方系该建筑物的共同出资人及房屋位置和使用方面的特定关系等因素,故卓尔公司要求以梁某梅与兽医站当时的交易价格购得讼争房屋的请求,法院不予支持。[3]

【案例8-17】 孙某诉江阴某纺织厂承租人优先购买权纠纷案

判决观点,原告孙某虽愿意以20万元的价格购买厂房十间,但不能为纺织厂安置下岗职工20名,而下岗职工安置系纺织厂出售房屋附加的必要条件,孙某不能满足该条件,棉毛厂则同意安置职工,因此,孙某事实上不能以棉毛厂的同等条件购买厂房,故而其主张优先购买权不成立,判决驳回孙某的诉讼请求。[4]

---

〔1〕 参见最高人民法院民事审判第一庭编:《民事审判指导与参考》2009年第2集(总第38集),法律出版社2009年版,第209页。

〔2〕 参见最高人民法院民事审判第一庭编:《中国民事审判前沿》2005年第1集(总第1集),法律出版社2005年版,第169页。

〔3〕 参见《人民司法·案例》2008年第14期。江苏省徐州市中级人民法院(2006)徐民一终字第0757号民事判决书。

〔4〕 参见李方民主编:《房屋租赁合同纠纷诉讼指引与实务解答》(第3版),法律出版社2017年版,第178页。

【案例8-18】 吴某诉建东物业公司、龙岗鸿基公司承租房屋优先购买权纠纷案

二审法院认为,涉案房屋所有人建东物业公司为获得好的销售价格,将18间铺位作为一个整体进行转让,为法律所鼓励和允许。上诉人欲行使优先购买权,亦必须对18间铺位进行整体购买。本案中,上诉人仅主张对其所承租的S178号铺位行使优先购买权,不具备同等条件;并且,18间铺整体转让的价格实际为人民币1500万元,上诉人所承租的S178号铺位的售价在该次交易中并未得到明确区分,该铺位在房地产产权登记部门的登记价(人民币90808元)并非实际转让价,上诉人要求按照登记价优先购买S178号铺位,亦没有事实依据。综上,上诉人的上诉主张不能成立,不予支持,遂驳回上诉,维持原判。[1]

承租人在同等条件下享有的优先购买权,应为购买自己承租的房屋,而不是出租人出卖的其他房屋,承租人对出租人出卖的其他房屋不享有优先购买权。

【案例8-19】 咸阳柳泉酒业有限公司诉泾阳县城区石油公司等承租人优先购买权纠纷再审案

再二审法院认为,出租人原泾阳县食品公司出卖出租财产时,承租人泾阳县城区石油公司在同等条件下享有优先购买权,但其优先购买权的效力只及于承租内的财产,对出租人所有的其他财产不产生优先购买效力。本案中原泾阳县食品公司出卖的是含泾阳县城区石油公司承租部分在内的整体资产,泾阳县城区石油公司只对其承租范围内的财产主张优先购买权,不具备"同等条件",同时也不利于保护出租人对整体资产的处分权和发挥整体资产的使用价值。原泾阳县食品公司转让资产时虽未通知泾阳县城区石油公司,但原泾阳县食品公司将其资产转让给咸阳柳泉酒业公司后,泾阳县城区石油公司实际已向咸阳柳泉酒业公司交纳了水电费及半年租金,事实上已认可了原泾阳县食品公司与咸阳柳泉酒业公司的转让合同。综上,泾阳县城区石油公司主张优先购买权的理由不能成立,本院不予支持。咸阳柳泉酒业公司再审诉称理由成立,本院予以采纳。一审判决正确,应予维持。二审判决认定原泾阳县食品公司与咸阳柳泉酒业公司恶意串通缺乏事实依据,应予纠正。[2]

类似的有杨某丽诉中州泵业公司优先购买权纠纷案。[3]

---

〔1〕 参见万国营主编:《房屋租赁合同纠纷》(第2版),法律出版社2015年版,第31页。

〔2〕 参见江必新主编、最高人民法院审判监督庭编:《全国法院再审典型案例评注》(上),中国法制出版社2011年版,第320页

〔3〕 参见《最高人民法院公报》2004年第5期(总第91期)。

2. 同等条件例外

在司法实践中，存在适用同等条件的例外，即排除承租人的优先购买权。笔者认为，赠与、遗赠和继承自然不适用同等条件，承租人不享有优先购买权。以租赁房屋作价入股，或以租赁房屋与他人合作开发的，或企业发生收购、合并、分立而导致租赁房屋的权利转移的；或以租赁房屋与他人进行产权交换的，往往被一些地方性法规"视为出卖"。但是，这种转让所涉及的"同等条件"具有独特性而不可重复，所以，承租人无法享有优先购买权。社会生活中，出卖人与买受人基于亲属关系或其他特殊亲密关系、缘由（如出卖人与买受人在生活上的照顾或借款等利于出卖人的行为所产生），以低于市场价格出售，此时不能讲同等条件，承租人无优先购买权。常见的出租人将住房出卖给按份共有人、家庭成员或亲属的，则承租人不得行使优先购买权，《民法典》第七百二十六条作了明文规定，可这种买卖与纯粹的市场交易有所不同，应当有所保护。当然，对于家庭成员或亲属的界定也不宜作过分的扩张，否则，不利于对优先购买权的保护。制定司法解释的法官认为，出租人基于亲属关系或其他特殊亲密关系而转让房屋的，在性质上具有浓厚的人身色彩，其转让对象也具有特殊性，不同于一般的市场交易行为——对象为不特定的第三人，因此，与纯粹的买卖关系有所不同。另外，这种亲属关系或其他特殊亲密关系也非金钱所能衡量，承租人也不得要求以价金代替。此时，承租人不得主张行使优先购买权。[1] 实践中，应视具体情况酌情处理。在处理此类纠纷的过程中，应更多地认同特殊身份关系优先、不可替代的信赖关系优先的解决原则，对于同等条件的界定以保护出卖人的利益为重，限制承租人优先购买权的行使，实现双方追求各自特殊利益的平衡。

3. 同等条件确定方式

现行法律和司法解释并未规定确定同等条件的方式，笔者同意学者的观点，根据同等条件的形成方式来确定优先购买权人是否能够行使优先购买权：第一，如果买卖条件是卖方确定的，则卖方可以此通知优先购买权人是否购买。如果优先购买权人不愿购买，在第三人以该条件或高于该条件而与出卖人订立合同时，优先购买权人不得再主张优先购买权。如果卖方因无人购买而降低条件时，仍应通知优先购买权人，以确定其是否购买。第二，如果买卖条件是由第三人提出的，则出卖人在准备承诺之前，应将该条件及意欲承诺的意思通知优先购买权人，以确知其是否愿意购买。一旦优先购买权人决定购买，应立即通知出卖人，则出卖

---

〔1〕 参见最高人民法院民事审判第一庭编著：《最高人民法院〈关于审理城镇房屋租赁合同纠纷案件司法解释〉的理解与适用》，人民法院出版社2009年版，第331页。

人不得以他人有更优先条件为由予以拒绝。上述方式可以尽早确定优先购买权人的购买意愿,以避免二重买卖的发生。[1]

司法实践中,对于同等条件确定方式即同等条件的参照标准,可采用市场折价法。[2] 它既考虑到房屋出让的交易价格因素,亦兼顾到其他货币折算因素和与特定人格相关联的非货币因素,是一种符合市场经济规律较为公平易操作的参照标准。[3] 也就是说,在相同价格或者其他同等交易条件下,坚持以市场价格参照基准为主,以金钱折价参照基准为辅。但是,出租人意图将房屋出售给特定的第三人除外。

(二)优先购买权范围

笔者认为,承租人优先购买权的主要范围为:

其一,折价、变卖中承租人的优先购买权。

《房屋租赁合同解释》第十五条规定:"出租人与抵押权人协议折价、变卖租赁房屋偿还债务,应当在合理期限内通知承租人。承租人请求以同等条件优先购买房屋的,人民法院应予支持。"该条是抵押权人采用折价、变卖租赁房屋方式实现抵押权承租人优先购买权保护的规定。该条规定包含以下五层含义:其一,该条适用前提是包括未通知在内的侵害承租人优先购买权的情形,而不适用赠与、互易以及因公用征收等法律关系中未侵害承租人优先购买权的其他情形。其二,该条适用要求是出租人在合理期限内应该通知承租人,未通知承租人则应承担违约责任。其三,债权已届清偿期未受清偿,为抵押权人用协议折价、变卖实现自身的抵押权。其四,承租人必须以同等条件行使优先购买权,这为必要条件,非同等条件的不受保护。根据物权制度和法理,承租人对同等条件不具有异议权和抗辩权。其五,承租人仅以请求确认出租人与第三人签订的房屋买卖合同无效的,法院不予支持。

其二,拍卖中承租人的优先购买权。

拍卖本身是价高者得的公开竞价程序。当正处于租赁期间的房屋被拍卖时,价高者得的拍卖原则与同等条件优先购得的权利就出现了冲突。如果承租人不参加拍卖活动,拍卖师宣布成交后还必须询问承租人是否行使优先购买权,愿意以与最高竞价者相同价格买下房屋标的物,如愿意则最高竞价者再次出价的话,

---

[1] 参见戴孟勇:《先买权的若干理论问题》,载《清华大学学报(哲学社会科学版)》2001 年第 1 期。

[2] 参见陈龙业主编:《房地产物权》,中国法制出版社 2007 年版,第 114 页。

[3] 参见《人民司法·应用》2012 年第 21 期(总第 656 期)。

则拍卖师的槌落便形同虚设,拍卖就不成为拍卖;而如果承租人参加拍卖,宣布承租人与最高竞价者出价相同时房屋标的物由承租人购得的话,无疑影响了拍卖程序的公正,摧毁了拍卖行为价高者得的基础准则,使其他竞买人失去了参加竞买的意义,实质上是剥夺了所有权人以拍卖方式处理标的物权利。

《民法典》第七百二十七条规定:“出租人委托拍卖人拍卖租赁房屋的,应当在拍卖五日前通知承租人。承租人未参加拍卖的,视为放弃优先购买权。”该条是拍卖程序中承租人优先购买权保护的规定。该条规定包含以下四层含义:其一,该条适用前提是出租人委托拍卖租赁房屋的情形,而不适用非拍卖程序其他情形。其二,该条规定告知义务主体是出租人和拍卖人,而非仅是出租人或拍卖人单一主体。其三,该条适用要求是在拍卖 5 日前通知承租人,这时间上的硬性规定,也是告知义务人的告知义务和告知期限。其四,承租人不参加拍卖的视为放弃优先购买权,这是承租人的不参加拍卖的法律后果。应注意的是,承租人的优先购买权与拍卖规则存在冲突的情况下,承租人的优先购买权让位于拍卖规则,承租人仍需遵守拍卖规则。

主流观点认为,拍卖过程中,有最高应价时,承租人可以表示以该最高价购买,如无更高应价,承租人享有该最高价优先购买的权利;如有更高应价,承租人不作表示的,人民法院应当认定承租人放弃优先购买权。[1] 应当注意,法院委托拍卖时,由法院通知承租人,在出租人自行委托拍卖时,由出卖人或拍卖人通知承租人。

其三,招标买卖方式转让房产中的优先购买权。

在现实生活中,通过招标买卖方式转让房产,这种方式既具有买卖合同的一般特征,也具有自己的特殊性。根据《民法典》第六百四十四条的规定,招标投标买卖程序、当事人的权利义务,必须按照有关招投标的法律、行政法规进行。而根据我国《招标投标法》规定,招标采取公告招标方式的,应当发布招标公告。否则,法律对其招标行为不予保护。

【案例 8 – 20】　陈某文诉连平县五会交电化工公司承租人优先购买权纠纷案

判决观点,被告经连平县人民政府批准招标转让房产没有违背法律规定,是允许的。但被告公开招标转让房产,必须按照有关招标投标的法律规定进行。而被告在招标过程中,未向社会招标公告,而且投标人数少于三人,按照《招标投标法》的规定应该重新招标,而被告招标转让房产没有按照招标投标的法律进行,是违法的。被告上述行为侵犯了包括原告在内的不特定

---

〔1〕 参见最高人民法院民事审判第一庭编著:《最高人民法院〈关于审理城镇房屋租赁合同纠纷案件司法解释〉的理解与适用》,人民法院出版社 2009 年版,第 315 页。

对象的知情权、竞买权。原告主张被告与第三人房屋买卖合同无效的诉请，依法予以支持。[1]

其四，不定期租赁中的优先购买权。

不定期租赁关系或称事实租赁关系中，承租人是否仍然享有优先购买权有争议。笔者认为，承租人的优先购买权是法定的权利，它随着租赁关系的成立而成立，即使租赁期限届满，只要双方形成不定期租赁关系，承租人的优先购买权仍然成立。不定期租赁合同的承租人与定期租赁合同的承租人同样享有优先购买权。《民法典》第七百三十四条规定："租赁期间届满，承租人继续使用租赁物，出租人没有提出异议的，原租赁合同继续有效，但是租赁期限为不定期。租赁期间届满，房屋承租人享有以同等条件优先承租的权利。"原《合同法》第二百三十六条也作了类似规定。该条款明确说明承租人在租赁期间届满后与出租人仍可形成租赁关系，而该租赁关系延续有两个前提条件，一是承租人继续使用租赁物，二是出租人没有提出异议。只要具备法律规定的两个条件才能认定租赁关系的存在，若承租人不再使用租赁物或者继续使用房屋却遭到出租人反对的，则不能认定双方仍然存在租赁关系，在此情况下，承租人就不再享有优先购买权了。换言之，不定期与定期房屋租赁合同的承租人同样享有优先购买权。侵害承租人优先购买权造成损失，应当承担相应的赔偿责任。

【案例8-21】 邓某基诉广州工艺品进出口集团公司、庚某福承租人优先购买权纠纷案

一审法院认为，邓某基承租讼争房期限届满后，继续使用上述房屋，工艺品公司没有表示异议且继续收取租金至2004年6月，原租赁合同有效，但租赁期为不定期。邓某基作为合法承租人，享有以同等条件优先购买其承租的房屋的权利。但鉴于承租人邓某基只对其承租的房屋享有同等条件下的优先购买权，而工艺品公司是与庚某基约定以整体出售惠福西路218-236号首层房屋作为出售条件的，现邓某基表示同意以8300元购买其承租的房屋与工艺品公司整体出售包括上述讼争房在内的10间房屋并非同等条件，故驳回原告诉讼请求。二审维持原判。[2] 本案邓某基是不符合同等条件不能行使优先购买权，而非不享有优先购买权。

其五，次承租人的优先购买权。

《民法典》第七百一十六条与原《合同法》第二百二十四条均规定了转租，系

---

〔1〕 参见最高人民法院中国应用法学研究所编：《人民法院案例选（月刊）》2009年第4辑（总第4辑），中国法制出版社2009年版，第11页。

〔2〕 参见最高人民法院中国应用法学研究所编：《人民法院案例选》2007年第3辑（总第61辑），人民法院出版社2008年版，第69页。

承租人不退出租赁关系,而将租赁物转租给次承租人占有和使用,并未涉及次承租人的权利义务。因此,次承租人是否享有优先购买权,是实践中的棘手难题。理论界及实务界对此有两种观点,一种观点认为次承租人不享有优先购买权,主要理由为:其一,从合同相对性理论上讲,次承租人与出租人并不发生直接的法律关系,因而次承租人不能超过合同权利义务主张优先购买权。其二,从信赖关系上看,次承租人与出租人之间没有信赖关系。其三,从利益分配上看,出租人并不能从转租合同中获益,允许次承租人也享有优先购买权,会增加出租人的负担。其四,优先购买权是一项法定权利,我国现行法律没有赋予次承租人享有优先权。制定司法解释的法官认为,房屋优先购买权的主体应为承租人而非次承租人。房屋优先购买权由承租人行使,已成各国立法通例。对承租人的理解,从文义解释上应理解为租赁合同关系中出租人的对方当事人。租赁合同和转租合同虽是两个紧密相连的合同,但在租赁合同中,次承租人不是合同当事人,其地位不是出租人的承租人,因此,次承租人不享有租赁房屋的优先购买权。从国外立法看,优先购买权是承租人的专属权,不能转让。[1]

另一种观点认为次承租人享有优先权。该观点认为,次承租人应该享有优先购买权,应该对原《合同法》第二百三十条进行扩张解释,也就是判断该条所称的承租人能否包括次承租人在内。主要理由为:其一,从法律规定看,虽然法律没有明确规定,但是次承租人实际也是房屋的承租人,法律没有必要再规定次承租人也享有优先购买权。其二,从合同的相对性看,虽然次承租人与出租人没有合同关系,但是次承租人是房屋的实际使用人。优先购买权是为了赋予房屋实际使用人优于第三人的权利,不应以合同的相对性否定次承租人的优先购买权。其三,从社会价值取向看,所有权的权能非常全面,出卖人作为房屋的所有人,可以决定是否出租、出售房屋。次承租人的权利比出租人的权利要少得多,次承租人没办法控制是否出售、能否继续承租。而次承租人是房屋的实际使用人,房屋与他的联系要比第三人与房屋的联系更紧密。因此在同等价格下对出卖人自由选择交易对象作出限制,赋予次承租人优先购买权更符合公平的社会价值取向。

【案例8－22】　青岛同心装饰有限公司诉山东青岛发动机厂、李某青请求确认房屋买卖合同无效纠纷案

二审法院认为,同心装饰公司作为次承租人有优先购买权。优先购买权制度的功能主要在于保护标的物实际占有人的利益,次承租人是房屋实际使用人,其对租赁房屋投入了装修费用,为了避免因出租房屋所有权的任意处分而使次承租人的生活发生大的变动,应赋予次承租人优先购买权。并且转

---

〔1〕 参见最高人民法院民事审判第一庭编著:《最高人民法院〈关于审理城镇房屋租赁合同纠纷案件司法解释〉的理解与适用》,人民法院出版社2009年版,第290页。

租关系先于买卖关系而存在,赋予次承租人优先购买权有利于稳定这种既存的关系。同心装饰公司作为次承租人应享有优先购买权。发动机厂在出卖租赁房屋之前有义务通知同心装饰公司,发动机厂未履行告知义务,侵犯了同心装饰公司的优先购买权。因此判决发动机厂与李某青于2005年12月27日签订的《房地产买卖契约》无效。[1]

【案例8-23】 顺兴批发市场诉赵某、五金公司房屋租赁合同纠纷案

判决观点,顺兴批发市场作为承租人,虽未经出租人同意签订转租合同,但出租人亦未要求解除转租合同,转租合同有效,顺兴批发市场基于租赁关系亦应当享有优先购买权,赵某与五金公司的买卖合同应确认无效。[2]

次承租人与承租人优先权竞合问题。承租人与次承租人均有优先权,次承租人享有优先权并不意味着承租人丧失了该项权利。承租人是否退出租赁关系,是判断承租人享有优先权的标准,也是“转租”与“租赁权转让”的区别。转租,是承租人在租赁期内将所租房屋的部分或全部转租给他人,承租人并不退出租赁关系,在享有并承担转租合同规定的出租人的权利和义务的同时,还必须履行原租赁合同规定的承租义务。而租赁权转让,即承租人完全退出租赁关系,不继续享有租赁权。也就是说,在转租中,承租人在原租赁合同中的权利义务并未由于转租而解除,承租人对房屋的占有和使用可以在转租期满后加以恢复,并且还要为次承租人对转租房屋的损坏向出租人承担赔偿责任,由此得知,转租后的承租人依然享有先买权。承租人与次承租人均有先买权,权利指向共存于同一标的,谁的顺位在前因法律并未明确规定,故是有争议的。一般而言,转租房屋由次承租人实际占有和使用,说明次承租人对转租房屋的评价高于转租人,也就是原承租人,社会资源从评价低者流向评价高者,至少有利于资源优化配置,加之次承租人的合法权益也更容易由于房屋所有权的任意处分而受到侵害,因而,次承租人之先买权的顺位在前顺理成章。[3] 笔者赞同,次承租人的优先购买权在承租人之前,即次承租人的优先购买权更为优先。[4] 也有法官认为,应在确认承租人和次承租人都享有优先购买权的同时,设置权利顺位,以避免两个优先购买权的冲突。从优先购买权的立法宗旨来看,应优先考虑次承租人优先购买权,在次承租人放弃优先购买权的情况下,才由承租人行使优先购买权。原出租人在欲出售租赁房

---

〔1〕 参见最高人民法院中国应用法学研究所编:《人民法院案例选(月刊)》2009年第4辑(总第4辑),中国法制出版社2009年版,第3页。

〔2〕 参见李方民主编:《房屋租赁合同纠纷诉讼指引与实务解答》(第3版),法律出版社2017年版,第174页。

〔3〕 参见王利明主编:《判解研究》2007年第5辑(总第37辑),人民法院出版社2008年版,第29页。

〔4〕 万发文、费晓童:《保障房屋次承租人的优先购买权》,载《上海房地》2008年2月。

屋时,应同时通知次承租人和承租人。这样处理,既能保证优先购买权制度立法宗旨的实现,又能保证出租人和承租人之间租赁合同的效力不受影响。[1] 在出租人出售租赁房屋时,只有实际占有租赁房屋的人才能有效地将所有权与使用权结合在一起,实现物尽其用。在转租情况下,承租人虽然仍在既存的租赁关系中,但实际已与租赁房屋相分离,使用、收益租赁房屋的是次承租人,转租人对其非现实利用,有时因迁徙等原因已远离标的物,故标的物的使用价值对其已意义不大。[2] 另一个重要原因是次承租人的合法权益较承租人来讲,更容易因房屋所有权的任意处分而受到侵害,因此,基于社会公平、照顾弱者、使无房的人有房居住等立法政策考虑,次承租人之优先购买权的顺位在前也顺理成章。

(三)优先购买权认定

1. 优先购买权例外情形

《民法典》第七百二十六条第一款规定:"出租人出卖租赁房屋的,应当在出卖之前的合理期限内通知承租人,承租人享有以同等条件优先购买的权利;但是,房屋按份共有人行使优先购买权或者出租人将房屋出卖给近亲属的除外。"该条是承租人主张优先购买权的规定,同时明确两种除外情形,即出租人房屋按份共有人和近亲属。出租人的近亲属,包括配偶、父母、子女、兄弟姐妹、祖父母、外祖父母、孙子女、外孙子女等,笔者认为,除近亲属的通常范围之外,还应包括出租人基于其他关系共同生活且共同居住的人。应注意的是,善意买受人支付对价并办理过户手续的,承租人行使优先购买权不受法律保护。

【案例 8-24】　孔某诉孙某、谭某某房屋租赁合同纠纷案

判决观点,孙某、谭某某主张将房屋出售给自己的亲属对抗孔某的优先购买权于法无据,但孙某、谭某某意图出售房屋给亲属,系基于亲属的特殊身份,在该情况下,孔某不能主张行使优先购买权,判决驳回了孔某的诉讼请求。[3] 本案中,孙某、谭某某出售租赁房屋给表弟虽非近亲属,但属于特定的人,实际上对出售房屋附加了条件,在此情形下,该特定人虽不享有对抗承

---

〔1〕 参见万国营主编:《房屋租赁合同纠纷》(第 2 版),法律出版社 2015 年版,第 28 页。

〔2〕 参见任泰山、何文强:《房屋租赁关系中承租人、次承租人优先购买权顺位探讨》,载《当代法学》2003 年第 7 期。

〔3〕 参见李方民主编:《房屋租赁合同纠纷诉讼指引与实务解答》(第 3 版),法律出版社 2017 年版,第 167 页。

租人优先购买权之特权，但不宜支持承租人行使优先购买权。

出租人基于特殊身份关系以低于市场价格出卖租赁房屋，而离开该特殊身份关系，出租人则不愿出售房屋的，此时的承租人不符合法律规定的同等条件的要求，承租人不能行使优先购买权。

【案例8-25】 上海曼登实业有限公司诉上海立地房地产有限公司房屋租赁合同纠纷案

一审法院认为，本案被告出售系争房屋给案外人钟某青时，被告公司的实际控制人如原告所述为钟某青的父亲，同时，钟某青当时任被告公司的法定代表人，被告与案外人钟某青之间存在特殊的身份关系。同样，如原告所述，系争房屋出售给钟某青是远低于市场价的，如果不是基于钟某青特殊的身份关系，被告是不可能按照合同约定的价格出售的。因此，法院认为被告将系争房屋出售给钟某青，原告不享有作为承租人的优先购买权。原告基于租赁关系主张其优先购买权受到侵害，要求被告赔偿的请求，于法无据，法院不予支持。判决驳回原告的诉讼请求。原告不服提起上诉，二审法院裁定准许撤诉。[1]

2. 承租人行使优先购买权认定

个案中，由法官根据具体案情行使自由裁量权确定优先购买权是否成立。

【案例8-26】 蒋某霖诉江苏恒景置业发展有限公司房屋租赁合同纠纷案

一审法院认为，本案中，原告蒋某霖与被告恒景公司之间的房屋租赁合同本应于2014年7月27日到期，但合同到期后原告仍继续租赁使用案涉房屋，从被告的书面通知中亦可看出，被告认可租期延续至2015年1月27日。被告于2015年1月25日与第三人杜某、案外人巫某签订房屋买卖合同，将案涉房屋出售给杜某、巫某，此时原、被告的房屋租赁合同尚在履行当中。原告当庭向法院提交其与马经理的手机短信记录，被告及第三人经合法传唤未到庭对此提出任何异议或抗辩，故法院结合全案事实及其他证据，对该证据真实性予以确认。被告曾于2015年3月向原告表达出售案涉房屋的意向，并提出具体价款及支付方式，原告并未作出放弃优先购买权或不同意提供与其他买受人同等交易条件的意思表示，且此时距离被告将案涉房屋出售给第三人已过去近2个月，从原告询问被告房屋售价来看，原告显然至此尚未知晓房屋已然出售。被告未举证证明其在出卖涉案房屋的合理期限内通知过

---

〔1〕 参见《人民司法·案例》2015年第22期(总第729期)。上海市第一中级人民法院(2015)沪一中民二(民)终字第98号民事裁定书。

原告,使原告丧失了与第三人同等的购房价格、付款期限、支付方式等交易条件下的优先购买权。被告违反市场交易的诚信原则及合同约定的义务,存在过错,侵害了原告作为承租人的合法权益,理应承担赔偿责任。被告恒景公司上诉后拒不出庭参加诉讼,二审法院按撤回上诉处理。[1]

无权处分的租赁合同因权利人拒绝追认而自始无效,承租人不得以此租赁合同主张优先购买权。

【案例 8 –27】　殷某诉包某、喻某财产所有权纠纷再审案

一审法院认为,殷某是系商铺产权人,依法享有对该商铺的占有、使用、收益和处分的权利。赵某在 2004 年 10 月与包某签订长达十年的租赁协议时,尚非系争商铺的产权人,包某未审查系争商铺产权人情况而与非产权人订立租赁协议,应承担相应的民事责任。因包某与赵某的租赁协议中明确,系争商铺的年租金为 10 万元,故殷某要求包某、喻某每月支付使用费 8000 元的诉讼请求,尚属合理。二审法院认为,赵某在仅享有债权的情况下与包某签订租赁合同,另案中,赵某亦明确表示不再主张物权。包某与赵某之间的租赁合同失去了继续履行的基础。现殷某作为系争商铺的产权人要求包某迁出系争商铺,于法有据,包某的租赁合同不能对抗殷某的权利。再审法院同意二审意见,维持二审判决。[2]

近年来,各类商业综合体的建设增多,在其营销过程中,往往伴随着这样一种营销模式,即开发商在销售房屋的同时,由其关联的物业公司承租所售房屋,再统一对外招租,以便于商业综合体统一经营、统一管理、规模化经营。购房者因为开发商违约,而解除了房屋买卖合同。在这种情况下,购房者即出租人尚未取得房屋所有权,其将房屋退还给开发商时,则承租人无行使优先购买权的余地,当然未侵害承租人优先购买权。

【案例 8 –28】　明胜(无锡)物业经营管理有限公司诉曲某京房屋租赁合同纠纷案

判决观点,曲某京在解除商品房买卖合同时尚未取得涉案房屋所有权,其解除商品房买卖合同并不涉及处分涉案房屋的所有权,无须事先征得明胜公司的书面同意,也未侵害明胜公司的优先购买权;同时,在上述法律关系中也没有买受人或抵押权人的参与,不存在因买受人或抵押权人拒绝履行租赁合同而导致租赁合同无法履行的情况,故对明胜公司的诉讼主张不予支持。

---

〔1〕 参见国家法官学院案例开发研究中心编:《中国法院 2018 年度案例》(合同纠纷),中国法制出版社 2018 年版,第 155 页。江苏省泰州市中级人民法院(2016)苏 12 民终字第 1927 号民事判决书。

〔2〕 参见上海市第二中级人民法院(2008)沪二中民二(民)再终字第 2 号民事判决书。

故判决:驳回明胜公司的诉讼请求。[1]

在"一房两租"的情形下,虽然两份租赁合同均为有效,但签订合同在后且未合法实际占有租赁房屋的承租人,不享有优先购买权,其优先购买权的诉求不受法律支持。

【案例 8-29】 姚某诉孙某、刘某房屋租赁合同纠纷案

判决观点,本案中,原告姚某对争议的房屋享有债权,而第三人刘某则对该房屋享有所有权,根据物权的优先效力,第三人对该房屋的物权优先于原告的债权。尽管雷某与原告约定:雷某已与第三方形成的租赁转交原告,由原告管理并收取租赁费。雷某出售房屋,须提前2个月书面通知原告,原告在同等条件下享有优先购买权。但由于该租赁合同并未经房产登记机关登记备案,不能对抗被告孙某及第三人刘某;相反,第三人与雷某、张某的房屋买卖已经临沂市房产管理局过户登记,该登记具有公信力。……本案中,原告与雷某所签合同中虽然约定了原告对租赁房屋享有优先购买权,但由于第三人刘某善意购买该租赁房屋并已办理了登记手续,第三人因此而取得诉争房屋的所有权。在对争议房屋享有所有权的情况下,第三人有权与该房屋的原承租人孙某签订租赁合同,该合同是合法有效的,并不违反法律法规的强制性规定及原租赁合同的约定。原告要求判决第三人与被告所签订的房屋租赁合同无效,缺乏法律依据,不予支持。法院据此判决驳回了原告姚某的诉讼请求。[2]

承租人的优先购买权是专属于承租人的特殊权利,不能进行转让也不能继承。根据法律和司法解释规定,承租人在租赁期间死亡,与其生前共同居住的人可以按照原租赁合同租赁房屋,可基于租赁合同履行而享有优先购买权,而不是因继承而取得优先购买权。

【案例 8-30】 某丙诉某甲房屋租赁合同纠纷案

判决观点,双方的理由均不正确,某丙在某乙死亡后,原租赁合同终止,某丙因共同居住人的身份依法取得了新的承租权和优先购买权,并不存在继承。判决支持某丙要求行使优先购买权的主张。[3]

---

〔1〕 参见国家法官学院案例开发研究中心编:《中国法院 2017 年度案例》(合同纠纷),中国法制出版社 2017 年版,第 91 页。江苏省无锡市惠山区人民法院(2015)惠民初字第 00620 号民事判决书。

〔2〕 参见李方民主编:《房屋租赁合同纠纷诉讼指引与实务解答》(第 3 版),法律出版社 2017 年版,第 93 页。

〔3〕 参见李方民主编:《房屋租赁合同纠纷诉讼指引与实务解答》(第 3 版),法律出版社 2017 年版,第 171 页。

【案例8－31】　吴某诉朱某房屋租赁合同纠纷案

判决观点,吴某作为承租人的共同居住人,在承租人死亡后,在原租赁期间享有出租房屋的优先购买权。遂判决撤销朱某与丁某签订的房屋买卖合同,同时,吴某享有该房屋同等条件下的优先购买权。[1]

房屋整体的出售与部分的出售显然并非“同等条件”,在判断承租人是否享有优先购买权时,应综合考虑房屋的使用功能是否相对独立、承租部分占全部房屋的比例。如房屋系整体出售,而承租人仅对该房屋的部分部位要求行使优先购买权,一般情况下承租人不能成为房屋优先购买权的行使主体。

3. 承租人优先购买权放弃

优先购买权是基于承租权的存在而产生的一项具有债权性质的权能,承租人可以选择行使或者放弃。承租人的放弃,既可以明示方式,也可以是默示方式。作为的默示,即推定,常见的承租人积极地介绍他人购买房屋,应当认定为承租人放弃优先购买权。不作为的默示,即沉默,只有在法律有规定或当事人有约定的情况下,方可判断承租人有放弃优先购买权的意思。根据《民法典》第七百二十六条第二款规定:“出租人履行通知义务后,承租人在十五日内未明确表示购买的,视为承租人放弃优先购买权。”这是承租人放弃优先购买权的时间界限。第七百二十七条后半部分规定:“承租人未参加拍卖的,视为放弃优先购买权。”这为承租人放弃优先购买权的法定情形之一。

【案例8－32】　赵某玉诉丁某华房屋租赁合同纠纷案

二审法院认为,出租人通知承租人将出售房屋,但未载明出售条件,履行通知义务存在瑕疵,但承租人未明确向出租人表示欲购买房屋,也无询问房屋出售价格、付款方式及要求延长考虑期限等积极行使自己优先购买权的行为。故应认定承租人放弃了优先购买权。[2]

在承租人自主选择放弃的情形下,对其原有的合法承租权并不产生影响,原租赁合同继续履行。

【案例8－33】　李某诉王某房屋租赁合同纠纷案

一审法院认为,承租人李某与出租人王某签订的租赁合同合法有效,承租人李某享有合法的承租权和同等条件下的优先购买权,但李某在庭审中明

---

〔1〕 参见王利明主编:《判解研究》2006年第5辑(总第31辑),人民法院出版社2007年版,第152页。

〔2〕 参见最高人民法院民法典贯彻实施工作领导小组编著:《中国民法典适用大全》(合同卷三),人民法院出版社2022年版,第2176页。山东省日照市中级人民法院(2021)鲁11民终213号民事判决书。

确表示其没有能力以同等条件购买租赁房屋，应视为对优先购买权的放弃，故对其主张行使优先购买权不予支持。至于放弃优先购买权后承租人与原告的租赁房屋合同没有解除，未到期的部分仍应继续履行，适用“买卖不破租赁”原则，故对于承租人继续履行合同的诉讼请求应当支持。据此，法院判决驳回李某行使优先购买权的诉讼请求，支持了其要求继续履行租赁合同的请求。二审法院亦持同样意见，维持原判。[1]

承租人不同意以拍卖的方式竞买租赁房屋的，视为放弃优先购买权。

【案例8－34】 林某诉苏州某商业公司承租人优先购买权纠纷案

判决观点，林某对拍卖的房屋享有优先购买权，但其不同意以拍卖的方式竞买租赁房屋，表示其放弃了优先购买权，遂判决驳回诉讼请求。[2]

出租人公开销售、高价中标方式转卖房产，承租人得知通知后，未采取任何购买行为，其后向受让人预交房租、重新签订租赁合同，应视为对出租人买卖行为的认可和优先购买权的放弃。

【案例8－35】 戴某平、王某友诉郧西县国有经营性资产管理办公室、郧西县土产公司物权保护纠纷案

判决观点，戴某平、王某友在企业改制时已知道所租赁的房屋将要被变卖，却未主张优先购买权，属客观事实。2004年11月19日王某友向县国资办预交房租费1万元，自2004年12月15日县国资办与土产公司签订《资产收购付款协议》后，戴某平、王某友作为原房屋承租人每年与县国资办签订租赁合同，并交清了截至2012年12月14日合同到期时的全部租金。其上述行为应视为对县国资办收购土产公司门市部房产行为的认可，同时亦是对其作为原房屋承租人享有租赁房屋优先购买权的放弃。因此戴某平、王某友对自己所享有的民事权利已进行了处分，其后又主张保护优先购买权，不符合法律规定。土产公司门市部房屋的所有权转让是县委县政府在企业改制中为解决旧城改造、安置职工等历史遗留问题作出的决定，具有特定背景。土产公司对受让人的确定具有选择性和批准权，县国资办享有的受让权也具有专属性。县国资办对收购土产公司门市部的房产已办理房屋过户手续，现戴某平、王某友诉请法院要求确认签订的《资产收购付款协议》无效，本院依法

[1] 参见李方民主编：《房屋租赁合同纠纷诉讼指引与实务解答》（第3版），法律出版社2017年版，第160～161页。

[2] 参见李方民主编：《房屋租赁合同纠纷诉讼指引与实务解答》（第3版），法律出版社2017年版，第189页。

不予支持。据此判决,驳回戴某平、王某友的诉讼请求。[1]

(四)优先购买权管辖

司法实践中,在租赁合同中订有仲裁条款的情况下,当事人就承租人行使优先购买权发生争议时,任何一方是否有权向法院起诉,还是只能向合同中约定的仲裁委员会申请仲裁,是有争议的问题。笔者认为,承租人的优先购买权来源于法律规定,而不是当事人之间的约定,因此,不属于房屋租赁合同中约定双方权利义务的内容,不受仲裁条款的约束,承租人有权就其行使优先购买权提起民事诉讼,法院有权对这类案件管辖。

【案例8-36】 重庆鑫隆达房地产开发有限公司与重庆解放碑茂业百货有限公司、重庆宏彪商贸有限公司承租人优先购买权纠纷管辖权异议案

最高人民法院认为,租赁期间出租人出售房屋的事实并非必然发生,当事人一般也不在租赁合同中作此约定。因为承租人的优先购买权不是源于当事人在租赁合同中的约定,而是源于法律的直接规定。而且,在法律赋予承租人优先购买权的条件下,承租人仍然可以选择是否行使这一权利。可见,承租人的优先购买权不属于租赁合同的内容,即不属于此类合同双方当事人权利义务的范畴。承租人因行使优先购买权而与出租人发生的争议,与双方因履行租赁合同而发生的争议属于两个不同的法律关系。如果当事人在房屋租赁合同中约定了仲裁条款,根据《民事诉讼法》第一百一十二条第二项和《仲裁法》第二十六条之规定,双方因履行租赁合同发生的争议,就排除了人民法院的管辖。但出租人和承租人在租赁合同中就履行该合同所生争议约定的解决方式,并不能限制承租人因主张优先购买权而向人民法院提起民事诉讼。鑫隆达公司提出《商厦商业经营房产租赁合同》第三章第3~5条约定了关于出租人出售或转让、抵押该出租房屋时的权利义务,并据此认为其因行使优先购买权而与茂业公司产生的纠纷属于租赁合同中有明确约定的当事人权利义务之争,应当根据合同的仲裁条款排除人民法院的管辖。但其引用的合同条款只是约定了出租人在出售、转让、抵押该出租房屋时,必须与受让人签订合同,保证继续履行租赁合同,而没有关于承租人优先购买权的规定。鑫隆达公司举出的上述证据并不能证明其提出的因行使优先购

---

〔1〕 参见国家法官学院案例开发研究中心编:《中国法院2014年度案例》(物权纠纷),中国法制出版社2014年版,第8页。湖北省十堰市郧西县人民法院(2012)鄂郧西民一初字第240号民事判决书。

买权所生争议属于履行房屋租赁合同的范畴的主张成立。综上所述,一审裁定认定事实清楚,适用法律正确,应予维持。上诉人鑫隆达公司的上诉请求不能成立,依法应予驳回。[1]

(五)侵害优先购买权认定

承租人主张优先购买权赔偿,其基础是该权利受到侵害,因此在实践中要明确查明以下两个方面的要件:

其一,出租人是否存在法律规定的出售行为。出售方式包括转让、拍卖、折价等,赠与、继承等不属于房屋他售之范围。

其二,出租人未尽通知义务。实践中,出租人侵害承租人优先购买权形态多样,常见如未告知出售条件、时间,以及虽然告知了时间但未在期限到期前即将出租房屋出卖等。对于出租人未尽通知义务,应结合具体案情认定。

以上两个要件必须同时具备,否则不能认定出租人侵害优先购买权。

【案例8-37】 安莉芳(中国)服装有限公司诉陆某某承租人优先购买权纠纷案

二审法院认为,原审判决关于安莉芳公司并未放弃优先购买权及根据双方交易习惯认为安莉芳公司对涉案房产优先购买权行使期限为接到通知后7个工作日的认定正确,应当予以确认。理由不再赘述。2012年9月6日,陆某某电话通知安莉芳公司出售涉案房产事宜,根据双方交易习惯,安莉芳公司应于2012年9月17日对此作出回复。双方的往来函件显示,安莉芳公司于2012年9月17日电话告知陆某某其对涉案房产有购买意向。因此安莉芳公司在合理的期限内向陆某某表示了购买意愿,并未怠于行使优先购买权。相反,陆某某在安莉芳公司回复期限届满前即与案外人签订了买卖合同且未将出售条件告知安莉芳公司,随后即办理了转移登记,上述行为侵害了安莉芳公司作为承租人的优先购买权。[2]

【案例8-38】 上海远大学习广场教育科技有限公司诉上海泰润房地产开发有限公司承租人优先购买权纠纷案

判决观点,租赁合同约定"在租赁期内,被告如需出售该房屋,应提前三个月通知原告,原告在同等条件下有优先购买权"。故考察被告是否侵犯原

---

〔1〕 参见最高人民法院民事审判第一庭编:《最高人民法院民事案件解析》(房屋买卖、租赁纠纷),法律出版社2010年版,第386~387页。

〔2〕 参见万国营主编:《房屋租赁合同纠纷》(第2版),法律出版社2015年版,第47页。

告优先购买权,关键在于“提前三个月通知”及“同等条件”两个衡量标准。根据查明的事实,被告仅提供员工证明,在2009年3月至4月口头征询过原告意见,原告不予认可,且根据合同约定,被告应予出售前三个月通知,但被告有确切证据证明的询问均发生在系争商铺产权交易过户之后,故即使存在口头通知,被告仍违反了合同约定,对被告主张出售前履行了通知义务,法院不予采信。至于被告认为原告曾在系争商铺过户给第三人后,要求出具发票,以此主张原告接受房屋另行出售的事实,并放弃了优先购买权。对此,法院认为,首先,被告未对此节事实提供证据证明,之后三方于2009年7月协调会的内容也说法不一,不能得出被告主张的结论。其次,即使原告曾准备接受第三人的租金发票,也只能认为原告在该时段得知被告与第三人另行出售系争商铺的事实,不能等同于被告出售前尽到通知义务,及出售后原告放弃优先购买权,且事实上,原告也在知晓房屋出售的事实后即提出了要求损失赔偿的诉讼,并未放弃主张。关于被告诉讼中同意给予原告再次购买的机会,是否可免除被告责任的问题,涉及对“优先购买权”中“同等条件”的理解。审理中,被告提出原告可以按2万元/平方米的均价购买系争商铺和政本路商铺,总价为2658.4308万元,对合同定价和首付款条件也提出要求。原告则表示只愿意按照系争商铺合同价1.58万元/平方米的条件购买。双方就购买条件未能达成一致。鉴于被告与第三人就政本路商铺并未签订房屋买卖合同,房屋也未交付使用及登记过户。最后,系争商铺和政本路商铺虽属同一东方家园小区,但两处商铺的地理位置、经营内容上没有关联性,不能认为必须整体出售;故被告认为给予原告“同等条件”再次购买的机会,法院难以采信。按照前述规定,被告未按合同约定,在出售前三个月就出售价格向原告履行通知义务,侵害了原告在同等条件下享有的优先购买权。[1]

【案例8-39】 唐某中诉洪雅县农村信用合作联社侵权纠纷案

判决观点,本案中唐某中承租的第6间门市与前面5间是可区分的,使用功能也是相对独立的,其作为第6间门市的承租人,对该门市享有优先购买权,符合《合同法》第二百三十条规定的权利主体。信用社未在合理期限内向承租人唐某中告知其出卖门市而将门市卖给叶某的行为已经侵犯了唐

---

〔1〕 参见最高人民法院中国应用法学研究所编:《人民法院案例选》2012年第4辑(总第82辑),人民法院出版社2013年版,第137页。上海市杨浦区人民法院(2009)杨民四(民)初字第3177号民事判决书。

某中对其承租房屋的优先购买权。[1]

对于出租人抗辩侵犯优先购买权,应承担抗辩举证责任。

【案例8-40】 张某与龙某、当阳市伟豪饰乐公司房屋买卖纠纷案

二审法院认为,当事人签订的《房屋买卖合同》中虽约定在确保出租人已出售20年经营权合法有效的前提下达成的买卖协议,但出租人与第三人办理房产权过户以及第三人取得该门店房屋所有权证的事实,却发生在承租人与出租人签订的《门面房经营合同》履行期限内。而出租人不能提供足以证明承租人已在出卖之前的合理期限内通知了承租人的证据,也不能提供足以证明承租人已作出放弃优先购买权意思表示的证据,应认定其出卖租赁房屋的行为侵犯了承租人依法享有的优先购买权。[2]

对于侵犯优先购买权,有法官认为,其一,虽然两部司法解释均针对的是"合同"效力,但在《物权法》已经确立"区分原则"的情况下,应理解为非指引起权利变动的原因行为,仅指权利变动本身。也就是说,无论是在何种情形下,引起权利变动的原因行为都不因侵害优先购买权而受影响,但权利变动本身的效力则另当别论;当法律对优先购买权的保护具有高于对交易安全的保护之重大意义时,权利变动的效力将受是否侵害他人的优先购买权的影响;相反,如果法律对优先购买权的保护不具有高于对交易安全的保护之意义时,我们也可以选择权利变动不受是否侵害他人优先购买权的影响。其二,在权利变动受是否侵害他人优先购买权之影响的情形下,应将侵害他人优先购买权的权利变动理解为可撤销或者相对无效,不应理解为绝对无效。也就是说,权利变动仅相对于优先购买权人而言无效,或者仅优先购买权人可主张撤销权利的变动,但转让方和受让方均不得主张权利变动无效或者主张撤销权利的变动,因为只有这样,才能既保护优先购买权人的合法权益,也能防止欺诈或不诚信现象的发生,合理认定交易当事人之间的权利义务关系。[3]

---

〔1〕 参见国家法官学院案例开发研究中心编:《中国法院2018年度案例》(侵权赔偿纠纷),中国法制出版社2018年版,第281页。四川省洪雅县人民法院(2015)洪民初字第954号民事判决书。

〔2〕 湖北省宜昌市中级人民法院(2006)宜中民一终字第00534号民事判决书。

〔3〕 参见刘贵祥:《合同效力研究》,人民法院出版社2012年版,第377页。

三、房屋租赁优先购买权纠纷处理

(一)优先购买权处理原则

在出租人未经通知将出租房屋卖给第三人的情形下,承租人的优先购买权受到侵害,在原《物权法》颁布前,法律和司法解释只规定承租人可以请求法院宣告该买卖合同无效,再无其他明确规定。

《民法典》第七百二十八条规定:“出租人未通知承租人或者有其他妨害承租人行使优先购买权情形的,承租人可以请求出租人承担赔偿责任。但是,出租人与第三人订立的房屋买卖合同的效力不受影响。”该条明确规定了承租人因优先受偿权损害而享有的赔偿请求权,同时也明确了出租人与第三人订立的房屋买卖合同为有效的原则。但是应注意对此亦存在例外,立法者认为,如果承租人确有足够证据证明买受人与出租人恶意串通,则可以按照合同无效的相关规定主张合同无效。[1] 该条规定包含以下五层含义:其一,该条适用前提是包括未通知在内的侵害承租人优先购买权的情形,而不适用赠与、互易以及因公征用等法律关系中未侵害承租人优先购买权的其他情形。其二,该条适用要求是出租人应在合理期限通知承租人,承租人接到通知是否行使优先购买权与出租人无关。其三,出租人未向承租人履行通知义务而与第三人签订的买卖协议,应当承担违约责任,法律应支持承租人损害赔偿请求。其四,承租人在合理期限内,怠于行使优先购买权的,该权利丧失。其五,承租人主张出租与第三人订立的买卖合同无效的,不受法律保护。

1. 不支持请求判决无效

在司法实践中,出租人虽然没有提前通知承租人,承租人在无意以同等价格购买租赁房屋的情况下,向法院起诉请求宣告出租人与第三人的买卖合同无效,不符合相关法律规定精神,其诉讼请求应予驳回。

---

〔1〕 参见黄薇主编:《中华人民共和国民法典合同编释义》,法律出版社 2020 年版,第 561 页。

【案例8－41】 重庆鑫隆达房地产开发有限公司、重庆宏彪商贸有限公司与重庆解放碑茂业百货有限公司承租人优先购买权纠纷案

最高人民法院认为,本案中,虽然鑫隆达公司在出卖租赁房屋时未通知茂业百货公司,但是,本案在一审审理时,一审法院多次询问茂业百货公司是否在同等条件购买房屋,茂业百货公司致函给一审法院明确表示,按同等价格将房屋销售给茂业百货公司不公平,属于强卖。由此可以认定茂业百货公司没有在同等条件下购买该租赁房屋的意愿,已放弃了优先购买权的行使。据此,茂业百货公司在无意以同等价格购买租赁房屋的情况下,请求宣告鑫隆达公司与宏彪公司房屋买卖合同无效,并确认其在此次房屋买卖活动中在同等条件下享有优先购买权,不符合法律规定,其诉讼请求不应予以支持。[1]

【案例8－42】 陈某敏、陈某诉罗山县供销社零售公司破产管理人罗山县丰华破产清算事务所、罗山县企业养老保险中心租赁合同纠纷案

判决观点,承租人认为其优先购买权受到侵害时,有权请求出租人承担赔偿责任,但无权主张认定出租人与第三人签订的买卖合同无效,且原告未提供证据证明被告与第三人恶意串通,损害其优先购买权,故两原告的诉讼请求应依法不予支持。[2]

2009年《房屋租赁合同解释》出台前,法院亦支持承租人无效诉讼请求。

【案例8－43】 陈某玉诉黄某荣、庞某承租人优先购买权纠纷案

一审法院认为,根据《合同法》第二百三十条的规定,出租人出卖租赁房屋的,应当在出卖之前的合理期限内通知承租人,承租人享有以同等条件优先购买的权利。因此,被告黄某荣有义务在出卖前的合理期限内将出卖房屋以及交易价格、交易方式等条件告知原告,以保证原告能够行使在同等条件下优先购买的权利。现被告黄某荣不能提供证据证明其在出卖讼争房屋给被告庞某前的合理期限内已履行了上述义务,其出卖讼争房屋的行为侵犯了原告在同等条件下优先购买讼争房屋的权利,违反了法律、行政法规的强制性规定,依法属于无效民事行为。原告关于确认被告黄某荣转让讼争房屋给被告庞某的行为无效和其对讼争房屋享有以同等条件优先购买的权利的诉讼请求有理,本院予以支持。判决被告黄某荣转让房屋给被告庞某的行为无效,享有同等条件下优先购买的权利。二审中,上诉人庞某经法院合法传唤,

---

〔1〕 参见最高人民法院民事审判第一庭编:《最高人民法院民事案件解析》(房屋买卖、租赁纠纷),法律出版社2010年版,第381～382页。

〔2〕 河南省罗山县人民法院(2010)罗民初字第72号民事判决书。

无正当理由拒不到庭参加诉讼,二审法院裁定按撤诉处理。[1]

类似的案例有成某红诉启东联社、陆某飞房屋租赁合同纠纷案。[2]

2. 不能直接判决承租人优先购买承租房屋

2009 年《房屋租赁合同解释》出台前,出租人与第三人签订的合同被认定无效后,法院是否可以直接判决承租人依据买卖合同实现优先购买权?笔者认为,法院不能直接判决承租人行使优先购买权取得讼争房屋,承租人无权直接取得房屋所有权。实践中,因为法律没有相关规定,法院一般不支持承租人依据第三人购买房屋的条件买受房屋。房屋租赁中优先购买权只是保证承租人优先缔约的权利,无法保证承租人一定能够买到承租的房屋。当优先购买权受到侵犯时,权利人只能依法享有确定损害赔偿的请求权,不能直接取得房屋所有权。对它的保护必须和所有权的保护有所区别。所有权是绝对的权利,所有人出卖自己的所有物,应当尊重其缔约自由的权利,不能过多地干涉,因此,承租人不能直接依据第三人购买房屋的条件取得房屋。出租人与承租人在民事活动中的地位平等,买卖讼争房屋的民事活动应当遵循自愿原则,故只能由出租人与承租人协商一致的方式来行使优先购买权,不宜由法院进行判决。否则,违反法律救济的基本原则。

【案例 8－44】　青岛同心装饰有限公司诉山东青岛发动机厂、李某青请求确认房屋买卖合同无效纠纷再审案

同心装饰公司在二审判决后提出再审称,仅判令发动机厂与李某青的房屋买卖合同无效不足以保护次承租人的优先购买权,应直接判令发动机厂按同等条件将房屋出售给同心装饰公司。再审法院认为,我国《合同法》、《城市私有房屋管理条例》及《民法通则意见(试行)》等法律法规、司法解释虽均对承租人享有优先购买权作出了规定,对优先购买权的性质及实现方式并未作出明确规定。在优先购买权的保护方面,除《民法通则意见(试行)》规定了房屋承租人的优先购买权受到侵害的情况下可请求确认出卖人与买受人之间的买卖合同无效外,并未规定优先购买权人享有按出卖人与买受人约定的价格直接承受买卖争议房屋的权利。因此驳回了同心装饰公司的再审

---

〔1〕 参见最高人民法院中国应用法学研究所编:《人民法院案例选》2007 年第 3 辑(总第 61 辑),人民法院出版社 2008 年版,第 77 页。

〔2〕 参见《人民司法·案例》2010 年第 4 期。江苏省启东市人民法院(2007)启民一初字第 2241 号民事判决书。

请求。[1]

【案例8－45】 佳木斯奥林影音器材商店诉佳木斯市华联劳动保护用品有限公司、佳木斯市商务局、第三人刘某丽承租人优先购买权纠纷再审案

一审法院判决，被告佳木斯市商务局与第三人刘某丽的房屋买卖合同无效，原告对所承租的被告佳木斯市华联劳动保护用品有限公司的房屋享有同等条件下的优先购买权。再审法院认为，考虑到承租房屋是出售房屋的大部分，且所有权人也不便分别出售，依公平原则，原审判决支持申诉人优先购买权的诉讼请求是正确的，但判决不清，应予改判。申诉人主张以第三人刘某丽协议价格即182万元行使优先购买权，法律依据不足，本院不予支持。二审法院认为，关于奥林器材商店上诉主张直接判令其与被上诉人商务局按照被上诉人与刘某丽签订房屋买卖合同中所约定权利、义务的"同等条件"建立房屋买卖关系，因该主张没有法律依据，不予支持。向阳法院再审判决符合法律明确规定，故判决：驳回上诉，维持原判。[2]

【不同处理】 有的法院判决买卖合同无效后，直接判决承租人优先购买承租房屋。

【案例8－46】 肖某诉徐某、刘某承租人优先购买权纠纷再审案

再一审法院判决肖某一次性给付徐某购房款人民币18.8万元，同时该房为肖某所有。再二审法院认为，检察机关以法院"直接判决出租人出售房屋给承租人，缺乏法律依据"的抗诉有一定道理，但鉴于承租人肖某已领取该房屋所有权证四年，徐某已收取肖某购房款的事实状态，维持第一次再审判决。[3]

（二）侵害优先购买权赔偿处理

侵害优先购买权赔偿依据，应明确该损害赔偿性质为缔约过失损害赔偿，其损失范围以信赖利益为限。该说认为，即赔偿信赖利益，赔偿效果只需要恢复到

---

〔1〕 参见最高人民法院中国应用法学研究所编：《人民法院案例选（月刊）》2009年第4辑（总第4辑），中国法制出版社2009年版，第3页。

〔2〕 参见最高人民法院中国应用法学研究所编：《人民法院案例选（月刊）》2009年第4辑（总第4辑），中国法制出版社2009年版，第43页。

〔3〕 参见王朝辉：《出租人先买权的法理性质及其纠纷处理》，载《法律适用》2003年第9期。

缔约之前的状态即可。[1] 有学者认为，缔约过失责任的赔偿范围，除信赖利益的损失以外，原则上不包括行为人违反保护他人义务而使他人遭受的损害。[2] 因为侵害承租人优先购买权的行为发生在缔约阶段，承租人与出租人之间并未实际达成房屋买卖合同，故不能适用违约损害赔偿。也就是说，承租人优先购买权实质上是承租人优先购买出租房屋的一种机会利益，而其受到损害所产生的损失实质上是一种机会损失。有学者认为，机会损失实际上是指一个人具有获取某种利益或维持某种有利地位机会的丧失而导致的损失。[3] 也有学者认为，需要指出的是，无论是缔约过失说还是违约责任说，都不能解释优先购买权人请求赔偿的依据。[4] 不论是何种原因导致承租人未能行使其优先购买权，使得承租人丧失了在与第三人同等条件下由承租人直接转为所有人的机会，出租人（或侵权人）对丧失此机会给承租人带来的不利益应当予以赔偿。对此，《房屋租赁合同解释》第二十一条对此亦加以规定。对于出租人侵害承租人优先购买权造成损失的，出租人应承担赔偿责任。

承租人放弃优先购买权，则限制其主张损失赔偿。

【案例8－47】　沈某与王某承租人优先购买权纠纷案

> 二审法院认为，承租人沈某以自己的行为表示其放弃优先购买权的，无权以侵害优先购买权为由要求出租人赔偿。[5]

赔偿损失范围。有学者认为，此处所说的赔偿的范围是实际损失，即优先购买权人要获得类似房屋所多支出的价款损失，以及在购买房屋过程中支出的费用损失。这些损失都是因为出租人侵害承租人优先购买权造成的，所以出租人应当赔偿。[6] 承租人优先购买房屋的机会丧失最可能导致的后果，是承租人不得不另外寻租或购买其他房屋来代替租赁房屋，主要损失是另外寻租的费用、搬家的费用、购买其他房屋超过行使优先购买权购买的价格差额等。

赔偿损失确定，应当综合考虑损害实际发生情况、过错情况等因素确定。具体讲，优先购买权受到侵害的，承租人的损失系购买所承租房屋的机会利益，其经济损失的数额应当综合考量房屋的实际成交价与承租人知道或者应当知道其优先购买权受到侵害时，该房屋的市场价之间的差价损失、租赁期限的长短、购买机会的大小、承租人如参与购买形成的竞价可能等因素予以确定。其承租人主张以

〔1〕参见李开国：《合同法》，法律出版社2007年版，第47页。
〔2〕参见王利明：《违约责任论》，中国政法大学出版社2003年版，第815页。
〔3〕参见张民安：《现代法国侵权责任制度研究》，法律出版社2007年版，第60页。
〔4〕参见王利明：《合同法研究》（第三卷），中国人民大学出版社2012年版，第332页。
〔5〕山东省青岛市中级人民法院（2011）青民一终字第644号民事判决书。
〔6〕参见王利明：《合同法研究》（第三卷），中国人民大学出版社2012年版，第332页。

房屋出售时价格与起诉时价格之间的差价作为损失依据的,不予支持。

实践中,关键在于承租人的具体损失应如何认定。可以将出租人出租房屋售给第三人时的房屋市场价值为考量点,依当事人申请或依职权对此进行评估。如果出卖价格低于评估价格,则承租人欲与第三人在同一时间、地点以市场价格购买同类房屋的交易成本则随之增加,而增加的交易成本(出卖价格与评估价格之间的差价)即应认定为承租人的相应损失。基于机会损失并不代表现实利益,有优先购买权的机会并不必然购买,机会利益的丧失并不必然导致经济损失。因此,计算优先购买权受到损害而产生的损失应当按照一定比例。

【案例8－48】 蒋某霖诉江苏恒景置业发展有限公司房屋租赁合同纠纷案

一审法院认为,关于赔偿责任的具体范围,法院依法委托相关评估机构对案涉房屋在被告与杜某、巫某签订合同即2015年1月15日的市场价值进行评估,被告及第三人均未对评估结果提出异议。被告侵害原告优先购买权的行为使原告丧失了与第三人同等的购房条件,故原告欲与第三人在相同时间、地点以市场价格购买同等房屋的交易成本便随之增加,而增加的交易成本即应确定为原告的相应损失。现原告主张被告赔偿案涉房屋评估价值1865300元与杜某、巫某实际购买价格1700000元之间的差价即165300元,符合法律规定,法院予以支持。原告为评估支出的费用14000元,亦应由过错方即被告承担。被告恒景公司上诉后拒不出庭参加诉讼,二审法院按撤回上诉处理。〔1〕

【案例8－49】 上海远大学习广场教育科技有限公司诉上海泰润房地产开发有限公司承租人优先购买权纠纷案

判决观点,因被告未曾在出售前以同等条件征询原告,故原告丧失了交易机会,因此,从理性的商事交易目的分析,原告诉讼主张房屋差价作为损失,可以支持,但应对确定房屋差价的计算依据作出认定。综合原、被告意见,价格标准存在系争商铺合同价1.58万元/平方米、被告与第三人确认的买卖真价2万元/平方米、物业经理陈述的2.2万元/平方米、询价结果2009年5月2.8万～2.9万元/平方米和2011年3月3.4万～3.5万元/平方米。上述价格中,根据系争商铺的交易时间、地理位置等市场因素,以及物业反映的情况和询价结果,合同价明显不能反映真实交易价格,不应作为交易条件考虑。根据庭审查明,系争商铺出售于2009年5月中旬,原告确认于2009年7月初知晓出售,时间间隔短、市场价格变化不大,而在2009年7月时,第

〔1〕 参见国家法官学院案例开发研究中心编:《中国法院2018年度案例》(合同纠纷),中国法制出版社2018年版,第156页。江苏省泰州市中级人民法院(2016)苏12民终字第1927号民事判决书。

三人付出的房款已远超过系争商铺房价,故政本路商铺虽未签订买卖合同和办理过户,但被告与第三人陈述因两处出售,故售价低于市场价是可以采信的,应以2万元/平方米作为交易价格。至于原告购买系争商铺,作为房屋买卖市场的买受人之一,其所得到的交易价格只可能是市场价,因为被告准备两处出售的原因而给予第三人较优惠价格,该特殊原因应以金钱折合加入价格中,否则必然造成对被告所有权的侵害。关于市场价格认定,应对房屋的价值有直观的认识,单对房屋价格作出认定不能等同于原告可买受的价格,地段、人气因素都是商铺买卖需要考虑的问题,故作为直接管理系争小区的物业,其所反映的价格综合了系争商铺价值和可交易价格的情况。综上,原告的房屋差价损失应以争议时系争商铺可能交易发生的价格与被告真实售价的差额作为依据。[1]

实践中,对赔偿差价依据的确定是法官裁量的重点。

【案例8-50】　唐某中诉洪雅县农村信用合作联社侵权纠纷案

判决观点,承租人的优先购买权追求的主要是一种对基本社会秩序的维护,而不是对出卖人所有权的限制。对优先购买权人而言,该项权利意味着购买机会上的优遇和排斥他人取得特定标的物所有权,而不是购买价格的优惠。本案中信用社未在出售前以同等条件征询唐某中,致使其丧失了交易机会,因此,从交易习惯上看,唐某中主张房屋差价作为损失,可以支持,但应对确定房屋差价的计算依据作出认定。因6间门市系整体出卖没有分开办理权属登记,无法确定单价门市的价格,在审理案件过程中法院委托了成都市恒泰祥测绘有限公司对6间门市进行了测绘。测绘结论为信用社处置的6间门市面积相等,测绘的门市面积为整体面积除以6。为了确认差价,法院委托了四川省久源房地产土地价有限公司对6间门市进行评估,并得了差价:评估门市与其他相邻门市的单价一致均应为140715元,而信用社处置门市按每个门市97500元进行了处置,明显低于市场价值。由此,唐某中租赁门市的实际价格与信用社处置价格是存在差额的,信用社应当按差额对原告进行赔偿。[2]

个案中,法官根据具体案情行使自由裁量权裁定赔偿损失数额。

---

〔1〕　参见最高人民法院中国应用法学研究所编:《人民法院案例选》2012年第4辑(总第82辑),人民法院出版社2013年版,第138页。上海市杨浦区人民法院(2009)杨民四(民)初字第3177号民事判决书。

〔2〕　参见国家法官学院案例开发研究中心编:《中国法院2018年度案例》(侵权赔偿纠纷),中国法制出版社2018年版,第281~282页。四川省洪雅县人民法院(2015)洪民初字第954号民事判决书。

【案例8－51】 夏都实业发展有限公司诉上海康邦房地产开发有限公司房屋租赁合同纠纷案

一审法院认为,本案的争议焦点是:一、原告的承租人优先购买权是否受到侵害;二、如受到侵害,相应的损害赔偿范围如何计算。……对争议焦点二,即关于损害赔偿数额,虽然原告就系争商铺享有优先购买权,但该权利就其性质而言仅属缔约请求权,并非物权,只有在原告实际行使了优先购买权,即与出租方建立买卖关系并支付相应对价或支出一定成本后,原告才会取得系争商铺所有权。且房价的涨跌起伏不具有确定性,房价的上涨利益也非是原告当时会预期取得的必然经济利益,故原告以被告将系争商铺出卖给案外人的价款与其以起诉日为基准日对系争商铺申请评估得出的评估价款的差价主张被告赔偿其117.67万元,依据不足,法院难以悉数支持,结合本案实际情况酌定为20万元。二审法院亦持同样意见,维持一审判决。[1]

【案例8－52】 安莉芳(中国)服装有限公司诉陆某某承租人优先购买权纠纷案

二审法院认为,本案中,陆某某侵害了安莉芳公司的优先购买权应当予以赔偿。对于安莉芳公司主张的搬迁、装修、改造费用。安莉芳公司由东二层搬迁至其自有的中四层,其中的检测费、裂缝加固费是因安莉芳公司自有房产质量问题产生,与本案并无关联。其中的装修材料购置费、装修工程款是安莉芳公司根据自身需要对自身房产进行装修而支出的费用,并非其优先购买权被侵害后必然产生的费用。其中的生产部调整及仓库等迁往外地的搬迁费,安莉芳公司提供的证据显示,该费用为其支出预算,没有任何支付凭证;该调整变迁的项目时间为2012年11月24日至2013年4月30日,而其于2013年1月16日即完成了搬迁,时间上也相符合;并且安莉芳公司将其货物、材料运至外地及对本地仓库的改造也并非其优先购买权被侵害必然产生的费用,因此对于上述损失,不予支持。对于生产经营损失。依据常理,安莉芳公司因无法行使优先购买权而必须搬离涉案房产,其生产经营必然受到影响,因此造成的损失应得到赔偿,但安莉芳公司主张的生产经营损失为其估算,不能作为确定损失的依据,故依据公平原则将该项损失酌定为150000元。对于租金损失。根据“买卖不破租赁”的原则,安莉芳公司的优先购买权虽然受到侵害,但涉案房产在转让给第三人后,仍保证了安莉芳公司在租赁期间对涉案房产的使用。在搬离涉案房产后,安莉芳公司并未重新租赁其他房产使用,该部分损失也未实际发生,对于租金损失的请求,不予支持。对

〔1〕 参见吴兆祥主编:《房屋买卖租赁案件裁判要点与观点》,法律出版社2016年版,第438页。上海市第一中级人民法院(2011)沪一中民二(民)终字第835号民事判决书。

于投资损失。安莉芳公司并未实际购买涉案房产,因此其请求的投资损失并未实际发生,对于该损失,不予支持。至于安莉芳公司提出陆某某出售涉案房产过程中存在逃避税费的违法行为,上述情况与本案并无关联性,且不属于人民法院审查范围,对此不予处理。综上,安莉芳公司的上诉理由部分成立,就成立部分,予以支持。据此,二审法院判决:撤销一审判决,陆某某向安莉芳公司支付侵害优先购买权赔偿金150000元,驳回安莉芳公司的其他诉讼请求。[1]

【案例8-53】 杨某诉谢某房屋租赁合同纠纷案

判决观点,本案的争议焦点为原告杨某是否因被告侵害其优先购买权遭受了损失。由于原告仍在涉案门市从事超市经营,该门市买受人也同意原告在租赁期限内按合同约定的条件继续租赁该门市,故原告主张的房屋租赁到期后的"利润损失""增加房屋租金的损失"等均未实际发生,且无证据证明上述损失与被告侵害其优先购买权之间存在法律上的因果关系。原告要求被告赔偿其损失的诉请,缺乏事实和法律依据,本院不予支持。[2]

虽然不定期租赁侵害优先购买权的赔偿处理与定期租赁相同,但二者仍有差别,即不定期租赁的赔偿责任小于定期租赁赔偿责任。

【案例8-54】 李某俭诉韩某伟、邵某美承租人优先购买权纠纷案

二审法院认为,承租人优先购买权是隶属于租赁权的从权利,为了平衡出租人与承租人之间的利益,确定本案赔偿责任应当考虑以下因素:(1)不定期租赁可以随时解除,具有不稳定性,故本案赔偿责任应当远小于定期租赁情况下的赔偿责任。李某俭损害韩某伟、邵某美优先购买权的后果是使韩某伟、邵某美丧失同等条件下优先购买涉案房屋的机会,但这种机会的丧失并不一定转化为经济损失。假设李某俭出卖涉案房屋时通知韩某伟、邵某美,其可能在同等条件下购买,也可能不购买。如其购买,则能够得到因房屋升值所带来的利益;如不购买,则不能得到因房屋升值所带来的利益。故韩某伟、邵某美所丧失的这种优先购买机会并不必然给其带来房屋差价损失。另外,还存在因韩某伟、邵某美与涉案房屋的其他购买人竞价导致的房屋实际出售价格提高等不确定因素。综上述两点考虑,韩某伟、邵某美的经济损失应当以涉案房屋实际交易之日与韩某伟、邵某美知道或者应当知道交易信息之日的差价损失242100元为基础计算,结合本案不定期租赁的特殊情况和机会利益的特殊性,法院酌情认定李某俭赔偿韩某伟、邵某美涉案房屋差

---

〔1〕 参见万国营主编:《房屋租赁合同纠纷》(第2版),法律出版社2015年版,第47~48页。

〔2〕 重庆市渝北区人民法院(2010)渝北法民初字第10362号民事判决书。

价损失的 20%,即 48420 元。[1]

【不同处理】 有法院认为,出租人与第三人买卖合同无效后,承租人以出租人侵害其优先购买权致使其丧失买受机会为由,进而以合同价格与市场价格的差价为损失要求出租人予以赔偿,亦缺乏法律依据。因为在确认出租人与第三人买卖合同无效后,应视为出租人尚未为售卖出租房屋的意思表示,在出租人无出售意向之前,承租人并无购买机会而言,更无丧失机会之损失存在,故其要求赔偿差价的诉请不应予支持。

【案例 8-55】 陈某诉青岛瓯龙房地产开发有限公司承租人优先购买权纠纷案

一审法院认为,确认合同无效后,瓯龙公司仍然继续履行与陈某的房屋租赁合同,直到合同履行期满,故陈某的利益已经得到有效的保护,其不存在经济损失。陈某要求瓯龙公司支付赔偿金的请求证据不足,不予支持。判决驳回陈某的诉讼请求。二审法院认为,瓯龙公司在陈某租赁涉案房屋期间,未经通知而将该房屋以 1580 元/平方米的价格出售给案外人,经陈某请求,山东省平渡市人民法院作出(2006)平民一初字第 1752 号民事判决,已经宣告瓯龙公司与案外人就涉案房屋的买卖合同无效,并驳回了陈某以该合同价格购买涉案房屋的诉讼请求。现陈某以 1580 元/平方米的合同价格,与评估的 2006 年 9 月房屋价格之差主张损失,缺乏法律依据。陈某的上诉理由不成立,不予支持。原审判决并无不妥,予以维持。[2]

出租人未通知承租人将出租房屋卖给第三人,第三人在承租人行使优先购买权之前拆除房屋,承租人主张权利问题。法官认为,法律赋予承租人优先购买权的目的在于使其能根据自己的意志,决定是否取得房屋。现房屋被拆,承租人纵欲购买,也因标的物的灭失而无法实现,因此,承租人的优先购买权实已丧失,其直接的原因在于出租人与买受人(第三人)的行为所致。出租人违背诚实信用的原则,未尽通知义务,应负履约过失责任;因承租人的优先购买权具有物权性效力,故在承租人未表示行使与否之前,买受人的取得,处于不确定的状态,因此,难谓承租人与出租人之间的租赁关系即已消灭,所以,承租人仍享有租赁权,然因第三人的行为,使之难以实现,故第三人的行为,侵害了承租人的债权;若承租人主张行使优先购买权,则因第三人的行为而使之落空,所以第三人又侵害了承租人

---

〔1〕 参见最高人民法院中国应用法学研究所编:《人民法院案例选》2018 年第 6 辑(总第 124 辑),人民法院出版社 2018 年版,第 99~100 页。山东省济南市中级人民法院(2016)鲁 01 民终 4094 号民事判决书。

〔2〕 参见最高人民法院中国应用法学研究所编:《人民法院案例选(月刊)》2009 年第 4 辑(总第 4 辑),中国法制出版社 2009 年版,第 37 页。

的优先购买权;若承租人不主张之,则根据“买卖不破租赁”的原则,其与出租人之间的租赁合同应对买受人继续有效,现买受人将房屋拆除致承租人无法租赁,所以,买受人应当承担违约损害赔偿的责任。因此,承租人可以向出租人请求承担履约过失责任、向买受人请求承担第三人侵害债权责任、侵犯优先购买权责任或违约损害赔偿责任(注意后两种责任不得并存)。[1] 也就是说,租赁房屋灭失,承租人不能行使优先购买权,但对于优先购买权存续期间曾经被侵犯的事实不消灭,其因受到的损失主张权利不消灭。承租人在租赁关系终止后发现之前优先购买权被侵犯的,虽不能主张优先购买权,但仍然可以主张赔偿损失。

最高人民法院民一庭倾向性意见:拍卖中承租人享有优先购买权,但如果承租人以竞买人身份拍得买受物后主张损害赔偿,人民法院不应支持。[2]

【案例 8－56】　刘某诉乙资产管理公司房屋租赁合同纠纷案

二审法院认为,2004 年 6 月 2 日,乙资产管理公司告知刘某将整体转让出租房屋后,刘某明确表示了购买该房的意愿。因此,乙资产管理公司在处置该房屋时,应当向其他竞买人公告刘某对处置房屋享有优先购买权。乙资产管理公司在竞卖处置该房屋时未向其他竞买人告知其处置房屋存在优先购买权人,其行为存在过失,影响了优先购买权人刘某的正常购买出价。对此,乙资产管理公司应当承担相应民事责任。另外,刘某作为优先购买权人,愿意以竞买人地位“密封竞价”,且在自己给出最高应价后,进一步签订《资产转让协议书》,确认自己的竞买出价,并完全履行了其承诺支付的全部购房款。刘某的上述行为,促成了乙资产管理公司按无优先购买权人的情况完成房产处置。因此,乙资产管理公司虽然存在过错,但刘某也存在过错,其行为促成了实际损失后果的发生,刘某也应对其发生的损失承担相应责任。按刘某的竞买出价,该整体转让房屋单价为每平方米 4891.54 元,按“次高应价”该整体转让房屋单价为每平方米 3605.37 元,每平方米相差 1286.17 元。因刘某即时将购得房屋分别以高于平均单价转让给了本案第三人,仅剩下 715.71 平方米。刘某以高于购买单价转让了 1555.9 平方米,减少了实际损失,因此,刘某对自己的过失不应再承担责任。现刘某的实际损失为剩下房屋的面积差价,即 920524.73 元(715.71 平方米 × 1286.17 元),该损失应当由乙资产管理公司承担,即乙资产管理公司应当赔偿刘某 920524.73 元。根据《民法通则》第一百三十一条“受害人对于损害的发生也有过错的,可以减

---

〔1〕 参见最高人民法院民事审判第一庭编:《最高人民法院民事案件解析》(房屋买卖、租赁纠纷),法律出版社 2010 年版,第 618～619 页。

〔2〕 参见杜万华主编、最高人民法院民事审判第一庭编:《民事审判指导与参考》2017 年第 2 辑(总第 70 辑),人民法院出版社 2017 年版,第 88 页。

轻侵害人的民事责任”的规定，刘某上诉乙资产管理公司赔偿全部房屋面积差价损失2921667元，既缺乏事实依据，又缺乏法律依据，其该项上诉理由不能成立，二审法院不予以支持。一审判决否定刘某因优先购买权受侵害所发生的实际损失不当。综上，二审法院改判乙资产管理公司于判决生效之日起10日内向刘某支付赔偿金920524.73元。[1]

(三)优先购买权限制

从理论上讲，承租人的优先购买权是不受限制的，但因社会生活的复杂性，司法实践中承租人优先购买权实现的内容仍会受不同程度的限制。

其一，个别房屋的承租人对打包整体的房屋行使优先购买权问题。在房屋租赁关系中，出租人将一楼房出租给数人，每个承租人只承租其中的部分楼层或者部分房屋，当出租人将整栋楼房整体出售时，仅承租部分房屋的承租人能否对整栋楼房享有优先购买权，对此不能“一刀切”。笔者认为，该类型的优先购买权纠纷应具体区分为三种情况，并应分别处理。

第一种类型为单一产权证范围内局部出租，整体出售。笔者认为，在这种情况下个别或局部的承租人不具有优先购买权。其主要理由为，一是承租人仅租赁部分房屋，其余的房屋非租赁权的对象，该部分的处分不应受租赁权所衍生的优先购买权的限制。由于是单一房产证，出租人只能出售一次，而各个承租人独立行使租赁权，各租赁权只能指向各人所承租的部分房屋。二是法律规定承租人的优先购买权，但未明确细化其诸多内容，这就需要运用法律解释学的方法进行判断，结合解释的基础即立法目的予以考量。设定优先购买权的目的在于减少买卖纠纷，减少交易风险和交易社会成本，便于房屋的占有、管理和使用，发挥其最大的使用价值。如果允许多个局部承租人都享有整栋楼房的优先购买权，影响了出租人的交易行为，极有可能危及出租人的利益，与优先购买权的立法目的明显相悖，故应采取限缩解释，承租人在此情况下不应享有整体房屋的优先购买权是合法合理的。换言之，每一个承租人与出租人之间均形成一个租赁关系，各个承租人独立地行使租赁权，各租赁权只能指向各承租人所承租部分的房屋，故只能对承租部分享有优先购买权，而不对整体(或整栋)房屋享有优先购买权。

第二种类型为独立房产证的打包混合出售，俗称“捆绑出售”，即出租人所有的两套以上的独立的房屋出售给同一人。笔者认为，在这种情况下，承租人亦不

---

〔1〕 参见杜万华主编、最高人民法院民事审判第一庭编:《民事审判指导与参考》2017年第2辑(总第70辑)，人民法院出版社2017年版，第81~82页。

应享有优先购买权。这是从出卖人和保护更大利益的综合考虑所致。第三人整体购买所产生的社会经济效益,从社会财富利用最大化角度出发,将远大于承租人优先购买权所得到的效益。如果支持承租人行使优先购买权,不但提高交易成本,还使标的物无法流转到能使之发挥更大经济效益的人手中,物权法中的物尽其用的立法目的将无法达到。在利益相冲突时,根据高度盖然性的原理,应以保护更大的利益为重。

【案例8-57】 罗某广诉广东省华侨房产建设公司、陈某义、黄某娇承租人优先购买权纠纷案

判决观点,优先购买权是对承租的房屋而言,即其空间效力只及于承租范围内的房屋,对出租人所有的其他房屋不生优先购买权的效力,当所有权人整体出售房屋或建筑物时,承租人不能享有整体上的优先购买权,即特定部分的优先权不能扩大而及于整体。本案中,虽然华侨公司与陈某义签订的楼宇买卖合约确定了房屋买卖范围,但根据现有证据显示实际上是华侨公司将由其开发建设并享有产权的广州东华西小区回迁安置中的89户侨房租户及安置膨胀户所在房屋整体出售,并不仅限于原告承租的广州东华西路汇贤里9号603房。虽然出售的房屋可以分割,但该整体出售是华侨公司基于交易价值及便于买受人统一行使权利的考虑,是对房屋作为不动产在交易中更值得保护的价值所在,亦符合减少交易社会成本,便于房屋的占有、管理和使用的立法目的,也就是说,华侨公司出售房屋的面积条件与原告承租房屋的面积条件并不一致,显然原告主张对广州东华西路汇贤里9号603房屋的"优先购买权"不符合"同等条件"的要求。另外,优先购买权只是优先缔约的权利,而不是保证买到的权利。因此,原告要求确认华侨公司与陈某义、陈某义与黄某娇就广州市东华西路汇贤里9号603房屋的买卖行为无效,原告对广州市东华西路汇贤里9号603房屋具有优先购买权,以同样价格优先购买上述房屋的请求,理由不成立,不予支持。判决:驳回原告罗某广的诉讼请求。[1]

第三种类型在社会生活中少见,就是数人共租一套房屋,即现实生活中流行的合伙租赁,虽有一定的信任基础,实以节约金钱的目的为主。在内部关系上,应认为各承租人均享有优先购买权,若有两个或两个以上承租人愿意购买,则形成按份共有关系。在外部关系上,所有承租人可视为一个整体,对于房屋的出售享有优先购买权。承租人之间必须在行使优先购买权前达成共识,出租人对承租人

---

〔1〕 参见最高人民法院中国应用法学研究所编:《人民法院案例选(月刊)》2009年第4辑(总第4辑),中国法制出版社2009年版,第18页。

内部关系不予理会;如有合同关系的,仅认同合同相对方的意思表示即可。换言之,全部的合伙承租人可为一非法人团体,而与出租人订立一个租赁合同并形成一个租赁关系,就其承租的房屋享有一个完整的租赁权,故对承租房屋享有一个优先购买权,由各合伙人共同行使。对于个别承租人放弃优先购买权的,可以由其他承租人行使。

其二,承租房屋小部分的承租人对整体房屋行使优先购买权问题。笔者认为,承租部分房屋的承租人不享有整栋房屋的优先购买权,但对其承租人的部分享有优先购买权。虽然部分承租人也是承租人,但范围只是对其承租的部分房屋享有优先购买权,对于其他未承租的房屋不产生优先购买的效力,即特定的部分优先权不能扩大及整体。

【案例8-58】 蒋某新与北京市通州区东海房地产开发总公司、北京东海房地产开发有限公司房屋租赁合同纠纷案

一审法院认为,原告蒋某新承租的是通州区车站路4号楼的一小部分,面积约为430平方米,该430平方米为蒋某新租赁权的客体,现通州区车站路4号楼系整体转让,故出租部分与转让部分不属于同一标的物。蒋某新对整体转让的通州区车站路4号楼不享有优先购买权。蒋某新要求认定被告通开公司与被告东海公司签订的《商品房买卖合同》无效的诉讼请求,依据不足。据此判决驳回了原告蒋某新的诉讼请求。宣判后,蒋某新不服,坚持认为其有优先购买权,要求撤销原判。二审期间,蒋某新撤回上诉。[1]

类似的案例如咸阳柳泉酒业有限公司与泾阳县城区石油公司、泾阳县食品公司破产清算组、泾阳县商业公司承租人优先购买权纠纷再审案、[2]陈某文诉连平县五金交电化工公司承租人优先购买权纠纷案。[3]

【不同处理】 司法实践中亦有对整体房屋出售中涉及承租人小部分的内容为无效的判例。

【案例8-59】 李某诉浩达通商经贸公司、南洋新世界公司承租人优先购买权纠纷案

李某承租浩达公司西侧大厅380平方米,而此后浩达公司将建筑面积8360.50平方米出售给新世界公司。原告李某向法院提起诉讼,要求确认浩

---

[1] 参见北京市高级人民法院民一庭编:《北京民事审判疑难案例与问题解析》(第二卷),法律出版社2007年版,第243页。

[2] 参见江必新主编、最高人民法院审判监督庭编:《全国法院再审典型案例评注》(上),中国法制出版社2011年版,第320页。

[3] 参见最高人民法院中国应用法学研究所编:《人民法院案例选(月刊)》2009年第4辑(总第4辑),中国法制出版社2009年版,第11页。

> 达公司与新世界公司之间的房屋买卖合同无效。一审法院认为,原告李某承租的是浩达商厦的一部分,面积约为380平方米,该380平方米为李某租赁权的客体,现浩达商厦整体转让,故出租部分与转让部分不属于同一标的物。李某对整体转让的浩达商厦不享有优先购买权。李某要求认定被告浩达公司与被告新世界公司签订的《商品房买卖合同》无效的诉讼请求,依据不足,遂判决驳回原告李某的诉讼请求。二审法院认为,浩达公司在将包括李某承租的房屋在内的浩达商厦出售前,没有尽到通知李某的义务,其转让行为侵犯了李某的优先购买权,故浩达公司与新世界公司所订立的买卖合同中转让李某承租的部分应当确认无效。原审判决认定合同有效有误,应予改正。据此二审法院判决,撤销一审判决,浩达公司与新世界公司签订的《商品房买卖合同》中转让李某承租的380平方米房屋内容无效。[1]

这里有一个与上段同样的命题,即局部承租优先购买权能否及于其未承租部分问题是个法律漏洞,是一种立法时没有考虑到的特殊情形。对此应按法律漏洞的补充方法加以补充。对于能否根据“相近的事物应当同样处理”的类推适用原理,承租了50%以上面积的承租人可以赋予其享有的优先购买权及于出售的整幢楼房。[2] 该种观点认为,承租了超过50%面积的承租人,虽然亦是局部承租人,但事实上他已与全部承租人相近,故享有对整幢楼房的优先购买权。

实践中存在两个问题,一个是承租人承租整幢楼房50%以上(不包括50%)面积的承租人能否享受优先购买权?另一个是承租人能否就其承租的部分主张优先购买权?这是理论界和实务界极存争议的问题。

最高人民法院在此问题的一个复函中提出两点因素:第一,从房屋的使用功能上看,如果承租人承租的部分与房屋的其他部分是可分的、使用功能可相对独立的,则承租人的优先购买权应仅及于其承租的部分房屋;如果承租人承租的部分房屋与房屋的其他部分是不可分的、使用功能整体性较明显,则其对出租人所卖房屋不享有购买权。第二,从承租人承租的房屋占全部房屋的比例看,承租人承租的部分房屋占出租人出卖的房屋一半以上的,则其对出租人出卖的全部房屋享有优先购买权;反之则不宜认定其对全部房屋享有优先购买权。但又强调:根据案件具体情况,妥善处理。[3] 这赋予了法官自由裁量权,以解决现实生活中的各类不同情况。

---

〔1〕 参见王利明主编:《判解研究》2005年第5辑(总第25辑),人民法院出版社2006年版,第49页。

〔2〕 参见蔡彰主编:《典型案例评述暨法律漏洞补充》中的“吉林省新亚航空服务公司诉长春房地(集团)有限责任公司房屋整体出卖时,承租少部分房屋的承租人无优先购买权纠纷案”,人民法院出版社2002年版。

〔3〕 参见最高人民法院民一庭《关于承租部分房屋的承租人在出租人整体出卖房屋时是否享有优先购买权的复函》(2005年7月26日,[2004]民一他字第29号)。

【案例8-60】 李某诉北京航天长峰股份有限公司、北京特能设备有限公司承租人优先购买权纠纷案

二审法院认为，对于承租部分房屋的承租人在出租人出卖全部房屋时是否享有优先购买权的问题，虽目前法律、司法解释没有明确规定，但应综合考虑承租人所承租的部分房屋占全部出售房屋的比例大小及实际使用情况等因素予以确认。本案中，李某承租房屋的建筑面积占特能公司所出售房屋建筑面积的比例约为76%，且李某自2004年8月一直在此经营，故李某对特能公司出售的房产应享有优先购买权。特能公司在出售上述房产时未通知李某，侵害了李某的优先购买权。现李某主张优先购买权，且与特能公司签订了《房产转让协议》，明确了房产转让价款及交接方式等具体内容，双方即应当按照约定履行各自义务，否则，定特能公司和航天长峰公司签订的《房地产转让协议》仍应继续履行。综上所述，判决撤销原判，支持李某对讼争房屋及相应的土地使用权享有优先购买权。〔1〕

承租人承租房屋与出售房屋虽属相对独立的建筑物，但属于不可分割的整体的，承租人享有优先购买权。

【案例8-61】 刘某诉乙资产管理公司房屋租赁合同纠纷案

二审法院认为，本案争议的"十号楼"附二楼的上下必须经过附一楼内的楼梯。因此，附一、二楼虽然可以独立使用，但仍属于不可分离的整体。刘某作为本案"十号楼"附一楼的承租人，对出租人整体出让"十号楼"附一、二楼房屋享有优先购买权。一审判决不支持刘某的优先购买权不当。〔2〕

其三，出租人同时出售承租房屋和相邻产权房屋的优先购买权问题。现行法律及司法解释均无明确规定，系争房屋以及相邻房屋原产权人均为出租人，出租人为实现其利益最大化，将两套房屋同时转让给第三人，且第三人系善意购买，其承租人仅作为一套房屋的承租人，当出租人整体出售承租房屋和相邻房屋，承租人不具有优先于其他人购买承租房屋和相邻房屋的购买权利。

【案例8-62】 韦某诉吴某房屋租赁合同纠纷案

一审法院认为，原告虽然承租了被告出租的系争房屋，由于被告就系争房屋已与案外人苏某签订了《上海市房地产买卖合同》，且该合同已经履行，系争房屋的产权已登记至苏某名下，目前也无其他证据反映案外买受人苏某

---

〔1〕 参见北京市高级人民法院编：《审判前沿——新类型案件审判实务》2010年第4集（总第34集），法律出版社2011年版，第30页。

〔2〕 参见杜万华主编、最高人民法院民事审判第一庭编：《民事审判指导与参考》2017年第2辑（总第70辑），人民法院出版社2017年版，第80页。

系非善意购买人,原告诉请判令在同等条件下其就系争房屋享有优先购买权,法院不予支持。至于被告出卖系争房屋的行为是否已经侵害了原告的优先购买权而应承担赔偿责任。对此,法院认为,优先购买权的立法目的和权利实现应当是在不损害出卖人利益的前提下,给承租人优先购买的机会。系争房屋以及相邻的184号商铺原产权人均为本案被告,被告为实现其出售利益的最大化,将相邻的两套出租商铺一并转让,以取利相对较高的售价。从被告与买受人苏某的补充协议书反映,被告与苏某间履行房屋转让的实际成交价即按该补充协议书记载的金额为准,补充协议书的房屋转让价涵盖了系争房屋以及相邻的184号商铺。原告仅作为系争房屋的承租人,当被告整体出售系争房屋和184号商铺时,原告不具有优先于其他人购买系争房屋和184号商铺的优先购买权利。现原告认为被告侵害了其对系争房屋的优先购买权,原告的主张,不符合同等条件的要件,其要求被告赔偿因原告不能优先购买系争房屋造成原告的损失并要求对房屋差价损失进行评估的请求,法院不予支持。原告上诉后又申请撤诉,二审法院裁定准许撤回上诉。〔1〕

其四,虽有出卖意向,但租赁到期前未实际出售的或租赁物被政府统一规划的,承租人优先购买权问题。对这两类情形,笔者认为,承租人不享有优先购买权。承租人优先购买权属于依附于房屋租赁合同的一种附属权利,是在出租人租赁物上附加的一项合法负担。优先购买权本身不是直接对租赁物享有权利,仅具有债权效力,是一种期待权。出租人出卖租赁物时,承租人以同等条件提出购买的,出卖人有承诺的义务。出租人对租赁物享有的是物权,按照民法的一般规则,对物权的保护应优先于对债权的保护。当物权与债权并存时,物权具有优先于债权的效力。出租人在租赁期间虽然受承租人表示同等条件购买的意思限制,但仍有任何时候出卖租赁物的缔约意思自由,因此,出租人对租赁期间虽有出卖租赁物意向,但不实际出卖,任何人均无权强迫其出卖。当租赁合同期限届满后,租赁双方的权利义务终止,出租人对租赁物的物权又回到了租赁前的原始状态,不受任何限制,而承租人的优先购买权也失去了存在的基础。换句话说,此时,出租人出卖租赁物,承租人不享有优先购买权。对于租赁物被政府统一规划中,承租人享有优先购买权应有正确的界定。政府规划是政府基于公共利益需要,将其所辖某一区域内的土地收回,并统一安排使用的行为,依据"房随地走"的原则,其效力自然及于土地上的房屋。该行为具有行政强制性,使行为相对人的权利受到一定的限制,物权主体不具有拒绝缔约的意思自由。因此,以规划区域的房屋为租

〔1〕 参见茆荣华主编:《2018年上海法院案例精选》,上海人民出版社2020年版,第14~15页。

赁物的租赁合同双方当事人也不再享有相互缔约的意思自由,承租人的优先购买权自然丧失。

【案例8-63】 会泽县金钟供销社中心合作社诉李某兰房屋租赁合同纠纷案

一审法院认为,金钟供销社与李某兰签订的两份房屋租赁合同合法有效。在租赁期限届满前,金钟供销社虽送了一份通知给李某兰,要求李某兰提前搬出该房,但是该通知送达后至租赁期满,金钟供销社并未将出租给李某兰的三间门市出卖给大海乡政府。金钟供销社把原大海乡供销社职工居住的二楼及门市整幢砖混结构房出卖给了大海乡卫生院,李某兰居住在该幢楼房的二层内,但是出售房屋与李某兰所租的门市无关联,因此,金钟供销社诉请判令李某兰退还租赁房,支付租赁期间所欠租金,因租赁期限已届满,双方权利义务终止。金钟供销社诉请的理由正当,应当予以支持。李某兰反诉请求主张行使优先购买权,请求购买租赁房,因大海乡规划,不仅是对李某兰一人租赁房屋规划,且规划后至今,会泽县金钟供销中心合作社并未对李某兰租赁的房屋与大海乡政府达成买卖协议,因此,李某兰反诉请求行使优先购买权不能成立,要求金钟供销社支付装修费,因装修费不是在该租赁期间所发生,其反诉不能成立。判决:被告李某兰退还租赁房屋,驳回李某兰反诉要求行使优先购买权的诉求。二审法院维持原判。[1]

其五,承租人承租部分可以独立办理所有权登记问题。在法律上,承租人承租部分可以作为独立的房屋并办理单独的所有权登记,且可将其从整体出售的房屋中分割出来既不影响出租人的利益(不会降低房屋总体售价、不会增加其他房屋出售难度或出售成本),也不会影响承租人的利益(不会因分割影响其通行),此时出租人可以采取分割出售的方式出卖房屋,以便承租人能够就其所承租部分房屋行使优先购买权。如果在整体出售的房屋上存在数个承租人的,可依照同理处理,当然也可以自愿形成一个集体行使优先购买权。也就是说,在出租人将房屋整体出售的情况下,若房屋适于分割处理,应允许各承租人就其所承租的部分房屋单独或共同行使优先购买权。若整体出售的房屋不适于分割处理,则应允许全体承租人或其中愿意行使优先购买权的所有承租人,共同就整体出售的房屋行使优先购买权。[2]

其六,承租人违约时其优先购买权受到限制问题。现实生活中,当承租人存

---

〔1〕 参见最高人民法院中国应用法学研究所编:《人民法院案例选(月刊)》2009年第4辑(总第4辑),中国法制出版社2009年版,第31页。

〔2〕 参见崔建远等:《民法原理与案例分析》,法律出版社2010年版,第28页。

在违约或曾经违约的情况时,如延付、拒付租金等,是否还享有优先购买权?这是否能解释为不是同等条件并对抗优先购买权?笔者认为,依照法律规定,承租人的优先购买权不能被限制,被随意剥夺。承租人的违约事实恰好证明了双方租赁合同的有效性,因为无效合同根本谈不上违反。承租人的违约和优先购买权不是一个法律关系,应区别对待。出租人不得以承租人违约事实对抗其优先购买权,法院也不能以出租人一样“同一条件”进行扩张解释。对于承租人违约行为,出租人完全可以另行追究其违约责任,不应该将违约行为作为行使优先购买权的一个障碍。

(四)优先购买权冲突处理

1. 承租人与共有人冲突

当承租人优先购买权与共有人优先购买权并存发生冲突时,应当保护哪一个权利人的优先购买权是疑难争议问题之一。实践中主要有四种观点,第一种是非竞合说,第二种是承租人的优先购买权优先说,第三种是先设权利说,第四种是共有人先于承租人的优先购买权说。从法理和法律、司法解释规定上讲,笔者认为第四种观点更合理、更妥当。该观点认为要确定这两种优先购买权的效力,必须从基础关系着手分析,共有人优先购买权是基于共有关系而产生,而承租人的优先购买权是基于租赁合同这一债权关系产生,按照物权优先于债权的原理,共有人的优先购买权应优于承租人的优先购买权。王泽鉴先生也认为:“所有权之关系为恒久之关系,租赁、地上权或典权之设定,多受期间之限制,为简化土地之物权关系,发挥土地之用益价值,明定共有人享有较优先之优先购买权在立法论上似值考虑。”法官亦持赞同意见认为,从法律效力、立法目的和社会效果上看,共有人的优先购买权应当优先于承租人的优先购买权。[1] 也有法官认为,法律对共有人优先购买权的保护应强于对承租人优先购买权的保护。[2]《民法典》第七百二十六条规定房屋按份共有人行使优先购买权作为承租人优先购买的权利的除外情形,即处于优先顺序。

先买权竞合,是指在同一标的物上存在数人先买权,何者优先行使,体现了先买权制度的价值取向。主要包括共有人之间的先买权的竞合和共有人与承租人竞合,本文仅讨论后者。笔者认为,共有人先买权应优先于承租人先买权,这符合

---

〔1〕 参见李玉林:《合同纠纷前沿问题审判实务》,中国法制出版社2014年版,第180页。

〔2〕 参见刘贵祥:《合同效力研究》,人民法院出版社2012年版,第368页。

立法宗旨、先买权制度设计价值取向,也符合对效益和秩序的考量、《民法典》关于物权共有的规定。《民法典》第三百零五条规定:“按份共有人可以转让其享有的共有的不动产或者动产份额。其他共有人在同等条件下享有优先购买的权利。”此处“同等条件下”是指其他共有人就购买该份额所给出的价格条件与欲购买该份额的非共有人相同。即当其他共有人与此外的其他人出价相同时,其他共有人有优先购买的权利。法律规定的其他共有人优先购买权,是为了简化共有关系,防止因外人的介入而使共有人内部关系趋于复杂。此处优先购买权是共有人相对于非共有人而言的,在共有人之间并无优先的问题,当数个共有人均欲行使其优先购买权时,应由出卖人自行决定。[1] 共有权的派生权利是共有人的优先购买权,这体现为对共有人物权性共有关系的保护。共有人是作为整个共同财产所有人,其与财产利害关系较之于承租人更为密切。对《民法典》第七百二十六条规定,立法者释义为,从表面上看,似乎有可能出现同一标的物上承租人的优先购买权和按份共有人的优先购买权的冲突。但是仔细分析会发现,两种优先购买权针对的标的物是不同的。按份共有人的优先购买权针对的是其他共有人的共有份额;而承租人的优先购买权针对的是租赁标的物本身。所以实际上,二者并不会真正发生冲突。当涉及按份共有人的优先购买权时,此时讨论的是份额买卖问题,根本就不会触发承租人的优先购买权。当然,仅从结果上看,确实是按份共有人的优先购买权可以优先行使。本条将按份共有人行使优先购买权作为承租人行使优先购买权的例外,直接在条文文字层面点明此点,从而避免实践中引发不必要的争议。[2]

【案例8-64】 张某诉李某、王某承租人优先购买权纠纷案

判决观点,李某系该网店房的共有人之一,按照法律规定应享有优先购买权,且该优先购买权应当优先于承租人张某的优先购买权,王某将房产出售给共有人李某并不侵害承租人的优先购买权,判决驳回了原告张某的诉讼请求。[3]

【案例8-65】 刘甲诉刘乙所有权纠纷案

判决观点,房屋共有人的优先购买权是基于共有人对房屋享有共有权这一物权,而房屋承租人的优先购买权是基于租赁合同关系,该权利本身不是直接对租赁物所享有,因而不具有物权性质,仅具有债权效力,根据物权优于债权的民法原理,在同等条件下,房屋共有人的优先购买权优于承租人的优

---

〔1〕 参见胡康生主编:《中华人民共和国物权法释义》,法律出版社2007年版,第231页。

〔2〕 参见黄薇主编:《中华人民共和国民法典合同编释义》,法律出版社2020年版,第558页。

〔3〕 参见李方民主编:《房屋租赁合同纠纷诉讼指引与实务解答》(第3版),法律出版社2017年版,第167页。

先购买权。原告刘甲与第三人钱某均对房屋享有优先购买权,在原告刘甲与第三人钱某出价相同的情况下,原告刘甲获得优先购买的权利。被告刘乙在原告刘甲明确表示愿意购买的情况下,以同样的价格将楼房出售给第三人钱某,侵犯了刘甲的优先购买权,应属无效。[1]

按份共有的房屋所有权人,不是承租人即不是行使优先购买权的主体,不能行使优先购买权。

【案例8-66】　新沂市卓尔网络技术服务有限公司诉江苏省新沂市畜牧兽医站等承租人优先购买权纠纷案

一审法院认为,梁某梅辩称,其系该房屋共有人,应享有优先于卓尔公司的购买权。法院认为,该房屋系两被告联合建设兽医站综合门面楼的一部分,从联建协议的内容可以认定,两被告在兽医站综合门面楼分割前属按份共有,该综合楼建成分割后,兽医站对双方讼争的房屋办理了房屋产权证明,对该房屋独立优先使用并享有独立的所有权,故梁某梅的抗辩意见缺乏事实和法律依据。二审法院认为,梁某梅与兽医站在进行房屋分割前是按份共有关系,并非共同共有关系,其主张享有优先于承租人的优先购买权缺乏法律依据,法律不予支持。[2]

需要研究的是,原《物权法》第一百零一条规定优先购买权只指向按份共有人,未及于共同共有,即未明确包含共同共有人优先购买权适用范围。有学者认为,在承认按份共有先买权的同时,有必要给共同共有人也享有先买权的余地。[3]

2. 承租人优先购买权与抵押权人冲突

抵押权人实现抵押权的三种主要方法为折价、拍卖、变卖,在折价、变卖方式实现抵押权时,涉及对承租人优先购买权的保护问题,主要有三种观点。第一种为不保护说,第二种为有限保护说,第三种为保护说,而第三种观点为主流意见。对此,最高人民法院在2009年《房屋租赁合同解释》答记者问中明确,从权利的设置目的看,抵押权是从抵押物的交换价值优先受偿,其追求的是抵押物的交换价值,不要求转移抵押物的占有,亦不享有对抵押物的处分权。优先购买权是优先购买租赁房屋的权利,并以同等条件为权利行使的必备要件。上述两种权利从设

---

〔1〕 参见北京市高级人民法院编:《审判前沿——新类型案件审判实务》2010年第1集(总第31集),法律出版社2010年版,第124页。

〔2〕 参见《人民司法·案例》2008年第14期。江苏省徐州市中级人民法院(2006)徐民一终字第0757号民事判决书。

〔3〕 参见王利明主编:《判解研究》2007年第5辑(总第37辑),人民法院出版社2008年版,第31页。

置目的上看,行使时不会发生冲突。抵押权人与出租人协商折价、变卖或者拍卖抵押房屋实现抵押权时,属于出租人出卖房屋的方式,承租人以同等条件优先购买抵押的租赁房屋,不会影响抵押权人实现债权,不论抵押权设立在租赁合同成立前或后,均不会与抵押权实现发生冲突。因此,解释依照抵押权与优承租人优先购买权设立目的不同,规定出租人与抵押权协议折价、变卖租赁偿还债务,或者拍卖房屋时,依法保护承租人的优先购买权,出租人以其他方式出卖房屋时,应当采取同样的规则保护承租人的优先购买权。当然,承租人主张优先购买房屋时,人民法院应当考虑以下两方面的问题:一是承租人应当具有让出租人信赖的履约能力,如责令承租人以交付押金或者定金等方式提供履约担保,使出租人信赖其履约能力,以避免人民法院支持承租人购买房屋主张后,因承租人缺乏履约能力导致合同无法履行,损害出租人利益。二是依照权利义务对等原则,承租人的优先购买权亦应在合理期限内主张,在出租人履行通知义务后,承租人应当在 15 日内明确表示是否行使优先购买权;出租人没有履行通知义务的,承租人可在知道或者应当知道出租人出卖房屋之日起 1 年内主张,超过合理期限的,人民法院不应予以支持。[1]

关于抵押权人行使时抵押权与承租人的优先权两者之间的关系,制定司法解释的法官认为,优先购买权是以存在租赁关系为条件的,即只要租赁合同关系存在,优先购买权就存在。承租人始终享有优先购买权有其法理基础,即抵押权是一种担保物权,其本质是为了实现债权,只要抵押权人从抵押物上获得相当的补偿即可。所以,不管租赁关系设立的先后,承租人都享有优先购买权。[2] 也就是说,既便是抵押权成立在先而租赁关系成立在后,承租人的优先购买权不受抵押权存在的影响。

【案例 8 - 67】 李某诉张某、宋某房屋买卖合同纠纷案

判决观点,张某作为诉争房屋的产权人,有权将其所有的房屋抵押。房屋抵押后,张某虽然负有房屋这一情况通知李某的义务,但是其未履行通知的行为并未给李某造成实质性的损害。因此李某要求确认抵押合同无效的主张,法院不予支持。张某未在转让房屋时提前三个月通知李某,侵犯了李某的优先购买权,因此张某与宋某之间的房屋买卖合同无效。法院最后确认张某与宋某之间的房屋买卖合同无效,驳回了李某的其他诉讼请求。[3] 本

〔1〕 参见最高人民法院民事审判第一庭编著:《最高人民法院〈关于审理城镇房屋租赁合同纠纷案件司法解释〉的理解与适用》,人民法院出版社 2009 年版,第 11 ~ 12 页。

〔2〕 参见最高人民法院民事审判第一庭编著:《最高人民法院〈关于审理城镇房屋租赁合同纠纷案件司法解释〉的理解与适用》,人民法院出版社 2009 年版,第 275 页。

〔3〕 参见《房屋租赁合同纠纷裁判思路与裁判规则》,法律出版社 2017 年版,第 368 页。

案中,法院对房屋抵押合同认定正确,对侵犯优先购买权导致买卖合同无效不妥。

【案例8－68】　张某诉王某、朝阳信用社承租人优先购买权纠纷案

判决观点,王某与张某签订的租赁合同、与朝阳信用社签订的借款抵押合同均是双方平等协商而成立,未违反法律规定,均合法有效。王某未按借款合同的约定,按期归还借款本息,朝阳信用社有权要求实现抵押权,以抵押房屋的变现价值优先受偿。但是,张某的租赁权成立在优,根据“买卖不破租赁”的原则,张某的租赁权应优先得到保护,租赁合同应继续履行。王某不能要求张某立即搬出,朝阳信用社也不能任意提高租金或者解除租赁合同。同时,作为承租人,张某对租赁房屋享有购买权,王某与朝阳信用社未经张某同意,即将租赁房屋折价转让,侵害了张某的优先购买权。但是,审理中,张某表示只能以30万元的价格购买租赁房屋,相对于朝阳信用社35万元的出价,不属于同等的条件。因此,应视为张某对同等条件下优先购买权的放弃,张某不再享有优先购买权,王某与朝阳信用社之间的买卖行为应认定为有效。[1]

3.承租人优先购买权与第三人善意取得的冲突

在第三人善意购买租赁房屋,并办理登记手续的情况下,以租赁合同办理登记备案手续为标准,讨论承租人优先购买权的行使。其一,承租人就租赁合同办理登记备案手续,其优先购买权具有对抗第三人的效力。对抗效力表现为两个方面,一方面,请求法院确认出租人与第三人买卖合同无效,或对已办理过户登记手续的,请求撤销所有权登记。另一方面,承租人以同等条件请求法院支持优先购买权。其二,承租人就租赁合同未办理登记备案手续,其优先购买权不具有对抗第三人的效力。在第三人已办理过户登记手续并取得所有权时,承租人只能以出租人侵害优先购买权主张损害赔偿责任。在第三人未取得所有权时,承租人可以优先购买权而与出租人之间以同等条件为内容的买卖合同,此时形成有效的双重买卖关系,按照双重买卖规则处理。

【案例8－69】　北京亿恒月坛邮币卡交易中心有限公司与北京颐西房地产开发有限公司、吴某海房屋买卖合同纠纷案

二审法院认为,虽然根据《合同书》的有关规定,房屋承租人享有以同等条件优先购买出租房屋的权利,但本案中,丰电公司获得争议房屋所有权是

---

〔1〕　参见吴庆宝主编:《最高人民法院专家法官阐释民商裁判疑难问题》,中国法制出版社2011年版,第160～161页。

出于善意,当承租人的优先购买权与购房人因善意取得的物权所有权产生冲突时,出于对现代民法保护契约自由、鼓励交易、确保交易安全价值取向的考虑,缺乏第三人对抗效力的承租人优先购买权不能对抗因善意取得的物权所有权。丰电公司以房屋折抵债权的方式,与颐西公司签订《北京市商品房现房买卖合同》取得争议房屋所有权,后将争议房屋转卖给吴某海,未违反法律、行政法规的强制性规定,亦未损害社会公共利益,应为有效。针对亿恒公司的上诉理由,本院认为,优先购买权并非严格意义上的形成权;亿恒公司主张丰电公司取得产权并非出于善意,无充足证据加以证明,应当承担举证不利的责任。[1]

4. 承租人优先购买权与第三人善意占有的冲突

《民法典》第三百一十一条规定了善意取得制度,即受让人以财产所有权转移为目的,善意、对价受让且占有该财产,即使出让人无转移所有人的权利,受让人仍取得其所有权。

民法理论中,善意通常指不知且不应当知道之情形,或者说不知且非因重大过失而不知。出租人与第三人之间的房屋租赁合同经登记备案则具有公示性,此时房屋已经出租属于第三人"应当知道"之情形,如第三人不知,则不应认定为善意。在租赁房屋合同未经登记备案的情况下,第三人对于房屋租赁使用情况不负有进一步主动调查之义务,因此承租人不能证明第三人对房屋租赁使用情况知情或应当知情,则应认定为第三人为善意。[2]

如何判断第三人是善意的,应区别对待:一是第三人知道其他人享有先买权,但并不知道出卖人出卖租赁房屋时未尊重其他人的先买权,或者第三人不知道其他人享有先买权而出卖人出卖租赁房屋时未尊重其他先买权的,这种情况不能认为第三人是善意的。二是第三人不知道也没有应当知道其他人享有先买权的情形,则应当认定第三人是善意的。[3]

根据《民法典》第七百零六条规定未经登记备案的租赁合同不影响其效力,但对承租人优先购买权有一定影响。因为租赁合同未经登记备案,第三人可能不知道所购房屋存在租赁关系而购买出租房屋,该第三人无疑应为善意的。在此种情况下,承租人优先购买权不能对抗善意的第三人,即善意第三人为优先顺序。

---

〔1〕 参见北京市高级人民法院编:《审判前沿——新类型案件审判实务》2009 年第 5 集(总第 29 集),法律出版社 2010 年版,第 182 页。北京市第一中级人民法院(2009)一中民终字第 11213 号民事判决书。

〔2〕 参见沈志先主编:《合同案件审判精要》,法律出版社 2013 年版,第 261 页。

〔3〕 参见最高人民法院民事审判第一庭编著:《最高人民法院〈关于审理城镇房屋租赁合同纠纷案件司法解释〉的理解与适用》,人民法院出版社 2009 年版,第 333 页。

5. 承租人优先购买权与限购政策的冲突

当承租人恰好是地方政策规定的限购对象时，承租人依然享有同等条件下的优先购买权。但因限购政策不能完成交易，其承租人在主张赔偿因侵害优先购买权造成的损失时，应当就合同履行情况、实际损失等情况举证证明。

【案例8-70】　陈某诉林某某房屋租赁合同纠纷案

二审法院认为，首先，本案被告林某某等在2013年1月26日与买受人签订第一份买卖合同，且依此向银行办理贷款。但在2013年1月被告林某某仅向陈某说过要出售房屋，而并未告知具体的交易条件。直到2013年3月15日，被告林某某才通过短信告知陈某房屋售价是328万元、首付六成，但同时要求陈某当天支付定金50万元。而在案证据中不能反映林某某等与买受人之间存在当日支付定金50万元的同等交易条件。且2013年3月18日、19日，林某某短信表示不再出售房屋，也不属实。因此，林某某就优先购买权向陈某履行通知义务时存在瑕疵。其次，陈某在庭审中自认其系非沪籍单身人士，且根据现行政策其一人作为买受人时属限购对象。根据该事实，即使陈某在林某某告知了同等交易条件后行使优先购买权，也因政策限制而不能完成交易，无法取得系争房屋的产权，因此陈某并未因为林某某履行通知义务有瑕疵而造成损失。最后，陈某称，其与女儿共同购买房屋并不限购的问题，一方面陈某并未就此提供证据加以证明；另一方面承租人的优先购买权系一种法定权利，有着严格的主体限定条件，只有房屋的承租人才可以享有，本案中享有优先购买权的为陈某一人，其女儿并非系争房屋的承租人，不享有优先购买权，根据交易自由的原则，不能强制林某某与不享有优先购买权的其他人员进行交易。[1]

6. 承租人优先购买权与救济方式选择的冲突

承租人优先购买权属于债权性质，即使承租人优先购买权受到损害的，也不得主张撤销拍卖。换言之，在承租人权利受到侵害时，可以向出租人主张损害赔偿，一般不得向债权人、抵押权人、保全申请人等主张权利，也不得主张阻止司法拍卖。但是，合法的承租人可以主张买卖不破租赁和优先续租权。

【案例8-71】　长城公司与万信公司、宏源公司等执行异议纠纷案

执行法院认为，宏源公司行使优先购买权的前提是其针对案涉房屋成立合法有效的房屋租赁法律关系。但万信公司并未实际履行房屋租赁合同，万

---

〔1〕　参见吴兆祥主编：《房屋买卖租赁案件裁判要点与观点》，法律出版社2016年版，第444页。

信公司不具合法承租人身份，无权出租案涉房屋，宏源公司与万信公司未建立合法有效的房屋租赁法律关系，宏源公司不具有优先购买权。裁定驳回宏源公司的异议请求。

四川省高级人民法院认为，即使宏源公司享有案涉房屋的优先购买权，其优先购买权并不因执行法院未对该公司进行专门通知而受到损害。驳回宏源公司的复议申请。

最高人民法院认为：一般法理认为，优先购买权可以分为物权性质的优先购买权和债权性质的优先购买权两种。共有人的优先购买权是典型的物权性质的优先购买权，而房屋承租人的优先购买权则是典型的债权性质的优先购买权。正是因为房屋承租人享有的是债权性质的优先购买权，当房屋所有人与第三人签订房屋买卖合同、侵害其优先购买权时，其并不能主张该买卖合同无效，但可以主张相应的损害赔偿。参照《民法典》第七百二十八条规定精神，在执行程序中，房屋承租人仅以没有接到司法拍卖通知导致其优先购买权受侵害为由，主张拍卖程序无效或请求撤销拍卖的，亦不予支持。驳回宏源公司的申诉请求。〔1〕

〔1〕 最高人民法院(2022)执监229号民事裁定书。

专题九　房屋租赁合理使用权纠纷

本专题是关于承租人在房屋租赁后，就合法合理使用租赁房屋产生的纠纷，即对房屋的是否合理使用、改建、扩建、添附等的处理。

一、房屋租赁合理使用权理解

(一)合理使用权含义

所谓合理使用权,是指承租人按照租赁合同约定的用途使用,或者按照租赁房屋的性质使用。笔者认为,这是从一般意义讲的合理使用权,但本专题描述的合理使用权应作广义的理解,即按合同约定和法律规定的使用租赁合同的行为。《民法典》第七百零九条规定承租人按约定使用租赁物的义务,第七百一十条规定承租人按约定使用租赁物的免责义务。

就通常合理使用权而言,主要包含以下六层含义:其一,在租赁合同履行中,按照合同约定方法或租赁房屋性质使用。其二,承租人依照租赁合同约定以合理管理人身份对房屋进行管理、维护和修缮等义务。其三,承租人对于房屋的装饰装修要与出租人事先协商,并形成书面合同,便于其后对是否按合同约定装饰装修发生争议时有依据。对于口头的装饰装修约定,承租人应有证据证明其内容。其四,在装修中,不改变租赁房屋承担的主体结构,未经出租人书面同意不得擅自拆除、增加墙体等固定性结构。其五,承租人单方改变用途,应视为违反法律、行政法规管理强制性规定行为。其六,承租人违反租赁合同约定不准转租的行为。应该肯定的是,承租人基于对住宅、经营性用房的合理需要,无偿利用屋顶以及外墙面,可以认定为合理使用,但不得超过承租房屋相应权利范围。如常见的承租人在屋顶安装太阳能热水器、在承租屋内安装空调、在承租经营性房屋自己一面外墙上安装广告牌等,总之是其使用房屋的行为不影响他人的合法权益。

就广义合理使用权而言,主要包含以下两层含义:其一,承租人与出租人就改造、添附达成合意。其二,承租人改造、添附行为符合合同约定和法律规定。

不论是通常意义上合理使用权还是广义上合理使用权,承租人对房屋进行装修、扩建,本质上不属于对房屋的正常使用,而是为了增加房屋的使用功能而对房屋进行的改造。由于这种改造行为的客体是他人之物,因此承租人应当事先征得出租人或者所有权人的同意,方可进行。反之,出租人可以承租人未合理使用有权要求承租人恢复原状或赔偿损失。

(二)合理使用权判断标准

实践中,主流观点认为承租人是否合理使用租赁物有两个判断标准,一是合同约定,二是法律规定。

1. 合同约定

一般认为,符合合同约定包含,其一,按约定的方法使用。一为合同约定的使用方法,二为双方补充协议约定的使用方法,三为按照合同有关条款或者交易习惯确定使用方法。其二,按出租房屋的性质确定使用方法。

《民法典》第七百零九条规定:"承租人应当按照约定的方法使用租赁物。对租赁物的使用方法没有约定或者约定不明确,依据本法第五百一十条的规定仍不能确定的,应当根据租赁物的性质使用。"原《合同法》第二百一十七条亦为同样规定。因此,依照合同约定的方法使用承租房屋自然属于合理使用。在合同没有约定使用方法的,则应当按房屋的性质使用,常见的住宅房屋,则承租人不能用来经营。承租人按照约定的方法或者房屋的性质使用承租房屋,都属于合理使用范围,由此产生承租房屋自然损耗的,不承担损害赔偿责任。反之,则应认定承租人未合理使用并对其承担相应法律后果。

关于按约定方法使用与按租赁物的性质使用这两种使用方式之间的关系,在先后顺序上,两种使用方式履行顺序为递进关系,即承租人首先应按照租赁合同约定使用承租房屋,其租赁合同没有约定或约定不明的则按照承租房屋性质使用。在承租人按照租赁方法使用承租房屋,其使用方法是否符合承租房屋的使用性质,只要其使用行为不违反相关法律规定,均属于合理使用范畴。对于承租人在使用中对承租房屋造成了自然损耗外的损失,也应由出租人自担风险,承租人对此不承担赔偿责任。反之,承租人未按照租赁合同约定使用方法使用承租房屋,即便使用方法符合房屋的使用性质,亦应当承担违约责任。

2. 法律规定

承租人在履行租赁合同中,必须遵守现行法律、行政法规的强制性规定,其违反的行为就是未合理行使使用权。这里的法律应作广义的理解,除包括民法典中的物权编、合同编、侵权责任编和物业管理条例外,还包括部委规章和地方规章以及当地政策。

关于住宅改为商业用房的法律规定。《民法典》第二百七十九条规定:"业主不得违反法律、法规以及管理规约,将住宅改变为经营性用房。业主将住宅改变为经营性用房的,除遵守法律、法规以及管理规约外,应当经有利害关系的业主一致同意。"原《物权法》第七十七条亦作了类似规定。该条规定虽是对业主改变房屋用途的行为作出了限制,但对承租人也同样适用。这是基于承租人对承租房屋的占有、使用权来源于租赁合同,其权利范围绝不可能超出业主所有权的范围。如果承租人未经审批并经全体有利害关系的业主同意,就擅自将住宅改为商业用房,则明显超出承租住宅使用范围,造成承租房屋损害的,应当向出租人损害赔偿责任;造成第三人损害的,也应当承担赔偿责任。承租人将其承租住宅改为商业性用房符合租赁合同约定的,可以根据具体情形向出租人提出免责或减轻责任。

关于改建、扩建等的法律规定。《民法典》第七百一十五条规定:"承租人经出租人同意,可以对租赁物进行改善或者增设他物。承租人未经出租人同意,对租赁物进行改善或者增设他物的,出租人可以请求承租人恢复原状或者赔偿损失。"原《物权法》第八十三条、《物业管理条例》第五十一条和《城市房屋租赁管理办法》第二十三条等规定,违法搭建、侵占通道;未经业主委员会和物业公司同意擅自占用、挖掘物业管理区域内的道路、场地;对承租的房屋及附属设施擅自进行拆改、扩建或增添等行为,系损害他人合法权益的行为,承租人实施上述行为自然不属于合理使用。

关于法律、行政法规效力性强制性规定。如违反《刑法》的行为,承租人将承租的房屋用于卖淫嫖娼、贩毒等违法犯罪行为,应将其排除在合理使用范围之外。

关于装修或者增设附属设施的法律规定。根据《民法典》第七百一十五条规定(《合同法》第二百二十三条),承租人行使装修或者增设附属设施的前提条件,是必须征得出租人的同意,原则上以书面同意为据。

(三)合理使用权范围

1.分割商厦租赁房屋使用权

现实生活中,单个大厦或整个楼房出租的,承租人享有承租房屋整体权利,包括门头的使用权。而对于分割商厦空间出租的承租人却并不必然享有整体承租房屋的承租人所享有的完整权利。整体房屋承租人基于正常且独立使用房屋的需要,一般享有租赁合同中并未明确约定但根据合同目的应含有的相关权利,包括对商业用房门头的独立使用权。从法学理论上讲,整体房屋合同承租人的主权利必然溯及门头使用的从权利,除非租赁合同明确约定不准其对门头使用。分割商厦空间承租人由于不是独立的占有、使用商厦,其自然不能取得整体房屋的完整的从权利,而只享有承租空间部分的主从权利,除非租赁合同明确约定由其独立使用门头,否则商厦门头依其功能服务整个大厦而不可能归其空间承租人使用。对于整体承租人又转租的,可以约定由其自身使用门头也可以约定次承租人使用门头。也就是说,商场式商业用房分割内部空间出租的,仅租赁部分空间的承租人并不当然享有商业用房门头使用权以设立自己的店标招牌。

【案例9-1】 西安市房地局第一分局诉张某某房屋租赁合同纠纷案

二审法院认为,双方签订的《房屋租赁合同》系双方当事人的真实意思表示,不违反国家法律、行政法规的强制性规定,为有效合同。该合同明确约定,交付承租物以现场指认为准。在房屋交付后,张某某对门头使用提出异议。经审查,整体出租有固定的门头使用,而张某某承租之房是商业大厦的一部分,属分割出租,不能依据商业习惯来确定有固定的门头使用,且双方在订立合同中对门头使用未作明确约定。张某某所称现场指认包括门头使用的事实,无证据支持,不能确认被上诉人有未交付门头使用的违约行为。张某某自2007年7月21日至今未付租金属实,系违反合同约定。房地一分局依据双方的约定,请求解除合同,有事实和法律依据。至于滞纳金一节,原审法院在论理中已作论述,但未作判决,而房地一分局亦未对此提出上诉。综上,原审判决认定事实清楚,适用法律准确,应予维持。张某某的上诉请求无证据支持不能成立,予以驳回。[1]

2.消防条件使用权

承租人对房屋的消防条件有专门要求的,应当谨慎审查承租物适格问题。在租赁合同中未对该消防条件进行特别约定的,租赁物的消防未达其使用条件的责任不能归责于出租人。也就是说,非因出租人的原因影响承租人合理租赁物的,而应由其自行承担后果。

【案例9-2】 上海新亚药业有限公司诉中储上海物流有限公司房屋租赁合同纠纷案

二审法院认为,本案中新亚公司主张租赁物消防不合格导致解约的责任应当由中储公司承担。经查,双方租赁合同中明确约定中储公司提供现有的消防设施,并保证其完好。可见本案的租赁物系按现状出租,新亚公司应当知道库房、货场的实际状况。中储公司作为出租方,提供的租赁物用途为储存药品,但未在合同中承诺租赁物随时保持药品储存的高等级消防条件。而新亚公司作为经营药品的企业,对本行业的专业储存条件及消防要求更应当具备专业知识,谨慎审查承租物适格问题。因此本院认为所谓租赁物的消防未达约定等级的责任不能归责于出租人,新亚公司要求中储公司承担租赁合

〔1〕 陕西省西安市中级人民法院(2008)西民一终字第746号民事判决书。

同解除的违约责任证据不足,本院不予支持。[1]

【案例9-3】　广电公司诉伟海兰公司房屋租赁合同纠纷案

一审法院认为,广电公司与伟海兰公司签订的合同中并未约定广电公司有增设消防通道及安装喷淋装置的义务,且伟海兰公司在与广电公司签订补充协议时明知其经营宾馆不符合消防验收标准仍未向广电公司提出异议。因此,广电公司交付的房屋符合合同约定且伟海兰公司予以认可,伟海兰公司依此主张广电公司违约缺乏事实及法律依据,对于伟海兰公司的抗辩理由及反诉请求法院不予支持。二审法院亦持同样意见,维持一审判决。[2]

---

〔1〕 上海市第二中级人民法院(2015)沪二中民二(民)终字第225号民事判决书。

〔2〕 参见李方民主编:《房屋租赁合同纠纷诉讼指引与实务解答》(第3版),法律出版社2017年版,第221页。

二、房屋租赁合理使用权认定

(一)合理使用权认定

承租人在对承租房屋的使用中,欲行使装修、改建或者增设附属设施的,应书面征得出租人的同意。未经出租人同意的,出租人可主张未合理使用的相关权利。

【案例9-4】 B厂诉A药业公司房屋租赁合同纠纷案

二审法院认为,A药业公司在将承租的底层库房东侧窗改建玻璃门之前,委托原设计单位对改建方案进行了技术鉴定,原设计单位认为此改建不属于改变主体建筑结构,不影响大楼主体建筑安全,因此改建行为并未违反租赁合同,亦未超出合理使用的范围。A药业公司将窗户改建为玻璃门后并在上方设置长方形的"A药业批发中心"标识,未使租赁物受到损失,并未损害B厂作为所有者的权益,亦未超出合理使用的范围。然A药业公司仅租赁了底层库房,其合理使用的范围显然不延及东侧所有墙面和大楼屋顶,A药业公司在此两处设置标识"A药业"大字体的行为,侵犯了B厂作为所有者的权益。原判决对部分事实认定有误,应予纠正。二审遂改判:A药业公司拆除在东侧墙面和大楼屋顶设置的"A药业"标识,驳回B厂的其他诉讼请求。[1]

承租人按照协议约定的用途使用,也未改变租赁物的性质使用,协议约定出租人履行维修义务而出租人未予维修的,不宜认定承租人存在使用不当的损售赔偿责任。

【案例9-5】 陇东甲学校诉湖北乙机电工程学校、丙机电工程学校房屋租赁合同纠纷案

二审法院认为,双方协议约定租赁物的用途为开办学校,乙机电学校是按照协议约定的用途开办学校,并未改变约定用途,也未改变租赁物性质使

---

〔1〕 参见《房屋租赁合同纠纷裁判思路与裁判规则》,法律出版社2017年版,第104页。

用。乙机电学校对于使用造成的损失不应承担赔偿责任。《鉴定意见书》表明建筑物地基浸水现象为“使用不当”所致。鉴定人员出庭陈述,“使用不当”指建筑物需要维修而未及时维修并继续使用造成的后果。在案涉租赁合同之前建筑物已使用8~11年,乙机电学校使用期间占损坏现状原因比例无法得出,从何时使用不当也无法判断,该《鉴定意见书》结论“使用不当”不具有准确性和唯一性,不能证明损坏原因是乙机电学校使用所致。协议约定租赁物的维修义务由甲学校承担,且甲学校两名管理人员一直在管理租赁物,对于租赁物状况及何时需要维修,是明知并掌握的。《鉴定意见书》载明学生公寓设计存在缺陷;实训车间(南)及实训车间(北)原始施工质量不符合要求;教室及宿舍楼的致损原因是改扩建所致;供暖管道未进行改造和更换,造成锈蚀。上述建筑物设计施工缺陷和改建均与乙机电学校无关,管道更换也非乙机电学校义务。本案无证据证明案涉租赁物的损坏是乙机电学校违反合同约定和建筑物性质使用所致,其主张乙机电学校承担损害赔偿责任的请求证据不足,不予支持。[1]

租赁合同有房屋使用方法的约定,应按照约定认定合理使用权的行为。

【案例9-6】　徐某杰与白某风房屋租赁合同纠纷案

判决观点,房屋租赁合同中对房屋使用方法的约定,可以表现为多种形式,对居住人数的约定属于对租赁物使用方法的约定,租赁房屋中居住人数超过了合同的约定应认定为未按照约定方法使用租赁物的行为,承租人应承担相应的违约责任。[2]

(二)使用租赁房屋外墙认定

建筑物外墙的权属问题未在原《物权法》中予以明确规定,但2009年10月1日施行的《建筑物区分所有权解释》第三条详细列举了外墙、屋顶、楼梯、大堂、通道等属共有部分,进一步厘清了建筑物专有部分和共有部分的界限,为审判实践中关于外墙权属的争议彻底画上了句号。业主对建筑物内的住宅、经营性用房等专有部分享有所有权,对除专有部分以外的共有部分享有共有和共同管理的权利。虽然建筑大楼的外墙系共有部分,应由业主享有共有和共同管理的权利,但

---

〔1〕　参见中国审判理论研究会民事审判理论专业委员会编著:《民法典合同编条文理解与适用》,法律出版社2020年版,第396~397页。甘肃省高级人民法院(2018)甘民终479号民事判决书。

〔2〕　参见最高人民法院民法典贯彻实施工作领导小组编著:《中国民法典适用大全》(合同卷三),人民法院出版社2022年版,第2046页。天津市西青区人民法院(2020)津0111民初11109号民事判决书。

是依据法律规定，在不违反法律、法规、管理规约、损害他人合法权益的情况下，业主基于对住宅、经营性用房等专有部分特定使用功能的合理需要，无偿利用屋顶以及与其专有部分相对应的外墙面等共有部分的，不应认定为侵权。因此，业主对外墙的使用方式必须合理，不得违背该部位之目的、性质及构造，亦应当注意防止、避免给相邻人造成损失，并不得影响或限制相邻方合法、正当、合理的使用。根据民法原理，房屋租赁合同生效后，出租人（业主）除享有该租赁物的所有权和处分权外，其他作为租赁物上的依法占有、使用和收益的权利便相应地转移给承租人。也就是说，一方当事人在合法成为承租人后便相应地拥有了承租房屋相对应外墙合理的使用权，该种使用权受法律保护。

建筑物区分所有权人或承租人可以在合理限度内使用外墙，但对于合理限度现行法律、司法解释并无明确具体的规定，为实践中纠纷处理的难点。个案中可从以下四个方面判断承租人合理使用限度，是否基于对专有部分特定使用功能的合理需要，是否无偿利用，是否对专有部分相对应的外墙面进行使用，是否不违反法律、法规和管理规约，不损害他人合法权益。对于不符合四个方面的行为，则不能认定为合理使用。

【案例9-7】 安杰玛生物科技（上海）有限公司诉光大证券股份有限公司上海浦东南路证券营业部等建筑物区分所有权纠纷案

二审法院认为，本案中，原、被告分别从房屋产权人处承租了上海市浦东新区浦东南路1430号一楼、1434号一楼及浦东南路1426-6号一楼、二楼，在原、被告合法成为承租人后便相应地拥有了承租房屋相对应外墙面合理使用权。根据司法鉴定报告，被告位于争议的标牌底端已超越了一楼、二楼楼板中心线1.299米，而被告依法仅享有墙壁、地板、天花板等境界壁中心线向内围成的专有空间相对应外墙面的使用权，即被告仅可在一楼、二楼楼板中心线以上相对应外墙面悬挂标牌，其并不完全享有系争部位外墙面的使用权。此外，因被告在系争部位设置标牌之行为限制了原告在合理范围内选择标牌悬挂位置的权利，致使原告的标牌不具有突出性效果，已对原告的经营活动造成了影响，故被告的行为并不构成对系争部位外墙面的合理使用。[1]

【案例9-8】 李某诉刘某等排除妨碍纠纷案

判决观点，李某所有的109号商铺的二层房屋外墙属该楼栋共有部分。对于该共有部分的使用，李某主张享有优先权，法院从109号商铺与110号商铺的具体情况分析认为，109号商铺的格局特殊，其一层房屋在110号商铺隔壁，二层房屋在110号商铺正对楼上，109号商铺二层房屋进出须经过

---

〔1〕 参见吴兆祥主编：《房屋买卖租赁案件裁判要点与观点》，法律出版社2016年版，第468页。

其一层房屋，其一层房屋的门楣上方有安装广告牌的位置，故110号商铺安装广告牌的位置亦应在110号商铺门楣上方，李某主张优先使用权的意见缺乏依据，法院不予采纳，李某的诉讼请求，缺乏事实及法律依据，法院不予支持。据此判决：驳回原告李某的全部诉讼请求。〔1〕

如何判断业主合理使用范围，是实践中的疑难问题，个案中由法官根据具体案情裁定。

【案例9-9】　厦门市凤凰名都业主委员会诉交通银行股份有限公司厦门分行建筑物区分所有权纠纷案

一审法院认为，建筑物的外墙属于全体业主共有，但业主基于对住宅、经营性用房等专有部分特定使用功能的合理需要，无偿利用屋顶以及与其专有部分相对应的外墙面等共有部分的，不应认定为侵权。交行厦门分行系凤凰名都之二至八室房屋的合法承租人，上述房屋系经营性用房，交行厦门分行基于上述房屋特定使用功能的合理需要，经上述房屋业主同意无偿利用与上述房屋（专有部分）相对应的外墙面（共有部分），即在上述房屋的外墙面设置"交通银行""24小时自助银行服务"中英文标识，应认定为合理使用，主要起标明和指示作用，以便于顾客识别该店面。凤凰名都业委会认为交行厦门分行在上述房屋外墙设置的店面标识系广告牌，依据不足，法院不予采信。凤凰名都业委会诉请交行厦门分行注销、拆除广告牌并赔偿损失，缺乏法律依据，法院不予支持。

二审法院认为，交行厦门分行承租的房屋用途均为商业、办公，其使用权权利来源正当、合法。经实地勘查，上述房屋外墙相连着公共人行走廊，走廊外墙与临街墙面相连。这种建筑特色即为"骑楼"，底层沿街店面后退且留出公共人行空间，但临街墙面部分遮挡了底层店面的外墙。交行厦门分行基于商业办公的需要，在其承租房屋的专有部分相对应的临街墙面设置中英文标识，既符合商用房屋惯常设置、建造和使用目的，又符合民事习惯、社会大众观念及公平合理精神，应属合理使用范畴，凤凰名都业委会的上诉理由缺乏事实与法律依据，原审判决事实认定清楚，适用法律正确，依法应予维持。判决：驳回上诉，维持原判。〔2〕

【案例9-10】　张某诉郑某伟、甲公司建筑物区分所有权纠纷案

二审法院认为，本案中，甲公司租赁讼争房屋用于放置光纤传输机柜作

〔1〕参见国家法官学院案例开发研究中心编：《中国法院2013年度案例》（物权纠纷），中国法制出版社2013年版，第188页。北京市朝阳区人民法院（2011）朝民初字第04220号民事判决书。

〔2〕参见国家法官学院案例开发研究中心编：《中国法院2017年度案例》（物权纠纷），中国法制出版社2017年版，第208～209页。福建省厦门市中级人民法院（2015）厦民终字第1460号民事判决书。

为数据传输汇聚节点,以建设有线光纤传输宽带网络,解决"平安城市"视频监控录像传输、无线城市综合项目 WLAN(无线局域网)、周边居民小区宽带、固定电话等接入业务的汇聚、交换需求。首先,从其用途可以看出,其租赁讼争房屋并不是为了生活居住,而是为了从事经营性活动。其次,根据《建筑物区分所有权解释》第十条第一款和第十六条第一款的规定,甲公司应承担相应的责任。被上诉人郑某伟明知其嫂子刘某姣将讼争房屋出租给被上诉人甲公司用于建设通信机房,仍对该房屋租赁合同予以认可,其应与甲公司共同承担责任。[1]

(三)租赁房屋改造认定

房屋租赁合同对于房屋结构是否可以改变约定出现矛盾,导致房屋闲置,对于闲置期间的租金损失,因双方同时存在缔约过失,应分担损失。

【案例9-11】 中国联合网络通信有限公司徐州市分公司与朱某某房屋租赁合同纠纷案

二审法院认为,朱某某将丰县万丰E通数码港的1号楼123号、124号房屋租赁给联通公司,双方系房屋租赁合同关系,该房屋租赁合同系双方真实意思表示,不违反法律规定,合法有效。本案产生纠纷系因联通公司方拆除122号与123号的房屋隔墙引起,而双方在合同中既约定隔墙可以打通,又约定不得改变房屋的主体建筑结构,该约定互相矛盾,因此对于因隔墙拆除产生的纠纷双方均有责任,故对于朱某某主张的违约金,法院不予支持。纠纷发生后造成了涉案房屋从2012年2月23日至12月9日处于闲置状态,这期间的租金为143115元(180000元÷366天×291天),该期间联通公司没有将房屋隔墙恢复,也未使用房屋,因此该租金应由双方分担,各承担50%即71557.5元。朱某某主张的损失164758元,没有证据证明其已实际支出,故法院不予支持,其可待实际支出后,另行主张权利。[2]

---

〔1〕 参见最高人民法院案例指导与参考丛书编选组编:《最高人民法院物权案例指导与参考》,人民法院出版社2018年版,第151页。

〔2〕 江苏省徐州市中级人民法院(2013)徐民终字第1695号民事判决书。

(四)租赁房屋扩建认定

所谓房屋改建或称改造,是指不增加房屋已有体量,在原有基础上,为改善房屋使用功能、改变其使用目的,对原有房屋进行改造的建设项目。

承租人经出租人同意在其房屋上进行扩建,本质上仍属于在他人财产上进行添附的行为。

关于添附制度,现行法律层面未有明确规定,但可以添附原理解决房屋租赁纠纷。

1.承租人扩建租赁房屋

所谓扩建,是指在原有基础上加以扩充的建设项目,包括扩大原有产品生产能力、增加新的产品生产能力以及为取得新的效益和使用功能而新建主要生产场所或工程的建设活动;对于建设工程、扩建主要是指在原有基础上加高加层(需要新建造基础的工程属于新建项目)。在城市规划区内扩建建筑物,必须首先向房地产管理部门提出申请,在获得扩建批准文件后,再持有关批准文件向城市规划行政主管部门提出申请,由城市规划行政主管部门根据城市规划设计要求,核发工程规划许可证,方可申请办理开工手续。因此,未经出租人同意并办理相关建设批准手续的扩建,扩建后的必然是违法建筑,亦必然给出租人的房屋造成损害。[1] 对于房屋而言,其扩建主要是指在原有房屋基础上加高加层,增加其使用面积。

出租房屋中部分是出租人未取得合法手续建造的,其后承租人未取得合法手续自行又建造了部分。在出租人主张返还租赁房屋时,应对承租人搭建房屋建造费用按无效合同责任分担。

【案例9-12】　某物业公司诉许某房屋租赁合同纠纷案

判决观点,对原告提出要求被告迁出并返还系争房屋的房1、房4两间,另要求被告搭建的房2、房3两间予以拆除的主张,其中系争房屋的房1、房4两间为被告与原告之间的租赁合同取得的财产,被告应迁出后返还原告。另外的房2、房3两间,系被告自行搭建的彩钢板房,虽然原告没有书面同意被告搭建行为,且对搭建时间不予认可,但是考虑到原告系涉案小区物业管理单位,对被告的搭建应为明知,且在被告长期使用过程中一直未提出异议,应

---

〔1〕 参见最高人民法院民事审判第一庭编著:《最高人民法院〈关于审理城镇房屋租赁合同纠纷案件司法解释〉的理解与适用》,人民法院出版社2009年版,第99~100页。

视为其默示同意了被告的搭建行为,故对原告要求拆除房2、房3的主张不予支持。经法院现场勘察,该两间彩钢板紧挨着房1、房4,在空间和用途上与房1、房4密不可分,故被告应同时将该两间彩钢板迁出并返还原告,同时考虑到双方对搭建费用的处理没有约定,所有房间都没有取得合法建造手续,故本院确定该两间房间的搭建费用由双方按照过错予以分担,鉴于被告不申请评估,酌情由原告承担搭建费用2.5万元。[1]

2. 承租人扩建租赁房屋后果

【案例9-13】 汪某伟与彭某云房屋租赁合同纠纷案

二审法院认为,租赁合同依法成立后,双方均应秉承诚信原则履行各自义务。承租人在承租案涉房屋后,在装修过程中未经出租人同意,擅自将房屋内的隔墙、立柱、屋顶横梁及地面进行拆除或改造,其行为构成根本违约,出租人依法可解除合同并要求承租人赔偿损失。[2]

应注意的是,未经出租人同意并办理相关建设批准扩建手续,扩建后建筑物部分必然属于违章建筑,不但可能造成出租房屋损害,还可能增加出租人其他不必要的负担。当然,我们应当把擅自变动建筑主体和承重结构或者扩建与必要的房屋装修相区别。[3]

(五)公房租赁修缮认定

公房的所有权人在征得改造公房绝大部分承租人同意后,虽少数承租人不同意进行改造,但可在不侵犯承租人个人利益的前提下,为公益之目的行使修缮权,其承租人应当承担协助义务。

【案例9-14】 上海宝房(集团)有限公司诉刘某某等房屋租赁合同纠纷案

一审法院认为,民事活动应当尊重社会公德,不得损害社会公共利益。原告出于改善居住环境、完善房屋使用功能等公益目的对包括系争房屋在内的宝山区桃园新村15号楼进行改造,系争房屋经改造后,厨卫将独用成套,房屋面积将得到增加,居住环境将得到改善,且被告在改造过程中无须出资,

---

〔1〕 参见《房屋租赁合同纠纷裁判思路与裁判规则》,法律出版社2017年版,第34页。

〔2〕 参见最高人民法院民法典贯彻实施工作领导小组编著:《中国民法典适用大全》(合同卷三),人民法院出版社2022年版,第2062页。湖南省长沙市中级人民法院(2021)湘01民终13938号民事判决书。

〔3〕 参见最高人民法院民法典贯彻实施工作领导小组编著:《中国民法典适用大全》(合同卷三),人民法院出版社2022年版,第2062页。

由此可见，综合改造既符合公共利益，也有利于被告更好地居住、使用系争房屋。原告作为系争房屋授权的权利人及授权的旧房成套改造实施人，现已取得改造项目的建设工程规划许可证，并根据《关于宝山区吴淞地区旧住房综合改造项目立项的批复》《关于宝山区直属公房成套改造项目委托实施的通知》《关于2010年度宝山区旧住房综合改造项目计划立项的批复》规定，有权对包括系争房屋在内的上海市宝山区桃园新村15号楼进行综合改造。现原告已与桃园新村15号楼中除了被告之外的其余39室房屋的承租人签订了综合改造协议书，综合改造方案已获得了绝大多数承租人的同意，综合改造符合绝大多数的意愿，充分体现了旧住房综合改造应当遵循的自愿原则。

被告系系争房屋的承租人和同住人，对于系争房屋享有居住、使用的权利，但权利的行使应有边界，自由意志的体现也应受到一定的限制。被告所享有的居住、使用的权利不能超越原告对系争房屋的所有权，且被告应在符合社会公共利益的前提下合理行使权利。根据《合同法》的相关规定，当事人应当遵循诚实信用原则，根据合同的性质、目的和交易习惯履行通知、协助、保密等义务。本案中，综合改造与房屋租赁合同的目的并不相悖，原告对系争房屋进行的综合改造并不构成对于被告利益的损害，且原告也向被告提供了过渡房，被告作为公房租赁合同中的承租人和同住人，理应根据合同法履行合同协助义务，配合综合改造项目的实施。被告拒绝临时搬离租赁房的主张，于情不符，于理不合，于法无据，法院难以支持。原告要求两被告配合旧住房综合改造，合情、合理、合法，符合民事活动的基本原则，合法有据，应予准许。第三人作为系争房屋的实际居住人，理应予以配合，搬离系争房屋。

二审法院亦持同样意见，维持一审判决。[1]

---

〔1〕 参见郭伟清主编：《2016年上海法院案例精选》，上海人民出版社2017年版，第5页。

三、房屋租赁合理使用权纠纷处理

(一)经出租人同意扩建费用处理

《房屋租赁合同解释》第十二条规定:"承租人经出租人同意扩建,但双方对扩建费用的处理没有约定的,人民法院按照下列情形分别处理:(一)办理合法建设手续的,扩建造价费用由出租人负担;(二)未办理合法建设手续的,扩建造价费用由双方按照过错分担。"该条是承租人经出租人同意扩建的情形下,租赁合同无效或合同解除时,如何处理扩建费用作出的解释性规定。该条规定包含以下六层含义:其一,该条适用前提是经出租人同意的扩建且双方没有约定如何承担费用。其二,未经出租人同意的扩建费用由其承租人自行承担。其三,以办理合法建设手续为划分扩建费用承担的界限,合法建设手续是指应取得建设工程规划许可证。其四,有合法建设手续的出租人承担费用,反之按过错分担。其五,对扩建费用有约定的,按约定处理。其六,该条适用的合同的类型未加限定,既可适用合同无效或撤销,也可适用解除。

扩建费用计算方法有支出费用年度分摊法、现存价值审计鉴定法和工程造价费用支出法。工程造价费用支出法为实践中常用的方法,该方法以扩建的工程全部造价支出费用作为计算扩建费用依据,所谓工程全部造价,由建筑工程费、设备购置费、安装工程费、其他工程费用四部分组成。该方法简便易行,其不足之处为,该计价未考虑承租人为自己目的而进行扩建,并对扩建部分在租赁期间使用并收益,该部分价值未能在造价中予以扣除,扩建部分的实际价值小于造价。

扩建费用的负担要区分扩建是否办理合法建设手续,而不考虑合同效力和履行情况。

承租人经出租人同意扩建的,但未办理合法建设手续,扩建费用双方按过错分担。

【案例9-15】 官渡区云星综合有限公司诉虹山面粉有限责任公司房屋租赁合同纠纷案

二审法院认为,对于扩建部分和新建的值班室,均系增加了建筑的使用面积,但由于云星公司未办理合法的建设手续,依据《房屋租赁合同解释》第十四条第二项规定，未办理合法建设手续的，造价费用由双方按过错分担。由于云星公司未能举证证明虹山公司对未办理合法建设手续存在过错，且合同解除的过错系云星公司，故对云星公司主张扩建和新建部分的费用，二审法院不予支持。[1]

【案例 9－16】　某粮管所与苗某房屋租赁合同纠纷案

一审法院认为，苗某经某粮管所口头同意扩建的彩钢瓦结构一处，经鉴定造价费用为 39957.97 元，双方对扩建费用的处理没有约定，亦未达成协议。但因该库房未办理合法建设手续，考量双方的过错程度，由双方各分担 19978.99 元。本案鉴定费 5000 元已由苗某预交，该费用应由双方各分担 2500 元。二审法院认为，关于上诉人上诉主张的仓库扩建费用的分担问题。二审法院认为，双方合同对扩建问题未进行约定，但上诉人与被上诉人均应知道扩建工程应依法办理建设手续而未办理，即双方均存在过错。原审法院裁量双方各分担 50% 的扩建费用，基本妥当，不予变更。二审据此判决驳回上诉，维持原判。[2]

(二) 未经出租人同意扩建费用处理

《房屋租赁合同解释》第十一条规定："承租人未经出租人同意装饰装修或者扩建发生的费用，由承租人负担。出租人请求承租人恢复原状或者赔偿损失的，人民法院应予支持。"该条是对承租人未经出租人同意装饰装修或者扩建发生的费用处理问题的解释性规定，亦是对《民法典》第七百一十五条第二款进行了明细化。该条规定包含以下四层含义：其一，该条适用前提是未经出租人同意的扩建。其二，未经出租人同意的扩建由承租人自行承担，不在返还主张权利范围，限制承租人主张权利。其三，对于恢复原状或者赔偿损失而言，出租人不能同时主张恢复原状后又要求承租人赔偿损失，二者都是为了填补出租人房屋的损失，是选择式，不能重复适用。就责任承担方式而言，恢复原状在先，在不能恢复原状的情况下，才适用赔偿损失，即赔偿损失是恢复原状的替代责任承担方式。在房屋恢复原状之后，出租人还可以再向承租人主张恢复原状期间造成的房屋闲置损失。其四，该条在房屋租赁合同无效、被撤销情形中仍有适用余地。在合同无效情形下，出租人也不得以违约之诉，要求承租人承担赔偿损失等违约责任。这是

---

〔1〕 参见《房屋租赁合同纠纷裁判思路与裁判规则》，法律出版社 2017 年版，第 284 页。

〔2〕 参见李方民主编：《房屋租赁合同纠纷诉讼指引与实务解答》（第 3 版），法律出版社 2017 年版，第 218～219 页。

因为合同既已无效,自不存在出租人以装饰装修、扩建行为违反约定为由,要求承租人承担损失赔偿责任的请求权基础。此时,已不存在违约责任的竞合问题。出租人只能选择通过侵权之债向承租人提出损害赔偿主张。[1] 这里只对擅自扩建部分阐述,而涉及的装饰装修内容放在装饰装修纠纷专题阐述。

《民法典》第七百一十五条规定:"承租人经出租人同意,可以对租赁物进行改善或者增设他物。承租人未经出租人同意,对租赁物进行改善或者增设他物的,出租人可以请求承租人恢复原状或者赔偿损失。"原《合同法》第二百二十三条也作了相同规定。承租人未取得出租人的同意擅自在租赁物上进行添附(加盖建筑物),且该添附行为未向相关部门办理报备手续的,该添附行为违法。在添附物违法,且双方在租赁协议中,未对租赁物拆迁补偿归属作出约定时,承租人要求对添附建筑物拆除的补偿,补助款主张的,因无法律依据也无事实依据,不应得到法律支持。

【案例 9-17】 厦门市兴泉盛工贸有限公司诉刘某顺、钟某强房屋租赁合同纠纷案

一审法院认为,首先原告在租赁物上加盖建筑物,应征得出资人同意,其次加盖也应办理相关部门的报备手续。但原告均未履行上述程序,被告亦表示对此并不知情。原告主张在租赁物上加盖的建筑物的拆迁补助款,却未能就是否加盖以及加盖的建筑物的合法性进行有效的举证。况且,双方在租赁协议中,也未对租赁物拆迁补偿款的归属作出约定。因此,原告关于补偿、补助款的主张,没有事实依据,而原告向法院申请调查租赁物的补偿款明细,亦不属于本案应审理查明的事实,法院依法不予调查。判决驳回原告的请求给付补偿、补助款 8 万元诉讼请求。二审法院认为,盛工公司确认其主张的厂房等地上物的加盖未报有关部门报备,应认定属于无合法批建手续的非住宅建筑物,根据《厦门市人民政府关于征收集体土地非住宅建筑物拆迁的若干意见》第二条的规定,此类建筑物被拆迁不能获得任何补偿。此外,从厦湖重(2007)10 号会议纪要的内容看,拆迁人禾丰公司因拆迁包括诉争地上物在内的建筑物而给付包括被告在内的钟宅社区村民的 200 万元,并非地上物补偿款,而系带有奖励和补助性质的款项,这笔款的用途限于帮助失地农民尽快转岗创业。二审法院维持一审判决。[2]

---

〔1〕 参见最高人民法院民事审判第一庭编著:《最高人民法院〈关于审理城镇房屋租赁合同纠纷案件司法解释〉的理解与适用》,人民法院出版社 2009 年版,第 168 页。

〔2〕 参见最高人民法院中国应用法学研究所编:《人民法院案例选》2010 年第 3 辑(总第 73 辑),人民法院出版社 2011 年版,第 165 页。福建省厦门市中级人民法院(2008)厦民终字第 3503 号民事判决书。

承租人未经出租人同意擅自改造发生的费用应由本人承担,法律不予支持其改造费用诉求。出租人不同意承租人改造的,则有权要求承租人恢复原状或者赔偿损失。

【案例9-18】 陈某诉万某房屋租赁合同纠纷案

判决观点,合同履行过程中,陈某未经万某同意擅自改变房屋用途,且在未征得万某同意的情况下,自行对房屋进行改造,陈某的行为构成违约,根据双方合同的约定,万某有权解除合同,并要求陈某赔偿相应的损失。因陈某的装修改造行为未获万某同意,因此其要求万某赔偿装修损失,法院不予支持。双方合同解除的过错在陈某未按约履行合同,而万某在履行合同过程中并无过错,因此陈某要求万某承担违约金,法院不予支持。据此,法院判决双方合同解除,陈某须将房屋恢复原状。对于租金,法院判决陈某根据实际占用房屋的天数向万某计付租金。因陈某对万某履行恢复原状义务后,万某并未产生其他损失,因此对万某要求赔偿损失的诉讼请求予以驳回。[1]

承租人扩建在不定期房屋租赁合同中,添附使用时间较长的固定设备,双方未对添附物的处理进行约定,租赁合同终止后,可结合实际情况,运用公平原则对损失问题进行处理。

【案例9-19】 赣榆县工商行政管理局诉伏某贵房屋租赁合同纠纷案

一审法院认为,本案原告作为出租人已在合同期限之前通知被告(本案承租人)解除合同,故对原告要求解除与被告的租赁合同,由被告返还其所租用房屋的诉讼请求,法院予以支持。被告未按约定给付原告租金,被告称不给付租金系经原告方领导同意,对此被告不能举证证实,且原告予以否认,故对原告要求被告给付租金的诉讼请求,法院予以支持。被告不应在不定期租赁的房屋内安装使用时间较为长久的固定设备,安装使用时间较为长久的固定设备应当与原告协商一致签订书面协议;原告对被告在承租的营业房内修建简易冷库,当时未表示反对,且被告已经使用经营多年,原告亦未有提出异议,故应视为原告对被告在该营业房内修建简易冷库的认可。现在原告要求解除租赁合同系城镇建设、旧城改造的需要,并非其主观因素要求解除不定期租赁合同。因双方未对解除租赁合同后该增设物如何处理进行约定,故按公平原则处理为宜。二审法院认为,关于上诉人要求被上诉人应对冷库拆装搬运费及材料损失承担全部赔偿责任的主张,由于双方对解除租赁合同后冷库设备拆装搬运费及材料损失的分担未有约定,且双方对此损失的造成均有过错,一审依据公平原则判决双方平均分担损失并无不妥,故法院对上诉人

〔1〕 参见《房屋租赁合同纠纷裁判思路与裁判规则》,法律出版社2017年版,第277页。

的该项主张不予支持。[1]

(三)合理使用权纠纷处理

在承租人就其超期占用租赁物以及损坏租赁物的行为未向出租人承担相应责任的情况下,出租人对承租人提出配合、协助搬迁要求,享有先履行抗辩权。

【案例9-20】 杭州科立生物科技有限公司与建德市兴峰化工有限公司房屋租赁合同纠纷再审案

再审法院认为,本案中,双方签订的租赁合同于2010年9月29日到期,早在租赁期届满前一年科立公司就已通知兴峰公司不再续约出租,因此兴峰公司有义务在上述约定的租赁期限届满前提前准备,按时腾空、返还房屋,并就其在租赁期内对租赁物造成的损害,及时予以修复或依约予以赔偿;而作为出租人的科立公司,亦负有配合、协助承租人兴峰公司腾空房屋、按时搬迁的附随义务。但事实上,直至科立公司于2010年11月8日采取断电措施,兴峰公司仍继续占用厂房进行生产,也未对租赁物的损害依约履行修复或赔偿义务,其行为明显违反了合同约定。科立公司据此要求兴峰公司支付超期占用房屋的租金损失并在搬迁前按租赁合同的约定对损害的厂房进行修复或者赔偿合法有据。《合同法》第六十七条规定……据此,在兴峰公司就其超期占用租赁物以及损害租赁物的行为未向科立公司承担相应责任的情况下,科立公司对兴峰公司提出配合、协助搬迁的要求,享有先履行抗辩权,其在本案中的相关行为,合情合理,也未违反法律规定。原审综合全案情况,并根据利益平衡原则,判决兴峰公司承担其在履行修复或赔偿义务之前继续占用租赁物给科立公司所造成的损失并无明显不当。检察机关抗诉及申诉人申诉理由不能成立,不予采纳。原审认定事实清楚,实体处理适当,可予维持。[2]

根据法律规定承租人合理使用租赁物的,对于租赁物损耗、灭失不承担责任,但作为承租人应当要证明自己合理使用了租赁物。承租人的合理使用表现为在租赁期间对租赁物具有妥善保管的义务,在租赁物毁损、灭失承租人不能证明非自身原因所造成时,则可认定为不是合理使用,对于保管不善导致的应当承担赔偿责任。租赁房屋损毁的,可以通过资产评估的形式确定房屋价值,但在评估过

---

〔1〕 参见最高人民法院中国应用法学研究所编:《人民法院案例选》2006年第2辑(总第56辑),人民法院出版社2006年版,第240页。

〔2〕 浙江省高级人民法院(2014)浙民再字第4号民事判决书。

程中应综合房屋使用年限、评估基准日、评估是否存在漏项以及装饰、装修折旧等因素作出判断。

【案例9-21】 陶某、赵某与张某房屋租赁合同纠纷案

二审法院认为,(1)关于上诉人对于火灾所造成的财产损失应否承担赔偿责任的问题。火灾发生后赵某签字的火灾接警出动处理移交单载明“当事人确认不需要出具火灾认定法律文书”,致使本案火灾发生原因无法查明,且陶某、赵某亦未能提交证据证明火灾的发生与其无关,故,应认定上诉人陶某、赵某对涉案房屋没有尽到妥善保管的义务,应当对火灾给他人造成的损失承担赔偿责任。(2)关于损失数额应当如何认定的问题。二审法院通过专家论证涉案房屋装潢折旧率问题。专家认为:(1)一审法院采用的资产评估报告,是按照定额计算的,评估基准日选取的是2014年12月1日。按照评估规则,房屋装潢部分应当计算成新率。(2)成新率的计算一般采用年限法(装修的自然寿命)和技术勘察法(现场勘验成新率),将这两种结论用加权平均的方法综合计算成新率。因本案火灾造成现场基本不存在,无法进行技术勘察,第二种方法无法采用,而年限成新率,按照一般家装8~10年的寿命年限,也已经超过了。根据国家现有的评估规范,在用的房产、设备,如果超过使用年限还在使用,应当不低于30%的成新率。(3)评估报告中的拆除费用,不能参与折旧。二审法院认为完全不考虑折旧因素对上诉人显失公平。根据涉案资产评估报告,因火灾造成的门窗、地板等装潢损失为42712.83元,评估基准日为2014年12月1日。由于火灾无法勘察原装潢损失部分的成新率,故该报告没有考虑折旧因素。鉴于涉案房屋系2002年装修并投入使用,至2014年8月火灾发生已历经十余年,同时虑及实际完好程度在成新率的加权计算中占有60%比例,对成新率的计算影响较大,且双方均认可原评估报告中存在电路损毁等漏项,综合考虑上述因素,酌定损失数额为30000元。遂判决赵某、陶某赔偿张某损失30000元。[1]

【案例9-22】 李某与青岛某药业有限公司房屋租赁合同纠纷案

二审法院认为,上诉人作为承租人在承租被上诉人厂房期间应当对房屋、场地合理使用,因被上诉人未尽到妥善使用租赁物的义务,对租赁物造成损害,构成侵权,应当承担相应的损害赔偿责任。原审法院委托有关鉴定机构对租赁物造成损害的原因和维修费用进行鉴定,鉴定程序合法,依据充分,上诉人不能提供相反的证据推翻该鉴定结论,因此,对于该鉴定结论予以采信。上诉人应当按照鉴定结论赔偿被上诉人租赁物维修费36843.66元,并

---

[1] 江苏省徐州市中级人民法院(2015)徐民终字第1714号民事判决书。

承担相应的鉴定费用。综上,上诉人上诉理由部分成立,法院予以支持。原审对双方租赁合同的效力认定有误,应予纠正。[1]

承租人未尽合理的注意义务租赁消防设施不达标的房屋作为仓库,对其损失亦应承担一定的责任。

【案例9-23】 李某某与山东白鹤(集团)有限公司房屋租赁合同纠纷案

二审法院认为,本案二审争议的焦点问题:(1)原审判决认定双方当事人应各自承担责任的比例是否正确;(2)原审判决白鹤集团赔偿李某某损失的范围及价值是否正确。(1)关于原审判决认定双方当事人应各自承担责任的比例是否正确的问题。白鹤集团作为出租人,在未取得任何建设审批手续、未经消防验收合格的情况下开办仓储物流市场,并与李某某签订租赁合同,将物流市场内的两处仓库出租给李某某用于仓储各类木质板材,导致该租赁合同无效。在市场经营管理过程中,白鹤集团未设置消防设施,导致火灾发生后未能及时扑灭,使李某某放置于仓库内大量的集成木质板材、家用轿车、专用叉车、办公用品等在火灾中被烧毁,李某某因此遭受重大的经济损失。火灾发生后,白鹤集团不顾受灾业户一再要求,单方将火灾现场清理拆除,导致包括李某某在内的受灾业户的财产价值无法通过现场鉴别和鉴定等方式加以认定,负有过错,应对李某某的财产损失承担赔偿责任;李某某作为承租人,未尽合理的注意义务,租赁没有审批手续的房屋作为仓库,对其损失亦应承担一定责任,原审判决根据本案的实际情况,酌定白鹤集团承担60%的赔偿责任,李某某自行承担40%的责任,并无不当。李某某上诉请求判令白鹤集团承担80%的赔偿责任,缺乏事实和法律依据。(2)原审判决白鹤集团赔偿李某某损失的范围及价值是否正确的问题。关于损失的范围,白鹤集团上诉称,除李某某租用仓库内存放的各种板材以外,其他物品如车辆、叉车、电脑、空调等,白鹤集团不应赔偿。本院认为,根据仓储物流市场的状况以及业主实际经营的需要,上述物品并非与经营业务无关,且火灾现场的照片可以证实上述物品确实已被烧毁,故原审判决白鹤集团赔偿李某某上述物品损失,具有事实依据。关于损失的价值,原审法院根据李某某在火灾发生后按照政府部门处理火灾事故工作组、消防部门以及白鹤集团的要求,提交的由各供货厂家的各类木质集成材的销货凭证、货运明细、火灾发生后显示火灾前存放于两处仓库的各类集成木材的摆放位置、高度的手绘平面图以及各类集成木材过火后的残留物的现场照片,综合认定了李某某因火灾遭受损

---

〔1〕 参见李方民主编:《房屋租赁合同纠纷诉讼指引与实务解答》(第3版),法律出版社2017年版,第34页。

失的实际情况，并酌定李某某在白鹤集团仓储物流中心火灾中所遭受各类集成木质板材的损失价值以及搬运、转运等上述集成板材所支付的费用按其自行统计价值损失数额的50%计算，并无不当。李某某关于应按其主张的损失予以认定的上诉理由不能成立；白鹤集团上诉对李某某存放各类板材的数量、价格提出异议，但不能提供反驳证据予以佐证，李某某在二审中对此已作出合理解释，故白鹤集团的该上诉请求，本院不予支持。[1]

承租人妥善保管义务是合理使用权的必要内容，保管不善属于过错责任，租赁关系终止后承租人的保管义务是合理使用权的必要延伸，违反保管义务的应承担责任。

【案例9－24】　胡某杰与杨某财产损害赔偿纠纷案

判决观点，承租人应妥善保管租赁物，因保管不善造成租赁物毁损、灭失的，应当承担赔偿责任。胡某杰对涉案房屋及屋内设施应负有妥善保管的义务，胡某杰入住涉案房屋后，拆除了原有的锅炉、马桶设施并于露天天井处置放，必将导致设施出现损害，有违其应当负有的妥善保管义务。对于胡某杰自行添置的相关设施，可以与房屋分离的，其拆除后不影响房屋使用的，其有权带走，但应当注意的是，对于其所拆除的设施，同时负有恢复原状之责，胡某杰对于所拆除的设施并未恢复原状，应当赔偿杨某相应的损失。另外，承租人的妥善保管义务不仅存在于租赁物使用期间内，租赁关系结束，租赁物未交付出租人之前，承租人也应负有一定的善良保管义务。胡某杰否认其有拆除厨房柜板、吊顶，在墙面写字等破坏行为，称其搬走时除了拆走其自行安装的设施以外并无其他破坏行为。但其搬走后并未锁门的行为，导致涉案房屋处于不安全状态，胡某杰此举未尽到相应的善良保管义务，由此造成的损失应当赔偿。原审综合考虑涉案房屋产生的金钱债务执行数额及时间情况、物业公司报警和辖区派出所出警情况、当事人的陈述情况、现场勘查情况、评估鉴定情况等，酌情确定损失赔偿数额，并无不当。[2]

个案中，应对添附物区分是否善意进行处理。

【案例9－25】　驻马店市龙山包装有限公司与驻马店市国有资产经营管理有限公司房屋租赁合同纠纷再审案

最高人民法院认为，对租赁物改善和增设他物存在两种情形：一种是经出租人明确同意和虽未经出租人明示同意，但出租人知道后不表示反对，且

---

〔1〕 山东省高级人民法院(2014)鲁民一终字第360号民事判决书。

〔2〕 参见最高人民法院民法典贯彻实施工作领导小组编著：《中国民法典适用大全》(合同卷三)，人民法院出版社2022年版，第2082页。北京市大兴区人民法院(2021)京0115民申92号民事判决书。

符合租赁合同约定用途而为善意添附;另一种是未经出租人同意或超出合同约定用途合理范围,擅自所为的添附。审判实践中,在租赁合同终止、合同无效等情况下,作为善意添附是不适用恢复原状的,应在添附物现存审计鉴定价值基础上确定出租人的可利用价值,由出租人向承租人折价补偿,否则出租人所获利益将会因无法律和合同依据而为不当得利。我国对合法添附物的折价补偿方式,究其立法本意,是在遵循公平、等价有偿、诚实信用等民法基本原则的前提下,对租赁合同双方当事人的权益都给予充分保护。如租赁双方对善意添附物在合同解除后的归属问题没有约定,出租人提前解除租赁合同,侵害了承租人在剩余租赁期间的使用权,应赔偿承租人的损失。若出租人接收的财产具有一定价值,也应对承租人进行相应的补偿。[1]

租赁期限届满,承租人返还租赁物状态是合理使用权的内在要求。

【案例9-26】 张某文与中国邮政集团有限公司南平分公司房屋租赁合同纠纷案

二审法院认为,当事人对返还租赁物的状态未作特别约定的,承租人在约定租赁期限届满时,符合正常使用、收益后合理损耗的房屋返还给出租人。[2]

(四)房屋维修责任和费用处理

《民法典》第七百一十二条规定:"出租人应当履行租赁物的维修义务,但是当事人另有约定的除外。"本条是关于出租人的维修义务的规定。出租人尽维修义务并不是绝对的、无限的,它应具备以下条件:(1)限于租赁物本身的瑕疵;(2)租赁物有维修的必要;(3)有维修的可能;(4)有维修的正当理由。法律虽然规定了在一般情况下出租人负有维修义务,但并非在所有的情况下维修的义务都由出租人承担。排除出租人维修义务的情况有以下三种:(1)法律、行政法规规定,由承租人承担维修义务的。(2)双方约定维修义务由承租人负担。(3)依当地生活习惯和商业习惯。[3]

---

〔1〕 参见最高人民法院民法典贯彻实施工作领导小组编著:《中国民法典适用大全》(合同卷三),人民法院出版社2022年版,第2093页。最高人民法院(2017)民申3279号民事裁定书。

〔2〕 参见最高人民法院民法典贯彻实施工作领导小组编著:《中国民法典适用大全》(合同卷三),人民法院出版社2022年版,第2221页。福建省南平市中级人民法院(2021)闽07民终1556号民事判决书。

〔3〕 参见最高人民法院民法典贯彻实施工作领导小组编著:《中国民法典适用大全》(合同卷三),人民法院出版社2022年版,第2065~2067页。

《民法典》第七百一十三条规定："承租人在租赁物需要维修时可以请求出租人在合理期限内维修。出租人未履行维修义务的，承租人可以自行维修，维修费用由出租人负担。因维修租赁物影响承租人使用的，应当相应减少租金或者延长租期。因承租人的过错致使租赁物需要维修的，出租人不承担前款规定的维修义务。"立法者认为，目前我国学者多持否定说，认为在非因承租人的过错所致的情形下，出租人才负有维修租赁物的义务，因承租人的过错致使租赁物需要维修的，则由承租人承担维修义务，本条规定采用这一观点。承租人拒不履行维修义务，造成租赁物毁损、灭失的，应当按照本法的有关规定，承担损害赔偿责任。[1] 租赁物有维修的必要及可能时，承租人可以向出租人发出维修的请求，催告出租人在合理期限内对租赁物进行维修。该合理期限应当根据租赁物的损坏程度、承租人需要维修的紧迫程度以及出租人的维修能力等具体情况确定。出租人应当在承租人提出的合理期限内履行对租赁物的维修义务，以满足承租人使用租赁物的需求。[2] 诉讼中，合理期限是由法官行使自由裁量权确定。

实践中，承租人行使合理使用权必然涉及租赁房屋的修缮责任划分和费用承担问题，往往为争议焦点。

租赁房屋维修费用承担与维修义务主体联系紧密，在承租人合理使用的情况下，租赁房屋的维修由出租人负责并承担维修费用，但有约定的除外。租赁房屋毁损系由承租人（未按照约定的方法使用或者租赁物性质使用）所致的，维修费用由承租人负担。租赁房屋毁损非因承租人（包括不可抗力、意外事件、正常损耗等）所致的，维修费用由出租人负担。在承租人因其他过错导致租赁房屋毁损的情况下，租赁合同若属不定期租赁，出租人可以主张承租人赔偿损失，解除合同且不承担维修费用。《民法典》第七百一十一条规定承租人未按照约定的方法或者根据租赁物的性质使用租赁物，致使租赁物受到损失的，出租人可以解除合同并请求赔偿损失。

在房屋租赁合同关系中，出租人对出租房屋有瑕疵担保责任，必须保持租赁标的物适合于使用、收益的状态。一旦租赁标的物出现质量瑕疵，影响承租人使用，在租赁双方对租赁标的物的修缮义务无约定的情况下，则由出租人负担法定的修缮义务。也就是说，为保证承租人的合理使用权，在租赁合同未对房屋修复、养护责任明确约定的，应由出租人对此负责并承担费用。

---

〔1〕 参见黄薇主编：《中华人民共和国民法典合同编释义》，法律出版社 2020 年版，第 541 页。

〔2〕 参见黄薇主编：《中华人民共和国民法典合同编释义》，法律出版社 2020 年版，第 540 页。

【案例9－27】 上海某园艺公司诉上海某花鸟奇石市场经营管理有限公司房屋租赁合同纠纷案

判决观点，系争大棚的修缮之所以陷入僵局，主要是因为双方不仅对系争大棚的修缮方式存有争议，而且对修缮大棚的费用彼此推诿。园艺公司站在承租人角度，欲在不承担费用的情况下对大棚自行进行替补性修缮，其本意为保持租期内市场的经营利润，而花石公司站在出租人角度，亦欲在不承担费用的情况下对大棚进行更替性修缮，其本意为租赁物的保值增值。由于租赁双方在租赁合同中对租赁物的修缮及修缮费用未曾约定，因此根据法律规定，出租人应当履行租赁物的维修义务，承租人在租赁物需要维修时，可以要求出租人在合理期限内维修。出租人未履行维修义务的，承租人可以维修，维修费用由出租人负担。可见，园艺公司租赁的系争大棚需要修理，花石公司作为出租方应当履行法定的维修义务和承担法定的维修费用。当然，积极配合花石公司对大棚的修缮，同样是园艺公司作为善良租赁人的应尽义务。鉴于此，法院对园艺公司要求花石公司修缮系争大棚及费用由花石公司承担的诉讼请求予以支持。关于花石公司提出在其修缮系争大棚时须清除大棚外侧1.5米内所有的障碍及棚内的所有物品的主张，因其既未就该主张提供相应的证据，又未提供相应数据，故在法院对系争大棚的修缮责任依法已作出处理的情况下，花石公司的此项诉请不再处理。[1]

法律虽然规定了在一般情况下出租人负有维修义务，但并非在所有情况下，维修义务都由出租人承担。法律、行政法规规定由承租人承担维修义务的及双方约定维修义务由承租人负担的，则由承租人承担维修义务。《民法典》第七百一十二条规定："出租人应当履行租赁物的维修义务，但是当事人另有约定的除外。"承租人在租赁前已明知租赁房屋具有某项质量缺陷，而又与出租人明确约定，如发生更严重的质量问题时出租人不承担维修责任，根据日常生活经验，可以推断出承租人对租赁房屋已具有质量缺陷且愿意自行承担维修责任和费用，是同意的意思表示，对事后反悔的法律不予支持。也就是说，租赁合同可以约定由承租人承担房屋维修责任及费用。

【案例9－28】 周某某与上海某器械股份有限公司房屋租赁合同纠纷案

二审法院认为，本案中，根据查明的事实，周某某在与器械公司订立合同之前已使用系争房屋，周某某也确认双方在签订租赁合同时，对系争房屋漏水情况是明知的。在此情况下，双方在签订的系争房屋租赁合同中明确，器械公司不承担系争房屋主体结构的维修义务，如主体结构受损应由周某某承

---

〔1〕 参见《房屋租赁合同纠纷裁判思路与裁判规则》，法律出版社2017年版，第136页。

担维修责任。原审法院认定双方已就房屋漏水问题的维修责任归于周某某一节达成了合意,二审法院认同,其理由原审法院已作了充分阐述。周某某的上诉请求依据不足,不予支持。[1]

现行法律虽然并没有明确规定承租人的报修和注意义务,但根据法律规定的诚实信用原则,根据合同的性质、目的和交易习惯履行通知、协助、保密等合同的附随义务而产生该项义务。因而在租赁关系存续期间,租赁物及其附属设施发生损坏需维修的,承租人应通知出租人。承租人就房屋发生损害未尽通知及注意义务,则可以免除出租人维修及赔偿责任,其承租人自担损害后果。

【案例9-29】　上海某防腐工程有限公司与上海某房地产开发有限公司房屋租赁合同纠纷案

判决观点,工程公司与房地产公司签订的租赁合同是双方当事人的真实意思表示,合法有效,双方均应恪守履行。首先,租赁合同是出租人将租赁物交付承租人使用、收益,承租人支付租金的合同,房地产公司作为出租人,应当履行租赁房屋及附属设施的维修义务。工程公司与房地产公司在租赁合同中对于租赁房屋设施的维修已有约定,即在工程公司向物业管理处报修后,房地产公司应及时给予修缮。发生火灾的前一天下午,工程公司员工已经发现西南房间内的日光灯一明一暗的异常情况,应当预见到日光灯可能发生故障,从而及时向物业报修。现因工程公司未及时报修而引发火灾,因此即使该日光灯是由房地产公司提供的附属设施,房地产公司也不应承担未履行维修义务的违约责任。其次,工程公司作为承租人,在使用租赁物时应当履行谨慎的注意义务,妥善保管好租赁房屋,包括每天下班前关闭门窗、切断总电源、关闭所有电器开关等。日光灯故障引发火灾的前提是处在通电状态,而通电状态有两种可能,一为开关处于开启状态,二为开关处于关闭状态,但电线线路接错。因西南房间的日光灯电线线路及开关均已烧毁,故无法确认日光灯处于通电状态的真正原因。根据现场照片及陈某的询问笔录,可以认定火灾前一天,工程公司员工下班时未切断1609室总电源,且经理办公室的照明灯开关未关闭。在此情况下,不能排除工程公司未尽到下班后关闭所有电器开关的注意义务,从而存在日光灯处于通电状态的可能性。最后,工程公司所称大厦未经消防验收合格,且存在烟感报警器失灵、消防设备未依法配置、16楼消防栓无水的情形,与工程公司提供以及法院调取的证据相悖。综上所述,工程公司对自己提出的诉讼请求所依据的事实,有责任提供证据加以证明。根据工程公司提供的证据,不足以证明火灾原因系房地产

---

〔1〕 参见《房屋租赁合同纠纷裁判思路与裁判规则》,法律出版社2017年版,第141页。

公司提供的房屋附属设施有瑕疵或者房地产公司未尽到维修义务,即工程公司不能证明火灾系房地产公司违约所致,工程公司应当承担其不利的法律后果。〔1〕

出租人在履行维修义务过程中,承租人未按租赁合同约定对出租人维修时予以配合,导致维修不能的,应自行承担房屋受损的责任。

【案例9-30】 坤阳公司与外展公司房屋租赁合同纠纷案

一审法院认为,坤阳公司向外展公司交付系争房屋时,系争房屋并未损坏,亦未有证据证明系争房屋交付时存在缺陷危及外展公司安全。2008年3月由于外展公司楼上1408室、1409室房屋使用人装修时施工不当导致系争房屋天花板受损,侵权行为实施人并非坤阳公司。坤阳公司针对外展公司反映的情况及时地向1408室、1409室房屋使用人发出了整改通知,并在合理期限内对系争房屋进行了修复。针对外展公司反映的天花板修后再次脱落问题,坤阳公司一直在积极协调,履行了勤勉的维修义务,并提供了临时过渡办公用房,并不存在违约行为。外展公司认为坤阳公司违反合同约定,并要求其承担违约金的诉讼请求,法院不予支持。外展公司与坤阳公司协商过程中,明知天花板脱落存在安全隐患,其有多种解决方案可供选择。其一,外展公司可以暂不要求坤阳公司赔偿损失的基础上,要求坤阳公司履行维修义务,如有实际损失,可另向实际侵权人主张;其二,在坤阳公司不履行维修义务的情况下,外展公司可以按照合同约定自行维修,再由坤阳公司来承担维修的费用;其三,外展公司可以基于侵权事实要求侵权人对系争房屋进行修复、恢复原状、赔偿损失。法院认为,坤阳公司基于租赁合同关系的维修义务与侵权人基于侵权事实履行赔偿义务并非同一法律关系,但外展公司错误地将出租人对房屋的维修义务与侵权人的赔偿义务混同,要求坤阳公司在履行维修系争房屋义务时对外展公司的损失予以赔偿,以至于坤阳公司多次要求修缮房屋未能成功。外展公司虽然亦多次与坤阳公司协商,但其行为在客观上妨碍了坤阳公司履行对系争房屋的维修义务,系争房屋未能完全修复的责任应当由外展公司承担。二审法院认为,双方的往来函件反映出,坤阳公司安排了修复事宜并提供临时过渡用房,然外展公司既未积极配合进行维修,又未依约代为维修,并至今实际使用房屋,故原审考虑房屋实际情况,酌定之租金数额,亦无不妥。〔2〕

---

〔1〕 参见《房屋租赁合同纠纷裁判思路与裁判规则》,法律出版社2017年版,第144~145页。

〔2〕 参见李方民主编:《房屋租赁合同纠纷诉讼指引与实务解答》(第3版),法律出版社2017年版,第61~63页。

（五）有益费用返还处理

所谓有益费用，是指承租人经出租人同意，为改善、添附租赁物使之价值增加而支出的必要费用。构成的要件为，其一，该笔费用必须是对租赁房屋进行改善或增设物而支出的费用。其仅为维持租赁房屋必要的使用状态而支出的费用，虽属必要费用但不属于有益费用的范畴。其二，该笔费用的支出产生的后果为租赁房屋增值。其三，承租人的改善和增设行为经出租人同意。这里面包含了两层含义，一为出租人同意是承租人实施行为的前提和基础，出租人不同意的，其承租人的行为的增值后果不存在返还问题。二为承租人的改善中，含有承租人的劳动价值。

实践中，对于承租人支出的使租赁物改善或价值增加的费用中，属于有益费用返还有不同观点。这就需要根据具体案情，依有益费用的要件予以确认。出租人返还的有益费用的数额，仅限于租赁合同终止时租赁房屋增加的价值额，而不是承租人支出的所有有益费用。这是基于在租赁关系存续期间，租赁房屋为承租人占有使用并收益，其改善增设的价值也为承租人享有，其出租人并未享用，当然不应为此支付费用。租赁合同终止，出租人收回租赁房屋才占有其增加价值的余额。也就是说，出租人只负有返还有益费用的一部分即余额部分，而不是承租人支付的全部有益费用。对于出租人要求拆除增设物的，且增设物能够拆除，可以要求承租人拆除而不必给予剩余有益费用。

专题十　房屋转租合同纠纷

转租在现实社会生活中广泛存在，目前许多办公楼、店铺甚至居民住宅以转租的形式进行使用。转租作为一种配置资源，提高资源利用效率的行为，普遍而频繁地出现在经济生活中，同时伴随着大量转租纠纷。本专题就转租纠纷案件中一些热点和疑难问题予以分析，但未涉及转租全部问题。

一、房屋租赁转租理解

（一）房屋转租理解

《民法典》第七百一十六条规定："承租人经出租人同意，可以将租赁物转租给第三人。承租人转租的，承租人与出租人之间的租赁合同继续有效；第三人造成租赁物损失的，承租人应当赔偿损失。承租人未经出租人同意转租的，出租人可以解除合同。"原《合同法》第二百二十四条作了相同规定。该条是转租的法律规定，其出租人是否同意是判断转租合同是否有效的依据。立法者释义为，经出租人同意的转租是有效的，但由于在同一租赁物上出现了三个当事人（即出租人、承租人、次承租人）、两个合同关系，这三人之间的法律关系必须明确。按照本条的规定，经过转租的租赁合同关系当事人的关系应包括三个方面：其一，出租人与承租人之间的关系不因转租而受影响，继续有效，承租人仍然应向出租人承担支付租金、在租赁期限届满时返还租赁物的义务。因次承租人的行为造成租赁物损失的，承租人仍然要对出租人负责。其二，虽然次承租人与出租人之间没有合同关系，次承租人在特定条件下可以直接向出租人支付租金，出租人不得拒绝。其三，在租赁合同终止或者被解除时，承租人与次承租人之间的租赁关系也随之终止。因为这个次承租合同的订立是以前一个租赁合同为基础的。[1] 未经出租人同意的转租，出租人有权解除合同，该条规定未提及合同效力。

所谓房屋转租，是指承租人不退出原租赁合同关系，而将房屋出租给次承租人使用、收益。[2] 也有学者认为，所谓房屋转租，是指承租人将租赁物之全部或一部分出租于第三人（次承租人），供其使用、收益，第三人则支付租金，而承租人本身并不脱离原租赁关系之行为。[3] 主流观点认为，转租是指承租人在承租他人之物后作为出租人，将租赁物出租给次承租人，承租人与次承租人形成新的租

---

〔1〕 参见黄薇主编：《中华人民共和国民法典合同编释义》，法律出版社2020年版，第545页。

〔2〕 参见王泽鉴：《民法概要》，中国政法大学出版社2003年版，第365页。

〔3〕 参见黄立：《民法债篇各论》（上），中国政法大学出版社2003年版，第296页。

赁关系,但承租人仍然依据其与出租人的租赁合同约定承担相应的权利义务。[1]也就是说,转租系以原租赁合同为基础,承租人与第三人再订立租赁合同,将租赁房屋转由第三人独立使用收益的行为。需要注意的是,转租是承租人与次承租人另成立新的租赁关系,与单纯的允许第三人之使用收益的情形不同,[2]即要求第三人必须是对租赁房屋进行独立的使用收益,因此承租人的近亲属、朋友等使用租赁房屋因并非其为独立的使用收益从而并不构成转租。

房屋转租的基本特征为,其一,出租人与承租人租赁合同关系不消灭,租赁合同仍在继续履行,承租人不退出租赁合同,合同双方的权利义务不变。其二,承租人与次承租人形成新的租赁合同关系,权利义务的内容原则上以原租赁合同为基础。其三,承租人与次承租人新的租赁合同期限是承租人剩余租赁期限,对超过剩余租期部分对出租人不具有约束力,但与承租人另有特殊约定的按约定办理。其四,承租人转租房屋是为谋取一定经济利益,如非无偿供他人使用收益。其五,转租人必须是原租赁合同的承租人。其六,次承租人的权利受到承租人的承租权和出租人的所有权的限制。其七,出租人与承租人之间的租赁合同效力不受转租行为影响继续存在。

转租的性质。租赁在性质上是一种合同,租赁权由此产生。转租并不一定意味着承租人对房屋的直接支配。只要出租人事先或事后同意,承租人就可以转租房屋,一旦承租人转租房屋,他就不再直接支配房屋即失去占有使用的权利,但不因此失去基于租赁合同所享有的收益权。租赁是一种继续性合同,其性质为债权。换言之,对于承租人使用、收益权以及必要的占有权,虽称为租赁权,但仍为债权性质。转租合同是负担行为,而非处分行为。尽管出租人将租赁物交付承租人后,承租人取得对租赁物的占有,但这种占有仅仅为一种事实而非权利,其对租赁物并无支配性,其表现就在于,承租人对租赁物之占有,对于出租人的支配权并无任何限制,出租人在租赁期间不得请求返还租赁物,并非因其支配权受到限制,而系因其承担债务,应加以区别。出租人交付租赁物与承租人的行为既非处分,则与处分权无关。正因如此,我国《合同法》第二百一十二条规定的租赁合同定义中,并未规定出租人对租赁物必须有所有权或处分权。[3]

转租的构成,必须具备以下要件:(1)行为人必须具有租赁权。也就是说,行为人必须与他人之间具有租赁关系,在此关系中,行为人为承租人,享有租赁权。行为人具有租赁权是转租得以发生的前提条件。如果行为人并无租赁权,或者虽

---

〔1〕 参见最高人民法院民事审判第一庭编著:《最高人民法院〈关于审理城镇房屋租赁合同纠纷案件司法解释〉的理解与适用》,人民法院出版社2009年版,第190页。

〔2〕 参见吴启贤:《租赁法论》,台北,五南图书出版有限公司1998年版,第100页。

〔3〕 参见最高人民法院民事审判第一庭编著:《最高人民法院〈关于审理城镇房屋租赁合同纠纷案件司法解释〉的理解与适用》,人民法院出版社2009年版,第199页。

然享有租赁权但该权利已归于消灭,则行为人将物出租给他人的行为不构成转租。如行为人将尚未出租的自己之物或者他人之物出租给第三人,构成出租自己之物或者出租他人之物,并不能发生转租关系;如行为人将自己已经出租的物再出租给第三人,此时仅构成双重出租,并不构成转租;再如租赁关系消灭后,承租人未交还租赁物,擅自将之出租,此时也不构成转租,只发生出租他人之物的现象。(2)行为人必须与第三人订立租赁合同。如果享有租赁权的行为人以租赁物为标的物,与第三人订立以转移标的物所有权或者提供劳务、完成工作为内容的合同,也不能构成转租。如承租人将租赁物出卖给第三人或者使第三人修理租赁物,均不构成转租。(3)必须以租赁物为标的物。如果承租人并不将租赁物而是将其他的物出租给第三人,则不构成转租。如承租人承租土地以后,在该土地上建筑房屋,并将房屋出租给他人,则承租人的行为不属于转租。[1] 应注意的是,其一,出租人并不限于房屋所有权人,还包括承租人、次承租人。其二,负有支付占有使用费的义务主体不限于次承租人。

房屋转租的类型。转租根据不同的标准可以分为不同的类型。以承租人将租赁房屋的全部或是部分转租为标准,可以分为全部转租与部分转租。是构成全部转租还是部分转租,不能仅依据租赁物之物理性状加以判断,而必须结合租赁物的经济目的予以决断,如承租人将客厅、卧室均予转租,仅保留厨房,偶作炊事之用,此时即不能认定为部分转租,因为承租人的此种行为已使其丧失原定经济目的,应当认定为全部转租。根据承租人的转租是否经过出租人的同意,可以将转租区分为合法转租与不合法转租。之所以要以出租人同意为标准而将转租区分为合法与非法两种类型,其原因在于,对租赁物进行使用收益的方法及其程度,往往因人而异,承租人为何人,对出租人有重大影响。

转租合同法律适用依据。有学者认为,“转租性质上属租赁契约,适用民法上有关租赁合同之规定”[2]。该种认识妥当,已为主流观点。纠纷发生在《合同法》施行期间适用其相关规定,纠纷发生在《民法典》施行期间适用合同编的相关规定。

转租合同中请求权行使问题。在房屋转租关系中,出租人对承租人、次承租人对租赁房屋产生的损害均有请求赔偿权,但两者请求权的基础不同。出租人对承租人的损害赔偿请求权,是基于双方签订的租赁合同关系产生的请求权。出租人对次承租人的损害赔偿请求权,因出租人与次承租人不存在合同关系,出租人只能主张侵权赔偿。在原租赁合同履行期间,次承租人代承租人履行交租金、通知、修缮和保管等义务的,则应视为承租人履行了义务,次承租人对已履行义务不

---

〔1〕 参见宁红丽、耿艺:《转租制度研究》,载《合同法评论》2004年第2辑(总第2辑),人民法院出版社2004年版,第113页。

〔2〕 参见陈英容:《转租制度之探讨》,载《福建政法管理干部学报》2001年第1期。

属于其自身义务部分享有向承租人追偿权。在转租合同履行期间,次承租人不履行交租金、通知、修缮和保管等义务的,承租人应依原租赁合同约定履行,对于超出转租合同约定部分承租人可向次承租人追偿。

转租合同与原租赁合同的联系,主要表现在以下四个方面:第一,转租合同必须要以原租赁合同为前提,其在效力上应当依附于原租赁合同。如果原租赁合同无效或被撤销,则转租合同通常也应当终止。第二,转租合同的内容也在一定程度上依附于原租赁合同。在一些方面,转租合同的内容不得超过原租赁合同(如租赁期限、对租赁物的使用权等)。第三,转租合同的标的物必须是原租赁合同的标的物。第四,转租合同的出租人必须是原租赁合同的承租人。当然,转租合同又具有一定的相对独立性。转租合同是在承租人与次承租人之间订立的,就次承租人的角度而言,其属于转租合同的承租人,因此,其仅对承租人负有租金支付义务,也仅仅有权请求承租人履行相应的义务。原承租人在转租合同中居于出租人地位,这是其在原租赁合同和转租合同中的不同地位的体现。[1]

在租赁关系存续期间,因出租人与次承租人不存在直接权利义务关系,出租人欲出卖租赁物时,即使承租人放弃优先购买权,次承租人仍不享有该项权利。租赁期间,出租人将租赁物出卖给他人,依“买卖不破租赁”原则,原租赁关系对所有权人继续有效,则转租协议亦为有效。[2]

(二)转租与租赁权转让区别

在司法实践中,在对法律关系进行定性时应区分转租和租赁权转让,[3]此两种法律行为的类似之处在于均应经出租人同意方为合法:我国《合同法》明确规定经出租人同意的,承租人可以转租;而租赁权的转让其实质为租赁债权债务的概括转让。[4] 有法官认为,转租与租赁合同转让的主要区别就在于:其一,租赁合同转让是以第三人概括承担承租人租赁关系上权利义务为内容的合同,性质上属契约之承担。而转租则是承租人与第三人订立另一新的租赁合同,合同内容并不是将承租人基于原租赁合同所生之权利义务概括转让给第三人。其二,租赁合

〔1〕 参见王利明主编:《判解研究》2013 年第 3 辑(总第 65 辑),人民法院出版社 2014 年版,第 2 页。

〔2〕 参见陈英容:《转租制度之探讨》,载《福建政法管理干部学报》2001 年第 1 期。

〔3〕 区分转租与租赁权的转让,有利于司法实践中对转租行为的准确定性,并有助于分析转租合同效力。

〔4〕 也有学者认为租赁权的转让实质为债权转让,原承租人在转让租赁权后仍应承担租赁合同的义务。苏号朋:《转租的行为加工分析——兼评〈合同法〉第 244 条之不足》,载《浙江社会科学》2007 年第 2 期。

同转让的法律后果是承租人脱离租赁关系,不再有承租人的地位,由受让人完全取代承租人的地位成为租赁合同一方当事人。而在转租关系中,转租人(承租人)不脱离原租赁关系,第三人不取代转租人的地位成为原租赁关系当事人,而是在转租人与第三人之间建立另一新的租赁关系,转租人在租赁物上为第三人再设立一个新的租赁权。其三,第三人通过租赁合同转让的方式取得租赁权,就权利取得方法而言,属于转移的继受取得。而通过转租合同取得租赁权,则是在转租人享有租赁权的基础上以同一标的物再创设一新租赁权,属于创设的继受取得。[1] 换言之,对于转租而言,承租人与出租人原有租赁合同继续履行且有效,承租人仍享有租赁权,并不退出租赁合同关系。承租人对租赁房屋再设定新的租赁权,次承租人直接与承租人发生关系。次承租人有权请求承租人交付符合收益目的房屋及要求承担人对房屋进行修缮权利。转租可分期支付租金,也可以是全部或部分转租房屋。对于租赁权的转让而言,承租人完全脱离原租赁关系,使受让人继受其地位,出租人与承租权的受让人签订租赁主体变更合同,其继续原租赁合同。租赁权转让则应一次性给付价款,且转让是处分租赁房屋占有、使用及收益的全部权利。也就是说两者区别的根本标志是,转租为设得的取得,而转让为转移取得。

实践中,租赁权转让明显区别于转租的就是,出租人同意将承租人名字变更为受让人。

【案例10-1】 杨某某诉石某某房屋租赁合同纠纷案

判决观点,本案中,讼争房屋为原告向房产管理局承租的直管公房。租房时,双方所签订的《房屋租赁契约》已表明被告与房产管理局之间存在房屋租赁合同关系,因此该份《房屋租赁契约》对双方具有约束力。2005年8月29日,原、被告签订了一份《公房转让居住权协议》,从该协议的内容看,是对讼争房屋居住使用权的转让,并非房屋的转租,而协议中所作的"由卖方协助买方办理过户、改名"的约定则表明该份协议的目的是由被告将其在《房屋租赁契约》中自己的权利义务转移给原告,由原告成为房屋的承租人,其实质是合同权利义务的一并转让。作为租赁合同关系中的承租人即被告要退出租赁关系,把合同权利义务一并转让给原告时,必须经得租赁合同对方当事人房产管理局的同意。本案中,原告并未能提交证据证实房产管理局对此表示过同意。在无证据表明房产管理局同意转让公房使用权的情况下,原、被告双方所签订的《公房转让居住权协议》并非有效协议,故对原告依该协议提出的诉讼请求,法院不予支持。据此,法院判决:驳回原告杨某某的诉讼

---

〔1〕 参见杜万华主编:《最高人民法院民商事案件审判指导》(第5卷),人民法院出版社2018年版,第108页。

请求。[1]

【案例10-2】 廖某某诉陈某某房屋租赁合同纠纷案

二审法院认为,按本案当事人之间签订的《补充合同》约定的内容,廖某某将其对涉案商铺的原租赁合同权利转给陈某某,由陈某某与双环公司之间直接成立租赁合同关系,并由陈某某直接向双环公司支付租金等费用,依据《合同法》第八十八条的规定,廖某某与陈某某之间在签订《补充合同》后,实质系成立债权债务概括转让合同关系,故本案为债权债务概括转让合同纠纷。廖某某与陈某某之间在《补充合同》中有关原租赁合同债权债务概括转让的约定内容,不违反法律、行政法规的效力性强制性规定,合法有效,双方均应依约履行。因陈某某与双环公司之间就涉案房屋的租赁合同关系已成立并生效,自此则应视为廖某某已经全部履行完毕其在本案债权债务概况转让合同中的义务,陈某某依约应当支付合同约定的剩余转让费。据此,二审法院判决驳回上诉,维持原判。[2]

(三)转租与相关行为关系

1. 转租与借用行为

承租人将出租房屋借给第三人使用是否构成转租,应以转租合同成立要件判断,其承租人出借行为显然不符合转租的范围,不能按转租合同认定,现行法律和司法解释对此也未予规定,属于法律漏洞。在承租人将出租房屋借给第三人时,承租人虽然不如转租时能获得租金,但第三人依然如转租时一样取得收益的权利。因此,基于“相类似的,应为相同的处理”的法理,承租人转借租赁物时应可类推适用转租的规定。[3]

2. 转租与无权处分

合法的转租亦经出租人同意,转租合同合法有效,根本不会发生无权处分问题。

---

〔1〕 参见李方民主编:《房屋租赁合同纠纷诉讼指引与实务解答》(第3版),法律出版社2017年版,第227页。

〔2〕 参见万国营主编:《房屋租赁合同纠纷》(第2版),法律出版社2015年版,第123页。

〔3〕 参见宁红丽、耿艺:《转租制度研究》,载《合同法评论》2004年第2辑(总第2辑),人民法院出版社2004年版,第114页。

对违法的转租是否构成无权处分有不同观点。有学者认为,承租人未经出租人的同意而将租赁物非法转租给他人,也构成无权处分。因为,对于转租而言,虽然承租人擅自转让的只是占有权、使用权,不是转让他人的财产,但承租人擅自将其占有权、使用权转让给他人,实际上是非法处分他人财产所有权的行为。[1] 也有学者认为,在采物权行为独立性的法制下,无权处分,是指无权的"处分行为",违法转租并不构成无权处分。即使采纳我国学者多数说,将出卖他人之物的买卖合同等作为无权处分从而属于效力未定合同的观点,出租他人之物、出借他人之物、非法转租等行为也不应属于无权处分制度的调整范围。因为这些行为所导致的问题完全可通过其他制度获得圆满解决,没有必要纳入无权处分制度的调整范围。对于这些行为,在法律上应尽可能使其有效,权利人可通过物上请求权制度维护其利益,而承租人或借用人的利益则可通过使出租人或出借人承担不能履行合同义务即交付标的物的违约责任获得保障。[2] 笔者认为后一种观点更符合法理。

3. 转租与不当得利

合法的转租,承租人是基于法律上认可的原因,其行为不成立不当得利。

违法的转租是否构成不当得利?有学者认为,当承租人违法转租时,在出租人解除租赁合同之前,由于承租人享有租赁权,而次承租人对租赁物的使用收益之权乃基于承租人的租赁权而发生,从而次承租人之行为在承租人有租赁权期间并非不法,次承租人的地位实际相当于承租人的履行辅助人,[3]并且出租人对标的物并不享有使用收益的权利,这就说明出租人并未遭受损失,因此,出租人不得对次承租人行使不当得利返还请求权。但是,当出租人解除租赁合同之后,出租人即得就次承租人继续占有之期间,以相当于租金的金额为范围,请求次承租人返还不当得利。[4]

(四)转租包括再转租行为

关于次承租人能否再转租问题,制定司法解释的法官认为,从理论上看,依照

---

〔1〕 参见王利明:《民商法研究》(第5辑),法律出版社2001年版,第349页。

〔2〕 参见易军:《论德国及我国台湾地区法上的无权处分制度——兼论我国〈合同法〉第51条》,载《私法研究》(第2辑),中国政法大学出版社2002年版。

〔3〕 参见郑玉波:《民法债编各论》,台北,三民书局1986年版,第250页。

〔4〕 参见詹森林:《让与租赁权之债权契约与准物权契约》,载《月旦法学杂志》第69期。

契约自由及转租的法理,应予肯定。[1] 市场经济的最大特点就是经济的高速运转,与之相对应的必然是物的快速流转,多手转租,可以达到物尽其用的目的,禁止多手转租缺乏法律依据。再转租行为完全符合转租的法律特征,法律也并未对这种行为有禁止性规定,因此,再转租也适用本司法解释有关转租的规定。[2] 笔者认为,在个案中,次承租人能否再转租取决于原租赁合同和转租合同的约定。原租赁合同和转租合同约定不准转租的,则限制转租;反之,则可以转租。

在个案中,出租人同意转租的,次承租人的转租行为有效。

【案例10-3】 钮某蓓诉江某兵房屋租赁合同纠纷案

一审法院认为,关于钮某蓓诉是否有权转租案涉房屋。依据《合同法》第二百二十四条第一款的规定,承租人经出租人同意,可以将租赁物转给第三人,承租人与出租人之间签订的租赁合同继续有效。本案中,房屋所有权人陈某为出租人,周某为次承租人,钮某蓓从周某处转租给江某兵。陈某的祖母兼监护人丁某珍代表陈某明确表示同意钮某蓓转租,江某兵未能提供其他证据证明周某不同意钮某蓓再转租,故钮某蓓有权将房屋转租给江某兵。至于转租期限超过钮某蓓与周某转租的期限,因获得出租人陈某追认,应属有效。判决:江某兵支付钮某蓓租金2000元、违约金5000元,并赔偿钮某蓓损失4000元,合计1.1万元。二审法院维持一审判决。[3]

转租并非承租人具有所有权为必要条件。

【案例10-4】 项某诉李某房屋租赁合同纠纷案

判决观点,就租赁合同的性质而言,出租人所负的是承租人就租赁物使用收益的义务,而此项义务的履行,并不以享有租赁物所有权为必要,故即使承租人未经出租人同意转租摊位,在承租人(转租人)与次承租人之间仍发生债的效力,在承租人不能使次承租人行使对租赁物的使用收益权利时,次承租人可以请求转租者承担违约责任;法律、行政法规对于转租并未作出禁止性规定,也未规定租赁合同必须登记方可生效,而《合同法》第二百二十四条规定,"承租人未经出租人同意转租的,出租人可以解除合同",故法律并不禁止转租,而是通过赋予出租人解除权来制约承租人的擅自转租行为。判

---

[1] 参见最高人民法院民事审判第一庭编著:《最高人民法院〈关于审理城镇房屋租赁合同纠纷案件司法解释〉的理解与适用》,人民法院出版社2009年版,第191页。

[2] 参见最高人民法院民事审判第一庭编著:《最高人民法院〈关于审理城镇房屋租赁合同纠纷案件司法解释〉的理解与适用》,人民法院出版社2009年版,第203页。

[3] 参见国家法官学院、最高人民法院司法案例研究院编:《中国法院2021年度案例》(合同纠纷),中国法制出版社2021年版,第52页。安徽省马鞍山市中级人民法院(2019)皖05民终1153号民事判决书。

决:驳回原告项某的诉讼请求。[1]

关于群租问题。对于群租的定义,现行法律未有规定,理论界尚鲜有探讨,也未形成主流观点,仅限于社会生活中出现的现象。笔者认为,对于群租可分两种情况进行分析,一种情况是出租人找多个承租人租赁房屋同时建立租赁合同关系,即所有权人与其多个承租人建立租赁合同关系,这种只有一手租赁形态严格讲不属于转租。另一种情况是出租人将房屋租赁给承租人,由承租人组织或自己找多个次承租人进行转租建立租赁合同关系。从租赁形态讲存在两手租赁,即前手是承租人,后手是次承租人,承租人的身份就是常说的二房东,这为当前社会生活中的常见现象。在大中城市,前手承租人租赁一套楼房然后再出租给后手的人租赁,或者前手承租人将租赁的一层或数间再租赁给下手承租人,这为当前群租的常见现象。在这种群租情况下,应按再转租认定。

【案例 10 -5】　庞某菁诉徐某功房屋租赁合同纠纷案

判决观点,租赁合同中明确约定不得擅自改变房屋结构、不得擅自转租,但承租人在未征得出租人同意的情况下,私自改建房屋,并进行群租经营。第一,群租需更改原住房结构,拆除或另行增加墙体以增加房间数量,可能对房屋原有装修和结构造成破坏。租赁合同解除时,对出租人而言,将会产生恢复原状的费用及房屋空置损失。第二,群租可能增加事故发生概率,对房屋和财产安全带来较大风险。因为居住的人员过多,而资源有限,可能引发纠纷,如群租房内发生重大伤亡事件,还会导致房屋贬值和出售困难。第三,群租可能增加出租人收回房屋的难度,因为出租人并不掌握次承租人的具体信息资料,在实际清退这些次承租人时,可能会遇到一定的阻碍。第四,对于次承租人而言,即使其已经向转租人支付了租金,仍可能面临被法院强制搬离群租房及不能退还已付房租的危险。法院判决:解除租赁合同,返还房屋,并支付租金和占有使用费、欠付水电费。[2]

---

〔1〕 参见王利明主编:《判解研究》2003 年第 4 辑(总第 14 辑),人民法院出版社 2004 年版,第 159 页。浙江省杭州市上城区人民法院(2003)上民三初字第 213 号民事判决书。

〔2〕 参见中国审判理论研究会民事审判理论专业委员会编著:《民法典合同编条文理解与适用》,法律出版社 2020 年版,第 404 页。江苏省苏州市姑苏区人民法院(2017)苏 0508 民初 3045 号民事判决书。

二、房屋转租法律适用

(一)转租合同履行认定

转租合同履行中,在出租人与承租人租赁合同未解除情形下,出租人又与第三人签订租赁合同,构成一房数租,新承租人无权向次承租人主张权利。

【案例 10－6】　李某诉刘某房屋租赁合同纠纷案

判决观点,案外人天乐公司与产权人金鼎公司签订了租赁合同后,被告刘某与案外人天乐公司签订租赁合同,租赁家家美食城的一片场地,刘某按约支付了租金,且刘某在此经营多时,产权人对此应当是明知的,并未提出任何异议,因此,刘某与天乐公司就涉案场地签订的租赁合同应认定为合法有效。产权人金鼎公司与天乐公司的租赁合同尚未解除,原告李某与产权人金鼎公司签订的租赁合同,对被告刘某并不具有法律约束力。原告李某向被告刘某主张租赁费缺乏合同和法律依据。法院对原告李某的诉讼请求,予以驳回。[1]

(二)出租人与次承租人关系认定

关于出租人与次承租人之间的关系,这里讲的是合同责任关系问题。承租人将租赁房屋转租给第三人即次承租人,从合同相对性上讲,是承租人与次承租人之间签订租赁合同,而并未与出租人签订租赁合同;承租人与次承租人建立合同关系,而出租人与次承租人并未建立合同关系,在这一点上不论出租人是否同意转租并未改变,如有区别在于,出租人同意转租具有合法性,而不同意的转租不受法律保护。承租人拖欠租金的,出租人不能直接向次承租人主张;承租人违约的,出租人不能直接向次承租人主张担责。虽然转租中存在两份独立的租赁合同,但

〔1〕 参见李方民主编:《房屋租赁合同纠纷诉讼指引与实务解答》(第 3 版),法律出版社 2017 年版,第 139 页。

是存在一定联系，即两份合同指向的标的物为同一个房屋涉及同一个所有权。从出租房屋所有权上讲，次承租人对出租房屋造成破坏的，出租人可向次承租人主张侵权责任。在原租赁合同到期后转租合同亦到期、合同解除或转租合同无效三种情形下，次承租人从合法占有出租屋变成无权占有，出租人可以向次承租人主张逾期腾房的占有使用费，这在《房屋租赁合同解释》第十三条中有明确规定。如果出租人未在法定期限内履行租赁房屋的修缮义务，次承租人无权直接要求出租人履行，但可请求承租人进行修缮，承租人履行后，可以向出租人追偿。换言之，出租人与次承租人并无直接的法律关系，转租合同的当事人并不包括出租人，转租合同的约束力仅及于转租人和次承租人。因此，次承租人不向承租人按时交纳租金，并不能免除承租人交纳租金的义务，也不能成为承租人对出租人的抗辩事由。出租与转租为不同的法律关系，转租人以次承租人欠租为由拒付房屋使用费(租金)缺乏法律依据。

【案例10－7】　上海某企业发展有限公司诉上海某服装有限公司房屋租赁合同纠纷案

二审法院认为，企发公司与服装公司解除租赁关系后，茶餐厅、米粉店作为次承租人，与服装公司之间的租赁关系也因之不能继续履行。企发公司与服装公司签订协议书，双方合议由茶餐厅、米粉店继续使用原租赁房屋，是对特定房屋继续使用的意思表示，是双方作出相对解除租赁关系调解书的特殊约定，使茶餐厅、米粉店与服装公司间的租赁关系继续履行，而企发公司与服装公司形成房屋使用关系。该协议书约定服装公司按茶餐厅、米粉店租约项下的租金金额支付使用费，故不论服装公司是否收取茶餐厅、米粉店租金，均应当向企发公司支付约定的使用费。协议书约定，如服装公司未按约支付使用费超过30天，则协议书自动终止，企发公司有权收回房屋。但实际履行中，服装公司虽然自2006年6月1日起即没有支付使用费，但企发公司也未行使收回房屋的权利，因此房屋使用关系实际仍在延续。服装公司应当按协议书约定支付使用费。[1]

【案例10－8】　北京长城家具有限公司与北京铭强盛超市有限公司、第三人李某武、北京千龙网都网之星上网服务有限公司等房屋租赁合同纠纷案

判决观点，本案系原告长城公司与被告铭强盛公司之间的租赁合同纠纷，原告长城公司与第三人之间没有直接的租赁关系，第三人作为承担腾退房屋的独立责任人参加到本案诉讼中，属无独立请求权的第三人。但原告长

〔1〕 参见《房屋租赁合同纠纷裁判思路与裁判规则》，法律出版社2017年版，第241～242页。

城公司和被告铭强盛公司之间租赁合同纠纷的处理结果影响到第三人和被告铭强盛公司、宋某金之间的租赁关系、承包关系，由此引发的第三人与铭强盛公司、宋某金之间的赔偿请求及其他主张可另案解决，本案不予处理。铭强盛公司与长城公司之间的租赁关系终止后，铭强盛公司仍占用租赁标的不予腾退的行为，损害了长城公司的合法权益。长城公司要求铭强盛公司比照原协议约定的每年租金670000元的标准赔偿自2009年9月21日起至将租赁房屋及场地交还之日止的占用租赁标的使用费的请求，法院予以支持。因长城公司与第三人没有直接的租赁关系，长城公司要求第三人共同赔偿占用租赁标的使用费的请求，不符合合同相对性原则，法院不予支持。[1]

在转租关系中，出租人与次承租人之间没有直接的租赁合同关系，但如果出租人、承租人与次承租人之间约定，次承租人在转租期间，代承租人行使权利义务；且承租人与次承租人在其租用房屋期间继续承担合同项下的权利和义务。这种约定，构成法律意义上的债务承担。次承租人自愿与承租人共同承担原租赁合同约定的义务，双方之间是一种并存的债务承担关系。也就是说，次承租人同意履行租赁合同的，在法律上应视为其加入出租人与承租人之间的债务承担，次承租人与承租人一起承担义务。

【案例10-9】 上海某橡塑制品有限公司诉上海某物流(甲)有限公司、上海某某物流(乙)有限公司房屋租赁合同纠纷案

二审法院认为，本案中，橡塑公司将房屋(仓库)出租给甲公司，甲公司又转租给乙公司。在三方协议中确认的亦是橡塑公司同意甲公司将房屋转租给乙公司，故甲公司与橡塑公司是租赁关系的相对方，甲公司与乙公司是转租合同的相对方。橡塑公司、乙公司以及甲公司签订的三方协议中约定由乙公司代甲公司行使权利、义务，故乙公司向橡塑公司提出提前解除租赁合同，应视为甲公司行使租赁合同解除权，其解除租赁合同的效力应当及于甲公司。甲公司上诉认为该解除合同的行为并未征得甲公司的同意，合同解除的效力不能及于甲公司，无事实和法律依据。橡塑公司要求甲公司承担提前解除合同的违约责任，于法有据。原审法院依据查明的事实，判决甲公司承担其与橡塑公司租赁合同解除的违约金并无不当。至于甲公司与乙公司之纷争，双方可另行解决。[2]

原租赁合同与转租合同的效力是相对独立的，但是，当原租赁合同解除后，出

---

〔1〕 参见北京市高级人民法院编：《审判前沿——新类型案件审判实务》2010年第1集(总第31集)，法律出版社2010年版，第201页。

〔2〕 参见《房屋租赁合同纠纷裁判思路与裁判规则》，法律出版社2017年版，第246页。

租人可突破债的相对性,基于合同关系上的请求权向承租人、次承租人主张权利,承租人与次承租人就租赁物的返还等为连带债务人。也就是说,出租人可基于物上请求权向次承租人主张权利,作为物权权利人,出租人可以要求承租人返还租赁物。

【案例 10－10】　无锡恒延实业有限公司诉陈某森、无锡经融瑞通商业管理有限公司房屋租赁合同纠纷案

判决观点,因无锡经融公司违约,恒延公司与无锡经融公司已于 2012 年 10 月 22 日解除租赁合同,无锡经融公司与恒延公司的租赁合同权利义务关系终止,由此导致承租人无锡经融公司与次承租人陈某森的转租协议无法继续履行,因此出租人恒延公司有权要求承租人无锡经融公司及次承租人陈某森返还租赁房屋。陈某森辩称其不应搬离承租商铺,缺乏法律依据,对其答辩意见法院不予采纳。租赁合同解除后,恒延公司并未立即要求陈某森搬离,而是要求其重新签订租赁合同。恒延公司于 2013 年 4 月 17 日才向陈某森发函,通知陈某森如在收到该函的 2 个工作日未重新签署租赁合同的,恒延公司将要求其立即搬离商铺并恢复原状,而陈某森于 2013 年 4 月 19 日收到该函告后未予理置,因此自 2013 年 4 月 21 日起陈某森应腾退所租赁的房屋。恒延公司要求实际占有人陈某森搬离及支付逾期腾房使用费,并要求无锡经融公司承担连带赔偿责任,于法有据,法院予以支持。[1]

【案例 10－11】　高某与沈阳锐顺网络科技有限公司等房屋租赁合同纠纷案

判决观点,当事人一方违反预约合同约定,不与对方签订本约合同或无法按照预约内容与对方签订本约合同的,应当向对方承担违约责任。房屋租赁合同中,租赁合同期限届满后,出租人明确表示不再续签租赁合同的情况下,租赁合同双方权利义务即告终止。此时,承租人负有向出租人返还租赁房屋的义务,出租人亦得就租赁物产生原物返还请求权。如因承租人超期限转租,导致出租人未能及时收回房屋的,出租人不能按照合同约定收取超期转租期间的租金,但可以收取房屋使用费。在物权人的对物支配权受到侵害时,返还原物请求权是恢复原有权利状态的基本手段,充分体现了物权的归一力和追及力。因此,出租人主张返还时,既可以向承租人主张,也可以向第

---

〔1〕 参见最高人民法院中国应用法学研究所编:《人民法院案例选》2015 年第 2 辑(总第 92 辑),人民法院出版社 2016 年版,第 167 页。江苏省无锡市锡山区人民法院(2014)锡法安民初字第 0260 号民事判决书。

三人主张。[1]

在司法适用中,应注意以下内容:(1)当出租人解除租赁合同以致次承租人不能继续使用租赁物造成的损失,次承租人只能向合同的相对方即转租人主张违约责任或损害赔偿,不能直接要求出租人承担责任。(2)对于经出租人同意的转租合同,如因转租人拖欠租金,出租人要求解除,而次承租人要求继续履行转租合同的,除非出租人与次承租人能对继续履行合同达成一致,否则,应判决解除两个租赁合同。因为两个租赁合同毕竟是独立的两份合同,出租人并非转租合同的主体,不能强制要求其继续履行转租合同的义务。(3)对于因承租人违约导致出租人解除合同的,出租人应以承租人为被告,在腾退诉讼请求中同时应将实际占用租赁物的次承租人列为共同被告。如果出租人未将承租人列为共同被告的,法院应依职权通知次承租人作为第三人参加诉讼。[2]

(三)承租人剩余租赁期限认定

《民法典》第七百一十七条规定:"承租人经出租人同意将租赁物转租给第三人,转租期限超过承租人剩余租赁期限的,超过部分的约定对出租人不具有法律约束力,但是出租人与承租人另有约定的除外。"该条是对超过承租人剩余租赁期限的转租期间效力的规定,包含以下三层含义:其一,该条的适用前提是出租人同意承租人转租,不同意转租的不能适用本条规定。其二,转租的期限是承租人剩余租赁期限。其三,租赁合同双方可以约定超过剩余租赁期限为有效。其不同点为,《民法典》立法认可区分原则,并未明确超过剩余租赁期限无效,应契合转租合同属于负担行为的理论而认定为有效。

转租租期,基于租赁合同约定的标的物房屋出租的时间即履行的期间,是由双方当事人协商确定的重要条件之一,通常具有长期性特点,故转租租期应在承租人剩余期间内确定。

认定转租是否超过承租人剩余租赁期限应注意以下方面,其一,承租人在转租期间取得租赁房屋所有权,虽然在转租时租赁期限超过剩余期限,存在权利瑕疵,但是由于承租人取得了房屋所有权,无疑已经补正该瑕疵,其超过剩余租期行

---

〔1〕 参见最高人民法院民法典贯彻实施工作领导小组编著:《中国民法典适用大全》(合同卷三),人民法院出版社2022年版,第2110页。辽宁省沈阳市于洪区人民法院(2021)辽0114民初8136号民事判决书。

〔2〕 参见中国审判理论研究会民事审判理论专业委员会编著:《民法典合同编条文理解与适用》,法律出版社2020年版,第408页。

为不受影响。其二,对于承租人转租时租赁期限超过剩余期限,但出租人予以追认同意的,可视为出租人与承租人另外约定的有效情形。其三,出租人与承租人续约,延长原租赁期限,其超过原剩余租赁期限的瑕疵已经消灭不存在,应视为另有约定的有效情形。其四,一般认为,由于不定期租赁合同不存在剩余租赁期限的问题,因此其承租人转租不受剩余期限的影响。

(四)出租人同意转租推定

《民法典》第七百一十八条规定:"出租人知道或者应当知道承租人转租,但是在六个月内未提出异议的,视为出租人同意转租。"该条是出租人同意转租和次承租人法律地位的规定。该条规定包含以下五层含义:其一,该条的适用前提是承租人转租未经出租人同意,如果出租人同意转租的不能适用本条规定。其二,出租人知道或者应当知道承租人转租,这是法律赋予法官推定的权利。其三,判定法官支持出租人的时间界限为六个月,超过六个月的不受法律支持。其四,出租人对承租人转租依法行使异议权,可以提异议也可以不提异议,由其自主决定。其五,法官根据案情可以通知次承租人参加诉讼,也可以不通知次承租人参加诉讼,而不是应当通知。

【案例10-12】 许某兰诉罗某犁等房屋租赁合同纠纷案

判决观点,本案讼争房屋原系被告罗某犁出租给案外人蔡某霞,后由蔡某霞转租给原告许某兰。虽然原告与被告双方未重新签订租赁合同,但从蔡某霞当时与原告交接的具体情形来看,原告将蔡某霞已付押金及三个月房租转付给蔡某霞,蔡某霞将自己持有的租赁合同原件交付原告,以及2008年11月24日之后原告与被告履行租赁合同的过程,案外人蔡某霞实际将租赁合同的权利义务概括转让给了原告。蔡某霞实际上是经过被告罗某犁的同意将房屋转租给原告许某兰。[1]

【案例10-13】 陈某锚与钟某房屋租赁合同纠纷再审案

再一审法院认为,钟某在给施某海的回函中以及在本案中一再辩称其转租房屋施某海是知情的,事先亦曾征得施某海的口头同意,而施某海在给钟某的合同解除函中则否认自己同意钟某转租房屋,现钟某又无法提供确实充分的证据予以证明。因此,本院对钟某关于转租房屋系征得出租人同意的主

〔1〕 参见国家法官学院案例开发研究中心编:《中国法院2013年度案例》(合同纠纷),中国法制出版社2013年版,第43页。福建省厦门市海沧区人民法院(2011)海民初字第985号民事判决书。

张难以采信。[1]

出租人对转租行为在六个月内不提异议认定。其一,租赁合同中明确约定未经书面同意转租则解除合同,是否还适用《民法典》六个月内不提异议不得解除的规定有不同观点。未经书面同意转租是租赁合同出租人解除条件的约定,其条件成就时,出租人作为解除人可以解除合同。《民法典》对出租人因转租行使解除权的期限进行了规定:出租人必须在知道或者应当知道转租的六个月内提出,旨在使租赁法律关系及早处于确定状态,确保交易安全,故虽双方有明确约定,但并不能排除对《民法典》中关于解除权行使期限的适用。其二,承租人多次转租,出租人在前转租行为的六个月内未提出异议,在新转租行为六个月内提出异议能否解除合同问题。根据《民法典》规定精神,在承租人每次进行转租时,出租人均可以在知道或者应当知道转租行为的六个月内提出异议。出租人是否提出异议、何时提出异议是其自身权利的行使,可以行使权利也可以放弃权利,均是对自身权利的处分,受法律保护。基于转租行为造成对出租人危害和容忍程度不同,出租人在承租人前次转租时未提出异议,不能否认或排除出租人在承租人后次转租时提出异议,民法典、司法解释并没有限制出租人前次未提异议后次不能提异议的规定,故应允许出租人随时提出异议。其三,房屋出卖前,出租人就转租行为未提出异议,买受人购买后是否可提出异议应视具体情况确定。具体可分以下四种情况分析,对房屋出卖前的转租行为,出租人明确表示同意的,基于"买卖不破租赁"原则,买受人不得再就房屋出卖前的转租行为提出异议。对房屋出卖前的转租行为,出租人在知道或者应当知道转租行为的六个月内未提出异议的,买受人也无权提出异议。在房屋出卖前的转租行为,买受人购买后,在知道或者应当知道转租行为的六个月内提出异议的,受法律保护。在房屋出卖后的转租行为,买受人作为新的所有权人,可以提出异议并要求解除合同。其四,出租人六个月内未提出异议的,无权要求承租人给付违约金。出租人在知道或者应当知道转租行为的六个月内未提出异议的,视为其对转租这一违约行为的默示认可,既然认可了这一行为,就不得再要求给付违约金。在转租六个月内,出租人可以要求承租人给付违约金,其六个月期间外限制就承租人转租行为主张违约金。

【案例10-14】 何某诉万某房屋租赁合同纠纷再审案

一审法院认为,某公司与万某之间签订的《配套商业租赁合同》是双方的真实意思表示,不违反法律、行政法规的强制性规定,该合同当属合法有效。此后,某公司将涉案房屋售与何某,亦为何某出具了情况说明,何某在取

[1] 参见江必新主编、最高人民法院审判监督庭编:《全国法院再审典型案例评注》(上),中国法制出版社2011年版,第312页。

得涉案房屋的所有权证书后，已取得《配套商业租赁合同》出租方的资格。万某在未征得何某书面同意的情况下，将承租房屋转租他人使用，违反了《配套商业租赁合同》的约定。故判决解除合同。二审法院驳回万某的上诉，维持原判。万某不服并申请再审，称根据《房屋租赁合同解释》第十六条规定，其在2008年租赁房屋后便进行转租，某公司的其他租户均租赁房屋后进行转租，某公司没有在六个月内提出异议，视为同意进行转租，何某不能以转租为由要求解除合同，要求撤销一、二审判决。再审法院审查后驳回万某的再审申请。[1]

【案例10－15】　何某诉万某利房屋租赁合同纠纷再审案

二审法院认为，租赁合同中明确未经书面同意转租则解除合同，并不排除2009年《房屋租赁合同解释》关于六个月内不提异议不得解除的规定。承租人每次进行转租时，出租人均可以在知道或者应当知道转租行为后的六个月内提出异议。出租人在知道或者应当知道转租后的六个月内未提出异议，视为其对转租这一违约行为的默示认可，无权再要求给付违约金。[2]

出租人与承租人约定店铺不得转租转让，但出租人知道次承租人对转租店铺装修、装修后经营及收取租金的，视为放弃不得转租转让约定。

【案例10－16】　李某某诉王某某房屋租赁合同纠纷案

一审法院认为，本案李某某要求继续履行《店铺转让合同》、王某某要求确认双方签订的《店铺转让合同》无效，因此，本案的争议焦点首先是双方签订的《店铺转让合同》是否有效。根据本案查明的事实，虽然双方签订的《店铺转让合同》所涉及店铺的实际出租人系案外人友好大酒店，并且，李某某与友好大酒店所签订的《租赁合同》禁止李某某诉王某某转让，但李某某将店铺使用权转让给王某某后，王某某对受让店铺进行重新装修及向出租方支付店铺租金时，友好大酒店或者与其关联的出租方并没有阻止或拒收押金，且王某某亦于装修后正常经营茗记甜品，其终止履行原《租赁合同》是因店铺管理方调整后需要调整店铺位置，而非李某某擅自转让所致。李某某与友好大酒店终止原《租赁合同》前王某某重新与新的场地管理方即友好股份公司签订《租赁合同》的事实，客观上也印证了王某某无法继续经营受让店铺并非李某某的转让行为所致。据此，上述事实能够证明友好大酒店或者与其关联的出租方并没有禁止王某某正常经营受让店铺，王某某要求确认双方签订

---

〔1〕　参见北京市高级人民法院编：《审判前沿——新类型案件审判实务》（总第45集），法律出版社2013年版，第76页。

〔2〕　参见最高人民法院民法典贯彻实施工作领导小组编著：《中国民法典适用大全》（合同卷三），人民法院出版社2022年版，第2116页。北京市高级人民法院（2012）高民申字第2667号民事裁定书。

的《店铺转让合同》无效则缺乏法律依据；反之，李某某要求继续履行《店铺转让合同》的理由正当，应当予以支持。二审法院认为，虽然被上诉人李某某与出租方友好大酒店所签订的《租赁合同》禁止李某某转让或转租所租赁的经营场地，但被上诉人李某某与上诉人王某某签订《店铺转让合同》后，在上诉人王某某对受让店铺进行重新装修及向出租方支付店铺租金时，出租方并未阻止或拒收租金，上诉人王某某亦正常经营茗记甜品。擅自转租合同属于效力未定的合同，理由是承租人本无转租权，其行为属于无权处分他人的财产，因此该合同的效果如何取决于有权利人（出租人）的认定，即对转租合同的效力是由出租人认定的，而非次承租人单方主张的。……上诉人王某某要求确认该《店铺转让合同》无效的上诉理由不能成立，其上诉要求不应当向被上诉人李某某支付剩余转让款，同时被上诉人李某某应当支付其装修损失并返还已付押金及转让款的上诉理由，亦不能成立。[1]

出租人与承租人、次承租人的经营地相同或相近，出租人知道或者应当知道转租的事实，未在6个月内提出异议应视为同意转租。

【案例10－17】 江西甲商贸城与江西省乙投资有限公司、丙木材厂等房屋租赁合同纠纷案

二审法院认为，转租行为均发生在甲商贸城成为产权人之前，按照常理，各商户在经营时不仅会悬挂招牌，还会悬挂营业执照，而甲商贸城、丙木材厂的住所地与租赁房屋所涉商户经营地相同或相近，丙木材厂知道或者应当知道转租的事实。丙木材厂未在其知道或应当知道转租行为之日起6个月内提出异议，视为其同意将店面转租给各经营户。因丙木材厂未在法定期限内对转租行为提出异议，对甲商贸城以转租行为未经出租人同意为由请求解除《租赁合同》的主张，不予支持。[2]

对出租人同意转租推定的限制问题。

【案例10－18】 青海金融超市有限公司与沙某芸房屋租赁合同纠纷案

二审法院认为，出租人同意转租的推定适用前提为出租人知道或者应当知道承租人转租，承租人应当承担举证证明出租人什么时间知道或者什么时间应当知道承租人有转租行为的义务。若无法提供相应证据证明，则不能做

---

〔1〕 新疆维吾尔自治区乌鲁木齐市中级人民法院（2015）乌中民一终字第955号民事判决书。

〔2〕 参见中国审判理论研究会民事审判理论专业委员会编著：《民法典合同编条文理解与适用》，法律出版社2020年版，第407页。江西省高级人民法院（2016）赣民终97号民事判决书。

出出租人同意转租的推定。[1]

【案例10－19】　丁某某诉姚某房屋租赁合同纠纷案

判决观点,承租人违反合同约定未经出租人同意擅自转租,对出租人以承租人未经同意为由解除合同或者认定转租合同无效的情形,司法解释做出了6个月异议期的时间限制。出租人在6个月异议期内未提出异议,亦未表示同意,因转租行为涉及的诉讼发生在6个月异议期内的,应推定出租人不同意转租行为,转租合同无效。[2]

(五)租赁物收益归属认定

《民法典》第七百二十条规定:"在租赁期间因占有、使用租赁物获得的收益,归承租人所有,但是当事人另有约定的除外。"该条规定确立了租赁物收益归属原则。在出租人与承租人未另外约定的情况下,包括转租在内的收益归其承租人,但也可以约定归出租人所有,即双方约定是判定收益所有人的优先依据。换言之,承租人转租取得的收益,按照本条的规定,归承租人所有。

租赁物收益一般包括:其一,因占有租赁物而产生的收益;其二,因使用租赁物而产生的收益。除当事人另有约定外,租赁期间承租人占有、使用租赁物获得的收益归承租人所有。这是基于租赁合同的性质决定的,出租人收取租金,让渡的是租赁物的占有、使用、收益权。

租赁物收益范围确定是实践中的难点问题。常见的租赁房屋被拆迁的,面临出租人对承租人的损失如何补偿的问题,在租赁合同中有约定的,则按其约定处理。在租赁合同中没有约定的,依据公平原则,按照实际情况酌情处理。

在转租中,转租人为谋取超过租金利益是绝大多数的情形。对超过租金利益的部分归属有争议的。以出租人知道或者应当知道承租人转租是否在六个月内提出异议为界,可分以下两种情况进行讨论:

其一,未经出租人同意转租第三人的,出租人在六个月内提出异议,可主张解除租赁合同或主张租赁合同无效。依据合同无效返还财产理论,则应将转租人收取的租金差额返还给出租人。对于出租人主张解除租赁合同的,亦做同样处理。

[1] 参见最高人民法院民法典贯彻实施工作领导小组编著:《中国民法典适用大全》(合同卷三),人民法院出版社2022年版,第2117页。青海省西宁市中级人民法院(2015)宁民一终字第224号民事判决书。

[2] 参见最高人民法院民法典贯彻实施工作领导小组编著:《中国民法典适用大全》(合同卷三),人民法院出版社2022年版,第2117页。浙江省杭州市西湖区人民法院(2012)杭西商初字第35号民事判决书。

其二,未经出租人同意转租第三人的,出租人未在六个月内提出异议,视为同意承租人转租。出租人同意转租的,承租人有权收取租金。出租人与承租人对于超出租金差额部分有约定的从其约定,如果没有约定,可由承租人取得,出租人无权向承租人主张返还租金差额。

关于承租人擅自转租期间收取的租金差价问题。最高人民法院法官认为,承租人擅自转租情况下,承租人不具有将租赁物进行转租的权利,转租行为实质上属于无权处分,应当适用无权处分的处理规则。因承租人的擅自转租导致出租人解除合同的,承租人应当依照转租合同约定向第三人承担交付租赁物的义务,否则应承担违约责任。因转租的合同效力不受影响,承租人作为转租合同的出租人,其向第三人收取租金具有合同依据,并不构成不当得利,不应返还给第三人。但是,因为承租人擅自转租的行为属于非法处分租赁物,该差价可以作为对出租人的损失补偿,归出租人所有。〔1〕

承租人享有租赁物使用、收益权,包括转租房屋能够获取的租金。对于出租人将承租期内的房屋转租他人,造成承租人因此产生的租金损失,则由出租人赔偿。

【案例 10－20】 甲有限责任公司诉深圳市乙珠宝首饰有限公司房屋租赁合同纠纷案

丙国际信托投资公司(承租方)与深圳市丁实业股份有限公司(出租方)签订《租赁合同》,后甲公司按照协议约定承继了丙公司在原《租赁合同》下的权利义务,取得承租权。2011 年 1 月,乙公司取得案涉房屋的产权证后,于同年 10 月在涉案房产上张贴《通告》,要求该层所有租户与乙公司签订租赁合同。部分租户与乙公司签订租赁合同,并支付了租金。2013 年 5 月 10 日,另案生效判决确认甲公司对涉案房产享有从 1996 年 3 月 11 日起至 2019 年 10 月 1 日止的承租权且无须向乙公司支付该期限内的租金。甲公司起诉乙公司腾空全部房屋并赔偿租金损失。二审法院维持一审判决:乙公司向甲公司赔偿至租期届满之日的租金损失。〔2〕

〔1〕 参见最高人民法院民法典贯彻实施工作领导小组编著:《中国民法典适用大全》(合同卷三),人民法院出版社 2022 年版,第 2100 页。

〔2〕 参见中国审判理论研究会民事审判理论专业委员会编著:《民法典合同编条文理解与适用》,法律出版社 2020 年版,第 409 页。广东省深圳市中级人民法院(2018)粤 03 民终 23117 号民事判决书。

三、房屋转租纠纷处理

(一)次承租人救济权利处理

《民法典》第七百一十九条第一款规定:“承租人拖欠租金的,次承租人可以代承租人支付其欠付的租金和违约金,但是转租合同对出租人不具有法律约束力的除外。”该条规定包含以下五层含义:其一,该条的适用前提是租赁合同有效的情形,而不适用租赁合同无效。其二,出租人解除租赁合同时,次承租人可行使代偿请求权,法律应支持。其三,出租人解除租赁合同前,应通知次承租人,否则应限制出租人解除合同。其四,次承租人自主决定是否行使代偿请求权。其五,次承租人必须在合理期间内行使代偿请求权和合同解除抗辩权超过合理期间未行使的视为放弃权利,原租赁合同解除,转租合同中止。立法者解释为,出租人解除合同后收回租赁房屋对次承租人有权占有并使用该租赁房屋形成了利害关系,即次承租人对该债务的履行具有“合法利益”,应属于第三人清偿范围。并且租金属于金钱之债,不具有只能由承租人履行的性质,因此,次承租人代为支付承租人拖欠的租金和违约金的行为,属于第三人清偿之债的具体类型。实际上,法定解除权的设置主要在于维护出租人在租赁合同中的重大利益,即保障出租人能够如约收取租金,因而本款规定由完全具备支付能力的次承租人代为支付,不仅可以增加次承租人权利的稳定性,增强对出租人收取租金的权利的保障,还可以防止出租人和承租人恶意串通损害次承租人的利益。[1]

《民法典》第七百一十九条第二款规定:“次承租人代为支付的租金和违约金,可以折抵次承租人应当向承租人支付的租金;超出其应付的租金数额的,可以向承租人追偿。”该条规定包含以下三层含义:其一,次承租人在代偿后方可行使追偿权,这是基础性条件。其二,次承租人代为支付的是租金和违约金超出其自身应付租金部分。其三,次承租人行使追偿权有选择性,即可选择折抵租金或可以直接追偿。

通说认为次承租人享有三大权利,代位清偿权、合同解除抗辩权和追偿权。

---

〔1〕 参见黄薇主编:《中华人民共和国民法典合同编释义》,法律出版社 2020 年版,第 548 页。

次承租人代位清偿权行使的保障，是应从法律角度考虑，限制出租人行使合同解除权。制定司法解释的法官认为，次承租人之代位清偿请求权应当被赋予某种形成权的效力。对于代位清偿权的行使，应当赋予程序保障和期间规制，从而平衡出租人和次承租人的利益。一方面，出租人在行使合同解除权之前，必须对次承租人履行告知义务；另一方面，次承租人必须在合理期间内决定是否行使代偿权，超过该合理期间，则代偿权丧失。否则，出租人的地位也将陷于悬而未决的不稳定状态。另外，次承租人向出租人偿付租金后，在该数额内对转租人享有代位求偿权，此权利可以抵销相应的对转租人的租金债务。这样一来，就较为周到地保护了次承租人的利益，稳定了转租关系。〔1〕笔者认为，次承租人提出代位清偿权请求，出租人可以接受也可以不接受，但次承租人提出的代偿清偿权进入诉讼程序中，法官在无法定排除事由的情况下应予支持，彰显法律对次承租人的保护。

次承租人异议权是形成权，但也存在如何行使得到程序保障问题。最基本和合理的做法是，在出租人与承租人诉讼中保障次承租人的诉讼主体资格，使其直接行使异议权以对抗出租人的合同解除权。有学者认为，可以针对出租人诉讼请求的不同区别对待。如果出租人请求解除租赁合同，由次承租人直接归还租赁物，那么可以将转租人和次承租人作为共同被告。如果出租人请求解除合同，由转租人归还租赁物，那么法院应当依据当事人的申请，或者依据职权，从诉讼经济和次承租人利益的合理保障角度出发，将次承租人追加为第三人，确保其异议权得到充分行使。〔2〕最高人民法院法官认为，出租人以承租人欠付租金为由主张解除房屋租赁合同，次承租人依据本条规定主张代承租人向出租人履行租赁合同债务的，次承租人可以申请以第三人身份参加诉讼，根据案件具体情况，次承租人应在人民法院指定的合理期限内(一般为 30 日)，按照出租人主张的租金和违约金数额向法院提供等额现金担保，逾期不提供的，人民法院对次承租人的该项主张，不予支持。为查明案件事实并保证次承租人代偿请求权的行使，人民法院也可以通知次承租人作为第三人参加诉讼，但其是否参加诉讼，不影响案件的审理。〔3〕

实践中对次承租人行使权利尚有未明确需要深入进行研究之处，如次承租人以承诺的形式行使代位清偿权，该承诺性质、效力期间以及代位清偿责任方式，次承租人可以何种方式提出代位清偿权以抗辩出租人的合同解除权。实践中，法院

---

〔1〕 参见最高人民法院民事审判第一庭编著：《最高人民法院〈关于审理城镇房屋租赁合同纠纷案件司法解释〉的理解与适用》，人民法院出版社 2009 年版，第 231 页。

〔2〕 参见王秋良、蔡东辉：《合法转租之次承租人利益保护的问题》，载《政治与法律》2003 年第 6 期。

〔3〕 参见最高人民法院民法典贯彻实施工作领导小组编著：《中国民法典适用大全》(合同卷三)，人民法院出版社 2022 年版，第 2124 页。

认为,在出租人与承租人之间的租赁合同存续的整个期间,次承租人代位清偿承诺均应发生效力,其责任方式可根据承诺内容确定为连带责任。笔者认为,次承租人通过出具书面承诺的方式,承诺愿代承租人继续向出租人支付其二人约定的房屋租金,以便各方的租赁合同得以继续履行,即通过书面承诺的方式行使代位清偿权,法律可以认可这种权利行使方式。次承租人提出代位清偿权后,不影响承租人对出租人负有的支付房屋租金等义务,在次承租人出具承诺书后,其与承租人均负有向出租人支付租金的责任,两人之间则可通过租金折抵或追偿的方式明确各自责任分担。次承租人的承诺应在租赁合同存续的整个期间,根据其承诺的具体内容应认定为连带保证责任,担保范围包括承租人欠付的房屋租金并按约偿付的违约金。

【案例 10 -21】　陈某某诉吴某等房屋租赁合同纠纷案

二审法院认为,金某某于 2009 年 9 月 30 日出具的承诺书载明如陈某某与吴某仍存在其他关于房屋租赁事项的纠纷,其承诺愿代吴某继续向陈某某本人或其名下的账户支付吴某与陈某某所约定的房屋租金,以便各方的租赁合同得以继续履行。因此,该承诺书内容反映出金某某对于吴某可能欠租的情形作了相应约定,故其关于签订承诺书时,并不能预计到吴某会继续不支付租金,不能要求其承诺一直有效的上诉理由,与事实不符,法院难以采纳。至于金某某已向吴某支付的租金数额,金某某与吴某不能达成一致,二审法院认为,即使金某某在本案中先行履行清偿责任,其重复支付的租金仍可向吴某另行主张,因此,金某某是否向吴某支付租金,并不影响其在本案中承担连带清偿责任。综上所述,金某某关于撤销原审判决主文第四项的上诉请求,缺乏事实与法律依据,法院不予支持。[1]

实践中,一般认为,次承租人代位清偿权抗辩的进行必须满足以下条件:其一,转租合同有效。其二,代位清偿权以出租人行使合同解除权为条件。其三,代位清偿权仅适用于欠付租金解约事由。其四,次承租人应以完全清偿作为抗辩基础。其五,代位清偿权应在合理期限内行使,不应过长,否则不利于保护租赁状态的稳定性。

【案例 10 -22】　上海格旺自控仪表有限公司诉上海美奕玻璃纤维制品有限公司等房屋租赁合同纠纷案

一审法院认为,本案主要争议为原、被告之间租赁合同应否解除。经庭审查明,被告欠付租金的违约行为符合解除条件,原告据此有权主张解除原、被告之间签订的租赁合同。被告辩称发票的开具问题属租赁合同项下附随

〔1〕 参见沈志先主编:《2012 年上海法院案例精选》,上海人民出版社 2012 年版,第 147 ~148 页。

义务,不得对抗主给付义务,法院对被告的辩称意见不予采纳。根据《房屋租赁合同解释》第十七条第一款明确规定,因承租人拖欠租金,出租人请求解除合同时,次承租人请求代承租人支付拖欠的租金和违约金以抗辩出租人合同解除权的,人民法院应予支持。故原告解除合同的权利,受到作为次承租人的第三人代偿请求权的限制。然而,第三人尽管在庭审中明确愿意以行使次承租人代偿请求权的方式,抗辩作为出租人的原告的合同解除权,但直至判决之日仍未能实际足额交付代偿款项。因此,法院对第三人的该项述称意见不予采纳。基于此,原告要求解除与被告的租赁合同的诉请应予以支持,并以原告解除合同通知到达之日为合同解除日。租赁合同解除后,被告缺乏继续占有租赁物依据,因此原告要求被告返还租赁物的诉请应予以支持。作为次承租人的第三人,系部分租赁物的实际使用人,应就其实际占有使用部分的租赁物与被告共同承担返还责任。同时,被告应按合同约定的租金标准向原告支付至租赁合同解除之日的租金,以及租赁合同解除之日后次日始至租赁物实际返还之日的使用费,使用费的标准同样按合同约定的租金计算。一审判决后,被告和第三人提起上诉。第三人在一审法院宣判后已将应付35万元租金全部付至法院账户,二审法院组织当事人就合同履行问题进行调解,并达成如下协议:一、厂房租赁合同继续履行;二、已支付租金35万元由一审法院代管。[1]

【案例10-23】 贵州省通信产业服务有限公司思创信息技术分公司诉凌某庆、贵阳正恒电子信息设备有限公司房屋租赁合同纠纷再审案

二审法院认为,因承租人拖欠租金产生的纠纷,次承租人可以代偿请求权抗辩出租人合同解除权。若承租人与出租人协商一致解除租赁合同的,不属于因承租人拖欠租金导致出租人解除合同,次承租人无权主张代偿权以抗辩合同解除。[2]

作为善意的次承租人,其代位清偿权和异议权可通过第三人诉讼制度得以保障,避免权利救济的滞后及落空。

就次承租人代位清偿制度,有法官认为,2009年《房屋租赁合同解释》第十七条虽规定了次承租人有代位清偿权,但对于如何保障该权利的实现,缺乏配套的程序保障机制。主要体现在三个方面:(1)对通知次承租人义务的履行主体未予规定;(2)对不履行通知义务的后果未予规定;(3)对次承租人行使代位清偿权的

〔1〕 参见邹碧华主编:《2013年上海法院案例精选》,上海人民出版社2013年版,第186~188页。

〔2〕 参见最高人民法院民法典贯彻实施工作领导小组编著:《中国民法典适用大全》(合同卷三),人民法院出版社2022年版,第2125页。贵州省高级人民法院(2018)黔民中3333号民事裁定书。

期间未予规定。针对制度缺陷提出,未来立法有必要明确规定通知义务的履行主体、不履行通知义务的后果及次承租人行使该权利的合理期间。依据诚实信用原则,出租人、承租人均应向次承租人履行通知义务。因未履行通知义务而侵害次承租人权利的,出租人、承租人应承担不利后果。必要时,应突破合同的相对性原则,由出租人继续履行转租合同。[1] 应注意的是,该条规定现已被废止,但次承租人行使代位清偿权在实践中存在的问题仍需要研究。

对于超过转租期间的房屋使用费,出租人有权利要求次承租人支付,但次承租人享有追偿权。

【案例 10-24】 平安银行股份有限公司北京分行与北京制浆造纸试验厂有限公司等房屋租赁合同纠纷案

二审法院认为,在租赁合同解除后,承租人与次承租人之间所签租赁合同超出前一租赁合同履行期限的部分对于出租人并无约束力。对于超过转租期间产生的房屋使用费,次承租人即便已经按照转租合同约定向承租人支付了转租合同租金,亦不得以此对抗出租人,出租人仍有权利要求次承租人支付占有使用费,而针对次承租人多支付的使用费,其可向承租人追偿。[2]

【案例 10-25】 商某等与王某房屋租赁合同纠纷案

二审法院认为,虽然承租人与第三人约定的转租期限超过其与承租人剩余租赁期限的部分对出租人不具有约束力,但承租人与第三人之间的房屋租赁合同合法有效,在双方租赁合同有效履行期间,第三人负有依约支付租金义务。[3]

(二)次承租人逾期腾房处理

《房屋租赁合同解释》第十三条规定:"房屋租赁合同无效、履行期限届满或者解除,出租人请求负有腾房义务的次承租人支付逾期腾房占有使用费的,人民法院应予支持。"该条是租赁合同无效、履行期限届满或者解除时,实际占有房屋的次承租人腾房并支付逾期腾房占有使用费的规定。该条规定包含以下四层含义:其一,该条的适用前提是租赁合同无效、期限届满或解除合同履行终止的情

---

〔1〕 参见《人民司法·应用》2015 年第 3 期(总第 710 期)。

〔2〕 参见最高人民法院民法典贯彻实施工作领导小组编著:《中国民法典适用大全》(合同卷三),人民法院出版社 2022 年版,第 2109 页。北京市第三中级人民法院(2021)京 03 民终 10512 号民事判决书。

〔3〕 参见最高人民法院民法典贯彻实施工作领导小组编著:《中国民法典适用大全》(合同卷三),人民法院出版社 2022 年版,第 2109 页。北京市第三中级人民法院(2021)京 03 民终 10655 号民事判决书。

形,而不适用于租赁合同的其他情形。其二,次承租人承担腾房和支付逾期腾房屋占有使用费两项义务,次承租人未逾期腾房的则不支付占有使用费。其三,房屋占有使用费的标准,可由法院确定。其四,不定期租赁合同的腾房问题。租赁期限没有约定或约定不明确,但合同已经终止履行的,出租人可以随时解除合同,但出租人解除合同应当在合理期限之前通知承租人、次承租人。在出租人与承租人无法就租期达成一致的情况下,应给承租人一段准备的时间。在房屋转租时,该段准备时间实际上是给次承租人的,以便其对即将丧失租赁房屋的占有使用做好准备。在次承租人超过出租人给的准备时间后,则应支付逾期腾房占有使用费。

在转租中,租赁合同对于承租人的要求也可适用于次承租人,主要包括:其一,承租人返还租赁房屋的义务是基于租赁合同而产生,因而承租人在租赁关系终止后,出租人可以请求次承租人返还。其二,返还的期限。定期租赁应当自租赁期限届满时返还,不定期租赁应当自通知终止租赁关系时返还。在出租人同意的转租中,承租人拖欠出租人租金而致租赁合同解除,但次承租人已向承租人付清租金的,出租人不能向次承租人主张承租人拖欠的租金,这是因为出租人和次承租人不存在直接的租赁关系。由于转租是以承租人租赁权存在为基础的,当承租人与出租人的租赁关系归于消灭时,承租人与次承租人的转租关系也归于消灭,次承租人继续主张使用租赁房屋就没有了依据,次承租人不得直接向出租人主张租赁权,其继续占有租赁房屋构成了侵权,应当按时腾房,在逾期腾房时支付占有使用费。对于次承租人向承租人交清租金又未享受租赁权的,只能向承租人请求赔偿,但不影响其向出租人腾房义务的履行。

【案例10-26】 福州华驰机电设备有限公司晋安分公司诉福建瑞合通新材料有限公司房屋租赁合同纠纷案

判决观点,原告应将讼争厂房返还给被告,现因该厂房实际由第三人控制,应由第三人解除对讼争厂房的控制并交还被告使用。扣除装修免付租金期,原告实际占有使用讼争厂房的时间为2014年12月16日至2015年2月9日,酌情按双方约定的月租金7.8万元为标准计算其应支付被告该期间的厂房占有使用费为14.3万元(7.8万元/月÷30天/月×55天)。被告因合同约定取得原告支付的厂房租赁保证金23.4万元、1个月预付租金7.8万元和1个月租金7.8万元扣除原告应支付的占有使用费后的24.7万元(23.4万元+7.8万元+7.8万元-14.3万元)应予返还原告。当事人未能提供证据或证据不足以证明其事实主张的,由负有举证证明责任的当事人承担不利的后果。原告请求被告赔偿其对讼争厂房的装修费用损失100万元,可视为损害赔偿主张,但原告仅提供其与案外人签订的装修合同不足以证明其已实际支出100万元的装修费用,其经法院释明后仍拒绝通过鉴定来确定实际装修费用,因此,对原告该损害赔偿主张不予支持。[1]

最高人民法院法官认为,具体而言,次承租人未能按照合同约定,或者根据租赁物的性质,在合理期间内及时向出租人返还租赁物的,应就逾期返还租赁物支付相应使用费。使用费的具体标准可由人民法院结合出租人的请求,参照租赁合同约定、转租合同约定或者当时当地同等租金确定的标准酌情作出认定。[2]

(三)转租人过错处理

出租人不同意转租的,应根据转租合同的具体内容判断其是否是以出租人同意为附条件的合同,而不能简单以出租人不同意即认定转租合同无效。附条件的转租合同因出租人不同意转租而未生效,转租人有过错的应承担责任。

【案例 10－27】 黄某某诉刘某某房屋租赁合同纠纷再审案

再审法院认为,2002 年 2 月,大寺下经济合作社将其所有的坐落于东阳市城南西路第一幢楼下四间和楼上七间涉案房屋出租给黄某某使用,协议约定的租赁期为 2002 年 3 月 1 日至 12 月 31 日,实际履行中却是一年一签,租金根据行情由双方协商另行确定。2010 年 11 月 27 日,双方续签了房屋租赁协议,约定黄某某的租赁期限到 2011 年 12 月 31 日,黄某某租期内不得擅自转租,如需转租需征得大寺下经济合作社同意。但黄某某在 2011 年 11 月 25 日租赁期将至时与刘某某签订《房屋使用权转让合同》,从合同约定的内容来看,该合同系一份名为房屋使用权转让合同,实为确保刘某某在黄某某租赁期满之后能够租赁使用涉案房屋及黄某某将添附在涉案房屋上的部分资产一并转让给刘某某的附条件转让合同。原一、二审判决认定双方之间系房屋转租法律关系,并判决确认房屋使用权转让合同无效不当,再审法院予以纠正。黄某某在再审中对本案性质及一、二审判决适用法律所提出的异议成立。但由于黄某某在与刘某某签订转让合同前未就房屋转租事宜与房屋所有人大寺下经济合作社进行协商,并征得其同意,且事实上该社事后亦不同意将房屋另租给刘某某使用,据此,黄某某在合同中确保刘某某能够租赁涉案房屋的承诺落空,刘某某使用黄某某在涉案房屋上的添附物的条件未成就,故双方签订的《房屋使用权转让合同》的生效条件未成就,合同未生效。

---

〔1〕 参见国家法官学院案例开发研究中心编:《中国法院 2017 年度案例》(合同纠纷),中国法制出版社 2017 年版,第 94 页。福建省福州市晋安区人民法院(2015)晋民初字第 2360 号民事判决书。

〔2〕 参见最高人民法院民法典贯彻实施工作领导小组编著:《中国民法典适用大全》(合同卷三),人民法院出版社 2022 年版,第 2125 页。

且根据双方当事人的陈述,由于涉案房屋已由案外人租赁,即使合同生效,因刘某某租赁使用涉案房屋及黄某某添附物的合同目的也不能实现,合同亦应解除。故无论是合同无效,还是合同未生效,抑或合同解除,导致刘某某未能租赁涉案房屋的过错均在黄某某,其向刘某某收取的转让款应予返还并承担相应的利息损失。原一、二审判决适用法律虽存在欠当之处,应予纠正,但实体处理得当,应予维持。[1]

需要研究的是,承租人在转租中的过错责任及其追偿。承租人因其自身原因使转租合同未得到出租人同意,承租人应当对其过错承担缔约过失责任,责任范围应该包括对善意次承租人逾期腾房费用的承担。在转租中,因承租人(转租人)过失致使转租合同期限超过了原合同期限,次承租人向出租人交付逾期腾房使用费的,应认定承租人有过错,次承租人有权就已交付的使用费行使追偿权。

因转租人违约,出租人要求解除合同,次承租人享有请求赔偿损失、追究违约责任、代偿请求等各项权利。

【案例10-28】 齐某某诉张某、刘某房屋租赁合同纠纷案

判决观点,齐某某与张某之间的租赁合同合法有效,张某在履行合同过程中,未能按约及时支付租金构成违约,根据双方合同约定,齐某某有权解除双方租赁合同,张某应当在合同解除后返还房屋。刘某作为房屋实际使用人,其承租房屋系基于与张某之间的租赁合同关系,因齐某某与张某解除合同后,张某已不再享有承租权,因此刘某亦无权继续占用房屋,应当与张某一起承担返还义务。[2]

房屋所有权变动后,权利人承继原出租人限制转租的权利,承租人转租的承担过错责任。

【案例10-29】 谢某霞诉武某斌等房屋租赁合同纠纷案

二审法院认为,承租人经出租人同意,可以将租赁物转租给第三人。承租人转租的,承租人与出租人的租赁合同继续有效,第三人对租赁物造成损失的,承租人应当赔偿损失。承租人未经出租人同意转租的,出租人可以解除合同,承租人应当赔偿损失。租赁合同中约定,承租人对承租的房屋只有使用权,无权对该房产做任何处理,包括转租,而承租人违反合同约定将房屋转租的,受让该房产的权利人在拥有该房屋的合法所有权的同时也承继了原出租人与承租人之间签订的租赁合同中的权利义务。承租人未经出租人同

---

[1] 浙江省高级人民法院(2013)浙民提字第142号民事判决书。

[2] 参见《房屋租赁合同纠纷裁判思路与裁判规则》,法律出版社2017年版,第224页。

意擅自转租房屋的，符合法定解除合同的条件，因此，权利人有权解除该租赁合同。[1]

（四）转租的腾退处理

房屋租赁期限届满，租赁关系终止，承租人应从租赁房屋退出；转租合同关系亦同时终止，次承租人亦应退出转租房屋。对于承租人承租的房屋中，承租人同意承包经营又未与出租人建立转租关系的使用人，由承租人承担该类人员的腾房责任。

【案例10－30】　北京长城家具有限公司与北京铭强盛超市有限公司、第三人李某武、北京千龙网都网之星上网服务有限公司等房屋租赁合同纠纷案

判决观点，双方按《协议书》的约定履行后，现履行期限已经届满，双方未再续签合同，故长城公司与铭强盛公司之间的租赁关系已经终止，铭强盛公司应当将租赁房屋及场地退还给长城公司。铭强盛公司关于长城公司曾口头承诺其可以承租十年的辩称，因没有提供证据证明，法院不予采信。因铭强盛公司在承租期间与第三人签订租赁合同、承包经营合同，将承租的部分房屋转租给本案第三人使用，本案第三人作为以独立主体资格对该院部分房屋实际占用者，亦应承担腾退的责任。在丰台区东铁匠营顺四条16号院内从事经营活动的第三人之外的其他人员，与铭强盛公司之间没有明确的转租关系，无独立的营业执照，向铭强盛公司交纳一定的管理费，以铭强盛公司的名义从事经营，不具备独立的主体资格，其腾退责任应由铭强盛公司承担。本案第三人与铭强盛公司之间的租赁关系及承包关系的履行期限超过长城公司与铭强盛公司之间的租赁期限，超过部分应属无效。在第三人李某武、唐某华以转租房屋为经营注册地办理相关营业执照时，长城公司虽然出具了场地证明表示同意第三人李某武、唐某华使用该转租房屋，但并没有允许超过长城公司与铭强盛公司之间的租赁期限进行转租的意思表示，且出具场地证明的时间为2006年，与长城公司和铭强盛公司之间的租赁合同的到期日尚有较长期间，故法院对铭强盛公司及第三人关于长城公司同意超期限转租及承包的主张不予认定。长城公司对铭强盛公司与第三人之间因超期限签

---

〔1〕 参见最高人民法院民法典贯彻实施工作领导小组编著：《中国民法典适用大全》（合同卷三），人民法院出版社2022年版，第2101页。河南省南阳市中级人民法院（2012）南民一终字第434号民事判决书。

订转租、承包经营合同导致超过部分无效的后果，没有过错，不应承担责任。综上，铭强盛公司及第三人仍然占用丰台区东铁匠营顺四条16号院房屋及场地已无合法依据，故对长城公司要求铭强盛公司及第三人将占用的租赁房屋及场地立即腾退的请求，法院予以支持。[1]

房屋租赁合同解除后，出租人未起诉承租人而起诉次承租人腾退房屋的，法官可依据《民法典》物权编的规定判决次承租人直接向出租人腾退房屋。

承租人、次承租人逾期不返还房屋赔偿问题。在承租人将所租赁房屋另行租赁给次承租人的情况下，合同到期终止时，承租人与次承租人均负有腾退义务。二者均迟延履行该项义务时，出租人可以直接要求承租人、次承租人共同承担返还租赁物并承担赔偿损失责任。在赔偿出租人损失的数额问题上，赔偿标准应遵循填平原则就高不就低，承租人、次承租人应赔偿占有使用费，如出租人有其他损失的，出租人有权获得赔偿。

【案例10－31】 某印刷厂诉甲公司、乙汽车公司房屋租赁合同纠纷案

二审法院认为，甲公司虽主张未能交付房屋的责任系乙汽车公司造成，但客观上甲公司确实在期限届满后未能交付房屋，故甲公司、乙汽车公司应共同腾退房屋，导致某印刷厂未能整体向侯某交付房屋，应共同承担因逾期腾房给某印刷厂造成的经济损失。该部分经济损失在本案中应包括逾期腾房的占有使用费和某印刷厂支付的违约赔偿金。……就违约赔偿问题，依据某印刷厂与侯某之间签订的房屋租赁合同约定，某印刷厂应在2016年2月18日将涉案房屋移交给侯某，若未能按时交付房屋，某印刷厂须向侯某支付违约赔偿金1000000元，某印刷厂已经实际支付，该损失现已实际发生，故某印刷厂要求支付赔偿案外人侯某的违约赔偿金1000000元，应予支持。判决乙汽车公司与甲公司共同赔偿某印刷厂自2016年2月18日起至5月4日止的经济损失共计2249300元。[2]

实践中，出租人何时方可向占有房屋的次承租人、次次承租人等主张权利，以及如何确定使用费用的标准，并无明确的法律规定。一般认为，出租人应在与承租人合同解除时或之后主张权利，出租人可参考占有房屋的使用人向上一笔支付标准主张权利。

---

〔1〕 参见北京市高级人民法院编：《审判前沿——新类型案件审判实务》2010年第1集（总第31集），法律出版社2010年版，第200～201页。

〔2〕 参见安凤德主编：《租赁合同纠纷案件疑难问题裁判精要》，法律出版社2021年版，第231～232页。

【案例 10－32】　北京甲公司诉北京乙公司、北京丙公司占有保护纠纷案

一审法院认为，关于本案焦点一，2018 年 1 月 11 日后，北京丁公司无权继续出租房屋，故此两公司未腾退房屋时应向北京甲公司支付房屋使用费。基于对《房屋租赁合同解释》的解释，次承租人包含丙公司，故两公司应承担责任。关于本案焦点二，两公司向北京甲公司承担不同责任。首先，北京乙公司现有证据不足以证明其已将北京丙公司承租房屋期限为 2018 年 1 月 11 日至 2021 年 5 月 13 日的租金向北京丁公司完成了支付，故此，北京乙公司应向北京甲公司支付该段期间的房屋使用费。其次，北京丙公司未按照合同约定支付租金，其在 2018 年 1 月 26 日将租金支付给王某个人而非北京乙公司。2018 年 4 月 20 日，法院已在北京丙公司所在区域张贴告知书，北京乙公司于 2018 年 4 月 21 日提出案外人执行异议。基于公平原则，自 2018 年 7 月 21 日起北京丙公司应将房屋使用费支付给北京甲公司。2018 年 1 月 11 日至 7 月 20 日，北京乙公司向北京甲公司支付 1300000 元。2018 年 7 月 21 日至 2021 年 5 月 13 日的费用 7000000 元，两公司均负有支付责任。为避免重复赔偿，考虑行为同时侵权，所以北京乙公司承担责任而北京丙公司承担连带责任。判决：一、北京乙公司向北京甲公司支付房屋占有使用费 1300000 元；二、北京乙公司向北京甲公司支付房屋占有使用费 7000000 元，北京丙公司承担连带责任；三、驳回北京甲公司的其他诉讼请求。二审法院同意一审法院裁判结果，判决：驳回上诉，维持原判。[1]

---

〔1〕 参见国家法官学院、最高人民法院司法案例研究院编：《中国法院 2023 年度案例》（物权纠纷），中国法制出版社 2023 年版，第 284～285 页。北京市第二中级人民法院（2021）京 02 民终 10378 号民事判决书。

专题十一　房屋租金与占有使用费纠纷

本专题之所以将租金和占有使用费放在一起讨论，主要原因是二者都是承租人使用租赁房屋应支付的价款。其二者的区别是，在有效租赁合同中，承租人按租赁合同约定支付租金（有例外情形）；在无效租赁合同中，承租人参照租金约定支付占有使用费。

一、房屋租金理解

所谓租金，是指承租人为使用、收益出租人的租赁房屋支付的对价。

租赁房屋合同一般都还约定有押金，在不交付租金的情况下，押金是否可以转化成租金？一般认为，有约定的应当依据当事人的约定；在没有约定的情况下，押金具有保证金的作用，可以转化成租金。[1]

（一）租金支付认定

《民法典》第七百二十一条规定："承租人应当按照约定的期限支付租金。对支付租金的期限没有约定或者约定不明确，依据本法第五百一十条的规定仍不能确定，租赁期间不满一年的，应当在租赁期间届满时支付；租赁期间一年以上的，应当在每届满一年时支付，剩余期间不满一年的，应当在租赁期间届满时支付。"该条是关于租金支付期限的规定。租金的支付期限是租赁合同的主要条款，当事人应当在合同中约定明确，以便于实际执行。双方可以约定租金预先支付，也可以在租赁期届满后支付；可以约定一次性支付，也可以分期支付；可以约定在一定期限内支付，亦可以约定在具体的日期前支付。对于没有约定或约定不明确的，其支付期限即按以下顺序确定，先协商后按照合同相关条款或交易习惯确定。通过上述方式仍不能确定的，则按租赁期限不满1年的，应当在租赁期限届满时支付；租赁期限1年以上的，应当在每届满1年时支付；剩余期间不满1年的，应当在租赁期限届满时支付。

实践中，租赁期间的确认是认定租金数额的多发纠纷。

【案例11-1】 西安九龙房地产开发有限责任公司与陕西兵器工业西北公司、西安市赛格商贸有限公司房屋租赁合同纠纷案

最高人民法院认为，九龙公司作为与北方大厦收尾及装修工程的义务人，违反了双方《补充协议二》"1999年9月28日前具备三星级宾馆运营条

---

〔1〕 参见王利明：《合同法研究》（第三卷），中国人民大学出版社2012年版，第288页。

件是北方大厦具备运营条件的最终延限”之约定，已构成违约。依据《补充协议二》“仅此时限而已，过去所有合同、协议中约定的其他事项一律不变”之约定，应当认定《租赁合同书》第6条第1款第1项“出租方免收承租方的租金”之约定条件已不存在，九龙公司在其违约的情况下，以此约定条款主张西北公司免收租金，理由不足。九龙公司对2000年4月17日出具的《法人授权委托书》及《对账单》的真实性、合法性没有异议，因此，刘某国根据该公司授权委托，在与西北公司对账后形成的《对账单》上签字，应当认定为有权代表九龙公司的职务行为。一审法院根据九龙公司的违约事实及双方依据《租赁合同书》约定的房屋租赁数额计算核对后形成的《对账单》确认的房屋租金数额，判决九龙公司支付西北公司2000年房屋租金418.8万元，事实根据充分，应予维持。〔1〕

【案例11－2】 蔡某芬诉厦门毅信联合商业管理有限公司等房屋租赁合同纠纷案

一审法院认为，蔡某芬主张毅信公司拖欠其2013年9月至2014年8月的租金227700元，毅信公司对此予以确认，法院予以认定。故被告毅信公司应依约向原告支付2013年9月至2014年8月的租金227700元及其违约金。依据约定，租金应按季度于每季度第一个月的30日前支付，故上述所欠租金的支付日分别为：2013年9月至11月的租金56925元（227700元÷4）应于2013年9月30日前支付，2013年12月至2014年2月的租金56925元应于2013年12月30日前支付，2014年3月至5月的租金56925元应于2014年3月30日前支付，2014年6月至8月的租金56925元应于2014年6月30日前支付。因毅信公司逾期付款，依约还应按应付款项的日0.5‰支付违约金，并自付款期限届满之日开始计至本判决确定的付款之日。毅信公司、诚毅公司关于违约金计算方式过高的抗辩，依据不足，本院不予采纳。二审法院亦持同样意见，维持一审判决。〔2〕

实践中，对承租人支付给出租人款项是否属于租金时有争议。

【案例11－3】 林某东诉漳浦金浦医院房屋租赁合同纠纷案

二审法院认为，关于金浦医院自2014年4月9日起至2015年2月3日止支付182000元款项性质问题。对于该款项，林某东主张系金浦医院逾期支付租金的利息款。金浦医院则主张系分期支付给林某东的租金。本案中，

〔1〕 参见最高人民法院民事审判第一庭编：《最高人民法院民事案件解析》（房屋买卖、租赁纠纷），法律出版社2010年版，第355页。

〔2〕 参见国家法官学院案例开发研究中心编：《中国法院2016年度案例》（合同纠纷），中国法制出版社2016年版，第124页。福建省厦门市中级人民法院（2014）厦民终字第3779号民事判决书。

金浦医院一审提供了收(汇)款凭证10份共计182000元,其中金额20000元1份金额18000元9份。在9份各18000元的凭证中,除4份凭证未标注款项性质外,有5份凭证均写明利息款字样(其中4份的利息款字样被人为划掉)。由于全部收(汇)款凭证均由金浦医院持有,且根据二审查明的事实,该4份凭证上的利息款字样系由金浦医院自己划去,从证据认定的角度出发,应作出对金浦医院不利的认定。加之9份凭证并非同时出具,而是每相隔一个月出具一份,金浦医院主张凭证由林某东书写,己方不同意支付利息故将利息款字样划去,明显与常理相悖,且林某东对该事实亦不予认可,故应认定该9份凭证所载款项系金浦医院支付给林某东的利息款。结合9份凭证均相隔一个月左右时间出具,每份的金额18000元按月利率3%计算,与金浦医院2014年4月9日尚欠的租金600000元相符,故从高度盖然性的角度,可以认定林某东与金浦医院约定尚欠的600000元租金按月利率3%计息的事实。至于1份20000元的凭证,由于该款项数额与约定不符,且凭证上注明款项性质为租金,依法应认定为金浦医院支付的租金。综上,林某东关于金浦医院后续支付的182000元系利息款的上诉主张部分成立,其中的162000元应认定为金浦医院所支付的利息款。[1]

租赁合同解除当日承租人办理租赁物移交手续的,则该日为租金截止日,在此之前是否搬离或完全搬离不影响该期间承担租金支付义务。租赁合同有约定的,承租人还应承担赔偿损失责任。

【案例11－4】　上海新亚药业有限公司诉中储上海物流有限公司房屋租赁合同纠纷案

二审法院认为,根据合同约定,新亚公司应于每月10日前支付当月租金,如新亚公司欠交租金或其他费用超过1个月,中储公司在书面通知新亚公司交纳欠款之日起五日内,新亚公司未支付的,中储公司有权解除合同。本案中,新亚公司仅支付了至2012年12月14日的租金,经中储公司发函催讨租金,仍未支付,已构成违约。鉴于新亚公司已于2013年4月28日搬离,并与中储公司就返还租赁物办理了移交手续,可见双方对解除合同已经达成了合意,故中储公司要求确认合同于该日解除并无不当,法院可予准许。新亚公司认为中储公司于2013年3月26日口头通知其解除合同,故合同已于该日解除,因中储公司予以否认,其又未能提供证据予以证实,故法院不予采纳。合同解除后,双方仍应按约进行结算。新亚公司称其已于2012年12月

---

〔1〕　参见《人民司法·案例》2017年第2期(总第769期)。福建省漳州市中级人民法院(2015)漳民终字第1651号民事判决书。

将库存药品搬离,但确认尚有货架、空调等物品在租赁物内,故仍应继续承担2012年12月15日至2013年4月28日返还租赁物期间的租金。合同约定,合同期内,如一方提出解除合同,必须提前三个月以书面形式通知对方,经对方同意后方可解除合同,如违反上述约定,解除合同的一方应赔偿对方合同约定的三个月的仓库租赁费,故中储公司要求新亚公司承担因提前解除合同而遭受的经济损失具有合同和法律依据,法院予以支持。[1]

按租赁面积计算租金的,租赁面积未确定其租金诉求可另案处理。

【案例11-5】 陕西风林商业有限公司诉陕西吉宝佳实业有限公司房屋租赁合同纠纷案

一审法院认为,对被告(反诉原告)主张的反诉被告向其支付2017年第二、三季度租金共计人民币538160元的要求,因双方合同约定按实测面积计算租金,反诉原告未提交证据证实实测面积,致使租金金额无法确定,该项主张的诉请待反诉原告明确该项实测面积后,可另案主张。二审法院亦持同样意见,维持一审判决。[2]

原承包合同变更后,标的物减少,双方未对承租费用进行协商,应适用公平原则进行减免处理。

【案例11-6】 太原大学诉太大腾龙实业发展有限公司租赁合同纠纷再审案

再审法院认为,太原大学与腾龙实业公司之间先存在承包合同关系,后变更为租赁合同法律关系。双方所签协商决定中虽未对租金数额作出明确约定,但基于本案实际情况及公平原则,应适当减免腾龙实业公司所欠租金。太原大学行使单方解除权符合法律规定,具有法律效力,双方合同已解除。[3]

实践中,对预付租金支付认定常为争议焦点。

【案例11-7】 重庆解放碑茂业百货有限公司与重庆鑫隆达房地产开发有限公司房屋租赁合同纠纷案

最高人民法院认为,从《商厦商业经营房产租赁合同》约定内容来看,鑫隆达公司将世贸中心项目的地下二层至地上八层房产出租给成商公司使用,

---

〔1〕 上海市第二中级人民法院(2015)沪二中民二(民)终字第225号民事判决书。

〔2〕 参见国家法官学院案例开发研究中心编:《中国法院2019年度案例》(合同纠纷),中国法制出版社2019年版,第21~22页。陕西省宝鸡市中级人民法院(2017)陕03民终1566号民事判决书。

〔3〕 参见国家法官学院案例开发研究中心编:《中国法院2012年度案例》(合同纠纷),中国法制出版社2012年版,第51页。山西省高级人民法院(2010)晋民再终字第121号民事判决书。

总计约42000平方米，该面积实行"多不退、少不补"原则，按楼层计算，每年租金价格包干使用。2004年4月25日，成百公司与鑫隆达公司签订《商厦商业经营房产租赁合同之补充合同》，约定鑫隆达公司同意成百公司承接成商公司在《商厦商业经营房产租赁合同》中应履行的义务及享有的权利；经双方共同测量和确认，成百公司租赁鑫隆达公司商场的建筑面积超出《商厦商业经营房产租赁合同》中约定面积8000平方米，成百公司同意出资2500万元租赁鑫隆达公司商场增加建筑面积约8000平方米20年经营使用权。次日，成百公司（甲方）与鑫隆达公司（乙方）签订《协议书》，约定甲方承诺不得以任何理由（包括但不限于甲方控股股东成商公司与乙方于2003年12月16日签署的《商厦商业经营房产租赁合同》相关各方不再履行等）要求乙方退还或部分退还已支付给乙方的购买该商场增加面积部分（约8000平方米）20年经营使用权的2500万元投资款项。成商公司在该协议书上加盖了公章。上述合同约定表明，成商公司已将《商厦商业经营房产租赁合同》转移给成百公司。成百公司与鑫隆达公司经协商，变更了《商厦商业经营房产租赁合同》约定的租金总额，就增加的8000平方米租赁面积，由成百公司追加租金2500万元，并预先支付。成百公司与鑫隆达公司并未约定将该笔款项纳入《商厦商业经营房产租赁合同》中约定的1.24亿元预付租金数额中。在诉讼中，鑫隆达公司亦不认可该笔款项系1.24亿元预付租金的组成部分。因此，该笔款项从合同约定的文字表述来看，应为成百公司就增加的房屋租赁面积预付的租金，并非《商厦商业经营房产租赁合同》中约定的租金，不应列入上述合同约定的1.24亿元预付租金范围内。茂业公司主张成百公司支付的2500万元应认定为《商厦商业经营房产租赁合同》中约定的预付租金，缺乏事实依据，本院不予支持。[1]

商铺业主委托商业公司代为出租，其租金支付是疑难问题。

【案例11－8】　肖某起诉北京物美商业集团股份有限公司物权保护纠纷案

二审法院认为，关于房屋使用费，综合本案全部事实，2052号房屋使用费的支付宜以实际发生收益为依据。对于支付使用费的主体问题，现物美公司已为使用场地实际支付租金，不应再支付额外使用费用，应由华森置业公司承担。就使用费的计算标准，鉴于代表业主利益的万众公司和华森置业公司所签协议已作明确约定，按购房款总额不低于5%发放租金，不足部分由华森置业公司补足，超出则据实发放，现租金标准低于肖某起购房款总额的

---

〔1〕参见最高人民法院民事审判第一庭编：《最高人民法院民事案件解析》（房屋买卖、租赁纠纷），法律出版社2010年版，第281～282页。

5%，故华森置业公司应以肖某起购房款总额的5%为标准向其支付使用费，计算期间以物美公司支付租金的期限为准。故本院对原审法院就支付使用费问题所作判决不持异议。[1]

出租人是否取得出租房屋所有权证，不能成为承租人拒付租金的抗辩理由。

【案例11－9】 王某某诉上海崇明经济综合开发总公司房屋租赁合同纠纷案

二审法院认为，当事人签订的《上海市房屋租赁合同》系双方的真实意思表示，合法有效，双方均应按约履行。一方当事人辩称其宣称合同无效并停付租金的理由是系争房屋无产权证，致使其无法办理营业执照，但根据现有工商部门的企业注册规范，申请注册的企业，经营地房屋为预售商品房的，并不必然影响办理营业执照，且双方合同中明确该房屋为预售商品房，该当事人在签订合同前也明知该情况，故对其抗辩理由，不予采信。[2]

关于租金支付的推定问题。最高人民法院法官认为，《民法典》对定期给付之债的清偿未明确规定可适用推定。在承租人欠付两期以上租金的情况下，其仅清偿其中部分租金，且债权人受领的，应当如何解读当事人的真实意思，在司法实践中，需诉诸证据规则予以解决。[3]

（二）租金支付解释

租金支付方式发生争议，需要依据合同所使用的词句、合同有关条款、合同目的、交易习惯以及诚实信用原则，确定租金支付方式条款的真实意思。

【案例11－10】 张某霞诉侯某兰确认解除合同效力纠纷案

一审法院认为，该合同中明确约定："租金一年一交，一次性缴清，第一年租金于合同生效后当日内一次性缴清，以后租金于每年租金到期的前两个月之日提前一次性缴清。"双方对租金交付的期期、方式均作了约定，原告认为第一年后的租金应于每一年度租期到期予以提前缴纳。综合该合同约定及房屋租赁行业实际交易习惯，应将该条款理解为租金交付的期限，即双方仅就每年租金的交付期限作了约定，而非在一年度到期前的两个月之日才支付

---

〔1〕 参见国家法官学院案例开发研究中心编：《中国法院2015年度案例》（物权纠纷），中国法制出版社2015年版，第22页。北京市第二中级人民法院（2013）二中民终字第4781号民事判决书。

〔2〕 上海市第二中级人民法院（2009）沪二中民二（民）终字第1797号民事判决书。

〔3〕 参见最高人民法院民法典贯彻实施工作领导小组编著：《中国民法典适用大全》（合同卷三），人民法院出版社2022年版，第2136页。

已产生的租金,原告在签订合同后每年也均是实际按该方式履行的。原告主张满一年前两个月之日才应付清全年的租金,有悖常理,且与合同实际履行情况不符,原告虽主张第二年租金是应被告经商急需资金要求提前缴纳,以后每年如期缴纳,但未提供证据予以证实,被告也不予认可,对此主张不予采纳。被告虽辩称对原告的转租行为其并不知情,但双方履行合同已长达近十年之久,且原告提交的与许某顺签订的《房屋租赁合同》签订之日也即原告向被告交押金之日,被告不知情一说并无事实根据,对此主张,不予采纳。二审法院亦持同样意见,维持一审判决。[1]

【案例 11－11】　北京京鹰汽车修理有限公司诉北京京汉新港汽车销售服务有限公司租赁合同纠纷案

判决观点,《军队房地产租赁合同》的补充协议文本中"从第三年开始,以 148 万元为基准,年租金按 1% 逐年递增"之后有一括弧注释性说明:"(即第四年为 1494800 元,第五年为 1509748 元,依此类推,直到租赁期满)",法院认为该注释就是对前面一句的进一步界定,应当以括弧注释的含义确定上一句的意思,该注释明确确定第四年租金为 1494800 元,此数额正是在 148 万元的基准上递增了 1% 的数额,所以应当认定被告的主张成立,即从第四年开始按递增 1% 计算,不应包括第三年本年。双方合同中没有关于检测费的约定,故原告关于被告所交款项中包含检测费的主张不能成立。双方在小合同中有被告应当交纳电费的约定,但被告所交费用的性质不应由原告方单方确定,而应当由交纳方确定,现被告方称交纳的费用为租金,法院应据此认定为租金,不应认定为其他费用。如果原告认为被告方尚欠电费等费用,可根据相应证据另行主张,本案不予处理,故款项 4760000 元应全部认定为大、小合同的租金。《军队房地产租赁合同》中约定"租金按年结算,乙方于每年的前十日内交付甲方",法院认为"租金按年结算"的意思应当是,租金一年一交,且"年"应当按租赁年度而不能按年历年度计算,即当年的 1 月 31 日至次年的 1 月 30 日。"前十日"应理解为租赁年度的起算日开始后的前面 10 日,即租赁年度开始后的前面 10 日内,即每年的租赁期限起算日为 1 月 31 日,承租方应当在该年的 2 月 10 日前交纳租金。被告在某一时间点应当交纳的租金数额,应当按合同约定的交纳租金日期计算,即按每年 2 月 10 日前的交纳日期被告应交租金数额,不应当按实际租赁期间计算应交租金数额。按实际租赁期间计算等于改变合同约定的交款日期为按实际租赁期间收取,违背了合同约定。根据法院上述认定,经计算被告自 2005 年起即存在欠交

---

〔1〕 参见国家法官学院案例开发研究中心编:《中国法院 2015 年度案例》(合同纠纷),中国法制出版社 2015 年版,第 32 页。山东省淄博市中级人民法院(2013)淄民一终字第 544 号民事判决书。

租金的情形。[1]

【案例11－12】 中国人民解放军66446部队诉北京东西分析仪器有限公司房屋租赁合同纠纷再审案

再审法院认为,关于《租赁协议》约定的总租金数额问题。66446部队称《租赁协议》总价款1500万元中的1000万元系东西分析公司对66446部队的赠与,但其未能提交证据予以证明。而东西分析公司提交的66446部队为其开具的12张发票载明的收费项目名称为“曹家沟土地、房屋租赁费”。结合《租赁协议》第二条对1500万元支付时间进行了详细约定,其符合租金支付的特点。而赠与属于单方法律行为,无须对交付时间进行约定。故原审法院认定《租赁协议》约定的租金为1500万元正确。66446部队关于1000万元并非租赁费而系赠与的再审理由缺乏事实和法律依据。另,原审法院根据合同总价款和租赁期限推定双方约定的年租金为30万元并无不当,66446部队关于原审法院推定年租金为30万元错误的再审理由不能成立。[2]

实践中,计租面积并非必须要等同于产权证中的建筑面积。计租最终以何为标准,系当事人合意的结果,由当事人自由约定。即计租标准可以是房屋建筑面积,也可以是房屋套内建筑面积,更可以房屋的套数为单位。在双方对计租标准产生严重分歧,而合同条款对计租标准的约定不明时,就必须按照合同解释的原则,分析合同条款,探究当事人签订合同时的真实意思表示,以确定计租标准。也就是说,租赁合同对租金计算标准约定不明,应依法按合同解释原则作出认定。

【案例11－13】 上海某房地产开发有限公司与上海某超市有限公司、上海某连锁超市有限公司房屋租赁合同纠纷案

二审法院认为,本案的争议焦点为合同约定的计算租金面积是否系租赁房屋的成套房屋建筑面积。首先,计算租金面积与房地产权证中的成套房屋建筑面积并非同一概念,前者指合同当事人对所租赁房屋的计租标准的约定,合同当事人可以将它约定为成套房屋建筑面积,也可以约定为房屋套内建筑面积;后者是一个专用名词,是房屋套内建筑面积与分摊的共有建筑面积之和。本案中,当事人双方签订的合同中仅约定面积为建筑面积,在合同附件租赁范围示意图中,层平面图右方标有“乙购物中心”抬头字样的表格,其中有一等式表明,层总面积减去画斜线部分面积即承租面积。上述等式表

〔1〕 参见北京市高级人民法院研究室编:《审判前沿——新类型案件审判实务》2009年第2集(总第26集),法律出版社2010年版,第171～172页。北京市丰台区人民法院(2006)丰民初字第18831号民事判决书。

〔2〕 参见北京市第一中级人民法院编:《裁判方法与法律适用:案例精选》(2019年卷),法律出版社2020年版,第435页。北京市第一中级人民法院(2019)京01民再130号民事判决书。

明的层计算租金面积为层总面积减去层内非计算租金面积,而画斜线部分的面积包括分摊的共有建筑面积和建筑物内其他成套建筑物套内面积。其次,双方约定地下部分设备用房亦属计算租金面积,而事实上该部分面积全部作为分摊的共有建筑面积分摊至整幢建筑物内的各独立成套建筑物。双方对于地下部分设备用房的约定,可以证明合同中约定的计算租金面积与房地产测绘部门出具的权属调查报告中的建筑面积的指向并不完全一致。最后,双方在合同中明确约定年租金起始基数为每年 10134225 元,虽然该金额并非最终约定的租金标准,但这也说明双方签订合同时对各自的支出、收入有过考量。现若依据房地产公司认为的计租标准,年租金为 1247 余万元;而依据乙超市公司、甲超市公司认为的计租标准,年租金为 1001 余万元。两者相比,依据房地产公司计租标准的年租金显然过高,而依据乙超市公司、甲超市公司计租标准计算的年租金则接近合同约定的起始年租金,符合双方签订合同时的真实意思表示。因此,鉴于当事人对合同计算租金面积的特别约定系双方真实意思表示,并未违反国家相关法律、法规,应当认定有效,合同双方均应按此约定履行。结合合同相并条款内容,房地产公司以成套房屋建筑面积为计租标准,要求甲超市公司、乙超市公司支付租金,缺乏事实和法律依据。另外,甲超市公司、乙超市公司始终表示愿意支付租赁房屋租金,只是当事人双方因支付租金的标准存有异议,致使房地产公司未实际收取租金,故不能认定甲超市公司、乙超市公司违约,房地产公司要求甲超市公司、乙超市公司支付违约金缺乏依据。

综上所述,根据当事人双方签订的《预租合同》约定,合同期内前三年,甲超市公司承租房屋第一层的商场计算租金面积为 2754.585 平方米,月租金为 201084.71 元,一层后仓计算租金面积为 900.209 平方米,月租金为 30119 元;第二、三层的计算租金面积应为 17429.98 平方米,但甲超市公司、乙超市公司在一审中曾明确租赁房屋的第二、三层愿意以 18246.63 平方米为计算租金面积,故租赁房屋第二、三层的计算租金面积应以甲超市公司、乙超市公司在一审中的陈述为准,月租金为 610501.83 元;关于地下设备用房,虽然测绘部门将该部分的面积全部作为共用建筑面积由建筑物内的各成套房屋分摊,但当事人在合同中约定该部分房屋需计租,计算租金面积约为 610 平方米,现甲超市公司亦实际使用地下设备用房,故甲超市公司每月仍应当支付租金 20409.58 元,鉴于甲超市公司、乙超市公司愿意第一年向房地产公司支付 300000 元(每月 25000 元),今后在合同期内每年支付标准按合同约定的相关计租条款环比增长,与法不悖,可予准许。因此,依据合同约定的计算方式以及甲超市公司、乙超市公司在本案一审、二审期间的意见,合同期内前三年甲超市公司每月应付租金为 866706.03 元,之后的租金数额按合同约定环比增长，原审法院判令甲超市公司按每月 1039547.74 元的标准支付房地产公司租金并支付相应的违约金不妥，二审应予改判。[1]

(三)租金计算标准

租赁房屋合同在被解除后，涉及租赁期间的租金计算问题亦是该类型合同的疑难问题。

【案例 11－14】 中国人民解放军 84916 部队与西安方圆大酒店有限公司、西安华隆医疗器械公司房屋租赁合同纠纷案

最高人民法院认为，关于解除租赁合同前的租金如何计算问题，租赁合同及补充协议中约定 3000 万元应在 1996 年 6 月 30 日前付清，在合同正常履行的情况下，考虑到 84916 部队取得先期租金可得的利息和其他收益的因素，其年租金及其收益应高于总租期的年租金平均值但同时也负有在后续的 20 余年间将租赁标的物提供给方圆酒店使用的义务，现双方一致要求解除租赁合同，解除后租赁物将仍由 84916 部队占有、使用、收益和处分，一审判决从本案的实际情况出发，以平均法计算年度租金即年租金为 100 万元比较公平合理，并无不妥，但租期应自方圆酒店开业之日即 1996 年 3 月 29 日开始计算至合同解除之日（以年为计租期，不足一年的以月为计租期，计算至 2001 年 7 月 29 日，每月租金为 83333 元，84916 部队应收租金为 5333333 元，应返还方圆酒店多收租金为 5666667 元）。依据合同约定先行收取方圆酒店支付的 1100 万元租金，在合同履行 5 年多的情况下，被判决解除合同之前，其既没有返还租金的合同义务，也没有返还租金的法定义务，因此不存在返还法定孳息的利息问题。方圆酒店提出 84916 部队返还占用租金期间的利息，理由不成立，本院不予支持。[2]

在有效租赁合同处于违法履行状态期间的房屋租金标准如何确认，可以参照地方性政府规章等规范性文件确定的标准判定双方当事人应予遵守的租金标准。

【案例 11－15】 深圳市维也纳酒店有限公司与丽江七星房地产开发有限公司、丽江国际大酒店有限公司租赁合同纠纷案

最高人民法院认为，由于酒店 2007 年 7 月 2 日停业，，维也纳公司不能

[1] 参见《房屋租赁合同纠纷裁判思路与裁判规则》，法律出版社 2017 年版，第 116～117 页。

[2] 参见最高人民法院民事审判第一庭编：《最高人民法院民事案件解析》（房屋买卖、租赁纠纷），法律出版社 2010 年版，第 333 页。

正常合法经营获利，无法实现《租赁合同》订立的目的，一审判决维也纳公司支付租金至酒店停业日，理据充分。七星公司关于维也纳公司应支付租金至2007年9月13日双方签署《庭前和解笔录》日，共计1935484元的上诉主张，依据不足。[1]

【案例11-16】 褚某某与徐州宾宝鞋业有限公司、睢宁经济开发区管委会房屋租赁合同纠纷案

二审法院认为，关于原审判决对宾宝鞋业占用厂房期间的租金标准认定是否正确的问题。依据涉案租赁合同的约定，租金支付标准为78元/m^2，其中宾宝鞋业只需要负担55元/m^2，另外23元/m^2应由睢宁管委会支付，且褚某某在本院二审过程中对于承担占用厂房期间23元/m^2的租金也未持异议，故原审判决按照55元/m^2计算宾宝鞋业占用厂房期间的租金并无不当，褚某某的该项上诉理由不能成立，对其主张本院不予支持。[2]

租赁房屋实测面积与暂测面积不一致的，应按实际租赁面积计算房屋租金。

【案例11-17】 上海某企业发展有限公司与李某某、孙某某房屋租赁合同纠纷案

判决观点，企发公司与李某某、孙某某签订的租赁合同系双方当事人的真实意思表示，因该租赁合同的标的物与租赁双方签订的预售合同的标的物为同一标的物，双方的租赁合同实际为返租合同。由于在预售合同和租赁合同中，均按房地产测绘部门出具的预售面积约定，系争房屋的预售总价也按预测面积暂定。根据已经生效的民事判决书的认定，系争房屋的实测面积应为44.77平方米，企发公司因此已承担了相应的法律责任。李某某、孙某某称有关租金约定为企发公司事后添加并非双方当时按房屋总价比率来确定的抗辩理由，因审理中与李某某、孙某某陈述其在签订合同时认为企发公司提出的租金金额符合李某某、孙某某的利益要求，遂对租金作出了确认，但对租金金额的具体计算方式未能作出合理解释，同时从双方在租赁合同中有关租金金额的约定分析，该金额确实与房屋暂定总价的一定比率相吻合，亦与房地产市场中业主在购买系争房屋后返租给开发商，以获得一定利益的回报率的惯例相符合。李某某、孙某某称双方签订租赁合同以平面图为约定标准的抗辩理由，因合同中的平面图也为预测时的平面图，该图中也并未标出面积，故对李某某、孙某某的上述抗辩理由，法院不予采信。同时在租赁合同

---

〔1〕 参见最高人民法院民事审判第一庭编：《民事审判指导与参考》2011年第4辑（总第48辑），人民法院出版社2012年版，第127~144页。

〔2〕 江苏省高级人民法院（2015）苏民终字第00061号民事判决书。

中,面积是其重要内容之一,也是计算租金的标准之一,开发商在签订合同时以有关部门出具的预测面积来约定房屋面积时,无法预测到房屋的实测面积与预测面积相差如此巨大,且基于预售合同和返租的特殊性,企发公司现要求变更租赁合同应以实测面积计算的房屋实际总价为依据计算租金的诉讼请求符合法律规定,应予准许。同理,企发公司要求返还之前多支付的租金,法院一并予以准许。〔1〕

在租赁合同纠纷中,出现实际面积与租赁合同中约定的租赁面积不一致的情况下,法官在计算租金等以租赁面积为计算单位的事项时,应当视为合同的瑕疵履行,承租人有权要求以实际租赁面积为准减付租金,其诉求受法律保护。个案中,租赁面积是否包括公摊面积等问题,合同如有约定,则从其约定;合同如无约定,租赁面积以包括公摊面积在内的房屋建筑面积为准更显公平。对于房屋占有使用费的争议亦以此原则处理。

【案例11-18】 李某诉花舍公司房屋租赁合同纠纷案

二审法院认为,根据双方合同约定,租金的计算标准为11元/日·平方米;商铺的租赁面积以其建筑面积计算,建筑面积包括套内使用面积、套内墙体面积建筑面积之和。经鉴定机构测量,涉诉租赁房屋的建筑面积为293.38平方米,包含了套内使用面积。因此,花舍公司向李某交付的商铺租赁面积与合同约定的395平方米不符。依据双方租赁合同的约定,租金数额系以每日租金金额为基数乘以该商铺租赁面积计算得出,租金标准与租赁面积直接相关,而非固定的数额,故应以实际交付的租赁面积计算李某应缴纳的租金数额。李某以此为由主张花舍公司退还已经多缴的租金,并主张以此标准计算装修管理费、免租期租金以及合同解除后应缴纳的房屋占有使用费,具有事实及法律依据,应予支持。花舍公司主张应以合同约定的租赁面积395平方米为准计算租金数额,租赁面积应当包括公摊面积,缺乏合同约定,亦与事实不符,本院不予采信。一审按合同约定的租赁面积395平方米计算租金,处理有误,本院予以纠正。判决:撤销一审判决,改判花舍公司按照面积差额退还李某租金及装修管理费,并按照293.38平方米计算李某应向花舍公司支付的房屋占有使用费。〔2〕

〔1〕 参见《房屋租赁合同纠纷裁判思路与裁判规则》,法律出版社2017年版,第108~109页。

〔2〕 参见安风德主编:《租赁合同纠纷案件疑难问题裁判精要》,法律出版社2021年版,第114~115页。

二、房屋租金法律适用

(一)租金支付与抗辩权成立

在租赁合同履行过程中,出租人应向承租人交付符合合同约定条件的房屋,出租人未交付房屋或交付的房屋不符合合同约定的,承租人可以就租金行使先履行抗辩权。但承租人无证据证明出租人交付的房屋不符合合同规定的,不享有先履行抗辩权。在承租人行使先履行抗辩权不成立时,则应承担支付租金迟延的违约责任。

【案例 11-19】 H 公司诉 Z 公司房屋租赁合同纠纷案

二审法院认为,在不动产租赁合同履行过程中,承租方欲以拒绝支付租金的方式行使先履行抗辩权,法院应根据出租方履行交付、维护租赁物和租赁物瑕疵担保义务的履行情况而认定是否成立。如果出租方不完全履行的行为较轻微,不具备与支付租金构成对待给付,则根据诚实信用的原则,承租方先履行抗辩权不能成立。[1]

【案例 11-20】 徐州世贸置业有限公司与苗某房屋租赁合同纠纷案

二审法院认为,关于世贸公司是否就消防、电梯(通道)、大门、公共照明、停车场等方面存在违约行为,应否承担相应的违约责任的问题。(1)关于消防问题。本院认为,《房屋租赁合同》附件三"房屋交接技术条件"第 1.4 条约定:世贸公司消防主机系统总容量应满足苗某因经营需要按消防规范改造后设备对应消防主系统容量的要求。第 3.1 条约定:世贸公司同意苗某按消防规范要求和苗某的经营要求对苗某租赁区的现有消防设施自行进行改造。因改造产生的费用由苗某承担,改造前必须将设计文件及要求提供给世贸公司审核确认。改造后的消防设施经消防局及世贸公司验收合格后并入商场内消防系统由世贸公司统一管理和维护。诉讼中,苗某主张世贸公司消防主机系统容量不够,不能满足其消防改造需求,导致其自行改造消防系统

〔1〕 参见《人民司法·案例》2009 年第 18 期。山东省青岛市中级人民法院(2009)青民一终字第 143 号民事判决书。

额外增加费用25万元,该笔费用应由世贸公司承担。根据双方往来函件及庭审陈述,双方产生争议的起因在于应由哪方提供因消防设施改造所增消防报警主机回路板并承担由此产生的费用。从上述约定来看,因消防设施改造产生的所有费用均由苗某承担,而消防报警主机回路板的增加系因苗某改造消防设施所致,该费用按约应由苗某承担。苗某以其不承担消防报警主机回路板的费用为由,擅自使用第三方生产的消防系统设备,由此产生的费用应当由苗某自行承担。因此,苗某的上述主张不能成立。根据大连欣洋公司出具的说明,其产品不能与其他厂家产品相连接,故苗某主张世贸公司不接受其消防系统、不进行统一管理,构成违约,亦不能成立。(2)关于电梯(通道)、大门及公共照明、停车场问题。本院认为,《房屋租赁合同》第2.1条约定:租赁场地的用途为商业综合楼。苗某承租租赁场地的用途为经营娱乐、电玩、餐饮。第9.4条约定:在本合同租赁期内,世贸公司保证苗某的雇员、客户应始终能方便、持续和不受阻碍地使用苗某安排的通道进出租赁场地,但前述通行应合理,且不得影响商业广场的正常经营。苗某明知其对经营时间有特别需求,但在签订《房屋租赁合同》时并未就电梯的停靠、运行时间以及公共照明、停车场的使用作出具体明确的约定。而且,双方在签订《房屋租赁合同》之前,大润发大型综合超市业已经营,苗某理应知晓大楼北侧四部垂直电梯的停靠情况,却仍与世贸公司签订《房屋租赁合同》,表明苗某接受租赁场地电梯停靠及运行现状。苗某亦未提供充分证据证明未在第三层停靠的大楼北侧四部电梯必然对其经营产生实质性影响。在苗某就电梯停靠问题提出异议时,世贸公司同意协助苗某解决此问题,并与第三方进行了沟通,但并不属于世贸公司应尽的合同义务。因此,苗某主张世贸公司在电梯停靠、运行以及大门、公共照明、停车场等方面存在违约情形,并要求世贸公司承担相应的违约责任,没有合同依据,不能成立。[1] 本案中,苗某虽就消防及电梯停靠等问题行使先履行抗辩权,但世贸公司关于消防及电梯的交付并不违反合同的约定,故苗某行使先履行抗辩权不能成立。

出租人没有尽到维修义务时,承租人的同时履行抗辩权行使即拒绝支付租金问题。有学者认为,出租人交付租赁物并保持租赁物符合约定的用途与承租人支付租金之间形成了一种对价关系,出租人不履行义务,承租人可以行使同时履行抗辩权。因此,出租人不对房屋进行修缮,承租人有权基于同时履行抗辩权而拒付租金。[2]

主流观点认为,出租人拒绝履行维修义务,承租人能否以拒付租金行使抗辩

---

〔1〕 江苏省高级人民法院(2013)苏民终字第0305号民事判决书。

〔2〕 参见王利明:《合同法研究》(第三卷),中国人民大学出版社2012年版,第306页。

权,应当取决于维修义务的履行是否构成交付房屋义务的必要条件,即所需维修义务是否在实质上影响租赁房屋的正常使用。

承租人拒付租金不能成为出租人先履行维修义务的理由,个案中承租人抗辩是否成立由法官裁定。

【案例 11－21】　林某某诉吴某房屋租赁合同纠纷案

二审法院认为,林某某未履行房屋渗漏的维修义务不能成为吴某拒付租金的理由。因为出现该种情况,吴某可以选择自行维修,由出租人承担合理维修费用或解除合同。法律并未赋予承租人既不选择自行维修又不选择解除合同,却以出租人不履行维修义务为由拒付租金的权利。[1]

【案例 11－22】　杨某诉 P 某房屋租赁合同纠纷案

二审法院认为,合同履行期间,涉案房屋内的洗衣机损坏,杨某作为出租人,在不能证明洗衣机损坏系使用不当造成的情况下负有维修义务。其就损坏责任问题与 P 某发生争议,应根据合同约定承担相应的民事责任。但应指出,杨某与 P 某签订的租赁合同系杨某与微软公司签订的房屋租赁合同的延续,而根据原合同约定,P 某遇此种情况可以自行维修设施、设备,由杨某承担相应费用和损失。故法院认为,P 某在未将洗衣机送修的情况下,拒绝缴纳全部租金,不属于合理履行抗辩权的行为,其行为构成根本违约,应对合同的解除承担责任。因 P 某存在迟延支付租金的行为,通过查明的事实,杨某在催告 P 某支付租金未果的情况下才要求解除合同,故不能认定杨某对合同解除承担违约责任,对 P 某上诉请求法院不予支持。判决:驳回上诉,维持原判。[2]

(二)租金争点认定

1. 租金支付起算点认定

租金支付起算时间在租赁合同中有约定的,应遵从约定。对没有约定的或约定不明的,可根据个案实际情况确定。

【案例 11－23】　粮贸大厦诉西域公司、西域大酒店房屋租赁合同纠纷案

最高人民法院认为,尽管双方在《会议纪要》中约定"租金自粮贸大厦交

〔1〕 参见李方民主编:《房屋租赁合同纠纷诉讼指引与实务解答》(第 3 版),法律出版社 2017 年版,第 108 页。

〔2〕 参见安风德主编:《租赁合同纠纷案件疑难问题裁判精要》,法律出版社 2021 年版,第 94 页。

付西域公司之日起向后顺延四个月即1996年10月28日起计算”,但是大厦在交付时确实存在土建粗装修不完善、设备运行不正常等问题,在一定程度上影响了西域公司细装修的正常进行;尽管1997年8月28日西域酒店开始试营业,但由于大厦未经过消防验收,即被乌鲁木齐市消防局责令停止试运行,1998年3月30日才取得消防验收合格证。因此,西域公司应付租金的起算点应为取得消防验收合格证的次日即1998年3月31日符合本案的实际情况,对双方较为公平。西域公司、西域大酒店应当支付的租金总额为25643835.62元(自1998年3月31日起至1999年11月5日止,共计585天),扣减已付租金930万元,尚欠租金16343835.62元,应予支付。西域公司欠付租金的行为构成主要合同义务的违反,属于严重违约。西域公司要求从1998年8月1日起计算租金,缺乏事实和法律依据,本院不予支持。[1] 本案中,法院已认定双方约定涉案大厦自交付之日起向后顺延四个月,按约定即不论何时交付均应向后顺延四个月,因为这四个月是西域公司装修期间,亦是双方合意的真实意思表示,该顺延四个月未予认定可进一步研究。

标的物在交付之前产生的孳息,归出卖人所有;交付之后产生的孳息,归买受人所有。

【案例11-24】 刘某诉徐某强房屋租赁合同纠纷案

二审法院认为,本案中,刘某与徐某强于2017年7月15日签订《房地产买卖合同》,该合同第四条约定徐某强于刘某交付房地产价款时将上述房地产交付刘某,而双方签订合同时刘某已付房款,故根据合同约定徐某强应于此时即将案涉房屋交付刘某,此后案涉房屋产所产生的孳息即房屋租金应由刘某所有,法院确定的房屋租金起算点符合法律规定。[2]

2. 租金保证期间认定

连带责任保证未约定保证期间的,保证期间依法为六个月。同一合同中数个保证责任的保证期间,从最后一期债务履行届满之日开始计算。

【案例11-25】 蔡某芬诉厦门毅信联合商业管理有限公司等房屋租赁合同纠纷案

一审法院认为,诚毅公司作为担保方在协议上盖章,且没有约定具体的担保方式,依法应对毅信公司的上述债务承担连带责任。而连带责任保证未

[1] 最高人民法院(2010)民一终字第1号民事判决书。

[2] 参见最高人民法院民法典贯彻实施工作领导小组编著:《中国民法典适用大全》(合同卷二),人民法院出版社2022年版,第1390页。河南省南阳市中级人民法院(2021)豫13民终2504号民事判决书。

约定保证期间的，保证期间依法为六个月，故被告诚毅公司辩称其仅对2013年12月至2014年8月的租金170775元（56925元×3个月）承担保证责任，于法有据，本院予以采纳。二审法院亦持同样意见，维持一审判决。[1]

3. 租金交付未果提存认定

【案例11-26】　湖南高桥大市场股份有限公司与何某1、何某2房屋租赁合同纠纷案

判决观点，债权人将标的物提存并已通知债权人后，标的物的毁损、灭失的风险由债权人承担。[2]

【案例11-27】　山东微山湖实业集团有限公司与平安银行股份有限公司济南分行房屋租赁合同纠纷案

再审法院认为，债务人向涉案房屋的实际占有控制人支付租金、使用费未果，在无法确定履行对象后，将相关费用进行提存的行为，合情合理合法，履行行为正当，由此产生的提存费用由债权人承担。[3]

（三）并存租赁合同支付租金认定

在商业用房租赁合同中，承租人是以个人名义签订合同，其后去办理个体经营手续或注册公司。对于在租赁合同中，明确约定承租人为其自然人，同时约定个体经营的店铺或公司成立后由其承担承租人权利义务的，实践中争议很少。租赁合同中列明承租人为自然人，但同时约定房屋用于某类行业的经营，或者租赁合同中列明承租人为自然人，实际租赁房屋未载明个体经营的店铺或由之后成立的公司使用的。实践中对是否由实际使用人应支付租金存在不同观点，一种观点为应由公司承担，另一种观点认为依据合同相对性原则，应由其签约的承租人承担支付租金义务。笔者原则上同意后一种观点，但有补充意见。在以上三种况下，不管租赁合同约定如何，均存在签订租赁合同的承租人和房屋实际使用人两个当事人，构成并存的租赁合同。根据合同相对性原则，签名的承租人无疑

---

〔1〕　参见国家法官学院案例开发研究中心编：《中国法院2016年度案例》（合同纠纷），中国法制出版社2016年版，第124页。福建省厦门市中级人民法院（2014）厦民终字第3779号民事判决书。

〔2〕　参见最高人民法院民法典贯彻实施工作领导小组编著：《中国民法典适用大全》（合同卷二），人民法院出版社2022年版，第972页。湖南省长沙市雨花区人民法院（2020）湘0111民3084号民事判决书。

〔3〕　参见最高人民法院民法典贯彻实施工作领导小组编著：《中国民法典适用大全》（合同卷二），人民法院出版社2022年版，第972页。山东省高级人民法院（2020）鲁民再238号民事判决书。

应承担交付租金义务。但是在后两种情况下,承租人个人未必有足够资金支付租金,而实际使用人用承租人租赁的房屋经营获利,应对承租人不能支付租金予以补足。

(四)租金诉讼时效认定

1. 定期租赁合同租金诉讼时效

承租人未按约支付租金,各期租金的诉讼时效应分别计算还是一并计算向来存在一定争议,主要有两种不同观点。一种观点认为,应以最后一期届满之日起算。租金系分期履行债务,具有同一性和整体性,属于同一债务,诉讼时效从最后一期租金履行届满之日起算。另一种观点认为,每一期届满之日起算租金系定期履行债务,是多个债务,而且各个债务都是独立的,诉讼时效从每一期债务履行期限届满之日起算。租金诉讼时效认定的分歧集中体现在,租金是分期履行债务还是定期履行债务。

《民法典合同编理解与适用(三)》关于《民法典》第七百二十一条的理解与适用认为:承租人应当支付租金的期限与承租人欠付租金的诉讼时效期间计算密切相关。对租赁合同,当事人可自行约定租金一次性支付或者分期支付。一次性支付租金的,出租人对承租人欠付租金诉讼时效起算点不存在疑问,而对当事人约定分期支付或者根据本条规定确定承租人应当分期支付租金的情形,出租人主张欠付租金之债的诉讼时效期间应如何计算,则可能产生不同认识。根据《民法典》第一百八十九条的规定:"当事人约定同一债务分期履行的,诉讼时效期间自最后一期履行期限届满之日起计算。"即如果将同一租赁合同项下的租金支付之债,整体视为"同一债务",则应从最后一期租金的支付期限届满之日起计算全部欠付租金的诉讼时效期间。而如果认为每一期租金均成立一个独立的债权请求权,则应当认为每一期租金请求权的诉讼时效期间均应分别计算,即每期租金请求权诉讼时效应自该租金支付期限届满之日开始计算。

分期履行之债可以具体区分为两类,一类是定期给付之债,主要是指继续性合同履行过程中随着合同履行而持续定期发生的债务,如租金、工资、水电费等。由于定期给付之债是在合同履行过程中不断产生的,具有双务性,因此每一期债务具有独立性,即每一期债权债务对应相应的给付和对待给付。另一类是分期给付之债,即某一债务发生后,当事人约定分期分批予以履行,其特点是债务在法律行为发生时即合同成立生效时便已确定,而并非在合同履行过程中不断产生,此类债务虽然也表现为分期履行,但每一期债务履行并不能对应债权人相应的对待给付，因而债务具有同一性和整体性，彼此之间并不能独立成立债权请求权。

由此可见，分期支付的租金，不属于《民法典》第一百八十九条规定的"当事人约定同一债务分期履行的"分期给付之债，而应认为属于定期给付之债，即每一期租金支付均可成立独立请求权，因而不应认为出租人对承租人应当分期支付的租金，在整个租赁合同约定的最后一期租金支付期限届满之日方才起算，而应认为每一期租金均应自其支付期限届满时即开始起算诉讼时效期间。[1]

实践中一般认为，在同一租赁合同项下，虽然各期租金的支付具有一定独立性，但该独立性不足以否认租金债务的整体性。若从每一期租金债务履行期限届满之日分别计算诉讼时效，则不仅割裂同一合同的整体性，而且将导致债权人因担心其债权超过诉讼时效而频繁地主张权利，动摇双方之间的互信，不利于保护债权人，更将背离诉讼时效制度的价值目标。因此，在租赁合同持续履行的前提下，各期租金的诉讼时效可一并计算，只要债权人提起诉讼时尚未超过最后一期租金的诉讼时效即可。租赁合同约定按期给付的租金，其性质应认定为定期给付债务，该债务在合同履行过程中不断产生，各期债务清偿期限届满后均为独立债务，实质是同一合同项下约定的同一类债务，而非同一债务分期履行。如租金履行期限届满至《民法总则》施行时已满一年，则该部分租金的诉讼请求已超过诉讼时效；如未满一年，则诉讼时效可延长三年。也就是说，同一租赁合同项下按期支付的租金，应从最后一期租金履行期限届满时起算诉讼时效。

【案例11－28】　秦皇岛华侨大酒店与秦皇岛海港区工商行政管理局租赁合同纠纷再审案

最高人民法院认为，虽然租赁合同约定的租金支付方式为分期履行，使得各期租金的支付具备一定的独立性，但该独立性不足以否认租金债务的整体性。若从每一期租金债务履行期限届满之日分别计算诉讼时效，则不仅割裂同一合同的整体性，而且将导致债权人因担心其债权超过诉讼时效而频繁地主张权利，动摇双方之间的互信，不利于保护债权人，更将背离诉讼时效制度的价值目标。本案双方签订长达18年的租赁合同，无疑是基于长期合作和互信。在《工商综合楼租赁使用合同》正常履行且双方合作愉快、交往顺利的情况下，海港区工商局有理由相信华侨大酒店会依约履行租赁合同项下的租金支付义务，其未在2000年当期租金履行期限届满时立即主张支付租

---

〔1〕 参见最高人民法院民法典贯彻实施工作领导小组编著：《中国民法典适用大全》（合同卷三），人民法院出版社2022年版，第2135～2136页。

金,与其说是放弃该期间内的租金,毋宁说是基于维护双方的友好合作关系和对华侨大酒店是信任和谅解,符合社会经济交往的习惯,不应认定为怠于行使权利。尽管本案争议租金履行期限是2000年12月15日,但租赁合同履行期至今尚未届满,按照公平原则及诚实信用原则,海港区工商局对于同一租赁合同项下的租金可在合同履行期内要求债务人依约履行支付义务。华侨大酒店主张海港区工商局提起本案诉讼已经超过诉讼时效法律依据不足,判决驳回其再审请求,维持一、二审判决。[1]

【案例11-29】 城投集团、城投资产公司与高锋公司房屋租赁合同纠纷案

最高人民法院认为,本案系房屋租赁合同纠纷。根据本案查明的事实,城投集团、城投资产公司曾就案涉租金、管理费纠纷提起诉讼,受理法院于2016年5月4日作出(2015)穗中法民五初字第75号民事调解书,各方同意就高锋公司2013年5月之前的租金、2013年1月之前的管理费及其租金违约金、管理费违约金以及截至2016年3月31日前所有因逾期付款所产生的违约金、滞纳金另行梳理和协商。此后,城投集团、城投资产公司亦多次向高锋公司发出催缴函等,向高锋公司主张权利。直到2021年5月31日《租赁合同》期限届满并终止之前,租赁合同及其补充协议一直合法有效且处于履行状态。故一审法院依据上述事实和当时有效的《民法总则》第一百八十九条相关规定,认定案涉租金、管理费属于同一债务分期履行,诉讼时效期间自最后一期履行期限届满之日起计算,并据此认定城投集团、城投资产公司的上述部分诉讼请求并未超过诉讼时效,并无不当。高锋公司关于上述部分诉讼请求已过诉讼时效的主张,不能成立,本院不予支持。[2]

对于继续性合同诉讼时效期间的起算,当权利人就给付全部债务起诉时,应从最后一期履行期限届满之日起算;当权利人分期起诉时,应从每一期履行期限届满之日起算,但对于属于连续不间断数期债务的起诉,则从该数期内最后一期债务履行期限届满之日起算。

【案例11-30】 泉州市洛江区民政局诉泉州市金辉汽车贸易有限公司房屋租赁合同纠纷案

二审法院认为,金辉公司拖欠的2013年11月至2014年12月的租金属于同一租赁合同项下分期支付的租金,具有整体性,该期间的租金自最后一期租金应付期限届满之日即2014年10月6日起计算诉讼时效期间。结合

---

〔1〕 参见最高人民法院民事审判第二庭编:《商事审判指导》2012年第1辑(总第29辑),人民法院出版社2012年版,第65页。最高人民法院(2011)民提字第304号民事判决书。

〔2〕 最高人民法院(2021)民终1087号民事判决书。

洛江民政局提供的书面催收函件以及二审期间经洛江民政局申请出庭做证的证人罗某、苏某的证言(其中罗某为洛江民政局办公室员工,证实其自2014年起多次以口头通知、书面通知的方式向金辉公司催收租金;苏某系洛江民政局驾驶员,证实其在2015年4月、9月曾与罗某到金辉公司催讨租金)可认定,洛江民政局于2014年至2017年每年持续向金辉公司主张权利具有高度可能性,本案诉讼时效因此多次发生中断,其请求支付2013年11月至2014年12月的租金并未超过诉讼时效,一审法院对此判决不当,应予纠正。金辉公司主张系争租赁土地上建筑物为其所有,且已获得征收补偿,说明其于2016年5月1日签订《土地房屋征收补偿安置协议书》时仍然占用系争土地,因此,洛江民政局主张金辉公司应按合同约定的月租金标准支付自2015年1月1日至2016年4月30日继续使用租赁土地的占用费6.08万元,合法有据,应予以支持。〔1〕

【案例11－31】　天宝公司诉供销商场房屋租赁合同纠纷再审案

最高人民法院认为,关于天宝公司诉请供销商场支付租金的诉讼时效是否已过的问题。案涉《房产租赁合同》约定,租期八年,计租之日起一个租赁房产年限为连续十二个月,房产租金前三个租约年租金额分别为100万元、110万元、110万元,自第四个租约年开始以110万元为基础每年按上年租金总额递增5%;租金支付为上一半年房租,直至合同履行完毕。该合同虽约定一个租赁房产年限为连续十二个月,但该约定是为计算租金而对租约年限的界定。且案涉租金支付义务系基于同一租赁合同所产生的债务,双方在同一合同项下就每年支付租金数额及增长幅度一并予以约定,债权债务关系具有整体性和连续性,符合《诉讼时效规定》第五条关于"当事人约定同一债务分期履行的,诉讼时效期间从最后一期履行期限届满之日起计算"的规定情形。案涉租赁合同虽约定提前支付半年租金,但租赁合同作为双务合同,天宝公司同时负有提供租赁房产的义务,双方均履行约定义务方可视为债务的全面履行。故原审法院以合同约定的租赁期限届满之日作为最后一期债务履行期限届满之日起算诉讼时效并无不当,本院予以支持。〔2〕

【案例11－32】　普地华辉公司诉某某公司房屋租赁合同纠纷案

二审法院认为,普地华辉公司上诉认为其所主张的租金并未超过诉讼时效期间,当事人约定了分期支付房屋租赁的租金,每期租金具有独立性,不依

---

〔1〕　参见最高人民法院中国应用法学研究所编:《人民法院案例选》2019年第10辑(总第140辑),人民法院出版社2020年版,第111页。福建省泉州市中级人民法院(2017)闽05民终7092号民事判决书。

〔2〕　最高人民法院(2020)民申7039号民事裁定书。

赖于其他各期租金是否到期而可以单独请求支付。我国法律规定诉讼时效从当事人知道或者应当知道权利被侵害时起计算。承租人没有按照约定支付当期租金,出租人的权利即受到侵害,此时应当开始计算该期租金的诉讼时效。出租人在当期租金应当支付时,即可以请求对方支付,诉讼时效应从权利人可以行使权利时开始计算。否则,经过长时间后仍允许再起诉之前的租金,将不当加重义务人保管证据的责任,不利于经济生活的稳定与程序安定。〔1〕

【不同处理】 有法官认为,对于分期租金,诉讼时效应从债权人知道或者应当知道承租人欠交每期租金或者拒付每期租金之日起计算,适用1年诉讼时效。〔2〕

【案例11-33】 上海某印染厂诉上海某纺织实业有限公司房屋租赁合同纠纷案

二审法院认为,根据印染厂与实业公司签订的《房屋租赁合同》约定,实业公司必须在每季度第一个月的1日前支付本季度的租金,因此印染厂主张的至2001年2月止积欠租金的最后一期付款日应为2001年1月15日,自次日起印染厂就应知其权利受到侵害,但在此后的1年内,实业公司及拍卖公司均未向印染厂履行债务,印染厂也无证据证明在此期间确实向实业公司主张过权利,故印染厂现要求实业公司支付2001年2月底之前所欠租金,已经超过1年诉讼时效期间。嗣后,印染厂与拍卖公司签订的《谅解备忘录》变更了实业公司与印染厂租赁合同中约定的付款方式,超出《委托书》约定印染厂代收拍卖公司租金的权限,故《谅解备忘录》对实业公司不发生法律效力,即不构成对实业公司的债务的重新确认。因此印染厂起诉要求实业公司支付至2001年2月底积欠租金已经超过诉讼时效,原审法院对此不予支此并无不当。印染厂的上诉理由不能成立。〔3〕

租金表面属于分期履行债务,但实质仍属于定期给付债务。由于租金是在合同履行过程中不断产生的,各期债务均为独立债务。虽然债务的产生也是基于同一合同,但该债务的总额在订立合同时尚不明确,并未实际产生,不具有同一性和整体性。

【案例11-34】 李某秋诉刘某强房屋租赁合同纠纷案

二审法院认为,租金作为继续性合同履行过程中随合同履行而持续定期发生的债务,其性质应属定期给付之债,因此每一期债务具有独立性,均可成

---

〔1〕 重庆市第五中级人民法院(2019)渝05民终2825号民事判决书。

〔2〕 参见《房屋租赁合同纠纷裁判思路与裁判规则》,法律出版社2017年版,第81页。

〔3〕 参见《房屋租赁合同纠纷裁判思路与裁判规则》,法律出版社2017年版,第132页。

立独立请求权,相应的每一期租金均应自其支付期限届满时开始计算诉讼时效,本案诉讼时效起始时间应为每个支付周期期满前。……虽李某秋庭前数次与刘某强沟通案涉期间租金事项,主要为核对账户和了解廖某林收款情况,并未向刘某强主张案涉债权,不发生诉讼时效中断的后果。但其在2019年11月19日提起本案诉讼,故除2016年8月15日至10月5日的租金已经过诉讼时效外,其余各期租金李某秋均系在诉讼时效期间内向刘某强主张债务,故本院对刘某强欠付的2016年10月6日至2017年10月15日的租金共计19200元予以支持,一审对此认定不当。[1]

承租人因欠付租金而出具欠款结算单,只表明未付租金的数额,并未改变其与出租人之间的租赁关系,因此,租赁合同当事人之间就该欠款单发生纠纷,仍应适用诉讼时效期间的规定。

【案例11-35】　某街道办事处诉某铸造厂房屋租赁合同纠纷案

判决观点,本案就合同期内所欠租金,应原告要求,被告于2007年12日2日进行了确认,并出具了书面材料,应视为诉讼时效于2007年12月2日中断,从该时间起诉讼时效重新计算,原告于2008年3月3日起诉未超诉讼时效;合同期满后,被告继续占用房屋,应依据原合同履行义务,被告欠付租金事实成立,但原告未提交证据就该时间段租金在2008年3月3日前向被告主张权利,按照一年的诉讼时效,原告追索2005年、2006年两年的租金,已超过诉讼时效。被告应支付原告自2007年起至腾出房屋时止的租赁费。[2]

2. 不定期租赁合同租金诉讼时效起算点

在不定期租赁合同纠纷案件中,要确认租金诉讼时效起算点,首先要确定租金的履行期限,从租金履行期限届满之日起计算租金诉讼时效,对于租金诉讼时效无法确定的,从出租人要求承租人履行义务的宽限期届满之日起算,但承租人在出租人第一次向其主张权利之时明确表示不履行义务的,租金诉讼时效期间从承租人明确表示不履行义务之日起算。

【案例11-36】　某公司诉某招待所房屋租赁合同纠纷案

判决观点,双方当事人对于2009年10月22日至2013年11月28日(双方存在不定期租赁关系)的租金是否超过诉讼时效产生分歧。判断租金是否超过诉讼时效,首先应当确定时效的起算点。根据相关司法解释的规定,可

---

〔1〕四川省成都市中级人民法院(2020)川01民终10955号民事判决书。

〔2〕参见李方民主编:《房屋租赁合同纠纷诉讼指引与实务解答》(第3版),法律出版社2017年版,第214~215页。

以确定履行期限的,诉讼时效期间从履行期限届满之日起计算,故本案应首先确定不定期租赁期间租金的履行期限。原《租房协议》约定租金为半年付,第一笔租金(上半年租金2008年10月20日至2009年4月20日)支付时间是"签订本租房协议当日"即2008年12月24日,第二笔租金(下半年租金2009年4月21日至10月21日)支付时间是2009年4月20日前,故原《租房协议》约定的租金是半年中付或者半年上付,但是,因为2009年10月21日之后的租赁期限并不确定,客观上,原《租房协议》中关于租金半年中付或者上半年付的方式于双方不定期租赁期间不适用。双方就不定期租赁期间的租金支付时间不能达成补充协议,按照合同有关条款或者交易习惯亦无法确定。在此情况下,根据法律规定,债务人招待所可以随时履行,债权人公司也可以随时要求招待所支付不定期租赁期间的租金,但应当给招待所必要的准备时间。公司主张每年都向招待所催缴租金,但仅凭与之存在利害关系的员工证言,不能证明该项主张。现有证据表明2014年11月6日公司向招待所催缴租金,要求其于2014年11月18日前交齐欠款。因是给付金钱债务,公司给招待所十余天准备时间并无不合理之处,故本案不定期租赁期间租金的履行期限是2014年11月18日前。截至2014年11月18日,招待所未履行上述义务,故应从该日起计算2009年10月22日至2013年11月28日租金的诉讼时效。截至2014年11月28日公司提起本案诉讼,上述期间的租金并未超过1年诉讼时效期间,招待所主张超过诉讼时效,与事实不符,不予支持。公司要求招待所支付2009年10月22日至2013年11月28日的租金,具有合法依据,应予支持。法院判决:某招待所支付自2009年10月22日至2015年2月15日的房屋租金,驳回某公司关于租金的其他诉讼请求。[1]

3.欠付租金作出未定履行期限的还款承诺的诉讼时效

房屋租赁合同的承租人对欠付租金作出未定履行期限的还款承诺,相应的诉讼时效自权利人知道或者应当知道权利受损害以及义务人作出还款承诺之日起算。在承租人欠付合同约定之租金的情况下,出租人对其已履行期限的租金受到的损害事实是明确知悉的,故相应诉讼时效已经起算,其应积极行使权利。承租人作出未定履行期限的还款承诺,构成诉讼时效中断,自中断时起,诉讼时效重新起算,不能因租金还款承诺未明确履行期限而认为出租人得随时主张,自主张后才开始计算诉讼时效。

---

[1] 参见北京市高级人民法院研究室编:《审判前沿——新类型案件审判实务》(总第57集),法律出版社2019年版,第131~132页。

三、房屋租金纠纷处理

(一)租金标准调整处理

1. 租金标准调整原则

最高人民法院法官认为,处理此类问题应准确把握以下四个原则:第一,协调原则,减价数额是当事人私权处分范围,鼓励合同双方对减少价格进行协商。第二,使用、收益价值比例原则,参考租赁物部分毁损、灭失时造成使用、收益价值减少的比例作为减少租金的依据。如果租赁物是可分物,则可以依据损坏比例(与使用收益减少比例一致)确定,但是如果租赁物是不可分的,毁损后仍具有一定使用、收益价值,则考虑承租人收益、使用价值减少的比例确定减少租金数额。当租赁物的部分毁损导致租赁物丧失全部使用、收益价值时,则承租人可不支付租金。第三,市场价格指导原则,租赁市场化交易行为,在具备条件时参考市场价格确定。第四,防止损失扩大原则,承租人在租赁期限内有义务对租赁物的毁损、灭失进行及时报告、采取必要合理措施防止损失扩大,对于承租人怠于履行义务、放纵损失扩大的,损失应由承租人自行承担,对于扩大损失部分不再予以减免租金。[1]

2. 租金标准调整方式

其一,依约定调整。在租赁合同履行过程中,合同一方提出应按合同约定的内容进行调整的,应从其约定。在合同未作约定,但合同一方提出调整其另一方同意的,即形成调整合意的也可以调整。常见的商铺租赁合同中,其租金往往是逐年递增的。

其二,因不能用益而调整。基于租金是承租人使用、收益租赁房屋的对价性,在承租人使用租赁房屋收益发生部分或全部不能时,即有可能随之发生租金的调整变动。

---

〔1〕 参见最高人民法院民法典贯彻实施工作领导小组编著:《中国民法典适用大全》(合同卷三),人民法院出版社 2022 年版,第 2192 页。

3. 租金标准调整理由

其一,中、长期租赁合同涉及租金调整问题。

在中、长期租赁关系中,房地产市场本身存在变动大、风险高,不可预料的因素多,因租赁合同主客观条件与环境的改变,势必影响到租赁物的对价水准。在租赁合同约定的固定租金履行中,出租人提出增加租金或者承租人提出减少租金,要求对租金进行调整。双方能够协商一致调整租金的,不存在争议,但现实生活中只是少数。大部分提出调整租金不能协商一致,因此引发诸多纠纷。对能否允许履行中调整租金及调整的法律依据,实践中观点不同,法院执法尺度亦不同。笔者认为,原则上不允许调整租金,合同必须严守。除非有法律上的特定原因如不可抗力、情势变更等改变了订立合同的基础,使合同双方利益严重失衡。因为,当事人在订立较长期限的租赁合同时,就应当充分考虑商业风险和法律后果,其后在合同履行过程中,房地产市场变动和房屋价值的增值发生变化,是一种正常的风险。事后要求调整就是反悔行为,有悖诚实信用原则,不应受法律保护。在个案中,法官应根据具体案情慎重裁决。

正常的市场经营过程中,面临竞争主体增加的商业风险也是正常的,并不属于法定的情势变更,承租人以此为由要求降低租金标准的,法律不予支持。

【案例 11-37】 胡某某等 17 人与宿迁市一百百货有限公司等房屋租赁合同纠纷案

二审法院认为,本案中,一百公司从 2012 年 9 月擅自降低租金标准支付租金,从 2013 年 3 月起至今未再支付租金。而胡某某等 17 人于 2012 年 9 月即向一百公司发送了律师函,不同意一百公司降低租金标准,并催告其按约定支付租金。从上述事实可以认定一百公司存在迟延支付以及拒不支付租金的事实,而出租人也履行了催告义务,现考量胡某某等 17 人能否行使合同解除权,还要判断一百公司未支付租金是否具有正当理由。一百公司上诉认为双方租赁合同约定的租金标准过高,导致其经济亏损,另外,由于一百公司经营环境发生重大变化,宿迁市老城区的提档升级带来的商业主体增加,这些原因均是一百公司签订合同时无法预见的,故本案应当属于情势变更。一百公司综合上述理由,认为其提出降低租金标准为每年 400 万元具有正当理由。对此本院认为,本案的房屋租赁合同是双方当事人协商一致的结果,且不存在导致合同可变更、可撤销或无效的情形,双方当事人均应当严格遵照合同约定履行。现一百公司主张发生了情势变更,但未提供相应证据证明。即便根据一百公司的陈述,所谓的城镇规划调整、商业主体增加等情形客观存在,也是正常的市场行为。一百公司作为完全民事行为能力的商事主体,在正常的市场经营过程中,面临竞争主体增加的商业风险也是正常的,并不属于法定的情势变更。故一百公司主张采用情势变更原则对其租赁合同进行变更,调整租金为每年400万元没有充分的事实及法律依据,本院难以采纳。因此,一百公司从2012年9月起擅自降低租金标准延付甚至拒付租金即无正当理由。胡某某等17名出租人依法享有合同解除权。另外,根据双方当事人签订的《房屋租赁合同》约定:租金按月支付,如逾期十天,视为承租人违约,出租人有权收回房屋。现一百公司远远超出了合同约定的租金支付时间,胡某某等17人依照该合同约定,亦享有合同解除权。因此,无论是根据法律规定还是合同约定,由于一百公司无正当理由拒付租金,胡某某等17人作为出租人有权提出解除合同。一百公司认为不应当解除合同以及要求调整租金为每年400万元的上诉理由均不能成立,本院不予支持。[1]

【案例11-38】　甲与乙房屋租赁合同纠纷案

甲将其位于海南的商铺租给乙,租期20年。后因国务院出台《关于推进海南国际旅游岛建设发展的若干意见》,导致相同地段的房租涨至约定租金的4倍左右,甲认为继续履行合同对其明显不公,请求按起诉时的市场标准调整租金。最高人民法院民二庭法官会议意见为,从《合同法解释(二)》第二十六条有关情势变更的规定看,情势变更是指合同成立以后客观情况发生了重大变化,继续履行合同将对一方当事人明显不公平或者不能实现合同目的,当事人请求人民法院变更或解除合同的制度。本案中,合同成立后,国务院出台相关政策,导致当地房租暴涨,客观情况确实发生了重大变化。然而,出租人仍能收到租金,不存在合同目的落空问题。收取的租金尽管大大低于市场价格,但尚未达到抵不上房屋维持费用的程度,不存在履约困难的问题,因此本案不构成情势变更。[2]

对基于情势变更要求调整租金的,须情势变更的发生不可归责于当事人,同时对当事人而言是不可预见的。

【案例11-39】　重庆首金房地产开发有限公司与重庆市尚瑜投资有限公司房屋租赁合同纠纷案

关于租金上涨是否属于客观情势,二审法院认为,双方签订《租赁合同》约定的租金高低系双方作为平等民事主体在综合市场环境、交易习惯等情形下通过自由协商作出的商业决策,特别是本案租赁合同期限较长,在相当长的时间内,租金的起伏变化不属于社会一般观念上的事先无法预见情形,租

---

〔1〕 江苏省高级人民法院(2014)苏民终字第0001号民事判决书。

〔2〕 参见贺小荣主编:《最高人民法院民事审判第二庭法官会议纪要——追寻裁判背后的法理》,人民法院出版社2018年版,第223～225页。

金变化的风险程度也是双方作为法人企业能够合理预期的风险。并且双方当事人对于租金的风险是可以通过协商予以防范和控制的。房屋租赁合同中租金高低是自身作为市场主体在经营活动中可能面临的商业风险,不属于情势变更原则所调整的范围。[1]

【案例11－40】 薛某与大同市大富翁商厦有限公司房屋租赁合同纠纷案

判决观点,关于案涉政府道路改造性质,法院认为,作为商事主体,被告在与原告签订《商铺租赁合同》时理应能够预见到道路改造可能带来的影响,并对租金支付标准等条款作出相应调整。换言之,道路改造并非《商铺租赁合同》签订之后才发生的,不属于当事人不可预见的重大变化,自无情势变更适用之余地。[2]

【案例11－41】 襄阳市襄城区财政局与襄阳美格丽芬酒店管理有限公司房屋租赁合同纠纷案

二审法院认为,情势变更原则主要针对经济形势、经济政策的巨大变化,与国家对经济生活干预有直接关系。情势变更以"订立合同时不能预见"为要件,而商业风险则是行为人能够预见或应当预见客观情况的变化,并尽力加以避免的一种可能性。双方在签订合同时,原告应当预见到未来租赁市场的价格变化,且在双方签订的合同中对租金作出了逐步递增的约定,符合市场主体主动规避商业风险的一般做法。本案中涉案场地租金的增长应属正常的价格变化……对原告主张的情势变更不予支持。[3]

对基于情势变更要求调整租金的,须情势变更使履行合同显失公平,即使发生了对当事人而言不可预见的客观情势变化,但如果没有使得当事人履行合同存在显失公平的情况,一方也不得依据情势变更原则解除合同。

【案例11－42】 南通通协纺织染整有限公司与南通永恩纺织印染有限公司房屋租赁合同纠纷案

二审法院认为,双方在2009年签订合同时适用的国家工业水污染排放标准是GB 4287—1992,在合同履行过程中即2013年开始适用GB 4287—2012,国家工业水污染排放标准的变化如何适用、标准参数是双方当事人不能预见也无法预见的,但是国家工业水污染排放标准提高并不必然导致工业废水处理费用提高,可能出现通协公司在起诉时陈述的污水处理设施进行了提标改造并加大了污水处理剂的投放的情形,也可通过改进生产工艺、污水

---

[1] 重庆市第一中级人民法院(2018)渝01民终4490号民事判决书。

[2] 山西省大同市城区人民法院(2018)晋0202民初1892号民事判决书。

[3] 湖北省襄阳市襄城区人民法院(2016)鄂0602民初513号民事判决书。

处理方法在不增加费用的前提下提高排放标准,故国家政策变化并不必然导致继续履行合同将会对一方明显不公或难以实现合同目的。因此,不符合情势变更的情形。〔1〕

其二,租赁物维修涉及租金调整问题。

《民法典》第七百一十三条规定:"承租人在租赁物需要维修时可以请求出租人在合理期限内维修。出租人未履行维修义务的,承租人可以自行维修,维修费用由出租人负担。因维修租赁物影响承租人使用的,应当相应减少租金或者延长租期。因承租人的过错致使租赁物需要维修的,出租人不承担前款规定的责任。"该条规定了因出租人履行维修义务不当的,承租人有权请求减少租金。

出租人应当在租赁期间保持租赁物符合约定的用途,如果因租赁物本身出现问题,出租人应当履行维修义务。〔2〕 这是租赁物维修的一般原则。在租赁合同中约定维修义务由承租人承担的,从其双方约定。出租人承担的维修是租赁物本身,或是承租人合理使用前提下租赁物合理损耗和租赁物性质所要求的对租赁物的正常维护,而不包括因承租人保管使用不善造成损害的维修。

租赁物维修是否调整租金应区分维修义务人和造成的原因而定。具体来讲,对于出租人履行维修义务且未在合理期限内维修并影响承租人正常使用的,应当相应地减少租金或者延长租期,但合同另有约定的除外。在因承租人使用不善造成出租人维修而导致影响其自身正常使用时,原则上不减少租金。对于承租人按约定履行维修义务,在维修期间影响自身正常使用的,应当相应地减少租金或者延长租期,但合同另有约定的除外。在因承租人使用不善造成自己维修而导致影响其正常使用时,原则上不减少租金。

因租赁物需要包括消防整改等维修的,可调整租金标准或减少租金数额,由法官根据具体案情裁量。

【案例11-43】 谭某与光大永明人寿保险有限公司重庆分公司房屋租赁合同纠纷再审案

再审法院认为,根据前述分析,因双方签订的《房屋租赁合同》有效期为2011年4月1日至10月25日,在此期间光大寿险重庆分公司是否实际使用案涉租赁房屋,均不影响其按照合同约定履行租金支付的义务。故原二审判决未支持谭某请求光大寿险重庆分公司履行租金支付义务的请求不当,一审判决关于租金的标准及租赁时间的认定均符合相关法律规定,但鉴于案涉租赁房屋所在的大厦存在需要整改的消防安全问题是客观存在的,根据《合同

〔1〕 江苏省南通市中级人民法院(2016)苏06民终2155号民事判决书。

〔2〕 参见崔建远主编:《合同法》(第四版),法律出版社2007年版,第410页。

法》第二百二十一条"……因维修租赁物影响承租人使用的,应当减少租金或延长租期"的规定,尽管光大寿险重庆分公司因未实际入驻而未提出减少租金或延长租期的抗辩意见,但从公平保护双方当事人合法权益的角度出发,在处理本案时应综合考虑消防整改可能对承租方造成的影响。根据本案实际情况,本院酌定扣减53438元的租金,据此,光大寿险重庆分公司还应支付谭某租金80156.98元(133594.98元-53438元)。[1]

其三,租赁物瑕疵影响使用租金调整问题。

【案例11-44】 上海某集团实业有限公司与潘某房屋租赁合同纠纷案

一审法院认为,根据查明的事实,潘某承租房屋是用于商业用途,因某实业公司提供的租赁物存在瑕疵,虽某实业公司及其关联企业为此多次出具产权方面的证明,但潘某仍一直未能办出营业执照,从而对潘某的正常经营带来影响。基于诚信和公平原则,对某实业公司诉请主张的2006年12月1日至2008年10月31日的租金潘某可适当减少支付,具体数额由法院酌定。考虑到潘某未按约支付租金事出有因,对某实业公司要求潘某支付欠租逾期利息的诉请不予支持。二审法院认为,本案的争议焦点为系争房屋不具备产权证的情况是否影响潘某对系争房屋的使用?对双方确认的欠付租金数额是否应予调整及调整的幅度应如何确定?潘某是否应承担逾期支付欠租的利息?本案中,某实业公司长期未取得系争房屋产权证,根据其自己的解释系其公司内部原因造成,故某实业公司对此引发的后果理应承担相应责任。某实业公司认为系争房屋没有产权证也并不影响潘某的使用,但由于潘某是为从事经营活动而承租系争房屋,按常理判断没有产权证势必对其经营活动造成一定限制和影响。虽然某实业公司在二审中提供相应证据证明其主张的欠租期间潘某因转租部分系争房屋而盈利,但二审法院认为,并不能以盈利与否来衡量缺乏产权证对潘某的使用权是否造成影响,且此也不利于督促某实业公司及其关联公司及时履行办理房屋产权证的义务以消除出租标的物存在的瑕疵。由此,原审法院以系争房屋存在瑕疵为由判决双方确认的欠租数额予以酌情调整并对某实业公司逾期付款利息的诉请未予支持,并无不当,予以维持。某实业公司上诉请求不予支持。据此,二审法院判决:驳回上诉,维持原判。[2]

其四,租赁房屋是否符合使用条件涉及调整问题。

---

[1] 重庆市高级人民法院(2014)渝高法民提字第00127号民事判决书。

[2] 参见李方民主编:《房屋租赁合同纠纷诉讼指引与实务解答》(第3版),法律出版社2017年版,第29页。

承租人在选择租赁房屋时，必然要从自身使用用途或生产经营需要出发，确定能够满足符合其条件的房屋，并在租赁合同中对房屋条件以及不能满足房屋条件的法律后果进行约定。出租人按约交付符合约定的房屋既是其合同义务，也是其收取租金的前提。若出租人不能按约交付符合承租人要求的房屋，则出租人构成违约，导致承租人签订租赁合同的目的无法实现。对此，承租人有权要求减少租金或者解除合同，并要求出租人赔偿损失。对于承租人要求减少租金的诉求，法官行使自由裁量权裁定。

【案例 11－45】　某修理厂诉某电缆公司房屋租赁合同纠纷案

判决观点，到 2010 年 10 月 29 日双方解除合同为止，某修理厂存在未按合同约定对用电量进行扩容的行为，该行为对某电缆公司组织安排生产经营带来影响，但是考虑到某电缆公司实际生产经营处于基本正常的状态，法院酌定租金标准按照合同约定租金的 90% 计取。[1]

其五，公房租赁涉及租金调整问题。

目前，各地都有大量公有住房出租给符合当地政策的承租人。公有住房的管理部门与承租人签订房屋租赁合同，建立双方合同权利义务关系。实践中，存在承租人多次催促住房管理部门维修房屋，而住房管理部门拒绝或瑕疵履行维修义务，承租人拒绝支付租金，住房管理部门起诉到法院主张租金及滞纳金的情形。从法律规定和理论上讲，承租人以住房管理部门不履行维修义务拒交租金是在行使同时履行抗辩权。通过庭审查明，承租人履行同时抗辩权能否成立，即住房管理部门是否履行了租赁房屋维修义务，如果履行了维修义务不影响承租人正常使用的，其承租人履行同时抗辩权不能成立，当然不能拒交租金。反之，住房管理部门未履行或未全面履行租赁房屋维修义务，承租人当然有权拒绝交付租金或减少租金，具体减少数额由法官酌定。在承租人提起反诉或另案起诉时，法官可根据《民法典》的规定，要求住房管理部门在合理期限内维修房屋。

其六，第三人原因涉及租金调整问题。

《民法典》第七百二十三条第一款规定："因第三人主张权利，致使承租人不能对租赁物使用、收益的，承租人可以请求减少租金或者不支付租金。"本条是关于出租人的权利瑕疵担保责任的规定，亦是承租人可以请求对租金进行调整的法律依据。

实践中的第三人原因，可分三种情况予以讨论。第一种是租赁房屋所有权人主张出租人无权处分，租赁合同无效。第二种情况是第三人作为抵押权人，在义

---

〔1〕 参见李方民主编：《房屋租赁合同纠纷诉讼指引与实务解答》（第 3 版），法律出版社 2017 年版，第 88 页。

务人不履行义务时,要求实现抵押权。第三种情况是承租人的债权人要求承租人在不能履行债务时采取的措施,不允许承租人对租赁房屋行使占有、使用和收益的权利。该种情况属于承租人自身原因,不存在租金调整事由,故不予分析。

在上述第一、二种情况下,因第三人的原因导致承租人使用租赁房屋受阻的,承租人可以请求减少或不支付租金,但也必须满足一定条件。一是承租人在主观上必须是善意的,即在订立合同时不知道租赁物有权利瑕疵。如果承租人在订立租赁合同时明知出租人对租赁物无处分权,视为自愿承担第三人主张权利的风险,限制承租人请求减少或者不支付租金。二是第三人主张权利行为造成承租人不能对租赁物使用和收益的后果。三是第三人向承租人主张权利。四是承租人在第三人向其主张权利时,及时通知出租人。承租人怠于通知致使出租人能够补救而未能补救的,其责任自负。也就是说,只要是非承租人自己的过错,承租人就可以请求减少租金或者不支付租金。出租人不得以第三人主张权利为由而免除自己的责任。

【案例11-46】 夏某某诉陈某房屋租赁合同纠纷案

判决观点,第三人侵占出租房屋,承租人通知了出租人,履行了通知义务,作为出租人应当积极解决纠纷,确保其出租的房屋权利没有瑕疵,保证承租人能正常使用房屋。本案中,出租人虽然报警,但报警并未解决纠纷,第三人强行占用房屋至今,出租人要求承租人支付房租的,法院不予支持。[1]

其七,租赁物毁损涉及租金调整问题。

《民法典》第七百二十九条前半段规定:"因不可归责于承租人的事由,致使租赁物部分或者全部毁损、灭失的,承租人可以请求减少租金或者不支付租金",这是承租人请求调整租金的法律依据。

这里的租赁物毁损、灭失是因不可归责于承租人的事由,主要是不可抗力或意外事件造成的,如果是因承租人自身原因造成的租赁物毁损、灭失的,自然不涉及租金调整问题。

因不可归责于承租人的原因,致使租赁物部分毁损、灭失的,势必造成租赁物无法正常使用的后果,承租人有权请求减少租金或者不支付租金。对于租赁物全部毁损、灭失的,势必造成租赁物根本不能使用的后果,承租人有权请求不支付租金或解除合同。

因不可归责于承租人的原因,但是因出租人原因致使租赁物部分毁损、灭失的,势必造成租赁物无法正常使用的后果,承租人亦有权请求减少租金或者不支

---

〔1〕 参见最高人民法院民法典贯彻实施工作领导小组编著:《中国民法典适用大全》(合同卷三),人民法院出版社2022年版,第2150页。安徽省滁州市琅琊区人民法院(2018)皖1102民初2588号民事判决书。

付租金。

因不可归责于双方当事人的原因，致使租赁物部分或全部毁损、灭失的，势必造成租赁物无法正常使用或根本不能使用的后果，根据《民法典》第七百二十九条规定，其租金风险由出租人承担，承租人亦有权请求减少租金或者不支付租金。

【案例 11－47】 颜某刚与中山市东风镇小沥社区居民委员会房屋租赁合同纠纷再审案

再审法院认为，出租人应当按照约定将租赁物交付承租人，并在租赁期间保持租赁物符合约定的用途。因不可归责于承租人的事由，致使租赁物部分或者全部毁损、灭失的，承租人可以要求减少租金或者不支付租金；因租赁物部分或者全部毁损、灭失，致使不能实现合同目的的，承租人可以解除合同。本案中，涉案租赁物于 2016 年 6 月 26 日因火灾焚毁，双方当事人均确认租赁物已无法继续使用，事实上颜某刚也未再继续使用。关于火灾发生原因，不足以认定涉案火灾是由于颜某刚夫妇的过错引发，亦不足以认定被焚毁是由于颜某刚对火灾应对不当导致发生或扩大的损失。因此，应认定涉案租赁物因不可归责于承租人的事由被焚毁导致完全不能使用，颜某刚可以请求不支付租金。涉案租赁物在焚毁后直至本案一审开庭审理时(2017 年 4 月 26 日)仍未修复，故对小沥居委会提出的颜某刚支付 2016 年 7 月至 2017 年 2 月租金及逾期付款违约金的请求，不予支持。[1]

其八，出租人采取断水断电措施涉及租金调整问题。

出租人采取断水断电措施后，承租人是否支付或减少租金应根据具体情况确定。判断出租人采取断水断电措施是否适当，应当首先看合同对此有无约定。租赁合同约定承租人拖欠租金时，出租人可以断水断电的，从其约定，不影响承租人支付租金。因为该约定不违反法律的强制性规定，亦符合当事人意思自治原则。反之，则限制出租人断水断电，出租人应对断水断电承担相应责任。对于出租人针对何种事由违反可断水断电应有合同明确约定，同时要区分拖欠租金、单方解除、反对续租或转租的情形下的意思表示，不论何种情形下的断水断电都应当事先通知承租人。出租人采取断水断电措施后，承租人是否应付同期租金问题，应当结合个案具体情况认定。断水断电行为尚未根本影响到承租人使用房屋的，承租人只能请求减少租金，而不能完全不支付租金。断水断电行为根本影响到承租人使用房屋的，尤其是在商铺租赁中，出租人断水断电导致合同目的不能实现，承租人可以不支付租金。租赁合同期满出租人采取断水断电措施的，承租人应承担

---

〔1〕 参见最高人民法院民法典贯彻实施工作领导小组编著：《中国民法典适用大全》(合同卷三)，人民法院出版社 2022 年版，第 2192～2193 页。广东省高级人民法院(2019)粤民再 429 号民事判决书。

腾退房屋期间的占有使用费。

【案例 11－48】 陈某与潘某房屋租赁合同纠纷案

判决观点,原告承租房屋后,可以将房屋用作生产经营的铺面,也可将其闲置或存放物品,但只要双方的租赁合同没有解除,原告即应依约支付租金。故 2006 年 5 月、6 月、7 月原告虽未将承租的房屋用作实际的生产经营,但其将该房屋锁住存放其物品,仍在实际使用房屋,双方的租赁合同亦未解除,故其应支付 3 个月的租金。但 2006 年 6 月、7 月,被告将原告承租的房屋焊住,且将该房屋断水、断电,严重影响了原告对租赁物的使用,故该两个月的租金应适当减少,法院酌定 2006 年 6 月、7 月租金 5600 元原告可支付 2800 元。故原告尚欠被告 2006 年 5 月、6 月、7 月租金共计 5600 元。[1]

其九,政府行为导致出租人瑕疵履行的租金调整问题。

在租赁合同没有明确约定政府管制致使出租人瑕疵履行承担违约责任下,酌情减少或免除政府管制期间的租金是最为合适的责任承担方式。应当全面考虑政府管制对房屋用途的影响,酌定公平合理的减免金额。除此之外,不宜判定出租人另行承担违约责任。

【案例 11－49】 厦门平陆贸易公司诉游某丰房屋租赁合同纠纷案

一审法院认为,本案争议焦点为游某丰未于 2017 年 9 月 1 日前向平陆公司足额支付 78 万元租金是否违约并构成解除讼争合同的条件。金砖会晤期间政府加强对家庭旅馆的管制,并要求无特种行业许可证的家庭旅馆从网站上下线是周知的事实并得到了证人证言证实。因平陆公司尚未取得讼争房屋产权证书,讼争房屋上经营的家庭旅馆无法办理特种行业许可证,以致金砖会晤期间讼争房屋上经营的家庭旅馆受到政府管制,讼争房屋用作经营家庭旅馆的约定用途受到影响。平陆公司未能保证讼争房屋在金砖会晤期间符合合同约定的用途在先,游某丰据此止付租金系依法行使抗辩权。在争议原因即政府管制消失后,游某丰于 2017 年 11 月 21 日向平陆公司支付 50 万元作为 2018 年度租金,可见游某丰并非恶意欠租拒不履行合同。游某丰迟延支付租金存在合理理由并采取了履行合同的补救措施,平陆公司单方发函并不产生解除讼争合同的法律后果。

游某丰将讼争房屋用于经营家庭旅馆,金砖会晤期间房屋使用受到影响,其余时间均能正常使用。金砖会晤期间对房屋使用产生影响的政府管制措施:一是会议召开期间家庭旅馆停止经营,二是会议召开前一段时间无特

---

〔1〕 参见李方民主编:《房屋租赁合同纠纷诉讼指引与实务解答》(第 3 版),法律出版社 2017 年版,第 103 页。

种行业许可证的家庭旅馆在旅游网站上下线，前者造成讼争房屋约定用途完全无法实现，后者则造成家庭旅馆入住人数减少以致讼争房屋约定用途正常实现受到限制。讼争合同约定：如果由于政府行为导致超过一个月无法正常使用房屋的，租期无偿相应顺延。据此约定内容可知，平陆公司同意因政府行为导致讼争房屋无法正常使用时在相应期间免租。游某丰主张旅游网站下线的时间为2017年4月17日至9月8日，其间租金应免除，但该主张与大多数到庭证人证言不一致，且没有其他客观证据和直接证据佐证。综合证人证言和本案其他证据，考虑金砖会晤期间政府不同管制形式对房屋用途的不同影响，法院酌情认定金砖会晤政府管制影响讼争房屋正常使用可相应减免两个月租金13万元，亦即2017年12月1日至2018年11月30日讼争房屋的租金65万元，扣除已支付的50万元，游某丰还应支付15万元。二审法院亦持同样意见，维持一审判决。〔1〕

承租人被通知房屋需拆迁后未正常经营，原租金标准应酌情予以降低。在租赁物无法完全适租的情况下，对租金予以酌减，既符合法律规定的原则，亦能保障承租人的合法权益，较好地平衡了双方当事人的权利义务。

【案例11－50】　兆安华公司诉张某国房屋租赁合同纠纷案

二审法院认为，兆安华公司与张某国签订的租房合同书具有法律效力，双方均应依约履行。合同履行期间，官庄村委会向兆安华公司发出通知，要求收回涉案房屋，否则后果自负。相关政府部门亦发布通知，决定清理大柳树沟沿线违法建设。张某国承认兆安华公司于2013年3月22日以乡政府要进行绿化改造为由通知其腾退，但其继续占用涉案房屋至今。虽然张某国主张仅有人员留守，但仍须支付相应的合同对价。因合同约定的年租金150000元针对的是双方正常履行合同的状态，结合本案证据，本院难以认定张某国在此期间仍正常经营。因此，自2014年4月1日至实际腾退涉案房屋之日的租金及占用费，不应以双方合同约定的标准计算。根据本案的实际情况，本院酌定按照双方分担的原则，以75000元的标准计算租金。……一审法院关于宾馆停业损失等内容处理正确，本院不再赘述。在张某国并未正常经营期间，甚至实际腾退涉案房屋之日期间的租金及占用费，应当予以酌减。〔2〕

---

〔1〕　参见国家法官学院、最高人民法院司法案例研究院编：《中国法院2020年度案例》（合同纠纷），中国法制出版社2020年版，第78～79页。福建省厦门市中级人民法院（2018）闽02民终4383号民事判决书。

〔2〕　参见安凤德主编：《租赁合同纠纷案件疑难问题裁判精要》，法律出版社2021年版，第135～136页。

其十，其他理由请求调整租金问题。

【案例 11－51】 上海陆隆制冷设备制造有限公司诉上海绿意钢结构有限公司房屋租赁合同纠纷案

一审法院认为，因双方签订的场地租赁合同系当事人的真实意思表示，对双方均具有法律约束力。房屋、场地两份租赁合同的签署日期、租赁物、用途等不一致，两合同没有可比性。双方订立时理应经过仔细磋商，出租方上海陆隆制冷设备制造有限公司也不存在垄断或专业优势，上海绿意钢结构有限公司所谓的价格欺诈显然不能成立。法院通过审查、确认相关证据，查明案件事实，支持上海陆隆制冷设备制造有限公司的反诉请求，判令上海绿意钢结构有限公司支付租金和使用费，并驳回其诉讼请求。二审法院认为，上海陆隆制冷设备制造有限公司、上海绿意钢结构有限公司两公司法定代表人虽均为陆某某，但上海绿意钢结构有限公司实际并非由陆某某控制和经营，原系争场地租赁合同有效，上海绿意钢结构有限公司单方要求降低租金缺乏依据，故驳回上诉，维持一审判决。[1]

4. 特殊情况租金标准确认

有效租赁合同处于违法履行状态期间的租金标准，在法律和行政法规没有规定的情况下，可以参照地方性政府规章等规范文件确定的标准判定双方当事人应予遵守的租金标准。

【案例 11－52】 苏州市郊区供销集团公司与苏州市宇航开发经营公司、苏州市供销总社等房屋租赁合同纠纷案

最高人民法院认为，宇航公司对其中租金的计算标准提出异议，该租金标准系一审法院参照江苏省苏州市人民政府批转苏州市房地产管理局、苏州市物价局《关于深化改革非居住公房租金的意见》计算确定。经查，该意见规定了改革租金的办法为采取基价租金和协议租金两种计租方式，同时规定采用基价租金计租的非居住公房根据房屋所处地段、环境等因素同时实行10%～80%的租金附加；采用协议租金计租的根据房屋所处地段、环境等因素确定2～10倍的上浮幅度，根据市场供求情况随行就市，由租赁双方协定或在基价租金基础上按《苏州市非居住公房租金附加和协议租金计算办法》执行。参照1993年5月25日江苏省苏州市房地产管理局发布的《关于深化改革非居住公房租金的实施细则》中的规定，协议租金额由房屋基价租金乘以协议租金上浮倍数乘以建筑面积组成，不包括租金附加率。一审判决在计

〔1〕 参见郭伟清主编：《2015年上海法院案例精选》，上海人民出版社2016年版，第426～427页。

算郊区供销公司租金时，支持宇航公司提出的因房屋质量不符合约定而减少租金的请求，参照江苏省苏州市人民政府的有关规定，按基价租金附加60%～80%并上浮6～10倍的最低标准计算，与该地方政府部门规章不符，应予调整。本案讼争标的物九胜商厦所处地段的月基价租金为每平方米6.73元，参照基价租金计租可附加60%～80%，参照协议租金计租可在基价租金基础上上浮6～10倍，从公平原则出发，应采用接近双方合同约定的租金额计算，双方约定的年租金为580万元，从第二年起年定比增长58万元，取6～10倍的中间值对讼争标的物的基价租金上浮8倍，确定总面积5607.28平方米的标的年租金为3622751.49元，比较公平合理。宇航公司每年应按这一数额向郊区供销公司支付租金。宇航公司提出一审判决在计算郊区供销公司租金损失时不应同时适用基价租金和协议租金，依据充分，应予采纳。因郊区供销公司提供的房屋与合同约定的条件不符，一审法院根据双方均同意参照当地政府有关非居住公租租金的规定进行处理，参照相关规定确定讼争房屋的租金计算方法不当，适用标准欠妥，应予调整。一审判决按照双方过错责任大小对降低后的房租承担相应份额，并没有违反公平、公正原则，郊区供销公司提出不应既对房租降价又按过错承担损失的理由不成立，不予支持。[1]

5. 承租人请求减少租金起算时间

根据公平原则，承租人请求减少租金的，应从租赁物部分毁损或灭失时发生效力，即自行发生减少租金效力，而不以承租人提出时间起算，但租赁合同中另有约定的除外。

（二）双方均有过错时租金处理

对于出租方与承租人均有过错的，法官可根据具体案情划分责任，确定租金支付比例。

【案例11－53】　叶某华诉陈某彩房屋租赁合同纠纷案

判决观点，本案租赁合同租赁期限届满后，原告欲解除不定期租赁合同，本应通知被告并给予被告一定期限搬离租赁房屋，但原告却采取阻拦被告经

〔1〕 参见最高人民法院民事审判第一庭编：《最高人民法院民事案件解析》（房屋买卖、租赁纠纷），法律出版社2010年版，第312～313页。

营、将出租门面正门上锁、对租赁房屋停电、停水的行为,导致被告丧失了正常经营的基础和条件,即使采取从邻居处接上照明用电电源、在租赁房门前拉上横幅标明可以拍照的补救措施,仍无法满足婚纱拍摄的必备要件,经营收益大打折扣,原告的行为存在过错,应承担相应的民事责任。被告在明知原告不同意续租,尤其是原告于2013年10月1日向其发出解除合同、限期搬出租赁房屋的律师函后,怠于履行义务,仍然占有、使用租赁房屋,亦应承担一定的责任。……原告请求被告支付从2013年8月11日起至搬离租赁房屋之日止所欠的占用费即租金。对于租金损失,综合本案实际和双方过错程度,责任分担应以原、被告双方各自承担50%为宜。……被告应支付的租金为:从2013年8月11日起至实际搬离租赁房屋之日止,按每月2900元(5800元×50%)计付。原告请求被告支付垫付水费、电费,系被告实际使用,予以支持。[1]

(三)租金与占有使用费关系

租金与占有使用费在租赁合同有效与无效中的表现不同:租赁合同有效时,承租人支付租金,在合同解除或终止后逾期腾房时起方支付占有使用费;而在无效租赁合同中,原合同约定的租金不再支付,但承租人应支付占有使用费,支付时间为房屋交付之日至房屋返还时的整个期间。

在房屋租赁合同无效时,合同双方相互返还财产,出租人返还已收取的租金及押金等,承租人应返还占有使用的租赁房屋。但承租人返还的是现存的租赁房屋,对承租人从租赁房屋交付至房屋返还期间的占有使用是不能直接返还的,只能对其该期间的占有使用以支付对价的方式即支付占有使用费来返还财产。也就是说,承租人返还租赁房屋之前的占有使用期间,出租人不能主张租金但依法可向承租人主张占有使用费。

【案例11-54】 刘某强诉北京振锋仁基医疗科技有限公司房屋租赁合同纠纷案

一审法院认为,因房屋租赁合同无效,故对被告主张的解除租赁合同并支付租金及滞纳金的诉讼请求不予支持,但不影响当事人请求参照合同约定的租金标准支付房屋占有使用费。关于刘某强支付房屋使用费的具体数额,

---

〔1〕 参见国家法官学院案例开发研究中心编:《中国法院2016年度案例》(合同纠纷),中国法制出版社2016年版,第105~106页。广西壮族自治区贺州市八步区人民法院(2014)贺八民二初字第27号民事判决书。

考虑到因租赁房屋未取得消防验收导致涉案房屋装修未完工，刘某强租赁房屋为开设酒店用途，现因刘某强无法实际使用，也无法从中获利，故酌情确定刘某强应当支付的房屋使用费。二审法院亦持同样意见，维持一审判决。[1]

【案例11－55】　江苏省某物流有限公司诉上海某仓储有限公司房屋租赁合同纠纷案

二审法院认为，合同被宣告无效后，依据该合同取得的财产应相互返还，即物流公司返还其使用的房屋，仓储公司返还其已收取的租金、保证金。但物流公司实际使用系争房屋至2007年10月1日止，应当参照双方约定的租金标准支付使用费直至迁出日。因物流公司已支付租金至2007年11月30日，扣除其应支付的使用费，仓储公司还应返还物流公司两个月的租金11296元。原审法院该项判决无不妥。物流公司搬离时虽未办理交接手续，但仓储公司未提供证据证明此后物流公司尚在使用系争房屋，故其诉称无法认定物流公司于2007年10月1日撤离系争房屋，不予采信。[2]

在部分有效部分无效租赁合同中，根据出租人与承租人对合同违约及合同无效进行责任划分，依据过错责任大小确定承租人损失数额、出租人占有使用费（租金损失）数额，分别对租赁合同的有效部分、无效部分作出处理。

【案例11－56】　裴某云诉大梅沙公司、刘某辉房屋租赁合同纠纷案

一审法院认为，在签订《房屋租赁合同》时，裴某云对于租赁房屋中部分临时建筑的状况是清楚的，对于临时建筑的使用期限是知情的，裴某云在明知临时建筑的使用期限截至2012年6月28日已经届满仍然与大梅沙公司签订合同，主观上存在过错。大梅沙公司应向裴某云退还租赁保证金人民币250万元。关于大梅沙公司反诉要求裴某云赔偿占用租赁房屋的损失问题，原审法院认为，由于《房屋租赁合同》不能正常履行，裴某云的损失表现为租赁保证金的利息损失，大梅沙公司的损失表现为裴某云占用租赁房屋的租金损失。综合考虑裴某云与大梅沙公司在《房屋租赁合同》不能履行时的过错大小、租金数额，以及裴某云遭受的利息损失等因素，原审法院酌定裴某云承担其占用大梅沙公司租赁房屋期间的租金损失的30%的赔偿责任。大梅沙公司于2011年11月2日向裴某云交付了租赁房屋，裴某云于2012年6月20日将租赁房屋返还大梅沙公司。裴某云实际占用大梅沙公司租赁房屋的期间为7个月18天，租金数额为人民币1551650.58元。裴某云应当赔偿大

---

〔1〕 参见国家法官学院案例开发研究中心编：《中国法院2018年度案例》（合同纠纷），中国法制出版社2018年版，第151页。北京市第二中级人民法院（2016）京02民终字第5461号民事判决书。

〔2〕 参见《房屋租赁合同纠纷裁判思路与裁判规则》，法律出版社2017年版，第48页。

梅沙公司损失人民币465495.17元。二审法院认为，大梅沙公司与裴某云在租赁合同中明确约定租赁期为五年，租赁物为商业用途，大梅沙公司确保交付的租赁房屋及其附属设施的安全性符合法律、法规或规章的规定，大梅沙公司需协助裴某云进行正常招商和办理经营所需证件，大梅沙公司应按上述约定履行出租人的义务。而实际履行情况为，大梅沙公司出租的房屋中大部分为临时建筑，且在临时建筑有效期届满后未获得延期。大梅沙公司提供的房屋安全性不符合法律法规的规定，导致裴某云不能实现合同目的，构成根本违约。大梅沙公司的主张不能成立，法院不予支持。原审判决对于占有使用费的处理正确，二审予以确认。二审法院据此判决：驳回上诉，维持原判。[1]

---

〔1〕 参见万国营主编：《房屋租赁合同纠纷》（第2版），法律出版社2015年版，第91～92页。

四、房屋占有使用费纠纷处理

房屋占有使用费支付范围有三种情形，租赁合同无效、合同期限届满占有使用期间和合同解除或终止后逾期腾房。

（一）租赁合同无效占有使用费理解

1. 占有使用费含义

租赁合同无效占有使用费，是指租赁合同被法院宣告无效后承租人支付出租人占有房屋期间的款项，该款项是承租人实际占有房屋期间在事实上所获得的利益。因承租人基于占有房屋所获得的利益并非有形财产，无法现实返还，而只能以折价补偿返还。基于公平原则，承租人必须以支付占有费方式来予以返还财产，这是租赁合同无效返还财产应有内容。应注意的是，承租人支付占有费的实质不是在赔偿损失，而是返还财产的表现。

2. 占有使用费处理原则

《房屋租赁合同解释》第四条第一款规定："房屋租赁合同无效，当事人请求参照合同约定的租金标准支付房屋占有使用费，人民法院一般应予支持。"该条规定了合同无效占有使用费的相关事项。该条规定包含以下四层含义：其一，出租人享有合同无效占有使用费的请求权。其二，支付占有使用费的标准是参照合同约定租金。其三，占有使用费是否支持的前提，是当事人对此提出了主张，在当事人未主张的情况下，限制法官主动依职权裁判，以免发生无请求权的程序违法情况和实体的不公正。其四，占有使用费是否支持的由法官裁量，原则上是一般应予支持，但根据案情也可以不支持，以及支持多少均由法官行使自由裁量权确定。也就是说，将是否应予支持、如何支持的裁量权交由人民法院，根据承租人对房屋的实际使用状况确定是否参照、如何参照合同约定的租金标准确定使用费。[1]

【案例11－57】 孙某春诉王某海房屋租赁合同纠纷案

判决观点，无效的合同自始就无约束力，因该合同取得的财产，应当予以返还。因此王某海应当将按合同取得的房屋及设备交还给孙某春。故王某海已支付的房屋占有使用费不予返还，孙某春主张自2013年5月27日起至被告返还之日止按每月3250元的标准计算房屋占有使用费，因该请求未超出原、被告双方签订的租赁协议约定的标准，予以支持。原告主张由被告支付水电费用的请求，因其未能提供证据证明水电费的分担方式，不予支持。被告王某海未经法庭许可中途退庭，视为放弃自己的诉讼权利。[2]

【案例11－58】 湘财证券有限责任公司与云南志远房地产开发有限公司房屋租赁合同纠纷案

最高人民法院认为，双方签订的《租赁合同》无效，但是，湘财证券公司已实际使用志远大厦3～4层，理应向志远房地产公司支付房屋使用费，一审法院判决志远房地产公司返还湘财证券公司已付2304000元租金的同时，依据湘财证券公司实际使用志远大厦3～4层楼房的时间，判决其支付志远房地产公司房屋使用费4192000元，无不妥，湘财证券公司上诉不支付志远房地产公司房屋使用费及请求志远房地产公司支付返还2304000元租金利息的主张，依据不足，本院不予支持。[3]

如果承租人依据租赁合同占有房屋的合同基础已不存在，则承租人应将所承租的房屋返还出租人；承租人占有使用该房屋期间所获得的财产性利益亦不具有归其所有的合同基础，应当依据合理标准向出租人支付房屋占有使用费。

【案例11－59】 哈尔滨港务局诉哈尔滨北港商城有限公司房屋租赁合同纠纷案

二审法院认为，案涉合同无效系案涉项目未取得《建设工程规划许可证》所致。2000年11月30日，哈尔滨市太平区政府向港务局作出《关于对日用商场建设建材装饰展销中心的请示批复》，同意建立建材装饰展销中心，到有关部门办理有关手续，抓紧做好建设工作。港务局作为法定的建设单

---

〔1〕 参见最高人民法院民事审判第一庭编著：《最高人民法院〈关于审理城镇房屋租赁合同纠纷案件司法解释〉的理解与适用》，人民法院出版社2009年版，第9页。

〔2〕 参见国家法官学院案例开发研究中心编：《中国法院2015年度案例》（合同纠纷），中国法制出版社2015年版，第106页。江苏省泰州市医药高新技术产业开发区人民法院（2013）泰高新民初字第1572号民事判决书。

〔3〕 参见最高人民法院民事审判第一庭编：《最高人民法院二审民事案件解析》，法律出版社2007年版，第1～17页。最高人民法院（2003）民一终字第55号民事判决书。

位,北港商城作为使用及约定的相关手续办理人,仅取得了《建设用地规划许可证》即开工建设。在案涉工程被相关行政主管部门处罚的情况下,继续签订《补充协议》《扩建协议》,致使案涉房屋扩建到现在的规模。现港务局请求给付涉案房屋租金,该租金的实质应为房屋占有使用费。……法院将租金标准作为一项考量因素确定支付房屋占有使用费的标准,并结合双方签订《港务局应收账款确认书》及北港商城出具《延期还款说明》等事实,即北港商城已经认可其欠付租金(房屋占有使用费)的具体数额,故一审法院判决给付该款并无不当,亦符合双方当事人使用房屋并支付该数额费用的合意及心理预期。鉴于案涉合同均为无效合同,所约定的违约金条款亦对双方当事人不具有约束力,且无须解除,故一审判决解除双方当事人间的诸合同及支付违约金不当,法院予以纠正。此外,双方当事人已不具有履行无效合同的义务,一审法院根据港务局的诉请,判决北港商城自本判决生效之日起30日内迁出哈尔滨市道外区海员街1号案涉场地,符合无效合同的处理原则,应予以维持。二审法院变更一审判决的租金为北港商城给付港务局房屋占有使用费22487681.47元。[1]

房屋租赁合同标的物为违章建筑,出租人要求承租人支付占有使用费的,法律应予支持。

【案例11-60】　刘乙与张某甲房屋租赁合同纠纷案

二审法院认为,2009年6月2日,绿邦公司与被上诉人张某甲签订《转让协议》后,被上诉人张某甲取得涉案房屋的处分权,其有权将涉案房屋租给上诉人刘乙;而从被上诉人张某甲与上诉人刘乙所签订的《房屋租赁合同书》及《房屋租赁补充协议》的形式和内容来看,被上诉人张某甲与上诉人刘乙之间由上述协议所产生的法律关系也确为房屋租赁合同关系;但是,由于涉案房屋占用农用耕地,且无相关建设手续,属违法建筑,故原审法院依据《农村土地承包法》及《合同法》的相关规定确定被上诉人张某甲与上诉人刘乙所签订的房屋租赁合同无效,并无不当。被上诉人张某甲与上诉人刘乙所签订的房屋租赁合同虽然无效,但上诉人刘乙自合同签订后至原审法院庭审结束前一直实际占有涉案房屋,且亦实际经营,故原审法院依据双方合同约定的租金标准并参照该房产前期租赁使用,判决上诉人刘乙向被上诉人张某甲支付2010年5月13日至2012年5月12日的占有使用费146000元,亦无不妥。《合同法》明确规定的是"无效的合同或者被撤销的合同自始没有约

[1] 参见最高人民法院中国应用法学研究所编:《人民法院案例选》2019年第10辑(总第140辑),人民法院出版社2020年版,第121~122页。黑龙江省高级人民法院(2016)黑民终437号民事判决书。

束力”“合同无效、被撤销或者终止的,不影响合同中独立存在的有关解决争议方法的条款的效力”,因此,上诉人刘乙根据双方合同的约定,反诉要求被上诉人张某甲继续履行合同、协助上诉人刘乙办理营业执照并支付违约金385688元,违反上述法律规定,不应予以支持。至于原审法院是否程序违法的问题,上诉人刘乙并未提供相应的事实和法律依据,其主张不能成立。[1]

【案例11－61】 昆明市公安消防支队与重庆市垫江复合保温材料总厂、昆明小林大酒店有限公司房屋租赁合同纠纷案

最高人民法院认为,关于房屋使用费问题,因垫江总厂已实际使用该房屋1年,其本应向消防支队支付相应的房屋使用费,以每年50万元计算,但垫江总厂已向消防支队支付20万元信用保证金,其提出该笔款项应折抵房屋使用费,只需要再支付30万元的请求,理由成立,予以支持,一审判决中相关内容应予变更。[2]

承租人以租赁房屋系违章建筑为由要求返还租金的,一般不予支持。

【案例11－62】 上海某宣传教育中心与上海某藤艺有限公司、赵某某房屋租赁合同纠纷案

二审法院认为,合同签订时,藤艺公司对部分租赁物无权属证明是明知后,其间藤艺公司亦按约使用了租赁物,故藤艺公司应履行相应的付款义务,藤艺公司诉请宣教中心返还租金742500万元,法院不予支持。……同时,藤艺公司应当参照租金标准支付占用期间的使用费。藤艺公司诉称其有权继续使用其搭建的房屋,无相应法律依据。故上诉人的上诉请求于法无据,原审法院判决正确。[3]

农村违法建筑物租赁合同无效,但承租人仍应支付占有使用费。

【案例11－63】 王某平诉田某海房屋租赁合同纠纷案

一审法院认为,原、被告双方虽自愿签订合同,但由于原告出租厂房的附属土地为集体土地,不能用于非农建设,双方的行为已经实际改变了土地性质及用途,双方签订的合同违背了土地管理法的相关规定,属无效合同。本案中,导致合同无效的原因系原告在未取得合法手续的情况下擅自建房并将其出租,而被告在知晓原告出租的厂房及附属土地性质的情况下,仍与原告签订租房合同,双方都存在一定过错,故双方均应对合同无效的后果承担相

---

〔1〕 江苏省徐州市中级人民法院(2013)徐民终字第0722号民事判决书。

〔2〕 参见最高人民法院民事审判第一庭编:《最高人民法院民事案件解析》(房屋买卖、租赁纠纷),法律出版社2010年版,第324页。

〔3〕 参见《房屋租赁合同纠纷裁判思路与裁判规则》,法律出版社2017年版,第155页。

应责任。对原告要求被告立即返还厂房的请求,应予支持。……由于在双方签订合同后,被告一直实际占有使用原告修建的厂房,为此,对原告要求被告参照合同支付相应厂房占用费的请求,法院亦予以支持。综上,法院确认原告王某平与被告田某海签订的厂房租赁合同为无效合同;被告田某海于本判决生效之日起10日内搬出厂房,并按每月3520元的标准支付原告王某平厂房占用使用费(从2012年2月18日起至被告交付房屋之日止)。田某海上诉后又申请撤回上诉,二审法院予以准许。[1]

(二)租赁合同无效占有使用费处理

房屋租赁合同无效,导致房屋租赁合同履行的终止。因租赁合同无效,承租人占有、使用房屋的使用费的支付在实践中是有争议的问题。《房屋租赁合同解释》第十三条规定:“房屋租赁合同无效、履行期届满或者解除,出租人请求负有腾房义务的次承租人支付逾期腾房占有使用费的,人民法院应予支持。”对于房屋使用费的标准,由受诉的法院确定。

1. 占有使用费计算标准

鉴于合同无效的法律后果应当与有效合同有所区别,无效合同为法律所否定,出租人的租金利益不被法律所肯定,如果按照原有的租金标准计算使用费,无异于变相鼓励此种无效合同,即使宣告这种合同无效,也无法达到遏制此类无效合同的目的。为此,可以酌情认定房屋使用费适当低于租金标准,最高也不应超过约定的租金。

【案例11-64】　张某与范某、七色厂房屋租赁合同纠纷案

二审法院认为,涉案合同虽然无效,但根据公平原则,范某实际使用了张某的房产,就应该向张某支付使用对价,即使用费,该使用费可参照涉案房产所属区域厂房指导租金计算,双方约定厂房的单位租金按房地产面积每平方米每月人民币7.5元计算,该租金数额在2005年、2006年同等区域厂房指导租金范围内,但低于2007年指导租金。法院认为,本案双方当事人约定的租金数额在指导租金范围内或低于指导租金范围,故可按双方当事人约定的租金数额计算范某占用房屋期间应向张某支付的房屋使用费。因此,范某已支

---

〔1〕　参见《人民司法·案例》2014年第10期(总第693期)。重庆市第五中级人民法院(2013)渝五中法民终字第02602号民事裁定书。

付的房屋使用费,予以认可。范某未支付的,应予支付,即范某应支付张某从2006年5月15日至搬离之日的房屋使用费,按房地产面积每平方米每月人民币7.5元计算,即每月为人民币23000元。因租赁合同无效,张某不能基于无效合同取得利息,故其请求的租金利息,不予支持。[1]

2. 占有使用费起算时间

【案例11-65】 郑某某与崔某某房屋租赁合同纠纷案

二审法院认为,关于崔某某是否应在2011年6月后继续给付郑某某租金的问题。首先,在二审庭审中,崔某某陈述,"在2011年6月搬走之前一两个月的某天下午四五点钟,在街上遇见郑某某,我跟他说要搬走,他说要搬就搬走"。郑某某亦认可,"对方跟我说过要搬走,我说你想搬走就是了"。因此双方对此陈述一致,应认定郑某某与崔某某协商一致不再继续履行合同。其次,崔某某提供的四位证人的证言相互吻合,能够证明:2011年6月崔某某搬走设备时,郑某某的哥哥和母亲在场,崔某某将钥匙交给了郑某某的母亲。因此,在双方租赁合同无效的前提下,崔某某与郑某某达成口头协议后从2011年6月搬走,一审法院按照崔某某迁出时间判决房屋的占有使用费并无不当。对郑某某要求继续支付租金的主张,法院不予支持。至于郑某某在二审中提出的赔偿损失问题,因在一审中未提出该诉求,法院不予理涉,郑某某可以另行解决。[2]

【案例11-66】 春雨置业公司与鸿泰耀服饰公司房屋租赁合同纠纷案

二审法院认为,涉案厂房的建设手续未经相关部门批准,双方当事人签订的厂房租赁协议无效。鸿泰耀服饰公司应参照合同约定支付被上诉人相应的使用费。在合同约定的期限届满后,上诉人鸿泰耀服饰公司仍继续占用承租房屋,其应支付占用期间的房屋使用费。判决:驳回上诉,维持原判。[3]

3. 占有使用费确定因素

实践中,对占有使用费是否完全适用原合同约定租金标准,应考虑双方造成租赁合同无效的原因、过错大小、承租人对房屋利用程度、是否明显高于市场平均价格等诸多因素。如果承租人为完全无过错方,且合同无效的原因对承租人正常

---

〔1〕 参见邓基联主编:《房屋租赁合同纠纷》,法律出版社2010年版,第81页。

〔2〕 江苏省徐州市中级人民法院(2013)徐民终字第1445号民事判决书。

〔3〕 参见李方民主编:《房屋租赁合同纠纷诉讼指引与实务解答》(第3版),法律出版社2017年版,第213页。

使用房屋造成妨害，则要求按照约定租金标准支付占有使用费显失公平，可综合考虑房屋利用程度，以约定租金乘以责任比例支持占有使用费。如果承租人在合同无效中存在未尽审慎性审查义务的过错，即合同无效双方均存在一定过错，且虽然合同无效，但承租人一直对房屋进行了充分利用，则可按合同约定租金标准支付占有使用费。承租人主张租金明显高于市场平均价格，可进行评估，参考评估价格：如果约定租金显著高于市场价格，可酌减至评估价格；如非显著高于市场价格，则不宜变更。对于请求赔偿因合同无效受到的损失的，可以依照其他法律规定进行处理，不宜与占有使用费混同在一起。因此，关于降低租金诉讼请求或抗辩降低占有使用费，只要承租人在合理范围内利用房屋，且房屋租金属于正常的市场价格，即使合同无效，一般也不应判处降低占有使用费。也就是说，个案中，由法官根据具体案情行使自由裁量权确定，可以按租金标准调整占有使用费，也可以不调整。应强调的是，司法解释规定参照租赁合同约定租金标准支付占有使用费，而不是必须按照租赁合同约定租金标准支付占有使用费。

【案例 11－67】　南通市崇川区钟秀街道联合村社区居委会与江苏华尔达置业投资咨询有限公司房屋租赁合同纠纷案

二审法院认为，联合村居委会上诉称租金应当参照合同约定的标准支付，不应当打折扣，因为重新确定标准也是要基于房屋质量等客观情况导致占有收益与约定租金标准失衡才应调整，而本案中，涉及的消防问题、层高问题已经进行了租金标准的调整，不可以再重复调整。华尔达公司上诉称，按照70%比例下调租金标准其没有异议。但是计算租金的标准应当考虑减去存在的层高不足问题和实际交付面积比合同约定的不足问题。在标准上，因为联合村居委会存在过错、交付房屋面积不足和消防问题，对于2013年之前的房租也应当调低。本院认为，原审参照双方租赁合同的租金标准，结合案件具体情况进行酌情裁量，并不违反《房屋租赁合同解释》第五条第一款的规定，符合无效合同的法律意义和处理原则。原审根据租赁合同、补充协议约定的年租金465万元计算出日租金标准12916.66元，在此基础上酌定按照12946.66元的70%即9041.66元作为房屋占有使用费每日的计算标准。因本案租赁合同的租金标准是按照年租金确定的，交付房屋时房屋是毛坯，双方对于房屋现状都是明知的，对于面积问题、消防问题，双方在房屋交付之后多次进行过协商，达成了补充协议对房租进行了调整，原审酌定的房屋使用费标准已经充分考虑了联合村居委会对于临时建筑超过期限仍对外出租的过错，并无不当。华尔达公司已经自认2013年之前的欠付租金105万元，在二审中推翻其自认没有合法依据。因2012年12月31日之前欠付的租金双方一致确认105万元，原审对于2013年之前的房屋占有使用费认定为105

万元并无不当。[1]

对合同无效，双方根据各自的过错程度承担相应的责任即对占有使用费数额予以调整。

【案例11－68】 海军航空兵海南办事处诉深圳市三九旅游酒店有限公司等房屋租赁合同纠纷案

一审法院认为，原告与被告均有过错。海军办事处违反国家和军队的有关规定，建设、出租京航大厦，应承担相应的责任；深圳三九公司和海南三九公司明知海航办事处违反国家规定无权出租，而盲目签约，亦应承担相应责任。一审法院判决书判项有深圳三九公司、海南三九公司给付海航办事处占用京航大厦期间的合理使用费1120万元。二审中调解结案。[2]

无效合同约定的租金仍应给付，即以租金约定为基础支付占有使用费，但可根据实际情况酌减。

【案例11－69】 鑫德奥公司与美邦杰仕公司房屋租赁合同纠纷案

二审法院认为，本案中美邦杰仕公司与鑫德奥公司于2011年6月20日签订的房屋租赁协议虽无效，但美邦杰仕公司仍向鑫德奥公司支付房屋占有使用费。美邦杰仕公司上诉称已与鑫德奥公司就降低租金进行协商并达成一致意见，其不欠租金的上诉意见缺乏证据支持，鑫德奥公司亦否认，其该项上诉理由，法院不予采信。一般而言，租赁合同是双方当事人协商一致的结果，订立的价格也是符合市场行情的，因此美邦杰仕公司应以房屋租赁协议约定为基础向鑫德奥公司支付房屋占有使用费。但在本案中，双方当事人均认可涉诉房屋门前架设高架桥的事实，值得注意的是涉诉房屋系临街房屋，美邦杰仕公司租赁该房屋的目的系作门店经营、销售之用，虽然架设高架桥这一客观情况的出现既非出租方鑫德奥公司所为亦非鑫德奥公司所能控制，但高架桥的施工工程不可避免对美邦杰仕公司的经营产生一定影响。美邦杰仕公司在发现租赁经营目的不能实现时，完全可以采取退租、与鑫德奥公司协商降低租金等方法降低其损失，但在长达14个月的时间里美邦杰仕公司没有及时转变经营思路或采取有效措施减小修建高架桥对其公司经营带来的影响。综合以上情况，法院以双方在原审法院已认定的欠付金额为基础，结合本案实际情况对美邦杰仕公司应支付的房屋使用费数额予以酌定。判决，美邦杰仕公司给付鑫德奥公司2014年7月18日之前的房屋占有使用

---

〔1〕 江苏省高级人民法院（2014）苏民终字第0081号民事判决书。

〔2〕 参见最高人民法院民事审判第一庭编：《最高人民法院民事案件解析》（房屋买卖、租赁纠纷），法律出版社2010年版，第459页。《最高人民法院公报》2002年第1期。

费共计1116928元。[1]

【案例11－70】　指导中心与雅明公司房屋租赁合同纠纷案

二审法院认为，关于雅明公司搬出206号院后，是否应承担租金、使用费支付义务和租赁物返还义务的问题，因雅明公司从206号院搬出后，案外人仍实际使用206号院房屋和场地经营，雅明公司应向指导中心支付租赁物实际返还之日止的租金及使用费。一审法院将合同期内租金酌减至每年300000元，并将租赁物实际返还前的使用费酌定为每年300000元的处理意见并无不妥，根据雅明公司实际支付租金及指导中心收取案外人租金并愿意抵扣的事实，雅明公司应自2017年4月1日起至实际腾退租赁物之日按每年300000元标准支付租金及使用费。206号院改建、新建房屋未取得建设工程规划许可证或者经主管部门批准建设，雅明公司应按指导中心的请求，在拆除206号院改建、新建房屋并恢复原状后，将租赁物返还给指导中心。[2]

承租人出资代建房屋情形下房屋占有使用费，应区别于普通的房屋租赁合同。在代建租赁合同中约定的租金标准，是以承租人全额出资建设租赁房屋且建成后产权归出租人为前提条件，故其相较同期市场租金标准明显过低。在房屋租赁合同因标的物系违法建筑被认定无效，承租人使用租赁房屋多年，代建房屋的工程造价费用已作为损失由出租人承担大部分，故租赁合同约定租金标准设立的前提已不存在，若参照租赁合同约定租金标准确定使用费，则过分低于承租人实际获取的占有利益。因此，从平衡利益的角度出发，由法官行使自由裁量权，选择以实际评估的租金标准为依据确定使用费。

【案例11－71】　A部队、B公司与C公司、D公司房屋租赁合同纠纷案

二审法院认为，关于使用费标准，一审法院直接将评估价作为承租人的使用费标准，有欠妥当。关于房屋使用费的起算时间，结合本案的证据情况，应认定自2007年8月18日竣工验收之日起算。关于双方过错责任的分担，导致本案租赁合同无效的原因系租赁标的物违法，故出租人A部队对此应承担主要责任，但一审按9:1的比例确定双方责任不尽合理。二审据此作出改判。[3]

出租人未根据合同约定的建造面积对标的物进行加造并出租，承租人虽对其

---

〔1〕北京市第三中级人民法院（2015）三中民终字第06036号民事判决书。

〔2〕参见安凤德主编：《租赁合同纠纷案件疑难问题裁判精要》，法律出版社2021年版，第66～67页。

〔3〕上海市第一中级人民法院（2012）沪一中民二（民）终字第507号民事判决书。

加造行为不予认可,但未在接收房屋时提出异议。对于增加部分面积是否需要支付费用,法官须严格审查当事人是否有明确的意思表示对原合同的内容进行了变更。鉴于增加部分面积与承租部分具有不可分性,法官可基于公平合理原则,运用自由裁量权,酌情判定承租人支付相应的房屋使用费。如 BFQ 公司与 JY 公司房屋租赁合同纠纷案。[1]

现行法律对违法建筑租赁合同的效力作出了否定性评价,但合同中关于处分违法建筑占有利益的约定,系出租人在意思自治的范畴内对自身权利的处分,在确定占有使用费的起止期限时仍应参照适用。以违法建筑为标的订立租赁合同,出租人不得因其违法行为或自身过错反从中受益,善意合同相对人也不应由此承担超过其预期的义务,因此合同无效后,对于出租人请求给付免租期内占有使用费的主张,法院不应予以支持。也就是说,从相关法律规定的立法精神出发,结合违法建筑租赁合同为法律评价所否定的根本原因,根据继续性合同无效溯及力理论,故承租人不应给付免租期内占有使用费。

【案例 11 -72】 扬州心致宾馆有限公司与扬州富尔亿塑胶有限公司等房屋租赁合同纠纷案

一审法院判决:一、解除心致公司与富尔亿公司于 2014 年 6 月 12 日签订的房屋租赁合同;二、富尔亿公司于判决生效后 10 日内返还心致公司保证金 2 万元、租金 25 万元,合计 27 万元,并按银行同期贷款基准利率承担该款从 2015 年 7 月 24 日起至判决确定之日止的利息;三、富尔亿公司于判决生效后 10 日内返还心致公司电费 11749.19 元;四,驳回心致公司要求耘博公司承担连带责任等其他诉讼请求。

二审期间,依富尔亿公司申请调查后认定的事实为:讼争房屋至今未办理建设工程规划许可证。

二审法院判决,一、维持(2015)扬广民初字第 02379 号民事判决第二项、第三项及诉讼费负担部分;二、撤销(2015)扬广民初字第 02379 号民事判决第一项以及第四项;三、驳回心致公司的其他诉讼请求。[2] 本案中,二审法院确认涉案租赁合同无效,确认了免租期内心致公司不予支付占有使用费。

---

〔1〕 上海市第一中级人民法院(2012)沪一中民二(民)终字第 30 号民事判决书。

〔2〕 参见《人民司法 · 案例》2018 年第 11 期(总第 814 期)。江苏省扬州市中级人民法院(2016)苏 10 民终 2821 号民事判决书。

4. 占有使用费截止时间

【案例 11－73】　农安公司与大众公司房屋租赁合同纠纷案

二审法院认为，房屋租赁合同无效，可以按合同约定的租金标准支付占有使用费。故农安公司应按23667.84元的标准支付从2012年3月欠租之日起至判决确定的搬离之日止的占有使用费。原审法院判令农安公司支付至实际搬离之日的租金，该截止期限可能超出本案判令付款的期限，具有不确定性，处理不当，二审法院予以纠正。农安公司还应支付迟延支付该费用产生的损失，即利息。利息属法定孳息，即使合同无效，亦应支付。合同无效，故每月10日支付租金的约定不适用。根据《民法通则》第四条规定的公平原则，法院确认，各月产生的占有使用费从次月1日起按中国人民银行同期同类贷款利率计算利息。结合大众公司的诉讼请求，从2012年3月欠租之日起至2012年7月的占有使用费共计118339.2元（23667.84元/月×5个月）的利息从2012年8月3日起算，此后每月产生的占有使用费（按23667.84元/月的标准）从次月1日起计算，均计至本判决确定的付款之日。原审法院判令农安公司支付至实际付款之日的滞纳金，该截止期限亦可能超出本案判令付款的期限，具有不确定性，处理不当，应予以纠正。[1]

5. 占有使用费支付因素

租赁房屋交付承租人后未实际使用，在房屋租赁合同被法院宣布无效时，仍应参照合同约定的租金标准支付房屋占有使用费，但需区分承租人占有未使用的原因分别处理：因出租人提供的房屋不具备使用条件致承租人无法使用，不应当支付占有使用费；房屋具备使用条件而承租人未使用，应当支付占有使用费。

【案例 11－74】　钱某荣诉江苏省扬州市邗江区市政建设管理处房屋租赁合同纠纷案

一审法院认为，（1）涉案房屋租赁合同虽因租赁房屋未取得建设工程规划许可证而无效，但是钱某荣已实际占有了租赁房屋，故仍应给付房屋占有使用费及利息损失，并返还图纸。（2）邗江市建处和钱某荣对于合同无效均有过错，应按过错责任大小分担各项损失。法院酌定邗江市建处承担拍卖佣金的70%即2.1万元损失，并支付相应的利息损失。（3）钱某荣主张的其他损失，依据不足，不予支持。

二审法院认为，支付房屋占有使用费的前提为承租人占有并使用了出租

〔1〕 参见万国营主编：《房屋租赁合同纠纷》（第2版），法律出版社2015年版，第102页。

人的房屋,在承租人因出租人的原因未实际占有或虽占有但未实际使用的情形下,仍要求承租人按合同约定的租金标准支付房屋占有使用费,有失公平。由于出租人的原因导致承租人无法使用房屋,承租人钱某荣有权拒绝支付2014年7月至2015年4月的房屋占有使用费50万元。另因钱某荣实际应自2015年5月支付房屋占有使用费60万元,而此款其已于2013年11月22日提前支付,故造成钱某荣2013年11月22日至2015年4月30日的利息损失。根据双方的过错程度,酌定邗江市建处承担70%的利息损失。此外,钱俊荣未能提供证据证明已经缴纳了租赁保证金5000元,故二审法院不予支持。[1]

6. 按份共有出租房屋占有使用费支付

【案例11－75】 沈某新、杨某林诉郭某良等返还原物纠纷案

一审法院认为,关于金康泰公司对案涉房屋使用费的计算标准。房屋的租金属于法定孳息,无权占有人应当向权利人返还原物及孳息。关于0114室的占有使用费,沈某新、杨某林主张按照《写字楼租赁合同》约定的月租金2万元从2012年3月10日开始计算。金康泰公司认为月租金2万元是2012年至2013年的市场价,现在市场价格大幅下降,但并未提供证据证实。因此关于0114室的占有使用费认定为每月2万元。关于0214室的占有使用费,沈某新、杨某林主张每天每平方米1.5元,从2012年7月12日起计算,未超过0114室的上述计算标准,予以认定。综合以上分析,案涉房屋被金康泰公司占有,金康泰公司相对于沈某新、杨某林系无权占有人。沈某新、杨某林作为共有人可以请求金康泰公司返还原告租赁物并支付占有使用费。因沈某新、杨某林并未主张按照份额返还占有使用费,因此案涉房屋以及占有使用费应当返还至全体共有人。金康泰公司上诉后又申请撤回,二审裁定予以准许。[2]

(三)转租合同无效占有使用费处理

原房屋租赁合同无效导致转租合同无效的,转租人有合理的理由请求参照合

〔1〕 参见《人民司法·案例》2020年第8期(总第883期)。江苏省扬州市中级人民法院(2018)苏10民终596号民事判决书。

〔2〕 参见国家法官学院案例开发研究中心编:《中国法院2018年度案例》(物权纠纷),中国法制出版社2018年版,第236页。江苏省南通市中级人民法院(2016)苏06民终字第3559号民事裁定书。

同约定的租金标准支付房屋占有使用费的,法院一般应予支持。

【案例11-76】　广东都市丽人实业有限公司与吴某某房屋租赁合同纠纷再审案

再审法院认为,本案中,都市丽人公司已于2012年2月与其所租赁房屋的实际所有权人签订了租赁房屋合同,已获得该房屋的合法占有使用权,其无须再行腾退房屋。吴某某则应相应返还其因租赁合同取得的包括租金和保证金在内的200万元款项。吴某某在再审中提出,根据《房屋租赁合同解释》第五条第一款的规定……即使合同无效,也应在返还款项中扣除一年房屋占有使用费68万元。都市丽人公司对此认为,只有房屋产权人、房屋合法占有人有权向都市丽人公司主张房屋占有使用费。本院认为,本案吴某某依据其与都市丽人公司之间租赁合同约定收取租金和保证金200万元后,已将180万元款项交付陈某。而陈某作为讼争房屋当时的合法承租人,已将其中68万元作为第一年租金交付房屋产权人。都市丽人公司也认可房屋产权人并未向其主张第一年租金,而是从2012年2月13日起向其收取65万元一年的租金。因此,应从吴某某应予返还的200万元款项中扣除一年房屋占有使用费。案涉《房屋租赁合同》约定三年租金为190万元,据此计算一年的房屋占有使用费:190万元÷3个月=633333元,且与房屋产权人其后向都市丽人公司收取的65万元/年租金亦基本相当。据此,吴某某应返还都市丽人公司2000000元-633333元=1366667元。对于吴某某再审提出的其无须向都市丽人公司承担资金占用损失的问题,本院认为,资金占用损失是客观存在的实际损失,一、二审根据双方过错情况,认定由吴某某承担都市丽人公司资金占用损失的60%,并无不当。但结合前述分析,都市丽人公司实际被占用的资金为1366667元,故以1366667元为基数,自2010年12月21日起按中国人民银行同期同类贷款利率计算的利息的60%,由吴某某赔付给都市丽人公司。就本案一审公告程序问题,已在前述证据部分作出了分析,且即使存在瑕疵,对吴某某权利并未造成实际影响。综上,一、二审法院认定事实清楚。因吴某某缺席一审审理,未提出房屋占有使用费主张,一审法院对该问题未予处理,并无不当。但因吴某某客观上确未参与一审审理,故其在二审中才提出该部分主张,现本院依据吴某某的二审和再审请求,在再审中对此依法据实予以改判。[1]

---

〔1〕　浙江省高级人民法院(2014)浙民提字第81号民事判决书。

(四)逾期腾房占有使用费处理

《房屋租赁合同解释》第十三条规定:“房屋租赁合同无效、履行期限届满或者解除,出租人请求负有腾房义务的次承租人支付逾期腾房占有使用费的,人民法院应予支持。”该条是租赁合同无效、履行期限届满或者解除时,实际占有房屋的次承租人腾房并支付逾期腾房占有使用费的规定。在本段中仅讨论租赁合同解除的使用费问题。租赁合同在解除的情形下,必然涉及房屋的返还问题。承租人和次承租人应在租赁期间届满时向出租人返还租赁物,这是租赁合同中承租人的一项基本义务。承租人和次承租人在返还租赁物上有区别,承租人是直接向出租人返还租赁物,次承租人是向承租人返还租赁房屋,再由承租人向出租人返还租赁房屋,次承租人并不承担直接向出租人返还租赁房屋的义务。对承租人和次承租人在合同期间届满或合同解除后,不及时返还租赁物,应当承担违约责任并支付使用费。审判实践中,一般认定占有使用费与房屋租金相当。

1. 合同解除占有使用费

【案例 11-77】 上海怡通房地产有限公司与上海春光服装厂房屋租赁合同纠纷案

合同解除,承租人应支付从合同解除之日至搬出房屋期间的使用费。一审法院判令的使用费与原租金相同。怡通公司认为一审认定的房屋使用费过高,请求改判。关于房屋使用费如何计算问题,有关法律、法规没有具体的规定,一般应根据当地的房地产行情、经济发展状况及各案的实际情况予以确定。本案一审确定的房屋使用费并未超过租金标准,也未违反法律的规定,可予允许,但一审法院起算房屋使用费的时间为1998年2月16日即一审法院判决作出之日不妥,因为此时一审判决尚未生效。鉴于本案一审确定的房屋使用费与租金标准一样,最终怡通公司支付的金额并无差别,最高人民法院对此未予改判。[1]

【案例 11-78】 某房地产置业公司与张某、李某房屋租赁合同纠纷案

判决观点,房地产置业公司与张某之间的租赁合同合法有效,张某应当按约及时履行支付租金义务,张某在征得房地产置业公司同意后,将涉案房

---

〔1〕 参见最高人民法院民事审判第一庭编:《最高人民法院民事案件解析》(房屋买卖、租赁纠纷),法律出版社2010年版,第295页。

屋转租给李某,张某与李某之间的转租合同亦有效,李某应当按约履行支付租金的义务。张某未按约履行付款义务,在房地产置业公司催告后,仍未在合理期限内付款,已经构成根本违约,房地产置业公司有权解除合同,要求张某支付拖欠的租金,并返还租赁物。因房地产置业公司与张某之间的租赁合同解除,张某无权再向李某出租租赁物,因此张某与李某之间的租赁合同亦应解除。涉案租赁物实际由李某控制使用,因此,李某在合同解除后,有义务直接向房地产置业公司返还房屋。因租赁合同已于2010年11月解除,因此张某应当支付房地产置业公司2010年2月至11月租金15万元。合同解除后,李某仍继续使用房屋,构成侵权,应当参照原租赁合同标准赔偿房地产置业公司2010年12月至2011年5月的房屋使用费10万元。[1]

应强调的是,在房屋租赁合同解除后,承租人继续占有使用房屋构成不当得利,法院参照合同约定的租金标准判令承租人支付房屋占有使用费,符合民法公平原则和有关司法解释的精神。

因不可归责于承租人的事由,致使租赁物部分或者全部毁损、灭失的,承租人可以减少租金(占有使用费)或者不支付租金(占有使用费)。

【案例11-79】 杨某某与宁波市鄞州区石碶街道西杨村经济合作社房屋租赁合同纠纷再审案

再审法院认为,根据双方当事人于2012年11月21日签订的《终止合同协议书》,杨某某与西杨村合作社于2012年6月29日签订的《资产租赁合同》已经解除。在此情况下,杨某某本人应及时腾退,将房屋归还给西杨村合作社。本案中,杨某某未腾退房屋确实不当,违反了《合同法》第九十二条后合同义务的相应规定,原审支持被申请人要求其腾退的诉讼请求完全正确。但根据《合同法》第二百三十一条的规定,因不可归责于承租人的事由,致使租赁物部分或者全部毁损、灭失的,承租人可以减少租金或者不支付租金。在案涉房屋租赁合同已经解除,且倒塌非承租人原因所致的情况下,原审法院未充分考虑出租人义务及案涉房屋无法实际使用等情况,在西杨村合作社未明确主张损失赔偿的情况下,仅因杨某某未腾退房屋就参照原租金标准判令其支付房屋占有使用费欠妥,依法应予纠正。综合考虑房屋倒塌时间以及杨某某在房屋倒塌后未及时腾退的事实,确定以《终止合同协议书》约定的解除时间为界,对西杨村合作社此后有关房屋租金包括占有使用费的主张不予支持。[2]

---

〔1〕 参见《房屋租赁合同纠纷裁判思路与裁判规则》,法律出版社2017年版,第227页。

〔2〕 浙江省高级人民法院(2014)浙民提字第32号民事判决书。

原租赁合同解除后，转租合同也随之解除。合同解除后，次承租人继续占用房屋没有法律依据，故出租人有权要求其腾房。次承租人逾期腾房的，需支付房屋使用费。次承租人已经向转租人支付租金的，其抗辩不构成拒绝向出租人（产权人）支付房屋使用费的理由，出租人（产权人）有权主张占有使用费，法律应予支持。

【案例11－80】 赵某霞、孟某琳诉北京优优宝贝教育咨询有限公司物权保护纠纷案

二审法院认为，王某成转租诉争房屋是以王某成租赁权的存在为基础的，当王某成与赵某霞、孟某琳的租赁关系终止时，王某成的转租关系也就不存在了，优优宝贝作为次承租人继续主张租赁权就没有依据了。此时，优优宝贝继续占有、使用诉争房屋已经构成侵权，故应当支付诉争房屋使用费。依据《房屋租赁合同解释》第十八条规定，房屋租赁合同解除后，出租人请求负有腾退义务的次承租人支付占有使用费的，应予支持。赵某霞、孟某琳上诉请求优优宝支付从2012年11月17日至实际腾退诉争房屋之日的使用费，理由充分，本院予以支持。赵某霞、孟某琳上诉主张按照优优宝贝与王某成之间的合同标准计算诉争房屋占有使用费，因该标准并未高于当地的房屋租赁市场价格，符合公平原则，本院予以支持。赵某霞、孟某琳上诉要求王某成对房屋使用费承担连带责任，因王某成自其与赵某霞、孟某琳解除租赁合同后并未实际占有使用诉争房屋，且赵某霞、孟某琳在原审法院并未提出该项诉讼请求，本院对该项上诉请求不予处理。故据此判决：撤销一审判决，优优宝贝将房屋腾退并返还给赵某霞、孟某琳，房屋使用费按每月5万元的标准计算。〔1〕

房屋租赁合同解除后，出租人未对收回钥匙、水卡、电卡等事务尽到合理注意义务，不得要求原承租人承担占用房屋的使用费。也就是说，因出租人自身原因，限制其主张房屋占有使用费。

【案例11－81】 马某等与张某某房屋租赁合同纠纷案

二审法院认为，双方在合同第16条约定任何一方需要解除合同的，应提前三十日通知另一方，张某某于2013年10月26日通知马某、徐某某解除合同关系，马某、徐某某亦收到了解除通知，故马某、徐某某与张某某所签合同已于2013年11月26日解除。合同解除后，双方当事人应当积极办理交接手续，马某、徐某某作为房屋的出租方，应当积极主动收回房屋以及房屋的钥

〔1〕 参见国家法官学院案例开发研究中心编：《中国法院2015年度案例》（物权纠纷），中国法制出版社2015年版，第10页。北京市第一中级人民法院（2013）一中民终字第12965号民事判决书。

匙、水卡、电卡等，以避免损失的产生。根据本案查明的事实及双方提供的证据，可以确认马某、徐某某曾经催促张某某将房屋钥匙及水卡、电卡取回，故租赁标的物的钥匙、水卡、电卡等未及时交接的责任不在张某某，马某、徐某某要求张某某支付合同解除后的房屋占有使用费的上诉意见，缺乏事实依据，本院不予采纳。综上，原审判决认定事实清楚，处理结果适当，应予维持。[1]

2. 合同终止占有使用费

租赁合同终止后，出租人履行减损义务清场期间，由承租人支付占有使用费。

【案例 11－82】　厦门海沧生物科技有限公司与厦门石方圆生物医药科技有限公司房屋租赁合同纠纷案

判决观点，关于占有使用费部分，根据《租赁合同》约定，石方圆公司未依约将租赁厂房清场的，遗留物视为放弃滞留的财产，海沧生物公司可予以处置。该约定赋予海沧生物公司在租赁期满后自行收回租赁物的条件或权利，然其未能及时采取相应措施，从而导致租赁物无端空置，造成资源浪费，故对损失扩大部分相应的占有使用费应由海沧生物公司自行负担。结合本案具体情况，酌定海沧生物公司自行清场的合理期间为六个月，则石方圆公司应向海沧生物公司支付相当于六个月租金的占有使用费，合计为 41325.96 元。[2]

3. 主张占有使用费方式

对于出租人主张房屋使用费的应该提起诉讼，否则不受法律支持。

【案例 11－83】　南京家居乐龙蟠建材有限公司与南京润轻投资发展有限公司、南京酿酒总厂房屋租赁合同纠纷案

最高人民法院认为，关于家居乐公司应否支付 2009 年 4 月至 12 月的房屋使用费。2009 年 4 月 3 日，南京市房产管理局在《现代快报》上发布拆迁公告，涉案租赁物进入拆迁程序，家居乐公司的正常经营受到严重影响。润轻公司、酿酒厂主张家居乐公司支付此期间租赁物使用费，应当提起反诉；否则，不属于本案审理范围。一审判决家居乐公司参照《租赁合同》约定支付

---

〔1〕 北京市第三中级人民法院(2015)三中民终字第 01255 号民事判决书。

〔2〕 参见国家法官学院案例开发研究中心编：《中国法院 2019 年度案例》(合同纠纷)，中国法制出版社 2019 年版，第 107 页。福建省厦门市海沧区人民法院(2016)闽 0205 民初 2863 号民事判决书。

此期间使用费以抵销部分拆迁款不当，最高人民法院予以纠正。[1]

4. 占有使用费截止时间

租赁合同虽对承租人没有按时迁出的房屋内设备、物品的归属作出了约定，但该约定仅限于对设备、物品的所有权或使用权的约定，并不能得出承租人按时迁出房屋即视为腾退房屋的结论。承租人在租赁房屋内未搬走设备、物品的期间，应视为占有使用期间。

【案例11－84】 邴某某与南京世界之窗科技软件园有限公司房屋租赁合同纠纷再审案

再审法院认为，关于邴某某承担房屋使用费的截止时间问题。邴某某认为：(1)之所以没有及时主动交还房屋，是因为当时处于诉讼中，我方因电力不足，先起诉世界之窗公司要求解除合同，当时我方在申请评估，因为要保持现场所以没有清空房屋。(2)世界之窗公司最终在2010年8月4日按照合同第15条约定行使了强制清场的权利。2009年7月4日至2010年8月3日世界之窗公司怠于行使其合同权利。(3)客观上2009年7月4日以后我方未实际使用房屋，属于闲置状态。综上，邴某某认为其承担房屋使用费的截止时间应为2009年7月8日。世界之窗公司则认为：虽然租赁合同约定在合同解除后5日内邴某某将房屋内办公设备、物品迁出房屋，如果没有按时迁出，世界之窗公司有权对房屋内设备进行处分。但考虑到强行迁出设备可能会造成邴某某损失，不利于纠纷解决，故世界之窗公司在实际过程中没有行使合同约定的处分房屋设备的权利，而是多次与邴某某交涉，交涉未果后，直到2010年8月4日才强行收回。在世界之窗公司没有处分房屋内设备之前，邴某某仍对房屋及物品进行实际占有。故2009年7月4日至2010年8月3日的房屋占有使用费应由邴某某承担。世界之窗公司认为邴某某承担房屋使用费的截止时间应为2010年8月3日。本院认为，邴某某自2009年4月30日以后拖欠租金，构成违约，世界之窗公司行使法定解除权，租赁合同于2009年7月3日解除。邴某某承担房屋使用费的截止时间如何认定，关键需要对双方合同第15条特别条款的约定进行合理解读。双方合同第15条约定："本合同期满或世界之窗公司解除合同后，邴某某必须在本合同期满或解除合同后五日内将房屋内办公设备、物品迁出，并及时办好移交手续单。若没有按时迁出，即视为邴某某对房屋内的一切办公设备、物品作为抛弃物，世界之窗公司有权进行处理，由此产生的费用由邴某某承担。"

---

〔1〕 最高人民法院(2014)民一终字第59号民事判决书。

根据该合同约定的内容可以看出，该约定首先要求呙某某履行承租人通常的附随义务，即在合同解除后及时移交房屋并及时迁出房屋内的设备、物品。而实际履行过程中，呙某某并没有及时交还房屋，应视为呙某某仍对房屋进行实际占有。呙某某抗辩其没有及时交还房屋是因为当时处于诉讼中，为了要保持现场的理由并不能免除其对房屋进行实际占有而应支付房屋使用费的义务。双方合同第15条约定的后半部分内容是对呙某某没有按时迁出房屋内设备、物品后该办公设备、物品归属的约定，并不能得出呙某某没有按时迁出即视为房屋交付的结论。综上，二审法院认定呙某某承担房屋使用费的截止时间为2010年8月3日并无不当。呙某某主张不应支付2009年7月4日至2010年8月3日的房屋占有使用费的主张缺乏事实及法律依据。[1]

租赁合同期限届满但法院不支持出租人返还商铺诉求，其承租人占有使用状态仍在延续状态，则占有使用费应支付至判决生效之日。

【案例11-85】　何某某、谢某诉A公司、B公司（商贸有限公司）、C公司（房地产开发有限公司）租赁合同纠纷案

二审法院认为，关于商铺占用费的标准问题。因A公司至今仍占有使用案涉商铺，故理应向上诉人支付委托租赁协议届满后的商铺占用费。鉴于商铺业主委员会尚未成立及多数业主已经续签协议对租金标准进行约定的事实，法院按照公平原则，根据多数业主与B公司续签协议的租金标准，确定本案占用费按照660元/年/m^2计算，一审判决认定的占用费计算标准并无不当，法院予以维持。上诉人主张占有使用费期间从委托租赁期限届满的次日起至商铺返还之日止，一审判决计至一审庭审之日。由于案涉商铺不具备返还条件，一审庭审之后，A公司实际使用商铺的状态仍延续，占用费仍实际产生，故纠正为占用费支付至本判决生效之日。[2]

5.占有使用费具体标准

逾期腾房的应支付占有使用费，但该占有使用费的具体标准如何确定，实践中有一定争议。主流观点认为，在承租人、次承租人逾期腾房的情况下，出租人请求按市场价支付占有使用费的，法院应予支持。这是基于以下四个因素考虑，其一，以租赁合同及转租合同约定的租金数额为标准，缺乏合同依据。其二，占有使用费给付标准应足以填补出租人的损失。其三，适用市场价标准，“就高不就低”

---

〔1〕　江苏省高级人民法院（2014）苏民再提字第0058号民事判决书。

〔2〕　参见《人民司法·案例》2020年第14期（总第889期）。广西壮族自治区南宁市中级人民法院（2019）桂01民终10951号民事判决书。

的社会效果更佳。其四,商事主体的承租人、次承租人应当预见到给出租人造成的损失。按市场价标准支付占有使用费,这符合法律公平原则,也符合法理。

【案例 11－86】 某印刷厂诉甲公司、乙汽车公司房屋租赁合同纠纷案

二审法院认为,就房屋使用费的计算标准问题,应参照某印刷厂与侯某签订的房屋租赁合同的 6000000 元/年租金标准予以计算,原因在于,首先,当事人一方不履行合同义务或者履行合同义务不符合约定,给对方造成损失的,损失赔偿额应当相当于因违约所造成的损失,包括合同履行后可以获得的利益。本案中,乙汽车公司逾期未腾房,行为明显不当,应赔偿某印刷厂的损失。某印刷厂于 2016 年与侯某签订的房屋租赁合同约定的租金标准为 6000000 元/年,赔偿损失具有填补损失的功能,现一审法院按照 1600000 元/年计算损失,未能填补某印刷厂的损失。1600000 元/年与 6000000 元/年的租金标准差距过大,且 1600000 元/年是 10 年前签订合同的租金标准,在乙汽车公司逾期未腾房的情况下,不能按照合同约定的合同期限内的租金标准予以计算。其次,乙汽车公司对涉案房屋的租金标准是有一定预期的。在某印刷厂签订 2016 年合同之前,曾组织 5 家公司进行竞价,乙汽车公司参加此次竞价过程并出价 4000000 元/年,可见乙汽车公司对 2016 年合同的租金标准有一定预期,并不属于超过订立合同时预见到或者应当预见到的因违反合同可能造成的损失。最后,逾期返还房屋的房屋使用费可依出租人请求参照租赁合同约定、转租合同约定或当时当地同地段房屋的租金标准酌情确定。本案中,在转租合同约定的租金标准与当前租金标准差距过大的情况下,不宜按照转租合同约定的租金标准计算。一审法院参照承租人甲公司与次承租人乙汽车公司之间的转租合同约定的 1600000 元/年的租金标准予以计算,处理不当,法院应予纠正。某印刷厂将涉案房屋按照 6000000 元/年的租金标准将涉案房屋出租给侯某,故甲公司、乙汽车公司应按照该标准支付某印刷厂起诉请求的 2016 年 2 月 18 日至 5 月 14 日逾期腾房的房屋使用费。[1]

---

〔1〕 参见安凤德主编:《租赁合同纠纷案件疑难问题裁判精要》,法律出版社 2021 年版,第 231～232 页。

专题十二　商铺租赁合同纠纷

本专题只是对商铺租赁合同中涉及的特殊及专有问题予以展开分析，对其商铺租赁合同的一般性问题可见其他专题阐述。

一、商铺租赁合同理解

(一)商铺租赁合同特征

其一,商铺租赁合同的目的是用于经营取得一定的经济利益,属于商事合同的范畴,应根据商事理念、商事规则判断合同性质和合同履行。

其二,商铺租赁合同的内容除了包括一般的房屋租赁合同常规内容外,更多的是关于经营范围、经营期限、经营特色、装饰装修和宣传广告等一切与生产经营相关的内容,远比一般的房屋租赁合同内容多且更为复杂。

其三,商铺租赁合同更突出出租房屋必须符合质量验收合格标准,达到安全使用,且经消防验收合格等现行法律、行政法规效力性强制性规定的要求。

其四,商铺租赁合同反映承租人持续长远经营和良好效益的收取、经营品牌理念建设,租赁期限往往比较长,而非短期行为。

其五,商铺租赁合同包含的对象既可以是租一个摊位、一间商铺,也可以是租一个商场或整幢楼房然后再转租,既可以表现为租赁店面经商,也可以是租赁厂房生产,故适用面更为广泛。

其六,产权式或分割式商铺,系概念性产权或虚拟性产权,这种特性决定了个人商铺业主只能知悉商铺大致位置,但无法描绘商铺具体四至,商铺无封闭空间。商铺的物理属性决定个人业主对商铺所享有的物权是不完全性的、受限制性的,其物权具有限制性,业主负有容忍义务,业主个人的利益需服从业主整体的共同利益。产权式商铺纠纷合同关系复杂、权利定性争议大、责任承担举证难、刑民交叉法律关系等特点,导致此类案件反映到诉讼中即呈现法律关系复杂、诉讼表现形式多样的特征,进而导致各地法院审判思路多样化。

其七,超市、大型商场按照行业惯例,对于某些特殊商品、服务是竞业禁止的,对于商品或服务种类进行限定。超市、大型商场的房屋转租人向次承租人隐瞒业主关于竞业禁止的约定纠纷不断,致次承租人合同目的不能实现,次承租人可以要求解除转租合同并请求出租人承担违约责任。

其八,商铺租赁合同被解除时,承租人进行巨大装饰装修残值确定和处理难度大,法官应向出租人行使释明权,引导其提出鉴定申请并缴纳鉴定费用。

其九，商位使用权转让合同具有特殊性，这种市场所有者出让固定年限使用权的方式在现实生活中越来越多，其转让合同的定性与执行有别于一般租赁合同。

其十，商铺租赁合同数量多、使用频率越来越高，伴随着市场经济的快速发展，租赁房屋用于经营，加快资源配置和流通，已成为经济发展的必然现象。

其十一，商铺租赁合同纠纷案件逐年增多上升比例大，争议标的额大，涉及的法律关系复杂，应引起高度关注，并妥当处理，保护各方的合法权益。

（二）商铺合同转让费

在商铺租赁市场，承租人转让商铺时收取转让费已成为行业惯例。有些情况下，商铺所有权人出租商铺时，除收取租金外，也向承租人收取转让费。商铺转让，不同于商铺所有权的买卖，是指商铺承租人将其营业出让给受让人的行为；也不同于商铺转租，因为商铺转让后，转让人退出与商铺所有权人之间的租赁法律关系，由受让人与商铺所有权人建立新的租赁法律关系。商铺转让费的法律性质需要分析，以便准确定性妥善化解纠纷。无论把商铺转让费认定为优先续租权购买的对价、合同权利义务概括转让的对价、机遇加垄断产生的利润、品牌价值的体现还是承租人的中介费，抑或把商铺转让费定性为承租人向受让人收取的级差租金，这均不是对商铺转让费法律性质的准确把握。从商法的角度看，商铺转让是商事营业资产的买卖。商铺转让费是受让人支付给转让人的包括现有设备、余货价款、余期租金、装饰费用、顾客群体、商号、商铺招牌、商标等各项有形资产和无形资产价值的总和。其中，顾客群体是商事营业资产的重要组成部分，因为其具有无形性和不确定性、价值属性和价值的难以评估性、附属性和难以迁移性的特征，实践中容易被人们所忽略。商铺转让费客体明确，法律对其数额高低不宜过多干预，最好的策略是通过市场的杠杆作用予以调节。[1]

商铺合同中的转让费法律未明确其含义，其实质是转让人（承租人）根据转让商铺的地理位置、自身经营行为所形成的一定的经营条件和经营优势，将包含经营权、经营设备、装修的投入等有形及无形财产的转让。转让费是转让人与受让人双方在订立合同时真实意思的表示，体现了当事人的意思自治原则，受让人在订立合同时，应充分考虑支付转让费给自己所造成的经营风险。转让费较难把握的是其中的纯利部分，这部分费用也最容易引发转让人与受让人之间的争议。分析转让费（纯利部分）的性质应考虑其成因。从实践中看，转让人在向受让人

---

〔1〕 参见《人民司法·应用》2014年第15期（总第698期）。

转让商铺能够达成支付转让费的协议发生于两种情形:一是与转让人本身无关的因素。如因在商铺周围修建车站、码头、娱乐场所等引起商铺的相对位置、周边环境的变化,致使商铺的地价增值,实际租金上涨。此时,转让人行使权限范围内的处分权利将商铺转租,按市场行情收取租金,就获得了一个差价,这实际就是转让费。在转让人与原出租人没有相反约定的情况下,根据法律规定,这一差价应当由转让人所有,即这是转让人从商铺中取得的收益。当然,租赁期限届满原出租人按市场行情将商铺再次出租,这一差价就恢复为租金的形式。二是由于转让人自身的经营行为,形成了一定的经营条件和经营优势。如良好的商业信誉、固定的客户来源、稳定的供货渠道、光明的经营前景等。在这种情形下,转让人收取的转让费的性质比较复杂,但总体来说,将其看作对转让人形成的条件、经营优势所付出劳动的补偿是比较合理的。在转让协议中,转让人也是以此要求受让人给付转让费。转让人要求补偿的数额通常是现有条件下继续经营可能获取的利润与可比的一般条件下经营可获取的利润的差额。不过,由于不同情况下受让人对上述经营条件和经营优势的利用存在差异,实际确定的补偿额与转让人的预期可能不一致。应当注意,这两种情况的区分目的是便于确定转让费的性质,在现实转让中,确定转让费的两种情形往往是并存的。而且,转让费可能随着市场变化而起伏,对受让人而言意味着一定的风险性。转让费是多种性质费用的复杂集合,但每一组成部分均有其相关的法律依据或合理性,以转让费为表现形式的合同一方当事人转让合同权利义务时的谋利行为应当受到法律保护。受让人在签订转让合同时,应充分估计转让费将给经营成本造成的影响,以避免出现经营不善或无法经营的不利局面。

在房屋租赁合同已履行完毕,合同无效未妨碍受让人使用与经营其租赁的商铺时,因受让人使用了租赁商铺进行经营并由此获得了一定的经济利益,利用了租赁商铺的地理位置、经营优势、经营装修等因素,法官可以认定转让费不予返还。

【案例12-1】 庞某丽诉孙某花房屋租赁合同纠纷案

判决观点,原告应将其租赁的房屋及房屋占有使用费22400元返还给被告,房屋占有使用费依据《房屋租赁合同解释》第五条的规定,可参照双方合同约定的租金标准计算。因合同已履行完毕,房屋已由被告收回,不存在返还房屋的情形。被告应返还原告七个月的房租22400元。房租与房屋占用费都属于金钱债务且金额相等,两者相抵销,被告无须再向原告返还租金,原告亦无须再向被告支付房屋占有使用费。关于转让费25600元是否应当返还的问题,由于合同无效并未影响原告实际使用该房屋,且转让费系双方在订立合同时的真实意思表示,故应予以确认,被告不必返还。[1]

【案例 12-2】 李某某诉王某某房屋租赁合同纠纷案

一审法院认为,关于李某某的诉讼请求,因李某某、王某某约定的转让费中包括押金和保证金,并且,结合李某某、王某某提供的证据及王某某的陈述,双方约定转让费中的押金为2万元、保证金为5万元,故李某某转让店铺的实际转让费应为182000元。因王某某支付的9万元中,李某某已经退还其押金2万元,故李某某实际收到的转让费应为7万元。据此,王某某应当向李某某支付剩余转让费112000元。李某某支付友好大酒店的保证金5万元,因已从上述转让费中予以扣除,王某某亦未提供证据证明其向李某某支付了该费用,故该费用由李某某与友好大酒店协商处理更为合理,本案不作处理。针对利息损失,因李某某、王某某对上述保证金如何退还及王某某装修产生的损失存在争议,在争议未解决之前,王某某拒绝支付剩余转让费并无不当,据此,对李某某主张的利息损失不予支持。二审法院亦持同样意见,维持一审判决。[2]

【案例 12-3】 穆某荣、李某仁诉马某、马某红房屋租赁合同纠纷案

二审法院认为,本案中,从穆某荣、李某仁与诉马某、马某红签订《餐馆转让合同》的目的来看,穆某荣、李某仁向马某、马某红支付45000元转让费不仅是为取得店内桌椅凳、锅碗瓢勺盆盘、冷藏柜1个、冰柜1个、消毒筷子盒、凉面柜、煤气灶带钢瓶1个、烧煤炉灶带一小吹风机等设施,而且要取得餐馆相应期限的经营权。现因合同签订不久,该出租房屋的管理人乌鲁木齐市锦添丰物业管理有限公司即通知穆某荣、李某仁到期不予续租,如此一来,穆某荣、李某仁支付45000元转让费仅取得店内桌椅凳、锅碗瓢勺盆盘、冷藏柜、冰柜等设施及3个多月的经营权,违背了公平及等价有偿原则,原审法院酌情认定马某、马某红应当向穆某荣、李某仁返还25000元并无不当,原审法院认定事实清楚,适用法律正确,本院应予维持。[3]

店面转让费是市场发展过程中形成的一种商业习惯,因房屋租赁合同产生的店面转让费纠纷,应当在区分转让费性质的基础上,主要考虑次承租人承租店面经营的时间来确定转让费用在承租人及次承租人间的负担。

---

〔1〕 参见国家法官学院案例开发研究中心编:《中国法院2012年度案例》(合同纠纷),中国法制出版社2012年版,第11页。山东省济南市历城区人民法院(2009)历城民商初字第1834号民事判决书。

〔2〕 新疆维吾尔自治区乌鲁木齐市中级人民法院(2015)乌中民一终字第955号民事判决书。

〔3〕 新疆维吾尔自治区乌鲁木齐市中级人民法院(2014)乌中民一终字第41号民事判决书。

【案例12-4】 袁某生诉刘某英房屋租赁合同纠纷案

二审法院认为,店面转让费是市场发展过程中形成的一种商业习惯,该费用是房屋装饰装修费用、承租人长期在该房屋经营形成的商业价值、承租人先行占有房屋的垄断利润及优先承租权等多种不同性质的费用集合体。但刘某英与袁某生签订的转让其承租的房屋经营权合同并没有约定转让费用具体包含的费用性质,而且,当事人表示该转让费主要是一种经营权的转让费用,是沿袭市场惯例的做法。现因次承租人袁某生未与房主就租赁房屋事宜达成一致,导致转让行为无效。该转让费应按无效合同的后果进行处理。鉴于次承租人袁某生支付转让费用并意欲承担店面主要是为了经营活动,原审法院根据袁某生客观上已经在该店面经营约10个月的事实,酌定由刘某英承担返还转让费的70%责任并无不当。判决:驳回上诉,维持原判。[1]

(三)商铺合同入场费

所谓入场费或称加盟费、进场费,是指出租人订立租赁合同时向承租人收取一定的费用,并作为订立租赁合同的条件。入场费并非法律术语,而是商场、综合市场等经营主体对入驻商户使用的收费名称。可以归纳为,其一,经营模式。近年来,在一些大中城市出现的一些美食街、摊位、铺位等规模性商业特定模式中出现。对这种普遍性收取的入场费,现行法律及行政法规无相应规定。其二,入场费定性。对于入场费,理论上有滥用交易而强迫收取的费用、劳务对价、质量保证金、商场装修费分担、商业习惯、特殊位置陈列费等多种观点。一般认为,承租人为与出租人订立租赁合同而支付给出租人的费用,应视为承租人就合同全部履行期限提前一次性预付租金。如果承租人不同意交纳该笔费用,出租人则拒绝与其订立租赁合同。在租赁合同关系建立后,承租人交纳的该费用便成为获取租赁期间内对租赁标的使用的对价。承租人除按照租赁期限一次性交纳该费用外,往往还须根据每月经营收入比例支付出租人一定数额租金。出租人的租金收益不仅建立在承租人经营风险基础上,而且还以承租人交纳该费用作为租金收益的保障。其三,处理原则。出租人违约行为致使租赁合同提前解除,承租人不能在全部租赁期限内实现租赁目的的,承租人所交纳的该笔费用应视为出租人违约受到的实际损失。发生纠纷时,合同有约定的,则应从其约定。无约定的,出租人能够

---

〔1〕 参见彭箭:《次承租人经营时间与店面转让费的分担》,载《人民法院报》2012年6月21日,第6版。江西省吉安市中级人民法院(2012)吉中民一终字第165号民事判决书。

证明其收取的该费用已实际用于租赁合同的履行,且承租人也从中获益的,则合同履行期满而终止后出租人无须退还。因出租人原因提前终止时,法官结合具体案情根据承租人未履行租赁合同期间占租赁合同全部期限的比例计算应退还的该费用数额,但绝不是全部退还。换言之,法官应依据具体案情,分析入场费的性质,并依公平、诚信原则作出相应处理。

实践中,商场、综合市场等经营主体在对外出租铺位、摊位、场地过程中往往收取数额不一的入场费,对于这一费用的性质、用途、期限和退还却没有明确约定,易导致承租商户与出租人在合同终止、解除后,就入场费是否应该退还、以何种比例退还产生争议。

【案例12-5】 林某海、田某敏诉日盛宏达公司租赁合同纠纷案

一审法院认为,本案中,依据林某海、田某敏与日盛宏达公司《同意书》之约定,未经林某海、田某敏同意,日盛宏达公司不得将林某海、田某敏承租的摊位私自经营、转让第三者或招商转卖。依据查明的事实,现有证据足以证明日盛宏达公司未经林某海、田某敏的同意,将租赁合同约定的权利一并转让给第三人,构成违约。而且,租赁合同的订立、履行建立在双方信任及合作的基础上,日盛宏达公司未经林某海、田某敏同意将其合同义务转让给第三人,致使双方之间签订的租赁合同丧失继续履行的基础和条件。因此,关于林某海、田某敏要求解除租赁合同及附属协议的主张,于法有据,本院应予以支持。……因租赁合同中双方未明确约定入场费的构成及用途,但收取入场费作为现实中特定行业经营模式,对此,目前并无法律及行政法规的效力性禁止性规定。承租人为与出租人建立租赁合同关系支付入场费,在租赁关系建立后,承租人已经取得其支付费用的相应对价。若承租人为与出租人建立租赁关系而支付入场费后,因出租人行为致使承租人不能实现其租赁目的,应视为承租人因出租人违约而受到的实际损失,依据公平原则及诚实信用原则,出租人应退还承租人相应的入场费。因此,结合入场费的性质、租赁合同实际履行情况以及日盛宏达公司过错程度等因素,本院酌情确定日盛宏达公司退还入场费的数额。二审法院亦持同样意见,维持一审判决。[1]

【案例12-6】 王某诉甲公司租赁合同纠纷案

二审法院认为,应当在尊重当事人意思自治的基础上审查是否存在合同约定以及约定条款的效力,如果双方当事人之间缺乏明确的合同约定,则应当综合合同的履行状况及合同对价考察收取人不予退还进场费是否存在法

〔1〕 参见国家法官学院案例开发研究中心编:《中国法院2014年度案例》(合同纠纷),中国法制出版社2014年版,第51页。北京市第一中级人民法院(2013)一中民终字第1403号民事判决书。

律基础。本案中，首先，王某和甲公司对于该笔费用的性质及合同解除后的归属并未通过书面合同明确加以约定。其次，王某在租赁涉诉摊位期间，并未拖欠甲公司的租金及其他费用。最后，作为一个普通市场中普通摊位的租赁者，王某在缴纳进场费之后，对于其能够由此获取何种对价，甲公司亦不能够予以明确。故在双方租赁关系解除之后，甲公司继续占有王某所缴纳的进场费缺乏合同及其他法律依据，理应返还。综上所述，二审法院判决：驳回上诉，维持原判。[1]

(四)新冠肺炎疫情对商铺租赁影响

2020 年年初发生的新型冠状病毒感染的肺炎疫情(以下简称新冠肺炎疫情)对社会生活和产生的影响是多方面的。

1. 新冠肺炎疫情的法律定性

新冠肺炎疫情突发公共卫生事件，是在特定时期为了保护公众健康，政府采取相应疫情防控措施。新冠肺炎疫情防控措施的封城、隔离及停工停产具有不能预见、不能避免并不能克服的特性，符合民法典规定的不可抗力构成要件。2020 年 4 月 16 日《最高人民法院关于依法妥善审理涉新冠肺炎疫情民事案件若干问题的指导意见(一)》(以下简称《意见》)明确，要依法准确适用不可抗力规则，严格把握适用条件。这表明了最高人民法院对新冠肺炎疫情定性为不可抗力的态度。

新冠肺炎疫情对商铺租赁合同的影响。这里讲的影响是指在新冠肺炎疫情期间因封城、隔离及停工停产对出租房屋使用收益产生的法律后果。对于住宅租赁合同履行来说，在承租人隔离或管控期间，实际上是承租人暂时不能居住涉及减少租金支付问题。对于写字楼租赁也与其类似。问题最多的是商铺(或厂房)租赁合同履行不能的问题，因为封城、隔离及停工停产的行政强制力措施，商铺不能开业但商铺仍由承租人占有之下，仍在合同履行期间，按照合同约定依然应交纳租金，这对于承租人来说是不公平的。如果仅凭客流降低要求减少租金的，因其属于正常的商业风险范畴，当然法律不应支持。承租人租赁商铺开业经营旨在获取一定的经济利益，承租人获取合法经济利益是订立租赁合同的目的，是为法律保护的。因为新冠肺炎疫情行政强制措施，承租人租赁商铺不能开业，其不但

---

〔1〕 参见安风德主编:《租赁合同纠纷案件疑难问题裁判精要》，法律出版社 2021 年版，第 183 ~ 184 页。

要交租金还有其他相关损失。在受疫情冲击较大的行业铺面,如农贸市场、干果市场及电脑城等专业市场内的商铺,可能面临长期关闭或永久性关闭的风险,对此如何妥当处理实现法律的公平公正是应考虑的重要问题。

2. 新冠肺炎疫情对商铺租赁合同适用法律

对新冠肺炎疫情主流观点是应定性为不可抗力,并无太多争议。但对于新冠肺炎疫情适用情势变更原则解除商铺租赁合同还需要深入研究。

所谓情势变更原则,是指合同有效成立之后,因当事人不可预见的事情的发生,或者因不可归责于双方当事人之客观情况的出现,致合同的基础动摇或者丧失,若继续维持合同的效力有悖诚实信用原则(显失公平)时,则应允许变更合同内容或者解除合同的法理。[1] 究其实质,情势变更原则为诚实信用原则的具体运用,目的在于消除合同因情势变更原则产生的不公平后果。《民法典》第五百三十三条规定:“合同成立后,合同的基础条件发生了当事人在订立合同时无法预见的、不属于商业风险的重大变化,继续履行合同对于当事人一方明显不公平的,受不利影响的当事人可以与对方重新协商;在合理期限内协商不成的,当事人可以请求人民法院或者仲裁机构变更或者解除合同。人民法院或者仲裁机构应当结合案件的实际情况,根据公平原则变更或者解除合同。”该条款强调和突出了合同的基础条件变化。基于情势变更原则的复杂性和不确定性,司法实践中对情势变更原则的适用规定了非常严格的条件。《最高人民法院关于当前形势下审理民商事合同纠纷案件若干问题的指导意见》中强调,情势变更原则是当事人在缔约时无法预见的非市场系统固有的风险。人民法院在判断某种重大客观变化是否属于情势变更时,应当注意衡量风险类型是否属于社会一般观念上的事先无法预见、风险程度是否远远超出正常人的合理预期、风险是否可以防范和控制、交易性质是否属于通常的“高风险高收益”范围等因素,并结合市场的具体情况,在个案中识别情势变更和商业风险。在《最高人民法院关于正确适用〈中华人民共和国合同法〉若干问题的解释(二)服务党和国家的工作大局的通知》中规定了适用情势变更原则由高级人民法院、最高人民法院审核的程序。最高人民法院法官认为,通常情况下,承租人不能以情势变更原则来行使单方解除权。因为,承租人是完全民事行为能力人,对于因自身经营不善导致亏损的情形,属于可预见的商业风险,一般不属于当事人在缔约时无法预见的非市场系统固有的风险。并且,是否构成情势变更需要由司法机构认定,不能构成承租人单方解除的依据,承租人不能据此要求单方解除合同,特殊情况下,即风险类型属于社会一般观念上的事先无法预见、风险程度远远超出正常人的合理预期并且无法防范和控制的,由高

---

[1] 参见梁慧星:《中国民法经济法诸问题》,中国法制出版社1999年版,第170页。

级人民法院或最高人民法院审核被认定为情势变更的,方可由审判机关裁判解除合同。[1] 笔者同意法官对房屋租赁合同解除适用情势变更原则的观点。新冠肺炎疫情对商铺租赁合同的解除亦可适用情势变更原则。因为,在新冠肺炎疫情下政府采取的封城、隔离等行政强制措施,是承租人事先无法预见的、非市场商业经营风险,且远远超出承租人的合理预期也无法防范和控制,应属于合同的基础条件变化的范畴。如果房屋租赁合同尤其是商铺租赁合同继续履行,则对承租人显失公平的,法官可依据情势变更原则支持承租人提出解除合同请求。

新冠肺炎疫情对商铺租赁合同适用法律,应把握不可抗力与情势变更原则的区别。从法理和适用层面讲,不可抗力针对新冠肺炎疫情对商铺租赁合同受到影响的减租和免租问题,而情势变更原则针对的是在新冠肺炎疫情出现时能否解除商铺租赁合同问题。从法律适用范围和后果讲,不可抗力是从违约角度出发,法律后果是针对承租人的责任的免除、减轻与责任的分担。情势变更是从合同效力角度出发,解决继续履行合同问题。适用情势变更原则的目的,在于消除因客观情况的出现或变化而发生显失公平的结果,最终实现在公平的基础上租赁合同得到履行或者解除。从适用条件和要求上讲,承租人主张不可抗力或情势变更的,都应当承担举证责任,但责任的范围不同。对不可抗力要求举证证明租赁合同不能履行的程度,具体内容包括通知证明、防止损失扩大证明、当地政府防控疫情政策文件、履行合同不能等相关材料证明。情势变更则需证明新冠肺炎疫情防控、应急措施导致合同履行不能缔约基础发生动摇,其变更事项与其疫情防控措施的采取有直接因果关系,合同继续履行明显不公平或者不能实现合同目的(合同基础动摇或丧失)的相关证明材料。需要强调的是,新冠肺炎疫情对商铺租赁合同履行不能的情形应予以区分,是全部不能履行、部分不能履行,抑或今后不能履行以及履行困难,这对于是适用不可抗力或者情势变更,抑或两者同用有重要法律意义。

新冠肺炎疫情对商铺租赁合同适用法律,必须厘清在同一个案件中能够既适用不可抗力又适用情势变更的问题。依照通常观点,在同一个案件中是不能既适用不可抗力又适用情势变更的。新冠肺炎疫情下商铺租赁合同履行不能是客观现实,商铺租赁合同基础动摇并非是全部但其不能否认客观存在性。在新冠肺炎疫情导致商铺租赁合同不能履行时,则按不可抗力处理,可根据承租人请求减免租金。新冠肺炎疫情下商铺租赁合同履行极为困难,其合同履行的基础动摇,继续履行合同则显失公平的,则可以适用情势变更原则解除。适用不可抗力解决的是在新冠肺炎疫情期间对承担责任的减免问题,适用情势变更原则解决的是新冠

---

〔1〕 参见江必新等:《最高人民法院指导性案例裁判规则理解与适用》(合同卷四),中国法制出版社2015年版,第340页。

肺炎疫情期间对商铺租赁合同继续变更或解除问题，二者解决问题并不相同。也就是说，在现行法律设置两种制度框架下，对基于因新冠肺炎疫情的影响而适用两种法律制度以实现的公平性，并不违背法律的宗旨，也并未导致法理的混乱和自相矛盾。当然在同一个案件中同时适用两种法律制度应有一定的限制，即不能超越公平原则的范畴，承租人不能因此获得额外利益，以避免造成新的显失公平后果。现行法律并没有禁止不可抗力与情势变更原则同时适用的明确规定，基于新冠肺炎疫情影响的特殊性，前期因封城、隔离及停工停产导致商铺租赁合同履行不能；后期行政强制措施变更后商铺租赁合同履行极为困难，对承租人应体现全面法律救济是法律宗旨所在，在法律滞后的情况下以法律实践推动法律的进步和完善，这亦成为二者并用的应有之义。

3. 新冠肺炎疫情对商铺租赁合同纠纷处理

《意见》明确，要依法准确适用不可抗力规则，严格把握适用条件。《意见》第二条规定：依法准确适用不可抗力规则。人民法院审理涉疫情民事案件，要准确适用不可抗力的具体规定，严格把握适用条件。对于受疫情或者疫情防控措施直接影响而产生的民事纠纷，符合不可抗力法定要件的，适用《民法总则》第一百八十条、《合同法》第一百一十七条和第一百一十八条等规定妥善处理；其他法律、行政法规另有规定的，依照其规定。当事人主张适用不可抗力部分或者全部免责的，应当就不可抗力直接导致民事义务部分或者全部不能履行的事实承担举证责任。第三条规定：依法妥善审理合同纠纷案件。受疫情或者疫情防控措施直接影响而产生的合同纠纷案件，除当事人另有约定外，在适用法律时，应当综合考量疫情对不同地区、不同行业、不同案件的影响，准确把握疫情或者疫情防控措施与合同不能履行之间的因果关系和原因力大小，按照以下规则处理：(1)疫情或者疫情防控措施直接导致合同不能履行的，依法适用不可抗力的规定，根据疫情或者疫情防控措施的影响程度部分或者全部免除责任。当事人对于合同不能履行或者损失扩大有可归责事由的，应当依法承担相应责任。因疫情或者疫情防控措施不能履行合同义务，当事人主张其尽到及时通知义务的，应当承担相应举证责任。(2)疫情或者疫情防控措施仅导致合同履行困难的，当事人可以重新协商；能够继续履行的，人民法院应当切实加强调解工作，积极引导当事人继续履行。当事人以合同履行困难为由请求解除合同的，人民法院不予支持。继续履行合同对于一方当事人明显不公平，其请求变更合同履行期限、履行方式、价款数额等的，人民法院应当结合案件实际情况决定是否予以支持。合同依法变更后，当事人仍然主张部分或者全部免除责任的，人民法院不予支持。因疫情或者疫情防控措施导致合同目的不能实现，当事人请求解除合同的，人民法院应予支持。根据《民法典》第五百九十条第一款规定："当事人一方因不可抗力不能履行合同的，根据不可抗力的影响,部分或者全部免除责任,但是法律另有规定的除外。因不可抗力不能履行合同的,应当及时通知对方,以减轻可能给对方造成的损失,并应当在合理期限内提供证明。”

湖北省高级人民法院民一庭有关涉新冠疫情民事案件审理问题的解答,二、关于生产经营性用房的涉疫租赁合同纠纷。1. 当事人以新冠疫情构成不可抗力为由,主张减轻或者免除责任(主张减少租金、免除租金)的如何处理?当事人以新冠疫情构成不可抗力为由主张减轻或者免除责任的,应当根据合同能否继续履行、继续履行结果是否公平等分别予以处理:(1)如果合同仍可继续履行或者新冠疫情并不影响合同目的的实现,而仅造成双方当事人利益失衡,人民法院应当在充分尊重当事人意愿的基础上,根据不可抗力规定,在疫情影响期内,酌情部分免除承租人租金,一般按50%掌握。(2)如果新冠疫情导致合同不能继续履行或者不能实现合同目的,当事人主张减轻或者免除责任的,人民法院应当根据公平原则和诚实信用原则,综合考虑新冠疫情与不能履行之间的因果关系及影响力大小,当事人是否采取了避免损失的合理行为等因素,并结合《合同法》第一百一十七条、第一百一十八条规定,在衡平双方利益的前提下,合理确定应当减轻或者免除的责任以及损失的分担比例。2. 当事人以新冠疫情构成不可抗力为由主张解除房屋租赁合同的,如何处理?当事人以新冠疫情构成不可抗力为由主张解除房屋租赁合同的,人民法院应当根据公平原则、诚实信用原则,综合考虑租赁物的性质、合同实际履行情况、新冠疫情与合同不能履行之间的因果关系、新冠疫情防控形势发展过程及对合同影响的具体程度等因素进行认定。可以按照以下情形处理:(1)新冠疫情对合同履行没有影响或者影响较小,合同仍可继续履行的,应当继续履行合同,一方当事人以疫情构成不可抗力为由主张解除合同的,不予支持。新冠疫情对合同履行产生了严重影响,但该影响尚未达到令合同目的不能实现的程度,在新冠疫情结束后合同仍可继续履行,承租人主张不可抗力要求解除合同的,应不予支持。(2)新冠疫情对合同履行具有重大或根本影响,继续履行合同对一方当事人明显不公平或者不能实现合同目的,当事人请求解除合同的,可以依照《民法总则》第一百八十条和《合同法》第一百一十七条和第一百一十八条的规定,结合公平原则、诚实信用原则,根据案件的实际情况确定是否支持当事人解除合同的请求。(3)受新冠疫情影响或因政府及有关部门为防治新冠疫情而采取行政措施直接导致合同暂时不能履行、合同目的暂时不能实现,当事人请求解除合同的,人民法院应当结合新冠疫情对合同履行的持续影响程度、租赁物的种类、租赁期限、继续履行合同是否导致双方利益明显失衡等因素,确定是否支持当事人解除合同的请求。认定新冠疫情防控措施不构成解除合同的合法事由,一方当事人经过人民法院释明后坚持主张解除合同的,驳回其诉讼请求。一方当事人经过人民法院释明后变更诉讼请求,请求减免租金的,应当结合新冠疫情防控措施对合同履行的影响程度等因素，根据公平原则、诚实信用原则予以酌定，一般按50%的比例予以分担。[1]

新冠肺炎疫情对商铺租赁合同纠纷，承租人主张对租赁商铺减免租金的，可依据不可抗力认定并处理。笔者认为，在新冠肺炎疫情下的商铺（厂房）租金支付，应按现行法律关于不可抗力规定，根据新冠肺炎疫情的影响程度，区分具体合同不能履行程度，由承租人与出租人进行协商减少租金标准或免除新冠肺炎疫情期间的租金，协商不成的，可在诉讼程序中由法官根据具体案情行使自由裁量权确定。对住宅或写字楼租赁合同的租金减免，也可参照处理。承租人主张解除租赁商铺合同的，可依据情势变更原则处理，由法官根据具体案情裁量变更或解除租赁合同。一般情况下，对于承租人不可抗力抗辩成立的，原则上不再适用情势变更原则。但对于承租人既提出了商铺租赁因新冠肺炎疫情减免租金诉求，又提出了因新冠肺炎疫情解除商铺租赁合同的诉求，在这种情况下法官可以就不可抗力与情势变更原则在一个案件中同时适用，分别对不同诉求作出处理，当然也可以在裁量不同时适用。也就是说，在新冠肺炎疫情下对商铺租赁合同的处理就不可抗力与情势变更原则同时适用，必须慎重且遵循审核程序要求。

新冠肺炎疫情下，应注意区分商铺与个人居住用房在适用不可抗力制度时的差别。商铺租赁合同一般存在合同期限长，承租人为经营装修投入大以及合同主体多为公司等特点，短期的疫情影响一般不会导致合同目的不能实现，故对此类合同的解除，法官应持慎重态度；合同能够继续履行的，鼓励继续履行，一方可以履行而拒绝履行的，应当承担违约责任。与商铺租赁合同相比，个人居住用房租赁合同一般存在合同期限短、装修投入少及人身附随性高等特点，对确因疫情无法使用承租房屋的，如承租人要求解除合同，已及时通知出租人，并在合理期限内提交了不可抗力证明，法官一般可以准许解除合同。

【案例12－7】 北京铺铺旺科贸集团有限公司诉孙某晗房屋租赁合同纠纷案

判决观点，当前我国发生了新冠肺炎疫情这一突发公共卫生事件，为了保护公众健康，政府也采取了相应疫情防控措施。对于因此不能履行合同的当事人来说，新冠肺炎疫情属于不能预见、不能避免并不能克服的不可抗力。既然新冠肺炎疫情属于不可抗力，那么本案承租人能否以此为由主张免除违约责任呢？……本案中，孙某晗应于《合作经营协议》签订3日内支付租金，但其未能按时足额支付，故应当按照合同约定承担违约责任。孙某晗迟延支付租金之时新冠肺炎疫情尚未暴发，故其以疫情暴发导致收入巨降为由主张

〔1〕 参见最高人民法院民一庭编：《民事审判指导与参考》2020年第1辑（总第81辑），人民法院出版社2021年版，第204～205页。

免除责任,缺乏法律依据。因此,本案承租人无权要求免除因未及时足额支付租金而产生的违约责任。经法院主持调解,双方自愿达成协议,孙某晗支付拖欠铺铺旺科贸公司的一个月房租9000元。[1]

因受新冠肺炎疫情影响请求解除租赁合同的,为保障守约方的利益,违约方应承担赔偿损失的违约责任。在合同未对违约责任进行约定的情况下,法官可根据新冠肺炎疫情对租赁权益的影响程度、租赁合同的剩余租期、租赁房屋再行出租的难易程度以及出租人另行出租的差价等因素进行综合判断,酌情认定损失。

【案例12－8】　张某某诉黄某某房屋租赁合同纠纷案

判决观点,原告张某某虽称新冠肺炎疫情影响了其对门面的装修、使用,但双方签订的《房屋租赁合同》约定的租期为10年,合同的根本目的不会因相对时长较短的新冠肺炎疫情导致无法实现。故原告张某某起诉要求解除与被告黄某某之间的租赁合同,应定性为违约方行使合同解除权性质。鉴于原告、被告之间订立的是长期的房屋租赁合同,原告张某某在合同订立时即已预付了相当一部分的房屋租金,其在拿钥匙至今未实际使用门面,且签订合同不久就遭遇新冠肺炎疫情,若不解除房屋租赁合同,一方面将导致涉案房屋长期闲置,另一方面将使承租方在不使用房屋的情况下承担租金损失。此外,因承租方不使用租赁房屋,支付租金的能力受到限制,反过来使得出租方的租金难以得到保障,故应认定原告张某某作为违约方不存在恶意违约的情形,让其继续履行合同,将对其显失公平,而允许解除合同,是对合同履行过程中僵局的打破。故对原告张某某要求解除原、被告签订的《房屋租赁合同》的诉讼请求,法院予以支持。《合同法》第九十七条规定……鉴于被告黄某某坚决不同意解除涉案合同,为避免双方当事人诉累,法院对合同解除后的法律后果一并处理。违约方起诉解除合同需要对守约方的损失进行充分赔偿,确保守约方的利益得到保障。在租赁合同未对违约责任进行约定的情况下,根据租赁合同的剩余租期、租赁房屋是否易于另行出租,承租人的过错程度等因素,法院酌定损失赔偿以3.5个月的租金即26483元为宜,加之原告张某某在开庭之日才将钥匙交还被告黄某某,其至少还应支付被告黄某某自2020年1月1日起至本案开庭之日2020年3月17日止的门面租金18917元,故原告张某某应向被告黄某某支付门面租金及违约金共计45400元。鉴于新冠肺炎疫情对原告张某某租赁权益存在实际影响,法院酌定被告黄某某给予原告张某某4600元租金对应的免租期。故对于原告张某某要求

---

〔1〕 参见国家法官学院、最高人民法院司法案例研究院编:《中国法院2020年度案例》(合同纠纷),中国法制出版社2020年版,第66页。北京市西城区人民法院(2020)京0102民初8631号民事调解书。

被告黄某某退还房屋租金40800元的诉讼请求，在与原告张某某应支付租金及作为违约方对被告黄某某进行损害赔偿，并考虑免租期因素的抵销情况下，法院不予支持。因原告张某某已交还门面钥匙，且实际未开启门面使用，故无必要对腾退房屋事宜进行判决。综上，在认定解除原告、被告签订的《房屋租赁合同》之后，合同所涉全部权利义务关系便告终止。判决：一、解除黄某某与张某某于2019年12月25日签订的《房屋租赁合同》；二、驳回张某某的其他诉讼请求。[1]

【案例12－9】 廖某诉同湘会公司房屋租赁合同纠纷案

二审法院认为，廖某、同湘会公司经协商后自愿签订《租赁合同》，该协议是当事人的真实意思表示，没有违反法律、行政法规的强制性规定，因此是合法有效的。关于欠租及履约保证金问题。一、根据同湘会公司支付租金（含管理费）的时间可知，同湘会公司确未支付2020年2月至4月、2021年6月、7月1日至9日的租金。同湘会公司主张，上述期间为受新冠肺炎疫情影响严重的时间段，廖某应根据国家政策给予减免租金的优惠，故暂不予支付，该事实有双方之间的多番沟通记录证实，其中同湘会公司发送给廖某要求缓付租金的短信记载"等政策明朗……后再协商处理"，故足资认定。可见，同湘会公司并无故意拖欠租金的行为，仅要求搁置该段期间租金的争议，并有相应的政策为据，故不应认定为同湘会公司存在违约行为。二、廖某主张，应按照时间顺序从2021年3月开始计算未付租金，该节主张与同湘会公司支付租金的时间不符，亦与同湘会公司上述要求缓交租金的沟通记录不符，故不予采纳。三、廖某于2021年7月10日至8月10日对租赁场地采取停电措施，导致同湘会公司无法正常经营；8月10日至9月15日（廖某主张其通知同湘会公司收回场地的时间），因此前停电的原因，同湘会公司亦未能正常开展经营活动，因此，同湘会公司无须支付2021年7月10日至9月15日的租金。四、根据《最高人民法院印发〈关于依法妥善审理涉新冠疫情民事案件若干问题的指导意见（二）〉的通知》第六条的规定，"承租非国有房屋用于经营，疫情或者疫情防控措施导致承租人没有营业收入或者营业收入明显减少，继续按照原租赁合同支付租金对其明显不公平，承租人请求减免租金、延长租期或者延期支付租金的，人民法院可以引导当事人参照有关租金减免的政策进行调解；调解不成的，应当结合案件的实际情况，根据公平原则变更合同"，因同湘会公司从事的餐饮行业受疫情影响较大，故同湘会公司可酌情按

---

〔1〕 参见最高人民法院中国应用法学研究所编：《人民法院案例选》2021年第5辑（总第159辑），人民法院出版社2021年版，第102～103页。湖南省浏阳市人民法院（2020）湘0181民初1593号民事判决书。

合同约定的租金标准的一半即 29250 元/月(58500 元/月 ×50%)支付 2020 年 2 月至 4 月、2021 年 6 月、7 月 1 日至 9 日的租金,合计为 125775 元。廖某上诉要求同湘会公司支付租金 193050 元,理由不足,本院不予支持。五、因同湘会公司不存在恶意拖欠租金(及水电费)的违约行为,因此,廖某所收取的履约保证金 150000 元应予退还。

关于电费差额退还问题。《电力法》第四十三条规定,任何单位不得超越电价管理权限制定电价。供电企业不得擅自变更电价。第四十四条规定,禁止任何单位和个人在电费中加收其他费用。第六十六条规定,违反本法第三十三条、第四十三条、第四十四条规定,未按照国家核准的电价和用电计量装置的记录向用户计收电费、超越权限制定电价或者在电费中加收其他费用的,由物价行政主管部门给予警告,责令返还违法收取的费用。可见,各电费收取主体应严格执行电价价目表,按国家核定电价向企业及租户等收取电费,不得通过转供电盈利;妥善处理共用设施用电及损耗问题,不得通过加收电价及电费的方式解决。廖某与同湘会公司签订的《租赁合同》中约定,电费按每度 1.5 元收取,该约定的标准高于国家核定电价,高出部分属于无效约定,应予退还。因此,廖某应将多收取的电费退还给同湘会公司。一、《投诉调解书》已约定廖某退还 2018 年 11 月至 2021 年 5 月多收取同湘会公司的电费 307869.5 元(廖某已退 30 万元,尚有 7869.5 元未退)。二、《投诉调解书》第 3 条约定:"2018 年 11 月至 2021 年 5 月以外时间的电费按照国家同时期公布的标准收取",可见同湘会公司并未放弃主张 2018 年 11 月至 2021 年 5 月前后时间段的电费差额,还进一步言明"按照国家同时期公布的标准收取",因此,同湘会公司现要求廖某退还 2015 年 1 月至 2018 年 10 月的电费差额 408640.93 元,有充分的理由,应予支持。三、前述第一、二项应付金额累加,廖某共需支付同湘会公司电费差额 416510.43 元(7869.5 元 + 408640.93 元)。[1]

(五)商铺租赁权质押

《民法典》第四百四十条(《物权法》第二百二十四条)规定明确列举了权利质权范围,但除此列举范围之外又未被法律、行政法规所规定的权利设定担保,其被称为新类型权利担保,如商铺租赁权。《九民纪要》第六十七条规定了约定担保物权的效力,而商铺租赁权是可以约定作为担保物权的类型之一。《九民纪要》

---

〔1〕 广东省广州市中级人民法院(2023)粤 01 民终 14419 号民事判决书。

释义法官认为,承租人享有的商铺租赁权一般不具有独立的可转让性。但在较长期限的商铺租赁权中,在出租人事先同意转租的情况下,商铺租赁权具有一定的财产价值,从而具有作为担保财产的可能性。当其作为担保财产时,其尽管是当事人对作为不动产的商铺享有的权利,但其性质属于债权而非不动产用益物权;作为债权,其又非金钱之债,不能为应收账款所涵盖。由此可见,以商铺租赁权设定的担保,确实不能为现行的权利类型所涵盖,在一定程度上可以认为其属于新类型担保。

实践中,商铺租赁权质押的基本交易模式是:由贷款人(银行)、借款人(商户)与商铺出租人签订三方协议,以商户的商铺租赁权作为优先清偿贷款人债务的担保,在商铺出租人处办理质押登记,并限制商铺承租人将商铺租赁权以任何形式进行转让、转租或者重复质押,商铺租赁权的价值由银行进行评估、出租人进行确认;如果商户到期不能归还贷款,由出租人处置该商铺租赁权,所得价款用于优先偿还商户的欠款。当事人关于商铺租赁权质押的约定因其并未违反法律、行政法规的强制性规定,依法应当认定为有效。但此种所谓的登记能否产生对抗效力,实践中争议较大。本纪要明确,所谓的登记只能是法定的登记机构的登记,出租人并非法定的登记机关,故其登记不具有对世效力。[1]

---

〔1〕 参见最高人民法院民事审判第二庭编:《〈全国法院民商事审判工作会议纪要〉理解与适用》,人民法院出版社2019年版,第389~390页。

二、商铺租赁合同法律适用

(一)商铺租赁合同审查认定

根据《民法典》规定,租赁合同的内容还包括租赁物的名称、数量、用途、租赁期限、租金及其支付期限和方式、租赁物维修等条款。就商铺租赁合同而言,其与一般居住租赁合同有诸多不同点,具体为:(1)租赁双方当事人的名称(姓名)和住所、统一社会信用代码等信息;(2)房屋的坐落、面积、装修、设施情况;(3)房屋产权证明和相关资料;(4)租赁期限及用途;(5)租金及支付方式;(6)租赁期间相关费用及税金;(7)房屋修缮与使用;(8)房屋转让与转租;(9)添附、装修行为的设定和合同终止时添附、装修物归属处理;(10)合同的解除与终止;(11)房屋交付及收回的验收;(12)违约责任;(13)争议解决;(14)其他。

商铺租赁合同主体。对出租主体除审查具有主体资格外,还应审查出租人是否有权出租商铺。查验出租人不动产权利证书或者其他有效证明文件(能够证明权利来源的证明文件),权属证书记载的所有权人与出租人是否一致、是否有共有权人及共有权人是否同意、是否设立抵押权、是否已经进行其他处分或受到其他权利限制。如果出租人非产权人,而是承租后再转租,亦应审核产权人书面同意出租人转租的文件(对多次转租的,应逐次审核前手出租人同意转租的文件直至产权人),其相关文件应作为租赁合同附件。

商铺租赁合同条款。需要注意的重要条款为:(1)排他条款。(2)逃金条款。(3)扣率条款。(4)第三方支付条款。(5)有预售预收项目的商户处理条款。(6)撤场条款。[1]

商铺租赁合同中限制条款。两个商事主体约定,出租人有权因经营管理的需要对承租人承租商铺的位置和/或经营面积进行变更或调整,并以"双方特别确认"的字样予以提示说明。该条款虽对承租人的权利产生了一定的限制,但是不应认定该条款为格式条款并否定其效力。该条款对变更或调整面积幅度、具体位置及调整后的租金变化等均无表述,属于约定不明,如果当事人对合同条款理解

---

〔1〕 参见高杉峻主编:《民商法实务精要》(7),中国民主法制出版社 2019 年版,第 253 ~ 254 页。

产生争议，应当先探询当事人的真意，然后再结合诚信、交易习惯等原则对该条款进行解释。

【案例 12－10】 长天时代公司诉蓝色港湾公司房屋租赁合同纠纷案

二审法院认为，基于现有证据，不能认定“双方特别确认”条款无效，此项约定对双方具有约束力。虽然合同约定蓝色港湾公司有权因经营管理的需要对长天时代公司承租商铺的位置和/或经营面积进行变更或调整，但对该条款不应理解为长天时代公司拥有任意调整商铺之权利，对调整之事宜仍应经过双方协商确定。因该条款对变更或调整面积幅度、具体位置及调整后的租金变化等均无表述，导致双方未能就调整位置、租金等达成一致意见并重新形成协议，现长天时代公司已搬离涉诉商铺，蓝色港湾公司已将涉诉商铺及拟调整商铺出租给他人，双方均认可合同已解除，应视为双方合同系因约定不明不能继续履行而解除。就长天时代公司陈述的违约行为，首先，蓝色港湾公司向长天时代公司发出“关于调整承租商铺位置的通知”符合合同约定，通知已载明就调整后承租商铺的新位置等具体事宜，长天时代公司不能证明承租商铺的新位置不能满足其经营需要；其次，长天时代公司提交的照片、视频虽显示其货物遭受污损，但不能证明系蓝色港湾公司施工所致，也不能证明蓝色港湾公司通过不合理的施工行为强令长天时代公司搬离涉诉商铺；最后，长天时代公司于 2013 年 1 月搬离涉诉商铺，蓝色港湾公司有权利在此之后将涉诉商铺另行出租。综上所述，长天时代公司主张蓝色港湾公司违约并承担支付违约金的违约责任，缺乏依据，本院不予支持。原判认为长天时代公司自行搬离涉诉商铺应视为其以自己的行为明确表示不履行合同的主要义务并据此驳回长天时代公司要求退还履约保证金的诉求不当，本院应予纠正。判决：撤销一审判决第二项，改判蓝色港湾公司退还长天时代公司履约保证金 103750 元。[1]

商铺租赁合同应特别注意，其一，在鉴于条款、合同目的条款以及标的物使用用途等条款当中，一定要写明合同目的、使用要求和办理营业执照等具体内容。其二，大型商铺统一出租，出租人本身对出租房屋不拥有产权，只是接受各业主的委托统一对外出租，但在合同履行期内可能有个别业主要求提前收回自己的商场摊位欲自己做生意，应在租赁合同中对此类纠纷处理有明确约定。其三，在对专业商铺租赁合同有特殊要求时，出租人应提前办理报批核准登记手续。其四，在商铺租赁合同履行期间，公司作为出租人如果发生了破产、转制、歇业或被注销等

---

〔1〕 参见安凤德主编：《租赁合同纠纷案件疑难问题裁判精要》，法律出版社 2021 年版，第 52～53 页。

情况,合同对此应约定补救措施或承租人不能继续租赁商铺由此而产生的经济损失补偿。其五,商铺租赁合同应列明租赁场地的四至图、楼层图,该图应明确标识出租赁位置,且由承租人加盖印章确认。其六,商铺租赁合同履行期间,承租人死亡,其共同生活的家庭成员、合伙人或经营人可以继续履行租赁合同。

(二)商业地产租赁合同的效力

所谓商业地产,仅指包括购物中心、大卖场、商业街、主题商场、专业市场等在内的大型地产,不包括小型商铺租赁、柜台租赁等。商业地产以经营性为目的,具体讲,出租人为了保持收入的稳定性及管理的便利性,承租人为了竞争的优势地位和经营的可持续性,双方愿意整体或大面积出租并签订较长的年限,因此直接导致商业地产租赁合同较高的标的额,涉及装修、物业管理、优先购买权、转租等问题。由于商业地产租赁合同本身的复杂性,不同事项涉及的效力其认定方式不同。

其一,以物业管理费代替租金的租赁合同效力。现行法律、法规并未完全禁止出租物业时要求承租人支付物业管理费,各地对于物业管理费与租金的比例并无明确规定。虽然以物业管理费代替租金的实质是为了避税,但避税行为违反了《民法典》第一百四十三条"不违反法律、行政法规的强制性规定,不违背公序良俗"的规定。对此类租赁合同效力的认定,应考虑,不能因存在物业管理费代替租金的约定认定整个租赁合同无效,而应认定涉及物业管理费中的部分无效。对已经登记备案的房屋租赁合同中的物业管理费条款一般认定有效,但有例外。

其二,售后包租商业地产的租赁合同效力。所谓售后包租又称售后返租、售后回租、售后承租,是指房产公司采用在一定期限内承租或者代为出租购房人所购该公司商品房的方式销售商品房的行为。也有解释为,售后包租是指房产公司将所售商品房出售给投资者,同时与投资者签订承租协议,并以承租期间的租金冲抵部分售价款或偿付一定租金回报的一种投资方式。一般可理解为,根据原建设部的规定,售后包租是指开发商向购房人承诺,对其所购买的商品房,由开发商承租或者代为出租并支付固定年回报的销售方式。售后包租涉及两个法律关系,一是房屋买卖关系,二是房屋租赁关系。认定售后包租合同效力,应首先审查是否取得合法审批手续,即取得合法审批手续的售后包租合同有效,反之无效。其次应审查开发商是否有权出租及其权利义务约定。如购房人明确委托开发商有权以自身名义招商出租,则出租合同有效,反之则无效。如购房人与开发商之间是租赁关系,则必须审查开发商是否有明确的转租权,租期是否长于转租的租期等。

实践中,法院一般认定商铺售后包租协议有效。

【案例12－11】 上海某实业有限公司诉方某房屋买卖合同纠纷案

二审法院认为,实业公司与方某签订的预售合同,系双方当事人的真实意思表示,且与法不悖,应认定有效,双方当事人均应遵守。方某按约支付了房款,实业公司未按约交付房屋,实业公司的行为已构成违约。即便实业公司经营困难,亦不能推定合同的目的无法实现。由于实业公司违约,其不享有合同解除权。基于方某主张即使房屋暂不能交付,仍要求继续履行合同,原审法院对实业公司要求解除合同的诉请不予支持并无不当。原审法院采信了实业公司认为违约金过高的辩解,考虑违约金的性质以及功能,将原违约金的约定作了适当调整,符合法律规定。实业公司的上诉请求,法院不予采信。[1] 本案中,实业公司与方某之间签订的《产权式商铺委托租赁合同》是一种商铺售后包租协议。这一做法违反了原建设部发布的《商品房销售管理办法》中禁止售后包租的规定,可由相关行政机关予以行政处罚和制裁。但是法院审理案件时,是依据法律、行政法规的效力性强制性规定判定合同效力,而不是依据原建设部发布的《商品房销售管理办法》的规定而直接认定双方之间的协议无效,由于实业公司与方某之间签订的《产权式商铺委托租赁合同》是双方当事人的真实意思表示,一、二审法院认定合同有效正确。

对于地下商铺经营使用权转让合同效力的认定,应当结合开发商是否取得经营使用权以及所转让的经营使用期限是否超过出让期限等因素进行判断。当开发商通过与人防部门签订出让合同的方式,取得地下商铺所属工程项目的开发建设权和经营使用权,且向买受人转让的经营使用期限未超过出让期限时,应当认定合同有效。

【案例12－12】 郭某龙诉辽宁人和新天地公共设施管理有限公司租赁合同纠纷案

二审法院认为,关于涉诉《转让合同》的效力问题。人和天地公司通过与郭某龙签订的涉诉《转让合同》,其权利来源于其与市人防办、人和商业公司之间形成的涉诉《出让合同》及《补充合同》,结合前述涉及人防工程项目权利归属的认定,以及相关行业的发展实际和国家政策,根据郭某龙提供的现有证据无法确切证明双方在订立涉诉《转让合同》及履行过程中,具有《合同法》第五十二条规定的其他无效情形,故对涉诉《转让合同》宜认定为有效合同。同时,鉴于本案涉诉地下商铺所属工程项目涉及众多受让者的投资权益,为维护交易安全和稳定市场秩序,对涉诉《转让合同》宜认定为有效合

〔1〕 参见《房屋租赁合同纠纷裁判思路与裁判规则》,法律出版社2017年版,第65页。

同。关于涉诉《转让合同》约定超过20年经营期限部分是否有效的问题。首先,从合同性质来看,涉诉《转让合同》从名称、标的、转让款支付、委托代租等因素来看,其性质属经营权转让合同关系,而非普通租赁合同关系,不应受《合同法》关于租赁合同最长期限规定的限制,故其超出20年期限部分不因合同性质而无效。其次,从合同标的属性来看,涉诉《转让合同》标的为地下商铺经营使用权,确非地下商铺所有权。该经营使用权的转让亦不因人防工程所有权归属于国家而发生冲突,或因所有权人并非人和天地公司而使其权利受到限制,权益受到贬损。最后,从合同约定的年限来看,郭某龙与人和天地公司签订的涉诉《转让合同》所让渡的涉诉地下商铺的经营使用权期限,并未超过人和天地公司所受让的涉诉地下商铺所属人防工程项目经营使用权的最长期限,该《转让合同》约定的使用期限作为合同整体内容,系双方当事人真实意思表示,并未违反法律、行政法规的强制性规定,应为合法、有效。因此,对于郭某龙提出要求确认涉诉《转让合同》超过20经营期限部分无效,同时返还超过20年经营期限部分的转让款的请求,不予支持。判决:驳回上诉,维持原判。[1]

商铺委托经营合同生效认定。通说认为,出租人一般应为出租标的物的所有权人或者有权合法出租的人。凡对标的物享有合法的使用收益权的人,原则上均可为出租人,有权将其使用标的物转由他人使用,即出租人是否为租赁物的所有人或使用权人,不影响租赁合同的效力。一般情况下,业主在购买产权式商铺后会与开发商或开发商委托的第三方管理公司签订委托经营合同,就委托经营合同的生效可从两个方面进行分析。对于业主已经足额支付购房款取得商铺所有权的,自然所签的委托经营合同生效。对于业主未付清全部购房款亦未取得商铺所有权的,因业主享有合法权益,所签的委托经营合同中约定业主具有出租商铺的权利,不违反法律规定可以发生效力。在上述两种情况下,开发商或开发商委托的管理公司作为商铺的所有权人,其已经通过买卖合同关系将商铺的使用、收益权让与业主,因业主需要通过返租的方式才能行使商铺的使用收益权,从这个意义上讲,管理公司出租商铺的行为,视为对双方委托经营合同的履行,管理公司应依约支付租金。换言之,商铺委托经营合同的生效,不以作为出租人的业主取得所有权为前提条件,也不以商铺交付为前提条件,而后者只涉及委托经营合同履行而不是生效问题。

转让协议中约定的转让标的包括系争商铺的租赁使用权。由于系争商铺系

---

〔1〕 参见最高人民法院中国应用法学研究所编:《人民法院案例选》2020年第6辑(总第148辑),人民法院出版社2020年版,第131~132页。辽宁省沈阳市中级人民法院(2018)辽01民终13005号民事判决书。

违章建筑,不能成为租赁标的物,故转让协议涉及商铺租赁权的部分,应认定为无效。

(三)整体租赁中一人反对效力认定

房产开发商将某一整体商品房分割成若干个单元出售,已成为房地产市场上比较常见的销售方式。某一整体虽然物理上没有割断,但在法律上是完全能够划分为不同的单元空间并标明其具体所在区域而分别出售的。这样的特点表明,每个产权单元虽无固定的、独立的构造予以实际隔断区分,但并不妨碍买主(产权人)用简便的构造予以隔断区分,其整体在法律和物理上都存在分割使用性,不能因为没有现实的物理隔断区分而否认其可分割使用性。在开发商或者其他市场经营主体为了充分利用他人所有权发挥整体租赁时,某一买主反对将自身单元租赁时其行为认定,应深入研究。

【案例12-13】 顾某炎诉哈哈餐饮美食有限公司未经同意使用其房产要求迁让案

一审法院认为,珠宝城商厦系商铺,五楼各业主所有的单元没有进行隔断,系一个整体,无法分割使用,只有整体使用,才能发挥其最大效用。顾某炎购买九单元后未取得经济收益,现大部分业主同意委托第三人珠宝城公司将五楼自有房产出租给哈哈大酒店。珠宝城公司的出租行为符合大多数业主的利益,同时也给顾某炎带来了收益。故对顾某炎要求哈哈大酒店迁出九单元的请求不予支持。二审法院认为,珠宝城商厦五楼作为一个整体商铺,各业主所有的单元房产间没有进行隔断,无法分割使用。要发挥该商铺的最大效用,必须整体使用。现大部分业主同意委托珠宝城公司将五楼自有房产出租给哈哈大酒店经营使用。顾某炎购得九单元房产后未获得经济收益,如果顾某炎不同意哈哈大酒店使用九单元房产,不仅损害了自有利益,而且将使珠宝城公司与哈哈大酒店间的租赁合同不可能履行,并影响到五楼其他所有业主的公众利益。因哈哈大酒店目前已实际使用了五楼商铺,从兼顾个人权益和公众利益出发,本院对顾某炎要求哈哈大酒店迁出九单元房产的诉讼请求,不予支持。[1]

在市场经济条件下,当保护个人合法权益与保护公众合法权益发生冲突时,

---

〔1〕 参见最高人民法院中国应用法学研究所编:《人民法院案例选》2003年第4辑(总第46辑),人民法院出版社2004年版,第126页。

司法裁判的职能作用就是要在不违背法律基本原则的前提下,运用法律手段,使冲突各方的利益达到社会普遍能接受的衡平。基于上述认识,一、二审法院在本案中贯彻了利益衡平原则,对五楼其他业主的保护,包括对被告哈哈大酒店经营收益权以及其与第三人有效合同的保护,是通过驳回原告的诉讼请求来体现的;而对原告方的保护,即是支持其要求被告支付租金的诉请,使其享有与其他业主同等的收取房屋租金的权利。这样,使各方利益达到一种相对合理的平衡。该案对于当前存在的类似众多单元空间而又以一个整体对外出租纠纷解决,有现实的指导意义。

对该案最高人民法院民一庭进行深入研究探讨,其核心内容是,当事人就商厦五层是否整体出租问题发生的争议属于私权的碰撞。尽可能协调所有业主的利益,力争充分发挥物的效用、促进交易、最大限度地实现所有权人的利益,是人民法院审理此案时追求的社会效果。因此,在当事人承认所购单位房产不具有独立使用价值的情况下,裁判个别业主服从绝大多数业主将商厦整体出租的意愿,应当是一种明智的选择。该案对外发布时,将原告姓名改为赵某。

最高人民法院民一庭对本案讨论后形成两种意见。倾向性意见认为:应当驳回赵某的诉讼请求。主要理由是:考虑到赵某已经支付了对价并取得了房产证的实际情况,尽管九单元没有墙壁与商厦的其他部分分隔,但产权证上明确的关于四至的记载足以证明其构成独立的物,因此应当认定赵某对九单元享有独立的产权。由于商厦五层没有建成小商品市场,因此包括赵某在内的所有产权人都承认业主们购买的"单元"房产不具有独立的使用价值。在此条件下,考虑将商厦整体出租无疑就是一种能够较好地发挥物的效用的选择。这种选择,不仅符合大多数业主的利益,也并不损害赵某的合法权益。因为所有权包括占有、使用、处分、收益四项内容,既然连赵某都承认九单元不具有独立的使用价值,那么,对赵某来说,最现实的受益方式就是通过整体出租取得租金收益。从判决的社会效果考虑,人民法院也应当裁判赵某服从五层绝大多数业主的意愿,因为,每个业主所拥有的权利是平等的,在每个业主所购"单元"不具有独立使用价值是不争的事实的前提下,他们就商厦是否应当整体出租问题所发生的争议是私权的碰撞。处理这种私权碰撞时法官首先要考虑的不是当事人个体之间的民族、性别、信仰、地位、财产的差异,而应当尽可能协调所有业主的利益,力争充分发挥物的效用,促进交易、最大限度地实现所有权人的利益。基于这种考虑,比较两种判决结果的社会效果就可以看出:如果支持赵某的诉讼请求,不仅 B 公司要从商厦五层迁出,商厦要因此向 B 公司承担违约责任,而这部分损失必然要由所有人同意出租的业主分担。这不仅使大多数业主遭受经济损失,也使赵某本人的"九单元"从能够获得租金收益的状态重新变为闲置状态。这样的处理结果无疑会引起商厦五层绝大多数业主与赵某之间的矛盾,如果这些业主中的部分人因此设置障碍或者采取不理智的行为，则赵某不仅根本无法使用九单元并从中受益，而且有可能导致矛盾激化、引发事端。因此，在这种情况下，运用公平原则，衡量当事人之间的利益冲突，选择能够最充分地发挥物的效用、使各方当事人最大化地实现自己的利益的裁决结果，不失为一个最恰当的选择。应当特别注意的是，如果赵某所购的九单元在商厦五层中处于相对较为优越的位置，赵某也因此比其他业主支付了更高的价款，在商厦五层整体出租的情况下，如果赵某主张九单元的单位面积应当比其他位置的单位面积获得更多的租金，则其诉讼请求具有一定合理性。少数人认为，本案处理有两种途径可以考虑：第一个途径是，不去探究房地产管理部门的登记发证行为的正确与否，仅仅以赵某持有的房屋所有权证为依据，认定其具有商厦五层九单元的房屋所有权，在此基础上，则人民法院只能支持赵某的诉讼请求，判决 B 公司从商厦五层九单元迁出，并向赵某支付房屋使用费；第二个途径是，依据物权原理，认定赵某虽然购买了商厦五层九单元并领取了房屋所有权证，但由于九单元没有与其他部分相隔，又不具有独立使用价值，无法构成独立的房屋所有权。由法官行使释明权，告知赵某可以 A 公司向其出售的房屋不具有独立性，又出面组织其他“业主”将该房屋出租给他人，致使其对商厦五层九单元的房屋所有权无法行使为由，诉 A 公司侵权。[1]

分割式产权商铺业主所有权行使，虽委托商业管理公司统一经营管理并收取租金，基于商铺系整体商业进行分割出售，其所有权的行使必须受到一定程度的限制。

【案例 12－14】 武某诉北京东方万瑞商业有限公司恢复原状纠纷案

判决观点，本案中，无论是消防整改还是业态调整，均系商业管理公司即东方万瑞公司从商业整体的安全性、按照相关政策对商业整体使用功能调整升级的角度出发所作出的统一管理行为，该行为符合商业整体使用的利益以及长远发展，在这一前提下，消防改造、退出原有市场模式、为业态调整关停市场的行为，并不构成对商铺产权人权益的侵害。对于恢复原状、返还原物一节，因此案商铺系分割式产权，根据房屋所有权证书中房屋平面图及整个地下一层整体平面图所载，可以确定涉案商铺为地下一层整体的一部分以及与其他相邻商铺的位置关系，不能确定各个商业单元的具体位置，因此对于武某要求东方万瑞公司恢复原状、返还原物的诉讼请求，不予支持。因东方万瑞公司在本案中并不存在侵权行为，故就武某要求东方万瑞公司赔偿损失一节，亦不予支持。对于东方万瑞公司同意向武某支付的 2016 年 1 月 1 日至 6 月 30 日的补偿，武某明确在补偿标准及主体均不明确且需要附加一定

---

〔1〕 参见最高人民法院民事审判第一庭编：《中国民事审判前沿》2005 年第 1 集（总第 1 集），法律出版社 2005 年版，第 185～195 页。

条件的情况下，不同意在本案中予以领取，本案不予处理。[1]

产权式商铺业主个人的利益需服从业主整体的共同利益，限制其自主经营。

【案例12－15】　许某诉江阴市八方浙江商品市场有限公司、华某返还原物纠纷案

一审法院认为，江阴市寿山路整体商铺已被规划、改造，并重新编号，致使法院无法查明许某所有的商铺的具体位置及实际使用人，许某在审理中也自认华某已不再租用商铺。负有返还商铺的责任主体应为实际占有、使用商铺的经营者，许某无法提供具体使用其商铺的侵权人，对其要求八方公司、华某返还商铺使用权的诉讼请求，不予支持。所有权人对自己的不动产或者动产，依法享有占有、使用、收益和处分的权利。许某对其所有的寿山路商铺依法享有处分和收益的权利。但产权式商铺的特点为业主的所有权与经营权相分离，其决定整个市场只有统一规划、统一布局、统一经营、统一管理，单个商铺业主的利益必须服从广大业主的共同利益，接受整个市场规划布局的限制和约束，业主才能获得稳定的投资回报，以实现投资目的。东方业委会与八方公司签订商城整体租赁协议，不仅符合大多数业主的利益，最充分地发挥了物的效用，也使广大业主能够从商铺投资中受益，最大限度地实现其作为所有权人的利益。现行租金分配方案是东方业委会从商城历史、整体规划、结构改造等多重角度考虑确定的结果，出于对商铺的物尽其用及大多数业主利益考虑，应当认定为有效并无不当。许某不同意和其他业主同等条件下与八方公司签订的商场租赁协议，但是在东方业委会决定将商城整体出租，绝大多数业主已经同意东方业委会与八方公司签订的商场租赁协议的情况下，从众多业主整体利益出发，许某亦有容忍义务，应尊重并遵守东方业委会与八方公司签订的商场租赁协议。八方公司已将商场租金支付给东方业委会，东方业委会亦同意支付许某相应的商铺租金，许某可向东方业委会主张相应权益，故对许某要求八方公司、华某支付租金的诉讼请求，不予支持。二审法院认为，在产权式商铺经营模式中，考虑到单个业主所购商铺在整个商场中只占很小一部分，其对商铺所享有的权利，不能等同于独立商铺，其行使所有权时，不应影响商场整体功能的发挥。开发商或指定的管理公司对外整体出租过程中，有小部分业主主张未经其同意，要求停止侵害、恢复原状的，从个人利益和整体利益的平衡角度出发，不应予以支持。东方业委会与八方公司签订的商场整体租赁协议，符合业主整体利益，应当继续履行。判

---

〔1〕　参见国家法官学院案例开发研究中心编：《中国法院2019年度案例》（物权纠纷），中国法制出版社2019年版，第246页。北京市海淀区人民法院（2016）京0108民初第14245号民事判决书。

决：驳回上诉，维持原判。[1]

【案例12－16】 程某、王某诉通江邻里超市返还原物纠纷案

二审法院认为，民事主体行使民事权利时不得滥用原则，这意味着民事主体行使自己的权利时不是绝对地不受制约。首先，从双方签订的《商品房买卖合同补充协议》约定的内容看，程某、王某签订商品房买卖合同时，对该房屋在将来行使使用权应受到一定的限制是知晓的，不能随意行使房屋的使用权。该补充协议意思表示真实，不违反法律规定，程某、王某自应受其约束。其次，通江县建筑集团总公司在2009年向通江县房地产管理局报送的《关于成立红军广场银座商城业主委员会登记的报告》中明确，商城自经营以来均是由总公司在代理业主承办招商引资及铺面的出租业务，总公司决定还权于业主，于是报请成立业主委员会。可以看出当初成立业主委员会的目的之一即代理业主承办招商引资及铺面的出租业务。现业主委员会成立后，经过业主大会及业主代表会议多次讨论后决定，大多数业主同意将房屋出租给通江邻里超市，依照《物权法》第七十八条第一款“业主大会或者业主委员会的决定，对业主具有约束力”的规定，程某、王某应当遵守绝大多数业主的共同决定。再次，商城从建立以来，一直采用符合广大业主共同利益的整体经营管理模式，商城其他84户业主均同意继续将房屋出租给通江邻里超市经营使用，且已与通江邻里超市签订了《物业续租协议》，程某、王某如强行收回案涉房屋，将影响商城目前整体经营管理使用状态，不利于商城整体功能的发挥，可能损害业他业主的合法权利。最后，从各业主购买案涉商城时的状态以及商城的现状看，各业主购买的商铺没有明确的空间隔离设施，整个商城是一个开放空间，现任何一业主单独隔离商铺都将会影响整体商城的使用。现通江邻里超市租用整体商城亦不存在不支付租金的情形，因此，程某、王某请求返还原物的理由不成立。判决：驳回上诉，维持原判。[2]

非独立商铺所有人的强制缔约义务。商铺业主在签订商铺购买合同时，即已经知悉其所购买的商铺是需整体经营管理，且该商铺非事实上独立的商铺，单个商铺仍受商场整体限制，在多数业主同意续签合同的前提下，不应直接判决商场返还商铺给少数业主，而应在大多数商铺业主同意维持现状的情况下，判定少数业主负有与原承租人强制缔约义务。如何某某、谢某诉A公司、B公司（商贸有

---

〔1〕 参见国家法官学院、最高人民法院司法案例研究院编：《中国法院2020年度案例》（物权纠纷），中国法制出版社2020年版，第57～58页。江苏省江阴市人民法院（2017）苏02民终379号民事判决书。

〔2〕 参见国家法官学院、最高人民法院司法案例研究院编：《中国法院2021年度案例》（物权纠纷），中国法制出版社2021年版，第41～42页。四川省巴中市人民法院（2019）川19民终445号民事判决书。

限公司)、C公司(房地产开发有限公司)租赁合同纠纷案。[1]

实践中,分割式产权商铺业主以排除妨碍的诉求,要求管理公司腾退出租商铺,而法院以所有权的排他性在损害公共利益和他人合法权益时应得到阻碍而不予支持诉求。

【案例12-17】　肖某起诉北京物美商业集团股份有限公司物权保护纠纷案

二审法院认为,肖某起2004年购买了2052号房屋,并于2009年3月14日取得了所有权证书。2052号房屋系4号楼的商业配套用房的组成部分,并无明确四至界限,与其他商业用房之间也无物理空间上的实体分割隔断,有需与其他商业用房共同发挥使用功能的特殊性,不具备独立使用之条件。肖某起购房至今并未自营自用,而是于购房当日即与三连公司签订《商铺委托租赁经营合同书》,委托三连公司代理出租,收取相应租金,其对2052号房屋宜与其他商业用房一并整体出租经营以实现收益权能的稳定性与连续性有着明确具体的认知。根据审理查明的事实,三连公司退出经营后,万众公司为统一经营招商而设立,其成立虽未获肖某起之认可,但现并无证据表明4号楼多数业主反对万众公司成立及代理业主委托出租之行为,结合肖某起等业主收取租金之情形,可以认定万众公司能够代表多数业主之意见。华森置业公司受万众公司之委托与物美公司签订租赁合同,物美公司系基于租赁合同而占有使用2052号房屋。在华森置业公司与物美公司已为商业运营投入运行费用之情形下,4号楼商业配套用房亦具有整体出租的必要性,其使用方法及收益方式有着延续性和不宜变更性,现肖某起要求物美公司与华森置业公司腾退返还2052号房屋,不利于物美公司、华森置业公司及其他业主合法权益以及公共利益之实现,故腾退2052号房屋尚不具有现实性,原审法院驳回肖某起要求腾退的诉讼请求并无不当,本院予以维持。[2]

【案例12-18】　林某等诉宝和嘉力(上海)商业投资管理有限公司排除妨害纠纷案

二审法院认为,原审法院根据相关证据和法律规定认定宝和嘉力公司有权对案涉商场进行管理、装修的意见,本院赞同。因林某等4人与小长江签订的商铺委托经营合同期限已于2011年10月届满,商铺承租户均已离场,现客观上商场不具备整体开业经营的条件,宝和嘉力公司依据绝大部分业主的授权对商场实施管理及必要的装修、改建行为,符合商场整体规划利用的

---

〔1〕　参见《人民司法·案例》2020年第14期(总第889期)。广西壮族自治区南宁市中级人民法院(2019)桂01民终10951号民事判决书。

〔2〕　参见国家法官学院案例开发研究中心编:《中国法院2015年度案例》(物权纠纷),中国法制出版社2015年版,第22页。北京市第二中级人民法院(2013)二中民终字第4781号民事判决书。

需要,并未构成对林某等4人主张租金损失缺乏依据。签约业主取得宝和嘉力公司支付的租金系根据合同约定将其商铺交由宝和嘉力公司统一经营而取得的合同对价,林某等4人现并未签约,其据此主张租金损失亦缺乏依据。且林某等4人未提供证据证明因宝和嘉力公司的管理活动致其4人客观上存在租金损失的事实。综上所述,原审认定事实清楚,判决并无不当。[1]

在合同期限届满是否续约,对其单个或少部分业主主张提高租金或收益标准或者收回商铺自行经营的,法院仍以大多数业主的共同决定为裁量依据。

【案例12-19】 朱某某诉成都新界广场商业有限公司、成都洋洋摩尔百货有限公司租赁合同纠纷再审案

再审法院认为,朱某某应当遵守管理规约和绝大多数业主的共同决定,当合作期满后,如业主要独立经营,尚需服从业主委员会和商场经营管理方的统一规划,只有满足这一条件,朱某某方能要求独立经营或自行转租。由于超过半数业主作出的由洋洋公司继续经营的共同决定导致诉争商铺难以返还,故一、二审判决以讼争商铺不具备返还条件,因而对朱某某要求返还商铺的主张不予支持并无不当。[2]

【不同处理】 实践中,有的法院以所有权为裁量标准而支持业主返还商铺的诉求。

【案例12-20】 李某某诉山东圣凯置业有限公司租赁合同纠纷案

二审法院认为,李某某对其购买的商铺享有全面的、完整的所有权。李某某可以自主决定其经营方式。李某某与圣凯公司签订的《委托经营管理协议》的期限已届满,因为该协议约定,期满后可以由圣凯公司续租,也可以由李某某自营或自行出租。圣凯公司在合同期满后继续控制使用商铺并收益,没有合同依据和法律依据,因此,李某某要求圣凯公司返还商铺符合协议的约定,应当予以支持。[3]

产权式商铺集体意志的体现方式。有法官认为,由于非独立商铺基于委托形式的特殊性,为实现经营利益的最大化,该产权式商铺业主的意志要遵从于业主的集体意志,这在绝大部分审判实践中形成了较为统一的裁判观点。在绝大部分情形下,业主的集体意志可以对全部业主产生约束力,有约定,则从其约定;在无约定的前提下,有业主委员会的,依据业主委员会的决议;无业主委员会的,依照

---

〔1〕 参见国家法官学院案例开发研究中心编:《中国法院2015年度案例》(物权纠纷),中国法制出版社2015年版,第194页。上海市第二中级人民法院(2013)沪二中民二(民)终字第50号民事判决书。

〔2〕 四川省高级人民法院(2015)川民提字第15号民事裁定书。

〔3〕 参见曹惠:《产权式商铺业主能否要求自主经营》,载《山东审判》2015年第1期。

少数服从多数原则推定其集体意志而执行。[1]

(四)影响正常营业认定

何谓正常营业,违反哪些条款属于影响正常营业,一般在租赁合同中并无明确约定,当事人的认识分歧较大。由于保障正常营业是一些商业合同中的常用概念,即正确理解和把握何谓正常营业有重要意义,是确定何方违约的重要标准。正常营业概念有其在社会经济生活中的通常理解,即正常的经营管理,但这种通常理解,其含义并不明确,因此有必要对正常营业的理解上升至法律或合同的高度。从合同解释的角度分析,由于正常营业体现着合同的目的,所以对正常营业的理解和把握需要立足于当事人签订合同的目的,采用目的解释的方法。目的解释,简单讲就是考虑订立合同的目的,具体指合同所使用的文字或某个条款可能作两种解释时,应采取其中最适合于合同目的解释。从法理上讲,目的是合同的灵魂,是当事人真实意思的集中表现,目的解释也被奉为合同解释的最高准则。实践中,有的情况下合同目的有明确规定,多数情况下需要结合合同性质和合同条款来发现和把握合同目的。合同发生纠纷进入诉讼程序之后,对于合同目的界定是由法官裁定的。最高人民法院法官认为,合同目的虽掌控于当事人,但在产生争议后,它无疑属于裁判者的解释范畴。[2]

【案例 12－21】　万润商贸公司诉爱家商城公司租赁合同纠纷案

二审法院认为,爱家商城公司与万润商贸公司签订的《爱家购物中心租赁协议》与《补充协议》,系双方当事人的真实意思表示,不违反法律、行政法规的强制性规定,合法有效。本案双方的核心争议是爱家商城公司是否违反合同义务并影响万润商贸公司的正常营业。爱家商城公司旨在实现商城经营者的经济利益,万润商贸公司则旨在通过从事旅游团队购物、就餐获利。双方租赁协议与补充协议的各项安排均围绕上述订约目的,且各自权利义务处于平衡状态,均以保护对方的合法利益为自己的权利界限和义务内容。万润商贸公司的核心义务是给付租金和相关费用,爱家商城公司的核心义务是保障万润商贸公司旅游团队购物、就餐正常进行。双方租赁协议约定,任何一方违约导致对方提出解除协议的,违约方应向守约方支付三个月的租金作

---

〔1〕　参见最高人民法院中国应用法学研究所编:《人民法院案例选》2020 年第 6 辑(总第 148 辑),人民法院出版社 2020 年版,第 146 页。

〔2〕　参见最高人民法院民事审判第一庭编:《中国民事审判前沿》2005 年第 2 集(总第 2 集),法律出版社 2005 年版,第 201 页。

为违约金。《补充协议》进一步明确规定，协议生效三个月后，出租方影响承租方正常营业时，视为出租方严重违约，承租方有权解除协议，并要求出租方赔偿装修及相关费用。不难看出，《补充协议》的约定是基于承租方的经营目的对出租方保障正常营业义务的强化，其以协议生效三个月后作为认定出租方是否严重违约的时间点，应属明确。《补充协议》并进一步约定了爱家商城公司在车位、电梯、房产证照方面的义务，这些均与保障万润商贸公司经营目的密切相关。

协议签订后，万润商贸公司交付了首期租金与相关费用，并无争议。在双方协议中虽未明确约定爱家商城公司接通天然气的义务，但接通天然气是从事餐饮的必要经营条件，按照常规在租赁关系中应由出租方承担，且双方协议中约定了天然气价格，亦表明爱家商城公司有接通天然气的义务，爱家商城公司否认其此项义务缺乏依据。至2005年10月29日天然气通气，爱家商城公司履行此项义务距协议签订生效之日已逾三个月。同时，按照双方协议，爱家商城公司有适时为万润商贸公司接待旅游团队提供30辆大型旅游车辆停车位和3部专用直达客梯的义务，但现场表明，爱家购物中心的停车区域无法容纳多辆大型旅游车辆，同时提供3部专用直达客梯也有明显困难，就该两项义务爱家商城公司亦构成违约。再有，租赁场地的产权证明是办理卫生许可证和餐饮营业执照的关键条件，诉讼中爱家商城公司不能提供产权证明，也未证明曾向万润商贸公司提供过产权证明，可以认定爱家商城公司未依约给万润商贸公司提供租赁场地的产权证明。应该看到，上述事项及证明与万润商贸公司从事旅游团队购物、就餐经营密切相关，爱家商城公司不能提供证据否定以上违约事项影响了万润商贸公司一方在旅游团队购买、就餐方面的正常营业，可以认定爱家商城公司已构成双方协议约定的严重违约，万润商贸公司有权解除与爱家商城公司签订的租赁合同。

原审判决认定爱家商城公司违约，应属正确，但也要看到，就未能办理餐厅卫生许可证和营业执照一节，万润商贸公司未及时办理名称预登记，亦有一定责任。原审法院对违约责任的处理未充分考虑诚实信用原则对双方当事人的要求，有失妥当。故二审法院判决适当减少了被告赔偿原告的违约金数额。〔1〕

【案例12－22】 北京京华伟业纺织品有限公司诉北京洁洁利保洁有限公司房屋租赁合同纠纷再审案

关于京华伟业公司在洁洁利公司承租院内挖沟的目的及影响的问题。

---

〔1〕 参见北京市高级人民法院编：《审判前沿——新类型案件审判实务》2011年第1集（总第37集），法律出版社2012年版，第3～4页。

再审法院认为，该焦点问题，应当综合在案证据及当事人陈述予以判断，并受到禁止反言原则的约束。《民事诉讼法》第十三条规定："民事诉讼应当遵循诚实信用原则。"该规定要求当事人的诉讼行为应前后一致，不允许事实前后矛盾的行为。质言之，当事人不能推翻其在先诉讼阶段的陈述，但有新的证据并有充分理由说明的除外。本案原审一审期间，京华伟业公司称，其公司要将锅炉给洁洁利公司挪过去，并找施工队施工，但工程进行到一半洁洁利公司就突然不同意了。原审二审期间，京华伟业公司亦称，洁洁利公司同意其公司修建锅炉房，否则不会同意其施工设备及材料进场。本院二审期间，京华伟业公司改称，其公司挖沟系因环保部门要求整改诉争地点的污水，故为排水而挖。京华伟业公司在本案二审期间的诉讼主张与之前的诉讼主张明显不一致并存在矛盾之处，而且该公司未能提交相应的证据证实上述主张，其该诉讼行为明显违背《民事诉讼法》所要求的诚实信用原则，一审法院认定京华伟业公司的挖沟行为对洁洁利公司使用租赁场地产生了一定的影响并无不当。京华伟业公司上诉认为挖沟不会影响洁洁利公司生产经营的主张，证据不足，本院不予支持。

关于京华伟业公司是否针对洁洁利公司采取断电措施及后果的问题。京华伟业公司虽不认可其公司于2010年1月11日对洁洁利公司拉闸限电，但是鉴于其公司于2010年1月11日向洁洁利公司提出了解除通知，而且洁洁利公司向京华伟业公司交纳水费、电费，且配电室亦未处于洁洁利公司控制之下，洁洁利公司不可能自行断电，故一审法院认定是京华伟业公司停电，致使洁洁利公司的生产设施受损并无法生产并无不当。虽然京华伟业公司认为系洁洁利公司欠缴租金导致合同解除，但是其断电的行为对洁洁利公司造成的影响也应与洁洁利公司欠缴租金的数额、比例及过错程度相适应。一审法院关于京华伟业公司超过必要限度给洁洁利公司造成损失的，应承担赔偿责任的认定正确，本院予以维持。[1]

（五）商铺租赁合同特殊类型

实践中，以体现房屋租赁与商品转让两种法律关系，集房屋租赁、店内商品买卖、店内设施转让与使用以及过店（商行变更经营主体）四方面的内容为一身混合合同的过店纠纷时有发生，对其认定及处理具有特殊性。

---

〔1〕　参见索宏钢主编：《再审疑难案件法官评述》，人民法院出版社2019年版，第328页。北京市第三中级人民法院（2015）三中民再终字第01816号民事判决书。

【案例12-23】 张某华反诉张某兰不履行过店合同约定的变更业主登记义务致其不能经营应解除合同并赔偿损失案

一审法院认为:合同订立后,双方当事人应当自觉履行各自承诺的义务。本案《过店合同》为无名合同,其实质过店。在过店合同中,该店面所在位置有商用价值,作为一种隐性物化权益,始终在过店合同全过程中发生内在的本质的作用。因此,过店合同虽然有房屋租赁关系,也有商品买卖的法律关系,但它们与单一租赁和买卖不同,不能简单地处理,应尊重双方意思自治,全面处理。合同中约定"原告为被告办理妥当营业手续"。所谓"营业手续"即为营业执照、卫生许可证、健康证、税务登记证。原告在变更"营业执照"时,将实际业主张某华变更成丽源商行的从业人员,而将自己作为业主,属于履约不当,人照不符,双方因此发生矛盾,被告被工商机关勒令停业,原告对这一事实应负违约责任。被告多次要求原告予以纠正,原告未予理睬显属错误。原告起诉要求被告支付1999年3月1日至9月30日的房租,违背了合同关于"1999年3月1日前的房租在合同生效时一次付清,第二年后,每半年预付房租一次"的约定,显属行使诉权不当,原告对此负有过错责任,故对原告主张的房租的请求不予支持。被告要求原告支付其停业损失20800元,因无客观标准计算证据不足,不予确认。二审法院认为,上诉人与被上诉人签订过店合同,是双方在自愿基础上的真实意思表示,未违反相关的法律法规,合法有效。合同签订后,因上诉人未按合同约定为被上诉人办理营业手续,双方发生争执,被上诉人拒付房租,上诉人诉至法院,至此,此合同已无法继续履行,故应予以解除。上诉人的上诉理由不能成立,不予支持。原判认定事实清楚,适用法律正确。判决:驳回上诉,维持原判。

《人民法院案例选》责任编辑认为,本案涉案合同确为合同法上没有明文规定的无名合同,在内容上却又反映出有名合同的内容。从合同约定的内容来看,它集房屋租赁、店内商品买卖、店内设施转让与使用以及过店(商行变更经营主体)四方面的内容于一身。因此,合同解除必然涉及这四方面的内容应如何处理的问题,不可能分别处理。在该合同中,核心的问题是过店,其他均是因过店的客观需要而由双方当事人约定附随发生的,这是由被告过店是为了利用原有商号在原地进行原有经营范围内的经营目的所决定的。正是由于这个特点,在过店方面的权利义务的履行,将直接影响其他方面权利义务的履行乃至整个合同关系的存续。因此,原告不按合同约定将商行的业主变更登记为被告,就意味着被告没有该商行的经营主体资格,其利用该商行进行经营活动就是非法经营,这与被告过店的目的,或者说合同目的是完全相悖的,而且客观上又发生了被告被勒令停业的事实(该事实与原告不将业主变更为被告有直接的、法律上的因果关系)。被告因此不能实现合同目的,反诉要求解除合同,有事实依据,也符合法律规定

(《合同法》第十四条第四项),一、二审判决对此予以支持,自属当然。

《合同法》第九十七条规定:“合同解除后,尚未履行的,终止履行;已经履行,根据履行情况和合同性质,当事人可以要求恢复原状、采取其他补救措施,并有权要求赔偿损失。”在本案中,过店中原告负有的办理变更业主为被告的义务尚未履行,因合同解除即不再履行;店内商品已卖给被告并由被告用于经营,此种流动资产已在经营中消耗,并因买卖交付发生所有权转移而履行完毕,自不在恢复原状之列;店内柜台、货架等设备、设施,有固定资产的性质,是附随于经营需要的,并按合同约定在合同期满后才归被告所有,合同期满前所有权不发生转移,被告等于是有偿使用,合同解除,被告要求原告予以收回是有道理的。本案中,合同解除,同时意味着房屋租赁解除,被告应将租赁的房屋交还原告,并应负担尚未交纳的房租。原告起诉仅有一个请求,即依据合同约定请求被告给付第二年上半年的房租(合同约定“第二年以后,每半年预付房租一次”),此请求应该说是符合合同约定的。但原告的本诉被被告的反诉吞并,并不等于原告对被告没有租金请求权,也不等于被告对占有使用租赁房屋期间尚未给付的租金可以不负担。因此,在合同解除的情况下,由于被告实际上只给付了第一年的租金,第二年即自 1999 年 3 月 1 日起至合同解除时的租金,因被告仍占有租赁物,其仍应负担,只不过可能会因原告的过错致被告不能实现合同目的而减轻其租金负担,并与被告应当获得的原告过错所赔偿的损失相抵销(过店是为了经营,原告过错恰恰造成了被告不能经营,被告不能经营不能说没有损失)。[1]

笔者认为,在我国民法典上只能找到租赁合同、买卖合同的规定,而没有过店合同。过店合同是非典型合同、无名合同。过店合同当事人一方是出租人,拥有房屋和商品所有权,另一方当事人是欲租房经营的人,按照出租人的请求在租房的同时将店内的商品购买下来。换句话说,出租房屋与转让店内商品同时进行。租房的当事人并非看重或从内心愿意购买店里的商品,看中的是欲租房的地理位置中被蕴涵的商用价值,这是一种隐藏在其后能够获得经济利益的价值。正因为出租的店房所具有的经济利益,因而能对过店合同的形成起决定性作用,成为承租人所期望的目标并购买店内的商品。在过店合同中,实质上存在两个法律关系,即租赁和买卖,但它与单纯的租赁、买卖又有不同,不能截然分割,认定一个法律关系不成立,另一个法律关系成立。因为两个法律关系构成一个整体,买卖法律关系是租赁法律关系成立的前置条件,两个法律关系均体现了双方当事人的真实意思。一审法院尊重当事人意思自治所形成的结果,认定过店合同成立生效,也就是租赁和买卖两个法律关系的合同均成立并有效,是符合我国民法典基本精

〔1〕 参见最高人民法院中国应用法学研究所编:《人民法院案例选》2001 年第 3 辑(总第 37 辑),人民法院出版社 2002 年版,第 223 ~ 231 页。

神的。

本案中,双方当事人都同意解除合同,但就柜台、货架的处理分歧大。原告提出柜台、货架应由被告自行处理,理由是过店时已作价卖给被告;被告则要求将购买的柜台、货架退给原告,其理由是因租赁店铺才买,现店租不成了,要柜台、货架也没用处,自然应与店一起返还原告。双方在合同中约定:“乙方在租赁期间如有损坏货架、柜台、有线电视方面的问题,由乙方负责赔偿,合同期满后所有物品归乙方所有,甲方如收回货架、柜台,在原价基础上折旧500元。”按其履行合同表明的事实为:柜台、货架虽然由被告购买,但在房屋租赁期满才归被告所有,原告仍保留有收回权。换言之,合同未履行完以前,被告实际上是出了柜台、货架的全部价钱予以租用。过店合同是一种特殊的合同,形成的前提条件是必须购买欲租房的商品和附属设施,其购买行为与承租房屋密不可分。过店合同终止履行,既不能承租店铺,承租人自然无必要再留下柜台、货架,它已经无法为租店产生经济利益起服务作用。解除过店合同,不仅应该终止租店的内容,而且也必须解除其中的买卖内容。柜台、货架是本合同中的一种特殊的附随义务,将柜台、货架返还给原告,这样才符合双方当事人订立合同的真实意思。假如仅解除租赁合同,让合同未履行完的承租人留下柜台、货架与合同约定不符,且有悖于民法的公平原则。一审法院在审理中把握住过店合同的特殊性,在判决解除合同时,将柜台、货架归还原告所有,从法理、情理上都是站住脚的。

(六)商铺涉及法律关系定性

1.委托经营关系应认定为房屋租赁关系

在产权式商铺模式中,对于购房人与相关企业签订的《委托经营管理合同》,从实践来看,此类合同约定的每月经营管理费,系按照清水房房款、装修款、装饰配套费总和以一定比例计算的固定收益,不论经营好坏,出卖人或关联企业都要向购房人每月定期支付该收益,此类合同中关于经营管理费的约定与一般租赁合同中的权利义务一致,故产权式商铺交易模式中的经营管理费实为租金,委托经营关系应当认定为房屋租赁关系。[1]

---

〔1〕 参见最高人民法院民事审判第一庭编:《民事审判指导与参考》2019年第3辑(总第79辑),人民法院出版社2020年版,第233页。

2. 房屋买卖合同与租赁合同可认定为合同独立或合同联立的关系

其一，从合同独立的角度看，房屋买卖合同与租赁合同应独立，分别按照《房屋买卖合同》和《租赁合同》的约定及相关的法律规定进行审理。

其二，从合同联立的角度看，房屋买卖合同和房屋租赁合同等关联合同应当认定为同一目的下合同联立的关系。从合同联立的交易一体性考虑，将房屋买卖合同、租赁合同联系成一个交易整体，购买房屋的目的并非取得对房屋的现实支配，而是在出卖人或关联企业统一经营管理的前提下获得固定的投资回报率。在产权式商铺的交易模式中，购房人与开发商或关联企业签订的数份合同权利义务不可分割，共同实现了购房人购买房屋并以所购房屋为投资基础，再交由出卖人或关联企业统一经营管理、从而取得投资收益（实为租金）的目的。而开发商则通过多份紧密关联的合同，实现了从交易的各个环节中获取利润的目的。因此，在产权式商铺交易中，房屋买卖合同和房屋租赁合同或委托经营合同等关联合同应当认定为同一目的下合同联立的关系。[1]

3. 商铺"末位淘汰"解除合同关系

所谓"末位淘汰"，简单来说就是承租人所承租商铺的销售坪效（销售额除以租赁面积）排名位列倒数三名时，出租人即享有单方的合同解除权。该种合同解除基于解释和内部规则缺乏与承租人的合意，即合同就解除权的行使约定不明，应视为合同解除的条件未成就，出租人不能据此行使"末位淘汰"解除权。

【案例 12－24】　王某诉某购物中心房屋租赁合同纠纷案

二审法院认为，结合本案事实，主要的争议焦点有二：(1)《租赁合同》第17.6条有关单方解除权的约定是否有效；(2)解除合同的条件是否已成就。首先，关于《租赁合同》第17.6条的效力。涉案合同第17.6条约定了购物中心在一定条件下的单方解除权。该条款以销售坪效排名作为解除事由，实际上也就是确立了租赁合同领域"末位淘汰制"，而销售坪效是衡量店铺经营效益和竞争力的重要指标。从王某与购物中心约定租金收取方式来看，双方约定的非固定租金，而是以销售额的18%作为租金的计算方式，即王某所承租商铺的经营状况与购物中心的租金收益相关。在此情况下，出租人实际上与承租人共同经营风险、共享经营收益，客观上能促进双方共同改善和提高店铺的经营能力，对实体经营具有积极作用。经营管理中心的新形式，不能单纯因为该约定赋予了出租方末位淘汰解除权就认定该约定无效。在以扣

---

〔1〕 参见最高人民法院民事审判第一庭编：《民事审判指导与参考》2019年第3辑（总第79辑），人民法院出版社2020年版，第234～235页。

点作租金收益的情况下,约定末位淘汰不会使双方的利益失衡,也不会单方面加重承租人责任,故可以认定该约定有效。其次,《租赁合同》第17.6条约定的解除合同的条件是否已经成就。从第17.6条的内容来看,解除合同的条件为"乙方在甲方的同一经营区域、同品类销售坪效倒数三名,甲方有权书面通知乙方进行经营调整,直至提前解除本合同"。但合同对何为同一经营区域、何为同品类、销售坪效采用日还是月的标准、哪些商铺列入排名(有无例外情况)、销售额的统计方法等均没有给出明确具体的约定。而在本案中,王某就提出购物中心提交的坪效统计表不完整,有遗漏商户以及品类划分前后不统一等问题。购物中心也在本案中对此作出回应,称某些商铺因已准备撤铺、存在擅自转租、欠缴租金等多种不列入坪效排名的情况。解除权的行使,是会产生合同权利义务终止的重大民事法律行为。在约定末位淘汰解除权的情况下,购物中心未就销售坪效考核制定书面的考核办法或规则,还单方面确定某些商铺不参加排名,其做法显然缺乏与承租方的合意,亦使人对其坪效统计表的完整性和真实性产生合理怀疑。综上所述,法院认为购物中心单方解除合同的条件未成就,租赁合同因购物中心的原因提前解除,王某作为承租人有权要求购物中心就相关装修损失予以赔偿,具体数额法院根据举证情况、剩余租期、装修折旧等因素酌情判处。一审法院就相关费用和保证金退还所做处理并无不当,法院予以支持。判决:维持一审法院判决第一、二项,撤销第三项,改判购物中心赔偿王某装修损失30000元。[1]

4.租赁经营解除合同关系

对于租赁经营涉及解除合同中,与其相关的诸多关系一并处理。

【案例12-25】 金某诉达某、任某房屋租赁合同纠纷案

二审法院认为,达某、任某与金某签订的合作协议实为租赁经营性质,是双方的真实意思表示,内容不违反国家法律、行政法规的强制性规定,应属合法有效。双方应当按照约定全面履行各自的义务。根据双方所签合作协议的约定,双方协议终止后,金某理应退还保证金。但保证金具有履约保证的性质,故达某在经营期间尚欠费用应从中扣除。双方合作协议明确合作期限自2013年7月9日起,虽然金某向承租方交付承租标的的时间可能早于该日,但合同未对履行期限进行变更,故而承租方应从7月9日起计付租金,现金某称承租方应在6月起付租金的说法缺乏合同依据,法院不予采信。现达

〔1〕 参见安凤德主编:《租赁合同纠纷案件疑难问题裁判精要》,法律出版社2021年版,第59~60页。

某已缴纳了截至2014年1月8日的租金。双方对于承租方撤场时间存在争议，达某应对此负有举证责任，如无证据证明，则应承担举证不能的法律后果。但鉴于金某于2014年1月24日与案外人签订协议，将涉案房屋另行包予案外人。根据一般的商业习惯，可以认定其对涉案房屋已另行行使处分权，故原判以2014年1月24日作为达某应付租金的截止时间，并据此认定承租方另应付此前尚欠租金30968元并无不妥。经营期间发生的水电费4017元作为与经营有关的费用，承租方理应承担。至于承租方经营期间自然发生的物业费和供暖费，并非因经营行为发生，故而不应认定为与经营有关的费用，金某要求承租方负担缺乏合同依据，对该上诉请求，法院不予支持。至于达某的主体资格问题，达某与任某通过签订协议，由达某承继了合作协议中的全部权利、义务，法院考虑到本案的处理结果，达某作为权利人，作为本案原告主体适格。当然，如双方再发生争议，涉及承租方履行义务，在出租方对达某与任某所签协议未予同意的情况下，法院认为任某应作为主体进入诉讼。综上所述，二审法院认定原判认定事实清楚，处理结果正确。判决：驳回上诉，维持原判。[1]

5. 商铺无法经营解除

租赁商铺经营已成为市场主要的经营模式，普遍租赁期长，承租人的经营状况并非一成不变，由于市场需求的变动、网店的冲击等因素，承租人所经营的店铺可能会陷入困境，在承租人无法经营的情况下，如一概不允许违约方行使解除合同的权利，将使承租人面临更大的损失，不利于经济社会的发展。

在合同陷入僵局等特定情况下，应当允许违约方通过起诉方式由法官决定是否解除合同，以打破僵局。

【案例12－26】　吴某诉丁某房屋租赁合同纠纷案

二审法院认为，双方当事人于2017年4月23日签订租赁合同，约定丁某向吴某承租案涉房屋及物品，该租赁合同是双方当时协商一致自愿签订的，是双方当事人的真实意思表示，合同内容并未违反法律法规的规定，故该合同应认定为有效，对双方当事人均具有约束力。按照诚实信用原则，交易双方都应当善意行使权利，履行义务。从案涉《租赁合同》第三条、第四条第五项的内容以及租赁物品均可反映双方在订立合同时对于丁某是作为营业使用这一目的是清楚的。经营活动的风险是必然存在的，丁某作为经营者应当有所预见也应自行承担经营风险，但从本案房屋租赁合同履行的实际情况

---

〔1〕 参见安风德主编：《租赁合同纠纷案件疑难问题裁判精要》，法律出版社2021年版，第179页。

看,合同约定的租赁期限长达10年,在履行了第一年之后,丁某因自身经营上的原因没有继续使用该租赁房屋,如不允许解除租赁合同,一方面,将导致房屋长期闲置;另一方面,又使丁某在不占有使用房屋的情况下承担租金,进而,因丁某不使用租赁房屋,其支付租金的能力将受到限制,反过来也使得吴某获得的租金难以得到保障。在这种情况下,双方陷入合同僵局,对双方都是不利的。因此,一审法院结合本案实际情况在判令丁某承担违约赔偿责任的同时,判决解除案涉房屋租赁合同,符合同法上的公平和诚实信用原则,处理恰当,应予维持。有关丁某尚欠吴某的房屋租金问题,在双方租赁合同解除的情况下,原审判决丁某应向吴某支付自2018年7月15日起至2019年7月9日租赁合同解除之日止每年7万元的标准计算的房屋租金及应计利息和自2019年7月10日起至其将租赁房屋交还吴某使用之日止每年7万元的标准计算的房屋占有使用费,符合法律规定,法院予以维持。综上所述,上诉人吴某的上诉请求不成立,应予驳回;原审判决认定事实清楚,适用法律正确,处理恰当。判决:驳回上诉,维持原判。[1]

【案例12-27】 白某全诉潘某强房屋租赁合同纠纷案

一审法院认为,白某全在诉讼过程中多次否认已拿回租赁商铺的钥匙,在法院告知虚假陈述的法律后果后,白某全承认已拿回商铺钥匙的事实,其行为已违背诚实信用原则,因此法院确认潘某强已于2019年9月交还租赁商铺给白某全,白某全已实际控制占有。双方均确认潘某强在2019年9月前的租金已全部缴清,在白某全未提供证据证明潘某强在2019年10月后仍实际占有使用租赁商铺的情形下,白某全要求潘某强支付租金至返还商铺之日止的诉讼请求,事实依据不足。在合同履行过程中,潘某强于2019年9月退出租赁商铺并交还钥匙。根据《房屋租赁合同》关于"如被告中途退场视为毁约论处,其抵押金不退还,本合同亦同时作废"的约定,解除合同的条件已成就,而且白某全已收回租赁商铺并没收押金1.6万元,故白某全与潘某强签订的《房屋租赁合同》事实上已于2019年9月解除。判决:驳回白某全的诉讼请求。

二审法院认为,潘某强已于2019年9月交还钥匙给白某全,白某全也承认已拿回钥匙,符合《房屋租赁合同》中关于潘某强中途退场,以抵押金为代价解除合同的约定,而且白某全取回钥匙后已实际取回了租赁商铺的占有使用权,因此,一审法院认定租赁合同于2019年9月已解除并无不当,白某全

---

〔1〕 参见国家法官学院、最高人民法院司法案例研究院编:《中国法院2022年度案例》(合同纠纷),中国法制出版社2022年版,第86~87页。广东省潮州市中级人民法院(2020)粤51民终197号民事判决书。

要求继续收取租金的依据不足。判决：驳回上诉，维持原判。[1]

6. 出租人单方解除商铺限制

根据商用物业租赁合同的约定，出租人对物业公共区域的修缮无须征得承租人的同意。在合同履行过程中，出租人对系争物业所在商场进行大规模维修工程，较大程度地影响了整个商场的经营状况，承租人因要求协商未果而暂停支付租金，出租人并不因此享有合同解除权。若出租人的修缮行为在一定期间已严重影响到租赁物业之商业使用效能，则应当允许承租人通过要求协商补偿方案来修复该时段内的利益失衡。若承租人因出租人拒绝协商而暂停支付租金，则出租人不能因此而享有单方解除权。

7. 违约方合同解除权相关问题

违约方请求法院判令解除合同，法官应根据合同是否能够继续履行、当事人是否陷入合同僵局以及是否存在情势变更等情形，对合同是否解除作出裁判。法官判处解除合同的，守约方可以主张违约方赔偿其因此而遭受的损失，包括合同履行可以获得的可得利益损失。

【案例 12－28】　刘某某诉某某公司房屋租赁合同纠纷案

一审法院认为，双方签订的《居家设计城商铺租赁合同》合法有效，租赁合同中并未赋予刘某某在商铺装修部分消防验收不合格的情况下可以解除合同的权利，某某公司提出刘某某满足其全部反诉请求即同意解除合同的主张，实质为不同意解除合同，故本案可以排除约定解除和协商解除的适用。刘某某主张解除合同的法律依据主要是《合同法》第九十四条第（四）项即“致使不能实现合同目的”的根本违约。根据本案已查明之事实，虽然居然之家 5 号馆因公共部分和商铺部分的消防验收拖延确实给刘某某等业主带来使用上的不便，但该馆从未停止使用，即便在 2018 年 7 月 31 日至 11 月中旬克拉玛依市公安消防支队对居然之家 5 号馆张贴封条进行强制停业期间，人员、物资仍可从该馆侧门正常进出，故刘某某据此主张解除双方签订的商铺租赁合同的诉讼请求，缺乏事实及法律依据，依法不予支持。判决：刘某某向某某公司支付欠付的房屋租金 56550.94 元。二审法院主持调解，双方当事人自愿达成如下协议：刘某某与某某公司签订的《居家设计城商铺租赁合同》在 2019 年 4 月 18 日解除；刘某某向某某公司支付房屋租金

---

〔1〕 参见国家法官学院、最高人民法院司法案例研究院编：《中国法院 2022 年度案例》（合同纠纷），中国法制出版社 2022 年版，第 97 页。广东省清远市中级人民法院（2020）粤 18 民终 3552 号民事判决书。

20000元。[1]

8. 重复预约合同认定

当事人在达成的长期租赁合同中,对特定范围约定另行订约的,除当事人之间达成租赁合同外,还应当认定存在特定租赁范围的预约合同。其后,对于特定租赁范围达成的本约,租赁期限少于长期租赁合同期限的,预约合同并不消灭。特定租赁范围租赁期限届满后,当事人仍然具有继续磋商缔约本约的义务,从而呈现出重复预约的特征。在救济方式上,基于重复预约合同存在的特殊性,如不存在恶意磋商的情形,不应当排除强制缔约。

【案例12-29】 成都轨道资源经营管理有限公司诉成都天府广场时尚购物中心管理有限公司房屋租赁合同纠纷案

二审法院认为,服务协议的性质为租赁合同,双方签订服务协议是对商业租赁合同中关于11个点位另行约定的细化和落实。商业租赁合同虽然载明11个点位的租赁期为20年,但租金是租赁合同中最为核心内容,当事人虽然没有约定11个点位的租金,而特别约定另行对11个点位进行约定,因此,不应当认定双方当事人已经达成了11个点位20年的租赁合同。但是当事人如此约定并非没有法律意义,尤其是商业租赁合同中载明轨道资源公司不得擅自出租或经营11个点位。该约定在当事人之间成立了关于11个点位在20年范围内需要达成租赁合同的预约。服务协议是11个点位在20年内2年的一个约定,法律并不禁止当事人在长时间内由双方两次或两次以上达成本约的预约,因此,服务协议2年到期后天府广场与轨道资源公司均负有继续磋商达成本约的义务。判决:撤销一审判决,驳回轨道资源公司的诉讼请求,并在判决理由中告知当事人应当依照诚实信用原则履行11个点位的预约合同义务,双方当事人均有权就履行预约的违约行为另行提起诉讼。[2]

---

〔1〕 参见《新疆审判》2021年第2期(总第130期)。

〔2〕 参见《人民司法·案例》2023年第26期(总第1009期)。四川省成都市中级人民法院(2022)川01民终6078号民事判决书。

三、商铺租赁合同纠纷处理

（一）商铺保险理赔处理

出租人将商铺出租给众多商户用于经营，对外可以自己的名义投保财产综合险，并依据双方的保险合同在保险事故发生时向保险公司申请理赔。出租人在获得保险公司理赔后，应当将其中属于对各承租商户财产理赔部分给付承租商户，即最终享有保险利益的人，以弥补各承租商户所遭受的损失。

【案例 12－30】 孙某梅诉仪征市真州镇丰仪装饰城房屋租赁合同纠纷案

二审法院认为，被上诉人将相关房产出租给包括上诉人在内的众多商户用于装饰装修材料的经营，对外而言被告是一经营整体，故被保上诉人以自己的名义投保财产综合险和当保险事故发生时申请理赔并不违反法律规定。根据《保险法》的相关规定，“保险事故发生时，被保险人对保险标的不具有保险利益的，不得向保险人请求赔偿保险金”。虽然对外而言，被上诉人对各商户的财产具有保险利益，但是对内而言各商户拥有独立的财产权利。因此，被上诉人在获得理赔款后，应当将其中属于对承租商户财产理赔的部分给付最终享有保险利益的人，以弥补各承租商户所实际遭受的损失，否则将构成不当得利。因此，被上诉人因上诉人财产遭受损失而获得了 15609 元的保险理赔款，应当给付上诉人。需要指出的是，由于上诉人是最终的保险受益人，根据权利义务相对应的原则，上诉人应当向被上诉人给付其应承担的相应保险费用，对此被上诉人可另行主张。[1]

（二）吊销营业执照后合同履行

现实生活中，部分被吊销营业执照的企业未及时清算和注销登记，其被吊销

---

〔1〕 参见国家法官学院案例开发研究中心编：《中国法院 2018 年度案例》（合同纠纷），中国法制出版社 2018 年版，第 148 页。江苏省扬州市中级人民法院（2016）苏 10 民终字第 1882 号民事判决书。

前所签订的房屋租赁合同是否能够继续履行存在争议。根据《公司法》的规定，公司被吊销营业执照后应及时成立清算组进行清算，完成清算后应制作清算报告，办理注销登记。在清算期间，公司存续，但关键是看开展与清算无关的经营活动。故原签订合同应如何履行，其判断的标准是看该合同是否与经营有关，是否影响清算。具体分两种情况分析，其一，与经营有关的合同。企业被吊销营业执照后应停止与清算无关的经营活动，故此前签订的与经营有关的合同应当终止履行，但有利于债权人的合法权益实现及清算的进行的可以继续履行。对此类合同，合同相对方可以该企业被吊销营业执照为由解除合同。房屋租赁合同亦为与经营有关的合同，出租人可请求终止合同履行。其二，与经营无关的合同。企业被吊销营业执照后应停止与清算无关的经营活动，故此前签订的与经营有关的合同一般情况下应当继续履行，但合同相对方对被吊销营业执照的企业的履行能力有合理怀疑的，可终止履行。

【案例12－31】 融安县人民政府水利局诉融安县茂财商贸有限公司房屋租赁合同纠纷案

判决观点，被告虽然被吊销了营业执照，但因其未进行清算注销故仍有主体资格，并能进行与清算相关的经营活动。原、被告签订房屋租赁合同是当事人的真实意思表示，内容没有违反法律的规定，该合同合法有效。在合同履行期间，被告与第三人陈某签订联合经营合同，双方有共同出资，按约定进行利益分配，故认定被告与第三人之间不成立租赁合同关系；被告的法定代表人刘某财以“我们美食城”为字号登记个体户，以被告所承租的房屋二、三、四楼为经营场所进行经营活动，因其是独立的经营主体，故认定被告与“我们美食城”之间形成租赁合同关系，被告的行为已构成转租。被告未将“我们美食城”作为新承租人的情况告知原告，但“我们美食城”自2009年6月3日注册登记至今一直按合同约定履行交纳租金等义务，原告在诉讼过程中知悉“我们美食城”为次承租人后也并未表示异议，应视同原告同意被告与“我们美食城”的新租赁合同，故认定被告转租不违反合同约定。次承租人“我们美食城”对租赁房屋进行装修，事前已通知原告，尽到了告知义务，原告在诉讼期间也未提供被告的装修行为给房屋的主体结构造成损害的相关证据，故认定“我们美食城”的装修行为不违反合同约定。综上所述，被告虽被吊销营业执照，但未丧失主体资格，且已将租赁房屋转租其他经营主体，其主体资格不影响原租赁合同的效力，在合同履行中被告也无违约事项，故原告要求解除合同的诉讼请求无法律依据，不予支持。据此，法院判决驳回原告融安县人民政府水利局的诉讼请求。[1]

（三）商位使用权转让性质与执行

随着经济的快速发展，商铺租赁经营的模式亦随着经济发展而发生相应变化呈现多元化，其中市场所有者出让固定年限使用权的方式越来越多。该种方式是市场所有者将商位所有权和使用权有效分离，自身保留所有权，而将使用权以不超过20年的固定年限，一次性有偿出让给经营者（承租人）。经营者（承租人）享有固定年限内的商位使用权，具体实施经营活动、获取经营利益。在固定年限内，商位使用权可以转让、继承，有的还约定经营者（承租人）在期限届满后享有优先续租的权利，有的亦约定经营者（承租人）转让时进行“过户登记”管理模式，其具体权利因个案合同约定不同有差异。市场所有者并不具有物权登记的职权，其所谓“过户登记”只是企业内部管理行为，并不发生确权效力，也不具有物权法上的意义。从合同法意义上讲，其“过户登记”实质上就是出租人（市场所有者）对承租人（经营者）转让其权利义务予以同意的一种意思表示。经出租人“过户登记”的，则租赁合同转让获得出租人同意，其租赁合同主体发生变更，转让人（原承租人）不再是承租人，不能基于原租赁合同关系享有权利，亦不能成为法律的其他财产权。

专业市场常见的向经营者出让商位使用权的协议系租赁协议，经营者据此享有的权利性质上属于债权，可以成为法院强制执行的“其他财产权”。经营者将其在期限内的商位使用权及后期的续租权转让给他人，属于租赁合同转让（债权债务概括让与），而非买卖或转租关系。其该债权债务转让合同全面、实际履行，受让方取代转让方成为租赁合同的承租人，则法院不能将商位使用权作为转让方财产予以执行；反之，商位使用权仍系转让方的财产权，法院可以根据转让方债权人申请依法执行。受让方虽可根据商位使用权转让协议要求转让方承担合同责任，但不足阻却法院执行行为。

【案例12－32】　叶某勇与骆某峰、杜某芳、杨某荣案外人执行异议案

一审法院认为，叶某勇与杜某芳、杨某荣签订的《商位使用权转让协议》虽然有效，但该买卖合同并不发生商位使用权变动的效力。双方签约后一直未向小商品城集团申请办理商位使用权的“过户登记”手续，在商位使用期

[1] 参见国家法官学院案例开发研究中心编：《中国法院2014年度案例》（合同纠纷），中国法制出版社2014年版，第38～39页。广西壮族自治区柳州市融安县人民法院（2011）融民二初字第52号民事判决书。

届满后，仍由杜某芳、杨某荣与小商品城集团续签《商位使用权有期有偿使用协议书》，其仍系商位使用权人，故法院对该商位使用权采取执行措施并无不当，判决驳回叶某勇的诉讼请求。二审法院认为，物权的种类和内容，由法律规定，当事人不得自行创设物权。叶某勇根据协议对讼争商位所享有的权利并不属于物权法规定的任何类型物权，其在诉讼中提出"对商位享有用益物权"的主张缺乏法律依据。讼争商位属小商品城集团所有，杜某芳、杨某荣与小商品城集团之间签订的《商位有期有偿使用协议书》实属租赁合同，杜某芳、杨某荣只对商位享有租赁权。此后，杜某芳、杨某荣与叶某勇签订《商位使用权转让协议》，将讼争商位在剩余期限内的使用权及期满后与小商品城集团的续约权一并转让，并承诺办理使用权"过户登记"，实质上是将其与小商品城集团租赁合同中的权利义务一并转让给叶某勇，属于合同法规定的债权债务概括让与，一审将其认定为买卖合同不当，应予纠正。订立《商位使用权转让协议》后，叶某勇虽依约支付款项并实际占有使用讼争商位，但并未征得小商品城集团的同意，且事后仍由杜某芳、杨某荣与小商品城集团续签《商位使用权有期有偿使用协议书》并取得商位使用证，叶某勇并未取代杜某芳、杨某荣成为租赁合同关系当事人，债权债务转让合同并未实际履行。杜某芳、杨某荣仍系商位租赁合同关系当事人，对讼争商位享有租赁权，一审法院根据骆某峰申请，对该商位使用权采取执行措施，具有事实和法律依据。由于叶某勇根据合同约定对杜某芳、杨某荣享有的权利并非物权，不具有优先效力，不足以阻却法院执行行为。双方《商位使用权转让协议》因法院执行行为而无法履行，叶某勇债权因此无法实现，可以通过其他途径另行主张。二审判决：驳回上诉，维持原判。[1]

(四)租赁商铺承租人损害处理

当前大型商场或商业广场中，有相当一部分是所有人或经营者将经营场地分割为若干商位(铺)出租，承租人在租赁的铺面经营。出租人应当根据租赁合同为承租人提供安全的经营场所，依据合同相对性原理，承租人租赁商位(铺)的财产被盗时，其可以请求出租人承担违约责任，也可以请求出租人承担侵权责任。依据法理，出租人违反了安全保障义务即同一行为符合侵权责任与违约责任的构成要件，二者形成竞合。虽然给承租人的财产造成直接侵害的主体为第三人，但

〔1〕 参见杜万华主编：《最高人民法院民商事案件审判指导》(第5卷)，人民法院出版社2018年版，第104～105页。

出租人因安全防范意识不强、安全措施不到位，其有过错应承担相应的损害赔偿责任。

【案例12－33】　单某某诉商业大厦、商场未尽安保义务致财产被盗赔偿纠纷案

判决观点，本案原告单某某与被告商场租赁经营合同存续期间，被告商场作为出租人应当为承租人提供有安全保障的经营场所，而被告商场和商业大厦作为原告承租场地所在单位的共同安全保障义务人，因两被告安全防范意识不强、安全措施不到位导致本次被盗事故发生、窃贼逃脱，原告单某某因此造成的合理损失，两被告应当在其能够防止或者制止损害的范围内承担相应的补充赔偿责任。本院依据两被告在本案中的过错程度确认被告商业大厦负主要责任，被告商场负次要责任。原告单某某要求赔偿柜台玻璃修复费用30元，法院予以确认；要求赔偿被盗商品损失之请求，法院依据查明的事实按原告提交进货单的进价计算确定为4085元；要求赔偿进货交通费之请求，无事实依据，法院不予支持。原告单某某上述损失，由两被告依责予以全额赔偿，且互负连带责任。被告商业大厦提出的关于原告诉讼请求没有法律依据，不应承担赔偿责任以及被告商场提出的应按《租赁合同》第9条第6项约定由原告自行承担责任，故不同意赔偿原告损失的答辩意见，无事实和法律依据，法院均不予采信。〔1〕

因第三人在出租人出租的商场对承租人的人身进行侵害，此种损害系违约责任与侵权责任竞合。承租人有权选择要求出租人承担违约责任或者侵权责任，对承租人的择一选择法官应按责任进行审理。在承租人选择要求出租人承担违约责任时，应按照合同解释的规则对租赁合同约定的出租人权利义务条款内容作出准确的解释和理解，确定出租人是否违反了约定义务。应对出租人的附随义务进行正确的理解和分析，确定其是否违反了法定义务。在一般的市场摊位租赁合同中，出租人没有明确承诺保证承租人的人身安全并尽到了合同的约定义务和相应的附随义务的，对第三人给承租人造成的人身伤害出租人不应承担违约赔偿责任。

【案例12－34】　高某诉某综合市场中心租赁合同纠纷案

判决观点，本案中，原、被告双方签订的《北京市生活消费品、生产资料市场经营场地租赁合同》，系双方的真实意思表示，为合法有效合同。在该合同中，原、被告双方虽约定了“甲方有义务维护市场秩序”，但并未对保障承租

---

〔1〕　参见北京市高级人民法院编：《审判前沿——新类型案件审判实务》2008年第5集（总第23集），法律出版社2008年版，第105页。

人(原告)的人身安全作出明确的特别约定或承诺,如果只要承租人(原告)的人身在市场内受到了第三人的伤害,就一概认定为出租经营场地的市场服务管理机构(被告)未尽到"维护市场秩序"的义务,明显不妥。并且,由于本案原告受到不明身份的第三人的殴打系突发性事件,持续时间较短,被告管理人员闻讯赶到后第三人的侵权行为已经结束,原告的家属也已经报警,被告已尽到了相应的协助救治和协助公安机关调查等义务,不存在违约行为。因此,对原告的诉讼请求,法院不予支持。原告可待案件侦破后,直接向侵权的第三人要求损害赔偿。据此,法院判决驳回原告高某的诉讼请求。[1]

承租人到期未撤出商场的,出租人不承担强制清场的损失。

【案例12-35】 吴某设诉泉州市华祥物业管理有限公司、上海红星美凯龙品牌管理有限公司泉州洛江分公司房屋租赁合同纠纷案

二审法院认为,华祥公司、红星美凯龙公司在通知吴某设将承租展位内的物品全部撤出无果后,采取强制清场的措施将吴某设讼争商铺的物品搬至他处代为保管,吴某设因不愿接收上述物品而造成的损失应由其自行承担,况且其也没有证据证实这些货物存在缺失或损失。[2]

市场出租人根据经营需要,或根据安全、消防规定,在开业经营期间可能会调整部分甚至全部承租商户的经营位置。经过调整,可能会对承租人造成实际经营损失,双方可能会对该损失包括的范围、数额的确定及相应赔偿发生争议,法官需要结合双方签订合同关于调整场地的具体条款、承租人损失的具体情况等进行综合判定。

【案例12-36】 贺某诉北京某市场租赁合同纠纷案

二审法院认为,贺某与市场签订的合同约定:甲方有权对乙方经营场地进行重新调整,乙方必须无条件服从甲方对经营场地的调整。市场调整贺某的经营场地具有合同依据,贺某不得以此为由主张市场违约,尤其是从调整情况看,调整后的场地面积大于原经营场地,且租金不变,并未对贺某的经营产生不利影响。贺某上诉称双方所签合同中关于甲方有权调整经营场地、乙方必须服从的约定属格式条款应属无效的上诉意见,法院不予采纳。贺某要求市场赔偿营业损失、其他损失、返还租金缺乏事实依据,法院不予支持。应当指出,双方所签合同中对调整场地可能给被调整者造成的损失如何处理并

---

〔1〕 参见北京市高级人民法院编:《审判前沿——新类型案件审判实务》2008年第3集(总第21集),法律出版社2008年版,第105页。

〔2〕 参见最高人民法院中国应用法学研究所编:《人民法院案例选》2019年第11辑(总第141辑),人民法院出版社2020年版,第153页。福建省泉州市中级人民法院(2018)闽05民终3443号民事判决书。

未约定,本案中贺某因原经营场地所装货柜在调整场地后无法继续使用,其要求赔偿货柜损失之合理部分,法院应予支持。判决:驳回上诉,维持原判。[1]

(五)租赁商铺承租人违约处理

一些大型商场或专业商场规定,由商铺开具交款单通知购货人将货款交至统一收款处,并由商场提供统一销售合同。购货人未与商场签订统一销售合同,而是选择与商铺私下交易,根据合同相对性原则,商场与购货人没有任何法律关系。如商铺违约,则由商铺经营人承担相应责任,购货人要求商场承担连带责任,因无事实和法律依据,法院不予支持。

【案例12－37】　丁某英诉洛阳市西工区坤森门业商行、洛阳市居然之家家居建材有限公司租赁合同纠纷案

判决观点,丁某英在坤森门业商行定作开开木门,并交付40000元价款,尚有2300元尾款未支付,坤森门业商行经营者张某向丁某英出具的承诺书载明"2017年元月三号前装完,如不装完一天100元违约金,赔偿2000元(时间延期)"。现丁某英诉称坤森门业商行延期履行115天,直至2017年4月28日才安装完毕,坤森门业商行对具体履行完毕时间陈述不清且未提交按期履行的证据,故对丁某英称坤森门业商行延期至2017年4月28日履行完毕的事实,予以确认。坤森门业商行未按约定时间履行义务构成违约,应当承担违约责任。关于违约金的约定,丁某英和坤森门业商行对"如不装完一天100元违约金"没有异议,但对"赔偿2000元(时间延期)"的约定有异议。丁某英主张是坤森门业商行对未在2017年11月26日之前完工的赔偿,坤森门业商行辩称"逾期履行一天100元违约金,2000元是最高赔偿额",对双方当事人的陈述,因无其他证据印证,不予采信。丁某英和坤森门业商行关于违约金的条款部分约定不明,考虑到坤森门业商行延期履行合同115天有明显过错,丁某英因坤森门业商行的延期履行会有一定的损失,故坤森门业商行应承担的违约金11500元,扣除丁某英尚未支付的2300元尾款,坤森门业商行应向丁某英赔偿的违约金为9200元。虽然坤森门业商行原为居然之家公司的租赁商户,但丁某英本次交易未将货款交至居然家公司统一收银处且未签订居然之家公司统一的销售合同,根据合同的相对性原

---

[1] 参见安风德主编:《租赁合同纠纷案件疑难问题裁判精要》,法律出版社2021年版,第219页。

则,丁某英要求居然之家公司承担连带责任,无事实和法律依据,不予支持。[1]

租赁合同约定"承租人未按约定交纳租金和物业管理费超过15日的,构成根本违约,出租人有权提前终止合同",承租人已缴租金接近80%的情况不成立根本违约。

【案例12-38】 天海联公司诉北方荣鑫公司房屋租赁合同纠纷再审案

最高人民法院认为,天海联公司与北方荣鑫公司于2007年4月19日签订的《商铺租赁经营合同》,系双方的真实意思表示,不违反法律法规的强制性规定,应当认定为有效,双方均应依约履行。《商铺租赁经营合同》第12.3条、第12.3.1条明确约定,北方荣鑫公司未能按合同约定交纳租金和物业管理费超过15日的,构成根本违约,天海联公司有权提前终止本合同,收回商铺,北方荣鑫公司已交纳的租金、物业管理费作为对天海联公司各项利益损失的补偿和赔偿,不予退还。

而根据原审查明的事实,结合天海联公司向北方荣鑫公司发出的《催缴租金、物业管理费和资金占用费的函》《解除租赁合同通知函》以及北方荣鑫公司向百荣世贸集团发出的《申请书》,向百荣世贸商城、天海联公司发出的《保证书》,能够认定北方荣鑫公司存在合同约定的拖欠租金超过15日的事实。北方荣鑫公司虽主张已实际支付了80%的租金834万元,不应认定其构成根本违约,但与双方合同约定不相符,故原判决认定双方合同因北方荣鑫公司违约而由天海联公司主张予以解除,并无不当。北方荣鑫公司请求天海联公司退还其多交的租金,亦不符合双方合同约定,缺乏相应依据,原判决未予支持,亦无不当。北方荣鑫公司主张《商铺租赁经营合同》第12.3条属于格式条款,但双方合同已实际履行,在未能证明该条款存在权利义务的重大失衡,且存在订立合同时一方不可能知道该条款具体内容的情况下,北方荣鑫公司主张该条款无效,理据不足。[2]

---

〔1〕 参见国家法官学院案例开发研究中心编:《中国法院2019年度案例》(合同纠纷),中国法制出版社2019年版,第49~50页。河南省洛阳市西工区人民法院(2017)豫0303民初2849号民事判决书。

〔2〕 最高人民法院(2021)民申13号民事裁定书。